GÉOGRAPHIE UNIVERSELLE

DE

MALTE-BRUN

TOME TROISIÈME

TABLE DES MATIÈRES.

PARIS. — TYPOGRAPHIE DE HENRI PLON, 8, RUE GARANCIÈRE.

GÉOGRAPHIE

UNIVERSELLE

DE

MALTE-BRUN

ILLUSTRÉE PAR

GUSTAVE DORÉ

PARIS

GUSTAVE BARBA, LIBRAIRE-ÉDITEUR

31, RUE DE SEINE

PÉNINSULE HISPANIQUE.

Une rixe de paysans catalans.

TABLEAU PHYSIQUE GÉNÉRAL.

HEUREUSE DISPOSITION DE LA PÉNINSULE HISPANIQUE. — Aucune contrée de l'Europe ne fut plus favorisée de la nature que la Péninsule hispanique. Des montagnes inaccessibles, favorables à la guerre de partisans, protégent son indépendance contre d'audacieuses tentatives; la variété de son climat permet aux productions des tropiques de s'unir, sur son fertile sol, à celles de la zone tempérée. Des plateaux élevés qui n'attendent que des soins pour se couvrir d'une utile végétation; des collines garnies de ceps vigoureux qui produisent des vins recherchés; des vallées dont la terre est fécondée par de limpides ruisseaux et par les rayons d'un astre bienfaisant; des fleuves qui, partant de divers points rapprochés, peuvent, à l'aide de quelques canaux, entretenir des communications faciles, sont les éléments d'une richesse agricole que d'autres pays lui envient, et qui, utilisés par l'industrie, produiraient des trésors plus précieux que la possession des plus vastes colonies. Enfin une énorme étendue de côtes, des ports vastes, commodes et sûrs, ouverts à la navigation de deux mers, peuvent concentrer le commerce des deux hémisphères.

SITUATION, DIMENSION, SUPERFICIE. — Cette vaste péninsule est séparée de la France par une partie des Pyrénées, et baignée dans la moitié de son circuit par l'Océan, et dans l'autre par la Méditerranée. Sa plus grande étendue de l'est à l'ouest est de 1,040 kilomètres, et de 880 du nord au sud. Sa superficie est de 551,023 kilomètres carrés, dont 459,243 appartiennent à l'Espagne, 91,285 au Portugal, et 495 à la république d'Andorre.

ASPECT PHYSIQUE ET MONTAGNES. — La Péninsule hispanique présente l'apparence d'une pyramide quadrangulaire tronquée, dont la base supérieure appartiendrait à un vaste plateau de 400 à 500 mètres d'altitude, dont les faces (c'est-à-dire les versants) septentrionale et méridionale seraient abruptes vers le golfe de Gascogne et la Méditerranée (côte d'Andalousie), tandis que les deux autres faces formant les versants oriental et occidental s'élèveraient progressivement en gradins à partir de la Méditerranée (côtes de Valence et de Catalogne) et de l'océan Atlantique.

On peut diviser en sept groupes principaux les chaînes de montagnes de la Péninsule.

Le groupe *Pyrénaïque*, qui comprend toute la chaîne des Pyrénées, se divise en cinq masses principales : 1° la *Méditerranéenne* ou orientale, dont le point culminant est le pic du Canigou : ses pentes donnent naissance au *Ter* et au *Llobregat*, qui se jettent dans la Méditerranée, et à la *Sègre*, affluent de l'Èbre; 2° l'*Aquitanique*, dont les glaciers fournissent les eaux de la Garonne et de l'Adour, tandis qu'ils ne donnent à l'Espagne que de petites rivières; 3° la *Cantabrique* ou centrale, séparée de la suivante par les sources de l'Èbre; 4° l'*Asturienne*, presque aussi haute que l'Aquitanique, et coupée à pic du côté du sud; 5° la *Portugaise* ou occidentale, dont les ramifications s'étendent jusqu'à l'embouchure du Douro ou *Duero*.

La constitution géognostique de la chaîne Pyrénaïque est intéressante sous plusieurs rapports : on a reconnu que, bien qu'elle appartienne à la formation granitique, le granit y est moins ancien que dans plusieurs autres parties de l'Europe.

Paris. — Typographie de Henri Plon, imprimeur de l'Empereur, 8, rue Garancière.

Le groupe *Ibérique* est formé de différentes chaînes dont les pentes vont se joindre au nord-ouest à celles des Pyrénées, et vont se terminer au sud-est près des rives du Guadalaviar. Ces différentes chaînes unies entre elles portent les noms de *Sierra de Oca*, de *Sierra de Moncayo*, de *Sierra de Gudar*, et de *Sierra d'Espadan*. La *Sierra de Molina*, qui se confond avec celle d'*Albaracin* et les montagnes de *Cuenca*, s'y rattache.

La chaîne que composent ces montagnes pourrait former une subdivision sous les noms de monts *Hespériques*. Le calcaire ancien se montre partout, et les plaines basses sont couvertes de terrains d'alluvion qui renferment une si grande quantité d'ossements fossiles, dont plusieurs appartiennent à des animaux perdus, que les habitants ont appelé les terrains qui les recèlent *los calaveras* (les squelettes). Depuis les sources du Guadalaviar jusqu'à son embouchure, les vallées sont traversées par des torrents furieux, environnées d'escarpements perpendiculaires. Elles sont si profondes, que le soleil n'y pénètre que lorsque ses rayons y donnent d'aplomb. La *Sierra d'Espadan* ressemble à une longue muraille. Ses vallées sombres et silencieuses, d'où l'on aperçoit des pics menaçants couronnés par les nuages, ces monts dont la base est déchirée par des ravins tortueux arrosés par des milliers de ruisseaux, forment un inextricable et gigantesque labyrinthe. Un calcaire ancien, fécond en métaux divers, y domine; mais, en descendant vers l'occident, le pays change d'aspect : les montagnes s'arrondissent, et leurs roches noires et poreuses indiquent une origine ignée.

Le groupe appelé *Carpetano-Vettonique*, parce que ses pentes étaient habitées par les *Carpetani* et les *Vettones*, se rattache vers l'est au système Ibérique, et vers l'ouest se termine par le mont *Junto*, qui domine le Tage, non loin de son embouchure. Sa principale chaîne est étroite; elle offre presque partout de vastes escarpements; elle sépare la vieille Castille de la nouvelle, et la province de Salamanque de l'Estrémadure. Pendant l'hiver, elle rassemble les orages et les tempêtes qui vont fondre sur Madrid, et dans l'été elle augmente la chaleur de l'atmosphère en réfléchissant les vents brûlants qui, venus de l'Afrique, traversent les plaines arides de la Manche. Quelques sommets sont assez élevés pour conserver la neige pendant certains étés. On peut diviser ce groupe en trois sous-groupes : l'*oriental* est formé de la *Somo-Sierra* et du *Guadarrama*; le *central*, composé de la *Sierra de Gredos*, est le plus élevé de toute la chaîne : on y voit un petit glacier au lieu nommé *Palacio del Moro Almanzor*, et des lacs d'où s'échappent plusieurs rivières qui vont grossir le Tormès, affluent du Duero; enfin l'*occidental* comprend la *Peña de Francia*, la *Sierra de Gata*, celle *d'Estrella*, et les dernières chaînes qui vont se terminer près de Lisbonne : cette partie est la plus boisée de toutes les montagnes de la Péninsule. La charpente de ces montagnes est formée d'un granit grisâtre à gros grains, qui, par la facilité avec laquelle il se décompose, et par les masses plus ou moins grosses d'un granit plus dur qu'il renferme, paraît être l'une des roches les moins anciennes de la formation granitique. Les environs de Madrid sont calcaires : la craie supérieure avec ses silex noirâtres y supporte des dépôts récents.

Le groupe *Lusitanique* est moins élevé que les trois précédents; aucune sommité n'y conserve la neige pendant les chaleurs de l'été. Il s'étend entre le Tage et la Guadiana, comprend les monts de *Tolède* à l'est, la *Sierra de Guadalupe* au centre, et la *Sierra de San-Mamès* à l'ouest, qui projette au sud celle d'*Estremos*.

Le groupe *Marianique* est formé de la chaîne du mont *Marianus* des anciens; la plus grande partie de sa masse sépare le cours de la Guadiana de celui du Guadalquivir; ses sommets ne conservent la neige que pendant neuf mois, ils surpassent en hauteur ceux de la chaîne précédente : quelques-uns atteignent 8 à 900 toises d'élévation. Son extrémité orientale est formée de deux branches, dont l'une porte le nom de *Sierra Alcaraz*, et l'autre celui de *Sierra de Seguro*. Le centre est célèbre sous le nom de *Sierra Morena*, nom qui signifie montagnes noires, et qui offre une sorte d'analogie avec l'antique nom *Mons Marianus*. La *Sierra Albaleyra*, qui se termine près de la Guadiana, forme son extrémité occidentale. Les collines qui entourent Alcaraz sont composées de psammites ou de grès argileux. Les sommets situés près des sources du fleuve voient s'étendre à leur base une chaîne de volcans éteints parfaitement reconnaissables.

Le groupe *Cunéique* ne se compose que de la petite chaîne appelée dans l'antiquité *Mons Cuneus*. Il s'étend depuis l'embouchure de la Guadiana jusqu'au cap Saint-Vincent, et sépare le royaume d'Algarve de la province de l'Alemtejo, qui forme la partie méridionale du Portugal. On le divise en deux chaînes : l'*orientale*, ou la *Sierra Calderona*, et l'*occidentale*, ou la *Sierra de Monchique*. Ce groupe ne renferme point de hautes sommités; il diffère même de tous les autres par sa constitution physique : on ne voit partout que des roches arénacées, que d'anciennes coulées de laves, surtout vers la partie orientale, dont le nom, qui signifie *chaîne à chaudrons*, convient parfaitement à une réunion de mamelons volcaniques dont les cratères ont conservé leurs formes et les caractères qui retracent leur origine.

Le groupe *Bétique*, dont les pentes septentrionales formaient la province romaine de *Bética*, s'étend depuis le *Rio Almanzor* jusqu'aux dernières pentes qui se terminent vers l'embouchure du Guadalquivir. Le centre est occupé par la *Sierra Nevada* et par celle de *Loja*. Ce n'est pas le plus vaste groupe de la Péninsule, mais c'est sans contredit le plus élevé. Quelques-unes de ces cimes surpassent en hauteur celle des Pyrénées : elles sont couvertes de glaciers éternels. On y remarque les profils heurtés des monts d'*Ubrique*, d'*Algodonales* et *del Castor*, entre lesquels domine le pic de *San Cristoval* : la neige n'y fond que dans les étés d'une chaleur extraordinaire; elle se conserve plus habituellement sur le point culminant de la *Serrania de Ronda*, où l'on voit le petit ermitage appelé *Nuestra Señora de las Nieves* (Notre-Dame des Neiges). A mesure que l'on avance vers l'orient, en suivant la crête de ces monts, plusieurs groupes rivaux en hauteur se succèdent : ce sont ceux de la *Sierra Prieta*, de la *Sierra d'Alhama* et de la *Sierra Tejada*. Le plus pittoresque est celui du *Torqual*, dont les rochers, de formes et de dimensions variées, sont si confusément et si singulièrement entassés, que leurs longues avenues ressemblent à une ville en ruines construite par les Titans; mais l'effet imposant de ces montagnes n'est point à comparer à celui que produisent les cimes de la *Sierra Nevada*, immense dominatrice de l'horizon, revêtue de frimas resplendissants dont la permanence commence à 3,050 et quelques mètres de hauteur au-dessus du niveau de la Méditerranée qui baigne ses racines méridionales. De ces cimes, on aperçoit en même temps la Sierra Morena, distante de plus de 120 kilomètres vers le nord, et les côtes africaines, qui sont au moins à 180 kilomètres du côté du sud. Le pic Mulahacen est le point le plus élevé de cette série de pics fièrement couronnés de glaces éternelles. Sa forme imposante est tronquée vers le ciel, où il atteint à peu près à la même hauteur que le fameux pic de Ténériffe, c'est-à-dire à 3,555 mètres.

Les vallées du groupe Bétique sont profondes et se croisent dans toutes les directions; des eaux limpides les sillonnent et les fertilisent.

Toute la chaîne appartient à la série des terrains primordiaux : la *Sierra Nevada* est schisteuse; sur le gneiss s'appuient des calcaires saccharoïdes et des marbres veinés des plus brillantes couleurs, ainsi que des brèches calcaires susceptibles d'être employées comme ornements dans les constructions. Près du cap de Gate, on trouve de ces belles agates *onyx* que les habitants appellent *niccolo*; à l'autre extrémité de la chaîne, le rocher de Gibraltar s'élève à 450 mètres au-dessus de la Méditerranée : il est formé de calcaire gris et divisé par des fentes perpendiculaires remplies de concrétions calcaires et ferrugineuses du plus beau rouge, pétries d'une immense quantité d'ossements et de coquilles terrestres.

PARAMERAS. — Nous ne quitterons point les hauteurs de la Péninsule sans parler de ces *parameras* ou plateaux intérieurs toujours fort élevés, souvent d'une étendue considérable, qui se prolongent entre plusieurs parties des divers systèmes de montagnes que nous venons de parcourir, ou vers leur faîte, de manière à tromper l'œil sur leur élévation. Les plus remarquables de ces plateaux solitaires et nus sont ceux de Burgos, d'Avila, de Soria, de la Manche et de Madrid. Les Pyrénées, les montagnes de Molina, d'Albaracin et de Cuenca, celles de Tolède et de Gredos, offrent de nombreux exemples de ces *parameras*, qui, à part leur étendue, pourraient être comparés aux plateaux déserts de l'Asie.

BASSINS ET RIVIÈRES. — Considérée physiquement, la Péninsule peut se diviser en cinq grands bassins considérables, et en cinq moins importants. Ces bassins, désignés par les principaux cours d'eau qui les traversent, sont, dans la première classe, ceux de l'Èbre, du Duero, du Tage, de la Guadiana et du Guadalquivir. Dans la seconde classe on voit ceux du Guadalaviar, du Jucar, de la Segura, du Mondego et du Minho. Le moins considérable de ceux de la première classe est celui de l'Èbre, mais aussi c'est le plus important de ceux qui versent leurs eaux dans la Méditerranée; les autres, au nombre de trois, inclinés dans le même sens, appartiennent à la seconde classe; tandis que quatre grands bassins et deux de moindre importance portent à l'Océan les eaux de la Péninsule. Il semblerait, d'après cette disposition, qu'avant la formation du détroit de Gibraltar, qui permit aux eaux de la Méditerranée de s'unir à celles de l'Océan, toutes les pentes orientales et méridionales de la Péninsule devaient être sous les eaux, tandis que depuis longtemps les pentes qui se dirigent vers l'Océan étaient à nu.

Le *bassin du Tage* est le plus vaste de toute la Péninsule; son fleuve était célèbre dans l'antiquité : il n'a pas changé de nom, les Romains l'appelaient *Tagus*. Les poëtes ont chanté ses bords heureux et ses rives fleuries; mais, en parcourant ses détours sinueux, on voit peu de sites capables de justifier la réputation que Silius Italicus, d'autres écrivains et quelques romanciers lui ont faite. Ses bords arides sont presque partout coupés à pic; dans les trois quarts de son cours il a la rapidité d'un torrent, et la vase rougeâtre qu'il entraîne ne renferme plus les parcelles d'or qui lui avaient valu chez les anciens le surnom d'*Auratus*. Ce fleuve, qui prend sa source dans les monts d'Albaracin, et dont le cours est d'environ 1,120 kilomètres, a pour affluents sur sa rive droite, le *Jarama*, qui se grossit des eaux du Trajuna : le *Guadarrama*, qui descend des montagnes du même nom ; l'*Alberche*, qui prend sa source entre les monts de Gredos et d'Avila ; le *Tietar*, qui descend d'une des branches des monts de Gredos ; l'*Aragon*, qui a sa source dans la Sierra de Francia, et le *Zezere*, qui prend naissance au pied de la Sierra d'Estrella. Sur sa rive gauche, le *Rio del Monte* et le *Salor*, qui descendent, l'un de la Sierra de Guadalupe, et l'autre de celle de *Montanches*, sont les principales rivières qui l'alimentent.

L'antique nom du fleuve *Anas* se conserve encore dans celui de la *Guadiana* ; *Ouady-Ana*, expression arabe qui signifie *rivière de l'Ana*. Ce fleuve, dont le cours est d'environ 650 kilomètres, prend, sous le nom de *Rio Gijuela*, sa source dans les montagnes de *Cuenca*. Cependant, comme il est formé de plusieurs cours d'eau réunis, son origine paraît encore être incertaine. On croit qu'il sort des lagunes de Riduera, d'où s'échappe en effet un ruisseau qui disparaît après un cours de 45 kilomètres, pour reparaître ensuite près d'un endroit appelé *Ojos de Guadiana*. Ces *Ojos* ou ces *yeux* sont de gros jets d'eau qui sortent de terre en bouillonnant, et qui forment, par leur réunion, un canal auquel on donne dans le pays le nom de *Guadiana*. On connaît des rivières qui se perdent et reparaissent ; mais si les lagunes de Riduera sont bien les sources du fleuve, il disparaît deux fois avant de parcourir son vaste bassin. Au-dessous du Gijuela son cours est encore de peu d'importance ; ce n'est que lorsqu'il a reçu sur sa rive droite le *Bullaque*, qui descend des monts de Tolède, et sur sa gauche le *Jabalon*, qu'il commence à en acquérir. Plus bas, la *Guadalema* et le *Zuja*, qui prennent leurs sources dans les montagnes qui appartiennent à la Sierra Morena ; le *Matachel*, sorti de la Sierra Constantina ; l'*Ardila* et la *Chanza*, descendus de la Sierra d'Aracena, complètent les principales rivières qui se jettent dans la Guadiana, et lui donnent assez de vitesse pour former au-dessous de Martola une cascade appelée *Salto del lobo* (le saut du loup).

Le *Duero*, appelé *Durius* chez les anciens, et *Douro* par les Portugais, coule dans un bassin plus considérable en largeur que ceux du Tage et de la Guadiana ; il prend sa source au pic d'*Urbion*, qu'il sépare de la *Sierra Oca* : son cours est d'environ 600 kilomètres. La largeur de son bassin donne à la plupart de ses affluents une grande importance. L'un des plus considérables sur sa rive droite est la *Pisuerga*, formée de la réunion de plusieurs rivières qui descendent de la *Sierra Oca* et des Pyrénées ; plus loin, l'*Esla*, qui prend naissance dans cette chaîne et qui reçoit elle-même plusieurs autres rivières ; et la *Tamega*, qui s'y jette 64 kilomètres avant qu'il tombe dans l'Océan. Sur sa rive gauche, l'*Eresma*, qui vient des parameras d'Avila, la *Tormès*, qui sort des hautes cimes de Gredos, et le *Rio Coa*, qui descend de la Sierra de *Gata*, donnent au Duero l'importance dont il jouit. Le sol de ce bassin n'est point sans fertilité ; mais dans quelques endroits c'est une terre trop lourde que la pluie transforme en une boue épaisse et tenace, et dans d'autres ce sont des sables mobiles sur lesquels on ne voit que des arbres résineux. A sa sortie des montagnes, le fleuve traverse de vastes et monotones parameras de 7 ou 800 mètres d'élévation : la pauvreté de la végétation fait paraître plus triste leur immense étendue.

Les Arabes, en se rendant maîtres de la Péninsule, furent frappés de la grandeur du *Bætis*, et lui imposèrent le nom de *Ouadi-al-Kebir*, qui signifie *grand fleuve*, et que les Espagnols ont altéré en l'appelant *Guadalquivir*. Suivant l'opinion vulgaire, il prend sa source sur le versant occidental de la *Sierra Sagra* ; mais comme, d'après les règles généralement admises en géographie, l'origine d'un fleuve se cherche dans la source du cours d'eau le plus éloigné de son embouchure, le *Guadarmena*, qui descend de la Sierra Alcaraz, porte un nom qui ne lui convient point, et devrait s'appeler Guadalquivir ; ainsi ce fleuve prendrait naissance dans le bassin même de la Guadiana et traverserait le groupe Bétique. Deux autres rivières importantes sorties du même bassin viennent se réunir à lui sur sa rive droite : l'une est l'*Ajandula*, qui coule à travers la Sierra Morena ; l'autre est le *Biar*, qui se fraye un chemin au milieu de la *Sierra Constantina*. Sur sa rive gauche, le *Génil*, l'ancien *Singilis*, est le plus considérable des rivières qu'il reçoit de la *Sierra Nevada*. Une partie du terrain que traverse le Génil ou *Xénil* est imprégnée de sel à une grande profondeur, et se couvre pendant l'été d'efflorescences qui nuisent à la végétation. Après sa jonction avec ce cours d'eau, le fleuve traverse un pays plat dont on remarque la richesse jusqu'à peu de distance de Séville, où, depuis *Tablado* jusqu'aux salines de *San Lucar*, s'étend sur une largeur de 6 à 8 kilomètres une bande de terrain qui, sous le nom de *Marisma*, rappelle l'insalubrité des *Maremmes* de l'Italie. Cette petite région inhabitée est arrosée par quelques ruisseaux d'eau salée qui descendent des pentes de Moron et de Montelliano, la transforment en une espèce de marais dont la vase ne nourrit que quelques plantes grêles et propres seulement à fournir de la soude, tandis que le fleuve, partagé en plusieurs bras, laisse au milieu de son cours les îles *Menor* et *Major*, dont les magnifiques prairies nourrissent une grande quantité de bêtes à cornes. En remontant son cours depuis son embouchure, le fleuve cesse d'être navigable au delà de Cordoue.

C'est à *Font-Ibre*, en latin *Fons-Ibera*, dans la vallée de *Reynosa*, que l'*Ebre* prend sa source. Les anciens le connaissaient sous le nom d'*Iberus*. Dans la plus grande partie de son cours il est resserré par des montagnes dont la plupart forment des vallées transversales qui servent de route à ses nombreux affluents. Sur sa rive gauche, l'*Agra* et l'*Aragon* se réunissent un peu avant de devenir ses tributaires ; plus bas, le *Gallegos*, la *Cinca* et la *Sègre* s'y jettent au-dessous de Mequinenza : toutes ces rivières descendent des Pyrénées. Les monts *Oca*, la Sierra de *Moncayo* et la Peña *Goloca* lui fournissent des affluents importants : ce sont le *Xalon*, dont on a comparé le volume à celui de la *Marne*, et le *Guadalope*, qui avait été utilisé par les Arabes pour la canalisation du bassin de l'Èbre. Ce fleuve, dont les sinuosités forment une longueur d'environ 500 kilomètres, est, par son étendue et le volume de ses eaux, comparable à la Seine ; il est moins sinueux, mais plus rapide. Des rochers descendus des montagnes entravent souvent sa navigation ; aussi le gouvernement espagnol a-t-il dépensé des sommes considérables pour la construction d'un canal qui règne parallèlement au fleuve, depuis Tudela jusqu'à Sastaga. De Mequinenza à Lerida un autre canal côtoie la *Sègre*. La canalisation du bassin de l'Èbre a répandu l'abondance dans cette partie de l'Espagne ; cependant ces canaux n'ont point suffi. Les atterrissements que le fleuve porte à la Méditerranée ont formé à son embouchure un delta considérable : il a fallu creuser aussi un canal pour que les navires pussent remonter jusqu'à la petite ville d'Amposta, au-dessous de Tortose.

Les autres bassins de la Péninsule, malgré leur peu d'importance, méritent cependant d'être décrits : au sud de celui de l'Èbre s'étend celui du *Guadalaviar*, rivière ou plutôt petit fleuve qui prend sa source entre la *Sierra Molina* et la *Sierra d'Albaracin*, et qu'alimentent plusieurs rivières dont l'*Alhambra* est la plus considérable. Le cours de ce petit fleuve est de plus de 225 kilomètres ; le bassin qu'il arrose est circonscrit au nord par la Peña Goloca, et par d'autres branches de montagnes qui s'étendent jusque vers l'Èbre ; à l'ouest, par la chaîne que prolongent les monts d'Albaracin. A ce bassin succède au sud celui du *Jucar* ou *Xucar*, autre petit fleuve alimenté par le *Cabriel* et le *Lambay*, et qui, dans sa conformation irrégulière, est environné de montagnes élevées et de collines. Le Jucar prend naissance sur les pentes occidentales des monts d'Albaracin, et compte plus de 350 kilomètres de longueur. Le bassin que traverse la *Segura* est plus large que les deux précédents ; au nord et à l'est, il n'est formé que par des collines ; au nord-ouest on voit le groupe appelé *Peñas de San Pedro* ; à l'est s'étendent les chaînes appelées *Sierra Alcaraz* et *Sierra Sagra*. La Segura, dont les détours forment une longueur de 240 kilomètres, reçoit les eaux du *Rio Mundo*, du *Quipar* et de la *Sangonera* ; ses bords sont déserts et sauvages jusqu'à la moitié de son cours, où depuis la vallée de *Ricote* jusqu'à la Méditerranée ils offrent la plus riche végétation.

Des deux versants qui envoient leurs eaux à l'Océan, le plus considérable est celui du *Minho* : ce fleuve descend de la *Sierra de Mondonedo* ; il n'a pas plus de 250 kilomètres de cours, mais sa largeur est considérable. Il coule dans la direction du nord au sud jusqu'à sa réunion avec le *Sil* ; puis il suit celle de l'ouest, dominé d'un côté par la *Sierra de Penagache* et celle d'*Estrica*, et de l'autre par la chaîne de *Barcia*. Les hautes montagnes de ce bassin sont, indépendamment de celles qui appartiennent aux Pyrénées, la *Sierra de Segondina*, qui donne naissance au *Bibey*, affluent du *Sil*. Au sud du Duero coule dans la direction de l'est à l'ouest, au milieu d'un bassin formé par la *Sierra de Alcoba* et par celle d'*Estrella*, le *Mondego*, petit fleuve de 225 kilomètres de cours, alimenté par la petite rivière de l'*Alva*, par la *Seire*, et enfin par la *Soire*.

RÉGIONS CLIMATÉRIQUES ET VÉGÉTALES. — On peut diviser la Péninsule en six régions climatériques et végétales.

La région *centrale* ou *celtibérique* doit comprendre les deux plateaux de la vieille et de la nouvelle Castille ; c'est-à-dire la *Sierra de Gata*, celle de *Gredos*, celle d'*Avila*, et les montagnes de *Somo-Sierra*, au nord du Tage ; au sud de ce fleuve, la *Sierra de Mamès* et les monts de *Tolède*, jusqu'aux défilés de la *Sierra Molina*, ainsi que toutes les pentes occidentales de la *Sierra Morena* et de la *Sierra de Albaracin*, jusqu'à celle de *Martes*. Ce vaste noyau de la Péninsule, quoique renfermant des sommets isolés et des forêts, comprend des plaines immenses, nues et monotones : c'est une réunion de plateaux qui offre beaucoup d'analogie avec le plateau central de l'Asie Mineure. On n'y voit point de pommiers ; l'olivier commence à s'y montrer vers le sud, et la vigne y réussit presque partout. C'est dans cette région que croît le chêne à glands doux, dont le fruit, connu sous le nom de *bellotte*, a la saveur de l'amande douce, et fait concevoir la possibilité que les premiers peuples en aient fait leur nourriture.

La région *méridionale* ou *Bétique* s'étend, de l'est à l'ouest, depuis le cap *Palos* jusqu'au cap *Saint-Vincent*, et du nord au sud, depuis les pentes méridionales de la Sierra Morena, en y comprenant les montagnes d'Algarve, jusqu'à l'Océan et la Méditerranée. Le climat y est plus ardent qu'en Sicile. Les parties que borde la mer forment une zone que l'on peut appeler africaine, caractérisée par le bananier, le palmier nain et le cactus. Les lieux pierreux sont couverts de câpriers, dont les nombreuses et longues tiges, dont la large fleur aux étamines pourprées, couvrent de leurs touffes gracieuses les terrains incultes et les rochers. Une seconde zone toujours verdoyante s'élève au-dessus de la précédente; elle se compose des végétaux de l'Italie et de la Sicile : des cistes, des thyms, des myrtes, des orangers et des citronniers; le laurier-rose et l'agnus-castus, le tamarise et le nérion, y recherchent les bords des torrents. A cette zone succède celle des cultures européennes caractérisée par la vigne; les forêts de pins forment une autre zone au-dessus de laquelle s'élèvent celle qui donne naissance aux plantes alpines, et enfin la zone des neiges éternelles.

La région *orientale* ou *Ibérique* occupe, du nord au sud, l'espace compris entre le cap Palos et le cap Creux, et, de l'est à l'ouest, comprend le bassin de l'Èbre et les terrains qui s'étendent entre les cimes de la Sierra de Molina, de la Sierra d'Albaracin, de la Sierra Martes, les montagnes de Palomera, celles de Orihuela et la Méditerranée. Cette magnifique portion de la Péninsule, que l'on peut comparer aux rivages de l'Ionie et de la Doride, possède toutes les plantes de la Sicile, de l'Archipel et du Levant. L'olivier y prospère dans toute son étendue; le caroubier y croît près du lentisque; le myrte, le laurier, le figuier, le grenadier et le mûrier y étendent leurs feuillages variés; la vigne y donne un vin fortement coloré et capiteux. Mais cette région offre, comme les précédentes, plusieurs zones qui présentent diverses nuances de végétation, depuis les basses vallées jusqu'aux sommets des Pyrénées.

La région du *Tage inférieur*, ou *Lusitanique*, s'étend, du sud au nord, depuis le cap Saint-Vincent jusqu'au cap de la Roca. Sa largeur est déterminée par la branche méridionale de la Sierra d'Estremos, à laquelle succède, en remontant vers le nord, la Sierra de Mamès. Cette région est abritée contre les vents froids par les montagnes qui s'étendent au nord du Tage. Ses parties basses sont couvertes de landes sablonneuses. On y distingue la zone des orangers et des oliviers. C'est vers les côtes, et surtout dans la partie méridionale, que la végétation offre des caractères qui la rapprochent de celle des îles Atlantiques. Depuis les monts de *Cintra* et de la Semas de *Ourem* jusqu'au cap Saint-Vincent on rencontre un grand nombre de plantes que les botanistes ont longtemps supposées propres aux Açores, à Madère et même aux Canaries. Les végétaux américains s'y plaisent et se multiplient avec facilité; quelques-uns pourraient même être comptés au nombre des plantes indigènes, au point qu'ils finissent souvent par envahir aux dépens de ces dernières des terrains d'une grande étendue, où ils prospèrent comme dans leur propre patrie.

La région de *Duero*, ou *Gallecique*, qui, du sud au nord, occupe l'espace compris entre le cap de Roca et le cap Finistère, offre un aspect différent de celui des précédentes. On y voit la région des châtaigniers et des chênes, ainsi que celle des vignes; l'olivier et l'oranger ne s'y montrent que dans les parties les plus basses, au sud du Duero.

La région *septentrionale*, ou *Cantabrique*, qui comprend l'espace situé depuis les sources de l'Adour jusqu'au cap Finistère, est coupée par des vallées qui se dirigent tantôt de l'est à l'ouest, et tantôt du sud au nord. Les plaines y sont peu étendues, encore n'en remarque-t-on que près des côtes. Le caractère constant et uniforme de cette région est l'absence du ciste et du laurier-rose, la difficulté d'y élever l'oranger et l'olivier, et d'y cultiver avec succès la vigne. De belles forêts, d'abondants pâturages et de brillants tapis de fleurs, couvrent les monts et les vallées de cette riche région. Un sol gras et fertile, la constante humidité de l'air, contribuent à entretenir cette agréable verdure; le pommier qui y croît partout, le cidre qui remplace un vin sans chaleur, pourraient faire appeler cette contrée la Normandie hispanique.

DESCRIPTION PHYSIQUE DES ILES BALÉARES. — Si, comme tout porte à le croire, l'Afrique et l'Espagne ont été réunies, les îles Baléares ont dû faire partie de la Péninsule. Elles paraissent être un prolongement de la chaîne qui a formé le cap Saint-Martin; leur direction générale est du sud-ouest au nord-est. Elles se composent de quatre îles principales : *Ivice* et *Fromentera*, *Majorque* et *Minorque*; plusieurs îlots avoisinent leurs côtes. Autour d'*Ivice*, on voit *Conejera-Grande* (la grande île aux lapins), *Esparto*, *Bebra*, *Espalmador*, *Espardell* et *Tagam*. Près des côtes de Majorque s'élèvent *Dragonera* (l'île aux dragons), *Conejera* (l'île aux lapins), et *Cabrera* (l'île aux chèvres). L'île d'*Ayre* est

à peu de distance des côtes méridionales de *Minorque*. Nous nous dispensons de nommer d'autres rochers de nulle importance.

L'île de *Fromentera* compte 22 kilomètres dans sa plus grande longueur, et 17 dans sa plus grande largeur. On croit qu'elle doit son nom moderne à la quantité considérable de céréales qu'elle produit relativement à sa superficie : c'était la petite *Pityusa* (*Pityusa minor*) des anciens. *Ivice*, ou *Iviza*, au nord de la précédente, a 90 kilomètres de tour; les Romains lui donnaient le nom d'*Ebusus*. Leur antique nom de *Pityuses* annonce que ces îles étaient couvertes de forêts.

Majorque, ou *Mallorca*, est l'île *Balearis major* des anciens; elle a 220 kilomètres de tour, et Strabon dit que les lapins que les premiers habitants y transportèrent s'y multiplièrent tellement, que l'on fut obligé d'implorer le secours des Romains pour les détruire.

L'île *Minorque*, ou *Menorca*, est l'ancienne *Balearis minor*, située à l'est de la précédente; elle a 160 kilomètres de circuit.

Le sol de ces îles est montueux, leur constitution géognostique est partout la même. Les roches calcaires y dominent; ce qui paraît confirmer leur antique réunion sous-marine avec le cap Saint-Martin. On connaît aujourd'hui d'une manière positive les hauteurs de leurs montagnes, leurs roches et leurs végétaux. L'île Majorque est la plus intéressante sous ces divers rapports; ses deux principales montagnes sont le *Puig de Torcella*, qui a 1,463 mètres, et le *Puig Major*, élevé de 1,116 mètres. Les deux groupes de montagnes qui la divisent sont formés de calcaires appartenant au terrain jurassique, c'est-à-dire de cette roche appelée *lias* par les Anglais, et de calcaires oolithiques. On y trouve aussi des dolomies, des porphyres et quelques roches qui semblent avoir une origine ignée. Des sources minérales et divers échantillons de minerai de cuivre indiquent dans cette île des richesses dont on ne tire point parti. Majorque, comme les autres Baléares, offre des sommets arides et de vertes vallées. Le caroubier et l'olivier s'y montrent dans toute leur vigueur. Le premier occupe le niveau le plus bas et jusqu'à la hauteur de 500 mètres; le second, ainsi que le buis, s'élève sur les montagnes. Ils se réunissent au pin d'Alep pour garnir leurs pentes; mais ce dernier forme des forêts qui règnent jusqu'à 200 mètres plus haut. Il se mêle souvent au chêne vert, qui croît encore à 100 mètres au-dessus. Les cimes les plus élevées ne se couvrent que d'une espèce de *seslère* (*sesleria sœrelna*). Sur les coteaux maritimes, le palmier nain protège de son large feuillage de jolies espèces de cyclames, des ononides à fleurs blanches ou purpurines, et quelques élégantes anthyllides. On voit souvent sur les montagnes les paysans mettre le feu aux forêts de pins et de chênes, pour favoriser la végétation d'une plante qu'ils appellent *carregt* (*donax tenax*). Cette plante, qui vit en société, se répand sur tout le terrain vacant, et produit, l'année suivante, une nourriture abondante aux mulets des campagnards. En vain les pins et les chênes poussent-ils quelques rejetons qui partout ailleurs serviraient à remplacer la forêt détruite, les *carregts* conservent l'emplacement qu'ils ont usurpé, et ce n'est qu'après de longues années qu'ils cèdent aux efforts de leurs gigantesques rivaux. Sur les coteaux pierreux qui avoisinent les montagnes de Majorque, le myrte, le pistachier lentisque, le câprier épineux, le ciste et le romarin indiquent aux botanistes la région méditerranéenne. Le cactier raquette entoure les jardins; sur les bords de la mer, le tamarise et la salicorne ligneuse croissent au milieu des marais salés; enfin la vigne s'élève en amphithéâtre sur les flancs de plusieurs collines, et le cotonnier se plaît dans les terrains bas et humides. L'analogie qui existe sous le rapport physique entre Majorque et les autres îles Baléares, nous dispense de poursuivre sur leur sol nos observations relatives à l'histoire naturelle.

Le nom de *Baléares* (*Balearides*) fut donné par les Grecs aux habitants de ces îles parce qu'ils étaient d'une grande habileté à se servir de la fronde (1). Suivant Pline, on les appelait aussi *Gymnasii*, parce qu'ils étaient nus lorsqu'ils marchaient au combat; leurs armes consistaient en un petit bouclier, un javelot et trois frondes différentes, selon la distance où ils voulaient atteindre. Pour habituer de bonne heure les enfants à un coup d'œil sûr, on ne leur donnait que la nourriture qu'ils avaient abattue de loin avec la pierre lancée par leur fronde. Il faut croire que les Grecs et les Romains n'avaient point de relations d'amitié avec ces peuples, puisqu'ils leur donnaient le surnom de *nus;* car il paraît certain que, dans la vie privée, ils portaient des robes longtemps avant les habitants de l'Italie. Les Romains subjuguèrent les îles Baléares, moins pour faire cesser les pirateries de leurs habitants que pour enlever aux Carthaginois des stations importantes pour le commerce de la Méditerranée; ils fondèrent dans l'île de Majorque *Palma* et *Pollensa*, dont nous parlerons plus tard : ces îles firent partie de la province *Tarraconaise*.

---

(1) Du mot grec βάλλω, lancer.

APERÇU HISTORIQUE SUR LA PÉNINSULE.

ANCIENS HABITANTS DE LA PÉNINSULE HISPANIQUE. — On a fait beaucoup de conjectures sur l'origine des noms de *Hispania* et *Hesperia*, que les anciens donnèrent à la Péninsule; on a fait dériver le mot *Hispania* du mot phénicien *span*, qui signifie *caché*, parce que ce pays était pour les Phéniciens une contrée éloignée et peu connue. On a dit aussi, et cela nous paraît plus admissible, qu'ils l'appelèrent *Spania*, à cause de la quantité de lapins qu'ils y trouvèrent (1). Les Grecs la nommèrent *Hesperia*, parce que pour eux elle était située au couchant (2). Le nom de *Iberia*, qu'elle portait aussi, paraît venir de celui de ses premiers habitants, qui, selon une supposition admise par plusieurs auteurs espagnols, descendaient de ce fils de Noé appelé *Tubal*, débarqué en Espagne vingt-deux siècles avant notre ère.

Les *Iberi* étaient divisés en plusieurs tribus. Ils eurent à repousser plus d'une invasion des *Celtes*, et ceux-ci finirent même par s'établir dans le nord, entre les Pyrénées et l'Èbre, sous le nom de *Celtibériens*.

Les anciennes tribus qui peuplaient l'Espagne étaient redoutables à la guerre. Le costume des Ibères consistait en un *sagum* ou manteau de laine grossière; ils portaient un bouclier rond, des cuissards en crin, des espèces de bottes faites de poil, un casque en fer orné d'un panache rouge; et leurs épées, larges et à deux tranchants, étaient d'une si bonne trempe, qu'aucune armure ne leur résistait. Leur boisson habituelle était une sorte d'hydromel; le vin leur était apporté par des marchands étrangers. Chez eux, les terres étaient également réparties; les récoltes se partageaient entre tous les citoyens; la loi punissait de mort quiconque en avait détourné une partie. Diodore ajoute qu'ils retiraient un gain considérable de la vente de leurs mulets. Ils sacrifiaient aux divinités des victimes humaines, et leurs prêtres prétendaient lire l'avenir dans leurs entrailles palpitantes. A chaque pleine lune, ils célébraient par des danses la fête de leurs divinités.

COLONIES PHÉNICIENNES, GRECQUES ET CARTHAGINOISES. — Les Phéniciens furent les premiers à établir des colonies sur les côtes de l'Espagne; une des plus anciennes est celle de *Tartessus*; plus tard ils fondèrent *Gades*, aujourd'hui *Cadix*, dans l'île de *Gades*. Ils y faisaient un trafic d'autant plus avantageux qu'il était ignoré des autres nations; mais par la suite les *Rhodiens*, les *Samiens*, les *Phocéens* et d'autres Grecs vinrent sur différents points de la côte établir des comptoirs. Carthage avait été fondée par les Phéniciens; mais oubliant leurs liens de parenté, les Carthaginois s'emparèrent des stations phéniciennes et demeurèrent les maîtres de tout le littoral de l'Espagne. Mais leur domination ne fut pas aussi supportable que celle de leurs prédécesseurs: ils s'attirèrent par leurs rapines et leurs cruautés la haine des Celtibères, et ne purent jamais pénétrer dans l'intérieur de la Péninsule que les armes à la main.

DOMINATION DES ROMAINS EN ESPAGNE, DIVISION DE LA PÉNINSULE. — La ruine de Carthage livra l'Espagne à de nouveaux envahisseurs; elle fut considérée comme province romaine deux siècles avant notre ère: ceux qu'elle avait eus pour alliés devinrent ses maîtres, et bientôt ils y introduisirent leurs lois, leurs usages, et jusqu'à leur idiome. Rome acheta cher cette conquête: le nord, aujourd'hui la vieille Castille, l'Aragon et la Catalogne, fut constamment en révolte contre le vainqueur; les autres parties de la Péninsule résistèrent aussi; toute la population des montagnes combattait avec ardeur: il semble que de tout temps l'Espagnol ait sucé avec le lait l'amour de l'indépendance. La Péninsule ne fut toute soumise que sous le règne d'Auguste; elle fut divisée en trois grandes provinces: la *Lusitanique* à l'ouest, la *Bétique* au sud-est, et la *Tarraconaise* au nord-ouest.

La Tarraconaise portait encore le nom d'*Espagne Citérieure*, et les deux autres provinces celui d'*Espagne Ultérieure*.

La *Lusitanique* renfermait les *Cynètes* ou *Cincsii*, premiers habitants de l'Algarve; les *Celtici* ou *Celtes-Glctas*, entre la Guadiana et le Tage; autour des monts de Gredos, les *Vettones*, qui passaient tour à tour d'un repos absolu aux chances aventureuses des combats; au sein de l'Estrémadure, les *Lusitani*, qui, célèbres par

leurs rapines, ne se nourrissaient que de farine et de glands doux, ne buvaient que de la bière, se servaient de bateaux faits en cuir, de petits boucliers en cordes de boyau tressées, et, légers à la course, marchaient au combat en dansant. La *Bétique* était habitée par les *Bastuli*, appelés aussi *Pœni*, riverains de la Méditerranée; les *Turduli*, riverains de l'Océan, près de l'embouchure du *Bætis*; les *Bæturi*, occupant les monts Mariani; enfin les *Turdetani*, qui habitaient les pentes méridionales de la *Sierra d'Aracena*. Plus éclairés qu'aucun des peuples de la Bétique, ils possédaient quelque industrie longtemps avant leurs voisins. Si nous en croyons les historiens, lorsque les Phéniciens arrivèrent sur la côte des *Turdetana*, l'argent y était si commun, que les ustensiles les plus ordinaires étaient faits de ce métal. Ils firent alors ce que les Espagnols ont fait depuis en Amérique: ils échangèrent des objets de quincaillerie et de peu de valeur contre des meubles en argent, et même, s'il faut en croire les auteurs anciens, non-seulement ils emplirent leurs vaisseaux de ce métal, mais ils en forgèrent des ancres pour remplacer celles qu'ils abandonnèrent.

La *Tarraconaise* comprenait, dans la subdivision appelée *Gallæcia*, les *Artabri*, qui tiraient leur nom du cap *Artabrum*, aujourd'hui *Finistère*; les *Bracari*, dont le chef-lieu était *Bracara*, aujourd'hui *Braga*; les *Lucences*, dont *Lugo* indique encore la capitale. Ces peuples et quelques autres composaient la nation des *Gallaïci* ou des *Gallæci*, que les anciens disaient être sans religion. Les *Asturi*, aujourd'hui *Asturiens*, habitaient à l'orient des montagnes de la *Gallæcia*, sur les bords de l'*Asturis*; leur capitale était *Asturica-Augusta*. A l'orient de ceux-ci s'étendaient les *Vacci*, les plus policés des *Celtiberi*; les féroces *Cantabri*, qui, pour combattre, avaient coutume de monter deux sur un même cheval, occupaient des parties riveraines de la vieille Castille. Sur les mêmes pentes des Pyrénées, les *Carites* ou *Caristi* habitaient une portion de la Biscaye. Sur le versant méridional, les *Turmodiges* et les *Murbogii* occupaient la province de Burgos; leurs voisins à l'est étaient les *Autrigones* de l'Alava, les *Berones* de la Rioja, et les *Varduli* du Guipuscoa. Au nord de l'Èbre se trouvaient les *Vascones* ou *Navarrois*, ancêtres de nos Gascons; les *Jaccetani*, répandus sur les pentes pyrénaïques de l'Aragon; les courageux *Ilergetes*, des environs de Lérida, et les *Vescitani*, entre les *Vascones* et les *Ilergetes*.

A l'orient de ces peuplades, les *Cerretani*, les *Indigètes*, les *Castellani*, les *Ausetani*, les *Saletani* et les *Cosetani*, au sud des précédents, occupaient toute la Catalogne. Au midi de l'Èbre, les *Arevaci*, qui devaient leur nom à la rivière d'Areva, occupaient les environs d'Arevalo et la province de Ségovie; les *Pelendones*, les hauts plateaux de Soria et de Moncayo. L'espace compris entre les monts Albaracin et le fleuve était habité par les *Edetani*, l'un des peuples les plus puissants de la contrée. Les *Ilercavones*, nation non moins considérable, occupaient un grand espace entre le haut Jucar et le bas Èbre. Entre l'Èbre et le Guadalquivir, les *Suessetani* s'étendaient sur le rivage de la Méditerranée; les *Carpetani* étaient fixés depuis la Guadiana jusqu'à Somo-Sierra, espace qui comprend aujourd'hui l'archevêché de Tolède. Au sud, on voyait les *Oretani*, entre la Guadiana et les monts Marianiques; la petite peuplade des *Olcades* était cantonnée dans les environs du confluent du Cabriel et du Jucar. La subdivision de la Tarraconaise, appelée la *Carthaginoise*, était occupée par deux peuples: les *Bastetani*, qui faisaient souvent leurs incursions dans la Bétique, mais qui occupaient le centre du royaume de Murcie, et les *Contestani*, qui habitaient, vers les bords de la Méditerranée, les deux rives de la Segura, depuis le cap Palos jusqu'au Jucar.

En temps de paix, dit Diodore de Sicile, les *Iberi* et les *Lusitani* s'exercent à une danse vive et légère qui exige une grande souplesse dans le jarret. Aurait-il voulu désigner le *fandango*, danse dont on ne connaît point l'origine? Chez les *Celtiberi*, il se tenait tous les ans une assemblée de vieillards dans laquelle les femmes apportaient leur travail de l'année, et celle qui était reconnue pour la meilleure ouvrière recevait une récompense. Pour entretenir chez les hommes le désir de se tenir le corps léger et dispos, on les mesurait tous les ans avec une ceinture dont l'ampleur était déterminée, et c'était une sorte de déshonneur que d'avoir le ventre trop gros. Chez ces peuples, on fixait une époque pour les mariages. Les filles choisissaient parmi les jeunes guerriers; mais le meilleur moyen d'obtenir la préférence, c'était de présenter à sa belle la main coupée de l'ennemi qu'on avait tué.

Strabon nous fournit des détails sur l'habillement des anciens Espagnols: les *Lusitani* s'enveloppaient de manteaux noirs, parce que la plupart de leurs moutons étaient de cette couleur; leurs femmes avaient des vêtements brodés. Les femmes celtibères por-

---

(1) La double signification du mot *span* (caché, lapin) prête à ces diverses interprétations. Les Romains adoptèrent la dernière, comme le prouve une médaille d'Adrien, sur laquelle l'Espagne est représentée sous la figure d'une femme ayant à ses côtés un lapin.

(2) En grec ἑσπέρα, soir, occident.

taient des colliers de fer surmontés de branches recourbées, qui s'élevaient au-dessus de la tête en s'abaissant vers le front; c'est sur ces branches qu'elles plaçaient l'ornement auquel elles tenaient le plus, le voile dont elles s'ombrageaient le visage. D'autres portaient une espèce de turban qui s'élargissait en s'élevant un peu; quelques-unes tortillaient leurs cheveux autour d'une petite baguette haute d'un pied au-dessus de leur tête, et qui servait à attacher un voile noir. Enfin, il y en avait qui se dépilaient le devant de la tête de manière à le rendre plus luisant que le front.

LA PÉNINSULE ENVAHIE PAR LES BARBARES, DOMINATION DES VISIGOTHS. — Ces peuples s'étaient confondus sous l'oppression romaine, lorsqu'au commencement du cinquième siècle les Suèves, les Vandales et les Visigoths se précipitèrent tour à tour dans la Péninsule, et formèrent par leur mélange avec les deux races celtique et ibérique les autres races que le physiologiste distingue encore sur le sol de l'Espagne. Les premiers, sous la conduite d'Ermeric, descendirent le Duero, et choisirent *Braga* pour la capitale de leur royaume; Genseric conduisit ses Vandales au centre de la Péninsule, et prit Tolède pour résidence; mais quinze ans s'étaient à peine écoulés depuis l'établissement de cette horde barbare, que Théodoric, vaincu par Clovis, abandonna Toulouse, pénétra en Espagne, et, s'emparant de Tolède, força les Vandales à passer en Afrique. Pendant cette émigration, l'ancienne province romaine de Bétique, que les Vandales occupèrent un instant, reçut de ceux-ci le nom de *Vandalousie*, aujourd'hui encore *Andalousie;* mais les Visigoths ne tardèrent point à étendre leur domination, et depuis l'Èbre jusqu'au détroit de Gibraltar, tout leur fut bientôt soumis. Ces antiques Celtibères, qui avaient résisté si longtemps aux Romains, mais chez lesquels ceux-ci avaient étouffé tout sentiment d'indépendance et de liberté, reçurent sans résistance leurs nouveaux maîtres; ils formèrent la race abjecte des prolétaires. Le pouvoir et les priviléges, ou, si l'on veut, la noblesse, furent réservés à la race gothique, et le titre de *hijo del godo*, ou fils de Goth, dont les Espagnols ont fait *hidalgo*, devint le signe distinctif d'un homme libre et puissant au milieu d'un peuple d'esclaves. Chacun des chefs conquérants appartenant aux hordes venues du Nord forma au sein de la Péninsule un État à peu près indépendant. Ces barons ou hommes libres reconnaissaient un chef. Le Portugal et l'Espagne étaient ainsi divisés : c'était le régime féodal avec des rois et des vassaux. Mais chez les Visigoths la couronne n'était point héréditaire, ou du moins la succession régulière des rois était souvent interrompue par les crimes et les usurpations. L'autorité souveraine y était limitée par les conseils composés des grands vassaux; et quelques-uns de ceux-ci devinrent si puissants, que l'un d'eux, le comte Julien, pour se venger du roi Rodrigue qui avait outragé sa fille, eut assez de pouvoir pour livrer l'Espagne aux mahométans.

DOMINATION ARABE. — Après être restée trois siècles soumise aux Visigoths, l'Espagne tomba en 711 sous le joug des Arabes. Une seule bataille, celle de Xérès, livrée sur la rive gauche du *Guadalète,* suffit pour leur en assurer la conquête. L'établissement et la longue domination des Maures dans la Péninsule est un de ces événements qui prouvent la supériorité d'un peuple instruit et policé sur une population divisée par les factions et abrutie par le régime féodal. Ils choisirent Cordoue pour capitale de leur empire;

et tandis qu'aveuglés par les succès ils s'adonnaient aux sciences, cultivaient les lettres et les beaux-arts, embellissaient de leurs élégantes mosquées Cordoue, Grenade et d'autres villes; tandis que, gouvernant les vaincus avec douceur, avec justice, et respectant partout le principe d'une sage tolérance, ils croyaient affermir leur empire, un peuple pauvre, mais intrépide, relégué dans les montagnes des Asturies, préparait en silence la délivrance de la patrie.

ORIGINE DU ROYAUME D'ESPAGNE. — *Pélage* ou *Pelayo,* simple pâtre, d'autres disent prince ou roi, parce qu'il se montra digne de l'être, fonda au sein de ces montagnes le royaume d'Oviédo, qui s'étendit par les conquêtes jusqu'au Duero et même jusqu'à la chaîne de Guadarrama, et se subdivisa en deux : celui de Léon et celui des Asturies. Cet exemple encouragea les chrétiens. Tandis que l'intérêt de leur conservation les obligeait à concentrer leurs forces, les lieutenants des califes, divisés par l'ambition, affaiblis par des rivalités intestines, prenant les titres pompeux de rois de Cordoue, de Séville, de Valence et de Grenade, se défendaient séparément et ne pouvaient opposer qu'une faible digue au torrent. Depuis l'an 1085, les Maures se voient enlever successivement toutes leurs provinces; le mariage de Ferdinand d'Aragon avec Isabelle de Castille et l'expulsion des Maures de Grenade en 1496 consacrent l'union des deux royaumes chrétiens les plus puissants de la Péninsule et la fondation du royaume d'Espagne, qui devait sous Charles-Quint et Philippe II atteindre l'apogée de sa grandeur et de sa puissance.

ORIGINE DU ROYAUME DE PORTUGAL. — Le royaume de Portugal était délivré des Sarrasins, et possédait ses limites actuelles longtemps avant que l'Espagnol eût affranchi sa patrie du joug mahométan. Au commencement du douzième siècle, Alphonse Henriquez, fils de Henri de Bourgogne, qui avait secouru de son épée le roi de Castille contre les Maures, et avait été fait comte de *Portocale,* reçut de ses soldats le titre de roi, après avoir tué cinq émirs musulmans, dont les têtes figurent encore sur les armoiries du Portugal (1). Vers le milieu du siècle suivant, Alphonse III conquit l'Algarve sur les Sarrasins; libre sur un territoire que son courage avait délivré de la domination étrangère, on vit dans ces temps héroïques la nation portugaise sortir des ténèbres de la barbarie, se livrer aux sciences, à la navigation, au commerce, à l'agriculture, et se préparer par des routes inconnues à ces mémorables découvertes qui étendirent le cercle des relations de l'Europe avec l'Afrique et l'Asie, et plus tard avec un vaste continent dont le génie de Colomb avait deviné l'existence.

(1) Ce nom de *Portugal* viendrait, suivant quelques auteurs, de *Porto-Gallo* (port français), ville dans laquelle s'établirent Henri de Bourgogne et ses compagnons, et qui porte aujourd'hui le nom d'Oporto ou de Porto. Selon d'autres, il existait à l'embouchure du Duero un bourg nommé *Cale,* aujourd'hui *Gaya;* dans la suite on bâtit vis-à-vis de Cale un port qui reçut le nom de *Portucale* (port de Cale), et qui devint la ville de Porto, dont Gaya ou Cale est le faubourg. C'est de ce nom de *Portucale* que celui de *Portucalia* fut donné d'abord aux provinces actuelles de Minho et de Tras-os-Montès, et dans la suite à tout le royaume. Le plus ancien titre où le nom de Portugal ait été employé est de l'an 1069. On le conserve soigneusement dans le monastère d'Aroun.

ESPAGNE.

ÉTENDUE, LIMITES, SUPERFICIE, POPULATION DE LA MONARCHIE ESPAGNOLE. — Le royaume d'Espagne se compose de la plus grande partie de la Péninsule hispanique (459.243 kilomètres carrés), de l'archipel des Baléares dans la Méditerranée, de l'archipel des Canaries sur la côte occidentale d'Afrique, et de *Presidios* (places fortes avec leur territoire sur les côtes du Maroc).

Sa partie continentale est bornée au nord par le golfe de Biscaye et les Pyrénées; à l'est, par la Méditerranée, le détroit de Gibraltar et l'Océan; il est séparé du Portugal, à l'ouest, par le cours de la Guadiana et de quelques rivières, telles que le Sever, l'Herjas, le Turon, et au nord-ouest par le Minho. Sa plus grande longueur de l'est à l'ouest est de 1,040 kilomètres, et sa plus grande largeur de 880.

La population de l'Espagne était évaluée, en 1849, à 14,216,219 habitants, et l'on peut, sans crainte d'exagération, la porter, en 1857, à près de 16 millions. Cette population, qui se compose d'un mélange des anciens indigènes avec les Grecs, les Romains, les Vandales et les Goths, comprend aussi dans une faible proportion des Basques ou Vascons, des Maures et des Gitanos. Elle est répartie dans 150 cités, 4,000 villes, 15,000 bourgs ou villages; elle forme quatre classes : la noblesse, le clergé, la bourgeoisie et le peuple.

AGRICULTURE ET PRODUCTIONS VÉGÉTALES. — Les étrangers qui attribuent l'état arriéré de l'agriculture en Espagne à la paresse de l'habitant, n'ont point suivi les rudes travaux du paysan, tantôt au milieu des montagnes presque inaccessibles des

Asturies, de la Galice et de la Catalogne, ou dans les détours arides du Guipuscoa, de la Biscaye et de la Navarre ; tantôt dans les marais de Valence ou dans les plaines brûlantes de l'Andalousie et de l'Estrémadure. Les hommes qui supportent tant de fatigues pour un modique salaire méritent-ils l'épithète de nonchalants ou de paresseux ? D'ailleurs il est à considérer que depuis le commencement de ce siècle il y a eu progrès remarquable dans la production agricole de l'Espagne. Dans presque toutes les provinces on cultive le blé, le seigle, l'orge, le maïs et le chanvre. Le royaume de Léon, l'Estrémadure et les deux Castilles, l'Aragon, l'Andalousie et le royaume de Murcie, produisent principalement le froment, comme la Biscaye, la Navarre et la Catalogne le seigle. L'avoine, presque dédaignée, est en général remplacée par l'orge pour la nourriture des bestiaux : les royaumes de Grenade et de Séville sont ceux qui en fournissent le plus. Le lin, peu cultivé, se récolte principalement en Galice. Dans les provinces méridionales, dans celles qui s'étendent sur le littoral de la Méditerranée, l'huile et la soude forment les principaux produits, qu'il faut ajouter aux genêts, au sumac, et surtout aux plantes potagères renommées pour leur saveur ; dans quelques-unes de ces provinces les champs se couvrent de safran, le riz forme de vastes nappes ondoyantes, et l'arbuste qui porte le coton prospère comme sur son sol natal. Au milieu de ces richesses végétales, le bombyx trouve dans la feuille du mûrier une nourriture succulente qui contribue à la beauté de la soie qu'il sécrète. C'est dans la Catalogne et le royaume de Valence que le riz est le plus abondant. Cette dernière province et l'Andalousie sont les plus belles de toute l'Espagne : des arbres de toute espèce y produisent des fruits délicieux ; la canne à sucre y croît à côté du cotonnier ; de nombreux oliviers fournissent une huile qui par sa qualité est devenue une branche importante de commerce ; des végétaux propres à la teinture, le miel exquis que distille l'abeille, ajoutent encore aux richesses qu'elles retirent d'un sol et d'un climat favorisés de la nature. Le miel de la province de Cuenca était, du temps des Romains, célèbre par sa blancheur et par son goût agréable, qui le fait appeler *miel de romarin*. L'anis, le maïs, le sel et le *stipe* dont on fabrique les tissus de sparterie, forment la richesse du royaume de Murcie ; la barille, plante dont on tire la soude, est l'un des produits particuliers à celui de Valence, qui, par la richesse de sa culture, est appelé le jardin de l'Espagne. L'Aragon, moins bien partagé, possède sur les bords de l'Èbre des terrains fertiles en grains, en safran, en chanvre, en oliviers et en fruits ; les forêts y sont bien entretenues ; mais loin des rives du fleuve on ne trouve plus qu'un sol aride et presque inculte. De beaux vallons, peu riches en céréales et couverts d'excellents pâturages, caractérisent la Navarre ; les provinces vascongades, et particulièrement la Biscaye, se font remarquer par leur fertilité et l'industrie de leurs habitants ; en Galice, le maïs, la châtaigne et la pomme de terre, qui de cette province, où elle fut d'abord importée, se répandit dans toute l'Europe, forment la principale nourriture du paysan ; le lin et le chanvre alimentent son industrie. Dans les Asturies, les forêts qui fournissent des bois de construction, les pâturages où l'on engraisse d'excellents troupeaux, constituent la richesse territoriale. La Vieille-Castille présente des landes sablonneuses, une végétation appauvrie et presque desséchée ; la Nouvelle-Castille, moins triste et plus chaude, offre moins d'aridité.

Presque toutes les terres de l'Espagne sont favorables à la vigne : l'excédant de la récolte du vin sur la consommation forme une branche considérable d'exportation, dont l'importance serait beaucoup plus grande, si pour la culture des vignobles et pour la fabrication du vin on employait les méthodes que l'agriculture et la chimie ont perfectionnées depuis plus de vingt ans. Nous citerons parmi les vins les plus estimés ceux de *Peralta*, en Navarre ; de *Ribadavia* et de *Betanzos*, en Galice ; ceux de *Manzanarès* et de *Val-de-Peñas*, dans la Manche ; ceux de *Xérès*, de *San-Lucar* et de *Rota*, dans le royaume de Séville ; ceux de *Cabra*, de *Lucena*, et de presque tout le pays qu'on nomme la *Campine*, dans le royaume de Cordoue ; ceux de *Malaga*, dans le royaume de Grenade ; ceux des environs de *Carthagène*, dans le royaume de Murcie ; enfin ceux d'*Alicante*, dans le royaume de Valence. Malgré la réputation dont quelques-uns de ces vins jouissent chez les gourmets, la quantité qu'on en exporte n'est point en proportion avec celle de l'eau-de-vie qui sort des ports espagnols.

RACES D'ANIMAUX. — Les bêtes à cornes sont peu nombreuses en Espagne, surtout dans la Catalogne, l'Aragon, la Navarre et la Biscaye, provinces qui les tirent principalement de France. Le centre de la Galice, couvert de pâturages, nourrit une grande quantité de bœufs ; ceux des Asturies sont excellents ; les vaches de ce pays sont une véritable richesse : leur lait est employé à faire des fromages et d'excellent beurre, dont toute l'Espagne pourrait être approvisionnée, si l'habitant savait le saler et le conserver. D'innombrables troupes de bœufs, dont la beauté était en réputation chez les anciens, paissent encore dans les gras pâturages de l'Andalousie. Dans les montagnes de cette province, comme celles d'Aracena et de Constantina, on élève beaucoup de porcs ; il en est de même dans celle de Salamanque ; dans le royaume de Léon, leur chair doit son goût délicat aux glands doux qui leur servent de nourriture ; enfin les jambons de la Galice sont renommés dans toute l'Espagne. Les mulets et les chevaux ont un peu perdu de la réputation dont ils jouissaient autrefois : cependant on peut toujours citer les Asturies pour leurs petits chevaux vifs et légers, l'Andalousie pour ses superbes coursiers qui ont conservé toute la vigueur des races arabes, et ces deux provinces pour les robustes mulets qui doivent leurs qualités à celles de l'âne, qui n'a point en Espagne subi la même dégénération qu'en France.

Nous ne nous étendrons pas sur ce qui concerne la faune espagnole : presque tous les animaux de la France méridionale se trouvent en Espagne. Les montagnes et les plaines abondent en gibier ; on trouve des cerfs, des daims et des sangliers dans les montagnes de la Galice et dans les forêts des Asturies, qui recèlent de plus une grande quantité d'ours ; l'Andalousie fournit au chasseur des lièvres, des lapins, des perdrix rouges et des outardes ; les loups habitent presque toutes les contrées boisées et montagneuses ; le chamois et le lynx, les Pyrénées et les montagnes de Cuenca ; dans le royaume de Murcie, on rencontre le moufflon, et dans les provinces plus méridionales la genette, le porc-épic, le scorpion, le truxale (*truxalis nasutus*) et le caméléon. Un savant naturaliste, frappé de la ressemblance de la zoologie du midi de l'Espagne avec celle du nord de l'Afrique, a vu dans ce fait une preuve de l'antique réunion des deux continents que sépare le détroit de Gibraltar. Des essaims de sauterelles désolent quelquefois l'Estrémadure et l'Andalousie. Le paysan, qui pourrait facilement les détruire lorsqu'elles sont peu nombreuses et qu'elles se contentent de l'herbe des champs, ne fait attention à ces insectes sortis des plaines de l'Arabie que lorsqu'il ne peut plus en arrêter les ravages.

Les rivières de l'Espagne sont très-poissonneuses, ainsi que ses côtes : la pêche est la principale ressource de la Galice ; on y prépare la sardine de manière à en faire un objet d'exportation dont l'Espagne, la France et surtout le Levant, font une grande consommation. Le thon rend encore très-lucrative la pêche de cette province. Les pêcheries des côtes méridionales et orientales doivent aussi leur importance à ce poisson et aux anchois.

LES LAINES, LES TROUPEAUX MÉRINOS. — Les richesses considérables que, depuis les temps les plus reculés, l'Espagne retire de la vente de ses laines, ont diminué d'une manière qui paraîtrait incroyable, si l'on ne calculait combien doit avoir été funeste pour ce pays la guerre d'indépendance qu'il eut à soutenir en 1812 contre les Français. Nous pourrions encore à cette cause en ajouter d'autres plus ou moins influentes, s'il était dans notre plan d'examiner cette question. Aujourd'hui que les moutons mérinos importés en France et dans plusieurs contrées industrieuses y perpétuent leur race, il est difficile que l'Espagne ressaisisse la prééminence commerciale qu'elle obtenait autrefois de leurs produits.

Les troupeaux de mérinos se divisent en deux classes : les *sédentaires*, qui comprennent 8 millions de têtes ; et les *voyageurs*, un nombre un peu plus considérable. Les moutons voyagent par bandes de 1,000 à 1,200, sous la conduite de deux bergers, quittent au mois d'octobre les montagnes de la Vieille-Castille, et vont en quelque sorte ravager les plaines de l'Estrémadure et de l'Andalousie, jusqu'au mois de mai qu'ils retournent dans les montagnes. Ces bergers, au nombre de 16,000, et presque aussi sauvages que leurs mérinos, exercent un véritable despotisme sur les terres qu'ils parcourent. Pendant leur marche, qui est d'autant plus lente qu'ils trouvent plus de nourriture, les ordonnances de la *Mesta* (1) leur accordent une largeur de 80 mètres ; arrivés à leur destination, on les distribue dans des pâturages qui leur sont réservés, et dont la location est payée aux propriétaires suivant le taux fixé arbitrairement par la Mesta elle-même. On attribue avec quelque raison la dépopulation de certaines provinces et la décadence de l'agriculture à ces migrations ; et en effet, la Biscaye, les Asturies, la Galice et la province de Burgos, qui ne sont point exposées à ce fléau, sont mieux cultivées et plus peuplées que celles qui supportent cette charge annuelle.

C'est lorsque les bergers sont revenus dans leurs cantonnements d'été que l'on fait la tonte, opération d'autant plus importante qu'elle s'exécute en grand sous de vastes hangars disposés pour recevoir à la fois d'autant 40,000 ou 60,000 mérinos. On peut juger de la quantité de bras qu'elle emploie, puisque l'on compte 125 ouvriers par 1,000 moutons. Les uns sont occupés à tondre la laine, et d'autres à la diviser en quatre espèces suivant leur degré de finesse. L'époque de cette opération est aussi joyeuse que celle des vendanges dans les riches vignobles.

---

(1) *Mesta*, société de grands propriétaires de troupeaux voyageurs, qui tous les ans se réunit sous la présidence du conseil d'État.

Dames de Madrid.

DIVISIONS POLITIQUES. — Le royaume d'Espagne, en y comprenant ses colonies, est aujourd'hui divisé en 17 capitaineries générales, dont voici le tableau :

Espagne propre.	
1. Navarre.	10. Valence.
2. Provinces basques.	11. Catalogne.
3. Galice.	12. Aragon.
4. Vieille-Castille, Léon et Asturies.	*Iles.*
5. Nouvelle-Castille et Manche.	13. Les Baléares.
6. Estrémadure.	14. Les Canaries.
7. Andalousie.	*Colonies.*
8. Grenade.	15. Les Philippines (Manille).
9. Murcie.	16. Porto-Rico.
	17. Cuba (la Havane).

Les quatorze capitaineries que forment l'Espagne et les îles adjacentes se subdivisent en 49 provinces, *provincias*, composées chacune de plusieurs *partidos* comprenant un certain nombre de *pueblos* ou communes.

Pour ne pas multiplier les divisions, nous allons dans notre excursion chorographique visiter et décrire successivement chacune des anciennes grandes provinces.

L'Espagne est d'ailleurs de tous les pays de l'Europe le moins susceptible d'être peint à grands traits avec ces couleurs générales qui mettent tant de différences entre l'Italie, la France et l'Angleterre. Plusieurs nuances plus ou moins tranchées distinguent ses provinces; les contrastes les plus frappants les séparent, et quelquefois même les isolent. Savoir apprécier ces nuances et ces contrastes, afin de mieux juger l'état moral du peuple espagnol, a été jusqu'à présent l'écueil que n'ont point su complétement éviter ceux qui ont voulu donner une idée de la civilisation de ce peuple et le comparer aux autres peuples de l'Europe. C'est donc en examinant chacune des divisions de l'Espagne que nous parviendrons à en esquisser un tableau d'autant plus fidèle que nous repousserons d'inexactes généralités.

CAPITAINERIE GÉNÉRALE DE LA NAVARRE. — La *Navarre espagnole* ou *haute Navarre* est séparée de la *Navarre française* ou *basse Navarre* par une partie des Pyrénées. Bornée à l'est par l'Aragon, au sud par la Vieille-Castille, et à l'ouest par les provinces vascongades, son territoire est montagneux, mais parsemé de riches et fertiles vallons, croisé en différents sens par de belles routes, avantage dont jouissent peu de provinces espagnoles, et exposé à un climat froid, variable et sain. Ses habitants sont laborieux, mais pauvres. La haute Navarre, dont le pape Jules II dépouilla l'aïeul de Henri IV, fut, en 1518, réuni à la couronne d'Aragon et de Castille.

A peine a-t-il franchi les Pyrénées, que le voyageur qui vient de France aperçoit la petite plaine de Roncevaux, dont le couvent renferme encore plusieurs objets qui rappellent le valeureux Roland et l'archevêque Turpin. Bientôt il découvre sur la montagne de Saint-Christophe, qui s'élève au bord de l'Arga, *Pampelune (Pamplona)*, que l'on prétend avoir été bâtie par Pompée, qui lui donna le nom de *Pompéiopolis*. C'est la capitale de la province et le siége d'un évêché. L'aspect imposant que présentent ses murailles, ses bastions et son château fort, se dément dès qu'on entre dans son enceinte : on n'est plus alors frappé que de la tristesse de ses rues larges et droites, et de ses maisons élevées et bâties en pierre. Son industrie consiste en manufactures de faïence et de draps grossiers. *Tudela*, au confluent du Queila et de l'Èbre, est une jolie résidence épiscopale qui possède un collége pour l'enseignement de la médecine, de la chirurgie et de la pharmacie; des fabriques de draps, de poterie et de savon; et où il se fait un important commerce de bestiaux. *Viana*, peuplée de 4,000 âmes, possède un château et un bel hôpital; *Estella*, *Corella-Tafalla*, sont plus peuplées, mais elles méritent moins notre attention que le petit village de *Xavera*, patrie de saint François Xavier, l'apôtre des Indes.

Danseurs gitanos des environs de Valence.

CAPITAINERIE GÉNÉRALE DES VASCONGADES OU PROVINCES BASQUES. — Les trois anciennes provinces de Guipuscoa, de Biscaye et d'Alava, provinces qui doivent leur nom de *Vascongades* à leur antique population basque (*Vascones*), forment un triangle dont le côté septentrional est baigné par les eaux du golfe de Gascogne, et les autres côtés bornés par la Navarre et la Vieille-Castille. Doués de cette infatigable activité et de cet amour de l'indépendance qui caractérisent les peuples montagnards, ces industrieux Basques ont trouvé dans un sol peu favorisé de la nature le palladium de leur liberté. Soumis volontairement à la domination espagnole en vertu d'anciens traités, les rois d'Espagne sont plutôt leurs protecteurs que leurs souverains. Chacune des trois provinces a son gouvernement à part, ses assemblées générales où l'on discute les intérêts de tous et où l'on examine les ordres du roi, qui ne peuvent recevoir leur exécution qu'après qu'ils ont été soumis à cette formalité. Elles se taxent elles-mêmes pour subvenir aux dépenses de l'administration locale, et les contributions qu'elles payent à la couronne ne sont considérées que comme un don gratuit, qu'on leur demande rarement, et qui ne serait point accordé s'il n'était modique.

La *province de Guipuscoa* est séparée de la France par la Bidassoa. *Fontarabie* ou *Fuenterrabia*, dont le nom latin est *Fons rapidus*, est une place forte à l'embouchure de cette petite rivière qui se jette dans le golfe de Biscaye; elle a été souvent assiégée par les Français. *Tolosa*, l'ancienne *Iturissa*, jolie petite ville, arrosée par l'Orio, possède des fabriques d'armes blanches. Sa population est de 4,717 habitants. *Saint-Sébastien*, capitale du Guipuscoa, est défendue par quelques fortifications, située sur une presqu'île baignée par les eaux du golfe, avec un petit port à l'embouchure de l'Urumea, c'est une ville peu importante; mais bien bâtie, commerçante, industrieuse, qui possède des tanneries, des forges et des fabriques d'armes blanches.

Entre Fontarabie et Saint-Sébastien s'enfonce dans des montagnes une vaste baie close en apparence de tous côtés : c'est le Port du Passage, l'un des plus sûrs et des plus beaux de l'Europe. La ville, appelée en espagnol *los Pasages*, est bâtie sur le terrain resserré situé entre les montagnes et la baie : elle n'a que 1,200 à 1,500 habitants. *Vergara* possède une école patriotique où l'on enseigne les sciences physiques et naturelles, et où l'on élève aux frais des Etats les jeunes gens de la noblesse du pays. *Oñate*, peuplée de 12,000 âmes, est remarquable par les forges de ses environs. Toute la côte est peuplée de pêcheurs et de marins, et les campagnes de cultivateurs laborieux et paisibles.

Rien de plus riant que les coteaux de la *Biscaye*, rien de plus riche que la culture de ses vallées. *Bilbao*, sa capitale, peuplée de 10,727 habitants, est l'entrepôt de toutes les laines que l'Espagne exporte, et de toutes les marchandises expédiées des différents pays de l'Europe pour le nord de ce royaume. Son port offre un mouvement continuel; la ville est située à 9 kilomètres de la mer, sur la rive droite de la petite rivière d'Ansa, assez profonde pour recevoir de gros navires marchands; mais ceux qui ne peuvent remonter jusque-là s'arrêtent à *Portugalete*, ville de 1,200 âmes. C'est dans son voisinage que se trouvent les riches mines de fer de *Sommorostra*. *Durango*, dont les jardins sont renommés, et *Bermeo*, peuplée de 3,121 habitants, sont des petites villes commerçantes.

Pour aller de la Biscaye dans la *province d'Alava* ou de *Vittoria*, on traverse le grand défilé et la montagne de Salinas. Après avoir dépassé le bourg de ce nom, on voit les monts s'abaisser insensiblement jusqu'à la fertile plaine de *Vittoria*, parsemée de hameaux et de villages. Cette capitale, dont le nom latin (*Victoria*) rappelle la défaite des *Cantabri* sous le règne d'Auguste, fut rééditée par Sanche le Grand, qui remporta sous ses murs une victoire sur les Sarrasins. La vieille ville est mal bâtie, mais la nouvelle, construite avec assez d'élégance, renferme quelques beaux édifices, et une grande place destinée aux courses de taureaux. On fait à Vittoria un grand commerce de fer, de laines et de vins. *Orduña*, peuplée de 2,240 habitants, exporte le vin de ses environs connu sous le nom de *Chacoli*. Parmi les autres villes de la province nous citerons : *Ayala*, *Elorriaga*, *Cigoitia*, dont la population ne dépasse guère 2,000 âmes.

ASTURIES. — L'ancienne *principauté des Asturies* dépend de la capitainerie générale de Vieille-Castille et Léon; elle est bornée au nord par l'Océan, à l'est par la Biscaye, au sud par la crête des Pyrénées asturiennes, et à l'ouest par la Galice. C'est un pays coupé par une multitude de jolies vallées étroites et sinueuses, arrosées par des torrents et des rivières poissonneuses. Le peuple de cette province, qui aujourd'hui prend le nom d'*Oviedo*, sa capitale, se vante d'être resté pur de tout mélange avec des étrangers; il est patient, brave et laborieux. *Oviedo*, l'ancien *Ovetum*, est située au centre du pays, sur une colline au milieu d'une plaine légèrement ondulée, entre la Nora et le Nalon. Son plus bel édifice est la cathédrale, monument gothique dont la fondation remonte à près de onze siècles, et qui contient les tombeaux des rois des Asturies. Oviedo possède une manufacture d'armes à feu, des tanneries et des fabriques de feutres. *Cangas de Onis*, sur la *Cella*, est une jolie petite ville près de laquelle est l'abbaye de Notre-Dame-de-Cavadonga, que l'on dit occuper l'emplacement même où Pélage arbora l'étendard de l'indépendance. Ce prince établit pendant longtemps sa résidence à *Gijon*, ville bâtie avec régularité au pied d'une montagne dont l'extrémité forme le cap Peñas; son port était autrefois très-fréquenté. *Aviles*, situé au fond d'un golfe de l'autre côté du cap, alimente son port par le commerce de charbon de terre et d'ustensiles en cuivre fabriqués dans les environs. *Tineo*, peuplée de 18,000 âmes, est la seconde ville de la province par son importance; dans son voisinage *Cangas de Tineo* est une belle ville de 17,000 âmes.

CAPITAINERIE GÉNÉRALE DE GALICE. — L'ancien *royaume de Galice*, limitrophe des Asturies et de celui de Léon, est borné au nord et à l'ouest par l'Océan, et au sud par le Portugal. Il est divisé par des vallées considérables que forment différentes chaînes élevées qui appartiennent au système pyrénaïque. Cette capitainerie générale forme aujourd'hui les quatre provinces de la Corogne, de Lugo, d'Orense et de Pontevedra; elle compte plus de quarante ports et quelques villes importantes. *Santiago*, ou Saint-Jacques-de-Compostelle, qui est peut-être l'antique *Gallœcia*, était autrefois la capitale de la Galice. Composée de rues tortueuses et mal pavées, elle est célèbre par sa vaste cathédrale gothique, dont la fondation remonte à plus de dix siècles, et dont la double construction forme une église souterraine consacrée à saint Jacques le Mineur, et une église supérieure où l'on révère le corps de saint Jacques le Majeur, découvert à l'époque où l'on construisit l'édifice. La principale magnificence de cette église est dans la bizarrerie de sa sculpture et dans la beauté de ses vitraux. L'université de cette ville est aujourd'hui l'une des plus fréquentées de l'Espagne. Le commerce des images et des chapelets n'est pas sans importance à Santiago, mais sa véritable industrie consiste en fabriques de toile et de bas de soie. Sa population est de 22 à 23,000 âmes.

A l'extrémité méridionale de l'ancienne province, *Orense*, importante par ses fabriques de chocolat, s'élève au bord du Minho, que l'on y traverse sur un beau pont de dix arches tellement élevé, qu'un vaisseau de guerre avec sa mâture pourrait passer dessous. Sa cathédrale gothique est construite avec autant de régularité que d'élégance. Les environs de cette ville, jadis plus importante, sont agréables : on y fréquente encore les trois sources minérales chaudes qui lui firent donner par les anciens le nom d'*Aquæ calidæ Cilinorum*. *Lugo*, fondé par les Romains 76 ans avant notre ère, reçut, en l'honneur d'Auguste, le nom de *Lucus Augusti*. Des sources thermales et un bois sacré déterminèrent l'emplacement de cette ville, qu'arrose la Tamboga. Elle renferme plusieurs ruines intéressantes : l'hôtel de ville, dont la façade est majestueuse, est de construction antique. Les murailles circulaires qui entourent Lugo pourraient contenir dix fois plus d'habitants qu'elle n'en renferme : elles ont près de trois kilomètres de tour; sa population est de 13,000 âmes. *Mondoñedo*, située dans une riche vallée, à la base de la Sierra d'Infestia, dont les pentes s'abaissent jusqu'à l'Océan, est l'ancienne *Britonia*, résidence d'un évêque; elle fut longtemps célèbre par ses foires de bestiaux, aujourd'hui peu fréquentées.

Parmi les ports de la Galice, nous ne citerons que les plus importants : le *Ferrol*, chef-lieu de l'un des trois départements maritimes de l'Espagne, siége d'une école et d'une académie de marine, est remarquable par son arsenal maritime et l'étendue de son port, que forme un golfe dont l'entrée étroite est défendue par de formidables batteries. Sans l'importance de son mouillage, cette ville serait encore recommandable par son industrie. *Betanzos*, au sud du Ferrol, est l'ancien *Brigantium*, qui joint au mouvement commercial de son port le trafic de ses vins légers. La *Corogne* (*Coruna*), le *Coronium* des Gallæci, et la capitale de la nouvelle province du même nom, est divisée en deux villes : l'ancienne, entourée de fortifications à l'extrémité d'une petite presqu'île, à 25 kilomètres de Betanzos, et la nouvelle, qui n'est fortifiée que du côté de la

terre, et que l'on nomme la *Pescaderia*, parce qu'il s'y tient un marché au poisson. La baie de la Corogne a 4 kilomètres de large; son port, en forme de croissant, est vaste et commode, défendu par le fort Saint-Antoine. C'est un des ports militaires de l'Espagne; il possède une école de navigation et des chantiers de construction. La ville, peuplée de 20,000 âmes, s'enrichit par le commerce, la pêche des sardines, ses fabriques de toile, qui occupent 113 métiers, sa chapellerie, ses corderies, et sa manufacture de cigares dans laquelle plus de 500 femmes sont employées. Il est probable que le nom de *Coronium* ou de *Coruna* vient de celui de *Columna*, que les anciens donnaient à une tour qui servait de phare, et qui par son élévation ressemblait à une colonne. Cette tour existe encore. On a dit qu'elle fut construite par les Phéniciens, qui la consacrèrent à Hercule, et que les Romains la réparèrent et la dédièrent à Mars, ainsi que semble l'indiquer une inscription latine; mais d'autres savants la regardent comme l'ouvrage de Trajan. *Pontevedra* est une petite ville fort ancienne, qui s'élève en amphithéâtre sur les bords de la Védra. Sa population est de 5,000 âmes. Elle possède un port qui fait une pêche importante d'anchois et de sardines; cependant il le cède en importance à celui de *Vigo*, l'ancienne *Vicus Spacorum*, qui chaque année en exporte plus de 4 millions de kilogrammes.

LÉON. — L'importante province espagnole formée de l'ancien *royaume de Léon*, et qui appartient avec les Asturies à la capitainerie générale de la Vieille-Castille, confine dans toute sa partie occidentale au Portugal et à la Galice, est bornée au sud par l'Estrémadure, à l'est par la Vieille-Castille, et au nord est séparée des Asturies par la chaîne de montagnes qui sert de limites à cette principauté. Le Duero la traverse de l'orient à l'occident. Elle forme les cinq provinces de Léon, de Zamora, de Palencia, de Valladolid et de Salamanque. Elle doit son nom à la ville de *Léon*, capitale de la première, qui a été fondée par l'empereur Galba dans l'emplacement qu'occupait la légion romaine appelée *legio septima gemina*. On remarque dans cette antique cité la cathédrale, commencée vers la fin du douzième siècle et terminée pendant le quatorzième. L'élégance et la légèreté de sa construction la font regarder comme la plus belle église de l'Espagne. Les rues sont sales, irrégulières et bordées d'édifices gothiques; mais la grande place, qui forme un carré parfait, est citée pour la régularité de ses bâtiments. *Astorga*, l'ancienne *Asturica Augusta*, renferme encore des inscriptions et des antiquités romaines. Ses épaisses murailles, flanquées de tours, ont été augmentées de quelques travaux par les Français. La petite ville de *Ponferrada*, que l'on croit avoir porté sous les Romains le nom de *Pons Ferratus*, et dont le vieux château ruiné appartenait aux Templiers, occupe, au confluent du Sil et du Boeza, le centre d'un fertile et vaste bassin formé de montagnes escarpées. *Zamora*, détruite par les Maures au onzième siècle, rebâtie par Ferdinand II et Alphonse VIII, et actuellement capitale de province, s'élève sur la rive droite et escarpée du Duero; elle renferme 10,000 habitants. Ce qu'elle offre de plus remarquable est un beau pont sur le fleuve et une école militaire. *Toro*, ville de 10,000 âmes, renferme, malgré son peu d'étendue, 18 paroisses et un hôtel des invalides. On y remarque le vieux palais appelé l'*Alcazar*. Ce fut autrefois la capitale d'une petite province, et c'est dans ses murs que s'assemblèrent les cortès de 1505, qui rédigèrent les lois sages et libérales connues sous le nom de *lois de Toro*. Elle est aujourd'hui renommée pour ses vins. C'est à *Tordesillas*, l'antique *Turris Syllæ*, petite ville de 4,000 âmes, que l'on voit le vieux château dans lequel mourut, en 1555, Jeanne la Folle, mère de Charles-Quint. *Palencia*, chef-lieu d'une province, n'offre point un aspect désagréable, malgré ses maisons gothiques. Sa grande place, dont deux côtés sont garnis de galeries couvertes, est assez spacieuse; la cathédrale, rebâtie par le roi don Sanche, est une des plus belles et des plus grandes de l'Espagne. *Carrion de los Condes* est célèbre dans les chroniques espagnoles par les souvenirs du Cid et d'une mémorable bataille gagnée contre les Maures; on y célèbre encore tous les ans une fête en l'honneur de l'abolition d'un tribut annuel de cent jeunes vierges qu'elle payait à l'un de leurs princes avant cette victoire. Cette petite ville renferme sept paroisses. Elle est industrieuse : on y voit des tanneries, des fabriques d'huile de lin, des métiers de toile et des moulins à farine. *Astudillo* et *Paredes de Nava* sont des petites villes commerçantes dont la population ne dépasse pas 4,500 habitants.

Valladolid, malgré son école des beaux-arts et son université, son château royal, berceau de Philippe II et de plusieurs autres rois, sa cathédrale et ses quinze paroisses, sa grande place, à laquelle aboutissent des rues larges, droites, ornées de portiques dont les colonnes sont en granit, son pont de huit arches et de 1,056 mètres de longueur, offre l'aspect d'une ville déchue. Sa population, jadis de 100,000 âmes, est à peine du quart aujourd'hui. C'est dans cette ville que l'inquisition conserva si longtemps son caractère de férocité. Elle possède une école de cavalerie. C'est l'antique *Pintia* dont parle Ptolémée, située au confluent de l'Esqueva et de la Pisuerga. On y fabrique des rubans, de la faïence, de l'ébénisterie, de la parfumerie et des liqueurs. C'est le chef-lieu d'une province, dont les autres villes principales sont : *Nava del Rey*, *Villalon*, *Medina del Rio-Seco*, leur population n'excède pas 5,000 âmes.

Salamanque, jadis *Salamantica*, chef-lieu de province, est célèbre par son université, fondée en 1239, par ses 25 églises, et surtout par sa cathédrale, beau monument du seizième siècle, qui a 125 mètres de longueur, 60 de largeur et 40 d'élévation. On y remarque une foule d'édifices de toutes les époques et de tous les styles, qui la firent surnommer la *petite Rome*, et qui pourraient fournir des renseignements précieux sur l'histoire de l'architecture espagnole. L'université est établie dans un bâtiment assez vaste pour recevoir 12,000 étudiants qui la fréquentaient jadis. Aujourd'hui elle n'en a plus que 2,000. La grande place (*Plaza mayor*) forme un carré régulier entouré d'un portique de 90 arcades et de maisons construites sur le même plan, couronnées d'une balustrade en pierre. Sur le Tormes, on voit un pont de 27 arches dont la moitié est de construction romaine, et l'autre du temps de Philippe IV. Cette ville a beaucoup de tanneries. *Ciudad-Rodrigo*, qui possède à peu près la même industrie que la précédente, était au douzième siècle une forteresse importante. Elle supporta plusieurs sièges qui la rendirent célèbre pendant la guerre de 1808 à 1813. On y trouve des inscriptions et d'autres antiquités qui attestent que c'est la *Lancia Transcudana* des Romains, ainsi appelée de sa position sur la rive droite de l'Agueda, que les anciens nommaient la *Cuda*.

CAPITAINERIE GÉNÉRALE DE LA NOUVELLE-CASTILLE.

— La capitainerie générale de la *Nouvelle-Castille*, grande division bornée par le royaume de Valence, l'Aragon, la Vieille-Castille, l'Estrémadure, l'Andalousie et le royaume de Murcie, comprend les provinces de *Madrid*, de *Cuenca*, de *Guadalaxara*, de *Tolède* et de la *Manche* ou de *Ciudad-Real*.

MADRID. — La capitale du royaume donne une grande importance à la *province de Madrid*. Cette ville passe pour être bâtie près de l'emplacement de *Mantua*, cité des *Carpetani*. Sous la domination des Goths, ce n'était qu'un village appartenant aux archevêques de Tolède. Elle ne commença à compter parmi les villes royales que vers la fin du quatorzième siècle, et ne reçut le titre de capitale que par une ordonnance de Philippe II. C'est la plus élevée de toutes les métropoles de l'Europe; elle est à 600 mètres au-dessus du niveau de la mer, ce qui donne une raison de la basse température qu'on y éprouve. Son climat offre quelque ressemblance avec celui du Nord : dans l'été, la chaleur y est étouffante, le thermomètre centigrade y marque souvent plus de 40 degrés; dans l'hiver, le froid y est vif et piquant, le mercure y descend quelquefois à 8 ou 10 degrés au-dessous du point de congélation. Les habitations offrent peu de moyens de se garantir de l'âpreté et de l'humidité des vents du nord : elles se composent presque toutes d'appartements élevés, mal clos, rarement chauffés par des poêles et des cheminées. Le nom de *Madrid* est d'origine arabe : il signifie *maison du bon air*; et cependant la variabilité du climat y produit la phthisie, les fièvres putrides et une sorte de colique dangereuse que les médecins du pays savent seuls traiter avec succès. Elle renferme encore quelques vieilles maisons construites en bois, et décorées, suivant l'ancien usage, de peintures représentant des combats de taureaux et des personnages dans le costume du seizième siècle; mais les quartiers modernes offrent des habitations en brique, en pierre ou en granit; des hôtels, à la vérité, sans luxe d'architecture, et des rues larges qui ne le cèdent point à celles des plus belles capitales de l'Europe. La plus remarquable par son étendue et ses édifices est celle d'Alcala. De ses 42 places il ne faut citer que celle du *palais royal*, embellie par ce vaste édifice, dont l'architecture imposante offre des lignes d'un bel effet; la *Puerta del Sol*, espèce de carrefour où viennent aboutir les cinq plus belles rues de Madrid, et rendez-vous des oisifs et des gens d'affaires; enfin la *plaza Mayor*, au centre de la ville, jadis célèbre par les courses de taureaux et les fêtes publiques, auxquelles le roi venait assister sur le balcon d'un petit palais qui sert aujourd'hui de local à l'Académie royale d'histoire. La place la plus fréquentée par le peuple est celle de la *Cevada*.

Madrid, qui fut bombardée en 1808 par Napoléon pour forcer le peuple à reconnaître le titre de roi des Espagnes et des Indes dont il venait de décorer son frère, doit quelques embellissements aux soins de ce dernier; ce fut lui qui fit dégager les alentours du nouveau palais, ce qui rendit cet édifice digne d'être rangé au nombre des plus belles demeures royales de l'Europe. Dans le voisinage du palais on voit l'arsenal royal dont l'extrémité orientale se termine par une arcade; cet établissement est très-riche en anciennes armures. La bibliothèque royale, riche en manuscrits précieux, en médailles et en objets d'antiquité, renferme 150,000 volumes. Dans la grande rue d'Alcala se trouvent le cabinet royal d'histoire naturelle et l'Académie royale de San-Fernando, fondée par Phi-

lippe V. Les établissements de bienfaisance de Madrid sont vastes, riches et bien tenus; le plus important est l'hôpital général, dans lequel une foule de malheureux trouvent des secours de toute espèce, des soins assidus, des soulagements à tous les maux. Les églises sont moins remarquables par leur architecture que par le nombre et le choix des tableaux. Cependant, il faut l'avouer, à Madrid elles ne présentent point en général le luxe de peinture et d'architecture qui les distingue dans une grande partie de l'Espagne. Nous citerons celles de *Saint-Isidore*, de *Sainte-Isabelle*, de *Saint-Martin*, de *Saint-Pascal*, et surtout celle du *couvent des Salésiennes*, qui passe pour la plus vaste. Celle des *Mercenaires chaussés* est une des plus grandes : on y remarque un beau mausolée : c'est celui de Fernand Cortez, marquis del Valle, petit-fils du conquérant de la Nouvelle-Espagne. L'église de l'*Incarnation* des religieuses augustines déchaussées est d'ordre ionique et l'une des plus belles de Madrid; son maître-autel, orné des plus beaux marbres, est d'une grande magnificence.

L'ancien palais du *Retiro*, aujourd'hui restauré, est le palais des *Procères*. L'intérieur en est de la plus grande magnificence. La salle des séances est surtout remarquable par son élégance et sa richesse. Les galeries intérieures et extérieures, les salles destinées aux bureaux et aux commissions, la bibliothèque, les archives, la secrétairerie, la salle du trône, les vestibules et les statues qui les décorent, tout est magnifique. Les frontons, celui du côté du Prado qui est l'entrée principale, ainsi que celui qui s'élève du côté du jardin du Retiro, sont fort bien sculptés et appropriés à la nouvelle destination de l'édifice.

Madrid n'a pas plus de 12 kilomètres de circonférence. Lorsqu'on a parcouru le jardin du *Retiro*, la promenade de *las Delicias*, et surtout celle du *Prado*, magnifique plantation, dont l'avenue principale est le rendez-vous des promeneurs en équipage, et les autres le délassement de la bourgeoisie, le point central des intrigues amoureuses; si l'on veut admirer deux monuments dignes d'une capitale, il faut sortir par la rue d'Alcala et voir la porte de ce nom, majestueux arc de triomphe qui, comme les portes d'Atocha et de Ségovie, aboutit à de charmantes promenades extérieures, et par la porte de Tolède, passer sur le magnifique pont de Tolède, qui traverse le Manzanarès. Dans l'été, cette rivière n'est qu'un ruisseau que l'on pourrait traverser à gué, ce qui semble justifier le mot de ce plaisant qui conseillait de vendre le pont pour avoir de l'eau; mais dans l'arrière-saison l'abondance des pluies, au printemps la fonte subite des neiges accumulées sur les montagnes, donnent à son cours une telle largeur et une telle impétuosité, que le pont du Manzanarès n'est ni trop long ni trop solide.

La métropole espagnole est à la fois industrieuse et commerçante. On y fabrique des tissus de laine de toutes couleurs, des tapis, des étoffes de soie, des toiles peintes et des mousselines; le gouvernement y entretient à grands frais une manufacture de porcelaine. Il s'y tient une foire considérable depuis le 21 septembre jusqu'au 4 octobre.

Elle est bâtie au milieu d'une plaine sablonneuse et stérile entourée de montagnes; cependant quelques-uns de ses environs méritent d'être cités; En remontant le cours du Manzanarès, on voit sur sa rive gauche la charmante habitation royale du *Pardo*, que Philippe VI avait embellie.

AUTRES VILLES DE LA NOUVELLE-CASTILLE. — Après la capitale, les petites villes de la province offrent peu d'intérêt. Cependant, aux bords du Henarès, *Alcala*, située sur la rive opposée à celle qu'occupait l'antique *Complutum*, ruinée au dixième siècle, est célèbre par son université, la plus importante après celle de Salamanque, et par les grands hommes qui naquirent dans ses murs : l'historien Antonio Solis, le naturaliste Bustamente de la Camara, et l'immortel Cervantes. *Aranjuez*, relié à la capitale par un chemin de fer, est renommée par son beau château royal.

La *province de Cuenca* renferme peu de villes dignes d'attirer l'attention : *San-Clemente*, au sud, est l'une des plus considérables; elle possède un collège où l'on enseigne le latin. *Huète*, au nord, est jolie, mais petite, et porte le nom du cours d'eau qui l'arrose. *Cuenca*, au centre, est l'ancienne *Valeria*, près du confluent du Huecar et du Jucar, et sur une montagne dont les flancs escarpés forment d'affreux précipices au-dessus de ces rivières. Elle renferme 14 églises, 2 hôpitaux et 3 collèges; mais jadis elle était beaucoup plus peuplée qu'elle ne l'est aujourd'hui : on y compte à peine 6 à 7,000 habitants. C'est la patrie de l'architecte Jean de Henera et du célèbre jésuite Louis de Molina, l'un des plus habiles casuistes de sa compagnie.

Dans la *province de Guadalaxara*, *Siguenza* n'offre rien de remarquable que sa cathédrale gothique, longue de plus de 100 mètres, large et haute de 35. C'est la cité celtibère de *Seguntia*. Quoique chef-lieu, *Guadalaxara* ou *Guadalajara*, est une vieille ville arabe, entourée de murailles et mal bâtie, sur la rive orientale du rio Henarès. Elle possède encore quelques-unes des fabriques de drap qui faisaient autrefois sa richesse; la plus considérable est celle qui appartient au chef du gouvernement; mais elle a beaucoup perdu de sa célébrité.

Dans la *province de Tolède*, nous nous écarterons peu des bords du Tage; sa rive droite seule répandra quelque intérêt sur notre excursion. Au-dessous du confluent de ce fleuve et de l'Alberche, *Talavera de la Reyna*, petite ville aux vieilles murailles flanquées de tours, aux rues tortueuses et mal bâties, que plusieurs traces d'antiquités font présumer être l'ancienne *Libora*, s'enorgueillit d'avoir donné le jour au jésuite Mariana, connu comme historien, et au savant auteur agronomique Alonso de Herrera. Elle acquit de la célébrité par la sanglante bataille qui se livra sous ses murs, les 27 et 28 juillet 1809, entre les Français et l'armée anglo-portugaise, sous les ordres du duc de Wellington, auquel, dit un témoin oculaire, une simple mais savante manœuvre du maréchal Soult suffit pour faire prendre précipitamment la fuite au moment où ses généraux lui décernaient le titre de vainqueur de Talavera. On remarque dans cette ville un pont de 35 arches, long de 400 mètres, construit en 1400; une grande et belle église collégiale, et hors de ses murs une autre église dédiée à Notre-Dame du Prado, dont l'image, regardée comme miraculeuse, attire un grand nombre de dévots.

Tolède est le *Toletum* des Romains. Le Tage, qui roule à ses pieds au milieu de rochers arides et nus, le beau pont mauresque jeté sur le fleuve, l'élégante porte construite par les Arabes, la position de la ville sur une masse granitique, en donnent une idée que ne justifie point son intérieur, où l'on ne voit de remarquable que la cathédrale, ancienne mosquée, et l'Alcazar, bâti par les Maures, réparé par Alphonse X, embelli par Charles-Quint et par le cardinal Lorenzana, qui s'élèvent majestueusement au milieu de ses vieilles constructions et de ses rues sales et tortueuses. La cathédrale de Tolède est une des plus grandes de l'Espagne : elle a 134 mètres de longueur, 62 de largeur, et 45 de hauteur.

La partie méridionale de la Nouvelle-Castille forme la *province de la Manche*, qui aujourd'hui prend le nom de *Ciudad-Real*, son chef-lieu; elle renferme trois cités : *Alcaraz*, *Almagro*, et Ciudad-Real. La première, sur une hauteur au bord de Guadarmena, conserve les restes d'un aqueduc romain; la seconde, située sur le terrain le plus fertile de la province, indique par son nom une origine arabe. Il s'y tient tous les ans une foire considérable le jour de la Saint-Barthélemi. *Ciudad-Real*, célèbre par le tribunal de la *Santa-Hermandad* que Ferdinand III y fonda en 1249, était jadis importante par sa population et le nombre de ses manufactures. Elle renferme trois hôpitaux et une belle église sous l'invocation de la *Vierge del Prado*, patronne de la ville. *Almaden* est depuis longtemps célèbre par ses mines de cinabre, d'où l'on retire du mercure en abondance.

CAPITAINERIE GÉNÉRALE DE L'ESTRÉMADURE. — Nous quitterons le sol fertile et mal cultivé de la Manche, ses vastes plaines dépourvues d'arbres, ses pâturages couverts de troupeaux, et ses terrains marécageux, pour parcourir l'*Estrémadure*, à laquelle elle confine dans sa partie occidentale. Le nom de cette province est d'origine latine (*extrema Durii ora*). Il rappelle qu'elle formait jusqu'au Douro la limite des conquêtes d'Alphonse X au treizième siècle. Son extrémité occidentale est encore celle de l'Espagne et du Portugal. Le Tage et la Guadiana, coulant parallèlement de l'est à l'ouest, la divisent en trois parties, et les montagnes de Mamès et de Montachès en deux portions égales. C'était, du temps de la puissance de Rome, la contrée la plus riche de l'Hispanie; aujourd'hui elle en est la plus pauvre et la moins peuplée.

L'habitant de l'Estrémadure est peut-être de tous les Espagnols le plus taciturne et le plus sérieux; cette disposition morale tient à sa constitution physique autant qu'à celle du pays qu'il habite, où des montagnes escarpées, des cours d'eau rapides et le défaut de chemins s'opposent aux communications. L'isolement dans lequel il végète lui ôte toute idée de songer à son bien-être ou d'améliorer sa situation. De là vient l'indolence dont on l'accuse, et dont il faut plutôt accuser le gouvernement espagnol. Mais si l'espoir d'un meilleur avenir ou tout autre aiguillon l'excite, il se montre actif, entreprenant, infatigable ; aussi nul autre peuple ne le surpasse en persévérance dans les entreprises industrielles ou commerciales, ni en bravoure dans les combats. C'est dans l'Estrémadure que l'Espagne recrute ses meilleurs cavaliers.

Cette capitainerie générale forme aujourd'hui les deux provinces de Cacérès et de Badajoz.

Dans la *province de Cacérès* et à 35 kilomètres au nord-ouest de Madrid, se trouve *Escurial de Abajo*, bourg ecclésiastique dont les terres appartiennent aux hiéronymites, pour lesquels le superstitieux Philippe II fit bâtir l'immense édifice de l'Escurial, à la fois monastère et résidence royale. Le nom espagnol *escorial* signifie *mine épuisée*. Il est probable qu'il y avait eu jadis quelque exploitation minérale en ce lieu, ou que ce surnom fut donné à cette gigantesque construction par allusion à l'énorme quantité de granit qui y fut employée, et dont l'exploitation a formé non point une carrière, mais un vallon qui, par son étendue, semble être l'ouvrage de la nature (1). Le bâtiment forme un parallélogramme de 240 mètres de longueur sur 160 mètres de largeur; sa hauteur, jusqu'à la corniche seulement, est de 20 mètres. Au moment de perdre la bataille de Saint-Quentin, en 1557, Philippe, tout tremblant, promit, si la fortune changeait de face, d'élever le plus magnifique couvent du monde en l'honneur du bienheureux dont le nom figurerait ce jour-là dans le calendrier. Il se trouva que c'était saint Laurent. Vainqueur avec le secours des Anglais, il s'empressa d'exécuter sa promesse. Il choisit l'emplacement d'un village qui portait le nom de *San-Lorenzo* (Saint-Laurent), et l'instrument de mort de ce martyr, un gril, décida de la forme de l'édifice, figura parmi les ornements d'architecture et jusque sur les habits sacerdotaux. Cette idée bizarre a fait élever aux angles du bâtiment 4 tours hautes de 80 mètres, qui représentent les pieds du gril; l'appartement destiné au roi en est le manche, et les onze cours carrées qui divisent l'intérieur sont les espaces compris entre les barreaux du gril. Cette merveille de l'Espagne, pour laquelle son fondateur dépensa plus de 60,000,000 de francs, est le séjour le plus majestueusement triste que l'on puisse voir. Les tableaux qui décorent les appartements, la chapelle ou le panthéon qui sert de sépulture à la famille royale, les reliques et les jardins, ne nous arrêteront pas. La bibliothèque seule offre plus d'intérêt; elle contient près de 30,000 volumes et plus de 4,000 manuscrits latins, grecs, hébreux et arabes. *Plasencia*, sur le bord du Gertes, s'offrira de loin avec toutes les apparences d'une jolie ville. Ses vieilles murailles assez bien conservées, ses six grandes portes, ses cinq hôpitaux, ses sept places publiques, ses huit églises, son palais épiscopal, et surtout son aqueduc composé de 80 arcades, justifient son rang de chef-lieu de district; ses inscriptions romaines et ses autres antiquités prouvent son ancienneté, mais laissent dans l'incertitude si elle portait le nom d'*Ambracia* ou celui de *Deobriga*. Entourée de remparts où l'on reconnaît l'architecture des Romains, *Coria* est sans aucun doute le *Caurium* dont parle Ptolémée, quoiqu'on ait prétendu que son nom est d'origine arabe. Sa situation sur une colline, l'église et le vieux donjon qui dépassent toutes les autres constructions, lui donnent un aspect imposant.

Alcantara reçut des Arabes le nom qu'elle porte et qui signifie *le pont*, parce que, lorsqu'ils s'en emparèrent, ils furent frappés de la beauté du pont de construction romaine sur lequel on traverse le Tage pour y arriver. Ce magnifique monument, qui remonte au règne de Trajan, est un des mieux conservés de tous ceux qui ont résisté aux ravages du temps et aux commotions politiques. Il est entièrement en granit. Sa hauteur au-dessus du lit du fleuve est de 64 mètres, sa largeur de 8 mètres, et sa longueur de 220. De ses 6 arches, les deux du milieu ont 35 mètres d'ouverture. Un arc de triomphe haut de 15 mètres et portant une inscription en l'honneur de Trajan, s'élève à la moitié de sa longueur. Un petit oratoire construit par l'architecte romain pour y faire déposer ses cendres, s'élève près de la ville et forme une espèce de tête de pont qui n'a dû sa conservation qu'aux pierres énormes dont il est bâti; mais aujourd'hui, changé en petite chapelle consacrée à saint Julien, cet édifice est l'objet de la vénération des paysans. Il existe encore à Alcantara un aqueduc romain qui fournit d'eau Tolède, située à 30 kilomètres de là. Alcantara fut célèbre dès le commencement du treizième siècle, lorsqu'elle devint le chef-lieu de l'ordre militaire de Calatrava, qui prit alors le titre d'ordre d'Alcantara. On voit encore sur le point le plus élevé de la ville l'édifice qu'occupaient les chevaliers. On a quelques doutes sur le nom qu'elle portait autrefois; mais il est probable que c'est la *Norba Cæsarea* que Pline appelle *Norbensis colonia*.

Une chaîne de montagnes qui des bords du Tage va se rattacher à la sierra de Montanchès, porte sur ses flancs ou à sa base plusieurs petites villes dont la plus importante est *Cacérès*, chef-lieu de la province du même nom, l'antique *Castra Cæcilia*. Une statue élevée au génie d'Auguste orne encore la place du marché. Plus loin, sur un plateau, *Trujilo* est la cité romaine de *Turria Julia*, et la patrie du fameux Pizarre. Au milieu d'une contrée qui offre tant de souvenirs historiques, on ne peut voir sans un sentiment d'étonnement cette ville de *Merida*, aujourd'hui petite ville secondaire, et jadis la plus florissante des colonies romaines sous le nom d'*Emerita Augusta*, qu'elle reçut d'Auguste lorsqu'il la donna à ses soldats en récompense de leur bravoure. Elle n'a pas 4,000 âmes. A l'époque de sa splendeur elle avait 24 kilomètres de tour, et l'on ne peut douter de son antique prospérité à la vue des restes majestueux qu'elle possède encore, et qui seuls peuvent attirer l'étranger dans ses murs. Elle s'élève sur la pente d'une colline au bord de la Guadiana, que l'on traverse sur un pont attribué à Trajan, et qui

<hr>

(1) Nous prenons ici la signification propre du mot *escorial*; mais M. Miñano pense que cette dénomination vient du latin *esculetum* (forêt de chênes), parce que ces arbres ombrageaient jadis la solitude de San-Lorenzo. Voyez *Diccionario geografico estadistico de España y Portugal*, au mot *Escorial*.

étonne par sa solidité et sa belle conservation comme celui d'Alcantara, mais qui en diffère par son développement : il se compose de 64 arches, qui s'étendent sur une longueur de 850 mètres sur une largeur de 8. Deux de ses arches furent détruites en 1812, dans les opérations défensives de l'armée anglaise. Un autre pont romain, aussi bien conservé, porte le nom de *Puente d'Albaregas*. Hors de la ville, un théâtre, une naumachie, un cirque, les restes de 3 aqueducs, 4 routes romaines; dans l'intérieur, un bel arc de triomphe et les ruines de plusieurs temples, des fûts de colonnes, des chapiteaux, des inscriptions et d'autres débris employés dans la construction des maisons, la mettaient, aux yeux d'un antiquaire, au-dessus de la plupart des villes de l'Italie les plus riches en monuments romains.

En descendant la Guadiana vers l'extrémité de la capitainerie générale, *Badajoz*, capitale de la province du même nom, dont le nom arabe *Beledaix* signifie *pays salubre*, est l'antique *Pax Augusta*. Bien différente de Merida, elle ne renferme plus aucun monument de sa splendeur passée. Mais son pont moderne la dispute en beauté aux ponts antiques d'*Emerita Augusta*; il a 28 arches qui forment une longueur de 600 mètres et une largeur de 8. Il fut construit en 1596. La cathédrale est ornée de beaux tableaux de Mateo Cerezo et de Moralès, qui naquit dans ses murs. *Olivenza*, qui fut cédé en 1801 à l'Espagne, est un bourg fortifié que des cartes récentes placent encore par erreur en Portugal. *Zafra*, jolie petite ville, est située de la manière la plus pittoresque au fond du vallon de Télarès. Enfin *Llerena*, à 44 kilomètres au sud-est de Badajoz, paraît être l'ancienne *Regiana*. Elle est situé dans une plaine entourée de murailles, plantée d'oliviers, et dominée par les montagnes de San-Miguel et de San-Bernardo, prolongement de la Sierra Morena. A peu de distance de la ville sont les célèbres pâturages de Saint-Martin, dans lesquels paissent de nombreux troupeaux de brebis et quelques milliers de têtes de gros bétail, qui font la richesse de ce district.

CAPITAINERIE GÉNÉRALE DE L'ANDALOUSIE. — Avant de parcourir le beau pays d'*Andalousie*, borné par le royaume des Algarves, l'Estrémadure, la Nouvelle-Castille, le royaume de Murcie et la Méditerranée, franchissons cette Sierra Morena, jadis le repaire des plus intrépides brigands, et l'effroi des voyageurs, avant qu'un ingénieur français eût tracé la magnifique route de Madrid à Cadix. Les montagnes de la Sierra Morena, habitées et cultivées au temps des Maures, s'étaient, depuis l'expulsion de ceux-ci, couvertes de forêts remplies de bêtes féroces et de voleurs. On conçut sous le règne de Charles III le projet de défricher et de peupler les parties les plus riches en terrains fertiles; don Pablo Olavide, l'un des hommes d'État à qui l'on devait cette heureuse idée, fut chargé de son exécution : il s'en acquitta avec tant de zèle et d'intelligence, que bientôt le succès dépassa les espérances : 58 villages ou bourgs s'élevèrent sur les hauteurs qui dominent la Manche et l'Andalousie, et formèrent, sous le nom de *Nuevas-Poblaciones*, une province dont le chef-lieu fut appelé *la Carolina*, et qui renferma bientôt 3,000 habitants. Mais le créateur de ces colonies étant tombé en disgrâce, elles furent elles-mêmes négligées, et sont aujourd'hui dans un état languissant.

Le caractère de l'Andalou conserve encore des traces du mélange de l'Espagnol et de l'Arabe; à la vivacité naturelle aux peuples des climats méridionaux de l'Europe, il joint l'imagination des Orientaux et quelquefois leur insouciance; sobre et patient, l'homme du peuple vit plongé dans la plus profonde misère sans perdre son courage et sa gaieté. Mais la nécessité le rend actif, industrieux, intrigant même, et habile à trouver des ressources. La jactance qu'on lui reproche et sa prononciation arabe, justifient jusqu'à un certain point les épithètes que lui donnent les naturels et les étrangers.

L'ancien *royaume de Jaen*, l'une des plus petites des 8 provinces de l'Andalousie, est divisé en 5 districts, dont nous allons examiner les chefs-lieux. Entre le Guadalquivir et le Guadelimar, *Ubeda*, jolie ville d'origine arabe, est située au pied d'une colline fameuse par les montagnes et les gorges qui l'environnent; elle a des manufactures de tissus de laine, et fait le commerce de ses chevaux estimés. *Baeza*, l'antique *Beatia*, sur un plateau élevé, passe pour avoir des eaux aussi pures que l'air qu'on y respire. L'évêché et l'église Sainte-Marie de l'Alcazar ne sont pas les seuls édifices que l'on remarque parmi ceux qui ornent ses places, ses rues larges et droites, auxquelles il ne manque qu'une population plus nombreuse. Sur la rive droite du Guadalquivir, que l'on traverse sur un beau pont de 15 arches, *Andujar*, assez régulièrement bâtie, est importante par son industrie, bien qu'elle n'ait qu'un peu plus de 9,000 habitants. On y compte des fabriques de faïence peinte, de terre blanche et de savon; elle expédie annuellement 400 voitures de diverses poteries, et principalement de ces *alcarrazas* dont on se sert pour rafraîchir l'eau. *Jaen*, la capitale, est, selon quelques auteurs, le *Flavium aurgitanum* des anciens, selon d'autres *Mentessa*, l'*Oningi* de Pline et l'*Oringi* de Tite-Live. Sa magnifique cathédrale, bâtie en forme de croix latine sur l'emplacement d'une antique mosquée,

12 paroisses et plusieurs hôpitaux, lui donnent de loin l'apparence d'une ville considérable; et cependant sa population est à peine de 17,000 âmes. *Martos*, que l'on croit être *Tucci colonia*, est dominée par un énorme rocher, d'où le roi Ferdinand IV fit précipiter les deux frères Carvajal, sur le simple soupçon qu'ils avaient tué un chevalier de la maison de *Benavides*. Les deux frères protestèrent en vain de leur innocence; mais au moment où ils roulaient de roche en roche, on les entendit fixer le jour où ils citaient Ferdinand au tribunal de Dieu, et au jour indiqué Ferdinand mourut à Jaen.

Dans la *province* formée de l'ancien royaume *de Cordoue, Lucena*, ville assez considérable, et chef-lieu de district, est connue par ses vignobles; *Montilla*, également chef-lieu de district, est plus industrieuse, quoique moins peuplée : des fabriques de faïence, des métiers de toile de ménage, des moulins à huile, et un grand nombre de petits établissements, enrichissent ses laborieux habitants.

Sur la gauche de la route d'Andujar à Cordoue, *Bujalance*, que l'on croit être la cité romaine de *Calpurnium*, est située dans une plaine vaste et fertile, et renferme plusieurs manufactures de draps et d'autres tissus de laine.

Quelques kilomètres avant d'arriver à *Cordoue* par la route que nous venons d'indiquer, on traverse, près de la *Venta de Alcolea*, le Guadalquivir sur un des plus beaux ponts de l'Europe. En entrant dans cette ville célèbre, que les Romains appelaient *Corduba*, dont les Espagnols ont fait *Cordova*, son ensemble n'offre rien d'imposant : c'est un amas de maisons construites sans goût et sans élégance, formant des rues étroites, tortueuses et malpropres, dans une enceinte immense occupée en grande partie par des jardins, et composée de vieilles murailles flanquées de grosses tours de construction romaine et arabe. Le seul monument qui attire les regards est l'unique reste de la puissance des Maures : c'est la magnifique mosquée construite par Abdérame en 770, et qui fut le principal temple de l'islamisme après celui de la Mecque. Aujourd'hui les images sacrées du catholicisme s'y élèvent de toutes parts au milieu des versets du Coran. Après avoir vu cette mosquée (*Mesquita*), c'est ainsi que l'appellent encore les Espagnols, il faut sortir de la ville en traversant le Guadalquivir sur un pont de 16 arches, ouvrage des Romains et des Maures. Aux environs, on voit les ruines d'un édifice que le peuple appelle la maison de Sénèque; nous ne savons si cette tradition est fondée, mais ce qu'il y a de certain, c'est que Cordoue est la patrie des deux Sénèque, de Lucain, d'Avicenne, d'Averroès et de Gonzalve Fernandez, plus connu sous le nom de Gonzalve de Cordoue. Cette ville, qui avait au temps des Maures 300,000 habitants, qui au dix-septième siècle ne comptait que 60,000 âmes, n'en renferme plus qu'environ 38,000. Commerçante et industrieuse sous les Romains et les Maures, elle n'a conservé de ces derniers que l'art de travailler les peaux en façon de maroquin; on n'y compte qu'un petit nombre de manufactures de rubans, de galons et de chapeaux.

La *province de Séville* est à elle seule aussi importante que les deux provinces que nous venons de parcourir. *Ecija*, l'une des plus considérables villes, le *Stigis* des Romains; elle est placée entre deux collines élevées au bord du *Génil*, qu'on traverse sur un beau pont de pierre; sa situation dans une sorte d'entonnoir y produit presque en tout temps des chaleurs si violentes, que les Espagnols l'appellent *la sarten de Andalucia*, c'est-à-dire la poêle à frire de l'Andalousie. *Carmona*, ville riche et bien bâtie, est mentionnée sous ce nom dans les auteurs anciens, et l'on y voit encore deux portes de construction romaine.

Séville, que son origine phénicienne place au rang des plus anciennes villes de l'Espagne; que l'histoire de l'antiquité et du moyen âge range parmi les plus célèbres; l'une des plus importantes par son étendue, des plus magnifiques par ses édifices, et des plus opulentes par son industrie, va nous occuper quelques instants. Elle dut le nom phénicien d'*Hispalis* à la richesse et à la fertilité du bassin qu'elle occupe. En vain Jules César lui donna-t-il le nom de *Julia Romula*; les Arabes, en la désignant sous celui de *Sevilla*, n'ont fait que lui en donner un analogue à sa situation, et conséquemment à celui qu'elle reçut dans l'origine. La position de Séville est réellement admirable; son horizon est borné par des montagnes dont les plus rapprochées dépendent de la Serrania de Ronda, et terminent vers l'occident la longue chaîne à laquelle appartient la Sierra Nevada. Elle s'étend au milieu d'une plaine couverte de plantations d'oliviers, de fermes, de jolis villages, de riches couvents; et le Guadalquivir, auquel elle doit sa richesse, serpente au pied de ses murailles. Celles-ci, garnies de 166 tours, forment une circonférence de 9 kilomètres, et si l'on y comprend les faubourgs, cette étendue se trouve plus que doublée. Quelle que soit l'exagération des écrivains espagnols, qui, en donnant à Séville une population trop considérable à l'époque où saint Ferdinand la conquit sur les Maures, n'eurent en vue que de relever la gloire de cette conquête, il est certain que depuis cette époque sa population a considérablement diminué; il paraît même que depuis plus d'un siècle cette diminution continue. Au commencement du dix-huitième, elle renfermait 130,000 habitants, et ses manufactures de draps et de soieries occupaient 16,000 ouvriers. A la fin du même siècle, sa population était à peine de 100,000 âmes, et ses fabriques employaient un millier d'ouvriers ; aujourd'hui sa population est évaluée à 100,498 habitants.

Les Espagnols, habitués à vanter les beautés de leur pays, expriment leur admiration pour Séville par le dicton populaire :

> Que non ha visto Sevilla,
> Non ha visto maravilla.

Mais les merveilles qu'elle renferme ne changent rien à l'ensemble triste et sale qu'elle offre ; ses rues sont tellement étroites, que l'on ne peut y circuler en voiture ; la plupart montrent de chaque côté les traces des essieux, et l'on peut, dans quelques-unes, toucher à la fois les maisons opposées. On compte dans la ville et les faubourgs 564 rues, 12,055 maisons, 62 places et 32 églises. Parmi ses 15 portes, il en est quelques-unes dont l'architecture est assez belle ; mais celle qui conduit à la Triana, le plus important de ses faubourgs, est un arc de triomphe orné de colonnes doriques (1). C'est par ses édifices qu'il faut juger Séville : l'archevêché est un vaste et superbe bâtiment ; l'Alcazar, ou l'ancien palais des rois maures, achevé par Pierre le Cruel et ses successeurs, mérite, par l'élégante bizarrerie de sa construction, par les marbres, les stucs, les ornements qui y sont prodigués, et par ses jardins, l'attention du voyageur. On peut encore citer l'hôtel de ville, la fonderie de canons, le collége de Saint-Elme, la manufacture de tabacs, et la *lonja*, ou la bourse, bâtiment carré d'ordre toscan, où l'on conserve les archives relatives à l'histoire des découvertes faites par les navigateurs espagnols. Mais le plus imposant de tous, et l'un des plus considérables de l'Espagne, c'est l'église cathédrale, bâtie au commencement du quinzième siècle. Elle a 140 mètres de long, 88 de large, et sa tour 85 d'élévation : son intérieur se divise en neuf nefs, où les tableaux, les statues et les tombeaux attirent tour à tour les regards. Parmi ces derniers, on ne peut s'empêcher de remarquer celui de saint Ferdinand, le saint Louis de l'Espagne, celui d'Alphonse le Sage ou l'Astronome, et celui de Christophe Colomb, avec cette inscription frappante par sa brièveté :

> A Castilla y Aragon
> Otro mundo dió Colomb.

La partie la plus curieuse de cette cathédrale est la célèbre tour de la *Giralda*, ouvrage de l'architecte arabe Geber, qui lui donna d'abord 80 mètres d'élévation ; mais en 1568 on l'exhaussa de 32 mètres. De cette tour carrée, la vue s'étend à plus de 50 kilomètres ; on n'y monte point par un escalier, mais par une rampe si douce, que depuis longtemps on répète qu'un cheval pourrait la gravir au trot ; mais nous doutons qu'on en ait jamais fait l'essai. La coupole qui la termine est surmontée d'une figure en bronze doré représentant la Foi et faisant l'office de girouette ; elle pèse 34 quintaux, et cependant elle tourne au moindre vent.

Séville possède une université, l'une des plus fréquentées de l'Espagne, 9 colléges, une école de pharmacie, 2 de mathématiques, une d'agriculture, une autre des beaux-arts, une école de navigation qui jouit d'une grande réputation, et une de *tauromachie*, la seule qui existe dans toute la péninsule. Elle a aussi 3 sociétés savantes.

L'amphithéâtre d'*Italica* est l'une des antiquités les plus remarquables des environs de Séville ; la cité dont il fut le principal ornement n'est plus qu'un misérable village nommé *Santi-Ponce* ; on sait cependant qu'elle fut le siége d'un évêque, et qu'elle a vu naître trois empereurs : Trajan, Adrien, et Théodose.

Nous allons parcourir rapidement les autres villes de cette province. *Utrera*, qui paraît être l'ancienne *Orippo*, est une petite ville assez bien bâtie, dont les vieilles murailles sont détruites, et dont le territoire est fertile en oliviers, en vignes et en pâturages, où l'on élève d'excellents chevaux. Dans la province d'Huelva, *Moguer*, avec son tribunal ecclésiastique, son hôpital, ses deux couvents, ses deux écoles latines, son château ruiné et son port sur le Tinto, est une petite ville qui exporte le vin et les autres produits de la province, et qui renferme plusieurs distilleries d'eau-de-vie. *Huelva*, chef-lieu de la province, au confluent de l'Odiel et du Tinto, est l'ancienne *Onuba* ; elle possède un port qui rivalise avec celui de Moguer. *Valverde* est une ville commerçante de 6,000 habitants. Enfin, *Ayamonte*, ville fortifiée, à l'embouchure de la Guadiana, sur la limite de l'Andalousie et du Portugal, s'enrichit par le commerce et par la pêche des sardines. *Almonte*, ville de 3,800 âmes, est sur la route de Séville à Huelva ; *Niebla*, petite ville commerçante sur la rive droite du Tinto, est peuplée de 1,500 âmes ; enfin *Palos* est célèbre parce que c'est de ce petit port que Christophe Colomb partit en 1492 pour son premier voyage.

En s'embarquant à Ayamonte pour faire voile vers le port le plus proche de tous ceux de la *province de Cadix*, on débarque à *San-*

Lucar de Barrameda, port assez fréquenté, situé à l'embouchure de la Guadiana ; son ancien nom de Lucifer annonce l'emplacement d'une ville où le dieu de la lumière avait des autels. On y compte un grand nombre de tanneries ; on y fabrique diverses sortes de liqueurs, et des tonneaux pour les vins estimés que produit son territoire, et qui forment sa principale branche de commerce. Sa population est d'environ 18,000 âmes. Ses environs sont d'une grande fertilité, tandis que sur l'autre rive du fleuve, l'œil est attristé par de vastes plaines sablonneuses aussi arides que les déserts de l'Afrique.

Sur la côte on voit *Rota*, célèbre par ses vins ; mais en remontant dans les terres, *Xérès de la Frontière*, ou *Jerez de la Frontera*, l'antique *Asta Regia*, au pied d'une colline, dans une position délicieuse, est plus importante encore par sa population et par ses vins chauds et délicats. Le produit de ses vignes s'élève annuellement à 72,000 hectolitres, et les caves qui les recèlent sont, par leur étendue et la solidité de leur construction, au nombre des curiosités que renferme la ville. Celle-ci est traversée par une muraille antique percée d'arcades et d'ouvertures qui la séparent en deux quartiers. En dedans de cette muraille, les rues sont étroites et les maisons mal construites ; tandis qu'en dehors les rues larges et régulières se composent d'habitations simples, mais élégantes. Le château royal, flanqué de grosses tours, paraît être d'une construction fort ancienne. Dans les environs, on admire l'église et le couvent d'une célèbre et riche chartreuse.

A 24 kilomètres de Xérès, sur les bords escarpés du Guadalète, *Arcos de la Frontera*, petite ville aux rues longues et péniblement roides, que l'on croit être *Arcobriga*, dépend du même district que la précédente.

Traversons le Guadalète, et visitons cette importante ville de *Cadix*, dont les habitants passent pour les plus civilisés de l'Espagne. On ignore l'origine de cette cité, dont le nom antique *Gaddir*, qui signifie *lieu entouré*, a été changé en celui de *Gadès* par les Grecs et les Romains. Strabon en attribue la fondation aux Phéniciens ; il la compare aux villes les plus puissantes de l'Italie, et dit en parlant de ses habitants, que ce sont eux qui arment les plus grands et les plus nombreux vaisseaux destinés au commerce de la Méditerranée et de l'Océan, quoiqu'ils n'habitent qu'une petite île et qu'ils possèdent peu de terrain sur le continent. L'avantage de sa position place encore Cadix au rang des villes les plus commerçantes de l'Europe. Depuis Strabon, cette partie de la côte d'Espagne a éprouvé bien des changements ; il est probable que l'espèce de jetée qui unit Cadix à l'île de Léon n'existait point à cette époque, et que Gadès était dans une île qui est devenue depuis une presqu'île. Ce qui confirmerait ce fait, c'est que Pline dit positivement que la ville est dans une île voisine de celle de Junon, qui ne peut être que celle de Léon.

Cadix est une place forte du premier rang et le chef-lieu d'un des trois départements maritimes de l'Espagne. Environnée de tous côtés par des remparts et des bastions, la nature autant que l'art a contribué à sa sûreté. Au nord et à l'ouest, des bancs de sable et des écueils en défendent l'approche, et sur ces derniers s'élèvent encore les deux forts de Sainte-Catherine et de Saint-Sébastien. Enfin, pour compléter sa sécurité, la *Cortadura*, coupure faite dans la largeur de la langue de terre par laquelle elle tient à l'île de Léon, peut intercepter facilement toute communication avec celle-ci. Le blocus qu'elle éprouva de la part des Français, depuis 1809 jusqu'en 1812, n'eut d'autre résultat que de prouver aux habitants qui faisaient venir à grands frais de l'eau du port Sainte-Marie, que celle qu'ils conservent dans des citernes est propre à tous les usages, car la ville ne possède pas de fontaines. Les maisons sont bien bâties et blanchies avec soin ; leurs toits saillants ont l'inconvénient de rendre les rues étroites et sombres, mais ils ont l'avantage d'offrir un abri contre les rayons du soleil. Belle dans son ensemble, cette ville n'a rien de remarquable dans ses détails ; la cathédrale est petite et mesquine ; l'hôtel de ville, malgré l'irrégularité de son architecture, ne laisse pas que d'offrir un aspect agréable. Les établissements d'instruction et de bienfaisance sont nombreux et bien tenus, nous citerons les cinq hôpitaux, le séminaire, le collége des jésuites, les écoles de beaux-arts, de marine, de mathématiques, de chirurgie et de médecine.

L'île de Léon n'est séparée du continent que par un bras de mer de 200 mètres de large, que les Espagnols appellent le rio Santi-Petri, et que l'on traverse au moyen d'un pont qui nous conduira sur la route de *Medina Sidonia*, petite ville située sur la cime d'un rocher en pain de sucre, renommée par ses eaux salutaires, par les terres qu'elle recueille sur son territoire, et qui sont tellement estimées pour la fabrication des briques et de la poterie propre à résister au feu, qu'elle en approvisionne une grande partie de l'Andalousie. Son nom est d'origine arabe ; mais la multitude d'inscriptions romaines que l'on y trouve donnent lieu de croire que c'est l'antique *Asindo*. En descendant vers la côte, on voit, à 25 kilomètres au delà du lac de la *Janda*, à l'extrémité la plus méridionale de l'Espagne, la ville et le port de *Tarifa*, que les Romains appelaient *Mellaria*, cité qui, du temps de Strabon, était

---

(1) Au-dessus de celle de la *Carne* on lit le distique suivant :
Condidit Alcides, renovavit alius urbem,
Restituit Christo Fernandus tertius heros.

renommée par ses salines. Ses fortifications sont importantes, et l'on a vainement projeté de la réunir à la petite île qui porte son nom, et dont elle n'est séparée que par un canal d'une centaine de mètres de largeur.

En suivant la route qui doit nous conduire dans la province de Grenade, la plus importante de l'Andalousie, nous passons à 8 kilomètres de Gibraltar, rocher formidable qui appartient aux Anglais depuis l'époque de la guerre de la succession (1704), et qui est devenu entre leurs mains une forteresse imprenable. La ville de *Gibraltar* renferme environ 16,000 âmes.

L'ancien *royaume de Grenade*, cette riche contrée dans laquelle les villes rivalisent d'industrie; cette province, où l'on peut s'élever depuis les plaines basses et brûlantes qui bordent la Méditerranée jusqu'aux froides régions qui ont valu le nom de *Nevada* à la principale chaîne qui la divise dans sa longueur; ce pays, entrecoupé de vallées délicieuses et le mieux arrosé de la Péninsule, est tellement favorisé de la nature, que ce fut le dernier que les Maures persécutés se décidèrent à abandonner. Ne nous laissons point charmer trop facilement à la vue de ces campagnes où des ruisseaux limpides et des prairies émaillées de fleurs tempèrent l'excessive chaleur du climat; jetons un coup d'œil rapide sur ce que ses cités peuvent offrir de plus intéressant à la curiosité du géographe voyageur. La première ville importante et bien bâtie que nous trouvons sur la route de Madrid est *Ronda*, partagée en deux par un affreux précipice, qui divise dans toute sa hauteur la montagne calcaire sur laquelle elle est construite. Au fond de cette déchirure, de près de 200 mètres de profondeur, coule un torrent dont le nom arabe *Guadalvin* signifie *ruisseau creux*, et qui, sous celui de *Guadiaro*, va se jeter dans la mer entre Estepona et Gibraltar. Dans la ville, on traverse cette énorme cassure par le moyen de deux beaux ponts, dont le plus large et le plus récent, nommé le pont Neuf, est tellement élevé au-dessus du torrent, qu'à peine si l'on peut en entendre le bruit. On descend par un escalier de 400 marches jusqu'à la cascade nommée *el Tajo*. Ronda, comme l'indique son nom, est la cité d'*Arunda*, dont Pline et Ptolémée font mention. A 9 kilomètres au nord-ouest de la ville, existent les ruines de l'antique *Acinipo*, que l'on nomme aujourd'hui *Ronda la vieille* (*Ronda la Vieja*). On y voit encore un théâtre, et l'on y découvre, en fouillant le sol, des inscriptions, des médailles et des débris de statues.

Dans la *province de Malaga*, *Estepona*, jolie ville maritime, est située au pied de la Sierra Vermeja (montagne vermeille), où l'on trouve des mines de plombagine dont on fait d'excellents crayons. *Marbella*, chef-lieu d'un district riche en minéraux, serait une ville plus importante si les chemins qui y aboutissent étaient mieux entretenus; sa population est de 4 à 5,000 âmes. Elle a des fabriques en différents genres, et des pêcheries abondantes donnent quelque activité à son port. Quelques-unes de ses rues sont tirées au cordeau; on y voit plusieurs fontaines et une belle promenade d'où la vue s'étend sur la Méditerranée. Suivant une tradition, le point de vue dont on y jouit fut tellement admiré par Ferdinand et Isabelle, que la reine, frappée de la beauté de cette mer, s'écria : *Que mar tan bella !* ce qui, disent les chroniqueurs, fut l'origine du nom de *Marbella*. Quoi qu'il en soit, elle est d'une époque fort ancienne; on croit qu'elle portait le nom de *Barbesola*; mais nous pensons qu'elle est plutôt sur l'emplacement de *Cilniana*, mentionnée dans l'*Itinéraire* d'Antonin.

Sous un ciel magnifique qui n'est obscurci que par les pluies de l'arrière-saison; au fond d'un golfe bordé par des montagnes dont la base est couverte d'oliviers, d'orangers et de vignes célèbres; entourée par des champs couverts de cotonniers et de cannes à sucre, *Malaga* jouit des richesses que lui procurent un heureux climat et un port avantageusement situé. Ses habitants passent pour être polis et spirituels, et les femmes y jouissent d'une réputation de beauté que leur disputeraient vainement celles de plusieurs autres villes de l'*Andalousie*. Malaga est environnée d'une double muraille, défendue par des bastions et par un château que les Maures ont construit sur la pointe d'un rocher qui la domine. Son port est abrité par deux belles jetées dont la plus avancée dans la mer porte un fanal à feux mobiles nouvellement construit, qui sert à guider pendant la nuit le navigateur incertain. Près du port, la promenade de l'Alameda, entourée de beaux édifices, est ornée de statues et d'une fontaine dont les eaux jaillissantes ajoutent à l'agrément de ce lieu fréquenté. La ville est approvisionnée d'eau par un bel aqueduc qu'un de ses plus riches citoyens appelé Molina fit élever à ses frais. La plupart des anciennes maisons, d'architecture mauresque, ont été remplacées par des constructions modernes : le palais épiscopal est un vaste édifice construit dans le meilleur goût, et la cathédrale, longue de 106 mètres, large de 58 et haute de 45, est un monument magnifique dont la tour a 88 mètres d'élévation. La ville actuelle occupe à peu près l'emplacement de la cité commerçante de *Malaca*, dont Strabon attribue la fondation aux Phéniciens. On porte sa population à près de 75,000 âmes.

Un chemin qui côtoie la mer conduit de Malaga à *Velez-Malaga*, petite ville industrieuse et commerçante, dont les vignobles égalent presque ceux de la précédente, et qui occupe l'emplacement de l'antique *Menoba*.

Nous terminerons notre excursion dans cette province par la ville d'*Antequerra*, l'*Antecaria* des anciens, située entre les montagnes qui portent son nom et le cours du Guadiaro. Cette ville est importante par son commerce. Sa population est évaluée à plus de 22,000 âmes.

La province de *Grenade* est divisée en deux parties à peu près égales, l'une septentrionale et l'autre méridionale. Dans cette dernière, les villes de quelque importance sont de petits ports ou des cités à peu de distance de la mer. *Almuñecar*, dont le port est abrité des vents d'est et d'ouest, est au pied d'une colline où l'on voit encore les restes d'une citadelle dans laquelle les rois maures déposaient leurs trésors et faisaient enfermer les princes de leur famille dont ils craignaient les tentatives d'usurpation. *Motril*, le *Firmium Julium* des Romains, dont les environs sont fertiles en cannes à sucre, et dont le rhum, suivant les Espagnols, ne le cède point à celui de la Jamaïque, est au bord de la Méditerranée. *Almeria*, cité qui fut toujours riche et industrieuse, aujourd'hui chef-lieu de province, est l'antique *Murgis*, dont l'origine se perd dans la nuit des temps, et dont le port, que les anciens appelaient *Magnus Portus*, est encore assez bon et passablement fréquenté. *Cuevas de Vera*, peuplée de 10,417 habitants; *Velez Rubio*, qui en compte 9,471; *Vera*, *Berja*, *Huercal* et *Dalias*, villes de 8 à 9,000 âmes, sont les autres villes principales de la province.

Au pied d'une chaîne qui porte son nom, *Loja*, sur la rive gauche du Génil, possède une abondante saline; *Alhama*, dont le nom arabe signifie *eaux thermales*, est de toute l'Europe la ville la plus élevée au-dessus du niveau de la mer : elle est à 32 mètres plus haut que Madrid. Ses maisons dans le style mauresque, les vieilles murailles qui l'entourent, l'aridité de ses environs, lui donnent un aspect difficile à décrire. Pendant près de six mois elle est dominée par la neige, et le reste de l'année elle est brûlée par le soleil. Les bains qu'elle possède à 2 kilomètres de son enceinte sont célèbres et très-fréquentés. L'eau en est lourde, sulfureuse, limpide et légèrement colorée. L'endroit où l'on voit la source est aride, sauvage et entouré de rochers décharnés. Dans l'établissement où l'eau est réunie, elle offre une singulière particularité : lorsqu'elle est éclairée par les rayons du soleil, elle semble couverte d'une couche de graisse dont les cheveux des baigneurs sont bientôt enduits; dans les temps froids, l'eau se couvre de vapeurs, et les canaux dans lesquels elle coule paraissent être tapissés d'un savon blanchâtre. Les montagnes d'Alhama sont coupées par la route qui conduit à Velez-Malaga; on y remarque un passage curieux appelé la Puerta de Zaflaraya : c'est en effet une espèce de porte taillée par la nature au milieu de rochers élevés, d'où le voyageur ravi aperçoit tout à coup une immense étendue de pays; son œil plane sur les pentes méridionales des montagnes du groupe bétique, sur les côtes du royaume de Grenade, sur la Méditerranée et sur les rivages africains.

Déjà nous approchons de cette importante cité qui fut le tombeau de la puissance mauresque en Espagne. Voici sur la rive gauche du Xenil, au milieu d'une campagne délicieuse, cette intéressante ville de *Santa-Fé*, si maltraitée en 1807 par un tremblement de terre, et si singulièrement fondée par l'héroïne Castillane épouse de Ferdinand le Catholique. Pendant le siège de Grenade, la reine avait fait vœu de ne changer de chemise que lorsque cette capitale aurait ouvert ses portes. Afin d'intimider les ennemis, son camp fut transformé en une ville qu'elle entoura de murailles, et cette ville est Santa-Fé. Les Maures combattaient avec outrance, et le siège fut si long, que le vêtement que la reine avait juré de conserver prit sur son corps une teinte jaunâtre qui fut l'origine de la couleur isabelle; c'est aussi dans l'enceinte de cette ville que Ferdinand et Isabelle approuvèrent et protégèrent la première expédition de Christophe Colomb allant à la découverte d'un nouveau monde.

De belles promenades, tracées sur les bords enchanteurs du Xenil, annoncent l'approche d'une ville importante. *Grenade*, en espagnol *Granada*, traversée par le Daro, est entourée de riants bocages rafraîchis par des ruisseaux limpides, et parfumés par les délicieuses odeurs que répandent les jardins et les bosquets disséminés sur les coteaux voisins. Tandis que le printemps règne à ses pieds, la Sierra Morena, qui paraît être à un kilomètre de ses murs, élance dans les cieux ses sommets blanchis par d'éternels hivers. En entrant dans Grenade, on ne peut s'empêcher de comparer son état actuel avec ce qu'elle était sous les Maures qui la fondèrent. Aujourd'hui sa population est encore de 67,000 âmes. Elle possède de beaux édifices; elle a 2 grandes places et 16 petites, un grand nombre de fontaines publiques, 7 collèges, 11 hôpitaux, un beau théâtre bâti par les Français, et 63 églises, dont les principales sont celles de San-Geronimo, de Santa-Cruz, de San-Juan de Dios, et la cathédrale, temple imposant, qui renferme le tombeau de Ferdinand et d'Isabelle, ainsi que celui de Philippe Iᵉʳ et de la reine Jeanne. C'est une des plus grandes églises de l'Espagne. Mais ces édifices perdent un peu de leur intérêt près de ceux qu'elle doit au génie et au luxe des Arabes. En vain Charles-Quint, dans tout l'éclat de sa puissance, fit-il élever au milieu de l'Alhambra, palais et forteresse des rois maures, une habitation qui devait surpasser en magnificence tout ce que ceux-ci avaient construit de plus somptueux : à la vue de ce beau monument de la renaissance de l'art, on regrette moins de ne pas le voir achevé que l'on ne regrette le sacrifice qu'il fallut faire de plusieurs portions de l'Alhambra pour lui réserver un emplacement convenable. Malgré la grandeur de cet édifice orné de portiques et décoré des plus précieux marbres, la richesse du palais arabe, ses galeries formées de colonnades légères, ses salles chargées d'ornements encore si frais, l'élégance de la cour des bains, les arcades qui entourent celle des lions, à laquelle on ne reproche que sa mesquine étendue, annoncent assez combien il dut être supérieur aux modernes constructions de Grenade.

Cette ville est la patrie du célèbre poëte Hurtado de Mendoza et du jésuite Suarez, que Pascal n'a point épargné dans ses Provinciales. A peu de distance de ses murs, on voit l'emplacement de la cité romaine d'*Eliberis*, où des fouilles ont fait retrouver les antiquités les plus précieuses.

Guadix, dans une vallée au bord du rio Guadix, est un chef-lieu de district dont nous dirons peu de chose, si ce n'est que ses vieilles murailles ont vu la longue résistance que firent les Maures après la conquête de leur capitale. Cette petite ville s'élève probablement non loin de l'emplacement qu'occupait la cité bétique d'*Acci*; son nom l'attesterait à défaut d'autres preuves : en ajoutant à celui-ci le mot *Guadi*, qui signifie *eau courante*, les Arabes ont fait *Guadiacci*, qui est devenu Guadix. *Baza*, qui s'enrichit par ses récoltes de lin et de chanvre, est dans une riche vallée au pied d'une chaîne qui porte son nom; c'était la ville de *Basti*, capitale des *Bastitani*. Enfin, dans le même district que la précédente, *Huescar*, sur les bords du Barbato, fabrique des tissus de laine de diverses couleurs : près de ses murs, un village qui porte le nom d'*Huescar la Vieja*, est tout ce qui reste d'*Osca*, fondée par les Carthaginois.

CAPITAINERIE GÉNÉRALE DE LA VIEILLE-CASTILLE. — Divisée en 6 provinces, celles de Santander, Ségovie, Burgos, Avila, Soria, Logrono, la *Vieille-Castille*, berceau de la monarchie espagnole, est bornée au nord par le golfe de Gascogne; à l'ouest par les Asturies et le royaume de Léon; au sud par la Nouvelle-Castille, à l'est par l'Aragon, et au nord-est par la Navarre et les provinces vascongades. Le Duero la traverse de l'orient à l'occident. Le nom de Castille lui vient du grand nombre de châteaux (*castillos*) qui la défendaient jadis des attaques des Maures, ou qui étaient la résidence des petits princes chrétiens que l'ambition armait les uns contre les autres. Nous citerons, parmi ses principales villes, *Santander*, que nous croyons être la *Menosca* des *Varduli*, mais qui, selon d'autres, est le *Portus Blandium*, avec un port que son commerce de vins et le cabotage rendent très-actif : c'est la ville la plus considérable du nord de cette Castille : on lui accorde 20,000 âmes. *Valle de Cabuerniga*, *Piellagos* et *Santillana*, sont les autres lieux les plus importants de cette province. *Burgos*, le *Bravum* de Ptolémée, vieille capitale, est remplie de couvents et d'églises. La cathédrale, remarquable par la délicatesse de son architecture gothique et par l'élégance de ses nombreuses petites flèches, qui de toutes les parties de l'édifice s'élèvent les unes au-dessus des autres; les restes de la maison du Cid, l'arc de Fernand Gonzale, le palais épiscopal, et l'arc de Sainte-Marie, porte triomphale par laquelle on entre dans la ville en traversant le rio Arlanzo, sont ses principales curiosités. Hors de ses murs, on voit sur une colline un vieux château d'où le général français le Berton repoussa les attaques de l'armée de Wellington, et le tombeau du Cid, et les ruines du palais d'Alphonse le Sage, roi législateur et astronome, auteur des *Tables Alphonsines*. *Soria*, jolie ville qui occupe en partie l'emplacement de l'antique *Numance*, sur le bord du Duero, est importante par son commerce de laines.

Ségovie, sur une petite colline au pied de laquelle coule l'Eresma, mérite que nous nous arrêtions dans ses murs. Elle n'a pas changé de nom : c'est l'antique *Segovia*, cité celtibère, embellie par Trajan. A la vue de cette porte murée, aujourd'hui murée, de cet Alcazar, vieux château flanqué de tourelles et construit par les rois maures sur l'escarpement d'un immense rocher, comment ne pas se rappeler la prospérité et l'industrie de cette ville sous leur domination? Mais avançons du côté de cet aqueduc à double rang d'arcades, qui depuis 17 siècles ne cesse de transporter de l'eau à la ville; et ne craignons pas de dire que pour que Trajan ait fait construire un monument aussi gigantesque, aussi solide, aussi dispendieux, qui se compose de 175 arches, dont la plus grande hauteur est de 30 mètres depuis le sol jusqu'au sommet, et qui occupent un espace de 840 mètres de longueur, il fallait que Ségovie, sous les Romains, fût beaucoup plus importante que de nos jours. Elle n'a que 6,000 habitants. On trouve dans la ville d'autres restes antiques qui annoncent que des temples somptueux ont cédé aux efforts du temps, et surtout à ceux des destructeurs encore de l'ignorance et de la barbarie. La cathédrale est le plus bel édifice moderne de cette cité. Son style, demi-gothique, annonce l'époque de la renais-

sance de l'art : elle fut en effet construite pendant le seizième siècle. L'intérieur de l'Alcazar mérite d'être visité; cet ancien château a été converti en une école d'artillerie. Ségovie, autrefois célèbre par ses draps, compte encore 4 moulins à foulons, 3 lavoirs de laines, et un grand nombre de métiers à tisser le lin et le chanvre.

A quelques kilomètres de la ville on voit *Saint-Ildefonse*, qui n'était qu'une métairie appartenant à une confrérie de moines, lorsque Philippe V en fit l'acquisition. Transformée bientôt en une maison de plaisance délicieuse, elle servit de résidence d'été à ce monarque et à ses successeurs. Les habitations qui se sont élevées auprès forment une petite ville de 4,000 habitants. Dans ce palais, d'une architecture simple, furent réunis les trésors de la galerie que possédait Christine de Suède à Rome; dans ces jardins, où, comme à Versailles, l'art a vaincu la nature, on a rassemblé à grands frais les eaux qui descendent des montagnes environnantes, et mille canaux alimentent ces lacs, ces cascades et ces gerbes jaillissantes qui surpassent les arbres en hauteur et l'emportent sur tout ce qu'on a fait en ce genre. Enfin dans ce domaine royal, dont la superficie totale est de 501,274 mètres carrés, Philippe V, imitant la prodigalité de son aïeul, dépensa 45 millions de piastres, somme énorme dont le trésor ne put jamais réparer la perte.

La province la plus méridionale de la Vieille-Castille est celle d'*Avila*, dont le chef-lieu tire son nom de l'arabe. Cette vieille et triste cité, entourée d'épaisses murailles bien conservées, possède une belle cathédrale et un collège. C'est la patrie de sainte Thérèse et de l'historien Gilles Gonzalez d'Avila. *Cebreros*, *Arevalo* et *Madrigal*, sont des petites villes à peine peuplées de 2,000 âmes.

CAPITAINERIE GÉNÉRALE D'ARAGON. — En quittant la Vieille-Castille pour visiter les provinces de Teruel, de Saragosse et de Huesca, formées de l'ancien *royaume d'Aragon*, que bornent au nord la France, à l'est la Catalogne et le royaume de Valence, et au sud la Vieille-Castille, on traverse *Tarazona*, antique cité, que l'on croit être *Augustobriga*; située au bas de la Sierra de Moncayo, elle se divise en haute et basse. C'est la patrie du peintre F. Ximenès. Les fidèles vont y vénérer, dans le couvent des pères de la Merci, les corps de saint Boniface et de saint Eusèbe. On voit ensuite *Borja*, qui fait commerce des pierres à fusil que l'on trouve dans ses environs : au bord du Xalon, *Calatayud*, bâtie sur les ruines de *Bilbilis*, patrie du poëte Martial; *Doroca*, qui paraît être l'antique *Agiria*, cité des Celtibères, près de laquelle une vaste caverne creusée au bas de la chaîne de Moncayo reçoit les eaux des torrents qui en descendent pendant les temps de pluie, et garantit la ville de leurs ravages; *Albaracin*, dont le nom est évidemment arabe, ville que traverse le Guadalaviar, dans une magnifique vallée formée par les montagnes d'Idubeda et la Sierra d'Albaracin; *Teruel*, chef-lieu de province, à peu de distance du confluent du Guadalaviar et du rio Alhambra, ville ancienne, sans édifices remarquables, mais industrieuse; *Alcaniz*, cité arabe, dont le nom signifie *trésorerie*, dominée par une vieille forteresse près du Guadalope, et ornée d'une superbe place sur laquelle donne la façade de son église; *Barbastro*, ancienne ville entourée de murailles, sur les bords de la petite rivière du Vero, qui la divise en deux parties réunies par des ponts de pierre; la petite ville de *Benavarre*, près de laquelle coule la source de la Mandragore, dont les eaux, à des époques indéterminées, sortent tout à coup du sein de la terre avec un bruit épouvantable, et vont dans les vallées voisines détruire l'espoir du laboureur; *Jaca*, place forte, située au pied des Pyrénées, à 25 kilomètres des frontières de la France, dans une petite vallée fertile à laquelle viennent aboutir plusieurs jolies vallées; *Sos*, où l'on voit encore le vieux château dans lequel naquit Ferdinand le Catholique; *Huesca*, chef-lieu de province, l'antique *Osca*, dont l'évêché fut institué au sixième siècle, ville située dans une position délicieuse au milieu d'une plaine terminée au nord par la Sierra Guara. Ses rues sont assez bien bâties : la plus belle, celle *del Coso*, qui la traverse dans sa longueur, est ornée de maisons uniformes et de quelques édifices remarquables : la cathédrale, la chambre consistoriale, l'université fondée en 1354, le palais du comte de Huaza, et les couvents de Saint-François et de Santo-Domingo, sont ceux qui méritent le plus d'attention.

Saragosse, l'antique *Salduba*, érigée par Auguste en colonie militaire, sous le nom de *Cæsarea Augusta*, appelée par les Espagnols *Zaragoza*, capitale de l'*Aragon* dont elle occupe presque le point central au bord de l'Èbre, près de la jonction de ce fleuve et de la Huerva, est à jamais célèbre dans les fastes de l'Espagne par la résistance qu'elle fit en 1808 aux Français qui la prirent d'assaut, et qui, maîtres de ses murs, furent encore obligés de faire le siège de ses maisons. Ce qu'elle offre de plus curieux est son pont de 7 arches, dont une a 60 mètres d'ouverture; la longue et large *rue Sainte*, et l'église de *Notre-Dame del Pilar*, plus belle que la cathédrale et plus célèbre par ses miracles. Saragosse, peuplée de 30,000 âmes, possède une université, plusieurs collèges, une bibliothèque publique, une académie des beaux-arts et une société économique. Les environs de la ville sont d'une uniformité monotone, mais d'une grande variété de culture. On y voit un édifice du

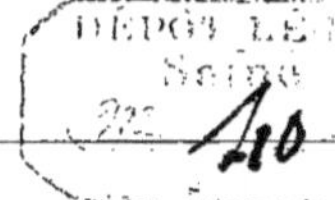

Combat de taureaux. — Les Picadores.

moyen âge dont l'architecture offre un heureux mélange de style italien et de style mauresque ; c'est le couvent des hiéronymites de Sainte-Engracie. *Caspe*, sur le Guadalope, près de son embouchure avec l'Èbre, fait un commerce de soie et d'huile ; sa population est de 7,500 habitants.

CAPITAINERIE GÉNÉRALE DE LA CATALOGNE. — La *Catalogne*, limitrophe de la France, de l'Aragon et du royaume de Valence, baignée à l'orient par la Méditerranée, forme aujourd'hui les quatre provinces de Gerone, de Lerida, de Tarragone et de Barcelone. La nature d'un sol montueux, une grande étendue de côtes, paraissent avoir eu quelque influence sur le caractère de ses habitants, sur leur industrie, leur patriotisme et leur penchant à l'indépendance. Dès le dixième siècle, cette province, affranchie du joug des Maures, quitta son nom de *Marca Hispanica* pour celui de *Gotholaunia*, originaire de celui qu'elle a conservé. Ses comtes, d'abord vassaux de la France, se rendirent indépendants ; et les Catalans, entraînés par leur esprit belliqueux, portèrent leurs armes et leur commerce dans toutes les contrées alors connues. Enfin la maison de Catalogne, devenue puissante par ses alliances, a fini par réunir sur une seule tête toutes les couronnes de l'Espagne. L'activité qui fait persévérer le Catalan dans les travaux les plus rudes, la noble fierté qui lui fait préférer une vie remplie de privations à l'humiliation d'être domestique dans sa patrie ; son langage, dialecte provençal inintelligible pour un Espagnol, font différer la Catalogne de toutes les provinces du royaume. L'agriculture y a pris un plus grand essor, les arbres n'y sont point proscrits comme dans celle que nous venons de parcourir, et les environs des villes vont nous montrer ces bocages riants que l'on regrette de ne point apercevoir autour de celles de l'Aragon.

Vers l'extrémité orientale des Pyrénées, *Junquera* est le dernier bourg espagnol qui s'élève au pied de ces montagnes. Sous la domination romaine, c'était la ville de *Juncaria*, ainsi nommée de la quantité de sparte (*stipa tenuissima*) qui croît dans ses environs et dont on fait ces tapis qui imitent le gazon. L'industrie des habitants de ce bourg tire un grand avantage de la fabrication des bouchons de liége. *Figuières* (*Figueras*), dont la citadelle passe pour l'une des plus fortes de l'Europe, est bâtie régulièrement, et située dans une campagne délicieuse, à l'extrémité d'une colline qui sépare le cours de la Muga de celui du Marol, et à l'embranchement des chemins qui conduisent de Junquera à *Roses*, ville forte sur la côte avec un port et une rade vaste, mais peu sûre, et à *Gérone*, que le poëte Prudence, écrivain du quatrième siècle, appelle dans ses vers la petite et riche cité de *Gerunda*. Cette dernière ville, chef-lieu de province, située au pied d'une montagne dominée par le petit fort de Montjouy, seul reste de ses fortifications détruites en 1808 par les Français, n'a de remarquable que sa cathédrale dont la façade est majestueuse, et ses bains arabes dans l'enceinte du couvent des capucines. Elle possède des filatures de coton et des fabriques de savon.

En suivant les vallées des Pyrénées du côté de l'occident, on arrive sur les bords de la Sègre, où s'élève *Urgel*, appelée aussi par les Espagnols *Seo de Urgel*, siége épiscopal, célèbre dans la révolution d'Espagne de 1822 pour avoir été le point de réunion de la junte apostolique. Plus bas, sur la même rivière, on voit *Balaguer*, avec son château fort ; c'est la ville de *Bergusia*, où, selon Tite-Live, Rome, deux siècles avant notre ère, envoya des députés chargés de détacher ses habitants de leur alliance avec Carthage. La Sègre arrose aussi *Lerida*, que Lucain appelle *Ilerda*, baignée, dit-il, par les eaux paisibles du *Sicoris*, et que Tite-Live désigne par son nom grec *Athanasia*, qui signifie *immortelle*. Sa situation sur une colline au milieu d'une riche campagne, au bord d'une rivière ombragée par des plantations de peupliers, en rend l'aspect pittoresque et délicieux ; elle conserve encore quelques restes de sa splendeur antique, entre autres la porte de *los Botes*, de construction romaine. Cette ville est aujourd'hui le chef-lieu de la province du même nom. *Cervera*, la plus importante des quatre villes de ce nom, est petite et entourée de murailles, avec 6 portes et un vieux

17   2

château ; elle est située sur la route de Lerida à Barcelone ; le plus beau de ses édifices est le bâtiment de l'université, fondée en 1717. *Igualada*, l'antique *Aquæ Latæ*, sur la même route, au bord du rio Noya, est bien bâtie, riche, industrieuse et peuplée de 8,000 âmes.

A 22 kilomètres au nord-est de cette ville, s'élève le mont Serrat, dont les pics qui s'élancent dans les airs lui ont valu son nom qui signifie *mont dentelé*, et dont la masse schisteuse et calcaire offre plusieurs cavernes curieuses par l'albâtre jaunâtre qui s'y dépose en élégantes stalactites. Sa masse occupe 30 kilomètres de circonférence, et sa cime est presque toujours cachée par les nuages. Depuis sa base jusqu'à son sommet on compte quatorze ermitages ; mais vers la moitié de sa hauteur on voit un magnifique couvent de bénédictins : c'est là qu'Ignace de Loyola préluda aux grandes destinées auxquelles il était appelé, en consacrant son épée à la Vierge. Après avoir quitté les dernières pentes du mont Serrat, on remonte le Cardener, qui se jette dans le Llobrégat ; on voit à l'embranchement du canal qui communique de l'une à l'autre de ces rivières, *Manresa*, connue par ses fabriques de soieries et de poudre à canon. Sur la rive gauche du Cardenet, une superbe église se déploie majestueusement : elle fut bâtie par les jésuites au-dessus d'une grotte que le fondateur de leur ordre avait choisie pour retraite lorsqu'il composa ses *Exercices spirituels*.

A quelques kilomètres au nord de Manresa, en remontant le Cardenet, la petite ville de *Cardona*, que l'on croit être l'ancienne *Udura*, n'offre rien de curieux que l'exploitation de sel gemme au-dessus de laquelle elle est bâtie. Il est difficile de se représenter le spectacle magnifique de ces vastes carrières taillées à ciel ouvert dans un dépôt salin de 100 mètres d'élévation, qui, éclairé par les rayons solaires, réfléchit les brillantes couleurs de l'arc-en-ciel. Les bancs de sel limpide ont tout l'éclat du cristal de roche, tandis que d'autres parties, colorées en bleu, en rouge, ou mélangées d'argile grisâtre, donnent aux flancs abruptes, aux déchirures, aux pointes et aux crêtes saillantes de cette masse imposante et unique en Europe, l'aspect d'une montagne de pierres précieuses qui surpasse en éclat tout ce que, dans leurs descriptions, l'imagination des Orientaux se plaît à nous raconter sur les demeures célestes des fées et des génies.

La route de Cardona à *Solsona* est tracée au milieu de rochers affreux ; à la sortie d'un bois, on découvre cette jolie ville, la *Setelsis* dont parle Ptolémée, située à l'extrémité d'un groupe de montagnes, et arrosée par le rio Negro. Elle est environnée de murailles flanquées de tours. Ses environs sont bien cultivés, et ses habitants se livrent à la fabrication de divers objets de coutellerie et de quincaillerie. Il faut traverser une chaîne de montagnes qui dépend du système pyrénaïque, et qui sépare le cours du Llobrégat de celui du Ter, pour aller de Solsona à *Vich*, ancienne ville construite sur les ruines d'*Ausa*, qui, 185 ans avant notre ère, résista aux attaques des Romains. Ses rues sont spacieuses, mais toutes ne sont point pavées, et quelques-unes sont fatigantes par leur rapidité. Sa place, entourée d'arcades, est le rendez-vous des promeneurs. Les mines de cuivre et de charbon de terre que recèlent les montagnes qui l'entourent, ses champs fertiles et bien cultivés, ses fabriques de toiles, ses filatures de coton, entretiennent l'activité dans ses murs.

Si nous parcourons le littoral de la Catalogne, nous remarquerons d'abord *Mataro*, que Pline désigne sous le nom d'*Illuro*. C'est le chef-lieu d'un département maritime ; le cabotage et le commerce rendent son port très-fréquenté ; ses fabriques de blondes et ses distilleries jouissent de quelque réputation. La vieille ville, placée sur une hauteur, conserve encore ses murailles, ses portes et quelques restes d'antiquités. Ses rues étroites sont moins tortueuses que celles de la plupart des anciennes cités espagnoles. La nouvelle ville, qui n'était jadis qu'un faubourg, est beaucoup plus considérable, mieux bâtie et bien percée : ses maisons, construites avec simplicité, sont pour la plupart ornées de peintures à fresque.

En quittant Mataro, soit qu'on suive la route qui conduit à *Barcelone*, soit qu'on arrive par mer à cette capitale, la beauté de sa position, la régularité de quelques-uns de ses édifices, et le mouvement que le commerce imprime à sa population, annoncent une des villes les plus importantes de l'Espagne. Elle a, dit-on, près de 122,000 habitants. On y compte 7 hôpitaux, 4 bibliothèques publiques, un séminaire, 8 collèges, une école de sourds-muets, une de peinture, une de bonnes lettres, un collège de pharmacie, une école de chirurgie, une académie de médecine pratique, et une société des sciences et des arts. Les édifices qui renferment ces établissements sont dignes de cette grande et belle cité ; cependant il faut mettre en première ligne les monuments publics et religieux ; le palais de l'audience ou de la députation, dans lequel sont déposées les célèbres archives du royaume d'Aragon, dont les titres remontent au huitième siècle ; l'hôtel de ville, remarquable par l'élégance de son architecture ; le palais du capitaine général ; de la douane, dont la façade est ornée de deux rangs de colonnes ; la *Lonja* ou la bourse, construite avec une belle simplicité ; la salle de spectacle, l'une des plus jolies de l'Espagne ; le couvent de Sainte-Claire, seul reste du palais des comtes de Barcelone et des rois d'Aragon ; le couvent de la Merci, dont le cloître est vaste et d'une parfaite exécution ; l'église Saint-Michel, ancien temple de Neptune, où l'on voit un pavé antique en mosaïque ; la cathédrale, d'une construction gothique, hardie et majestueuse, et qui, dans une chapelle souterraine, renferme un mausolée d'albâtre où l'on conserve les reliques de sainte Eulalie, patronne de la ville ; enfin l'église Sainte-Marie-de-la-Mer, la plus belle après la cathédrale. Les agrandissements successifs de Barcelone se reconnaissent facilement : les anciennes rues sont étroites et tortueuses ; mais dans les nouvelles, les maisons, bien alignées, élevées de quatre à cinq étages, et ornées de balcons, sont presque toutes d'une élégante simplicité. De nombreuses antiquités rappellent la domination romaine dans cette ancienne cité, qui porta d'abord le nom de *Barcino*, et dont on attribue la fondation au Carthaginois Hamilcar, aïeul d'Annibal. Le fort *Monjuich* ou Montjouy, qui protège la ville au sud comme la citadelle la défend au nord, occupe l'emplacement d'un temple dédié à Jupiter. Près du môle qui s'avance dans la mer, *Barcelonette*, petite cité moderne, n'est qu'un faubourg de Barcelone. Le port s'encombre tous les jours de cailloux et de limon, malgré le soin que l'on prend de le nettoyer. Depuis longtemps les gros navires ne peuvent plus y entrer. Le commerce de cette capitale n'en souffre point encore : son industrie, dont les produits sont des draps, des velours, des soieries, des dentelles et d'excellentes armes blanches, lui promet de longues années de prospérité. Les désastres de l'affreuse épidémie qui décima sa population en 1821 sont presque oubliés.

Ne quittons point cette intéressante cité sans rappeler les points de vue magnifiques qu'offrent les montagnes de ses environs, parmi lesquels les rochers de Saint-Michel, bizarrement découpés, et déchirés par des torrents tombant en cascades écumeuses, offrent un spectacle digne d'arrêter les regards de l'artiste qui cherche des sujets d'étude dans les beautés de la nature.

De la capitale de la Catalogne à la ville de Tarragone, l'antiquaire peut contempler de beaux débris de la puissance romaine : ici, près de *l'illafranca*, les restes d'un aqueduc unissent encore deux montagnes escarpées ; près de *l'illa-Nova*, les ruines d'une forteresse antique, de nombreuses sépultures creusées dans les rochers et présentant comme autant d'empreintes de corps humains, indiquent l'emplacement de *Carthago Vetus*, cité par Ptolémée ; au delà du bourg de *Vendrell*, s'élève un arc triomphal ; plus loin, près de celui de *Torre dem Barra*, un tombeau majestueux renferme, suivant une tradition populaire, les cendres des Scipions. Du lieu où ce monument s'élève, on voit *Tarragone* s'avancer dans la mer, et l'on croit reconnaître l'antique *Tarraco* qui donna son nom à la plus grande province de l'Hispanie. La ville est bâtie sur une montagne de 250 mètres au-dessus du niveau de la mer ; des murs flanqués de bastions la défendent ; de beaux restes antiques la rendent intéressante aux yeux de l'archéologue, et quelques édifices modernes y fixent l'attention des connaisseurs. On y remarque un amphithéâtre, un cirque et un palais. Son aqueduc romain, réparé et entretenu, joint encore au prestige des souvenirs historiques l'utilité d'une construction faite dans le but de fournir une eau saine et limpide à toute la population ; sa cathédrale, dont l'architecture est empreinte du goût mauresque, est le plus important de ses monuments. Tarragone, qui éprouva tant de désastres par suite de sa résistance aux armées françaises, s'est relevée plus industrieuse et plus belle ; c'est aujourd'hui le chef-lieu d'une province. Cependant sa population ne s'élève pas à plus de 15,000 âmes. Son port, commencé en 1800, offre une entrée facile et un abri sûr aux vaisseaux ; le commerce des laines, la pêche, le cabotage et des relations lointaines sont les gages de sa prospérité. Tarragone est la patrie de Paul Orose, disciple de saint Augustin.

Reuss, fondé en 1151 par le clergé de Tarragone, n'était encore qu'un bourg vers la fin du siècle dernier. Ses constructions la placent au rang des jolies villes ; son industrie et ses 28,000 habitants la rangent parmi les villes importantes. Elle possède une verrerie, des tanneries, des machines à carder le coton, des filatures, des blanchisseries, des fabriques de chapeaux et de savon, et des teintureries.

Vers l'extrémité méridionale de la province, *Tortose*, l'antique *Dertosa*, jadis l'une des plus importantes villes de la Tarraconaise, est située entre deux chaînes de montagnes au bord de l'Èbre. On y voit encore plusieurs restes d'antiquités romaines et arabes. Enlevée aux Maures en 1149, ceux-ci rassemblèrent des forces considérables pour la reprendre ; épuisée par une longue résistance, elle allait succomber faute de bras pour la défendre, lorsque les femmes prirent les armes et repoussèrent les musulmans. Jusque dans ces derniers temps, une cérémonie dans laquelle les femmes avaient le pas sur les hommes consacra le souvenir de ce glorieux événement. Aujourd'hui Tortose compte parmi les places fortes de l'Espagne, et son port lui donne le titre de chef-lieu de département maritime. Ses plus beaux édifices sont la cathédrale et le palais épiscopal.

CAPITAINERIE GÉNÉRALE DE VALENCE. — L'ancien *royaume de Valence* forme une capitainerie générale bornée par la précédente, l'Aragon, la Nouvelle-Castille et le royaume de Murcie. Ses côtes offrent plus d'étendue que celles de la Catalogne. Son territoire est riche en mines, en marbres estimés et en produits agricoles.

L'habitant, vif, industrieux, doué d'une imagination ardente et d'une gaieté inaltérable, réunit les caractères opposés que l'on remarque chez les peuples du Nord et chez ceux du Midi : il joint la force physique du Norvégien à l'irritabilité fougueuse du Provençal. Il aime les cérémonies religieuses, les fêtes, les plaisirs et tous les exercices du corps. Il faut voir avec quelle ardeur il danse au son du tambourin et de la *dulzayna*, instrument arabe conservé dans cette seule province, et qui, confié au souffle d'une robuste poitrine, produit l'effet de la clarinette. L'idiome qu'il parle, dérivé du provençal, est doux, sonore et agréable, surtout dans la bouche d'une Valencienne. La *Fiera*, l'une des plus anciennes chansons populaires que chante le laboureur au son de la guitare, peint l'amour et ses douleurs par ses modulations harmonieuses et par les accords continus de l'accompagnement. Chez le Valencien, le goût de la parure est répandu dans toutes les classes : le costume ordinaire des paysans est tout à fait dans le style antique : ils se coiffent d'un bonnet dont la pointe sur le front rappelle le bonnet phrygien; leur chemise, retenue par une ceinture, descend sur leurs membres nus en forme de tunique, ou de larges caleçons ouverts la retiennent sur leurs reins; des sandales attachées avec des cordons forment leur chaussure; enfin une ample pièce de drap qui retombe sur leurs épaules complète leur vêtement. Dans les jours de fête, ils s'habillent de velours, un grand chapeau garni de nœuds de rubans ombrage leur front, et des ganses d'or et de soie ornent leurs cothurnes et leur manteau. Les paysannes, douées d'une légèreté et d'une grâce particulières, portent constamment un voile et de riches chaussures aux jours de fête, sans quitter le corset en usage chez leurs ancêtres. Cette capitainerie générale forme les trois provinces de Castellon de la Plana, de Valence et d'Alicante.

La première ville que l'on remarque dans la province de Castellon, en y entrant par la route venant de Tortose, est *Peñiscola*, sur un rocher de 80 mètres de hauteur, baigné par la mer et joint au continent par un isthme de sable large de 10 mètres dans sa partie la plus étroite, et que les eaux couvraient pendant les grandes tempêtes avant que les habitants eussent construit une chaussée. Cette place fortifiée a, par sa position, la réputation d'être imprenable : cependant le maréchal Suchet y entra au mois de novembre 1811. On cite parmi ses curiosités les restes de l'église des Templiers, asile de l'antipape *Pierre de Luna*, élu sous le nom de Benoît XIII, qui y mourut en 1423, et la grotte appelée, en mémoire de ce personnage célèbre, *Bufador del papa Luna*, dans laquelle les vagues s'engouffrent, et d'où elles jaillissent en pluie abondante jusqu'à une assez grande distance. Plus loin, sur la côte, le chef-lieu, *Castellon*, surnommé *de la Plana* pour le distinguer de deux autres villes de ce nom, dont l'une appartient à la même province et l'autre à la Catalogne, est une jolie cité située à 4 kilomètres de la mer, et à peu de distance du rio Mijares, que l'on traverse sur un beau pont de treize arches. C'est la patrie du célèbre peintre Francisco Ribeira; son port est important par ses exportations à l'étranger. *Ségorbe*, dans l'intérieur des terres, passe, selon les antiquaires, pour être la *Segobriga* de Pline, quoique les dauphins représentés sur ses médailles annoncent que cette ville des *Suessetani* était peu éloignée de la mer. Ses rues sont larges et arrosées par treize fontaines publiques.

Valence, qui donne son nom à la capitainerie et qui est le chef-lieu d'une province, est l'une des plus belles et des plus importantes cités de l'Espagne. Sa population est de 68,000 âmes. Elle a conservé chez les Espagnols son nom latin de *Valentia;* mais les antiquités qu'elle renferme ne consistent qu'en inscriptions et en statues mutilées. Le Guadalaviar, qui la traverse, y est d'une faible largeur, quoique près de son embouchure, parce qu'une grande partie de ses eaux est absorbée par les irrigations pratiquées au milieu des fertiles campagnes qu'il arrose. Cinq ponts d'une belle construction et qui remontent au quinzième siècle, entretiennent les communications de la ville avec les faubourgs. La cathédrale, ancienne mosquée qui fut tout à fait changée en 1262, est principalement remarquable par son maître-autel en argent et les beaux tableaux qui ornent ses chapelles; les bains arabes, rendus à leur ancienne destination, montrent encore, malgré les constructions modernes qui les défigurent, la forme affectée à ces établissements mauresques; la douane est un édifice élégant et spacieux qui orne la place San-Domingo; la *Lonja* ou la bourse, située sur la place du marché, vaste bâtiment gothique couronné par un rang de créneaux, renferme une salle longue de 40 mètres, large de 23 et 20 d'élévation, dont les voûtes reposent sur 24 colonnes. L'élégance des habitations particulières annonce l'aisance des Valenciens et leur goût éclairé pour les arts. Leur ville est la première de l'Espagne où furent établis les *serenos*, espèce de gardes de police qui parcourent les rues pendant la nuit pour veiller à la sûreté publique et avertir des incendies. Depuis le siècle dernier, cette utile institution est en usage dans toutes les grandes cités espagnoles. Enfin elle fut aussi la première qui participa aux bienfaits de l'instruction et de l'imprimerie : dès l'an 1474 elle se distingua dans cet art, et même actuellement sa supériorité est reconnue par les autres villes du royaume. C'est probablement à l'antiquité de ses presses qu'elle doit le rang qu'elle occupe parmi les villes qui ont produit le plus d'hommes distingués dans les arts et la littérature, et qui possèdent le plus d'établissements d'instruction. On y compte plusieurs colléges, une université littéraire, deux bibliothèques publiques, un jardin botanique, un grand nombre d'écoles primaires pour les garçons et pour les filles, une école militaire de cavalerie, une académie royale des arts libéraux, et une société d'économie et d'agriculture.

Soit que l'on sorte de Valence par la porte de Serranos, dont l'architecture semi-gothique et les deux tours octogones et massives s'accordent parfaitement avec les murailles crénelées qui entourent la ville; soit que l'on passe sous la porte triomphale appelée *Puerta del Real*, pour traverser la magnifique promenade de l'*Alameda*, on est étonné de la beauté des campagnes, de la richesse de la culture et de la vigueur de la végétation dans toute l'étendue que l'œil peut parcourir.

Depuis Valence jusqu'à Alicante, on doit citer *Gandia*, petite ville maritime, située dans le pays le plus fertile et le plus délicieux de la province, et *Denia*, port aujourd'hui peu important, mais célèbre chez les anciens, sous le nom de *Dianium*, par son temple consacré à Diane, dont on voit encore quelques restes. *Alicante*, qui porte un nom arabe, bâtie près de l'emplacement qu'occupait *Lucentum*, s'étend sur une belle plage au pied de plusieurs montagnes, dont la plus rapprochée, dominée par un château, menace d'engloutir un jour la ville sous ses débris. Son port est sûr, et sa baie, large et profonde, peut servir de mouillage à de nombreuses escadres. Vers les confins du royaume de Murcie, *Orihuella*, l'ancienne *Orcelis*, dont on attribue la fondation aux Carthaginois, est bâtie dans une plaine fertile surnommée le jardin de l'Espagne, au bord de la Segura et à la base d'une haute montagne calcaire. On y voit 2 colléges et 3 bibliothèques. A 50 kilomètres au nord-est, *Xicona*, est renommée par son nougat appelé *turron*, dont elle fait un grand commerce. Enfin *San-Felipe*, jadis *Xativa*, détruite pour avoir résisté aux armes de Philippe V, et relevée par ce prince sous le nom qu'elle porte aujourd'hui, est bien bâtie, et située au pied d'une montagne sur laquelle on remarque un vieux château construit par les Romains, et reconstruit par les Goths et les Maures. Près de la ville nouvelle florissait, dans l'antiquité, *Sœtabis*, renommée par ses tissus de lin : San-Felipe fabrique aussi des toiles et livre des soies au commerce.

CAPITAINERIE GÉNÉRALE DE MURCIE. — Il nous reste encore à parcourir une ancienne province continentale, formant aujourd'hui une capitainerie générale; c'est celle de *Murcie*, qui portait jadis le titre de royaume, et qui confine à l'Andalousie, à la Nouvelle-Castille et à la province de Valence. Son étendue ne dépasse guère celle du bassin de la Segura. Elle est divisée en deux provinces, celles de Murcie et d'Albacète.

Lorca, l'un de ses plus importants chefs-lieux de district, dont on porte également la population à 30,000 âmes est l'antique *Eliocroca;* elle est sur le penchant septentrional de la Sierra del Cano. Cette situation a contribué à rendre plus terrible l'événement qu'elle éprouva en 1802. Un bassin dans lequel se réunissent les eaux des torrents voisins, et qui sert à l'arrosement des champs, se rompit tout à coup, inonda toute la partie basse de la ville, et fit périr plus de 600 personnes et un grand nombre d'animaux. On estima à 50,000,000 de réaux les pertes que cette inondation causa dans les campagnes voisines. *Murcie*, ville riche et bien peuplée, est située dans une plaine et baignée par la Segura, dont les eaux sont retenues par un superbe quai : sa cathédrale est aussi riche d'ornements à l'intérieur qu'à l'extérieur : c'est son plus bel édifice; cependant on doit encore citer l'hôtel de ville et le bâtiment où l'on apprête la soie, principale richesse de ce canton. Des inscriptions et d'autres antiquités romaines ont prouvé que Murcie portait jadis le nom de *Vergilia*.

La ville qui donne le plus d'importance à la province par son commerce et par son port, destiné à contenir 40 vaisseaux de ligne et un grand nombre de navires marchands, est *Carthagène*, fondée par le Carthaginois Asdrubal. Des montagnes importantes séparent son territoire de celui de Murcie, et les richesses minérales qu'elle renfermait ont été longtemps pour les Romains ce que le Mexique fut depuis pour les Espagnols. Ils exploitaient l'argent et plusieurs métaux utiles : à 12 kilomètres de la ville, une vaste caverne, qui porte le nom de Saint-Jean, n'est autre chose qu'une de ces anciennes mines abandonnées. Dans les montagnes voisines il existe des eaux thermales et des exploitations d'alun. Carthagène est l'une des plus belles villes de l'Espagne; elle est défendue par plusieurs forts situés sur la côte, et par celui d'Atalaya sur une des hauteurs qui la dominent. Son arsenal est immense, ses ateliers, ses chantiers, son bassin rectangulaire, occupent la moitié occidentale de la ville. Le plus remarquable de ses édifices est la cathédrale, formée de trois nefs, et renfermant plusieurs autels richement sculptés. Chef-lieu d'un département maritime, la profondeur et la beauté de son port ne sont point le seul avantage qu'elle offre à la marine espagnole et étrangère. Elle possède des écoles de marine, de navigation, de mathématiques, un observatoire et un jardin botanique. Sa population est évaluée à environ 34,000 âmes. *Totana*, sur la route de Lorca, est une ville de 6,500 âmes, qui appartenait jadis aux chevaliers de Saint-Jacques. *Caravaca* et *Moratalla* comptent chacune plus de 10,000 âmes; ce sont des villes assez commerçantes. *Albacète*, ville de 13,500 habitants, au centre des routes d'Aragon, de Murcie et de Madrid, est située sur les bords d'un canal d'irrigation, au milieu d'une campagne très-fertile; c'est une importante station du chemin de fer de Madrid à la Méditerranée. *Orihuela* est une ville commerçante de près de 17,000 âmes. *Almanza*, sur la route de Valence, est une belle ville de près de 9,000 âmes. *Chinchilla*, ancienne place forte, est une ville manufacturière de 7,500 habitants. Enfin sur la route de Murcie à Almanza, *Villena*, peuplée de 8,000 âmes, est dans une région fertile en chanvre, en grains, en huile et en vin; elle possède quelques fabriques situées dans ses environs.

CAPITAINERIE GÉNÉRALE DES BALÉARES. — Une légère embarcation conduit facilement de Carthagène et plus promptement du port de *Dénia* à *Ivice* ou *Ibiza*, l'une des *Baléares*. Iviza, sa capitale, est bâtie sur le penchant d'une colline escarpée qui s'élève au fond d'un golfe, et dont le sommet est couronné par l'évêché, la cathédrale et le château du gouverneur. La ville est entourée de murs qui la défendent, non des attaques qu'elle pourrait avoir à craindre des pirates, mais des naturels de l'île : car ils sont tellement chargés d'impôts, que souvent, dans l'impossibilité de les payer, ils ont recours à la révolte. Les environs d'Ivice sont marécageux, mais fertiles en coton; le reste de l'île abonde en goudron que l'on retire du pin d'Alep (*pinus Alepensis*), et qui constitue avec les produits de ses riches salines les deux principales branches de son commerce.

Ivice renferme aussi quelques groupes d'habitations auxquelles on donne le nom de villages. Les mœurs de ses habitants ont la rudesse de celles des peuples abrutis par la misère et l'ignorance. Ils n'ont qu'un seul genre de modulation pour chanter leurs amours, et que le son monotone du flageolet et du tambourin accompagnés de la castagnette, pour animer leurs danses bizarres et sans grâces. Le costume des paysans consiste en une veste courte et un pantalon étroit qui descend à mi-jambes; leur coiffure est un bonnet de laine rouge, et leur chaussure consiste en *spardilles*, ou semelles de joncs terminées en pointes recourbées comme des sabots, et attachées avec des cordes du même végétal. Celui des paysannes est plus élégant : un vaste chapeau rond un peu penché sur l'oreille recouvre une guimpe qui leur enveloppe le menton et descend jusqu'à la ceinture. Cette guimpe, ouverte par derrière, laisse flotter une longue tresse de cheveux noirs; trois colliers de différentes grandeurs, dont deux supportent une croix, s'étagent sur leur poitrine; un tablier étroit richement brodé tranche sur la couleur noire de leur jupon, et la spardille recourbée est, comme chez les hommes, leur principale chaussure.

Nous avons rapporté, au sujet des anciens peuples de l'Espagne, la singulière manière dont se faisaient les mariages dans les îles Baléares au temps de Diodore; la coutume actuelle, qui paraît avoir son origine dans l'antiquité, est moins immorale, mais non moins bizarre. Lorsqu'un villageois a obtenu la main d'une jeune fille, il est regardé par les parents comme faisant partie de la famille; mais la cérémonie du mariage ne se fait qu'au bout de deux ans au plus; jusque là les jeunes gens du voisinage viennent visiter la fiancée en présence de son père. Le premier qui se présente le soir, jouit du droit de passer la nuit à causer avec elle. Il essaye par tous les moyens possibles de rompre le mariage projeté; il énumère les défauts du prétendu, et la fille est obligée de l'écouter jusqu'au bout sans se plaindre. Le jour venu, il se retire; mais il revient quelquefois dans la nuit suivante recommencer ses séductions : s'il arrive le premier, il est de nouveau reçu par le père, qui, ainsi que l'amant, souffrent ses vexations, qu'ils ont eux-mêmes fait supporter aux autres.

Fromentera, ou, comme disent les Espagnols, *Formentera*, est si peu éloignée de la précédente, qu'il serait facile et même utile de les réunir; sa population est répartie dans plusieurs villages. On s'est plu à représenter cette île comme infestée de serpents, de loups et de renards; mais les seuls animaux que renferment ses bois et ses prairies sont des chèvres et des moutons devenus sauvages, et ses rivages sont garnis de ces grands oiseaux échassiers connus sous le nom de flamants.

A peu de distance de Majorque, *Cabrera* est un rocher habité par quelques pâtres et de nombreux troupeaux de chèvres. Elle est couverte d'arbres, et renferme 3 sources d'une eau saine et limpide;

mais ce qui la rend affreuse aux yeux des amis de l'humanité, c'est le souvenir des souffrances qu'y éprouvèrent les prisonniers français qu'on y relégua vers la fin de la guerre de 1808 à 1814. On leur fournissait si peu de vivres, qu'en peu de temps ils périrent. Leurs ossements répandus sur le sol attestaient encore il y a quelques années la cruauté de ceux aux soins desquels ils étaient confiés.

L'île de *Majorque* ou *Mallorca* renferme 16 villes de 3 à 6,000 âmes; mais *Palma*, sa capitale, qui en compte plus de 34,000, est seule digne d'être décrite. Elle est entourée de murailles de 2 à 3 mètres d'épaisseur, avec 13 bastions de 50 pas de largeur; elle est dominée par un château bâti sur le coteau de Belver. De la promenade on jouit d'une vue délicieuse sur les champs et les jardins d'alentour. Ses maisons sont bâties en pierre; mais l'excessive largeur des balcons rend les rues fort étroites. Le seul édifice qui rappelle son ancienne splendeur est la *Lonja*, qui s'élève auprès du port. La cathédrale renferme le tombeau de don Jayme II, roi de Majorque, et fils de celui qui la conquit en 1229 sur les Maures. Cette ville, qui fut pendant longtemps le principal entrepôt de commerce entre l'Europe et l'Orient, n'a plus qu'une industrie bornée aux besoins des habitants de l'île. L'art de l'orfèvrerie est presque uniquement réservé à la population juive, objet des mépris des autres habitants, quoique depuis le quinzième siècle elle ait embrassé la religion chrétienne.

Les *Pagès*, ou habitants des campagnes de Majorque, ont un costume tout différent de celui des Ivizains; leurs sandales, leurs jambes nues, leurs larges culottes plissées, qui descendent jusqu'aux genoux, leur veste ronde et sans collet, leur donneraient beaucoup de ressemblance avec les paysans grecs, si leurs visages n'étaient pas ombragés par un large chapeau. Les femmes, chaussées de même, n'ont de particulier qu'une guimpe qui diffère de celle des paysannes d'Ivice en ce qu'elle est ouverte par devant, qu'elle flotte sur les épaules, et que, couvrant aussi le haut de la tête, elle laisse voir sur le front deux mèches de cheveux partagées en bandeau; un chapeau d'homme recouvre aussi cette coiffure du treizième siècle. Les riches habitants ont les mêmes vêtements et les mêmes mœurs qu'en Espagne; le peuple y est peut-être plus superstitieux que sur le continent, mais il est plus hospitalier; et comme il n'y a point d'auberges dans l'intérieur de l'île, une simple recommandation suffit pour vous faire ouvrir la porte d'un paysan, qui s'empresse de vous offrir avec la plus franche cordialité tout ce qu'il possède.

A *Minorque*, on retrouve les mêmes costumes et les mêmes mœurs que dans l'île que nous quittons, avec cette différence toutefois que les Minorquains passent pour être moins superstitieux que les autres Espagnols. L'île renferme 5 villes : *Jamna*, aujourd'hui *Ciudadela*, dont l'origine est probablement carthaginoise, est la plus considérable ville après Mahon, sa capitale. La principale église n'est pas sans beauté. De grandes rues tirées au cordeau, des maisons propres et régulières, font de *Mahon* une résidence charmante; la cathédrale et l'hôtel du gouverneur sont peu dignes de l'aisance qui semble régner dans cette ville, qui, pendant la guerre de Napoléon contre l'Espagne, dut la richesse dont elle jouit encore à la hardiesse de ses corsaires et à la sûreté de son port, l'un des plus beaux de la Méditerranée. Le célèbre André Doria disait proverbialement que dans cette mer il ne connaissait que 4 ports : *Juin, Juillet, Août* et *Port-Mahon* (1). Il a 4 kilomètres de long sur 1,000 à 1,200 mètres de largeur; il doit sa principale sûreté à deux coteaux escarpés qui forment ses côtés. Son entrée a 300 mètres de large, et les marins peuvent naviguer dans ses environs sans craindre les écueils.

GOUVERNEMENT DE L'ESPAGNE. — Le gouvernement de l'Espagne est monarchique constitutionnel. La constitution en vigueur est celle de 1845, elle a été rétablie en 1856 avec un acte additionnel favorable aux progressistes. La couronne est héréditaire dans la descendance de Philippe V, même pour les femmes. Le roi exerce le pouvoir exécutif, mais ses ministres sont responsables.

Le pouvoir législatif est partagé entre le roi et les *Cortès;* celles-ci se partagent en deux chambres : le sénat, dont les membres sont nommés par le souverain; et les députés, nommés par les électeurs à raison de 1 par 50,000 habitants. Leur mandat est de trois ans.

L'Espagne et ses colonies sont divisées en 17 capitaineries générales, dont nous avons déjà donné le tableau; elles sont administrées par des capitaines généraux, chefs des affaires civiles et militaires. Ces capitaineries se subdivisent en intendances, ou *provincias*, au nombre de 49 pour l'Espagne propre et les îles voisines. Ces intendances sont administrées par un intendant (*delegado del fomento*) qui relève du ministre de l'intérieur et qui est assisté d'un conseil provincial nommé à l'élection.

Les provinces se subdivisent en *partidos*, et ces derniers en *pueblos*, ou communes, administrées chacune par un conseil muni-

____

(1)   Junio, Julio, Agosto y puerte Mahon
     Los mejores puertos del Mediterraneo son.

cipal (*ayuntamiento*) composé d'un *alcade*, d'un *procurador* et de *regidors*, ou conseillers.

RELIGION. — La religion catholique, apostolique et romaine est la religion de l'Espagne. Le territoire est partagé en 8 archevêchés et 51 évêchés; les 8 archevêchés sont ceux de : Tolède, avec la dignité primatiale et 9 évêchés suffragants; Séville, 5 évêchés; Santiago, 12 évêchés; Burgos, 5 évêchés; Saragosse, 6 évêchés; Valence, 4 évêchés; Tarragone, 8 évêchés; Grenade, 2 évêchés. Le clergé se recrute dans les 56 séminaires du royaume; celui de San-Isidoro de Madrid est le plus important.

JUSTICE. — A la tête de toute juridiction se trouve le *tribunal suprême de justice*, ou cour de cassation, siégeant à Madrid. L'Espagne est partagée en 15 *audiences territoriales*, ou cours d'appel, siégeant à Madrid, Séville, Albacète, Valence, Barcelone, Burgos, la Corogne, Grenade, Valladolid, Cacérès, Oviedo, Pampelune, Majorque, les Canaries. Ces provinces judiciaires se subdivisent en 495 *partidos judiciales*, ou ressorts de tribunaux de première instance, comprenant chacune un certain nombre de *pueblos*, ou communes, dans lesquelles l'alcade fait les fonctions de juge de paix.

SCIENCES, ARTS, BELLES-LETTRES ET INSTRUCTION PUBLIQUE. — Doué d'un esprit pénétrant, l'Espagnol aurait, depuis la renaissance des sciences, excellé dans leur culture, si l'inquisition n'eût comprimé l'impulsion dont il se sentait animé pour la philosophie naturelle. Sa brillante imagination chercha des compensations dans la culture des lettres : les plus anciens romans appartiennent à la littérature espagnole, et composèrent longtemps, avec les chants nationaux qui célébraient les glorieux exploits du Cid, sa principale richesse. Expressive et harmonieuse, malgré les sons gutturaux de l'arabe dont elle a conservé plusieurs mots, la langue espagnole proprement dite se divise en cinq dialectes, dont le plus ancien est celui du royaume de Léon et des Asturies, et dont le plus pur et le plus usité depuis Charles-Quint est celui de Tolède. C'est cette langue qu'ont immortalisée les écrits de l'inimitable Cervantes, du poëte Quevedo, tout à la fois léger et sublime; du romancier Guevara, à qui Lesage emprunta son *Diable boiteux*; du fécond Lopez de Vega, dont on a 1,800 pièces de théâtre avec une foule de poésies fugitives; et du célèbre Calderon, dont les comédies ont fourni mille sujets à nos auteurs dramatiques. A côté de ces noms illustres viendraient se grouper, si notre sujet le comportait, d'autres noms brillants de gloire; et cependant l'Espagne, accusant l'auteur de Gil Blas d'un infâme plagiat, revendiquerait un chef-d'œuvre qu'elle a été réduite à traduire dans sa langue !

Ce royaume ne peut citer, hors du domaine de la littérature, que des jurisconsultes habiles, des médecins instruits, des botanistes distingués, quelques bons mathématiciens et des théologiens inutilement profonds. Les arts du dessin ont été jadis cultivés avec succès en Espagne; la gravure y compte des noms presque aussi célèbres que ceux dont se vantent les Pays-Bas et l'Italie. La peinture, qu'honorent encore quelques artistes distingués, s'enorgueillit de son ancienne école, où l'on vit *Murillo* s'élever presque à la hauteur de Van Dyck; *Coello* viser à la manière large de Paul Véronèse; *Corcno*, par sa grâce, mériter d'être appelé le Titien espagnol; et *Morales*, dont le pinceau ne s'exerça que sur des sujets de piété, recevoir le surnom de Divin. Parmi les architectes, *Herrera*, *Arnal* et *Jean-Baptiste de Toledo* tiennent le premier rang, comme *Mena*, *Alvarès* et *Toledo* parmi les statuaires.

L'instruction publique est encore fort négligée en Espagne dans les classes populaires; le nombre des écoles élémentaires ne dépasse pas certainement 15,000, et les deux tiers de la jeunesse n'y reçoivent aucune éducation. Les principales villes du royaume ont pour l'instruction secondaire des académies et des écoles spéciales; et l'instruction supérieure est donnée dans les universités de Madrid, Barcelone, Tolède, Séville, Salamanque, Valence, Cervera, Huesca, Oviedo, Santiago, Valladolid et Saragosse. Parmi les 10 académies de médecine, les plus renommées sont celles de Madrid, de Barcelone et de Cadix.

INDUSTRIE, COMMERCE. — Les dissensions politiques ont principalement nui au développement du commerce et de l'industrie dans ce pays; à cette cause, il faut aussi ajouter le manque de communications faciles. Cependant les soieries de l'Espagne sont encore estimées, et elle exporte des cuirs, de la quincaillerie, de la coutellerie, des draps, des lainages, des savons, de la sparterie, des chapeaux, des dentelles, et surtout du tabac, des huiles, des vins et des eaux-de-vie; les provinces méditerranéennes sont les plus industrieuses. En 1854, le chiffre des importations a atteint 204 millions de francs, et celui des exportations 248 millions.

Le mouvement de tous les ports du royaume est d'environ 18,000 navires entrés et sortis; les ports de Barcelone, de Valence, de Carthagène, de Malaga et de Cadix sont les principaux du royaume.

VOIES DE COMMUNICATION, CANAUX, ROUTES, CHEMINS DE FER. — L'Espagne manque de voies de communication : elle est arrosée par un grand nombre de rivières et de fleuves; mais il y en a peu qui soient navigables ou dont la navigation soit sûre. De là vient qu'on y a senti depuis longtemps la nécessité des canaux. La plus importante de ces constructions est le *canal d'Aragon*, ou le *canal Impérial*, ainsi nommé parce qu'il a été commencé par Charles-Quint : il a 110 à 112 kilomètres de longueur depuis Tudela en Navarre jusqu'à l'Èbre, environ 45 kilomètres au-dessous de Saragosse. Il traverse sur une longueur de 1,600 mètres la montagne de Torrera par une tranchée à ciel ouvert de 13 mètres de profondeur, et il passe sur la vallée de Rio-Zabon au moyen d'un aqueduc long de 1,500 mètres. Le *canal de Castille* unit le port de Santander avec le Duero. Le *canal d'Olmedo* ou de *Ségovie* va depuis les environs de cette ville jusqu'au Duero. Il est destiné à unir les eaux de la Méditerranée à celles du golfe de Biscaye par la jonction du Duero, de la Pisuerga, du Carrion et des canaux de Castille et d'Aragon. Son étendue devait être de 600 kilomètres, mais il n'y en a qu'une centaine de terminés. Il a 3 mètres de profondeur, 6 de largeur au fond et 18 à la surface de l'eau. Le *canal de Huescar*, dans l'intendance de Grenade, n'est point achevé : il doit joindre Carthagène au Guadalquivir. Le *canal des Alfaques* ou de *San-Carlo* a été ouvert pour donner un port à Tortosa. Les *canaux de la Guadarrama* et du *Manzanarès* ou de *Madrid* sont moins importants et ne sont pas terminés. Celui du *Seu d'Urgel*, en Catalogne, et celui de *Séville à Cordoue*, ne sont encore qu'en projets.

Quant aux routes, les principales sont celles de Madrid à Saragosse, à Valence, à Cadix et à toutes les demeures royales de la Vieille-Castille; la route de Valence à Barcelone, celles de la Navarre et des provinces basques, celle de Saragosse à Valence, enfin celles des Asturies en Castille, et celles de la province de Rioja. Mais plusieurs de ces routes ne sont pas terminées ou sont mal entretenues, et d'ailleurs il n'existe que de mauvais chemins entre les villes de peu d'importance. L'Espagne doit être bientôt dotée d'un réseau de chemins de fer dont le centre sera à Madrid. Jusqu'à présent (1857) il n'y a que la ligne de Madrid à Albacète (276 kilomètres, sur la route de Madrid à Valence) qui soit terminée. Les principales lignes en contruction sont celles : de Madrid à Saragosse, 360 kilomètres; de Madrid à Valence, ou à la Méditerranée, 433 kilomètres; de Madrid à Badajoz; cette dernière ligne se soudera à la ligne de Lisbonne. Le chemin de Madrid à Saragosse ira gagner Pampelune et de là Bayonne par le col des Aldudes et la vallée de la Nives; les Pyrénées, d'après le projet à l'étude, seraient franchies au col des Aldudes par un tunnel de 5,350 mètres. D'autres embranchements, partis de ces lignes principales, iront gagner les principales villes de l'Espagne.

FINANCES. — Il est peu de pays en Europe dont la situation financière soit pire que celle de l'Espagne; c'est le résultat d'une mauvaise administration et des guerres civiles, qui ont appauvri ce malheureux pays. Depuis plusieurs années chacun de ses budgets se solde en déficit, et sa dette est aujourd'hui de près de 4 milliards de francs. On estimait en 1856 les revenus à 412 millions de francs et les dépenses à 411 millions, mais sans tenir compte des crédits supplémentaires.

ARMÉE. — L'armée espagnole se recrute par la voie du sort; la levée annuelle est de 20 à 25 mille hommes; elle comprend 48 régiments de ligne, 16 de cavalerie, 6 régiments d'artillerie, 1 régiment du génie; en outre des bataillons et des escadrons de chasseurs et des corps hors ligne : le tout formant un effectif de 80,000 hommes d'infanterie et de 10 à 12,000 de cavalerie. La milice peut, selon les circonstances, former une réserve de 400,000 à 500,000 hommes. La garde civique est représentée dans chacune des capitaineries générales par une légion sédentaire; enfin les carabiniers du royaume font le service des douanes.

Les colonies ont leurs troupes particulières; on évalue cette armée d'outre-mer à 40,000 hommes et 5,000 chevaux.

MARINE. — La marine espagnole, après avoir été une des premières du monde, ne tient plus aujourd'hui qu'un rang très-secondaire. Elle se compose de 46 bâtiments à voile portant 574 canons, de 30 bâtiments à vapeur portant 188 canons et de 155 bâtiments inférieurs ou de transport. Ses principaux bâtiments sont 3 vaisseaux et 6 frégates.

Le personnel se compose de 1,115 officiers, 575 mécaniciens, 13,507 matelots et soldats. Les côtes d'Espagne sont divisées en trois départements maritimes : Cadix, le Ferrol et Carthagène. Les deux stations navales d'outre-mer sont à la Havane et aux Philippines.

COLONIES. — Les colonies et possessions espagnoles, quoique bien réduites de ce qu'elles ont été, présentent encore une superficie de plus de 330,000 kilomètres carrés. Elles se composent des îles de Cuba et de Porto-Rico, en Amérique; de l'archipel des Philippines, en Asie; des archipels des Carolines et des Mariannes, dans l'Australie ; des îles du Prince, d'Annobon et de Corisco, dans le golfe de Guinée, et des *presidios* de : Ceuta, Mellila, Peñon de Velez, Albuçemas, sur la côte du Maroc, en Afrique. Ces colonies forment, ainsi que nous l'avons dit, deux capitaineries générales, celles de la Havane et des Philippines, et un gouvernement en Guinée. Les *presidios* relèvent de la capitainerie générale de Cadix. Chacune des deux capitaineries coloniales a son budget propre et sa force armée particulière.

CARACTÈRES PHYSIQUES ET MORAUX DE L'ESPAGNOL. — Il faut parcourir le royaume pour se faire une opinion exacte sur les caractères physiques et moraux de l'Espagnol. Chaque province offre des nuances beaucoup plus tranchées que dans les autres royaumes de l'Europe, parce que le défaut d'industrie, la difficulté des communications, les barrières naturelles qui séparent les peuples, sont autant d'obstacles à ces relations multipliées qui finissent par répandre sur la population d'un État une teinte uniforme. Il suffit de traverser l'Espagne en différents sens pour remarquer la taille légère et la beauté du Biscaïen, la haute stature du Galicien et du Catalan, la vigueur du Castillan, le teint basané de l'habitant de l'Estrémadure, les formes sveltes de l'Andalou et la pâleur du Murcien. Les femmes sont en général bien prises dans leur taille, et se font presque toutes remarquer par leur grâce et leur souplesse ; leur teint brun est relevé par des cheveux du plus beau noir, et leur physionomie expressive et animée contribue beaucoup à la réputation qu'elles ont d'être jolies. Les différences que l'on observe dans le physique des peuples des diverses provinces existent également pour le caractère moral. Le Biscaïen est fier, irascible, emporté (1) ; le Galicien est triste, sérieux, peu sociable, mais laborieux et plein de courage ; le Catalan est violent, indocile, infatigable ; l'Aragonais est attaché à ses antiques coutumes et enthousiaste de son pays ; le Castillan est grave, sévère, orgueilleux et insouciant ; l'habitant de l'Estrémadure est pétri d'indolence et de vanité ; l'Andalou se distingue par son arrogance : on l'a appelé le Gascon de l'Espagne ; le Murcien, lent et lourd, est le peuple le plus ignorant et le plus soupçonneux de la Péninsule ; le Valencien, au contraire, est inconstant, léger, gai, affable et industrieux. Considéré en masse, on peut dire du peuple espagnol ce qu'en disent les Espagnols eux-mêmes (2), que le fond de son caractère est une grande circonspection, le noble orgueil de l'honneur et de la probité, une constante résolution dans ses entreprises, et une sorte d'aversion pour les nouveautés dont l'utilité ne lui est pas démontrée.

(1) Laborde, *Itinéraire de l'Espagne*, tome V.
(2) Voyez *Antillon* et *Miñano*.

ANDORRE.

DESCRIPTION TOPOGRAPHIQUE DE LA RÉPUBLIQUE D'ANDORRE. — Sur les confins de la France et de l'Espagne, un petit pays neutre, protégé par ces deux grands États, doit nous arrêter quelques instants encore dans la Péninsule.

Souvent oubliée dans les traités de géographie, la RÉPUBLIQUE D'ANDORRE est cependant deux fois plus considérable que celle de Saint-Marin en Italie, dont tous les géographes font mention. Elle occupe une vallée des Pyrénées qui porte le nom de sa capitale, *Andorre* ou *Andorra*. Elle est bornée à l'est, au sud et à l'ouest, par les corrégidoreries de Puycerda et de Talarn en Catalogne, et au nord par le département de l'Ariège. Son territoire, évalué à environ 495 kilomètres carrés, renferme 34 villages ou hameaux, et se divise en six communautés, qui sont : *Andorre la Vieille*, sa capitale, *Canillo*, *Encamp*, *la Massane*, *Ordino* et *Saint-Julien*. Elle a des eaux thermales près du hameau de *Caldes*, et quatre forges dans l'étendue de son territoire.

La vallée d'Andorre, arrosée par plusieurs cours d'eau, dont les trois plus importants sont la *Balira*, l'*Ordino* et l'*Os*, est dominée par des montagnes inaccessibles, et riche en produits des trois règnes de la nature. On y exploite de beaux marbres, des mines de fer abondantes, et les bois de ses importantes forêts de sapins se transportent par la Balira et la Sègre jusqu'à Tortose, et de là à la Méditerranée. Ses forêts et ses montagnes sont peuplées de gibier et de divers animaux, particulièrement de coqs de bruyère, de chèvres sauvages, de sangliers, d'ours et de loups. Ses terres sont fertiles et produisent d'excellent tabac.

HISTOIRE. — Louis le Débonnaire céda la souveraineté de la vallée d'Andorre aux évêques d'Urgel ; ceux-ci, au treizième siècle, la possédèrent par indivis avec les princes de la maison de Foix, jusqu'à l'avénement de Henri IV au trône, époque à laquelle le comté de Foix fut réuni à la France. Depuis ce temps, nos rois conservèrent leurs droits sur cette vallée ; mais en 1790 ces droits furent abolis comme féodaux, et la petite république d'Andorre se trouva affranchie de toute redevance envers la France, qui la laissa libre en lui conservant sa protection.

GOUVERNEMENT, LANGUE. — Son gouvernement se compose d'un syndic élu par un conseil général de 24 membres nommés à vie par les six communautés ; et la justice y est rendue souverainement par deux viguiers, l'un Français et l'autre Andorran. Le premier de ces viguiers est nommé par le gouvernement français, et doit, d'après un décret impérial du 27 mars 1806, être pris dans le département de l'Ariège ; le second est nommé par l'évêque d'Urgel et est tenu de résider sur le territoire de la république. Ces deux viguiers nomment les juges chargés du jugement des causes civiles ; ils prononcent seuls et en dernier ressort sur toutes les affaires criminelles, et leurs sentences sont exécutoires dans les vingt-quatre heures. Lorsqu'ils rendent la justice, ils sont obligés de porter l'épée ; la force armée est sous leurs ordres, et ils sont chargés de la haute police.

Les Andorrans parlent le dialecte catalan, et sont sous la direction spirituelle de l'évêque d'Urgel. Heureux dans leurs montagnes, les querelles ambitieuses des rois ne troublent point leurs paisibles travaux.

TABLEAUX STATISTIQUES DE L'ESPAGNE.

STATISTIQUE GÉNÉRALE.

SUPERFICIE en kilomètres carrés.	POPULATION en 1849.	POPULATION par kilomètre carré.	FINANCES en 1856.	COMMERCE en 1854.	FORCES MILITAIRES EN 1856.
Continent.. 459,243	13,705,500	28	Revenus.	Importations.	Armée.
Baléares ... 4,425	253,000	54	412,130,055 francs.	204,000,000 francs.	Infanterie ...... 79,535 hommes.
Canaries... 8,465	257,719	31			Cavalerie....... 10,169 —
			Dépenses.	Exportations.	Milice .... 762,040 —
Total... 472,133	14,216,219		411,859,185 francs.	248,000,000 francs.	Marine.
				Navires entrés. 9,447	46 bâtim. à voile, portant 574 can.
			Dette publique.	*Navires sortis.* 8,072	30 — à vapeur, — 188 —
			3,750,000,000 francs.		135 — inférieurs et de transport.
					1,115 officiers, 575 mécaniciens,
					13,507 soldats ou matelots.

Statistique des Provinces.

ANCIENNES PROVINCES.	NOUVELLES PROVINCES ou INTENDANCES.	POPULATION en 1849.	VILLES PRINCIPALES, LEUR POPULATION EN 1852.
Nouvelle-Castille.	Madrid	405,737	Madrid, 258,965. — Alcala, 5,153. — Chinchon, 4,886. — Aranjuez, 4,340.
	Tolède	330,000	Tolède †† (1), 18,807. — Talavera, 6,967. — Consuegra, 5,784.
	Guadalajara	199,746	Guadalajara, 6,147. — Siguenza †, 4,717. — Brihuega, 4,364.
Manche.	Cuenca	252,723	Cuenca †, 5,602. — Requena, 10,464. — Uriel, 6,551. — Tarancon, 5,336.
	Ciudad-Real	302,594	Ciudad-Real, 8,168. — Daymiel, 8,635. — Almagro, 8,602. — Almaden, 6,665.
Vieille-Castille.	Burgos	234,022	Burgos ††, 15,924. — Aranda de Duero, 4,122. — Roa, 2,730.
	Logroño	185,519	Logroño, 6,843. — Calahorra †, 5,990. — Haro, 5,672. — Alfaro, 4,262.
	Santander	190,000	Santander †, 19,986. — Valle de Cabuerniga, 4,052. — Piellagos, 3,585.
	Soria	140,000	Soria, 5,536. — Agreda, 4,128. — Almazan, 2,400.
	Ségovie	155,000	Ségovie †, 6,591. — Cuellar, 3,195. — Riaza, 2,516.
	Avila	132,936	Avila †, 4,121. — Cebreros, 2,745. — Arevalo, 2,201. — Madrigal, 2,050.
	Palencia	180,000	Palencia †, 10,350. — Astudillo, 4,151. — Paredes, 4,062. — Carion, 3,130.
	Valladolid	210,000	Valladolid †, 20,376. — Nava-del-Rey, 4,821. — Villalon, 4,674.
Léon.	Léon	288,833	Léon, 7,074. — Ponferrada, 4,221. — La Ercina, 4,049.
	Zamora	180,000	Zamora †, 9,781. — Toro, 6,995. — Fermoselle, 2,051. — Villalpando, 2,500.
Asturies.	Salamanque	240,000	Salamanque †, 7,697. — Ciudad-Rodrigo †, 4,852. — Bejar, 4,494.
	Oviédo	510,000	Oviédo, 19,610. — Tineo, 17,997. — Castropol, 17,836. — Cangas, 17,047.
Galice.	La Corogne	511,492	La Corogne, 19,415. — San Iago de C. ††, 22,729. — Le Ferrol, 16,641.
	Lugo	419,437	Lugo †, 12,857. — Fuen-Sagrada, 10,772. — Monforte, 10,549. — Riva-deo, 9,541.
	Orense	380,000	Orense †, 5,635. — Carballino, 5,966. — Allariz, 5,741. — Irijo, 5,223.
	Pontevedra	420,000	Pontevedra, 7,671. - Estrada, 1,502. - Guardia, 11,506. - Puente-Areas, 10,932.
Estrémadure.	Badajoz	336,136	Badajoz †, 11,715. — Don Benito, 14,610. — Villa-Nueva de Serena, 7,296.
	Cacérès	264,988	Cacérès, 12,052. - Arroyo-del-Puerco, 7,395. - Brozas, 7,121. - Plasencia, 6,026.
Andalousie.	Séville	420,000	Séville ††, 10,498. — Écija, 23,722. — Osuna, 15,508. — Carmona, 15,121.
	Cadix	358,446	Cadix †, 61,344. — Xérès de la Frontera, 34,988. — San-Lucar, 17,545. — Tarifa, 8,000.
	Huelvas	153,462	Huelvas, 7,595. — Valverde, 5,651. — Moguer, 5,404. — Ayamonte, 5,039.
	Cordoue	348,956	Cordoue †, 37,138. — Lucena, 13,094. — Montilla, 12,140. — Aguilar, 10,881.
	Jaën	307,410	Jaën †, 17,387. — Ubeda, 13,632. — Alcala-la-Real, 11,651. — Andujar, 9,353.
	Grenade	427,250	Grenade ††, 66,821. — Loja, 14,657. — Motril, 12,851. — Baza, 10,433.
	Alméria	292,334	Almeria †, 20,320. — Cuevas de Vera, 10,417. — Velez-Rubio, 9,471. — Vera, 9,316.
	Malaga	438,000	Malaga †, 74,710. — Antequera, 22,021. — Velez-Malaga, 15,978. — Ronda, 14,128.
Murcie.	Murcie	400,000	Murcie, 73,243. — Carthagène †, 33,598. — Lorca, 30,935. — Caravaca, 13,472.
	Albacète	195,531	Albacète, 13,252. — Hellin, 10,179. — Almanza, 8,731. — Chinchilla, 7,465.
Valence.	Valence	500,000	Valence ††, 67,231. — San-Felipe de Jativa, 13,168. — Alcira, 11,287. — Vallanca, 11,030.
	Alicante	363,219	Alicante, 19,635. — Orihuela †, 16,478. — Alcoy, 16,253. — Elche, 15,649.
	Castellon de la Plana	247,741	Castellon de la Plana, 14,368. — Vinaroz, 9,143. — Villa-Real, 7,752.
Aragon.	Saragosse	350,000	Saragosse ††, 29,651. — Caspe, 7,500. — Calatayud, 6,885. — Tarazona †, 6,403.
	Huesca	247,105	Huesca †, 10,173. — Barbastro †, 5,915. — Fraga, 3,648. — Jaca †, 3,120.
	Téruel	250,000	Téruel †, 7,365. — Alcañiz, 5,100. — Albalate, 3,646. — Hijar, 2,628.
Catalogne.	Barcelone	533,695	Barcelone †, 121,815. — Manresa, 13,339. — Mataro, 13,610. — Vichy †, 10,667.
	Tarragone	290,000	Tarragone ††, 14,122. — Reuss, 28,084. — Tortosa †, 20,573. — Valls, 16,084.
	Lérida	197,445	Lérida †, 14,472. — Balaguer, 4,662. — Cervera, 4,090. — Urgel †, 2,899.
	Gérone	262,594	Gérone †, 8,172. — Olot, 9,998. — Figueras, 8,352. — San-Cypria, 5,487.
Vascongades.	Navarre	280,000	Pampelune †, 11,675. — Elizondo, 7,682. — Tudela †, 7,323. — Estella, 5,342.
	Biscaye	150,000	Bilbao, 10,727. — Bermeo, 3,121. — Orozco, 2,693. — Abando, 2,477.
	Guipuzcoa	141,752	Tolosa, 4,718. — San-Sebastian, 9,350. — Oñate, 4,236. — Azpeitia, 3,872.
	Alava	81,387	Vittoria, 9,353. — Ayala, 2,574. — Elorriaga, 2,322. — Cigoitia, 2,278.
Iles.	Les Baléares	253,000	Palma †, 40,892. — Mahon †, 12,553. — Manacor, 10,484. — Iviza †, 5,118.
	Les Canaries	257,719	Las Palmas †, 17,382. - Telde, 12,027. - Santa-Cruz †, 9,006. - Orotava, 8,315.

Colonies.

		Superficie.		Population.	
Amérique.	Capitainerie générale de la Havane.	Ile de Cuba	129,304 kilom. carrés.	1,207,230 habitants.	
		Ile de Porto-Rico	10,580	—	380,000	—
		Les Vierges espagnoles	385	—	2,600	—
Asie et terres australes.	Capitainerie générale des Philippines.	Partie de l'Ile de Manille	81,200	—	1,822,000	—
		Les Biscayes	49,220	—	803,000	—
		Iles Baschées et Babuyanes	3,360	—	5,000	—
		Partie de Mindanao	3,416	—	43,800	—
		Iles Mariannes	3,192	—	5,500	—
Possessions d'Afrique		Les Présides	84	—	11,481	—
		Iles de Guinée	1,288	—	5,590	—

(1) Les signes †† et † indiquent les archevêchés et les évêchés.

PORTUGAL.

Combat de taureaux. — Le saut du Banderillero.

LIMITES, SUPERFICIE, POPULATION. — Le royaume de Portugal s'étend, du nord au sud, entre le 42e et le 37e degré de latitude; et, de l'est à l'ouest, entre le 9e et le 11e de longitude. Au nord, il a pour limites politiques la province espagnole de Galice et une partie de celle de Zamora; à l'est, celles de Salamanque et d'Estrémadure, et le royaume de Séville.

Ses limites naturelles sont, au nord, une partie du cours du Minho et des montagnes de Penagache et de Segondera; à l'est, une partie du Duero, le cours du Turon, celui du Herjas, une partie du Tage, le Sever, une portion de la Guadiana, de la Chandza et de la basse Guadiana, depuis sa réunion avec cette rivière jusqu'à son embouchure; l'Océan forme les confins méridionaux et occidentaux de ce royaume. Sa plus grande longueur, du nord au sud, est de 550 kilomètres; et sa plus grande largeur, de l'est à l'ouest, est d'environ 200. Sa superficie est de 91,285 kilomètres carrés, et sa population était en 1854 de 3,499,121 habitants pour la partie continentale seulement; mais si l'on veut y joindre les Açores et Madère, qui dépendent directement de la mère-patrie et sont considérées comme provinces maritimes, il faut ajouter à ces nombres 3,844 kilomètres carrés pour la superficie, et 344,998 pour la population, ce qui donne pour la superficie du Portugal 95.129 kilomètres carrés, et pour sa population, en 1854, 3,844,119 habitants.

CLIMAT, TEMPÉRATURE. — L'espace peu étendu que comprend le Portugal, du nord au sud, devrait faire supposer partout une température assez uniforme; mais l'inégalité du sol, la direction des vallées, la proximité plus ou moins grande de l'Océan, modifient considérablement son climat. Un intervalle de quelques kilomètres suffit pour passer de la température de l'Allemagne à la température élevée de Lisbonne. Depuis le littoral jusqu'aux plus hautes cimes, la chaleur, d'abord très-forte, diminue par degrés; cependant plusieurs causes locales modifient les règles connues d'augmentation ou de diminution. Ainsi, dans la province de *Tras-*

os-Montès, où le sol est assez élevé, on éprouve pendant l'été des chaleurs excessives, surtout aux environs de Lamego; mais on a remarqué que les collines d'ardoises qui environnent le territoire de cette ville s'abaissent vers le sud, tandis que le Marao s'élève en offrant une barrière au souffle des vents du nord. L'éloignement de la mer, qui permet difficilement à la brise qu'elle produit de parvenir jusque sur ce territoire; le calorique rayonnant qui se développe dans cette étroite vallée, celui qui s'exhale des collines d'ardoises brûlées par le soleil, sont les causes qui contribuent à déterminer le climat qui y règne, et qui en font une des régions les plus chaudes du Portugal dans la belle saison.

Les parties basses de ce royaume jouissent d'un double printemps et d'un hiver très-court. Le premier commence en février; les autres mois sont tantôt froids et pluvieux, d'autres fois chauds et secs. La moisson se fait en juin; dès la fin de juillet les chaleurs dessèchent les plaines, l'herbe jaunit, les arbres languissent, et les plantes potagères ne doivent leur conservation qu'aux soins actifs des jardiniers. Cependant les soirées et les nuits sont rafraîchies par la brise de mer. Tandis que le littoral est exposé à une chaleur qui dépasse souvent celle de la zone torride, les régions plus élevées ressentent la plus douce température (1). Vers la fin de septembre ou le commencement d'octobre, les régions basses se parent d'une seconde végétation; aux fleurs de l'automne succèdent tout à coup des fleurs printanières; les prairies se garnissent d'une herbe jeune et fraîche; les arbres semblent reprendre un nouveau feuillage; et les orangers, qui refleurissent, donnent au mois d'octobre tous les charmes du plus beau printemps. L'hiver commence en novembre et règne jusqu'au mois de février. C'est la saison des grandes pluies et des violents ouragans; c'est alors que les torrents se frayent un chemin jusqu'aux rivières, dont les débordements interceptent les communications.

---

(1) La différence de température entre le littoral et la région élevée est d'environ 6 degrés centigrades.

Combat de taureaux. — L'Espada.

Mais le froid n'est jamais rigoureux, il gèle même rarement la nuit; Cependant, au delà du Duero, dans les montagnes de la province de Tras-os-Montès et sur les sommets de la Serra d'Estrella, de la Serra de Mamès et de celle d'Estremos (1), le froid est assez vif. La neige s'y amoncèle, mais rarement les cours d'eau sont gelés. Suivant le témoignage de plusieurs Portugais dignes de foi, le sommet du *Gaviarra*, dans la province de Minho, quelques cavités du Marao et des cimes de l'Estrella, recèlent de la neige pendant les plus fortes chaleurs de l'été. Hors de ces montagnes, les parties les plus froides ne la conservent qu'un mois, et dans le royaume d'Algarve elle est tout à fait inconnue. Dans la province d'Entre-Douro-et-Minho et dans celle de Tras-os-Montès, le vent du nord règne pendant l'hiver; dans celles de Beira, d'Estrémadure et d'Alem-Tejo, c'est le vent du sud-ouest qui domine pendant cette saison, et les grands froids sont produits par le vent d'est qui refroidissent les sommets neigeux de la Castille. Dans les autres saisons, et particulièrement pendant l'été, le nord-ouest souffle le matin et le sud-ouest l'après-midi.

On a remarqué qu'à Lisbonne et dans le bassin de l'embouchure du Tage, l'hiver dure pendant les mois de décembre, janvier, février et mars; le printemps, pendant les mois d'avril et de mai; l'été, depuis le 1ᵉʳ juin jusqu'à la fin de septembre; et l'automne comprend octobre et novembre. Le bassin du *Mondego*, aux environs de Coimbre, est plus tempéré que celui de Lisbonne, mais il est plus humide et moins salubre; celui de Porto et de Peñafiel, non moins humide, est plus nébuleux et plus froid en hiver, mais très-chaud en été. Dans l'Algarve, au contraire, l'hiver offre une douce température; les prairies sont toujours émaillées de fleurs; pendant les mois de juillet, août et septembre, la pluie est peu abondante; et lorsque le mois d'octobre est pluvieux, il n'est pas rare de voir fleurir de nouveau les arbres fruitiers en novembre.

(1) Les Espagnols disent *sierra*, et les Portugais *serra*.

Les mois les plus humides sont ceux de décembre et de janvier. L'abondance des pluies en avril est un signe de la richesse des moissons. Un fait assez intéressant dans l'histoire des phénomènes atmosphériques, c'est que pendant le mois de mai le vent tourne ordinairement avec le soleil, c'est-à-dire qu'il souffle de l'est au lever de cet astre, du sud à midi, du nord-ouest le soir et du nord pendant la nuit. De là le nom de *vento rodeiro* que lui donnent les Algarviens.

Les montagnes qui couvrent le Portugal sont la Serra de Monchique qui se termine au cap Saint-Vincent, la Serra d'Estrella qui se termine au cap de la Roca, et la Serra de Gérès; elles sont toutes dirigées parallèlement du nord-est au sud-ouest. Malgré ces montagnes, le pays est rarement exposé aux désastres causés par la grêle et les orages : le tonnerre n'y gronde que pendant l'automne et l'hiver.

SALUBRITÉ DU CLIMAT DU PORTUGAL. — Les détails que nous venons de donner sur la température nous engagent à dire un mot sur la salubrité du climat. Le Portugal jouit, à cet égard, d'une grande réputation en Angleterre. Plusieurs exemples de longévité suffisent peut-être pour attester que cette opinion n'est point un préjugé; quelques localités jouissent même d'une certaine prédilection sous ce rapport. On cite parmi les lieux salubres, Braga, Ponte-de-Lima et presque toute la province de *Minho*; Mirandella, Villa-Pouca, Montalègre et plusieurs autres villes du *Tras-os-Montès*. Au centre, toute la vallée supérieure du Mondego, depuis Guarda jusqu'à Ponte-di-Marcella; dans l'*Estrémadure*, Ourem, Loures et Lisbonne; dans l'*Alem-Tejo*, Béja, Evora, Ourique; et dans l'*Algarve*, Monchique, au nord, et sur le littoral, Faro et Tavira. Cependant quelques lieux, et principalement ceux qui sont humides et marécageux, ont une influence dangereuse sur la santé : tels sont dans cette province, à l'est de Faro, Quarteira, Lagos et les salines de Silvès et de San-Marcos d'Asserra; dans l'Alem-Tejo, Silveiras et Monte-Moro-Novo; dans l'Estrémadure, Almeïrim, et presque toute la rive méridionale du Tage, depuis le rio Almanzor jusqu'auprès de Lisbonne; dans la province de Beira, les pentes méridionales de l'Estrella, et les bords du Mondego, depuis Coimbre jusqu'à Figuerra; enfin, dans le Tras-os-Montès, Pezzo-de-Regoa, Chaves, Bragance et Miranda.

RICHESSES MINÉRALES INEXPLOITÉES DU PORTUGAL. — Si l'on en jugeait par le peu d'avantage que le pays en retire, on aurait une fausse idée des ressources territoriales du Portugal; les renseignements publiés par Adrien Balbi ont heureusement fourni les moyens d'en apprécier l'importance. Il est peu de contrées en Europe qui possèdent une plus grande quantité de sources minérales : on en compte 10 dans la province de Minho, 6 dans le Tras-os-Montès, 17 dans le Beira, 12 dans l'Estrémadure, 9 dans l'Alem-Tejo et 2 dans l'Algarve. Ces eaux sont gazeuses, salines, sulfureuses, ferrugineuses, ou simplement chaudes; toutes sont d'une température plus ou moins élevée. Ce pays, où les Carthaginois allaient chercher leurs métaux, qui possède des mines d'or, d'argent, de fer, de plomb, d'étain, et d'autres minéraux moins utiles, est cependant tributaire de l'étranger pour ces mêmes richesses, qui, exploitées avec intelligence, pourraient devenir une branche importante d'exportation. Ses mines de houille commencent à être mises en valeur par les Anglais; les marais salants donnent seuls des produits; le sel de Setubal (Saint-Ubes) s'exporte au loin, et l'on en estime à 8 ou 10 millions de kilogrammes la production annuelle.

AGRICULTURE ET PRODUCTIONS NATURELLES. — L'agriture dans la plupart des provinces, à l'exception de celles de Minho, Beira, Tras-os-Montès, est loin d'être aussi avancée en Portugal que dans les autres pays agricoles de l'Europe; ce royaume ne produit point de quoi satisfaire à sa consommation. Il importe annuellement 150,000 muids de céréales, dont la valeur représente plus de 35,000,000 de francs, et dont un sixième seulement vient de ses colonies. A. Balbi a cependant calculé que le royaume fournit, année commune, de quoi nourrir sa population. Il faut donc attribuer ces importations aux besoins de la consommation de Lisbonne, qui, faute de routes, ne peut recevoir de l'intérieur les approvisionnements nécessaires. Cette cause n'est pas sans influence sur l'agriculture. La franchise du port de Lisbonne ne fait qu'aggraver le mal en y attirant les blés de l'étranger; d'autres causes nuisent encore au développement de l'industrie agricole : les principales sont : les impôts considérables qui frappent les terres et les paysans; la grande quantité de terres privilégiées appartenant à la couronne, à la noblesse, au clergé et aux communes; le manque de bras, causé par le service de la milice, qui pèse principalement sur l'habitant des campagnes; l'habitude qu'ont les nobles de ne point vivre dans leurs terres, et de les affermer à longs termes à des fermiers qui les sous-louent aux laboureurs; enfin le défaut de communications causé par le mauvais état des grandes routes. Le gouvernement a cherché, il est vrai, à mettre fin à tous ces abus, mais les divisions intestines et la pénurie dans les finances n'ont pas peu contribué à empêcher l'exécution de la plupart des améliorations projetées.

Le mauvais état de l'agriculture a nécessairement de l'influence sur la quantité et la qualité du bétail que nourrit le Portugal; cette influence réagit ensuite sur la culture elle-même. Le nombre de jours où l'on s'abstient de manger de la viande, et qui forme près du tiers de l'année, force à recevoir annuellement de l'étranger 280,000 quintaux de morue valant 10,000,000 de francs. La mauvaise qualité des pâturages que l'agriculteur ne cherche point à améliorer; le peu de parti que le paysan tire du lait de ses vaches, et qui est tel qu'il ne sait point en faire du fromage et du beurre, tandis que la Hollande et l'Angleterre approvisionnent le Portugal de ces denrées : que faut-il de plus pour expliquer la dépendance de ce pays à l'égard de l'étranger? L'huile qu'il retire de ses oliviers négligés est loin d'être une véritable richesse pour son sol, tant elle est mal fabriquée. En déduisant, année commune, la valeur des importations de celle des exportations, on voit qu'il reste à la charge du pays une valeur de 60,000 francs sur ce seul produit; tandis qu'il paraîtrait naturel que le Portugal en approvisionnât non-seulement ses colonies, mais plusieurs pays étrangers.

Les provinces de Minho, de Tras-os-Montès et de Beira sont riches en produits, mais principalement en céréales. Dans le Minho et le Beira, on cultive particulièrement le maïs, et dans le Tras-os-Montès le seigle. La plus grande partie de l'Estrémadure et de l'Algarve est inculte; cependant le maïs réussit dans la première. Les principaux produits de la seconde consistent en froment, en figues et en amandes. Dans les autres parties du royaume, on recueille des poires et des pommes excellentes; on cite celles de Colarès et de Portalègre, comme les figues d'Almada. L'Estrémadure s'enrichit par ses oranges et ses citrons, renommés dans tout l'univers, et l'Alem-Tejo produit beaucoup d'olives. Le châtaignier abonde dans tout le Portugal. Les vins de ce royaume sont fort estimés : on connaît celui du haut Douro, vendu sous le nom de vin de Porto, si recherché par les Anglais; le muscat de Carcavelos et de Setubal, et les vins blancs de l'Algarve, principalement ceux de Faro et de Sines. Parmi les vins rouges, on doit citer, dans la province de Lisbonne, ceux de Torres-Vedras, plus légers que ceux de Porto; dans le Tras-os-Montès, ceux de Galafura et de Covelinhos, ainsi que ceux de Rancâo, Barca et Romaneiras.

En 1853 il a été exporté pour 6,186,680 francs de ces vins à l'étranger; la plus grande partie pour l'Angleterre et les colonies européennes.

PRODUITS DU RÈGNE ANIMAL. — On est étonné que dans un pays soumis à une température aussi favorable, l'éducation des vers à soie et des abeilles soit pour ainsi dire dans l'enfance; le Portugal pourrait en tirer un grand avantage. Les autres produits du règne animal sont tout aussi négligés. Ses brebis devraient être une source de richesse : leurs troupeaux sont nombreux, surtout dans la province de Beira, d'où ils émigrent l'hiver pour celle de l'Alem-Tejo : leur laine, moins fine que celle des brebis espagnoles, est cependant recherchée par les étrangers; l'exportation des laines ne dépasse pas une valeur annuelle de 400,000 francs. Les chevaux sont inférieurs à ceux de la Castille et de l'Andalousie : ils sont petits, mais légers et bien faits. L'éducation et la culture pourraient facilement améliorer leur race et augmenter leur nombre, trop peu considérable. Plus nombreux, les mulets, grands, forts et dociles, pourraient ajouter à la richesse du pays.

La faune portugaise se compose d'un petit nombre d'animaux. Les loups peuplent les forêts et les montagnes; le chat sauvage habite les contrées désertes; la chèvre, également sauvage, n'est plus en aussi grand nombre qu'autrefois, cependant on la rencontre encore dans la Serra de Gérès; le cerf, le daim et le sanglier se montrent quelquefois dans les bois; les lièvres y sont rares, et les lapins moins nombreux qu'en Espagne. Suivant un témoignage que nous ne récuserons pas, on trouve dans les bruyères des insectes du nord de l'Afrique, sur le revers de l'Estrella des papillons du midi de la France, et dans les montagnes de Tras-os-Montès des scarabées du nord. Toutes ces montagnes recèlent des vipères et d'autres reptiles venimeux. Dans les champs et jusque dans les maisons, on rencontre souvent le *gecko de Mauritanie*, saurien de la famille des lézards, objet d'horreur et de dégoût pour les Portugais, qui lui supposent des qualités malfaisantes, et qui n'apprécient pas les services qu'il rend en détruisant mille insectes nuisibles.

Les fleuves et les côtes du Portugal abondent en poissons de toute espèce; on y pêche des aloses et des anguilles d'eau douce et de mer, une immense quantité de sardines, des soles, des carrelets, des trigles, la murène tachetée (*muraena ophis*), le scombre bonite (*scomber pelamis*) et le xiphias espadon. Cette abondance de poissons, qui devrait être une des principales richesses du Portugal, fait regretter que le gouvernement ait laissé tomber d'importantes pêcheries. Loin de pouvoir, comme il y a trois siècles, aller rivaliser avec les pêcheurs hollandais sur le banc de Terre-Neuve, les pêcheurs portugais ont à peine les moyens d'explorer avec avantage les côtes de leur propre pays; et cependant, malgré les frais considérables qu'exige leur profession, malgré les droits excessifs dont leurs produits sont surchargés, malgré l'état de délaissement dans lequel ils se trouvent, leur nombre s'élevait encore, il y a quelques années, à plus de 18,000; mais, dégoûtés de leur état, on dit que chaque année ils fournissent à la marine anglaise d'excellents et intrépides matelots.

DIVISIONS POLITIQUES. — Le royaume de Portugal est divisé administrativement, en y comprenant *Madère* et *les Açores*, en huit provinces. Les six provinces continentales sont : l'*Estrémadure*, le *Beira* (haut et bas), le *Tras-os-Montès*, le *Minho*, l'*Alem-Tejo* et l'*Algarve*. Ces six provinces sont subdivisées en 17 districts ou *comarcas*, comprenant 386 communes (*concelhos*) et 736 paroisses (*freguezias* ou *parochias*). La partie insulaire forme quatre districts, les Açores orientales, les Açores centrales, les Açores occidentales et Madère.

Nous allons visiter successivement chacune de ces provinces, en signalant les villes et les lieux les plus importants à connaître; et nous commencerons notre excursion par la province de l'Estrémadure et par Lisbonne, qui est à la fois son chef-lieu et la capitale de la monarchie portugaise.

ESTRÉMADURE, LISBONNE. — Il est difficile de se faire une idée du magnifique spectacle qu'offre le port de *Lisbonne* (*Lisboa*), que tous les marins s'accordent à regarder comme un des plus beaux mouillages du monde. Il est défendu par le fort *Bugio*, situé sur une île à l'embouchure du Tage, et par celui de *San-Juliao*, placé sur sa rive droite. Le fleuve, après avoir formé une sorte de lac de 2,500 mètres de pourtour, où les flottes peuvent mouiller et se mouvoir à volonté sans être exposées aux canons des côtes, se resserre tout à coup à la partie occidentale contre la tour de Bélem et la vieille tour, et coule dans l'Océan. Les deux rives du Tage sont bordées de batteries, et la barre est coupée par un banc de rochers sous-marins appelés *os Cachopos*. Lisbonne s'élève majestueusement en amphithéâtre sur la rive droite du fleuve et couvre sept collines. Elle occupe un espace d'environ 12 kilomètres de longueur sur une largeur de plus de 4. Le Tage, malgré la vaste baie qu'il remplit, n'offre aux navires qu'un passage étroit et dangereux ; la barre que forment ses eaux, qui luttent contre les flots de l'Océan, oblige le navigateur prudent à ne tenter d'entrer dans le port que lorsqu'il est guidé par un pilote côtier. La vue de cette vaste capitale ferait croire qu'elle renferme une immense population, si l'on ne savait, par des renseignements exacts, que ses habitants ne s'élèvent pas à plus de 276,000. Elle est divisée en deux villes : l'ancienne, qui, échappée au terrible désastre de 1755, n'est qu'une réunion de rues tortueuses, étroites et sales ; et la nouvelle, qui, formée de rues larges, presque toutes bien alignées et garnies de trottoirs, s'augmente de jour en jour. La plupart des maisons, composées de trois à cinq étages, présentent des façades régulières et s'adossent à des jardins. On compte dans les deux quartiers environ 351 rues droites et 215 rues de traverse, 60 places, dont 12 seulement méritent ce nom. Les deux plus importantes sont la place du Commerce (*praça do Commercio*), dite aussi place du Palais (*Terreiro do Paço*), bornée d'un côté par le Tage, et ornée de beaux édifices, qui comprennent la bourse, la douane, la maison des Indes, l'intendance de la marine, la bibliothèque royale, et d'autres bâtiments dont quelques-uns ne sont point encore achevés : au centre s'élève la statue équestre en bronze de Joseph Ier ; la place du *Rocio*, moins grande que la précédente, et que borde le vaste palais de l'Inquisition, qui renferme aujourd'hui les bureaux des différents ministères : plus bas sont les prisons du Saint-Office. Les seuls édifices que l'on puisse citer à Lisbonne sont le palais royal, construit dans le faubourg d'Ajuda, et qui est l'un des plus vastes de l'Europe ; deux autres palais du roi : celui de *Bemposta*, dans lequel il donne audience, et celui de *Necessidades*, destiné à loger les princes étrangers ; l'arsenal de la marine, où l'on voit une salle d'une grandeur extraordinaire ; le collège des nobles, remarquable par son beau manège ; le palais de *Cathariz*, édifice réservé à l'académie des sciences et à celle de fortification ; le théâtre de *San Carlos*, qui, par ses dimensions, peut être comparé aux théâtres de second ordre de l'Italie ; la cathédrale, connue sous le nom de *Basilica de Santa-Maria*, vieil édifice restauré dans le goût moderne depuis le célèbre tremblement de terre ; l'église du couvent de Jésus, bâtiment remarquable par la hardiesse de son dôme, et le plus magnifique qui ait été construit à Lisbonne depuis cette affreuse catastrophe ; enfin l'église des Martyrs, élevée sur l'emplacement où Alphonse Ier défit les Maures ; édifice antique que les révolutions physiques ont épargné, comme pour rappeler aux Portugais l'énergie avec laquelle ils conquirent leur indépendance.

Les églises sont en général construites dans un très-mauvais goût : elles sont surchargées de tours et de corniches et entourées de bizarres frontons. Les rues sont pleines de mendiants, vieux, jeunes, aveugles, étalant aux regards des plaies hideuses. Les plus belles rues de la ville nouvelle sont la rue de l'Or (*rua do Ouro*), la rue de l'Argent (*rua de Plata*), et la rue Auguste (*rua Augusta*).

Lisbonne renferme plusieurs établissements dont les noms seuls suffisent pour attester leur utilité : nous placerons au premier rang l'observatoire de la marine, dont plusieurs travaux ont servi à l'avancement de la physique céleste ; l'académie royale de marine, qui a fourni plusieurs marins distingués ; l'école royale de construction et d'architecture navale ; l'académie royale de fortification, d'artillerie et de dessin ; l'école royale de chirurgie et celle de sculpture. Nous citerons encore l'école de commerce, le collège royal militaire, celui des nobles, les écoles royales du monastère de *Saint-Vincent de Fora*, où l'on enseigne les langues anciennes et le français, la physique, la géométrie et la philosophie ; l'école royale de dessin et d'architecture civile, dont les cours durent cinq années ; l'institut de musique (*seminario musical*), où l'on enseigne le chant, la musique instrumentale et la composition ; le collège royal de Saint-Patrice, créé en 1590 pour l'instruction des prêtres missionnaires irlandais ; le collège royal des catéchumènes, fondé en 1579 pour instruire dans la religion les infidèles convertis ; le collège de Saint-Antoine et de Saint-Pierre, destiné aux orphelins et aux enfants vagabonds ; les écoles royales de la congrégation de l'Oratoire, où l'on enseigne principalement le latin ; enfin les écoles de grammaire, de rhétorique et de philosophie, établies à l'hospice royal de Notre-Dame des Necessidades. A ces différents collèges se joignent encore plusieurs établissements particuliers.

L'académie royale des sciences de Lisbonne est le premier corps savant du royaume ; cette ville a depuis peu une société d'encouragement pour l'industrie nationale ; elle possède des bibliothèques, un musée d'histoire naturelle, un jardin botanique, et d'autres collections scientifiques, mais qui ne peuvent soutenir aucune comparaison avec ceux des principales capitales de l'Europe. Lisbonne est la plus industrieuse et la plus commerçante des villes du royaume ; on y fabrique de la bijouterie, des chapeaux, des confitures et du chocolat estimé, et la plupart des objets que le luxe et la civilisation rendent nécessaires dans une grande ville. Son port, qui est très-

fréquenté, est le centre d'un mouvement commercial très-actif ; on en exporte des citrons, des oranges, du vin, de la laine, de l'huile et des cuirs. Lisbonne n'a encore qu'un tronçon de chemin de fer qui la joint au bourg de *Carregado* ; cette ligne, qui a été inaugurée en octobre 1856, doit gagner la frontière d'Espagne et se souder avec celui qui plus tard conduira en France.

La grandeur imposante de quelques-uns des édifices de Lisbonne n'est rien en comparaison de l'aqueduc de Benfica (*agoas livres*), qui porte à cette capitale la plus grande partie des eaux qu'elle consomme. C'est l'un des plus magnifiques ouvrages de l'Europe moderne. Il peut supporter la comparaison avec ce que les anciens ont fait de plus beau dans ce genre. Sa longueur totale est de 18,790 mètres : il se compose de 35 arches dont la plus grande a 85 mètres de hauteur et 35 d'ouverture.

Les environs de la ville offrent de beaux sites et quelques lieux intéressants par les souvenirs. *Oeiras*, maison de plaisance donnée par le roi Joseph au marquis de Pombal, fut, en 1775, habitée par le monarque pendant qu'il prenait les eaux d'Estoril, et le ministre profita du séjour de ce prince pour transformer une simple foire de village en une exposition des produits de l'industrie portugaise : idée ingénieuse qu'on n'a fait que modifier depuis dans d'autres pays, et particulièrement en France, où elle a excité une émulation salutaire. *Cintra* est célèbre par la capitulation en vertu de laquelle l'armée française, épuisée, évacua le Portugal en 1808 ; et *Torrès-Vedras*, sur le Sizandro, par les retranchements que Wellington y éleva pour arrêter l'armée française. *Mafra*, sur le revers occidental de la chaîne à laquelle appartient le Monte Junto, est remarquable par le couvent, le palais et l'église qu'y fit bâtir Jean V, afin d'accomplir le vœu qu'il avait fait pour la naissance d'un fils. Ces trois constructions, dues au talent d'un architecte étranger, et embellies par des peintres et des sculpteurs de différentes nations, forment le plus magnifique édifice du royaume. *Loires*, à 15 kilomètres de Lisbonne, est connue par ses plantations d'orangers qui fournissent les plus belles oranges du Portugal. *Campo-Grande*, peuplée de 1,300 habitants, est le rendez-vous de la noblesse portugaise : c'est dans sa grande plaine, entourée d'arbres et de jardins, que la cour et la ville vont étaler le luxe de leurs chevaux et de leurs équipages. Les différents lieux que nous venons de citer ne sont point des villes privilégiées (*citades*), mais des bourgs ou petites villes sans municipalité (*villas*).

Le reste de l'*Estrémadure* renferme peu de villes importantes ; il faut cependant citer *Leiria*, petite ville épiscopale, située au confluent du Liz et de la Lena, où l'on voit encore le palais ruiné du roi Denis, auquel les Portugais décernèrent le titre de *grand* ; le bourg de *Batalha*, dont le superbe couvent, bâti par Jean Ier, est l'un des plus beaux morceaux d'architecture gothique, et qui renferme le mausolée de son fondateur, et les chapelles mal entretenues destinées à la sépulture des rois. *Santarem*, ville de 9,000 âmes, qui fait aujourd'hui un grand commerce de vins, bâtie sur une haute montagne et défendue par une vieille forteresse, fut pendant longtemps la résidence des souverains ; enfin *Sétubal*, dont la population s'élève à 15,000 âmes, peut passer pour une ville importante. Ses nombreuses salines, ses vins et ses oranges alimentent son commerce. Quelques savants ont pensé qu'une langue de terre appelée encore *Troja*, qui s'étend à peu de distance de l'embouchure du Sado, et sur laquelle on a trouvé plusieurs restes d'antiquités, annonçait l'emplacement d'une colonie phénicienne.

PROVINCE DE BEIRA. — Dans la *province de Beira*, *Coïmbre* ou *Coimbra*, sur les flancs d'une colline qui domine le Mondego, est aussi triste à habiter qu'elle est agréablement située ; cependant l'importance de cette ville sous les Romains, les Alains et les Maures, et plus encore sa population, la beauté de quelques-uns de ses édifices, le nombre de ses établissements publics, la réputation attachée à son université et à son observatoire, l'avantage dont elle jouit comme siège de la direction générale de l'instruction publique du royaume, lui ont depuis longtemps mérité le rang de chef-lieu qu'elle occupe ; elle a 15,200 habitants : c'est la quatrième ville du Portugal. La petite ville épiscopale d'*Aveiro*, à l'embouchure de la Vouga, recouvre l'importance maritime et la salubrité qu'elle semblait avoir à jamais perdues.

Dans les montagnes où le Mondego prend sa source, l'antique cité de *Viseu*, résidence d'un évêque, s'enrichit par son commerce de bijouterie, d'orfèvrerie et de draperie ; elle compte 6,500 habitants. A l'extrémité septentrionale de la province, *Lamego*, peuplée de 8,800 âmes, dans une campagne fertile, entre le mont Pénude et le cours du Douro, est célèbre par la réunion des cortès de 1144, qui fondèrent une constitution par laquelle l'autorité royale était retenue dans de justes limites, et qu'Alphonse Ier jura de maintenir au nom de ses successeurs.

PROVINCE DU MINHO. — Plus petite que les précédentes, la province du Minho ou d'*Entre-Douro-et-Minho* a pour chef-lieu *Braga*, ville de 30,000 âmes, bâtie sur une hauteur, entre le Cavado et la Deste. Les plus beaux édifices sont le palais de l'archevêque, le séminaire, et la cathédrale, antique église, dont une des chapelles est consacrée au rite *mozarabique*. Cette ville renferme encore plusieurs restes imposants de la domination romaine, tels qu'un aqueduc, un temple et un amphithéâtre. *Porto* ou *Oporto*, la seconde ville du royaume par sa population que l'on porte à 80,000 âmes, occupe une position magnifique à l'embouchure du Douro, sur deux collines nommées *la Sé* et *la Victoria*. Elle est divisée en ville basse et ville haute, partagée en cinq quartiers, dont deux sont entourés d'une muraille de 10 mètres de hauteur, et les trois autres ouverts. Douze places principales, de belles églises, plusieurs établissements d'instruction et de bienfaisance, une école de marine et de commerce, une de chirurgie et d'anatomie, le palais de la cour d'appel, l'hôtel de ville, l'évêché, l'hôpital royal, la cathédrale, l'église des Clérigos, de vastes magasins destinés pour ses excellents vins, sont dignes de l'importance de cette cité commerçante. L'industrieuse *Guimaraens* ou *Guimaraes*, que l'on pourrait surnommer la jolie, fut anciennement la capitale du royaume; elle compte 6,000 âmes.

PROVINCE DE TRAS-OS-MONTÈS. — *Miranda*, petite cité épiscopale que l'on surnomme Miranda de Douro pour la distinguer d'une autre Miranda dans la province de Beira, est la capitale de la province de *Tras-os-Montès*; elle renferme environ 6,000 habitants. *Moncorvo* ou *Torre de Moncorvo*, l'antique *Forum Narbasorum*, est mal bâti et moitié moins peuplée. *Bragance* ou *Bragança*, l'ancien *Brigantinum*, s'élève au milieu d'une fertile plaine; c'est dans ses murs que dom Pedro le Justicier épousa secrètement l'infortunée Inès de Castro. *Peso da Begoa* est un bourg important par la grande foire de vins qui s'y tient; sa position au confluent de la Corga avec le Douro favorise d'ailleurs son commerce. *Chaves*, sur un plateau près de la Tamega, qui coule encore sous le pont de 18 arches bâti par Trajan, était célèbre chez les Romains par ses eaux minérales, qu'ils appelaient *Aquæ-Flaviæ Turodorum*.

PROVINCE D'ALEM-TEJO. — La *province d'Alem-Tejo*, c'est-à-dire *au sud du Tage*, non moins montagneuse que celle de Beira, mais plus étendue, trois fois moins peuplée, et la moins riche du royaume, ne renferme que des villes de peu d'importance. *Evora*, sa capitale, siège d'un archevêché, porte le titre pompeux de seconde ville du Portugal, quoiqu'elle n'ait pas plus de 12,000 âmes. Elle doit ce titre à la faveur qu'elle eut de servir de résidence à plusieurs rois. Elle est située sur un plateau de la chaîne qui forme la prolongation de la Serra d'Estremoz; son ancien nom d'*Ebora* annonçait l'abondance, comme celui de *Cereolis* que lui donne Pline. La flatterie de ses municipaux lui valut l'honneur de porter le surnom de *Liberalitas Julia*; on y voit encore des restes de cette libéralité des empereurs, qui employaient une partie de l'or des peuples asservis à la construction de quelques monuments. Le bel aqueduc attribué à Quintus Sertorius s'y fait remarquer par sa belle conservation. Vers son extrémité, un petit monument circulaire rappelle par son élégance celui qu'à Athènes on connaissait sous le nom de *lanterne de Démosthène*. Un autre monument, où les sacrifices aux dieux ont été remplacés par des sacrifices aux hommes, est le temple de Diane, qui sert aujourd'hui de boucherie. On a rassemblé dans un musée les objets d'antiquité découverts à Beja. *Estremoz* est connue par ses poteries et ses vases de terre, dont la porosité favorise l'évaporation de l'eau en abaissant sa température. Sur une colline escarpée, à 8 kilomètres de la rive droite de la Guadiana, s'élève la vieille ville épiscopale d'*Elvas*, la plus forte place de guerre du Portugal; on y voit une vaste cathédrale, un aqueduc et un théâtre : sa population est de 12,400 habitants. *Beja*, ville de 6,000 âmes, fondée par les Romains sous le nom de *Pax Julia*, renferme encore quelques monuments antiques. *Serpa* est importante par son commerce de contrebande, *Portalègre* par sa grande manufacture de draps, et *Villariçosa* par son château royal et son port immense.

PROVINCE DES ALGARVES. — Dans la petite *province des Algarves*, à laquelle les souverains du Portugal ont conservé le titre de royaume (*Royaume des Algarves*), on ne compte que quatre villes dignes d'être nommées. *Faro*, la capitale, assez bien bâtie, avec un port à l'embouchure du *Valformoso*, fait de grandes exportations en oranges et en autres fruits; *Tavira*, sur la côte, à 35 kilomètres à l'est, une jolie cité presque entièrement peuplée de pêcheurs; à 40 kilomètres à l'ouest de Faro, *Villa Nova de Portimao* possède un petit port très-fréquenté; *Lagos*, située au milieu d'un terrain fertile, et dont le port fut, dit-on, creusé par les Carthaginois, serait celui de *Lacobriga*; *Sagres*, petite place fortifiée, doit son nom au *Sacrum promontorium*, aujourd'hui le cap Saint-Vincent; enfin, sur le revers de la Serra de Monchique, on trouve la jolie petite ville de *Monchique*, que sa situation romantique et ses sources chaudes ont mise à la mode parmi ceux qui vont chercher aux eaux la distraction autant que la santé.

LES ILES AÇORES. — Une navigation occidentale de près de 1,000 kilomètres nous conduit à l'archipel des îles *Açores*, qui appartient évidemment à l'Europe, et qui a tiré son nom de la grande quantité de milans (*falco milvus*, en portugais *azor*) dont elles se trouvaient peuplées lors de la découverte. On les appelle aussi *Terceiras*, d'après la plus grande d'entre elles, ou *Flamandes*, *Flamengas*, d'après les navigateurs flamands qui s'y rendirent presque en même temps que les Portugais, et qui les peuplèrent en partie. Les Anglais les ont désignées quelquefois sous le nom de *Western Islands*, *îles occidentales*. Découvertes au commencement du quinzième siècle par un marchand flamand, elles étaient alors inhabitées et couvertes de forêts; plus tard, en 1432, Cabral débarqua à Sainte-Marie, et prit possession de l'archipel au nom du roi de Portugal.

Elles gisent du sud-ouest au nord-est en formant trois districts. Celui du sud, le plus proche de la route que suivent les vaisseaux venant d'Europe, prend le nom d'Açores orientales; il se compose des îles *Sainte-Marie* et *Saint-Michel*. Le groupe du milieu ou des Açores centrales comprend *Terceire*, *Saint-George*, *Gracieuse*, *Fayal* et *Pico*, ou l'île du Pic; au nord se trouvent *Flores* et *Corvo* : elles prennent le nom d'Açores occidentales. L'air y est sain, le climat agréable et plus doux que dans les pays de l'Europe situés sous la même latitude. La chaleur de l'été est tempérée par des brises de mer, et l'hiver se marque seulement par des temps couverts, des pluies et des vents qui prennent quelquefois la force d'un ouragan. Jamais le froid n'y est assez sensible pour forcer les habitants à chauffer leurs appartements. La neige et la glace ne paraissent que rarement sur le sommet des plus hautes montagnes. Les tremblements de terre sont le seul fléau de ces îles fortunées, dont la nature volcanique est attestée par la forme des montagnes, par des cratères, des déchirements dans leurs flancs, de nombreuses cavernes, par des laves, pierres ponces et cendres qu'on y foule partout, et surtout par neuf volcans actifs répartis dans cinq de ces îles. Les côtes sont généralement hautes, escarpées; le sol est peu profond, mais très-fertile, et bien arrosé par des ruisseaux frais et limpides. On y récolte et l'on en exporte du lin, du froment, de l'orge, du maïs, du millet, des légumes, des olives, des oranges, des citrons, et une quantité de bon vin qui passe fréquemment pour du madère. Jadis on en évaluait le produit à 34,100 pipes; il a dû augmenter par les demandes des Anglais. Le pastel y formait autrefois une importante branche de commerce; on y cultivait aussi la canne à sucre. Parmi une grande variété d'arbres, on remarque le bananier, mais surtout le citronnier-cédrat, qui forme le plus bel ornement des forêts. Les coteaux brillent d'une verdure perpétuelle. Il y a de très-gros bœufs, beaucoup de cochons et de moutons, de bons mulets et des ânes.

La mer offre une étonnante richesse de poissons délicats, des tortues de la petite espèce et plusieurs testacés, parmi lesquels on distingue deux sortes d'excellentes huîtres appelées dans le pays *lapas* et *cracas*. La pêche du cachalot, aujourd'hui négligée, y était autrefois très-lucrative.

L'excellent climat des îles Açores en favorise tellement la population, qu'elles ont pu fournir des colons au Brésil et même à la province d'Alem-Tejo, dans le Portugal. D'après un recensement publié en 1789, le nombre des habitants s'élevait à 150,174; en 1826, on le portait à 220,000, et en 1834 le recensement a accusé 243,547 habitants. Saint-Michel, Fayal et Gracieuse sont les mieux peuplées. Les habitants sont tous blancs, à l'exception d'un petit nombre de nègres employés comme domestiques. La noblesse, qui est nombreuse, possède une grande partie du terrain. Les habitants, laborieux, sobres et de bonne constitution, manquent de moyens d'instruction. Dans les bonnes années, les Açores peuvent expédier pour le Brésil, le Portugal, l'Angleterre et d'autres pays du nord, une cinquantaine de vaisseaux chargés de grains, fruits, miel, légumes, farines, viandes salées, lard, orseille, grosses toiles, eau-de-vie, vin, vinaigre, etc. : mais le manque absolu d'un port spacieux, sûr et profond, empêchera toujours le commerce de ces îles d'acquérir une haute splendeur.

AÇORES ORIENTALES. — *Saint-Michel* ou *San-Miguel*, la plus proche du Portugal, a 70 kilomètres de longueur et 9 à 25 de largeur. Sa population est de plus de 100,000 âmes.

De hautes montagnes bordent la côte à l'est et à l'ouest; vers le milieu, les hauteurs abaissées prennent des formes coniques : toutes portent des traces d'éruptions volcaniques, dont la dernière eut lieu en 1652. Aujourd'hui les cratères qu'on voit encore sur la plupart des montagnes, principalement à l'ouest, sont transformés en lacs. Les naturalistes admirent entre autres, dans la partie de l'est, un vallon profond et très-romantique appelé *Furnas*, qui paraît être un volcan écroulé. Il a la forme ovale, et un peu plus d'un mille géographique de circonférence. Des montagnes hautes, escarpées et couvertes de cèdres en marquent le pourtour. Une partie de ce vallon offre l'aspect d'un paradis terrestre, tandis que l'autre, plus enfoncée, est presque entièrement de pierres ponces réduites en poudre. L'enfoncement est occupé par un lac assez considérable d'eau douce, et par plusieurs sources d'eaux minérales et sulfureuses, tant chaudes que froides : elles donnent naissance à la *Ribeira-Quente*, petite rivière dont les eaux fumantes se frayent un passage à travers les fentes des rochers, et débouchent au sud-est à la mer, où, à une distance considérable de la côte, on voit en quelques endroits l'eau bouillonner avec violence.

L'île, en général bien arrosée et très-fertile, est médiocrement cultivée. On ne tire pas non plus tout le parti convenable des productions minéralogiques, telles que soufre, sel ammoniac, marne, fer oxydé rouge, sulfure et sulfate de fer et pierres ponces. Les Hollandais exportaient jadis de la terre à foulon, et au seizième siècle il y avait dans le val de Furnas une fabrique d'alun qui en fournit 4,833 quintaux dans un espace de dix ans. La végétation brille du plus bel éclat, et de nombreux bosquets diversifient les paysages ; les champs produisent, sans grands frais, d'excellent froment, du maïs, un peu d'orge, des fèves et du riz en quantité. Dans les jardins, on cultive des oranges d'excellente qualité, et beaucoup d'autres fruits. Les vignes, établies principalement sur la lave décomposée, donnent annuellement 5,000 pipes de vin. Les pâturages sont bons et abondants. Le val de Furnas fournit du miel délicieux ; la côte, des éponges qu'on néglige ; et la mer surtout, des sardines qui nourrissent le bas peuple.

Les habitants fabriquent de grosses toiles qu'on envoie au Brésil.

Punta-Delgada, à la fois la capitale de l'île et celle du district des Açores orientales, peuplée de 20,000 habitants, fait un commerce considérable des productions du pays, tant avec l'Europe qu'avec l'Amérique. Elle n'a cependant qu'une mauvaise rade, défendue par le fort de Saint-Braz. *Ribeira-Grande*, ville de 8,000 âmes, a de nombreux métiers pour toiles. *Villa-Franca* en compte 5,000.

Sainte-Marie, la plus au sud-ouest des Açores, et l'une des plus petites, n'a que 36 kilomètres de circonférence et ne renferme que 8,000 habitants. Le sol, très-haut élevé dans l'est, descend un peu vers le couchant. On y extrait du marbre et une terre argileuse qui donne la plus fine poterie. Elle possède encore une espèce d'oiseau marin de Guinée, appelée *garajão*. On en exporte de la graisse, du vin, des bestiaux, de la chaux et de la poterie. *Porto* et *Villa de Santa-Maria* sont les principaux lieux habités : ce dernier en est le chef-lieu. Au nord-est de cette île, à la distance de 5 milles, se trouvent les *Formigas*, groupe d'îlots et de rochers habités qui pourraient bien appartenir au sommet d'un volcan sous-marin.

Un phénomène du plus grand intérêt doit encore nous retenir quelques moments dans ces parages. Il faut considérer une de ces îles volcaniques qui tantôt élèvent au-dessus des flots leurs sinistres sommets, et tantôt s'enfoncent de nouveau dans les abîmes. La mer des Açores renferme probablement plus d'une montagne volcanique semblable à celles qui, dans les îles, s'élèvent au-dessus de la surface des eaux.

Sans nous arrêter à une tradition portugaise très-obscure, d'après laquelle l'île entière de Corvo serait sortie de la mer par une éruption volcanique, nous rappellerons que, dans le grand tremblement de terre de 1757, qui bouleversa l'île Saint-George et fit périr 1,500 personnes ou un septième de la population, on vit, selon plusieurs témoignages authentiques, mais peu circonstanciés, 18 îlots sortir de la mer à 600 mètres du rivage.

VOLCAN SOUS-MARIN PRÈS DE L'ILE SAINT-MICHEL. — Un volcan sous-marin qui a été parfaitement observé est celui qui se trouve auprès de l'île Saint-Michel. C'est pendant un violent tremblement de terre, en 1638, qu'on vit ici des flammes et des bouffées de fumée sortir de la mer agitée ; ce vaste incendie s'étendait sur un espace de plusieurs hectares, selon le rapport des pêcheurs ; bientôt on vit des matières terreuses et des blocs de roche lancés en l'air, retomber dans la mer, où ils surnageaient ; d'autres rochers noirâtres semblaient sortir de l'eau ; quelques-uns s'élevaient jusqu'à 60 brasses de hauteur ; peu à peu toutes ces masses se réunirent en s'étendant sur un espace de 12 kilomètres de long sur 2 de large. Ces éruptions durèrent trois semaines ; alors, dit-on, tous les rochers élevés au-dessus des flots disparurent sans laisser de traces. Les pêcheurs témoins de cette catastrophe prirent des fragments de rochers sortis de la mer ; ils se brisaient en éclats, et ne laissaient qu'un gravier noirâtre : c'étaient donc des scories et du tuf volcanique. Le cratère du volcan avait servi d'abri à une quantité innombrable de poissons ; c'était le rendez-vous ordinaire des pêcheurs de l'île ; et lors de l'éruption, la mer rejeta une telle quantité de poissons morts, que l'air en fut infecté.

Ici nous devons faire observer une circonstance de peu d'importance en elle-même, mais qui, par ses conséquences, peut devenir du plus grand intérêt pour l'histoire naturelle et la géographie physique. Les autorités que nous venons de citer s'accordent à fixer l'époque de cette éruption mémorable à l'an 1638. Néanmoins Buffon affirme que cet événement eut lieu en 1628 ; il s'appuie de l'autorité de Mandelslo, fameux voyageur ; mais en cherchant dans l'édition originale allemande de la relation de Mandelslo, publiée en 1658 par Oléarius, on ne trouve absolument rien sur cette éruption : il en est de même pour la traduction hollandaise. Ce n'est que dans la traduction française par Wicquefort (Paris, 1678), et dans celle donnée en anglais dans la collection de Harris (Londres, 1705),

qu'on trouve le passage cité et transcrit par Buffon ; il était naturel de rejeter une opinion aussi faiblement appuyée ; mais si, cependant, par un hasard qui n'est pas sans exemple, cette opinion se trouvait confirmée par quelque nouveau témoignage : si Gassendi et Kircher s'étaient trompés en mettant 1638 pour 1628, les trois éruptions connues de ce volcan, savoir, celle dont nous parlons et celles de 1720 et de 1811, se trouveraient éloignées les unes des autres de 91 à 92 ans ; ce qui permettrait de considérer ce volcan comme sujet à une *période régulière*. Un résultat aussi curieux mériterait qu'on fît de nouvelles recherches sur la véritable date de l'éruption du dix-septième siècle.

ILES PARUES ET DISPARUES. — Ce fut à la suite de la grande éruption de novembre 1720 qu'après un violent tremblement de terre on vit s'élever entre les îles Saint-Michel et Terceira une île semblable à une montagne conique, et qui lançait des feux, des cendres et des pierres ponces : un torrent de laves enflammées descendit de ses flancs escarpés ; elle s'agrandit au point d'avoir une lieue marine de circonférence, et d'être visible à la distance de 40 à 50 kilomètres. Mais bientôt elle s'affaissa ; et au mois de novembre 1723 elle avait entièrement disparu : la sonde rapporta 80 brasses à la place même où elle s'était montrée. On a beaucoup de rapports détaillés, unanimes et authentiques sur l'apparition de cette île ; on en a même dessiné la vue sur les lieux ; de sorte qu'il est difficile d'élever des doutes sur la réalité du fait. C'est cependant ce qu'a tenté de faire un savant hydrographe espagnol : il soutient que toute cette prétendue île n'était qu'un amas de scories et de pierres ponces lancées la même année par le pic des Açores, le pic de Camarinhas (dans l'île Saint-Michel), et d'autres volcans de cet archipel, et que les courants maritimes avaient entraînées et réunies. Mais la hauteur de l'île et la vue qu'on en a tracée réfutent suffisamment ces idées. Seulement il resterait encore à examiner si cette île a existé dans le même endroit que celle de 1628 ou de 1638 : il y a des rapports qui la placent plus avant dans la mer. La même incertitude s'étend à l'île volcanique qui, au mois de juillet 1811, s'est élevée dans ces parages. Les rapports des navigateurs, témoins oculaires, peignent l'effroi que leur inspirèrent cette révolution physique, la mer bouillante, une colonne de feu, de fumée et de cendres, s'élançant dans les airs, les bouleversements d'une partie de l'île Saint-Michel, les poissons morts et les flots couverts de pierres ponces. Mais l'île volcanique se montra *au sud-est* de la grande île ; ce qui semble ne pas convenir avec la position de l'île volcanique de 1720. Un capitaine anglais, présent à la naissance de cette île, lui donna trois milles de circonférence ; il lui imposa le nom de *Sabrina*, et en prit possession comme d'une *découverte anglaise ;* mais bientôt la mer engloutit cette nouvelle possession britannique.

AÇORES CENTRALES. — *Terceira*, ou Terceire, au centre du groupe, a des côtes généralement hautes et en partie inaccessibles. Sa circonférence est d'environ 100 kilomètres. Elle est très-sujette à des tremblements de terre. Il s'y est même formé, en 1761, un volcan fort redoutable. Du reste, la terre végétale y est plus profonde que dans les autres Açores, et d'une extrême fertilité ; aussi l'on y voit quelques forêts de cèdres, de châtaigniers, de mûriers, et des vergers de beaux citronniers, orangers et pommiers. Le vin du pays est médiocre ; mais les champs, bien cultivés, fournissent à une exportation considérable de froment. L'entretien des bestiaux, favorisé par de superbes pâturages, y est plus étendu que dans les autres Açores : aussi les fromages et les jambons de Terceire sont-ils renommés. La mer est riche en sardines, dorades, ombres, perches, barbeaux et autres poissons plus rares ; la pêche est facilitée par les bas-fonds voisins de la côte.

La population s'élève à 60,000 âmes. Laborieux et sobres, les habitants de Terceira conservent encore une ancienne réputation de bravoure, qu'ils ont méritée en maintenant jusqu'à la dernière extrémité l'indépendance du nom portugais contre l'usurpation espagnole, et en secouant ce joug aussitôt que l'élévation de la maison de Bragance leur fut connue.

Fidèles à leurs principes, ce sont eux aussi qui, dans ces dernières années, ont soutenu les droits de la reine dona Maria.

Angra, la capitale, renferme plus d'un tiers de la population. Elle est le siége des autorités ecclésiastiques, civiles et militaires de tout l'archipel. Les habitants exportent dans leurs propres vaisseaux des grains, du lin, des toiles et du vin. Angra est aussi la relâche ordinaire des vaisseaux portugais qui se rendent au Brésil et aux Indes. Rendez-vous des Portugais dévoués à leur patrie et à dona Maria, cette ville fut, depuis le 15 mars 1830 jusqu'à la fin de 1833, le siége de la régence qui gouvernait les Açores au nom de la reine. Ses fortifications furent mises à cette époque sur un pied très-respectable. Cette fidélité lui a valu le surnom d'*Angra do Heroísmo.*

L'île de *Saint-George* ou *São-Jorge*, entre les îles Gracieuse et Pico, est haute, sans être montueuse. Elle a 36 kilomètres de longueur sur 9 de largeur. Dans le sud, il y a des vignobles dont le produit est préféré aux autres vins des Açores, et d'excellents pâturages. Outre les avantages dont jouissent les autres Açores, l'île possède encore abondamment du bois, même de construction, et la meilleure eau. La population excède 15,000 âmes. Le meilleur ancrage est à *Villa de Velas*.

Graciosa, ou *Gracieuse*, l'une des plus petites, est située au nord-ouest de Terceira. L'aspect enchanteur des trois montagnes qu'elle présente, vue du sud-ouest, la prodigieuse fertilité de son sol et la salubrité toute particulière de son climat, lui ont valu le beau nom qu'elle porte. On en tire des grains, des légumes, des herbes potagères, des fruits, du vin, de l'eau-de-vie, du beurre et du fromage; mais l'île manque de bois à brûler. La population s'élève à 12,000 âmes. Le chef-lieu est *Santa-Cruz*.

Fayal, la plus occidentale du groupe central, a un peu plus de 16 kilomètres de long sur 15 de largeur. Des rochers hauts et escarpés bordent presque partout la côte. Le sol, onduleux et couvert d'une riche verdure, s'élève vers le milieu de l'île, où des montagnes rangées en cercle entourent une vallée profonde, large de 4 kilomètres. On l'appelle *la Caldeira*, ou la Chaudière, et l'on croit, avec quelque probabilité, qu'elle doit son origine à l'affaissement d'un volcan. Un tiers de son étendue est occupé par un lac, dans lequel se réunissent les eaux de plusieurs sources. Les plus beaux prés et de charmants bosquets qui parent les bords de ce lac et se prolongent sur la douce pente des coteaux, varient le site et forment un séjour enchanté.

Le climat de l'île est, en général, délicieux et très-salubre; le sol est si fertile qu'on y fait souvent double moisson de froment et de maïs. Dans les jardins et les vergers, la pomme de terre croît à côté des citronniers et des orangers; mais il y a peu de vignobles, et leur produit est de médiocre qualité. Les vins connus dans le commerce sous le nom de *Fayal* y sont apportés de Pico. Des touffes de frênes, de hêtres élancés, c'est même à ces derniers, que l'on nomme *fayas* en portugais, que l'île doit son nom, et de châtaigniers couronnent les hauteurs; mais les broussailles de myrtes et d'autres arbustes toujours verts prédominent généralement.

Les habitants se font remarquer par la bonté et la douceur de leur caractère, par la simplicité de leurs mœurs et par leur probité dans les transactions.

Villa da Horta, le chef-lieu de l'île, appelé quelquefois, par erreur, également Fayal, et peuplé de 6,000 âmes, n'est qu'un bourg bâti en amphithéâtre, sur une baie spacieuse qui offre un assez bon mouillage. Autour de la baie, les forêts de citronniers et d'orangers s'étendent à perte de vue le long des coteaux. C'est l'entrepôt de toutes les productions des îles de Fayal et de Pico, et le centre d'un grand commerce. Il y a des consuls français, anglais, espagnols et américains.

Pico, très-rapprochée de Fayal, est la plus grande des Açores après Saint-Michel; elle a environ 36 kilomètres de longueur sur 12 kilomètres de largeur; mais elle n'a que 30,000 habitants. La partie occidentale ne présente qu'un amas de montagnes, surmonté par le *Pico*, ancien volcan qui a donné son nom à l'île, et qui s'élève près de la côte à une hauteur de 2,500 mètres : avec un temps clair, on le découvre à 34 lieues marines en mer. Au haut du sommet, presque toujours enveloppé de nuages ou couvert de neige, on trouve un cratère qui jette continuellement de la fumée. Plus bas, on rencontre de grandes cavernes, dont les voûtes distillent une quantité d'eau. La verdure commence à paraître; petit à petit des forêts succèdent aux broussailles, et des pâturages d'herbes aromatiques invitent les troupeaux. Enfin, les coteaux inférieurs, où les habitants ont recouvert les pierres et la lave avec de la terre en partie achetée à Fayal et péniblement transportée sur ces hauteurs, nous montrent ce que peuvent le travail et la persévérance humaine luttant avec la nature. D'excellents vignobles, abrités par des murs contre les vents de mer, y occupent une vaste étendue.

La partie orientale de l'île est basse, unie et fertile. On y récolte néanmoins à peine une quantité de grain suffisante pour la moitié des habitants, et les pauvres tirent leur principale subsistance des yams qui y abondent. D'ailleurs, tous les fruits du midi de l'Europe y viennent en abondance et d'excellente qualité. Le vin, cependant, forme la plus grande richesse de l'île; elle en produit, selon les années, 15 à 30,000 pipes. Il y en a deux sortes principales. Le malvoisie (*vino passado*) égale le vin de Madère, mais on n'en récolte qu'une petite quantité; l'autre, le *vino seco*, varie beaucoup en bonté. Les vendanges, qui se font au commencement de septembre, sont des jours de fêtes joyeuses et prolongées qui attirent un tiers de la population de Fayal. Les vins de Pico passent principalement au Brésil, aux États-Unis, en Angleterre; le reste s'expédie en Hollande, dans le Nord et à Angola. Les forêts, en grande partie composées de cèdres, offrent aussi beaucoup d'ifs, dont le bois, recherché pour l'ébénisterie, était autrefois un monopole de la couronne. Les habitants de Pico sont renommés pour la beauté de leurs formes, la vivacité de leur esprit, leur amour du travail et de la propreté. Presque tous descendent, comme ceux de Fayal, des colons flamands amenés par Jobst de Hurter, beau-père du célèbre géographe Martin Behaim.

AÇORES OCCIDENTALES. — L'île de *Flores*, longue de 25 kilomètres et large de 12, située au nord-ouest de Fayal, est escarpée à la côte, montueuse dans l'intérieur, recouverte d'une mince couche de terre, bien arrosée par des ruisseaux limpides qui forment plusieurs belles cascades. Exempte de tremblements de terre, elle est en revanche exposée à des vents violents, qui souvent détruisent l'espérance du cultivateur. Des forêts de gros cèdres ornent les montagnes; les plaines produisent du froment, du seigle, des yams et des *yuncas*, racines tubéreuses, dont la farine, mêlée à celle du seigle, donne du bon pain; les roches de la côte sont couvertes d'orseille, qu'on ne cueille qu'avec danger. On ne cultive point la vigne, et le maïs ne réussit pas. L'entretien des moutons et des poules obtient des soins particuliers. On y compte 18,000 habitants, occupés en partie à la fabrication de lainages. *Lagens* en est le chef-lieu.

Corvo, la plus petite des Açores et la plus au nord, est quelquefois comprise avec l'île précédente sous le nom commun de *os Corvos*. Plus froide encore que celle de Flores, elle abonde en excellent froment, en légumes, en yams, en lin, en bestiaux et bois de cèdre. La population ne se monte qu'à 7 ou 800 individus, qui vivent dans une sorte de communauté de biens. C'est ainsi qu'ils partagent entre eux le lait de leurs troupeaux, le bois qu'il leur a été permis de couper, et la laine de leurs moutons, dont ils font de grosses étoffes. Il y a quelques mouillages à la côte, et, aux extrémités nord et sud de l'île, deux montagnes, dont l'une renferme, dans un enfoncement du sommet, un lac d'eau douce. On a prétendu, sans preuve et même sans aucune vraisemblance, que l'île devait son origine à un volcan sous-marin.

Il nous paraît hors de doute que les îles Açores ont été visitées au moins un siècle avant que les Portugais ne crussent en faire la découverte. Non-seulement les descriptions des géographes arabes indiquent évidemment d'autres îles que les Canaries, mais les Açores paraissent même sur les cartes manuscrites du quatorzième siècle. Le nom d'une d'elles, *Bentusla*, nous avait paru arabe, et nous a fait regarder les Maures d'Espagne comme les premiers auteurs de la découverte. La carte de Benincosa, de 1476, semble toutefois prouver que le mot *Bentusla* n'est qu'une corruption arabe du mot espagnol ou italien *Ventura*; ce qui rendrait aux peuples européens l'honneur de la première découverte. Aucun trait de lumière nouvelle n'est venu nous éclairer sur ces questions ténébreuses.

GOUVERNEMENT DU PORTUGAL. — Le gouvernement du Portugal est monarchique constitutionnel; sa constitution est la charte de dom Pedro, rétablie définitivement en 1842. Le roi prend le titre de « roi de Portugal et des Algarves en deçà et au delà des mers, seigneur de la Guinée en Afrique, des conquêtes, de la navigation et du commerce en Arabie, en Éthiopie, en Perse et aux Indes. » Il y ajoute la qualification de roi très-fidèle; son fils porte le titre de prince royal, et les autres princes du sang celui d'*infant*. La couronne est héréditaire par ordre de primogéniture parmi les enfants mâles. Le pouvoir exécutif appartient au roi, qui le délègue à des ministres responsables. Le pouvoir législatif appartient aux cortès, qui se composent d'une chambre des pairs et d'une chambre des députés. Les pairs sont héréditaires ou à vie, ils sont nommés par le roi; leur nombre est illimité. Les députés sont nommés pour 4 ans, à raison d'un pour 25,000 âmes. Les cortès sont convoquées chaque année par le roi.

Les provinces, les districts, les communes, sont administrées par des *juntes* ou assemblées particulières électives. Le président des juntes de province est nommé directement par le roi; les cités et les villes sont administrées par des municipalités.

RELIGION. — La religion catholique est la religion de l'État; les autres cultes sont tolérés. Il y a 3 archevêchés et 14 évêchés. L'archevêque de Lisbonne a le titre de patriarche; sa juridiction métropolitaine s'étend sur les évêchés de Portalègre, Castello-Branco, Guarda, Leiria et Lamego; l'archevêque de Braga prend le titre de primat, et son diocèse métropolitain comprend les évêchés de Coimbre, de Porto, de Viseu, d'Aveiro, de Miranda et de Pinel; les évêques d'Elvas, de Faro et de Beja sont suffragants de l'archevêché d'Evora. Il y a à Santarem un séminaire du patriarcat et dans chaque évêché un séminaire épiscopal.

LANGUE, LITTÉRATURE ET BEAUX-ARTS, INSTRUCTION PUBLIQUE. — La langue portugaise, formée de l'idiome des anciens *Turdetani* et du latin, ne fut d'abord, comme toutes les langues italiques, qu'un jargon barbare qui se mêla de mots arabes sous la domination des Maures, et même de mots français, lorsque le comte Henri de Bourgogne et ses compagnons d'armes se fixèrent en Portugal. Au treizième et au quatorzième siècle, elle acquit plus de régularité, et dans le seizième, elle atteignit cette douceur suave et cette mâle énergie si justement admirées dans les vers de Camoens. Depuis cette époque, elle n'a fait que dégénérer. L'usurpation du trône de Portugal par Philippe II fut le signal de sa décadence : le despotisme en arrêtant l'essor du génie, en réprimant l'élan des pensées généreuses; la bassesse en substituant le langage de la flatterie à celui de la vérité, abrutissent les peuples et corrompent leur langage. Le portugais n'a point les sons gutturaux de l'espagnol : il est riche et sonore; mais la fréquence des *hiatus* et des terminaisons nasales, la propension qu'il a au néologisme, la facilité avec laquelle il s'empare des mots des autres langues, nuisent à son harmonie et feraient croire à sa pauvreté, si plusieurs écrivains modernes n'avaient prouvé tout le parti qu'on peut tirer de cette langue.

Ce serait une grande erreur de croire que, parce que la littérature portugaise est peu connue en Europe, elle ne mérite point de l'être : le Portugal a produit jusqu'à l'époque actuelle des savants et des écrivains d'un grand mérite. Depuis Camoens, quelques-uns de ses poètes ont su se faire une réputation parmi leurs compatriotes; s'ils ne se sont point élevés jusqu'au sublime dans le genre héroïque; si ceux qui se sont consacrés à la muse dramatique n'ont pu tirer le théâtre portugais de son obscurité, la poésie didactique, et surtout la poésie lyrique, ont fait surgir de la foule des versificateurs plusieurs noms honorablement connus. La poésie n'est pas la seule occupation littéraire des Portugais; l'éloquence, les sciences physiques et naturelles sont aussi cultivées, et nous croyons, d'après des renseignements précis, pouvoir estimer à plus de 100 le nombre d'ouvrages relatifs aux différentes branches des connaissances humaines qui sortent annuellement de ses imprimeries. Plusieurs d'entre eux ne sont que des traductions de nos meilleurs livres scientifiques.

Les beaux-arts y sont encore, jusqu'à présent du moins, dans un état encore moins satisfaisant, faute d'encouragements donnés par les riches et le gouvernement. La musique est, pour ainsi dire, le seul dans lequel plusieurs Portugais se soient rendus célèbres.

L'instruction publique, encore bien négligée en Portugal, appelle la sérieuse attention du gouvernement. Il n'y a dans ce pays qu'une seule université, celle de Coïmbre, avec 6 facultés, 30 écoles de rhétorique, 275 écoles latines, et à peine 1,000 écoles primaires. L'enseignement spécial est libre; mais les études classiques dépendent d'une direction générale des études. Le collége royal des nobles, l'école royale de langue arabe à Lisbonne, l'école royale de marine marchande et de commerce, l'école royale militaire de Lisbonne, sont avec les écoles d'artillerie, du génie, de chirurgie, de dessin, de sculpture et d'architecture, les principales écoles du royaume.

JUSTICE. — Il y a pour tout le royaume une cour suprême de justice à Lisbonne, et une cour d'appel pour chaque province siégeant au chef-lieu; chacun des 17 districts forme le ressort d'un tribunal de première instance auquel est joint un jury; la chambre des pairs peut s'ériger dans certains cas en haute cour criminelle.

FINANCES. — Par suite des révolutions qui au commencement du siècle ont agité le Portugal, sa situation financière est assez critique; cependant nous devons constater quelques améliorations. Les revenus pour la période 1856-1857 étaient évalués à 65,677,396 fr.; et l'on présumait que les dépenses atteindraient 67,629,615 francs; on voit donc que le déficit de ce budget annuel est d'environ 2 millions. Les colonies ont leur budget particulier, il se solde aussi pour chacune d'elles par un déficit. La dette publique se partage en deux chapitres principaux. La dette intérieure, qui est d'environ 253 millions, et la dette extérieure, qui à la fin de 1855 était de 432 millions, ce qui porte la dette totale au commencement de 1856 à 685 millions de francs.

INDUSTRIE, COMMERCE, CHEMINS DE FER. — L'industrie est encore peu avancée dans le Portugal; on introduit cependant dans ce pays, depuis quelques années, des matières premières qui sont mises en œuvre dans les manufactures des environs de la capitale. Le commerce se fait principalement par les Anglais, mais à l'intérieur il languit faute de moyens de communication convenables. Il y a cependant aujourd'hui tout un système de réseau de chemins de fer à l'étude. Les principaux articles importés sont : le sucre, le café et les autres denrées coloniales, la morue, les salaisons, le beurre, le fromage, les ânes, les mulets, les chevaux, les drogues, le fer, l'acier, le plomb, l'étain, le cuivre, le goudron, la houille, la poix, le lin, les tissus, les cordages, l'horlogerie, la quincaillerie, la faïence, les cristaux; les principaux articles d'exportation sont : les vins, les citrons, les oranges, les figues, les amandes, les fruits secs, le sel, l'huile d'olive, le sumac, le liége et la laine. Le commerce maritime a seul quelque importance. Les principaux ports sont Lisbonne, Porto, Setubal, Faro, Villanova de Portimão, Figueira, Villa de Conde, Viana. Les principales places de commerce à l'intérieur sont : Braga, Guimaraes, Coïmbre, Abrantès, Leiria, Bragance, Covilhão, Elvas et Beja. En 1853 l'importation a été de 36,346,560 francs, et l'exportation de 21,902,862; dans ce dernier nombre, les vins entrent pour 6,186,680 francs. La navigation en 1852 a donné les résultats suivants : il est entré dans les ports du Portugal 8,338 navires, dont 2,891 étrangers; et il en est sorti 8,787, dont 3,010 étrangers. Enfin en 1853 le mouvement du port de Lisbonne a été de 2,009 navires; le cabotage de ce port a en outre compté 1,325 bâtiments de 72,300 tonneaux.

ARMÉE. — L'armée portugaise se compose de 18 régiments d'infanterie, de 8 régiments de cavalerie, de 4 régiments d'artillerie, un bataillon du génie, 9 bataillons de chasseurs, des vétérans, de la garde municipale, etc., etc., le tout formant un effectif de 25,000 hommes d'infanterie et 5,000 de cavalerie; en temps de guerre cet effectif pourrait être doublé. Les arsenaux du royaume sont à Lisbonne, Porto et Elvas. Il y a dix divisions militaires, dont les quartiers généraux sont à Lisbonne, Porto, Braga, Bragance, Viseu, Castello-Branco, Estremoz, Faro, Funchal et Punta-Delgada.

FLOTTE. — La flotte militaire se compose de 31 bâtiments armés, dont 5 à vapeur; de 12 bâtiments désarmés et 2 en construction; en tout 45 bâtiments portant 449 canons et 2,167 hommes d'équipage. A l'exception d'un vaisseau de 80 canons et d'une frégate de 50, ce ne sont guère que des petits bâtiments. Les troupes de la marine forment un effectif de 5,000 hommes. Lisbonne et Porto sont les ports militaires du royaume.

COLONIES DES PORTUGAIS. — Les établissements portugais dans les trois autres parties du monde comprennent en Afrique les îles de *Madère* et de *Porto-Santo*, l'archipel du cap Vert, composé des îles *Sant-Iago*, *Fogo*, *Brava*, *San-Nicolao*, *Santo-Antao*, *Boavista*, *Maio*, *San-Vicente*, *Sal* et *Santa-Luzia*, ainsi que la colonie de *Sénégambie*, renfermant les places de *Cachéu*, de *Bissao*, et les postes de *Geba*, *Farim* et *Zinghichor*; le royaume d'Angola et de Congo, formé d'*Angola-Benguela* et de plusieurs autres postes; la petite province composée de l'île *Saint-Thomas* et de celle du *Prince*; la province de *Mozambique*, comprenant plusieurs établissements importants; en Asie, la vice-royauté de l'Inde, qui a pour capitale *Goa*, avec les provinces de *Salsete* et de *Bardes*; sur la côte de Malabar, les gouvernements de *Damaio* et de *Diu*, et le comptoir de *Macao*, en Chine; enfin dans l'*Océanie*, le port de *Dillé* dans l'île de *Timor*, et les îles *Sabrao* et *Solor*.

CARACTÈRE, MOEURS DE LA NATION PORTUGAISE. — Ce qui caractérise encore la nation portugaise, c'est une douceur qui ne se dément point, même pendant les commotions politiques; c'est une politesse qui se fait remarquer depuis les rangs les plus élevés jusqu'à la plus basse classe du peuple; c'est envers les étrangers une prévenance qui le distingue de l'Espagnol et le rapproche du peuple français, dont il a presque la vivacité. On lui reproche de l'indolence et de la présomption : les paysans de l'Estrémadure et de l'Alem-Tejo sont en effet lourds et paresseux. Tous les Portugais se plaisent à vanter leur nation, mais c'est une conséquence du rôle important qu'ils ont joué sur le théâtre du monde, et du peu de lumières qu'on a laissé pénétrer dans leur pays. On a trop répété que les Portugais étaient dissimulés, vindicatifs et perfides. Il y a plus que de l'exagération dans cette assertion, ou ils sont bien changés. D'ailleurs, en se montrant sévère sur leurs défauts, il faut rendre justice à leurs qualités : ils sont en général fort attachés à leur patrie, amis généreux et fidèles à remplir leurs promesses. L'habitant de la province de Minho est plein de feu, d'esprit et d'industrie; celui du Tras-os-Montés rachète des dehors grossiers par des mœurs pures et simples, par sa bravoure et son activité; celui de la province de Beira est le plus laborieux; celui de l'Estrémadure est le plus policé, et l'Algarvien surpasse tous les autres par sa vivacité.

Les Portugais ont le teint des peuples méridionaux; ils sont d'une taille peu élevée, mais généralement bien prise : rien n'est plus rare parmi eux que des individus estropiés ou contrefaits. La province de Minho, le Tras-os-Montés et les montagnes d'Estrella renferment les hommes les plus beaux et les plus robustes du royaume : leur peau est assez blanche, et leurs cheveux sont blonds ou châtains. Dans les autres provinces, le noir est la couleur dominante de la chevelure. La belle carnation des Portugaises, leurs grands yeux noirs, leurs dents blanches et bien rangées, leurs longs cheveux d'ébène, leur aimable vivacité, les mettraient au rang des Européennes les plus séduisantes, si à la grâce des Françaises elles joignaient la petitesse du pied espagnol.

La vivacité, la brillante imagination qui distinguent le Portugais, expliquent son avidité pour les fêtes et les plaisirs : la musique, la danse, le spectacle, les processions et les combats de taureaux, en un mot, tout ce qui peut retracer les plaisirs des sens, a sur lui un empire irrésistible. Sa musique, vive et légère, n'est point sans attraits pour l'étranger; les chants populaires, accompagnés du son de la guitare, seraient agréables et gracieux si les paroles n'en étaient point parfois trop licencieuses. La danse nationale appelée la *Fofia* est très-lascive, et néanmoins elle l'exécute non-seulement dans la campagne, mais au sein des villes et même sur les théâtres.

TABLEAUX STATISTIQUES DU PORTUGAL.

STATISTIQUE GÉNÉRALE.

SUPERFICIE en kilomètres carrés.	POPULATION en 1854.	POPULATION par kilomètre carré.	FINANCES en 1856-1857.	COMMERCE en 1853.	FORCES MILITAIRES en 1856.
Continent ...... 91,285 Açores et Madère. 3,844 Total... 95,129 Avec toutes les colonies, 1,839,832.	3,844,119 habitants. Avec toutes les colonies, 6,256,440.	40	Revenus. 65,677,396 fr. Dépenses. 67,629,615 fr. Dette. 685,000,000 fr.	Importations. 36,346,560 fr. Exportations. 21,902,862 fr.	Armée. 25,000 hommes, 5,000 chevaux. Flotte. 43 bâtiments, dont 1 vaisseau, 1 frégate, 6 vapeurs. 5,000 marins.

Statistique des Provinces.

PROVINCES.	DISTRICTS.	SUPERFICIE en kilomètres.	DIVISIONS judiciaires.	COMMUNES. en 1854.	PAROISSES. en 1854.	FEUX en 1854.	POPULATION en 1854.	VILLES PRINCIPALES (1).
ESTRÉMADURE...	Lisbonne......	9,393	18	27	220	113,500	423,705	Lisbonne ††, 275,286. — Setubal, 15,000. — Cintra, 5,000. — Torres-Vedras, 6,000.
	Leiria........	3,410	6	12	109	35,970	141,461	Leiria †, 2,500. — Pombal, 4,000. — Thomar, 4,000.
	Santarem	6,214	6	17	143	43,862	165,463	Santarem, 9,000. — Alemquer, 4,000. — Abrantès, 5,000.
MINHO........	Viana	2,480	6	10	283	48,181	188,659	Viana, 9,000. — Valença, 2,000.
	Braga........	2,820	8	13	524	76,828	300,607	Braga ††, 30,000. — Guimaraes, 6,000. — Peñafiel, 3,500.
TRAS-OS-MONTÈS.	Porto........	2,820	13	19	387	101,279	362,000	Porto †, 80,000. — Saint-Jean de Fos, 3,500.
	Villa-Real	4,278	7	14	261	46,864	184,838	Villa-Real, 5,000. — Peso da Ragoa, 1,800.
	Bragance......	6,169	7	12	299	34,803	129,686	Bragance, 5,000. — Chaves, 5,000.
BEIRA........	Aveiro........	3,782	8	16	173	63,831	237,162	Aveiro †, 7,000. — Mira, 6,000. — Ilhavo, 7,000.
	Coïmbre	3,441	8	17	190	64,737	261,856	Coïmbre †, 15,200. — Figueira, 6,400. — Miranda †, 4,000.
	Viseu........	3,348	12	26	347	78,157	303,736	Viseu †, 6,500. — Lamego †, 8,800. — Penalva, 800. — Ovar, 10,300.
	Guarda.......	5,518	8	14	361	54,726	212,588	Guarda †, 3,000. — Covilhan, 6,000. — Almeida, 4,000. — Pinhel †, 2,000.
	Castello-Branco.	6,417	5	12	149	35,383	139,933	Castello-Branco †, 5,700. — Idanha, 3,000. — Monsanto, 1,800.
ALEM-TEJO	Portalègre	6,200	4	14	94	24,456	87,039	Portalègre †, 6,500. — Aviz, 1,500. — Monforte, 1,600.
	Evora	6,789	4	11	109	24,200	89,633	Evora ††, 12,000. — Estremoz, 6,000. — Elvas †, 12,400.
	Béja	12,989	5	13	104	32,146	124,390	Béja †, 6,000. — Moura, 4,000. — Ourique, 3,000. — Serpa, 4,600.
ALGARVE	Faro	5,580	5	13	63	41,004	146,365	Faro †, 8,000. — Tavira, 9,000. — Lagos, 8,000.
AÇORES	Açores oriental.	1,054	4	8	45	23,921	101,451	Punta-Delgada, 16,000.
	— central.	1,054	3	5	37	16,069	70,404	Hosta, 4,000.
	— occident.	868	3	5	37	15,022	66,055	Angra da Heroismo, 15,000.
MADÈRE ET PORTO-SANTO.	Funchal.	868	2	10	47	24,579	107,088	Funchal, 20,000.

Colonies Portugaises.

		SUPERFICIE en kilomètres.	DIVISIONS judiciaires.	COMMUNES.	PAROISSES.	FEUX en 1854.	POPULATION en 1854.
AFRIQUE..	Iles du cap Vert..............	4,278	2	9	29	180,89	83,393
	Côte de Guinée, Bissao	93,000	»	1	5	170	1,095
	Iles de Saint-Thomas, du Prince....	1,178	1	2	11	2,651	12,253
	Angola, Benguela et dépendances	527,000	2	3	30	164,269	657,097
	Mozambique et dépendances.....	744,000	1	8	11	75,000	300,000
ASIE.....	Inde (Goa, Salcète, Bardez).............	3,731	3	7	94	64,550 / 19,006	248,217 / 113,571
	Nouvelles conquêtes.............						
	Damao........	217	1	1	2	7,282	33,950
	Diu........	31	1	1	1	3,439	10,858
OCÉANIE ET CHINE..	Macao	»	1	1	3	3,988	29,587
	Iles Timor (partie portugaise), Solor, etc., etc....	71,032	»	1	3	114,737	913,300

(1) Les signes †† et † indiquent les archevêchés et les évêchés.

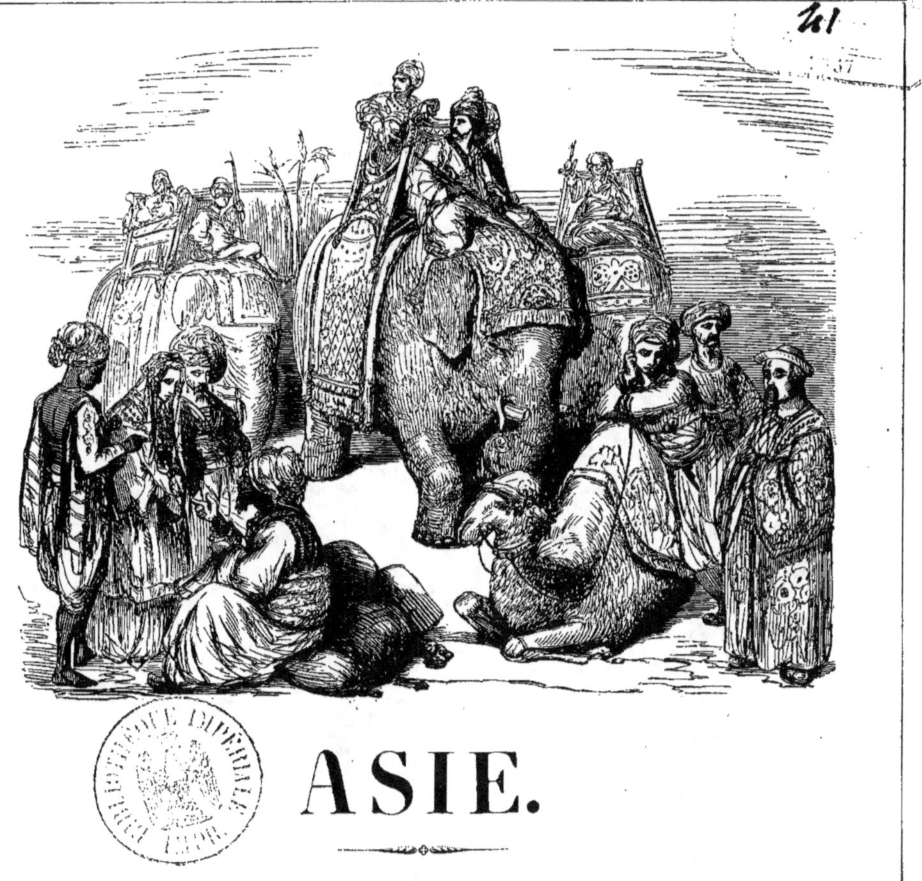

ASIE.

CONSIDÉRATIONS GÉNÉRALES.

DE L'ORIGINE DU NOM D'ASIE. — Rien ne prouve que les anciens peuples asiatiques aient reconnu ces grandes divisions du globe que nous appelons parties du monde, ni qu'ils aient désigné celle où ils demeuraient sous le nom d'*Asie*. La conjecture du savant Bochart, d'après laquelle ce nom viendrait d'un mot hébreu ou phénicien qui dénote *le milieu*, n'a donc aucun fondement historique. Il faut en dire autant des spéculations de quelques étymologistes sur le rapport mystérieux qui semble exister entre le nom de l'Asie et le mot *As*, par lequel plusieurs nations européennes désignent en général une divinité. Tenons-nous à des faits certains : le nom d'Asie désignait, selon Homère, Hérodote et Euripide, une contrée de la Lydie qu'arrosait le Caystre, et où même des géographes d'un âge postérieur connaissaient une tribu d'*Asiones* et une ville d'*Asia*. Il paraît naturel que les Grecs aient étendu peu à peu ce nom d'une seule province à toute l'Asie Mineure, et ensuite aux autres contrées orientales, à mesure qu'ils en eurent connaissance. C'est ainsi que les Français ont étendu à toute la Germanie le nom du duché d'*Allemagne;* c'est ainsi que l'ancien canton d'*Italia*, resserré dans un coin de la Calabre, a donné son nom à la grande péninsule dont il ne formait qu'une portion peu considérable.

LIMITES DE L'ASIE. — Les limites de l'Asie sont en partie naturelles et constantes, en partie susceptibles d'être contestées. Au sud-ouest, le détroit de *Bab-el-Mandeb* et le golfe Arabique ou mer Rouge la séparent de l'Afrique, à laquelle l'isthme de Suez la rattache sur un seul point. Vers l'occident, la mer Méditerranée, l'Archipel, les détroits des Dardanelles et de Constantinople, la mer Noire et le détroit de Caffa, forment la séparation de l'Asie et de l'Europe; mais depuis le détroit de Caffa ou Kefa jusqu'à celui de Vaigatch, près de la Nouvelle-Zemble, la frontière devient incertaine. On suit communément l'opinion de la plupart des anciens, qui regardaient le Tanaïs, aujourd'hui le Don, comme la limite naturelle des deux parties du monde; mais le cours tortueux de ce fleuve, dont les anciens n'avaient que des idées vagues, a conduit les géographes dans un labyrinthe d'opinions contradictoires (1). Les uns ont tiré une ligne de l'embouchure du Don à celle de la Dvina, dans la mer Blanche; les autres ont dirigé cette ligne sur l'embouchure de l'Obi : l'un et l'autre système n'ont pour base que le bon plaisir de ceux qui les ont proposés. Les académiciens de Saint-Pétersbourg ont enfin démontré le principe désormais incontestable, que la chaîne des monts Ourals marque la séparation naturelle de l'Europe et de l'Asie septentrionale. Déterminé à lier cette limite, aujourd'hui généralement adoptée, avec les droits imaginaires qu'un ancien préjugé accordait au fleuve Tanaïs, le savant Pallas a essayé de tracer une ligne de démarcation qui, en suivant le contour de ces vastes plaines salines dont la mer Caspienne est bordée au nord, laisse en Asie les gouvernements russes d'Orenbourg et d'Astrakhan, et, franchissant le Volga à Czaritsyne, vient se confondre avec le Don. Cet arrangement de Pallas offre l'inconvénient de partager le cours d'un grand fleuve entre deux parties du monde, et de ne se rapporter en général qu'à des circonstances naturelles, à la vérité, mais trop peu marquantes pour avoir de l'influence sur la géographie.

(1) Voyez les cartes de Sanson, de Delisle, d'Homann, etc.

Paris. — Typographie de Henri Plon, imprimeur de l'Empereur, 8, rue Garancière.

On pourrait fixer la frontière de l'Asie par la ligne qui termine l'isthme du Caucase au cours du Manytch et de la Kouma. On pourrait, avec quelque raison aussi, la fixer à la ligne qui, partant de l'extrémité méridionale de la chaîne de l'Oural, suivrait en ligne directe la rive droite de l'Oural jusqu'à la rive gauche du Volga, descendrait au sud avec ce fleuve, le traverserait au coude qu'il forme pour aller se jeter dans la mer Caspienne, passerait aux sources du Manytch, et longerait le Terek jusqu'à son embouchure. On placerait ainsi en Asie de vastes terrains qui entourent la mer Caspienne, et qui sont au niveau ou au-dessous même du niveau de l'Océan. Mais il est encore plus rationnel et plus conforme aux principes géographiques de choisir pour limite la ligne de partage des eaux : cette ligne est nécessairement la crête du Caucase. Ainsi, depuis cette chaîne, les côtes occidentales de la mer Caspienne nous marqueront la frontière de l'Europe jusqu'aux bouches de la grande rivière d'Iaïk, à laquelle Catherine II a donné le nom plus géographique d'Oural. Ce fleuve, en nous conduisant aux montagnes du même nom, complétera le système des limites naturelles que nous cherchons à déterminer.

Depuis le détroit de Vaïgatch, la mer Glaciale borne l'Asie. Cette partie du monde est parfaitement séparée de l'Amérique septentrionale par le *détroit de Behring*. A commencer par ce détroit, le grand Océan (ou l'océan Pacifique) forme la limite orientale de l'Asie. Les îles Aléoutiennes et celles qui en sont voisines doivent appartenir à l'Amérique, n'étant qu'un prolongement de la presqu'île d'Alaska.

Mais quelle frontière donner à l'Asie vers le sud-est? Faut-il suivre les anciens errements? Faut-il dire que les îles Marianes, les Philippines, les Moluques, Célèbes, Bornéo et Java, souvent désignées encore aujourd'hui sous le nom d'îles de l'archipel Indien, font partie de l'Asie, tandis que la Nouvelle-Guinée et la Nouvelle-Bretagne ne lui appartiennent pas? Il n'y a aucune limite naturelle dès qu'on entre dans cet immense archipel qui s'étend entre le grand Océan et l'océan Indien. Nous ne pouvons nous empêcher de voir dans le détroit de Malacca et dans le passage entre les Philippines et l'île Formose la frontière la plus naturelle de l'Asie. Toutes les îles à l'est de cette séparation, jusqu'à la Nouvelle-Zélande et aux îles de la Société, forment évidemment une cinquième partie du monde, de laquelle la Nouvelle-Hollande est le noyau principal. Un coup d'œil sur une carte moderne de la mer du Sud suffira pour convaincre tout homme instruit de la vérité de cette idée, et des avantages qui résulteront de son adoption pour la distribution méthodique des descriptions géographiques.

Au sud, l'océan Indien sépare l'Asie de l'Afrique, en sorte que les îles Maldives appartiennent à l'Asie; celles de France, de Bourbon et de Mahé, à l'Afrique, quoique dans le langage des commerçants et des navigateurs français on parle quelquefois de ces dernières îles comme si elles faisaient partie des Indes orientales. L'île de Socotora, qui incontestablement appartient à l'Afrique, est pourtant, dans beaucoup d'ouvrages, décrite comme étant en Asie.

SUPERFICIE ET DIMENSIONS DE L'ASIE. — Circonscrite dans les bornes que nous venons d'indiquer, l'Asie offre, avec ses îles, une surface qu'on peut évaluer à 46 millions de kilomètres carrés, c'est-à-dire plus de cinq fois la superficie de l'Europe (1). La plus grande longueur de cette partie du monde, prise obliquement depuis l'isthme de Suez jusqu'au détroit de Behring, est de 10,630 kilomètres. Prise sous le 30e parallèle, de Suez à Nanking, sa longueur n'est que de 9,600 kilomètres; sous le 40e parallèle, du détroit des Dardanelles à la Corée, elle est de 9,650 kilomètres, et sous le cercle polaire de 5,690 kilomètres. La largeur du nord au sud se mesure entre le cap Comorin dans l'Inde, et le cap Taïmoura en Sibérie, et s'élève à 6,820 kilomètres. Sa plus grande largeur depuis le cap Severo-Vostotchnoï jusqu'au cap Romania, à l'extrémité de la presqu'île de Malacca, est 8,120 kilomètres. Il résulte de ces dimensions que la principale masse du continent de l'Asie est située dans la zone tempérée septentrionale. Ce qui se trouve dans la zone torride nous paraît former un septième du total : un dix-septième seulement se trouve au delà du cercle polaire, mais d'autres circonstances physiques étendent presque sur la moitié de ce continent l'influence du froid polaire.

CHAINES DE MONTAGNES. — Pour nous former une idée exacte des températures si opposées qui règnent en Asie, commençons par décrire ses principales chaînes de montagnes, qui nous

(1) M. Balbi évalue la superficie de l'Asie à 41,537,000 kilomètres carrés. Les géographes allemands ne sont pas plus d'accord entre eux : M. de Humboldt lui donne 1346000 milles carrés géographiques allemands; Berghaus, 1569300; Hassel, 1454000; Ritter, 810000 (le mille carré géographique allemand vaut 56 kilomètres carrés 004). Les géographes anglais évaluent sa superficie à 17500000 milles anglais (le mille carré géographique anglais vaut 3 kilomètres carrés 437).

serviront ensuite à distinguer les *grandes régions physiques* dans lesquelles la nature elle-même a partagé cette partie du monde.

Les montagnes de l'Asie forment quatre grands groupes ou systèmes principaux dans l'Asie centrale : celui de l'*Altaï*, celui du *Thian-chan*, celui du *Kouen-loun* et celui de l'*Himalaya*; et quatre systèmes secondaires : le système de l'*Oural*, celui du *Caucase*, celui de l'*Arabie* et le système *indien*.

Le groupe de l'Altaï entoure les sources de l'Irtyche et du Ienisei : à l'est il prend le nom de Tangnou, celui de monts Sayaniens entre les lacs Kousoukoul et Baïkal; plus loin celui de Haut-Kentaï et de monts de Daourie; enfin au nord-est il se rattache au Iablonnoï-khrebet (chaîne des pommes) et aux monts Aldan, qui se prolongent le long de la mer d'Okhotsk.

Selon les géographes chinois, ainsi que le prouve la description de l'Altaï, traduite de la Grande géographie de la Chine par M. Klaproth, l'Altaï s'étend sur une longueur de 2,000 li, ou environ 1,154 kilomètres; plusieurs branches, dont quatre principales, s'en détachent. Ainsi l'on voit, par ce passage, que les Chinois comprennent aussi sous la dénomination d'Altaï un groupe de montagnes; car l'Altaï proprement dit occupe à peine un espace de 7 degrés de longitude de l'ouest à l'est, c'est-à-dire une longueur de 450 kilomètres. Il s'étend, dans sa largeur moyenne, entre le 50e degré de latitude et le 51e 30 minutes; mais en y comprenant les chaînes qui en dépendent, il occupe l'espace qui sépare le 48e et le 51e parallèle.

Le nom d'Altaï est turc; en mongol on le nomme Alta-iinoola, c'est-à-dire *mont d'or*; les anciens Chinois l'appellent Kin-chan, nom qui a la même signification. Il est probable que cette dénomination de *mont d'or* lui vient de l'abondance de ce métal, abondance qui était beaucoup plus grande jadis qu'aujourd'hui, à en juger par la quantité qu'on en trouve dans les anciens tombeaux que l'on remarque dans les vallées qui se dirigent vers l'Irtyche supérieur. On a regardé à tort ces montagnes comme formées de deux chaînes distinctes auxquelles les géographes européens ont donné arbitrairement les noms de Grand et de Petit-Altaï, distinction inconnue aux habitants des régions qu'occupent ces montagnes.

C'est dans la chaîne que les géographes nomment Grand-Altaï que se trouve, sous le 46e parallèle, une cime appelée en mongol sommet de l'Altaï (Alta-iin-niro) : est-elle, comme l'indique son nom, le point culminant du groupe? c'est ce que l'on ignore encore. Elle aurait alors au moins 3,650 mètres de hauteur, puisque le sommet, appelé Iyiktou (mont de Dieu), et en kalmouk Alastau (mont chauve), sur la rive gauche de la Tchouïa, paraît s'élever, suivant M. Bunge, à près de 3,600 mètres; la cime d'Italitzkoï a 3,400 mètres, et le Tagtau environ 3,200. Le Tangnou doit être aussi très-haut, puisqu'il est toujours couvert de neige. Ces montagnes paraissent d'autant plus élevées, que les plaines qui leur servent de base le sont peu; ainsi, celles qui s'étendent au sud du lac Dzaïsang, et au nord du lac Balkachi, ne sont pas à plus de 600 mètres au-dessus du niveau de l'Océan. Au nord du lac Dzaïsang elles n'ont que 500 mètres, et plus loin, sur les bords de l'Irtyche, 300 mètres; enfin, près de Barnaoul, sur la rive gauche de l'Obi, elles n'en ont pas 120.

Entre le 50e et le 59e parallèle, se prolonge de l'est à l'ouest, sur une étendue de 1,050 kilomètres environ, une chaîne qui va se terminer dans la steppe des Kirghiz, tandis que sur nos cartes on étend cette chaîne de l'Altaï sous les noms d'Aghidiu-tsano, Alghidin-chamo jusqu'aux montagnes de l'Oural. Ce qui a fait naître cette erreur dans le tracé d'un prolongement imaginaire qui s'étend à l'ouest, presque au double de la réalité, c'est qu'au milieu de collines de 100 à 200 mètres de hauteur s'élèvent brusquement, çà et là, à 300 ou 400 mètres au-dessus de la plaine, des sommets isolés qui trompent le voyageur peu accoutumé à mesurer les inégalités du terrain, et qui lui font croire à l'existence d'une chaîne importante.

Ce que cette chaîne altaïque offre de remarquable intéresse principalement la géognosie : elle a été soulevée à travers une fissure qui forme, suivant M. de Humboldt, la ligne de partage des eaux entre les affluents du Sara-sou au sud, dans la steppe, et ceux de l'Irtyche au nord.

A l'est de l'Irtyche, et non loin des bords de l'Obi, s'étendent plusieurs rameaux de l'Altaï. Celui que les Russes nomment *Kolyvan* est composé de stéaschiste, de schiste argileux, de calcaire, de quartz et de diorite : on y trouve aussi des grès houillers. Les stéaschistes, les schistes, le calcaire, le quartz et la diorite sont riches en filons d'argent et de plomb : les montagnes que forment ces roches n'atteignent pas plus de 900 mètres; leurs flancs sont couverts de dépôts diluviens aurifères. Deux autres rameaux, les monts Salaïr et les monts Khoksoun, composés à peu près des mêmes roches que les monts Kolyvan, renferment également des richesses métalliques : les premiers des sables aurifères, et les seconds des mines d'argent. M. de Humboldt porte à 70,000 marcs la quantité d'argent fin que fournissent les exploitations de l'Altaï, et à 1,900 marcs celle de l'or de lavage; mais il est probable que ces produits augmenteront par la découverte de nouveaux gisements, faite dans ces dernières années.

L'Altaï ne présente pas, comme les Alpes, des cimes déchirées ou dentelées, et des aiguilles ou des pyramides colossales; il se termine au contraire par de larges plateaux granitiques dont la roche se décompose, et couvre de gravier ses sommets et ses flancs. Près des sources de l'Irtyche, les ravins montrent des alternances de porphyre, de granit et de schiste. Vers Tcharysk et Tomsk le porphyre se présente en masses imposantes. Les terrasses inférieures de ces montagnes sont couvertes de dépôts de transport composés de cailloux roulés de granit, de gneiss et de porphyre, parmi lesquels on trouve des agates, des cornalines et des calcédoines. Dans les plaines, le dépôt d'alluvion renferme des bois siliciés.

Le *Tarbagataï*, ou mont des marmottes, ainsi appelé de la grande quantité de ces animaux qu'on y trouve, est une chaîne qui dépend de l'Altaï; elle borde à l'orient la steppe des Kirghiz, entre les lacs Dzaïsang et Balkhachi. Cette chaîne est fort élevée; elle forme presque un angle droit avec celle que les géographes nomment Grand-Altaï, dont un des sommets, le Kourtou-dabahn, c'est-à-dire le mont à monceaux de neige, va se joindre au Gourbi-dabahn, et donne naissance à l'Irtyche. C'est dans le bassin que forment ces deux chaînes avec celle du Thian-chan au sud, que l'on trouve des cavernes de sel ammoniac, des solfatares fumantes, et l'un de ces volcans dont l'incandescence attestée a, dans ces dernières années, été le sujet de plusieurs controverses entre des savants, dont quelques-uns, guidés par des idées systématiques, ne voulaient point admettre l'existence de montagnes ignivomes presque au centre de l'Asie, à 12 ou 1,500 kilomètres de la mer. Ce volcan est l'*Araltoubé*, montagne conique située au centre du lac Alakoul, et dont un grand nombre de témoignages et de traditions attestent l'ignition dans les temps historiques.

Le groupe du *Thian-chan*, nom chinois qui signifie *monts célestes*, porte aussi ceux de *Siue-chan* (mont neigeux) et de *Pé-chan* (mont blanc). Son nom turc *Tengri-tagh* signifie aussi *monts célestes*. Sa latitude moyenne est le 42ᵉ degré; son point culminant paraît être la masse de montagnes remarquable par ses trois cimes couvertes de neiges perpétuelles, et connue sous le nom de *Bokhda-oola* (montagne sainte), nom qui a fait donner par Pallas celui de *Bogdo* à toute la chaîne. Du Bokhda-oola et du Khatoun-bokhda (mont majestueux de la reine), le Thian-chan, dit M. de Humboldt, se dirige à l'est vers Bar-koul, où, au nord de Hami, il s'abaisse brusquement et s'aplanit au niveau du désert élevé nommé le Grand-Gobi ou Chamo. Si du Bokhda-oola on se dirige vers l'ouest, on trouve près du lac Balkach ou Balkachi la chaîne appelée Tarbagataï, qui se réunit à celle d'Ala-tau par une suite de collines. Le nom d'Ala-tau a été donné mal à propos par quelques géographes à toute la chaîne du Thian-chan.

Au sud de l'Ala-tau se dirige, du nord au sud, un dos de montagnes qui porte le nom de *Bolor* ou *Belour-tagh*, en oïgour *Boulyttagh*, nom qui, suivant M. Klaproth, signifie *mont des nuages*. C'est dans ces montagnes que le voyageur Marco-Polo a observé le premier un fait qui a été signalé depuis sur quelques montagnes très-élevées : c'est la difficulté d'y allumer et d'y entretenir du feu. Cette chaîne sépare la Petite-Boukharie de la Grande. Elle traverse le prolongement occidental du Thian-chan qui prend le nom du *Mouz-tagh*. Celui-ci, à l'ouest des monts Bolor, est appelé l'*Asferahtagh*, et se couvre de neiges perpétuelles. La chaîne du Bolor est si âpre et si impraticable, dit M. de Humboldt, qu'il ne s'y trouve que des cols qui, depuis les temps les plus anciens, ont été fréquentés par les armées et les caravanes : l'un, au sud, est entre Badakh-chan et Tchitral; l'autre, au nord, est à l'est d'Ouchi aux sources du Sihoun.

La chaîne du Bolor, en unissant le Thian-chan au *Kuen-lun* ou *Kouen-loun*, appelé aussi *Koulkoun*, forme avec ces deux chaînes un seul groupe. La partie la plus voisine du Bolor porte le nom de *Thsoung-ling*, c'est-à-dire *monts des oignons* ou *montagnes bleues*, car *Thsoung*, en chinois, signifie à la fois *oignon* et *bleu*; mais la signification d'oignon est la plus exacte, puisque l'oignon sauvage est très-commun dans ces montagnes; il y forme même des touffes sur lesquelles il est dangereux de marcher, surtout dans les chemins escarpés, parce qu'elles rendent le pied glissant et font tomber les voyageurs et les bêtes de somme. Ces montagnes sont remplies de glaciers et couvertes de neiges profondes. Les routes qui les traversent sont roides et difficiles. Le Thsoung-ling est riche en rubis, en lapis-lazuli et en turquoises.

L'*Hindou-koh* paraît être la continuation occidentale du Thsoung-ling ou du Kouen-loun : c'est une chaîne considérable qui part du mont Bolor et se continue de l'est à l'ouest jusqu'au delà de Téhéran, au sud de la mer Caspienne.

Du Thsoung-ling, le Kouen-loun se dirige de l'ouest à l'est, sous le nom d'*Oncouta*, au delà des sources du Houang-ho ou fleuve Jaune, et pénètre avec ses cimes neigeuses dans la Chine proprement dite. Au nord, et presque sous le méridien de ces sources, se trouve le *Khoukhou-noor* ou *lac Bleu*, qui a plus de 100 kilomètres de longueur et 300 de circonférence : il donne son

nom au pays au milieu duquel il est situé, et aux montagnes qui le bordent au nord, et qui vont s'appuyer sur la chaîne neigeuse des *Nan-chan*, *Ki-lian-chan* et *Ala-chan-oola*, en chinois *Holan*, qui s'élèvent au nord du Houang-ho. Entre ces chaînes et celles du Thian-chan, les montagnes du Tangout bornent au nord le haut désert de Gobi.

Au sud de la chaîne du Bolor s'étend celle de l'*Himalaya*, qui se dirige généralement du nord-ouest au sud-est. Mais bien qu'il ne soit pas parallèle au Kouen-loun, il s'en rapproche tellement sous le 70ᵉ degré de longitude, qu'il semble ne former qu'une seule masse avec l'Hindou-koh et le Thsoung-ling. Le sommet le plus remarquable de l'Himalaya est le mont *Everest* (1), que l'on a reconnu en 1856 être élevé de 8,837 mètres; après lui viendraient : le *Kunchinjinga*, qui a 8,588 mètres, le *Dhavala-dgiri*, qui en a 8,187, et le *Tchamoulari*, qui en a 7,480. On distingue ce dernier des plaines du Bengale à plus de 350 kilomètres de distance. Le nom de Dhavala-dgiri signifie *mont blanc*; il est composé des deux mots sanscrits *dhavala*, blanc, et *dgiri*, montagne. Tout le monde sait aujourd'hui que les cimes de l'Himalaya sont les plus hautes du globe; mais la température de certaines localités y indique de profondes dépressions du sol. Ainsi la douceur des hivers et la culture de la vigne dans les jardins de H'lassa annoncent l'existence de vallées profondes et d'affaissements circulaires. Du mont *Kailas*, en tibétain *Gang-disri* (mont couleur de neige), le mont *Kentaisse* des cartes de d'Anville, partent la chaîne de *Kara-koroum-padicha*, qui se dirige au nord-ouest, les chaînes neigeuses de *Hor* ou *Khor*, et de *Zzang* ou *Dzang*. Le Hor se rattache au Kouen-loun, en passant près du *Tengri-noor* (lac du ciel), plus considérable encore que le Khoukhou-noor. Le Dzang, plus méridional, borde la longue et profonde vallée dans laquelle coule le *Dzang-bo* ou *Tsampou*, fleuve qui, selon M. Klaproth, est identique avec l'Iraouaddy.

Au sud du mont Kailas, à l'est du Djavahir et à la naissance de la chaîne du Dzang, on remarque deux lacs situés à peu de distance l'un de l'autre. Le plus méridional, appelé *Manassarovar* ou *Mapham-dalaï*, long de 20 kilomètres et large de 15, est aux yeux des Hindous le lieu de pèlerinage le plus sacré; les Tibétains y viennent de très-loin pour y jeter une partie des cendres de leurs amis. On recueille sur ses bords le meilleur borax du Tibet; ses environs sont riches en lapis et en dépôts diluviens aurifères très-riches, que le gouvernement tibétain ne laisse point exploiter. Ses eaux limpides s'écoulent dans l'autre lac, au pied du Kailas. Celui-ci, nommé *Ravana-hrada* ou *Lanka*, est plus considérable; il a 32 kilomètres de longueur sur 12 de largeur, mais il n'offre rien de remarquable.

Entre les méridiens de Gorkha et de H'lassa, la chaîne de l'Himalaya envoie au nord, vers la rive droite du Dzang-bo, plusieurs rameaux couverts de neiges perpétuelles, dont le plus haut est le *Yarla-chamboï-gangri*, c'est-à-dire, en tibétain, *la montagne neigeuse dans le pays du dieu existant par lui-même*. Cette cime est à l'est du lac *Yamrouk-youmdzo*, ou plus correctement *Yar-brokyoumthso*, que nos cartes nomment *Palté*, probablement du nom d'une ville située au nord, que les Tibétains nomment *Bhaldi*; ce lac ressemble à un anneau, parce qu'une île en occupe le centre et presque toute l'étendue.

La chaîne de l'Himalaya est composée de granit, de gneiss, de micaschiste avec disthène, et d'amphibolites connues sous les noms de diorite et de *grunstein primitif*. Lorsqu'on examine la constitution géognostique de cette importante chaîne, entre les méridiens du lac Manassarovar et le glacier des sources du Gange, on est frappé, dit M. de Humboldt, de la ressemblance parfaite qu'elle offre avec celle des Alpes dans les environs du Saint-Gothard (2).

Le système himalayen s'étend jusqu'aux extrémités orientales de l'Asie, au sud-est comme au nord-est. C'est une de ses chaînes qui va former la presqu'île de Malacca, tandis qu'une autre se termine au bord du May-kang ou May-kaoung, sous le nom de *Kimoys*. A l'est, une autre chaîne aux sommets neigeux traverse la Chine et donne naissance à l'île de Formose. C'est probablement un prolongement semblable appartenant au Thian-chan qui va former la presqu'île de Corée et les îles du Japon.

Cet immense système présente des volcans dans quelques points et des roches volcaniques à l'ouest comme à l'est, au nord comme

---

(1) Il est à remarquer que ces hautes montagnes ne sont pas sur la chaîne même, mais que, comme les points culminants des Pyrénées, elles sont sur des chaînes latérales à la chaîne principale. La position astronomique du mont *Everest* est en moyenne de 27 degrés 59 minutes 16 secondes de latitude septentrionale, et à 83 degrés 38 minutes 5 secondes de longitude orientale du méridien de Paris.

(2) Nous connaîtrons mieux la géologie de ces montagnes lorsque les frères Hermann, Adolphe et Robert Schlagintweit auront publié le résultat de leurs intéressantes explorations dans ce pays (1857).

au sud. Nous avons vu que le volcan d'*Araltoubé* appartient au groupe de l'Altaï; le *Pé-chan* ou *mont blanc*, appelé aussi *Ho-chan* et *Aghie*, c'est-à-dire *montagne de feu*, dépend de la chaîne du Thian-chan. On le nomme aujourd'hui *Khalar;* mais son nom turc est *Echik-bach*, ou *tête de chamois*. Des relations qui ne sont pas très-anciennes, entre autres celles des missionnaires, nous montrent ce volcan vomissant sans interruption du feu et de la fumée. Au sud de cette montagne, les flancs du Thian-chan sont remplis de cavernes et de crevasses d'où l'on tire une grande quantité de sel ammoniac. Suivant une description de l'Asie centrale, publiée à Péking en 1777, ces ouvertures sont remplies de feu au printemps, en été et en automne, de sorte que pendant la nuit la montagne paraît comme illuminée par des milliers de lampes. Alors personne ne peut s'en approcher. Ce n'est qu'en hiver, lorsque la grande quantité de neige amortit le feu, que les indigènes travaillent à ramasser le sel ammoniac. Ce sel se trouve dans les cavernes sous forme de stalactites. A l'ouest et à 45 milles du Pé-chan, entre la chaîne du Thian-chan et celle de l'Ala-tau, le lac appelé en kalmouk *Temourtou*, c'est-à-dire *le ferrugineux*, en kirghiz *Touz-koul*, en chinois *Yan-hai* ou *le lac salé*, et en turc *Issi-koul* ou *le lac chaud*, a 70 à 80 kilomètres de longueur sur 23 à 30 de largeur. Au sud de la chaîne du Thian-chan se trouve le volcan de *Tour-fan*, appelé aussi *Ho-tchou*, du nom d'une ville jadis située auprès et aujourd'hui détruite.

Depuis que M. de Humboldt a fait remarquer qu'il n'existe aucune chaîne servant de liaison entre l'Altaï et l'Oural, cette chaîne doit être considérée comme formant un système particulier. Ce système se compose des monts Ourals proprement dits, qui se distinguent du nord au sud en *mont Poyas*, *Oural verkhotourien*, *Oural d'Iekaterinbourg* et *Oural bachkirien*. Les rameaux qui s'en détachent sont peu élevés et portent les noms de monts *Obtchei-syrt*, *Ilmen*, *Gouberlinsk*, en Europe, et ceux de *Monghodjar* et d'*Oust-ourt*, en Asie. Les récents travaux entrepris sous les auspices de la Société impériale géographique russe ont répandu une grande clarté sur la constitution géognostique de ce système.

On a considérablement exagéré la hauteur des cimes des monts Ourals. Non-seulement la chaîne entière est peu élevée au-dessus du niveau de la mer, mais elle le paraît encore moins qu'elle ne l'est réellement. Cette illusion est l'effet de la grande largeur de la chaîne, qui couvre partout un espace de plus de 200 kilomètres. On n'y trouve point les précipices, les cascades, les torrents, les grands traits qui caractérisent les montagnes très-élevées. On peut ajouter que des opérations de nivellement ont réduit à 1,123 mètres la hauteur de 2,075 mètres que l'on avait l'habitude d'accorder au *Pavdinskoï-kamen*. Cependant les recherches géologiques faites dans la partie méridionale des monts Ourals, prouvent que la chaîne occidentale qui est la plus élevée atteint 1,137 à 1,299 mètres.

Cette partie des monts Ourals est composée de trois chaînes parallèles dirigées du nord-est au sud-ouest, et séparées par deux vallées dont la plus large est celle de l'Oural ou de l'Iaïk. La chaîne occidentale est composée de granit, de gneiss, de micaschiste et d'une roche essentiellement siliceuse appelée quartzite. La *Belaïa*, rivière de 800 à 900 kilomètres de cours, la traverse pour aller se jeter dans la Kama; il en est de même de l'*Oufa*, qui parcourt un espace d'environ 550 kilomètres et qui est le principal affluent de la Belaïa. L'*Oui*, rivière de 300 kilomètres, et plusieurs autres moins considérables traversent les monts Ilmen. L'*Iaïk* ou l'*Oural* est un fleuve dont le cours tortueux a plus de 2,800 kilomètres de longueur. Dans sa partie supérieure, ses bords sont hérissés de rochers escarpés et très-hauts, formés de serpentines et de diorites aurifères; mais en s'approchant de la mer Caspienne ils deviennent plats, et ses eaux serpentent à travers des steppes arides et couvertes d'efflorescences salines. C'est par plusieurs bras, dont trois principaux, qu'il se jette dans la mer. Aux approches de l'hiver, ce fleuve devient extrêmement poissonneux. On croit que l'Oural est le *Rhymnus* des anciens.

Dans la chaîne orientale dominent des granits riches en beaux minerais de fer et de cuivre. Les monts Ilmen, composés principalement de granits-gneiss au milieu desquels se trouvent des syénites, des pegmatites, des quartzites et des calcaires grenus, renferment de très-gros zircons et corindons; quelques-uns de ceux-ci en prismes hexaèdres ont jusqu'à 8 centimètres de diamètre. Sur les bords de la Belaïa, entre la chaîne occidentale et moyenne, et sur le côté oriental des monts *Irendik*, on remarque l'association des roches de talcschiste, diorite et serpentine. Ces dernières roches, dans plusieurs localités, renferment des dépôts de cuivre et d'or; c'est à leur décomposition et à celle du schiste siliceux que sont dues les alluvions qui fournissent par le lavage la plupart de l'or que l'on tire de cette contrée. Elles sont ordinairement situées dans des vallons entourés de sommités de diorite, roche qui passe à la serpentine. Quelques montagnes que nous n'avons point encore nommées, telles que celles de *Ouachkorsk*, sont granitiques; celles de *Tachkou-targansk* et celles de *Maldakavsk* sont composées de diorites, de schistes talqueux et de granits à grain fin.

Les mines de fer sont extrêmement abondantes dans les monts

Ourals : une seule localité suffira pour en donner une idée. La montagne de Blagodat, située dans la chaîne orientale, sur le versant asiatique, est une butte conique d'environ 240 mètres de hauteur au-dessus de la petite rivière de la *Kouchva*. Sa forme arrondie, son sommet conique et son isolement la rendaient remarquable avant que l'on eût commencé l'exploitation des mines qu'elle recélait, et les travaux que l'on y a faits lui donnent une forme encore plus pittoresque. Près de la moitié du cône a conservé ses arbres et sa verdure; une partie de l'autre moitié est dépouillée de la forêt qui la couvrait, et sillonnée de chemins pour les diverses exploitations; le reste de la montagne, depuis le pied jusqu'au sommet, est taillé en gradins d'une hauteur prodigieuse, et disparaîtra peu à peu sous les marteaux des mineurs. Mais des siècles s'écouleront avant que l'on soit dans le cas d'attaquer les parties de la montagne qui sont encore intactes. Cependant, comme les forges de la Kouchva, de la Toura et plusieurs autres tirent de Blagodat le minerai qu'elles travaillent, la quantité de fer que cette montagne fournit chaque jour s'élève à plus de 1,000 quintaux, et à peu près le double de minerai. La masse métallique, dont la montagne est presque entièrement formée, s'enfonce au-dessous du niveau de la rivière à une profondeur que la sonde n'a pas pu mesurer; lorsqu'en suivant le mode actuel d'exploitation, la montagne sera totalement rasée, loin que la mine soit épuisée, elle n'aura pas même donné la moitié du métal qu'elle contient.

A l'est des monts Monghodjar commence une région remarquable en ce qu'elle est dépourvue de montagnes et de collines, et qu'elle est couverte de petits lacs jusque sur les bords de l'Irtyche, c'est-à-dire jusqu'à la naissance de l'Altaï. Cette région comprend deux groupes principaux de ces lacs : celui du *Balck-koul* et celui du *Koum-koul* au sud du précédent; elle indique, d'après M. de Gens, une ancienne communication d'une masse d'eau avec le lac *Aksakal*, encore plus au sud, et dans lequel se jette le *Tourgaï* et le *Kamichloï-irghiz*, rivières peu importantes, ainsi qu'avec le grand lac Aral. C'est comme un sillon que l'on peut suivre au nord-est au delà d'Omsk entre l'*Ichim* et l'Irtyche à travers la steppe de Baraba, où les lacs sont si nombreux, puis au nord au delà de l'Ob à Sourgout, à travers le pays des Ostiaks de Berezof jusqu'aux côtes marécageuses de la mer Glaciale. Les anciennes traditions que les Chinois conservent d'un grand lac amer dans l'intérieur de la Sibérie, lac que traversait le cours du Ienisei, se rapportent peut-être au reste de cet antique épanchement du lac Aral et de la mer Caspienne au nord-est. Le dessèchement de la steppe de Baraba, que j'ai vue en allant de Tobolsk à Barnaoul, augmente constamment par la culture; et l'opinion que M. Klaproth a énoncée relativement à la *mer amère* des Chinois est de plus en plus confirmée par les observations géognostiques faites sur les lieux. Comme s'ils eussent été assez heureux pour deviner l'ancien état de la surface de notre globe lorsque les cours d'eau et l'évaporation ne présentaient pas les mêmes phénomènes qu'aujourd'hui, les Chinois nomment la plaine salée qui entoure l'oasis de Hami, au sud du Thian-chan, la *mer desséchée* (Han-haï).

Le *système caucasique* se compose de deux groupes distincts : celui du Caucase au nord, et celui du Taurus au sud. Le premier s'étend depuis la mer Caspienne jusqu'à la mer Noire; il est formé d'une chaîne dirigée du sud-est au nord-ouest. Un de ses rameaux au sud va se rattacher au second groupe, composé des monts *Taurus* qui se dirigent vers l'ouest, et des monts *Elvend* qui prennent la direction du sud-est. On peut y rattacher aussi le groupe du *Liban*, bien qu'il en soit séparé par la vallée qu'arrose l'Oronte. Si le versant européen ou septentrional du Caucase ne présente que des vallées étroites arrosées par de nombreux cours d'eau, il n'en est pas de même du versant asiatique ou méridional : sur celui-ci le bassin du *Kour*, dirigé de l'ouest à l'est vers la mer Noire, n'a pas moins de 6 à 800 kilomètres de longueur. A l'opposé se trouve celui du *Rioni*, dont les eaux se déchargent dans la mer Noire, et qui a environ 220 kilomètres de longueur.

Le massif du Caucase se divise dans toute sa longueur en plusieurs bandes parallèles : la plus haute, celle du milieu, dont les cimes sont couvertes de neiges éternelles, est granitique; les deux autres sont composées de schiste argileux auquel sont subordonnées des masses de porphyre dont la structure est basaltique. Aux bandes schisteuses succèdent des bandes calcaires dans lesquelles on remarque des filons métalliques.

Le *système arabique*, entièrement séparé du précédent, comprend les différents groupes qui s'élèvent au milieu des déserts sablonneux de l'Arabie. Ces groupes sont au nombre de trois : 1° celui du mont *Sinaï*, le moins important par son étendue, mais le plus considérable par son élévation; 2° celui de *Tehama*, dont la principale branche s'étend généralement du nord au sud, et qui projette vers le nord-est plusieurs rameaux; 3° celui d'*Oman*, qui borde le littoral du golfe d'Oman et du golfe Persique. Le second groupe passe pour être généralement granitique.

Le *système indien* est séparé de l'himalayen par le cours du Gange. Ses principaux groupes sont les monts *Nilgherry*, les *Ghattes occidentales*, les *Ghattes orientales* et les monts *Vindhia*. On peut regarder comme appartenant à ce système les montagnes de l'île de Ceylan.

Tableau des points culminants des montagnes de l'Asie.

SYSTÈME HIMALAYEN.

		Mètres.
Groupe de l'Altaï	L'*Alta-iin-niro*	3,573?
	L'*Iyik-tou* ou *Alastau*	3,508
	L'*Italitzkoï*	3,270
	Le *Tugtau*	3,085
Groupe du Thian-chan	Le *Bokhda-oola*	5,800?
	Le volcan appelé *Pé-chan*	4,200?
	Point culminant des monts *Bolor*	5,700?
Groupe de l'Himalaya	Le mont *Everest*	8,837
	Le *Tchamoulari*	8,575?
	Le *Dhavaladgiri*	8,555
	Le *Djavahir*	7,845
	Pic connu sous la dénomination du 14^e	7,821
	Idem du 12^e	7,088
	Idem du 3^e	6,959
	Idem du 23^e	6,925

SYSTÈME OURALIEN.

	Le *Krar-kouch*	1,607
	Le *Pardinskoï-kamen*	1,123

SYSTÈME CAUCASIQUE.

Groupe du Taurus	Le *Sogout-tagh*	4,675?
	Le *Taghtalou*	1,975
Groupe de l'Anti-Taurus	Le mont *Ardjs*	4,872?
Groupe du Liban	Le *Liban*	3,313
Groupe des monts Elvend.	L'*Ararat* (1)	5,262
Groupe du Caucase	L'*Elbrouz*	5,646
	Le *Mquinvari* ou *Kazbek*	4,677

SYSTÈME ARABIQUE.

	Points culminants	1,900 à 2,600

SYSTÈME INDIEN.

Groupe des Ghattes occidentales	Point culminant des Ghattes occidentales	2,900?
	Le *Taddiandamalla*	1,730
	Le *Mourchourti-bet*, point culminant des monts *Nilgherries*	2,680?
Groupe des Ghattes orientales	Point culminant des Ghattes orientales	975

RÉGIONS PHYSIQUES DE L'ASIE. — Pour nous former une idée exacte des températures si opposées qui régnent en Asie, commençons par distinguer les cinq grandes régions physiques entre lesquelles la nature a partagé cette partie du monde.

La région centrale est un assemblage de plateaux et de plaines compris principalement entre les monts Bolor à l'ouest, le Thian-chan et l'Altaï au nord, les monts Himalaya au sud et l'Ala-chan à l'est. On y remarque, à l'occident, le plateau de la *Petite Boukharie*, au sud celui du *Tibet occidental* et celui du *Tibet oriental*, à l'est celui de la *Mongolie*, et au nord celui de *Bichbalik* et celui de la *Dsoungarie*. On peut y comprendre aussi le vaste désert de *Gobi* ou de *Chamo*, dans lequel on ne voit que des lacs salés, de petites rivières qui se perdent dans des sables, et, pour rappeler le souvenir de la végétation, quelques pâturages ou quelques buissons chétifs. Dans toute cette région, située entre le 28e et le 50e parallèle, l'hiver est très-long et l'été fort court : cette saison y développe une chaleur insupportable, augmentée encore par la répercussion des sables dans les déserts.

Deux grandes régions s'appuient, l'une au sud, l'autre au nord, à la précédente. Semblable à un magnifique parterre de fleurs sur lequel l'art du jardinier a concentré les rayons du soleil, la région méridionale ou l'*Inde*, garantie des vents glacés du nord par les montagnes du Tibet, s'incline fortement vers les tropiques et l'équateur. Arrosé par de nombreux et larges fleuves, son riche sol reçoit toujours les feux du soleil, et s'imprègne des exhalaisons d'une mer que l'hiver n'enchaîne jamais.

Quel contraste entre ces contrées fertiles et les tristes solitudes de la région septentrionale, de cette vaste Sibérie qui, tout entière penchée vers le pôle et vers la mer Glaciale, n'aspire jamais la douce haleine des vents du tropique, et dont l'atmosphère ne reçoit des mers voisines que des particules chargées du froid polaire !

La nature a donné à chacune de ces régions un caractère physique que l'industrie humaine ne réussira jamais à changer, ni même à modifier d'une manière sensible. Tant que durera l'équilibre actuel du globe, les glaces s'amoncelleront dans les embouchures de l'Obi et de la Léna ; les vents siffleront dans les déserts de Chamo, et le Tibet ne verra point les neiges de ses Alpes disparaître devant les rayons du soleil qui, à si peu de distance, brûle les régions du tropique. Ainsi, le Tatar est appelé à la vie agricole et pastorale, comme le Sibérien à la chasse. L'Inde, en apparence plus heureuse, doit en grande partie à son climat cette mollesse, cette indolence qui appelle les brigands étrangers et la tyrannie domestique.

Il nous reste encore à considérer deux grandes régions, l'orientale et l'occidentale. La première, qui se confond insensiblement avec la région centrale, présente trois parties distinctes. Une large chaîne de montagnes, couvertes en partie de neiges éternelles, s'étend du plateau de Mongolie jusqu'en Corée. Au nord de ces montagnes, l'Amour se tourne d'abord vers le sud-est, mais bientôt vers le nord-est. Cette dernière exposition est la plus froide possible dans la zone tempérée boréale ; d'ailleurs le sol paraît y être très-élevé. Ces contrées, désignées communément sous le nom de *Tatarie chinoise*, ressemblent à l'Asie septentrionale, quoiqu'elles soient situées sous les latitudes de la France. La masse du froid qui, pour ainsi dire, couve sur la Tatarie, et d'un autre côté la température constante du grand Océan, jointe à une exposition directement orientale, donnent à la Chine propre un climat moins chaud que celui de l'Asie méridionale ; ce vaste pays, quoiqu'il dépasse un peu le tropique et ne s'élève guère au delà du 40e degré de latitude boréale, renferme tous les climats européens.

La troisième partie de la région orientale de l'Asie est formée par cette prodigieuse chaîne d'îles et presqu'îles volcaniques qui s'élèvent à peu de distance du continent, et représentent comme une immense haie contre laquelle la fureur de l'Océan vient se briser. Voisine d'un côté des régions du tropique, de l'autre du froid plateau de l'Asie centrale, et environnée d'un élément tumultueux et inconstant, cette région maritime, inséparable du continent asiatique, présente nécessairement d'innombrables variations de température.

La cinquième grande région de l'Asie se détache plus qu'aucune des autres de la masse du continent. La mer Caspienne, le Pont-Euxin, la Méditerranée et les golfes Persique et Arabique donnent à l'*Asie occidentale* quelques ressemblances avec une grande péninsule. On pourrait, avec quelque vérité, dire que cette région est aussi opposée à la région orientale que celle du midi l'est à celle du nord. L'Asie orientale est en général humide, l'Asie occidentale est sèche et même en quelques endroits aride ; l'une a le ciel orageux et souvent nébuleux, l'autre jouit de vents constants et d'une grande sérénité d'atmosphère ; l'une a des chaînes de montagnes escarpées que séparent des plaines marécageuses, l'autre est composée de plateaux en grande partie sablonneux et peu inférieurs en élévation aux chaînes de montagnes qui les parcourent, et de plaines basses dont nous parlerons bientôt. Dans l'Asie orientale, on voit les fleuves de long cours se suivre de très-près, tandis que dans l'Asie occidentale il n'y en a que deux ou trois d'un volume considérable, mais, en revanche, beaucoup de lacs sans écoulement. Enfin, la proximité de l'immense foyer de chaleur que renferme l'Afrique donne à une grande partie de l'Asie occidentale une température bien plus chaude que celle dont jouit même l'Asie méridionale.

C'est ici que nous devons faire remarquer que tout l'espace compris entre les monts *Ala-tau*, *Tchingistan* et *Moughodjar*, jusqu'aux bords de la mer Caspienne et jusqu'au dernier coude que forme le Djihoun où l'Amour avant de se jeter dans le lac Aral, c'est-à-dire toute la contrée qu'on a toujours appelée jusqu'à présent *plateau de la Tatarie*, loin de pouvoir être considéré comme un plateau, forme au contraire une vaste dépression dans laquelle le niveau de la mer Caspienne et celui du lac Aral sont les parties les plus basses : de telle sorte que les eaux de la mer Caspienne sont à 30 mètres au-dessous du niveau de l'Océan, et celles du lac Aral à 64 mètres. Mais cette dépression ne cesse point au bord oriental de la mer Caspienne, elle se continue en Europe : Astrakhan est à 100 mètres au-dessous des eaux de l'Océan ; les bords de ce vaste bassin se relèvent insensiblement, d'un côté en suivant les rives du Terek, du Manytch, de la Sarpa et du Volga, jusqu'aux confins du lac Aral ; jusqu'aux sources du Terek, du Manytch, de la Sarpa et du Volga, jusqu'aux collines qui s'étendent depuis la rive gauche de ce fleuve jusqu'à Orenbourg ; de sorte que cette ligne est exactement au niveau de l'Océan, tandis que tout le terrain qui s'étend à l'est de cette ligne s'incline vers la mer Caspienne.

---

(1) Vers la fin de juillet 1840, un terrible tremblement de terre a renversé une partie du mont Ararat ; les débris de cet éboulement, entraînés par les eaux sorties du sein de la montagne, ont enseveli des villages sur une étendue de 8 kilomètres. Le colonel Abich a, dans un voyage remarquable, exploré cette montagne ; il en a donné un dessin remarquable au Bulletin de la Société de géographie de l'année 1851, publié alors par les soins de M. de la Roquette, secrétaire général de cette savante compagnie.

« La formation de ce creux, de cette grande concavité de la surface, dans le nord-ouest de l'Asie, me paraît, dit M. de Humboldt, être en rapport intime avec le soulèvement des montagnes du Caucase, de l'Hindou-koh et du plateau de la Perse qui bordent la mer Caspienne et le Maveralnahar au sud, peut-être aussi plus à l'est, avec le soulèvement du grand massif que l'on désigne par le nom bien vague et bien incorrect de Plateau de l'Asie centrale. Cette concavité de l'ancien monde est un *pays-cratère*, comme le sont sur la surface lunaire *Hipparque*, *Archimède* et *Ptolémée*, qui ont plus de 125 kilomètres de diamètre, et qu'on peut plutôt comparer à la Bohême qu'à nos cônes et cratères des volcans. »

M. de Humboldt pense que ce grand affaissement de l'Asie occidentale continuait autrefois jusqu'à l'embouchure de l'Obi et à la mer Glaciale par une vallée qui traversait le désert de Kara-koum et les nombreux groupes d'oasis des steppes des Kirghiz et de Baraba. Son origine lui paraît plus ancienne que celle des monts Ourals. Une chaîne dont la hauteur est si peu considérable, dit-il, n'aurait-elle pas entièrement disparu, si la grande fissure de l'Oural ne s'était pas formée postérieurement à cet affaissement? Par conséquent, ajoute-t-il, l'époque de l'affaissement de l'Asie occidentale coïncide plutôt avec celle de l'exhaussement du plateau d'Iran, du plateau de l'Asie centrale, de l'Himalaya, du Kouen-loun, du Thian-chan et de tous les groupes de montagnes dirigés de l'est à l'ouest; peut-être aussi avec celle de l'exhaussement du Caucase et du nœud de montagnes de l'Arménie et d'Erzeroum. Enfin aucune partie du monde, sans même en excepter l'Afrique méridionale, n'offre une masse de terre aussi étendue et soulevée à une si grande hauteur que l'Asie intérieure.

VERSANTS ET RIVIÈRES DE L'ASIE. — Pour donner plus de précision à ces esquisses générales des régions physiques de l'Asie, il est utile de classer les rivières de ce continent d'après leurs versants respectifs : c'est ce que nous avons fait dans le tableau suivant, dans lequel on indique aussi la longueur approximative du cours de chaque fleuve et de leurs principaux affluents (1).

I. Versant de l'océan Glacial arctique.

Pente septentrionale du plateau de la Mongolie.

	Longueur en myriamètres
L'Ob ou l'Obi	3,47
L'Irtyche	2,10
Le *Tobol*	80
Le Iénisëi	3,40
La Tounguouska supérieure ou Angra	1,32
La Tounguouska moyenne	90
La Tounguouska inférieure	1,37
Le Piasina	41
La Khatanga	48
L'Olének	75
La Léna	3,34
Le Viliouï	1,00
Le Vitim	1,25
L'Aldan	1,25
L'Olekma	1,150
La Iana	49
L'Indighirka	1,08
La Kolyma	1,20

Ces nombres ne sont pour la plupart que des approximations?

II. Versant du grand Océan.

1° Pentes orientales de la Sibérie et du plateau de la Mongolie. (Versant secondaire de la mer d'Okhostk et de la mer du Japon.)

L'Anadyr	70
Le Kamtchatka	40
L'Amour ou Sakhalian-oula	2,94
Le Soungari	1,00
La Chilka	40

2° Pente orientale du plateau du Tibet. (Versant secondaire de la mer Jaune et de la mer de la Chine.)

Le Hoang-ho (le fleuve Jaune)	3,20
Le Yang-tseu-kiang (le fleuve Bleu)	3,68
Id. en remontant jusqu'à la source du Kin-cha-kiang	4,66
Le Kin-cha-kiang	1,71
Le *Yaloung-kiang*	1,11
Le Han-kiang	1,20
Le Ta-kiang, qui prend à Canton le nom de fleuve Tchou-kiang	93

3° Pentes méridionales du Tibet. (Versant secondaire du golfe de Siam.)

Le May-kang ou *Cambodge*	3,00
Le Méi-nam	2,50

III. Versant de l'océan Indien.

Le Salouen	1,60
L'Iraouaddy	2,90
Le Brahmapoutre	2,00
Le Gange	2,50
Le Mehenedy	1,15
Le Godavery	90
Le Vourda	45
Le Mandjera	62
Le Kisnah ou Krichna	8
Le Nerbedah	81
L'Indus ou *Sind*	1,95
L'Euphrate (jusqu'au golfe)	1,85
Le *Tigre*	1,00

IV. Versant de la Méditerranée et l'Archipel.

L'Oronte	28
Le Buiuk-Méiender	40

Bassin de la mer Noire.

Le Sakaria (*Sangarius*)	40
Le Kizil-irmak (*Halys*)	34
Le Rioni ou Phasis	21

V. Bassins de l'intérieur de l'Asie.

Bassin du lac Aral.

Le Syr ou Sihoun	1,10
L'Amour ou Djihoun	1,43

Dans la Petite Boukharie, entre les monts Bolor, Thian-chan et Koulkoum.

Le Yarkand	1,00

Bassin du lac Baïkal.

Le Selinga	76

Pentes de l'Asie occidentale ou du Caucase, de l'Ararat, du Taurus, etc.

Bassin de la mer Caspienne.

Le Kour ou Mkvari	46
L'*Aras*	42

CONSIDÉRATIONS SUR LA RÉPARTITION DES EAUX EN ASIE. — En faisant entrer dans le compte toutes les rivières marquées sur les cartes d'Asie, nous avons estimé ainsi qu'il suit la proportion des volumes, ou, pour parler plus exactement, des superficies des eaux courantes de cette partie du monde.

		Myriamètres.
Le total pris pour unité		1,00
Les fleuves de Sibérie	coulant vers le nord	0,31
	— vers l'est	0,02
Les fleuves de la Chine et de la Tatarie chinoise		0,15
—	de toute l'Inde	0,27
—	du centre de l'Asie	0,08
—	de la Turquie d'Asie	0,10
—	de la Perse (avec l'Arménie)	0,06
—	de l'Arabie	0,03

Pour conclure de ces données si un tel pays est plus sec qu'un autre, il faut avoir égard aux surfaces respectives. L'Arabie, par exemple, est certainement beaucoup plus sèche que la Perse ou la Turquie; mais l'Inde et la Chine ne sont pas moins abondamment arrosées que la Sibérie; c'est la moindre étendue des surfaces qui cause la différence entre le volume des eaux.

LACS DE L'ASIE. — Le continent de l'Asie étant une masse de terre très-considérable et peu entrecoupée de mers, doit naturellement contenir dans son intérieur de grands amas d'eau. Elle entoure même en grande partie le plus grand lac connu; nous voulons parler de la mer Caspienne. En général, les lacs de l'Asie se distinguent par leurs eaux salées, saumâtres ou sulfureuses; il y en a aussi beaucoup qui n'ont point d'écoulement. Déjà l'Asie Mineure nous offre à cet égard un échantillon du grand continent dont elle fait partie. L'intérieur de l'Anatolie et de la Caramanie renferme une suite de lacs salés et sans écoulement; celui de *Tazla* ou *Touzla*, appelé aussi *Salato*, est d'une longueur très-considérable : il a 60 kilomètres de longueur sur 10 de largeur. En remontant vers les parties les plus

(1) Les fleuves sont en majuscules; leurs affluents sur une ligne plus rentrée; les affluents de ceux-ci en *italiques*; les rivières sur le même alignement que les fleuves.

élevées de l'Asie occidentale, nous voyons les lacs de l'an et d'*Ourmiah*, dont les eaux salées ou saumâtres s'étendent sur un vaste espace; ils ont environ 250 kilomètres de circuit. Dans la Syrie, plusieurs lacs de cette nature se succèdent le long de la chaîne du Liban et de l'Anti-Liban; l'un des plus célèbres phénomènes de ce genre, c'est le lac *Asphaltite*, ou la mer Morte, dans la Palestine, qui a les eaux bitumineuses, et qui recouvre une étendue de 1,200 à 1,500 kilomètres carrés.

L'*Arabie* entière n'a d'autres lacs que ceux formés par le confluent des eaux de pluie ou de sources, qui se perdent ou s'imbibent dans le sable; mais toutes ces eaux ont très-peu d'étendue. Les déserts de la *Perse*, si semblables d'ailleurs à ceux d'Arabie, nous offrent le même genre de lacs, mais plus grands. Celui de *Zérch*, dans l'Afghanistan, couvre une étendue de 2,800 kilomètres carrés, et reçoit une rivière dont le cours est de 660 kilomètres, sans compter d'autres petites.

Le versant occidental de l'Asie est couvert de lacs salés et sans écoulement. La *mer Caspienne* occupe une étendue d'environ 314,000 kilomètres carrés. C'est le plus grand lac salé qui soit connu, et, on peut hardiment le dire, qu'il y ait sur le globe. Le lac ou la *mer d'Aral*, de 25,600 kilomètres carrés; le *lac Amer* (*Koulidiria* ou *Adgt-kouyoussi*), qui communique à la mer Caspienne; ceux d'*Aksakal*, de *Balkhach-noor*, ou *Palcati*, et un nombre de moindres lacs salés ou du moins saumâtres, distinguent cette région creusée en entonnoir.

L'opinion qui considère le lac Aral comme une antique dépendance de la mer Caspienne nous paraît fondée sur des traditions et sur des faits physiques : d'abord le niveau des eaux du premier a 64 mètres au-dessous de l'Océan; le témoignage des anciens qui placent l'embouchure de l'Oxus et de l'Iaxartes dans la mer Caspienne; l'ancien lit de la mer dont M. Mourawiew a reconnu les traces entre le lac et la mer Caspienne; enfin le fait attesté par les Kirghiz au colonel Meyendorf que le lac continue à diminuer d'étendue, confirme également cette opinion. Les collines de 95 mètres qui s'élèvent entre le lac et la mer Caspienne ne sont point une difficulté réelle à cette réunion, puisqu'en supposant les eaux plus hautes, ces collines ne formeraient que de petites îles.

La présence de lacs salés ne serait point une preuve suffisante pour attester l'ancien séjour de la mer sur les contrées de l'Asie occidentale; il y a d'ailleurs de ces lacs salés bien au delà des limites que la mer Caspienne, dans sa plus grande extension, aurait pu atteindre. Cependant nous avons vu que les Chinois conservent la tradition d'un grand *lac amer* situé dans cette région de lacs, entre le Tobol et l'Obi, région qui ne devait faire qu'une seule mer avec la Caspienne et le lac Aral.

LACS SANS ÉCOULEMENT. — Les pentes septentrionales de la Tatarie offrent aussi un grand nombre de lacs. Le lac *Tchany*, qui n'a point d'écoulement, et qui a 120 kilomètres de longueur sur 80 de largeur, est aussi saumâtre, et c'est peut-être le cas de toutes les eaux stagnantes, lorsqu'elles se décomposent en s'arrêtant sur un sol imprégné de matières salines.

Ces amas d'eaux stagnantes se retrouvent à un niveau plus élevé sur le vaste plateau de la Mongolie et du Tibet. Ces hautes plaines, entourées de montagnes qui forment le pays des Kalmouks, renferment beaucoup de lacs sans écoulement qui reçoivent de petites rivières. Le *Dzaisang*, lac qui se trouve près des montagnes d'où sortent l'Irtyche et l'Obi, reçoit une rivière dont le cours est de 300 à 320 kilomètres. La plaine élevée entre les monts de Mongolie et ceux du Tibet, entre les deux sommets de l'Asie, est remplie de rivières souvent assez considérables qui se perdent dans le sable, ou qui alimentent des lacs sans écoulement, comme le *Yarkand*, qui forme le lac *Lop* ou *Lob*.

Le Tibet, ou le plateau méridional et le plus élevé de l'Asie, est singulièrement riche en lacs, dont un grand nombre n'a point d'écoulement. Le *Tengri* a 6,000 kilomètres carrés de surface. Sur deux alignements, l'un au nord, de 320 kilomètres, l'autre à l'ouest, de 650 à 700 kilomètres, on trouve 23 autres lacs qui n'ont point d'écoulement, ou qui coulent l'un dans l'autre. Au nord-est du Tibet, on remarque, entre autres, le *Ho-honor* ou *Khonkhou-noor*, lac de 1,040 kilomètres de longueur et de 480 de largeur, dans une situation très-élevée, et qui n'a point d'écoulement.

Le phénomène des lacs sans écoulement est donc commun à toutes les parties occidentales et centrales de l'Asie, mais non pas au nord de la Sibérie, ni à la Chine, ni à l'Inde. Les parties basses de la Sibérie présentent d'immenses marais presque contigus. Les grands lacs de la Chine se trouvent dans les contrées basses et marécageuses du milieu, et ne sont remarquables, pour la géographie physique, que par leur rapprochement : ils semblent confirmer la tradition des Chinois, selon laquelle une partie de ce pays aurait été récemment laissée à sec par la mer, ou plutôt par deux longs golfes formés par les deux fleuves *Hoang-ho* et *Yan-tseu-kiang*. Les deux presqu'îles des Indes n'ont guère de lacs remarquables, encore moins de lacs sans écoulement; preuve manifeste que leur terrain a partout de la pente.

ZONES CLIMATÉRIQUES ET PRODUCTIVES DE L'ASIE. — Nous allons maintenant déterminer les limites des deux zones dans lesquelles l'Asie est partagée, par rapport à son climat et à ses productions. Si l'on tire une ligne le long du Caucase, autour des bords méridionaux de la mer Caspienne, le long des montagnes qui bornent en partie la Perse vers Cachemire, à travers le Tibet; ensuite, en tournant au nord-est, à travers les parties septentrionales jusqu'au nord de la Corée, alors on aura à peu près tracé la limite entre les climats chauds et froids de l'Asie. Il est naturel que les frontières de l'une et l'autre zone se confondent quelquefois. C'est aussi sur les frontières que se trouvent quelquefois des climats semblables à ceux de l'Europe, surtout dans l'Asie occidentale. Généralement parlant, la limite indiquée marque le passage rapide du froid à la chaleur. Le riz et le maïs servent d'aliment aux nations méridionales, le millet et l'orge à celles de la zone froide; sur la limite on trouve des pays à froment. La nature offre aux régions méridionales des fruits délicieux, et en partie des aromates piquants; les contrées septentrionales sont privées même des productions des vergers de l'Europe boréale. La région où habitent les rennes marque, dans le nord et le nord-est (1), le vaste espace qui est et qui sera longtemps inaccessible à toute culture. Les Tatars, les Mongols, et en partie les Persans, doivent au grand nombre de chevaux qu'ils possèdent leur goût pour les courses, le brigandage et la guerre. Dans tout l'Occident, le chameau sert à multiplier les communications commerciales et les relations mutuelles des peuples. L'éléphant, utile à l'agriculture, et jadis si redoutable à la guerre, a influé sur l'antique civilisation de l'Inde. La Chine, privée en grande partie du secours de ces divers animaux, y a suppléé par ces milliers de barques dont ses rivières sont peuplées. Le défaut de bois de construction a obligé l'habitant du plateau central et du nord de l'Asie à se loger dans des tentes couvertes de peaux ou d'étoffes, les unes et les autres provenant de ses troupeaux. Une nécessité semblable a produit le même résultat en Arabie. Au contraire, dans l'Inde et d'autres contrées riches en bois, mais surtout en bois de palmiers, l'usage des maisonnettes légères a été trouvé aussi conforme à la paresse des indigènes qu'à la douceur du climat. L'un et l'autre genre d'habitations n'offrant rien de stable, rien de solide, les villes d'Asie disparaissent comme les empires dont elles sont les centres momentanés. Ce caractère général des habitations asiatiques exclut nécessairement le goût des meubles précieux, des tableaux, des statues; ainsi les beaux-arts n'y feront jamais de grands progrès. D'un autre côté, l'uniforme influence d'un climat qui détermine impérieusement les genres de culture et d'aliments propres à chaque région, l'influence non moins irrésistible des religions superstitieuses, des lois despotiques et des mœurs serviles, bannissent de l'âme de l'Asiatique ces vives et libres émotions qui, en Europe, exaltent un cœur ami des lettres et des sciences. Ainsi les diverses régions de l'Asie offrent partout d'antiques ébauches d'une civilisation à laquelle les avantages et les désavantages physiques impriment un caractère ineffaçable; mais aussi partout cette civilisation s'est arrêtée à un degré bien inférieur à celui qu'ont atteint les peuples de l'Europe moderne.

PRODUCTIONS NATURELLES DE L'ASIE. — L'Asie, comme nous l'avons dit ailleurs, se vante d'avoir donné à l'Europe ses céréales ainsi que la plupart de ses plantes potagères et de ses arbres fruitiers. Cette assertion est sans doute fort exagérée; mais si l'on doit entendre par là que la culture des végétaux les plus utiles à l'homme a été importée de l'Asie en Europe, et non pas les végétaux eux-mêmes, on ne fera qu'énoncer une opinion très-probable, fondée sur une autre opinion qui ne l'est pas moins : c'est que l'Asie, attendu l'élévation de quelques-unes de ses régions, doit avoir été le plus ancien point de centre de la civilisation. La rhubarbe, objet d'un grand commerce, est originaire de cette partie du monde : elle croît spontanément çà et là au milieu des déserts du plateau central, ainsi que le *polystichum barometz*, plante singulière que l'on a classée parmi les fougères, et dont la tige, couverte de longs poils, et la racine tortueuse, prennent sous les ciseaux des formes bizarres, imitent même celle d'un animal, et lui ont valu le surnom d'agneau de Tatarie.

La région septentrionale offre plusieurs zones de végétation bien différentes: près des sources du fleuve Amour, le chêne et le noisetier sont faibles et languissants; le tilleul et le frêne cessent vers l'Irtyche; le sapin ne dépasse pas le 60e parallèle; d'épaisses forêts de bouleaux, d'ormes, d'érables et de peupliers bordent le cours des fleuves. Le pin cimbre (*pinus cimbra*), qui couronne en Europe la cime des monts, s'élève au milieu des plaines humides de la Sibérie, où il atteint, suivant Gmelin, une taille gigantesque; mais il n'étale toute sa magnificence que sur les terres à l'ouest de l'Ieniseï; à l'est de ce fleuve, il diminue de grandeur, et vers le bord de la Lena il ne dépasse guère la taille des arbustes. Le peuplier blanc est tellement commun en Sibérie, que Pallas s'étonnait que le coton qu'il

(1) Voyez notre *Introduction générale*, *Géographie zoologique*.

Monument à Rey, campagne de Téhéran (Perse).

porte n'y fût pas utilisé ; le peuplier baumier, qui dans nos jardins n'est qu'un arbrisseau, élève majestueusement sa tige et répand dans les airs les molécules odorantes de ses bourgeons résineux. La Sibérie ne produit ni pommes ni poires : les fruits insipides du poirier sauvage de la Daourie (*pirus baccata*) et du poirier à feuilles de saule, sont de la grosseur d'une cerise ; l'abricot du même pays est d'un goût aigrelet. Le merisier à grappes (*cerasus padus*), qui croît dans la Sibérie méridionale jusqu'au Kamtschatka, porte un petit fruit douceâtre ; celui d'un autre arbre (*prunus fruticosa*), commun dans les steppes, sert à faire une sorte de vin. On tire aussi des baies de plusieurs ronces et de diverses airelles une boisson agréable. Un grand nombre de plantes ornées de fleurs brillantes sont indigènes de la Sibérie : le muguet, la violette, l'ellébore noir, le vératre blanc, l'iris jaune-blanche (*iris ochroleuca*), l'iris des prés (*iris sibirica*), l'anémone, la potentille, la gentiane des marais et l'élégant astragale des montagnes offrent en beaucoup d'endroits l'assemblage des couleurs les plus variées, ou répandent des parfums dont le mélange rappelle les contrées les plus méridionales. Le joli robinier caragan, le daphné altaïque, dont les rameaux velus portent des fleurs d'un beau blanc, l'amandier nain, la gentiane altaïque, l'œillet superbe (*dianthus superbus*) que l'on cultive dans nos jardins, et la valériane, croissent sur les flancs des monts Altaï, tandis qu'à leurs pieds fleurissent l'aster de Sibérie aux fleurs bordées d'un violet pourpré, la tulipe sauvage et le rosier à feuilles de pimprenelle. Sur les autres montagnes on trouve la gentiane croisette et la gentiane des neiges ; mais c'est en Daourie que la flore sibérienne étale ses principales richesses : les monts se couvrent de deux sortes de rhododendrons, l'un à fleurs rouges et l'autre à fleurs jaunes, d'églantiers, de spirées à feuilles de millepertuis, à feuilles crénelées, à feuilles d'orme, à feuilles lisses, à feuilles de saule et à feuilles de sorbier ; dans les plaines croissent les anémones pulsatiles, vingt espèces de potentilles et de centaurées, la pivoine officinale à fleurs d'un beau rouge, la pivoine anomale dont la racine sert de nourriture, la pivoine à fleurs blanches dont la graine

infusée dans l'eau bouillante donne une sorte de bière, et la pivoine à feuilles menues ornées de fleurs couleur de pourpre.

Ces nombreux végétaux et plusieurs autres encore ne dépassent point les limites de la Daourie ; ceux qui croissent dans les monts Altaï continuent à se montrer sur les hauteurs qui bordent l'Obi. En remontant l'Irtyche, on retrouve quelques plantes des régions élevées de l'Europe ; mais dès qu'on passe l'Ieniseï, la végétation devient plus pauvre, et enfin, au delà du cercle polaire jusqu'au bord de l'océan Glacial, aux chétifs arbrisseaux succèdent des mousses et des lichens.

La plupart des plantes qui caractérisent la végétation du nord de l'Asie appartiennent aux familles des crucifères, des cypéracées, des gentianées, des graminées, des légumineuses, des ombellifères, des renonculacées, des rosacées et des synanthérées. Le genre *spiræa* est presque entièrement indigène de la Sibérie ; il en est de même du genre *astragalus*.

La végétation de la Mantchourie, de la Corée et du nord de la Chine, diffère essentiellement de celle de la Sibérie et du plateau central. De magnifiques forêts bordent le fleuve Amour ; au pied des montagnes qui limitent ces contrées au sud, croissent le mûrier, l'abricotier et le pêcher ; leurs flancs sont garnis des mêmes arbres qui peuplent les forêts de l'Europe centrale ; les pins couronnent leurs sommets ; les plaines basses se couvrent de rosiers, de lis et de muguets ; les bords des ruisseaux sont garnis de saules, d'érables et de bouleaux ; la lisière des grands bois est ornée de pommiers, d'azeroliers et de massifs de noisetiers. Les mêmes plantes se présentent dans la Corée accompagnées de citronniers et d'orangers ; sur les montagnes croissent le ginseng à cinq feuilles (*panax quinquefolium*), dont la racine est considérée par les Chinois comme un précieux analeptique et comme un excellent aphrodisiaque, et le panic millet, dont on obtient par la fermentation une liqueur enivrante, et dont la graine réduite en poudre fournit au peuple son principal aliment.

La flore japonaise, malgré la présence de plusieurs végétaux de

Ile d'Éléphanta, près de Bombay (Inde).

l'Inde, tels que les genres *amomum canna*, *carissa*, *dioscorea laurus*, etc., présente une singulière analogie avec la flore européenne : on y rencontre des *allium*, des *campanula*, des *carex*, des *euphorbia*, des *iris*, des *veronica*, etc. Les principales espèces particulières au Japon sont le *rhus vernix*, célèbre par le vernis qui en découle ; le *lilium japonicum*, le *sophora japonica* et le *spiræa japonica*, toutes célèbres comme ornements de nos jardins.

La région méridionale de l'Asie offre deux zones de végétation importantes. La seule flore chinoise, si elle était plus connue, pourrait être l'objet d'une longue description. Un arbre à cire, qui n'est pas cependant le *myrica cerifera*, et l'arbre à suif (*croton sebiferum*) offrent à l'industrie une matière recherchée pour l'éclairage ; le sumac vernis, le mûrier blanc et le mûrier à papier, le camphrier (*laurus camphora*), le camellier à feuilles étroites (*camellia sasanqua*), dont la feuille fournit par la décoction un parfum recherché pour la toilette des Chinoises, et dont la graine donne une très-bonne huile ; le jujubier, le cannellier, la pivoine en arbre (*pæonia moutan*), à laquelle sa beauté a fait donner par les Chinois le surnom de *reine des fleurs*; l'*hortensia*, qui fut longtemps l'une de nos principales plantes d'agrément ; le magnifique *aster* connu sous le nom de *reine marguerite* ; la jolie primevère introduite depuis peu dans les jardins de l'Europe sous celui de *primula sinensis* ; la magnifique légumineuse à fleur couleur lilas que l'on cultive dans nos parterres et que l'on appelle *glycine sinensis* ; plusieurs espèces de magnoliers, entre autres le pourpre et le *yulan*, recherchés comme ornements des jardins ; l'*hemerocallis japonica*, qui ressemble au lis par la forme et le surpasse en beauté ; enfin un grand nombre de rosiers, le thé (*thea viridis*) et ses diverses variétés, sont les principaux végétaux de la Chine sous le rapport de l'élégance et de l'utilité. Nous ne devons point oublier, parmi ceux qui constituent une branche importante de commerce, l'*illicium anisetum*, qui fournit l'anis étoilé que l'on emploie dans la préparation de la liqueur appelée anisette.

Dans la presqu'île de Malacca, des forêts où croissent l'aloès, le bois de santal, la casse odorante (*cassia odorata*) et plusieurs autres arbres précieux, conservent toute l'année leur brillante verdure ; tandis que dans les plaines et les vallées l'air est embaumé par les exhalaisons d'une innombrable quantité de fleurs. Le teck, arbre dont le bois dur et presque inaltérable est si utile dans les constructions, et dont les fleurs passent pour un bon remède contre l'hydropisie, fait l'ornement des forêts de la Cochinchine, de la presqu'île de Malacca et des bords du Gange. Le plaqueminier bois d'ébène (*diospyros ebenum*), est indigène de la Cochinchine ; dans toute l'Indo-Chine, le bananier, l'aloès, le calaba qui fournit la résine employée en médecine sous le nom de *baume-marie*, le nauclée d'Orient, dont le bois, d'un beau jaune, est employé à faire des meubles, rivalisent en élévation et en beauté.

Dans l'Hindoustan, le bambou, qui forme d'épaisses forêts, s'élève quelquefois à 20 mètres de hauteur et produit un suc utilisé en médecine ; l'indigo croît spontanément dans le Goudjérate. Le cocotier doit être cité parmi les arbres les plus précieux de l'Inde ; outre l'aliment et la boisson que fournit la noix de coco, le brou filamenteux qui l'entoure sert à calfater les navires et à faire des cordages. Le figuier des pagodes (*ficus religiosa*), dont le tronc atteint 4 à 5 mètres de circonférence, est en vénération chez les Hindous, parce qu'ils croient que Vichnou est né sous son ombrage ; le figuier des Indes (*ficus indica*), dont les immenses rameaux retombant à terre y poussent de nouvelles racines, et forment d'une seule tige une vaste forêt, excite l'admiration des voyageurs. Nous devons encore citer plusieurs végétaux bien connus : le balisier, le gingembre, le cardamome et le curcuma. Le poivre noir (*piper nigrum*) et le bétel (*piper betel*) croissent sur la côte de Malabar. Le *laurus camphora*, qui donne le camphre, et le *laurus cinnamomum*, qui fournit la cannelle, peuplent les forêts de l'île de Ceylan. L'Inde possède dans la famille des légumineuses un grand nombre de plantes utilisées dans la pharmacie et dans les arts : tels sont le tamarinier (*tamarindus indica*), dont le fruit est purgatif ; le *moringa oleifera*, qui fournit l'huile de ben ; plusieurs espèces de casses, enfin le *cæsalpinia sappan*, qui donne une teinture qui rivalise avec celle du bois de Brésil. A côté de ces végétaux remarquables, l'Inde voit croître la plupart des arbres fruitiers de l'Europe. Ceux qui peuplent les forêts appartiennent principalement aux genres *avicennia*, *ægiceras*, *rhizophora*. Près des habitations, les Indiens cultivent pour leurs fruits les *mangifera*, les *eugenia*, les *elate* et les *artocarpus*, et le mangouste (*garcinia mangostana*), qui donne le fruit le plus délicieux. Nos serres se sont enrichies du *daphne indica*, dont l'odeur est si suave, et nos parcs doivent leur plus bel ornement au beau marronnier (*æsculus hippocastanum*) si répandu aujourd'hui, et qui croît naturellement dans l'État de Népal.

Quoique la Perse ait perdu presque toutes ses antiques forêts, la végétation y offre encore de grandes richesses : celle de sa région méridionale et maritime se couvre d'une partie des plantes de l'Hindoustan : les vallées de Schiraz sont garnies de platanes, d'azeroliers, de saules pleureurs et de peupliers d'une hauteur extraordinaire ; à l'ombre de ces arbres, l'anémone étale ses teintes d'écarlate et de bleu ; le jasmin, ses fleurs d'une éclatante blancheur ; les tulipes et les renoncules, leurs couleurs variées. Au nord-est les montagnes sont ombragées de lauriers, de buis et de térébinthes.

Les plaines élevées de la Perse et de la Tatarie produisent une foule de plantes salines. Vers les bords de la mer Caspienne et de la Méditerranée la végétation prend une physionomie européenne, et les forêts reprennent leur vigueur, en grimpant à travers des bosquets d'églantiers et de chèvrefeuilles sur les flancs inégaux des collines, on est bientôt entouré d'acacias, de chênes, de tilleuls et de châtaigniers ; au-dessus d'eux, les sommets se couronnent de cèdres, de cyprès et d'autres arbres verts ; le frêne produit la manne, et le sumac croît en abondance. L'indigotier à feuilles argentées (*indigofera argentea*) croît sans art sur les bords du Jourdain ; sur ceux de l'Oronte, l'olivier s'élève à la hauteur des hêtres ; le mûrier blanc fait la richesse du pays des Druzes. Dans les plaines qui entourent le Liban on trouve réunis tous les fruits de l'Europe.

L'Arabie offre encore une autre nuance de végétation ; les palmiers ombragent de nombreuses oasis ; les plaines sablonneuses produisent les mêmes plantes salines que l'Afrique septentrionale, mais les côtes de la mer présentent un aspect plus riche et plus varié. Les ruisseaux qui descendent des montagnes entretiennent sur leurs bords une verdure agréable ; un grand nombre de plantes de l'Inde et de la Perse y sont indigènes : tels sont le tamarinier, le cotonnier, le bananier, la canne à sucre et diverses espèces de melons et de courges. Mais l'Arabie Heureuse se glorifie de deux arbres précieux : le caféier (*coffæa arabica*) et le baumier (*amyris opobalsamum*). Dans les terrains sablonneux on voit croître spontanément le palmier éventail (*corypha umbraculifera*), arbre commun dans les Indes orientales, et le *mimosa nilotica*, qui fournit la gomme arabique, et qui se trouve en abondance sur le sol africain. Ainsi, sous le rapport de la végétation, l'Arabie se lie à l'Afrique et à l'Asie orientales.

Pour rendre plus complète cette esquisse de la végétation, nous devons dire que le riz, originaire de l'Inde, est le principal aliment des peuples de l'Asie méridionale ; que le millet et l'orge sont la nourriture de ceux de la zone septentrionale, et que ce n'est que sur la limite des régions que l'on trouve les pays de froment.

ANIMAUX DE L'ASIE. — Le règne animal est tellement riche en Asie, qu'il est indispensable d'en donner une idée. Sur les côtes méridionales, les zoophytes brillent des plus vives couleurs : ici ce sont des coralinées roses, vertes, jaunes, bleues, ou d'une teinte pourprée ; là des gorgones étalent leurs ramifications en forme d'éventail à côté des rameaux violets de l'alcyon plexauré ; plus loin, la marée en se retirant laisse sur le rivage une foule d'actinies que leurs couleurs variées ont fait nommer anémones de mer, et qui donnent à la plage l'aspect d'un brillant parterre de fleurs : l'holothurie trépau est recherchée à la Chine comme aliment aphrodisiaque.

Les mers qui baignent le continent indien nourrissent les mollusques conchyfères les plus remarquables par l'élégance de leurs formes et la richesse de leurs couleurs : tels sont parmi les bivalves la donace à réseau, la cythérée dont les Chinois et les Japonais se servent dans leurs jeux, celle que l'on a surnommée impudique ; la belle cythérée pourprée et celle qui, sous le nom spécifique de *cedo-nulli*, fait l'ornement des collections ; la jolie vénus levantine, l'élégante bucarde cœur-de-vénus, l'arche bistournée ; le tridacne gigantesque, de la taille duquel les deux valves qui servent de bénitiers dans l'église Saint-Sulpice à Paris ne donnent qu'une faible idée ; la pintadine, qui fournit les plus belles perles fines et la nacre employée dans les arts ; la précieuse houlette, le peigne manteau-ducal, les plus belles espèces du genre spondyle, l'huître rayonnée de 20 à 25 centimètres de diamètre ; la placune vitrée que les Chinois emploient comme vitre. Au nombre des univalves nous citerons l'ombrelle de l'Inde ; la jolie espèce appelée bulle fasciée, l'anostome déprimée, la jolie stomatelle rouge, la scalaire

surnommée précieuse, les espèces de troques les plus recherchées, le monodonte connu sous le nom de pagode ou de toit chinois, le beau turbo marbré et celui qui doit à son intérieur d'un jaune éclatant le surnom de bouche d'or, la fasciolaire orangée remarquable par sa coloration, le rocher tête de bécassine ; le grand triton émaillé, qui atteint quelquefois 40 centimètres de longueur ; le rostellaire bec-droit, le ptérocère araignée, l'éclatant casque rouge ; la belle harpe ventrue, dont les côtes pourprées se détachent sur un fond lilas ; la mitre papale, la plus grande et la plus belle de son genre ; la volute impériale, non moins rare ; la belle porcelaine argus, enfin le précieux cône appelé *cedo-nulli*.

Si ces mollusques méritent d'être cités, quelques-uns comme servant à la nourriture de l'homme, d'autres comme objets de luxe ou comme utiles dans nos arts, nous ne devons point oublier parmi ceux qui, dépourvus de coquilles, habitent les mers de l'Asie, la sèche tuberculeuse, si importante pour les Chinois, qui fabriquent avec la matière colorante qu'elle sécrète la substance connue sous le nom d'encre de la Chine.

Une grande variété de zoophytes, tels que les polypiers pierreux, les polypiers coralligènes, les holothuries et les actinozoaires, garnissent les côtes de l'Asie méridionale et orientale, ainsi que celles des îles qui en dépendent.

Les crustacés des mers méridionales de l'Asie sont les squilles ou mantes de mer, animaux armés de longues arêtes et d'épines, et dont la chair sert communément de nourriture ; le palémon carcin, espèce comestible ornée de belles couleurs bleues ; les langoustes, mouchetées de blanc sur un fond bleu ; la maïa à crête et la maïa pipa, qui porte ses œufs sur son dos ; le matute vainqueur, dont le corps blanchâtre est parsemé de points rouges, et le crabe bronzé, sont les plus remarquables des animaux de cette classe.

Parmi les poissons des mers asiatiques se trouvent des squales de grande taille, des balistes, des aleutères, des chétodons, des labres et des murénophis. Le plus célèbre des poissons d'eau douce, celui qui fournit une nourriture abondante et délicate, est le gouramy. Le Gange nourrit une espèce particulière de dauphins, connue de Pline sous le nom de *platynista*.

L'Asie est aussi la patrie d'un grand nombre de reptiles remarquables : l'Euphrate possède une tortue particulière qui offrirait aux habitants de la Turquie asiatique un aliment succulent, si, par un préjugé religieux, ils ne repoussaient sa chair ; sur la côte de Coromandel vit la plus grande tortue terrestre que l'on connaisse, c'est celle que l'on a surnommée la *tortue indienne* : sa carapace, d'un brun foncé, a plus de 12 mètres de longueur. Le Gange et le Brahmapoutre sont peuplés d'une innombrable quantité de crocodiles vulgaires, et principalement de ceux à long bec qui appartiennent au genre gavial. L'île de Ceylan passait chez les anciens pour être la patrie de ce serpent appelé *amphisbène*, dont le corps desséché et réduit en poudre fut longtemps regardé comme le meilleur spécifique contre les fractures, parce que l'on prétendait que, lorsqu'on coupait ce reptile en deux, les moitiés se réunissaient, malgré tous les efforts pour les empêcher de le faire ; mais aujourd'hui le nom d'amphisbène est réservé à un genre qui habite l'Amérique. Dans les marais de l'Asie méridionale, l'hydrophis obscur et l'hydrophis à bandes bleues, espèce de serpents aquatiques dont la blessure est dangereuse, poursuivent les poissons et les autres habitants des eaux. C'est au Coromandel et au Malabar que l'on trouve dans les bois et sur les chemins ce redoutable naja, surnommé la *vipère à lunettes*, dont la morsure donne la mort en quelques instants, que les jongleurs indiens apprivoisent, et qu'ils font danser au son de la flûte avec laquelle ils prétendent le charmer ; tandis que le peuple réserve à ce reptile une sorte de culte, que le superstitieux Hindou lui porte des aliments dans les lieux qu'il fréquente ; que les brahmines le conjurent, et font de sa représentation le principal ornement de leurs pagodes. Les autres reptiles les plus répandus, surtout dans les régions méridionales, sont les crocodiles bi-carénés, les monstrueux pythons, et l'oular-limpé, dont la piqûre donne la mort avec des douleurs atroces.

Le gibbon, l'un des plus paisibles singes, habite la côte de Coromandel ; le douc, le plus remarquable des quadrumanes par les vives couleurs de son pelage, et le nasique masqué, qui l'est par la longueur de son nez, se trouvent à la Cochinchine ; diverses espèces du genre macaque peuplent les bords du Gange, le Bengale et l'île de Ceylan. La Sibérie et le Tibet sont la patrie de deux ours différents de ceux de l'Europe ; dans la presqu'île de Malacca, une autre espèce se nourrit de miel, de fruits et de fourmis blanches. C'est dans les forêts qui couronnent les montagnes de la Sibérie que se réfugient plusieurs animaux précieux pour leur fourrure : les martres, les hermines, les renards argentés, et cet écureuil surnommé *petit-gris*. Les Chinois font avec les Russes un commerce lucratif de la dépouille des loutres du Kamtschatka. L'Arabie et la Perse nourrissent un lion au pelage isabelle. Le chacal ne chasse que de petits animaux ; le guépard, animal carnassier, que l'homme n'a point à redouter, habite les contrées au sud du bassin du Gange ; tandis que le tigre, la panthère, et le léopard tacheté de noir, sont la terreur de toute l'Asie méridionale.

C'est de l'Inde et de la Perse qu'à la faveur des navires marchands le surmulot, ou le gros rat gris, émigra au dix-huitième siècle en Europe, où il a presque détruit l'espèce indigène noire. C'est dans les contrées les plus méridionales de l'Inde que vit le plus grand et le plus intelligent des éléphants, espèce toute différente de celle d'Afrique, et que l'on voit ces éléphants albinos si recherchés par les princes indiens. Le rhinocéros qui vit au delà du Gange se distingue de celui d'Afrique par son nez, armé d'une seule corne, par sa taille plus grande et ses formes plus massives. Les deux espèces de chameaux, celle à une et celle à deux bosses, paraissent appartenir plus particulièrement à l'Asie qu'à l'Afrique. Le chevrotain porte-musc, célèbre par le produit odorant qu'il sécrète, dirige ses pas timides dans les lieux les plus solitaires des contrées montueuses de l'Asie. Plusieurs des nombreuses espèces d'antilopes sont indigènes de ce continent. L'Asie nourrit encore différents bœufs sauvages, tels que le zébu, qui habite ses contrées les plus chaudes ; l'arni, qui se tient dans les hautes montagnes de l'Hindoustan ; le gour, espèce de bœuf qui habite par troupes de quinze à vingt les forêts de l'intérieur ; le yack, que nous commençons à acclimater en France, et dont la queue touffue sert d'étendard aux Orientaux. L'espèce de mouton appelé *argali*, dont la corne, suivant Gmelin, présenterait une longueur de 1 mètre et demi à 2 mètres si sa courbure était développée, et dont la force pourrait résister à celle de dix hommes, est très-répandue dans les steppes de la Sibérie et de la Tatarie. La chèvre dont le poil soyeux donne aux châles de Cachemire une souplesse particulière, habite les montagnes du Tibet. On connaît encore, suivant M. Lesson, dans les plaines de ces mêmes montagnes, six espèces de cerfs observées depuis peu d'années : telles sont l'hippélaphe d'Aristote, le cerf de Wallich et celui de Duvaucel ; des antilopes bleues dont les cornes ont mis en question, parmi les auteurs anglais, l'existence fabuleuse de la licorne ; le chitckara, élégant quadrupède qui porte quatre cornes. Dans les forêts du Bengale, on trouve ces charmants axis mouchetés de blanc qui appartiennent au genre cerf et dont la femelle ne porte point de bois ; dans les forêts d'Orissa, ce jungligou, souche des bœufs de l'Inde, comme l'urus est celle des bœufs de l'Europe ; dans l'Inde au delà du Gange, le buffle à la peau noire et demi-nue, qui aime à se vautrer sur les rivages fangeux de la mer et des fleuves ; et, dans la presqu'île de Malacca, le tapir bicolore qui rappelle la zoologie américaine. Enfin, sur les bords du Gange, le tigre rayé de noir se tapit au milieu des jungles, d'où il guette l'homme pour le dévorer.

L'Asie nourrit des oiseaux de grande taille et d'autres ornés du plumage le plus riche et le plus varié. Ce sont les gigantesques vautours, les aigles et les faucons ; des essaims de perroquets brillant de mille couleurs, des loris au plumage cramoisi, la perruche verte, le cacatoès d'un blanc éclatant, le couroucou aux plumes dorées, le drongo aux plumes d'azur, et le calyptomène vert qui reflète la teinte de l'émeraude. Dans le Népál on trouve ces faisans si riches en couleurs et ces paons magnifiques que nous avons naturalisés en Europe. La presqu'île de Malacca possède ce beau cryptonyx et ce magnifique luen dont l'immense queue est semée de mille yeux, qui lui ont fait surnommer *argus*.

Enfin les entomologistes savent combien sont variés les insectes de l'Asie : tous ceux qu'on a rapportés de ses contrées orientales, et particulièrement de la Chine, sont différents de ceux de l'Europe et de l'Afrique ; une partie des papillons que Linné désigne sous le nom de *troyens* sont propres à l'Hindoustan ; le genre anthic se trouve au Bengale ; la Chine méridionale donne naissance au papillon priamus et au bombyx atlas.

Voici le tableau comparatif des familles de mammifères particulières à l'Asie, qui lui sont étrangères ou communes avec d'autres continents :

Grandes familles animales.	Nombre d'espèces connues jusqu'à présent.	Nombre d'espèces en Asie.	Nombre d'espèces particulières à l'Asie.	Nombre d'espèces communes à l'Asie et aux autres continents.
I. Quadrumanes ..	186	49	49	.
II. Carnivores.....	731	276	224	52
III. Marsupiaux	140	4	4	"
IV. Rongeurs......	604	185	126	59
V. Édentés.......	34	5	5	.
VI. Pachydermes...	38	17	16	1
VII. Ruminants.....	159	67	59	8
VIII. Cétacés........	75	29	9	20
	1,967	632	492	140

POPULATION DE L'ASIE, RACES, HABITANTS. — De même que l'Asie est la plus grande des parties du monde, elle tient aussi le premier rang relativement à la population. On peut évaluer cette dernière à 600 ou 650 millions d'âmes ; elle offre une très-grande variété, comme on le verra dans la nomenclature qui va suivre.

Au point de vue physique on peut considérer cette population comme appartenant à trois races principales : la race blanche, ou caucasienne ; la race jaune, ou mongolique ; la race noire, ou éthiopienne ; et à trois races intermédiaires : la race brune-noirâtre, ou malaie ; la race noirâtre, et la race couleur cuivrée.

Voici la nomenclature des peuples de l'Asie par ordre alphabétique : Abases, Afghans, Annamites, Arabes, Arméniens ; Beloutchis, Bengalais, Birmans, Boukhares, Burètes ; Carrous, Cattyvars, Chinois, Cingalais, Coréens ; Géorgiens, Guèbres ; Hindous ; Jakoutes, Japonais ; Kalmouks, Kamtchadales, Kapoßrs, Khalkhas, Kirghizes, Koriakes, Kourdes, Kouriles ; Lamoutes, Lazes ; Mahrattes, Malabars, Malais, Maldiviens, Mandchoux, Mingréliens, Mongoliens ; Osmanlis ou Turcs, Ostiaks ; Pégouniens, Persans ; Samoïèdes, Seikhs, Siamois ; Tadjiks, Tamoules, Tatars, Tcherkesses, Tchoudes, Tchouvaches, Telingues, Tibétains, Tongouses, Turcomans ; Usbeks ; Vogoules et Zigeunes.

Nous aurons l'occasion de parler de chacun de ces peuples dans notre description topographique des États de l'Asie (1).

DIVISION POLITIQUE DE L'ASIE. — L'Asie se partage en un certain nombre d'États, dont les uns sont entièrement indépendants de toute vassalité, tels sont : l'empire chinois, l'empire du Japon, le royaume de Siam, le royaume d'An-nam, l'empire Birman, le royaume de Perse, le Beloutchistan, l'Afghanistan (royaumes d'Hérat, de Caboul, etc.), le Turkestan, l'Arabie ; d'autres dépendent des États européens, ou sont rangés sous leur protection, tels sont : la Russie d'Asie (formée de deux parties bien distinctes), la Sibérie et la Transcaucasie ; la Turquie d'Asie, l'empire Anglo-Indien (Hindoustan et ses dépendances), les possessions Portugaises et Françaises des Indes.

Ces États, à un petit nombre d'exceptions près, sont hors du domaine de la statistique ; aussi ne donnerons-nous de tableaux qu'à la suite de la description des plus importants.

Tableau des divisions naturelles de l'Asie.

I.	*Région du Caucase*	Transcaucasie (Géorgie. Grande Abasie. Imeréthie. Mingrélie. Chirvan, etc.).
II.	*Région de l'Asie Mineure.*	Anatolie. Caramanie. Roum-Ili. Djanik. Iles de Chypre, de Rhodes, etc.
III.	*Région de l'Euphrate et du Tigre.*	Arménie. Kourdistan. Mésopotamie ou Al-Djézireh. Babylonie ou Irak-Arabi.
IV.	*Région du mont Liban* ..	Syrie et Palestine.
V.	*Région d'Arabie.*	Arabie.
VI.	*Région de Perse*	Perse.
VII.	*Région de l'Oxus et de la mer d'Aral*	Grande-Boukharie. Turkestan occidental. Steppe des Kirghiz. Turcomanie ou pays des Trouchmènes.
VIII.	*Région du plateau central.*	Kalmoukie. Mongolie. Petite-Boukharie.
IX.	*Région de l'Obi et de l'Ienisseï.*	Sibérie occidentale.
X.	*Région du nord-est*	La Sibérie orientale, avec le Kamtchatka comme *appendice.*
XI.	*Région du fleuve Amour.* ..	Tatarie chinoise, avec la Corée comme *appendice.*
XII.	*Région insulaire d'est* ...	Iles Kouriles. Tchoka et Yeso. Iles du Japon. Licou-kicou. Formose.
XIII.	*Région du fleuve Bleu et du fleuve Jaune.*	Chine proprement dite.
XIV.	*Région des sources du Gange.*	Tibet.
XV.	*Région du Gange.*	Hindoustan oriental.
XVI.	*Région de l'Indus.*	Hindoustan occidental.
XVII.	*Région du Dekkan*	Péninsule de l'Inde en deçà du Gange, avec Ceylan et les Maldives comme *appendice.*
XVIII.	*Région d'Indo-Chine.* ...	Péninsule de l'Inde au delà du Gange. Empire Birman. Royaume de Siam. Cochinchine. Malacca.

TRANSCAUCASIE RUSSE.

ÉTENDUE DE L'ISTHME CAUCASIQUE. — Les régions que baigne la mer Caspienne au sud-est, qu'arrosent au sud les fleuves du Kour et du Rioni ou *Phasis*, et qui comprennent tout le versant méridional du Caucase, forment une sorte d'isthme qui lie l'Europe à l'Asie occidentale.

La largeur de cet isthme est de 660 kilomètres entre l'embouchure du Rioni et le golfe de Bakou.

ORIGINE DU NOM DE CAUCASE. — On n'est pas d'accord sur l'étymologie du nom de *Caucase*, si célèbre en histoire et en poésie. L'opinion la plus vraisemblable le considère comme un composé des mots persans *koh*, signifiant *montagne*, et de *kaf*, c'est-à-dire *montagne blanche*. Dans l'ancien persan, ce nom est *koh kafsp*. Cette opinion s'appuie sur un passage d'Ératosthène, où ce savant assure que les indigènes du Caucase l'appelaient *Caspios*; mais Pline dit que le nom indigène était *Graucasus*, d'origine scythique, nom qu'on peut expliquer au moyen du gothique.

Suivant M. Klaproth, toutes les hautes montagnes qui forment des limites de pays sont encore appelées *Kaf* par les Persans. Les Arméniens donnent à cette chaîne les noms de *Kor-kas* et de *Kaukaset*, dans lesquels on retrouve l'ancienne étymologie persane. Mais les Persans le nomment aujourd'hui *Elbrouz*, nom qui signifie *monts formant des pics*, et que nous conservons sur nos cartes au pic principal. Les Géorgiens l'appellent quelquefois *Thémi*; cependant, à l'exemple des Nogaïs et des Kalmouks, ils le désignent sous le nom de *Ial-bouz* ou *Iel-bouz*, dont l'origine est turque, et qui signifie *crinière de glace*.

LONGUEUR, DIRECTION, ASPECT DE LA CHAINE DU CAUCASE. — Les anciens ont comparé le Caucase aux Alpes sous le rapport de l'élévation. Il est certain que le milieu de cette chaîne est hérissé de glaciers ou blanchi de neiges éternelles. Elle s'étend du nord-ouest au sud-est, depuis Anapa, sur la mer Noire, près du détroit d'Ieni-Kaléh, jusqu'au cap d'Apchéron, sur une longueur de 950 kilomètres en ligne droite, ou de 1,300 kilomètres en suivant ses sinuosités. Tant qu'elle suit la côte de la mer Noire, elle ne s'élève guère à plus de 600 à 2,400 mètres; elle offre alors des pics sauvages, abruptes, couverts de forêts impénétrables. Le massif central est compris entre les sources du Térek et du Kouban; il commence à l'ouest au glacier de l'*Elbrouz*, qui atteint 5,427 mètres, et se termine à l'est au mont *Karbek* ou *Mginvari*, dont l'altitude est de 4,420 mètres; c'est alors une énorme muraille, dont la crête découpée n'offre aucun passage d'un versant à l'autre. Au delà du Karbek, se trouve le passage de Dariel; la chaîne décroît ensuite, gardant cependant une hauteur de 2,000 à 400 mètres, sans pour cela cesser d'être âpre, escarpée et sans autres passages praticables, car l'on ne saurait donner ce nom à des sentiers dangereux connus seulement de quelques montagnards. Au midi, le Caucase joint les nombreuses chaînes du mont Taurus, qui parcourent toute l'Asie occidentale; au nord, il borde presque immédiatement les vastes plaines où erraient jadis les Sarmates, et où errent aujourd'hui les Cosaques et les Kalmouks; à l'est, il domine par des précipices escarpés sur la plaine étroite qui le sépare de la mer Caspienne.

DÉFILÉS DU CAUCASE. — Les deux principaux passages du Caucase sont désignés chez les anciens sous le nom de *Portes Caucasiennes* et *Albaniennes*. Le premier est, sans contredit, le défilé qui conduit de Mozdok à Tiflis; c'est l'étroit vallon de quatre journées, où, selon Strabon, coulait la rivière *Aragon*, aujourd'hui *Arakui*. Ainsi que Pline le dit, c'est un énorme ouvrage de la nature, qui a taillé une longue ouverture parmi les rochers, ouverture qu'une porte de fer grillée suffirait encore pour intercepter; c'est le passage par lequel, selon Priscus, les barbares du Nord menaçaient également l'empire romain et celui des Perses. Le château fort qui fermait ce passage reçoit divers noms chez les anciens: celui qui subsiste aujourd'hui se nomme *Dariel* ou *Dariéla*; il est bâti immédiatement au-dessous de l'ancien, et le défilé a été considérablement élargi par suite de sa construction.

Les *Portes Albaniennes* des anciens seraient, selon l'opinion commune, la Passe de Derbent, le long de la mer Caspienne; mais si l'on compare avec soin tous les indices que nous a laissés l'antiquité; si on réfléchit sur le silence qui est gardé dans les descriptions de ce passage à l'égard de la mer Caspienne; si l'on se rappelle que Ptolémée place expressément les Portes d'Albanie près les sources du fleuve *Kasius*, qui, d'après tout l'ensemble de sa géographie, est le *Koïsou*; si on observe que le même géographe place les *Diduri*, voisins des *Tusci*, près des *Portes Sarmatiques*, et que ces deux tribus, sous les noms de *Didos* et de *Tousches*, demeurent encore près d'un défilé qui passe par le territoire d'Ouma-Khan, le long de la frontière du Daghestan, et traverse ensuite le district de Kagmauchavie, on restera persuadé que c'est là qu'il faut chercher les *Portes Albaniennes* ou *Sarmatiques*, jusqu'ici méconnues. Le nom de *Portes Caspiennes*, appartenant en propre à un défilé près de Téhéran, dans l'ancienne Médie, est appliqué vaguement, par Tacite et quelques autres anciens, à diverses passes du Caucase. D'avec toutes ces passes qui traversent la chaîne du sud au nord, il faut distinguer les *Portes Ibériennes*, ou le défilé de Parapaux, aujourd'hui *Chaourapo*, par lequel on arrive de l'Iméréthie en Kartalinie; défilé où, du temps de Strabon, on franchissait des abîmes et des précipices, mais que les Persans, dans le quatrième siècle, ont rendu praticable aux armées.

NATURE GÉOLOGIQUE DU CAUCASE. — Les sommets du Caucase sont de granit. La bande granitique est accompagnée, de deux côtés, de montagnes schisteuses et ensuite calcaires. On dit que cette chaîne présente une grande régularité; sa direction en ligne droite rend cette assertion assez vraisemblable. Mais les montagnes calcaires secondaires paraissent devoir occuper plus d'espace du côté méridional, où la chaîne s'étend par un plus grand nombre de branches. Du côté septentrional, la base des montagnes, calcaire et schisteuse, est recouverte par de vastes dunes de sable qui se perdent peu à peu dans l'aride plaine appelée *steppe de Kouma*.

MINES DU CAUCASE. — Les témoignages des anciens et des modernes s'accordent à placer dans les contrées caucasiennes des mines d'or, d'argent et de fer: plusieurs rivières roulent des paillettes d'or qui, interceptées et reçues sur des peaux de mouton, fournissent, à ceux qui veulent tout interpréter, une explication naturelle de la fable de la toison d'or.

RIVIÈRES. — Du versant septentrional du Caucase descendent le *Koïson*, le *Terek* et le *Kouban*. Ces deux derniers, qui sont les plus considérables, reçoivent un grand nombre d'affluents torrentiels, parmi lesquels nous nommerons la *Soundja*, l'*Urup* et la *Laba*. Du versant méridional qui est moins abrupte que le précédent, descendent de plateaux en terrasses successives le *Rioni* et le *Kour*: ce dernier, qui est de beaucoup le plus important, reçoit des montagnes de nombreux affluents, dont le principal est l'*Alazani*, grossi de la *Jora* et du *Turgan*.

PRODUCTIONS NATURELLES. — Le Caucase est une des régions les plus intéressantes du globe pour l'histoire naturelle et civile. Tous les climats de l'Europe et toutes espèces de terrains s'y retrouvent: au centre, des glaces éternelles et des rochers stériles où habitent les ours, les loups, les chacals; le chaus, animal du genre des *felis*; le bouquetin du Caucase (*capra caucasica*), qui aime les sommets escarpés des montagnes schisteuses; le chamois, qui se tient au contraire sur les montagnes calcaires inférieures; le lièvre terrier, le putois, l'hermine, l'argali, une infinité d'oiseaux de proie et de passage; au nord, des collines fertiles en blé, et de riches pâturages où errent les superbes chevaux circassiens; plus loin, des plaines sablonneuses, couvertes de plantes grossières, mais mêlées de bas-fonds d'une nature plus grasse; au midi, de magnifiques vallées et plaines, où, sous le climat le plus salubre, se développe toute la richesse de la végétation asiatique. Partout où la pente se dirige vers l'ouest, l'est ou le midi, les cèdres, le cyprès, les saviniers, le genévrier rouge, les hêtres et les chênes, revêtent les flancs des montagnes. L'amandier, le pêcher, le figuier, croissent en abondance dans les chaudes vallées abritées par les rochers. Le cognassier, l'abricotier sauvage, le poirier à feuilles de saule, la vigne, abondent dans les halliers, les buissons et sur les bords des forêts. Le dattier, le jujubier, l'épine du Christ, indigènes dans cette contrée, en attestent la douce température. Les marais sont ornés de très-belles plantes, telles que le *rhododendron ponticum* et l'*azalea pontica*. L'olivier cultivé et l'olivier sauvage, le platane oriental, le laurier mâle et femelle, embellissent les rivages de la mer Caspienne. Les hautes vallées sont parfumées par le seringa, le jasmin, le lilas et la rose caucasienne.

PEUPLES DU CAUCASE. — L'isthme caucasien renferme un nombre extraordinaire de petites nations ; quelques-unes sont des restes de hordes asiatiques qui, dans la grande migration des peuples, passèrent et repassèrent par ces montagnes ; mais le plus grand nombre se compose de tribus indigènes et primitives. Ces tribus conservent chacune leur langage particulier, et ces idiomes remontent probablement à l'origine du genre humain. La physionomie caucasienne renferme les traits caractéristiques des principales races de l'Europe et de l'Asie occidentale. Les animaux domestiques et les plantes cultivées de ces deux parties du monde se retrouvent dans le Caucase ou dans ses environs. Les antiques et mémorables écrits attribués à Moïse, l'allégorie de Prométhée chez les Grecs, la fameuse expédition des Argonautes, plusieurs traditions des Scandinaves, tout nous reporte vers le Caucase, tout concourt à nous faire chercher dans cette contrée un des points d'où le genre humain s'est répandu sur une grande partie de la surface du globe. Mais ces questions sortent des limites que nous nous sommes tracées. Nous classerons les nations caucasiennes sous sept grandes divisions, d'après les sept langues principales qu'elles parlent ; savoir :

1. Les *Géorgiens*, subdivisés en......
   - *a*) *Géorgiens* proprement dits.
   - *b*) *Iméréthiens.*
   - *c*) *Gouriens.*
   - *d*) *Mingréliens.*
   - *e*) *Souanes.*
2. Les *Abases*, subdivisés en plusieurs tribus.
3. Les *Tcherkesses* ou
   Circassiens.....
   - *a*) *Circassiens du Kouban.*
   - *b*) *Circassiens de la Cabardie.*
4. Les *Ossètes*, divisés en diverses tribus.
5. Les *Kistes* ou *Tchetchentzes*, avec les *Ingouches* et autres tribus.
6. Les *Lesghiz*, divisés d'après leurs huit dialectes.
7. Les restes des Tatars ou Tatares, des Mongols, des Huns et d'autres colonies étrangères disséminées sur le Caucase.

DIVISIONS POLITIQUES. — L'établissement des Russes sur le versant méridional du Caucase, aux dépens de la Perse et de la Turquie, ne date réellement que du dix-neuvième siècle.

La Transcaucasie forme aujourd'hui un gouvernement général composé des gouvernements particuliers de *Tiflis*, de *Koutaïs*, de *Chamakhi*, d'*Érivan* et du gouvernement de *Derbend* (Daghestan), situé en Europe.

Nous allons décrire chacune des anciennes provinces qui composent ces gouvernements modernes.

GOUVERNEMENT DE TIFLIS OU GÉORGIE. — La *Géorgie* proprement dite appelle nos premiers regards comme étant située au centre de l'isthme. Les Russes appellent ce pays *Grousia*, et les Persans *Gourgistan*, mais les auteurs indigènes comprennent les quatre anciens royaumes de *Kartueli* ou *Karthli*, d'*Iméréthie* ou d'*Iméréthi*, de *Mingreliia* et de *Gouriia*, sous le nom général d'*Ibérie* ou *Iverie*. Il paraît que cette dénomination classique est aujourd'hui inconnue à la plupart des habitants.

Selon quelques savants modernes, le nom de *Géorgiens* viendrait de celui du grand fleuve *Kour* (Kor, Kyros, Cyrus) qui arrose ce pays superbe ; de sorte que l'on devrait plutôt les nommer *Korgiens* ou *Kourgiens*.

Selon d'autres, le nom de Géorgiens vient de *Gourdji*, dénomination qui a fait donner à leur pays par tous les Orientaux celui de *Gourdjistan*. Mais ce nom de *Gourdji* ne date que de la fin du onzième siècle, époque à laquelle les Persans, sous le règne de Malek-Schah, conquirent la Géorgie, gouvernée alors par un roi nommé Giorgi, auquel le vainqueur restitua sa couronne. Ce fut depuis cet événement que les Persans donnèrent à la Géorgie le nom de *pays de Gourdji*, c'est-à-dire de *Giorgi*, puis celui de *Gourdjistan*. Cependant cette dénomination n'a pas été adoptée par les Arméniens : ceux-ci appellent les Géorgiens *Virk*, et la Géorgie *Ourastan*.

Les divers partages qui eurent lieu dans le moyen âge entre les princes d'Ibérie donnèrent naissance à trois royaumes, celui d'*Imirette*, d'*Iméréthi* ou d'*Iméréthie*, dont la *Mingrélie* et la *Gourie* sont des démembrements postérieurs, et ceux de *Karthalinie* ou *Karthli* et de *Kakhethi*. L'Iméréthie a quelquefois été désignée sous le nom de *Géorgie turque*. Le restant a été appelé *Géorgie persane* ; c'est à cette dernière portion que les écrivains actuels, surtout les Russes, restreignent le nom de Géorgie. Un prince vaillant, nommé Héraclius, en forma, vers la fin du dix-huitième siècle, un État indépendant, réuni depuis le commencement de ce siècle à l'empire russe.

Le *Kour*, qui arrose la grande vallée de la Géorgie, s'accroît des rivières d'*Aragui*, d'*Iora*, probablement l'*Iberus* des anciens, et de l'*Alazan*, qui est leur *Alazon* ; arrivé dans les plaines de Chirvan, il voit ses eaux se confondre avec celles de l'Aras ou Araxe ; les deux fleuves forment plusieurs canaux, tantôt unis et tantôt séparés ; de sorte qu'il pourrait paraître incertain, comme il l'était du temps de Strabon et de Ptolémée, si leurs embouchures doivent être considérées comme séparées, ou si le Kour engloutit l'Aras, ce qui a lieu en effet.

La Géorgie jouit d'une température très-douce, et en général très-saine, offre une agréable variété de montagnes, de forêts et de plaines ; toutes les productions communes des pays caucasiens y abondent ; mais les habitants, peu nombreux, négligent les dons de la nature. Dans la saison sèche, qui commence ordinairement au mois de mai et finit au mois de novembre, les Géorgiens s'occupent à arroser un sol qui leur rend, sans beaucoup de travail, les fruits les plus précieux. On cultive le froment, le *gomi* ou l'*holcus bicolor*, le *djikoura* ou l'*holcus sorghum*, le maïs et le millet. La culture du chanvre et du lin est presque générale. On voit prospérer, avec très-peu de soin, des pêches, des abricots, des amandes, des coings, des cerises, des figues et des grenades ; les vignes, abondantes et de bonne espèce, donnent un vin qu'on envoie en Perse. Celui de Kakhethi ne se conserve pas bien, parce qu'il est mal fait, mais il pétille de feu. Les pommiers, la garance, les cotonniers sont cultivés avec quelque soin. Les champs sont couverts de melons et de pastèques ; cependant, malgré la fertilité du sol, l'agriculture y est dans l'enfance : la charrue y est si pesante, qu'il faut y atteler six ou huit paires de buffles. On vante aussi l'éducation des abeilles ; les chevaux et les bêtes à cornes rivalisent avec les meilleures races européennes en grandeur et en beauté ; les moutons à grande queue donnent une excellente laine.

Les Géorgiens, ou, pour mieux dire, les Ibères, peuple indigène du Caucase, parlent une langue radicalement différente de toute autre langue connue, et dans laquelle il a été composé, dans le douzième siècle, beaucoup d'ouvrages d'histoire et de poésie. Les Géorgiens croient pourtant descendre d'une souche commune avec les Arméniens. Ils sont en général beaux, bien faits et agiles ; ils ne manquent pas d'esprit naturel, mais ils sont intéressés et aiment à boire. Ils ont adopté une partie du costume persan, parce que les nobles étaient souvent élevés à la cour de Perse, et que les gens du peuple servaient de garde aux souverains de ce pays. Les Géorgiens sont rarement sans armes, et même aux champs ils ont à côté d'eux des fusils et des poignards, pour se mettre en garde contre les brigands des montagnes voisines.

Dans le triste état où les guerres et les révolutions ont mis ce beau pays, les indigènes, malgré leur goût pour le négoce et les voyages, font un commerce peu considérable. La beauté de leurs femmes n'est pas moins célèbre que celle des Circassiennes, quoique leur teint ne soit pas aussi blanc ni leur taille aussi svelte. Beaucoup de Géorgiens habitent des cabanes à moitié enfoncées dans la terre. Dans le Kakhethi, province où la civilisation a fait plus de progrès, on trouve des espèces de maisons. Une mince charpente, des murs en claies d'osier, recouverts d'un mélange d'argile et de fiente de vache, surmontés d'un toit de jonc ; une chambre de cinq brasses de long sur quatre de large, où la lumière entre par la porte ; un plancher qui sert à sécher la garance et le coton ; une petite fosse au milieu de l'appartement où l'on entretient le feu, et au-dessus un chaudron de cuivre attaché à une chaîne, et enveloppé d'une fumée épaisse qui s'échappe par le plafond et la porte ; voilà de quoi se compose une de ces maisons. On trouve presque dans tous les villages des tours qui, à l'approche des hordes de Lesghiz, servent d'asile aux femmes et aux enfants.

L'ancienne Géorgie forme aujourd'hui le *gouvernement de Tiflis* ; il se compose de cinq arrondissements dont les chefs-lieux sont Tiflis, la capitale ; Gori, Ananour, Signakh et Ielisavetpol ou Gandja.

Tiflis, Teflis ou *Tbilisi*, compte ordinairement plus de 30,000 habitants. La cathédrale, appelée église de Sion, est un vaste et bel édifice. Les principaux établissements sont, un hôtel des monnaies, un arsenal, un gymnase pour les jeunes gens nobles, une école pour les élèves attachés à l'état-major du corps du Caucase, un superbe hôpital, deux caravansérails, l'un pour les Persans et l'autre pour les Turcs, et deux bazars où l'on compte plus de 700 boutiques. L'industrie consiste principalement en manufactures d'armes et de soieries. Le commerce, qui est dans cette ville presque exclusivement entre les mains des Arméniens, est très-actif, et consiste en importations de marchandises de l'Allemagne, de la Russie et de la Perse. Tiflis est à environ 260 kilomètres de la mer Noire, 380 de la mer Caspienne et 2,000 de Saint-Pétersbourg. Le Kour coule à ses pieds avec une grande rapidité, resserré entre des rochers. La moitié des habitants se compose d'Arméniens ; le reste, de Géorgiens, de Mingréliens, de Lesghiz, de Tatars et de Persans.

Mtzkhetha, sur la rive gauche du Kour, à 22 kilomètres au-dessus de Tiflis, dans l'angle formé par le fleuve et l'*Aragui*, l'un de ses affluents, était jadis la capitale de la Géorgie et la résidence du patriarche ; mais après avoir été dévastée d'abord par Tamerlan, puis par les Persans, elle n'est plus qu'un village, où l'on remarque encore une forteresse assez bien conservée, une cathédrale construite il y a neuf siècles, dans un beau style, et quelques ruines d'anciens édifices qui annoncent sa splendeur passée. On y traverse le Kour sur un ancien pont attribué à Pompée et restauré par les Russes. *Gori*, ville de 1,800 habitants, est à 46 kilomètres plus haut sur la rive gauche du fleuve, sise entre deux montagnes ; elle est défendue par une forteresse bâtie sur le haut d'un rocher. Son nom signifie *colline* en géorgien. Elle est principalement peuplée d'Arméniens.

Ananour ou *Ananouri*, à 50 kilomètres au nord de Tiflis, sur la rive droite de l'Arkala, est, malgré son titre de chef-lieu, une misérable ville dont les maisons, groupées autour d'une forteresse, sont en partie très-basses et en partie souterraines. *Telav* ou *Telavi* est au contraire une charmante résidence. Elle n'a que 1,200 habitants; mais elle est située dans une jolie vallée, sur le penchant d'une colline, et la plupart de ses maisons sont ombragées par de beaux arbres. Ses bazars sont bien fournis. Elle est défendue par trois forts. *Signakh* ou *Signakhi* n'est important que par sa forteresse.

Au sud du Kour et sur la petite rivière de Gandja, affluent de ce fleuve, on remarque *Ielisavetpol*, autrefois *Ghendjeh* ou *Gandja*, ville fort ancienne qui était la résidence d'un khan, et qui, bien qu'elle soit déchue, est encore la plus importante après Tiflis. On lui donne 15,000 habitants. Elle est fortifiée. Dans ses environs on remarque d'immenses ruines en pierres et en briques, un monument appelé la *colonne de Chamkhor* dont l'origine est inconnue et que les habitants attribuent à Alexandre le Grand. Elle est haute d'environ 60 mètres, et entourée d'un escalier extérieur en spirale qui conduisait au sommet lorsqu'il était moins dégradé. Ces monuments et les médailles parthes, perses, grecques et romaines, attestent ici l'antique splendeur d'une ville qui n'est plus.

GOUVERNEMENT DE KOUTAIS (Géorgie ottomane, Iméréthie, Gourie, Mingrélie et Abasie). — A l'ouest de la Géorgie proprement dite s'étend la *Géorgie ottomane*, qui dépend du gouvernement de Koutaïs; c'est l'ancien pachalik de *Tchildir*, pays qui a été cédé en vertu des derniers traités par la Porte à la Russie. Sa principale ville est *Akhaltsikhé*, dont le nom signifie *château neuf*. Les Turcs l'ont nommée *Akiskha*. Son étendue ou a fait évaluer la population à 40,000 âmes; mais il est probable qu'elle n'en a pas plus de 15,000. Une belle forteresse la défend. On y remarque la mosquée d'Ahmed, bâtie sur le plan de celle de Sainte-Sophie de Constantinople, et à laquelle est annexé un collège, où se trouve une bibliothèque qui était regardée comme l'une des plus riches de l'Orient avant que les Russes en fissent transporter à Saint-Pétersbourg les livres les plus précieux.

En 1832, le gouvernement russe a fait construire la nouvelle ville d'*Akhaltsikhé* au pied d'une montagne sur la rive droite de la Potchavka, emplacement qui, par son étendue, le peu d'inclinaison du terrain et l'abondance des eaux, offre tous les avantages que l'on peut désirer; tandis que l'ancienne Akhaltsikhé n'a que de l'eau de citernes. Ses rues sont larges et bien alignées; quelques maisons sont belles : tout annonce que cette ville deviendra l'un des ornements de la Russie asiatique méridionale. *Goumri* ou Alexandropol est une forteresse bâtie sur un roc élevé sur les bords de l'*Arpatchaï*, affluent de gauche de l'Araxe, dont le cours détermine la limite entre les possessions russes et ottomanes. Cette forteresse est pour la Russie un point stratégique important, aussi y a-t-on établi un beau camp retranché.

La population de la Géorgie proprement dite peut aller à 390,000 individus, dont les deux tiers sont indigènes et attachés au rite grec; les Arméniens et les juifs sont en grand nombre.

L'ancienne Géorgie turque est peuplée d'environ 50 à 60,000 âmes.

Ces deux pays ne sont jusqu'à présent d'aucun produit pour la Russie; mais il n'est pas douteux qu'une sage administration peut y faire développer les germes d'une grande prospérité.

Avant que la famille royale, que les uns font descendre d'un juif Bagrat, et les autres d'un seigneur persan, nommé Pharnavaz, eût cédé ses droits à la Russie, la Géorgie était une monarchie féodale, que plusieurs excellents princes n'ont pu ni consolider ni perfectionner. Les princes et les nobles formaient deux castes distinctes. Les premiers ne payaient aucune contribution; mais ils étaient obligés, en temps de guerre, de suivre le roi avec leurs vassaux. Les procès qui s'élevaient entre eux étaient jugés par le monarque. Les nobles payaient certains droits à celui-ci et aux princes. Quoique demeurant dans des chaumières, leur orgueil était égal à leur pauvreté et à leur ignorance. Les gens du peuple vivaient dans la servitude la plus absolue; ils étaient vendus, donnés et mis en gage comme une pièce de bétail. Tous les hommes en état de porter les armes étaient soldats; chaque noble commandait ses serfs, mais le roi nommait le général en chef. Les revenus du souverain consistaient dans le cinquième de toutes les productions des vignobles, des champs et des jardins, dans les droits d'entrée et de sortie sur les marchandises, et dans ce que rapportaient quelques mines faiblement exploitées. Aujourd'hui, le pays est entièrement organisé comme les autres provinces russes.

Les *Iméréthiens*, dont le nom vient de celui des Ibériens, sont les voisins des Géorgiens du côté du nord-ouest, et parlent un dialecte géorgien. De petits bonnets qui leur sont particuliers, la chevelure longue, le menton rasé avec une moustache retroussée, des habits qui descendent à peine aux genoux, et qui forment beaucoup de plis sur les hanches, des rubans roulés autour des mollets, des ceintures larges; voilà à peu près en quoi consiste la parure d'un Iméréthien. 20 à 25,000 familles formant environ

80 à 100,000 individus, demeurent le long des rivières et des bois. A cause de sa situation élevée, le pays reste longtemps couvert de neige; les vallées sont marécageuses. L'entretien du bétail, des abeilles, des vers à soie, y est poussé à un plus haut degré de perfection que dans toutes les autres contrées du Caucase. Un seul cep de vigne fournit du vin à une famille entière. L'indolence des habitants laisse périr inutilement les riches dons du sol et du climat. C'est ici que jadis le *Rhion* ou *Rioni*, l'ancien *Phasis*, sur lequel on ne voit maintenant que des nacelles de troncs d'arbres creusés, portait jusqu'à cent vingt ponts, et qu'un trajet continuel de marchandises unissait en quelque sorte ce fleuve au Cyrus, et par conséquent la mer Caspienne à la mer Noire.

On voit encore les ruines de *Sarabana*, aujourd'hui *Schorabana*, qui n'est qu'un gros village, et l'ancienne *Cytæa*, aujourd'hui *Koutaïs* ou *Kotatis*, près de laquelle résidait le tsar ou l'ancien prince de l'*Iméréthie*, dans une espèce de camp. Koutaïs est aujourd'hui le chef-lieu du gouvernement russe du même nom, qui comprend la Géorgie ottomane, l'Iméréthie, la Gourie, la Mingrélie, et la partie soumise du pays des Abases. Ce gouvernement se partage en cinq arrondissements. Le faible commerce actuel des Iméréthiens se fait ordinairement en deux endroits situés sur le Rioni, à *Oni* et à *Choni*; on y échange des grains, des chevaux, des ustensiles en cuivre, contre des draps et des étoffes. A *Zadis*, vers l'orient du pays, on trouve de l'hématite, d'où l'on tire du fer; on en forge divers ustensiles.

Vers le nord est situé le *Radcha*, district principal, qui peut mettre sur pied 5,000 guerriers. *Radchin* en est le chef-lieu. Les villages des habitants de la plaine ont une grande étendue; dans les villages des montagnards, les maisons sont serrées les unes contre les autres; les habitations des premiers sont en claies d'osier, celles des autres en planches.

La capitale de l'Iméréthie est *Koutaïs*, que l'on appelle, ainsi que nous l'avons dit, *Kotatis* ou *Kouthatis*. Cette ville n'a que 5,000 habitants : elle est située sur la gauche du Rioni. C'est la résidence d'un évêque et d'un gouverneur dont la juridiction s'étend sur l'ancienne Géorgie ottomane (Akhaltsikh), l'Iméréthie, la Mingrélie, la Gourie et la Grande Abasie. On voit dans ses environs les ruines d'une ancienne ville dont l'antique cathédrale offre encore de beaux restes, et dont la forteresse dut être considérable. Les habitants de Koutaïs, dont plus de la moitié se compose de juifs, et le reste d'Arméniens, s'occupent beaucoup de jardinage. Non loin de cette ville, on remarque le grand couvent de *Génath*, appelé vulgairement *Gelath*, dans lequel on conserve une riche bibliothèque, et l'un des battants de la porte en fer de Derbent, qui y fut porté par un roi nommé Dawith. Le supérieur de ce couvent est un archevêque : on lui donne le titre de Genathel. *Bagdad*, à 25 kilomètres au sud de Koutaïs, est une petite ville fortifiée; elle a 1,300 habitants.

Les montagnes de Radcha passent pour être riches en mines d'argent, de cuivre et de fer. Mais ce que ce district offre de plus remarquable, c'est une grande quantité de ruines parmi lesquelles on trouve fréquemment des médailles grecques et sassanides.

Les *Gouriens* habitent la contrée située au bord de la mer Noire, au sud du Phasis. Ruinés par les pachas voisins, ils abandonnèrent la navigation et la pêche; et même depuis qu'ils sont soumis à la Russie, ils ne profitent d'aucune des nombreuses richesses qui leur sont offertes par la nature. La *Gourie* jouit d'une température saine, d'un sol propre à l'agriculture et à l'entretien du bétail, d'un climat dont la douce influence fait prospérer le cotonnier, les citrons, les olives et les oranges. De tous les environs du Caucase, ce n'est qu'ici que mûrissent ces fruits. Le peuple, ainsi que sa langue, a éprouvé plusieurs mélanges; on y rencontre des Turcs, des Tatars, des Arméniens et des Juifs.

La population se compose d'environ 6 à 7,000 familles; mais il n'y a que deux ou trois endroits où l'on voit plusieurs habitations groupées autour d'un couvent ou d'un château; le reste paraît dépeuplé. De nombreuses ruines de châteaux et de villages annoncent que ce pays fut autrefois plus peuplé. On sait que la Gourie est une partie de la Colchide des anciens. A la paix de 1812, les Turcs en cédèrent la suzeraineté à la Russie; aujourd'hui elle est une partie intégrante de cet empire. *Batoum* ou *Batoumi*, le chef-lieu de la Gourie, est situé sur la côte de la mer Noire; son port est très-fréquenté. *Pota* ou *Pothi*, à l'embouchure du Rioni, est une ville de 1,200 habitants.

Les *Mingréliens* habitent au nord des Gouriens, et à côté des Iméréthiens, dans le même pays que jadis possédèrent les Colchiens, et ensuite les anciens Laziens. De vieilles cités en ruines, quelques forteresses russes qui maintiennent le pays dans l'obéissance, tel est le tableau de la Mingrélie. Un grand bonnet de feutre sur la tête, les pieds nus ou enveloppés de peaux, qui ne sont que de faibles préservatifs contre la boue de ce pays humide, des chemises et des habits sales; voilà le costume du Mingrélien : c'est ainsi qu'on le trouve au milieu de femmes débauchées, qui mangent avec les doigts, et qui élèvent leurs enfants au mensonge, au pillage et au brigandage.

Les Turcs vont chercher en Mingrélie de la soie, de la toile, des fourrures, et particulièrement des peaux de castors, du miel rouge et blanc; ils y portent en échange des sabres, des arcs et des flèches, des ornements pour les chevaux, des draps et des couvertures, même du cuivre et du fer; car les anciens possesseurs de la toison d'or n'exploitent à présent aucun métal.

Redout-kaleh, petite ville aujourd'hui en ruines, possédait avant la guerre d'Orient le port le plus fréquenté de la côte. *Anaklia* ou *Anakria*, à quelques kilomètres au nord-ouest à l'embouchure de l'Ingour, paraît occuper l'emplacement de l'antique *Héraclée;* elle a un petit port. C'est le siége d'un commerce assez actif.

La Mingrélie est encore aussi humide, chaude et fiévreuse qu'à l'époque où Hippocrate la décrivit sous le nom de Colchide. En été, il y règne des maladies pestilentielles qui enlèvent les hommes et les animaux. La végétation y est d'une extrême activité; tous les fruits y viennent sans qu'on prenne soin de les greffer; il est vrai qu'ils ne sont pas toujours d'un goût exquis. Les châtaigniers et les figuiers abondent. On ne vante que le vin, qui est salubre et plein de feu; il y a aussi du riz et du millet ou du *gom*. Les Mingréliens ne cultivent plus le lin, qui, du temps d'Hérodote et de Strabon, fournissait aux Colchiens la matière d'une fabrication importante, dont Chardin observa encore les restes. Le seul objet auquel ils donnent quelque soin, c'est l'entretien des abeilles. Le miel de quelques cantons où abonde l'*azaleapontica*, est amer, comme Strabon l'avait observé. C'est au delà du Phasis, dans la *Gourie*, que Xénophon trouva une sorte de miel qui donnait une espèce de délire à ceux qui en mangeaient, effet que Pline attribue au *rhododendron*, arbrisseau abondant dans les forêts où voltigent les abeilles.

Les superstitions sont extrêmement répandues en Mingrélie. Les missionnaires du dix-septième siècle ne parvinrent pas même à faire supprimer une fête qu'on y célébrait en l'honneur d'un bœuf, et qui rappelle le culte d'Apis. Le prince de la Mingrélie prend le titre de *Dadian* ou maître de la mer; depuis 1803 il s'est déclaré vassal de la Russie, qui lui assura, ainsi qu'à ses descendants, la jouissance des droits qu'il possédait. Malgré son titre de maître de la mer, il ne possède pas une barque de pêcheur; ordinairement il erre avec sa suite d'endroit en endroit, et son camp, séjour de la licence, l'est aussi de la misère. Les Mingréliens nobles aiment la chasse; ils savent apprivoiser des oiseaux de proie qui servent à faire la guerre au gibier. Un proverbe mingrélien cite un bon cheval, un bon chien et un bon faucon comme trois choses indispensables à la félicité humaine. La chasse fournit au Mingrélien une provision abondante de venaison. Dans ses repas il mange encore des faisans, oiseaux indigènes de ce pays, dont le Phasis forme la frontière.

A l'est d'Odichi et de la Mingrélie proprement dite est située la petite province mingrélienne de *Letchgoum*, dont les habitants demeurent dans des cabanes de pierre.

La population de la Mingrélie se compose de 14,000 familles géorgiennes, arméniennes, tatares et juives; mais la religion grecque y est dominante, et le pays est divisé en trois diocèses.

L'*Abasie* s'étend sur le versant méridional du Caucase depuis la Mingrélie jusqu'aux frontières de la Circassie occidentale. C'est un pays arrosé par un grand nombre de petits cours d'eau, et très-fertile, quoique montueux.

Les Abases ou Abhases, qui se donnent eux-mêmes le nom d'*Absne*, sont des barbares bien faits, endurcis et agiles; un visage ovale, une tête comprimée sur les côtés, un menton court, un grand nez, des cheveux d'un châtain foncé, leur donnent une physionomie nationale très-remarquable. Les Grecs les connurent jadis, sous le nom d'*Aschæi*, comme des pirates rusés et redoutables; sous le nom d'*Abasgi*, ils étaient décriés chez les Byzantins pour leur commerce d'esclaves. Les Circassiens invitèrent un jour les princes abasiens à une assemblée, et après avoir gagné leur confiance, ils assassinèrent les chefs de ce peuple libre. Depuis cette époque, les Abases, livrés à des guerres civiles, ont perdu le peu de civilisation qu'ils avaient reçu de Constantinople. On trouve pourtant dans la célébration du dimanche une faible trace de leur ancien christianisme. Les uns, nomades paisibles, errent dans les forêts de chênes et d'aunes qui couvrent le pays; les autres vivent d'un peu d'agriculture; tous sont enclins au brigandage, et se vendent les uns les autres aux marchands d'esclaves. La langue et les coutumes des Abases ressemblent beaucoup à celles des Circassiens, selon Guldenstedt; tandis que Pallas affirme que leur idiome ne lui parut avoir de rapport avec aucune langue connue. On présume qu'il y a dans le pays des Abases des mines d'argent cachées; mais ils n'en savent pas plus profiter que de leur situation, si propre à la navigation et à la pêche.

Les objets de commerce des Abases consistent en manteaux de drap et de feutre, en pelisses de renard et de fouine, en miel, en cire et en bois de buis, dont les Turcs font des achats considérables.

L'Abasie est en général couverte de forêts, où la chaleur et l'humidité entretiennent une végétation aussi abondante que celle de l'Amérique; les lianes y étouffent les arbres sous leurs branches entrelacées.

Soudjouk-kaleh, la plus occidentale et la plus septentrionale des villes de l'Abasie, est à 26 kilomètres au sud-est de la cité circassienne d'Anapa. C'est une place de commerce bien située, à l'entrée d'une petite baie, avec un bon port, et défendue par une forteresse. *Soubachi* n'est qu'un bourg à l'embouchure d'une petite rivière du même nom. *Mamaï* n'est aussi qu'un bourg, mais avec un bon port. Les autres lieux habités de la côte ne sont que des bourgades, à l'exception de *Soukgoum-kaleh* ou *Sokhoum-kaleh*, petite ville qui, sous le gouvernement turc, n'a fait que déchoir d'année en année : en 1787 elle avait 3,000 habitants, aujourd'hui elle n'en a pas 300; mais déjà elle commence à éprouver l'heureuse influence d'un gouvernement européen. C'est à 5 kilomètres au sud-est que se trouve *Iskouria*, ville maritime ruinée, qui paraît être l'antique *Dioscurias*, port dans lequel, au rapport de Pline, venaient commercer des marchands de trois cents nations différentes. *Pitsiounta*, à 25 kilomètres au nord-ouest, paraît être l'ancienne *Pityus*.

Les peuplades abases se distinguent sous les sept noms suivants : les *Arestkovaches*, les *Baghis*, les *Ibsips*, les *Inalkoups*, les *Madchaveis*, les *Oubyks* et les *Sasks*.

GOUVERNEMENT DE CHAMAKHI OU CHIRVAN. — La province de *Chirvan*, qui forme aujourd'hui le gouvernement russe de Chamakhi, occupe le bassin inférieur du Kour, depuis l'extrémité orientale de la Géorgie jusqu'à la mer Caspienne. Sa longueur, de l'ouest à l'est, est de plus de 250 kilomètres, sa largeur moyenne d'environ 200, et sa superficie de 24,000 kilomètres carrés. On y rencontre, surtout près des bords du Kour, un grand nombre de marais et de lacs, dont plusieurs sont salés. On y trouve aussi des steppes, dont la plus considérable est celle de *Moghan*, longue de 120 kilomètres et large de plus de 50, qui abonde en pâturages, mais qui est infestée de serpents. Les montagnes y renferment plusieurs métaux, parmi lesquels on exploite principalement le fer. Leurs cimes sont couvertes de forêts qui servent de retraite au chacal, à la gazelle, à l'antilope et à plusieurs autres espèces d'animaux. Les pâturages qui bordent les rivières nourrissent un grand nombre de chameaux, de buffles, de chèvres, de moutons à grosse queue, et de chevaux d'une race estimée. Les coteaux sont garnis de vignes qui fournissent le meilleur vin du Caucase; les champs sont couverts de coton, de chanvre, de garance, de safran, de soude et de tabac.

Le cotonnier du Chirvan est une plante herbacée annuelle qui a l'inconvénient de produire un coton trop court pour pouvoir être filé fin. La totalité du coton récolté annuellement est d'environ 1,637,200 kilogrammes; mais le pays pourrait en fournir dix fois autant, si les habitants étaient moins indolents et mieux éclairés sur leurs intérêts. C'est surtout sur le territoire de Bakou que la culture du safran est le plus répandue. On le récolte en mai. On assure qu'il ne le cède ni à celui de l'Italie ni à celui de l'Inde; il s'en fait une grande consommation dans le pays, et il s'en exporte annuellement pour plus de 500,000 francs.

Les pêcheries de l'Aras et du Kour forment une des branches les plus importantes de l'industrie du Chirvan. Les ports destinés à ces pêcheries se nomment *vatagas*, et sont au nombre de sept : *Bojii*, *Acouscha*, *Lopatine*, *Topra-kaleh*, *Arboutague*, *Aboutiane* et *Meneïmane*. La pêche se partage en trois périodes : celle du printemps (*béliak*), celle de l'été (*jarkovski*), et celle de l'automne. La première commence en mars et finit en juin; la seconde dure de juillet à septembre, et la troisième de septembre à décembre. Celle du printemps est la plus importante, elle fournit à elle seule les trois quarts du produit annuel. Les poissons que l'on prend sont les principales espèces d'esturgeons, telles que l'esturgeon commun, le *belouga* et le *serruga*; quant aux silures, ils sont aussi très-nombreux, mais on les rejette après en avoir extrait la colle, que le fermier de la pêche abandonne aux pêcheurs. Tout le poisson pris en été est mis en *balyk*, c'est-à-dire découpé, salé et séché au soleil; la pêche du printemps fournit les œufs d'esturgeons, qui sont convertis de suite en caviar. A l'exception du balyk, les produits de la pêche sont expédiés à Astrakhan, et forment le chargement d'une douzaine de navires.

On estime la population de la province de Chirvan à 135,000 habitants, la plupart *Turcomans*, *Arméniens*, *Tadjiks* et *Lesghiz*.

On remarque en traversant le Caucase une grande différence dans l'aspect que présente le versant septentrional ou européen et le versant opposé. Sur le premier on ne voit pas même un buisson ombrager les coteaux arides; sur le second, des ruisseaux serpentent au milieu de forêts d'arbres fruitiers et forestiers. *Noukhi* était autrefois le chef-lieu du khanat de Cheki; il est situé au pied de montagnes abruptes dont la cime atteint la hauteur des neiges perpétuelles. Cette ville est moins importante que celle de *Cheki*, composée de 500 maisons et défendue par un château fort où résidait le khan. *Vieux-Chamakhi*, que le roi de Perse Nadir-Schah détruisit en 1735, a vu dans ces dernières années relever ses murailles, réédifier ses bazars, reconstruire ses anciens édifices; et, replacé par les Russes au rang de capitale de la province, tout fait espérer qu'il reprendra son ancienne activité commerciale. *Nouveau-Chamakhi*, bâti par Nadir-Schah, et qui a eu jusqu'à 30,000 habitants, est aujourd'hui beaucoup moins important, tandis que *Bakou*, chef-lieu d'un arrondissement de ce nom, est la principale de la province comme place de guerre et de commerce, ainsi que par son port et sa population, que l'on évalue à 15 ou 20,000 âmes. Ses maisons sont mal bâties, et les toits se terminent la plupart en terrasses ; les rues sont étroites et tortueuses ; la principale est formée de deux rangées de boutiques ; et comme celles-ci ne s'ouvrent qu'en s'élevant de bas en haut, quand toutes ces portes sont ouvertes, la rue ressemble à un passage couvert. Bakou est entourée d'une double enceinte de murailles flanquées de tours ornées de canons ; tandis que, du côté de la mer, il n'y a qu'un simple mur que les vagues baignaient autrefois et dont elles n'approchent plus qu'à la distance de 5 mètres, ce qui semble indiquer un abaissement des eaux de la mer Caspienne. Cette ville possède quelques ruines remarquables, entre autres une arcade en ogive, servant autrefois d'entrée à la mosquée. Ses plus beaux édifices sont l'ancien palais du schah, et une église arménienne ; mais le plus digne d'attention est une tour ancienne, appelée la Tour de la Vierge, et qui paraît avoir servi de phare. Son port est le meilleur qu'il y ait sur la mer Caspienne : il est fermé par deux îles et défendu par deux forts. Il s'y fait une pêche importante ; c'est celle des phoques qui fréquentent ses parages. Ses principales exportations sont celles de l'opium, du vin, de la soie, du sel, du salpêtre et du naphte, que l'on recueille sur son territoire. Cette ville est regardée comme un lieu saint par les Hindous qui suivent encore les croyances des anciens Parsis, adorateurs du feu. Les motifs de cette croyance tiennent à un phénomène qui mérite d'être relaté.

A l'orient du Vieux-Chamakhi, le Caucase s'abaisse ; une grande langue de terre s'avance dans la mer Caspienne : c'est la péninsule d'*Apcheron* ou d'*Okoressa*, dont les terres argileuses et salines se couvrent d'une végétation languissante, mais où les fameuses sources de naphte sont un sujet d'admiration pour les voyageurs, et un trésor inépuisable pour la ville de Bakou. Les principaux puits, au nombre de 82, sont au village de *Balkhany ;* l'un d'eux donne 250 kilogrammes par jour. Non loin de là, à 15 ou 20 kilomètres de Bakou, s'étend le *champ des grands feux,* d'environ 5 kilomètres ; c'est un terrain d'où il sort continuellement un gaz inflammable. Des *guèbres,* ou adorateurs du feu, y ont bâti plusieurs petits temples. Dans l'un d'eux, près d'un autel, on a fixé dans la terre un large tuyau creux en forme de canne. De son ouverture supérieure sort une flamme bleue, plus pure que celle de l'esprit de vin ; il s'échappe une flamme semblable d'une ouverture horizontale ménagée dans le rocher. Une colline, près de Bakou, fournit du naphte blanc, mais on ne l'y trouve qu'en petite quantité ; les Russes s'en servent comme cordial et comme médicament ; ils l'appliquent aussi à l'extérieur. Non loin de là se trouvent deux sources d'eau chaude qui bouillent comme le naphte ; l'eau est imprégnée d'une argile bleue qui la rend épaisse, mais elle s'éclaircit en la laissant déposer ; quand on s'y baigne, elle fortifie et donne de l'appétit. Le khan de Bakou tirait du naphte un revenu de 40,000 roubles.

Les environs de Bakou semblent d'abord n'avoir rien de volcanique ; mais en réunissant les différents faits qui y ont été observés, on voit que les phénomènes qu'ils présentent tiennent le milieu entre les véritables volcans et les salses, et l'on est alors presque autorisé à admettre ces dernières parmi les effets volcaniques.

L'île *Pogoréaïa-Plita* (le roc brûlé), à l'embouchure du Kour, présente les mêmes phénomènes que les champs de limon de Iokmali.

A l'endroit où commence le Delta du Kour on voit la petite ville de *Salian,* célèbre par la pêche et le commerce de l'esturgeon. A environ 180 kilomètres à l'ouest, *Chouelah* ou *Chouchi,* forteresse construite sur un roc escarpé, n'est accessible que par un sentier étroit. Dans l'ancien territoire persan de Talysch, qui s'avance le long des côtes de la Caspienne, presque jusqu'à la latitude de Tauris, nous devons mentionner le petit port d'*Arkevan* et les postes avancés de *Lenkoran* et d'*Astara,* qui assurent à la Russie les moyens de pénétrer, si sa politique l'exigeait, dans les plus belles provinces de la Perse.

GOUVERNEMENT D'ÉRIVAN OU ARMÉNIE. — Les deux khanats persans d'Érivan et de Nakhtchivan, cédés par la Perse en vertu du traité de 1828, forment l'Arménie russe ou *province d'Érivan,* peuplée de 400,000 âmes.

La province d'Arménie comprend un plateau de 280 mètres de hauteur, entrecoupé de montagnes et de collines. Le sol en général en est bien arrosé, et fertile en céréales, en riz et en vignes. Le climat en est sain ; l'été y est doux, mais l'hiver y est très-rude. Elle est divisée en arrondissements ; sa capitale, *Érivan,* dont la population est de 15,000 âmes, se compose de 2,000 maisons éparses au milieu de champs et de jardins. La forteresse qui la défend couronne un rocher qui s'élève de 200 mètres au-dessus du Zenghi, petite rivière qui arrose la ville. C'est dans l'enceinte de cette forteresse que se trouvent le palais du gouverneur, une belle mosquée et une fonderie de canons. Au sud d'Érivan et sur les bords de l'Aras, *Ardachar* paraît occuper l'emplacement de l'ancienne ville royale d'Artaxata.

A 45 kilomètres au nord-ouest de cette ville, on voit le lac *Sivan* ou *Sebanga,* appelé aussi *Goukteha,* nom qu'il doit à la couleur bleue de ses eaux, qui est elle-même l'effet de sa grande profondeur. Il est long de 60 kilomètres et large de 20. Il nourrit un grand nombre de poissons, dont plusieurs passent pour des mets exquis. Vers son extrémité occidentale s'élève une petite île qui renferme un couvent où l'on relègue les moines de celui d'*Etchmiadzine* lorsqu'ils se sont rendus coupables de quelque délit. Ce dernier couvent, situé à quelques lieues à l'ouest d'Érivan, est l'ancien chef-lieu de la religion arménienne : c'est là que réside le principal patriarche de l'Arménie. Le village qui s'élève auprès a le rang de chef-lieu d'arrondissement.

Ptolémée parle d'une ville de *Naxnana,* située en Arménie ; on croit la retrouver dans *Nakhtchivan,* à peu de distance de l'Aras, et à 125 kilomètres au sud-est d'Érivan. Elle fut ruinée au commencement du dix-septième siècle, sous le règne d'Abbas Ier, qui en fit transporter les habitants dans l'intérieur de la Perse. Chef-lieu d'arrondissement, sa population, qui fut dix fois plus considérable, ne paraît pas dépasser 3,000 âmes. En descendant l'Aras, on arrive à la ville d'*Ourdabad,* peuplée de 6,000 âmes. Elle est sur la gauche du fleuve, près d'une cataracte que forment ses eaux en tombant de 7 mètres de hauteur. *Goumri,* que l'on nomme de préférence *Alexandropol,* est une ville forte que sa situation près de la frontière ottomane rend très-importante. Il y a un camp retranché. Sa population est ordinairement de 10 à 12,000 âmes.

Telles sont les provinces asiatiques qui forment avec le Daghestan (1) la Transcaucasie. Voici le tableau statistique de cette partie de l'empire russe.

GOUVERNEMENT GÉNÉRAL DE TRANSCAUCASIE (2).

GOUVERNEMENTS.	ANCIENNES PROVINCES.	SUPERFICIE en kilomètres carrés.	POPULATION en 1851.	NOMBRE D'ARRONDISSEMENTS.	VILLES PRINCIPALES.
Tiflis.	*Géorgie persane*		491,485	5	*Tiflis,* 30,000. — Telavi, 2,000. — Gori, 1,800. — Ananouri, 1,000.
Koutaïs.	*Géorgie ottomane, Iméréthie, Gourie, Mingrélie et Abasie.*		305,702	5	*Koutaïs,* 5,000. — Akhaltsiké, 15,000. — Goumri, 1,200. — Soukoum-kaleh, 1,500.
Chamakhi.	*Chirvan et Talysch.*	213,254	603,006	5	*Chamakhi,* 30,000. — Bakou, 15,000. — Chouchi, 2,000. — Lenkoran, 5,000.
Érivan.	*Arménie persane.*		294,322	5	*Érivan,* 15,000. — Nakhtchivan, 3,000. — Ourdabad, 6,000.
Derbend.	*Daghestan.*		453,284	2	*Derbend,* 12,000. — Tarkou, 6,000. — Karaboudak, 15,000. — Koura, 2,000. — Kouba, 6,000. — Aloucha, 5,000.
Territoire de Schamkal (3).	'		25,785	'	*Schamkal.*

(1) Le Daghestan, par sa position sur le versant septentrional du Caucase, appartenait physiquement à l'Europe ; nous l'avons décrit avec les provinces russes de cette partie du monde ; voir *Russie d'Europe,* page 18.

(2) Ce tableau complète les *Tableaux statistiques* donnés page 91 de la Russie d'Europe.

(3) M. de Köppen, dans sa *Statistique générale de l'Empire russe,* fait mention de ce gouvernement, qui ne figure pas dans d'autres statistiques, et le place entre ceux de Stauropol (*Europe*) et de Derbend (*Asie*).

TURQUIE D'ASIE.

Soldats kourdes.

COUP D'OEIL GÉNÉRAL. — Nous allons fouler un sol fertile en grands souvenirs; mais ces souvenirs mêmes n'existent point pour les habitants actuels, abrutis par l'ignorance et l'esclavage. Une égale obscurité enveloppe la gloire de vingt peuples qui jadis florissaient dans l'Asie occidentale; les troupeaux bondissent également sur le tombeau d'Achille et sur celui d'Hector; les trônes des Mithridate et des Antiochus ont disparu comme les palais de Priam et de Crésus; les marchands de Smyrne ne se demandent guère si ce fut dans leurs murs que naquit Homère; le beau ciel de l'Ionie n'inspire plus ni peintres ni poëtes; la même nuit couvre de ses ombres les rives du Jourdain et les bords de l'Euphrate; la république de Moïse a disparu; les harpes de David et d'Isaïe sont muettes à jamais; un pasteur arabe vient avec indifférence appuyer ses tentes aux colonnes brisées de Palmyre; Babylone aussi a succombé sous les coups d'un destin vengeur, et cette cité, qui régnait sur l'Asie opprimée, laisse à peine quelques traces qui puissent indiquer où s'élevaient les remparts de Sémiramis. « J'ai vu sur les lieux, dit encore un voyageur, l'accomplissement de cette prophétie : que Tyr, la reine des nations, ne serait plus qu'un roc où les pêcheurs feraient sécher leurs filets. » (*Ezéchiel*, chap. XXVI, v. 3.)

Cependant, si la civilisation européenne, par quelque nouvel ordre de la Providence, retournait vers cet antique berceau du genre humain, nous y retrouverions encore la côte pittoresque de l'Ionie avec ses îles riantes, les fertiles rivages du Pont-Euxin ombragés de forêts inépuisables, et, plus loin, les nombreuses chaînes du mont Taurus couronnées de plateaux qui donnent, ainsi que nous l'avons dit, un échantillon des grands plateaux de l'Asie centrale; nous verrions encore l'Euphrate et le Tigre porter les glaces de l'Arménie vers les brûlantes plaines de la Mésopotamie; et, assis à l'ombre des cèdres du Liban, nous pourrions laisser errer nos regards sur les prairies et les vergers de Damas. Les hommes seuls ont changé; la nature est restée essentiellement la même. Il nous est donc permis, en décrivant ces contrées, de suppléer à l'ignorance des habitants et aux lacunes qu'offrent les récits des voyageurs, par les renseignements précieux qu'ont donnés les anciens. Déjà nous avons tracé, d'après Strabon, un tableau assez complet de la géographie ancienne de ces régions; Strabon sera encore notre guide pour combiner les notions éparses dont se compose leur géographie moderne. Mais, pour mieux jouir d'un tableau si varié et si vaste, décomposons-le d'après ses groupes principaux.

SUPERFICIE, POPULATION, GRANDES DIVISIONS PHYSIQUES DE LA TURQUIE D'ASIE. — La Turquie d'Asie a une superficie de 2,075,220 kilomètres carrés et une population de 16,050,000 habitants. Elle comprend la presqu'île de l'Asie Mineure ou Anatolie; le bassin du Tigre et de l'Euphrate ou l'Arménie, le Kourdistan, l'Al-Djézireh, l'Irak-Arabi; la Syrie et la Palestine; et l'Arabistan ou Arabie ottomane.

Elle est aujourd'hui partagée en 18 *eyalets*, 100 *livahs* et 1,099 *kazas* (1). Nous en donnerons le tableau statistique.

Fidèle à l'ordre que nous avons adopté, nous présenterons d'abord un aperçu de la Géographie physique de chacune de ces contrées avant d'en aborder la description topographique.

***

(1) D'après l'*Annuaire de l'Empire Ottoman pour* 1855. Nous ne comprenons pas dans cette division l'eyalet de *Djézairi-Bahri-Séfid*, c'est-à-dire des îles de la mer Blanche ou Archipel; il comprend 8 livahs et 45 kazas, dont 14 pour le livah de Rhodes et 17 pour le livah de Chypre. Voir le *Voyage dans la Turquie* de M. Viquesnel, tome I, chap. V, page 99 et suivantes. In-4°, 1855.

Paris. — Typographie de Henri Plon, imprimeur de l'Empereur, 8, rue Garancière.

ANATOLIE ou ASIE MINEURE.

MONTAGNES, LE TAURUS. — Les montagnes du Taurus, selon les opinions unanimes des anciens, s'étendaient des frontières de l'Inde jusqu'à la mer Égée; leur chaîne principale, en sortant du mont Imaüs vers les sources de l'Indus, se pliait comme un immense serpent, entre la mer Caspienne et le Pont-Euxin d'un côté, et les sources de l'Euphrate de l'autre. Le Caucase semble compris dans cette ligne, selon Pline; mais Strabon, mieux informé, trace la chaîne principale du Taurus entre les bassins de l'Euphrate et de l'Araxe, en observant qu'une chaîne détachée du Caucase, celle des monts *Moschiques*, se dirige au sud et joint le Taurus; cette jonction même n'est pas très-marquée d'après les relations les plus modernes. Strabon, né sur les lieux, et qui avait voyagé jusqu'en Arménie, se représente tout le centre de l'Asie Mineure, avec toute l'Arménie, la Médie et la Gordyène, ou le Kourdistan, comme un pays très-élevé, couronné par plusieurs chaînes de montagnes qui toutes se joignent d'assez près, selon lui, pour pouvoir être considérées comme une seule. « L'Arménie et la Médie, dit-il, sont situées *sur* le Taurus. » Ce plateau semble encore comprendre le Kourdistan, et les branches qui en sortent s'étendent dans la Perse jusque vers le grand désert de Kerman, d'un côté, et de l'autre jusque vers les sources du Djihoun et de l'Indus. En considérant de cette manière le grand *Taurus* des anciens comme un *plateau*, et non pas comme une *chaîne*, nous croyons concilier les témoignages de Strabon et de Pline avec les relations des voyageurs modernes.

Deux chaînes de montagnes se détachent du plateau d'Arménie pour entrer dans la péninsule d'Asie. L'une resserre et franchit le lit de l'Euphrate, près de Samosate; l'autre borde le Pont-Euxin, en ne laissant entre lui et cette mer que des plaines étroites. Ces deux chaînes, dont l'une est en partie l'*Anti-Taurus*, et l'autre le *Parya-dres* des anciens, ou le mont *Tcheldir* ou *Keldir* des modernes, s'unissent à l'ouest de l'Euphrate, entre les villes de Sivas, Tokat et Kaïsariéh, par la chaîne de l'*Argæus*, aujourd'hui nommée *Agis-Dagh*, et dont le sommet se couvre de neiges éternelles.

L'Argæus mons (ἀργαῖος ὄρος) des anciens géographes domine le plateau de la Cappadoce, un peu à l'est de l'ancienne capitale de cette contrée, *Mazaka Cæsarea*, à 160 kilomètres au nord de la mer du Levant, à 440 au sud de la mer Noire. Les Turcs le nomment Erdjich-Dagh; il est compris dans l'eyalet de Kaïsariéh, lequel faisait naguère partie du gouvernement général de Karamanie, et maintenant appartient à celui de Roum-Ili. Le cône central et les massifs qui s'y rattachent couvrent une surface de 140 kilomètres carrés; les plaines qui s'étendent à leurs pieds ont une altitude de 1,000 à 1,500 mètres. On ne peut escalader l'Argée que sur la pente méridionale, par le sentier qui part d'Evérek. Les sommets sont chargés de glaciers qui remplissent les échancrures des deux pics culminants, et ne dépassent guère le bord du cratère; la limite des neiges perpétuelles est un peu au-dessus de 3,000 mètres. Le point le plus élevé qu'il soit possible d'atteindre en mesure 3,800; les aiguilles décharnées, qui dominent l'énorme entonnoir du cratère, montent à 100 mètres au delà. La vue magnifique dont on jouit du haut de cet observatoire aérien n'embrasse ni les rivages du Pont-Euxin, ni même ceux de la mer du Levant, trois fois plus rapprochés du spectateur; ainsi la fable splendide inventée dans l'antiquité, et conservée par Strabon, se trouve démentie par la science aussi positive que bornée de nos jours. On peut y observer le phénomène que les Turcomans, pâtres de ces Alpes cappado-ciennes, appellent « *le réveil de l'Argée.* » Les blocs de rochers qui glissent continuellement des aiguilles résineuses dont se couronne le géant, demeurent pendant les nuits arrêtés dans les neiges solides; quand le soleil frappe cette masse et lui ôte la consistance, les blocs se détachent et bondissent en avalanches destructives avec un épouvantable fracas.

Le centre de l'Asie ressemble à une terrasse appuyée de tous côtés sur des chaînes de montagnes qui en forment les escarpements. Là s'étendent des marais salins et des rivières qui n'ont point d'écoulement; là se trouvent plusieurs petits plateaux, dont un a été décrit par Strabon sous le nom de plaine de *Bagadaonie*. « Le froid, dit-il, y empêche les arbres fruitiers de réussir; tandis que les oliviers viennent près de Sinope, qui est à trois mille stades plus au nord. » Les voyageurs modernes ont également trouvé de grandes plaines élevées dans tout l'intérieur de l'Asie Mineure, soit au midi, du côté de Koniéh, soit au nord, du côté d'Angora. Mais tous les bords de ce plateau présentent autant de chaînes de montagnes, qui tantôt ceignent le plateau, tantôt se prolongent à travers les plaines inférieures.

La chaîne qui, venant à la fois du mont *Argæus* et de l'*Anti-Taurus*, borde l'ancienne Cilicie au nord, porte d'une manière plus particulière le nom de *Taurus*, nom qui dans plusieurs langues paraît avoir une racine commune, laquelle signifie tout simplement montagne. *Tur* en phénicien a cette signification. L'élévation de cette chaîne doit être considérable, puisque Cicéron affirme qu'on ne saurait la passer avec une armée avant le mois de juin, à cause des neiges. Diodore décrit en détail les affreux ravins et précipices qu'il faut traverser de Cilicie en Cappadoce. Les voyageurs modernes qui ont traversé plus à l'ouest cette chaîne, aujourd'hui nommée *Ala-Dagh*, la représentent comme semblable à celle des Apennins et de l'Hémus. Elle projette à l'ouest diverses branches, dont les unes viennent se terminer sur les bords de la Méditerranée, comme le *Cragus* et le *Masicystes* des anciens, dans la Lycie; les autres, infiniment plus basses, s'étendent jusqu'aux rivages de l'Archipel, vis-à-vis des îles de Cos et de Rhodes. À l'est, le mont *Amanus*, aujourd'hui l'*Alma-Dagh*, branche détachée du Taurus, sépare la Cilicie de la Syrie, en ne laissant que deux passages étroits, l'un vers l'Euphrate, l'autre sur la mer; le premier répond aux *Portes Amaniques* des anciens, l'autre aux *Portes de Syrie;* celles-ci, avec leurs rochers taillés à pic, sont les seules que les voyageurs modernes aient visitées.

La chaîne du Taurus n'a pas chez les Turcs d'appellation générale; ses différentes portions, énumérées du couchant au levant, portent les noms de Bey-Dagh, Kester-Dagh (le *Solyma* des anciens), Kizildja-Dagh, Kuyubélé-Dagh, Kartal-Dagh, Kestel-Dagh, Katran-Dagh, Dispoïras-Dagh, Baoulo, Bosbouroun, Ovadjik-Dagh, Dou-maulu, Ala-Dagh, Gheuk-Dagh (1), Soultan-Dagh, Emir-Dagh (2), Dourdoun-Dagh, Boulghar-Dagh, Kermès-Dagh, et d'autres encore, dont plusieurs sont tellement confuses ou défectueuses que M. de Tchihatchef, dans sa description de l'Asie Mineure, pour rendre claire l'exposition extrêmement détaillée qu'il fait de ce système (3), a été forcé de conserver, pour deux des portions principales, les noms antiques de *Cragus* et d'*Imbrasus*. Les contre-forts méridionaux de cette chaîne atteignent sur plusieurs points le rivage, et multiplient sur cette côte, profondément dentelée, des accidents de la plus grande beauté. Beaucoup de cimes conservent des neiges jusqu'au milieu de l'été; les cols, qui conduisent d'une vallée à l'autre, ont fréquemment de 1,400 à 1,800 mètres d'altitude. Les plus hautes cimes sont, en Lycie, de 2,900 mètres (le Boz Bouroun); en Isaurie, le Gheus-Dagh (pic Céleste) d'une altitude un peu supérieure, non loin du Soliman-Dagh (*Phaselis*) dont les sommets ignivomes avaient frappé d'une manière si poétique l'imagination des Grecs (4); en Cilicie, l'Alatépessi, de plus de 3,300 mètres; en Cappadoce, l'Anti-Taurus renferme des vallées de 1,200 à 1,600 mètres d'élévation.

Dans la partie occidentale de la péninsule, les chaînes de montagnes ont une direction générale de l'est à l'ouest, partant des hauts plateaux de la Phrygie et de la Galatie, pour aboutir à la mer Égée par des promontoires souvent abruptes, dont la beauté pittoresque a été chantée par les Grecs. Dans l'antiquité, ces chaînes, énumérées du sud au nord, portaient les noms classiques de *Cadmus*, *Latmus*, *Messoghis*, *Tmolus*, *Temnus*, *Ida*. Leurs appellations modernes, *Zéitoun-Dagh* (5), *Baba-Dagh*, *Gumuch-Dagh* (6), et d'autres encore, sont obscures et désignent moins des chaînes entières que des cimes détachées. La hauteur de celle-ci est médiocre. Le Manissa-Dagh répond au *Sipylus* de l'antiquité : l'Ak-Dagh, qui domine la plaine phrygienne, a 2,600 mètres d'altitude. Le point culminant de la chaîne de Kara-Hassan-Dagh, qui domine la vallée Lydienne du Caystre, est à 1,460 mètres. Le Kaz-Dagh, l'ancien Ida, couvre de ses ramifications l'eyalet de Bigha (la Mysie Majeure et la Troade); son sommet, chanté par Homère, désigné par Pline sous le nom de *Gargara*, porte encore (rare privilége en Asie Mineure) un revêtement de belles forêts. Les cyprès montent jusqu'à la cime, au milieu des neiges, qui, pourtant, ne persistent pas au cœur de l'été, car le point le plus élevé dont on ait déterminé la hauteur dans le système de l'Ida n'est qu'à 1,500 mètres de hauteur au-dessus du golfe tout voisin de l'Edrémid.

Au nord-ouest de la péninsule est l'importante chaîne de l'Olympe. Entre les noms très-nombreux par lesquels les Turcs désignent les différentes portions de l'Olympe, ceux qui s'appliquent aux masses principales de cette chaîne sont le Dourna-Yaïsassi-Dagh à l'ouest, l'Ala-Dagh au centre (cette locution, « montagnes di-

____

(1) « Montagnes de Dieu, montagnes du Ciel, » locutions qui expriment l'effet produit par leur élévation sur l'imagination des populations indigènes.

(2) « Montagnes du Souverain, montagnes du Prince, » autres expressions qui dénotent la hauteur et l'aspect imposant de cette portion du Taurus.

(3) *Asie Mineure*, par M. P. de Tchihatchef. — Gide, 1853-1856. — *Annales des Voyages d'octobre* 1857.

(4) Le mythe de la Chimère est fondé sur ce phénomène, dont aucun observateur moderne n'a reconnu le site, et qu'il faut attribuer à un dégagement continu de gaz inflammable.

(5) Mont des Oliviers.

(6) Mont d'Argent.

vines », revient plusieurs fois dans la presqu'île, pour signifier des hauteurs importantes), le Kouch-Dagh et le Kyrk-Delim-Dagh à l'est. Dans l'ancienne Paphlagonie, 1,200 à 1,600 mètres sont l'altitude moyenne des principales montagnes. Vers Trébizonde, celles-ci s'abattent par des pentes rapides sur la mer, et forment de grandes beautés naturelles sur le littoral, qui ne peut, toutefois, supporter la comparaison, sous le rapport du grandiose, avec celui de la Lycie et de la Cilicie Trachée, et comme magnificence remplie de charmes, avec ceux de l'Ionie et de l'Éolide.

YAILA OU PLAINES ÉLEVÉES. — Les pâtres turcomans donnent le nom collectif de *Yaïla* aux plaines élevées où ils conduisent, en été, les troupeaux qui forment leurs richesses; elles sont vastes et froides, salubres et couvertes d'une végétation abondante, et remplacent en Galatie, en Paphlagonie, au sud d'Ancyre, à l'est de Kioutchia, des régions remplies, dans l'antiquité, d'une population sédentaire, agricole et industrieuse. Leur altitude est en moyenne de 1,200 mètres. Les contre-forts méridionaux de l'Olympe mysien et bithynien circonscrivent ces plaines méditerranées. Le noyau central de l'Olympe mysien est couronné par un pic de 1,900 mètres; Brousse, au pied de cette cime neigeuse, n'a que 325 mètres d'altitude.

TREMBLEMENTS DE TERRE. — Les tremblements de terre ont souvent affligé cette belle péninsule; treize villes y furent renversées dans un seul jour sous le règne de Tibère; et tout récemment, en 1855, les cantons de Brousse et de Smyrne ont été cruellement éprouvés par ce redoutable fléau. Les anciens avaient distingué un canton singulièrement rempli de traces d'éruptions volcaniques, c'était la région appelée *Katakekaumené*, c'est-à-dire *le pays brûlé*, « où très-souvent des flammes sortaient de la terre, et où la vigne croissait dans un sol tout composé de cendres. » Ce centre des secousses volcaniques qu'éprouve l'Anatolie doit se trouver à l'est de Thyatira; les voyageurs modernes ne l'ont point visité.

FLEUVES, RIVIÈRES. — La constitution physique de la presqu'île asiatique ne se prête pas, on le voit, à l'existence de grands cours d'eau, et surtout ne permet que rarement à ceux-ci de suivre des routes droites : en effet, les rivières de l'Asie Mineure ont pour traits caractéristiques les « méandres » qu'ils décrivent, et les changements, aussi fréquents que brusques, de leur direction. Pour établir une classification plausible entre ces cours d'eau, très-nombreux, et la plupart entourés du prestige d'une notoriété classique, nous énumérerons d'abord ceux qui se jettent dans la mer Noire et la mer de Marmara (1), puis ceux qui tombent dans la mer de l'Archipel (2); enfin ceux qui sont tributaires de la mer Méditerranée (3).

La plus considérable de toutes ces rivières est le *Kizil-Irmak* (fleuve Rouge), qui dans l'antiquité portait le nom de *Halys*. Il prend ses sources dans la Cappadoce, aux confins de l'Arménie Mineure, ou, pour employer les dénominations modernes, dans le gouvernement général de Roum-Ili, à peu de distance de Sivas. Il sort d'une région fort élevée, à 2,000 mètres au moins au-dessus de la mer. Il coule d'abord du nord-est au sud-ouest, puis tourne vers le nord, et se dirige enfin avec beaucoup de sinuosités vers le nord-est; il se jette dans la mer Noire, entre Sinoub (Sinope) et Samsoun (Amisus), à 230 kilomètres en ligne droite de ses sources, bien que son cours en mesure plus de 1,000. Ce n'est qu'au-dessus de Bafra, très-près de son embouchure, qu'il entre dans la plaine; sa largeur excède rarement 50 mètres. Quoique à la saison des pluies il roule une masse d'eau assez considérable, il ne peut être appelé navigable dans aucune portion de son cours. Ses affluents sont presque tous de simples torrents.

Immédiatement après le Kizil-Irmak, le *Sakaria* prend rang parmi les fleuves de l'Asie Mineure. C'est le *Sangarius* de l'antiquité : il naît dans l'ancienne Galatie, l'eyalet moderne de Bouzavouk; ou, si l'on veut considérer le Seyd-el-Ghazy non comme un affluent du Sakaria, mais comme sa branche principale, il descend du haut plateau de Phrygie, dans le voisinage d'Afium-Kara-Hissar, l'antique Synnada. Cette source, bien que la plus éloignée de la mer, n'en est qu'à 225 kilomètres; et cependant le fleuve, par ses nombreuses sinuosités, en mesure 650 jusqu'à son embouchure dans la mer Noire, entre Héraclée de Bithynie (Bender Érékli) et Ismit (Nicomédie). Sa pente est rapide jusque vers Adabazar; il serpente de défilé en défilé avec de brusques changements de niveau; la dernière partie de sa course s'achève dans un large canal bordé de taillis; ses eaux sont limoneuses, et la navigation intérieure n'en saurait tirer un grand parti.

Les autres rivières tributaires de la mer Noire doivent leur noto-

riété aux fictions gracieuses, ou leur célébrité aux actions héroïques de l'antiquité grecque; leur cours est restreint, leur volume d'eau faible, leur utilité bornée aux travaux d'irrigation. Le *Filias*, qui arrose l'ancien territoire des Gaucones, successivement attribué à la Bithynie et à la Paphlagonie, s'appelait jadis *Billæus*; son cours, de 150 kilomètres environ, a plus de 1,000 mètres de pente. Le *Bartan Tchaï* répond au *Parthenius* des anciens géographes; le *Yéchil-Irmak*, beaucoup plus considérable, est l'*Iris*, cours d'eau principal du Pont cappadocien. Il descend d'une contrée fort accidentée, haute de 500 à 600 mètres, entre Tokat et Sivas, fort près des sources du Kizil Irmak. Il parcourt 240 kilomètres, le double environ de la distance qui sépare en ligne droite ses sources de son embouchure; celle-ci termine la belle plaine de *Tchékartchambé*, célébrée dans les âges classiques sous le nom de *Themiscyra*. L'Iris est sans profondeur, et ses eaux limoneuses contiennent, surtout dans les parages d'Amasie, beaucoup de carbonate de chaux en dissolution.

Le *Termé Tchaï*, qui coule à dix-sept milles à l'est de l'Iris, est le *Thermodon*, que le mythe des Amazones, habitantes de ses rives, a rendu si célèbre; les renseignements que l'antiquité nous a laissés sur ce cours d'eau sont étrangement contradictoires; car, d'une part, son nom semble indiquer que des affluents d'eau chaude le grossissent; de l'autre, un géographe ancien affirme que même pendant l'été sa surface se couvre d'une écorce de glace.

La Propontide (mer de Marmara) ne reçoit qu'un seul cours d'eau de quelque importance, le *Rhyndacus* de Mysie, appelé maintenant *Monalitch Tchaï*. Il est formé par la réunion du *Sousourlu Tchaï* et de l'*Adranas Tchaï*. Le premier sort de débouché au lac de *Simaoul*, à une hauteur de 800 mètres, sur les confins de la Lydie : c'est le *Macæstus* de l'antiquité. Le *Karadéré Sou* (eau de la vallée Noire) lui apporte le tribut du lac de *Manias*. L'*Adranas* vient des confins de la Phrygie. Grossi par les neiges de l'Olympe, il apporte des eaux abondantes au lac d'*Artynia*, qui débouche dans le Rhyndacus; aussi ce fleuve est-il rarement guéable, et son embouchure, voisine de l'ancien Dascylium, est reconnaissable d'assez loin, en mer, par une large bande jaunissante : « *Te medio flaventem Ponto*, » dit le poëte des Argonautes.

Le *Kodja Tchaï* (1) doit toute son importance à l'action livrée sur ses bords par l'armée macédonienne, quand ce cours d'eau portait le nom de *Granique*, aux forces asiatiques et surtout grecques rassemblées par les satrapes perses de l'Asie Mineure pour arrêter la marche d'Alexandre. Le *Rhodius* et l'*OEsopus* ont l'insigne honneur d'avoir été nommés par Homère; le premier a gardé l'appellation de *Rodos Tchaï*. Mais qu'est leur gloire en comparaison de celle des rivières de la *Troade*, le *Scamandre* et le *Simoïs?* Le premier est le Mendéré Sou des Turcs d'aujourd'hui. Sa source la plus élevée est sur le revers septentrional de l'Ida (Koz-Dagh) à une hauteur de 650 mètres environ; il parcourt 90 kilomètres du sud-est au nord-ouest, et reçoit le Scamandre à peu de distance de son embouchure. Celle-ci est à la pointe de Koum-Kaléh (fort des Sables), précisément à l'entrée du détroit des Dardanelles. Le *Scamandre* (*Bounarbachi Sou*) sort du pied même de la citadelle de Pergama, l'acropole du premier Ilion. Ses sources sont les unes froides, les autres thermales. L'antiquité l'appelait souvent *Xanthus*, et quelquefois *Méander*; ce dernier nom a été transféré par les Turcs au Simoïs. « La nature, dit Pline avec justesse, n'en a fait qu'un ruisseau; la gloire le représente comme un fleuve. »

La mer Égée reçoit quatre rivières véritables, dont la direction est assez uniforme de l'est à l'ouest; leur importance varie. La plus considérable coule le plus au sud : c'est le Méandre. L'Hermus arrose la région centrale, le Caïcus celle du nord, le Caystre d'Ionie est intermédiaire entre les deux premières. Le *Caïcus*, que les Turcs nomment *Bakyr-Tchaï*, a ses sources près de Kirk Agatch; il a 95 kilomètres de cours. Sauf pendant la saison pluvieuse, il est guéable en tous lieux.

L'*Hermus* et plusieurs de ses affluents, surtout le *Pactole*, ruisseau de *Sert Kalessi* (Sert répond à l'antique Sardis), devaient à leurs sables aurifères une grande célébrité. Le produit de leurs lits n'est plus exploité aujourd'hui; mais le *Ghédis Tchaï* (l'Hermus lydien) a de l'importance par la longueur de son cours et le volume de ses eaux. Il prend sa source à Ghédis, dans l'ancienne Phrygie, près du mont Dyndimus, jadis consacré au culte de Cybèle. Il parcourt 280 kilomètres. Sa largeur dépasse 40 mètres au-dessous de Manissa (*Magnesia Sipyli*); un delta marécageux s'étend à son embouchure.

Le *Caystre* est fort inférieur à l'Hermus; les poëtes l'ont célébré à l'envi, sans pouvoir cependant le rendre plus glorieux que le ruisseau de Smyrne, ce Mélès au bord duquel on prétend que naquit

---

(1) Pont-Euxin et Propontide; en turc, Kara-Deniz.

(2) Mer Égée, mer Blanche; en turc, Ak-Deniz.

(3) Également appelée mer Blanche (Aspri-Thalassa), Ak-Deniz, par les Orientaux.

(1) « La rivière des Écrivains. » Les Turcs n'ont qu'un nombre assez limité d'expressions pour désigner les cours d'eau des régions qu'ils habitent. Les termes de « rivière Noire, rivière Rouge, eau Froide, eau Bourbeuse, » et d'autres semblables, reviennent très-fréquemment dans leur nomenclature.

Homère. Le Caystre porte aujourd'hui le nom de *Petit Méandre*, *Koutchouk Mendéré Sou*. Il naît au nœud des chaînes du Tmolus et du Messoghis ; à son embouchure, il a 40 à 50 mètres de large ; sa longueur est de 100 kilomètres ; sa pente est très-faible ; les alluvions déposées à son embouchure, comme celle de l'Hermus, sont comparativement énormes ; elles ont comblé les ports d'Éphèse, et joint l'îlot de Leucé au continent. C'est aux rives du Caystre que, dans le principe, appartient exclusivement ce nom d'Asie, graduellement étendu à la plus vaste des trois parties de l'ancien monde.

Le *Bouyouk Mendéré Sou* est le classique *Méandre*, qui, dans l'antiquité, après avoir arrosé le nord de la Carie, débouchait dans la baie Latmienne (*sinus Latmicus*), que les alluvions de ce fleuve ont entièrement remplie depuis la décadence de l'empire grec. Le nom du Méandre était, dans l'antiquité, générique pour désigner un cours d'eau aux circuits redoublés et sinueux ; il a 400 kilomètres de cours avec ses circuits, et 240 seulement en ligne droite. Il naît au cœur de la Phrygie, près de l'antique Apamœa Cibotus. C'est d'abord un torrent rapide, étroit et profond, puis une rivière calme, limoneuse, large de 40 à 50 mètres, et rarement guéable. Elle achève sa course à travers de grands marais. Parmi les affluents qui lui viennent des montagnes de Phrygie, celui de *Marsyas* doit aux légendes antiques une véritable célébrité.

La mer Méditerranée reçoit de la presqu'île de l'Asie Mineure le tribut de cinq rivières considérables, qui sont, de l'est à l'ouest, le Calbis, le Xanthus, le Calycadnus, le Sarus et le Pyramus. Le *Kalbis*, l'*Indus* de Pline, arrose la Carie méridionale ; les Turcs le nomment *Doloman Tchaï* ; il a ses sources sur le revers du Garkun Dagh, au cœur des hautes régions de la Lycie. Son développement total est de 180 kilomètres, quoique son embouchure ne soit en droite ligne qu'à 50 kilomètres de sa naissance.

L'*Eurén Tchaï*, à qui s'applique aussi le nom, fréquemment répété dans les pays de langue turque, *Kodja Tchaï*, répond au *Xanthus* lycien, célébré par tant de poètes de l'antiquité classique. C'est un torrent démesurément grossi dans la saison des pluies, et dont le cours très-rapide a 100 kilomètres de développement ; sa pente, dans la région moyenne et inférieure, ne dépasse pas 17 mètres. L'*Ak Sou*, le *Kestros* des géographes grecs, principal torrent de la Pisidie, a son embouchure sur la côte pamphylienne ; il a depuis longtemps cessé d'être navigable, qualité que la géographie ancienne lui reconnaît unanimement. Ses sources sont à une altitude de plus de 1,200 mètres, et son cours tortueux atteint un développement de 140 kilomètres. Le *Keupru Sou* (rivière du Pont), large à son embouchure, répond à l'*Eurymédon*, illustré par une des victoires remportées sur la flotte des Perses par Cimon dans les mers de Pamphylie et le canal de Cypre (*Aulon Cilicius*).

L'*Ermének Sou* est une rivière d'une tout autre importance. L'antiquité l'a célébrée sous le nom de *Calycadnus* : Frédéric Barberousse trouva la mort dans les eaux de ce fleuve qu'il essayait de passer à gué dans sa marche sur Séleucie. Son cours, de 160 kilomètres, serpente, dans une direction générale du nord-ouest au sud-est, à travers les massifs escarpés de la Cilicie « âpre » (*Trachée*), et se termine par un large delta. Les sources du Calycadnus sont à plus de 5,000 mètres d'altitude, et la pente du torrent est énorme dans la partie supérieure de son cours.

Le *Tarsous Tchaï* doit son importance historique à la grande cité qu'il arrose, et qui maintenant lui donne son nom. C'est le *Cydnus* des anciens. Sortis des crêtes du Bouldar-Dagh, trois torrents se réunissent à l'entrée de la plaine de Cilicie, et forment cette rivière, dont le cours est fort borné. Elle a perdu la fraîcheur extraordinaire que l'antiquité attribuait à ses eaux, et, quoique assez profonde à son embouchure, elle ne pourrait plus être remontée jusqu'à Tarsus par la galère qui conduisit Cléopâtre à la tente du triumvir.

Le *Séihoun*, autrefois appelé *Sarus*, principal cours d'eau de la Cilicie orientale, prend ses sources sur le revers méridional du Kanzyr-Dagh, à 32 kilomètres au sud de celle du Kizil Irmak et à une altitude de plus de 2,000 mètres. Il traverse donc dans la partie supérieure de son cours (où il se nomme *Saran Tchaï*), toute la largeur de la Cappadoce. Le Séihoun a 380 kilomètres de cours, et vient en importance, parmi les fleuves de l'Asie Mineure, immédiatement après le Sakaria.

Le *Djihoun*, que les Turcs appellent *Djehan Tchaï*, et que les anciens nommaient *Pyramus*, arrose la portion la plus orientale de la Cilicie. Son embouchure est à 80 kilomètres à l'est de celle du Sarus ; son cours, de 335 kilomètres, lui donne le quatrième rang parmi les fleuves de l'Asie Mineure. Il a sur la plupart de ses rivaux l'avantage d'être navigable, au moins pour de petits bateaux à vapeur, jusqu'aux parages d'Ainzarbé, l'antique Anazarbus. A quelques milles au-dessus de son embouchure, que des ensablements rendent difficile à franchir, le Pyramus a 160 mètres de largeur.

L'intérieur de l'Asie Mineure renferme un bassin assez vaste, dont les eaux n'atteignent aucune mer. Là sont les lacs salés ou saumâtres de la Lycaonie, de la Cappadoce occidentale, de la Phrygie méridionale, de la Pisidie et de l'Isaurie (districts d'Akséraï, Konia, Akschehr, Hamid et Beïschehr). Ces grands amas d'eau ne reçoivent que des ruisseaux peu considérables, et des torrents qui se dessèchent presque entièrement après la saison pluvieuse. Les moins insignifiants de ces cours d'eau sont le *Beyschehr Sou*, qui se jette dans le lac *Soglu*, et l'*Oulouk Irmak*, qui débouche dans le grand lac Salé. La longueur de son cours est de 150 kilomètres ; il coule du sud-est au nord-ouest sur de hauts plateaux et au milieu de vastes marécages.

Au reste, beaucoup de torrents dans l'Asie Mineure n'ont aucune embouchure visible : ils se perdent dans des crevasses et gagnent ces canaux souterrains que les Grecs d'Europe, dans le pays desquels ce genre de phénomène est fréquent, nomment *Katavothra*.

LACS. — L'Asie Mineure renferme beaucoup de lacs qui n'ont point d'écoulement, et dont les eaux sont imprégnées de sel : la géographie ancienne nous a déjà fait connaître en partie (1) ; les relations modernes ne diminuent point l'idée que nous en avons prise. Le lac *Tazla* ou *Touzla*, appelé aussi *Salato*, qui a 60 kilomètres de long sur 10 de large, présente, suivant les anciens, une vaste plaine couverte de cristaux de sel. C'est une réunion de plusieurs lacs liés les uns aux autres, dont les eaux salées paraissent être sans écoulement, excepté dans la saison des pluies, époque à laquelle elles vont joindre au nord-est la rive gauche du Kizil-Ermak. Le lac d'*Akseraï* est sur le même plateau ; ses produits en sel alimentent presque toute la péninsule. En passant la crête du Taurus, un autre plateau nous offre près *Beg-Cheher*, deux grands lacs dont les eaux sont amères et salées. Celui d'*Efnani* a 12 kilomètres de longueur sur 4 de largeur. Ces amas d'eau sans écoulement prouvent le peu d'inclinaison qu'ont les parties centrales de la péninsule.

Dans la partie de l'Anatolie dont les pentes forment la moitié du bassin de la mer de Marmara, se trouvent plusieurs lacs d'eau douce : celui d'*Isnik* a 30 kilomètres de longueur sur 15 de largeur : on y prend d'excellent poisson dont la pêche produit à la couronne, sur les droits qu'on y perçoit, un revenu de 12,000 ducats par an.

CLIMAT. — Les anciens et les modernes ont vanté le climat de l'Asie Mineure ; il y règne une température douce et pure, qu'on ne retrouve même plus de l'autre côté de l'Archipel, sur la côte européenne. La chaleur de l'été est considérablement modérée par les nombreuses chaînes des hautes montagnes ; le voisinage de trois mers adoucit à son tour l'intensité du froid ; mais les pluies torrentielles causent quelquefois de grands ravages en hiver dans certains cantons. C'est sans doute à cette région heureuse que l'on a particulièrement appliqué ce que dit Hippocrate de l'Asie en général : « On ne connaît ici guère de différence de chaleur et de froid ; les deux températures se fondent l'une dans l'autre. » Cependant les côtes méridionales éprouvent des chaleurs accablantes, tandis que les rivages du Pont-Euxin ou de la mer Noire souffrent quelquefois de la trop grande humidité. L'atmosphère épaisse et brumeuse qui se développe au-dessus de cette mer est, par son propre poids, sollicitée à se porter vers les côtes.

Les habitants des campagnes, surtout des vallées voisines de la Méditerranée, pour échapper à une température brûlante, sont quelquefois obligés de se réfugier dans les montagnes. Le sirocco accable de son souffle aride les habitants des côtes occidentales, et pour tout dire, malgré la salubrité de l'air, la peste y exerce souvent ses ravages.

PRODUCTIONS NATURELLES, VÉGÉTAUX, ANIMAUX, MINÉRAUX. — Les anciens connaissaient mieux que nous les richesses de l'Asie Mineure. Cependant les modernes en tracent un tableau assez brillant, quoique incomplet. Les côtes de cette péninsule donnent presque les mêmes productions que la Grèce méridionale : les oliviers, les orangers, les myrtes, les lauriers, les térébinthes, les lentisques, les tamariniers, ornent les bords sinueux du Méandre et les rivages charmants de Chio et de Rhodes. Tandis que la vigne sauvage y grimpe jusqu'aux sommets des arbres, retombe en festons, et forme de petites grottes de verdure, le platane étale avec plus de majesté son vaste ombrage au-dessus d'un sol parsemé de fleurs odoriférantes ; les froides hauteurs du Taurus se couronnent même de cyprès, de genévriers et de saviniers. Le chêne qui produit la galle des teinturiers est répandu depuis le Bosphore jusqu'en Syrie, et jusqu'aux frontières de la Perse. De vastes plaines de l'intérieur ne sont occupées que par des plantes salines, par l'absinthe et par la sauge. Souvent à côté des tristes marais salants s'étendent d'autres plaines plus sèches, où toute la verdure ne se compose que des deux espèces de genêt, le *spartium junceum* et le *spinosum* ; ces contrées stériles nourrissent aujourd'hui, comme jadis, des ânes et des brebis. Les cantons montagneux vers l'est éprouvent des incendies souterrains, tandis qu'à peu de distance le sol est noyé sous des eaux stagnantes et froides. Sur les bords de l'Euphrate, les vignes, les oliviers, tous les ar-

---

(1) Voir à l'*Introduction générale* l'Histoire de la géographie, *Géographie d'Hérodote et de Strabon*.

bres fruitiers reparaissent. Les brûlantes côtes de l'Itchyli doivent partager la végétation, de la Syrie maritime ; les arbres y exhalent des gommes précieuses ; le *styrax* fournit une résine estimée ; les anciens tiraient d'ici des bois de construction navale. D'autres forêts et d'autres plantes couvrent les rivages de la mer Noire ; les chênes et les sapins dominent dans les forêts ; cette côte est le verger de Constantinople et de Kherson. Des bois entiers se composent de noisetiers, d'abricotiers, de pruniers et surtout de cerisiers. Ce dernier arbre doit même son nom à la ville de Cérasonte. Les plaines autour de l'Halys, du Sangarius et du Méandre, offrent de superbes pâturages.

La récolte en céréales ne suffit point à la consommation des habitants ; sur le bord des rivières on cultive le riz ; la vigne fournit plusieurs espèces de vins, mais qui ne peuvent se garder ; les jardins abondent en melons délicieux, et les vergers en figues d'un goût exquis. Dans les champs on cultive le chanvre, le lin, le tabac, la garance, l'indigo, le safran et surtout le coton herbacé.

Les habitants de l'Asie Mineure élèvent en général peu de bestiaux ; dans beaucoup de cantons le buffle remplace à la charrue et dans les boucheries notre bœuf, qui y est rare, et dont la chair est d'une médiocre qualité : celle du mouton lui est supérieure ; sa laine est peu estimée dans le commerce ; il faut cependant en excepter celle des moutons d'Angora, qui est renommée pour sa longueur et sa finesse. Les chèvres de ce canton montagneux se distinguent aussi par la beauté de leur soie : il en est de même des chats et des lapins qu'on y élève. Les chevaux de l'Anatolie sont en général robustes, légers et d'une très-belle race : ils semblent encore descendre de celle de Cappadoce ; les mulets et les ânes y sont forts ; enfin on y élève des chameaux, et l'habitant tire un grand profit du produit des abeilles, et surtout des vers à soie.

Les gazelles de la Syrie s'égarent quelquefois au delà du mont Taurus, et peuvent y rencontrer les ibex ou bouquetins descendus du Caucase. Leurs ennemis sont les chacals, les loups, les hyènes, les ours ; mais il est très-douteux que le lion se montre encore dans l'Asie Mineure. Les cygnes se plaisent toujours sur les bords du Caystre ; les perdrix rouges couvrent les rivages de l'Hellespont ; toute sorte de gibier abonde dans ce pays à moitié inculte ; sur le mont Taurus il y a des moutons sauvages.

Les mines de cuivre de Tokat, celle du bourg de Kouréh, près Kastamouni, et celle de Goumouch-Kanéh, non loin de Trébizonde, ont encore de la célébrité. Toutes les chaînes voisines de la mer Noire offrent des indices d'excellent cuivre ; mais on n'exploite plus le cinabre du mont Olgassys, ni l'or de la Lydie, ni les cristaux de roche du Pont, ni le précieux albâtre et le marbre coralitique des provinces centrales. Nous en savons moins que les anciens sur la minéralogie de cette vaste contrée. C'est dans Strabon qu'il faut chercher la description de l'*antre corycien*, caverne romantique de la Cilicie ; des terrains près d'Héphestion en Lycie, d'où il sortait un gaz inflammable ; des sources pétrifiantes d'Hiérapolis et de plusieurs autres curiosités naturelles. Nous les avons rapportées dans l'analyse de la géographie de ce Grec (1) ; car, dans le silence des modernes, aurions-nous pu affirmer que ces objets remarquables existent encore dans le même état ? Cela est pourtant probable. Chandler confirme le rapport de Strabon sur les sources chaudes d'Hiérapolis ou de Pambouk ; il a trouvé un rocher formé par le tuf que déposent ces eaux ; il ressemble à une immense cascade qui se serait glacée tout à coup, ou dont les eaux auraient subitement été converties en pierres. Près de là est encore la fameuse caverne dont les anciens ont remarqué les pernicieuses exhalaisons. M. Fontanier nous apprend que dans la plaine de Goumouch-Kanéh on exploite de riches mines de plomb argentifère. M. Albert Gaudry en a trouvé dans l'île de Chypre ; le gouvernement turc exploite le fer dans les montagnes de la Caramanie, et à Tozouglou le plomb ; à Argana-Maaden on obtient le cuivre en abondance ; enfin, près d'Héraclée, on exploite un gisement de houille, qui pendant la guerre d'Orient a servi à l'approvisionnement des flottes alliées.

DIVISIONS POLITIQUES. — L'Asie Mineure, à laquelle les Turcs donnent la dénomination générale d'*Anadoli*, se divise en huit *cyalets*, qui se subdivisent en *livahs*. Ces huit cyalets sont ceux de *Kastamouni* (Paphlagonie), *Khoudavindighiar* (Bithynie), *Aïdin* (Lydie), *Karaman* ou *Karamanie* (Phrygie et Pamphylie), *Adana* (Cilicie), *Bozog* (Cappadoce), *Sivas* (Cappadoce), *Tharabezoun* (Pont et Colchide). Les îles forment un neuvième cyalet, celui de *Djézaïri-Bahri-Séfid*, que l'on compte ordinairement avec l'Asie Mineure ; la population de ces neuf cyalets est de 10,700,000 âmes.

DESCRIPTION TOPOGRAPHIQUE. — Nous allons décrire les principaux lieux de cette contrée, dont nous venons d'esquisser le tableau général ; nous partirons des bords du rapide et violent *Tchorok* ou *Batouni*, qui est l'*Acampsis* d'Arrien et l'*Absarus* de Pto-

lémée, rivière de 300 kilomètres de cours ; c'est la limite de l'eyalet de *Tharabezoun* ou *Trébizonde*. La première ville turque de ce côté qui soit digne de remarque est *Rizeh* ou *Iriza*, l'antique *Rhizæum*, qui passe pour une ville importante, mais qui n'est qu'un bourg de 4,000 âmes dont les habitations entourées d'arbres sont disséminées dans la campagne. Le bourg d'*Of* ou d'*Ouf*, sur une hauteur inaccessible et au bord de la mer, fait un assez grand commerce. Un autre bourg, celui de *Sourmeni* ou *Sourmeneh*, exporte du vin, de l'huile et d'autres produits du sol. La pêche y est abondante. On y compte 2,000 habitants ; les maisons en sont petites et basses, et construites en pierres ; on a soin d'en faire les murs assez épais pour qu'on puisse les défendre aisément ; la plupart ont un enclos dans lequel on sème du maïs. Les montagnes qui bordent la côte sont calcaires ; celle sur laquelle est placée la bourgade est d'une couleur noirâtre et d'une apparence schisteuse : ses couches ont 5 mètres d'épaisseur. Les pâturages qui couvrent ces montagnes nourrissent un bétail remarquable par sa petitesse : les bœufs ne sont pas plus gros que les ânes de l'Europe. Les noisetiers y abondent ainsi que les figuiers : les fruits de ces arbres forment une branche d'exportation. Les habitants se nourrissent de gâteaux de maïs cuits sous la cendre ; mais ces gâteaux, qui leur paraissent délicieux, sont encore moins bons que le pain de seigle noir et mal cuit que l'on vend dans le bazar. Les boutiques sont mal fournies, et tenues pour la plupart par des Grecs qui vendent du drap, des cotonnades, du tabac et des épiceries. Chacun de ces marchands a un fusil chargé auprès de lui, et souvent il est obligé de s'en servir, lorsqu'il y a quelque alerte causée par l'irruption d'un village voisin.

Ensuite vient la célèbre ville de *Trébizonde*, que les Turcs nomment *Tharabezoun*. C'est l'ancienne *Trapezus*, colonie des Grecs de Sinope ; elle devint importante sous Trajan, et encore plus sous Justinien ; elle fut la capitale d'un empire fondé par une branche des Comnène de Constantinople, qui en furent dépouillés en 1452 par Mahomet II. Quoique déchue de son ancienne splendeur, elle est encore considérable, et renferme, selon quelques géographes, 15,000, selon d'autres 20 à 30,000 habitants. La plupart des maisons sont basses et construites en grosses pierres ; elles communiquent entre elles par des passages secrets pratiqués pour favoriser la fuite des propriétaires en cas d'attaque. On aperçoit çà et là dans cette ville des débris de monuments grecs du Bas-Empire. Hors de son enceinte, dans la partie occidentale, on voit l'église Sainte-Sophie, monument grec de forme circulaire, dont le pavé est une mosaïque, et dont le dôme élevé est soutenu par quatre colonnes en marbre : elle paraît remonter au temps de Justinien ; une partie de l'édifice a été changée en mosquée depuis 1461. A l'est se trouve une chapelle qui passe pour avoir été jadis un temple d'Apollon : sa forme est octogone, et les peintures sur stuc qui l'ornaient ont été détruites par les Turcs. Dans tous les environs, les pics élevés sont couverts de couvents grecs et arméniens. Dans la ville on compte 18 mosquées et plusieurs petites chapelles grecques. Les bains sont remarquables par l'élégance de leur architecture : ils sont en marbre, et la plupart de construction grecque. Les rues sont étroites et garnies de trottoirs pavés. Le commerce de Trébizonde est assez actif : il consiste principalement en exportations de chanvre, de toiles, de cordages, de filets à pêcher, de tabac, de cire et de métaux pour Constantinople, et de fruits secs et d'étoffes pour la Russie. Elle exporte même un peu de vin.

Deux enfoncements de la côte nous présentent successivement *Traboli* et *Keresoun*, qui partagent le commerce de Trébizonde ; leurs cantons produisent un peu de soie. Cette dernière petite ville, située au sommet d'un roc que domine un château en ruine, occupe l'emplacement de *Cerasus* ; son enceinte est formée par le mur antique ; elle renferme environ 700 maisons.

Sur la côte nord-ouest de l'eyalet de Tharabezoun, au sud de la Gourie, demeurent les *Lazes* ou *Laziens*, nom qui dans la langue turque signifie les *marins*. Il se peut que ce peuple soit un reste des anciens *Lazi* qui, au temps des Byzantins, étaient établis en Colchide. Cette peuplade est presque entièrement indépendante. C'est sur son territoire que se trouve *Irizeh*.

L'eyalet de *Sivas* ou de *Roum*, situé à l'ouest de celui de Tarabezoun, est d'une grande étendue. L'Anti-Taurus le traverse ; le Kizil-Irmak, le Yéchil-Irmak, le Keouïlou-Hissar et le Thermeh sont les principales rivières qui l'arrosent. Ses montagnes sont boisées, son climat est agréable et salubre, son sol fertile, ses richesses métalliques sont variées, et ses habitants industriels. Ceux qui habitent *Ouniéh* ou *Euniéh*, l'ancienne *OEnoé*, placée dans un territoire stérile, se livrent à un cabotage actif, soit avec les ports russes, soit avec la côte des Abases. L'ancienne *Amisus*, une des résidences du grand Mithridate, est aujourd'hui un petit bourg nommé *Samsoun* : il a une rade par où l'on exporte les cuivres de Tokat, les soies, les fruits et les toiles d'Amasieh. Sa position au milieu de jardins et de bosquets d'oliviers est fort agréable ; son enceinte est formée par une vieille muraille en ruine, et sa population est de 2,000 habitants.

En remontant la rivière aujourd'hui nommée *Yéchil-Irmak* et anciennement *Iris*, nous visiterons *Amasieh* ou *Amasia*, la patrie de

---

(1) *Voir* l'Histoire de la géographie.

Strabon ; elle est située entre des rochers escarpés , mais les environs produisent d'excellents fruits et du bon vin.

On entre dans la ville par une longue rue, à droite et à gauche de laquelle on voit de larges pierres qui ont probablement servi à d'anciens monuments. Elle renferme 10,000 maisons; celles qui, au temps de Strabon, étaient construites sur la citadelle inférieure n'existent plus, et l'on n'y trouve que des ruines. Les murs qui entouraient cette citadelle sont en partie debout. Les restes d'un temple antique se trouvent au sommet de la ville, près d'une fontaine d'ancienne construction. Deux ponts élégants traversent le Yéchil-Irmak. Dans les environs on remarque des grottes antiques taillées dans une roche de calcaire-marbre, et dont la plus belle porte le nom de *Tach-Aïn* (pierre-miroir), parce que toutes les parois en sont polies. Il est difficile de décider si ces cavernes ont été des lieux de refuge pour les premiers chrétiens, ou les anciens sépulcres des rois de Perse. L'antique citadelle est aussi une des curiosités de cette cité, qui offrirait sans doute une foule d'objets curieux si l'on pouvait y faire des fouilles. Quant aux monuments modernes, le plus beau est sans contredit la mosquée bâtie par le sultan Bajazet ou Bayazid. La soie forme la principale richesse d'Amasieh : on en récolte environ cent charges de mulet, dont le produit est évalué à 500,000 fr. par an.

Au sud-est d'Amasieh , dans une vallée profonde , s'élève en forme d'amphithéâtre *Tokat* , ville entourée de vergers et de vignobles. Ses rues sont bien pavées, chose rare dans le pays. On y affine le cuivre et on y fabrique des maroquins bleus ; le commerce a pour objet la soie, dont on fait beaucoup d'étoffes; la vaisselle de cuivre et les toiles peintes, qui sont apportées de Bassorah par des caravanes. Tokat est l'ancienne *Berisa*. Sa population ne doit pas dépasser 50 à 60,000 âmes.

On entre dans Tokat en traversant sur un pont de bois le Tokat-léou-sou qui descend des montagnes situées au sud.

Le bourg de *Zileh* , anciennement *Zela* , est , comme plusieurs villes du Pont, situé sur une colline artificielle. C'est près de Zela que César défit Pharnace, fils et successeur de Mithridate. On sait qu'à la suite de cette facile victoire il écrivit au sénat ces trois mots latins : *Veni, vidi, vici*.

Les montagnes qui, depuis Tokat, s'étendent vers Trébizonde, en séparant le bassin du Pont-Euxin de celui de l'Euphrate, nourrissent dans leurs vallées verdoyantes, ombragées de forêts de châtaigniers, plusieurs tribus de *Kourdes* nomades, dont la vie agreste rappelle celle des anciennes peuplades que Xénophon et Strabon placent dans ces contrées : peut-être en sont-elles des restes. Le nom des anciens *Thianni* ou *Tzani* s'est conservé dans celui du canton de *Djanik*, ville peu considérable. Les montagnes de l'intérieur de ce canton portent à leurs sommets, dit un géographe turc, Hadji-Khalfah , des anneaux de fer auxquels, disent les habitants, on attachait les câbles des vaisseaux à l'époque où la mer Noire, étant sans débouché, s'élevait jusqu'à ce niveau. L'industrie métallurgique des anciens *Chalybes* ou *Chaldæi* règne encore dans la région montagneuse qui a gardé le nom peu défiguré de *Tcheldir* ou *Keldir*.

Bafra , dans le district de Djanik , sur la rive droite , et à 25 kilomètres de l'embouchure du Kizil-Irmak , est une ville de 2,000 âmes, dans laquelle on voit un beau pont. Deux mosquées et des bazars bien pourvus. *Marsivan* , beaucoup plus peuplée, est l'ancienne *Euchaïtes* , qui fut surnommée *Theodoropolis* par l'empereur Jean Zimiscès, en commémoration d'une victoire qu'il remporta sur le roi des Bulgares le jour de saint Théodore. Une belle église, qu'il y fit bâtir à cette occasion , est convertie aujourd'hui en mosquée. Elle doit en partie son importance à ses riches mines de cuivre. *Osmandjik* , sur la rive droite du Kizil-Irmak, offre un beau pont en pierres , construit par Bajazet. On croit que cette petite ville est l'ancienne *Pimolis*. Une citadelle la domine; de vieux murs et des fortifications ruinées l'enlourent. *Tchouroum* , jadis *Tavium* , est le chef-lieu d'un liva qui comprend l'ancienne *Galatie orientale*.

Ouscat ou *Iouzghat* , chef-lieu d'un autre district , est une ville d'environ 18,000 âmes , entourée d'un mur en terre et en briques cuites au soleil. On y remarque une mosquée bâtie en pierres sur le modèle de celle de Sainte-Sophie à Constantinople, et le palais de Tchapan-Ouglou, chef qui s'était rendu célèbre dans ces derniers temps par sa puissance , et qui s'était même déclaré indépendant. Il existe dans les environs des mines de plomb en exploitation.

Le nom de *Niksar* indique l'antique cité de *Néo-Cæsarea* : c'est la résidence d'un évêque grec; la ville moderne est grande, populeuse et bâtie en bois. Sa population peut être estimée à 10,000 habitants.

Sivas , chef-lieu de l'eyalet que nous parcourons, est une ville importante située dans une plaine , près d'un des affluents du Kizil-Irmak. Elle est la résidence du pacha et d'un évêque arménien. On y voit les restes d'une citadelle qui paraît avoir été bâtie par les Grecs. Il y existe des restes de fortifications qui règnent encore sur les trois quarts de sa circonférence. Ses deux plus beaux édifices sont une ancienne mosquée, dont l'entrée est murée, et un vaste caravansérail , tous deux bâtis en marbre. Les bains publics sont aussi d'une architecture élégante. Les rues sont étroites et tortueuses, et les maisons bâties en terre : on en porte le nombre à 1,000 environ, ce qui annonce une population de 6 à 8,000 habitants. Sivas passe pour être l'antique *Cabira*, qui reçut le nom de *Sébaste* en l'honneur d'Auguste; cependant M. Fontanier n'a reconnu la situation que Xénophon trace de cette ville, que dans les ruines qui se trouvent à quelques kilomètres de Sivas, et parmi lesquelles on voit encore une citadelle placée sur un monticule.

A environ 130 kilomètres à l'est de Sivas, la petite ville de *Devrighi* paraît être celle de *Nicopolis*, que Pompée bâtit pendant la guerre qu'il fit contre Mithridate ; et au sud de celle-ci, *Arabkir* est l'ancienne *Arabraœa*.

A l'ouest de l'eyalet de Sivas se trouve l'Anatolie proprement dite, qui forme un vaste gouvernement auquel les Turcs donnent le nom d'*Anadoli*; il comprend les trois eyalets de Kastamouni, de Khoudavindighiar et d'Aïdin.

En passant le fleuve Halys ou le Kizil-Irmak, nous entrons dans l'eyalet de Kastamouni, qui répond à l'ancienne Paphlagonie maritime. Quoique peuplée de Turcs, la ville de *Kastamouni* ou *Kastamoun* voyait autrefois fleurir dans ses remparts divers genres d'industrie ; on y fabriquait de la vaisselle de cuivre; sa population s'élevait en 1658 à 50,000 âmes , mais aujourd'hui elle ne renferme que 12,000 Turcs et 40 familles arméniennes; ce qui la porte en totalité à environ 14,000 habitants. L'ancienne *Pompeipolis*, longtemps capitale de ce pays, a été retrouvée dans le bourg actuel de *Tach-Kouprou* ou *Tach-Koupry*, bâti sur la droite d'un affluent du Kizil-Irmak, le Karasou, que l'on passe sur un beau pont construit avec des restes de monuments antiques.

Avant d'arriver au cap *Kerempeh* , le *Carambis* des anciens, pointe septentrionale de l'Asie Mineure, nous trouvons la célèbre ville de *Sinope*, appelée *Sinoub* par les Turcs, située sur un isthme, couverte au nord par une presqu'île, et ayant à l'est une excellente rade avec des chantiers pour la marine impériale turque. Cette ville, que les émigrations des Grecs ont réduite à une population de 10,000 âmes, exporte du riz, des fruits, des peaux et des planches. Le commerce de poisson, autrefois immense, est tombé. On sait que c'est dans ses murs que naquit Diogène le Cynique. Son commerce et ses chantiers de construction lui donnent encore une certaine importance; mais elle a beaucoup souffert lorsque le 30 novembre 1853 les Russes vinrent incendier dans son port la flotte ottomane. *Inéboli*, l'antique *Ionopolis*, est l'*échelle*, c'est-à-dire le port de Kastamouni; elle exporte des bois de construction, du cuivre, du chanvre. *Amastrah* ou *Amasserah*, l'ancienne *Amastris*, bâtie en amphithéâtre sur les bords de la mer Noire, et *Erekli* ou *Heraclea*, n'ont conservé qu'un nom célèbre. Cette dernière possède pourtant dans ses environs des mines de houille dont la richesse et l'importance se sont révélées dans la dernière guerre d'Orient.

Le Bosphore s'ouvre devant nous comme une magnifique rivière bordée de villages, de châteaux et de maisons de plaisance. Aux lieux où ce détroit finit, s'élève *Scutari*, que l'on vanterait comme une grande et belle ville, si elle n'était pas située vis-à-vis de Constantinople; elle compte 40 à 50,000 âmes. Elle est bâtie en amphithéâtre sur le penchant de plusieurs collines, dans le même style que la capitale de l'empire ottoman ; la plupart des mosquées, les bazars et les bains publics sont de beaux édifices; le sultan y possède un très-beau palais avec des jardins délicieux. On remarque au sud et à l'est les cimetières de cette ville, les plus beaux de l'empire. Scutari est l'ancienne *Chrysopolis*.

Sur le premier golfe de la Propontide ou de la mer de Marmara, nous trouvons le port appartenant à la ville d'*Isnikmid* ou *Ismid* ; c'est l'ancienne *Nicomédie* de Bithynie, où mourut l'empereur Constantin ; elle renferme encore 4,000 habitants. Il n'en est pas ainsi de celle d'*Isnik*, l'ancienne *Nicée*, célèbre par la tenue du premier concile général , mais qui aujourd'hui réduite à 2 ou 300 maisons, n'est peuplée que de quelques juifs, qui fabriquent de la faïence ou vendent de la soie. La Propontide est entourée de ruines célèbres, parmi lesquelles celles de *Cyzique* attestent encore la grandeur et la magnificence d'une des premières villes de commerce de l'antiquité. Les restes de ses anciennes murailles se voient surtout près de *Peramo*, petite bourgade sur la côte orientale de la presqu'île, qui s'est formée par les atterrissements qui ont réuni l'île de Cyzique au continent. Les ruines de cette ville consistent principalement en un amphithéâtre, une naumachie et un vaste théâtre; l'emplacement qu'elle occupait est tellement couvert de jardins ou de grands bois taillis, et d'une végétation si forte, que ce n'est qu'avec beaucoup de peine qu'on peut y distinguer aujourd'hui quelque chose. A l'est de la ville on peut suivre les contours du port, large et fermé, de même qu'un passage resserré ou canal construit en solide maçonnerie, par lequel il communiquait avec la mer : c'était probablement la partie qui, selon Strabon , pouvait être fermée.

Mais les cimes du mont Olympe, couvertes de neige jusqu'au milieu de l'été, appellent nos regards. Au pied de cette pyramide naturelle s'étend *Brousse*, l'antique *Bursa* ou *Prusa*, qui doit son origine à Annibal, et qui fut la capitale de l'empire ottoman avant la prise de Constantinople. C'est à Brousse que les Turcs ont leurs plus habiles ouvriers; l'on estime surtout les satins et les tapisseries de cette ville. Les belles soies qu'on y recueille en abondance ne suffisent pas à ses fabriques : on y supplée par celles de Perse. La cité de Brousse proprement dite occupe une éminence qui domine une plaine fertile où jaillissent des eaux thermales. Cette ville, peuplée d'environ 50,000 habitants, a été cruellement éprouvée en 1836 par plusieurs tremblements de terre; elle est ornée de belles mosquées et d'un nombre prodigieux de fontaines. Sur un rocher à pic, au centre des habitations, s'élève un château dont une des tours est attribuée à Comnène-Lascaris : il occupe l'emplacement de l'ancienne *Prusa*. Brousse se sert du port de *Montagna*, communément nommé *Moudania* et *Modaniych*, ville de 20,000 âmes qui remplace l'ancienne *Apamea* de Bithynie, d'où il s'exporte une grande quantité de salpêtre, de vin blanc, de fruits et divers produits manufacturés.

A 45 kilomètres au sud-ouest de Brousse s'étend au pied du mont Olympe un lac qui renferme plusieurs îles; sur la plus grande s'élève le village d'*Aboullioun* ou d'*Aboullonia* qui est évidemment bâti sur l'emplacement de l'antique *Apollonia ad Rhyndacum*. Sur une des petites îles voisines, on voit des restes de murs massifs qui paraissent être de construction hellénique. De la partie occidentale du lac sort une rivière qui est navigable jusqu'à la mer de Marmara : c'est le *Suput*, l'ancien *Rhindacus;* on la traverse sur un long pont de bois près d'un village appelé *Alabad*, où s'élèvent les ruines d'une grande forteresse byzantine.

A quelques kilomètres vers l'ouest, *Mikhalitch*, que l'on nomme communément *Mahalikh*, est une grande ville située de la manière la plus pittoresque sur des coteaux bas, près du confluent du *Rhindacus* et du *Niacestus*, appelé aujourd'hui *Sousighir-li-sou*, c'est-à-dire *eau de buffle*.

Mais il nous faut maintenant pénétrer dans l'intérieur de l'Asie Mineure et pour cela nous hasarder à traverser des contrées infestées par des bandes de Turcomans qu'on accuse de ne pas trop respecter les voyageurs.

Sur le bord d'un ruisseau qui va se jeter dans la Sakaria, nous verrons *Terekli* ou *Tarakli*, petite ville sale et mal bâtie, mais connue par ses manufactures de peignes. Sur une hauteur, à l'extrémité occidentale d'une plaine riche et fertile, on aperçoit les ruines d'un château. Ce château domine la ville de *Boli* ou *Bolo*, composée d'un millier de maisons, et renfermant un bazar assez vaste et douze mosquées : c'est le passage continuel des caravanes de Constantinople à Erzeroum. A ses portes se trouvent des bains d'eaux thermales, et à 4 kilomètres les ruines d'*Hadrianopolis*, nommées *Eski-Hissar* par les Turcs. Un des faubourgs de Boli est entièrement peuplé de chrétiens, qui ont le droit de se renfermer dans des murailles, et de ne laisser pénétrer aucun Turc chez eux. *Tchirkis* n'offre rien de remarquable; c'est une ville murée, à 95 kilomètres à l'est de Boli, sur la rive droite du Baïtin, que l'on y traverse sur un pont en bois et en terre. Sa population est de 3 à 4,000 âmes. On élève dans ses environs des chèvres de l'espèce de celles d'Angora, et l'on exploite du sel gemme dans les montagnes qui l'environnent.

Sur un affluent du Kizil-Irmak, *Tosia* ou *Tossia*, dans une vallée fertile et bien cultivée, renferme 3,000 maisons turques, 30 de Grecs et 10 mosquées, dont l'une est remarquable par l'élégance de sa construction. On fabrique à Tossia des châles en tissus de poil de chèvre d'Angora, qui sont estimés pour leur finesse et leur moelleux.

A 55 kilomètres au sud de Tossia on trouve *Kiankary* ou *Kiangary*, l'ancienne *Gangra*, qui reçut de l'empereur Claude le nom de *Germanicopolis*, et que Constantin érigea en capitale de la Paphlagonie. Cette ville est assez grande, mais elle est bâtie en bois.

La route de Brousse par Koutaïéh et Koniéh, en Karamanie, traverse principalement le plateau des lacs salés et sans écoulement dont nous avons déjà parlé. Avant d'arriver à Koutaïéh on rencontre au nord-est cette ville, non loin du Pursak, affluent du Sakaria, la ville de *Eski-Cheher;* c'est l'ancienne *Dorylée*, célèbre par la bataille que Godefroy de Bouillon remporta sous ses murs sur l'armée musulmane, en 1197. *Koutaïéh* ou *Koutaïa*, l'ancien *Cotyæum*, est une ville considérable, entourée de jardins, de vignobles et de promenades. Elle contient plus de 10,000 maisons et probablement plus de 50,000 habitants : son territoire fertile produit d'excellents fruits et beaucoup de noix de galle.

A une centaine de kilomètres de cette ville on trouve, dans une bourgade appelée *Seidi-Gazi*, les restes d'un monument phrygien taillé dans le roc, et dont l'inscription *au roi Midas*, sculptée sur un des côtés, indique les restes d'un tombeau érigé à l'un des anciens rois de Phrygie, peut-être six siècles avant notre ère.

A 55 kilomètres de Koutaïéh, les habitants du village de *Toutbah*, au pied du mont Olympe, sont exempts de toute contribution, à la condition de protéger et de guider les voyageurs qui traversent la montagne et ses défilés couverts de neige. Ils ont, comme dans les Alpes, des chiens dressés à découvrir par l'odorat les malheureux qui se sont égarés.

Afioun-Kara-Hissar, et plus exactement *Afyoun-Kara-Hisar*, à 75 kilomètres au sud-est, est célèbre par la culture de l'opium, et un sujet de dispute parmi les géographes; un des plus érudits, Mannert, a soutenu que c'est l'ancienne *Celœnæ;* d'autres prétendent, peut-être avec plus de raison, que c'est *Apamea Cibotos*, fondée par Antiochus Soter. La plupart de ses maisons sont en bois; elle est la résidence d'un pacha, le siége d'un évêque grec et le rendez-vous ordinaire des caravanes de Constantinople et de Smyrne, qui de là se dirigent vers l'intérieur de l'Asie. Son nom signifie *la forteresse noire de l'opium*, et sa population est évaluée à 50,000 âmes. *Ak-Chehr* (ville blanche), cité considérable, répond, selon d'Anville, à l'ancienne *Antiochia ad Pisidiam*, et, selon Mannert, à *Tyriæum;* la montagne voisine étant à l'occident, tandis que la plaine, fertile en blé et en fruits, s'étend en orient, l'opinion du savant allemand paraît mériter la préférence.

Eilgoun ou *Ilghoun* a des marchés bien approvisionnés. Elle occupe, selon d'Anville, l'emplacement de *Philomelium;* mais suivant M. Halmiton ce serait Ak-Chehr qui aurait succédé à cette antique cité.

Koniéh ou Konia, l'ancienne *Iconium*, est aujourd'hui le chef-lieu de l'eyalet de Karaman, province dans laquelle on comprend l'ancienne Pamphylie, la Pisidie, la Lycaonie, la majeure partie de la Cappadoce et la Cilicie. Cette ville, importante lorsqu'elle était la résidence des sultans seldjoucides de *Roum*, compte encore aujourd'hui 15 à 20,000 habitants. Une petite rivière se perd dans les jardins qui l'environnent.

La plus remarquable des nombreuses mosquées de Koniéh est celle de Sélim, bâtie sur le modèle de celle de Sainte-Sophie à Constantinople. On cite aussi le couvent des *Mevlevis*, qui possède de grandes richesses, et qui est le chef de tous les établissements du même ordre répandus dans l'empire ottoman. Quant au palais du pacha, il est bâti en bois, mais il renferme quelques restes élégants de celui des anciens sultans de Roum. Le plus beau monument de Koniéh est le tombeau d'un personnage révéré en Turquie. Près de la porte de Ladik on voit une sculpture antique et une statue colossale d'Hercule, que l'on considère comme deux morceaux remarquables.

A l'orient de Koniéh s'étendent de vastes marais. La ville de *Karaman*, qui a donné son nom à la province de Karamanie, n'est pas loin de la source du bras méridional de l'Halys. Ses monuments ont été bâtis avec les restes de l'antique *Larenda*. On évalue sa population à 3,000 familles turques, arméniennes et grecques.

Ladik ou *Lazikiychi-Karaman* renferme un grand nombre d'inscriptions antiques, presque toutes sépulcrales. Cette ville est l'ancienne *Laodicea Combusta*, qui, dit-on, tirait son surnom de *combusta* de la nature volcanique de ses environs.

En descendant le Kizil-Irmak pour se rapprocher d'Angora, on examinerait si *Ak-Serai* est l'ancienne *Archelais*, ou plutôt *Garsauza*, suivant l'opinion de d'Anville; si la rivière *Chaux*, sur laquelle s'élève aujourd'hui *Nigdéh*, serait le *Cappadox* de Pline, l'ancienne *Cadyna*. Mais cette route étant peu fréquentée, ces questions resteront peut-être longtemps sans décision complète. Les ruines de *Nazianzus*, surnommée *Dio-Cæsarea*, se reconnaissent près du village de *Virun-Chehr* ou *Yourun-Chehr*, c'est-à-dire ville minée. Elles sont sur une plate-forme rocailleuse, immédiatement au-dessus de plusieurs sources abondantes qui forment le long et profond lac d'Ak-Serai. Les rues et les maisons d'une grande partie de la ville subsistent encore; les murs ont en quelques endroits 8 à 10 mètres de hauteur, et sont composés de blocs cyclopéens irréguliers sans ciment ni mortier. On y reconnaît encore l'Acropole, des tombeaux et les ruines de trois églises, dans le style byzantin.

A près de 60 kilomètres de Karaman, on voit dans les environs du village de *Hudjilar* (la ville des pèlerins), des ruines que l'on croit être les restes de l'antique *Isauria*. On y voit un bel arc de triomphe portant une inscription grecque qui indique qu'il fut érigé en l'honneur d'Adrien, par le sénat et le peuple d'Isaurie. Ces ruines sont situées sur le point le plus haut d'une chaîne de collines qui se dirige du nord-ouest au sud-est, et qui offre une vue étendue jusqu'aux plaines de Koniéh.

Un chemin plus connu nous conduira de Brousse à Angora. *Begbazar*, la première ville que nous traverserons, est située sur l'Idou-sou; elle renferme environ 1,000 maisons. En avançant à l'est, dans une plaine très-élevée, nous découvrons *Angora*, appelée par les Turcs *Angorak* et *Engour*. C'est la finesse du poil de ses chèvres qui a fait sa renommée et sa fortune; elle contient, à ce qu'on croit, 40,000 habitants. Le peuple y est plus doux et plus policé que dans aucune autre ville de l'Anatolie; les rues y sont larges, et pavées d'assez grands morceaux de granit. On y voit de très-beaux restes d'antiquités, et entre autres le fameux temple en l'honneur de l'empereur Auguste, du règne duquel date la grandeur de cette ville, auparavant peu considérable. Angora est l'antique *Ancyra*. C'est sous les murs de cette ville que Tamerlan battit, en 1402, Bajazet, et le fit prisonnier.

Le bassin de l'Halys oriental touche, du côté du midi, à celui où coule le *Kara-sou*, c'est-à-dire la *rivière Noire*, le *Melas* des anciens. Dans le haut de cette vallée nous remarquerons *Kaisariéh*,

Navigation sur des outres (Euphrate).

l'ancienne *Césarée* (de Cappadoce), grande ville située au pied du mont *Ardjich* (l'*Argœus mons*). On lui accorde 25,000 habitants; c'est le siége d'un évêque arménien, et le rendez-vous des marchands de l'Asie Mineure, qui vont y acheter le coton qu'on récolte dans ses environs. On fait remonter son origine à 2,000 ans avant l'ère chrétienne. Elle portait alors le nom de *Mazaca*. Mais lorsque sous Tibère elle tomba au pouvoir des Romains, elle reçut de ceux-ci, en l'honneur de ce prince, le nom de Césarée. Elle acquit une telle splendeur, que, sous le règne de Valérien, lorsqu'elle fut pillée par le roi de Perse Sapor, elle renfermait plus de 400,000 habitants. Julien, qui en releva les murs, la resserra dans des limites plus étroites. Mais les chrétiens de cette ville ayant miné les temples de Jupiter et d'Apollon, ce prince, irrité, lui retira le nom de Césarée pour lui restituer celui de Mazaca, imposa une forte amende à chacun des habitants, fit enrôler dans la milice les prêtres chrétiens, et obligea la ville à relever les temples mutilés. Saint Basile, le fondateur des cénobites d'Orient, naquit dans cette ville en 329, en fut évêque, et y mourut en 379.

La contrée qui borde le Kara-sou ou Melas fournit d'assez maigres pâturages aux hordes errantes de Turcomans, que les Turcs désignent sous le nom d'*Achaïr*, mais qui portent généralement celui de leur chef. Les villages paraissent des oasis dans un désert. Mais en approchant de l'Euphrate, l'œil se repose agréablement sur les jardins, les vergers et les bosquets de peupliers qui environnent *Malatiah*, l'ancienne *Mélitène*, qui forme un district de l'eyalet de Kharberout que nous allons décrire plus loin. Cette ville a de 12 à 1,500 maisons. C'était la principale cité de la *Petite-Arménie*, contrée que traversait, dans le moyen âge, la route commerciale de l'Europe aux Indes. En allant de Malatiah au village d'*Ayas*, l'ancienne *Issus*, on traverse une petite province nommée par les Turcs *Doulgadir-Ili*, et gouvernée par un pacha qui réside à *Marach* ou *Mérach*. Cette ville, qui compte 20,000 âmes, est l'ancienne *Germanica*. Elle dépend de l'eyalet d'Adana.

La côte de la Karamanie, l'ancienne Cilicie, qui forme aujour-d'hui l'eyalet d'Itchili ou d'Adana, n'est pas non plus très-bien connue. Les témoignages de Strabon et d'Otter prouvent que la plupart des rivières de cette côte prennent leur source au nord de la chaîne du Taurus, qu'elles franchissent au moyen de gorges étroites. Le plateau où naissent ces rivières, entre le Taurus et l'Anti-Taurus, représente en partie l'ancienne Cataonie. C'est dans ces montagnes que les Karamaniens nomades, et même les habitants des villes, cherchent un asile contre les ardeurs de l'été qui dévastent la plage maritime. Ces hauteurs se couronnent de cèdres, tandis que les bords de la mer se couvrent de forêts entières de lauriers et de myrtes.

Adana, chef-lieu de l'eyalet, qui comprend l'ancienne Cilicie, et *Sis*, où résidèrent longtemps les rois de la Petite-Arménie, sont de peu d'importance. La première de ces deux villes est sur l'emplacement de *Bathnœ*, célèbre jadis par les agréments de sa position, et l'une des plus anciennes cités de l'Asie Mineure. Elle est grande, assez bien bâtie, et peuplée de 20 à 30,000 âmes. On y remarque un beau pont et un ancien aqueduc que les Turcs ont eu le soin d'entretenir.

Tarsous, jadis la docte rivale d'Athènes et d'Alexandrie, passe pour la plus belle et la plus riche cité de l'ancienne Cilicie. Les fraîches ondes du *Cydnus*, si dangereuses à l'infatigable Alexandre, arrosent encore ces riantes plaines où Sardanapale avait fait graver au bas de sa statue cette sentence : « Il faut jouir des plaisirs de la vie; tout le reste n'est rien. »

La ville, à laquelle on donne 30,000 habitants, est sur la rive droite du Kara-sou ou Cydnus, à environ 20 kilomètres de la Méditerranée. L'hiver elle est beaucoup moins peuplée que l'été. Une partie de ses murailles passe pour avoir été construite par le calife Haroun-al-Raschid, et son château par Bajazet. L'église arménienne est belle et fort ancienne, mais on l'attribue à tort à l'apôtre saint Paul. Tarsous est une des plus importantes places de commerce de l'Asie Mineure; elle exporte du cuivre, de la noix de galle et d'autres marchandises pour l'Europe méridionale, principalement pour

Un café dans la campagne de Smyrne.

l'Espagne et le Portugal, et reçoit une grande quantité de produits de l'Égypte. *Mar'ach* ou *Mérach*, chef-lieu d'un liva, est l'ancienne Germanicia; on lui accorde 20,000 âmes. *Albistân*, sur un des affluents du Djihan, est une des villes les plus commerçantes de cette région.

L'eyalet d'Adana, qui outre la Cilicie comprend la partie orientale de la Pamphylie, est presque entièrement désert : ce n'est que sur la côte de la Méditerranée qui baigne sa partie méridionale que l'on rencontre quelques lieux habités, qui méritent à peine le nom de villes. *Selefkeh*, l'antique *Seleucia Trachea*, est de ce nombre : ce n'est qu'une réunion de cabanes en terre et en bois; mais tout autour on voit des ruines considérables, parmi lesquelles se distinguent un théâtre, un temple qui a été converti en église, une citadelle, d'immenses citernes, des catacombes, et plusieurs sarcophages. A 90 kilomètres à l'ouest, le misérable château d'*Anamour* s'élève près des ruines d'*Anemurium*, qui comprennent un grand nombre de tombeaux antiques. Plus à l'ouest encore, les ruines de *Sidé* portent chez les Turcs le nom de *Eski-Adalia* : on y distingue les murs d'enceinte et un théâtre très-bien conservé, garni de ses sièges en marbre blanc. Enfin on y a découvert des statues et des inscriptions intéressantes. *Satali* ou *Satalieh*, sur son golfe dangereux, au pied d'une forêt de citronniers et d'orangers, fleurit par le commerce, et compte, dit-on, plus de 30,000 habitants; mais, selon quelques voyageurs, elle n'en a que 8,000. Elle occupe l'emplacement de l'antique *Olbia* : on y voit un bel arc de triomphe érigé en l'honneur d'Adrien.

A 70 kilomètres vers le sud, on trouve les magnifiques restes de l'antique *Phaselis*, tels qu'un théâtre taillé dans le roc, des mausolées et une longue colonnade. *Almali*, dans l'intérieur des terres, n'offre rien de remarquable; mais non loin des bords de la mer, le village de *Mira* a conservé le nom de la ville antique, dont on voit encore de belles ruines, entre autres un vaste théâtre et de nombreux tombeaux.

Sur les côtes pittoresques de la Lycie, les magnifiques ruines d'*Andriace*, aujourd'hui *Cacamo*, attestent le bonheur du siècle d'Adrien ou de Trajan; la *nécropole* offre à elle seule l'aspect d'une ville. Son port est tellement grand qu'il pourrait contenir toutes les flottes de l'Europe.

Dans l'intérieur des terres, au nord de Satalieh, où s'étendaient l'ancienne Pisidie, un hasard singulier a conservé à une ville peuplée de Turcs le nom de *Sparta* ou *Espartah*; c'est un reste de l'ancienne *Sagalessus*, qui se vantait d'une origine lacédémonienne, et dont les ruines imposantes se trouvent dans le voisinage; les Turcs donnent aussi à cette ville le nom de *Hamid*. Cette contrée, peu visitée, est un plateau avec plusieurs lacs; les eaux s'écoulent par la rivière Douden, qui souvent se perd dans des gouffres souterrains.

Les montagnes de la Lycie sont bien boisées; les arbres y sont en général très-beaux; le paysage est partout pittoresque et varié; et sur des rochers raboteux, qui paraissent inaccessibles, on voit des tombeaux taillés dans le roc, à l'imitation de temples de différents ordres d'architecture, et des sarcophages massifs, d'une forme qui semble particulière à la Lycie. Ces montagnes sont très-peuplées, mais la plupart des habitants vivent sous des tentes.

La vallée de l'Etchen-Tchaï, l'antique Xanthus, présente de nombreux restes d'antiquités; la ville de *Patara*, appelée aujourd'hui *Patera*, s'élève à l'embouchure de cette rivière. Les ruines qu'elle renferme sont encore très-considérables et attestent son ancienne splendeur. L'édifice le mieux conservé est un immense théâtre, dont la construction est attribuée à l'empereur Adrien. A quelques kilomètres de Patera, on arrive en franchissant des montagnes escarpées à la ville moderne de *Davah*, où l'on trouve un grand nombre d'inscriptions qui prouvent qu'elle est bâtie sur l'emplacement de l'antique *Tlos*. Plus loin on trouve *Macri*, jadis Telmessus.

En traversant l'ancien *Calbis* on arrive à *Doloman*, village composé de quelques maisons. A 40 kilomètres plus loin, en se rapprochant de la Méditerranée, s'étend la vaste baie de Krugiz. *Houlah* est une ville de 8 à 10,000 âmes; *Moughab*, qui en compte

18,000, est à une vingtaine de kilomètres plus au nord dans les montagnes.

Moglah, l'ancienne *Alinda*; *Melasso* ou *Miless*, autrefois *Mylassa*, dont on voit encore les ruines intéressantes; *Degnizli* qui fut détruite en 1715 par un tremblement de terre, sont des villes peu importantes; mais *Ala-Chehr*, l'ancienne *Philadelphia*, compte 6 à 8,000 habitants; c'est la résidence d'un évêque grec; la cathédrale est ornée de dorures, de peintures et de sculptures. *Tireh* ou *Tirra*, au pied d'une montagne de la chaîne du Kestenous-Dagh, paraît être une ville de 20,000 âmes; elle a des manufactures importantes; et *Ak-Hissar*, jadis *Thyatira*, n'a dans son enceinte murée que des maisons en terre et une population de 2 à 3,000 individus.

Les côtes occidentales de l'Asie, plus fréquemment visitées par les voyageurs, fourniraient à elles seules la matière d'un volume intéressant. Ce fut ici que les arts et les lettres embellirent les villes de la Doride, de l'Ionie et de l'Éolide; c'est dans ces contrées que les tristes ruines d'*Halicarnasse*, de *Milet* et d'*Éphèse* arrêtent les pas de l'homme familier avec l'antiquité.

Les restes d'Éphèse se trouvent au sud-ouest du misérable village turc d'*Ayasalouk*; les ruines de *Milet* sont sans doute cachées sous les eaux marécageuses du lac *Akir*; les atterrissements du Méandre ont comblé l'ancien golfe de Latmies, et de toute cette contrée couverte autrefois de villes florissantes il ne reste que de pauvres villages. A *Palatcha*, on trouve fréquemment des débris antiques; peut-être sont-elles celles de l'antique *Myus*.

Quant à l'ancienne *Halicarnasse*, c'est *Boudroun* qui en occupe la place. Les maisons de la ville moderne sont éparses sur le bord d'une baie profonde, et entremêlées de champs, de jardins et de tombeaux. Le palais du gouverneur et quelques mosquées garnissent les côtes de la baie; sur un rocher qui s'avance dans la mer, s'élève un château bâti en 1402 par les chevaliers de Rhodes; un petit port occupe un enfoncement sur la côte occidentale. Les matériaux antiques dont le château est construit, et qui paraissent avoir fait partie du fameux tombeau érigé par la reine Artémise à son époux; les fragments de colonnes et de sculptures qui se font remarquer dans la ville, des murailles encore debout, les vestiges d'un théâtre de 90 mètres de diamètre, enfin la position que les anciens donnent à Halicarnasse, suffisent pour prouver que Boudroun est bien sur l'emplacement de l'antique cité. Il y a à Boudroun des chantiers où l'on construit des frégates et des bâtiments inférieurs pour la marine turque.

Les villes modernes de ces belles régions ont assez peu d'importance. *Aidin-Gouzel-Hissar*, l'ancienne *Magnésie du Méandre*, ou peut-être *Tralles*, fait encore un commerce considérable, et sa population paraît être de 20 à 30,000 âmes. Mais, en remontant la pittoresque vallée du Méandre, on peut reconnaître les ruines de la riche et superbe *Laodicée*, habitée aujourd'hui par quelques renards. Le port assez étroit de *Scala-Nova* ou *Kouch-Adassi* est très-fréquenté; et cette ville, qui remplace en quelque sorte celle de *Néapolis*, étale en amphithéâtre ses mosquées entremêlées de beaux cyprès. Elle renferme environ 20,000 habitants.

La reine des villes de l'Anatolie, *Smyrne*, brave toujours les incendies et les tremblements de terre; dix fois détruite, dix fois elle s'est relevée avec une gloire nouvelle. Sa situation centrale et la bonté de son port y attirent un concours prodigieux de négociants de toutes les nations, qui s'y rendent par mer et par caravanes. Les marchandises que l'on tire de Smyrne sont des soies, des poils de chèvre et de chameau, des toiles de coton, des mousselines brodées en or, en argent, des maroquins, des camelots de couleur, des laines, de la cire, des noix de galle, des raisins de Corinthe, quantité de drogues, comme du galbanum, de la rhubarbe, de l'ambre, du musc; enfin du lapis-lazuli, et diverses gommes. On y cherche encore des tapis de plusieurs espèces, des perles; des diamants, des émeraudes, des rubis et autres pierres précieuses. Enfin Smyrne est le centre du commerce du Levant: cette ville, très-sujette à la peste, compte plus de 130,000 habitants.

Appelée *Ismir* par les Turcs, elle s'élève en amphithéâtre, au fond d'un magnifique golfe, sur le flanc d'une montagne couronnée par un vieux château construit par les Génois. On y remarque deux quartiers distincts: la partie élevée est la partie turque, la partie basse celle des Francs. Elle n'est belle que vue de loin; son intérieur ne présente que des rues étroites, que des maisons basses, construites en bois, en briques et rarement en pierres, et dans lesquelles cependant règne souvent tout le luxe oriental. Les débris antiques sont fort rares à Smyrne; cependant on remarque dans la ville haute quelques colonnes en marbre blanc qui paraissent avoir appartenu à un temple. Sous le rapport des mœurs, du langage et de l'administration, les deux quartiers forment deux villes distinctes: le quartier des Francs (les Européens) est pour ainsi dire une république fédérative; ils ont pour seuls juges des diverses nations auxquelles ils appartiennent.

A une petite distance de Smyrne, sur la route de cette ville, au village de Bournabah, on remarque les restes d'un temple de Diane.

Sur le penchant du mont Sipyle, il existe des ruines fort étendues, rarement visitées par les voyageurs; on les désigne sous les noms de *ville et tombeaux de Tantale*.

A 50 kilomètres à l'est de Smyrne, entre des montagnes et près d'un grand marais, *Cassaba* est une vaste et industrieuse ville; et à 60 kilomètres plus loin, *Dourgoutli* ou *Tourgoud*, l'antique *Œgara*, qui se fait remarquer aussi par son industrie et son commerce, renferme, suivant les voyageurs modernes, 6,000 maisons.

Depuis le Méandre jusqu'à la Propontide ou mer de Marmara, l'ordre, la tranquillité et la prospérité attestent le bienfaisant génie de la famille de Kara-Osman, qui depuis 80 ans y règne avec une autorité presque absolue. Les cultivateurs y sèment et récoltent en paix. Les Grecs ont dans l'ancienne Éolide des écoles où on lit Homère et Thucydide. Les Turcomans qui campent vers les sources de l'Hermus, aujourd'hui nommé *Sarabat* ou *Kedous*, se livrent à l'agriculture. Si la résidence de Crésus n'est plus reconnaissable dans le village de *Sart*, où l'on voit cependant encore les restes d'un temple, d'un théâtre et d'un stade, et les 60 grandes buttes qui sont les tombeaux des rois de Lydie, d'autres villes conservent une ombre de leur antique splendeur; le commerce fait fleurir *Manika* ou *Manissa*, l'ancienne *Magnésie du Sipyle*, dont la population est estimée à 40,000 âmes. *Bergamo*, jadis Pergame, offre des ruines magnifiques. *Phokia*, l'ancienne *Phocée*, possède encore l'excellent port d'où sortirent Pythéas et ses compagnons pour venir fonder Marseille. La petite péninsule qui forme l'ancien royaume de Priam a été explorée avec un soin minutieux; on a reconnu le cours du Simoïs et du Scamandre; on a démontré que l'ancienne Troie, l'*Ilium* d'Homère, s'élevait sur la colline occupée aujourd'hui par le village de *Bounarbachi*, appelé généralement *Bournabah*; tandis que l'*Ilium* du siècle de Strabon était située près de la mer, près du village de *Tchiblak*. L'Hellespont aussi a été exploré avec une sérieuse attention. Les ruines d'*Abydos* sont plus au nord que le *Château d'Asie*, forteresse peu redoutable. *Lampsaki* n'est qu'un faubourg de l'ancienne *Lampsacus*, dont les véritables ruines ont été reconnues à *Tchardak*. Enfin, *Eski-Stamboul* paraît occuper l'emplacement de l'ancienne Alexandria-Troas.

Nous avons achevé le tour de la péninsule de l'Asie Mineure, visitons cette chaîne d'îles qui la bordent à l'occident. Ici chaque rocher a son histoire, chaque île a son beau siècle, ses héros et ses génies. Elles dépendent pour la plupart de l'eyalet des îles (*Djézaïr*), et les plus grandes forment chacune un livah.

Commençons par la mer de Marmara: les îles les plus orientales et à la fois les plus septentrionales sont celles *des Princes* ou îles *Demonisi*, près de la côte de Scutari. Elles sont au nombre de neuf: *Antigone*, *Khalki*, *Niandro*, *Oxea*, *Pitta*, *Prinkipos*, *Proti*, *Platos* et l'*île des Lapins*. Prinkipos est la plus considérable; elle est habitée ainsi que Proti, Khalki et Antigone; les autres ne sont que des rochers. Les habitants sont tous Grecs et au nombre de 5 à 6,000. Ces îles ont été ainsi nommées, parce qu'elles ont servi de lieu d'exil à plusieurs princes grecs. Les flottes alliées y ont séjourné pendant la guerre d'Orient. L'île de *Kalolimni* s'élève à quelques lieues de l'entrée du golfe de Moudania. Au nord de la presqu'île de Cyzique, *Marmara*, qui s'appela successivement *Proconnesus*, *Elaphonnesus*, et *Nerris* ou plutôt *Nebris*, a donné son nom moderne à la Propontide, du mot grec μάρμαρον, qui signifie marbre. En effet, elle est montagneuse, et renferme des carrières de marbre blanc que l'on exploite encore et que les anciens nommaient *marbre de Cyzique*. Cependant ce n'est point à ses carrières qu'elle doit aucun des noms qu'elle portait dans l'antiquité, mais à une particularité qui a frappé les anciens avant qu'ils aient connu sa richesse en calcaire statuaire: c'est la grande quantité de cerfs qu'elle renfermait; ainsi ses noms tous si différents viennent de trois mots grecs qui signifient cerf (1). Aujourd'hui elle ne nourrit plus en fait de ruminants que des troupeaux de moutons. Sa longueur est de 16 kilomètres, et sa largeur de 8. Elle a un bourg appelé *Marmara*, et plusieurs villages assez peuplés. L'île de *Linan-Pacha*, à l'ouest de la presqu'île de Cyzique, n'offre rien d'intéressant. Il en est de même de *Rabby*, qui cependant est un peu moins petite: elle a 8 kilomètres de longueur.

A la sortie du détroit des Dardanelles ou de l'Hellespont, qui est long d'environ 55 kilomètres, et dont la largeur moyenne est de 5 kilomètres, on voit d'autres *îles des Lapins* (*Taouchan-Adassi*), appelées jadis *Lagussæ*. Elles sont rocailleuses, boisées et inhabitées.

Ténédos est encore la clef de l'Hellespont, les Turcs lui ayant donné le nom de *Bogdja-Adassi* ou *Bogdja*. Elle a 10 à 12 kilomètres de longueur, et, bien qu'elle soit couverte de montagnes rocailleuses, elle est très-fertile. Elle renferme une ville appelée aussi *Bogdja* ou *Ténédos*, qui compte 6,000 habitants.

De cette île, riche en vin, nous arrivons à *Mételin*, l'ancienne *Lesbos*. Autour des nombreuses baies de celle-ci s'élèvent des coteaux chargés de vignes et d'oliviers: les montagnes de l'intérieur se couvrent de lentisques, de térébinthes, de pins d'Alep, de pins à pignon et de cistes; les ruisseaux coulent à l'ombre des platanes;

____

(1) πρόξ, au génitif προκός, jeune cerf ou biche; ἔλαφος, cerf, et νεβρός, faon de biche.

le vin, les figues et les femmes de Lesbos conservent leur ancienne réputation. L'île a 50,000 habitants, dont 8,000 dans la ville de *Castro*, qui paraît occuper l'emplacement de l'ancienne *Mitylène*.

Évitons le cap *Karabouroun* et ses sauvages habitants; débarquons dans l'île de *Scio* ou *Chios*, qui avant la guerre de l'indépendance grecque comptait près de 110,000 habitants, presque tous Grecs, et dont 30,000 résidaient dans la capitale, qui porte le même nom que l'île. Cette île est occupée en grande partie par des rochers granitiques; elle offre l'aspect d'un vaste jardin; partout des limoniers, des orangers, des cédrats parfument l'air; quelques figuiers et grenadiers s'y mêlent. Les rosiers sont ici plus communs que les chardons ne le sont ailleurs; on récolte de l'orge, de l'huile, du vin muscat. Les femmes de Scio sont belles comme des statues grecques, mais elles se défigurent par un costume bizarre. La population de l'île, en partie anéantie à la suite des massacres de 1822, ne dépasse guère aujourd'hui 15 à 20,000 âmes.

Après avoir traversé le golfe de Scala-Nova, le grand port *Vathi-Cato* nous reçoit dans l'île de *Samos*, que les Turcs nomment *Sousam-Adassi*, île une fois moins grande que Scio, et peuplée, dit-on, de 60,000 habitants. Le sol est très-fertile : il produit des vins muscats, des oranges, de l'huile et de la soie; on y trouve du beau marbre. Samos montre aux antiquaires de superbes restes d'un temple de Junon. *Megali-Chora* est le chef-lieu moderne, mais la principale ville est *Vathi-Ano*, ville de 1100 maisons, construites, au dire de M. V. Guérin, qui l'a visitée en 1854, sur les pentes de l'*Ampélos*, aujourd'hui le mont Saint-Élie. Le mont *Kerki*, l'ancien *Cercetius*, conserve la neige pendant la plus grande partie de l'été. Megali-Chora n'a que 1,000 à 1,200 habitants; son port, nommé *Tigali*, est peu sûr; aucun navire ne peut y aborder avec le vent du nord. Vers l'extrémité orientale de l'île, on voit encore quelques restes de la célèbre ville de Samos : les débris de ses murailles flanquées de tours carrées ont 4 à 5 mètres d'épaisseur; on reconnaît parmi des monceaux de ruines les restes d'un théâtre et du magnifique temple de Junon, ainsi que ceux de la jetée du port, haute de 30 mètres; enfin la *montagne percée* est tout ce qui reste d'un canal de 875 pas de longueur, pratiqué dans une montagne et qui servait à conduire l'eau à la ville. *Néon Carlovassi*, dans laquelle M. V. Guérin croit reconnaître l'ancienne *Ipnusia*, et *Murathro Cambo* sont deux chefs-lieux de districts. Samos reçoit du sultan un gouverneur, mais elle s'administre elle-même à l'aide d'un sénat de huit membres, et d'une chambre de représentants composée de trente-sept membres.

Nous passons devant *Nicaria*, l'ancienne *Icaria*, riche en bois de construction, d'ailleurs stérile, habitée par un millier de Grecs, très-pauvres, très-fiers, qui prétendent descendre du sang impérial des Constantins, et qui ne couchent jamais dans un lit, même quand ils peuvent en avoir. *Patmo*, l'ancienne *Patmos* ou *Patnos*, récemment visitée par M. V. Guérin, est très-montagneuse, et n'offre que quelques maigres oliviers.

Le nombre de ses habitants est d'environ 1,500; le chef-lieu, appelé *Patmos* ou *Saint-Jean*, ne renferme que 200 maisons; on voit à peu de distance de cette ville le célèbre couvent de l'Apocalypse, d'où sont sortis tant de maîtres qui ont répandu l'instruction dans une grande partie de la Grèce. On sait que c'est dans une des grottes de l'île que saint Jean écrivit l'Apocalypse.

Les petites îles *Lipso* ou *Lepsia*, *Nacri* ou *Arcilis* et *Agathonisi* ne nous offrent rien de remarquable.

Lero, chez les anciens *Leros* ou *Leria*, avec un grand port, une petite ville qui porte le nom moderne de l'île et une population de 2,000 âmes; *Calamine*, jadis *Calymna*, qui produit d'excellent miel, et qui ne renferme que 300 habitants grecs; enfin la petite *Caprone* ou *Caproni*, se suivent au sud de Samos.

Nous arrivons à la patrie d'Hippocrate, *Cos*, dont le nom est défiguré en *Stan-co* ou *Stanchio* par les Grecs et en *Istan-Kioi* par les Turcs; cette île offre de belles plantations de limoniers mêlés de grands érables; elle a donné son nom en latin à l'espèce de schiste qu'on appelle vulgairement pierre à aiguiser.

Longue de 30 kilomètres, Stan-co est traversée longitudinalement par une chaîne de montagnes dont la plus élevée est le mont Christo, qui atteint 860 mètres de hauteur : elles sont formées de calcaire et de schiste; un grand nombre de sources limpides s'en échappent. Les vents y soufflent avec violence; l'été le thermomètre s'y élève à 23 degrés; l'hiver on y éprouve quelquefois un froid qui paraît assez piquant, bien que le mercure ne descende pas au-dessous de zéro et que les orangers le supportent sans inconvénient. Depuis la révolution grecque, cette île est considérablement dépeuplée; les indigènes ont été presque tous massacrés; la population se réduit à quelques milliers d'individus, la plupart Turcs. La ville de *Stan-co*, l'antique cité de *Cos*, offre, depuis les derniers événements de la Grèce, plus de ruines modernes que de débris antiques; elle renfermait 9 à 10,000 individus avant l'insurrection grecque. On sait que cette ville a vu naître Hippocrate, le père de la médecine, et plusieurs hommes célèbres à divers titres, tels que le peintre Apelles, le poëte Philétas, et l'historien Polybe; que son fameux temple d'Esculape fut renversé par un tremblement de terre,

rebâti, détruit par un incendie, puis reconstruit encore, et enfin converti en mosquée par les Turcs. Tout près de cet édifice, on voit encore des restes de sculpture qui par les sujets qu'ils représentent paraissent en avoir fait partie. L'antique hippodrome a été transformé en cimetière par les Turcs, et le palais des archontes en citadelle.

Au sud-est de Stanco s'étendent plusieurs petites îles : la première est *Nisari* ou *Indjirli*, l'ancienne *Nysirus*, longue de 2 kilomètres et large de 8; la seconde est *Piscopi* ou *Tilo*, jadis *Telos*, de la même grandeur que la précédente et aussi peu peuplée; à une égale distance de l'une et de l'autre de ces deux îles, se trouve l'îlot de *Madone*. Au nord-est de Piscopi et à l'entrée du golfe de Symia on voit *Symi* ou *Symia*, jadis *Symé*, qui n'est qu'une montagne terminée en forme de cône; tout à côté un îlot porte le nom de *Diamant*. Enfin, à peu de distance de la côte occidentale de Rhodes, s'élèvent plusieurs îles dont les plus considérables sont *Limonia* et *Narki*, couvertes de quelques groupes d'arbres et de bons pâturages.

Vis-à-vis des extrémités de l'Asie, au sud-ouest, s'élève l'île de *Rhodos* ou de *Rhodes*, célèbre dans l'antiquité par ses sages lois, fameuse dans les quatorzième et quinzième siècles comme siège des chevaliers de l'ordre de Saint-Jean de Jérusalem. Cette île, peu fertile en grains, vante comme autrefois ses fruits, ses vins, sa cire et son miel; on en exporte du savon, de beaux tapis et des camelots. Elle a 70 kilomètres de longueur, 30 de largeur et 1,120 kilomètres carrés de superficie. Sa population est évaluée par M. V. Guérin à 27,000 âmes; elle se décompose ainsi : 6,000 Turcs, 1,000 Juifs et 20,000 Grecs. *Rhodes*, la capitale, occupe le penchant d'une colline, en face de la mer; elle offre un mélange agréable de jardins, de minarets, de tours et d'églises. C'est une des villes les mieux bâties de toutes les îles de cette partie de l'Asie; les rues sont larges et garnies de trottoirs, les maisons régulières et solidement construites; un grand nombre de celles de la rue principale sont encore décorées des écussons des anciens chevaliers. Deux des principales églises, entre autres la vaste église Saint-Jean, ont été converties en mosquées, et le grand hôpital en grenier d'abondance. Le palais du grand maître est aujourd'hui celui du pacha; les formidables remparts construits par les chevaliers sont encore debout. C'est une des meilleures forteresses des Turcs; elle a un assez bon port, dont l'entrée est resserrée par deux rochers, sur lesquels s'élèvent deux tours qui en défendent le passage. Le fameux colosse de bronze, qui avait 35 mètres de haut, ne paraît pas avoir été placé en travers de l'entrée du grand port, mais plutôt sur un étroit canal qui faisait autrefois communiquer, au moyen d'un bassin intérieur, le port du commerce avec celui des galères. Cette ville a été cruellement dévastée par un tremblement de terre en octobre 1856. L'ancienne église Saint-Jean et les maisons qui bordent la rue des Chevaliers en ont principalement souffert.

Les côtes méridionales de l'Asie Mineure sont presque sans îles; les escarpements du Taurus pressent la mer par leurs énormes falaises; des canaux étroits en détachent quelques îlots rocailleux, tels que *Castel-Rosso*.

Nous laissons à l'entrée du golfe de Satalie le *cap Chelidoni* ou *Kilidonia*, l'ancien *Promontorium sacrum*, en poupe, pour nous diriger sur le port de Paphos, dans l'île de *Chypre*, *Cypros*, aujourd'hui *Kibris*. Le bourg de *Lindo*, ou l'ancienne *Lindos*, occupe les pentes du mont *Krana*. M. V. Guérin y a retrouvé les restes de la Minerve Lindienne. Près du bourg de *Kastellos*, des ruines semblent appartenir à l'ancienne *Camiros*. Les ruines de l'antique *Jalysos* couvrent au loin les pentes du mont Philomeros, et on les appelle aujourd'hui dans le pays Παλαῖα Ῥόδος, l'ancienne Rhodes. M. V. Guérin a aussi visité les ruines du temple de Jupiter Atabyrios sur le sommet de l'*Atabyron*, montagne élevée de 1500 mètres, et qui domine l'île entière. Rhodes forme un des sept livas de l'eyalet du Djiziar ou des Îles. Elle est administrée par un pacha assisté d'un conseil composé d'un gouverneur, du cadi, du mufti, de l'archevêque grec et de quelques autres membres élus par les habitants. L'île renferme, outre la capitale, 47 villages. En 1854, ses importations se sont élevées à 2 millions de francs, et ses exportations à 326,000 francs. Ses productions principales sont les fruits, le vin, la cire et les oignons.

L'île de Chypre est une des plus grandes et des plus fertiles de la Méditerranée. Sa longueur du nord-est au sud-ouest est d'environ 200 kilomètres et sa largeur moyenne de 60. Elle est partagée longitudinalement en deux versants par une chaîne de montagnes hautes et escarpées. Cette chaîne ne donne naissance qu'à de petits cours d'eau qui tarissent pendant l'été, et ne laissent aux habitants que l'usage de puits dont la plupart ne renferment que de l'eau saumâtre. La végétation est tardive dans les montagnes; elle commence dans les plaines au mois de février. A l'exception de quelques points de la côte, l'air y est en général salubre; mais la peste est quelquefois apportée de l'Égypte et cause de grands ravages. Cette île est souvent dévorée par des nuées de sauterelles. Chypre est divisée en trois sandjaks : Baffa, Cerina et Nicosia. *Baffa* n'offre plus aucune trace du célèbre temple que Paphos consacra à Vénus. Les cryptes creusées dans les montagnes des environs sont habitées ; on y voit même une église souterraine. *Cerina* ou *Djerina* a seulement conservé de l'antique *Cerynia* des catacombes ; cette ville, qui possède un port, n'a que 200 ou 300 habitants. Nicosia, appelée aussi *Leucosie*, est la résidence d'un archevêque grec ; le gouverneur turc demeure dans l'ancien palais des rois de Chypre, qui n'offre plus que de tristes ruines. Cette ville, dominée tout autour par des montagnes, est renfermée dans de hautes murailles flanquées de 13 bastions ; mais bien que ces fortifications, qui sont dues aux Vénitiens, aient été réparées par les Français pendant l'expédition d'Égypte, sa position défavorable empêcherait la ville de soutenir un siège. Sous le règne des Lusignans elle renfermait 300 églises et une population considérable ; il ne reste de sa splendeur passée que quelques belles rues, 8 mosquées, l'ancienne cathédrale catholique de Sainte-Sophie, bel édifice gothique, 6 églises grecques, un couvent, un bazar et 15 à 16,000 habitants. *Famagouste* partage avec *Larnaca* et avec le bourg de *Salines* un commerce languissant ; quant à l'antique *Amathonte*, c'est aujourd'hui un pauvre village à peine connu sous le nom de *Limasol*.

Nous avons dépeint la fertilité de cette île d'après les anciens ; les modernes en ont à peu près les mêmes notions. Les neiges, longtemps conservées sur le mont Olympe, aujourd'hui mont de la Sainte-Croix, y répandent un froid vif, qui rend plus insupportables les ardeurs de l'été. La plus précieuse production actuelle est le coton ; nous y cherchons encore de la térébenthine, des bois de construction, des oranges, et surtout du vin de Chypre. Les hyacinthes, les anémones, les renoncules, les narcisses simples et doubles qui exigent tant de soins en Europe, viennent ici sans culture ; elles tapissent les montagnes et changent les campagnes en un immense parterre ; mais l'agriculture y est négligée ; un air malsain afflige quelques districts où l'on n'a pas su conduire les eaux. On croit que le nom de Chypre (*Kypros*) lui vient de son abondance en cuivre ; cependant ce nom signifie aussi en grec un arbre odoriférant que l'on croit être le troène ; outre ce métal, elle produisait autrefois de l'or, de l'argent et des émeraudes. Ce qu'on appelle le diamant de Paphos est un cristal de roche que l'on trouve près de cette ville ; on tire encore de cette île de l'amiante, du jaspe rouge et de la terre d'ombre.

Les habitants de Chypre sont une belle race d'hommes ; les femmes, par la vivacité de leurs grands yeux, trahissent combien elles sont encore fidèles au culte de Vénus. Cette île, anciennement composée de neuf royaumes, dont chacun renfermait plusieurs villes florissantes, avait peut-être un million d'habitants ; elle n'en a aujourd'hui que 80,000. Dans le déclin de l'empire d'Orient, Chypre, conquise par Richard Ier, roi d'Angleterre, fut donnée à la maison de Lusignan comme fief anglais, pour le dédommager de la perte du trône de Jérusalem. Dans le quinzième siècle, l'héritière de cette maison en résigna la souveraineté en faveur des Vénitiens, qui, en 1570, en furent dépouillés par les Turcs ; mais une princesse de la maison de Lusignan ayant épousé un duc de Savoie, les rois de Sardaigne ont conservé des prétentions sur les couronnes de Chypre et de Jérusalem.

Nous terminons ici notre course topographique dans l'Asie Mineure et dans les îles voisines ; elle a dû être rapide, attendu que de vastes espaces inconnus, ou seulement connus par les vagues relations des Orientaux, séparent les routes suivies par les voyageurs européens, routes trop peu multipliées et trop peu variées pour nous fournir une topographie moderne comparable à celle que l'on peut tirer des écrivains grecs et romains.

⚜

ARMÉNIE, KOURDISTAN, AL-DJEZIREH, IRAK-ARABI.

DIVISIONS GÉNÉRALES. — Les quatre provinces que nous allons décrire appartiennent aux bassins du Tigre et de l'Euphrate ; elles formaient autrefois l'Arménie, l'Assyrie, la Mésopotamie et la Babylonie, et aujourd'hui elles comprennent les eyalets d'*Erzeroum*, de *Van*, de *Kharberout*, de *Kourdistan* et de *Bagdad*.

IMPORTANCE DE CETTE RÉGION. — L'Arménie, la Mésopotamie et la Babylonie, longtemps négligées par les géographes modernes, ont des droits à toute notre attention. Ce fut dans ces régions que se dressèrent les tentes d'Abraham et de Jacob, que naquirent les premières villes, les plus anciens royaumes connus dans l'histoire ; ce fut ici qu'Alexandre vainquit Darius ; plus tard, les rives du Tigre et de l'Euphrate devinrent le sanglant théâtre où les légions de Trajan, de Julien, d'Héraclius, combattirent la cavalerie astucieuse et opiniâtre des Parthes. Dans nos siècles modernes, ce sont encore deux grandes sectes musulmanes, les *sunnites* et les

chyites, qui se disputent ces contrées. Même sans qu'il soit nécessaire de rappeler les hommes et leur puissance passagère, la nature à elle seule nous présente ici assez d'objets d'intérêt et d'étude ; il y a peu de régions du globe où, dans un aussi petit espace, d'aussi frappants contrastes se trouvent réunis : une étendue de 10 degrés de latitude nous offre, à Bagdad, des chaleurs égales à celles de la Sénégambie, et, sur la cime de l'Ararat, des neiges éternelles ; les forêts de sapins et de chênes touchent, en Mésopotamie, à celles de palmiers et de citronniers ; le lion d'Arabie répond par ses rugissements aux hurlements de l'ours du mont Taurus. On dirait que l'Afrique et la Sibérie se sont donné un rendez-vous.

ASPECT PHYSIQUE, MONTAGNES. — Ce rapprochement de climats opposés résulte principalement d'une grande différence dans le niveau du terrain. L'Arménie, plateau très-élevé, est ceinte de toutes parts de montagnes encore plus élevées ; l'*Ararat* élance au centre de ce pays sa tête toujours blanchie de neiges : au nord les monts Tcheldir et Djanik séparent l'Arménie de la mer Noire : cette chaîne, quoique en partie couverte de belles forêts, ne le cède pas en hauteur au Caucase, puisque sur ses pentes méridionales, à Erzeroum, il tombe quelquefois des neiges au mois de juin. Les chaînes du *Taurus* entrent dans l'Arménie près des cataractes de l'Euphrate, elles s'élèvent considérablement en avançant à l'orient ; le *Niphate* des anciens, le *Keleshin* des modernes, au sud-est du lac de Van, tire son nom des neiges qui en couvrent les sommets toute l'année. Les monts *Gordyens* de Xénophon, ou les monts *Gioundi*, remplissent tout le Kourdistan ; une branche prolongée au sud, le *Zagrus* des anciens, le *Djebel-Tag* des modernes, sépare l'empire ottoman de la Perse ; ses branches inférieures se terminent à quelques kilomètres du bord oriental du Tigre ; une branche détachée du Taurus, le mont *Masius* des anciens, aujourd'hui le *Karadjéh-Daghlar*, passe entre le Tigre et l'Euphrate, forme l'escarpement sur lequel est assise la ville de Merdin, et vient expirer dans les collines de Sindjar, à l'ouest de Mossoul. Depuis ces deux points on voit se déployer jusqu'aux bords du golfe Persique une immense plaine où l'œil fatigué remarque à peine de légères ondulations de terrain ; une grande partie de ces plaines, au-dessous du point de réunion des deux fleuves, fut jadis couverte de plusieurs lacs aujourd'hui desséchés, et encore à présent il s'y trouve beaucoup de terrains qui sont inondés à la moindre crue des rivières.

À cette peinture générale du terrain nous ferons succéder celle des deux grands fleuves qui l'arrosent.

L'EUPHRATE ET LE TIGRE. — L'*Euphrate* naît de plusieurs sources ; deux branches surtout se disputent l'honneur d'être la principale ; l'une jaillit non loin de la ville de Bayazid, dans les monts nommés *Ala-dagh*, qui au sud-ouest se détachent du massif de l'Ararat, et de la montagne même appelée *Bin-Goueil* (mille sources), anciennement le mont *Abus*. Cette rivière, qui porte le nom de *Mourad-Tchaï*, se perd sous terre à quatre heures de chemin de Bayazid, reparaît de nouveau, reçoit près de Melaz-Ghord une autre rivière du même nom, et traverse tout le district de *Tourouberan*, partie méridionale de l'Arménie propre : son cours n'a pas moins de 400 kilomètres. L'autre bras de l'Euphrate, que les Orientaux nomment *Frat*, se forme sous les murs d'Erzeroum, par la jonction de deux rivières, dont l'une, peut-être, représente le *Lycus* de Pline ; ces deux rivières réunies n'égalent pas le Mourad-Tchaï, que Xénophon regardait comme le véritable Euphrate. Le Frat et le Mourad-Tchaï mêlent leurs eaux un peu au-dessous du bourg de Ziléh. Le fleuve, déjà très-considérable, descend rapidement vers le défilé nommé *Pas de Nuchar* ; l'ayant franchi, il serpente sur une plaine élevée ; mais bientôt, ayant rencontré une nouvelle inégalité de terrain, il forme une double cataracte à 35 kilomètres au-dessus de *Semisat* ou *Samosate*, la patrie de Lucien. Dégagé maintenant de tous les obstacles qui enchaînaient sa force, il roule majestueusement dans une large et verdoyante vallée. Au sud-est de Kerkisiéh, il entre dans des plaines immenses ; cependant, repoussé du côté de l'Arabie par quelques hauteurs sablonneuses et calcaires, il est forcé de s'approcher, en serpentant, du fleuve du Tigre.

Depuis la réunion du Mourad-Tchaï et du Frat, l'Euphrate a jusqu'à son embouchure 1,550 kilomètres de longueur : ce qui, en comprenant la première de ces rivières, lui donnerait près de 2,000 kilomètres de cours. Il éprouve des crues périodiques, dont la plus forte a lieu en janvier : elle est de 4 mètres. La marée se fait sentir jusqu'à 200 kilomètres de son embouchure.

Rival et compagnon de l'Euphrate, le Tigre, que plusieurs géographes font venir de Bitlis, a sa source la plus apparente dans les montagnes du pays de Zoph, l'ancienne *Sophène*, partie de l'eyalet de Diarbekir ; l'Euphrate, déjà très-fort, enlève à cette région le tribut de toutes ses eaux courantes. Mais, par un hasard singulier, le Tigre seul, la plus petite rivière de ces montagnes, échappe au destin de ses frères ; une hauteur l'empêche de couler vers l'Euphrate ; une gorge de montagnes au-dessus de Diarbekir lui ouvre un passage ; il s'élance à travers un terrain toujours très-inégal et fortement incliné. L'extrême rapidité de son cours, effet naturel des localités, lui a mérité le nom de *Tigr* en langue médienne, de *Diglito* ou *Didjiléh* en arabe, et de *Hhiddekel* en hébreu, noms qui tous rappellent le vol rapide d'une flèche. Outre ce bras, le plus connu des modernes, Pline nous en a décrit en détail un autre qui sort des montagnes du Kourdistan, à l'ouest du lac de Van; cette rivière passe par le lac *Aréthuse*; arrêtée par une branche du Taurus, elle se précipite dans la caverne dite de *Zoroanda*, et reparaît en bas de la montagne; une preuve que c'est la même rivière, c'est que les choses qu'on y jette en haut des montagnes reparaissent sur sa surface lorsqu'elle sort de dessous leurs pieds. Il passe encore par le lac *Thospitis* (près de la ville d'Erz-en), s'engloutit dans des cavernes souterraines, et reparaît 40 kilomètres plus bas. Ce bras, qui est le *Bothan-sou* des modernes, se réunit au Tigre occidental, au-dessous de la ville de Diarbekir.

A mesure que le Tigre et l'Euphrate se rapprochent, le terrain intermédiaire perd de son élévation; des marais et des prairies en occupent toute l'étendue; plusieurs communications artificielles, peut-être un ou deux canaux naturels, préludent à la prochaine réunion des fleuves; cette fusion se fait enfin auprès de *Korna*. Le fleuve uni porte le nom de *Chat-al-Arab*, c'est-à-dire *fleuve de l'Arabe*. Il y a trois grandes embouchures, outre un petit canal; ces divers bras occupent un espace de 50 à 60 kilomètres; la rivière du sud est la plus libre et la plus profonde; des bancs de sable, qui changent de place, en rendent l'approche dangereuse pour les navigateurs. La marée qui remonte au delà de Bassora, et même au delà de Kornah, refoule souvent avec violence les eaux du fleuve, et les soulève en vagues écumantes. Le *Belik* et le *Kabour* sont les affluents de gauche de l'Euphrate; à droite, il ne reçoit que le *Melas*, qui vient de la Cappadoce.

DESCRIPTION TOPOGRAPHIQUE DE L'ARMÉNIE. — La description de l'Arménie, qui forme aujourd'hui l'*eyalet d'Erzeroum*, nous ramène maintenant vers les sources de l'Euphrate. Cette contrée, nous l'avons déjà dit, forme un plateau très-élevé, et couronné de montagnes encore plus élevées. L'*Ararat* et le *Sipan-Dagh* montrent à une grande distance leurs cimes couvertes de neiges éternelles. Les tremblements de terre ont bouleversé plusieurs parties de l'Arménie. Le *Djebel-Nimroud*, ou mont de Nemrod, a vomi autrefois des flammes, et offre encore sur son sommet un petit lac, qui, d'après la description d'un géographe turc, semble être un ancien cratère: le pays paraît riche en curiosités naturelles. Le grand lac de *Van*, dont l'enfoncement oriental porte le nom d'*Ardjich*, qu'il doit à une ville voisine, et qui est l'*Arsissa palus* de Ptolémée et le lac Mantien de Strabon, roule des eaux très-saumâtres. Ce lac, dont on peut évaluer l'élévation au-dessus du niveau de la mer à plus de 1,000 mètres, a 110 kilomètres de longueur, 80 dans sa plus grande largeur et plus de 260 de circonférence. Il reçoit un grand nombre de petites rivières et ne paraît avoir aucun écoulement. Il renferme plusieurs îles, dont l'une des principales est *Akhtamar*, sur laquelle s'élève un fort qui date du quatrième siècle et qui est la résidence de l'un des quatre patriarches de l'Arménie. Les autres sont *Arder, Lim* et *Ghédoutch*.

Le froid, très-vif dans la haute Arménie, ne laisse pour la semaille et la récolte que trois mois d'été. Les blés viennent cependant en abondance. On vante les noyers et les pommiers. En descendant l'Euphrate pour gagner la basse Arménie, on voit fleurir la vigne et même l'olivier, tandis qu'aux environs de la ville d'Erzeroum il n'y a ni arbres fruitiers ni bois à brûler. Les anciens vantaient les chevaux d'Arménie; ils parlent des mines d'or qu'on y exploitait; aujourd'hui on exporte le cuivre et le fer de la province à Mossoul.

Erzeroum ou *Arzroum*, appelé en arménien *Garem*, point stratégique fort important, est le rempart de l'empire ottoman au nord-est. Cette ville est située dans une plaine élevée et entourée de montagnes. Les fortifications ont été remises en état depuis peu; au centre s'élève une forteresse nommée *Ik-kalé*, qui passe pour porter le nom d'une femme qui l'a fait bâtir. Cette citadelle présente de hautes murailles flanquées de bastions et défendues par un fossé. Elle a été construite avec des restes de monuments antiques: on voit encore sur plusieurs pierres des peintures d'aigles impériales. Erzeroum passe pour avoir été bâtie par Anatolius, général grec, sous le règne de Théodose le Jeune. Ses rues sont étroites, tortueuses et mal pavées. Sa principale mosquée est une ancienne église grecque. La population de cette ville paraît dépasser 60,000 âmes. Erzeroum est l'entrepôt du commerce entre la Turquie et la Perse: elle reçoit de ce pays de la soie, du coton, des châles, des cotonnades peintes, du tabac, des roseaux pour écrire et du bois de cerisier pour faire des tuyaux de pipe; elle envoie à Constantinople la gomme adragant récoltée dans ses environs, et sur d'autres points de l'intérieur, du poil de chèvre, des chevaux et des moutons. C'est à Erzeroum que se fabriquent les meilleures armes blanches de l'empire, mais qui ne valent pas celles de la Perse. Prise par les Seldjoucides au onzième siècle, Erzeroum appartient aux Turcs depuis 1517; les Russes l'occupèrent momentanément en 1829.

La plaine d'Erzeroum est parsemée de villages: on en compte 94. Ces villages sont nus: aucun arbre ne s'élève aux environs. A l'est descend du mont Taurus une source limpide qui alimente la ville et qui est en grande réputation. C'est là que s'arrêtent les voyageurs qui arrivent de la Perse; plus loin on trouve des sources ferrugineuses gazeuses, qui se répandent dans les jardins situés au nord de la ville; vers l'ouest, près du village d'*Eldijah* ou *Ilidjah*, se trouvent d'autres sources semblables mais chaudes: elles font monter le thermomètre centigrade à 16 degrés au-dessus de zéro. Ce village remplace l'antique *Elegia*.

Erz-inghian, à environ 125 kilomètres au sud-ouest d'Erzeroum, près de la rive gauche du Frat, est une ville qui passe pour avoir 6 à 8,000 habitants. Les prairies qui l'entourent sont renommées pour la belle race de moutons qu'elles nourrissent, et ses jardins pour la beauté des fruits qu'on y cultive.

Mais à 45 kilomètres à l'est d'Erzeroum, *Hassan-Kalch* s'élève près de la rive gauche de l'Aras sur la pente d'une colline. Cette ville, à peu près de la même population que la précédente, est fort ancienne: sous le règne de Théodose le Grand, qui y fit construire une forteresse, elle reçut le nom de *Théodosiopolis*.

Franchissons une chaîne de montagnes, et au nord-ouest d'Erzeroum nous verrons d'abord les mines de cuivre de *Maaden* près la ville de *Baïbout* ou *Baïbourdi*, fondée, dit-on, du temps d'Alexandre, peuplée de 3 à 4,000 âmes, et dont les femmes passent pour être fort belles. *Ipsir* ou *Ipsera*, l'ancienne *Hispiratis* dont Strabon vante les mines d'or, occupe une vallée fertile d'où l'on exporte du bois de construction et d'excellentes conserves de miel.

A 88 kilomètres à l'est de Baïbout, *Goumouchkhanch*, ou la *maison d'argent*, tire son nom d'une mine de ce métal exploitée depuis longtemps dans ses environs. On y compte 7 à 8,000 habitants, dont un millier de Grecs et 7 à 800 Arméniens. D'Anville pense que cette ville est l'ancienne *Bylæ*.

Kars jouit de quelque importance par son commerce avec la Perse, mais surtout par sa citadelle, qui passe pour une des plus importantes de la Turquie d'Asie; néanmoins les Russes s'en emparèrent en 1828 et en 1855. *Ardanoudji*, située au nord-ouest, n'a que quelques milliers d'habitants. Elle possède une citadelle qui défend la route d'Erzeroum et celle de Trébizonde. *Ardahan* est une ville plus considérable; sa situation à la jonction de cinq routes vers Kars, Erzeroum, Trébizonde, la Transcaucasie et la Perse, donne à son commerce quelque importance.

Pour se rendre d'Ardahan à Kars, il faut traverser le pays montagneux de *Tchyldir*, dont les Russes possèdent la partie orientale. Le cours de l'Arpatchaï, affluent de l'Aras, sert ici de limite à l'Empire Ottoman et à celui des czars.

Des tribus de Turcomans (les *Erucheti*, les *Imerchevi*, les *Chaucheti*, les *Chugurethi*, etc., etc.) parcourent le livah de Kars ainsi que celui de *Van*, qui s'étend au sud. Celui-ci a environ 240 kilomètres de longueur du nord au sud, sur 200 de largeur de l'est à l'ouest. On évalue sa superficie à 48,000 kilomètres carrés et sa population à 180,000 individus. Nous ne parcourrons que ses principaux chefs-lieux. *Van*, sur la rive orientale du lac auquel elle donne son nom, est environnée de murailles crénelées et défendue par une citadelle située sur une colline escarpée. Sa population paraît être de plus de 20,000 âmes, mais les Arméniens l'évaluent à plus du double. Cette ville est l'ancienne *Artemita*, qui porta dans l'origine le nom de *Sémiramocerta*, parce qu'elle dut sa fondation à Sémiramis. Les Arméniens l'ont appelée pendant longtemps *Schamiramakert*. On voit encore sur la colline qui porte la citadelle d'énormes quartiers de rochers qui pourraient bien avoir fait partie de quelqu'une des gigantesques constructions que cette princesse fit faire près de cette ville, au rapport de Moyse de Khorène. Dans l'intérieur de cette colline on trouve des appartements voûtés et quelquefois des débris de statues. L'entrée de la montagne et même ses flancs sont couverts d'inscriptions cunéiformes.

Bayezid, à 150 kilomètres au nord de Van, paraît avoir été fondée ou plutôt agrandie par Bajazet; elle est située dans une vallée étroite: ses maisons sont bâties au fond et sur les deux côtés de la vallée. Elle est le chef-lieu d'un livah, et sa population paraît être de 5 à 6,000 âmes. A l'ouest du lac de Van et à 80 kilomètres de la petite ville de *Mouch* se trouve *Betlis* ou *Bidlis* où l'on compte 12,000 habitants et dont les maisons, presque toutes isolées et environnées de jardins, sont autant de petites forteresses. On dit que ses murailles bâties en pierres ont plus de 30 mètres de hauteur. Les Kourdes qui habitent les environs de cette ville portent le nom de *Betlisi*.

CARACTÈRE, MOEURS ET RELIGION DES ARMÉNIENS. — La nation arménienne, l'une des plus anciennes du monde, se désigne dans sa propre langue sous le nom d'*Haïkani*; et quoique ce que dit l'historien de l'Arménie, Moyse de Khorène, sur un prétendu roi Haïk, petit-fils de Japhet, soit enveloppé d'obscurités, il est certain que la langue arménienne, rude et étrange pour les sons, offre dans sa syntaxe plus de rapports avec les langues européennes qu'avec celles de l'Orient.

Une taille élégante et une physionomie spirituelle distinguent cette nation, qui, toujours victime des guerres dans lesquelles les grandes puissances se disputaient l'Arménie, a été obligée de quitter en partie le sol de ses ancêtres. Livrés au commerce et aux fabriques, les Arméniens ont prospéré partout, depuis la Hongrie jusqu'en Chine; ils pénètrent dans des régions inaccessibles aux Européens; ils traversent les déserts de la Tatarie et le plateau qu'arrose le Niger. Chez eux, la frugalité conserve ce qu'acquiert l'industrie. Dans leur pays comme dans l'étranger, ils vivent ordinairement en grandes familles, sous le gouvernement patriarcal du membre le plus âgé, et dans une concorde rare; mais cet esprit de famille permet la dureté, l'injustice et la perfidie envers ceux d'un autre sang. La religion des Arméniens est celle de l'ancienne Église orientale; seulement ils nient le dogme des deux natures dans Jésus-Christ, ou, pour mieux dire, ils considèrent les deux natures comme réellement existantes, mais unies et fondues dans une seule; ils ont encore quelques opinions particulières touchant l'eucharistie. Ils admettent comme les Grecs le mariage des prêtres; leurs jeûnes et leurs abstinences surpassent en rigueur et en fréquence tout ce qu'on voit chez les autres sectes chrétiennes. Deux grands patriarches, surnommés *catholiques* ou *universels*, gouvernent l'Église d'Arménie; celui qui réside au couvent d'Etchmiatzin avait, il y a deux siècles, 150,000 familles sous sa juridiction spirituelle. Celui qui habite l'île Akhtamar, au milieu du lac de Van, dirige environ 30,000 familles. Le patriarche de Sis, dans l'ancienne Petite-Arménie, et qui s'est réuni à l'Église romaine, n'en comptait que 20,000. On pourrait, d'après ces données, estimer le total de la nation arménienne d'alors à 2,000,000 d'individus au moins. Aujourd'hui on peut sans trop d'erreur l'évaluer à 2,500,000 âmes.

Outre les Arméniens qui sont négociants ou cultivateurs, et les Turcs-Osmanlis qui occupent les fonctions civiles et militaires, l'Arménie nourrit une nation tatare dont il faut tracer le portrait. Les Turcomans ou *Turkmènes*, ou mieux *Trouekmènes*, originaires des bords orientaux de la mer Caspienne, se sont d'abord établis dans l'Arménie majeure, appelée pour cette raison *Turcomanie*; mais leur amour pour la vie errante en a amené plusieurs hordes dans l'intérieur de l'Asie Mineure et dans le gouvernement d'Itchil. Ils ont adopté la langue turque et une espèce de mahométisme grossier. Ignorants, contents de leur pauvreté, ils ne se nourrissent que des produits de leurs troupeaux, vivent la plupart du temps sous des tentes de feutre, et n'ont d'autre combustible que la fiente de leurs vaches. Leur nourriture consiste en un peu de farine et de gruau; en lait aigri et en viande. Ils se rasent la tête et portent des vêtements en étoffes de laine cramoisie, et des bonnets ronds garnis de peau d'agneau noire d'Astrakhan. Leurs femmes ont pour ornement un anneau à une narine. Elles sont bien faites, et ont une physionomie gracieuse : les hommes ont la taille élevée et les épaules larges.

Les femmes filent des laines et font des tapis dont l'usage existe dans ces contrées de temps immémorial. Quant aux hommes, toute leur occupation est de fumer et de veiller à la conduite des troupeaux. Sans cesse à cheval, la lance sur l'épaule, le sabre courbe au côté, le pistolet à la ceinture, ils sont des cavaliers vigoureux et des soldats infatigables. Ils ont souvent des discussions avec les Turcs, qui les redoutent. On peut compter environ 30,000 Turcomans errants dans les pachaliks d'Alep et de Damas; ce sont les seuls qu'ils fréquentent dans la Syrie. Une grande partie de ces tribus passe l'été dans l'Arménie et la Karamanie, où ils trouvent des herbes plus abondantes, et reviennent passer l'hiver dans leurs quartiers accoutumés.

Nous devons ajouter qu'ils sont de la secte des mahométans sunnites; qu'ils suivent exactement les pratiques de leur religion; que, bien qu'ils aient des chefs ou des princes, ils ne reconnaissent qu'imparfaitement leur autorité, et prétendent que Dieu seul est leur chef; mais qu'ils ont un grand respect pour leurs prêtres ou *kasi*.

DESCRIPTION TOPOGRAPHIQUE DU KOURDISTAN (ASSYRIE).

— Le *Kourdistan ottoman*, qui correspond à peu près à l'ancienne Assyrie, s'étend au sud de l'Arménie, sur une longueur d'environ 400 kilomètres du nord-ouest au sud-est et sur une largeur de 200 kilomètres; mais ses limites sont pour ainsi dire arbitraires.

Les montagnes connues des anciens sous les noms de *Gordyœi* et *Niphates* restent en partie couvertes de neiges éternelles; jamais les chaleurs de l'été, qui brûlent les plaines de la Mésopotamie, ne dessèchent les verdoyants pâturages où le Kourde laisse errer ses troupeaux de chèvres. Les riantes vallées et les longues terrasses des montagnes produisent des fruits et du riz. Les forêts consistent principalement en chênes qui donnent la meilleure galle de l'Orient. Les plaines sont cultivées en grains, cotons, lin et sésame. Un petit arbre semblable au chêne, se couvre d'une manne délicate que les anciens et les modernes vantent, mais sans que l'on connaisse d'une manière précise à quelle espèce appartient ce végétal. Les montagnes de cette contrée présentent en mille endroits des

escarpements inabordables, des défilés où le cavalier kourde, malgré sa téméraire hardiesse, n'ose s'engager qu'en mettant pied à terre. Ces montagnes sont généralement élevées, mais aucune n'est couronnée de glaces éternelles. Il s'y forme souvent de grands dépôts de neige; de nombreux cours d'eau serpentent dans les vallées, et y interrompent fréquemment les communications. Quelques districts sont couverts de belles et épaisses forêts; mais c'est l'exception. Les pentes des montagnes n'offrent presque toujours que des pâturages incultes aux innombrables troupeaux des nomades; tandis que la culture n'a pu s'étendre au delà des vallées où la fonte des neiges entraîne la terre végétale.

Les rivières, parmi lesquelles le *Diala*, le *Grand* et le *Petit Zaab* sont les plus importantes, descendent avec rapidité vers le Tigre.

Au sud du lac de Van, la ville de *Giulamerk* ou *Djoulamerk* est le chef-lieu de la principauté du même nom, dont les habitants s'appellent *Sciambo*; selon d'autres, ils portent aussi le nom d'*Hakiary*, qui est peut-être celui d'un de leurs chefs. Djoulamerk est une petite ville qui n'offre rien de remarquable. Les *Kourdes-Badinan* demeurent à l'ouest de la principauté de Djoulamerk, entre Mossoul et Betlis. Leur capitale s'appelle *Amadia* ou *Amadiéh*. C'est une ville de 6,000 habitants, près de laquelle se trouve le tombeau de l'iman Mohammed-Bekir, révéré dans tout le Kourdistan. Ce canton produit beaucoup de fruits, et entre autres d'excellents raisins. Plus au nord-est, on trouve *Djezira* ou *Djeziréh*, capitale d'une principauté dont les habitants s'appellent *Bottani*. Cette ville, à laquelle on accorde 10,000 habitants, mais qui a été beaucoup plus peuplée, est entourée d'une muraille. On voit au centre un cimetière où reposent les cendres de plusieurs Abbassides. Le même canton renferme la montagne de *Djioudi*, où l'arche de Noé, selon les Kourdes, a dû s'arrêter; et celle de *Kiavéh*, toujours entourée de brouillards, et sur laquelle on voit des abeilles sauvages logées dans des trous sous terre, et qui font du miel excellent et une cire odoriférante. *Djolan* ou *Chehrezour*, dans le Kourdistan méridional, a été capitale d'une principauté du même nom; elle est peuplée de 5 à 6,000 âmes. La tribu qui l'habite se nomme *Soranes*. Cet État, qui renferme tout le Kourdistan méridional, peut mettre sur pied 15,000 hommes; les quatre autres princes n'en peuvent lever chacun que 10 à 12,000.

Les princes kourdes de Djoulamerk, Amadiéh, Djeziréh, Karadjolan, et Souleimaniéh, dont le chef réside à *Zahou*, sont plutôt des vassaux que des sujets de la Porte. *Kerkouk*, qui paraît être une ville de 15,000 âmes, est bâtie sur une montagne, entourée de murailles et défendue par une citadelle. Ses rues sont étroites et ses maisons mal bâties; on y voit une assez belle mosquée. Cette cité donne son nom à une petite rivière (le Kerkouk-soui) qui coule à ses pieds et qui se jette dans le Tigre après 100 kilomètres de cours. Kerkouk est l'ancienne *Corcura*, qui porta le nom de *Demetrias* et de *Mennis*. C'est dans ses environs que se trouve une célèbre source de bitume que visita Alexandre. Sur la petite rivière du Kilgeh-sou, *Erbil*, ville de 4,000 âmes, défendue par un fort en terre et en pierre, et située au milieu de plaines fertiles, est l'antique *Arbela* ou *Arbèles* immortalisée par la défaite de Darius et la chute de la monarchie persane. Un bourg nommé *Chah-Méran*, sur la Dialah, occupe une position si escarpée, qu'on n'y arrive, dit le géographe turc Hadji-Khalfa, qu'en grimpant sur des échelles faites avec des sarments de vigne.

On cite encore d'autres cantons indépendants. Les *Ourghiany*, sur la frontière de la Perse, diffèrent entièrement des autres Kourdes : seraient-ce les descendants des *Hyrcaniens*, dont les Perses établirent des colonies dans d'autres parties de leur empire? Les *Sekmanes*, brigands et pasteurs, dévastent l'Arménie. Les géographes turcs nomment plusieurs tribus kourdes dépendantes de Diarbekir, mais ces hordes errantes sont étrangères à une description du Kourdistan.

En descendant le Tigre, on entre dans le livah de *Mossoul*, pays peu étendu, mais fertile, et dont une partie, située à l'est du fleuve, appartient à l'ancienne Assyrie. Les grains, le coton, les grenadiers, les figuiers y abondent; l'air, très-froid en hiver, est quelquefois fiévreux en automne. *Mossoul* compte 40 à 45,000 habitants; c'est une place de commerce très-fréquentée sur la route de l'Asie Mineure, vers l'Inde, la Perse et la haute Asie; elle possède des fabriques de maroquins et de toiles de coton, qui, de son nom, ont pris celui de *mousselines*.

Sur la rive gauche du Tigre et près du village de *Khersabad*, des monceaux de ruines auxquels les habitants de Mossoul donnent le nom de *Nounia* indiquent l'emplacement de l'antique Ninive. Elles ont été explorées depuis 1843 par les consuls français MM. Botta et Place, et par les savants anglais Layard et Rawlinson. On voit aujourd'hui au musée du Louvre à Paris plusieurs salles où l'on a transporté des bas-reliefs et demi-reliefs très-curieux pour l'étude de l'art assyrien. Le village d'*Elkoch*, au nord de Mossoul, mérite d'être cité : on y voit un tombeau qu'on dit être celui du prophète Nahum, l'un de ceux qui prédirent la destruction de Ninive. Sur une montagne voisine s'élève le monastère de Saint-Matthieu, siége apostolique du patriarche chaldéen catholique de Mossoul.

CARACTÈRE, MOEURS ET RELIGION DES KOURDES. — Les Kourdes, descendants des anciens *Karduchi*, ou *Gordyœi*, ou *Kyrti*, parlent la langue persane mêlée de plusieurs mots arabes et chaldéens. Ils se servent de l'écriture persane, et chaque village entretient un *mollak* ou docteur qui entend le persan. La religion mahométane s'allie chez eux à diverses superstitions qui semblent des restes de la croyance des mages. Ils révèrent, selon les Turcs, le diable, c'est-à-dire le mauvais principe, l'*Ahriman* des anciens Perses. Environ 100,000 Kourdes sont chrétiens-nestoriens; ils obéissent à deux patriarches héréditaires; l'un, toujours appelé *Mar-Simon*, réside à Kodjianisi, près de Djoulamerk : il a cinq évêques suffragants; l'autre, qui demeure à Rabau-Ormes, porte le nom de *Mar-Elias*, et a sous lui treize évêques. La dignité épiscopale est aussi héréditaire de l'oncle au neveu. On voit ordonner des évêques à l'âge de douze ans. Le bas clergé sait à peine lire. Xénophon nous apprend qu'enclavés de toutes parts dans l'empire des Perses, les Karduques avaient cependant toujours bravé la puissance du grand roi et les armes de ses satrapes. Ils ont peu changé dans leur état moderne. Quoiqu'ils soient en apparence tributaires de l'Empire Ottoman, ils portent peu de respect aux ordres du sultan et de ses pachas. Ils observent dans leurs montagnes une espèce de gouvernement féodal. Chaque village a son chef, qui est vassal du prince de la tribu. Toute la nation paraît partagée en trois factions principales. Les petites tribus se révoltent souvent contre les princes, et les détrônent quand elles en ont la force. Les guerres naturelles à cet état d'anarchie ont séparé de la nation un grand nombre de familles, qui ont pris la vie errante des Turcomans et des Arabes. Elles se sont répandues dans le Diarbekir, dans les plaines d'Erzeroum, d'Erivan, de Sivas, d'Alep et de Damas : on estime que toutes leurs peuplades réunies passent 140,000 tentes, c'est-à-dire 140,000 hommes armés. Ces Kourdes sont, comme les Turcomans, pasteurs et vagabonds; mais ils en diffèrent par quelques usages. Les Turcomans dotent leurs filles pour les marier; les Kourdes ne livrent les leurs qu'à prix d'argent : les Turcomans ne font aucun cas de la noblesse d'extraction; les Kourdes y attachent le plus grand prix : les Turcomans ne volent point; les Kourdes passent presque partout pour des brigands. Ceux-ci ont le teint blanc, la physionomie spirituelle, la taille avantageuse. C'est une nation capable de tout. Un grand homme les a jugés : Mahomet disait qu'ils amèneraient un bouleversement du monde.

DESCRIPTION TOPOGRAPHIQUE DE L'AL-DJEZYRÉH (MÉSOPOTAMIE). — L'ancienne Mésopotamie, dans le sens le plus étendu, empiète sur l'Arménie. Les Turcs donnent aujourd'hui à cette partie de l'Asie occidentale le nom d'*Al-Djeziréh*, l'île; le Tigre et l'Euphrate semblent en effet faire de ce pays une île très-vaste. Le livah de *Diarbekir* comprend l'ancienne *Sophène;* elle a environ 300 kilomètres de longueur sur 160 de largeur; c'est un pays de montagnes moyennes, bien arrosées, et entrecoupées d'agréables vallons. Les mines de Maaden fournissent de l'or, de l'argent, et surtout du cuivre. Les forêts d'où Alexandre et Trajan tirèrent le bois nécessaire pour la construction de leurs flottes n'ont pas entièrement disparu des bords du Tigre. Les rivages de l'Euphrate se couronnent de lilas, de jasmins, de vignes, d'oliviers et d'autres arbres fruitiers; les tabacs, les cotons, les soies, les laines, enrichiraient cette province, si un gouvernement plus régulier y réprimait le brigandage des Kourdes.

L'ancienne ville d'*Amida*, aujourd'hui nommée *Amid*, et plus souvent *Diarbekir*, fleurit par ses manufactures de maroquin et de soieries. Ses maisons, bâties en laves, sont au nombre de 8,000 au moins, et contiennent au delà de 40,000 habitants. Elle est entourée d'une muraille dont on attribue la construction aux Romains, et qui, haute de 8 mètres, est flanquée de 72 tours. Elle est la résidence d'un pacha, d'un évêque chaldéens catholiques, d'un patriarche jacobite et d'un évêque arménien. L'ancienne église Saint-Jean, transformée en mosquée, la cathédrale arménienne et le palais du pacha sont ses édifices les plus remarquables. Les environs produisent des melons et des pastèques qui pèsent 50 kilogrammes; le blé y donne trente pour un. La ville de *Merdin* ou *Mardin*, l'antique *Marde* ou *Miride*, de 4 à 5,000 maisons, domine du haut de ses rochers calcaires les plaines de la basse Mésopotamie. Son commerce est considérable et sa population est d'environ 25,000 individus.

Le bourg de *Maaden* ou d'*Arghana-Maaden*, siége d'un évêché arménien, s'enrichit par ses mines de cuivre, dont on expédie annuellement 8,000 quintaux à Bagdad. *Siverek* ou *Souerek*, à 90 kilomètres à l'ouest de Diarbekir, est une ville de 2,000 maisons. *Djezyret-el-Omar* ou *Djezyréh*, qui donne son nom à l'ancienne Mésopotamie, était autrefois beaucoup plus considérable : elle est remplie de ruines. *Palou*, qui a 8,000 habitants, *Ayel* et *Gouh*, sont des chefs-lieux de principautés kourdes.

La partie occidentale de la Mésopotamie que l'Euphrate embrasse dans ses détours, est séparée de la plaine déserte par la grande rivière de *Khabour*, l'ancienne *Chaboras*, longue de 320 kilomètres, qui, selon Abulfeda, est formée tout d'un coup par trois cents sources jaillissantes. De semblables sources entretiennent encore en d'autres endroits la plus riche verdure; mais, en général, le défaut d'arrosement diminue la fertilité naturelle de ce pays, qui répond à l'ancienne *Osroëne*, et qui formait autrefois le pachalik d'*Orfa*. Orfa ou *Reha*, l'antique *Edessa*, peuplée de 40 à 50,000 habitants, fleurit par ses manufactures et par le passage des caravanes d'Alep. Sur une montagne qui domine le fort de cette ville, quelques ruines, parmi lesquelles on voit de belles colonnes d'ordre corinthien, passent chez les habitants pour être les restes d'un palais de Nemrod. Les environs offrent des traces de volcans. A quatre heures de marche de *Djinour-Kouri*, au nord-est d'Orfa, une innombrable série de grottes, creusées et arrangées avec art, présente les restes d'une ville souterraine. Les étés brûlants, et l'hiver encore sensible de ces climats, n'ont jamais dû incommoder les anciens Cyclopes, Arabes ou Syriens qui habitaient ces maisons éternelles. A 80 kilomètres au sud-est d'Orfa, la ville ruinée de *Harran*, déjà connue dans le siècle d'Abraham, figure dans l'histoire romaine sous le nom de *Charræ;* c'est près de là que Crassus périt avec ses légions. A deux heures de la ville, dit le géographe turc, on voit sur la colline dite d'Abraham les restes d'un temple des sabéens ou adorateurs des astres. Les anciens nous apprennent en effet qu'à Charræ il y avait un temple du dieu *Lunus*.

Le village de *Rakka*, chef-lieu de kazas, est l'ancienne ville de *Niecphorium;* on y voit les restes du palais dont Haroun-al-Raschid faisait sa résidence favorite. En remontant l'Euphrate, nous trouvons *Bir* ou *Biridjéh*, l'antique *Birtha* de Ptolémée, qui paraît avoir 3 ou 4,000 habitants.

La partie nord-ouest de la kaza de Rakka, ou l'ancienne *Mygdonia*, présente de superbes pâturages et des collines ornées de mille fleurs; aussi les Grecs, dans leur belle langue, l'avaient surnommée *Anthemusia*, la fleurie. C'est ici que la fameuse forteresse de *Nisibis*, appelée depuis *Antiochia Mygdoniæ*, arrêta si longtemps les armes des Parthes; il n'en reste que de faibles traces dans la ville de *Nisibin* ou *Nésib*, aux environs de laquelle toutes les roses sont blanches. C'est près de cette ville que Méhémet-Ali, vice-roi d'Égypte, défit en 1839 les troupes que le sultan avait envoyées contre lui.

Dara, aujourd'hui *Kara-Déré*, autre forteresse romaine, qui porta depuis le nom d'*Anastasiopolis*, de celui de l'empereur Anastase qui la fit fortifier, offre de grandes ruines. En descendant la rivière qui de Nisibin se rend dans le Khabour, on doit arriver à un lac nommé *Chatonich*, avec une île sur laquelle s'élève une pyramide.

LES YÉZIDIS. — Au sud-est, la montagne isolée de *Sindjar* domine au loin les plaines arides; ses flancs arrosés d'eaux vives, s'ornent de dattiers et de grenadiers; mais un peuple féroce et sanguinaire en a fait l'asile de ses brigandages : ce sont les *Yézidis*, peuplade arabe, qui habite quelques villages, mais principalement des tentes en tissu de poil de chèvre. Elle se divise en un grand nombre de tribus indépendantes, ayant chacune leur chef qui prend le titre de prince. Ces tribus parlent le kourde. Les Yézidis sont les plus dangereux ennemis des musulmans; ils attaquent les caravanes et tuent sans pitié ceux qui les conduisent, surtout lorsque ce sont des mahométans : c'est à leurs yeux une action méritoire; mais ils ménagent les chrétiens. On porte leur nombre à 200,000, et à 3,000 cavaliers et 6,000 fantassins celui des guerriers qu'ils peuvent mettre en campagne dans leurs guerres continuelles contre les pachas. Leurs cheveux longs et sales, leur barbe qu'ils ne rasent jamais, leur donnent un aspect hideux. La secte à laquelle ils appartiennent a été fondée par un cheyk nommé Yézid; ils adorent Dieu et regardent le diable comme une divinité déchue. Ils boivent du vin avec excès, en témoignage de mépris pour les commandements de Mahomet; enfin leur religion est un mélange du christianisme et de superstitions orientales.

DESCRIPTION TOPOGRAPHIQUE DE L'IRAK-ARABI (MÉSOPOTAMIE ET BABYLONIE). — Entrons dans l'eyalet de *Baghdad* ou Bagdad : la ville d'*Anah* ou d'*Anna* est un de ces délicieux points de repos qu'offrent les bords du fleuve; elle s'étend sur la rive gauche de l'Euphrate; cette petite ville fut brûlée par les Wahabites; depuis cette époque, sa population n'est plus que d'environ 3,000 âmes. On prétend que c'est dans cette ville que naquit le prophète Jérémie. Au nord-ouest d'Anah s'étend le long de l'Euphrate, jusqu'à l'endroit nommé *Balis*, un canton couvert de mûriers; des sentiers étroits conduisent à des cabanes cachées dans l'épaisseur de ces bosquets; c'est là qu'une tribu d'Arabes pacifiques, les *Beni-Semen*, élève des vers à soie dont elle exporte les produits. Ce canton, peu connu des voyageurs européens, s'appelle le pays de *Zombouk*. Parmi les autres tribus d'Arabes échelonnés le long du fleuve, nous nommerons encore les *Arabes Boubkd* et les *Selmán*.

C'est par Anah que passent ordinairement les caravanes qui transportent des marchandises entre Alep et Bagdad. Elles payent un tribut aux Arabes, qui se regardent comme les maîtres du désert, même au delà de l'Euphrate. Elles ont encore à craindre les vents étouffants, les essaims de sauterelles, et le défaut d'eau dès qu'elles s'éloignent de la rivière.

A mesure que les deux grands fleuves se rapprochent, ce qui a surtout lieu vers Bagdad, où ils ne sont éloignés l'un de l'autre que de six heures de marche, le désert se change en une immense prairie, qui n'a besoin que d'être arrosée pour donner des récoltes abondantes. C'est l'ancienne *Babylonie*, formée, comme le Delta d'Égypte, de terres d'alluvion. Les chaleurs de cette contrée paraissent excessives même aux Orientaux; les hivers sont froids à cause de la proximité des montagnes du Kourdistan. L'Euphrate et le Tigre inondent les pays bas, mais ils n'y apportent point de limon comme le Nil; pourtant ces irrigations naturelles, dirigées par l'art, feraient encore des champs de Bagdad le jardin de l'Asie. Le riz et l'orge y rendaient jadis jusqu'à deux cents pour un; aujourd'hui les canaux étant négligés, le produit n'est que la dixième partie de l'ancien. On cultive le cotonnier; l'indigo y réussirait, et peut-être la canne à sucre; les limons et les abricots y sont excellents. Ce pays manque d'arbres; les seuls palmiers à datte ornent les campagnes; leurs fruits nourrissent les habitants, les feuilles couvrent les maisons, et les tiges en forment les colonnades. Le long du Tigre, les sources de naphte ou de bitume se trouvent en grand nombre; le bitume noir liquide sert aux mêmes usages que l'huile commune et entre autres à l'éclairage; le blanc ou jaunâtre, qui proprement est nommé naphte, passe pour un médicament précieux. On conserve l'ancienne coutume d'enduire de bitume les bateaux tressés de branches d'osier dans lesquels on navigue sur le fleuve. Cette substance abonde tellement, qu'on la laisse s'écouler dans le Tigre, où, surnageant sur les flots, et allumée par les navigateurs, elle offre quelquefois le curieux spectacle d'une rivière enflammée.

On prétend que c'est aux environs de *Hit*, à 160 kilomètres à l'ouest de Bagdad, que l'on tirait le bitume dont on se servait pour enduire les briques de l'ancienne Babylone. Hit est l'antique *Is* ou *Æiopolis*.

Bagdad, cette seconde Babylone, cet ancien séjour des califes, ce théâtre de tant de fictions orientales, renferme aujourd'hui à peine 60,000 habitants, dont 30,000 Arabes et 12,000 Turcs. Ornée de beaux bazars ou marchés, elle a l'aspect d'une ville persane plutôt que turque; mais les rues sont très-malpropres, et les maisons de peu d'apparence. Une forte et haute muraille défend la ville proprement dite. Les fabriques en coton et velours se joignent au commerce de l'Inde pour enrichir ses habitants, dont les mœurs conservent des restes de cette politesse qui distinguait la cour brillante des califes.

Bagdad offre de loin l'aspect d'une ville importante : elle a quatre kilomètres de longueur. Ses bazars forment une suite de 1,200 magasins. Elle est le centre du commerce de la Turquie d'Asie avec la Perse, l'Arabie, le Turkestan et l'Inde. Les seules constructions remarquables qu'elle renferme sont le vaste palais du pacha, qui embellit le quartier de la citadelle; le tombeau du fameux sofi Abdoul-Kadir-Ghilani, orné d'une élégante coupole, et celui de Zobéide, épouse d'Haroun-al-Raschid. Un pont de bateaux, long de plus de 264 mètres, unit à la ville le faubourg situé à l'ouest du Tigre. Ce pont s'appuie sur deux culées ou massifs en briques de 20 mètres de longueur sur 8 de largeur; il est composé de 35 bateaux à quille plate, et le plancher est large de 7 mètres.

Au-dessous de Bagdad, les ruines nommées *Al-Modaïn*, ou les Deux-Villes, ont attiré l'attention de tous les voyageurs; l'une d'elles est l'ancienne *Ctésiphon*, on ne saurait en douter; mais celle qui s'étend sur la rive occidentale n'est pas *Séleucie*, comme l'ont dit plusieurs voyageurs; c'est *Koche*, forteresse située vis-à-vis de Séleucie, et qui, selon le témoignage positif d'Arrien et de Grégoire de Nazianze, différait de Séleucie. Les ruines de celle-ci doivent se trouver à 5 kilomètres du Tigre, sur un canal qui communiquait de ce fleuve à l'Euphrate. C'est à Ctésiphon qu'on admire l'ancien édifice nommé *Takht-Khosrou*, c'est-à-dire, selon l'opinion la plus répandue, le palais de Chosroés. Toute la contrée est jonchée de débris de villes grecques, romaines, persanes et arabes, confondus ensemble dans le même néant. Dans le huitième siècle, les bourgs de *Samara*, d'*Harounieh* et de *Djafferik* formaient, pour ainsi dire, une seule rue longue de sept *farsangs* (8 à 10 kilomètres). Leurs ruines, vues par Tavernier, attestent la vérité de ce rapport.

Samara, qui a été la résidence favorite de plusieurs califes abbassides, n'a plus que 2,000 habitants.

Aucune de ces villes n'approchait en grandeur de la fameuse *Babylone*, dont les décombres occupent un canton tout entier aux environs de *Hillah* ou Helléh, ville commerçante peuplée de 8 à 10,000 âmes que l'on trouve sur la rive gauche de l'Euphrate à 36 kilomètres au sud de Bagdad. Bâtis en briques qu'on a unies par du bitume, les édifices de Babylone, déjà déserte au premier siècle de l'ère vulgaire, durent, en s'écroulant, former des collines que les terres entassées avec le temps ont en quelque sorte effacées. La ville paraît avoir été très-grande, mais elle renfermait de nombreux jardins; la plupart des maisons étaient bâties très-légèrement en bois, en torchis, etc., et ont dû disparaître promptement. Les palais et les temples étaient seuls construits en briques. La forme de la ville était celle d'un carré parfait. On doit à M. Jules Oppert et au colonel Rawlinson d'intéressants détails sur la topographie de l'antique Babylone, dont ils ont exploré les ruines.

Une colline longue de 380 mètres, formée de décombres, et qui porte encore chez les Arabes le nom de *Alkasr* ou *le palais*, passe pour être celui de Nabuchodonosor, dans lequel Alexandre rendit le dernier soupir. Plus loin, une autre colline que l'on appelle *Amran-ibn-Ali* présente quelques restes de hautes murailles qui paraissent avoir supporté les célèbres jardins suspendus; on remarque de longues galeries qui servent de retraite aux lions et aux tigres. Parmi ces débris on trouve des fragments de vases et de tables en marbre, ainsi que des briques chargées d'inscriptions en caractères cunéiformes.

La fameuse tour de *Nemrod* (*Birs-Nimrod*), c'est ainsi qu'on appelle un grand carré de murs ruinés de 600 mètres de circonférence et de 60 de hauteur, surmonté d'une tour haute de 12 mètres, se trouve à 8 kilomètres d'Helléh, circonstance qui, vu l'immense étendue de Babylone, n'empêche pas qu'on y voie le temple de *Bélus* et la tour de *Babel*.

Selon M. Oppert, Babylone occupait une enceinte carrée de 22,680 mètres de côté, ce qui donne 90,720 mètres de superficie. Ce vaste espace renfermait des jardins et des terrains qui ne devaient pas être couverts de constructions; et ce serait à tort que l'on voudrait se faire une idée de cette immense ville d'après les villes modernes de l'Orient.

Dans le voisinage de Helléh, on trouve deux villes consacrées, aux yeux des Persans et de tous les *chyites* (mahométans schismatiques), par le souvenir de deux des plus grands martyrs de cette secte. Nous voulons parler de *Mesched-Ali*, située au sud-ouest, et de *Mesched-Hossein* ou *Kerbela*, située au nord-ouest de Helléh; elles sont assez étendues, et possédaient, au commencement de ce siècle, de grandes richesses que la dévotion des Persans y avait accumulées, mais que les féroces Wahabites enlevèrent et transportèrent au fond de leurs déserts. Mesched-Ali surtout est remarquable par sa superbe mosquée qui est visitée chaque année par plusieurs milliers de pèlerins. Dans ses environs, un monument circulaire serait, d'après les naturels, le tombeau du prophète Ezéchiel.

Dans la même contrée, la célèbre ville de *Koufa*, dont la savante école a donné aux anciens caractères arabiques le nom de *koufiques*, n'a laissé que des ruines peu remarquables. Nous ne connaissons pas toute l'étendue des lacs et des marais que forment ici les canaux dérivés de l'Euphrate; il semble que Tavernier les a suivis plus à l'ouest qu'aucun voyageur de nos jours. Il doit se trouver le long de l'Euphrate une très-longue suite de marais, ou, comme on dit dans le pays, des *betaïs*, au milieu desquels le village de *Djiamdéh* est le chef-lieu d'une peuplade qui adore les astres et prétend descendre de Seth.

Lemloun, à 90 kilomètres au-dessous de Helléh, sur l'Euphrate, est un bourg dont les environs produisent du riz en abondance. Cette culture s'étend jusqu'à *Kud* ou *Koud*, et même jusqu'à *Mansourié*, à quelques kilomètres au-dessus de *Korna*. Cette dernière ville, au confluent du Tigre et de l'Euphrate, occupe l'emplacement de celle que Ptolémée nomme *Apamea*, et Pline *Digba*. Elle est assez bien bâtie et peuplée de 5 à 6,000 habitants. On remarque vis-à-vis, sur la rive gauche, un monument qui passe pour être le tombeau du prophète Esdras.

En descendant le *Chat-el-Arab*, nom que l'on donne au fleuve formé par la réunion du Tigre et de l'Euphrate, on voit les eaux salées de la mer remonter et couvrir les terrains bas qu'elles rendent stériles; mais lorsque le sol devient un peu plus élevé, on voit de belles forêts de palmiers.

Bussora ou *Bassra*, chef-lieu d'un livah, est une des villes de l'Orient dont la célébrité a fixé depuis longtemps l'attention des Occidentaux. Elle s'étend sur la rive droite du Chat-el-Arab à 110 kilomètres de son embouchure et à 70 kilomètres au-dessous du confluent du Tigre et de l'Euphrate; à 430 kilomètres au sud de Bagdad. Cette ville, peuplée d'environ 60,000 habitants, dont la moitié Arabes, un quart Persans, le reste Turcs, Arméniens, Kourdes, Hindous et Francs, est entourée de murs et de fossés; son étendue est de 12 kilomètres; elle est mal bâtie et sans monuments. Son climat est peu salubre, mais elle est d'une extrême importance commerciale; les Anglais y ont depuis longtemps une factorerie. Son port, qui peut recevoir des navires de 500 tonneaux, est le plus important du golfe Persique; c'est l'entrepôt du commerce de la Turquie avec la Perse, l'Inde et l'Asie orientale. Dans ses environs nous devons citer *Kornah* et *Abadan*, qui sont commerçantes.

Les limites de l'Empire Ottoman et de la Perse, à l'embouchure du Chat-el-Arab, au point où il se partage en plusieurs bras, sont encore aujourd'hui mal définies, et ont donné lieu à des contestations entre les deux États.

Soldats circassiens.

SYRIE ET PALESTINE.

LIMITES DE LA SYRIE. — La Syrie a des limites fixes au nord-est dans l'Euphrate, au nord dans le mont Amanus, aujourd'hui *Alma-Dagh*, et à l'occident dans la Méditerranée; mais à l'est elle confond ses déserts avec ceux de l'Arabie, sans que jamais les anciens ni les modernes aient pu marquer une ligne fixe de frontières. Palmyre, Damas et la mer Morte étaient les points extrêmes, selon les anciens; aujourd'hui, les ruines de Palmyre semblent plutôt appartenir à l'Arabie-Déserte. De même au midi, une ligne mathématique tirée de l'extrémité de la mer Morte sur l'embouchure du torrent d'El-Arisch, paraît offrir la seule limite possible entre la Syrie d'un côté, et l'Arabie-Pétrée avec l'Égypte de l'autre.

ANCIENS NOMS DU PAYS. — Ce pays portait originairement le nom indigène d'*Aram*, d'où viennent les *Arimi* d'Homère. Les Arabes le désignent sous le nom de *Bar-el-Cham*, c'est-à-dire le rivage de la gauche, en opposition avec l'Yémen ou le pays de la droite. Ces dénominations ont rapport à la position de la Mekke, et à l'idée assez juste que la Syrie n'est qu'une côte de l'Arabie.

ASPECT GÉNÉRAL. — La Syrie affecte la forme générale d'un triangle dont un côté s'appuie sur la Méditerranée, un autre sur l'Euphrate et le troisième sur le désert de l'Arabie. Elle offre trois régions distinctes : la plaine, la montagne, le littoral. La première n'offre guère qu'une vaste steppe à peine accidentée par des collines et quelques dunes de sable; sa stérilité annonce le voisinage du désert. La montagne forme une zone longitudinale parallèle à la côte et renferme de fertiles vallées; le littoral est souvent fécond, mais il est brûlé par la chaleur; c'est là pourtant que se trouvent les principales villes.

MONTAGNES. — Les montagnes ne sont pas toutes des ramifications du mont Taurus. Le mont *Rhossus*, venant de l'*Amanus*, aujourd'hui l'*Alma-Dagh*, se termine à la vallée de l'Oronte. D'autres hauteurs longent l'Euphrate et s'étendent vers Palmyre; elles appartiennent au massif du mont *Pierius* des anciens que l'on voit près d'Alexandrette et vont se joindre à l'*Aïtab* des modernes. Mais la chaîne propre de la Syrie commence au sud d'Antioche, par l'énorme pic du mont *Casius*, le *Djebel-Okrah*, qui élève dans les airs une pointe aiguë, ceinte de forêts. La chaîne de Syrie, sous divers noms, suit la direction des rivages de la Méditerranée, dont elle ne s'éloigne généralement que de 30 à 32 kilomètres. Le mont *Liban* paraît en former le sommet le plus élevé. Cette chaîne, qui s'étend entre les parallèles d'Acre et de Tripoli, et dont le sommet, nommé *Hermon* dans la Bible, est entre Damas et Héliopolis, se divise en deux chaînes, l'une occidentale, qui regarde la Méditerranée, l'autre orientale, qui borde les plaines de Damas. Celle-ci reçut des Grecs de la Syrie le nom d'*Anti-Liban*, nom inconnu des indigènes, et qui, employé arbitrairement par les historiens, a fourni matière à des discussions très-épineuses.

L'Anti-Liban a pris chez les modernes le nom de mont *Ansariéh*, de celui d'une secte mahométane qui l'habite. Les parties les plus remarquables de la chaîne occidentale sont le *Thabor*, le *Carmel*, les monts *Hébal* et *Garizim*, le *Golgotha* ou *Calvaire*. Les parties orientales nous montrent les monts *Galaad*, *Abarim* et *Moab* à l'est de la mer Morte.

Les montagnes du Liban et toutes celles de la Syrie ont souvent l'apparence des ruines de tours et de châteaux. Elles sont composées d'une pierre calcaire, dure, blanchâtre et sonnante. Le granit ne commence guère à paraître que dans le voisinage du mont Sinaï. Il y a près de Damas d'immenses cavernes, dont l'une peut contenir 4,000 hommes. Dans la Palestine plusieurs montagnes sont aussi creusées de cavernes immenses.

COMPOSITION GÉOGNOSTIQUE DES MONTAGNES DU LIBAN. — Sur la côte de Caffa, près Saint-Jean-d'Acre, il se

50   2

Paris. — Typographie de Henri Plon, imprimeur de l'Empereur, 8, rue Garancière.

forme dans la mer un grès coquillier à gros grains, très-solide, qui rend certains points de cette côte fort dangereux pour le navigateur. On l'exploite pour la bâtisse. Les coquilles de cette roche moderne sont absolument les mêmes que celles qui vivent sur la plage.

Le Liban présente successivement de la surface à l'intérieur : 1° des marnes calcaires, abondantes en poissons fossiles, alternant avec une roche également calcaire mêlée de nodules et de lits de silex ; 2° des sables et des grès ferrugineux, dont quelques couches sont très-coquillières ; 3° un calcaire caverneux rempli de silex, d'ammonites et d'autres corps marins. La nature des fossiles doit faire considérer ces deux derniers systèmes de couches comme appartenant à la craie et au calcaire du Jura. Quelques-unes de ces couches sont plus ou moins inclinées et souvent même verticales. On les remarque en partie sur les bords de la mer. Dans les couches sableuses on a exploité autrefois des minerais de fer. On y trouve aussi des traces de lignites. Le porphyre se montre sur quelques sommets. En général, le Liban paraît être le résultat d'un soulèvement qui se serait fait suivant une ligne parallèle à cette chaîne.

ANCIENS VOLCANS, TREMBLEMENTS DE TERRE. — Le bassin du Jourdain offre beaucoup de traces de volcans. Les eaux bitumineuses et sulfureuses du lac Asphaltite, les laves, les pierres ponces rejetées sur ses bords, et le bain chaud de Tabariéh, prouvent que cette vallée a été le siège d'un feu qui est à peine éteint. On observe qu'il s'échappe souvent du lac Asphaltite des tourbillons de fumée, et qu'il se fait de nouvelles crevasses sur ses rivages. Strabon dit que la tradition des habitants du pays portait que jadis la vallée du lac était peuplée de treize villes florissantes, et qu'elles furent englouties par un tremblement de terre ; il avoue toutefois que le savant Ératosthène attribuait cette catastrophe à un simple affaissement du terrain. Les éruptions ont cessé depuis longtemps ; mais les tremblements de terre désolent encore quelquefois ce canton. La côte en général y est sujette, et l'histoire en cite plusieurs exemples qui ont changé la face d'Antioche, de Laodicée, de Tripoli, de Béryte, de Sidon, de Tyr. Presque de nos jours, en 1759, il s'en est produit un qui a causé les plus grands ravages. On prétend qu'il tua dans la vallée de Baalbek plus de 20,000 personnes. Les pertes ne sont pas encore réparées. Il y en eut encore en 1778 un qui ruina Alep ; un autre, en 1783, qui se fit sentir à Alep, à Tripoli et dans le Liban ; un autre en 1819, enfin un dernier en 1822. On a observé en Syrie que les tremblements de terre n'arrivent presque jamais que dans l'hiver, après les pluies d'automne.

FLEUVES ET LACS. — L'*Oronte* et le *Jourdain* descendent tous les deux du Liban ; le premier coule au nord, l'autre au sud. L'Oronte, que les Arabes nomment *Nahr-el-Aaszi* ou *Makloub*, est, sans contredit, le principal fleuve de la Syrie ; cependant, sans les nombreuses barres qui en arrêtent les eaux, il resterait à sec dans l'été. Profondément encaissé, il ne fournit de l'eau aux campagnes voisines qu'au moyen de machines à roues placées sur ses bords, ce qui lui a valu le nom moderne d'*Aaszi* ou l'*Obstiné*. Il prend sa source au pied d'un contre-fort du Liban, coule vers le nord, forme le lac *Famiéh*, reçoit les eaux de celui d'Antakiéh, et se jette dans la Méditerranée après un cours de 350 kilomètres. Sa largeur est d'environ 80 mètres ; ses eaux coulent avec lenteur ; sa profondeur est seulement de un à deux mètres, mais ses bords sont élevés et argileux.

Le Jourdain, dénigré par Voltaire, a paru à Pline le naturaliste « une rivière jolie, limpide, assez large pour la vallée qu'elle arrose » ; et cette manière de voir est conforme à celle de la plupart des voyageurs.

Cette célèbre rivière, le *Yarden* des Hébreux, est appelée par les Turcs et les Arabes *El-Cheria* ou *Arden*. Elle est formée par les deux petits torrents du *Banias* et d'*El-Teim*, qui descendent de l'Anti-Liban. Après leur réunion, le Jourdain se jette d'abord dans le lac *Houlé*, puis dans celui de *Tabariéh* (de Génézareth ou de Tibériade de l'Écriture), et enfin dans la mer *Morte* ou lac Asphaltite. Sa largeur moyenne est de 20 mètres, sa profondeur de 2 mètres ; son cours, qui est très-sinueux, est de 160 kilomètres en ligne droite. Ses eaux, toujours troubles, suivant quelques visiteurs modernes, déposent un limon bitumineux ; ce qui ne l'empêche pas d'être assez poissonneux. Le Jourdain est un des cours d'eau du globe dont la pente est la plus grande ; ses sources sont à environ 260 mètres au-dessus du niveau de la Méditerranée, et son embouchure à 426 mètres au-dessous, ce qui lui donne une pente de 686 mètres ou plus de 4 mètres par kilomètre.

Parmi les autres rivières qui, pour la plupart, ne sont que des torrents, le *Kasmié* ou *Casimir*, au nord-est de Tyr, semble répondre au *Leontos* ou *Leontès* des anciens ; le *Nahr-el-Kebir* est l'*Éleutherus*, qui terminait la Phénicie, et dans laquelle une fausse tradition fait périr l'empereur Frédéric Barberousse.

Les nombreuses chaînes transversales qui arrêtent le cours des fleuves de la Syrie donnent naissance à beaucoup de lacs. Nous avons vu que le bassin de l'Oronte renferme le lac Famiéh ou d'A-

pamée que traverse le fleuve, et celui d'Antakiéh ou d'*Antioche*. On y trouve aussi le *Bahr-el-Kadés* près d'Hems.

Il y a dans les parties orientales et méridionales plusieurs lacs sans écoulement. Tels sont le lac d'Acla, celui du Vieux-Alep, et ceux de Geboul et d'Al-Zarka, qui tous ont des eaux salées. Le lac dit *Bahr-el-Mardjs* ou du Pré, non loin de Damas, reçoit les eaux séléniteuses des montagnes voisines. Enfin, le plus fameux de tous, le lac *Asphaltite* ou *mer Morte*, a probablement toujours été, comme aujourd'hui, sans communication avec la mer.

CLIMAT. — La Syrie renferme trois climats très-différents : les cimes du Liban, couvertes de neige, répandent une fraîcheur salubre dans l'intérieur, tandis que les parties maritimes, plus basses, éprouvent constamment des chaleurs humides, et que les plaines voisines de l'Arabie-Déserte sont exposées en été à une chaleur sèche. Les saisons et les productions varient en conséquence. Dans les montagnes, l'ordre des saisons est presque le même qu'au milieu de la France ; l'hiver, qui dure de novembre en mars, est vif et rigoureux. Il ne se passe point d'année sans neige, et souvent elle y couvre la terre de près d'un mètre, et pendant des mois entiers. Le printemps et l'automne y sont doux, et l'été n'y a rien d'insupportable. Dans les plaines, au contraire, dès que le soleil revient à l'équateur, on passe subitement à des chaleurs accablantes qui ne finissent qu'avec octobre. En récompense, l'hiver y est si tempéré, que les orangers, les dattiers, les bananiers et d'autres fruits délicats croissent en pleine terre. Ainsi un chemin de quelques heures sépare ici le printemps de l'hiver.

PRODUCTIONS NATURELLES. — Si l'art venait au secours de la nature, on pourrait rapprocher en Syrie, dans un espace de 100 kilomètres, les richesses végétales des contrées les plus distantes. Outre le froment, le seigle, l'orge, les fèves et le coton, qu'on y cultive partout, on trouve encore une foule d'objets utiles ou agréables, appropriés aux diverses localités. La Palestine abonde en tabac, en blé, en orge, en millet, en sésame propre à l'huile, et en doura pareil à celui d'Égypte. Le maïs prospère dans le sol léger de Baalbek, et le riz même est cultivé avec succès sur les bords du petit lac de Houlé. On ne s'est avisé que vers la fin du dernier siècle de planter des cannes à sucre dans les jardins de Saïde et de Beyrouth ; elles y ont égalé celles du Delta. L'indigo croît sans art sur les bords du Jourdain, au pays de Basan, et il ne demande que des soins pour acquérir une bonne qualité. Le lin et le safran réussissent sur les coteaux. Ceux de Latakiéh produisent des tabacs à fumer qui font la base des relations de commerce avec Damiette et le Caire. Cette culture est à présent répandue dans toutes les montagnes. Le café y a été acclimaté. L'olivier de Provence croît à Antioche et à Ramlé à la hauteur des hêtres. Le mûrier blanc fait la richesse de tout le pays des Druzes par les belles soies qu'il procure, et la vigne, élevée en échalas ou grimpant sur les chaînes, y donne des vins rouges et blancs qui pourraient égaler ceux de Bordeaux. Dans l'ancienne Judée les flancs des montagnes sont couverts aussi de vignes, d'oliviers, de pêchers, d'amandiers, d'abricotiers et de sycomores, et leurs sommets sont couronnés de cyprès et de chênes. Jaffa vante ses limons et ses pastèques. Gaza possède à la fois les dattes de la Mekke et les grenades d'Alger. Tripoli produit des oranges aussi bonnes que celles de Malte ; Beyrouth a des figues comme Marseille et des bananes comme Saint-Domingue. Les pistaches ne viennent nulle part aussi bien que là Alep ; et Damas se vante, avec justice, de réunir tous les fruits de notre Europe. Son sol pierreux convient également et aux pommes de la Normandie, et aux prunes de la Touraine, et aux pêches des environs de Paris ; et enfin dans la vallée qui s'étend entre le Liban et la Méditerranée on trouve le palmier et le chêne qui produit la noix de galle ; cette même montagne offre des forêts de sapins, mais les cèdres y sont devenus fort rares. La Palestine pourrait s'approprier la culture du café d'Arabie. La garance, le lin, le safran, réussissent parfaitement, ainsi que le nopal à cochenille, le chêne à noix de galle. Des forêts de sapins couvrent quelques points du Liban, et les cèdres y ornent encore une partie ; quelques-uns sont peut-être contemporains de Salomon.

ANIMAUX. — La Syrie produit tous nos animaux domestiques, mais elle a de plus le buffle et le chameau ; les mulets et les ânes y sont d'une légèreté remarquable ; les moutons à large queue sont très-nombreux ; les chevaux y sont d'une belle race ; les gazelles remplacent nos chevreuils ; au lieu de loups, on trouve des chacals, des hyènes, des caracals et des guépards ; ces derniers ont mal à propos été pris pour des tigres. Aucun de ces animaux féroces ne cause des ravages comparables à ceux qu'occasionnent les sauterelles ; un hiver trop doux laisse éclore ces insectes dans les déserts de l'Arabie ; leurs légions, qui obscurcissent le ciel, viennent fondre sur les campagnes de la Syrie ; les herbes, le feuillage, tout périt sur leur passage ; la terreur précède ces redoutables essaims, et la famine les suit. Le Syrien, en les voyant arriver, n'espère que dans l'oiseau *samarmar*, qui les dévore, et dans les vents du sud-est, qui les noient dans la Méditerranée. Il y a une espèce de sauterelles dont la chair fournit une nourriture passable.

HABITANTS, POPULATION. — La Syrie, successivement envahie par les Persans, les Grecs, les Arabes, les croisés et les Turcs, présente une population très-mêlée ; les indigènes du pays se sont fondus avec les Grecs, et forment une très-petite portion des habitants. Les Turcs occupent les places civiles et militaires. Un grand nombre d'Arabes s'y sont fixés comme cultivateurs ; il y a aussi beaucoup d'Arabes-Bédouins ou nomades, surtout dans le pachalik de Damas : dans celui d'Alep on voit errer des hordes de Turcomans et de Kourdes. Enfin, les *Druzes*, les *Métoualis* ou *Moutoualis*, les *Ansariéh* et les *Maronites* constituent de petites nations qui seront décrites à part à l'endroit convenable.

Il n'est guère possible d'évaluer d'une manière satisfaisante la population de toute la Syrie. Cependant nous dirons que MM. Ubicini et Viquesnel l'estiment à 2,500,000 âmes, savoir : 1,200,0000 musulmans ; environ 400,000 maronites et catholiques ; 400,000 grecs ; 200,000 israélites ; 350,000 druzes ; 150,000 métoualis, yézidis, ansariéh et d'autres sectes.

LANGUES ET RELIGIONS. — L'ancienne langue syriaque ne se parle plus que dans un petit nombre de cantons, principalement aux environs de Damas et du mont Liban, mais avec moins de pureté que dans la Mésopotamie, à Orfa et à Harram : l'arabe prédomine dans les campagnes comme dans les villes. Le *nabathéen* est un dialecte syro-chaldéen très-corrompu, et que parlent les *N'abayoth*, c'est-à-dire les paysans. Parmi les diverses sectes chrétiennes que les Turcs tolèrent dans ce pays, les Syriens du rite grec sont les plus nombreux ; le sobriquet de *Melchites* ou royalistes, qu'on leur donne, rappelle la mauvaise politique des empereurs byzantins qui se mêlaient de disputes théologiques. Les *Jacobites* comptent beaucoup de partisans ; les *Maronites* sont réunis à l'Église romaine. La religion des *Druzes*, et plus encore celle des *Ansariéh*, semble un mélange d'anciennes croyances syriennes et de quelques idées mahométanes. Les *Métoualis* suivent la doctrine d'Ali, détestée des Turcs. Ajoutons à cela des *Chinganés*, *Tzinganes* ou Bohémiens, et des Arabes-Bédouins, vivant à peu près sans religion ou du moins sans culte ; ajoutons-y encore des chrétiens d'Europe, des juifs, des arméniens, des nestoriens, et l'on conviendra qu'il n'y a point de contrée qui offre plus que la Syrie le rapprochement de toutes les croyances religieuses.

ANCIEN GOUVERNEMENT DE LA SYRIE. — Quatre pachas turcs tributaires de la Porte gouvernaient autrefois cet assemblage de tant de sectes et de tant de nations ; celui d'*Alep* comptait dans son pachalik les hordes peu soumises de Turcomans et de Kourdes ; celui de *Damas* payait aux *cheiks* des tribus arabes, au nom du sultan, des sommes d'argent qu'on lui présentait enveloppées dans un morceau d'étoffe, ce qui fait nommer ces sortes de cadeaux *chourrahes-sultân*, l'étoffe du sultan ; enfin les pachas de *Tripoli* et de *Saïde* ou d'*Acre* voyaient la plus grande partie de leurs provinces occupée par les Maronites, les Druzes et autres peuplades indépendantes. L'anarchie qui résultait de cette situation politique prenait divers aspects, selon que les pachas, les émirs druzes ou les cheiks arabes montraient du caractère et de la conduite. On voyait même des chefs entreprenants créer pour quelques moments des États indépendants.

DIVISIONS POLITIQUES. — Depuis l'avénement du sultan Abd-ul-Medjid, l'organisation politique est plus régulière, la Syrie et la Palestine forment trois eyalets : ceux de *Haleb* (Alep), comprenant 5 livahs ou sandjaks et 31 kazas ; de *Cham* (Syrie propre), comprenant 5 livahs et 27 kazas ; enfin celui de *Saïda* (Phénicie et Palestine), comprenant 9 livahs et 96 kazas (1).

DESCRIPTION TOPOGRAPHIQUE DE LA SYRIE. — Examinons les lieux les plus remarquables de la Syrie, en commençant par la partie voisine de l'Euphrate, ou par l'eyalet d'*Alep*. La ville de ce nom, que les Orientaux nomment *Haleb-el-Chahba*, est, selon la Byzantine, l'ancienne *Berœa* ; elle l'emporte sur toutes les villes de la Turquie d'Asie, tant pour la politesse des habitants que pour la grandeur et la richesse. Ancienne capitale d'un pachalik, elle est aujourd'hui le chef-lieu d'un eyalet du même nom et le siége d'un archevêché catholique syrien duquel relèvent huit évêchés.

Sa population ne s'élève pas à plus de 70,000 habitants ; mais elle était de plus de 200,000 âmes avant le tremblement de terre qui la dévasta en 1822. Cette ville est située sur la petite rivière du Koueik, qui se perd dans les sables, et dans une plaine découverte, entourée, dans un rayon de quelques kilomètres, de collines peu élevées. Elle est environnée d'un mur en pierres de taille, haut de 10 mètres et large de 6, qui paraît être de construc-

tion sarrasine. En dehors de ce mur s'étendent de vastes faubourgs. Il y avait autrefois un fossé profond autour de cette muraille, mais il a été en partie converti en jardin et en partie comblé par les décombres qu'on y a jetés depuis les désastres de 1822. Ces monceaux de ruines s'élèvent en quelques endroits, et particulièrement du côté du midi, jusqu'à la hauteur des murs mêmes, et forment des passages par lesquels on peut entrer dans la ville sans passer par les portes. Les maisons, toutes bâties en pierres, sont remarquables par leur élégance et leur solidité. Tous les toits sont plats et recouverts d'une terrasse cimentée. C'est là que les habitants se rendent pour jouir de la brise rafraîchissante du soir ; c'est là qu'ils passent les nuits pendant les chaleurs de l'été. Par suite du tremblement de terre de 1822, un nouveau faubourg bâti provisoirement en bois au sud de la ville a acquis de l'importance, parce qu'un grand nombre d'habitants n'ont pas osé retourner dans leurs maisons de la ville : et en effet, depuis 1822 de fréquentes secousses se sont fait sentir à diverses époques. Alep renfermait autrefois des manufactures de soie et de coton très-estimées, et de grandes caravanes de Bagdad et de Bassorah y portaient les produits de l'Inde et de la Perse ; aujourd'hui ces manufactures, sauf celles de tapis, sont en décadence ; le commerce a pris une autre voie, celle du golfe Persique et de la mer Rouge. Elle est cependant encore la première ville commerçante de la Syrie : elle fabrique des étoffes de soie et d'or, des tapis ; c'est l'entrepôt européen pour les besoins de l'Orient.

Les environs d'Alep, plantés en vignes et en oliviers, produisent aussi du blé en abondance ; mais les Arabes et les Turcomans enlèvent au cultivateur le fruit de ses peines. Le bouton d'Alep, maladie endémique nullement dangereuse, paraît due à des eaux un peu saumâtres.

A environ 25 kilomètres au sud-est de la ville se trouve la vallée du Sel, dont le fond est occupé par un lac salant long de cinq milles sur deux ou trois de large. Il se couvre d'une couche de sel cristallisé que l'on recueille au mois d'août, et que l'on porte au village voisin de *Jiboul*, où on le garde en magasin jusqu'à l'époque de la vente.

A 24 kilomètres au nord-est de la ville se trouve le couvent en ruine de Saint-Siméon Stylite, qui au sixième et au septième siècle était célèbre par la grandeur et la magnificence de ses bâtiments.

Sur un chaînon détaché du Taurus, vers le sud, à 90 kilomètres au nord-nord-est d'Alep, *Aïntab*, située près du Sandjur, affluent de l'Euphrate, chef-lieu d'un livah, paraît être l'ancienne *Antiochia ad Taurum* de la Comagène des Romains. C'est une ville commerçante où l'on fabrique des cuirs maroquinés, des cotonnades, des étoffes de laine, et d'où l'on exporte du miel, du tabac et des grains ; elle est défendue par une citadelle en assez bon état, et sa population est de 20 à 25,000 âmes.

Près de la limite de l'eyalet, non loin des bords de l'Euphrate, sont les restes imposants d'*Hiérapolis* ou *Bambyce*, connue aujourd'hui sous son ancien nom syrien de *Mabog*, que les Arabes prononcent *Membedge ;* les murs, encore debout, attestent l'ancienne grandeur de cette ville consacrée au culte d'Astarté.

Les déserts qui s'étendent aujourd'hui depuis Alep et Mabog jusqu'à Palmyre offraient jadis une culture soignée ; c'était la province *Chalybonitis*, dont le chef-lieu *Chalybon*, appelé aussi *Berœa*, ne diffère pas d'avec Alep.

La célèbre *Antioche* (*Antiochia Magna*), aujourd'hui *Antakiéh*, bâtie par Antigone, jadis plus grande, plus riche que Rome, mais détruite plusieurs fois, et en dernier lieu par les Mamelouks en 1269, s'élève sur la rive gauche de l'Oronte dans une position agréable ; elle est remplie de jardins et paraît renfermer encore environ 18,000 habitants ; mais ils sont disséminés au milieu des restes de son antique enceinte, qui comprenait 4 à 500,000 âmes, une partie de ses murailles, de ses catacombes et des aqueducs, échappés aux ravages de plusieurs tremblements de terre, sont les seuls témoins de son antique magnificence. Agrandie et embellie par Séleucus Nicator, qui lui donna le nom de son père Antiochus, elle fut pendant plus de deux siècles la capitale du royaume grec de Syrie. Plus tard, sous les Romains, elle fut le chef-lieu de la province de Syrie et l'une des principales places de commerce de l'Orient. L'église patriarchale d'Antioche, premier siége établi par les apôtres, fut longtemps l'une des plus florissantes de la chrétienté. Les croisés s'emparèrent de cette ville en 1098 et en firent la capitale d'une principauté chrétienne qui exista jusqu'en 1269. Ce n'est qu'en 1516 qu'elle fut réunie à l'empire ottoman.

Ce qui distingue principalement cette ville de celles du reste de la Syrie, c'est le peu d'élévation des maisons, qui, au lieu de terrasses, ont des toits en pente couverts de tuiles, et n'ont qu'un seul étage. Ce genre de constructions et les matériaux légers dont elles se composent doivent leur origine à la nécessité de se prémunir contre les secousses des tremblements de terre si fréquents en Syrie. Antioche renferme 10 à 12 mosquées, presque toutes d'une architecture médiocre.

D'Antioche à Iskenderoun, la route pénètre dans les montagnes de Beylan, anciennement les *monts Amanus*, par un défilé que les

---

(1) Cette division est celle que M. Viquesnel donne dans son *Voyage en Turquie* (in-4°, 1855).

anciens nommaient *Pylæ Syriæ*, *Portes syriennes*, et qui est célèbre dans l'histoire pour avoir été le passage par où Darius conduisit sa formidable armée, des plaines de l'Assyrie à la côte de Cilicie quelques jours avant la bataille d'Issus. De sa possession dépendent encore les communications entre la Syrie et l'Anatolie.

Après six ou huit heures de marche on arrive à *Beylan*, petite ville située sur les deux penchants d'une vallée profonde, étroite et élevée, d'où l'on jouit d'une belle vue sur la Méditerranée et sur le pays qui l'en sépare. On a devant soi la magnifique baie d'Iskenderoun, formée par le cap Khanzir (*Rhossus*) au sud, et celui d'Ayash au nord, avec une ligne de côtes très-étendues, qui appartiennent à la Cilicie, aujourd'hui la Karamanie.

Le port d'*Alexandrette* ou *Iskenderoun* a un climat presque mortel. Cette petite ville, qui est l'ancienne *Alexandria ad Issum*, a été presque abandonnée depuis les tremblements de terre de 1822. Ses pigeons sont fort célèbres dans tout l'Orient ; on les dépêchait autrefois pour porter des nouvelles promptes à Alep, dont Alexandrette est, pour ainsi dire, le port : les montagnes intermédiaires sont remplies de bourgs et de villages. Dans ceux de *Kesfin* et de *Martaouan*, les femmes poussent l'hospitalité aussi loin que jadis les Babyloniennes ; cette prostitution légale semble être un reste des anciens cultes asiatiques. Le jasmin jaune et blanc embaume les monts *Casius* ; on y distingue de loin deux espèces de genévriers, qui égalent presque le cyprès en hauteur ; les sapins, les mélèzes, les chênes, les buis, les lauriers, les ifs et les myrtes couvrent partout l'aridité des rochers.

Killis, à 55 kilomètres au nord d'Alep, est l'ancienne *Ciliza*. Sa population industrieuse s'élève à 12,000 âmes ; on y fabrique des cotonnades, des harnais de chevaux et la meilleure huile de l'Orient. Entourée de beaux vergers et située dans une vallée profonde où coule l'Oronte, que l'on traverse sur un pont de sept arches, la ville de *Chogr* ou de *Gesser-Chourl*, renferme environ 4,000 habitants.

En suivant les bords de l'Oronte, on trouve les noms de deux villes jadis célèbres, *Apamea*, aujourd'hui *Famiéh*, et *Hems* ou *Homs*, qui est l'ancienne *Emesa*, où l'on adorait une pierre noire dans un temple fameux dont les ruines mêmes ont disparu.

La première de ces deux villes, qui aujourd'hui est peu importante, fut fondée par Séleucus Nicator, qui lui donna le nom de sa femme ; elle était célèbre pour ses haras. La seconde, qui renferme encore quelques antiquités, est la patrie d'Héliogabale ; elle compte environ 30,000 habitants, qui s'occupent beaucoup de la fabrication et du commerce des étoffes de soie.

Hamah, l'ancienne *Epiphania*, a repris l'importance qu'elle avait du temps des Hébreux : Ali-Bey lui donne 100,000 habitants, Burckhardt 30,000, et M. G. Robinson 20,000, parmi lesquels il peut y avoir 300 familles grecques. On y trouve une douzaine de mosquées. Divisée en deux quartiers par l'Oronte, elle s'approvisionne d'eau à l'aide d'une vaste machine hydraulique. Cette ville commerçante passe à tort pour avoir vu naître Aboulféda, prince et géographe arabe, qui vante beaucoup la fertilité et les riches cultures du pays arrosé par l'Oronte ; ce célèbre écrivain naquit à Damas, mais il reçut le titre de prince de Hamah et gouverna pendant douze ans cette principauté.

De Hamah, ou plus exactement de Famiéh, une ancienne route romaine conduisait à *Palmyre*, le *Tadmor* de Salomon et la résidence de l'immortelle Zénobie. Cette ancienne ville est à 270 kilomètres au sud-est d'Alep et à une distance égale au nord-est de Damas, dans un petit canton environné de déserts, et désert lui-même. Le voyageur aperçoit tout à coup une vaste étendue de ruines ; ce ne sont de tous côtés qu'arcs et voûtes, temples et portiques ; une colonnade qui a dû avoir plus de 125 mètres de longueur, commence à un magnifique portique et aboutit à un beau mausolée ; le temps a conservé en partie les péristyles, les entre-colonnements, les entablements ; le tout est d'une élégance égale à la richesse des matériaux. On y distingue deux époques reconnaissables à l'architecture des monuments : l'une est représentée par quelques monceaux de ruines qui semblent attester que cette ville fut détruite par Nabuchodonosor lorsqu'il marcha sur Jérusalem ; l'autre, qui comprend les monuments en partie renversés, est celle qui se termina à la défaite de Zénobie, à la prise de Palmyre par Aurélien. Quel contraste que celui de ces ruines imposantes qui surpassent tout ce que la Grèce a de plus remarquable, et qui occupent plus de 12 kilomètres de circonférence, avec les misérables cabanes de quelques Arabes sauvages, seuls habitants actuels d'une ville qui osa se croire la rivale de Rome !

Après avoir parcouru les parties de la Syrie voisines de l'Euphrate et de l'Oronte, nous allons revenir sur la côte maritime pour visiter les deux anciens pachaliks de Tripoli et d'Acre, qui dépendent aujourd'hui de l'eyalet de *Saïda*. Ces pachaliks comprenaient la Phénicie et en outre une partie de la Cœlé-Syrie, et quelques autres petites divisions anciennes. La chaleur humide, qui rend le climat de cette côte dangereux pour les Européens, y entretient une verdure éclatante ; les orangers, les limoniers, les grenadiers forment de riants bosquets au pied des montagnes, dont les saillies s'avancent sous différents aspects pittoresques ; c'est encore, malgré le

défaut de culture, une contrée pleine de charmes et de grâces. *Ladikiéh* ou *Latakiéh*, l'ancienne *Laodicea ad mare*, est une ville florissante par le commerce ; elle exporte des tabacs qui jouissent d'une renommée européenne ; un aga turc a dans les temps modernes rebâti cette ville entièrement ruinée.

Latakiéh est la résidence d'un évêque grec et des consuls des principales puissances de l'Europe : elle est ouverte et elle occupe une vaste superficie, bien qu'elle ne renferme que 5 à 6,000 individus, parce qu'elle fut en grande partie ruinée par les tremblements de terre qui en 1822 détruisirent Alep. Son nom de *Laodicea* est celui qui lui fut donné par Seleucus Nicator en l'honneur de sa mère. Antérieurement elle se nommait *Ramitha*. On y voit encore d'immenses catacombes, des restes de l'ancienne citadelle, et un bel arc de triomphe qui, situé à 2 kilomètres de la ville, indique l'étendue considérable qu'avait celle-ci. On y a construit depuis peu d'années une belle mosquée. Le port de Latakiéh, appelé la Scala ou la Marina, forme une ville distincte de la ville haute, et en est séparé par des jardins et des enclos plantés. Ce quartier, situé près du cap Ziaret, se compose de deux rues parallèles au rivage, et d'une autre qui conduit de la ville à la mer. Il est rempli de cafés et d'autres lieux de rendez-vous pour les marins. Le petit port de *Tartous*, au sud de Latakiéh, indique l'emplacement de l'ancienne *Orthosia*, où s'embarqua le tyran Tryphon après sa défaite, pour se rendre à Apamée sa patrie.

L'île de *Rouad* renfermait autrefois la ville d'*Aradus*, dont les maisons, comme les nôtres, avaient cinq à six étages ; la liberté et le commerce y rassemblaient une immense population ; aujourd'hui l'île déserte ne présente pas une seule ruine de cette antique cité, et la tradition n'a pas même conservé le souvenir d'une source d'eau douce que les Aradiens avaient découverte au milieu de la mer. Il n'y a plus dans l'île qu'un petit fort défendu par quelques pièces de canon.

Tripoli est nommée *Tarabolos* en turc et en arabe ; longue, étroite et traversée par la petite rivière de *Kadéchah*, c'est-à-dire la Sainte, appelée aussi *Nahr-Abou-Ali*, elle est bâtie au pied d'une montagne qui appartient à l'une des branches du Liban, et qui est couronnée par un château fort. Les maisons en sont bien bâties en pierre et entourées de jardins bien entretenus qui produisent beaucoup d'oranges et de citrons ; les rues la plupart pavées sont ornées de nombreuses fontaines. Sa population est d'environ 17,000 habitants, dont 3,000 seulement sont chrétiens et suivent le rite grec catholique. Cette ville, dont les croisés firent en 1109 un comté chrétien inféodé au royaume de Jérusalem et qui suivit sa destinée, ne renferme aucun édifice public digne d'attention ; ses bazars sont vastes et bien fournis de marchandises de l'étranger et du pays ; le khan des fabricants de savon est un vaste bâtiment bien construit avec un bassin et une fontaine au milieu. Ses anciennes églises ont été converties en mosquées et ses monastères en bazars. Parmi les nombreux restes des croisades on remarque des croix sculptées en relief au-dessus de la porte d'entrée de quelques maisons, et en d'autres endroits des calices. Plusieurs belles colonnes en granit et des chapiteaux en marbre blanc sculptés avec goût, couchés sur le rivage, au sein de la mer même, et dans des jardins voisins, indiquent d'une manière certaine l'ancienne splendeur de cette ville ; mais le monument le plus important de sa grandeur passée est ce qui reste d'un magnifique théâtre à la porte du Nord. Les Turcs en ont fait sauter des parties considérables au moyen de la mine : c'est ainsi qu'ils se sont procuré la grande quantité de marbre dont ils ont orné leurs bains et leurs mosquées.

Le nom de Tripoli signifie *trois villes*, parce que cette antique cité doit son origine à trois colonies distinctes venues de Tyr, de Sidon et d'Aradus, qui s'établirent à trois endroits différents du promontoire et de la plaine triangulaire qui de la ville s'étend jusqu'à la côte. Leurs faubourgs s'étant accrus progressivement, ces trois villes finirent par se confondre l'une avec l'autre. Du nom de Tripoli les indigènes firent par corruption Tarabolos ; puis ils l'appelèrent ensuite *Tarabolos-el-Cham* (Tripoli l'orientale) pour la distinguer de Tripoli en Barbarie, qu'ils nomment *Tarabolos-el-Gharb* (Tripoli l'occidentale). C'est une ville très-commerçante, quoique son port, comme tous ceux de cette côte, n'offre ni commodité ni sûreté ; elle exporte des soies, des cotons et des fruits.

Depuis *El-Mina* ou le Port jusqu'à l'embouchure de la Kadéchah, il y a sur le bord de la mer six tours carrées et isolées, à dix minutes de marche l'une de l'autre. Elles ont été élevées pour la défense du port ; leur construction paraît être due aux Sarrasins. La partie inférieure de leurs murs est renforcée par des fragments de colonnes en granit placés horizontalement. Chacune de ces tours a un nom particulier : ainsi l'une d'elles s'appelle *Bourdj-es-Sebaa* ou la tour du Lion, probablement à cause d'un bouclier sculpté au-dessus de la porte d'entrée, sur lequel sont représentés deux lions qui formaient les armoiries du comte Raymond de Toulouse.

Batroun et *Djebail* sont les échelles du pays des Maronites ; la première représente l'antique *Botrys* et la dernière *Byblos*. Non loin de cette ville coule le fleuve jadis nommé *Adonis*, aujourd'hui Ibrahim-Pacha, et dont les eaux ne se rougissent pas du sang du favori de Vénus, mais bien de la craie rougeâtre qu'elles tiennent en dissolution à certaines époques de l'année. L'ancienne *Berytus*, aujourd'hui *Baïrout* ou *Beyrouth*, est le débouché pour les cotons et les soies du pays des Druzes. On y remarque les restes d'un palais élégant bâti par le fameux émir des Druzes *Fakhr-ed-Din* et différents débris antiques. La ville, entourée de superbes plantations de mûriers, jouit d'un climat salubre. Résidence d'un évêque grec et d'un évêque maronite, on y voit des églises, un couvent de capucins et des mosquées. Sa population est de 30,000 âmes, dont 5 à 6,000 Européens. Les principales puissances maritimes du globe y ont des consuls. Son port est comblé en grande partie, mais les navires viennent mouiller à peu de distance sur un bon fond qui offre un ancrage facile. Les Anglais la bombardèrent en 1840. C'est sans contredit aujourd'hui le point le plus commerçant de toute la Syrie; le mouvement des affaires y est très-grand, et le chiffre du commerce annuel y atteint 40 à 50 millions.

L'antique *Sidon*, cette mère de toutes les villes phéniciennes, n'est plus, sous les noms de *Tsaïda*, *Saïda* ou *Seyde*, qu'un chef-lieu d'eyalet et une ville de commerce de 4 à 5,000 âmes; c'est après Beyrouth le principal débouché de Damas. Le port de Sidon, comme ceux des autres villes de cette côte, était formé avec beaucoup d'art, et à des frais immenses, par de longs môles; ces travaux, qui subsistaient encore sous le Bas-Empire, ont été négligés, et le port s'est comblé. L'émir Fakhr-ed-Din, qui redoutait les visites des bâtiments turcs, a achevé la destruction des fameux ports de l'ancienne Phénicie. On y remarque les restes de son beau palais, bâti dans le goût italien, et dans ses environs d'antiques tombeaux creusés dans le roc, et qui servent d'asile à des bergers. Du côté de la mer, une haute muraille est dominée par une tour dont la construction est attribuée à saint Louis.

Un sort plus triste encore a frappé *Tyr*, la reine des mers, le berceau du commerce qui civilise le monde; ses palais ont fait place à quelques chétives habitations; le pêcheur indigent habitant naguère les caves voûtées où jadis s'entassaient les trésors du monde; une colonne debout au milieu des ruines marque la place où était le chœur de la cathédrale consacrée par Eusèbe. La mer, qui ordinairement détruit les ouvrages de l'homme, a non-seulement respecté, mais agrandi et changé en un isthme solide le môle par lequel Alexandre joignit l'île de Tyr au continent. Cependant, depuis 1815, cette ville, que les Orientaux nomment *Sour*, a changé d'aspect : 7 ou 800 maisons en pierre, une mosquée, trois églises et des bains publics en font une assez jolie petite ville moderne dont les habitants sont au nombre d'environ 4 à 5,000, et dont les trois quarts se composent d'Arabes catholiques, et le dernier quart d'Arabes mahométans et de Turcs. Dans la belle saison, qui dure depuis avril jusqu'en octobre, son port est fréquenté par des navires des îles de l'Archipel et des caboteurs de l'Égypte et de l'Asie Mineure. Il y a deux ports : le port septentrional est assez spacieux et assez profond pour les petits bâtiments qui fréquentent ces parages, et une fois entrés ils y trouvent un abri contre tous les vents; mais le passage du Bogaz ou de la Barre en rend l'entrée assez difficile et même quelquefois dangereuse.

Acre ou *Saint-Jean-d'Acre*, en arabe *Acco*, qui joue un grand rôle dans l'histoire des croisades, et dans l'antiquité sous le nom de *Ptolémaïs*, était, vers le milieu du dix-huitième siècle, une place presque déserte; le cheik Daher, rebelle arabe, y ramena le commerce et la navigation. Ce prince habile, qui dominait sur toute l'ancienne Galilée, eut pour successeur le fameux tyran Djezzar-Pacha, qui a fortifié la ville d'Acre, et l'a ornée d'une mosquée enrichie de colonnes de marbre antique, recueillies dans les villes voisines. Le port, étroit et peu profond, est cependant un des meilleurs de toute la côte. Cette ville, dont la population est d'environ 20,000 âmes, est célèbre chez les Orientaux par la résistance que les Turcs et les Anglais, commandés par le commodore sir Sidney Smith, opposèrent aux Français sous les ordres de Bonaparte. Les Anglais la bombardèrent en 1840. Les bazars, généralement beaux et voûtés, sont bien approvisionnés; la plupart des rues sont très-étroites, mais les maisons sont presque toutes bâties en pierre avec une solidité qui indique le besoin de la défense.

LES ANSARIÉH.

LES ANSARIÉH. — Quittons ces rivages brûlants pour parcourir la contrée montagneuse qui les domine. Celle qui s'étend depuis Antioche jusqu'à la rivière dite *Nahr-el-Kebir*, est habitée par les *Nassariens* ou *Ansariéh*, que l'on considère comme une secte mahométane fondée dans le septième siècle par un certain Nassar, mais qui, d'après un passage de Pline, remarqué par Mannert, nous paraît une ancienne peuplade syrienne, qui, même sous les Romains, conservait son tétrarque ou prince particulier.

Selon Burckhardt, les Ansariéh, dont on peut évaluer le nombre à 40,000, occupent des montagnes d'un accès difficile, et peuvent armer 12 à 15,000 hommes. On a fait beaucoup de suppositions sur la nature de leur culte, mélange de pratiques chrétiennes, musulmanes et païennes; il paraît admettre l'existence d'un Dieu en cinq personnes; mais ce qu'il y a de certain, c'est qu'ils ont plusieurs degrés d'initiation.

LES ASSASSINS.

LES ASSASSINS. — C'est dans la même contrée que les croisés rencontrèrent la fameuse nation des *Assassins*, gouvernée par le Vieux de la Montagne, prince redoutable par le zèle aveugle de ses sujets, qui, d'après ses ordres, allaient donner la mort à ceux qu'il désignait pour victimes; et il en désignait jusque sur les trônes les plus augustes. L'Assassin périssait-il dans ces sortes d'expéditions, les nymphes du paradis, qu'on lui avait fait connaître dans une vision, lui tendaient les bras et lui offraient leurs charmes divins. Burchard ou Brocard, auteur d'un célèbre Itinéraire de la Terre sainte, parcourut dans le treizième siècle le pays des Assassins, et le trouva non moins fertile que bien cultivé. Le nom d'Assassins vient de *haschich*, plante enivrante, et ce nom a été donné à une tribu arabe chez qui on aura employé ce moyen pour exalter son courage. Le Vieux de la Montagne n'est autre chose qu'un *cheik* arabe, ce mot signifiant en même temps *vieillard* et *seigneur*.

Joinville et plusieurs autres auteurs ont parlé de cette tribu d'Ismaéliens : le premier les appelle *Haussaci*, les autres *Heississini*, *Assissini*, et enfin *Assassini*. Voici en peu de mots quelle fut leur origine : après la mort de Mahomet, ses disciples se divisèrent, comme on sait, en plusieurs sectes ennemies; c'est de celle des Ismaéliens que sortirent les califes fatimites, qui enlevèrent aux Abbassides l'Égypte et la Syrie. Ces califes, pour assurer et augmenter leur puissance, envoyèrent dans les différentes provinces soumises à l'autorité spirituelle et temporelle des califes de Bagdad, des missionnaires qui enseignaient en secret les dogmes des Ismaéliens et qui poussaient même les peuples à la révolte. L'un de ces missionnaires était, vers le milieu du cinquième siècle de l'hégire, un certain Hassan, fils d'Ali, qui, après avoir longtemps travaillé à faire reconnaître la suprématie du calife fatimite Mostanser, qui régnait alors sur l'Égypte, se déclara indépendant, et s'établit au milieu des montagnes de la Perse, à peu de distance de Casbin; sa résidence lui fit donner le nom de *Cheik-el-Djebel*, c'est-à-dire *Cheik* ou *Prince de la montagne*. Les princes qui lui succédèrent pendant deux siècles ne se contentèrent pas d'avoir établi leur puissance dans la Perse, ils l'étendirent sur une partie de la Syrie, et ce fut dans les montagnes de l'Anti-Liban que se fixa leur lieutenant; ce sont aussi les Ismaéliens de ces montagnes qui furent connus des Occidentaux sous le nom d'*Assassins*. Il paraît que certaines préparations végétales faites dans le but d'exalter l'imagination furent connues de quelques chefs de cette secte, et employées par eux secrètement pour accroître leur puissance et le dévouement de quelques fanatiques. L'une de ces préparations est encore connue en Orient sous le nom de *haschich*, et ceux qui en font usage sous celui d'*Haschischin*. La base de cette préparation est une espèce de chanvre appelée *cannabis indica*, dont l'usage paraît s'être établi primitivement dans l'Inde, où on en fait encore une boisson enivrante.

LE MONT LIBAN, LES CÈDRES.

LE MONT LIBAN, LES CÈDRES. — Après le pays des Ansariéh, le *mont Liban* commence à élever dans les nues ses cimes, qu'ombragent encore quelques cèdres, et qu'ornent mille plantes rares; l'*anthyllis tragacanthoïdes* y étale ses grappes de fleurs pourprées; l'œillet du Liban, l'*amaryllis* des montagnes, le lis blanc et le lis orangé, mêlent l'éclat de leurs couleurs au vert des pruniers rampants. Les neiges mêmes sont bordées de *xeranthemum frigidum*. Les profonds ravins de ces montagnes sont sillonnés par un grand nombre d'eaux courantes qui jaillissent de toutes parts avec une extrême abondance. Les neiges en couvrent toute l'année les vallons les plus élevés, dans certaines expositions; mais aucun des sommets n'atteint la hauteur des neiges éternelles. L'eau, la fraîcheur, la bonté du terrain dans les vallées, entretiennent ici une éternelle verdure; mais que seraient ces dons de la nature, si la liberté ne protégeait pas les travaux des habitants? C'est à une industrie plus libre que celle des autres Syriens que les montagnes du Liban doivent ces murs qui, s'élevant en terrasse, soutiennent les terres fertiles, ces vignobles plantés avec art, ces champs de blé soigneusement labourés, ces bosquets de cotonniers, d'oliviers et de mûriers qui, semés de toutes parts parmi ses rochers escarpés, rappellent la puissance de l'homme. La vigne produit ici des grappes énormes, dont chaque raisin a la grosseur d'une prune. Les chèvres et les écureuils, les perdrix et les tourterelles paraissent les races animales les plus nombreuses; les uns et les autres tombent souvent sous la serre de l'aigle et sous la griffe de la panthère.

Les cèdres du Liban méritent toujours d'être visités par le voyageur. Pour arriver sur le sommet qu'ils ombragent, on traverse la vaste plaine appelée *el-Sahhel*, couverte de villages maronites et de plantations de mûriers, d'oliviers et de figuiers. Cette fertile partie du Liban est gouvernée par un délégué du grand émir des Druzes. Plusieurs cheiks nommés par lui résident dans les villages; ce sont eux qui exercent le pouvoir temporel, et qui perçoivent les impôts et les adressent au délégué, qui à son tour les expédie au trésorier du grand émir. Le pouvoir spirituel est confié à des évêques ou à leurs délégués. En cinq heures on traverse la plaine, puis l'on franchit la montagne pour arriver au village d'*Éden*. Pour la traverser, on suit une route au milieu de rochers nus où la végétation se borne à quelques pins ou à quelques sycomores dispersés çà et là. Une source abondante formée par la fonte des neiges sort d'une grotte située au pied du mont Liban, et se partage en plusieurs ruisseaux qui arrosent le chemin des cèdres. Après trois heures de marche, on aperçoit plusieurs villages maronites assis sur d'énormes masses de rochers dépourvus de végétation. Les pierres répandues sur le sol en empêchent la culture. Enfin, après neuf heures de marche depuis l'extrémité de la plaine d'El-Sahhel, on arrive au village d'Éden. Sa situation pittoresque, la vue de la plaine et de la mer, ses vergers remplis d'arbres fruitiers, les sources qui serpentent de tous côtés, l'air embaumé qu'on y respire, justifient le nom qu'il porte : selon l'opinion des Arabes, c'est dans cet endroit délicieux que Dieu plaça le paradis terrestre et qu'il créa Adam et Ève; mais le déluge de Noé et la succession des siècles l'ont entièrement défiguré.

C'est à 12 kilomètres de ce village que se trouve la plantation de cèdres; on y arrive à travers des sentiers couverts de rochers. Ils occupent une région élevée où le thermomètre centigrade descend à 12 degrés au-dessous de zéro, tandis qu'il est à 37 degrés au-dessus dans la plaine. Le parfum des cèdres se fait sentir à quelque distance : sur une plate-forme, on voit une centaine de ces arbres, dont quelques-uns ont 5 à 6 mètres de circonférence; mais c'est par l'étendue de leurs branches toujours vertes, plutôt que par leur hauteur et leur grosseur, qu'ils sont surtout remarquables. Cette plantation, la seule qui rappelle les antiques forêts qui ont fourni des matériaux au temple de Salomon, est placée sous la protection du patriarche de la nation maronite : ce prélat vient chaque année, le jour de la Transfiguration, célébrer une messe sur un autel en bois de cèdre placé au pied du plus majestueux de ces arbres. La sombre verdure de ces gigantesques végétaux forme un singulier contraste avec l'aridité du sol qui les environne.

LES MARONITES ET LES DRUZES. — Dans ces asiles inaccessibles aux armes vivent deux peuplades qui diffèrent de religion et de mœurs, mais qui se ressemblent par leur amour de l'indépendance, les *Maronites* et les *Druzes*.

Le pays des premiers s'appelle le *Kesraouan*, d'où les historiens des croisades ont fait *Castravan;* il s'étend depuis le cours du *Nahr-el-Kebir* jusqu'à celui du *Kelb*. Les Maronites, au nombre d'environ 140,000, vivent dans des villages et des hameaux. Le village de *Kanobin* peut être considéré comme leur chef-lieu. La plupart des cellules de ce monastère sont taillées dans le roc, ainsi que l'église et les deux souterrains qui servent de sépulture, l'un aux moines et l'autre aux patriarches. Les Maronites exportent leurs blés, leurs vins, leurs cotons par Tripoli et Djehaïl. Divisés en peuple et en *cheiks* ou notables, tous s'adonnent avec ardeur au travail, cultivent la terre de leurs propres mains; tous vivent frugalement au sein de leur chaste famille, et sous un toit rustique où le voyageur chrétien trouve toujours une réception hospitalière.

Le son des cloches et la pompe des processions attestent la liberté dont jouit ici le culte des chrétiens. Deux cents monastères observent rigoureusement la règle de saint Antoine. Un grand nombre d'ermites demeurent dans les antres et les cavernes. Quoique réunis à l'Église romaine, et ayant renoncé à l'hérésie de Maron leur fondateur, en conservant toutefois l'usage de célébrer l'office divin suivant leur rite et dans leur propre dialecte, qui est un mélange de syriaque et d'arabe, les Maronites maintiennent l'antique institution du mariage des prêtres. Il règne ici une ferveur de dévotion qui rappelle les siècles de l'Église primitive. Leur patriarche réside au couvent de *Kanobin*, qui est en partie creusé dans le roc (1).

Les *Druzes*, au nombre de 300,000, habitent au sud des Maronites. Ils peuvent mettre sous les armes 20,000 hommes, y compris 4,000 chrétiens qui habitent plusieurs villages où ils ont leurs églises. Leur contrée est divisée en plusieurs quartiers qui diffèrent par le sol et les productions. Le *Matnéh*, qui est au nord, renferme au sein de ses rochers de riches mines de fer. Le *Gharb*, qui vient ensuite, nourrit de belles forêts de sapins. Le *Sahel*, dont nous avons parlé, ou le pays plat, voisin de la mer, produit des mûriers et des vignes. Le *Chouf*, canton central, donne les meilleures soies. Le *Fefah*, ou le district des pommes, est au midi. Le *Chakif* a les meilleurs tabacs; enfin, on désigne sous le nom de *Djourd*, la région la plus élevée et la plus froide, où, dans l'été, les pasteurs se retirent avec leurs troupeaux. *Deïr-el-Kamar* ou *Dalil-Camar*, c'est-à-dire la *maison de la lune*, gros bourg mal bâti dans le canton de *Chouf*, est la résidence de l'émir ou prince des Druzes, qui y habite une forteresse.

C'est la religion qui élève une barrière entre cette peuplade et les autres Syriens. Longtemps ignorée en Europe, concentrée parmi les *okhals* ou docteurs des Druzes, elle est à présent connue par la publication de plusieurs livres dogmatiques écrits en arabe, mais d'un style très-obscur. Les Druzes croient à un seul Dieu qui s'est montré pour la dernière fois sous une figure humaine dans la personne de *Hakem*, calife d'Égypte, en 1030. Ils ne pratiquent ni circoncision, ni jeûnes, ni prières; ils boivent du vin, mangent du porc, se marient entre frère et sœur, et ont le droit d'avoir plusieurs femmes. Persuadés que toutes les autres croyances viendront se fondre dans celle qu'ils professent, ils les regardent toutes avec une indifférence égale; cependant les chrétiens ont cru voir qu'ils méprisaient particulièrement le mahométisme. D'autres doctrines, qui respirent la plus haute antiquité, se mêlent à ce système de déisme : telles sont la croyance en la métempsycose et l'adoration d'un veau. Ces traces d'anciennes religions des Samaritains et de quelques sectes juives autorisent bien la judicieuse conjecture d'après laquelle la société politique des Druzes serait antérieure à l'époque du calife Hakem et de son prophète Hamzah ou Hamzeh. Cette conjecture prend le caractère d'une grande vraisemblance lorsqu'on rapproche les passages où les Hébreux parlent d'une nation d'*Itur's*, ceux où les Grecs et les Romains peignent la valeur indomptable des *Ituræi*, maîtres du Liban depuis Béryte jusqu'à Damas; et le témoignage de Niebuhr, selon lequel le vrai nom des Druzes serait *Dursi* ou *Turzi*. On est tenté de penser que les anciens *Ituræi*, *Iturs*, ou *Turzi*, se sont toujours maintenus dans une sorte d'indépendance au milieu des révolutions qu'a éprouvées la Syrie, et que la doctrine d'Hakem n'a fait que prêter une nouvelle énergie à une association déjà formée.

Selon d'autres, le nom de Druze indiquerait une secte qui étudie les mystères; il dériverait du verbe *darass*, qui signifie étudier. Le fondateur de cette secte serait Mansour-ebn-el-Aazir, que les Druzes nomment Mohammed-ben-Ismael, qui naquit au Caire l'an 985 de notre ère, succéda à son père, et se déclara troisième calife de la race des Fathimites en Égypte; puis il prétendit être un dieu incarné et descendu de Fathime, fille de Mahomet. Ses prosélytes devinrent nombreux; il conquit la Syrie, persécuta les juifs et les chrétiens, et fut massacré en 1021. Hamzeh, son disciple, déclara qu'il avait disparu, et avait laissé un manuscrit précieux sur sa doctrine : on peut considérer celle-ci comme un tissu de rêveries mêlées de doctrines juives, chrétiennes et musulmanes.

Quelle que soit l'origine des Druzes, cette nation peu nombreuse représente seule, en Turquie, la dignité de la nature humaine. Républicains par l'austérité de leurs mœurs, toujours redoutés comme rebelles, ou respectés comme vassaux libres par les pachas voisins, ils obéissent pourtant à un prince de leur nation qui prend le titre de *hakem*.

Le hakem ou émir régnant ne peut faire la paix ou la guerre qu'après avoir consulté les notables; mais tout paysan qui par son esprit et son courage a acquis quelque crédit, a droit de donner sa voix dans l'assemblée générale. Les prêtres ou okhals ont plusieurs degrés d'initiation, dont le plus élevé exige le célibat.

Plusieurs familles jouissent d'honneurs particuliers, mais une noble simplicité les rapproche tous dans la vie sociale. Invincibles dans leurs montagnes, ils ignorent l'art de combattre en plaine; leur fidélité égale leur courage : jamais ils ne trahissent l'infortuné qui vient implorer leur protection; mais ils vengent le sang par le sang, et on a vu les *fedariéhs*, ou satellites de leurs émirs, semblables aux anciens Assassins, frapper les ennemis de leurs maîtres au milieu des cités populeuses.

La jalousie des Druzes est poussée très-loin. Un voile sévère dérobe à tout regard profane les charmes de leurs femmes, qu'on dit très-belles et animées des sentiments exaltés des Lacédémoniennes. Le mari entend avec peine le bien qu'on lui dit de sa femme, et un éloge un peu vif de la part d'un étranger expose la vie d'une Druze. L'agriculture et la politique forment le sujet des conversations des Druzes rassemblés devant leurs cabanes; les enfants mêmes écoutent en silence le rustique sénat, et, ignorant l'art de lire, se livrent avec joie aux exercices guerriers.

LES MÉTOUALIS. — Les *Métoualis* ou *Moutoualis* occupent la grande vallée qui sépare les deux chaînes principales du Liban, et dont les modernes aiment à désigner la plus orientale sous le nom d'Anti-Liban. Ce sont d'anciens Syriens qui ont embrassé la doctrine des Chyites mahométans; ils adorent le calife Ali presque à l'égal de la Divinité. Gouvernés comme les Druzes, leurs rivaux constants, par des cheiks et des émirs, ils se sont fait redouter des Turcs : leur cavalerie a longtemps joui de la réputation d'être invincible.

C'est dans leur pays que se trouve *Baalbek* ou *Balbek*, ville de 1,500 âmes, qui est comme ensevelie dans les ruines imposantes de l'ancienne *Héliopolis*. Le portique du temple du Soleil, quoique défiguré par deux tours turques, est d'une grande beauté. On sait qu'il fut construit sous le règne d'Antonin le Pieux. On a tiré d'une carrière voisine les matériaux qui ont servi à construire le temple. Il reste encore attaché au fond de cette carrière une pierre qui a

---

22 mètres de longueur, 4 de largeur et près de 5 d'épaisseur. Qu'on juge de la grandeur des édifices auxquels ou employait des blocs semblables !

SUITE DE LA DESCRIPTION TOPOGRAPHIQUE DE LA SYRIE.

— De Baalbek à Damas la route suit le versant occidental de l'Anti-Liban ; le pays est d'abord complétement aride, sans arbres ni pâturages, et faiblement peuplé. Vers Zebdeni les villages sont plus rapprochés et les collines sont couvertes de vignes depuis le pied jusqu'au sommet. De la grande quantité de raisins qu'elles fournissent on retire une substance saccharine et juteuse appelée *dibs*, dont on se sert pour remplacer le sucre ; une liqueur spiritueuse appelée *araki* ; enfin, une partie du raisin est séchée, et une autre est employée à faire du *husrum*, sorte de verjus qui remplace le vinaigre.

On traverse de grandes plantations de mûriers avant d'arriver à *Zebdeni*, petite ville dont les trois quarts des habitants sont musulmans et le reste chrétiens.

Au pied oriental du Liban, de nombreux ruisseaux arrosent la fertile prairie où s'élève l'antique *Damas*, le *Damascus* des Romains, et le *Demechk* ou *Cham-el-Dimichk* des Orientaux. Sa longueur paraît être d'environ 5 kilomètres et sa largeur de 3. Elle s'étend sur la lisière orientale d'une belle plaine près d'une chaîne de collines au nord-est, et la plaine s'agrandit à perte de vue. Les maisons de Damas, construites le bas en pierres, le haut en briques jaunes, et les édifices publics peints des plus riantes couleurs, donnent à la ville un aspect ravissant. C'est au centre que se trouvent le château entouré de murailles et la grande mosquée, édifices imposants par leur magnificence. Les nombreux minarets qui s'élèvent dans tous les quartiers donnent à cette importante cité un caractère particulier d'élégance. Les jardins qui l'entourent du côté du nord, les plantations d'oliviers et les longues avenues au midi, les nombreux villages à l'est, le grand faubourg de Salhèyah à l'ouest, tout cela, joint aux sombres et hauts cyprès, aux peupliers élancés, aux champs de blé, aux rivières et aux ruisseaux qui fertilisent le sol, présente un paysage enchanteur et digne de l'imagination d'un conteur arabe. Ajoutons que ses rues sont bien pavées et garnies de trottoirs.

Cette ville, dont on peut évaluer la population à près de 200,000 âmes, dont 100,000 musulmans, 30 ou 40,000 chrétiens ou grecs, était autrefois célèbre par ses manufactures de sabres, fabriqués, à ce qu'il paraît, avec des bandes minces et alternatives d'acier et de fer, ce qui les rendait si flexibles qu'ils se pliaient jusqu'à la poignée, et d'une telle finesse cependant qu'ils pouvaient couper les corps les plus durs. Le secret de cette fabrication est aujourd'hui perdu. Tamerlan emmena les ouvriers en Perse ; pourtant on y fabrique encore des sabres, mais moins bons. Damas produit d'excellent savon et des étoffes mêlées de coton et de soie ; les ouvrages d'ébénisterie en bois précieux, ornés d'ivoire et de nacre de perle, ont excité l'admiration des Européens. Le commerce et le passage des caravanes pour la Mekke animent cette importante ville ; la grande rue qui la traverse offre deux rangs de boutiques où les richesses de l'Inde brillent à côté de celles de l'Europe. Les maisons particulières de Damas, d'un aspect simple au-dehors, offrent dans l'intérieur tout l'éclat et tous les agréments d'un luxe raffiné ; on y marche sur le marbre ; on voit briller de toutes parts l'albâtre et la dorure ; chaque grande maison possède un ou plusieurs jets d'eau qui jouent dans de magnifiques bassins. La moindre habitation a trois conduits d'eau, l'un pour la cuisine, l'autre pour le jardin, le troisième pour nettoyer les immondices. Les mosquées, les églises, les cafés de Damas répondent à cette magnificence ; le *Chan-Werdy*, ou café aux rosiers, est regardé comme une des curiosités du Levant.

Damas fait un immense commerce avec les autres villes de l'Orient ; c'est l'entrepôt des marchandises dirigées de l'Europe ou de Constantinople sur Bagdad, le Caire et la Mekke ; elle reçoit ses marchandises par Beyrouth et les expédie par de nombreuses caravanes qui lui apportent en échange les soies, les tapis de la Perse, les parfums, les gommes de l'Arabie, les cuirs maroquinés, les mousselines mouchetées d'or et d'argent, etc., etc. Au temps du roi David, Damas était la capitale d'un royaume indépendant ; soumise par ce prince, elle se révolta sous Salomon et conserva son indépendance jusqu'à ce que Teglatphalassar s'en fut de nouveau emparé. Elle suivit le sort de la Syrie, et fut successivement ville persane, grecque et romaine. Les Arabes s'en emparèrent en 632, et elle devint alors pendant quelque temps la capitale du Khalifat. Assiégée inutilement par les croisés en 1148, prise par Tamerlan en 1400, les Turcs s'en emparèrent en 1516 et la gardèrent jusqu'en 1832, époque à laquelle Méhemet-Ali la leur enleva, mais elle fut rendue au sultan par suite du traité d'Alexandrie en 1842. Aujourd'hui elle est le chef-lieu de l'*eyâlet de Cham*, qui comprend l'ancienne Syrie proprement dite. Cette ville est la patrie du géographe arabe Aboulféda.

Les environs de Damas sont arrosés par le *Baradah* et d'autres petites rivières ; ils présentent en toutes saisons une verdure agréable et une longue série de jardins et de maisons de campagne. La vallée de Damas, ou le *Goutha*, est, selon Aboulféda, le premier des quatre paradis terrestres. Les habitants de Damas ont la réputation d'être très-fanatiques et d'un commerce très-difficile avec les chrétiens. Trois proverbes arabes peignent le caractère des habitants de trois grandes villes voisines de l'Arabie : *Chami schoumi*, les Damasquins sont traîtres ; *Halebi tchelebi*, les Alepins sont petits-maîtres ; *Masry harami*, les habitants du grand Caire sont vindicatifs.

Au sud de Damas s'étendent les contrées nommées *Auranitis* et *Gaulonitis* par les anciens, aujourd'hui *Hauran* ou *Haouran* (livah de l'eyâlet de *Cham*) et *Chaulân* (c'est le livah d'*Adjéloun* qui dépend aussi de l'eyâlet de Cham), contrées fermées presque en entier par une vaste et superbe plaine qui a pour limites, au nord l'*Hermon* des anciens, aujourd'hui *Djebel-el-Cheyk* ; au sud-ouest *Djebel-Adjéloun*, et à l'est *Djebel-Hauran*. Toutes ces contrées ne renferment pas une seule rivière qui conserve de l'eau pendant l'été ; il n'y a que des torrents ou *ouady*. La plupart des villages ont chacun leur étang, qu'ils laissent remplir par un *ouadi* pendant la saison de la pluie. Dans toute la Syrie, il n'y a pas de contrée plus renommée pour la culture du froment que le *Hauran*. Quand le vent remue les blés, la plaine immense présente l'aspect d'une mer ondoyante. On trouve dans cette plaine des tertres épars, dont chacun porte un village habité ou désert. Tous ces tertres, toutes les pierres roulées qu'on trouve dans les champs, toutes les pierres de bâtisse et la montagne entière de Hauran, consistent uniquement en basalte ; toutes les maisons en sont construites, ce qui leur donne un aspect sombre ; les battants mêmes des portes sont de cette substance (1). L'ancienne *Bostra* ou *Bosra*, chef-lieu du pays de Hauran et capitale de l'Arabie romaine dans le troisième siècle, conserve encore son nom, mais elle est en ruines. On y voit la colonnade d'un temple et un long pont qui conduit à un château construit sur l'emplacement d'un vaste théâtre romain.

Le district de *Bothin*, l'ancienne *Batanea*, ne renferme que des montagnes calcaires ; on y voit de vastes cavernes creusées dans le roc, et où des familles de bergers arabes vivent à la manière des anciens Troglodytes ; le troupeau de chèvres vient spontanément offrir ses mamelles pleines de lait, et un énorme tronc d'arbre allumé chasse à la fois le froid et les ténèbres. C'est ici qu'un voyageur moderne a découvert les magnifiques ruines de *Gerasa*, aujourd'hui *Djérach*, où des temples, des amphithéâtres et plusieurs centaines de colonnes encore debout attestent la puissance romaine (2). Cette découverte confirme l'opinion de Mannert, qui a fixé l'emplacement de Gerasa beaucoup plus au midi que ne le veut d'Anville. Le mont *Edjloun* ou *Adjéloun*, l'ancien *Galaad*, nourrit des chênes à noix de galle. Les habitants de la ville de *Es-Szalth*, chef-lieu de la contrée *El-Belka*, l'ancienne *Peræa*, n'obéissent à personne ; leur territoire présente, sur ses nombreuses terrasses, un mélange de vignes, d'oliviers et de grenadiers. *Karak-Moab*, ou simplement *Kérek*, siége d'un évêque grec, chef-lieu d'un canton qui répond à l'ancienne *Moabitis*, doit être distingué d'un autre *Karak* dans l'Arabie Pétrée. Telles sont les contrées à l'orient du Jourdain qui formaient autrefois les tribus de Manassé orientale, de Gad et de Ruben ; c'est l'ancienne *Pérée* des Romains.

DÉSERT DE SYRIE.

— Le désert de *Syrie* déploie aux yeux du voyageur qui se rend de Damas à Bagdad sa triste uniformité. Des plaines salines, à grands intervalles, couvrent les sables brûlants ou le gypse aride. L'absinthe s'étend ici, comme en Europe la bruyère, sur des espaces immenses, d'où elle bannit toute autre plante. Les troupeaux légers de gazelles parcourent ces plaines où jadis on vit errer beaucoup d'ânes sauvages. Caché dans les joncs le long des rivières, le lion guette ces animaux ; mais quand sa faim trompée n'a pu se rassasier, il en sort furieux, et ses terribles rugissements roulent comme un tonnerre de solitude en solitude. Les eaux du désert sont, pour la plupart, amères ou saumâtres ; on les corrige un peu en y laissant fondre la racine de réglisse, assez commune dans ces contrées. Ce désert est une continuation et comme un échantillon du grand désert de l'Arabie. L'air y est, comme en Arabie, généralement pur et sec, souvent il devient brûlant dans les plaines sablonneuses et découvertes ; les miasmes des eaux stagnantes s'y répandent ; les exhalaisons des lacs sulfureux et salés augmentent la matière pestilentielle : si alors quelque dérangement d'équilibre vient donner un mouvement rapide à une colonne d'air ainsi infectée, il naît ce vent mortel connu sous le nom de *samoun* ou *sam-yeli*, et qu'on redoute moins dans l'intérieur de l'Arabie que sur les frontières, et principalement en Syrie et en Mésopotamie. Lorsque ce vent redoutable s'élève, l'air perd tout à coup sa pureté ; le soleil se couvre d'un voile de sang ; les animaux consternés se couchent à terre pour éviter ce souffle brûlant, qui suffoque tout être assez téméraire pour s'y exposer.

---

(1) Seetzen, *Annales des Voyages*, I, p. 398, première édition (410, édit. 2ᵉ).

(2) Seetzen, *Correspondance de M. de Zach*, XVIII, 425.

Site du Liban (Asie Mineure).

Quelques lisières fertiles et agréables bordent le désert. Des tamariniers, des cerisiers sauvages, des cyprès, et le saule pleureur aux longues branches pendantes, ombragent çà et là les rivages de l'Euphrate, dont les eaux, soulevées par des roues, arrosent même en quelques endroits des vergers de grenadiers, de limoniers et de sycomores.

DESCRIPTION TOPOGRAPHIQUE DE LA PALESTINE. — Dirigeons-nous maintenant vers la vallée du Jourdain, et visitons la Terre sainte, qui évoque tant de pieux souvenirs. Ce pays dépend aujourd'hui de l'eyalet de Saïda et forme le livah de *Kouts* (Jérusalem) subdivisée en 7 kazas. Le Jourdain, dans la partie supérieure de son cours, borde la fertile et pittoresque *Galilée*, qui forme aujourd'hui le district de *Safad* ou *Safet*. La ville de ce nom est, dit-on, l'ancienne *Bethulia*, qu'assiégea Holopherne et qui vit naître Tobie. Elle occupe une montagne au pied de laquelle s'étendent de toutes parts des bosquets de myrtes. Sa citadelle, qui paraît être une des plus anciennes constructions de la Palestine, est remarquable par l'épaisseur de ses murailles. La prétendue maison de Jacob n'est qu'une suite de tombeaux taillés dans le roc. Safet est une des quatre villes (1) regardées comme sacrées par les Juifs, qui y ont une école célèbre et une imprimerie.

Tabariéh, peuplée de 4,000 âmes, remplace la grande ville de *Tibériade*, qui donna son nom au lac voisin, appelé aussi le lac de *Génézareth* ou la mer de *Galilée*. Des dattiers, des orangers, des indigotiers, couronnent ce pittoresque bassin : mais le pêcheur poursuit rarement les milliers de poissons qui s'y jouent. Tabariéh ou Tabariah, comme l'appellent aussi les indigènes, est entourée de toutes parts, excepté du côté du lac, par une muraille épaisse et solidement construite, haute de 6 mètres et flanquée de 20 tours

rondes. Au nord de la ville, sur une éminence qui la domine, sont les ruines de la citadelle qui fut détruite depuis 1830 par un tremblement de terre qui renversa la plupart des maisons de la ville. La moitié de l'enceinte comprise dans les murs est encore vide de constructions. Dans le bas de la ville, au bord du lac, est une petite chapelle qui, d'après la tradition, occupe l'emplacement de la demeure de Simon, fils de Jonas, c'est-à-dire de l'apôtre saint Pierre, et où il exerçait l'humble profession de pêcheur. C'est un édifice de forme oblongue, voûté, et dans chaque côté duquel on a percé deux petites croisées pour recevoir la lumière. Il sert de khan pour les voyageurs qui n'ont pas d'autre endroit où ils puissent loger dans la ville. Ici comme dans beaucoup d'autres villes de la Palestine, les juifs habitent un quartier séparé, entouré d'un mur percé de plusieurs portes que l'on ferme à la nuit tombante. Un peu plus loin vers le nord-ouest, se trouvait *Capharnaüm*, dont il n'existe plus de traces.

Nazareth, aujourd'hui *Nasra*, où Jésus-Christ passa une partie de son enfance, est une ville à laquelle les voyageurs modernes accordent 2,000 habitants, la plupart chrétiens. La rue principale est droite ; les maisons ont toutes une partie souterraine creusée dans la montagne. Le couvent des franciscains passe pour le plus beau de la Palestine : il est habité par onze religieux ; l'église de l'Annonciation est aussi la plus belle après celle du Saint-Sépulcre à Jérusalem : sous cette église il en est une souterraine qui passe pour avoir été construite sur l'emplacement de la demeure de la vierge Marie, dont chaque partie est occupée par une chapelle ; non loin de là, les religieux montrent aux pèlerins l'atelier de Joseph, l'école que fréquenta Jésus, et une pierre en forme de table sur laquelle ils assurent qu'il mangea avant et après sa résurrection. Dans les environs on voit encore la petite ville de *Cana*, aujourd'hui *Kefr-Kenna*, peuplée de 500 familles, et célèbre par le miracle de l'eau changée en vin.

A 9 kilomètres au sud de Nazareth s'élève, au-dessus de la plaine d'Esdrelon, une pyramide de verdure ; les oliviers et les sycomores

____

(1) Les autres sont *El-Kods* ou *Jérusalem*, *Tabariéh*, l'ancienne Tibériade, et *Hébron*.

Cavaliers tchyldirs (frontière de Kars).

en couronnent le sommet, où s'étend une plaine couverte de blé sauvage ; c'est le mont *Thabor*, l'*Atabyrion* ou l'*Ithaburius* des anciens, célèbre dans les fastes des armées françaises par la victoire qu'y remporta Bonaparte en 1799. Du haut de ce mont, où une tradition vénérable place la scène de la transfiguration de Jésus-Christ, la vue plonge sur le Jourdain, le lac de Tibériade et la Méditerranée.

La Galilée serait un paradis, si elle était habitée par un peuple industrieux ; on y voit des ceps de vigne qui ont jusqu'à cinquante centimètres de diamètre, et qui forment avec leurs branches de vastes salles de verdure ; la beauté des grappes de raisin y rappelle le fameux raisin de Chanaan. Les plaines d'Esdrelon et tous les autres cantons de pâturages sont occupés par des tribus arabes ; autour de leurs tentes brunâtres, les agneaux et les moutons bondissent au son du chalumeau qui, à l'entrée de la nuit, les rappelle.

L'ancienne Samarie comprend les districts d'*Arcta* et de *Naplous*. Dans le premier on trouve, au nord de la forêt de chênes nommée anciennement *Saronas*, les restes de *Césarée*, bâtie par Hérode, restaurée par saint Louis, et qui fut le séjour des rois de Jérusalem. On l'appelle aujourd'hui *Kaisariëh*. C'est une ville qu'on est étonné de voir abandonnée, car on y trouve encore des rues, des places, des églises assez bien conservées, un port en bon état et des remparts qui ne sont pas entièrement tombés. On y remarque des colonnes de marbre et de granit qui paraissent avoir appartenu au grand temple d'Auguste.

Au sud-ouest du golfe de Saint-Jean-d'Acre, près de la petite ville maritime de *Caffa*, ou Kaïfa, renommée pour la bonté de son mouillage, s'étend la chaîne de montagnes dont le promontoire est spécialement connu sous le nom de mont *Carmel*, nom fameux dans les annales de la religion. Là, dit-on, le prophète Élie prouva par des miracles sa mission divine ; là, des milliers de religieux chrétiens vivaient dans des grottes taillées dans le roc. Alors toute la montagne était couverte de chapelles et de jardins ; aujourd'hui l'on n'en voit que les ruines éparses au milieu de forêts de chênes et d'oliviers dont

la verdure est interrompue par la blancheur des rochers calcaires. L'ancienne église, qui avait été démolie par suite de l'insurrection grecque, a été rebâtie avec les matériaux de la première au moyen des sommes recueillies en France dans ces dernières années. Un air vif et pur embaume les hauteurs du Carmel, tandis que dans l'intérieur de la Galilée et de la Samarie l'atmosphère est quelquefois obscurcie par des brouillards secs.

La ville de *Naplous*, l'ancienne Néapolis du siècle d'Hérode, mais plus connue sous son nom primitif de *Sichem*, renferme, dans des maisons de peu d'apparence, une population considérable pour ce pays désert ; on la porte à 10,000 âmes. On y montre encore les grottes sépulcrales de Joseph, de Jacob et de Josué, ainsi que le puits creusé par ce dernier. C'est à Naplous que Bonaparte fit exterminer, en 1799, un corps de Naplousiens qui, après avoir été faits prisonniers et renvoyés sur parole, avaient repris les armes contre les Français.

Les Samaritains, nommés en arabe *Semri*, adorent encore Jéhovah sur les verdoyantes hauteurs du *Garizim*, où ils avaient jadis un temple qui rivalisait en magnificence avec celui de Jérusalem. Ils ont oublié leur idiome, qui était un dialecte de l'hébreu. A 10 kilomètres plus au nord, des vergers couvrent les ruines de *Samarie*, aujourd'hui petit village appelé *Sébaste*, ou *Kalaad-Sânour* ; le pays produit en abondance du blé, des soies et des olives.

La *Judée* proprement dite comprend le district de *Gaza*, ou l'ancien pays des Philistins, celui de *Khalil*, ou d'*Hébron*, et celui d'*El-Kods*, ou de Jérusalem. Dans le premier on remarque, outre le chef-lieu du même nom, le célèbre port de *Jaffa*, qu'on devrait écrire *Iafa*, et qui répond à l'ancienne *Joppé*. Tour à tour fortifiée et démantelée, dévastée et rebâtie, cette ville change continuellement de face dans les relations des voyageurs. On s'accorde cependant à lui donner 5 ou 6,000 habitants ; elle s'élève en amphithéâtre au bord de la mer sur une colline que domine une forteresse en ruines. C'est ici que, suivant une tradition populaire, Noé construisit l'arche ; c'est ici que débarquèrent les matériaux que Salomon employa dans la construction du temple de Jérusalem; c'est ici que Bonaparte, voulant rassurer son armée effrayée des ravages de la peste, toucha les tumeurs pestilentielles d'un grand nombre de pestiférés, pour prouver que ce fléau n'était point contagieux; enfin c'est ici qu'abordent les pèlerins qui se rendent à Jérusalem. Si la Judée était cultivée, les exportations de coton de ce port seraient considérables.

Le sol, composé d'un terreau sablonneux, s'élève de Jaffa vers les montagnes de la Judée en formant quatre terrasses. Les bords de la mer se couronnent de lentisques, de palmiers et de nopals; plus haut, les vignes, les oliviers, les sycomores répondent aux soins du jardinier; les bosquets naturels se composent de chênes verts, de cyprès, d'andrachnes et de térébinthes; la terre se couvre de romarins, de cistes et de tubéreuses. Pierre Belon compare la végétation de ces montagnes à celle de l'Ida, en Crète. D'autres voyageurs ont dîné à l'ombre d'un citronnier de la grandeur d'un de nos forts chênes; ils ont vu des sycomores qui ombrageaient trente personnes à cheval. Le vin de *Saint-Jean*, près de Bethléhem, est délicieux. Les oliviers sauvages, près de Jéricho, donnent de très-gros fruits et une huile très-fine. Dans les lieux arrosés, le même champ, après avoir donné des blés au mois de mai, produit des légumes en automne; plusieurs arbres fruitiers sont continuellement chargés en même temps de fleurs et de fruits; les mûriers, plantés en ligne dans les campagnes, sont enlacés de branches de vigne. Si pendant les chaleurs cette végétation semble languir et même s'éteindre, si dans les montagnes elle est en toutes les saisons clair-semée, il ne faut pas s'en prendre uniquement à la nature de tous les climats chauds et secs, mais aussi à l'état de barbarie où sont plongés les habitants actuels. On aperçoit encore les restes des murs par lesquels les anciens habitants soutenaient les terres, les débris des citernes où ils recueillaient les eaux de pluie, et les traces des canaux par lesquels ces eaux se distribuaient dans les campagnes. Quels prodiges de fertilité ces soins n'ont-ils pas dû produire sous un soleil ardent où il ne faut qu'un peu d'eau pour vivifier les germes des végétaux! Les rapports des anciens sur la fertilité de la Judée, recueillis par l'abbé Guéuée, ne présentent donc aucune contradiction avec l'état présent des choses. « C'est précisément, dit Belon, le cas des îles de l'Archipel; l'espace où à présent on voit languir une centaine d'individus en nourrissait autrefois des milliers. » Moïse a pu dire que dans le Chanaan il coulait du lait et du miel; les troupeaux des Arabes y trouvent encore des pâturages très-succulents, et les abeilles sauvages ramassent dans le creux des rochers un miel parfumé qu'on voit quelquefois en découler. D'un autre côté, les anciens, et surtout les Hébreux, n'ont pas négligé de remarquer l'aridité de la chaîne centrale de la Judée et des déserts qui s'étendent à l'est de ces montagnes vers la mer Morte. Des pierres, du sable, des cendres, quelques arbustes épineux, voilà ce que les anciens et les modernes y ont vu. Belon avait déjà remarqué ce contraste entre les deux versants de la chaîne de Judée.

JÉRUSALEM. — « En s'approchant du centre de la Judée, dit un écrivain célèbre, les flancs des monts s'élargissent et prennent à la fois un air plus grand et plus stérile; peu à peu la végétation se retire et meurt, les mousses mêmes disparaissent, une teinte rouge et ardente succède à la pâleur des rochers... Au centre de ces montagnes se trouve un bassin aride, fermé de toutes parts par des sommets jaunes et rocailleux; ces sommets ne s'entr'ouvrent qu'au levant pour laisser voir le gouffre de la mer Morte et les montagnes lointaines de l'Arabie. Au milieu de ce paysage de pierres, sur un terrain inégal et penchant, dans l'enceinte d'un mur, on aperçoit de vastes débris, des cyprès épars, des buissons d'aloès et de nopals; quelques masures arabes, pareilles à des sépulcres blanchis, recouvrent cet amas de ruines: c'est la triste *Jérusalem* (1). » Cette admirable peinture de la ville sainte dans le troisième siècle, lui convient encore à peu de chose près. Quoique peuplée de 20 à 30,000 habitants, selon les estimations incertaines des voyageurs, cette ville ne présente à la vue que de tristes masures qui ressemblent plutôt à des prisons qu'à des habitations; cependant l'intérieur est plus élégant et plus riche que ne l'annoncent les dehors. Trois couvents, appartenant aux Latins, aux Grecs et aux Arméniens, ressemblent à des châteaux forts. La mosquée élevée sur l'emplacement du temple de Salomon domine avec éclat une belle place; mais les chrétiens n'ont pas la permission d'en approcher, encore moins celle d'y entrer. L'église du Saint-Sépulcre enfermait dans son enceinte magnifique, la place où fut élevée la croix de Jésus-Christ, et la grotte où son enveloppe visible fut déposée. Une garde turque lève des droits d'entrée sur le pieux pèlerin qui visite les endroits mémorables où le premier fondateur du christianisme confirma par sa mort sa morale divine. Tel est néanmoins l'empire de la vérité, que le mahométan même, s'arrêtant avec respect devant ces lieux, s'écrie: Ici mourut un ami de l'humanité, un martyr de la vertu! En 1811, un incendie réduisit en un monceau de ruines ce sanctuaire commun des nations chrétiennes; le cénotaphe qui couvre l'entrée du tombeau résista, comme par miracle, à la chute de la coupole enflammée.

Cet édifice, fondé sur la colline du Calvaire, avait été bâti par l'impératrice Hélène; il renfermait les tombeaux de Godefroi de Bouillon et de Baudouin. En 1812, il fut reconstruit aux frais des moines grecs, soupçonnés d'y avoir mis le feu. Il a environ 100 pas de longueur sur 60 de largeur; mais la distribution en est si bien faite que, malgré sa faible étendue, il renferme treize sanctuaires ou chapelles, consacrés à chacun des mystères de la passion, de la mort et de la résurrection de Jésus-Christ. Des moines grecs et latins habitant ses dépendances, s'occupent à célébrer dans son enceinte les cérémonies du culte, et à entretenir les lampes qui brûlent continuellement dans les différentes parties de l'église. Les pèlerins qui viennent visiter celle-ci sont d'abord conduits près d'une large pierre entourée d'une grille où sont attachées plusieurs lampes; ils ne s'en approchent que sur les genoux: on dit que c'est sur cette pierre que le corps du Sauveur du monde fut embaumé avant d'être mis dans le sépulcre. Un peu plus loin, sous le dôme, est le tombeau de Jésus-Christ, autel en marbre de 2 mètres 30 centimètres de longueur sur 75 centimètres de largeur, entouré de petites arcades et éclairé par des lampes d'une grande richesse. Au fond de l'édifice se trouve sur une plate-forme, à laquelle on arrive par quelques degrés, une pierre qui passe pour avoir servi de siége à l'ange qui vint annoncer à Marie la résurrection de son divin fils.

Jérusalem renferme des objets vénérés aussi par les Turcs: telle est, dans la mosquée d'*Omar*, la *Sakhra-Halah* ou la roche sacrée. Elle a 11 mètres de longueur; c'est sur cette pierre que le patriarche Jacob reposa, dit-on, sa tête; les Turcs prétendent même y reconnaître l'empreinte du pied de Mahomet qui s'y serait placé pour monter de là au ciel, et qui la fait garder par une légion de 70,000 anges. Cette mosquée, appelée *el-Haram* ou *la sacrée*, est une réunion de plusieurs mosquées comprises dans une même enceinte. L'une des deux principales est appelée *el-Aksa, la reculée*, parce que pour les Arabes elle est en effet beaucoup plus éloignée que celle de la Mekke: elle est divisée en sept nefs, dont la principale, située au centre et surmontée d'une coupole, a 52 mètres de long sur 10 de large; l'autre, nommée *el-Sakhra* ou *la roche*, a été construite pour enfermer la pierre de Jacob dont nous venons de parler. Elle est de forme octogone, et d'un diamètre de 52 mètres, surmontée d'une coupole de 30 mètres de hauteur, que supportent quatre piliers et douze colonnes magnifiques. L'entrée principale de la mosquée est ornée d'un portique soutenu par huit colonnes d'ordre corinthien. Cet édifice s'élève sur l'ancien emplacement du temple de Salomon.

Deux autres édifices méritent encore d'être cités: l'un est l'immense couvent des Arméniens, qui renferme environ 1,000 chambres pour loger les pèlerins; l'autre est le couvent catholique de Saint-Sauveur, dont l'église est tellement riche de tous les dons faits par les différentes cours de l'Europe, qu'on évalue à plus de 8,000,000 de francs la valeur des ornements précieux qu'elle renferme. Jérusalem, que les Juifs nomment *Ierouschalaïm*, est environnée d'une muraille d'environ 6 kilomètres de circonférence; on y compte sept synagogues; ses rues sont étroites, tortueuses et mal pavées, à l'exception des trois principales; les maisons sont la plupart en pierres, à deux ou trois étages, et terminées en terrasses: elles ne reçoivent le jour que par une petite porte et par une fenêtre grillée en bois. Tout y indique la misère des habitants. La principale industrie de ceux-ci consiste dans la fabrication et la vente de rosaires, de reliques, et de quelques tissus de soie et de coton.

La population paraît se composer de 6 à 7,000 chrétiens, de 6 à 7,000 mahométans et 12 à 16,000 juifs. La plupart des chrétiens habitent aux environs de leurs monastères, dans le quartier haut et dans la partie orientale de la ville; les mahométans habitent près de la mosquée d'Omar. Les Arméniens de Jérusalem sont très-hospitaliers; ils sont en général d'une forte constitution et d'une haute stature. Leurs femmes sont aimables et prévenantes. Généralement belles, elles ont les yeux noirs et une physionomie agréable.

Peu de villes ont éprouvé autant de révolutions que Jérusalem. Capitale du puissant royaume de David et de Salomon, elle vit l'or d'Ophir et les cèdres du Liban orner son temple. Dévastée par les Babyloniens, elle renaquit plus belle sous les Machabées et les Hérode; l'architecture grecque s'y introduisit, comme le démontrent les sépulcres royaux au nord de la ville. Elle comptait alors plusieurs centaines de milliers d'habitants; mais une vengeance céleste l'attendait, et dans l'année 70 Titus la détruisit de fond en comble. Adrien bâtit à sa place la ville d'*Ælia Capitolina;* mais, depuis Constantin, le nom de Jérusalem fut rétabli par l'usage. Hélène, mère de cet empereur, orna la ville sainte de plusieurs monuments. Dans le septième siècle, elle tomba au pouvoir des Persans et des Arabes; ceux-ci l'appelèrent *el-Kods*, la sainte, et quelquefois *el-Chérif*, la noble. Les chevaliers de l'Europe chrétienne vinrent la délivrer des mains des infidèles, en l'an 1099; le trône des Gode-

___

(1) Chateaubriand, *les Martyrs*, liv. XVII.

froi et des Baudouin jeta un éclat momentané que les discordes éclipsèrent. En 1187, Saladin replanta le croissant sur les cimes de Sion. Depuis cette époque, conquise tour à tour par les sultans de Damas, de Bagdad et d'Égypte, elle changea pour la dix-septième fois de maître en devenant, en l'an 1517, une ville turque.

SUITE DE LA DESCRIPTION TOPOGRAPHIQUE DE LA PALESTINE. — *Bethléhem*, *Beit-el-Lehm* (la Maison du pain), où naquit Jésus-Christ, est une petite ville habitée par des chrétiens et des musulmans; leur nombre ne dépasse pas 3,000. La grotte où naquit le Sauveur du monde est recouverte d'une église magnifique, fondée par sainte Hélène, et ornée par les dons pieux de toute l'Europe.

Cet édifice, qui est la seule curiosité de Bethléhem, est assez spacieux; sa charpente en bois de cèdre est soutenue par 48 colonnes en marbre rouge; toutes les chapelles sont incrustées de matières précieuses telles que le marbre, le jaspe et le bronze doré, et ornées de mosaïques et de peintures; une innombrable quantité de lampes d'or et d'argent les éclairent. Un couvent de catholiques, attenant à l'église, et qui par ses hautes murailles ressemble à un château fort, renferme la célèbre chapelle de la Nativité, vaste grotte souterraine pavée en marbre et comprenant trois autels éclairés par des lampes d'argent : l'un s'élève à la place où, suivant la tradition, naquit Jésus-Christ; le second indique celle de la crèche, et le troisième celle où les mages se prosternèrent devant le nouveau-né; près de là un petit bassin de marbre est, dit-on, l'auge dans laquelle il fut déposé. Les trois quarts des habitants de Bethléhem forment 500 familles, qui professent la religion chrétienne, et fabriquent avec du bois et des coquilles nacrées qu'on pêche dans la mer Rouge, des croix, des chapelets et autres petits objets de dévotion qui sont bénits au Saint-Sépulcre, à Jérusalem, et qui se vendent aux pèlerins ou s'exportent à Saint-Jean-d'Acre.

La ville d'*Hébron*, nommée en arabe *Khalil*, et *Kabr-Ibrahim*, se vante à tort de posséder le tombeau d'Abraham, vénéré des musulmans comme des chrétiens, ainsi que ceux d'Isaac, de Rebecca, de Jacob, de Rachel et de Joseph. Elle est située au sud de Jérusalem, dans une contrée moins aride, compte 4 à 5,000 habitants; elle produit de belles verreries et exporte une grande quantité de *dibs*, espèce de sucre de raisin.

On sait qu'Hébron se nomma primitivement Kiriath-Arba, qu'elle prétend à une très-haute antiquité, et que, selon Moïse et l'historien Josèphe, elle était plus ancienne que Tanis, Memphis et quelques autres villes de l'Égypte.

A 30 kilomètres au nord-est de Jérusalem, dans la grande et fertile plaine nommée *El-Gor*, qu'arrose le Jourdain, on visite le village de *Riha* ou *Raha*, appelée aussi *Rah*, l'ancienne *Jéricho*, à laquelle Moïse donne le nom de *cité des palmiers*, nom qu'elle méritait; mais les plantations d'*opobalsamum*, ou baumier de la Mekke, ont disparu, et les environs de cette ville ne se couronnent plus de ces fleurs, que, par une erreur superstitieuse, on a nommées *roses de Jéricho*. De loin cette cité célèbre semble être réduite à une seule tour. Au lieu de cette muraille qui défiait les armées, on ne voit plus qu'une haie de bois mort; à la place de ses nombreuses habitations s'élèvent une douzaine de maisons en pierre et couvertes en chaume. En revenant vers les bords de la mer, *Ascalon*, située à 45 kilomètres au sud-ouest de Jaffa et à 70 à l'est-sud-est de Jérusalem, à l'embouchure du Sorek, n'est plus qu'un pauvre petit port de 400 habitants; près du village son enceinte de la vieille forteresse si célèbre au temps des croisades et détruite par Saladin; elle renferme des ruines syriennes, grecques et romaines, et des restes de constructions gothiques élevées par les croisés. *Ghaza* ou *Gaza*, chef-lieu d'un kaza, est la dernière ville de la Palestine que nous mentionnerons; elle est célèbre dans l'histoire sainte. Aujourd'hui c'est une ville forte qui compte 5 à 6,000 âmes; ses environs sont très-fertiles, on y recueille beaucoup d'olives et de dattes et l'on y cultive la canne à sucre.

LA MER MORTE. — A l'orient de la Judée, deux âpres et arides chaînes de montagnes enferment entre leurs murailles noirâtres un long bassin creusé dans des terres argileuses, mêlées de couches de bitume et de sel gemme. Les eaux de la *mer Morte*, qui recouvrent cet enfoncement, imprégnées de sel, se chargent encore d'acide chlorhydrique et d'acide sulfhydrique; ces eaux tiennent en dissolution une quantité de sulfate de chaux et d'hydrochlorate de chaux, de magnésie et de soude, égale au quart de leur poids. De loin elles paraissent d'un vert pâle; de près leur teinte devient bleuâtre; lorsqu'on en prend dans le creux de la main elles ont la couleur de l'huile. Cinquante pas avant que le Jourdain ne s'y jette, les eaux de celui-ci contractent un goût amer. L'asphalte, ou bitume de Judée, s'élève, de temps à autre, du fond du lac, flotte sur sa surface et est recueilli sur ses rivages; autrefois on allait, en nacelle ou en radeau, la chercher au milieu du lac. Le lieutenant Lynch, de la marine américaine, qui en 1848 descendit le Jourdain depuis le lac de Tibériade jusque dans celui-ci sur une barque qu'il réussit à transporter sur son bord, explora cette mer intérieure;

monseigneur Mislin s'y baigna, M. de Saulcy la visita ensuite. Ils lui trouvèrent une profondeur de 436 mètres. D'après la plupart des témoignages, on ne voit dans ce lac ni poissons ni mollusques; une vapeur malsaine s'en élève quelquefois; on n'aperçoit çà et là aux environs qu'un petit nombre d'arbres rabougris; et ses rives, affreusement stériles, ne retentissent des chants d'aucun oiseau. Il paraît que le bassin de la mer Morte était jadis une vallée fertile, en partie suspendue au-dessus d'un amas d'eaux souterraines, en partie composée de couches de bitume; le feu du ciel alluma ces matières combustibles; les terres fertiles s'écroulèrent dans l'abîme souterrain; les villes de *Sodome*, de *Seboïn*, d'*Adama* et de *Gomorrhe*, construites sans doute en pierres bitumineuses, devinrent également la proie de ce vaste incendie. La ville de *Zaar* ou *Ségor*, qui avec les précédentes complétait ce que l'on appelle la Pentapole, semble avoir échappé au sort de ses voisines; elle fut abandonnée, puis ruinée. M. de Saulcy en a reconnu les restes au sud-ouest de la mer Morte, à quelques kilomètres au nord des ruines de Sodome, *Kherbet-Esdoum*. C'est ainsi que la géographie physique aime à concevoir les révolutions dont ces lieux, selon Moïse, ont dû être le théâtre.

Le lac Asphaltite ou la mer Morte, qui porte ces noms depuis la plus haute antiquité, est appelé par les Arabes *Bahr-el-Loud* ou mer de Loth; il a environ 75 kilomètres de longueur et 20 à 25 dans sa plus grande largeur. D'après la carte qu'en a donnée M. de Saulcy, la presqu'île d'*El-Liçan* semble le partager en deux bassins distincts, dont le septentrional est le plus considérable. Sur sa rive orientale on trouve plusieurs sources sulfureuses qui ont reçu les noms de bains de Moïse, de Salomon et de David; les montagnes qui l'environnent renferment du bitume et des bois bitumineux; il paraît avoir été formé par une éruption volcanique : on remarque même à son extrémité inférieure des roches qui portent l'empreinte des feux souterrains. La pesanteur spécifique de ses eaux est de 1,227, c'est-à-dire d'un cinquième plus considérable que celle de l'eau distillée; elles contiennent 15 pour cent de leur poids de chlorure de magnésium, 3 pour cent de chlorure de calcium, 8 pour cent de chlorure de sodium, un demi pour cent de chlorure de potassium, enfin 1 pour cent au moins de bromure de potassium. Elles ont un goût désagréable, et l'on ne peut en boire sans éprouver une sorte de suffocation. Le lac Asphaltite reçoit, outre le Jourdain, quelques torrents : tels sont le torrent de *Cédron* à l'ouest, celui d'*Arnon* ou l'*Ouady-Moudjeb* à l'est, l'*Ouady-Karahy* et l'*Ouady-Djeïb* au sud. Bien que les anciens voyageurs s'accordent à dire qu'on n'y trouve aucun être vivant, et que les poissons du Jourdain y meurent dès qu'ils y sont entraînés, des voyageurs assurent que ce lac nourrit quelques petits poissons qui lui sont particuliers.

DÉPRESSION DU BASSIN DU JOURDAIN ET DE LA MER MORTE. — Ce n'est que depuis quelques années que l'on connaît l'énorme dépression de la vallée du Jourdain et en particulier du bassin de la mer Morte. Suivant M. de Bertou, le niveau du lac Asphaltite est de 419 mètres au dessous de celui de la Méditerranée. D'après les observations de ce voyageur, le point culminant du Jourdain serait de 183 mètres au-dessus du niveau de cette mer. Depuis la source jusqu'au premier lac connu des Arabes sous le nom de *Bahr-el-Houlé*, la vallée descend de 189 mètres, puis de 224 entre ce lac et celui de Tibériade, et enfin de 195 entre le lac de Tibériade et la mer Morte. Cette dépression est évaluée par M. Delcros à 426 mètres, par M. Symonds à 427 mètres; M. Russegger la trouva de 434 mètres. Les sondages du lieutenant Lynch ont fait connaître que sa plus grande profondeur était d'environ 436 mètres. Le fond de la mer Morte semble se composer de deux plaines submergées, l'une élevée, l'autre très-enfoncée; la première couverte d'une vase gluante, l'autre de vase mêlée de cristaux de sel; un ravin étroit y fait suite au lit du Jourdain à une très-grande profondeur. Enfin, au dire du lieutenant Lynch, « cette mer est merveilleuse dans toute l'acception du mot, tant les changements d'aspect y sont soudains : on dirait un monde enchanté; on dirait que nous sommes sur les bords d'une vaste chaudière quelquefois bouillante. » La mer Morte est un lac sans écoulement; l'évaporation et le volume des eaux qui y affluent se font équilibre; en hiver la température et par suite l'évaporation étant moins considérables, la surface de cette mer s'étend davantage. Cette vallée, qui s'abaisse depuis sa naissance jusqu'à la mer Morte, se relève au delà de celle de Siddim jusqu'au point appelé El-Satch qui en forme la limite du côté du sud. Au delà d'El-Satch, dont le niveau peut être évalué à 160 mètres au-dessus de la Méditerranée, une autre vallée, celle d'*Arabah*, s'abaisse à son tour jusqu'à l'extrémité septentrionale du golfe d'*Akabah* (l'ancien golfe Élanitique), dont les eaux ne s'élèvent guère que de quelques centimètres au-dessus de la Méditerranée.

Cette énorme différence entre le niveau de la mer Morte et celui de la mer Rouge détruit l'hypothèse, longtemps admise, d'une ancienne communication du Jourdain avec la mer Rouge par le golfe d'Akabah, à moins toutefois que l'on ne veuille appeler au secours de cette opinion la théorie géologique des affaissements ou des soulèvements, dont l'emploi doit être fait avec la plus sage réserve.

TABLEAUX STATISTIQUES DE LA TURQUIE D'ASIE (1).

STATISTIQUE GÉNÉRALE.

PROVINCES.	SUPERFICIE en kilomètres carrés.	POPULATION.	ÉYALETS OU GOUVERNEMENTS GÉNÉRAUX.
ANATOLIE................	549,024	10,700,000	8 éyalets : Kastamouni (*Paphlagonie*). — Khodavendighiar (*Bithynie*). — Aydin (*Lydie*). — Karaman (*Phrygie et Pamphylie*). — Adana (*Cilicie*). — Bozoq (*Cappadoce*). — Sivas (*Cappadoce*). — Tharabezoun (*Pont et Colchide*).
ARMÉNIE et KOURDISTAN........	318,808	1,700,000	4 éyalets : Erzeroum (*Arménie*). — Kourdistan (avec Diarbekir). — Kharberout (*Mésopotamie*). — Mossoul (*Assyrie*).
CHAM ou SYRIE et IRAK-ARABI..	385,088	2,750,000	4 éyalets : Haleb (*Syrie et Osroène*). — Saïda (*Phénicie et Palestine*). — Cham (*Syrie*). — Baghdad (*Babylonie*).
ARABISTAN ou ARABIE OTTOMANE.	822,300?	900,000	2 éyalets : Habesch (*Arabie et Éthiopie*). — Yémen (*Arabie*).
	2,075,220	16,050,000	18 éyalets. — 100 livahs. — 1,099 cazas.

Statistique des Provinces.

NOMS DES ÉYALETS.	CHEFS-LIEUX.	LIVAHS.	KAZAS.	LIVAHS.
KHODAVENDIGHIAR	*Kutahia* (Kutahieh)	8	124	Kodja-Ili. — Khodavendighiar. — Kutahia. — Kara-Hissar-Saïb. — Erdek. — Bigha. — Karaci. — Aïvalik.
AÏDIN.............	*Aïdin*	5	92	Saroukhan. — Sighla. — Aïdin. — Méntèrche. — Dénizli.
KARAMAN.........	*Konia* (Konieh)	7	111	Hamid. — Bourdour. — Téké. — Alaïe. — Itchyl. — Konia. — Nikdé.
ADANA...........	*Adana*........	5	61	Tarsous. — Adana. — Azir. — Bilan. — Mar'ach.
BOUZAVOUK ou BOZOQ..	*Touzgatt*........	4	69	Kaïçarié. — Bouzavouk. — Ankara. — Khangri.
KASTAMOUNI.........	*Kastamouni*........	4	70	Kastamouni. — Boli. — Viran-Chehr. — Sinop.
SIVAS............	*Sivas*........	3	48	Sivas. — Amacia et Tchouroum. — Divergui.
THARABOUZOUN.......	*Tharabouzoun* (Trébizonde)	6	67	Tharabouzoun. — Djanik. — Ordou. — Kara-Hissar-Charki. — Goumouch-Ghané. — Laristan.
ERZEROUM.........	*Erzeroum*	5	48	Erzeroum. — Tchildir. — Kars. — Bayézid. — Mouch.
VAN............	*Van*........	3	33	Van. — Hakiari. — Mossoul.
KOURDISTAN........	*Diarbekir*........	3	49	Diarbekir. — Mardin. — Sard.
KHARBEROUT.........	*Kharberout*........	4	37	Kharberout et Malatia. — Méadin. — Behsni. — Dersem.
HALEB............	*Haleb* (Alep)	5	31	Haleb. — Raka. — Aïntab. — Kelis. — Antakia.
SAÏDA	*Saïda* (Sidon)........	9	93	Saïda. — Ladakia. — Tharaboulous. — Djébel-Naçara. — Djébel-Durzi. — Biladi-Becharè. — Aka. — Nablys. — Kouts (Jérusalem).
CHAM............	*Cham* (Damas)........	5	27	Cham. — Hams. — Hama. — Horân. — Adjeloun.
BAGHDAD et CHEHRIZOR.	*Baghdad* (Bagdad).......	15	125	Baghdad. — Suléïmanié. — Révendouz. — Kerkiouk. — Kéfri. — Khankin. — Bédrèh. — Khoraçan. — Samara. — Dolem. — Kerbéla. — Divanié. — Sémava. — Mentefak. — Basra (Bassorah).
HABESCH	*Mekke*........	4	11	Mekke. — Médinè. — Djedda. — Nedjed.
YÉMEN...........	*San'a ?*	5	»	Mokha. — San'a. — Zebir. — Lahiè. — Abou-Arich.
DJÉZAÏRI-BAHRI-SÉFIN (les îles)		8	45	Bozdja-Ada. — Lemmi. — Midilli. — Sakyz. — Sizam. — Istankeuï. — Rodos. — Kybris.

Tableau de la population de la Turquie d'Asie par religions (2).

RACES.	ISLAMISME.		CHRISTIANISME.						JUDAÏSME.	IDOLATRIE.	TOTAUX.
	SUNNITES.	CHYITES.	LATINS OU CATHOLIQUES.	GRECS ORTHODOXES.	MONOPHYSITES OU EUTYCHÉENS.	CHALDÉENS OU NESTORIENS.	STARI-VIERZI (3).	PROTESTANTS.			
Ottomans, Turkomans, Iourouks..	10,260,000	....	....	....	....	....	....	....	....	....	10,260,000
Kurdes............	900,000	100,000	....	....	....	....	....	....	....	....	1,000,000
Druzes du Liban ...	....	32,000	....	....	....	....	....	....	....	....	32,000
Yézidis, Ansariéhs, Ismaïliens, Métoualis.	....	256,000	....	....	....	....	....	....	....	....	256,000
Lazes............	20,000	....	....	....	....	....	....	....	....	....	20,000
Arabes	900,000	....	....	....	....	....	....	....	....	....	900,000
Syriens et Maronites.	....	....	165,000	....	64,000	....	....	....	....	....	229,000
Chaldéens.........	....	....	25,000	....	....	25,000	....	....	....	....	50,000
Juifs............	....	....	....	....	....	....	....	....	80,000	....	80,000
Arméniens	....	....	20,000	....	1,979,000	....	....	1,000	....	....	2,000,000
Tchinganès.........	100,000	....	....	....	....	....	....	....	....	100,000	200,000
Grecs	....	....	55,000	945,000	....	....	....	....	....	....	1,000,000
Cosaques du Kizil-Irmœk et des environs de Brousse	....	....	....	....	....	....	23,000	....	....	....	23,000
	12,180,000	388,000	265,000	945,000	2,043,000	25,000	23,000	1,000	80,000	100,000	16,050,000

(1) Ce tableau forme le complément de celui que nous avons donné avec la Turquie d'Europe. Il a été dressé à l'aide des ouvrages suivants : *Voyage dans la Turquie d'Europe*, par M. A. Viquesnel ; *Lettres sur la Turquie*, par Ubicini ; *Annuaire de l'Empire Ottoman*. — (2) Extrait du *Voyage dans la Turquie d'Europe*, de M. Viquesnel, tome Ier, page 51. — (3) Les *stari-vierzi* ou fidèles de la vieille Église sont en quelque sorte les protestants de l'Église grecque orthodoxe.

Tableau de la population de la Turquie d'Asie par races (1).

Familles ethnographiques.	Races.	
Famille turque...........	Ottomans	10,190,000
	Turkomans et Iouronks...	85,000
	Kurdes..	1,000,000
Famille persane..........	Druzes du Liban...	32,000
	Yézidis, Ansariéhs, Ismaïliens, Métoualis, etc., etc.............	256,000
Famille géorgienne........	Lazes...	20,000
	Arabes..	900,000
Famille sémitique.........	Syriens...	214,000
	Chaldéens..	50,000
	Juifs...	80,000
Famille arménienne.......	Arméniens...	2,000,000
Famille indienne	Tchinganès ou Bohémiens	200,000
Famille grecque..........	Grecs...	1,000,000
Famille slavonne.........	Cosaques..	23,000

(1) D'après M. Ubicini. Reproduit par M. Viquesnel au tome Ier, page 46, de son *Voyage dans la Turquie d'Europe.*

Asie Mineure, d'après les divisions les plus usitées chez les Grecs.

GRANDES DIVISIONS.	SOUS-DIVISIONS.	VILLES PRINCIPALES.
MYSIE	*Grande Mysie*....................	Pergame.
	* Theutrania.	
	Æolide......................	Cyme, Larisse, Temnos.
	Côte des *Pélasges*, des *Lélèges*, etc...	Adramyttium.
	Ile de *Lesbos*	Mitylène.
	Troade......................	Troie.
	* Dardania.	
	Petite Mysie	Cyzique, Lampsaque.
	N. B. La Troade et la Petite Mysie formaient la *Petite Phrygie*.	
LYDIE	*Lydie intérieure*	Sardes, Philadelphie, Thyatire, Hyrcanie, Magnésie (au pied du mont Sipyle), Magnésie sur le Méandre.
	1. Lydia.	
	2. Mœonia.	
	3. Asis ou Asia.	
	Lydie maritime ou Ionie...........	Phocée, Smyrne, Érythres, Clazomène, Téos, Lebedus, Colophon, Éphèse, Priène, Myus, Milet (ces trois en Carie). Ile de Samos. Ile de Chio.
CARIE	*Carie intérieure*	Alabande, Stratonicée, Mylasse, Apollonie, Calinde, Antioche sur Méandre.
	Carie maritime ou Doride	Halicarnasse, Cos, Cnide, Rhodes, Milet, Cérame, Énide.
LYCIE...........	*Lycie propre*....................	Patare, Myre, Limyre, Xanthe.
	Milyas	Podalce, Nise.
PAMPHYLIE........		Attalie, Olbie, Side.
PISIDIE...........	*Pisidie propre*..................	Salagassus, Selge, Sinde, Termesse, Baris, Amblade, Anabure.
	Canton d'*Étenenses*..............	
	— d'*Homonadenses*...........	Homona.
	— d'*Oroandiei*	Oroanda.
	Isaurie......................	Isaure, Derbe.
PHRYGIE...........	*Phrygie propre*..................	Synnade, Apamée, Cotyæum, Cibyre, Dorylée, Hiérapolis, Colossæ, Themisonium, Sagalasse, Diniæ, Philomele, Thymbrium.
	* Phrygia Epictetos.	
	Lycaonie.....................	Iconium, Laodicea combusta, Amorium.
	Galatie (Gallo-Græcia)	Ancyre, Gordium, Tavium, Pessinus.
	1. Trocmi (Tavium).	
	2. Tectosages (Ancyre).	
	3. Tolistobogi (Pessinus).	
BITHYNIE...........	*Bithynie*.....................	Pruse, Nicée.
	Thynie......................	Nicomédie, Chalcédon.
	Mariandynes..................	Héraclée, Bithynium.
PAPHLAGONIE......	....	Gangra, Pompeïopolis, Sinope, Amastris, Sésame, Cytorus, Ionopolis, Germanopolis.
PONT...........	Pays des *Leucosyres*..............	Amisus.
	* Gadilonitis..................	Gadilon.
	* Saramène.	
	* Phazemonitis.................	Phazemon.
	Pont Galatique	Amasie, Comana Pontica.
	* Themiscyra	Themiscyra.
	* Phauaræa...................	Eupatoria.
	* Daximonitis.................	Gaziura.
	Pont Polémoniaque..............	Sebastie, Néo-Césarée, OEnoe, Polemonium.
	* Sidène.	
	* Calaupène.	
	* Chalybes (occidentaux).	
	Pont Cappadocien...............	Pharnacée, Trapezus, Rhizæum Apsarus.
	* Zelitis.....................	Zela.
	* Tibareni.	
	* Mosynæci...................	Cerasus.
	* Colchi (occidentaux).	
	* Heptacometæ (sept cantons).	
	* Macrones ou Tzani	Bilæ.

Asie Mineure, d'après les divisions les plus usitées chez les Grecs (suite).

GRANDES DIVISIONS.	SOUS-DIVISIONS.		VILLES PRINCIPALES.
	Cappadoce propre		Mazaca ou Césarée, Archelaïs, Nazianze.
	1. Moramène.		
	2. Garsauritis.		
	3. Kammamène.		
CAPPADOCE	4. Tyanitis		Tyana, Bazys.
	5. Cilicie.		
	6. Sargarausène.		
	Cataonie		Cybistre, Comana.
	Mélitène		Mélitène.
	Arménie Mineure		Zimara.
CILICIE	*Cilicie propre*		Tarsus, Mopsueste, Épiphanie.
	Cilicie Trachea (Aspera)		Séleucie, Selinus.
	Royaume de Salamis	*Salaminie*	Salamis.
	— de Chytry		
	— de Citium	*Amathusie*	Amathonte.
	— de Curium		
CHYPRE	— de Paphos	*Paphie*	Paphos.
	— d'Arsinoé		
	— de Soloé		
	— de Lapethus	*Lapéthie*	Lapethus.
	— de Ceronia		

Asie Mineure, d'après les divisions de Constantin.

DIOCÈSES.	PROVINCES.		VILLES.
	Pamphylie		Attalie.
	Pisidie		Sagalassus-Lacedæmon.
	Lycaonie (1)		Iconium.
	Phrygie Pacatiane		Laodicée.
DIOCÈSE D'ASIE,	*Phrygie Salutaire*		Synnada, Cotyæum.
Éphèse, capitale	*Hellespont* (2)		Pergame.
	Lydie		Philadelphie.
	Carie		Stratonicée.
	Lycie		Myra.
	Les îles		Rhodes.
	Province d'*Asie proconsulaire*, indépendante du diocèse d'Asie (3)		Adramyttium. Phocée. Smyrne. Milet.
	Bithynie		Chalcedon.
	Honorias (4)		Claudiopolis.
	Paphlagonie		Pompeïopolis.
	Galatie sous Théodose	*Galatie première*	Ancyra.
		Galatie seconde, v. *salutaire*	Pessinus.
DIOCÈSE DE PONT,	*Hélénopont* (5)		Sinope, Amisus, Neo-Césarée.
Césarée, capitale	*Pont Polémoniaque*		Cesarus, Trapezus.
	Cappadoce sous Valence	*Cappadoce première* (6)	Césarée.
		Cappadoce seconde (7)	Tyane.
	Arménie première		Sabus.
	Arménie seconde		Mélitène.
	Cilicie première		Anazarbus.
Sous le DIOCÈSE D'ORIENT	*Cilicie seconde*		Tarsus.
	Isaurie (8)		Selinus, Séleucie, Laranda.
	Chypre		Constancia (Salamis).

N. B. La division de l'empire d'Orient par *Thémata* ayant eu peu de durée et point d'influence sur les divisions modernes, nous ne la donnerons pas. On peut la voir dans Banduri, *Imperium orientale.* Nous ferons observer seulement que le *Théma Anatolicon* des Byzantins embrassait à peu près l'Asie Prétorienne. C'est pour la première fois que le nom d'*Anatolie* figure en géographie; mais l'usage du terme *Anatoliké*, sous-entendu *Choré*, c'est-à-dire *le pays du Levant*, était sans doute antérieur à la division par *Thémata.*

(1) Cette province ancienne rétablie ne comprenait que les contrées voisines d'Iconium; elle paraît répondre au *livah de Koniéh.* La *Pisidie*, agrandie d'une partie de l'ancienne Lycaonie, semble représenter le *livah d'Espartah* ou *Sparta*, la ville de ce nom ayant succédé à Lacedæmon-Sagalassus. — (2) Comprenant toute l'ancienne Mysie. — (3) Le *proconsul*, indépendant du *vicaire du diocèse d'Asie* et du *préfet d'Orient*, avait l'inspection sur les provinces d'Hellespont et des îles; ainsi, sa préfecture représentait à peu près le *pachalik du capitan pacha* ou *grand amiral*. — (4) Théodose II la nomma ainsi en l'honneur de son oncle Honorius. Elle semble être représentée par le *livah de Baly*. — (5) Nommée ainsi en l'honneur de la mère de Constantin. — (6) Comprenant les anciennes stratégies *Cilicia, Sargarausène* et *Kammamène*. — (7) Comprenant les stratégies *Garsauritis* et *Tyanitis*. — (8) Les Isauriens, presque toujours en rébellion, s'étaient emparés de la *Cilicia Trachea.*

Tableau des divisions de la Syrie sous les Romains, dans les trois premiers siècles.

GRANDES DIVISIONS.	SOUS-DIVISIONS.	VILLES PRINCIPALES.
Syria superior (*haute Syrie*)	*Comagena*	Samosata.
	Cyrrhestica	Cyrrhus, Beræa (Alep), Hiérapolis.
	Pieria	Alexaudria.
	Seleucis	Seleucia.
	Antiochène	Antiochia.
	Cassiotis	Laodicea ad mare.
	Apamena	Apamia, Emesa.
	Chalcitis	Chalcis.
	Chalybonitis (1)	Chalybon, Thapsacus.
	Palmyrena	Palmyra.
Coele-Syria		Damascus.
Phoenice (*Phénicie*)		Aradus, Tripolis, Berytus, Sidon, Tyrus, Ptolémaïs.
Palæstina	*Galilæa.*	
	Galilæa superior	Cæsarea Philippi, v. Paneas.
	— inferior	Tibérias, Nazareth.
	Samaria	Samaria, Neapolis, v. Sichem, Cæsarea.
	Judæa.	
	Judæa propria	Hierosolyma, v. Jérusalem, Jéricho, Joppé.
	Pentapolis v. Palæstina propria	Gaza, Asdod, v. Azotus.
	Idumæa	Hébron.
	Peræa.	
	Trachonitis	Ænos.
	Gaulonitis	Gaulon.
	Bataneo ou Batania	Batania.
	Auranitis	*Bostra.*
	Ituræa	
	Decapolis	Gerasa, Gadara, Hippos, Adraa, Canatha.
	Peræa propria	Pella, Amathus.
	Ammonitis	Philadelphia.
	Moabitis	Aréopolis.

(1) Plusieurs savants regardent la *Chalybonitis* comme une petite sous-division de la Cyrrhestique. *Chalybon*, disent-ils, est notre *Alep*, *Haleb* ou *Chalep*, nommée aussi *Berrhæa*; mais Ptolémée distingue Berrhæa de Chalybon.

Tableau des divisions du Diocèse d'Orient *établies par Constantin le Grand et ses successeurs, et en partie par Trajan.*

PROVINCES.	VILLES PRINCIPALES.	DIVISIONS CORRESPONDANTES.
Arabia (1)	*Bostra*	Batania, Auranitis.
Palæstina prima (2)	*Cæsarea* (ad mare)	Samaria, Judæa propria, Pentapolis ou pays des Philistins.
	* Jérusalem.	
Palæstina secunda	*Scytopolis*	Galilæa, Gaulonitis, Décapolis.
	* Bethsan.	
Palæstina tertia ou Salutaris	*Petra*	Idumæa, Arabia Petræa.
Phoenicia prima	*Ptolémaïs*	La côte maritime.
	* Tyrus.	
Phoenicia Libanica	*Héliopolis?*	Cœle-Syria ou Syrie creuse.
	* Damascus.	
Syria	*Antiochia*	Seleucis, Pieria, Cassiotis, Apamène, etc.
	* Apamea.	
Syria Euphratesta	*Samosata*	Comagena, Cyrrhestica, Chalcitis.
	* Hiérapolis.	
Syria Salutaris	*Palmyra*	Palmyreda, Chalybonitis.
Osroene. Mesopotamia	Voyez la Mésopotamie.	
Cilicia prima et secunda. Cyprus. Isauria	Voyez l'Asie Mineure.	

(1) Les monnaies trouvées par M. Seetzen à Géraza, etc., étant du règne des Antonins, il est probable que la division *Arabia* remonte à Trajan ou aux Antonins. — (2) En voyant *Césarée* préférée à Jérusalem pour capitale, on est tenté de croire que ces divisions de la Palestine remontent, sinon à Titus, du moins à Adrien.

Tableau comparatif des divisions de la Palestine ou du Chanaan, d'après les douze Tribus.

ANCIENNES DIVISIONS DES CHANAANITES.	DIVISIONS JUDAÏQUES.	DIVISIONS ROMAINES.
SIDONIENS ET CHANANÉENS	Tribu d'*Ascher* ou *Aser* Dans le Liban.	
CHANANÉENS.	Tribu de *Nephtali* ou *Naphtali* Au nord-ouest du lac de Génézareth.	Haute Galilée.
PHÉRÉSITES OU PHÉRÉSÉENS	Tribu de *Sébulon* ou *Zabulon* A l'ouest du même lac.	
Idem.	Tribu d'*Isaschar* ou *Issachar* Vallée d'Esdrelon, mont Thabor, Jézrael.	Basse Galilée.
HÉVITES OU HÉVÉENS.	Demi-tribu de *Manassé* Mêlée avec la suivante. (*Dora* et *Cæsarea*.)	
Idem et PHÉRÉSÉENS	Tribu d'*Éphraïm*. *Sichem*, *Samaria*, le canton *Sanoras*.	Samaria.
JÉBUSÉENS	Tribu de *Benjamin* Entre Éphraïm et Juda. *Jéricho*, *Jérusalem*.	
HÉTHITES OU HÉTHÉENS, AMORITES OU AMORRHÉENS.	Tribu de *Juda*. Hébron, la Judée propre.	
	Tribu de *Siméon* Au sud-ouest de Juda.	Judæa.
PHILISTINS. (Pentapolis s. Palæstina propria.)	Tribu de *Dan* Joppé, etc.	
MOABITES.	Tribu de *Ruben* La Pérée propre, méridionale. *Hésébon*.	
AMMONITES, GALAAD	Tribu de *Gad* La Pérée septentrionale et une partie de la *Décapolis* et de l'*Ammonitis*.	Peræa.
BASAN (royaume de)	Demi-tribu de *Manassé* Gaulonitis, Batanea.	

N. B. Les tribus des Chanaanites et celles des Israélites ayant longtemps vécu en nomades, les limites de leurs possessions sont très-vagues. Michaëlis n'a pas pu achever les recherches commencées par Roland et d'Anville.

Les tribus de *Siméon* et de *Dan* paraissent n'avoir jamais occupé en entier leur héritage : les Philistins les tinrent en respect. La tribu d'*Ascher* fut repoussée de la mer par les Tyriens. Les trois tribus de *Ruben*, de *Gad* et de *Manassé oriental* paraissent n'avoir pas pu soumettre tous les Ammonites et Moabites.

Tableau des divisions du ROYAUME DE JÉRUSALEM, *dans le douzième siècle.*

DIVISIONS FÉODALES.		DIVISIONS ECCLÉSIASTIQUES.	
I. Domaines propres du roi	*Jérusalem* et son district. *Naplouse* et son district. *Acre* et son district. *Tyr* et son district.	I. Patriarcat de *Jérusalem*	Évêché de *Bethléhem*. — de *Lydde*. — d'*Hébron*.
II. Première grande baronnie.	Comté de *Jaffa*. — d'*Ascalon*. Seigneurie de *Rama*. — de *Mirabel*. — d'*Ybelin*.	II. Archevêché de *Krak*	Évêché du *Mont Sinaï*.
III. Deuxième grande baronnie.	Principauté de *Galilée*.	III. Archevêché de *Césarée*	Évêché de *Sébaste* (Samaria).
IV. Troisième grande baronnie.	Seigneurie de *Sidon*. — de *Césarée*. — de *Bethsan*.	IV. Archevêché de *Nazareth*	Évêché de *Tibériade*. Prieuré du *Mont Thabor*.
V. Quatrième grande baronnie.	Seigneurie de *Krak* (Petra). — d'*Hébron*. — de *Montréal*.	V. Archevêché de *Tyr*	Évêché de *Béryte*. — de *Sidon*. — de *Panéas*. — de *Ptolémais*.
VI. Comté de *Tripoli*	Principauté dépendante, mais distinguée du royaume de Jérusalem.		

SIBÉRIE.

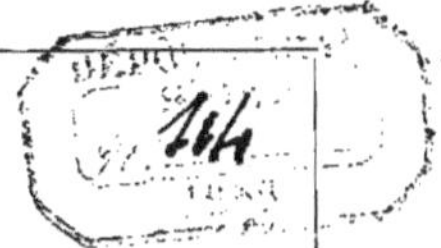

Tatars Ostiaks.

DESCRIPTION PHYSIQUE GÉNÉRALE.

ORIGINE ÉTYMOLOGIQUE ET HISTOIRE DE LA SIBÉRIE.
— Les anciens Grecs et les Romains étendaient leur *océan Scythique* sur l'espace qu'occupe la Sibérie. Ptolémée, plus instruit, place au nord-est de la mer Caspienne une vaste *terre inconnue;* mais les derniers rayons de la géographie ancienne atteignent à peine les monts Ourals. Dans le moyen âge, les voyageurs, et entre autres Marco Polo, entendirent les *Tatars* parler vaguement d'un pays riche en pelleteries et couvert d'éternelles ténèbres. En 1242, des Tatars fondèrent aux bords de l'Irtyche et de l'Obi un khanat qui, de sa capitale, prit le nom de *Sibir,* et d'une rivière voisine, celui de *Toura.* Le nom de *Sibérie,* malgré une prononciation presque identique (on prononce en russe le *b* comme *v*), n'a donc rien de commun avec le mot russe *Severia,* c'est-à-dire *pays du nord.* La conquête de ce royaume par les Cosaques fut suivie d'une série de découvertes qui étendirent la domination russe et les connaissances géographiques jusqu'à l'extrémité orientale de l'Asie. Le nom de Sibérie fut vaguement appliqué à tous ces pays nouvellement connus; il fut même étendu aux royaumes tatars d'Astrakhan et de Kazan, incorporés longtemps auparavant à l'empire russe d'Europe. Cette acception trop vague doit être bannie de la géographie. Pour peu qu'on lise avec réflexion le plan d'une description de l'empire de Russie, inséré dans les Actes de l'académie de Saint-Pétersbourg, on verra que cette société savante a senti que la chaîne des monts Ourals, en même temps qu'elle divise naturellement l'empire russe en deux grandes parties, fixe invariablement les bornes de la véritable *Sibérie.* Ajoutons que d'Anville, sur sa belle carte d'Asie,

Busching dans sa Géographie, et Georgi dans sa statistique de la Russie, ont également restreint la dénomination de Sibérie aux contrées situées à l'est des monts Ourals.

LIMITES, SUPERFICIE, POPULATION DE LA SIBÉRIE.
— Circonscrite dans ces limites, la Sibérie est bornée au nord par l'océan Glacial, à l'ouest par les monts Ourals, qui la séparent de l'Europe; au sud-ouest par une chaîne de collines isolées et hautes de 150 à 200 mètres, appelée par les Russes *Alghinskoe khrebet* ou *Ayaghinskoe khrebet,* et par les Kirghises *Dalaï Kamtchat,* chaîne très-peu importante en comparaison de celle que l'on a l'habitude de figurer sur les cartes sous le nom d'*Alghidin tsano* ou *Alghidin chaino;* au sud par les chaînes Altaïques, Sayaniennes et Daouriennes, jusqu'à l'embouchure de la Chilka, dans l'Argun, qui prend alors le nom d'Amour; et depuis ce point par l'Amour lui-même jusqu'à son embouchure (limites de 1856) dans la mer d'Okhotsk : ces limites méridionales séparent la Sibérie de l'empire chinois; enfin à l'est par la mer d'Okhotsk, la mer et le détroit de Behring, qui sépare l'Asie septentrionale de l'Amérique du Nord.

Comprise entre le 47e et le 76e degré de latitude septentrionale, et entre le 55e degré de longitude orientale et le 172e de longitude occidentale, la Sibérie a environ 3,050 kilomètres dans sa plus grande largeur du sud au nord, c'est-à-dire au point où s'avance dans l'océan Glacial le cap Sévéro-Vostotchnoï, et environ 6,700 kilomètres de l'ouest à l'est. Dans ces limites, nous croyons devoir comprendre le pays de Tchouktchis, entre le golfe d'Anadyr et l'océan Glacial, et celui des Kirghises de la steppe d'Ichim au nord du Turkestan. On ne peut pas évaluer la superficie de cette vaste contrée au-dessous de 13,625,480 kilomètres carrés : ainsi elle surpasse de plus d'un tiers celle de toute l'Europe. Sa population peut être évaluée à environ 4 ou 5 millions d'habitants.

MONTS OURALS, LEUR RICHESSE MINÉRALE. — Les monts Ourals, qui séparent la Sibérie de la Russie d'Europe, se dirigent du nord au sud pendant l'espace de 2,000 kilomètres ; leur largeur varie de 80 à 150. Peu élevés entre le bas Obi et l'Ousa, affluent de la Petchora, ils acquièrent vers le 58° ou le 60° degré de latitude, près de Solikamsk et Verkhotourié, une hauteur considérable ; ils s'abaissent et s'aplanissent dans le parallèle d'Iekaterinbourg, mais ils prennent de nouveau de l'élévation dans le pays des Baschkirs, à 54 ou 55 degrés de latitude.

Le nom d'Oural, mot tatar, signifie *ceinture*; *Poyas* en russe a la même signification : de là vient la dénomination de *Kammennoï-Poyas* (ceinture de rochers), que les Russes donnent quelquefois à cette chaîne de montagnes.

Nous avons fait voir dans les généralités sur l'Asie que l'on avait considérablement exagéré la hauteur de cette chaîne et de tout le système qu'elle forme avec ses ramifications, et que ses points culminants, le *Pavdinskoï-kamen* et le *Kvarkouch*, ont, le premier, 1,123, et le second 1,607 mètres au-dessus du niveau de la mer. Examinons sa composition géognostique.

Sur le versant occidental de l'Oural on voit le gypse et le grès rouge s'adosser sur un calcaire de transition ; cette superposition est très-visible, surtout à Zlatooust, et près de la mauvaise forteresse de Klenovskaïa. Ce calcaire s'appuie sur des alternats de schiste argileux et de calcaire, à peu de distance de la forteresse de Kirghichanskaïa, et dans d'autres localités sur les bords de l'Oufa, ainsi que sur plusieurs cimes de l'Oural. Plus au nord, sur la rive gauche de la Kama, à peu de distance de Solikamsk, sous le 60° parallèle, on voit se succéder, en descendant vers la rivière, le calcaire secondaire, un grès riche en cuivre, des marnes rouges salifères, puis un grès cuivreux, et enfin un calcaire qui paraît être secondaire. Des montagnes considérables de diorite et de porphyre amphibolique dominent toutes ces roches. Près des riches mines de cuivre de Bogoslovsk, des grès houillers recouvrent des schistes et des psammites, tandis que sur le versant oriental, sur le bord de la Sozva, on voit reparaître des roches de diorite à côté de masses de granit que recouvrent du calcaire alpin et des marnes rouges salifères. Les montagnes des environs d'Obdorsk, près de l'embouchure de l'Obi, sont composées de diorites qui s'appuient sur des syénites et des porphyres syénitiques recouverts de granit.

Une exploration habilement conduite, entre les rivières de la grande *Talmiia* et de la *Lozva*, a prouvé que le nord de l'Oural n'est pas moins riche en or que le midi. Le cours supérieur de la première des deux rivières traverse des syénites, tandis que le reste se fait au milieu de calcaires. Les autres parties de l'Oural septentrional se composent de diorites. Les rivières de la *Bilnaia*, de la *Chapcha*, de la *Malinovka*, de l'*Olcaaï*, et plusieurs autres, coulent au milieu de dépôts aurifères. Ces dépôts recouvrent les diorites, et sont couverts d'alluvions non aurifères et d'une couche de tourbe. Sur la Chapcha et l'Olcaaï, une couche d'argile repose entre la tourbe et les alluvions aurifères.

Les formations les plus développées sur la pente orientale de l'Oural sont celle de calcaire et celle de diorite : c'est même ce qui distingue principalement la partie du nord de celle du sud, riche en granits et en roches schisteuses. Le calcaire dont il s'agit est de couleur blanc jaunâtre ou grisâtre, sans stratification apparente, et renferme quelques fossiles, parmi lesquels les encrinites semblent le classer parmi les formations secondaires. Dans l'île de Veigatch, que l'on peut considérer comme une dépendance du système ouralien, le granit et le schiste argileux alternent avec des grauwackes ou des psammites. Dans la Nouvelle-Zemble (*Novaïa-Zemlia*), les roches calcaires paraissent dominer : elles se montrent à nu presque partout.

Sous le 55° parallèle, le versant occidental, en partant de l'usine de Verkhné-Troïzk et de Nijné-Troïzk sur les bords de l'Aï ou de l'Ik, montre le calcaire secondaire, et plus haut des sommets granitiques ; et dans la vallée de Zlatooust du gneiss, qui repose sur le granit. Dans le district de Zlatooust, M. Redikortsoff a remarqué que les roches se succèdent dans l'ordre suivant : des schistes argileux, des calcaires, des serpentines, des alternances de schistes siliceux et de brèches siliceuses, des quartzites, des porphyres, des schistes argileux, des calcaires et des diorites. Les alluvions aurifères paraissent devoir être attribuées à la décomposition des filons quartzeux que l'on remarque au milieu des schistes.

Sur la rive gauche de l'Ouachkovsk, affluent du Miask, règne une petite chaîne granitique, tandis que sur la rive opposée s'étendent des montagnes de schiste argileux. Enfin celles de *Tachkoutargavsk* et de *Maldakavsk* sont composées de diorites, de schistes talqueux et de granit à grains fins.

Vers le 51° degré de latitude, entre Orenbourg et les sources de

l'Ik, on remarque des psammites et des calcaires de transition bordés de grès rouges et d'autres roches agglomérées. Sur les bords de l'Oural, la montagne appelée par les Russes *Magnitnaia-gora* (la montagne de l'aimant), présente des amas de fer oxydulé ou d'aimant, associé avec du porphyre, du calcaire coquillier et des diorites, mais les serpentines se montrent riches en métaux : elles contiennent du cuivre, que l'on exploite à Rissajova, et c'est sur ces roches que repose le terrain de transport aurifère à Mindjak, où des lavages d'or sont établis.

Dans la région méridionale, les monts Ourals atteignent la hauteur de 1,000 à 1,100 mètres, et se composent à peu près des mêmes roches que celles que nous venons de désigner, c'est-à-dire les unes schisteuses, les autres cristallines ou calcaires ; enfin, à leur extrémité méridionale s'élèvent des sommets de granit.

Le granit semble constituer la base de toutes les autres roches de l'arrondissement d'Iekaterinbourg, sous la forme d'îles flanquées de tous côtés de roches schisteuses. Le granit s'y étend en quatre bandes considérables. Le calcaire se présente au milieu de roches schisteuses, sous la forme d'amas allongés ; le calcaire y est souvent superposé au granit. Cette dernière roche est à grains fins, et se compose de feldspath, de quartz et de talc micacé : ce qui semblerait, selon nous, la rapprocher des *protogynes* et lui assigner une origine moins ancienne que le granit commun. Les roches granitiques se trouvent partout soulevées au milieu des ophiolites et des roches schisteuses, et tout porte à croire, d'après des observations récentes, que les calcaires que ces roches supportent ont été modifiés après leur formation par la chaleur des masses granitiques qui les ont soulevées.

Le schiste talqueux domine aux environs de Bogoslovsk ; sur les pentes, il est remplacé par des aphanites, et ensuite par des amphibolites. Quelques cimes composées d'aphanite compacte, passant quelquefois à amphibolite, ont évidemment percé les couches de schiste talqueux. Dans cet arrondissement, le versant oriental des monts Ourals est formé de trois branches distinctes. La plus rapprochée de la chaîne principale est composée du même schiste talqueux dont nous venons de parler, mais il passe par des nuances minéralogiques presque insensibles au schiste chloriteux et à l'amphibolite, roches sur lesquelles il est placé. D'autres fois il passe au schiste argileux, au schiste chloriteux et au schiste ardoisier. La seconde branche est formée d'abord de talc-schiste, auquel de grands cristaux de feldspath blanc donnent l'aspect porphyroïde ; mais vers son extrémité cette branche n'est plus composée que de diorite. Enfin la troisième branche est composée uniquement d'amphibolite et de diorite.

Dans l'arrondissement de Perm, le granit se change en protogyne et en amphibolite ; les sommets qu'il forme sont couverts de neige même en été. Les couches de calcaire, toujours associées aux schistes, sont inclinées de 30 à 60 degrés.

Entre Iekaterinbourg et Bogoslovsk s'élève la montagne de *Blagodat*, dont le nom signifie *grâce de Dieu ;* elle s'élève à 305 mètres au-dessus du niveau de la mer : la roche dont elle se compose est le porphyre. Depuis environ un siècle elle fournit annuellement la quantité énorme de 11,360,000 kilogrammes de minerai ; celui-ci n'est point en filons, mais forme des masses séparées au milieu du porphyre : il contient, terme moyen, 57 pour 100 de fer d'excellente qualité. Tandis que la chaîne de l'Oural abonde en blocs considérables de quartz, la montagne de Blagodat en est complétement dépourvue.

Au sud-ouest du Blagodat, la montagne de *Kameschet* (petite pierre) n'est pas moins curieuse, mais sous d'autres rapports. Elle a 610 mètres de hauteur ; elle est terminée par trois cimes escarpées, composées de serpentines qui sortent des porphyres syénitiques et dioritiques qui les environnent. Ces cimes sont remplies de fissures qui les traversent dans tous les sens ; le porphyre syénitique paraît avoir rempli deux de ces fissures. La serpentine semble être sortie des porphyres dans un état d'ignition. Bien que les monts Ourals portent l'empreinte de l'action ignée, on n'y trouve cependant pas de basalte.

La chaîne des monts *Ilmène*, qui se prolonge parallèlement à celle de l'Oural sur une longueur de 80 kilomètres, en est séparée par le cours du fleuve Oural. Elle se compose de deux formations : l'une de granit-gneiss et l'autre de schistes. La première y prédomine partout et renferme des granits, des gneiss, des syénites, des eurites, des pegmatites, des micaschistes, des schistes talqueux, diabases ou diorites, des calcaires grenus et des quartzites. La seconde, qui forme les embranchements de la chaîne du côté du nord-est, est composée principalement de micaschistes, de schistes argileux, de schistes chloriteux, de serpentines et de quartzites.

Nous n'avons jusqu'à présent considéré le système des monts Ourals que sous le rapport des roches qui y dominent : jetons un coup d'œil sur les principaux minéraux qu'elles recèlent. On remarquera qu'en Sibérie il y a bien peu de minerais dont le gisement appartienne soit aux terrains calcaires de transition, soit au terrain trachytique.

Le fer oxydulé ou l'aimant forme des masses coniques dans le diorite des monts Ourals; le cuivre natif, le cuivre oxydulé, et le cuivre vert carbonaté, ou la malachite, se trouvent dans le calcaire grenu en contact avec des bandes de diorite. La serpentine est le principal gisement du fer chromaté; et dans les environs d'Iekaterinbourg, les granits recèlent le minéral peu commun auquel on a donné le nom de *diaspore*. Le platine et l'or, que l'on exploite par le lavage, sont dans des dépôts d'alluvions qui occupent des vallons entourés de sommités composées aussi de diorite, roche qui passe à la serpentine dans les monts Ourals comme dans les Pyrénées. Mais les sables aurifères de ces montagnes ressemblent aux mêmes gisements d'or connus dans les différentes contrées de la terre, tandis que les sables platinifères offrent un aspect et une apparence de composition nouvelle. A Nijné-Taghilsk, où se trouve le plus riche gisement de platine de la Sibérie, ce métal est accompagné d'or, d'iridium osmié, de chromate de fer, d'aimant, de fer hydraté, de titane oxydé, d'épidote, de grenat, de quartz hyalin, et quelquefois de diamants; on trouve dans ces sables des fragments de quartz, de jaspe et de diorite.

Dans le schiste talqueux des environs de Bérésof on a compté jusqu'à 150 filons aurifères. Dans d'autres localités il contient du cuivre. Cependant on a remarqué qu'il existe une certaine alliance entre les gîtes cuivreux et aurifères : ces derniers accompagnent presque toujours les autres. Les roches schisteuses sont surtout fort riches en silicate de manganèse, que l'on exploite depuis longtemps. Le calcaire, qui forme des amas allongés au milieu des roches schisteuses, est un gisement très-riche en fer. Nous avons vu, par l'exemple du Blagodat, que le porphyre est souvent très-riche en fer. Le granit recèle des filons de quartz contenant des améthystes qui, lorsqu'elles sont belles, sont plus estimées que celles du Brésil. La pegmatite, qui alterne avec le granit, renferme habituellement la topaze, la tourmaline rouge et la tourmaline noire, l'aigue marine et le grenat. Cependant le granit est remarquable aussi par les béryls et les topazes blanches ou jaunes que l'on y trouve; quelquefois il est traversé par des filons de quartz dans lesquels on trouve l'or natif en lames ou cristallisé en cubes et en octaèdres. C'est aussi dans ces filons que se trouvent de riches minerais de plomb, principalement le carbonate et le chromate de ce métal. La roche appelée amphibolite est tout à fait dépourvue d'or, mais elle contient, suivant M. Karpinsky, beaucoup de kaolin que l'on exploite en grand. Dans la plupart des contrées où cette substance si précieuse pour la fabrication de la porcelaine est utilisée, elle provient de la décomposition d'une autre roche, la pegmatite. Le micaschiste des bords du lac Bolchoï, à 80 kilomètres d'Iekaterinbourg, offre des nids de béryls et d'émeraudes. On ne connaissait, il y a peu d'années, qu'une variété du minéral appelé diaspore, qui est composé d'alumine, d'eau, et d'un peu de fer : à cette variété, qui se présente sous la forme laminaire, il faut en ajouter une nouvelle qui est en cristaux noirâtres, et qui se trouve dans les environs d'Iekaterinbourg. Dans les monts Ourals on trouve fréquemment le quartz limpide renfermant en si grande abondance le titane en aiguilles, qu'on le taille en cabochons sous le nom de *cheveux de Vénus*. Les calcédoines, les onyx, les jaspes et les agates y sont aussi très-communes; ces dernières sont même quelquefois d'un volume extraordinaire, on taille assez souvent d'un seul morceau un vase en agate de plus de 40 centimètres de diamètre et de 1 mètre de hauteur. Peut-être devons-nous citer aussi, d'après Georgi, une substance dont il ne donne pas exactement les caractères, que les Sibériens nomment *beurre de roche*, qui paraît être alumineuse et se trouve en efflorescence sur les schistes alumineux, et qui mériterait d'être examinée attentivement, parce qu'elle est employée par le peuple comme un remède contre les diarrhées et les maladies vénériennes. Nous citerons aussi un minéral bien connu, l'asbeste ou l'amiante, que l'on trouve dans les monts Ourals en longs filaments soyeux qui rivalisent par leur longueur et leur beauté avec l'asbeste du nord de l'Italie; le conseiller Demidoff fit tisser des toiles, des bonnets et d'autres tissus, avec celui que l'on recueillit sur ses terres en Sibérie.

Le granit des monts Ilméne est riche en belles substances minérales : ce sont des corindons d'un bleu vif, dont les prismes ont jusqu'à 60 millimètres de diamètre, des zircons d'une parfaite transparence, dont quelques-uns sont aussi d'une grosseur extraordinaire; la tantalite ou colombite, en cristaux réguliers, ce qui est rare pour cette substance; l'éléolithe ou la néphéline compacte, l'ouvarovite, dont la composition est encore imparfaitement connue; la kanerinite, minéral d'une belle couleur bleue.

Nous ne nous proposons point de donner en ce moment un aperçu de la richesse métallique des monts Ourals; mais pour compléter l'énumération des principales substances minérales qu'on trouve dans ces montagnes, il faut encore mentionner les zircons blancs ou incolores cristallisés, les rubis, les saphirs, dont les cristaux sont implantés dans des masses de felspath compacte, le spinelle zincifère ou le ghanite, le pléonaste ou la ceylanite, le grenat, le titane anatase de couleur jaune, le titane rutile en cristaux simples ou doubles, le fer magnétique, le fer oligiste, le fer chromaté, ordinairement en masses garnies de cristaux; du sulfure de fer cristallisé et changé en oxyde brun, substances qui se trouvent mêlées avec des morceaux de cristal de roche, de quartz, de serpentine et de différentes autres espèces de roches. Quant aux diamants trouvés dans les terrains de transport aurifère de l'Oural, ils sont plus intéressants sous le point de vue géologique que sous celui des avantages pécuniaires que l'on pourrait en retirer.

AUTRES MONTAGNES DE LA SIBÉRIE. — Nous venons d'examiner le système des monts Ourals, passons aux autres montagnes de la Sibérie. En suivant la frontière méridionale de cette contrée, depuis les chaînes et les rameaux du système altaïque, c'est-à-dire depuis Sverinogovloskoï, ou depuis le 65° méridien oriental jusqu'aux montagnes du système altaïque, au lieu des monts Alghiniques ou Alghidïn-tsono, appelés aussi Alghidïn-tsano, que l'on voit figurer sur la plupart de nos cartes, bien que ces noms soient entièrement inconnus aux Kirghises ou Kazaks de Troïlzk et d'Orenbourg, commence une région remarquable par des lacs dont nous parlerons plus tard, et qui s'étend jusqu'aux petites montagnes qui commencent vers les sources de l'Ichim et se continuent jusqu'aux bords de l'Irtyche. Mais on voit une chaîne de petites montagnes appelées par les Russes *Alghinskoe khrebet* ou *Ayaghinskoe khrebet*, et par les Kirghises ou Kazaks *Dalaï Kamtchat*. Son versant septentrional fournit plusieurs affluents à la rive gauche de l'Ichim. Elle paraît élevée, parce que ses sommets, de 175 à 200 mètres, et quelquefois du double, dominent partout une plaine unie. Elle commence au nord du lac *Naourloun-koul;* ses promontoires forment des plaines peu inclinées et argileuses, couvertes de fragments de schiste calcaire, de grès, de gypse, d'albâtre et d'argile durcie; l'une de ces collines, appelée *Oulou-tau* ou la Grande montagne, est assez élevée et couverte de forêts en quelques endroits. C'est là que l'on voit le *Kourgantagh*, riche en galène argentifère, et l'*Altiintoubé* avec ses cuivres natifs, ses malachites, et sa précieuse dioptase, silicate de cuivre d'un vert plus foncé que l'émeraude et d'une égale transparence. Ces montagnes peu élevées peuvent être considérées comme une chaîne du système altaïque.

Le groupe de l'Altaï est un des plus importants de l'Asie : il entoure les sources de l'Irtyche et du Ienisci, et prend à l'est le nom de Tanguou, puis ceux de monts Sayaniens, de Kentaï, de monts de Daourie, et comprend même le Iablonnoï-khrebet, le Khingkhan et les monts Aldan, qui s'avancent le long de la mer d'Okhotsk.

Le mot *altaï* est turc, et le nom d'*Alta-iin-oola*, que lui donnent les Mongols, signifie le *mont d'or*, de même que *Kin-chan* en chinois, ce qui s'accorde bien avec la richesse métallique qu'il recèle. Ces montagnes se développent sur une étendue de 2,000 li, ce qui fait 1,000 kilomètres. Les sommets ont environ 3,000 à 4,000 mètres. La cime la plus élevée est au nord du lac *Oubsa-noor :* il est probable que c'est celle que l'on nomme en mongol *Alta-iin-niro*, c'est-à-dire *sommet de l'Altaï*. Plusieurs branches, dont quatre principales, s'en détachent; l'une va droit au nord en suivant le cours de l'Irtyche, une autre au nord-ouest borde la rivière du Tes sur une longueur de 1,000 li ou environ 500 kilomètres. Un des sommets de l'Altaï, appelé *Iyiktou* (mont de Dieu), et en kalmouk *Alas-tau* (mont chauve), paraît avoir 3,508 mètres de hauteur : il est situé sur la rive gauche de la Tchouïa, et séparé par la rivière de l'Argout ou l'Argoun, des colonnes gigantesques de la *Katounia*. Cependant la plus haute station de l'Altaï russe paraîtrait être au mont *Koksoun*, où l'on voit une source qui est à 3,148 mètres au-dessus du niveau de l'Océan.

Tout ce que nous venons de dire de l'Altaï se rapporte à la partie de ce groupe qui appartient au territoire sibérien, c'est-à-dire à ce que les géographes sont convenus d'appeler le *Petit Altaï;* car le Grand Altaï se trouve plus au sud, sur le territoire de l'empire chinois, ou, pour parler d'une manière plus précise, dans la Kalmoukie.

Les trois principales divisions du Petit Altaï sont des branches de montagnes importantes sous plus d'un rapport. Les monts *Kolyvan*, appelés par les Russes *Gori-Kolyvanskoï*, se dirigent du nord-ouest au sud-est sur une étendue d'environ 100 kilomètres; leurs plus hauts sommets ne dépassent pas 900 mètres; elles sont très-riches en or, en argent, en cuivre et en fer; leurs flancs sont couverts de forêts peu considérables. Quelques géographes ont donné à ces montagnes le nom de *monts Métalliques*. Les dernières expéditions que les mineurs russes y ont faites ont prouvé que les roches qui y dominent sont des schistes argileux, des taleschistes, des calcaires, des quartzites et des diorites. Les *monts Kouznetz*, entre l'Obi et l'Irtyche, ressemblent aux précédents, mais renferment principalement des houillères et du fer; l'un de leurs plus hauts sommets est le *Sabyn-tabou*, dont la cime est presque toujours couverte de neige. Quelques-unes des puissantes couches de houille des monts Kouznetz brûlent depuis près d'un siècle, et passent pour avoir été allumées par la foudre. Les *monts Salair* sont formés de roches porphyriques. L'argent s'y trouve dans un filon de quartz qui traverse le porphyre, mais il y est disséminé, accompagné de fer limoneux, de cuivre oxydé et pyriteux, de sulfure et de carbonate de plomb. Des recherches récentes ont prouvé qu'il existe au pied de ces montagnes des dépôts d'alluvions aurifères : on les a signalés sur une longueur de plus de 40 kilomètres.

Les *monts Sayaniens* ou *Sayanskié*, comme les Russes les appellent, forment la frontière de la Sibérie et de l'empire chinois. Ils prennent naissance sur le versant occidental d'une chaîne qui se détache du Tangnou et se dirige à l'est vers le lac Baïkal. Leur longueur est d'environ 600 kilomètres. Autour de ce lac s'étend une chaîne qui se détache de celle du Tangnou, et qui conséquemment se divise en deux branches : celle de l'est suit le cours de la Lena, et se termine, en diminuant de hauteur, par un large plateau à couches horizontales ; celle de l'ouest borde la rive droite de l'Angara, et s'abaisse vers le nord dans une immense plaine marécageuse. Ces montagnes peuvent prendre le nom de *monts Baïkals*. Elles sont assez élevées et très-escarpées ; le mont Bourgoundou est couvert de neiges perpétuelles. Leur surface est irrégulière, et comme bouleversée par des soulèvements ; les roches dont elles sont formées sont le granit, le schiste, du calcaire, des brèches siliceuses et des grès. On y trouve de la houille, du soufre, des sources sulfureuses, du cuivre, du plomb, du fer et quelques minéraux précieux, tels que le lapis-lazuli. Dans leurs flancs gît une espèce de pyroxène particulière à ces montagnes, et que l'on a appelée *baïkalite* : c'est un silicate de magnésie et de chaux. Une partie des monts Baïkals est nue, tandis que d'autres sont couvertes de pins, de bouleaux et de mélèzes.

Sur la rive droite de la Selenga, les *monts Iablonnoï* sont en quelque sorte un prolongement du Tangnou. Cette chaîne se continue sans interruption jusqu'au cap oriental, sur le détroit de Behring ; elle occupe une longueur de 4,800 kilomètres, espace sur lequel elle change plusieurs fois de noms : celui de *Iablonnoï-khrebet*, c'est-à-dire *chaîne des pommes*, qu'elle porte d'abord, lui vient de la forme arrondie que présentent ses sommets. Les Mongols la nomment *Daba*, nom très-remarquable en ce qu'il rappelle celui de *Tabis*, par lequel Pline et Pomponius Mela désignent un promontoire qui terminait au nord-est la Scythie asiatique. Près de Nertschinsk elle prend le nom de cette ville (*Gori-Nertschinskié*) et celui de *monts de Daourie ;* vers les sources de la grande rivière de l'Aldan, on lui donne celui de *monts Aldan ;* au delà de ce cours d'eau elle commence à porter celui de *monts Stanovoï*, puis celui de *monts Khingkhan* qu'elle conserve jusqu'aux bords de la mer d'Okhotsk, où elle prend, selon quelques voyageurs, la vague dénomination de *monts d'Okhotsk*, et quelquefois celle de *monts des Lamoutes*. Cette immense chaîne sépare le grand versant septentrional de l'Asie du versant oriental, c'est-à-dire celui de l'océan Glacial de celui du grand Océan. Toutes ces montagnes sont en partie formées de granits, de porphyres et de jaspes, et sont fort riches en métaux précieux.

Dans la vallée qu'arrose la rivière d'Ouda ou d'Ounda, entre Oudinsk-Kavikoutchi et le village de Malicheva, se trouve un dépôt d'alluvions aurifères. Ce dépôt occupe à plus de 50 kilomètres de la rivière le point le plus étroit de la vallée, c'est-à-dire un endroit qui n'a que 180 mètres de largeur, tandis que la vallée est généralement large de plus d'un quart de lieue. Selon les renseignements que l'on possède sur cette localité, la couche aurifère, assez mince, consiste en un sable mêlé de cailloux roulés de différentes roches, telles que le granit, le porphyre, le gneiss, le schiste siliceux et le quartz blanc ; elle n'est recouverte que par le gazon, et repose sur des galets formés des mêmes roches.

Le mont Odon-Tchelon, dans le district de Nertschinsk, renferme des aigues-marines vertes, bleues, ou d'un jaune d'or : ces dernières sont les plus rares. Quelques-unes sont d'une grandeur extraordinaire. On y trouve aussi des topazes qui, par leur couleur, rivalisent avec celles du Brésil, mais d'une qualité supérieure. On les connaît dans le pays sous le nom de *tiagelo-vece* ou de *poids lourd*.

A trois journées de marche du confluent de la Vitime et de la Lena, se trouvent dans la branche des monts Baïkals, qui s'élèvent à l'est du lac, les importantes carrières de mica, d'où l'on tire de grandes feuilles de ce minéral, qui ont jusqu'à une archine (72 centimètres) carrée. Ces lames sont employées, comme chacun le sait, à remplacer les verres de vitre. M. Zlobine a décrit les montagnes du district de Iakoutsk ; il y signale, outre les roches granitiques, cinq espèces de calcaire secondaire, y compris un calcaire bitumineux, du gypse, du grès bigarré et du grès rouge.

En général, les montagnes que l'on peut comprendre sous les noms de monts Iablonnoï ou Stanovoï, sont peut-être, de tout l'empire de Russie, celles qui sont les plus riches en métaux et en pierres précieuses. Au delà du 60e parallèle, elles diminuent de hauteur, et vers le 65e un de leurs rameaux, qui passe entre la Penjina et l'Anadyr, va se rejoindre à l'est aux montagnes du Kamtchatka. Celles qui se prolongent jusqu'au cap oriental, ou *Tchoukotzkii*, ne paraissent pas atteindre le rivage, qui est bordé de basses collines.

PRESQU'ILE DU KAMTCHATKA, SES VOLCANS. — La grande péninsule du Kamtchatka touche au nord au pays de Tchoutkotsk et au district d'Okhotsk. Elle est baignée à l'ouest par la mer d'Okhotsk, et à l'est par celle de Behring et le grand Océan. Elle s'étend du nord au sud depuis le 61e degré de latitude septentrionale jusqu'au 51e, et de l'ouest à l'est elle est comprise entre le 152e et le 171e degré de longitude orientale. Sa longueur est de 700 kilomètres, sa plus grande largeur d'environ 450 kilomètres, et sa superficie peut être évaluée à 25,000 kilomètres carrés. Ses golfes les plus remarquables sont ceux d'*Alioutorskoï*, de *Kronok* et d'*Avatcha*, sur la côte orientale ; la côte opposée ne présente que de petites baies : on n'y voit aucun cap important, tandis que sur la côte de l'est on doit citer les caps *Karaga*, *Oukinskoï*, *Ozernoï*, *Kronotzkoï*, *Kamtchatkoï*, *Chipouninskoï* et *Piriskar ;* mais le plus remarquable est celui de *Lopatka*, qui termine au sud le Kamtchatka.

Cette presqu'île est traversée dans toute sa longueur par une double chaîne de montagnes, dont l'occidentale est composée de roches anciennes, et dont l'orientale est volcanique et se continue encore au sein de l'Océan pour aller former les îles Kouriles. La première, peu élevée et presque partout de la même hauteur, incline doucement vers la mer d'Okhotsk ses flancs unis et boisés ; la seconde, au contraire, offre une suite de pics escarpés qui forment du côté de l'Océan des rivages abrupts. Plusieurs de ces pics brûlent encore à présent, et ceux qui ne sont point en éruption offrent tous les caractères des volcans.

Ces volcans sont au nombre de 17, ou du moins offrent 17 cratères. Le *Krasnaia-sopka* ou le *Schveloutch* est, suivant le commodore Billing's, près des sources de l'Iltchouch et du Bakous qui se jettent dans le Kamtchatka. Le *Kamtchatkaïa* est un des plus hauts pics de la presqu'île. Le *Klioutchevskaia-chapka* passe pour être aussi élevé que le pic de Ténériffe ; par un temps clair on l'aperçoit de 300 kilomètres en mer ; une bande de rochers escarpés entoure sa cime comme la Somma au Vésuve ; une énorme masse de glace couvre ses flancs, et ce qu'il y a de plus remarquable, comme le fait observer M. de Buch, c'est que c'est le seul glacier que l'on connaisse d'une manière certaine en Sibérie. Souvent les laves qui coulent de la bouche du volcan sont arrêtées par les glaces qu'elles brisent et poussent devant elles en faisant un bruit qui porte l'épouvante à 100 kilomètres à la ronde. Le cratère a un kilomètre d'étendue, mais sa forme varie souvent ; il lance continuellement des flammes, des étincelles ou des vapeurs blanches et épaisses : celles-ci sortent en grosses boules qui se transforment ensuite en anneaux et disparaissent dans l'atmosphère. Le *Tobaltchinskoï*, depuis 1793 qu'il était en grande activité, rejette constamment de la fumée. Le *Kamskaikoï-sopka*, dans le voisinage du précédent, a depuis 1728 éprouvé de grandes et fréquentes éruptions, dont quelques-unes ont lancé des cendres à la distance de 300 kilomètres. Le *Kronotzkoï* est situé à l'est du lac de Kronotzkoé, d'où il tire son nom. Le *Choupanovskaïa-sopka*, à l'embouchure du Choupanov, paraît lancer fréquemment des flammes. Le pic *Strelochnoï* ou *Strelochnaïa-sopka* est connu de quelques navigateurs sous le nom de volcan d'Avatcha ; on n'est pas d'accord sur sa hauteur, que l'on croit être de 3,000 à 3,400 mètres. Le pic *Avatchinskoï*, ou volcan d'*Avatcha*, est au nord-ouest du golfe de ce nom. Le pic de *Filitchinskoï* ou *Paratunka-sopka* a environ 2,150 mètres de hauteur. Le pic *Pororotnoï* n'est pas d'une grande élévation. Le pic *Kocheleff* ou *Opalskaïa-sopka*, ainsi appelé du nom de l'Opala, rivière qui sort de sa base et va se jeter dans la mer d'Okhotsk, passe pour plus élevé que le pic de Ténériffe ; il sert de point de reconnaissance aux navigateurs ; les Kouriles, qui vivent dans son voisinage, l'ont en grande vénération et le croient habité par des génies qu'ils nomment *nammouls*. Après une longue interruption, il a recommencé à entrer en incandescence vers la fin du siècle dernier. Cette montagne se rattache à plusieurs autres pics dont les noms ne paraissent pas être connus autrement que sous la dénomination de *second*, *troisième* et *quatrième* pic. Enfin, le *Krachénine-Kova* a été observé pour la première fois en 1824.

On ne connaît pas encore la minéralogie du Kamtchatka, mais nul doute que cette lacune ne soit comblée lorsque l'on connaîtra les résultats de la grande commission d'exploration envoyée dans ce pays de 1852 à 1856 par la société impériale géographique russe.

COUP D'ŒIL HISTORIQUE SUR L'EXPLOITATION MINÉRALE EN RUSSIE. — N'est-ce pas maintenant le moment d'entrer dans quelques détails sur les développements que l'exploitation des mines a pris en Russie depuis son origine jusqu'à nos jours (1) ?

Les anciens Permiens ou Biarmiens exploitaient dès les siècles les plus reculés les mines de l'Oural ; mais ces exploitations furent abandonnées pendant plusieurs siècles, et ce ne fut que sous le règne d'Ivan III le Grand que l'on songea à les reprendre. En 1482 ce prince demanda au roi de Hongrie, Matthias Corvin, des maîtres mineurs habiles à exploiter l'or et l'argent et à faire le départ de ces métaux d'avec les substances qui leur servent de gangue. Il paraît

---

(1) Ce passage est dû à M. J. J. N. Huot, géologue distingué et premier continuateur de Malte-Brun. — Voir la *Notice sur Malte-Brun* en tête de l'ouvrage.

que cette demande n'eut point le résultat qu'on en espérait, puisque les instructions données au Grec Trakhanioti, envoyé en 1490 comme ambassadeur près de l'empereur d'Allemagne, portaient, entre autres recommandations, de chercher dans ce pays et d'engager au service de Russie d'habiles artistes, tels que des mineurs et des architectes. Ce fut probablement par suite de ces tentatives, et parce que le bruit courait depuis longtemps que les contrées septentrionales de la *ceinture de rochers*, c'est ainsi que les habitants de Verkhotourié nomment encore la chaîne de l'Oural, abondaient en métaux, que deux mineurs allemands, accompagnés d'André Péroff et de Vassili Boltine, furent envoyés en 1491 vers les sources de la Petchora sur le versant occidental de la chaîne, pour y chercher des mines d'argent. Au bout de sept mois ils revinrent à Moscou, et annoncèrent qu'ils avaient trouvé des gisements d'argent et de cuivre près des rives de la Tsülma, à 20 kilomètres de Kozma, à 300 de la Petchora et à 3,500 de Moscou, sur une étendue de 8 à 12 kilomètres.

La nouvelle de la découverte de mines d'or et d'argent dans les possessions septentrionales du prince moscovite se répandit bientôt en Allemagne, et y produisit une sensation d'autant plus grande que l'Amérique n'était point encore découverte, et que l'Europe éprouvait le besoin des métaux précieux que l'on disait exister dans les environs de la Petchora. Aussi un Allemand, nommé Michel Snoups, arriva-t-il, vers l'an 1493, à Moscou, porteur d'une lettre adressée au prince par l'empereur Maximilien et par son oncle Sigismond, archiduc d'Autriche, qui priaient Ivan Vassiliévitch de permettre à ce voyageur de parcourir la Moscovie pour s'instruire de tout ce que ce pays renfermait de curieux. Ivan lui fit le meilleur accueil; mais, sous prétexte qu'il était dangereux de visiter les bords de l'Obi, il lui refusa l'autorisation de voyager dans des contrées aussi sauvages et aussi lointaines. Il est probable, dit à ce sujet Karamsin, qu'Ivan ne vit dans cet envoyé qu'un espion chargé de reconnaître l'importance de la nouvelle source de richesse qui s'ouvrait pour la Russie.

Il n'existe aucun document sur la nature des travaux entrepris dans ces mines, ni sur leurs produits, soit sous le règne d'Ivan Vassiliévitch, soit sous celui de son successeur Vassili Ivanovitch. Mais il est certain que le gouvernement russe ne perdit pas de vue ces établissements, puisqu'en 1569, sous le règne d'Ivan Vassiliévitch, surnommé *Grosnoï* ou *le Terrible*, on vit venir en Russie, par ordre de ce prince, quelques mineurs anglais qui eurent la permission d'établir une colonie sur les bords de la Vouïtchegda, dans le gouvernement de Vologda, pour y exploiter les mines de fer, à la condition qu'ils enseigneraient leur art aux Russes et qu'ils payeraient une *denga* (ancienne monnaie russe) de droit par livre de fer exportée en Angleterre. Dans les années 1571 et 1573, le czar pria le roi de Suède de lui envoyer des ingénieurs des mines. Cependant ces différentes tentatives n'aboutirent à aucun résultat bien important; une circonstance heureuse eut une influence plus directe sur l'accroissement de la richesse minérale de la Russie.

Cette circonstance fut la conquête aventureuse d'une contrée presque inconnue et restée même ignorée jusque-là des nations éclairées de l'Occident. Nous voulons parler de la Sibérie, où la Russie devait trouver des métaux précieux, des pierreries estimées, des forêts encore vierges, des animaux couverts de riches fourrures, des plaines fertiles, des fleuves navigables, des lacs immenses et poissonneux; enfin un nouveau monde offrant, malgré la rigueur de son climat et sa faible population, tout ce qui peut suffire à la vie de l'homme. Longtemps avant sa conquête, on avait vu s'établir dans ce pays des Russes attirés par les avantages du commerce qu'ils faisaient avec les peuplades à demi sauvages qui l'habitaient. Au nombre de ces colons se trouvaient Jacques et Grégoire Strogonoff, dont le père s'était enrichi en établissant des salines sur la Vouïtchegda, et qui le premier avait ouvert des relations commerciales au delà des monts Ourals. Le chef de cette famille, qui occupe aujourd'hui un rang distingué parmi la noblesse russe, était un illustre mourza de la Horde d'or, baptisé sous le nom de Spiridion, qui enseigna aux Russes l'usage de calculer à l'aide du *chott*, instrument composé de grains enfilés. Les Tatars, irrités contre lui, l'ayant fait prisonnier dans un combat, le mirent à la torture et le rabotèrent jusqu'à la mort, d'où est venu, dit l'historien Karamsin, le nom de Strogonoff, donné à son fils, du mot russe *strogot*, raboter. Son petit-fils contribua, par la fortune qu'il avait acquise, à racheter, en 1446, le czar Vassili, surnommé l'Aveugle (*temnoï*), prisonnier à Kazan.

Ivan Vassiliévitch, sentant tous les avantages qu'il aurait à retirer de la conquête de la Sibérie, et combien les opulents Strogonoff pourraient lui être utiles dans l'exécution de ce projet qu'ils avaient déjà conçu, leur accorda, par actes authentiques, la concession à perpétuité des terres incultes situées sur les bords de la Kama et de la Tchoussovaïa; leur permit d'y construire des forteresses, d'entretenir à leurs frais de l'artillerie et des gens de guerre, de prendre à leur service tous les hommes libres, d'exercer sur eux une justice indépendante des gouverneurs et des magistrats de Perm, de bâtir des villages, d'établir des salines, de défricher les terres et de faire pendant vingt années le commerce de sel et de poisson sans être assujettis à aucun droit. De leur côté ils prirent l'engagement de ne pas exploiter les mines métalliques qu'ils pourraient découvrir, comme celles d'argent, de cuivre ou d'étain, mais d'en informer sur-le-champ les trésoriers du czar. Les Strogonoff fondèrent, en 1558, la petite ville de Khankor, vers l'embouchure de la Tchoussovaïa, sur le versant occidental des monts Ourals, puis en 1564 la forteresse de Kerghedan; enfin, cinq ou six ans après, quelques bourgs fortifiés sur la même rivière et sur la Sylva, l'un de ses affluents. Ils peuplèrent ces établissements d'aventuriers et de vagabonds qu'ils attirèrent en offrant au travail des uns des moyens d'existence assurés, et à l'audace des autres une part dans le butin qu'offraient les combats contre les peuplades sibériennes qui venaient attaquer ces possessions.

Les succès des Strogonoff contre l'un des principaux princes qui possédaient la Sibérie, engagèrent, en 1574, le czar à leur concéder les terres de l'ennemi et à leur accorder le droit d'exploiter, pendant un temps limité, les mines de fer, d'étain, de plomb et de soufre qu'ils découvriraient. Dès lors les opulents Strogonoff pouvaient légitimement porter le fer et la flamme au delà des monts Ourals; mais ce ne fut que six ans après que Jacques et Grégoire étant morts, leur frère Siméon put accomplir, à l'aide de ses deux neveux, les projets de ses aînés. Une troupe de 5 à 600 Cosaques et de 2 ou 300 Tatars, Lithuaniens et Allemands rachetés de leur captivité chez les Nogaïs, et commandée par cinq Russes exilés sur les rives du Volga, entreprend, sous le seul protectorat des Strogonoff, une expédition en Sibérie. Le courage de cette petite troupe, la témérité de son chef Iermak, l'usage des armes à feu, inconnu des peuplades qu'ils eurent à combattre, et qui étaient nombreuses en comparaison de si faibles forces, servirent à accomplir en peu de temps une conquête qui rappelle celle du Mexique par les Espagnols : la Russie eut dans cette circonstance son Iermak, comme l'Espagne venait d'avoir son Pizarre.

Dès cette époque le domaine des richesses minérales des czars s'agrandit, et les investigations, qui s'étaient arrêtées jusque là sur les pentes occidentales de la *ceinture de rochers*, vont s'étendre graduellement jusqu'aux limites de l'Asie. Sous le règne du czar Fœdor Ier Ivanovitch, la soumission de la Sibérie fut accomplie; et ce prince s'empressa de publier, en 1585, un édit par lequel il invitait des maîtres mineurs de l'Italie à venir exploiter l'or et l'argent de ses États.

On ignore si cet appel eut de plus heureux résultats que ceux qui l'avaient précédé, et si les Anglais, à qui on avait accordé l'autorisation de fondre du minerai de fer, en tirèrent de grands avantages; mais c'est au règne du czar Michel Fœdorovitch qu'il faut faire remonter l'origine de la richesse minérale de la Russie. Ce fut en 1628 que le gouvernement fit construire la première usine de fer à Nitzinsk, arrondissement de Tourinsk, dans le gouvernement de Tobolsk, et en 1631 que la fonte que l'on y obtint fut livrée au commerce. Malheureusement cet établissement fut consumé par le feu dans la même année, et bien qu'il ait été reconstruit, il fut abandonné peu de temps après. A peu près vers la même époque, on découvrit près des bords de la Yaïne, sur les terres des Strogonoff, la mine de fer de *Chouchgoursk*, que l'on exploitait encore vers l'an 1660, et dont le fer était fondu dans l'usine de Puiscor, qui venait d'être fondée aux environs de Solikamsk. La tradition ne dit pas pourquoi cette mine fut abandonnée.

On découvrit ensuite dans le même district, sur le bord de la Kama, la mine de cuivre de Grogoroff, dont l'exploitation fut confiée par le gouvernement à des étrangers, mais qui fut abandonnée par suite du siège de Riga, où l'on envoya tous les mineurs, ainsi que les maîtres et les ouvriers forgerons de Puiscor. En 1722, il n'existait plus que de faibles restes de cette usine; mais deux ans après elle fut remise en activité.

L'exploitation des métaux devait faire naître en Russie les différents genres d'industrie par lesquels on les met en œuvre. Mais dans un pays où la civilisation ne faisait que de naître, l'impulsion devait être donnée par le gouvernement : ainsi, en 1639, celui-ci fonda les usines de fer de Toula et de Kachira, et en 1656 celles du district de Maloïaroslavetz furent fondées par le Danois Marcelius et le Hollandais Akemo, que le commerce avait conduits à Moscou. Ce fut dans un de ces établissements que Pierre le Grand, en 1722, forgea de ses propres mains 18 pouds (294 kil. 70 c.) de fer. Les 18 altines (monnaie d'argent de 3 copeks) que le maître de forge lui donna pour son travail furent employées par ce prince à acheter une paire de souliers. Dans ces manufactures on fabriquait du fer en barre, de la tôle, des canons, des lames de sabre, des ancres de navires et différents ustensiles d'un usage habituel.

On ignore l'époque précise de l'ouverture des mines d'Olonetz; on sait seulement que sous le règne d'Alexis Mikhaïlovitch elles furent concédées au Danois Rosenbuch, sous la condition qu'il fournirait par an un certain nombre de canons, de mortiers, de boulets et de grenades en fonte. C'était à 133 verstes (120 kilomètres) d'Olonetz, dans les usines de Petrovsky, que l'on faisait fondre le minerai.

Pendant les années 1671, 1672 et 1676, le gouvernement expédia des mineurs allemands pour aller à la découverte des gisements d'argent dans les monts Ourals; mais les deux seuls qui eurent quelque succès dans leurs recherches ne rapportèrent à Moscou que des morceaux de minerai de fer et de cuivre, et encore donnèrent-ils peu d'espoir de réussite dans l'exploitation de ces métaux, attendu les difficultés qu'offrait l'état sauvage de ces contrées. Ces rapports refroidirent le zèle que le gouvernement avait mis jusque-là dans ses explorations; ce ne fut que sous Pierre Ier qu'il se renouvela. Ce grand homme avait deviné tout le parti qu'un jour on pourrait tirer des richesses métalliques que devaient receler les montagnes de la Sibérie; il comprit donc la nécessité de diriger l'industrie des Russes vers les trésors que renferme la terre et vers leur utile emploi. Ce fut lui qui établit la première administration des mines.

Le gouvernement avait fait construire à Verknii-Neviansk, sur la Néva, une usine de fer qu'il vendit en 1702 à Nikita Demidoff, maître de forges à Toula, laquelle est aujourd'hui la plus ancienne de toutes celles qui existent en Russie, et où l'on met annuellement en œuvre plus de 2 millions de kilogrammes de fer en barres.

L'impulsion donnée par Pierre le Grand était telle que vers l'an 1700 on comptait déjà 121 localités différentes où l'on avait trouvé des mines plus ou moins riches en fer et en cuivre. Dans la chaîne de l'Oural, la montagne d'aimant, appelée Magnitnaya, venait d'être signalée comme le plus riche dépôt de fer connu; dans le gouvernement d'Irkoutsk, la mine d'argent de Nertchinsk, qui avait été découverte en 1691 par des mineurs grecs, n'avait encore fourni, en 1704, qu'environ une livre de métal; mais en 1719 on comptait déjà dans tout l'empire *une* usine d'argent, *cinq* de cuivre et *vingt-six* de fer. Dans le seul gouvernement de Kazan, il y avait 36 hauts fourneaux, et 39 dans celui de Moscou. Le seul Nikita Demidoff construisit, pendant le règne de Pierre Ier, dix usines. D'un autre côté, Henning, envoyé par l'empereur en Allemagne, en Angleterre, en Hollande et en France, pour y perfectionner ses connaissances sur les machines en usage dans les mines et dans les usines, et pour engager dans ces différents pays des maîtres et des ouvriers habiles, établit à son retour, à Olonetz, des usines où l'on fabriqua de l'acier, de la tôle, des ancres, du fil d'archal, des clous, au moyen de martinets et d'autres machines mues par l'eau, et porta la fonte des canons à un tel degré de perfection, que, soumis à la plus forte épreuve, il n'en crevait que 3 sur 1,000. Envoyé en Sibérie en 1722, muni de pleins pouvoirs, il termina la construction de plusieurs usines, fonda la ville d'Iekaterinbourg, y établit des hauts fourneaux, des martinets, des tréfileries et des machines pour couper le fer, donna plus d'extension à l'usine de cuivre de Polevskoï, en construisit pour fondre le fer à Verkn-Isetsky, à Lailinsky et à Yagachikinskoï, acheva celles d'Outkouski et de Verkn-Ouctousk, mit en meilleur état celle d'Alapaïefsky, et perfectionna celle de Koumensky. Les succès de Henning furent tels que dans l'espace de six années toutes les dépenses qu'il avait faites se trouvèrent remboursées par les métaux que l'on avait extraits des mines. En 1726 et 1727, il livra par an 9 à 10,000 pouds de cuivre, et 140 à 150,000 pouds de fer en barre, outre une grande quantité de fer-blanc, d'acier, de fil d'archal et d'ustensiles de cuivre. Animé d'un esprit philanthropique, il fonda à Iekaterinbourg une école pour les enfants des maîtres de forge et des employés subalternes. Il publia aussi pour les établissements de mines un règlement qui eut longtemps force de loi.

La belle fonderie de cuivre de Kolyvan-Voscressenskoï fut établie, en 1726, par Nikita Demidoff; en 1727, Henning construisit l'usine de Sinaïtchikine, qui fut l'origine de deux bourgs, celui de Verkné-Sinaïtchinsk et de Nijné-Sinaïtchinsk. Dans le premier on livre annuellement au commerce 140,000 pouds de fer brut, et plus de 30,000 de fer en barres; dans le second on fabrique environ 62,000 pouds de fer en barres. En 1732, il établit l'usine de Sicerté. Ce fut vers le même temps que l'on découvrit dans les montagnes de Kolyvan un filon d'argent qui fournit, depuis 1752 jusqu'en 1786, plus de 1,700,000 kilogrammes de métal pur. Ces mines appartiennent aujourd'hui au cabinet de l'empereur.

En 1734, M. de Henning fut remplacé dans la direction des mines impériales et particulières de la Sibérie par le conseiller d'État Tatichtchef.

En 1739, on découvrit la première mine d'or en Sibérie; les environs d'Iekaterinbourg présentèrent successivement des découvertes semblables; mais ce ne fut qu'en 1754 que l'exploitation en fut régularisée. L'argent exploité en 1752 dans les montagnes de Kolyvan fut assez abondant pour que l'on pût en fabriquer le riche cercueil érigé par la piété de l'impératrice Élisabeth Petrovna au saint prince Alexandre Nevsky, le patron de l'empire.

Le règne d'Alexandre Ier, surnommé le Béni, fait époque dans l'histoire des mines de la Russie par les grandes améliorations introduites dans leur administration en 1806, par les perfectionnements apportés dans la fabrication des armes à feu à Igevsky, et des armes blanches à Zlatooust, par la fondation de la manufac-

ture d'Ijorsk, destinée aux armements de la marine, et enfin par la découverte de sables aurifères sur une vaste étendue de terrain.

Le hasard, à qui l'on doit toutes les découvertes, est aussi l'auteur de celle-ci. Un ouvrier qui travaillait à rétablir une digue rompue, près des usines de Verkn-Isetsky, dans le district d'Iekaterinbourg, trouva des paillettes d'or dans la vase que l'eau y avait déposée, et en fit son rapport à l'intendant. Aussitôt les recherches commencèrent chez tous les propriétaires des environs, et furent couronnées d'un succès plus ou moins complet. Dans le conseil d'État, des hommes éclairés sentirent que c'était le moment de favoriser l'extraction de cette importante richesse. Un oukase publié en 1812 permit aux propriétaires de mines d'exploiter l'or pour leur compte, en les obligeant à payer un droit de 15 pour 100 en nature à la couronne, si elle leur fournissait les secours, de 10 pour 100 si elle ne leur en fournissait pas, et de livrer le reste de leur or à la Monnaie de Saint-Pétersbourg, qui devait leur en remettre la valeur en or monnayé, sauf les frais de fabrication. Ce décret eut les résultats qu'on en attendait : tous les propriétaires s'adonnèrent à l'envi à cette nouvelle branche d'exploitation; le fer, qui formait la principale richesse métallique de la Sibérie, devint un objet secondaire; des ateliers qui jusqu'alors avaient été remplis de noirs forgerons, et qui avaient retenti sous les coups du marteau, furent transformés en lavoirs où des femmes, des enfants et des vieillards s'occupèrent du travail facile de séparer le précieux métal du sable auquel il est mêlé. Cette opération très-simple consiste à placer ce sable sur des gradins échelonnés, et à y faire passer un cours d'eau qui, en tombant en cascade de degré en degré, entraîne la terre et le sable, en ne laissant que les paillettes et les pépites d'or natif. Ces pépites pèsent ordinairement, en poids russes, 5, 6, 7 onces, une livre, et quelquefois 16 à 18 livres.

Néanmoins le lavage, qui d'abord fit interrompre l'exploitation et la fabrication du fer, ne le fit point négliger; mais on sentit qu'il était beaucoup moins dispendieux et beaucoup plus lucratif que l'extraction et le traitement du minerai d'or que l'on arrachait péniblement des entrailles de la terre, et qu'il fallait broyer ensuite à force de pilons avec sa gangue de quartz : aussi, depuis qu'il est si facile d'obtenir l'or d'alluvion, a-t-on abandonné la recherche des veines et des filons métalliques. Le gouvernement en donna même l'exemple en laissant inonder les mines souterraines qu'il faisait exploiter depuis longtemps dans les environs d'Iekaterinbourg, pour ne faire exploiter que l'or de lavage.

L'exploitation des mines d'or de Bérésof commençait à diminuer de quantité et à coûter plus cher, en raison de la profondeur et de la pauvreté des veines, lorsque les premiers lavages commencèrent en 1813 près des usines de Verkn-Isetsky, sur les terres de M. Iacovleff, officier en retraite de la garde impériale; en 1824, ils produisirent 40 pouds 14 livres (660 kil. 60). En 1822, ils commencèrent chez la comtesse Strogonoff, près de l'usine de Bilimbaeff; et en 1823, à Nijni-Taghilsk, chez le conseiller intime Demidoff, où l'on recueille annuellement environ 660 kilogrammes d'or. En 1824, le gouvernement étendit l'opération du lavage aux environs de ses établissements de Goro-Blagodat, de Zlatooust, de Bogosloff, et près des mines de Tsarevo-Alexandroff, et l'on trouva même dans un endroit fort riche où l'empereur Alexandre avait lui-même bêché dans le sable, une pépite du poids de 17 livres russes (environ 7 kilogrammes).

Ce fut en 1822 que l'osmium, l'iridium et le platine furent découverts, d'abord au milieu des lavages d'or des particuliers, et plus tard aussi dans ceux de la couronne; jusqu'alors ces métaux n'avaient pas même été soupçonnés exister en Sibérie. En 1823, les membres de la commission nommée par le ministre des finances pour inspecter les mines d'or de l'Oural, firent faire des recherches dans les Kamneï Yolme pour vérifier jusqu'à quel point était fondée l'opinion du sénateur Soimonoff, que, d'après les observations qu'il y avait faites en 1797, il devait se trouver dans ces régions lointaines des sables aurifères, observations auxquelles par ignorance on n'avait fait d'abord aucune attention, et qui se trouvèrent justifiées au delà de toute espérance, puisqu'on y signala des sables semblables dans 40 localités différentes.

En 1830 et 1831, douze expéditions de mineurs ont été employées par ordre du gouvernement à examiner les monts Salaïr près du Petit-Altaï, pour les sables aurifères, et les montagnes de Kholzoun pour les mines d'argent. Quarante tables de lavage furent établies sur les bords de la Tomicha, près du village de *Novo-Louchnikora*. Ces recherches ont démontré que dans les monts Salaïr les dépôts aurifères couvrent un espace de plus de 40 kilomètres; d'autres ont été signalés à 100 kilomètres au nord-ouest des premières. Dans ceux du Petit-Altaï, l'or est en grains assez gros : d'après les essais qui en ont été faits, ces grains contiennent 87 à 89 parties d'or sur 5 à 8 d'argent.

Depuis cette époque de nouvelles recherches ont été faites dans les différentes chaînes de montagnes de la Sibérie, et ont eu presque partout d'heureux résultats. Tout le versant oriental des seuls monts Ourals offre, sur une longueur de 600 kilomètres et une largeur de 20 à 30, ces précieux dépôts d'alluvions; il suffit de lever le gazon pour trouver, à peu de profondeur au-dessous du sol, de l'argile ou du sable contenant de l'or; il est vrai qu'il n'est pas partout assez abondant pour valoir la peine d'être exploité. La production moyenne annuelle des mines d'or de la Sibérie a été dans ces cinq dernières années de 30 à 32 mille kilogrammes, représentant 110 à 120 millions de francs. Les mines de MM. Demidoff occupent plus de 20,000 ouvriers; elles rapportaient en 1854, en or, platine, cuivre et fer, 15 à 18 millions de francs.

PROCÉDÉS D'EXPLOITATION DE L'OR EN SIBÉRIE. — Quand la localité paraît être riche en or, on y envoie des ouvriers sous la conduite d'un employé et de plusieurs inspecteurs; lorsque les apparences ne promettent pas une récolte durable, on se borne à construire une *iourte*, espèce de cabane pour les employés, qui y passent souvent plusieurs semaines comme dans un camp; et l'on établit dans le voisinage, avec des planches dont on s'est approvisionné, le lavoir, qui quelquefois n'est pas couvert. On fouille le dépôt, en ayant soin d'épuiser avec des pompes l'eau qui se présente, afin de parvenir plus facilement à la partie inférieure, toujours la plus riche. L'opération du lavage consiste à jeter d'abord le sable et le gravier sur un crible, formé d'une plaque de fonte percée de trous; on y fait passer un courant d'eau, et l'on agite les substances avec des pelles. Les plus gros cailloux restent dans le crible, et alors on cherche avec soin s'il ne s'y trouve pas de gros grains d'or. L'eau qui découle des cribles tombe sur le plancher du lavoir, qui est uni, large d'un mètre à 1ᵐ,50, long de 3 à 4 mètres; on y fait couler l'eau lentement, qui dépose d'abord les parties lourdes, puis les plus légères; souvent on place des planches en travers pour former plusieurs degrés, afin que le courant soit interrompu de temps en temps. Pendant cette opération, la masse reste intacte, et le plancher incliné n'est pas remué, afin que les particules lourdes contenant de l'or ne soient pas entraînées avec l'eau qui s'échappe. Après le premier lavage, la masse doit en subir un second, pour que l'on puisse recueillir les plus petites paillettes d'or. Cette dernière opération se fait au moyen de petits planchers, sur lesquels un seul ouvrier fait couler une moindre quantité d'eau, ce qui exige une adresse particulière. Ainsi il laisse les petits cailloux et le gravier fin suivre le cours de l'eau, mais il ramène avec une brosse les parties pesantes qui ne consistent plus qu'en fer magnétique et en poudre d'or, que l'on sépare aisément. On recueille le précieux métal, et on le renferme dans une boîte de fer, que l'on ferme en y mettant l'empreinte d'un cachet.

Ce moyen assez grossier a été remplacé, dans plusieurs localités, par une machine : au lieu de cribles, on emploie un gros cylindre en fer-blanc percé de trous, dans lequel on verse le gravier contenant de l'or, et qui tourne au moyen d'une roue mise en mouvement par une chute d'eau. L'eau nécessaire pour le lavage arrive dans l'intérieur du cylindre par une ouverture latérale. La terre lavée tombe également sur un plancher, mais les mains des ouvriers sont remplacées par des grattoirs en fer qui sont mus par la même roue hydraulique, et qui remuent fortement le sable arrosé constamment par un nouveau courant d'eau jusqu'à ce que toutes les parties légères soient entraînées et que les parcelles d'or se montrent.

OUVRIERS EMPLOYÉS DANS LES MINES. — Le nombre d'ouvriers employés dans les mines de la Sibérie s'élève à 120,000. Ce ne sont pas des esclaves, ainsi qu'on l'a répété par erreur; ce sont des individus formant une classe particulière d'habitants à la solde du gouvernement et des propriétaires. Chaque ouvrier a une tâche à remplir moyennant un salaire qui, à la vérité, est fixé par le propriétaire; mais la loi exige et le gouvernement a soin que ce salaire suffise, non-seulement pour nourrir l'ouvrier, mais toute sa famille, et que la tâche qu'il a à remplir soit proportionnée à ses forces, à son âge, et même au temps qu'il peut employer sans détruire sa santé. Il est vrai aussi que l'ouvrier ne peut changer de propriétaire, ni quitter son pays natal; mais aussi le propriétaire n'a pas le droit d'employer les ouvriers mineurs à autre chose qu'aux travaux des mines. Il y a cependant chez quelques propriétaires des ouvriers à d'autres conditions : ce sont ceux-là seulement que l'on pourrait, sous certains rapports, regarder comme des esclaves. Ils travaillent pour le propriétaire sans être payés, mais ils ne lui consacrent que trois jours de la semaine, et les quatre autres ils travaillent pour eux. Chez chaque propriétaire de mines il y a un ingénieur du gouvernement : il est en quelque sorte le médiateur entre le propriétaire et les ouvriers, et en même temps il est chargé de maintenir l'ordre et la police.

Les établissements métallurgiques (lavage d'or, exploitation des mines, conversion du minerai en métal, et mise en œuvre du métal obtenu) de l'Oural, appartenant à l'État, sont partagés en cinq arrondissements, qui fournissent du travail à plus de 30,000 individus des deux sexes. L'établissement de Bogoslovsk, qui n'est pas parmi les plus importants, occupe 4,000 ouvriers : il livre, année moyenne, au delà de 40 pouds d'or (à raison de 16 kilogrammes de France par poud), et près de 15,000 pouds de cuivre. Les ouvriers des établissements métallurgiques composent une classe à part, fixée sur le sol à perpétuité, et qui se recrute en partie dans la classe des paysans de la couronne, et en partie dans celle des jeunes soldats qui par une cause quelconque ont cessé d'être propres au service de l'armée. Tout homme désigné pour faire partie d'un de ces établissements, reçoit à son arrivée 30 roubles (120 fr.), pour frais de premier établissement. Aussitôt que son nom a été couché sur les contrôles de l'usine, lui et sa famille sont considérés comme en faisant partie intégrante. L'État leur fournit, en retour du travail, une subvention mensuelle en farine et en gruau, et un salaire quotidien. La ration de l'ouvrier est fixée pour les deux sexes à 2 pouds de farine par mois; chaque enfant reçoit un poud. Quant au salaire, il varie, d'après le genre de travail, entre 3 copeks (12 centimes) et 12 copeks (48 centimes). La journée de travail n'était que de dix heures, repas compris, il reste beaucoup de moments à l'ouvrier, et généralement il les utilise en travaillant pour son compte; aussi la plupart d'entre eux, et principalement les professions qui supposent un apprentissage prolongé (mouleurs, ciseleurs, machinistes, menuisiers, serruriers, etc.), habitent dans des maisons qui leur appartiennent en propre, et ils y vivent dans l'aisance. « Enfin, dit M. Castrèn, auquel nous empruntons ces détails, je tiens de source certaine que le travail dans l'intérieur des mines (ceci s'applique à l'établissement de Bogoslovsk, qui n'emploie pas de condamnés), bien loin d'être un objet de terreur, est au contraire recherché par les ouvriers, de préférence surtout au lavage de l'or, par la raison que les individus employés à cette dernière opération se trouvent dans la nécessité de s'éloigner à une grande distance, et pour plus ou moins longtemps, de leurs demeures; tandis que les mines, se trouvant à portée, donnent à l'ouvrier la faculté d'aller chaque jour retrouver sa famille, dès que l'heure de la cessation des travaux a sonné. »

ANIMAUX FOSSILES DE LA SIBÉRIE. — Des ossements de grands animaux fossiles, tels que des éléphants, des rhinocéros, des bœufs et des cerfs, se trouvent souvent mêlés dans les dépôts de transports aurifères sur les flancs des monts Ourals; ce qui indique, ainsi que l'a fait observer M. de Humboldt, que ces montagnes ont été soulevées à une époque géologique très-récente.

Ces restes organiques sont surtout en grande quantité dans les plaines septentrionales de la Sibérie, et principalement dans le lit et vers l'embouchure des rivières. L'éléphant fossile de ces régions a reçu le nom de *mammouth;* mais ce nom paraît devoir son origine à une faute d'écriture ou de lecture du mot *mammont,* qui est le nom que lui donnèrent les plus anciens savants qui en ont parlé, et entre autres Ludolf. Ses dépouilles nombreuses ont, dit-on, fait naître chez les Tatars, et même chez les Chinois, l'opinion que cet animal vit dans la terre et meurt dès qu'il voit la lumière : aussi son nom paraît-il être dérivé du mot tatar *mamma*, qui signifie *terre*. Quelque singulière que soit cette sorte de tradition qui s'est conservée chez ces peuples, elle ne l'est pas plus que l'idée qui s'est présentée à l'esprit de quelques savants qui, pour expliquer la présence de ces débris sur le sol glacé de la Sibérie, ont prétendu que c'étaient des restes d'éléphants égarés ou conduits par quelques conquérants de l'Asie jusque par delà les monts Altaï. Mais la découverte faite par le voyageur Pallas, en 1771, sur les bords du Viliouï, d'un rhinocéros avec sa chair, sa peau et son poil, et celle que fit en 1800 le voyageur anglais Adams sur les bords de l'Alascia, près de l'océan Glacial, d'un cadavre de mammont ou mammouth enseveli sous la glace et conservé dans un état aussi intact que le rhinocéros de Pallas, ont renversé ces hypothèses, et donné une idée exacte de la forme de ces animaux et des points par lesquels ils diffèrent des autres éléphants et rhinocéros.

Le mammouth est une espèce d'éléphant, mais différente des espèces vivantes; il se rapproche plutôt de l'éléphant des Indes que de celui d'Afrique. Il en diffère par les formes, généralement plus trapues, quoiqu'il soit un peu plus grand; ses défenses étaient très-longues, plus ou moins arquées en spirale et dirigées en dehors. Sa taille était d'environ 5 mètres de hauteur. Né pour les climats tempérés ou froids, il avait la peau couverte de longs poils; une longue crinière garnissait son cou. Ses défenses atteignaient quelquefois 4 mètres environ de longueur; leur ivoire égale en blancheur et en finesse celui de l'éléphant d'Afrique, mais il le surpasse en pesanteur et en dureté.

Le rhinocéros trouvé fossile en Sibérie est aussi une espèce particulière dont la grandeur excédait celle du rhinocéros d'Afrique. Sa tête était plus allongée, et son nez portait deux cornes. Le poil abondant dont il était couvert annonce qu'il pouvait, comme le mammont, vivre dans les régions les plus froides, bien qu'on trouve aussi de ses dépouilles dans les régions tempérées, telles que l'Allemagne, l'Angleterre et la France.

Un autre animal qui habitait jadis la Sibérie, mais dont les restes y sont rares, est celui que l'on a appelé *elasmotherium.* Il ne se rapporte à aucun genre vivant. Suivant le savant G. Cuvier, il devait se nourrir de graminées, et tenir à la fois de l'éléphant, du cheval et du rhinocéros, dont il avait à peu près la taille.

Découverte d'un animal fossile dans les monts Sayanskié.

CAVERNES A OSSEMENTS DE LA SIBÉRIE. — Dans les monts Altaï, sur les bords du Tcharich, on a signalé depuis peu l'existence de cavernes contenant un dépôt de transport rempli d'ossements fossiles. Ces cavernes ne sont pas aussi étendues que celles que l'on connaît en Allemagne, en France et en Angleterre. La plus proche de la mine de Tchaghir se trouve sur la rive droite du Tcharich, vis-à-vis la petite ville de ce nom : elle a deux entrées latérales, l'une à 40 mètres au-dessus du niveau de la rivière, et l'autre un peu plus bas. Sa longueur est de 40 mètres, sa hauteur de 65 centimètres à 4 mètres et sa largeur de 50 centimètres à 2 mètres. Il n'est pas probable que cette caverne, qui d'ailleurs est dépourvue de stalactites, renferme des ossements : on sait qu'en général ces débris organiques ne doivent leur conservation qu'à la présence des concrétions calcaires qui se forment sur le sol et les préservent de la décomposition. La seconde, à 4 kilomètres au-dessous de la première, a son entrée sur les flancs escarpés d'un rocher, à 100 mètres au-dessus du niveau de la rivière, et à 10 ou 12 au-dessous du sommet de la montagne. On lui donne le nom de caverne de Khankhara, d'une petite rivière qui se jette dans le Tcharich. Elle a 2 à 3 mètres de largeur, autant de hauteur, et 50 mètres de longueur. Cette caverne, qui a été fouillée par les paysans qui y ont cherché des trésors comme dans la précédente, montre encore des stalactites qui se forment tous les jours. Elle est remarquable par la grande quantité d'ossements qui s'y trouvent. Ils paraissent appartenir à des bœufs et à des chevaux qui ne semblent pas être des mêmes espèces que celles qui vivent en Sibérie ; on y a signalé aussi des débris de putois, de gerboise, d'hyène, de cerf, de hérisson et de rhinocéros.

LES STEPPES DE LA SIBÉRIE. — Après avoir décrit les montagnes de la Sibérie, il faut considérer ses vastes plaines nommées *steppes*, qui en occupent une grande partie. Elles diffèrent entre elles d'aspect et de nature ; ici elles ressemblent à des savanes américaines : on y voit de vastes pâturages couverts d'herbes abondantes et élevées ; en d'autres endroits elles sont d'une nature saline : le sol s'y montre comme une efflorescence sur la terre même, ou se rassemble dans des mares et des lacs. En général, les steppes renferment beaucoup de lacs, parce que les eaux, n'y trouvant aucune pente, sont forcées de rester stagnantes.

Entre le cours du Tobol, à l'ouest, et celui de l'Irtyche, à l'est, s'étendent, sur une longueur de 3,000 kilomètres, des plaines arides connues sous le nom de *steppe d'Ichim*. Cette steppe est parsemée de bruyères sablonneuses et de nombreux lacs sans écoulement, les uns remplis d'eau douce, et les autres d'eau salée. A l'est elle joint la steppe de *Baraba*. Celle-ci, qui porte aussi le nom de *Barabin* ou *Barama*, se prolonge entre l'Irtyche et l'Obi, qui la bornent du côté de l'ouest et de l'est ; elle touche du côté du sud aux montagnes du Petit-Altaï, et vers le nord elle est bornée par les rivières de Tara et de Toui. Sa longueur est de 550 kilomètres sur 320 à 380 de largeur.

C'est dans ces steppes que se trouve cette région de petits lacs dont nous avons parlé, qui comprend le groupe de Balek-koul et celui de Koumkoul, dont l'ensemble indique une antique communication d'une masse d'eau avec le lac Ak-Sakal, qui reçoit le Tourgaï et le Kamichloï-Irghiz, ainsi qu'avec le lac Aral.

La steppe d'Ichim est arrosée par plusieurs rivières, entre autres par l'Abouga, dont les eaux contiennent, dit-on, tant d'alun, que peu d'animaux peuvent en boire ; par l'Ichim et ses affluents, et par d'autres cours d'eau qui se perdent dans les sables. La steppe de Baraba est traversée par un plus grand nombre de rivières, telles que le Tchoulym, l'Idjim, la Tara, le Kam et l'Om ; parmi les lacs qu'elle renferme, les plus considérables sont le Karasouk, le Tchany, le Yamich et le Topolny, la plupart salés. Cette steppe est boisée : sa plus importante forêt est l'Ourman ; on y voit aussi s'élever çà et là des bouquets de bouleaux. Vers son centre le sol est fertile et le sous-sol argileux. Dans quelques endroits, il est élevé et sec ; dans d'autres, marécageux et couvert de roseaux ; dans d'autres enfin, il est couvert d'efflorescences salines. En général les marais

Pêche aux phoques dans le lac Baïkal.

diminuent chaque année par les soins des colonies russes qui s'y sont établies. La steppe d'Ichim présente aussi quelquefois, mais rarement, le même aspect. On trouve dans toutes les deux plusieurs tombeaux qui renferment des restes de chefs de tribus tatares ou mongoles.

Entre l'Obi et l'Ieniseï, une contrée montagneuse sépare la rivière de *Tchoulym* de l'Ieniseï, et l'oblige de couler vers l'Obi. Mais cette hauteur semble disparaître aux environs de la ville d'Ieniseï, et quelques groupes de collines, dans le sud-ouest du district de Mangascïa, d'où découlent de petites rivières vers l'océan Glacial, ne sont plus que des îles au milieu de cette vaste plaine marécageuse qui s'étend entre le bas Obi et le bas Ieniseï; région affreuse où le sol n'est qu'une boue presque toujours gelée, couverte çà et là de quelques plantes languissantes et d'un tapis de mousses. Cette plaine n'est pas cependant un marais continuel; les falaises assez élevées qui bordent l'Obi montrent à découvert des couches horizontales de pierres argileuses qui sans doute composent en grande partie la base du sol.

Le golfe de Kara, dans lequel se jette la rivière de ce nom, qui prend sa source à l'extrémité des monts Ourals et qui sépare l'Asie de l'Europe, forme, dans l'océan Glacial, la limite des terres appartenant à ces deux parties du monde, de manière à laisser à l'Europe l'île de Vaigatch et la Nouvelle-Zemlie.

La contrée entre l'Ieniseï et la Lena est désignée par les Russes sous le nom de *steppe*, terme vague qui sert souvent à déguiser l'ignorance des voyageurs. Il paraît qu'il y a en effet beaucoup de parties marécageuses et plates, mais il y en a d'autres qui peuvent mériter le nom de contrées montueuses. La Lena est bordée à l'ouest d'une hauteur continuelle qui, près du confluent de Viliouï, présente des couches horizontales d'un schiste sablonneux et calcaire, et des lits d'argile contenant des pyrites. Une autre contrée élevée se trouve au nord-est de la basse Toungouska, et donne naissance aux rivières d'Olenek, d'Anabara et de Khatanga, qui s'écoulent dans l'océan Glacial. Enfin, le pays compris entre l'Ie-

niseï, l'Angara (ou haute Toungouska) et la basse Toungouska, présente une élévation singulièrement remarquable, où l'on voit, comme suspendu au sein des collines rocailleuses, le grand marais de *Lis*, presque égal en étendue au lac Ladoga.

FLEUVES ET RIVIÈRES. — Nous savons déjà que les fleuves de la Sibérie sont au nombre des plus considérables de l'Asie; mais ils roulent à travers des plaines désertes et souvent glacées. Une vaste nappe d'eau qui borde tantôt une sombre forêt, tantôt un triste marécage; quelques ossements fossiles d'éléphants mis à découvert par les hautes eaux, quelques canots de pêcheurs errant à côté d'innombrables troupes d'oiseaux aquatiques, ou le paisible castor élevant sa bâtisse industrieuse sans craindre les poursuites de l'homme; voilà tout ce qu'un fleuve de Sibérie peut offrir de remarquable. Des hordes sauvages, et leurs conquérants peu instruits, ont appliqué à ces grands courants d'eau des noms dont le hasard seul déterminait la signification. Ainsi, l'*Irtyche*, qui est réellement le fleuve principal du système dont il fait partie, a été dépouillé de son rang et considéré comme une rivière tributaire de l'Obi. L'Irtyche erre longtemps sur le plateau de la Kalmoukie, traverse le grand lac Dzaïsang, et descend par une gorge du Petit-Altaï; il a déjà fait 450 kilomètres dans l'empire chinois avant d'arriver sur le territoire russe. Navigable depuis le Dzaïsang, sa largeur varie de 200 à 400 mètres.

Cette rivière parcourt, avec ses sinuosités, une longueur de 1,800 kilomètres dans la Sibérie : ainsi, en y ajoutant celle de son cours dans l'empire chinois, on voit qu'elle occupe une étendue totale de 2,250 kilomètres. Sur sa rive droite, les principales rivières sibériennes qu'elle reçoit sont la *Boukhtorma*, l'*Ouba*, l'*Oulba*, l'*Om*, le *Chich*, la *Demianka*, la *Tara* et le *Toui*; sur sa gauche, le *Tchar-Gourban*, le *Toundouk*, l'*Ichim*, le *Vagaï*, le *Tobol* et la *Konda*. L'Ichim a plus de 2,000 kilomètres de cours, et le Tobol plus de 1,000. Des bancs de sable et des îles qui sont inondées au printemps, et qui souvent disparaissent et sont remplacées par d'autres, rendent le cours de l'Irtyche dangereux et irrégulier. Ses eaux passent pour légères; mais ce qu'il y a de certain, c'est qu'elles sont très-poissonneuses et qu'elles abondent en esturgeons.

L'*Ob* ou l'*Obi* (1) se forme de la réunion de la *Katounia* et de la *Biia*. La première, sous le nom de *Tchouia*, prend sa source dans le Petit-Altaï; la seconde sort du lac *Teletzkoï* ou *Altün;* mais le *Tchabekan* ou *Dzabkan*, qui est le principal affluent du lac, nous paraît devoir être considéré comme la source de l'Obi. Ce fleuve est presque doublé par sa réunion avec l'Irtyche. Il forme à son embouchure un vaste golfe. Il est navigable presque jusqu'au lac Altün. Il abonde en poissons, mais l'esturgeon de l'Irtyche est le plus estimé; l'eau de l'Irtyche est plus claire. Lorsque l'Obi a été gelé pendant quelque temps, l'eau en devient sale et fétide; ce qui est dû à la lenteur de son cours et aux vastes marécages qu'il rencontre sur son passage; mais il se purifie au printemps par la fonte des neiges.

Depuis le lac de Tchabekan, l'Obi a, jusqu'à l'océan Glacial, près de 3,000 kilomètres de longueur. Ses principaux affluents sont le *Tchoumych*, l'*Inia*, le *Tom*, le *Tchoulim*, le *Ket*, le *Tym* et le *Vakh*, sur sa rive droite; et sur sa rive gauche, le *Tcharich*, le *Vasiougan*, le *Salym* et la *Sozva*. Il est très-rapide; sa navigation est même entravée par plusieurs cataractes. Les Tatars le nomment *Oumar*, et les Ostiaks *Emé* et *Ossé*.

Après l'Obi, nous devons nommer l'*Ienisei* (2), qui est plus large, plus majestueux et plus long. Il se forme dans les montagnes à l'ouest du lac Koussougoul, par la jonction des rivières de *Chichkit* et de *Beikel;* il dirige ensuite son cours presque directement au nord, dans l'océan Arctique. Cependant on pourrait, avec quelque raison, considérer l'Ieniseï supérieur comme un affluent de l'*Angara* ou de la *haute Toungouska*, qui, venant du lac Baïkal, s'unit à lui, mais le surpasse en importance et en longueur; de manière qu'on conserverait à ce fleuve le nom d'Angara jusqu'à son embouchure dans l'océan Arctique.

L'Ieniseï, considéré comme portant à son origine le nom de Chichkit, est un des plus grands fleuves de la Sibérie. La totalité de son cours est de 3,500 kilomètres, dont 600 appartiennent au territoire chinois. Sur sa rive gauche il a peu d'affluents : les plus considérables sont l'*Abakhan*, l'*Ielagoui* et la *Touroukha*, tous trois longs de 300 à 320 kilomètres. Sur sa droite ils sont plus importants et plus nombreux : ainsi, l'*Angara* ou la *Toungouska supérieure* (*Verkhniaïa Toungouska*), qui sort du lac Baïkal, n'a pas moins de 1,440 kilomètres; la *Toungouska moyenne* (*Srednaïa Toungouska*), qui a aussi reçu en russe le surnom de *Pod Kamenaïa*, c'est-à-dire *qui coule sous des pierres*, a plus de 800 kilomètres; la *Bakhta*, qui sort du lac Aii, a a 600; enfin la *Toungouska inférieure* (*Nijniaïa Toungouska*) a plus de 1,620 kilomètres.

L'*Angara* a les eaux tellement claires, que l'on aperçoit les cailloux qui sont au fond à plusieurs brasses de profondeur. A la sortie du lac Baïkal, son lit, généralement de 200 à 400 mètres de largeur, se trouve, pendant l'espace de deux kilomètres, tellement resserré entre les rochers, que les plus petits bateaux ne peuvent y passer qu'avec précaution. Les eaux, en se brisant contre les pierres, font un bruit semblable à celui des vagues de la mer agitée.

La *Selenga* coule dans le lac Baïkal, après avoir reçu à sa droite l'*Orkhon*, qui a environ 400 kilomètres de cours, le *Klilok*, qui en a 600, et d'autres rivières, parmi lesquelles il en est qui sont larges de 300 mètres; elle coule lentement sur un plateau de rochers.

Le dernier des grands fleuves de ces contrées est la *Lena*, qui prend sa source à l'occident du lac Baïkal, après avoir reçu le *Vitim* et l'*Olekma*, qui viennent des monts Daouriens; il poursuit son cours jusque près d'Iakoutsk, du sud-ouest au nord-est; direction extrêmement utile, puisqu'elle fournit une navigation sûre jusque dans des contrées très-éloignées. Depuis Iakoutsk, son cours se dirige presque directement au nord. Il reçoit l'*Aldan* de l'est, et le *Viliouï* de l'ouest. Son lit est très-large, et embrasse une grande quantité d'îles. Les voyageurs, en passant par la Lena, remontent l'Aldan, descendent les rivières de Maïa et d'Iadoma, et achèvent ainsi leur route à pied sur les bords de l'océan Oriental.

Le nom de ce fleuve, qui signifie *la paresseuse*, indique assez la lenteur de son cours sinueux, qui n'a pas moins de 2,700 kilomètres de longueur. Son lit est en général large et profond; mais la navigation y est entravée par des îles, des bancs de sable, et même par des glaces pendant une grande partie de l'année. Parmi ses affluents, il en est quelques-uns de remarquables : sur sa droite le Vitim, renommé par les belles martres zibelines que l'on chasse près de ses rives, a plus de 800 kilomètres de longueur; l'Olekma est à peu près de la même étendue; l'Aldan en a 1,120; sur sa gauche, le Viliouï est la seule rivière importante : elle a près de 1,000 kilomètres de cours.

Parmi les autres rivières ou fleuves qui s'écoulent dans l'océan Glacial, on remarque encore le *Taz*, qui se jette dans la baie appelée *Tazorskaïa*, après avoir parcouru une longueur d'environ 400 kilomètres; la *Piasina*, qui sort du lac Piasino pour aller se jeter dans l'Océan par une large embouchure, après un cours de 400 kilomètres; le *Khatanga*, qui se jette dans une baie de 60 à 70 kilomètres de largeur, après en avoir parcouru plus de 800; l'*Anabara*, qui a environ 640 kilomètres; entre ce petit fleuve et la Lena, l'*Olenek*, qui a près de 1,200 kilomètres de longueur; la *Iana*, qui en a environ 800; l'*Indighirka*, ou *Kolyma de l'ouest* (*Zapadnaïa-Kolyma*), dont le cours, long d'environ 1,200 kilomètres, arrose des plaines stériles et presque toujours glacées; l'*Alazeïa*, rivière de plus de 400 kilomètres de cours; et la *Kovima*, ou *Kolyma de l'est*, fleuve très-poissonneux, et long de 1,480 kilomètres.

Les côtes orientales de la Sibérie, coupées à pic sur l'Océan, n'émettent aucune rivière remarquable, si ce n'est l'*Anadir*, qui avec ses détours est un cours d'eau de 560 kilomètres de longueur.

LACS DE LA SIBÉRIE. — La Sibérie ne manque pas de lacs : celui de *Baïkal* est, après celui d'Aral, un des plus grands de l'ancien continent. Sur une longueur de 600 verstes (1) (640 kilom.) on lui donne en largeur 30 à 80 verstes (31 à 85 kilomètres), et sa circonférence est de 1,865 verstes (1,987 kilomètres). Sa profondeur varie de 140 à 160, et, en quelques endroits, de 400 mètres. L'aspect de ce lac, en venant d'Irkoutsk, est très-imposant. Son nom paraît dériver de la langue des Yakoutes, dans laquelle *baï* signifie riche, et *kel* lac. Les Bouriètes l'appellent *dalaï*, et les Toungouses *lam*, noms qui, chez ces deux peuples, veulent dire *mer*. Autrefois les Russes le nommaient *Velikoé ozero* (grand lac); aujourd'hui ils l'appellent *Sviatoïe more* (mer Sainte), dénomination qui paraît lui venir d'un rocher de l'île d'*Olkhon* sur lequel les Bouriètes offrent des sacrifices et pour lequel ils ont un respect religieux, parce qu'ils croient que cette île est le séjour d'une divinité inférieure nommée *Begdzi*. Ce rocher granitique a 2 mètres de hauteur et 14 de circonférence; l'île à laquelle il appartient a 70 kilomètres de longueur et 25 de largeur : elle est remplie de sources : quelques parties fournissent de bons bois de construction, et elle est habitée par une tribu mongole appelée les Bargou-Bouriètes, qui cultivent la terre, élèvent de beaux bestiaux et se livrent à la pêche et surtout à la chasse aux loups, aux lièvres et aux écureuils, qui y abondent. Cette île est la plus grande du lac; les autres sont *Bougoutchinsk*, *List vianitch'noï* (l'île des mélèzes), deux appelées *Ouchkan'ï* (les anses), deux autres nommées *Nerpetchi* (les phoques), et trois, *Tchirirkouiskié*. Ces îles sont longues de 4 à 8 kilomètres, et larges de 2 à 4 kilomètres. Il y en a plusieurs autres, mais plus petites et inhabitées, fréquentées seulement par les pêcheurs et les chasseurs. On compte sur les bords du lac plus de 80 caps et autant de baies et d'anses. Les côtes septentrionales sont bordées de rochers escarpés formés de schistes argileux, de serpentines, de grès et de calcaires; à l'ouest s'élève une chaîne de montagnes qui s'abaissent devant l'île d'Olkhon, et présentent de vertes prairies; au sud ce sont des monts boisés et moins escarpés; de là jusqu'à l'embouchure de la Selenga, la plaine recommence, et offre çà et là des bouquets d'arbres; ensuite de hauts rochers se succèdent sans interruption jusqu'à Bargouzine, près de l'embouchure de la rivière de ce nom, longue de près de 400 kilomètres, et forment de grands caps et des baies profondes; ils sont suivis d'une plaine de 50 kilomètres de longueur, dans laquelle campent les Bouriètes; au delà de cette plaine, des montagnes escarpées recommencent jusqu'à l'embouchure d'une rivière appelée *Angara supérieure* : elle a 330 kilomètres de cours.

Outre les trois grandes rivières que nous venons de nommer, le lac Baïkal en reçoit plusieurs autres moins considérables, telles que la *Snéjania* (la neigeuse), la *Slioudenka* (la pierre spéculaire), la *Bolchaïa* (la grande), la *Boulgodeikha*, la *Galsoustna*, etc., et plus de 160 ruisseaux et torrents formés par les sources innombrables que renferment les montagnes. Ce lac, malgré la grande quantité d'eau qu'il reçoit, n'a d'autre écoulement que l'Angara inférieure, et cependant sa masse d'eau diminue plutôt qu'elle n'augmente. Ses eaux sont douces et d'une grande transparence : ce qui n'est point en rapport avec l'idée de mer que les Russes lui donnent; toutefois, comme s'il était le reste d'une antique Caspienne, il nourrit plusieurs animaux marins, entre autres des phoques de l'espèce appelée *nerpa* en Sibérie, et qu'un naturaliste russe a nommée *phoca sericea*, espèce qui se distingue de toutes les autres par sa couleur argentée. On y trouve aussi une espèce particulière d'éponge (*spongia baicalensis*); des esturgeons que l'on ne pêche partout ailleurs que dans les cours d'eau qui communiquent avec des mers : l'un est l'esturgeon commun, et l'autre le sterlet; enfin une quantité incroyable d'*omouli* (*salmo autumnalis* ou *migratorius*), poissons que Pallas regarde comme originaires de l'océan Glacial. Les poissons d'eau douce qu'il nourrit sont la truite (*salmo fario*),

---

(1) *Obi* en russe, *Kolta* en samoïède, *Iag* en ostiak, *Oumar* en tatar.

(2) *Ienisei* en russe, *Iehanneses* en toungouse, *Kem* en mongol et tatar, *Guk* et *Chosck* en ostiak.

---

(1) Le verste russe vaut 1067 mètres.

la truite saumonée (*salmo fluriatilis*), le sig ou lavaret (*salmo lavaretus*), le thym (*salmo thymathus*), la tanche (*salmo caregonoides*), une autre espèce appelée poisson rouge (*salmo salar*, ou *erythrinus*), ainsi qu'un poisson particulier appelé par Pallas *salmjienka*, et par M. Klaproth *golomenka; il a reçu dans la science le nom de *callyonymus baicalensis*. « Ce poisson, dit Pallas, ressemble parfaitement à un peloton de graisse. Lorsqu'on le met sur le gril, la graisse huileuse dont il est rempli se fond de manière qu'il ne reste plus que les arêtes. On ne le prend jamais dans les filets, et on ne l'a jamais vu en vie. On présume avec assez de vraisemblance qu'il se tient dans des gouffres, au centre du lac et dans plusieurs places sur les rives escarpées situées au nord, où l'on a sondé en vain 3 à 400 brasses sans trouver le fond. Il serait difficile d'assigner les causes qui jettent ces poissons à la surface des eaux. C'est ordinairement en été, pendant les gros vents qui viennent des montagnes ou les ouragans qui partent du nord, que ces poissons sont poussés sur le rivage. Lorsque le lac a été agité par des tempêtes, on les voit en si grande quantité sur l'eau, qu'ils forment dans de certaines années un parapet sur la côte. C'est une excellente récolte pour les habitants : ils en tirent une huile qu'ils vendent aux Chinois. » Les flots du lac rejettent, en quelques endroits, une espèce de bitume appelée *goudron de montagne*, et selon d'autres *cire de mer*, et dont on se sert dans quelques maladies. Le lac n'est pris de glace que vers Noël, et dégèle vers le commencement du mois de mai. De hautes pyramides de glace se forment principalement en novembre et décembre sur les bancs de sable et entre les rochers, et rendent le lac inabordable. A cette époque il présente dans un endroit une surface gelée de 200 verstes (203 kilomètres) de longueur. Il éprouve des mouvements extraordinaires ; un vent modéré le met parfois en fureur, tandis que dans un autre temps il est à peine ému par le plus violent orage. Il bouillonne quelquefois intérieurement, et alors, quoique sa surface soit unie comme une glace, les vaisseaux y éprouvent des secousses très-incommodes. Pendant les tempêtes, les vagues s'y élèvent jusqu'à la hauteur de 40 mètres. Sa profondeur n'a point encore été mesurée : ce n'est que par quelques sondages qu'on la suppose de 450 à 580 sagènes (960 à 1,237 mètres). Le Baïkal paraît devoir son origine à un affaissement volcanique analogue à celui qui a formé la mer Caspienne. Ce qui le prouve, ce sont les montagnes qui l'entourent, les sources thermales qui se trouvent dans ses environs, et les tremblements de terre qui, chaque année, soulèvent la contrée qui l'entoure, et qui peut-être sont la principale cause de l'agitation subite qu'offrent souvent ses eaux.

Les lacs de la Sibérie occidentale se font moins remarquer par leur étendue que par leur grand nombre. Le lac *Tchany*, long de plus de 120 kilomètres, et en quelques endroits large de 90, se trouve dans une partie de la *steppe de Baraba*, et appartient à cette *région de lacs* dont nous avons déjà parlé. Ce lac pourrait même être considéré comme presque deux fois plus considérable, puisqu'il communique à l'ouest avec le lac Soumy, qui a 80 kilomètres de longueur sur 50 à 80 de largeur. Le lac *Kolyvan*, au pied de l'Altaï, est un des plus importants de cette région montagneuse. La steppe d'*Ichim* renferme aussi un grand nombre de lacs, parmi lesquels celui de *Balch-koul* et celui de *Koum-koul* sont les plus considérables. Le nombre de petits lacs est énorme sur le pied oriental des monts Ourals : dans l'espace de 400 kilomètres de long et de 120 de large, depuis les bords de l'*Ouï* jusqu'aux sources de la *Toura*, on ne voit que des lacs, l'on en compte certainement au moins une centaine.

Les lacs salés n'appartiennent pas exclusivement aux steppes sablonneuses de la partie méridionale ; il s'en trouve dans les hautes et froides montagnes de la Daourie ; il s'en trouve dans les marais glacés du rivage septentrional. Ce qu'il y a de plus étonnant, c'est que les lacs d'eau douce subissent des changements et deviennent salés. On en peut citer comme exemple le lac de *Scidiaischevo*, dans l'ancien district d'Iset, et le bourg de *Tomliazk* et la forteresse de *Zvérinogolofskaïa* : ce lac était autrefois rempli d'eau douce, très-basse et très-poissonneuse ; tout à coup la profondeur a augmenté ; les eaux sont devenues saumâtres ; les brochets qui y abondaient sont morts ; une forêt voisine y a été engloutie à moitié : il est seulement à regretter que ces phénomènes singuliers n'aient été observés de près que par quelques Tatars. Le savant Sokolof a donné une description intéressante de ces lacs salés. Ils se trouvent épars au milieu d'un grand nombre de lacs d'eau douce ; ils perdent de leur salure ; car on en connaît plusieurs dans lesquels le sel cristallisait autrefois, et où il ne se trouve à présent que dans l'état de dissolution. Les uns ne contiennent que du sel marin, et il y a des lacs dont les eaux en sont imprégnées jusqu'à saturation ; dans les autres on ne voit se former que du sel amer ou sel de Glauber (sulfate de soude), qui ne se coagule pas en cristaux, mais seulement en grains ronds. On trouve d'autres lacs salés dans la steppe d'Ichim ; celui d'*Ebélei* ou de *Biéloï* est un des plus abondants ; il est situé près des sources du Tobol ; il fournit aux Bachkirs du sel assez beau. Les Kirghiz viennent se baigner dans ce lac pendant l'été, quand la chaleur des eaux a fait fondre le sel ; ils croient y trouver le remède de plusieurs maladies. Entre le Tobol et l'Irtyche, dans le district d'Ichim, on trouve également des lacs salés et amers. Dans le milieu de la steppe de Baraba, on voit, entre autres, le célèbre lac d'*Iamich*, dont le circuit est de 10 verstes, 10,670 mètres ou 10,67 kilomètres ; le sel y est extrêmement blanc, et ne se forme qu'en cristaux cubiques ; la quantité diminue.

Dans la Sibérie orientale, les lacs salés sont un peu moins abondants ; cependant, depuis Irkoutsk jusque vers Iakoutsk, les montagnes sont remplies de sources salées, et ces sources forment des lacs en plus d'un endroit. Celui de *Selenghenskoï*, qui paraît être le même que celui de *Gousinoë*, donne un sel amer ; les sources qui s'y écoulent sont douces, et l'origine de la muire ou eau saturée paraît être dans la vase bleue qui en occupe le fond.

Le lac *Natreux* de la Daourie, près de Koudoun, n'est pas le seul de son espèce ; on en trouve d'autres dans différentes parties de la Sibérie.

Le lac *Mugissant* ou *Boulamy-koul* se trouve à peu de distance de la petite rivière d'Ouibat, qui s'écoule dans l'Abakhan ; au rapport des Tatars qui habitent ses environs, on y entend des hurlements épouvantables, qui annoncent des révolutions dans l'intérieur de la terre, semblables à celles qui ont fait écrouler les digues qui resserraient le lac de *Gousinoë*.

La Sibérie possède plusieurs eaux minérales, surtout dans les montagnes altaïques et daouriennes. La chaîne des Ourals, près Iekaterinbourg, donne naissance à des sources vitrioliques ou ferrugineuses. Des sources imprégnées de naphte et de pétrole se trouvent dans les environs du lac Baïkal. Indépendamment de plusieurs sources sulfureuses, on a découvert depuis longtemps, sur la rive nord-ouest du lac, près des bouches de la grande et de la petite *Kotelnikof*, des sources bouillantes dont on ne fait pas usage à cause de la difficulté d'y arriver par terre. Les sources chaudes situées près de l'embouchure du *Tourki* ou *Tourka*, sont appelées eaux de Tourninok ou eaux de Borgouzine ; on les emploie dans plusieurs maladies. Cette contrée est remplie de sources chaudes ; mais les plus fameuses sont celles du Kamtchatka. Les bains qui ont été construits par la libéralité de M. Kocheleff, pour l'avantage des Kamtchadales, sont formés par une cascade rapide qui tombe de près de 100 mètres de hauteur. Le courant d'eau a environ 50 centimètres de profondeur et près de 2 mètres de largeur. L'eau est extrêmement chaude, et paraît contenir une grande quantité de sulfate de fer et de nitrate de potasse, mêlé avec le carbonate. A l'occident du golfe Penjina, est une source d'eau chaude très-considérable, qui tombe dans la rivière de Tavatona, et d'où s'élèvent des nuages de vapeur.

CLIMAT DE LA SIBÉRIE. — A présent que nous connaissons le sol de la Sibérie, nous ne serons pas étonnés d'apprendre que le climat physique n'y répond pas aux latitudes astronomiques. Les trois quarts de ce pays se trouvent à la latitude de la Norvége et de la Laponie ; une partie de la province de Kolyvan et la contrée voisine du lac Baïkal sont sur la même ligne que Londres, Berlin et le nord de la France. Mais la température des contrées les plus heureuses de la Sibérie n'est nullement comparable à celle de la Norvége ; le froid, dans la partie septentrionale, est infiniment plus vif et plus continuel que celui de la Laponie, et on éprouve quelquefois cette même intensité du froid dans les montagnes méridionales à 50-55 degrés de latitude. L'hiver dure, presque dans toute la Sibérie, neuf à dix mois ; la neige commence à tomber dès le mois de septembre, et il n'est pas rare d'en voir tomber au mois de mai. Lorsque les blés ne sont pas mûrs en août, ils sont regardés comme perdus ; la neige les couvre souvent avant qu'on ait pu les récolter. A l'est du fleuve d'Ieniseï et au nord du Baïkal, l'agriculture est à peu près inconnue. Dans les vastes marais que traverse l'Obi vers la dernière partie de son cours, le dégel ne pénètre qu'à 30 centimètres environ ; près Iakoutsk, à 60 degrés de latitude, Gmelin ayant fait fouiller la terre le 28 juin, la trouva encore gelée jusqu'à plus d'un mètre de profondeur. Les habitants du bourg d'Argoun, à 50 degrés de latitude, disent que leurs terres, en beaucoup d'endroits, ne dégèlent que d'une aune et demie ; le froid intérieur empêche de creuser des fontaines. A Krasnojarsk, par 56 degrés de latitude, Pallas a vu le mercure se congeler et devenir malléable.

Ce n'est pas à l'élévation du sol que l'on doit attribuer le froid hivernal qui règne dans le nord de l'Asie, puisque la moyenne des observations barométriques, depuis la steppe des Kirghises jusque dans les plaines du haut Irtyche, donne la hauteur de 400 à 500 mètres au-dessus du niveau de l'Océan. Dans les basses régions du Ieniseï, le sol n'est pas à plus de 80 ou 100 mètres. Au nord de l'Altaï, il ne paraît pas devoir être plus élevé ; mais ce qui peut contribuer à y rendre le froid plus intense, c'est qu'en Sibérie aucune chaîne de montagnes ne modère l'influence des vents qui soufflent de l'océan Glacial.

De là viennent en partie les différences que l'on remarque dans la température moyenne de plusieurs villes d'Europe et de la Sibérie sous les mêmes parallèles, différences qui sont telles que des cités européennes plus septentrionales que Tobolsk jouissent d'un climat plus doux (1).

Le froid qui règne constamment et à une assez grande profondeur dans le sol de la Sibérie a été constaté dans ces dernières années par plusieurs savants. Pendant les mois de juillet et d'août, lorsqu'à midi la température était de 5 à 30° 7, M. de Humboldt a trouvé, entre le couvent d'Abalak et la ville de Tara, c'est-à-dire sous les parallèles du nord de l'Angleterre et de l'Écosse, quatre puits peu profonds sans restes de glaces sur leurs bords, dont l'eau était à la température de 1 à 2 degrés au-dessus de zéro. Entre Tomsk et Krasnoïarsk, sur le chemin de Tobolsk à Irkoutsk et par 56 degrés de latitude, M. Ad. Erman trouva les sources à environ 3 degrés au-dessus de zéro, quand l'atmosphère était refroidie jusqu'à 24° 2 au-dessous de zéro. Mais à quelques degrés plus au nord, la température moyenne de l'année est à peine de 1° 4 au-dessous de zéro, et au delà du 62ᵉ parallèle le sol reste gelé pendant toute l'année à 12 ou 15 pieds de profondeur. A Bogoslovsk, M. Begor, ingénieur des mines, fit creuser un puits dans un sol tourbeux, vers le milieu de l'été, en présence de M. de Humboldt, qui trouva, à 2 mètres de profondeur, une couche de terre congelée épaisse de plus de 3 mètres. A Iakoutsk, la glace souterraine est un phénomène perpétuel, malgré les grandes chaleurs de l'été. D'après cette basse température du sol dans ces différentes latitudes, on peut concevoir combien doit être considérable la couche de terre congelée au delà du 62ᵉ parallèle.

Les chaleurs de l'été sont, dans toute la Sibérie, courtes, mais très-fortes et subites. Près de Iakoutsk, les Toungouses vont souvent nus en été. Les blés et les autres végétaux croissent, pour ainsi dire, à vue d'œil. Mais près de l'océan Glacial les rayons du soleil continuent en vain à échauffer jour et nuit un sol condamné à des gelées éternelles ; au milieu même de ce long jour du cercle polaire, un vent du nord suffit pour couvrir les eaux d'une légère croûte de glace, et pour teindre le feuillage des plantes en jaune et rouge. Les végétaux n'y vivent souvent que peu de jours, et dans ce court espace de temps ils fleurissent et donnent de la graine. Ils croissent quelquefois dans les marais, où, en soulevant la mousse, on trouve en tout temps de la glace pure, comme on vient de le voir.

Il est à remarquer qu'à Iakoutsk le thermomètre de Réaumur descend en hiver à 51 degrés, et qu'il monte à 38 en été.

Les orages sont très-fréquents dans la partie méridionale parmi les montagnes ; au contraire, sur les bords de l'océan Glacial, on n'entend qu'à peine le tonnerre, quoiqu'on voie très-distinctement les éclairs. Dans les contrées inférieures du Ieniseï, près de l'Océan, on aperçoit, depuis le commencement d'octobre jusque vers Noël, beaucoup d'aurores boréales ; nulle part ce brillant phénomène ne se montre avec plus de magnificence.

Encore si ce climat rigoureux, en bannissant le luxe des arts et les douceurs de la vie, assurait en revanche aux Sibériens le privilége de ces anciens Hyperboréens qui, ignorant les maladies, ne mouraient que de lassitude ! Mais le climat de ce pays, quoique en général favorable à l'espèce humaine, n'exclut pas certaines causes d'épidémies. Les éternels brouillards qui couvrent les côtes orientales et septentrionales de la Sibérie, y perpétuent le scorbut. On dit que les peuples chasseurs s'en garantissent en buvant tout chaud le sang des animaux qu'ils viennent de tuer. Des brouillards non moins épais, non moins infects, règnent dans la steppe de Baraba ; aussi les habitants paraissent-ils tous cacochymes. Dans les montagnes de la Daourie, et aux environs de Nertchinsk, l'air enfermé dans des vallées étroites, et peut-être vicié par des exhalaisons métalliques, produit des fièvres, l'épilepsie et le scorbut. Dans toutes les steppes, le bétail, et plus encore les chevaux, sont exposés à la maladie dite *de l'air*, *iassoua* en tatar et en russe, espèce de peste qui se déclare par des bubons, et qui attaque même les hommes. On l'attribue à un insecte qui plane dans l'air, et que Linné a nommé *furia infernalis*.

PRODUCTIONS NATURELLES. — Le règne végétal offre moins de variétés que le règne minéral. Les rigueurs du climat ne laissent prospérer que les végétaux les plus robustes. Le chêne, le noisetier, l'aune, le platane et le pommier sauvage ne peuvent endurer les hivers de Sibérie ; ils disparaissent aux environs des monts Ourals et sur les rivages du fleuve Tobol ; les deux premiers reparaissent, mais faibles et languissants, sur les bords de l'Argoun, à l'extrémité de la Daourie ; le tilleul et le frêne cessent vers l'Irtyche. Le sapin, qui en Norvége vient jusqu'au 70ᵉ parallèle, ne dépasse pas ici le 60ᵉ parallèle ; le sapin argenté n'arrive que jusqu'au 58ᵉ de-

	Latitude.	Température moyenne.
(1) *Uleo*	65° 3′	+ 0° 60
Saint-Pétersbourg	59° 56′	+ 3° 80
Christiania	59° 55′	+ 6° 0
Tobolsk	58° 12′	— 0° 63

Ces températures sont données en degrés du thermomètre Réaumur, encore en usage en Russie.

gré. Le groseillier ordinaire, qui vient au Groenland, ne réussit que jusqu'à Tourounkhansk, sur l'Ieniseï ; les pommes de terre diminuent de grosseur, et finissent, vers le 60ᵉ degré, par ne ressembler qu'à des pois ; enfin, le chou n'y forme plus de tête. Malgré ces effets du climat, il ne faut pas en conclure que les grands fleuves de Sibérie n'arrosent que des déserts stériles ; ils sont, au contraire, bordés par d'épaisses forêts de bouleaux, de saules, d'ormes, d'érables, de peupliers blancs et noirs, de trembles, de pins, de larix et d'aunes, outre une quantité immense d'espèces différentes du genre sapin, parmi lesquelles on doit distinguer le cèdre de Sibérie, qui s'élève quelquefois à 40 mètres de hauteur, et dont les anneaux prouvent souvent un âge de 150 à 200 ans. La noix qu'il produit est un objet de commerce. Cet arbre n'étale toute sa magnificence que jusqu'aux bords de l'Ieniseï ; plus à l'est, il diminue de grandeur ; et au delà de la Lena, vers les bords de l'océan Oriental, il devient nain, en conservant ses proportions. Le peuplier-baumier parfume l'air au loin, et laisse transpirer une résine odorante. La Sibérie ne produit ni pommes ni poires ; le *pyrus baccata*, ou poirier sauvage de Daourie, ne donne qu'un fruit sans goût, de la grosseur d'une cerise. Mais les arbrisseaux à baies, le *rubus chamœmorus*, le *rubus arcticus*, les divers *vaccinium* abondent, et on en tire des boissons agréables. Les steppes sont couvertes d'une espèce de cerisier dont le fruit, très-abondant, sert à faire une sorte de vin. L'abricotier de Sibérie, qui ne vient qu'en Daourie, produit un fruit aigrelet. Le cerisier à grappes croît dans toute la Sibérie ; mais le cerisier cultivé languit déjà dans les environs d'Ichim.

En s'approchant de l'océan Glacial, on voit diminuer la hauteur des arbres. Passé Verkhoyansk, le bouleau-nain (*betula nana*) résiste seul à la rigueur du froid. On y voit une terre glacée qui, depuis des milliers de siècles, n'est couverte que de mousse qui croît au milieu de l'hiver. Sous le 70ᵉ degré de latitude, on peut tirer une ligne de démarcation pour la crue des arbres. Depuis cet endroit jusqu'à l'Océan, s'étend un désert nommé *Toundra*, où l'on ne rencontre aucun arbre, et qui ne renferme que des lacs et des mares. Le lac forestier, appelé en iakoute *Tartach*, et situé entre la Iana et l'Indighirka, est remarquable par l'arbre à résine (*lignum bituminosum*) que les ondes rejettent sur ses bords. Dans cette *Toundra*, on doit citer un phénomène étonnant. Sur les bords escarpés des lacs, on trouve des bouleaux entiers avec leurs branches, leurs racines et leur écorce ; les habitants les appellent *adamovtchina*. Quelle révolution subite a pu enfouir ces arbres ? Ne prouvent-ils pas que, dans le temps qu'ils végétaient, le nord de l'Asie jouissait d'un climat plus tempéré ?

Durant leur été si court, ces contrées sauvages s'ornent d'un assez grand nombre de belles plantes. Plusieurs espèces de la famille des *orchis*, aux fleurs bizarres et brillantes, sont indigènes dans les forêts de la Sibérie. L'*ophrys monorchis*, le bel *orchis à capuchon*, le lis des vallées, l'ellébore blanc et noir, l'iris de Sibérie, l'anémone aux fleurs de narcisse, les pigamons, les violettes, les potentilles, l'éclatant astragale des montagnes, présentent en beaucoup d'endroits un assemblage de couleurs ou exhalent un mélange de parfums qu'on chercherait en vain dans des contrées plus méridionales. Chaque région de la Sibérie possède quelques fleurs particulières ; la spirée de l'Altaï n'est point celle du Kamtchatka. Le joli robinier caragan, le *daphne altaica*, le *saphora* du Levant, l'amandier nain, la potentille à tige d'arbrisseau, l'asphodèle altaïque, la *gentiana altaica*, l'œillet surnommé *superbe*, la valériane de Sibérie, aiment les monts Altaï, aux pieds desquels l'aster bleu, le rosier à feuilles de pimprenelle et les tulipes sauvages émaillent les collines et les prairies. Mais c'est la Daourie qui réunit les plus intéressantes richesses de la flore sibérienne ; là, les rochers sont colorés en pourpre et en or par deux espèces de rosages, par la viorne de Daourie, par l'abricotier sibérique et le violier à fleurs pâles. A ce tissu de couleurs brillantes se mêlent des teintes d'une blancheur éblouissante, produites par les fleurs du poirier sauvage, de l'églantier, du sureau à grappes, de la spirée à feuilles de germandrée. On voit croître à leurs pieds les anémones pulsatiles, les pivoines à fleurs blanches, la statice d'or et la statice rose, l'*aster subricus*, et vingt espèces de potentilles et de centaurées ; tandis que la *gentiana algida* étale ses belles fleurs bleues et blanches au haut des Alpes glacées, et que la rhodiole rose orne les marais où le saule de Sibérie balance ses branches dorées.

La Sibérie orientale produit beaucoup de lis ; on remarque celui du Kamtchatka et le lis saranne, dont les racines servent à la nourriture. Nous mentionnerons encore deux plantes, l'*heracleum panacea* et l'*heracleum sibiricum*. En faisant sécher les tiges de ces deux plantes, les Sibériens se procurent une efflorescence sucrée qui est trop peu abondante pour être de beaucoup d'utilité ; mais, en distillant toute la plante, ils fabriquent une liqueur forte peu agréable, et recherchée seulement dans le Kamtchatka.

La vraie rhubarbe a été cherchée en vain dans la Sibérie ; le rhapontic, *rheum undulatum*, y croît dans les montagnes méridionales, à l'est du Ieniseï. On substitue quelquefois à la racine de rhubarbe la plus estimée (*rheum palmatum*). Trois plantes peuvent servir en guise de thé : la *saxifraga crassifolia*, qui croît sur les monts Bieloï, près de l'Obi ; le *rhododendrum dauricum*, le *rhododendrum chrysanthum* qui, dans le gouvernement de Tomsk, porte le nom de *thé tetraghir*, et le *polypodium flagrans*, qui vient sur les hauts rochers de la Daourie ; ce dernier est un remède contre le scorbut et la goutte.

La végétation change de caractère dès qu'on passe l'Ieniseï ; mais il est difficile d'exprimer avec précision ces sortes de changements. Il est certain que plusieurs végétaux ne résistent plus à l'accroissement du froid qui se fait sentir dès qu'on passe cette rivière. Pallas fait observer que dans le voisinage des monts Ourals on trouve les végétaux de la Pannonie ; en remontant l'Irtyche, vers les monts altaïques, on commence à remarquer plusieurs espèces particulières à la Sibérie, et leur nombre augmente à la vérité dès qu'on a passé l'Ieniseï, mais elles ne deviennent abondantes qu'à l'est du lac Baïkal ; la Daourie est leur véritable patrie. Ces mêmes plantes ne paraissent point dans la contrée plane et boisée entre l'Ieniseï et le lac Baïkal. On n'y trouve que les plantes ordinaires aux climats froids, et communes même en Europe ; mais sur les hauteurs au nord-est de l'Obi on retrouve plusieurs végétaux particuliers aux monts altaïques.

Dans la Sibérie occidentale, sur l'Obi, l'agriculture disparaît vers le 60e parallèle de latitude ; dans la partie la plus orientale, les blés n'ont pu réussir, ni à *Oudskoï*, bourg du district d'Iakoutsk, à 55 degrés, ni dans le Kamtchatka, à 51 degrés. Les montagnes les plus élevées de la frontière méridionale sont trop froides et arides ; aussi les trois cinquièmes de la Sibérie ne sont-ils susceptibles d'aucune espèce de culture ; mais les parties qui sont au midi et à l'ouest sont d'une fertilité remarquable. Au nord de Kolyvan l'orge multiplie jusqu'à douze fois, et l'avoine jusqu'à vingt. Le sarrasin, dans cette terre noire et légère, est sujet à monter ; mais lorsqu'on le sème dans les terrains plus maigres, il multiplie jusqu'à douze ou quinze fois. La plupart des graminées qui viennent en Europe croissent aussi dans le midi de la Sibérie ; mais on n'y cultive guère que le seigle d'hiver, l'orge et l'avoine. Les Tatars, qui aiment le pain blanc, font venir avec peine un peu de froment. Le millet prospère dans l'ouest de la Sibérie. Le blé sarrasin de Tatarie est semé dans des steppes récemment défrichées au moyen du feu ; un tel champ continue pendant trois ou quatre années consécutives à rapporter annuellement de dix à quinze pour un, sans qu'il soit nécessaire de renouveler les semailles. Les grains qui tombent pendant qu'on moissonne suffisent pour l'ensemencer, mais d'année en année les mauvaises herbes augmentent. Ce genre de culture convient parfaitement aux paresseux Sibériens, qui battent le blé sur la place même où ils le récoltent, et qui en brûlent la paille pour s'épargner la peine de l'emporter.

Mais si dans presque toute la Sibérie on ne fauche point les champs, nous devons dire que dans beaucoup d'endroits où le blé est cultivé, il rapporte quarante pour un. Quelques peuplades s'adonnent avec intelligence à l'agriculture : ainsi, un sol qui ne consiste qu'en sable ou en gravier, est transformé par les Bouriètes en champs fertiles et en prés. Ils ont appris des Mongols l'art d'arroser leurs champs et leurs prairies, en partageant les ruisseaux, vers leurs sources, en petits canaux d'où ils font couler l'eau selon la nécessité. Chez eux, dans un temps de sécheresse et sur une terre ingrate, le blé devient plus beau que chez les Russes sur un bon terrain.

Si l'exploitation des mines, la navigation intérieure et l'économie commerciale ont reçu de grands perfectionnements en Sibérie sous les trois ou quatre derniers règnes, l'agriculture laisse encore beaucoup à désirer ; à l'exception de celle de quelques districts avoisinant les grandes villes situées au pied des montagnes, elle est dans le même état où elle se trouvait il y a cinquante ans ; car Bell d'Antermony, il y a plus d'un demi-siècle, remarqua déjà l'abondance de sarrasin, de riz, d'orge et d'avoine, qu'il a observée au midi de Tobolsk et au sud du lac Baïkal. Mais les obstacles qu'oppose le climat à l'extension de l'agriculture ont été faiblement combattus. Au delà du 60e parallèle et du 110e méridien (est de Paris), les graminées céréales ne prospèrent plus ; au nord, le froid les détruit ; à l'est, les brouillards les empêchent de mûrir. Ainsi, les deux tiers de la Sibérie manquent encore de grains ; mais la culture de la pomme de terre s'est assez étendue pour suppléer les céréales.

Le Kamtchatka possède plus particulièrement que toute autre contrée de la Sibérie une assez grande quantité de terres propres à la culture, particulièrement pour celle du seigle, de l'orge et de l'avoine, surtout dans les plaines qui s'étendent loin des montagnes, vers le nord-ouest. Les terrains les plus favorables sont ceux des plaines un peu élevées au-dessus du niveau de la mer et garanties des vents. Mais comme la péninsule abonde en poisson et en gibier, et que les Kamtchadales s'adonnent à la pêche et à la chasse, on trouve peu de bras à employer à la culture. Pour parvenir à la répandre, il faudrait ou se servir des ouvriers de la couronne, ou établir d'habiles colons dans cette contrée.

Le lin commun croît en plusieurs endroits de l'Oural ; le *linum perenne* vient jusqu'à Touroukhansk ; le chanvre, au sud du 55e parallèle. Au pied des monts Altaï, on voit quelques Tatars faire du fil et de la toile avec des feuilles de deux espèces d'orties, l'*urtica dioïca* et *cannabina* ; partout le houblon abonde.

L'espace compris entre le Kam et le Ieniseï offre un aspect vraiment enchanteur : ici ce sont des collines couvertes de belles forêts ; là de vastes plaines propres à la culture, ou de gras pâturages animés par de nombreux troupeaux. Les bords du Ieniseï sont ravissants pendant la belle saison : on y rencontre à chaque instant d'élégants végétaux, tels que l'*anemone patens*, l'*adonis vernalis* et le *ranunculus cervicornus* ; plus loin, le *leontodon taraxacum*, la douce violette appelée *viola uniflora* et le *trollius asiaticus* ; ailleurs encore, le *geranium pratense*, l'*iris ruthenica*, la jolie *myosotis arvensis*, la *polygala vulgaris*, la *primula farinosa*, la *pulmonaria officinalis* aux fleurs bleues disposées en épis, et l'*orobus vernus*, dont la corolle papilionacée brille des plus belles teintes bleuâtres ou purpurines.

ANIMAUX DE LA SIBÉRIE. — Le règne animal occupe une grande place dans le tableau de ces contrées sauvages. Parmi les animaux domestiques, le renne est le plus remarquable ; nous avons déjà vu que la zone froide étant plus étendue en Asie, le renne y descendait à une latitude plus basse qu'en Europe. Pallas et Sokolof en virent de grands troupeaux sur les montagnes qui bordent la Mongolie chinoise, près les sources de l'Onon, entre les 49e et 50e degrés de latitude. Ainsi, les régions du renne et du chameau, éloignées l'une de l'autre de 20 à 30 degrés dans la partie occidentale de l'ancien continent, se touchent, et peut-être même se croisent dans la partie orientale.

Le renne (*cervus tarandus*) est un grand bienfait de la nature envers le malheureux nomade du pôle arctique. Il attelle des rennes à son traîneau, il boit leur lait, il se nourrit de leur chair, il se revêt de leur peau ; la vessie lui sert de bouteille ; il fait du fil de leurs boyaux et de leurs nerfs, et il vend encore leurs cornes, dont on fait usage dans la pharmacie. Les rennes coûtent peu à nourrir ; une mousse qu'ils trouvent sous la neige est presque leur seule nourriture ; ils peuvent se passer d'étable dans un climat où des animaux très-robustes ne peuvent pas même vivre. Mais le renne ne fait pas d'aussi longs trajets que le disent certains naturalistes ; il est faible, et perd souvent haleine. On ne fait avec un attelage de rennes que 15 à 25 kilomètres par jour. Un Samoïède passe pour très-riche lorsqu'il a 100 ou 150 rennes : un Toungouse économe en entretient jusqu'à 1,000 ; un Koriak, plusieurs milliers ; et l'on assure que parmi les Tchouktchis il y a des pasteurs qui en possèdent jusqu'à 50,000.

Les rennes des environs de Nertchinsk sont plus estimés que ceux de Vologda et de Viatka ; leur poil est plus doux, plus blanc et tacheté de noir : ce qui les fait rechercher comme fourrures.

Le chien de Sibérie, semblable au loup, dont il diffère cependant par ses longs poils d'un gris ardoise ou cendré, est en quelque sorte le compagnon du renne ; il sert de bête de trait non-seulement chez les Kamtchadales, mais chez les Toungouses, les Samoïèdes et quelques Ostiaks. Il court avec une agilité extrême ; mais, farouche et difficile à conduire, il se jette souvent, avec le traîneau et son maître, du haut de précipices dangereux ; en un mot, c'est un très-mauvais équipage que celui des Kamtchadales : ils nourrissent ces chiens avec du poisson sec.

Il ne paraît pas que l'entretien des bestiaux soit poussé en Sibérie au degré de perfection auquel on pourrait atteindre dans un pays si riche en pâturages. Parmi les nations sibériennes, les Bouriètes et les Mongols se distinguent par leurs nombreux troupeaux. Les chevaux des Mongols sont d'une beauté extraordinaire ; quelques-uns sont rayés comme le tigre et tachetés comme le léopard. Les grandes nations nomades du centre de l'Asie aiment la chair du cheval, et la préfèrent à celle du bœuf ; souvent ils la sèchent au soleil et à l'air, et la mangent ensuite sans autre préparation. Un *adon* ou haras d'un noble mongol contient 3 ou 4,000 chevaux ou juments. Les Tatars de la Sibérie occidentale ont amené avec eux l'animal favori de leur nation, le cheval. Il erre dans la steppe de Barabin en immenses bandes. La plupart des chevaux de Sibérie ont le poil blanc.

Le mouton est de l'espèce appelée *argali* (1). Sa taille est à peu près celle du daim, mais il a le corps plus épais. Sa tête ressemble à celle du mouton ordinaire, à l'exception que ses oreilles sont plus courtes. Ses cornes, ordinairement très-grandes, sont comprimées et triangulaires, épaisses, rugueuses et dirigées en dehors. La femelle a les cornes plus élevées et moins divergentes. Cette espèce, répandue dans tout le nord de l'Asie, a la queue très-courte et nue en dessous. En hiver son pelage est d'un gris fauve, en été il devient plus roux.

Les bœufs de Russie, transportés en Sibérie, ont diminué de taille, mais gagné en vigueur. En général, les animaux propres aux plaines centrales de l'Asie s'étendent plus ou moins dans les mon-

____

(1) *Ovis argali.* — *Musimon asiaticus.* — *Ovis fera sibirica* : confondu par Linné avec le mouflon, sous le nom d'*ovis ammon.*

tagnes méridionales de la Sibérie. Le chameau non-seulement y vient en caravanes, mais il vit dans la Daourie chez les Mongols russes.

Ce pays est, après l'Amérique septentrionale et l'Afrique méridionale, le plus vaste parc de chasse qu'il y ait sur le globe; mais les Russes ont trop avidement épuisé cette ressource; les animaux objets de la chasse s'enfuient ou diminuent en nombre.

Les plus belles zibelines se trouvent aujourd'hui près de Iakoutsk et de Nertchinsk, mais elles sont plus nombreuses dans le Kamtchatka. On emploie différents stratagèmes, surtout les flèches à bout obtus, pour tuer l'animal sans faire tort à sa peau, qui vaut quelquefois jusqu'à 240 francs dans le lieu même. Les zibelines noires, c'est-à-dire celles qui sont revêtues de leur pelage d'hiver, sont les plus estimées. La peau d'un renard noir se vend jusqu'à 1,000 roubles, et suffit souvent pour payer l'impôt d'un village entier. Le renard des rochers ou des glaces, plus connu sous le nom de *renard bleu*, dont la couleur est généralement d'un gris cendré, mais quelquefois bleuâtre, habite la zone glaciale, le Kamtchatka et les îles orientales. Cet animal égale le singe pour la finesse de ses ruses et son génie malfaisant. Les autres animaux que l'on chasse pour leur peau sont les hermines, les marmottes, l'écureuil et d'autres inférieurs en réputation. On estime beaucoup les écureuils de couleur argentée ou les *petits-gris* du pays des Téléoutes.

L'ours blanc ou l'ours polaire est le plus redoutable parmi les bêtes féroces de la Sibérie. On le rencontre plus fréquemment entre les embouchures de la Lena et du Ieniseï qu'entre l'Obi et la mer Blanche. Le chasseur l'attaque pourtant une lance à la main, et l'animal stupide, assis sur ses deux pattes de derrière, laisse approcher le fer meurtrier. L'ours de terre ou brun y est aussi commun. On le détruit de plusieurs manières plus ou moins ingénieuses. Les Koriaks parviennent à le suspendre aux arbres par le moyen d'une amorce attachée à une courroie. Dans les montagnes, on épie le sentier où il a coutume de passer, et on place une corde avec un billot très-lourd à une des extrémités, et un nœud coulant à l'autre : lorsqu'un de ces animaux est pris ainsi par le cou, il s'épuise à tirer un poids aussi considérable, ou il attaque le billot avec fureur, et le jette en bas d'un précipice dans lequel il se trouve lui-même entraîné.

On n'est pas bien certain que cet ours soit le même que l'ours brun des Pyrénées; il est plus probable qu'il doit former une espèce distincte : en effet, il est remarquable par un large collier blanc qui passe sur son dos, ses épaules et sa poitrine. On a proposé de l'appeler ours de Sibérie.

La panthère se montre en Daourie, le lynx et le glouton habitent toute la Sibérie.

L'élan est assez répandu dans les forêts, mais il ne passe pas le 63° degré. On le chasse au mois de mars, lorsque la superficie de la neige se fond; le chasseur y glisse sur ses grands patins de bois, mais l'élan perce la neige à chaque pas et s'y enfonce. Nous devons encore remarquer le *tahia*, autrement *takcia* ou cheval sauvage, dans les steppes d'Ichim; le *koulan* ou âne sauvage, connu aussi sous le nom d'*onagre*; le *dchighetai*, espèce intermédiaire entre le cheval et l'âne; le daim, le cerf, le chevreuil, l'*antilope-saïga*, l'antilope à goître ou *antilope hydrophobe* de la Daourie; quelques sangliers sur les bords de l'Irtyche; l'animal porte-musc, mais rare, et un grand nombre de castors, surtout au Kamtchatka. Mais pour la civette ou zibeth dont parlent plusieurs auteurs, il paraît que les naturalistes ne la connaissent point; on aura peut-être voulu parler d'une espèce de rat musqué (*sorex moschatus*) qui habite, non pas la Sibérie, mais sur les bords de la Kama, la Samara, le Volga et le Don.

La Sibérie possède encore divers petits animaux dignes de remarque, tels que le lièvre de Daourie, dont le pelage est gris mêlé de brun pâle; le lièvre de Mongolie, petit lagomys répandu jusque dans les îles Aléoutiennes; le lièvre des montagnes, espèce de pika, qui fait des approvisionnements de foin; la souris dite aveugle, mais qui ne l'est pas, et beaucoup d'autres espèces de rats et de souris, parmi lesquelles nous nommerons le *lemming*, qui émigre souvent en colonnes, se dirigeant toujours en ligne droite, sans qu'aucun obstacle interrompe sa marche, puisqu'il traverse aisément les plus grands fleuves et même des bras de mer; et les espèces de campagnols nommées *souris sociales* et *économiques*, qui ramassent dans leurs trous des racines nutritives et des oignons en quantité assez considérable pour que le Sibérien cherche avec avidité à les en dépouiller.

Les insectes tourmentent l'habitant et le voyageur; le moustique obscurcit l'air, et, malgré le froid, la punaise infecte les maisons; les blattes kakerlaks d'Asie, introduites par Kiakhta, se sont répandues jusqu'aux bords du Volga. L'abeille n'a pu être propagée en Sibérie.

Ce pays abonde en excellent gibier ailé, tel que des canards et des oies sauvages, entre autres l'oie blanche et l'oie noire, des cygnes, des gelinottes, des bécasses, des perdrix. Parmi les oiseaux de passage, on distingue l'oie polaire et l'*anas glacialis*, dit canard de Terre-Neuve. La Sibérie orientale et le Kamtchatka possèdent une espèce d'oie qui vit sur la mer, et qui est quelquefois rejetée

sur le rivage au nombre de plusieurs milliers. On y connaît aussi le *tringa lobé*, et une très-petite espèce de *phalarope* moins grosse que le moineau, et qui est peut-être le *ph. gracilis;* la mouette pygmée ou rieuse (*larus minutus*), et la mouette à longue queue (*larus parasiticus*).

Les Samoïèdes seuls font la pêche, dans l'océan Glacial, à l'est de la Nouvelle-Zemble; ils prennent, surtout dans les golfes de l'Obi et de Kara, le *bélouga de mer*, espèce de dauphin qui a six mètres de long.

La mer d'Okhotsk abonde en baleines dont la pêche procure de grands avantages par la vente des fanons et de l'huile. Il est à remarquer que les harengs entrent dans les rivières qui arrosent le gouvernement d'Irkoutsk. On trouve beaucoup de saumons dans la Lena; on y pêche aussi en grande quantité deux espèces de poissons, le *chycale* (*salmo nasus*) et l'*omoul* (*salmo autumnalis*); ce dernier poisson, large, gros et presque rond avec une petite tête, remonte de l'océan Glacial dans tous les fleuves à fond pierreux, tels que l'Ieniseï, la Lena, et autres à l'est, tandis qu'il n'entre point dans l'Obi, qui a le fond vaseux et terreux. Il en est de même de la truite blanche.

La plupart des fleuves de la Sibérie nourrissent le *nelma* (*salmo leucichthys*), le *monksoun* (*salmo muxun*), le *taï menne* (*salmo fluriatilis*), le *khairouze* (*salmo thymallus*), le *ponijiane* (*salmo pol ar*) et le *syrok* (*salmo vimba*). Outre ces poissons, on cite encore le *tchogour* (*salmo corregonus*). M. Hedenström a fait une remarque qui mérite d'être constatée : c'est que l'on trouve dans la Lena un poisson qui ressemble parfaitement au hareng, et qui renferme un poison tellement actif, qu'il donne la mort en quelques heures.

L'*Obi* nourrit en revanche de très-gros éperlans, des essaims innombrables de sterlets, d'esturgeons, de saumons blancs, de brochets, de murènes et de lottes, outre plusieurs espèces dont les noms russes et ostiaks ne nous apprendraient rien sans de longues discussions. Plusieurs de ces poissons remontent de la mer, d'autres descendent des lacs et des ruisseaux; ils sont presque tous obligés de quitter l'Obi aux approches de l'hiver, avant que les eaux de ce fleuve se soient corrompues sous la glace. Cette putréfaction des eaux courantes sous la glace n'a d'autre cause qu'un sol marécageux, la lenteur du cours de ce grand fleuve, et les parties salines que l'Irtyche et l'Ichim y apportent. Les eaux du fleuve restent bonnes près de l'embouchure des rivières qui viennent d'un sol pierreux pour s'y jeter. Plusieurs poissons se tiennent dans ces endroits. Les eaux croupissantes disparaissent au printemps, lorsque la neige fondue fournit au fleuve des eaux nouvelles et meilleures. Les eaux un peu calcaires de l'Irtyche nourrissent d'excellents esturgeons. Les sterlets et les lottes y sont très-gros. La plupart des fleuves de la Sibérie orientale abondent en saumons, omouls et truites.

La pêche sur la côte et entre les îles de l'océan Oriental est très-riche et très-remarquable, même pour la géographie physique. La mer, entre la Mandchourie, la Sibérie, le Kamtchatka et les îles Kouriles, est une véritable Méditerranée; la mer comprise entre l'Asie, l'Amérique et les îles Aléoutiennes, participe beaucoup à cette nature. Dans ces deux *régions ichthyologiques*, on voit des troupes innombrables de ces singuliers animaux qui tiennent le milieu entre les quadrupèdes et les poissons, tels que les baleines, les ours de mer, les loups de mer, les lamantins, les loutres de mer. Nous en réservons la description pour l'article de l'*Amérique russe*.

DE LA PRÉSENCE DE DÉBRIS D'ÉLÉPHANTS ET DE RHINOCÉROS DANS LE NORD DE LA SIBÉRIE. — Tel est le tableau que présente actuellement la géographie physique de la Sibérie. On est porté à croire qu'il a dû être bien différent à l'époque où de grands herbivores, semblables à ceux de la zone torride, parcouraient ici les riches pâturages qui durent alors les nourrir, et qui supposent une température bien douce! Nous avons déjà appelé l'attention de nos lecteurs sur ces nombreux débris d'*éléphants* et de *rhinocéros*, et autres animaux de la zone torride, qu'on a trouvés dans la Sibérie, le long de l'Ichim, de l'Irtyche, de l'Obi et du Ieniseï, et jusque sur les bords de l'océan Glacial. Les os de ces quadrupèdes se trouvent mêlés avec des coquilles marines, et d'autres os qui semblent, disent les anciens observateurs, être les crânes des plus grands poissons de mer. On les rencontre le long des fleuves, dans des couches terreuses, et presque jamais dans un sol pierreux. Les îles *Liakhof* ne sont composées que de gravier, de glaces et d'os d'éléphants, de rhinocéros, de buffles et de cétacés. Nous avons rappelé ci-dessus qu'on a même trouvé des rhinocéros et des mammots, improprement appelés mammouths, ou éléphants de Sibérie, tout entiers, avec la peau en partie bien conservée.

Ces étonnants restes d'une population animale étrangère au climat actuel de la Sibérie ont fait naître diverses conjectures. Il est inutile de réfuter le savant Bayer, qui avait imaginé de considérer ces débris comme appartenant aux éléphants qui ont pu accompagner les armées mongoles et tatares; l'immense nombre de ces ossements s'y opposerait même, sans la présence des restes d'animaux marins.

Selon Pallas, ces débris auraient été apportés en Sibérie par un déluge; mais ils ne présentent aucune trace d'un roulement long et violent. Toutes les circonstances concourent à les faire considérer comme ayant appartenu à des animaux qui ont vécu à l'endroit même où l'on trouve leurs débris. On s'est demandé comment ces animaux ont pu vivre dans une contrée aujourd'hui aussi stérile et aussi froide, et si, en supposant la Sibérie jadis beaucoup plus tempérée et plus fertile, cet état de choses n'était pas dû à un changement dans l'inclinaison de l'écliptique et par conséquent des zones terrestres.

Cette conservation des éléphants et des rhinocéros semble seulement due au froid et à ce que le sol de la Sibérie, surtout dans les parties septentrionales, est gelé à 5, 6, 12 et 15 pieds de profondeur en tout temps, c'est-à-dire pendant même les plus fortes chaleurs de l'été. Ce fait suffit pour expliquer comment on a trouvé dans des alluvions, que l'on peut considérer comme les plus récentes de celles qui appartiennent aux dernières révolutions physiques du globe, ces grands mammifères recouverts de leur chair et de leur peau. C'est du moins ce qui pourrait arriver encore relativement aux animaux qui habitent aujourd'hui la Sibérie, si, en s'égarant vers les bords du Vilioui et vers l'embouchure de la Lena, quelques-unes de leurs cadavres, par suite de légères secousses, de crevassements du sol, de changements dans l'état de la surface, bien moins importants, comme l'a dit M. de Humboldt, que ceux qui ont eu lieu encore de nos jours sur le plateau de Quito, et nous pourrions ajouter sur le littoral du Chili, venaient à être ensevelis à quelque profondeur dans cette terre constamment glacée.

Quant à la présence de ces animaux sous ces latitudes glacées, on peut supposer qu'ils appartenaient à des espèces peut-être originaires des pays chauds, mais qui étaient devenues propres aux régions froides, puisqu'on les a trouvées couverts de poils. Il résulte donc de ces faits une conséquence importante : c'est qu'à l'époque où ces grands mammifères vivaient sur le sol sibérien, le climat devait y être aussi froid qu'il l'est de nos jours.

Il ne faut cependant pas croire que cette température soit un obstacle à la propagation des animaux qui habitent aujourd'hui des régions chaudes : dans l'état de nature, les animaux sont doués à un très-haut degré de la faculté de s'acclimater à des températures très-différentes : s'ils restent confinés aujourd'hui dans certaines zones qui leur sont plus favorables que d'autres, c'est que l'augmentation toujours croissante de l'espèce humaine qui les chasse et les détruit, les empêche de les quitter; ce qu'ils feraient, s'ils pouvaient se multiplier sans obstacles, et, par suite de cette multiplication, s'étendre vers des régions moins chaudes. Nous avons déjà l'exemple que le chameau peut vivre en domesticité sur le sol de la Sibérie; mais M. de Humboldt a fait remarquer que le tigre royal, que nous sommes accoutumés à appeler un animal de la zone torride, vit encore aujourd'hui en Asie depuis l'extrémité de l'Hindoustan jusqu'au mont Tarbagataï, aux rives du haut Irtyche et aux steppes des Kirghiz, sur une étendue de 40 degrés en latitude, et que de temps en temps, en été, il fait des incursions jusqu'à 400 kilomètres plus au nord. Des individus, dit M. de Humboldt, qui arriveraient dans le nord-est de la Sibérie jusqu'au parallèle de 62 et 63 degrés, pourraient, par l'effet des éboulements ou sous d'autres circonstances peu extraordinaires, offrir dans l'état actuel des climats asiatiques des phénomènes de conservation très-semblables à ceux du mammouth d'Adams et des rhinocéros du Vilioui.

—••3€)€€«•—

NATIONS DE LA SIBÉRIE.

PEUPLES QUI HABITENT LA SIBÉRIE. — Dans la description particulière d'une grande contrée, il y a deux points de vue donnés par la nature des choses : on peut diviser le pays en gouvernements, provinces et arrondissements; on peut le diviser d'après les nations qui l'habitent : l'une de ces méthodes est celle de la *chorographie;* l'autre, celle de l'*ethnographie.* Ordinairement nous commençons par la première; ce sera par la dernière : nous espérons que notre description y gagnera de la clarté et de l'intérêt.

LES RUSSES. — Les *Russes, Cosaques,* et autres colons d'Europe, habitent surtout les villes et les postes militaires de la Sibérie; ils descendent, les uns des soldats employés à la conquête de ce pays, les autres des criminels envoyés ici en exil; à ces deux classes se sont réunis des aventuriers, des paysans déserteurs, des marchands ruinés qui ont cherché ici les moyens de rétablir leur fortune. Ces diverses classes de colons, en s'enfonçant dans un vaste désert, joignirent d'abord à leur grossièreté primitive celle qui résulte d'un climat sauvage; mais si l'ignorance, la paresse et l'ivrognerie nuisent souvent à leur bonheur, les voyageurs vantent leur hospitalité généreuse, leur franche gaieté et le bon ordre qui règne parmi eux. Il n'y a pas encore deux siècles que les Sibériens passaient pour avoir des mœurs si sauvages, que Pierre le Grand crut ne pouvoir infliger un plus grand supplice aux Suédois, qui étaient ses ennemis mortels, que de les envoyer en Sibérie. Il arriva que ces honorables exilés introduisirent dans cette contrée les usages et les manufactures de l'Europe; en améliorant leur propre situation, ils civilisèrent leurs hôtes. Les Suédois fondèrent en 1713 la première école à Tobolsk; ils y enseignèrent l'allemand, le latin, le français, la géographie, la géométrie et le dessin. En 1801, Kotzebue y rencontra des gens qui s'occupaient des littératures russe, française et allemande; il y vit jouer ses drames sur un théâtre public. Aujourd'hui la société de Tobolsk, de Tomsk, d'Omsk et de Bérésof est au courant de nos publications et de nos modes nouvelles. Ces traits marquent les progrès successifs des Sibériens en fait de culture d'esprit. D'un autre côté, les gouverneurs et les autres officiers civils et militaires ont introduit dans les villes de Sibérie les mœurs de Saint-Pétersbourg (1). Mais le raffinement arrivé dans les mœurs des Sibériens n'a pu s'étendre encore aux petites villes et aux villages tristement épars au milieu de vastes forêts. Quelques cultivateurs, riches en troupeaux, ignorent presque l'usage de l'argent et mènent une vie patriarcale. Les chasseurs, errants dans les déserts, deviennent presque des sauvages : la terre glacée leur sert de lit; les baies des arbustes étanchent leur soif; ils boivent même le sang des animaux que leurs balles viennent d'atteindre. Le Cosaque, qui à Tobolsk, à Irkoutsk, se voit confondu dans la populace, grandit considérablement en importance lorsque, envoyé au milieu des Samoïèdes ou des Ioukaghirs, il est chargé d'y recueillir le tribut et de maintenir l'ordre. Sa table est largement approvisionnée en saumons, rennes et hures d'ours. Quelques familles cosaques, établies dans les villes, ont obtenu le rang de *dvorianines,* ou nobles patriciens. Les marchands de Sibérie courent en grande partie de ville en ville ou de foire en foire. Le nombre des Européens établis dans ce pays, et des *Sibériakes,* ou descendants d'Européens, s'élève aujourd'hui à près d'un million.

LES TATARS. — Les nombreuses *peuplades tatares,* ou tartares, c'est-à-dire *turques,* occupent la partie méridionale des gouvernements de Tobolsk, de Tomsk et d'Ieniséisk. Les plus reculées vers l'est sont les *Biriouses,* les *Katchinzi* ou Katchins, et les *Beltyres;* ces trois tribus, plus ou moins mélangées au sang mongolique, demeurent aux environs de l'Abakan, rivière qui se jette dans le haut Ieniséi.

Les *Biriouses* doivent leur nom à la Biriousa, affluent de la Tchouna, au bord de laquelle ils faisaient jadis paître leur bétail. Aujourd'hui ils habitent le gouvernement de Tomsk. Cette peuplade, qui ne se compose que de 500 individus à peine, est pauvre. Le chamanisme est leur religion et la chasse leur principale occupation. Cependant ils élèvent des chevaux et des bœufs, et cultivent du millet et un peu de froment.

Les *Katchinski* ou *Katchins,* originaires des bords de la Katcha, mais établis aujourd'hui dans la steppe de Katchinsk, changent ordinairement trois fois de demeure dans le cours de l'année : au printemps, en été et en automne; ils habitent sous des tentes en feutre et en écorce de bouleaux. Leur visage sans barbe indique quelque mélange du sang mongol; ils ont parmi eux des magiciens assez adroits, dont le costume ressemble à l'habillement français. Ils passent pour les plus sales et les plus sauvages de tous les peuples nomades de la Sibérie; ils n'ont ni industrie ni commerce. On en compte 8 ou 10,000 qui payent tribut à la Russie. Ils sont partagés en six hordes, dont chacune est commandée par un chef qui a le titre de *bachlik.* Les femmes exercent dans leur ménage une grande autorité.

Les *Beltyres* élèvent une grande quantité de chevaux, de bœufs et de moutons, et depuis la fin du siècle dernier ils s'adonnent à l'agriculture.

Une tribu de *Téléoutes* ou *Telengoutes* habite aux environs de Kouznetzk; le plus grand nombre vit dans le pays des Kalmouks; ils sont même appelés *Kalmouks blancs* par les Russes. Quelques-uns d'entre eux, forcés à se laisser baptiser, négligent cependant la plupart des cérémonies de l'Église grecque; les autres professent le mahométisme et le lamisme; leur langage est demi-mongol. Leur nombre est d'environ 600 mâles; ils payent un tribut en fourrures à la Russie. Ce petit peuple a le singulier usage de partager l'année en deux : l'année d'hiver et l'année d'été.

En descendant les rivières de Tom et de Tchoulym, nous trouvons deux peuplades tatares qui en ont porté le nom; elles ont été converties au christianisme par l'archevêque Philophéi. Un corps de

---

(1) On peut s'en assurer en lisant les *Souvenirs d'un voyage en Sibérie,* par Christophe Hansteen, traduits du norvégien par madame Colban, et revus par MM. Sédillot et de la Roquette. — 1 vol. in-8° avec carte; Paris, Perrotin, 1837.

dragons russes, conduit par ce prélat, les chassa et les poussa dans la rivière de Tchoulym ; le digne apôtre les déclara *dûment baptisés;* mais aujourd'hui, laissés en liberté, ils se sont fait, d'après leurs idées, un bizarre mélange de rites chrétiens et païens. Les Tatars de Tchoulym parlent un idiome composé de talar, de bouriète-mongol, et de quelques mots iakoutes.

Parmi diverses tribus peu considérables, nous nommerons les *Abintzi,* dont le nom, dérivé du mot tatar *abæ* (père), indique une tribu fort ancienne. Ils habitaient autrefois les bords du Tom près de l'Obi ; mais les Téléoutes ayant quitté les bords supérieurs du Tom, les Abintzi remontèrent cette rivière, et s'établirent près de sa source et dans les montagnes aux pieds desquelles les Russes ont bâti la ville de Kouznetzk. Ils se divisent en plusieurs *aimaks* ou tribus, bien qu'ils ne payent l'impôt que pour 100 arcs ou individus. Ils sont de la même race que les Téléoutes, et professent la même religion, c'est-à-dire le chamanisme. Leur industrie consiste à cultiver quelques champs, à élever des bestiaux, à chasser toutes sortes d'animaux qu'ils mangent, et dont ils conservent la peau pour acquitter le tribut, et à exploiter le fer que recèlent leurs montagnes et qu'ils livrent en fonte aux Russes. Ils forgent aussi leurs flèches et leurs bêches. Au milieu de leurs cabanes ils pratiquent un trou dans le sol argileux, et y fondent le minerai pendant l'hiver.

Sur les deux rives de l'Irtyche, nous trouvons les *Barabintzi,* qui vivent de la pêche et de leurs bestiaux dans la grande steppe qui porte le même nom, mais qui est plus connue aussi sous celui de steppe de Baraba; quelques-uns sont mahométans, les autres païens. Ce peuple se compose de sept tribus dont le total est d'environ 3,500 hommes, tous tributaires de la Russie. Les mots mongols que l'on remarque dans leur langue, ainsi que les caractères de leur physionomie, donnent lieu de croire qu'ils appartiennent à la race mongole. Adonnés à la vie pastorale, les Barabintzi négligent l'agriculture. En été, ils campent sous des tentes faites en nattes; en hiver, ils rentrent dans les villages qu'ils ont momentanément abandonnés. Ils prétendent être mahométans, mais ils suivent avec beaucoup de négligence les préceptes de l'islamisme : par exemple, ils mangent tous les animaux qu'ils tuent à la chasse, et même le bétail mort naturellement.

Les Tatars d'*Obi* habitent le long de la rive gauche de ce fleuve jusqu'aux environs de Narym. Ceux de *Tobolsk* demeurent sur les deux rives du Tobol, depuis la frontière jusqu'à son embouchure. Autrefois la plus grande partie de la population de Tobolsk, de Tara et de Tomsk, était composée de Tatars; aujourd'hui ils y habitent seulement quelques quartiers particuliers appelés *slobodes tatares;* mais leur nombre est tellement diminué dans ces villes, que celui des mâles ne s'élève pas à plus de 7,000.

Les Tatars *Sagaitzi,* qui habitent entre les monts Kouznetzk et l'Abakan dans le gouvernement d'Ieniseïsk, sont nomades et adonnés au chamanisme. Un très-petit nombre se livre à l'agriculture. Riches en bétail, ils s'établissent en été dans les montagnes, et en hiver dans les steppes qui bordent l'Abakan. Bien qu'ils soient plus nombreux, ils ne payent le tribut de trois roubles par flèches ou par homme armé que pour 150 hommes. Ils ne cultivent que les grains dont ils ont besoin pour leur consommation.

Les Tatars *Sayansk,* nomades comme les précédents et habitant le même gouvernement, passent aussi l'été dans les montagnes et l'hiver dans les plaines, sous des tentes en feutre. Ils se partagent en plusieurs *aimaks* ou tribus. Adroits à la chasse, ils s'y livrent avec ardeur. Quelques-uns exploitent le fer dans les montagnes et font le métier de forgeron. Leur principale richesse consiste en chevaux et en bétail. Leurs femmes filent une espèce de lin sauvage qui croît dans les steppes. Une partie de ces Tatars a embrassé le christianisme, et l'autre est restée fidèle au chamanisme. Ils déposent leurs morts dans des cercueils qu'ils suspendent aux arbres, où ils les laissent jusqu'à leur complète dissolution.

Les Tatars *Tchari,* aux environs de Tomsk, passent pour excellents agriculteurs; ils forment 7 à 800 familles qui ont pour la plupart conservé le mahométisme.

Les *Touralinzi* ou Touraliniens, les plus civilisés de tous les Tatars de la Sibérie, habitent les villes et villages situés sur les bords de la Toura, depuis les montagnes jusque vers le Tobol; ils ont aussi été baptisés dans la rivière par monseigneur Philophéi, assisté d'un corps de Cosaques.

Les *Kamassintzes* ou Tatars de la tribu de *Kamassin* forment une fédération de trois peuples de langues différentes : ils déterminent les oulous d'*Ougoumakov,* d'*Abalakov* et d'*Agoulski.* Les Tatars d'Ougoumakov habitent le cercle de Kansk ; ils sont établis sur la Mana, la Kolba et d'autres petites rivières telles que l'Odia et la Rybania. Ils sont agriculteurs et pasteurs ; les derniers sont nomades, tandis que les premiers sont devenus entièrement russes. L'oulous d'Abalakov comprend ceux que les Russes nomment *Kamassintzes des bois,* et qui se donnent à eux-mêmes le nom de *Kagmashé.* Ils ont quelques affinités de langue avec les Samoïèdes, ils suivent la religion grecque, et sont Tatars de mœurs. Ils élèvent des troupeaux de rennes et préfèrent la forêt à la steppe. Pendant l'été ils s'arrêtent aux sources de la Kan et de la Mana, dans les *montagnes*

Blanches, où ils trouvent à la fois de la fraîcheur et de la nourriture. Dans tout le cours de l'été les Kamassintzes des bois restent fixés au même endroit ; mais dès que les vents d'automne ont refroidi l'air et chassé les cousins, ils lèvent le camp avec leurs tentes, et se mettent à chasser les rennes sauvages, qui en été s'enfoncent dans les forêts pour éviter les cousins, mais que l'automne ramène sur la lisière des montagnes. La chasse des rennes sauvages se fait aussi bien sur la terre nue que sur les premières neiges tombées, quoique plus particulièrement à cette dernière époque. La chasse aux zibelines commence ensuite et dure depuis le milieu de septembre jusqu'en novembre. Ces Tatars restent tranquilles pendant la plus grande partie de l'hiver, cherchant seulement à tuer autour de leur tente des chèvres, des élans et de jeunes écureuils. Quand vient le printemps, ils retournent à la forêt. Les Kamassintzes des bois étaient autrefois un des peuples chasseurs les plus heureux de la Sibérie, mais actuellement les plus riches d'entre eux possèdent à peine un troupeau de vingt rennes, et la chasse aux zibelines est chez eux en décadence. La famine et les maladies ont considérablement diminué cette tribu autrefois puissante et qui, aujourd'hui comptant à peine 150 individus (rapport de M. de Castrèn en 1847), aura bientôt disparu.

Le troisième oulous, celui d'Agoulski, qui habite les bords de l'Agoul et de la Kongous, son affluent, est encore moins considérable aujourd'hui que le précédent. Ces Tatars menaient autrefois la vie de chasseurs, mais aujourd'hui ils vivent réunis dans le village d'Agoulskiy-oulous ou Agoulskaia-Saïemka. M. de Castrèn les regarde comme un reste des anciens *Kotté.*

Les *Karagasses,* que l'on a longtemps crus d'origine samoïède, sont voisins des Kamassintzes des bois, mais M. de Castrèn leur trouve dans les mœurs et dans les usages beaucoup d'analogie avec les Tatars. Cette tribu, ainsi que celles des *Koïbales* et des *Soïotes,* est sur la limite des deux familles tatare et samoïède (1).

Les Tatars sont en général d'une constitution robuste et vigoureuse : leur manière simple de vivre, leur frugalité et leur propreté, les garantissent de la plupart des maladies contagieuses et malignes, excepté de la petite vérole, qui, de temps à autre, exerce parmi eux d'effroyables ravages. La propreté et la tempérance des Tatars tiennent en grande partie à leur religion. Le Coran leur ordonne de se laver plusieurs fois le jour ; il donne même des préceptes que les femmes sont obligées de suivre dans les accidents propres à leur sexe. En défendant l'usage du vin et de l'eau-de-vie, il leur garantit des suites de l'ivrognerie russe. Le commandement qui leur prescrit l'abstinence est moins favorable à la santé ; les Tatars comptent annuellement 205 jours de jeûne.

Plusieurs de ces peuplades se sont mélangées avec d'autres d'origine mongole, particulièrement avec les Dzoungars, qui sont de la branche des Éleuthes, appelés communément Kalmouks, et ont formé plusieurs petites nations, telles que les Katchinski et Sagaïtz, dont nous avons parlé, les *Kisitzi,* peuple très-nombreux, et les *Kamatchinski,* petite nation sauvage, malpropre et superstitieuse, livrée aux pratiques du chamanisme, et qui habite sur la rive droite du Ieniseï. On peut encore citer près des monts Sayansk les *Kaïbali,* qui paraissent être un mélange de Turcs et de Samoïèdes, tant par leurs mœurs que par leur langage, et qui ressemblent, sous d'autres rapports, aux Kamatchinski. On peut évaluer à 120,000 le nombre des Tatars de l'empire russe.

MONGOLS. — Passons à la portion des tribus *mongoliques* qui vit sous la domination russe. Les *Bouriates* ou *Bouriètes Barga-Bourratt,* grande race mongolique, ont peuplé presque toute la province d'Irkoutsk et celle de Nertchinsk; on porte leur nombre à 160,000 individus mâles. Les Bouriètes ressemblent extérieurement aux Kalmouks. On trouve parmi eux plus de gens gras; ils ont encore moins de cheveux, et plusieurs n'ont jamais de barbe; leur teint est pâle et jaune: ils manquent de force et de vigueur : un Russe du même âge et de la même taille qu'un Bouriète lutte avec succès contre plusieurs de ceux-ci. Malgré cette faible constitution, les Bouriètes jouissent d'une bonne santé, mais ils parviennent rarement à un âge avancé. La petite vérole, autrefois funeste à cette tribu, a cessé ses ravages depuis l'établissement d'une maison d'inoculation à Irkoutsk. La gale, très-commune parmi eux, provient de leur nourriture, de leur manière de vivre et de s'habiller. Dans les maladies chroniques, ils font usage des eaux thermales situées à l'orient du lac Baïkal. Leurs médecins sont des *chamans* ou sorciers qui cherchent plus à les guérir par des sacrifices et des talismans que par des remèdes naturels. Les Bouriètes parlent un dialecte mongol très-rude, et rendu inintelligible par de fréquentes transpositions et mutations de consonnes. On a publié une Bible dans cette langue.

Vers Kiakhta et Seleghinsk on trouve d'autres Bouriètes, qui sont plutôt bouddhistes que chamanistes.

---

(1) On trouve dans les *Annales des Voyages* de 1846 à 1851 une série de rapports de M. de Castrèn sur son *voyage ethnologique dans l'intérieur de la Sibérie.*

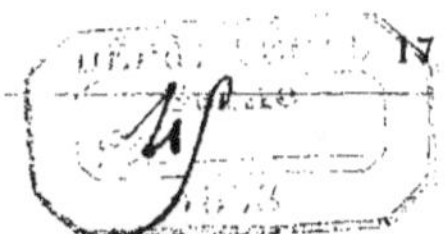

Les Tounpouses chasseurs de rennes.

Les Bouriètes aisés habitent en hiver de petites chambres à la russe, tandis que les pauvres se tiennent pour la plupart dans des tentes de feutre, de même aspect et de même construction que celles des Tatars (1). Les gens d'aisance moyenne ont une sorte d'habitation en bois qui tient le milieu entre la tente et la chambre. Ces habitations sont des yourtes à huit pans, dont la muraille est basse et le toit élevé. De même que dans les tentes, le toit repose ici sur un seul étage, soutenu par quatre piliers. Il n'y a pas de poêle; le feu brûle au milieu de la pièce, la fumée trouvant son issue à travers une ouverture ménagée dans le toit, et qui sert en même temps de fenêtre. Des deux côtés de l'âtre on pose quelques planches qui font office de parquet. Vis-à-vis de la porte est placé un banc ou un divan, et çà et là sur les murs on a disposé une réunion de bour-khanes plus ou moins bien exécutés. A gauche de l'entrée sont habituellement placés des bancs, des coffres ou des armoires; et à droite presque toujours des tablettes occupées par des tasses, des chaudrons, et d'autres ustensiles de même espèce. De même que les tentes de feutre, c'est aussi principalement en été que ces dernières habitations sont usitées. En hiver elles servent de cuisine, et dans des cas de nécessité elles sont aussi occupées par des familles pauvres. Le besoin fait aussi que l'on se sert de tentes construites de l'écorce d'autres arbres, avec des racines de végétaux, avec du foin, etc. Pour le bétail on établit quelquefois une tente grossière; mais plus habituellement on se contente d'une clôture découverte. On voit aussi de petites resserres pour les provisions; elles sont d'ordinaire en planches, posées sur des roulettes, et assez

légères pour que deux bœufs les puissent traîner. Quelques-unes de ces chambres à roulettes forment de petites chapelles, qui sont remplies de bourkhanes, de livres religieux, etc.

Quoique aujourd'hui les Bouriètes sachent se construire des habitations de différentes sortes, leur demeure favorite n'en est pas moins toujours la tente de feutre. Ils s'y organisent avec plus de goût et d'élégance que dans leurs chambres d'hiver et dans leurs yourtes d'été. Tout un côté de la tente d'un Bouriète riche, à gauche de l'entrée, est garni de coffres chargés d'ornements coûteux, et qui sont remplis de peaux de martre, de fines étoffes, de vêtements de fête, etc. Au côté droit de la tente, le nombre des coffres peints est beaucoup moindre; mais la partie de la paroi voisine de la porte y est occupée par des théières, des casseroles, des cafetières et d'autres ustensiles de cuisine, tous en métal bien brillant, et disposés sur des tablettes pour le seul plaisir des yeux. Vis-à-vis de la porte est placé un divan formé de nattes de feutre moelleuses et recouvert en drap rouge, ou quelquefois d'une fine étoffe. Devant le divan se déploie l'appareil du culte bouddhique, avec les cymbales et les autres instruments qui en font partie. J'ai vu quelquefois à droite et à gauche du divan des selles à ornements d'argent, des fusils anciens à crosses incrustées d'argent, des sabres à poignées de même métal, des pots argentés, des arcs, des flèches, des cottes de mailles délicatement ornées, etc., etc. J'ai remarqué avec étonnement que dans quelques tentes les piliers qui soutiennent le toit, et que la fumée noircit lorsqu'on fait du feu, étaient peints en bleu et recouverts en outre de légers ornements d'argent.

On présume bien que les Bouriètes, qui apportent un si grand soin à leurs habitations, ne négligent nullement leur toilette. Pour les jours ordinaires, une peau de chèvre ou une peau de mouton suffit aux riches aussi bien qu'aux pauvres; mais vienne l'occasion de se montrer en apparat, on ne trouvera pas de robes de zibeline noire ou de fine étoffe de soie plus belles que chez les Bouriètes. Dans la toilette des dames, ce qui doit avant tout commander notre admiration, c'est la quantité de pierres fines, de perles, d'argent

---

(1) Il convient de remarquer que les tentes de feutre sont en hiver l'habitation ordinaire des Tatars, qui les remplacent en été par des tentes d'écorce de bouleau. Les Bouriètes, au contraire, habitent principalement en été sous des tentes de feutre; mais ils sont dans l'usage, pour laisser à l'air un libre courant, de maintenir la couverture de feutre à quelques centimètres du sol.

et d'or dont non-seulement elles se chargent les bras et le cou, mais qui retombent en masses pesantes partout où un bout d'oreille, une mèche de cheveux, un coin d'étoffe ou le moindre ruban leur offrent le prétexte ou la possibilité de mettre leurs joyaux en évidence. Cette magnificence extérieure fait ressortir une très-large robe de soie ou de quelque autre fine étoffe de Chine qui leur descend jusqu'aux talons; cette robe se ferme par devant, quoiqu'elle ne serre pas au corps. Sur cette robe flottante on voit les dames bouriètes porter, surtout lorsqu'elles vont à cheval, un corset étroitement serré sans manches. Pour coiffure, hommes et femmes ont un bonnet de soie de forme pointue, avec une bordure de peau de martre et une étoffe de soie rouge à la pointe. Leurs doigts sont chargés d'anneaux d'or et d'argent; à leur ceinture est suspendu un long couteau dans un fourreau brillant. Le sifflet chinois en cuivre est le *nec plus ultra* de la distinction.

On voit que chez les Bouriètes aussi le riche s'entoure d'éclat et de magnificence, tandis que le pauvre traîne le joug de la vie au milieu des peines et des soucis de toute sorte, escorté par les gémissements et les larmes. Ce malheureux habite d'ordinaire une tente de feutre enfumée et mal close, où il trouve à peine un abri suffisant contre les orages de la mauvaise saison. Dans cette tente, le mobilier se compose de quelques coffres de bois noircis, de chaudières, de paniers, de nattes de feutre déchirées, et le reste à l'avenant. Rarement un Bouriète est assez dénué pour ne pas avoir quelques vaches et quelques moutons, car sans ces animaux domestiques il ne pourrait ni se nourrir ni se vêtir; mais il lui faut se soumettre au joug détesté de la servitude. Le cheval est aussi compté parmi les animaux domestiques les plus nécessaires. Cependant il peut manquer; et dans ce cas le Bouriète fait ses voyages soit à pied, soit monté sur un bœuf ou sur un chameau. Quant au vêtement, il se borne chez les pauvres à la seule et unique peau de mouton. Jamais une robe de chambre d'étoffe de Chine n'enveloppera ses membres; et en été comme en hiver, par la chaleur et le froid, sous la pluie et l'ardeur du soleil, la peau de mouton noire doit faire son service. Quand la chaleur est devenue brûlante, on voit le Bouriète, comme le Tatar, mettre bas sa peau de mouton, et livrer son corps sans défense à la morsure des mouches et des cousins, des taons et des guêpes.

Il est du reste digne de remarque que quant à la nourriture et à l'apprêt des mets, on ne voit guère de différence, s'il y en a, entre le régime du riche et celui du pauvre. Leur nourriture principale se compose de thé de Mongolie, que l'on fait bouillir dans du lait, auquel on ajoute du beurre, et que l'on mange sans autre apprêt. Ce mets a aussi obtenu droit de bourgeoisie parmi les Russes qui habitent le pays, et l'on prétend qu'une des propriétés de sa force nutritive est de guérir les poumons malades. Après le thé, le lait occupe la première place chez les Bouriètes; puis le fromage, le beurre, et en été, l'*airan* ou eau-de-vie de lait. Quoique beaucoup de Bouriètes s'adonnent à l'agriculture, ils usent cependant très-rarement de pain. La viande même n'entre pas dans leur nourriture journalière, et on ne voit presque jamais de poisson chez eux. En un mot, c'est de thé que les Bouriètes se nourrissent journellement dans tout le cours de l'année, et ce mets est également général chez les pauvres comme chez les riches.

LES TOUNGOUSES. — La troisième grande race des peuples indigènes de l'Asie septentrionale est celle des *Toungouses*, qui s'appellent eux-mêmes *Boyé*, *Boya* ou *Byé*, c'est-à-dire *hommes*. Les Mongols les nomment *Solones*, c'est-à-dire *chasseurs*, ou bien *Kam noyon* ou *Kam noyones*; et les Mandchoux, *Orotchon* ou *Orotchones* (gardiens de rennes); les Ioukaghirs les désignent sous le nom d'*Erpeghi*. Ceux qui habitent les bords du lac Baïkal se nomment *Yvoines*, *Euvéun* ou *Euvénki*; et ceux des bords de la mer d'Okhotsk s'appellent *Lamoutes*, du mot *lama* qui signifie *mer*. Quelques-uns se désignent par le nom de *Donké* (gens): c'est probablement de là qu'est venu celui de *Toungouses* que leur donnent les Russes et les Tatars; à moins qu'on ne veuille, avec le voyageur Pallas, en chercher l'étymologie dans un mot tatar et non mongol, comme il le croit, qui veut dire *sanglier* ou *cochon*, opinion qui paraît peu vraisemblable, bien qu'ils méritent peut-être cette injurieuse qualification par leur extrême saleté.

Ils ont une origine commune avec les Mandchoux. On distingue les Toungouses par leur conformation régulière. Ils sont ordinairement d'une taille médiocre, souples et bien faits. Un visage moins plat que celui des Kalmouks renferme des yeux petits et vifs; ils ont le nez bien proportionné, la barbe peu épaisse, mais les cheveux noirs et la mine agréable. Les Toungouses sont sujets à peu de maladies; ils arrivent pourtant rarement à une grande vieillesse, ce qui vient du climat et de leur genre de vie pénible et dangereux. Quelquefois la petite vérole et la syphilis exercent parmi eux les plus terribles ravages. Cependant la vaccine a été introduite chez eux depuis peu d'années. Les prêtres des idoles sont aussi leurs médecins. Chez les Toungouses, la vue et l'ouïe sont d'une finesse et d'une délicatesse incroyables; les organes du goût, de l'odorat et du toucher sont moins sensibles. Ces nomades connaissent chaque

arbre, chaque rocher dans leur district; ils peuvent indiquer clairement une route d'une centaine de milles par la description des pierres et des arbres qui s'y trouvent, et mettre les voyageurs en état de la suivre. Ils poursuivent le gibier à la trace légère que ses pas laissent sur l'herbe ou sur la mousse.

Les Toungouses sont pasteurs et nomades; leurs tribus couvrent de leurs habitations mobiles presque un tiers de la Sibérie, mais principalement dans la partie septentrionale, par groupes de 8 à 10 tentes en feutre, ou de cabanes formées de quelques perches fixées dans le sol et couvertes d'écorce de bouleau, avec une ouverture pratiquée au sommet pour laisser un passage à la fumée. Leurs armes sont l'arc et la flèche, mais quelques-uns ont adopté le fusil. Ils aiment la chasse avec ardeur, et mangent tous les animaux qu'ils tuent, à l'exception du loup; la chair du chien, qu'ils regardent comme impure, est de tous les animaux domestiques la seule qu'ils ne mangent pas. Ceux qui habitent les bords des lacs et des rivières se livrent à la pêche. Une liqueur spiritueuse, qu'ils tirent du lait par la fermentation, est, ainsi que le thé, leur boisson ordinaire. Les hommes et les femmes trouvent une grande jouissance à fumer le tabac. En hiver, ils portent des bottes en peau de renne, un pantalon, une sorte de gilet et un manteau également en peau, soit de renne, soit de mouton, dont le poil est en dedans; en été, ce sont les mêmes vêtements, mais en peau tannée, ou en étoffes grossières de soie et de coton. L'habillement des femmes diffère peu de celui des hommes; elles s'en distinguent surtout par de grandes boucles d'oreilles et des bracelets en cuivre ou en argent. Les hommes ne laissent croître leurs cheveux que sur le sommet de la tête; les femmes en font des tresses qui tombent sur le front et sur les côtés du visage.

Leurs animaux domestiques sont le bœuf, le mouton, le cheval et le chameau. Chez les Toungouses du nord, ces deux derniers animaux sont remplacés par le renne et le chien. Tandis que les hommes vont à la chasse ou à la pêche, et que d'autres plus laborieux font le métier de forgeron, ou fabriquent des selles, des brides, des arcs et des flèches, les femmes se livrent aux travaux les plus rudes : ce sont elles qui prennent soin du bétail, qui préparent les peaux d'animaux, qui travaillent le feutre et font les vêtements de toute la famille. La polygamie est en usage chez ce peuple. Le mariage n'est pour eux qu'un marché par lequel on donne au chef de la famille un certain prix pour avoir une de ses filles. Ces sortes d'unions ne sont point permises entre les membres d'une même famille. Les morts sont revêtus de leurs plus beaux habits et enterrés avec leurs armes, une selle et une bride, la tête tournée vers l'occident; on tue sur la tombe du défunt son cheval favori, et l'on suspend au-dessus du tombeau la peau, la tête et les jambes de l'animal.

Chacune de leurs tribus a un chef, dont la dignité est confirmée par le gouvernement russe. Chez eux les vieillards jouissent d'une grande autorité. Chaque tribu se divise en plusieurs familles. Le nombre des hommes s'élève à près de 30 ou 40,000.

La langue toungouse est, suivant quelques auteurs, un dialecte du mandchou, mêlé de quelques mots mongols qui désignent principalement les objets relatifs à la civilisation. Chaque dialecte prend la dénomination du lieu dans lequel vivent ceux qui le parlent. Ainsi, le *ieniseïsk* est celui qui est en usage sur les bords du Ieniseï; le *mangascia*, le *nertchinsk*, le *bargousine* et le *iakoutsk* sont ceux que l'on parle aux environs de ces villes; le *tchapoghire* est usité chez les tribus de ce nom, sur les bords de la Toungouska; et le *lamoute* est le dialecte des habitants des bords de la mer d'Okhotsk. Dans ces dernières années, on a publié une Bible dans le dialecte tchapoghire.

Les Toungouses des environs de Nertchinsk sont braves, robustes, bons cavaliers et excellents archers; ceux des bords de la basse Toungouska sont pauvres comme les Samoièdes leurs voisins; enfin ceux des rives de la Lena, appelés *Oleniens*, d'*olena*, renne en russe, vivent de leurs rennes, de la pêche et de la chasse.

Les Toungouses qui habitent en deçà du lac Baïkal ont répugné jusqu'à ce jour à embrasser le christianisme : très-peu se sont fait baptiser. Autrefois ils étaient tous sectateurs du chamanisme, mais aujourd'hui la plupart d'entre eux ont adopté un mélange de superstitions et de pratiques d'idolâtrie empruntées aux différents peuples avec lesquels ils ont des rapports. Ils reconnaissent pour chef spirituel le Dalaï-Lama, et après lui le *Gougen*, qui réside en Mongolie; ils ont des lamas particuliers, et leur principale divinité se nomme *Boa*. Leur religion a pris au lamanisme la croyance de la transmigration des âmes et celle des récompenses et des peines après la mort.

Les Toungouses qui habitent au delà du lac Baïkal diffèrent sous quelques rapports des tribus situées à l'occident de ce lac. Plusieurs ont embrassé le christianisme; il y a même des villages entièrement composés de chrétiens. Parmi les croyances superstitieuses répandues chez la plupart des Toungouses, nous ne citerons que les plus remarquables. Dans l'une, *Bouga*, après avoir créé le ciel et la terre, rassembla du fer de l'orient, du feu du midi, de l'eau de l'occident, et de la terre du nord, et en fit un homme et une femme, dont la chair et les os étaient de terre, le cœur de fer, le sang d'eau, et la chaleur vitale de feu. Lorsque le genre humain se fut multiplié, *Rouninga*, l'esprit des ténèbres, en réclama la moitié comme sa propriété. *Bouga* refusa de lui accorder les vivants; mais il lui promit de lui abandonner les hommes vicieux après leur mort, pour qu'il leur infligeât des peines dans l'enfer, qui est situé au centre de la terre. L'autre croyance, qui paraît fort ancienne, admet l'existence d'un Dieu qui a créé toutes choses, et dont le favori *Chomtchien Bodi Ssadou* lui transmet les prières des hommes, et intercède pour eux. Cette croyance admet la transmigration des âmes, mais d'une manière indéterminée, suivant la volonté suprême du Créateur. On reconnaît là des traces de bouddhisme; cependant ils y ajoutent que la terre est soutenue par une immense grenouille, sans s'inquiéter de ce qui sert d'appui à ce gigantesque animal.

Le chamanisme passe chez les Toungouses situés au delà du lac Baïkal pour la plus ancienne religion de l'Orient. Les ministres de ce culte sont hommes ou femmes, mariés ou célibataires; on les nomme *ssemans*; dans l'exercice de leurs fonctions, ils portent une longue robe en peau d'élan, ornée de sonnettes de fer et de cuivre, et se couvrent la tête de grandes cornes également ornées de sonnettes. Plus ils font de bruit en marchant, plus on croit que leur liaison avec le diable est étroite, et plus la considération qu'on leur porte est grande. Le chamanisme n'a ni autels ni idoles, mais les prêtres ordonnent de fréquents sacrifices d'animaux.

LES IAKOUTES. — Jetons maintenant un coup d'œil sur les peuples qui ne sont ni turcs ni mongols, ou qui paraissent provenir du mélange de ces deux races.

Les *Iakoutes*, qui dominent dans la province d'Iakoutsk sur les bords de la Lena, et plus au nord que les Toungouses, paraissent être des Turcs dégénérés qui se sont soustraits à la domination des Mongols en se transportant dans ces contrées éloignées. Ce sont les plus septentrionaux de tous les peuples turcs. Ils se nomment entre eux *Sokha* et *Sokhalar*. Leurs traits, leur teint noirâtre, décèlent plus que leur idiome un mélange avec la nation mongole : leur langue est même un dialecte du mandchou. Les hommes sont robustes, et les femmes souvent belles. La plupart sont idolâtres; ils se nourrissent des produits de la chasse et de la pêche, et passent leur vie dans une succession continuelle de jeûnes et de repas où ils se livrent à leur intempérance naturelle. Contre l'usage des peuples leurs voisins, les Iakoutes portent les cheveux longs et les habits courts et ouverts. En malpropreté, ils paraissent ne le céder à aucun autre : un grave auteur assure que les mortiers dont ils se servent pour piler du poisson sec sont faits de fumier de vache durci par la gelée. Leur principale vertu est l'hospitalité prévenante qu'ils exercent envers les étrangers. D'après des renseignements qui paraissent être exacts, le nombre des Iakoutes mâles est d'environ 100,000.

LES VOGOULES. — Aux pieds des monts Ourals du nord et sur le bas Obi, nous trouvons quelques tribus d'origine finnoise, et peut-être venues de l'Europe; car rien ne prouve, du moins d'une manière satisfaisante, que la race finnoise soit originaire d'Asie.

Les *Vogoules*, jadis très-nombreux, ne forment aujourd'hui qu'une population d'environ 20,000 âmes, dispersée en Europe et en Asie. Dans la Sibérie, ils occupent les hautes vallées des monts Ourals, et s'étendent sur la rive gauche de l'Obi entre Tobol et Bérézof. Les Russes les nomment *Vogoulitchi* et quelquefois aussi *Ougritchi*, parce que les annalistes ont cru qu'ils descendaient des *Iougri Ouigours* ou *Hongrois*, que quelques auteurs ont prétendu être sortis du pays des Vogoules; mais ils s'appellent eux-mêmes *Mansi* ou *Manch-Koum*. Leur langue se divise en trois dialectes : celui de *Tchiosoff*, celui de *Verkhotourié*, en Asie, et celui de *Tcherdine* en Europe.

On ne peut fixer l'époque de l'arrivée de ce peuple dans les contrées qu'il occupe aujourd'hui; tout ce que l'on sait de certain, c'est qu'il est fixé depuis plus de trois siècles sur le territoire russe, puisqu'il en est question vers ce temps dans les annales de la Russie, comme d'une nation guerrière que les troupes du czar Ivan Vassiliévitch eurent occasion de combattre. Toutefois les Vogoules prétendent avoir toujours résidé dans les lieux qu'ils habitent encore. La plupart ont embrassé le christianisme, mais ils n'ont pas abandonné tout à fait leurs anciennes superstitions ni leur vie nomade. Ils placent toujours leurs demeures dans les forêts, et quelquefois sur le bord des rivières poissonneuses; chaque cabane est ordinairement isolée, quelquefois ils en réunissent deux ou quatre, rarement cinq; mais ces espaces sont toujours à une grande distance les uns des autres, de telle sorte que les plus proches sont à plus de 12 ou 15 kilomètres d'un autre, et les plus éloignés à plus de 50 kilomètres. Le motif de cet isolement est de se procurer une chasse plus abondante : aussi voient-ils avec beaucoup de mécontentement s'étendre chaque année les travaux des mines, et se multiplier les usines qui, par le mouvement qu'elles occasionnent dans des pays jusqu'ici restés déserts, éloignent le gibier.

Leur yourte, ou habitation d'hiver, ne reçoit la lumière du jour que par un trou pratiqué au milieu du toit, et que l'on ferme avec un morceau de glace lorsqu'il fait trop froid. Leurs *balaganis* ou cabanes d'été plus légères sont faites en écorce de bouleau. Ils y entretiennent continuellement, vis-à-vis de l'entrée, du feu pour éloigner les mouches et autres insectes incommodes qui fourmillent en Sibérie.

Avant leur conversion au christianisme, ils mangeaient non-seulement tous les animaux qu'ils tuaient à la chasse, mais même des charognes. Aujourd'hui, ils s'abstiennent de viandes corrompues, et ne se nourrissent de loups, de renards, d'ours, d'écureuils, etc., que lorsqu'ils sont pressés par la faim. Ils vivent dans une parfaite égalité : il n'y a chez eux ni noblesse ni chefs; seulement ils élisent chaque année un *sotnik* ou centenier, dont l'autorité se borne à recueillir le tribut et à le porter à Tcherdine. La communauté de biens la plus fraternelle règne au milieu d'eux. Celui qui n'a plus de vivres s'empresse d'aller sans scrupule à la yourte dont le propriétaire a été plus heureux à la chasse, et l'aide à en consommer une partie. Fréquemment la disette est générale; alors ces pauvres gens sont obligés pendant plusieurs jours de faire tous leurs efforts pour supporter la faim. « C'est une chose réellement curieuse, dit un témoin oculaire, de voir manger un Vogoule; il tire à peu près la moitié du gibier dont la marmite bouillante est remplie, la porte sans autre préparation avec sa main gauche à sa bouche, qu'il tient toute grande ouverte, et où ses dents aiguës l'aident à en faire entrer autant qu'elle en peut contenir; c'est alors que la main droite, armée d'un couteau, vient à son secours; il mange jusqu'à ce qu'il ne reste plus rien, ou que l'estomac ne puisse plus absolument rien recevoir : malheureusement le premier cas arrive plus souvent que le second. »

Ils sont aussi buveurs à l'excès; les hommes, les femmes, les enfants même de l'âge le plus tendre aiment l'eau-de-vie avec passion; quand un paysan russe leur en apporte, ils s'empressent de donner, sans la moindre prévision de l'avenir, leurs meubles, leurs vivres, tout ce qu'ils possèdent, en échange de ce fatal breuvage. On peut juger par là combien les mœurs de ce peuple sont grossières; il ne mérite des éloges que pour son activité et pour la douceur de son caractère. Tout annonce même ce qu'il pourrait devenir s'il sortait de son ignorance. Leur imagination peuple les forêts, les lacs et les rivières de malins esprits dont ils redoutent la puissance : ils disent que ces esprits font noyer leurs chiens quand ils passent une rivière à la nage, et que ce sont eux aussi qui surprennent leurs femmes dans les forêts et les enlèvent.

Les Vogoules sont d'une adresse et d'une agilité remarquables à tous les exercices du corps; ils ont le coup d'œil si juste, ils sont si légers à la course, que, sans autre arme que l'arc, dès qu'ils ont trouvé la trace d'un animal, celui-ci leur échappe rarement.

La physionomie des Vogoules diffère complètement de celle des Russes, et rappelle celle des autres peuples sauvages de l'Asie. Quelques-uns ressemblent aux Kalmouks, d'autres aux Votiaks et aux Permiens, et leur langue offre une grande quantité de mots qui ont de l'analogie avec celles de ces peuples. Ils sont d'une taille médiocre et beaucoup sont petits; ils ont en général les cheveux noirs ou d'un brun rougeâtre et peu de barbe. A part la petitesse de leurs yeux, leurs femmes ne sont pas laides.

Les hommes sont vêtus comme les paysans russes; les femmes sont habillées à peu près comme les Votiakes; mais quelques-unes ont adopté le *saraphan*, ancien habit des femmes russes, qui consiste en une robe étroite d'une seule pièce, descendant jusqu'aux talons, ayant des ouvertures pour passer les bras, mais point de manches, et boutonnée par devant. Les Vogoules des deux sexes ont de riches habits pour les jours de fêtes. Les femmes se font des chemises avec la toile qu'elles tissent en fil d'ortie, plante qui abonde dans les forêts et que l'on récolte en septembre.

LES OSTIAKS. — Les *Ostiaks de l'Obi*, qui sont également de race finnoise, forment une des tribus les plus nombreuses de la Sibérie; on en compte 50,000 individus mâles. Le nom d'*Ostiak*, ou d'*Ouchtiak*, qui signifie *étranger*, *sauvage*, a été donné par les Tatars à trois peuples différents. Les Ostiaks de l'Obi soutiennent eux-mêmes leur descendance des Permiens. Avant qu'ils subissent le joug de la Russie, ils étaient gouvernés par des princes de leur nation : c'est parmi leurs descendants que l'on prend encore les chefs des tribus. Ce peuple habite à l'est des Vogoules, depuis Sourgout jusque vers Bérézof et Obdorsk. Tout porte à croire que c'est de leur pays que sont sortis les Huns.

Les Ostiaks sont petits et faibles; aucun trait caractéristique ne distingue leur physionomie; leur chevelure est communément rougeâtre ou d'un blond doré. Leur habillement étroit est fait de peaux et de fourrures. Les hommes se font une marque dans la peau, et c'est par ce signe qu'ils sont désignés sur le registre qui sert à inscrire les tributaires; les femmes se cousent des figures au dos des mains, sur l'avant-bras et le devant de la jambe. Elles portent des robes en fourrures ouvertes par devant, et dont les côtés rabattus l'un sur l'autre sont fixés par de petites courroies. Leurs cheveux, attachés avec une bandelette, tombent en deux longues tresses sur le dos. Les filles se distinguent par une couronne garnie de petites plaques de métal d'où pendent jusqu'au-dessous des reins de larges bandes de drap fixées ensemble par un ruban qui les traverse. Les cabanes d'été sont d'une forme pyramidale; celles d'hiver sont carrées et construites en charpente. Essentiellement pêcheurs, les Ostiaks font cependant en hiver de grandes expéditions de chasse. Les riches ont des troupeaux de rennes. Rien n'est malpropre et dégoûtant comme leur extérieur et leur manière de vivre. Jamais ils ne se lavent, et ils sont couverts de vermine. Cependant ils jouissent d'une bonne santé; leur vie se termine ordinairement par des maladies chroniques, scorbutiques, nerveuses. Les Ostiaks sont encore païens; lorsqu'ils doivent prêter serment à un nouvel empereur, on les fait mettre à genoux devant une peau d'ours ou devant une hache qui a servi à tuer un de ces animaux. On présente à chaque Ostiak une bouchée de pain sur la pointe d'un couteau, en lui faisant prêter le serment conçu dans ces termes : « Si, dans le cours de ma vie, je deviens infidèle à mon czar, si je ne paye pas mon tribut, si je déserte mon canton, etc., etc., puisse un ours me dévorer! puisse ce morceau de pain que je mange m'étouffer, cette hache me couper la tête, et ce couteau me percer le cœur! » C'est une cérémonie usuelle chez tous ces peuples idolâtres de la Sibérie. Chaque Ostiak est de plus obligé de mordre dans la peau d'ours après avoir prononcé ce serment. L'ours jouit parmi eux d'une vénération religieuse; ils font des sacrifices avant d'aller à la chasse de cet animal; après en avoir tué un, ils célèbrent sa mémoire par une fête expiatoire et par des chants adressés à ses mânes.

On a souvent cherché à introduire le christianisme chez les Ostiaks; plusieurs ont été baptisés, mais aucun ne s'est converti. Tous ont des idoles de bois qu'ils frappent ou qu'ils brisent lorsqu'il leur arrive quelque malheur. Les deux principales, celles qui sont le plus en vénération, sont placées au milieu de vallons boisés dont les avenues sont soigneusement cachées aux Russes. L'une de ces divinités est revêtue d'un habit d'homme et l'autre d'un habit de femme. La danse des Ostiaks est remarquable par le jeu de pantomime qui l'accompagne; le danseur imite tour à tour les allures de l'animal blessé à la chasse, du poisson qui vient d'être pêché, les gestes les plus facétieux de la tribu ou ceux des soldats russes sous les armes, ou des femmes russes qui lavent à la rivière. Leurs instruments de musique sont de longues caisses garnies de 7 ou de 30 cordes faites en boyaux. La langue des Ostiaks de l'Obi renferme un grand nombre de mots vogoules et samoïèdes.

LES SAMOÏÈDES. — Les peuples que nous allons passer en revue parlent une langue qui offre plus ou moins de rapports avec celles des différentes nations de l'Asie centrale et occidentale et même de l'Europe. Sous ce point de vue, on peut les grouper ensemble. Au surplus, aucune de ces langues n'est importante, puisqu'aucune n'a été fixée par l'écriture.

On pense que toute la race samoïède est descendue vers la mer Glaciale en suivant le cours de l'Ieniseï; car il se trouve encore, depuis le haut Ieniseï et l'Abakan jusque vers l'extrémité occidentale du lac Baïkal, quelques faibles tribus qui parlent des dialectes fortement mêlés de mots samoïèdes, ou qui même appartiennent en entier à cette langue. Tels sont les *Soïotes*, qu'on dit nombreux dans la Mongolie chinoise; les *Koïbales*, qui laissent les corps morts de leurs enfants exposés sur les arbres, et qui disputent au lièvre de montagne les amas de foin préparés par cet animal intelligent; les *Motorés*, les *Karagas*, les *Kamachinskes*, et enfin les *Ostiaks de Narym*. Il semble naturel de considérer les *Ostiaks de l'Ieniseï*, de *Poumpokol* et d'autres comme un anneau de cette chaîne, bien que ces tribus de chasseurs se soient formé un jargon particulier qui déroute les recherches des historiens.

Les *Samoïèdes* proprement dits occupent une immense étendue de pays couverte de bruyères et de marais; ce pays, où ils errent, est borné en Europe par le fleuve Mézen, à environ 40 degrés de longitude est, et en Asie il va jusqu'à l'Olének, près de la Léna, et presque sous le 115e méridien à l'est : c'est une ligne de 3,000 kilomètres de long sur 500 à 1,000 de large.

Ils se nomment eux-mêmes *Kkasova* ou *Khassovo*, c'est-à-dire *hommes*; c'est parce que les Russes les ont confondus avec les Lapons qu'ils leur ont donné le nom de *Semoïèdes* ou *Samoïèdes*, du mot *Saneanda*, qui en langue lapone signifie *Laponie*. Ils se partagent en trois branches qui parlent chacune un dialecte différent de la même langue : ce sont les *Tisin-Igholeï*, qui vivent tous en Europe; les *Vanoïta*, qui habitent les bords du Mezen et de la Petchora, en Europe, et les rives du bas Obi, en Asie; et les *Kkirioutchi* ou *Karatcheya*, fixés dans le gouvernement de Tobolsk. Ces peuples, comme les Vogoules, ignorent leur origine, mais ils paraissent être sortis de régions plus méridionales.

La taille ordinaire des Samoïèdes est de 1ᵐ,30 à 1ᵐ,62; ils sont communément trapus, et ont les jambes très-courtes; une tête grosse et plate présente un nez écrasé, la partie inférieure du visage très-saillante, une bouche très-grande, ainsi que les oreilles, un menton peu barbu; le tout animé par deux petits yeux noirs très-fendus. Ils réunissent à ces traits une peau olivâtre et luisante de graisse, des cheveux noirs et hérissés, qu'ils arrangent soigneusement, quoiqu'ils en aient très-peu. Les femmes ont de la souplesse dans la taille, de la douceur dans les traits; elles parviennent de très-bonne heure à l'âge de puberté. La plupart des filles peuvent devenir mères à onze ou douze ans, mais les mariages sont peu féconds; ils cessent de l'être avant que les femmes aient atteint leur trentième année. Ces peuples, qu'on pourrait appeler les Hottentots du Nord, ne se servent de leurs rennes domestiques que pour les atteler à des traîneaux; ils se nourrissent de rennes sauvages. Aussi malpropres que les Ostiaks, ils sont plus riches et mieux habillés. Un Samoïède opulent possède 1,000 à 2,000 rennes; celui qui n'en a que 500 à 700 passe pour aisé, et celui qui n'en a que 30 est pauvre, et souvent obligé de se mettre au service des riches. Ils n'ont d'autre culte qu'un fétichisme grossier; une pierre ou un morceau de bois est l'objet de leur adoration ou plutôt de leur attention superstitieuse. Ils évitent avec soin de prononcer le nom des morts. Leurs prêtres, appelés *tadileaï*, magiciens, jongleurs adroits, s'enfoncent un couteau sans se blesser; en jouant le rôle d'inspirés, plusieurs d'entre eux deviennent réellement frénétiques; on voit de ces sorciers qui, au moindre attouchement ou regard, entrent dans une espèce de rage, se roulent par terre, poussent des hurlements et s'arment de tout ce qu'ils trouvent sous la main pour assommer les assistants. Des Russes, accoutumés à voir des peuples sauvages, ont trouvé que ces magiciens leur inspiraient certain effroi.

Cependant ils reconnaissent un dieu, appelé *Noum*, qui gouverne l'univers, et a sous ses ordres des divinités inférieures qu'ils nomment *tadeptzies*. Le dieu Noum n'est représenté par aucune image; mais les tadeptzies le sont par de petites figures de bois auxquelles ils donnent grossièrement une forme humaine, et auxquelles ils sacrifient des rennes. Ils ont aussi la croyance d'une vie future.

Les femmes samoïèdes sont extrêmement malheureuses et méprisées; on les regarde comme des êtres impurs; elles sont obligées de se parfumer avant de passer le seuil de la cabane. Les amusements de ce peuple errant consistent en danses cadencées, qu'il accompagne d'un chant nasillard, et dans la lutte et la course. Ses diverses tribus ne s'élèvent pas en tout à plus de 25,000 individus, dont 7 à 8,000 sont dans la Sibérie. Placés hors de la route des conquérants, ils ont conservé intacte leur langue, qui ne ressemble à aucune autre. Cette langue, dont les phrases sont mal liées, est rude et remplie de sons gutturaux. Quelques tribus ont une sorte d'écriture qui consiste en un certain nombre de signes taillés sur des morceaux de bois.

Les Samoïèdes qui habitent les environs de Touroukhansk, dans le gouvernement d'Ieniseïsk, parlent un dialecte qui porte le nom de cette ville.

D'autres peuplades, nommées *Targhi*, habitent entre l'Ieniseï et l'Anabora jusqu'à l'extrémité la plus septentrionale de l'Asie, c'est-à-dire jusqu'au cap Severo-Vostotchnoï.

Une peuplade improprement appelée les *Ostiaks du Taz*, parce qu'elle demeure sur les bords de cette rivière, est réellement samoïède; car l'idiome qu'elle parle n'est qu'un dialecte du samoïède.

Il en est de même des *Ostiaks de Narym*, du *Ket* et du *Tim*, avec cette seule différence que ces trois peuplades parlent trois dialectes particuliers du samoïède.

Les *Laak Ostiaks*, qui demeurent sur le golfe de l'Obi à l'est du fleuve, les *Karasses* à l'est des Samoïèdes de Touroukhansk, et les *Ostiaks du Ieniseï*, sont aussi des Samoïèdes. Ces Ostiaks, qui séparent les Samoïèdes méridionaux des septentrionaux, parlent un idiome qui se divise en quatre ou cinq dialectes : celui des *Denka*, ou *Deng*, appelés *Oedh-Ostiaks;* celui des *Ostiaks d'Imbazk;* celui des *Ostiaks de Poumpokolsk*, qui habitent les bords du Ket; et celui des *Kotten* et de *Assanes*.

LES IOUKAGHIRS. — Les *Ioukaghirs* habitent les montagnes où l'Indighirka et la Kolyma prennent leurs sources, et s'étendent dans le bassin de ces deux rivières entre les Koriaikes et les Iakoutes. Ils sont au nombre de cinq cents familles, tous baptisés, mais conservant plusieurs superstitions du chamanisme. Ils vivent de la chasse et de leurs rennes, habitent leurs villages pendant les rigueurs de l'hiver, c'est-à-dire depuis environ le 15 décembre jusque vers le 15 février; passent les mois de juin et de juillet à la pêche, et le reste de l'année à la chasse. Ils s'habillent comme les Russes qui vivent dans leur voisinage. On ne sait s'il faut les compter parmi les Samoïèdes ou parmi les Iakoutes, ou les joindre aux tribus suivantes. Leur langue est une de celles qui offrent le moins d'analogie avec celles des autres peuples de l'Asie septentrionale et centrale.

LES KORIAKS ET LES TCHOUKTCHIS. — Les *Koriaks*, appelés aussi *Koriaikes*, se divisent par le langage en trois ou quatre peuples différents, bien qu'ils se ressemblent par les caractères physiques. Les *Koriaikes* proprement dits demeurent dans la baie de Penjinskaïa, sur les deux rives de la Penjina ; d'autres Koriaikes ayant un idiome différent demeurent sur la Kolyma et au nord-est de cette rivière : ce sont ceux-ci qui ont été appelés *Tchouktchis* ; enfin, d'autres Koriaikes se trouvent au Kamtchatka. Un mot sur ceux qu'on nomme improprement Tchouktchis donnera une idée du peuple koriaike et de la langue qu'il parle.

Les *Tchouktchis* ou *Tchouktches* possèdent l'extrémité orientale de l'Asie à l'est des Ioukaghirs, et au nord des Koriaikes. Ils sont au plus composés d'environ mille familles, qui se trouvent généralement établies dans de petits camps situés près des rivières. Leurs tentes, de figure carrée, consistent en quatre perches qui supportent des peaux de rennes et qui forment un toit. Devant chaque tente, des lances et des flèches fixées dans la neige sont destinées à repousser les attaques subites des Koriaikes, qui, bien que de la même race, leur font souvent une guerre perfide. Dans le milieu est un poêle, et leur lit consiste en petites branches d'arbres étendues sur la neige, et couvertes de peaux de bêtes sauvages. Leurs habitations sont sales, et leur nourriture dégoûtante. L'habillement des femmes consiste seulement en une peau de bête fauve suspendue à leur cou, de manière qu'elles n'ont qu'un nœud à défaire pour être entièrement nues. Les Tchouktches ont de gros traits, mais ils n'ont pas le nez plat ni les petits yeux creux des Kamtchadales ; leur figure, en un mot, n'a rien de la forme asiatique. Habiles à la fronde, ils montrent aussi beaucoup de courage et d'adresse dans la pêche des baleines, qu'ils font à la manière des Européens, sans l'avoir apprise de ceux-ci.

Cette absence de traits asiatiques dans le caractère de figure des Tchouktches et des Koriaikes en général est d'autant plus remarquable que leur langue ou le koriaike diffère beaucoup de toutes celles que l'on parle en Sibérie, et qu'elle offre même quelques racines communes à d'autres idiomes très-éloignés, surtout avec les langues celtique, germanique et latine.

LES KAMTCHADALES. — Les *Kamtchadales* se donnent le nom de *Itelmenes :* leur langue se partage en quatre dialectes : celui des habitants des bords du Tighil ; celui de la partie moyenne du Kamtchatka ; le dialecte des Oukch, peuplades plus au sud, et enfin celui de l'extrémité méridionale de la péninsule.

Ce peuple, dont le nombre diminue tellement qu'il est probable qu'on verra sous peu la tribu entière éteinte, puisque déjà il ne se compose plus que de 3,000 individus, appartient à une race de petite taille, ayant les épaules fortes, les jambes courtes, la tête grosse, le visage long et plat, de petits yeux, des lèvres minces, peu de barbe et de cheveux. Les femmes kamtchadales ont la peau fine, mais brune, les mains et les pieds très-petits, et la taille passablement proportionnée. Les Kamtchadales sont sujets à peu de maladies. Si l'on en voit plusieurs d'estropiés, on doit songer que ces accidents sont occasionnés par leurs travaux et leurs voyages périlleux. Les maux les plus communs sont le scorbut et la maladie vénérienne : celle-ci était connue avant l'arrivée des Russes. Le pays manque de médecins. La réverbération de la neige occasionne de fréquentes inflammations d'yeux. La petite vérole, semblable à la peste, enlève des générations entières. Cependant l'inoculation y est en usage depuis longtemps : chaque Kamtchadale se fait cette opération en trempant une arète de poisson dans la matière de la petite vérole. La vaccine y a été introduite dans ces derniers temps. Les deux sexes ont le tempérament ardent : les aliments dont ces ichthyophages se nourrissent leur allument le sang ; le climat et leur manière de vivre leur donnent un penchant incroyable pour le libertinage. Ils mangent du caviar, du poisson pourri, de la viande séchée et fumée, et boivent avec une sorte de délice de la graisse de phoque et de l'huile de baleine.

Les Kamtchadales qui habitent dans la partie méridionale de la péninsule ont leurs *izbas* ou *balagans*, c'est-à-dire leurs cabanes d'hiver et d'été, élevées sur des tréteaux de 4 à 5 mètres de hauteur, afin de pouvoir y faire sécher leur poisson, qui est presque leur seule nourriture. Ils portent sur la peau une chemise de coton, avec des pantalons larges de peau de daim. Leurs bottes sont de cuir tanné, et leur bonnet en fourrure. Les hommes sont principalement occupés à prendre le poisson ; dans l'été, les femmes vont dans les bois recueillir des végétaux ; c'est alors qu'elles s'adonnent à une sorte de frénésie qui ressemble à celle des bacchantes. Au lieu de rennes, ils se servent, pour traîner leur léger chariot où le voyageur s'assied de côté, de chiens assez semblables aux chiens de bergers. Dans le nord du Kamtchatka, les cabanes sont creusées sous terre. La chaleur s'y conserve davantage ; mais l'air concentré et les exhalaisons qui s'y renferment y composent une atmosphère insupportable.

DESCRIPTION TOPOGRAPHIQUE DE LA SIBÉRIE.

DIVISION POLITIQUE DE LA SIBÉRIE. — La Sibérie se divise en deux régions distinctes d'après leur position physique. La Sibérie occidentale, comprenant : partie des gouvernements d'Orenbourg et de Perm, les gouvernements de Tobolsk, de Tomsk, le territoire de Semipolatinsk et des Kirghises, qui est de récente formation ; la Sibérie orientale, comprenant les gouvernements d'Iéniscïsk, d'Irkoutsk, d'Iakoutsk ; le territoire Transbaïkalien ; enfin le gouvernement particulier des provinces situées sur l'océan Pacifique, gouvernement nouveau qui a été créé tout récemment, en 1856, aux dépens de l'ancien gouvernement d'Okhotsk, du pays des Tchouktchis, du Kamtchatka et des vallées du bas Amour, nouvellement annexé à l'empire russe.

DESCRIPTION TOPOGRAPHIQUE DES PARTIES ASIATIQUES DES GOUVERNEMENTS D'ORENBOURG ET DE PERM. — Nous allons faire connaître les provinces et les villes de la Sibérie. Mais ici se présente une observation importante que nous avons déjà faite en décrivant la Russie d'Europe : c'est que les deux gouvernements d'Orenbourg et de Perm s'étendent jusque sur les dernières pentes du versant oriental des monts Ourals ; en sorte que les limites de la géographie naturelle ne s'accordent point à l'égard de ces deux gouvernements avec les limites administratives, nous devons commencer la description de la Sibérie par les portions de ces deux gouvernements qui appartiennent à la Russie d'Asie.

Dans celui d'*Orenbourg*, qui, relativement à son étendue, n'occupe qu'une petite superficie en Asie, nous avons, en décrivant l'Europe, parlé des villes asiatiques les plus importantes, *Troïtsk* et *Tcheliabinsk* ou *Tcheliaba*, située sur l'Ouï ; il ne nous reste qu'à mentionner la petite forteresse d'*Ozernaïa* sur la rive gauche du Tobol, où l'on compte 2 ou 300 maisons.

Plus d'un tiers du gouvernement de *Perm* appartient à l'Asie ; sur le versant oriental des monts Ourals, s'étendent du nord au sud cinq districts importants, ceux de Verkhotourié, d'Irbite, de Kamouichlof, de Chadrinsk et d'Iekaterinbourg.

Le district de *Verkhotourié*, riche de ses mines de fer et de cuivre, de ses usines et de ses sables aurifères, a pour chef-lieu une ville d'environ 500 maisons, *Verkhotourié*, sur la rive gauche de la Toura ; c'est le siége des tribunaux de première instance : on y compte quatre paroisses ; l'église principale s'élève sur le rocher de la Trinité (*Troitzkoï-Kamen*), que domine aussi un vieux fort qui tombe en ruines. Hors de l'enceinte de la ville se trouve un couvent de moines. Cette cité fut fondée en 1598 par les ordres du czar Fedor Ivanovitch. Nijné-Taghilsk, au sud de la précédente, possède dans son voisinage de riches usines qui appartiennent à la famille Demidoff. Elle a plusieurs usines importantes.

Le district d'*Irbite*, qui contient aussi de grandes richesses minérales et une population considérable, puisqu'on l'évalue à 95,000 âmes, a pour chef-lieu, sur une rivière du même nom, la petite ville d'*Irbite*, dont l'enceinte en palissades renferme un millier d'habitants, et qui est célèbre par une foire qui s'y tient tous les ans vers le milieu de février, et où il se fait des affaires pour plusieurs millions de francs. *Alapaevsk*, à 80 kilomètres au nord-ouest d'Irbite, a des usines et une population plus importante que celle du chef-lieu.

Kamouichlof, ville bâtie en bois et peuplée d'environ 3,000 âmes, est le chef-lieu d'un district où l'on trouve des mines de cuivre et de fer, des usines, de belles prairies, des champs fertiles, et une population de plus de 60,000 âmes.

Chadrinsk, sur la rive gauche de l'Iset, est entourée de palissades et renferme plusieurs fabriques, des tanneries et près de 2,000 habitants. Le territoire qui forme son district est parsemé de lacs dans sa partie occidentale ; le reste comprend quelques terrains fertiles en grains, et une population de plus de 85,000 âmes.

Mais dans ces régions où les habitants sont disséminés, *Iekaterinbourg* peut passer pour une ville importante : 6 à 7,000 habitants forment sa population, sans compter celle des faubourgs. Elle est fortifiée, et renferme cinq églises, une douane et un arsenal. L'un de ses principaux édifices est la fonderie, où siége le conseil des mines de toute la contrée, où l'on frappe annuellement pour plus de 3 millions de francs de monnaie de cuivre, où l'on opère le lavage des sables aurifères de l'Iset, et où l'on fond en cuivre et en fer une grande quantité de figures de saints et d'autres objets. Cet établissement, remarquable par l'importance des machines, l'est encore par sa collection minéralogique, sa bibliothèque et son laboratoire de chimie. Le district d'Ickaterinbourg, riche en forêts et entrecoupé de lacs, abonde en mines de différents métaux, en roches et en substances minérales plus ou moins précieuses. On y relègue un grand nombre d'exilés, et sa population est évaluée à plus de 62,000 âmes.

GOUVERNEMENT DE TOBOLSK. — Le gouvernement de *Tobolsk*, borné au nord par l'océan Glacial, s'étend sur les bords de l'Obi, de l'Irtyche et du Tobol. Il occupe une superficie de 1,600,000 kilomètres carrés, c'est-à-dire qu'il égale en grandeur trois fois celle de toute la France. Nous en commencerons la description par le district ou arrondissement de *Tobolsk*, situé sur le confluent de ces trois rivières, au milieu d'une plaine immense, coupée seulement de quelques falaises. Le climat, quoique très-rude, admet en été des chaleurs considérables. Il n'est pas rare d'y voir le thermomètre de Réaumur s'élever à 26 ou 28 degrés. Les orages s'y font sentir fréquemment; les pluies sont très-fortes. Autant les chaleurs sont insupportables en été, autant le froid l'est en hiver, et le thermomètre descend souvent à 40 degrés au-dessous de zéro. Cependant ce climat rude est très-sain. Il n'y a que deux maladies dominantes : les maladies vénériennes et les fièvres de refroidissement. On ne voit pas un seul arbre fruitier. Le jardin du gouvernement, sans contredit le plus beau du pays, offrait autrefois ces arbres en peinture sur l'enceinte de planches qui l'environne : aujourd'hui on les voit dans des serres. L'arbre à pois de Sibérie, le bouleau, et surtout la bourdaine, sont les arbres favoris des habitants de Tobolsk. On y trouve encore quelques buissons de groseilles rouges et vertes. Toute espèce de blé y réussit; l'herbe y est épaisse et succulente; le sol, partout formé d'une terre noire et légère, n'exige jamais d'engrais. Les paysans sont trop paresseux pour transporter peu à peu le fumier de leurs étables et de leurs écuries; ils sont quelquefois obligés de démolir leurs maisons pour les reconstruire ailleurs, parce que les montagnes de fumier qui les environnent leur paraissent enfin exhaler une odeur trop forte même pour leurs grossiers organes.

Tobolsk, située sur la rive gauche de l'Irtyche et vis-à-vis de l'embouchure du Tobol, dont elle tire son nom, est considérée comme la capitale de la Sibérie occidentale : c'est la résidence d'un gouverneur et d'un archevêque. La ville haute de 70 mètres plus élevée que la basse; elles communiquent entre elles par des degrés qui sont au nombre de 290. De nombreux dômes et clochers donnent à cette ville un aspect magnifique à une certaine distance; dans le Kreml ou citadelle, le palais du gouverneur fixe agréablement la vue; mais comme il a été brûlé, il ne brille que dans le lointain. Les autres édifices sont la Bourse et le palais archiépiscopal. Il y a dix-huit églises. Les rues sont larges, alignées et planchéiées en poutres; les maisons, quoique jolies, ne sont pour la plupart qu'en bois; la population, accrue par un commerce florissant, s'élève à 30,000 habitants, dont un cinquième se compose de Tatars ou pour mieux dire de Turcs. Tobolsk possède un théâtre, une imprimerie, un séminaire, un gymnase, des écoles d'enseignement mutuel, un hospice d'enfants trouvés et plusieurs autres établissements de charité. L'Irtyche et le Tobol inondent quelquefois les environs de cette ville à 40 kilomètres à la ronde : alors on n'y peut entrer que par eau, et les rues sont couvertes de barques.

Isker ou *Sibir* était la capitale des Tatars pendant leur domination en Sibérie, que pour cette raison on devrait appeler *Sibirie;* cette ville était située à 18 kilomètres de Tobolsk, sur la petite rivière de *Sibirka*. A peine en trouve-t-on aujourd'hui quelques faibles ruines.

A *Démianskoé*, poste de voituriers sur l'Irtyche, au confluent de cette rivière et de la Demianka, le chou cesse de former des têtes; il jette seulement des feuilles éparses. A *Samarofskoé* ou *Samarova*, bourgade un peu au-dessus du confluent de l'Irtyche et de l'Obi, les chevaux commencent à ne plus pouvoir souffrir la rigueur du climat.

Le district de *Bérézof* ou *Bérézov*, qui s'étend jusqu'aux golfes de Kara, d'Obi et de Taz, occupe le tiers du gouvernement de Tobolsk; ainsi il est un peu plus grand que la France entière; mais sa population est tellement faible, que, comparée à celle de la France, elle est comme 1 à 1600.

Au nord il comprend la grande presqu'île d'Olénéï couverte de lacs et de marais, baignée à l'ouest par les eaux du golfe de Kara, ou, comme l'appellent les Russes, la mer de *Kara* (*Karskoïé moré*), dont la longueur est d'environ 600 kilomètres, et à l'est par le golfe d'Obi, qui en a 650 de longueur.

D'après les voyageurs russes, la partie septentrionale de l'arrondissement de Bérézof présente un sol pierreux et marécageux; des collines de grès s'élèvent sur les bords de l'Obi; la nature, avare de ses dons, y laisse partout de vastes solitudes couvertes d'une végétation appauvrie. Vers le 65e parallèle, le sol n'y produit plus d'arbres; l'air est presque toujours chargé de brouillards, le ciel continuellement couvert de nuages; l'été n'y dure que depuis le 15 juin jusque vers le 15 juillet; mais pendant cet espace de temps la chaleur devient excessive, et le thermomètre de Réaumur s'y élève jusqu'à 23 et 26 degrés, bien que la terre ne puisse se dégeler. Sous le 64e degré de latitude, les gelées commencent à la fin d'août et les glaces de l'Obi ne se brisent jamais avant la fin de mai. La partie méridionale est boisée; sur les bords de l'Obi croissent plusieurs espèces de pins (*pinus laryx, pinus abies*), le bouleau, l'érable et le peuplier noir; le *salix arenaria*, le *salix pentendra*, l'aune et diverses autres espèces d'arbrisseaux, s'élèvent çà et là au milieu des prairies. Sur ce sol glacé, qui pourrait songer à l'agriculture, bien que les légumes y réussissent encore? Le petit nombre de chevaux et de bestiaux que les Russes ont naturalisés s'y nourrissent avec peine; et les Ostiaks n'ont que des chiens et des rennes. Mais les animaux sauvages et le gibier y abondent : ce sont des ours, des élans, des rennes, des castors, des loutres, des renards, des écureuils, des belettes et des hermines; des oies blanches et grises, des canards, des cygnes, des grues, des coqs de bruyère, des gelinottes, des perdrix, des pies et des corbeaux.

La contrée sur l'embouchure de l'Obi, appelée *Obdorie*, est un pays encore plus triste. A peine la terre dégèle-t-elle de 50 à 60 centimètres, même pendant le long jour d'été; on n'y voit que des marais où croissent des joncs de toute espèce, mélangés de petits buissons de saule rampant et de bouleau nain à grandes feuilles, du ciste des marais, de l'andromède et de l'arbousier des Alpes. Sur les montagnes ouraliennes peu élevées, des mélèzes hauts de 2 mètres, des buissons d'aunes et de saules forment quelquefois des espaliers très-touffus. Sur les bords de la mer, on ne rencontre guère que la ronce du nord et la ronce des marais.

On compte dans le district de Bérézof 21,558 habitants (d'après le recensement de 1851), presque généralement composés d'Ostiaks et de Samoïèdes répartis entre dix-neuf cantons. Cette population, parmi laquelle on compte à peine 2,000 Russes, est répartie dans 12 villages, 12 bourgs et 3 villes, et 2,500 tentes soumises au tribut.

Bérézof, le chef-lieu, sur la rive gauche d'un bras de l'Obi, tire son nom du mot russe *béroze* (bouleau), parce que cette ville fut bâtie en 1593 sur l'emplacement d'un bois de bouleaux. Elle est encore environnée de marécages couverts de bouquets de bouleaux et de sapins. Elle renferme 3 églises en pierre, 150 maisons et un millier d'habitants. *Obdorsk*, ancienne capitale de l'Obdorie, sur le Polouï, affluent de l'Obi, ne se compose que d'une église, de 10 à 12 maisons, et d'un grand nombre de cabanes servant de magasins pour les pelleteries qu'on y rassemble, et qui proviennent du tribut que payent les peuplades nomades. Ces misérables constructions sont entourées d'une palissade. *Sourgout*, dont l'origine n'est pas moins ancienne, a 170 maisons, renfermées dans une enceinte palissadée, sur la rive droite de l'Obi.

Le district de *Tourinsk*, situé à l'est de Tobolsk, contient des terres labourables, les vivres y sont à très-bas prix. *Tourinsk*, chef-lieu, sur la rivière de la Toura, est une ville considérable pour ce pays. Elle a un faubourg, 6 églises, un couvent d'hommes, un séminaire et une population de 4 à 5,000 âmes. A l'époque de la conquête de la Sibérie, elle faisait partie des États d'un prince nommé Épantcha, ce qui lui a valu le nom d'*Épantchine*, qu'elle conserve encore chez quelques habitants de la Sibérie. *Pelim* ou *Pelimskoé*, sur la Tarda, près du confluent de cette rivière et du Pelima, à 180 kilomètres au nord de Tourinsk, est un bourg, ou, si l'on veut, une petite ville de 80 maisons, entourée de palissades et défendue par un petit fort en bois.

C'est à *Pelim* qu'Ernest-Jean de Courlande fut exilé, et que le célèbre feld-maréchal Bourcard-Christophe, comte de Munnich, a passé vingt ans de sa vie, d'ailleurs si active et si utile à la Russie. « Le voïvodat de Pelim, dit Munnich lui-même, est couvert de forêts marécageuses que l'on ne peut traverser en été, même avec le moindre chariot; on y passe, en hiver, au moyen de patins longs de 2 mètres, larges par-dessous le pied de 15 à 20 centimètres, et recouverts de peau de renne, afin de ne pas glisser : les habitants, pour se conduire à travers ces forêts, se servent de boussoles qu'ils construisent eux-mêmes, l'aimant n'étant pas rare dans cette contrée. »

Le district de *Tioumen*, au sud-ouest de Tobolsk, est plus ouvert et moins rempli de forêts que celui de Tourinsk; il exporte des grains; on y voit même quelques pommiers. *Tioumen*, ville florissante, sur la rive droite de la Toura, a 10,000 habitants, y compris les Tatars qui habitent son faubourg, des manufactures de très-jolis tapis, des fonderies de cloches, des fabriques de savons et des tanneries considérables. Cette ville est la première que les Russes bâtirent en Sibérie. En 1586, elle s'éleva sur l'emplacement d'une cité tatare dont on voit encore quelques débris. A quelque distance on trouve le tombeau du voyageur Steller, un des premiers qui nous ait fait connaître le Kamtchatka.

Le district d'*Ialoutororsk* se trouve à l'est du précédent. Le sol y est ondulé et couvert de marécages et de petits lacs. Nulle part on ne voit des prairies plus grasses; elles sont fauchées par le premier venu; la plupart ne le sont jamais, parce que le bétail manque pour consommer les fourrages. Les insectes y fourmillent. *Ialoutororsk* était une simple bourgade, qui, dans le courant du dix-huitième siècle, s'est élevée au rang de ville assez importante pour la Sibérie, puisqu'elle renferme plus de 2,000 habitants.

Le district de *Tara*, sur l'Irtyche, au sud-est de Tobolsk, comprend un pays plat, couvert de forêts et très-giboyeux. *Tara*, sur l'Arkurka, affluent de l'Irtyche, est une jolie ville, de 3 à 4,000 âmes, située sur une montagne et entourée d'un rempart en terre. On y fabrique beaucoup de maroquins. Quelques négociants fort riches habitent des maisons en pierre.

Entre Tobolsk et Tara, le pays est coupé par un grand nombre de ruisseaux plus ou moins considérables. Autrefois s'étendaient là d'épaisses forêts de pins, de sapins, de bouleaux et de peupliers; il en reste encore plusieurs que traverse la grande route. Les villages sont entourés de vastes champs, et l'agriculture y est florissante malgré la rigueur des hivers : aussi les villages sont-ils très-nombreux, et les paysans y jouissent-ils d'une certaine aisance qu'ils augmentent encore par les bénéfices qu'ils tirent du transport des marchandises. Dans chaque habitation villageoise règne la plus grande propreté et même une sorte de luxe : parmi les ustensiles de ménage, on remarque presque toujours une théière élégante; et plusieurs chambres sont tendues en papier peint qu'on fabrique à Omsk. Chaque maison de paysan de la Sibérie se divise en deux chambres séparées : l'une est celle du maître, et l'autre, appelée *izba*, celle des domestiques. Une espèce de plancher suspendu sert de chambre à coucher. C'est dans l'izba qu'est placé le four qui sert à cuire le pain et à faire toute la cuisine.

Le district de *Kourgan* est situé au sud de celui d'Ialoutorovsk, sur le Tobol. C'est, dit-on, l'Italie de la Sibérie. La terre s'y couvre de fleurs très-belles; les troupeaux de bêtes à cornes et de chevaux paissent sans gardiens. On y voit beaucoup de bécasses, de canards et de ramiers. *Kourgan* est moins une ville qu'un assemblage de métairies sur le Tobol. La population, que l'on évalue à 1,500 habitants, se compose de colons russes, de Cosaques et d'un petit nombre d'exilés. Les vivres y sont au plus vil prix, mais tout article des manufactures d'Europe est extrêmement cher. Kotzebue a décrit les jeux auxquels se livraient les jeunes Kourganaises sur les bords du Tobol. « Il y a, dit-il, le long de cette rivière, des places où se rassemblent les jeunes filles de la ville pour laver le linge et se baigner. Ces bains sont pour elles des exercices vraiment gymnastiques et admirables. Elles passent et repassent le Tobol en nageant, sans le moindre effort; elles s'abandonnent longtemps au fil de l'eau, couchées sur le dos; folâtrent souvent ensemble, se jettent du sable, se poursuivent, plongent, se saisissent, et se renversent les unes sur les autres : ce sont les Naïades de la fable. En un mot, elles poussent le jeu si loin, qu'un spectateur sans expérience devrait craindre à tout moment de les voir couler à fond et périr. Tout se fait, au reste, avec la plus grande décence. Les têtes seules paraissent hors de l'eau; et sans le balancement qui fait paraître leur sein, ce qui ne semble pas les inquiéter beaucoup, l'on douterait de leur sexe. Veulent-elles finir le jeu et sortir de l'eau, elles s'y prennent avec beaucoup de modestie, en priant les spectateurs de se retirer : ou si quelqu'un de ceux-ci, plus curieux ou plus malin que les autres, s'y refuse, les femmes qui sont hors de l'eau forment un cercle serré autour de celles qui veulent sortir, et leur jettent à chacune son habillement; de sorte que dans un instant elles paraissent modestement vêtues. »

A l'est du district de Kourgan on trouve celui d'*Ichim*; ce district touche à la grande steppe d'Issim ou Ichim, où errent les Kirghises de la horde moyenne. Ces nomades venaient autrefois enlever les Russes, et les entraînaient attachés à la queue de leur cheval. Pour faire cesser ces incursions, on a établi une ligne militaire qui s'étend des bords du Tobol à ceux de l'Irtyche, et qui côtoie une vallée remplie de lacs salés ou amers. *Ichim*, ville de 200 maisons et de 2 à 3,000 habitants, est située sur la rivière du même nom.

Le district d'Omsk, qui autrefois formait un gouvernement à part, dépend depuis quelques années du gouvernement de Tobolsk; sa population était en 1851 de 86,937 habitants. *Omsk*, le chef-lieu, dont la population est d'environ 6,000 à 8,000 âmes, mais qui a une garnison de 4,000 hommes, est une ville fortifiée à la moderne. Elle est assez bien bâtie; les casernes, et l'école militaire fondée par l'empereur Alexandre en faveur des enfants de l'armée de Sibérie, sont ses principaux édifices. Elle tire son nom de la rivière d'Om, et s'élève au confluent de cette rivière et de l'Obi. Elle est le séjour d'un grand nombre d'exilés. Ses environs sont fertiles, mais manquent de bois de chauffage. Nommons encore dans ce district la ville de *Pétropaulosk*, située sur la rive droite de l'Ichim; elle est peuplée de 4 à 5,000 âmes, et son marché est fréquenté par les Kirghises, les Boukhares et les Khiviens. Une forteresse, de forme hexagonale, la protége; elle a une importante garnison.

GOUVERNEMENT DE TOMSK. — Le gouvernement de *Tomsk* comprend les contrées situées sur le haut Obi et sur l'Ienisei en général. Au nord-ouest il est borné par celui de Tobolsk, au sud-ouest par la province d'Omsk, au sud par l'empire chinois, et à l'est par le gouvernement d'Ieniseisk. Sa longueur est de 1,050 kilomètres, et sa largeur d'environ 800. Il partage avec celui de Tobolsk l'immense steppe de Baraba ou Barabin. Les montagnes qui le bornent au sud sont riches en métaux utiles et précieux. Ce gouvernement est divisé en six districts.

Le district de *Tomsk* comprend la partie septentrionale de tout le gouvernement. *Tomsk*, son chef-lieu, sur la rive droite du Tom, affluent de l'Obi, est bien bâtie et renferme 10 à 12,000 âmes. C'est une ville dont l'industrie et le commerce sont en grande voie de prospérité; on y trouve plusieurs manufactures, des usines et des tanneries importantes. Ses marchés et ses foires y attirent un grand concours de marchands et d'acheteurs de tous les points de la Sibérie. *Narym*, à 340 kilomètres au nord-ouest, sur la rivière de la Narymka, est peu peuplée, mais fait un assez bon commerce de pelleteries.

Le district de *Kainsk* s'étend dans la partie occidentale du gouvernement. Il comprend une partie de la steppe de Baraba, plusieurs grands lacs, entre autres celui de Tchany; il est presque dépourvu de bois, l'est entièrement de montagnes, et paraît occuper le fond d'un ancien lac. On y élève des chevaux et du bétail. Il est presque entièrement peuplé de Barabintzi, qui s'adonnent à la pêche et à la chasse. *Kainsk*, ville de 3,000 âmes, avec une petite garnison, fait un bon commerce de fourrures. Plusieurs foires assez fréquentées s'y tiennent chaque année.

La plupart des Barabintzi se sont retirés dans le nord de leur steppe; ceux qui sont restés au sud ont adopté les mœurs et le costume des Russes. Mais les villages de la steppe de Baraba, tous nouvellement bâtis et entourés de champs cultivés, sont peuplés d'exilés; ils consistent en une seule rue toute droite. Cette steppe est le bagne de l'empire de Russie. Cependant les excès y sont rares, et jamais on n'y entend parler de vols à main armée. Ce phénomène ne tient point à un changement de mœurs de la part des exilés; mais à l'impossibilité dans laquelle se trouverait le voleur de cacher son crime. Dans chaque village un peu considérable un détachement de troupes est chargé de faire la police et de maintenir la tranquillité, et une prison sert à enfermer pendant la nuit le malfaiteur turbulent. En vain celui-ci chercherait-il à s'évader : il trouverait la mort dans les déserts marécageux qu'il aurait à traverser; en vain plusieurs exilés se réuniraient pour effectuer leur évasion, les paysans qui les rencontreraient les tueraient sans pitié : ils sont donc forcés de chercher à mériter par leur bonne conduite la seule liberté dont ils puissent jouir dans leur nouvelle patrie.

Au sud du précédent s'étend le district de *Barnaoul*, dont la richesse minérale a engagé le gouvernement russe à établir au chef-lieu la direction supérieure des mines de l'Altaï. *Barnaoul*, assez bien bâtie sur une rivière du même nom, renferme 1,500 maisons et 10,000 habitants. Elle possède une école des mines florissante, un musée d'antiquités, de minéralogie et d'histoire naturelle, et un observatoire météorologique. Dans ses environs l'air est plus tempéré et l'été plus chaud que dans les parties plus méridionales, mais plus rapprochées des montagnes. Tous les légumes et même les artichauts y réussissent. Près de la ville on trouve des fours à chaux, des tuileries et une manufacture de glaces.

Le district de *Kolyvan* formait sous Catherine II un gouvernement à part : c'est la partie méridionale de la Sibérie occidentale et du gouvernement de Tomsk. Il nourrit une grande quantité de bêtes à cornes. *Kolyvan* ou *Kolyane*, son chef-lieu, qui a été plusieurs fois rebâti, remplace aujourd'hui l'ancien bourg de *Tchaousk*. Les Russes l'appellent *Kolyvano-Voskresensk*. Cette ville est peu peuplée, et n'a que 5 à 6,000 âmes. Elle est importante par les mines d'or, d'argent, de plomb de son voisinage, et possède un hôtel des monnaies et de belles usines. Sa position sur la rive gauche de l'Obi est agréable; du côté du sud on aperçoit à l'horizon les monts Altaï, dont les traces se retrouvent dans la chaîne de collines boisées qui forme ici la vallée du fleuve. La mine et le bourg de *Schlangenberg*, appelé par les Russes *Smeïnogorsk*, sont ce qu'il y a de plus remarquable dans ce district. On dit que la montagne doit son nom à la grande quantité de serpents qu'on y trouve; les *Tchoudes* y ont laissé des traces de grands travaux d'exploitation; les lavages d'or y sont importants. C'est le produit des mines qui a porté la population de Smeïnogorsk à 7 ou 8,000 âmes.

Le district de *Koutznezk*, situé dans la partie orientale du gouvernement de Tomsk, se compose de vastes plaines fertiles en blé, de belles prairies et de vastes forêts. A l'est, il présente des montagnes dans lesquelles on a trouvé des houillères. La petite ville de *Koutznezk* a 2,000 habitants. Sur les bords du Tom, au-dessous de Koutznezk, on remarque un rocher couvert de sculptures antiques représentant des figures d'animaux. *Tcharychsk*, chef-lieu d'un autre arrondissement, sur la rivière du Tcharych, n'était avant l'année 1823 qu'un village appelé *Beloglasova*.

La forteresse de *Bijsk*, située au confluent de la Bija et de la Katounia, donne son nom à un petit district fertile en blé et riche

Baleine échouée sur les côtes de Sibérie.

en bestiaux; il se tient sous ses murs, deux fois par an, une foire importante.

TERRITOIRE DE SEMIPOLATINSK ET DES KIRGHISES.
— Le territoire de *Semipolatinsk* étant l'extrémité méridionale de la Sibérie occidentale, mérite d'être considéré en détail sous le rapport de la géographie naturelle. La plaine entre l'Obi et l'Irtyche est d'une nature saline; l'Irtyche est bordé d'une chaîne de collines et d'un sable mouvant très-profond. L'épizootie y règne fréquemment. Dans la partie méridionale, plus montagneuse, les eaux, mauvaises en plusieurs endroits, occasionnent des fièvres intermittentes. On est exposé dans ce pays à des orages et à des ouragans très-forts; néanmoins les hauteurs sont généralement arides, on ne peut cultiver que les bas-fonds. La végétation des plantes sauvages, des arbres et arbrisseaux, s'embellit à mesure qu'on s'élève sur les montagnes. Le faux acacia, le peuplier baumier, le merisier, l'aubier, le sureau blanc et rouge, le groseillier rouge, le troène et toute espèce de rosiers sauvages, couvrent les rives de l'Ouba. De grosses fraises jaunes flattent le goût et la vue. L'hysope, la menthe aquatique, le houblon, le chanvre sauvage, ornent les bords de la Choulba. La clématite d'Orient s'y enlace aux arbres en forme d'espalier. Des sources limpides coulent à l'ombre du chèvrefeuille de Tatarie, qui forme ici d'assez gros arbres. Dans les monts Altaï, les plantes plus particulières aux températures alpines, telles que la gentiane printanière, le sainfoin des Alpes, le dryas à cinq pétales, le polygala de Sibérie, la jolie *spiræa altaica*, la valériane de Sibérie, l'immortelle des bois, étalent leurs fleurs superbes jusque sur les bords des neiges mêmes.

Les villes de ce territoire, de récente formation, sont toutes des forteresses qui appartiennent à la ligne militaire destinée à contenir les Kirghises. *Semiiarsk* ou *Semiiarskoï* n'est qu'un petit fort sur la rive droite de l'Irtyche, avec 800 habitants.

Semipolatinsk, entourée de remparts en bois et dominée par une forteresse, au bas de laquelle s'étendent deux faubourgs placés l'un au-dessous de l'autre, est une ville de 4,000 âmes, y compris une garnison de 1,000 hommes. Elle tire son nom des restes de constructions tatares que les Russes y trouvèrent, et qu'ils nommèrent *sem palate*, les *sept palais*, lorsqu'ils s'emparèrent de la contrée. On y voit des casernes et des bâtiments assez considérables pour les autorités civiles et militaires, ainsi qu'une douane où l'on perçoit les droits sur le commerce considérable qu'elle fait avec les Boukhares et les Kirghises. *Oust-Kaménogorsk*, qui s'élève plus haut sur l'Irtyche, tire son nom de sa position près d'une montagne rocailleuse; sa population est moitié moins considérable que celle de Semipolatinsk. *Précsnogorkofsk* est encore moins importante.

GOUVERNEMENT D'IENISEÏSK.
— Le gouvernement d'*Ieniseïsk* a été formé en 1823 de la plus grande partie de l'ancien gouvernement de Tomsk. Il est borné à l'ouest par celui-ci et par celui de Tobolsk, au nord par l'océan Glacial, à l'est par le gouvernement d'Irkoutsk et la province d'Iakoutsk, et au sud par l'empire chinois. Sa longueur est d'environ 2,800 kilomètres, sa largeur de 1,120 kilomètres, et sa superficie de 4,300,000 kilomètres carrés. Sa population est aujourd'hui de 252,000 âmes. Il est divisé en cinq districts.

Le district d'*Atchinsk* est le moins considérable des cinq qui divisent le gouvernement d'Ieniseïsk. Il est riche en mines de fer, et si fertile en grains qu'il en fournit aux districts voisins. *Atchinsk* est une petite ville de 2 à 3,000 âmes, située sur la rive droite du Tchoulim. Elle renferme un grand nombre d'exilés.

La route qui conduit de Tomsk à Krasnoïarsk passe par Atchinsk, en traversant un beau pays bien arrosé et couvert de forêts composées de mélèzes, de sapins et de cèdres de Sibérie. Ces derniers arbres sont les plus beaux et les plus majestueux qu'on puisse voir. Leurs cônes, de la grosseur d'une petite noisette, sont un grand objet de commerce et ne manquent à aucun dessert véritablement russe.

Le district de *Krasnoïarsk* est un pays montagneux qui paraît être

Chasseurs ostiaks attaqués par des ours.

riche en métaux, mais dont la plus grande partie est inculte, bien que le territoire soit en général si fertile, que sans y mettre aucun engrais on peut l'ensemencer pendant cinq ou six années de suite. *Krasnoïarsk* est située sur le bord du majestueux Ienisei, qui coule dans une vallée pittoresque entourée de montagnes dont les flancs sont couverts de bouleaux et de peupliers. Cette ville, qui en 1822 n'offrait qu'un amas de misérables cabanes, a tout à fait changé d'aspect : assez bien bâtie, elle est entourée de murailles, et renferme 3 églises en pierres et 6,000 habitants. C'est la capitale du district et du gouvernement tout entier. On y cultive la littérature, et il s'y imprime plusieurs ouvrages. Quelques objets d'antiquité que l'on trouve quelquefois dans les environs mériteraient d'être le sujet des recherches des savants. On trouve des sépulcres creusés dans les montagnes qui entourent Krasnoïarsk. Ils renferment des armes, divers ornements, des patères et des monnaies d'or, d'argent, de cuivre et de fer, monuments de l'industrie des anciens peuples de la Sibérie.

Abakansk est une ville de 2,000 âmes avec un petit fort, située dans un pays rempli de pâturages et de champs fertiles. La température y est assez douce pour que les melons y réussissent. Dans ses environs, comme en général dans toute la Sibérie méridionale, on remarque beaucoup d'anciens *tumulus* ou collines sépulcrales ; les Tatars les appellent tombeaux de *Kathayens* (*Li-katei*) ; les ornements d'or et d'autres métaux qu'on y découvre quelquefois prouvent l'état florissant de la nation ancienne qui les éleva. Sur la rivière d'Abakan, qui donne son nom à Abakansk, ainsi que sur celle du Tchoulim, on a trouvé des colonnes grossières montées de 2 à 3 mètres, chargées d'inscriptions qui ont excité l'attention de quelques savants. Le savant Klaproth attribue tous ces monuments aux Kirghises, qui du temps des Mongols portaient le nom de *Hakas*, et qui appartiennent à la nation turque. Ces Hakas habitaient la Sibérie méridionale depuis le commencement de notre ère jusqu'au dix-huitième siècle. Quant à l'origine de leur écriture, qui n'a rien d'asiatique, Klaproth pense qu'elle

peut dériver d'un système alphabétique européen, par suite de leurs relations avec l'Europe, par la même raison qui a fait adopter aux Mongols et aux Mandchoux une écriture originaire de la Syrie et des côtes de la Méditerranée. Les Hakas faisaient, par l'entremise des Khazars, un grand commerce de leurs riches fourrures, de leurs chevaux, de leur or et de leur argent avec les nations occidentales, dont ils tiraient des étoffes et d'autres objets fabriqués. Ce commerce contribua à les enrichir, et, bien qu'ils fussent nomades, ils s'accoutumèrent bientôt à une espèce de faste qui se montrait surtout à la cour de leur *agé* ou roi : de là la grande quantité d'ornements d'or et d'argent trouvés dans leurs tombeaux. Dans leurs rapports fréquents avec les Khazars, il est possible que les Hakas leur aient emprunté leur écriture. On sait que les Khazars dominèrent pendant plusieurs siècles sur le Volga et le Don ; qu'ils furent presque toujours en bonne intelligence avec la cour de Constantinople ; qu'en 858 ils envoyèrent à l'empereur Michel une ambassade pour le prier de leur adresser quelqu'un qui pût les instruire dans la religion chrétienne ; que le prince confia cette mission au pieux et savant Constantin de Thessalonique, qui fut canonisé à Rome sous le nom de saint Cyrille ; que ce zélé chrétien se rendit à Kherson pour apprendre la langue khazare, et qu'il convertit toute la nation et même les juifs et les mahométans. Il passe pour avoir inventé l'alphabet slave pour les Bulgares et les Moraves qu'il avait convertis ; peut-être rendit-il le même service aux Khazars en leur donnant un alphabet analogue : si ce fait était prouvé, on ne serait plus étonné de trouver des lettres slaves dans les inscriptions sibériennes. D'ailleurs, ajoute M. Klaproth, l'alphabet de saint Cyrille ne serait pas le seul qui aurait été introduit dans le nord de l'Asie par les Européens : l'apôtre russe Veliko-Permski, connu dans la légende sous le nom de saint Étienne, donna vers l'an 1375 une écriture aux Permiens, qu'il avait convertis. Cet alphabet, qui paraît être perdu, s'était vraisemblablement répandu au delà de l'Oural, puisque, d'après les traditions des Ostiaks de l'Obi, leur pays avait été habité autrefois par une nation belliqueuse qui vivait sous ses princes, dans des villes, et qui se servait de caractères particuliers. Enfin, quant à l'alphabet introduit chez les Kirghises ou Hakas, son usage aura sans doute été aboli à l'époque où, embrassant le mahométisme, ils ont adopté avec cette religion l'écriture arabe.

Le district de *Kansk* se trouve dans la partie méridionale du gouvernement d'Ieniseïsk. *Kansk*, son chef-lieu, situé sur la rive gauche de la Kane, est une petite ville fortifiée, comprenant environ 210 maisons. Il s'y tient plusieurs marchés considérables. A 330 kilomètres au sud-ouest, *Minousinsk*, chef-lieu du cinquième district, au confluent de la Minousinka et de l'Ieniseï, renferme environ 1,000 habitants. Le territoire de ce district est fertile; on y trouve de nombreux lavages d'or, et il s'y tient annuellement plusieurs foires considérables.

Le vaste district d'*Ieniseïsk* occupe presque toute la moitié septentrionale du gouvernement du même nom. *Ieniseïsk*, son chef-lieu, est situé sur la rive gauche du fleuve majestueux dont il porte le nom, dans une plaine agréable et fertile, mais malheureusement trop basse : au printemps la plupart de ses rues sont couvertes d'eau, lors du débordement du Ieniseï, qui a ici un kilomètre de largeur. Cette ville est entourée à l'est par des prairies, au sud et à l'ouest par des bois marécageux. La rivière de la Mielnitchka la divise en deux parties. Ieniseïsk fut fondée en 1618 par un chef de Cosaques nommé Albitchef. Jusqu'en 1702 ce ne fut qu'une sorte de bourgade mal bâtie et palissadée; mais vers cette époque on y envoya une colonie et un gouverneur, et on lui donna le titre de ville. Aujourd'hui c'est une des cités les plus grandes, les plus peuplées et les plus riches de la Sibérie; elle a plus de 4 kilomètres de circonférence, une population de plus de 10,000 âmes, et elle fait un commerce considérable. Le haut quartier est le plus ancien; le quartier inférieur est celui qui renferme les principaux édifices : tels sont le trésor, bâtiment à trois étages où siége la cour de justice; la caisse, édifice en pierres; le magasin à sel, les entrepôts d'eau-de-vie, la prison de la ville, l'hôpital bâti en pierres, l'école publique, le club de la ville, sorte de *casino*, la maison des orphelins, et l'hôtel de ville. Le bazar est un grand édifice en bois élevé de deux étages, avec quatre portes, et contenant environ 112 boutiques. Le nouveau marché est construit en pierres avec une colonnade. Il y a dans la ville deux monastères : l'un d'hommes, sous l'invocation du Sauveur, et renfermant 2 églises en pierres; l'autre de femmes, dédié à la Vierge et l'un des plus riches de la Sibérie. La cathédrale, bâtie dans le style byzantin, date de 1730. Les églises paroissiales sont au nombre de six : toutes sont remplies de riches ornements. Chaque année il se tient à Ieniseïsk, du 1er au 25 août, une foire très-fréquentée, où se réunissent des négociants de Tobolsk, de Tomsk, de Krasnoïarsk et d'Irkoutsk, qui apportent des marchandises russes et chinoises, et qui remportent des fourrures de renards, de loups, de castors, de zibelines, de loutres, etc.

« Le long du Ieniseï, dit M. Hansteen (1), ainsi que de toutes les rivières qui coulent vers le nord, des paysans russes se sont établis, et ont construit des cabanes en bois. Entre Ieniseïsk et Touroukansk, sur un espace de 921 verstes, ou 138 milles géographiques, se trouvent cinq villages à église (*selô*), dix villages sans église (*derévna*) et vingt-neuf groupes de maisons d'hiver (*simóvies*). Ces *simóvies* se composent de deux à cinq bâtiments en bois; il est probable qu'elles ont été bâties dans l'origine pour servir de refuge au voyageur surpris par un orage pendant un voyage d'hiver sur la rivière, ou peut-être pour offrir un gîte aux paysans qui, dans cette saison, se livrent à la pêche. Une partie de la route qui sépare Ieniseïsk de Touroukansk se fait sur le fleuve même à l'aide de traîneaux attelés avec des chiens. »

Touroukansk, appelé autrefois *Mangaseia*, renferme une centaine de maisons, et est défendue par un petit fort bâti en bois; au nord de cette ville on ne rencontre plus que de misérables villages, que de vastes plaines couvertes de marais, que des déserts et des forêts. Les ours et les loups y sont plus grands que dans toute autre contrée de la Sibérie : les renards y sont plus nombreux; leur fourrure est plus épaisse et plus estimée. Le poisson et les oiseaux aquatiques y abondent. Sur les bords de la mer Glaciale, à l'est de l'Ieniseï, on voit arriver des trains de bois flottant. Le climat est plus rigoureux que sur l'Obi. Les glaces ne disparaissent entièrement qu'à la fin de juin. Les ormes, les mélèzes, les saules et les bouleaux ne montrent leur feuillage que pendant deux mois. La fleuraison des plantes est plus précoce, le lin vivace a ici des fleurs d'une grosseur extraordinaire.

GOUVERNEMENT D'IRKOUTSK—Le gouvernement d'*Irkoutsk*, qui, ainsi que le précédent, dépend du gouvernement général de la Sibérie orientale, est borné au nord et à l'est par la province d'Iakoutsk, à l'ouest par le gouvernement d'Ieniseï; au sud et en partie

à l'est il confine à l'empire chinois. Sa plus grande longueur du nord-ouest au sud-est est de 1,500 kilomètres, et sa plus grande largeur de l'ouest à l'est est de 1,080 kilomètres. Sa superficie est d'environ 1,260,000 kilomètres carrés, c'est-à-dire près de deux fois et deux cinquièmes celle de toute la France. Mais, bien qu'il soit situé dans la partie méridionale de la Sibérie, sa population totale est à peine de 295,000 individus. Le sol de ce gouvernement est en général humide; on y trouve beaucoup de marais et de petits lacs. On y cultive de l'orge, du seigle, un peu de blé, du lin et du chanvre; les forêts fournissent de beaux bois de construction; enfin on y récolte aussi de bonne rhubarbe et plusieurs plantes aromatiques, dont plusieurs remplacent le thé; mais les fruits manquent presque complétement, et sont remplacés par une grande quantité de baies. Les bestiaux y sont en grand nombre, ainsi que les animaux sauvages, dont plusieurs sont recherchés pour leur précieuse fourrure. La partie montagneuse comprend de riches mines d'or, d'argent, de cuivre, de plomb et de fer. Le second de ces métaux et le fer sont exploités au compte du gouvernement par plus de 3,000 ouvriers mineurs et 14,000 paysans; ils alimentent plusieurs usines appartenant à la couronne, et plusieurs autres situées sur les terres des particuliers. 2,000 exilés travaillent dans ces établissements. Le sel abonde dans ce gouvernement. L'industrie y est encore peu avancée; on ne compte qu'une soixantaine d'établissements industriels. Il est divisé en trois districts : ceux d'Irkoutsk, de Kirensk et de Nijné-Oudinsk.

Irkoutsk, capitale du gouvernement du même nom et d'un district, est située dans une belle plaine à 60 kilomètres des bords du lac Baïkal, sur les rives de l'Angara supérieur qui la partage en deux parties égales, et près du confluent de cette rivière avec l'Irkout. C'est une des plus considérables et des plus belles villes de la Sibérie; elle est entourée d'un mur et d'un fossé, et flanquée de quatre faubourgs. Des quais en bois d'une construction élégante bordent les deux côtés de la rivière. Ses rues sont droites, larges et même propres, quoiqu'elles ne soient pas pavées. Ses maisons, la plupart en bois, sont bien bâties. On y trouve 33 églises, dont 12 en pierre, avec une cathédrale bâtie en 1746, 2 couvents, 2 hôpitaux, une maison de travail et de correction pour les exilés, un vaste bazar en brique que l'on peut regarder comme son plus bel édifice, une école militaire, une de navigation, un gymnase avec une bibliothèque de 10,000 volumes, plusieurs écoles élémentaires, une imprimerie, un théâtre et quelques autres établissements. Elle est la résidence du gouverneur général de la Sibérie orientale et d'un archevêque russe. Elle renferme des fabriques de drap, de toile, de chapeaux, de savon, de chandelle, de maroquin, des tanneries considérables, des distilleries d'eau-de-vie de grains, une verrerie et une manufacture de glaces. Elle est le centre d'un grand commerce de fourrures, pour lequel la compagnie russe a un comptoir et de vastes magasins; c'est l'entrepôt du commerce de la Russie avec la Chine. On évalue à la somme de 5 ou 6 millions de francs le montant des affaires qui se font chaque année dans cette ville, et à plus d'un million les droits de douane que l'on y perçoit. Elle paraît renfermer une population de 20 à 25,000 habitants, parmi lesquels se trouvent de riches commerçants. Les ameublements des personnes aisées viennent en général de la Chine; les femmes s'habillent d'étoffes chinoises. Le thé est la boisson habituelle dans toutes les classes. Les maladies galantes y sont presque générales. A l'école de navigation, dont les principaux cours sont confiés à des marins russes, des Japonais de naissance enseignent la langue de leur pays.

Les environs d'Irkoutsk sont agréables; le sol y est fertile; l'agriculture fleurit. A 30 ou 60 kilomètres d'Irkoutsk se montre tout à coup, sur la lisière d'une forêt et sur les bords du Telma, un grand et beau village appelé *Telminsk*, dans lequel se font remarquer une église et plusieurs édifices en pierre : ce sont des manufactures de drap, de verre, de cristal et de papier. Elles appartenaient autrefois à des particuliers; à présent elles travaillent pour le compte du gouvernement. On y emploie des machines construites sur le modèle de celles qui servent à fabriquer les draps en Angleterre; les objets en verre et en cristal que l'on fabrique à Telminsk sont taillés et polis avec goût. A mesure qu'on s'approche du lac Baïkal, le pays devient de plus en plus montagneux. Le gibier est assez abondant dans les environs; on y voit des élans, des cerfs, des sangliers, des coqs de bruyère, des gelinottes, des poules de bois et des perdrix. Cette contrée éprouve de fréquents tremblements de terre.

Nijné-Oudinsk ou *bas Oudinsk*, sur l'Ouda, affluent de l'Angra, est une petite ville de 600 habitants, entourée de rochers et de forêts, chef-lieu d'un district situé à l'ouest de celui d'Irkoutsk, et couvert presque en entier de forêts sombres et marécageuses où le sol ne produit que de la mousse et des plantes aquatiques, en grande partie semblables à celles du nord de l'Europe. Le climat y est extrêmement froid.

Le district de *Kirensk*, dans la partie septentrionale du gouvernement, offre des forêts, des montagnes et des marais; *Kirensk*, son chef-lieu, sur la Lena, un peu au-dessus de son confluent

---

(1) *Voyage en Sibérie*, revu par MM. Sédillot et de la Roquette. 1 vol. in-8°, Paris, 1857.

avec la Kirenga, qui lui donne son nom, ne renferme pas 800 habitants. Son territoire est fertile.

Les plantes y viennent d'une grosseur extraordinaire. Les sterlets et les autres poissons que l'on pêche dans les rivières voisines sont les meilleurs de toute la Sibérie pour la délicatesse. Les habitants de cette contrée ont des goitres d'une grosseur peu commune; il est même assez ordinaire d'en voir aux bœufs et aux vaches du pays.

TERRITOIRE TRANSBAÏKALIEN ou TRANSBAÏKALIE. — Ce territoire, situé à l'est du lac Baïkal, et qui s'étend entre ce lac à l'ouest, les monts Iablonoï à l'est, et les monts Kentaï au sud, dans le voisinage de la frontière chinoise, forme depuis 1852 une division administrative particulière de la Sibérie orientale, sous le nom de *Territoire Transbaïkalien ou Transbaïkalie.* Il comprend les vallées de la Selenga, de l'Ingoda et de la Chilka supérieure, avec les cantons qui touchent à la frontière chinoise. Il se subdivise en trois districts : ceux de Tchita, de Nertchinsk et de Werchné-Oudinsk. Sa population est d'environ 230,000 âmes.

En hiver, on communique des pays situés à l'ouest du lac Baïkal avec ceux du territoire Transbaïkalien en remontant les bords de l'Angara, qui par un froid de 25 degrés Réaumur sort du lac avec fracas, toujours libre des glaces qui la couvrent plus bas. Un brouillard assez épais s'étend sur cette rivière à l'endroit où elle n'est pas gelée. Vis-à-vis d'Irkoutsk, la surface du lac, entièrement prise par le froid, est unie comme un miroir ; on la traverse en traîneau avec une vitesse extraordinaire : en cet endroit il a environ 50 kilomètres de largeur que l'on ne met que 2 heures à parcourir. Les convois de thé expédiés de Kiakhta suivent la même route : ils se composent d'une file de 50 à 100 traîneaux, attelés d'un cheval et chargé chacun d'une seule caisse de thé ; deux ou trois conducteurs dirigent ces convois ; on place sur chaque traîneau un peu de foin pour exciter les chevaux, qui se suivent ainsi au grand trot. Ce thé, ordinairement d'une qualité supérieure, est celui que l'on connaît en Russie sous la dénomination de thé de caravane; des milliers de kilogrammes de ce thé sont expédiés chaque année de cette manière à Moscou.

Verkhné-Oudinsk ou le *haut Oudinsk*, ville de 3,000 âmes, est le chef-lieu du district du même nom. Située sur les bords de l'Ouda et de la Selenga, cette ville se compose d'une forteresse et de 200 maisons. Ses habitants descendent pour la plupart des strélitz qui y furent exilés par suite de leur révolte contre Pierre le Grand. Elle est importante par une foire annuelle, qui y attire un grand concours de marchands et d'acheteurs.

En remontant la vallée de la Selenga, entourée de rochers granitiques escarpés et d'une forme plus ou moins bizarre, on traverse, en hiver, des camps de Bouriètes composés de tentes rondes en feutre. On remarque vis-à-vis de l'entrée de chaque habitation une espèce d'autel en bois, d'un travail assez élégant, construit de manière à se fermer comme une boîte, et dans lequel ils placent les images de leurs saints quand ils se transportent dans une autre station. La place la plus élevée de l'autel est réservée pour l'image du *Bourkhan*, l'une de leurs principales divinités; quelquefois c'est celle de Bouddha : devant celle-ci, on place six petits plats de bronze remplis d'eau, et quelques petits miroirs également de bronze. Lorsque le lama ou prêtre veut bénir l'eau, il tient ces miroirs devant les images du dieu, puis y fait tomber l'eau, qui, avant de couler dans le plat, est censée s'imprégner de la vertu attribuée à ces images. On trouve des miroirs semblables dans les *kourgans* ou tombeaux des anciens habitants de la Sibérie. La vallée de la Selenga conduit à Sélenghinsk et à Kiakhta.

Sélenghinsk est située près de hautes montagnes de sable dont les éboulements successifs commencent à couvrir toutes les rues. Cette ville a commencé par un fort en bois autour duquel on a construit des maisons en 1686; maintenant elle peut contenir environ 1,500 habitants, qui font peu de commerce.

Le sang et la physionomie des habitants de Sélenghinsk offrent un fort mélange du caractère mongolique. Les Russes qui se sont établis ici épousent de préférence les filles bouriètes ou mongoles. Ces mariages mixtes produisent des métis appelés *Karimki*. Les mœurs du bas peuple tiennent beaucoup de celles des Bouriètes; les habitants préfèrent même parler la langue mongole. Le climat de Sélenghinsk est assez tempéré; la neige y disparaît à la fin du mois de mars sur toutes les hauteurs exposées au midi; les troupeaux commencent à pâturer vers le 20 du même mois. On ne voit nulle part autant de buissons de poiriers sauvages, de groseilliers, d'acanthes et d'ormes nains. Les montagnes sont couvertes du robinier-pygmée.

Kiakhta, ville bâtie sur la frontière de la Mongolie, est devenue célèbre par le commerce entre la Russie et la Chine. Elle est dominée par le mont *Bourgoultei* (montagne des aigles), que les Chinois se sont réservé sous prétexte que son sommet renfermait les tombes de leurs ancêtres. Kiakhta manque de bonnes eaux. Les environs ne sont que sables et rochers, sol peu propre à la culture des légumes. Les principaux habitants sont des négociants russes ou des commissaires des principales maisons de commerce de l'empire.

Leur manière de vivre est polie et sociable. Les ameublements et en partie les vêtements chinois prédominent. Les commerçants chinois ont présenté en 1852 à la douane de Kiakhta 175,000 caisses de thé contenant environ 6,200,000 kilogrammes , à savoir : 133,000 caisses de thé en feuilles et 42,000 de thé dit *en briques*, sorte qui se consomme principalement parmi les populations agricoles de la Russie orientale. Cette quantité totale, composée en majeure partie de ces thés supérieurs dits *de caravane* si prisés en Europe, représente une valeur de 32,600,000 francs. En échange des thés chinois le commerce russe apportait à Kiakhta pour 26 millions environ de tissus de fabrication russe ou polonaise, se composant de cotonnades et de draps. Les autres articles exportés par la Russie consistaient en cuirs, fourrures, métaux ouvrés et miroirs.

La plaine dans laquelle s'élève Kiakhta est à 800 mètres au-dessus du niveau de l'Océan. Les montagnes qui l'entourent sont formées de porphyre; leurs flancs sont en partie couverts de forêts. Cette ville de 2 à 3,000 âmes est entourée de fortifications et défendue par le fort de Troïtsko-Savsk; ses rues sont larges et bien alignées, et ses maisons, bâties en bois, sont assez élégantes. A quelques centaines de pas de là se trouve la frontière de la Russie et de la Chine, indiquée, du côté des Russes, par un monument surmonté d'une croix, et de l'autre par une pyramide. La limite russe est gardée par un Cosaque, le sabre à la main , qui empêche l'introduction des marchandises si elles ne sont munies d'un permis délivré par la douane établie au fort de Troïtsko-Savsk. Le bazar est un grand carré entouré de boutiques; lorsqu'on l'a traversé, on arrive devant une cloison en bois avec une porte élégante sur laquelle sont peints l'aigle russe et le chiffre de l'empereur; au delà, on est sur le territoire chinois. Tous les soirs, vers le coucher du soleil, les Chinois s'empressent de quitter Kiakhta pour se retirer à Maïmatchïn, qui est le premier bourg sur le sol de la Mongolie (1).

Plus près de Sélenghinsk que de Kiakhta, se trouve la bourgade de *Monakhonova*, près de laquelle s'étend une plaine vaste, inculte, entourée de montagnes d'origine volcanique. C'est au milieu de cette plaine, et à 32 kilomètres de la bourgade, que réside le *khamba-lama* ou grand prêtre des Bouriètes, chef spirituel qui, sans être précisément une incarnation divine, passe pour être un personnage dont l'âme purifiée est débarrassée à un très-haut degré de l'influence de la matière : ce qui ne l'empêche pas d'être très-sensible à l'honneur de pouvoir porter sur ses vêtements un des nombreux ordres russes. Près de sa demeure, s'élèvent plusieurs temples, dont le principal, situé dans le voisinage du lac Goussinoé-Ozéro, se nomme *Datzang*. C'est un édifice en bois où l'on monte par un perron qui conduit à un vestibule qui précède le temple même, dont l'architecture rappelle assez, dit M. Erman, le style gothique. La nef est supportée par deux rangs de colonnes en bois, et est surmontée par une coupole élevée ; le long des colonnes sont rangés des bancs sur lesquels s'asseyent les prêtres ou lamas. Près de l'autel principal, et au fond du temple, se placent les principaux membres du clergé, qui chantent en récitatif des prières accompagnées par une musique bruyante, dans laquelle les tambours, les cors, les cymbales et le tamtam tiennent le premier rang. Au-dessus de l'autel, on voit l'image peinte de Bouddha, au milieu de celles de quatre autres divinités. Devant l'autel sont des tasses remplies d'eau bénite et un vase contenant des grains de froment : les prêtres traversent le temple en procession, s'inclinent devant ce vase et le touchent avec le front : puis, en revenant à leurs places, ils vont recevoir de l'un d'eux une poignée de grains : cette cérémonie, qui est une des principales du culte, est accompagnée de musique. Dans une des chapelles qui entourent le temple , se trouve le char sur lequel on place à certains jours de fête l'image de la mère de Bouddha pour la traîner en procession autour de l'édifice ; il est attelé de sept chevaux de bois peints en vert, mais très-bien sculptés. Dans le vestibule, on remarque un cylindre rempli de prières écrites; deux bras du cylindre frappent sur une cloche chaque fois qu'on le tourne. Pour les bouddhistes, il suffit de mettre en mouvement cette machine à prières pour qu'elles soient exaucées : aussi chacun tourne-t-il le cylindre en passant.

Terminons ce que nous avons à dire du district de Verkhné-Oudinsk par une observation générale. Il y règne une étonnante variété de sols et de climats. Ici, des vallons étroits, sombres et froids; là, des plaines sablonneuses et chaudes; plus loin, des fonds salins. A Sélenghinsk, les melons d'eau viennent très-bien; sur les bords de l'Ouda, les blés ne mûrissent que rarement. En un mot, ce pays est peu propre à devenir agricole, même avec beaucoup de soins.

Le désert de *Tchita* est situé à l'est du précédent; il occupe toutes les vallées de l'Ingoda; il a pour chef-lieu une petite forteresse qui porte son nom, et qui sert à faire respecter la frontière russe sur ce point. Ce district sauvage est très-peu connu. Il est parcouru par les chasseurs bouriètes, qui vont vendre les pelleteries

____

(1) Voir les *Souvenirs de voyage en Sibérie*, par Hansteen.

qu'ils se procurent sur les marchés de Nertchinsk et de Verchné-Oudinsk.

Le district de *Nertchinsk*, qui renferme la *Daourie* russe, est couvert de montagnes; les plaines qui s'y rencontrent ne sont, à proprement parler, que de grandes vallées. Les montagnes n'offrent partout aux yeux que des blocs de rochers escarpés qui semblent suspendus en l'air; aussi ne trouve-t-on nulle part des points de vue et des sites plus pittoresques : l'air qu'on y respire peut être comparé à celui qui règne dans les Alpes; le froid est très-vif, même en été. Le bois le plus commun consiste en pins, mélèzes, sapins blancs et noirs, cèdres de Sibérie, bouleaux noirs, qui ne se trouvent en Sibérie qu'ici; les sommets, où la neige reste toujours, offrent quelques bouquets d'un arbre voisin du cèdre du Liban, de bouleaux nains, et d'espèces particulières de genévriers et de saules. Le premier noisetier et le premier chêne ne paraissent qu'au delà de l'Argoun, sur le territoire chinois. Les richesses de cette province, en plantes et métaux, égalent celles des autres parties de la Sibérie : on y exploite annuellement 700,000 kilogrammes de plomb argentifère, dont on extrait 4,000 kilogrammes d'argent. On en tire aussi de l'or, du fer et des pierres précieuses. La végétation est très-brillante dans cette région alpine; on voit, pour ne citer qu'un exemple, des montagnes entières près des bords de l'Onon, dont la surface d'un côté se revêt d'une couleur lilas, produite par les bourgeons de l'abricotier sauvage, tandis que l'autre revers est tapissé du pourpre foncé des rhododendrons qui le couvrent.

Nertchinsk, avec un fort du côté de la Chine, est, après le Kamtchatka, le lieu d'exil le plus affreux qu'il y ait en Russie. Les exilés envoyés à Nertchinsk sont employés aux mines, et principalement aux usines. Leur nombre, ordinairement de 1,000, va quelquefois jusqu'à 1,800, mais rarement à 2,000. Confondus dans une seule classe, ils sont habillés et nourris comme le soldat : on ne les surcharge pas de travail; la désertion y est extrêmement difficile; les Chinois, en livrant ceux qui s'échappent, exigent qu'on leur inflige un châtiment plus rigoureux pour avoir souillé leur territoire.

Nertchinsk est situé sur la rive gauche de la Chilka, au confluent de la Nertcha, qui lui donne son nom. Ce n'est que depuis 1781 que ce lieu est érigé en ville; on y compte environ 160 maisons, avec deux églises. En 1823, on y a fondé une société biblique; elle possède aussi une école des mines et un observatoire. Le commerce de pelleteries y est assez considérable. *Doroninsk*, autrefois chef-lieu d'un district, à plus de 240 kilomètres au sud-ouest de Nertchinsk, sur la rive gauche de l'Ingoda, est dans un pays qui produit du blé et toutes sortes de légumes. *Stretensk*, qui fut aussi le chef-lieu d'un district, est une ville de 500 habitants, sur la rive droite de la Chilka. *Bargouzin*, sur la rive orientale du lac Baïkal, est connu pour ses sources thermales et les lacs amers qui, dans ses environs, sont exploités pour le sel purgatif qu'on en retire.

GOUVERNEMENT D'IAKOUTSK. — Le grand gouvernement d'*Iakoutsk* renferme la plus grande partie du bassin de la Lena. Quelques lisières méridionales à l'ouest de ce fleuve jouissent d'un climat supportable; mais depuis ses bords jusqu'à ceux de la Kolyma le pays est hérissé de montagnes ou rempli de marais, et il y règne un froid excessif. L'orge y mûrit en six à sept semaines, mais la récolte est incertaine; la chasse et la pêche fournissent des moyens sûrs de subsistance. Dans cet empire de l'hiver, la glace devient une arme contre le froid, et voici de quelle manière : les carreaux des fenêtres sont ordinairement en lames de mica transparent; on forme une seconde barrière de carreaux de glace bien pure, qu'on cimente en y versant un peu d'eau qui gèle sur-le-champ. Les chaleurs momentanées de l'été engagent les Toungouses à aller nus comme les Américains; ils n'ont qu'un petit morceau de cuir autour des reins. Plusieurs d'entre eux se nourrissent d'oignons de lis jaunes, qui sont fort communs en ces contrées; ils en font de la farine et du pain. C'est au bruit de chansons joyeuses, et au milieu de danses libres, que les Toungouses pêcheurs jettent leurs filets dans les rivières à peine dégelées.

Ce gouvernement, divisé en six districts, est le plus vaste **de** tous ceux de l'empire russe; il a environ 2,400 kilomètres de longueur, 1,600 de largeur et 3,650,000 kilomètres carrés de superficie, c'est-à-dire qu'il est à peu près égal aux deux cinquièmes de toute l'Europe. Sa population est à peine de 207,000 âmes, que le gouvernement évalue à 30,000 familles, imposées chacune à une fourrure de martre estimée 35 francs : ce qui porte l'impôt total à plus d'un million de francs.

Iakoutsk, située dans une plaine sur le bord occidental de la Lena, est la capitale de la province et du district du même nom. Cette ville, qui renferme peut-être 600 maisons assez mauvaises, et environ 8 à 10,000 habitants, est un entrepôt considérable de marchandises russes et chinoises, et fait un grand commerce de zibelines. Il s'y tient en décembre, juin, juillet et août des foires très-fréquentées. Le froid y est si excessif, que dans certains hivers le mercure s'y congèle.

Le district d'*Olekminsk* comprend la partie méridionale de la province. On y cultive quelques champs d'orge, dont les semailles et la récolte se font dans l'espace de sept semaines; les pâturages y sont excellents et nourrissent un nombre assez considérable de bestiaux. *Olekminsk*, le chef-lieu, se compose d'une église autour de laquelle se groupent une trentaine de maisons, dont les habitants, bien que d'origine russe, ont presque oublié leur langue, et ne parlent que celle des Iakoutes. Sur les bords de la haute Lena, au-dessus d'Olekminsk, on trouve des défenses d'éléphant qui pèsent jusqu'à 195 kilogrammes.

Les districts d'Iakoutsk et d'Olekminsk sont habités par des Iakoutes. Pendant son voyage en Sibérie, M. Erman faisait des observations astronomiques chaque fois que l'occasion s'en présentait; mais, malgré les explications qu'il leur donna, jamais les habitants ne purent comprendre le but de ses observations; ils finirent par s'imaginer que l'empereur Nicolas avait perdu, à Saint-Pétersbourg, une étoile; que le voyageur avait été envoyé pour la retrouver, et que c'était pour cela qu'il comptait toutes les nuits celles du firmament.

A l'ouest de celui d'Iakoutsk s'étend le district de *Verkhné-Viliouisk*, dont le chef-lieu du même nom, sur la rive droite du Viliouï, n'a pas 200 habitants. Au confluent de cette rivière et de la Iana, se trouve le bourg d'*Oust-Viliouisk*. En descendant vers le nord, nous trouvons sur le bord de la Iana, *Verkhoïansk*, ville de 500 âmes, chef-lieu d'arrondissement. A *Olensk*, appelée aussi *Oust-Olenskoe*, la ville la plus septentrionale du monde, il se tient une foire annuelle.

Zachiversk, sur l'Indighirka, environné de montagnes arides, n'a qu'une trentaine d'habitants. De ce misérable séjour, on se dirige sur *Srednekovouimsk* ou *Srednekolimsk*, autre chef-lieu, arrosé par la Kolyma : cette ville n'a pas plus de 200 habitants. *Nijné-Kolymsk*, à 150 kilomètres au nord-est de la précédente, et à 100 de l'Océan, ne peut prendre le titre de cité que dans ces contrées désertes et glacées. Ces deux derniers districts sont peuplés de Ioukaghirs.

Le tribut, dans ces contrées, est levé par des Cosaques seminobles ou *dvorianines*, domiciliés à Iakoutsk, et qui ont huit roubles par an de solde. Ce sont là les princes et quelquefois les tyrans redoutés de ce monde arctique (1).

ILES DE L'OCÉAN GLACIAL. — Devant cette partie de la côte de Sibérie, l'océan Glacial paraît rempli d'îles. Celles qu'on trouve devant les embouchures de la Lena et de l'Iana sont, comme la côte voisine, de grandes tourbières posées sur une base de glaces éternelles; il y en a qui renferment des lacs à moitié gelés; l'ours et le renne habitent ces solitudes. Des îles plus dignes d'attention ont été découvertes au nord du cap *Sviatoï;* déjà visitées en 1711 et 1724 par un Iakoute, elles avaient été oubliées; le négociant Liakhof les retrouva en 1774. Il parcourut d'abord deux îles plates, dont la plus méridionale renferme un lac; les sables ou terres molles qui environnent ce lac laissent voir, en s'éboulant, des amas d'ossements et des squelettes entiers de buffles, de rhinocéros et d'éléphants; l'ivoire y était aussi blanc, aussi frais que celui qu'on tire de l'Afrique. A 100 verstes (106 kilomètres) de la seconde île, Liakhof trouva une grande terre que le géodésiste Chvoïnof fut chargé d'examiner l'année suivante, et qui l'a été depuis, en 1803 et 1805, par Sannikof, et en 1809 par M. Hedenström. Cette terre, qu'on appelle *Nouvelle-Sibérie*, a présenté une côte assez élevée, où le bois pétrifié se trouvait en couches immenses et régulières entre le sable et l'argile; les ossements d'éléphants y abondent; une rivière considérable indique que c'est une terre d'une certaine étendue; il y a quelques végétaux. Cette *Nouvelle-Sibérie* a paru à quelques géographes n'être qu'une extrémité septentrionale de l'Amérique.

Ces îles sont au nombre de 4 grandes et 7 petites. *Kotelnoë* est la plus considérable; viennent ensuite *Fadevskoë*, la *Nouvelle-Sibérie* et *Liakofskoë*. Le climat y est aussi rude qu'on peut s'y attendre entre le 73e et le 76e degré de latitude : elles sont couvertes presque toute l'année de neige et de glace; le jour et la nuit y règnent alternativement pendant plusieurs mois de suite; quelques parties sont hérissées de rochers, d'autres sont arrosées par de petits ruisseaux. Aucun arbre n'y croît; la végétation ne consiste qu'en mousses, en lichens et quelques arbustes. Elles sont inhabitées, si ce n'est aux époques où les ours blancs, les renards, les rennes, les lapins et d'autres animaux sauvages y attirent un grand nombre de chasseurs, qui y ramassent aussi des cornes de buffle, des dents et des défenses d'éléphant et de rhinocéros.

Kotelnoë a environ 175 kilomètres de longueur sur 95 dans sa plus grande largeur; elle est couverte de montagnes et de rochers, et son sol est très-riche en ossements fossiles; *Fadevskoë*, longue de 128 kilomètres et large de 90, est également montagneuse; la Nouvelle-Sibérie, la plus orientale de ces îles, a environ 160 kilo-

---

(1) Voir les *Souvenirs de voyage* de Hansteen, et le *Voyage ethnographique* de M. de Castrén en Sibérie.

mètres de longueur et 52 dans sa plus grande largeur ; elle offre dans sa partie occidentale quelques hautes montagnes ; plusieurs petites rivières l'arrosent. C'est dans cette île que se trouvent des couches de bois pétrifié qui, d'après des observations récentes, alternent avec des couches de sable et de grès ; mais ce qu'il y a de plus remarquable, c'est que du haut de ces montagnes on voit sortir un rang de troncs d'arbres résineux serrés les uns contre les autres et dans une position verticale. Nous avons vu plus haut que ces îles ne produisent plus que des arbustes. Liakofskoë, appelée aussi Atrikanskoï, a 72 kilomètres de longueur et 48 de largeur.

GOUVERNEMENT DE L'OCÉAN PACIFIQUE. — Ce gouvernement, tout récemment créé, en 1856, aux dépens de l'ancien grand gouvernement d'Iakoutsk et du territoire mandchou, se compose des cinq districts de Nicolaïef, d'Okhotsk, de Tausk ou Taounskoï, de Gijiga et de Petropavlofsk ; les vastes territoires qui s'étendent sur l'océan Pacifique depuis le détroit de Behring jusqu'à la rive gauche du bas Amour, le pays des Tchouktchis et les Kouriles, en font partie. Le siége de ce gouvernement est au fort *Saint-Nicolas* ou *Nicolaïef*, à l'embouchure de l'Amour. Cette petite ville, à peine naissante, composée de quelques maisons en bois groupées sous la protection d'une forteresse habilement construite, est destinée à devenir importante ; les Russes y ont transporté les archives de Petropavlofsk, après le bombardement de cette ville par l'escadre anglo-française en 1855. Son port recevra une organisation militaire, de manière à assurer aux Russes une station et un point d'appui pour leur marine et leur commerce dans le grand océan Pacifique du nord. L'entrée de l'Amour est en outre défendue par les forts *Alexandrovsk* et *Lazaref* situés sur la côte de la Manche de Tartarie, canal qui forme avec le continent asiatique la grande île de Tarakaï ou Sakhalian.

Le district d'*Okhotsk* est un pays montueux et couvert de bois marécageux. Il n'y croît presque aucune denrée nécessaire à la vie : on est obligé de faire venir des vivres de Iakontsk ; la pomme de terre même y dénégère. Cependant on y trouve des prairies et des forêts de bouleaux et de mélèzes. Les monts Stanovoï la parcourent dans toute sa longueur ; ces montagnes, en grande partie porphyriques, renferment du fer, du cuivre et de la houille ; on a trouvé de l'ambre sur la côte du golfe de Penjinsk. *Okhotsk*, qui était bâti à l'embouchure de l'Okhota, sur le bord de la mer d'Okhotsk, a été, en 1815, transporté sur la rive droite du Koukhtoui. C'est une petite ville d'environ 3,000 âmes, dont la plupart des maisons sont en bois. Sa rade est vaste et commode ; le port, assez commerçant, est celui d'où les Russes partent pour le Kamtchatka et l'Amérique. On y construit des bâtiments marchands. *Aïan*, au sud d'Okhotsk, est un petit port important par son commerce de cabotage.

Taounskoï, qui dépend de ce gouvernement maritime, est une petite forteresse à 320 kilomètres à l'est d'Okhotsk sur le bord de la mer ; *Iamsk* ou *Iamskoï*, bourg entouré de palissades, se compose d'une trentaine de maisons peuplées de pêcheurs.

Le district de Gijiga, situé au nord de celui d'Okhotsk, est principalement peuplé par les Koriakes et par quelques familles toungouses ou tchouktchis. La ville de *Gijiga* ou *Ijiginsk*, chef-lieu du district, est située sur la petite rivière du même nom, à 28 kilomètres de son embouchure et à 1,780 kilomètres d'Okhostk. Un ispravnik ou juge y dirige l'administration du district. Il dispose, pour faire exécuter ses ordres, d'une sotnia de Cosaques. Le gouvernement russe entretient en outre dans cette localité un médecin, une pharmacie et une église cathédrale. Cependant Gijiga ne compte en tout que 500 habitants. Les Cosaques y sont plus nombreux que la population russe proprement dite, comprenant les employés, le clergé, et quelques bourgeois et marchands avec leurs familles. La population entière de ce district ne paraît pas dépasser 3,000 âmes. On y compte environ 200 Tchouktchis et 500 Toungouses nomades, errant le long des fleuves ou sur les bords de l'Océan.

Le pays des *Tchouktchis*, ou, comme quelques géographes l'appellent, la terre de *Tchoukhotsk*, qui forme l'extrémité de l'Asie vers le nord-est, nourrit parmi ses rochers d'innombrables troupeaux de rennes. Les habitants demeurent en partie dans des creux de rochers ; ils bâtissent aussi des cabanes en ossements de baleine. Les *îles des Ours*, qui bordent la côte septentrionale du pays des Tchouktchis, ont plus de végétation que celles de Liakhof. Dans le détroit de Behring sont les deux îles *Imaglin* et *Igellin*, probablement les mêmes que les îles Clarke des Anglais ; elles sont habitées par la peuplade de Tchouktchis appelée *Achoulach*, pêcheurs intrépides, au nombre de 400 dans la première, et de 154 dans la seconde, qui font cuire leurs mets sur des creux de rochers remplis d'huile de poisson, dans laquelle brûlent des mèches de jonc, et qui se chauffent avec des os de baleine.

DESCRIPTION DU KAMTCHATKA. — La grande presqu'île de *Kamtchatka*, qui dépend maintenant du nouveau gouvernement du Pacifique, forme deux districts, ceux du *haut* et du *bas Kamtchatka*.

Longue de 1,360 kilomètres et large d'environ 280, sa superficie peut être évaluée à 260,000 kilom. carrés. Sa population n'est que de 5 à 6,000 âmes. Ce pays étant coupé dans toute sa longueur par une chaîne de montagnes, est arrosé sur ses deux côtés par une infinité de rivières, dont la plupart ne sont ni grandes ni navigables. Les plus considérables sont le *Kamtchatka*, l'*Avatcha* et le *Bolchaïa-Reka*. Le Kamtchatka a environ 540 kilomètres de cours. Les hivers de cette contrée sont de dix mois ; il commence à y geler dès le mois de juillet, et les gelées durent souvent jusqu'en mai ; mais le froid et la chaleur n'y ont jamais un haut degré d'intensité : le thermomètre de Réaumur descend, en hiver, de 5 à 15 degrés au-dessous de zéro, et monte, en été, de 4 à 10 ; de loin en loin le maximum du froid est de 18 degrés, et celui de la chaleur de 21. Les brouillards de la mer y entretiennent une température humide. L'inconstance extrême des vents entraîne celle du climat : l'on y passe souvent, dans un instant, de l'été à l'hiver. Plusieurs rivières ne gèlent jamais, soit à cause de la rapidité de leur cours, soit parce que leurs eaux sont d'une nature particulière.

Nous avons vu que l'agriculture commence à peine à obtenir quelque succès au Kamtchatka. L'entretien des bestiaux pourrait devenir d'une grande importance ; les pâturages y sont excellents ; l'herbe ondoie à grands flots, comme dans les savanes de la Louisiane ; les Cosaques y entretiennent quelques centaines de chevaux, de bœufs, de moutons et de cochons : ce qui prouve que les habitants pourraient tirer un grand parti de ces animaux, auxquels la plupart préfèrent encore le renne et le chien.

Les renards, les sobles ou martres zibelines, les lièvres, les hermines, les ours, les rennes, s'y promènent par troupes. Les côtes sont toujours environnées d'une foule de cétacés et d'amphibies, tels que baleines, ours de mer, lamantins, loutres ou castors de mer. Les limandes, soles, cabillauds, lamproies, anguilles et brochets, fourmillent dans les rivières sans qu'on les inquiète ; on ne les mange qu'en temps de disette ; mais on pêche le saumon, dont la chair est excellente. Ce poisson sort de la mer pour remonter les fleuves ; il est en si grande quantité, qu'il en interrompt le cours ; les chiens et les ours, dit le voyageur Steller, en prennent à loisir tant qu'ils en peuvent dévorer. Les harengs, qui pour frayer remontent dans les lacs, y abondent tellement, qu'on pourrait quelquefois les puiser avec un seau. La variété des oiseaux n'y est pas moins remarquable que leur nombre. Les oiseaux de mer ne sauraient se compter ; parmi ceux de terre, on remarque les cygnes, sept espèces d'oies, onze de canards : on y mange les aigles.

Le bois de mélèze et de peuplier blanc sert à la construction des maisons et des vaisseaux. Les bouleaux, qui y abondent, sont employés pour faire des traîneaux ; l'écorce verte de cet arbre, coupée en tranches minces, se mange avec du caviar ; la séve du même arbre procure une boisson assez agréable. On ne brûle guère que du saule et de l'aune. Les habitants mangent aussi l'écorce du premier, et celle de l'autre leur sert à teindre le cuir. La racine du lissaranne remplace souvent le pain. Les orties tiennent lieu de lin et de chanvre ; il y a beaucoup de plantes médicinales. On tire même parti des plantes marines : parmi les *fucus* qui abondent dans la mer voisine, les espèces nommées *dulcis* ou *palmatus*, *esculentus* et *saccharinus*, sont mangées comme nos choux ; la dernière, sortie de l'eau, se couvre de cristaux semblables à du sucre, mais composés uniquement de sel marin combiné avec la matière glutineuse de la plante.

Nijné-Kamtchatsk (bas Kamtchatka), sur la rivière de Kamtchatka ; et *Avatcha* ou *Pétropavlofsk*, que l'on appelle aussi *Saint-Pierre* et *Saint-Paul*, sur le golfe d'*Avatcha*, sont des espèces de villages ayant le titre de villes et le rang de chefs-lieux de district : le premier a 300 et le second 500 habitants. C'est du port de Pétropavlofsk que partent chaque année des vaisseaux baleiniers. Une escadre anglo-française a, lors de la dernière guerre d'Orient, bombardé Pétropavlofsk ; depuis, les autorités russes ont transporté les archives au fort Saint-Nicolas (*Nicolaïef* ou *Nicolaévskii*) à l'embouchure de l'Amour. *Bolcheretsk*, dont les maisons faites en troncs d'arbres et couvertes de chaume sont au nombre de 15 à 20. *Verkhné-Kamtchatsk* (haut Kamtchatka) où il y a un hôpital militaire, enfin *Tighilskaïa*, la seule forteresse de la presqu'île, sont aussi de prétendues villes.

Bolcheretsk est moins important par son petit port que par l'espèce de poste aux chiens que les habitants y entretiennent, et dont ils tirent un grand profit. Ces animaux intelligents sont les seules bêtes de somme employées au Kamtchatka ; ils sont préférés au renne, parce qu'ils supportent mieux la fatigue. Un bon chien peut traîner jusqu'à 80 kilogrammes, et parcourir 40 à 50 kilomètres par jour, quelle que soit la longueur du voyage ; il peut faire même le double s'il doit se reposer en arrivant. On nourrit ces chiens avec du poisson sec ; ils supportent facilement la faim et la fatigue.

LE CHIEN DE SIBÉRIE. — Le chien employé au traînage, non-seulement au Kamtchatka, mais encore dans les diverses parties de la Sibérie, par les Toungouses, les Ostiaks et les Samoïèdes, appartient à la race répandue dans tout le nord de l'Asie, et dont nous avons déjà parlé sous le nom de *canis sibiricus*. Quatre de ces animaux attelés à un traîneau peuvent tirer avec facilité trois voyageurs avec leur bagage ; quelquefois cependant les attelages sont plus nombreux. Cette race est, comme les autres, susceptible d'attachement pour le maître et pour la famille qui la nourrit ; mais les chiens réservés à remplacer le cheval et le renne sont traités avec tant de rigueur, qu'ils contractent tous les défauts de l'esclave : la duplicité, l'amour du vol et le désir de fuir celui auquel ils appartiennent. On reconnaît ces mauvais penchants à leur regard oblique et à leur expression continuelle de méfiance. L'avantage que présente cet animal de franchir avec vitesse, pendant les rigueurs d'un long hiver, les montagnes, les vallées, les torrents qui gèlent rarement, sans enfoncer dans une neige qui nivelle quelquefois la montagne et le précipice, le rend d'un usage préférable, non-seulement à celui du renne, qui ne peut supporter une longue fatigue, mais encore à celui du cheval le plus agile et le plus vigoureux, qu'il serait difficile de nourrir convenablement dans un pays comme le Kamtchatka : aussi les habitants de ce pays dépensent-ils souvent des sommes considérables pour se procurer des chiens qui réunissent toutes les qualités désirables. On recherche surtout, pour être dressés, ceux qui présentent comme indices de ces qualités des jambes hautes, des reins larges qui annoncent la vitesse et la vigueur, un museau pointu qui indique un odorat fin, et de longues oreilles. On les dresse d'une manière toute particulière. Dès que ces animaux voient clair, on les jette dans une fosse obscure, où ils restent jusqu'à ce qu'ils soient assez vigoureux pour être mis à l'essai. Alors on les attelle avec d'autres chiens déjà dressés : l'éclat du jour, les objets nouveaux qui frappent leurs regards, les effraient, et ils partent avec une vitesse incroyable. Après cette première épreuve, on les renferme de nouveau dans leur fosse obscure, d'où on les retire à diverses reprises jusqu'à ce qu'ils soient habitués à obéir à la voix de leur conducteur, et qu'ils comprennent bien les mots suivants : *puïr*, *puïr* (en avant) ; *tsas* (arrête), *till*, *till* (à droite) ; *bout till* (à gauche). Bien que celui qui les dirige soit armé d'un fouet long et lourd, qui exige une grande habitude pour être manié avec dextérité, il s'en sert rarement, du moins pendant la course, parce que le chien qui a reçu un coup de fouet se jette sur son voisin et le mord ; celui-ci en fait autant à un troisième, et le désordre se met dans tout l'équipage, à tel point que les traits des harnais se mêlent, et qu'il faut perdre beaucoup de temps pour les démêler. Le fouet ne peut donc servir que pour infliger un châtiment individuel à l'un des chiens, et dans des cas fort rares. L'attelage est très-simple ; il consiste en un collier formé de deux bandes de cuir de renne ou de veau marin, auquel sont attachés des traits qui passent entre les jambes de devant, puis se réunissent sur les épaules, où elles s'attachent à une forte courroie fixée au traîneau. Le conducteur est assis sur le devant de celui-ci, et ses jambes pendantes touchent presque la neige. Lorsqu'on forme un équipage, le point important est d'avoir un bon chef de file : on nomme ainsi le chien placé en tête pour diriger les autres ; il doit être intelligent et avoir un bon nez ; quand à ses qualités il joint une grande vigueur, l'animal est d'un prix excessif. On nourrit si peu ces animaux, afin qu'ils soient légers, qu'ils sont presque toujours affamés ; mais pendant la courte durée de l'été, comme ils ne sont d'aucune utilité, on les laisse en liberté : c'est alors qu'ils en profitent pour assouvir leur voracité, en se nourrissant de poissons qu'ils épient sur le bord des fleuves, et qu'ils prennent avec beaucoup d'adresse.

Si des restes de canaux et d'autres constructions, si des pierres sculptées et chargées d'inscriptions, si des tombeaux renfermant des armes et des bijoux précieux, annoncent en Sibérie l'antique existence d'un peuple plus civilisé que les naturels qu'on y remarque aujourd'hui, on peut faire la même observation pour le Kamtchatka : on trouve aux environs de Pétropavlofsk et dans d'autres parties de la péninsule un grand nombre de digues et de constructions en maçonnerie qui semblent indiquer une population plus considérable et une civilisation plus avancée que de nos jours.

ILES BEHRING ET KOURILES. — Les îles Aléoutiennes appartiennent trop évidemment à l'Amérique pour qu'on puisse approuver ceux qui les décrivent avec l'Asie ; mais l'île de *Behring* et celle dite *du Cuivre* doivent suivre la description du Kamtchatka, dont elles semblent être une extension vers l'est, comme les *Kouriles* sont un prolongement de la presqu'île vers le sud-ouest. L'île *Behring* tire son nom du célèbre navigateur danois qui trouva sur cette plage déserte le terme de sa vie active. Elle est inhabitée ; le sol y est granitique. Le froid, sur les rivages de la mer, est peu rigoureux, et on n'y voit jamais de glaces fixes. Mais les sommets de l'intérieur, estimés à 6,000 mètres d'élévation, se couvrent de neiges éternelles. L'île est dépourvue de bois et entourée de récifs. *Mednoï-Ostrov*, c'est-à-dire *l'île du Cuivre*, tire son nom du cuivre natif que l'on a trouvé sur ses côtes occidentales. Ce n'est pas la mer qui apporte ces morceaux ; ils sont engagés dans le gravier qui forme la plage, et situés comme des rognons dans une espèce de filon. En 1762, le navigateur Melenski put en extraire 150 à 200 kilogrammes pesant ; aujourd'hui le filon est épuisé. L'une et l'autre de ces îles sont habitées par un immense nombre d'*isatis* ou renards bleus ; les loutres de mer, les vaches marines et les baleines s'y rassemblent en troupes.

Les îles Kouriles forment en quelque sorte le prolongement des montagnes du Kamtchatka ; elles sont généralement d'origine volcanique. Ce long archipel se divise en deux parties : les *Petites-Kouriles*, qui appartiennent à la Russie, et les *Grandes-Kouriles*, qui dépendent du Japon. Nous ne parlerons ici que des premières. Elles sont au nombre de 26 à 28 dont nous ne citerons que les plus remarquables. L'île d'*Alaïd* ou d'*Alaïte* en dépend, mais ce n'est qu'un volcan. *Choumchou*, la plus septentrionale, a 32 kilomètres de long et 12 de large ; ses montagnes renferment des mines d'argent ; ses habitants ne paraissent être qu'au nombre de 50. *Poromouchir*, longue de 100 kilomètres et large de 25 à 30, renferme des montagnes couvertes de neiges éternelles et que l'on dit riches en métaux précieux, un grand nombre de lacs, beaucoup de loups et de renards, une innombrable quantité de rats, et une centaine d'habitants. *Onékotan* à 50 à 60 kilomètres de longueur ; on y voit trois volcans aujourd'hui inactifs. *Kharamakotan*, trois fois moins grande, possède aussi un volcan ; elle est inhabitée. *Simousir* a 65 kilomètres de longueur ; l'un de ses sommets les plus élevés a été appelé par la Pérouse le pic Prévost. Au sud, elle est séparée, par le détroit de la Boussole, de l'île d'*Ouroup* ou d'*Alexandre* : celle-ci a 100 kilomètres de longueur sur 20 de largeur ; ses montagnes renferment des métaux, ses vallées de belles prairies et des ruisseaux limpides. Elle appartient à la Russie, et le détroit de Vries la sépare d'Itouroup, la première des Kouriles japonaises. Les autres îles sont celles de *Chirinki*, *Mokonrouski*, *Chiachkotan*, *Tchirinkotan*, *Rachau*, *Ketoï*, etc. Les écueils qui entourent ces îles les rendent d'un abord difficile : elles sont exposées à de fréquents et violents tremblements de terre ; le climat y est plus rigoureux que dans beaucoup d'autres îles situées sous la même latitude ; il y règne des brouillards presque continuels ; la végétation est rabougrie, surtout dans les plus septentrionales ; mais le règne animal est très-varié : ce sont les mêmes espèces d'animaux à fourrures précieuses que l'on trouve sur le continent.

Les habitants de ces îles et des plus méridionales portent le nom de *Kouriles* ou *Kouriliens*, mais ils se donnent celui d'*Aïnos*. Ils paraissent appartenir à une race particulière : ils ont le front bas et plat, le nez droit, le teint d'un brun foncé ou presque noir, la barbe et les sourcils tellement épais que leur visage est presque entièrement caché par cette grande quantité de poils, qui d'ailleurs sur les autres parties du corps ne sont pas moins abondants. Quelques femmes sont aussi velues que les hommes. Leur taille est de 1 mètre 70 centimètres ; leurs membres sont fortement proportionnés ; les femmes sont plus laides que les hommes, et ceux-ci sont polygames et très-jaloux des étrangers. Le trait principal de leur caractère est la bonté ; jamais ils ne se querellent, jamais leurs peuplades ne sont en guerre l'une contre l'autre. Ils ont peu de courage et préfèrent se donner la mort que de souffrir : aussi le suicide est-il fréquent parmi eux. Leur langue n'a rien de commun avec celle des Kamtchadales, bien que plusieurs d'entre eux habitent la pointe méridionale du Kamtchatka ; elle est agréable et cadencée. Leurs habitations, faites en terre et en bois, sont tenues très-proprement. En hiver, ils s'habillent de peaux de phoques ou de chiens ; ils marchent nu-pieds sur la neige ; en été, ils ont des habits en toile faite d'écorce d'arbre filée. Rarement ils ont la tête couverte. Leur industrie se borne à la chasse, à la pêche et à la construction de leurs bateaux. Ils échangent avec les Japonais et les Chinois ou les Russes les produits de leur chasse ou de leur pêche.

DE L'IMPORTANCE COMMERCIALE DE LA SIBÉRIE. — La Sibérie, dont nous terminons ici la description générale et particulière, offre un vaste champ aux projets de la politique, aux spéculations du négociant et aux méditations du philosophe. La Russie tire plus d'un avantage capital de la possession de ce tiers de l'Asie : ses provinces européennes garanties d'une attaque de ce côté ; plusieurs millions de bénéfice net sur les mines, une communication commerciale avec la Chine, avec l'Amérique ; tels sont les fruits qu'elle retire de la conquête d'un simple Cosaque. Iermak Timofeyef est, nous le répétons, le Cortez du monde hyperboréen.

D'après le recensement officiel de 1851, dont les données ne peuvent être qu'approximatives, les gouvernements de la Sibérie comptent 2,887,184 habitants ; et en y comprenant toute la population renfermée dans ses limites naturelles, c'est-à-dire les parties des gouvernements de Perm et d'Orenbourg qui appartiennent à l'Asie, on aurait à peine, pour une superficie immense, 3,000,000 d'âmes.

Le commerce de la Sibérie est d'autant plus lucratif pour les négociants russes de Moscou, qu'aucune nation étrangère n'en partage le bénéfice. Les grands fleuves de ce pays, l'Obi, l'Ienisei et la Lena, et leurs rivières tributaires, se rapprochent et s'éloignent tellement à propos, que les marchandises peuvent être transportées presque entièrement par eau depuis Kiakhta jusque dans la Russie d'Europe. Ce trajet demande trois ans, c'est-à-dire trois étés de courte durée. La route par terre exige un an entier. En 1790, les frais de transport, depuis Kiakhta jusqu'à Saint-Pétersbourg, étaient, par la voie de terre, de six roubles pour chaque poud, et, par eau, de quatre roubles seulement.

Tobolsk est l'entrepôt principal des marchandises qui arrivent d'Europe, et de celles de Sibérie et de la Chine, dont la plus grande partie est transportée en Russie dans l'hiver, par le moyen de traîneaux. Les caravanes de Kalmouks qui arrivent à Tobolsk pendant l'hiver y portent en retour des vivres, et quelquefois de l'or et de l'argent; elles en rapportent différentes sortes de marchandises de cuivre et de fer. Les Boukhares, qui y viennent aussi dans la même saison, y apportent des peaux d'agneaux frisées, des étoffes de coton de Boukharie, des étoffes de soie des Indes, et quelquefois des pierres précieuses. Tobolsk est l'entrepôt des pelleteries destinées pour la couronne.

Les autres places importantes pour le commerce de pelleterie sont : Tomsk, surtout pour la vente aux Kalmouks ou Éleuthes et aux Mongols; Krasnoïarsk, Iéniscïsk, Touroukhansk, et dans l'est de la Sibérie, Iakoutsk ; ces trois dernières principalement pour l'achat.

Irkoutsk mérite la préférence sur toutes les places de la Sibérie, par rapport à l'activité et à l'étendue de son négoce. Sa position avantageuse lui ouvre trois routes de commerce; savoir, celle de Kiakhta et de Kirensk, celle de la Sibérie orientale et du Kamtchatka, et enfin celle de la Sibérie occidentale et de la Russie. Dans les autres villes, c'est un commerce d'entrepôt; ici, c'est un négoce actif. Le trafic avec la Chine est en grande partie dans les mains des négociants d'Irkoutsk, dont la plupart entretiennent des boutiques et des facteurs à Kiakhta. C'est aussi d'Irkoutsk que la plupart des voyages de mer aux îles de l'océan Oriental et de la côte de l'Amérique sont entrepris par des négociants qui s'associent pour cet effet. Ce commerce russo-américain mettra un jour le cabinet de Saint-Pétersbourg en contact avec le Canada anglais et les États-Unis. Il devient désormais nécessaire pour la Russie, qui sans l'Amérique ne pourrait fournir assez de pelleteries au marché de Kiakhta, où elle achète les thés, les nankins et les soieries, devenus des objets de nécessité pour les habitants de la Sibérie.

La Russie cherche aussi à s'assurer une intervention commerciale active dans l'océan Pacifique. C'est ainsi que tout récemment elle s'est emparée de l'embouchure de l'Amour ; elle y a fondé des établissements importants capables d'abriter sa marine militaire et de la réparer; elle s'est, en un mot, rapprochée du Japon et de la Chine, vers lesquels ses intérêts commerciaux l'entraînent aujourd'hui.

Au mois de juin 1857, le vapeur *la Lena* a remonté, pour la première fois, le fleuve Amour depuis le fort Saint-Nicolas ou Nicolaïef jusqu'à la rivière Chilka (3,200 kilomètres), c'est-à-dire jusqu'à l'endroit où le fleuve commence à porter le nom d'Amour. Depuis ce moment, la navigation régulière est établie sur ce fleuve. Une connaissance plus parfaite des bouches de ce fleuve et de son liman, que traversent les navires venant de l'océan Pacifique et de la mer d'Okhotsk, ont complétement modifié l'existence des fonctionnaires russes et des marchands habitant ces pays éloignés; ils reçoivent maintenant de la Transbaïkalie et de l'Amérique, à des prix modérés, tout ce qui est nécessaire à leur existence.

La Sibérie leur fournit du blé, du thé, des bêtes à cornes, des volailles, des chevaux, des cuirs, du tabac; de l'eau-de-vie, des pelisses de mouton, des draps, des équipements militaires et de marine, etc. L'Amérique leur envoie, de son côté, des étoffes de coton, de laine et de soie, des habits confectionnés, des chaussures, des toiles, des objets en cuivre et en fer, des ustensiles de ménage, des meubles, des denrées coloniales, du sucre et de la mélasse, des vins, des cigares, etc. Ces derniers objets sont envoyés en si grande quantité, que déjà, dès cette année (1857), on a fait le premier essai de commerce d'échange entre les marchandises russes et américaines; le porc salé de la Transbaïkalie a été exporté par les Américains pour être vendu dans les ports de l'océan Pacifique, et le sucre et les cigares de l'Amérique ont paru dans les magasins à Irkoutsk.

TABLEAUX STATISTIQUES DE LA SIBÉRIE.

Tableau des Gouvernements de la Sibérie,
d'après les travaux de M. P. de Köppen, et le recensement de 1851.

GOUVERNEMENTS.	POPULATION en 1851 (1).	DISTRICTS.	POPULATION en 1851.	CULTURES.	HABITANTS.
I. SIBÉRIE OCCIDENTALE (2).					
TOBOLSK	872,268	Tobolsk	88,712	Seigle, orge, avoine	Russes, Cosaques, Allemands, Suédois, Tatars, Vogoules, Ostiaks, Samoïèdes.
		Bérézof	21,558	Forêts (rennes, ours, martres)	
		Itchim	150,282	Blé, prairies	
		Ialontorovsk	136,003	Seigle, orge, pâturages	
		Kourgan	147,960	Blé, bois, fruits, pâturages	
		Omsk	86,937	Orge, millet, seigle, chanvre	
		Tura	69,992	Orge, seigle, sarrasin, pâturages	
		Tioumen	83,708	Orge, avoine, quelques légumes, pas de fruits	
		Tourinsk	49,129	Seigle, orge, avoine	
TOMSK	476,355	Tomsk	85,772	Seigle, orge, avoine, etc.	Russes, Cosaques, Tatars, Barabintzi, Ostiaks d'Obi, Téléoutes, Birioutes, Abintzi, Boukhares.
		Barnaoul	77,721	Pâturages, blé, mines	
		Bijsk	104,702	Seigle, blé, orge, pâturages	
		Kaïnsk	56,098	Pâturages, grains, pêche	
		Kolyvan	72,964	Pâturages, blé, mines	
		Koutznezk	72,221	Pâturages, blé, mines	
Territoire des Kirghises, ...		Akmolta			Russes, Cosaques, Barabintzi, Kirghises.
		Bajan-Aoul			
		Karkaraly			
	450,000	Koktschau	450,000	Orge, millet, seigle	
		Kouch-Mouroun		Chanvre, pâturages	
		Ajagus		Mines, lacs salés	
Territ. de Semipolatinsk, ...		Kokbekty			
		Kopal			
		Semipolatinsk			

(1) On a compris dans ces populations les contingents militaires et les régiments sédentaires asiatiques. Le nombre des militaires a été omis dans le chiffre de la population des territoires et districts.

(2) Voir aux tableaux de la *Russie d'Europe*, page 96, ce qui concerne la statistique des gouvernements de Perm et d'Orenbourg.

Tableau des Gouvernements de la Sibérie (suite).

GOUVERNEMENTS.	POPULATION en 1851.	DISTRICTS.	POPULATION en 1851.	CULTURES.	HABITANTS.
II. SIBÉRIE ORIENTALE.					
Ieniseïsk	251,778	Ieniseïsk	40,104	Presque aucune culture	Russes, Cosaques, Iakoutes, Toungouses, Samoïèdes, Katchintzi, Bélitres.
		Atchinsk	45,280	Pâturages, seigle, orge, froment	
		Kansk	46,461	Pâturages, seigle, orge, froment	
		Krasnoïarsk	52,748	Pâturages, seigle, orge, froment	
		Minousinsk	59,671	Pâturages, seigle, orge, froment	
Irkoutsk	294,514	Irkoutsk	216,227	Seigle, froment, avoine	Russes, Cosaques, Allemands, Polonais, Bouriètes, Toungouses, Boukhares.
		Kirensk	28,516	Seigle, froment, orge	
		Nijné-Oudinsk	41,203	Presque aucune culture	
Territ⁰ Transbaïkalien ou Transbaïkalie	327,908	Territ⁰ de la ville de Tchita	707	Chanvre, orge, blé, sarrasin	Russes, Cosaques, Allemands, Polonais, Bouriètes, Toungouses, Boukhares.
		Nertchinsk	144,130	Sol montagneux, peu de seigle et d'orge	
		Werkhné-Oudinsk	183,071	Seigle, froment, avoine, millet, sarrasin, chanvre	
Iakoutsk	207,030	Iakoutsk	123,839	Peu d'orge, chasse, pêche	Russes, Cosaques, Iakoutes, Toungouses, Koriaikes, Samoïèdes, Ioukaghirs, Lamoutes.
		Kolymsk	5,946	Peu d'orge, troupeau de rennes	
		Olekminsk	11,281	Peu d'orge, troupeau de rennes	
		Verkhoïansk	13,704	Peu d'orge, troupeau de rennes	
		Viliouïsk	47,148	Peu d'orge, troupeau de rennes	
Territ⁰ˢ sur l'océan Pacifique et Kamtchatka.	20,000	Nicolaïefsk et Vallée de l'Amour	»	Pâturages, terres fertiles	Tchouktchis, Russes, Cosaques, Kamtchatdales, Toungouses, Aïnos ou Kouriliens.
		Okhotsk	4,712	Peu d'orge, troupeau de rennes	
		Gijiga ou Ijiginsk	3,000	Point de culture, pâturages, rennes	
		Petropavlofsk	7,000	Essais de culture assez satisfaisants	
		Pays des Tchouktchis	»	Point de culture, chasse et pêche	

Tableau des températures moyennes de quelques lieux de la Sibérie, d'après M. Wesselowsky (1857).

NOMS DES LIEUX.	LATITUDE septentrionale.		HAUTEUR au-dessus du NIVEAU DE LA MER.	TEMPÉRATURE MOYENNE.				
	degrés.	minutes.	mètres.	ANNÉE.	HIVER.	PRINTEMPS.	ÉTÉ.	AUTOMNE.
Oust-Jansk	70	55	»	— 13,0	— 30,2	— 14,5	+ 6,5	— 20,6
Nijni-Kolymsk	68	32	»	— 10,0	— 26,2	— 10,5	+ 8,3	— 11,7
Iakoutsk	62	2	92	— 9,1	— 31,1	— 7,7	— 11,5	— 9,0
Okhotsk	59	21	4	— 4,0	— 17,9	— 3,6	+ 8,9	— 3,3
Oudskoï-Ostrog	54	30	»	— 3,7	— 22,3	— 2,5	+ 12,0	— 2,2
Nertchinsk	51	18	742	— 3,4	— 21,6	— 1,7	+ 12,8	— 3,2
Bérézof	63	56	29	— 3,4	— 17,1	— 5,1	+ 11,6	— 2,9
Bogoslof	59	45	216	— 0,9	— 14,2	— 1,1	+ 12,4	— 0,9
Tomsk	56	30	100	— 0,8	— 13,8	— 1,3	+ 13,2	— 1,1
Kainsk	55	27	188	— 0,5	— 14,5	— 0,9	+ 14,6	— 0,4
Irkoutsk	52	17	417	— 0,4	— 14,8	+ 0,7	+ 13,1	— 0,6
Tobolsk	58	12	118	+ 0,2	— 13,5	+ 0,1	+ 14,0	+ 0,2
Ichim	56	6	»	+ 0,5	— 13,5	+ 0,2	+ 14,0	+ 1,1
Iekaterinbourg	56	48	282	+ 0,4	— 12,0	+ 0,7	+ 12,4	+ 0,6
Tourinsk	57	47	176	+ 1,0	— 12,0	+ 1,5	+ 13,8	+ 0,7

N. B. Toutes ces températures sont données en degrés Réaumur, le seul en usage en Russie. Il suffit d'ajouter à chacun de ces nombres le quart pour obtenir les degrés centigrades.

PERSE.

Monuments à Tauris.

DESCRIPTION PHYSIQUE GÉNÉRALE.

LIMITES, SUPERFICIE, POPULATION. — La Perse ou *Iran*, telle que nous allons la décrire, n'est plus ce qu'elle était sous les Sophis. Ses démembrements ont formé le royaume de *Kaboul* ou des *Afghans*, celui de *Hérat* ou le *Khorassan oriental*, et le *Béloutchistan*, que l'on appelle aussi la *Confédération des Béloutchis*. Dans ces derniers temps, le sort des armes lui a fait abandonner à la Russie la Géorgie et l'Arménie persanes.

Ce qui constitue aujourd'hui le royaume de Perse forme encore un vaste État, mais faible relativement à son étendue : d'abord parce que la population y est disséminée, et en second lieu parce qu'elle se compose de diverses nations, les unes sédentaires, les autres nomades, qui ne sont liées par aucun esprit national. Les limites de ce royaume sont, au nord, le pays des Turcomans, la Géorgie russe (1) et la mer Caspienne; à l'est, l'Afghanistan et le Béloutchistan; au sud, le golfe d'Oman et le golfe Persique; à l'ouest, l'Asie ottomane et la Turquie d'Asie. Sa plus grande longueur de l'est à l'ouest est de 15 à 1600 kilomètres, sa plus grande largeur d'environ 1400, et sa superficie de 1,160,000 kilomètres carrés. Il y aurait quelque témérité à vouloir préciser sa population; nous nous contenterons de dire que l'on peut l'évaluer à 10 ou 12 millions d'habitants.

APERÇU HISTORIQUE. — Les révolutions politiques auxquelles les différentes provinces de la monarchie persane ont toujours été en proie ont constamment fini par les réunir sous un seul sceptre. A l'aurore de l'histoire nous y voyons plusieurs nations indépendantes; les Perses au midi, les Ariens à l'est, les Mèdes au centre; diverses hordes barbares, telles que les Hyrcaniens, les Parthes, les Cadusiens au nord. Il est très-douteux que les antiques empires de Ninive et de Babylone aient jamais compris la Perse ancienne, c'est-à-dire le *Farsistan* actuel, avec le Kerman et le Laristan. L'histoire n'ose ni garantir ni rejeter les merveilleuses expéditions de Sémiramis; mais il est certain que toute invasion momentanée figure comme une conquête dans le chaos de l'histoire primitive. Les Mèdes subjuguèrent réellement les Perses. Ce peuple paraît avoir fait ses premières armes contre les Scythes d'Asie, dans le Touran ou la Tatarie actuelle, et contre les Indiens. Cinq siècles et demi avant Jésus-Christ, Cyrus délivra sa nation et la rendit maîtresse de toute l'Asie occidentale. Mais, à l'entrée de l'Europe, une petite nation arrête les innombrables essaims de l'Asie; bientôt réunis sous Alexandre, les Grecs renversent le faible colosse de la puissance persane; la discorde des vainqueurs fait naître une foule de royaumes; la tribu guerrière des Parthes (vers l'an 248 avant Jésus-Christ) s'empare des provinces qui forment la Perse moderne.

---

(1) Le cours de l'Araxe, *Aras*, sépare au nord la province persane de l'Azerbaïdjan de l'Arménie russe, depuis le mont Ararat jusqu'au 65° 44' de longitude orientale; à partir de ce point, le territoire russe pénètre sur la rive droite de l'Araxe, le long de la mer Caspienne, dans l'ancien khanat de Talysch, jusqu'à la petite forteresse d'Astara.

Paris. — Typographie de Henri Plon, imprimeur de l'Empereur, 8, rue Garancière.

Pourtant les Grecs se maintiennent dans la Bactriane ; leur roi Démétrius soumet et civilise l'Hindoustan ; Eucratidès Ier règne sur mille cités ; mais les Scythes, ou plutôt des nations nouvelles qui avaient remplacé les Scythes, réunis aux Parthes, renversent le trône de la Bactriane. Les Parthes, sous leurs rois de la dynastie aschkanienne, les Arsacides des auteurs grecs, balancèrent la puissance des Romains. Vers l'an 220 de Jésus-Christ, un homme appelé Ardchour, Persan, selon les Grecs, enleva le pouvoir aux Parthes, et fonda la dynastie des Sassanides ; mais les Orientaux ne distinguent point les Persans modernes des Parthes ; et le premier monarque persan, Artaxerxès ou Ardchour, est, selon eux, un prince du sang royal des Parthes. Quoi qu'il en soit de ce point obscur, l'empire persan, après avoir lutté contre celui de Constantinople, après avoir jeté un grand éclat sous le règne du sage Nouschirvan ou Khosroû Ier, plus connu sous le nom de Chosroès le Grand, subit le joug des Arabes et du mahométisme, vers l'an du Christ 636 ou 642, par la défaite d'Isdegerte à la bataille de Néhavend.

Deux siècles après, le royaume de Perse se trouva rétabli dans le Khorassan, et après plusieurs révolutions il reprit sa première extension. En l'an 934, la maison de Bouiah parvint au trône ; elle résidait à Chiraz. C'est à cette maison qu'appartient le célèbre Mahmoud, troisième ou quatrième prince de la dynastie des Ghaznévides, mais que l'on peut regarder comme en étant le fondateur, qui fit de la Perse un grand empire que conquit ensuite Togroul-beg, fondateur de la dynastie turque des Seldjoukides. La Perse, enveloppée dans les conquêtes de Djenghiz-Khan et de Tamerlan, respire sous la dynastie des Sophis, qui monte au trône en 1506. Schah-Abbas, surnommé le Grand, prend les rênes de l'empire en 1586, et gouverne près d'un demi-siècle avec éclat, quoique d'une manière tyrannique. Les Afghans conquirent la Perse en 1722. Cet événement fut suivi, en 1736, de l'extinction de la maison des Sophis, et de l'élévation au trône impérial de Nadir, surnommé Thamas-Kouli-Khan. Ce chef féroce, mais habile et heureux, était né dans le Khorassan ; le 20 juin 1747, il fut tué après un règne de onze années, qu'illustra surtout la rapide conquête de l'Hindoustan.

Ici nous voyons commencer une période absolument nouvelle, et qui intéresse de plus près la géographie moderne. La faiblesse des successeurs de Nadir-Schah, et l'affreuse guerre qui ensanglantait la *Perse occidentale*, permirent aux *Afghans* de consolider un nouvel empire, dont Candahar devint la capitale, et qui embrassait toute la *Perse orientale*. Le Khorassan oriental, le Ségistan, l'Arokasche, le Candahar, sont les principales provinces des Afghans en Perse ; ils possèdent dans l'Inde le Koutar, le Kaboul et le Caclıemire ; ils ont envahi une partie de la Boukharie.

Les plus certains documents concernant ce royaume de Candahar ou des Afghans semblent être ceux qu'a recueillis le major Rennell. Il en résulte qu'Ahmed-Schah-Abdallah, premier roi de Candahar, était originairement chef d'une tribu d'Afghans, que Nadir-Schah réduisit sous son obéissance. A la mort de celui-ci, Ahmed reparut soudain au milieu de ses anciens sujets. Il s'empara des provinces de l'Inde cédées par le Mogol à Schah-Nadir. Ahmed choisit Kaboul pour capitale, parce que cette ville lui paraissait le plus à l'abri d'une attaque des Persans occidentaux. Ahmed mourut vers 1773. Timour, son successeur, continua de résider à Kaboul. Timour laissa le trône à Zemaoun, qui régnait encore au commencement du dix-neuvième siècle. Après la grande bataille de Panniput contre les Mahrattes, donnée par Ahmed-Abdallah, en 1761, le royaume de Candahar paraît avoir conservé ses premières limites.

Quant à la partie occidentale de la Perse, elle jouit de quelque repos sous le gouvernement de Kerym-Khan, qui néanmoins ne prit point le titre de schah, se contentant de celui de vékil ou régent. Ce bon prince avait servi sous Nadir, dont il avait été le favori. A la mort du tyran il était à Chiraz ; il s'empara du gouvernement, et fut soutenu par les habitants de cette ville, charmés de sa bienfaisance et rassurés par sa justice. Pour reconnaître cet attachement, Kerym enrichit leur ville de beaux palais, de mosquées et de jardins magnifiques ; il répara les grandes routes et rebâtit les caravansérails. Son règne ne fut souillé d'aucun acte sanguinaire. On loue sa charité envers les pauvres, et les efforts qu'il fit pour rétablir le commerce. Il paraît qu'il mourut vers 1779, après un règne de seize ans.

Une nouvelle période de malheurs et de confusion suivit la mort de Kerym. Ses frères cherchèrent à s'emparer du pouvoir à l'exclusion de ses fils. Un prince du sang, Ali-Mourad, resta, en 1784, paisible possesseur du trône de Perse. Cependant, après la mort de Kerym, un eunuque, appelé Aga-Méhémed-Khan, s'était emparé du Mazanderan, où il se rendit indépendant. En marchant contre lui, Ali-Mourad fit une chute de cheval, dont il mourut sur-le-champ. Son fils Djaafar prit le sceptre ; mais il fut défait par Aga-Méhémed à Yezd-Khast, et il se retira à Chiraz.

En 1792, Aga-Méhémed attaque cette ville, où Djaafar périt dans une insurrection. Le vainqueur brise le tombeau de Kerym et insulte à ses cendres. La valeur héroïque de Louthf-Ali, fils de Djaafar, balance en vain, dans plusieurs combats désespérés, la fortune de l'eunuque, qui enfin reste maître de toute la Perse occidentale. Il nomma pour son successeur son neveu Baba-Khan, qui, depuis 1796, régna paisiblement sous le nom de Feth-Ali-Schah. Feth-Ali fit plusieurs guerres aux Russes ; et pour mieux défendre contre eux les provinces septentrionales, il établit sa résidence à Téhéran. Mais il fut malheureux dans ses guerres ; il dut subir la honte du traité de Gulistan en 1813 et de celui de Turkmantcha en 1828 ; les Russes lui enlevèrent la province arménienne d'Érivan et lui imposèrent l'Araxe pour frontière. C'est dans cet état qu'il laissa en 1834 la Perse à son petit-fils Mohammed-Schah, qui a trouvé dans l'alliance russe une paix profitable à ses desseins ; et aujourd'hui ses alliés, maîtres de la navigation de la Caspienne, ne sont plus qu'à quelques journées de marche du cœur de son royaume.

ASPECT GÉNÉRAL, PLATEAUX, MONTAGNES. — La Perse occupe un plateau très-élevé, comme l'abondance de la neige le prouve. Ce plateau se joint à celui de l'Asie Mineure et de l'Arménie à l'occident, tandis qu'à l'est il se confond avec le plateau de l'Afghanistan et du Beloutchistan. C'est cette chaîne de terres hautes que les anciens appelaient *Taurus ;* elle divise l'Asie en deux, ou plutôt, selon Strabon, en trois parties. La première est située au nord des montagnes ; la seconde est placée sur le dos même du Taurus, entre les diverses chaînes de montagnes qui le couronnent ; enfin la troisième se trouve au midi. L'idée de cette division est fondée sur des observations très-exactes relatives à la différence des climats et des productions. Mais les anciens savaient très-bien que les chaînes nombreuses comprises sous le nom de Taurus, étaient entrecoupées par beaucoup de vallées et de plaines élevées ; ils savaient aussi que plusieurs montagnes de la Perse, après s'être élancées brusquement du milieu de la plaine, s'aplanissent tout à coup et offrent un plateau absolu. Les voyageurs modernes confirment ces observations. Les montagnes de la Perse ne semblent en quelque sorte former aucune chaîne suivie, ni avoir de direction principale. Elles s'étendent sans ordre dans tous les sens, elles sont entassées les unes sur les autres, et jetées comme au hasard ; des groupes, qui semblent former un commencement de chaînes, se trouvent tout à coup interrompus par des plaines unies très-étendues et élevées. Mais le plateau même qui porte cet amas de montagnes doit avoir deux escarpements, l'un vers l'Euphrate et le golfe Persique, l'autre vers la mer Caspienne. Ce sont là les deux branches du Taurus dont les anciens ont parlé.

C'est au sud du bassin de la rivière de Kour ou Cyrus qu'il faut chercher la continuation septentrionale du mont Taurus. L'*Ararat* et la chaîne dont il dépend se joignent aux hautes montagnes qui séparent le lac Van du lac Ourmiah ; ces dernières font partie du *Niphates* des anciens. Mais, au sud de la rivière d'Araxe, une chaîne de montagnes très-froides embrasse l'Azerbaidjan, l'ancienne *Atropatène*, au sud ; ces montagnes bravèrent les armes d'Alexandre le Grand. De leurs flancs se détachent vers l'est les monts *Alpons*, bande de montagnes calcaires assez hautes qui entourent la partie méridionale de la mer Caspienne. Dans l'ancienne Hyrcanie, ces montagnes présentaient à la mer des flancs non-seulement escarpés, mais qui surplombaient même de manière que les rivières s'élançaient de leurs bords dans la mer, en formant dans l'air un arc liquide, sous lequel on passait à sec.

Les *Portes Caspiennes* étaient un passage long de 28 milles romains (52 kilomètres), bordé de noirs rochers, d'où ruissellent des courants d'eau salée ; la largeur du passage n'admet qu'un seul chariot ; la route a été construite de main d'homme. Ce passage paraît être près Damavend, à 10 farsangs de Téhéran (85 kilomètres). Selon les anciens, ces montagnes d'Hyrcanie continuaient jusque vers la Bactriane, où elles se joignaient aux monts *Paropamisus*, les monts *Gaur* des modernes. Rien ne prouve que cette opinion soit fausse. Un voyageur, Forster, n'a point vu de montagnes entre Candahar et Hérat ; ce récit prouve seulement que le voyageur cheminait sur un plateau, et qu'il a négligé de pousser assez loin ses recherches ; il appuie lui-même notre opinion, en observant qu'il y a au nord de Therchych une haute chaîne couverte de neige ; ce sont les monts de la *Parthiène* des anciens.

La chaîne méridionale entre en Perse au sud du lac Ourmiah. La branche d'*Aiagha-Tag*, qui se détache au sud, et qui forme les limites du royaume, est le *Zagros* des anciens, demeure constante des Kourdes. La première grande chaîne qui entre en Perse s'appelle *Elvend*. Le géographe persan Ibn-Haukal nous informe que depuis le voisinage du Kourdistan jusque vers Ispahan, le pays est entièrement montagneux ; il indique parmi les plus fameux monts qui s'y trouvent, le *Damavend*, du haut duquel l'œil parcourt un espace de 50 farsangs ou 400 kilomètres, tandis que celui de *Bisoutoun*, dans la même contrée, était célèbre par ses singulières sculptures, qui existent encore. Les *Hetzerdara* ou mille montagnes embrassent, au nord et à l'ouest, le bassin où se trouvent Chiraz et les ruines de Persépolis. Cette chaîne ne fut franchie par Alexandre qu'avec beaucoup de peine, un corps de troupes persanes ayant occupé le passage appelé *Portes de Suse* ou de la *Perside*. Un autre défilé menait de Perse en Médie ; on l'appelait *Climax megale*, le grand escalier, parce que le chemin était taillé par degrés. Les montagnes se rapprochent, au sud, du golfe Persique, et passent à travers le Kerman ou la Carmanie ; et quoiqu'une de leurs branches semble se perdre dans le désert, à l'est du lac Baktehghan, la chaîne principale paraît se joindre à celle qui sépare le Ségistan ou l'ancienne Drangiane du Mékran, ou de l'ancienne Gédrosie. Un auteur moderne les nomme *Djebel-Abad*. Cette chaîne joint les monts *Soleyman*, qui, avec les monts *Voulti*, forment un long plateau entre l'Inde et la Perse. Ce plateau, qui peut bien n'être couronné que de collines éparses, comme Forster en a vu près de Candahar, est pourtant en soi-même assez élevé, à en juger d'après la température ; il se joint au grand plateau central de l'Asie.

Tel semble être le système de montagnes et de plateaux qui s'élève entre la mer Caspienne et l'océan Indien ; mais si notre respect pour les anciens, et surtout pour Strabon, nous a porté à suivre avec attention les traces de chaque chaîne, l'amour de la vérité nous oblige à dire que cette matière exige de nouvelles observations locales avant de pouvoir être discutée d'une manière utile.

En ne considérant les montagnes de la Perse qu'isolément, elles sont en général très-peu élevées, quoique leurs sommets soient couverts de neige une grande partie de l'année : ce qui prouve combien doit être élevée la base sur laquelle elles sont placées.

DÉSERTS SALÉS DE LA PERSE. — Un des caractères distinctifs du plateau de la Perse, c'est la grande étendue qu'y occupent des déserts salins plutôt que sablonneux. On en trouve cinq principaux. Le plus éloigné est celui de *Karakoum*, au nord du Khorassan ; il est sablonneux. Celui qui sépare le Khorassan de l'Irak-Adjemi, nommé le *grand désert salé*, long de 520 kilomètres, et large de 280, semble se joindre à ceux qui occupent tout le nord du pays de Kerman, la *Carmania deserta* des anciens. On remarque encore celui de Kiab et celui de Mékran. Ces déserts occupent les trois dixièmes du pays. Dans le grand désert salé, la couche de sel marin très-bien cristallisé qui recouvre la surface du sol est, dans plusieurs endroits, de l'épaisseur de plusieurs centimètres ; ce sel n'est pas pur, il est mélangé de nitre, et il cristallise en plaques irrégulières ou bien encore en aiguilles d'une extrême ténuité. Suivant Beauchamp, c'est dans ce désert, non loin de Kom, que l'on trouve le *Kouh-i Télism*, c'est-à-dire le mont *Télesme* ou enchanté, d'où nous avons pris le mot *talisman*. Ce mont aride et escarpé semble changer de figure selon les points de vue du spectateur. Le sable noir et mouvant qui le recouvre aide à multiplier ces aspects illusoires. Près de là passe une petite rivière dont l'eau est extrêmement pesante et salée.

LACS DE LA PERSE. — Ces déserts de la Perse, si semblables d'ailleurs à ceux d'Afrique, nous offrent le même genre de lacs. Celui de *Baktehghan*, qui est sans écoulement et dont les eaux sont salées, quoiqu'il reçoive une infinité de rivières d'eau douce, entre autres le *Bend-Émir*, paraît avoir environ 80 kilomètres de longueur.

Ce lac porte aussi les noms de *Maragha* et de *Chahi* ; il a environ 240 kilomètres de circonférence. On y remarque plusieurs îles inhabitées, dont les plus importantes sont *Aghadj*, *Coïoun* et *Echek*, formées d'une roche calcaire recouverte d'une terre fertile en riches pâturages où l'on fait paître l'hiver de nombreux troupeaux de moutons. Celle de *Chahi*, autrefois séparée de la terre ferme par un passage assez large, n'est plus maintenant qu'une presqu'île. Ses eaux ne paraissent nourrir aucun poisson ; leur profondeur ordinaire n'est que de 4 à 5 mètres, ce qui fait qu'on n'y peut naviguer qu'avec des bateaux.

On compte en Perse plus de trente lacs sans écoulement. Entre les hautes montagnes de l'Azerbaïdjan et de l'Arménie paraît le grand lac *Ourmiah*, ainsi appelé du nom de la grande ville qui est près de son extrémité méridionale. Ce lac est représenté comme ayant environ 120 kilomètres de long sur une largeur de moitié. D'Anville suppose que le lac *Van*, à peu de distance du précédent, est l'*Arsissa* de l'antiquité ; le lac Ourmiah serait alors le *Spauta* de Strabon et le *Capoton* de la géographie arménienne. Ce lac est fortement salé ; un sel très-âcre s'y montre par efflorescence. La crue des rivières qui s'y jettent fait hausser de 10 mètres environ le niveau de ses eaux. Des plages formées de coquillages semblent attester qu'il avait autrefois plus d'étendue au sud et au nord. Les montagnes calcaires qui l'avoisinent sont remarquables en ce qu'elles étaient le pays natal des fameux Assassins ou *Haschischins*.

FLEUVES ET RIVIÈRES. — Les eaux courantes de la Perse suivent les pentes de deux principaux versants : celui de la mer Caspienne au nord, et celui du golfe Persique au sud. L'Euphrate et le Tigre ne peuvent plus être comptés au nombre des rivières de la Perse ; ils ne font que toucher une partie de sa frontière occidentale : le second sur une longueur de 140 kilomètres, et les deux, réunis sous le nom de Chat-el-Arab, sur une étendue de 160 kilomètres. Parmi celles qui versent leurs eaux dans le golfe Persique, la plus considérable est le *Kérah* ou *Kerkhah*, appelé en turcoman

Kara-Sou, et chez les anciens le *Gyndes*, qui, après avoir arrosé le Kourdistan et le Khouzistan, se jette dans le Chat-el-Arab près de Bassorah après un cours d'environ 560 kilomètres. Le *Caroun*, que l'on écrit aussi *Karoun*, et qui porte encore le nom de *Khoasp*, l'ancien *Eulæus* ou *Choaspes*, après s'être frayé un passage à travers les monts *Bakhtéry*, se divise en quatre bras avant de se rendre dans le golfe Persique, et parcourt une longueur de 400 kilomètres. Le *Sita-Réghian* ou *Sita-Rogan*, appelé aussi *Jareu*, a une étendue de 320 kilomètres. Enfin le *Dir-Roud* ou *Roud-Sioud*, qui n'a que 130 kilomètres, tombe dans l'*Ab-Si* ou la rivière salée, 50 kilomètres au-dessus de l'embouchure de celle-ci dans le golfe Persique.

La plus grande rivière du Khorassan, le *Tedjen* ou *Tedzen* des modernes, ou l'*Ochus* des anciens, se perdrait dans un lac marécageux, selon Whal ; mais il est reconnu aujourd'hui qu'à travers les marais qu'il forme il communique avec le golfe de Balkan. Son cours est d'environ 400 kilomètres. Le *Morg-ab*, que l'on croit être un des affluents du Djihoun, est le *Margus* de l'antiquité, qui fit donner à la contrée qu'il arrose le nom de *Margiane*. Parmi les autres rivières de la Perse qui atteignent la mer Caspienne, il n'y en a qu'une seule qui ait un cours considérable, c'est le *Kizil-Ousen*, comme l'appellent les riverains en langue turcomane, le *Sefyd-Roud* des Persans et le *Mardus* des anciens. Depuis sa source dans les monts *Kaplan-Kouh* jusqu'à son embouchure, son cours est d'environ 500 kilomètres. Il précipite ses eaux rapides de cataracte en cataracte, à travers des ravins pittoresques ; à son embouchure, ses flots impétueux repoussent et séparent ceux de la mer.

Le plateau central de la Perse donne naissance à plusieurs rivières qui n'arrivent point à la mer et qui s'écoulent soit dans des sables, soit dans des lacs. Le *Bend-Émir*, célèbre sous le nom d'*Araxes* par le passage d'Alexandre, prend sa source au mont Zouh-Zerdeh et va terminer son cours de 400 kilomètres de longueur dans le lac Baktehghan. Ses eaux sont rapides, ses rives verdoyantes et ombragées, mais ses inondations sont fréquentes et dangereuses. Le *Zayendeh-Roud* ou *Zendeh-Roud*, après 250 kilomètres de cours, se perd dans une vallée gypseuse ; enfin, le *Choura-Roud*, qui passe à Nichabour, se perd, dit-on, aussi dans des sables.

NATURE GÉOLOGIQUE DU SOL. — Nous avons déjà fait observer que les plaines couvertes de sable et imprégnées de sel et de nitre occupent une grande partie du sol de la Perse ; la terre de ces plaines est en général une argile forte. On n'a pas examiné les montagnes, mais la plupart paraissent être de nature calcaire : les nombreuses cavernes dont parlent les anciens le rendent du moins très-probable. Un voyageur français a traversé en deux endroits la grande chaîne des monts Alpons qui environne le Ghilan et le Mazanderan, et dans laquelle le pic de *Damavend* s'élève à une hauteur de 2,500 mètres au-dessus du niveau des plaines de Téhéran, qui sont au moins à 1,000 mètres au-dessus de la mer Caspienne ; il n'y a remarqué que des rochers calcaires, du marbre, de l'albâtre, mais aussi beaucoup de blocs granitiques semés çà et là. Les récifs qui bordent la côte du Mazanderan sont de granit.

D'autres voyageurs ont vu dans la chaîne la plus occidentale, l'*Aiagha* ou *Djebel-Tag*, le *Zagros* des anciens, une succession de rochers de grès, de rochers calcaires et de granit, semblable à celles qu'on voit en général dans nos montagnes d'Europe. Il est probable qu'un pays aussi vaste offrira aux observateurs futurs toutes sortes de roches, de terrains et de phénomènes géologiques. Ils trouveront les entrailles de la terre à découvert, s'il faut en croire Chardin, qui regarde les montagnes de la Perse comme les plus arides et les plus stériles du monde, n'étant que des rochers secs, sans bois et sans herbe.

PRODUCTIONS MINÉRALES. — Dans la chaîne qui forme la limite occidentale de la Perse il existe des mines, mais elles sont négligées, faute de bois, et surtout parce que le gouvernement en conserve le monopole. On exploite une mine d'argent à l'est de Tauris, une de cuivre dans les montagnes de Talidj, ou mieux Talich ; il y en a plusieurs dans le Mazanderan et le Kerman ; dans l'Azerbaïdjan il y a de riches mines de fer, dont on tire de grands produits. Les montagnes des environs de Tauris renferment du jaspe et du marbre blanc. Dans celles de l'Irak-Adjemi, telles que le Kouh-i Telism et le Siah-Kouh, on trouve un grand nombre de sources minérales. D'autres montagnes de l'intérieur renferment des mines d'or, d'argent, de cuivre et de fer. Sur le territoire de Minab il existe une des plus riches soufrières que l'on connaisse. Le mont Houhen-Kouh, dans le Khouzistan, est célèbre en Perse par ses grandes exploitations de sulfure de fer. Les plaines du Farsistan sont imprégnées de sel et de salpêtre. Le bitume et le naphte se trouvent dans la contrée riveraine du Tigre. On les emploie dans le ciment, dans la poterie, et comme huile à brûler. Dans le Khorassan on recueille, dit-on, de très-belles turquoises.

CLIMAT ET PRODUCTIONS NATURELLES. — La Perse est sujette aux tremblements de terre ; les secousses les plus violentes se font généralement sentir dans le Ghilan, le Mazanderan et le

Farsistan ; et la ville de Tauris a été plus d'une fois bouleversée par ce terrible fléau. « L'empire de mon père, disait le jeune Cyrus à Xénophon, est si grand, que l'on y meurt de froid à une extrémité, tandis qu'on y étouffe de chaleur à l'autre. » Ce portrait convient encore aujourd'hui à la Perse. On doit y distinguer trois climats principaux. Les côtes de la mer Caspienne, d'autant plus basses que le niveau de cette mer elle-même paraît plus bas que celui de l'Océan d'environ 20 mètres, éprouvent en été des chaleurs plus fortes et plus durables que celles des Indes occidentales. L'hiver y est très-doux, grâce aux vents tempérés qui viennent de la mer Caspienne ; mais dans l'une ou l'autre saison il y règne une humidité excessive ; l'acier y perd promptement son éclat, et les visages des habitants sont teints d'une pâleur fiévreuse. Le plateau central offre le second climat. Environnée de montagnes qui en partie conservent des neiges éternelles, cette région, depuis Candahar jusqu'à Ispahan, éprouve tour à tour des étés excessivement chauds et des hivers extrêmement rigoureux. Depuis mars jusqu'en mai, les grands vents y sont fréquents ; mais depuis ce moment jusqu'en septembre, l'air est serein et rafraîchi par la brise de la nuit. La sérénité des nuits permet de lire un livre ou une lettre à la seule clarté des étoiles. Depuis septembre jusqu'en novembre, les vents dominent encore ; l'air y est généralement d'une siccité extrême ; le tonnerre et les éclairs y sont très-rares, et l'on n'y voit pas souvent d'arc-en-ciel ; mais la grêle y fait bien des ravages au printemps. Ce climat général souffre des modifications locales ; le *Farsistan*, et surtout la vallée de Chiraz, est également à l'abri des chaleurs excessives et des froids rigoureux ; les montagnes du Kourdistan et de l'Azerbaïdjan doivent à leur élévation et à l'épaisseur de leurs forêts une température plus humide et plus égale.

Tout change de face en descendant du plateau central vers les rivages du golfe Persique. Le vent brûlant, le *samiel* des Turcs, le samoum des Arabes et des Persans, suffoque quelquefois le voyageur imprudent. Strabon rapporte qu'à Suse les habitants n'osaient sortir de leurs maisons pendant le milieu du jour, et que les téméraires qui s'exposaient à la violence des chaleurs expiraient souvent dans les rues.

Le Kerman, riche en toutes sortes d'arbres fruitiers, à l'exception de l'olivier, possède une espèce de vigne dont les raisins deviennent extrêmement gros. Le coton est cultivé dans toute la Perse, et la canne à sucre dans le Mazanderan et dans les environs d'Afterabad ; le mûrier et le ver à soie forment la richesse de tout le littoral de la mer Caspienne. Du temps de Pline, le coton venait spontanément dans les îles. Des palétuviers ou des mangliers, selon le même auteur, bordaient les rivages de ces mers.

Province méridionale et maritime, le Kerman est dépourvu d'eau ; le sol partout sablonneux y est pour cette raison stérile, excepté dans les localités où l'on peut faire des irrigations. Le climat y est considéré comme un des plus insalubres de la Perse. Le froid est très-vif dans les montagnes, tandis que dans les plaines voisines de la côte la chaleur est excessive. Les voyageurs nous apprennent que les dattiers y sont très-multipliés, qu'on cultive le citronnier, l'oranger, le grenadier, le pistachier, mais que leurs fruits ne sont pas d'une bonne qualité ; cependant le vin qu'on y récolte est excellent. La culture du rosier blanc est une des plus répandues dans ce pays : les habitants tirent de la rose une essence très-recherchée en Asie. Les bois se composent en partie de gommiers qui fournissent une gomme presque aussi estimée que celle de l'Arabie.

On peut conclure des écrits des anciens que les montagnes au nord-est se couvrent principalement de lauriers, de buis, de térébinthes, d'arbres à mastic et à gomme, et peut-être d'arbres à sang-dragon.

La Perse orientale est très-peu connue sous le rapport de ses productions, comme sous les autres points de vue. C'est dans cette partie que se trouve le Kouhistan, province qui comprend le grand désert salé de Naubendan. Ce pays élevé est moins chaud que les autres parties de la Perse. On y récolte cependant du coton, et on y élève beaucoup de vers à soie.

Dans le reste de la Perse il faut distinguer trois régions : les montagnes méridionales, le plateau et les montagnes septentrionales. Quoique le Farsistan, ou la Perse proprement dite, semble avoir perdu une grande partie des forêts qui jadis en revêtaient toutes les montagnes, on aime encore à se promener dans les vallées de Chiraz, à l'ombrage des platanes d'Orient, des azeroliers, des saules pleureurs et des peupliers d'une hauteur extraordinaire. Parmi ces beaux arbres, l'anémone étale ses teintes de bleu et d'écarlate ; le jasmin y joint sa piquante blancheur ; l'*hypericon heterophyllum* répand son odeur agréable ; les tulipes, les renoncules émaillent les prés. Olivier a recueilli dans ce pays beaucoup de plantes inconnues ; il a poursuivi jusque sur le mont Elbrouz le *chrysanthemum præaltum* et la *nepeta longiflora* ; la reconnaissance des savants a donné son nom à l'*oliviera decumbens*.

Cette province produit d'excellents fruits, du bon vin, du raisin délicieux et du tabac fort estimé ; elle passe pour produire le cactus qui nourrit la cochenille et une grande quantité de roses qui alimentent les fabriques d'essence établies à Chiraz.

Le Khorassan occidental ou persan est une des plus belles et des plus agréables provinces de la Perse ; on cite comme l'une des plus délicieuses la vallée de Nichabour. Le climat y est très-varié : pendant que les montagnes se couvrent de neige l'hiver, la pluie inonde les plaines. L'été est chaud et sec ; mais à une chaleur presque insupportable pendant le jour, succèdent des nuits fraîches et des rosées abondantes. La plupart des arbres fruitiers de l'Europe méridionale croissent dans cette province. On y recueille un grand nombre de plantes médicinales, telles que l'*assa fœtida* et l'*artemisia contra*, ainsi que de la manne et de la gomme adragant.

Dans le Khouzistan, l'été est tellement chaud, surtout au milieu des plaines et des vallées, que les habitants sont obligés de se retirer dans les montagnes ; sur la côte la chaleur est tempérée par les brises de mer ; dans quelques plaines l'air est malsain et l'eau fort rare ; d'autres sont ravagées par le terrible vent du samoum, qui y porte la désolation et la mort.

Les plaines élevées de la Perse centrale se couvrent de plantes salines, entre autres du *statice* de Tatarie. Cependant quelques-unes de ses plaines découvertes offrent encore les riches pâturages qui nourrissaient autrefois les seuls chevaux dignes de servir de monture au grand roi.

Les forêts reprennent de la vigueur dans le Ghilan et le Mazanderan vers les humides bords de la mer Caspienne ; le séjour d'une neige abondante sur le Taurus, et un printemps très-prolongé au pied septentrional de cette chaîne, y favorisent la végétation. L'air chaud et humide permet à la canne à sucre de végéter, et même de donner un produit médiocre, dont il sera parlé dans la topographie. En grimpant à travers des bosquets d'églantiers et de chèvrefeuilles, sur les flancs inégaux et pittoresques des collines, les voyageurs se voient entourés d'acacias, de chênes, de tilleuls et de châtaigniers ; au-dessus d'eux les cimes des montagnes se couronnent de cèdres, de cyprès et d'autres espèces de pins. Le sumac, dont la propriété astringente est si utile à la teinture et à l'art du tanneur, y croît en abondance. Le frêne qui produit la manne, *fraxinus ornus*, n'y est pas moins commun. Le Ghilan abonde tellement en buis, qu'on n'ose pas y mener les chameaux, dans la crainte de les voir s'empoisonner en mangeant des feuilles de cet arbre, que leur instinct ne leur fait pas distinguer. Un observateur ancien nous apprend qu'au sud-est de la mer Caspienne, l'ancienne Hyrcanie, riche en chênes et en autres arbres, ne produit aucune espèce de pin.

Mais cette riche Perse, dont le sol varié flatte le botaniste et le peintre, possède peu de terres propres à l'agriculture. Dans les provinces centrales et méridionales, l'argile dure et sèche succède aux stériles rochers. Ce sol exige des irrigations artificielles ; malheureusement un des stratagèmes le plus souvent employés dans les guerres civiles de Perse, c'est de détruire les canaux pour couper l'eau à l'ennemi. A peine cultive-t-on aujourd'hui la vingtième partie du pays. Le grain le plus commun en Perse est le froment, qui y est excellent ; mais le riz est regardé par les Persans comme la nourriture la plus délicieuse ; il vient généralement dans le nord, où sont les provinces les mieux arrosées. On y sème aussi l'orge et le millet, mais extrêmement peu d'avoine. Les charrues sont petites, et ne servent qu'à gratter la terre : elles sont conduites par des bœufs maigres.

La Perse se console par la beauté de ses fruits. Il y a vingt sortes de melons ; les meilleurs viennent dans le Khorassan. Ce fruit est en Perse extrêmement succulent et salubre. Il y en a de si gros, qu'un homme n'en peut porter que deux ou trois. Les fruits les plus estimés de l'Europe passent pour nous avoir été apportés de la Perse : telles sont la figue, la grenade, la mûre, l'amande, la pêche. Les orangers sont énormes dans le Farsistan et le Mazanderan : on les trouve dans les parties abritées des montagnes ; ailleurs on ne les cultive qu'en serres. La chaleur réfléchie par le sable particulièrement favorable, dans certaines provinces, à la culture du citronnier. La vigne étale en Perse toutes ses richesses. Il y a, entre autres, trois sortes de vins qui sont excellents : celui de Chiraz, comme le meilleur, est gardé pour le roi et pour les grands de la cour ; celui d'Yezd est fort délicat, et on le transporte à Lar et Ormus ; celui d'Ispahan se distingue par sa douceur et par sa force.

Parmi les plantes et végétaux utiles aux manufactures, la Perse produit du lin, du chanvre, du tabac, du sésamo, d'où l'on tire une huile, du coton, du safran, de la térébenthine, du mastic, des gommes, des noix de galle. De toutes les provinces, celle de Mazanderan fournit seule de l'huile, quoique l'olivier sauvage croisse dans tous les bas. Strabon nous apprend que les essais pour planter l'olivier en Médie n'avaient pas réussi.

On prétend que la Perse produit tous les ans 20,000 balles de soie, pesant chacune 108 kilogrammes. On n'en emploie pas plus de mille dans le pays ; le reste se vend en Turquie, dans les Indes, aux Russes. Le pavot qui donne de l'opium, la manne, et même la rhubarbe, sont comptés parmi les exportations ; il est certain que le pavot y est cultivé en très-grande quantité.

ANIMAUX DE LA PERSE. — Les chevaux persans passent pour les plus beaux et les mieux faits de l'Orient, bien qu'ils le cèdent en vitesse aux chevaux arabes. Ils sont plus hauts que ceux d'Augleterre ; ils ont la tête petite, les jambes délicates et le corps bien proportionné ; ils sont doux, très-laborieux, vifs et légers. Les mulets sont très-recherchés. L'âne ressemble à celui d'Europe ; mais on en a importé d'Arabie une race qui est excellente ; elle est leste, vive et adroite ; son poil est doux, sa tête haute. Le chameau y est commun. Les chèvres du Kerman rivalisent avec celles du Tibet. Le bétail de la Perse ressemble à celui d'Europe, excepté vers l'Hindoustan, où il a une bosse aux épaules. Les moutons y traînent une queue qui pèse plus de 15 kilogrammes et qui s'élargit par le bas en forme de cœur. De nombreux troupeaux paissent dans les provinces septentrionales ; mais il y a peu de porcs.

Quelques forêts contiennent des daims et des antilopes, des zèbres et des renards. Le lièvre se niche en grande quantité dans les friches ; dans les bois sombres, principalement dans les forêts du Ghilan et du Mazanderan, se cachent le sanglier, l'ours, l'hyène, le lion, et, suivant quelques-uns, le tigre de la petite espèce. Selon Olivier, il existe près de l'Euphrate une espèce de lion sans crinière,

qui a été connue des anciens ; c'est sans doute à cet animal assez doux qu'il faut rapporter les récits des historiens, d'après lesquels les Persans ont été longtemps dans l'usage d'apprivoiser les animaux de proie, au point même de chasser avec des lions, des tigres, des léopards, des panthères et des onces. Lucrèce rapporte que les Parthes avaient essayé, mais sans succès, de faire combattre des lions parmi les rangs de leur armée.

Le chat caspien, l'*ahou* ou *cervus pygargus*, plus grand que les daims, et d'autres animaux particuliers, demeurent dans les déserts et les forêts voisines de la mer Caspienne. Une espèce distincte d'écureuil porte le nom de la Perse. Le sanglier de Perse est très-féroce. L'âne sauvage habite les déserts du centre ; l'hyène et le chacal, les provinces du sud. La mer Caspienne donne de l'esturgeon et une sorte de carpe délicieuse. Le pigeon et la perdrix fournissent en abondance une excellente nourriture, que partagent avec l'homme les aigles, les vautours et les faucons, habitants des montagnes désertes.

DESCRIPTION TOPOGRAPHIQUE.

DIVISIONS POLITIQUES. — Après avoir considéré l'ensemble de la Perse, nous nous occuperons des villes remarquables et d'autres objets de géographie spéciale, en prenant pour notre point de départ l'ancienne et célèbre capitale Ispahan, et en traitant d'abord des provinces du centre et du nord-ouest, ensuite de celles du sud-est et de l'est.

La Perse est divisée en 11 provinces (1), qui sont l'*Irak-Adjemi*, l'*Azerbaïdjan*, le *Mazanderan*, le *Ghilan*, le *Kourdistan*, le *Khouzistan*, le *Tabaristan*, le *Farsistan*, le *Kerman*, le *Kouhistan* et le *Khorassan occidental*. Ces grandes divisions se subdivisent en *beglerbegliks* ou gouvernements.

PROVINCE D'IRAK-ADJEMI. — La vaste province d'*Irak-Adjemi*, qui répond à peu près à la grande Médie des anciens, tire son nom du premier fondateur de la monarchie persane, le *Djemchyd* des Orientaux, et l'*Achéménès* des Grecs ; ces deux mots, en considérant les syllabes *mènès* et *chyd* comme des terminaisons accessoires, peuvent se réduire à une seule racine, *Adjem* ou *Achem*. Les Arabes, qui désignent les Persans sous le nom d'*Adjemi*, ont étendu le nom d'*Irak*, sous lequel ils désignent la Babylonie, à cette province, en y ajoutant, pour la distinguer, l'adjectif *adjemi*, c'est-à-dire persan. Cette province occupe, sur une longueur de plus de 800 kilomètres et sur une largeur de 400 environ, la plus grande partie du plateau central de la Perse, et la description que nous avons faite de ce plateau lui convient très-particulièrement.

Sur la frontière méridionale de l'Irak nous trouvons les restes d'*Ispahan*, appelée chez les anciens *Aspadana*, et par les habitants actuels *Sfahán* et *Isfahán*. Cette immense ville, à laquelle Chardin donne 48 kilomètres de tour, et qui alors pouvait contenir 6 à 700,000 habitants ; cette superbe capitale que les Persans appelaient la moitié de l'univers (*N'oussfi Djehán*), n'est aujourd'hui que l'ombre d'elle-même. On laboure les jardins qui autrefois en parfumaient les avenues ; on marche pendant trois heures dans des chemins qui étaient des rues, pour arriver au centre de la ville. Les marchés que Schah-Abbas fit couvrir de voûtes éclairées par des dômes annoncent l'ancienne magnificence de cette capitale. Le *Meidan* ou la grande place, une des plus vastes de l'univers, forme un carré long de près de 400 mètres sur 200 de large, entouré par un canal, et bordé de maisons régulièrement bâties ; c'était une sorte de champ de Mars qui servait aux revues de troupes, aux courses de chevaux et aux combats de taureaux. Elle est dominée par le palais des rois, qui offrent encore les restes de la grandeur de Schah-Abbas. La mosquée royale s'élève à côté. Cet édifice somptueux, encore assez bien conservé, offre à l'extérieur un revêtement de marbre ; son dôme et ses minarets sont couverts de porcelaines peintes en mosaïque ; à l'intérieur, des bas-reliefs dorés enrichissent les murs et la voûte. Ispahan, quoique ruinée des deux tiers, renferme encore 60 à 80,000 habitants ; tous les arts et métiers y sont parfaitement exercés. On voit, au midi de la ville, cette fameuse avenue appelée *Tcharbag*, qui ressemble assez à celle de

Versailles ; elle est longue de près de 3,000 mètres ; plantée de quatre rangées de platanes, elle est bordée de jardins et de maisons de plaisance ; plusieurs canaux et bassins animent cette superbe promenade, ouvrage de Schah-Abbas. La rivière de Zendeh-roud, qui la divise en deux, a un beau pont bâti en briques et en pierre de taille, de 300 mètres de longueur, composé de 36 arches, avec une galerie couverte de chaque côté par une terrasse, d'où l'on jouissait de la vue des jardins des environs et du faubourg de *Djoulfa*, situé sur le bord de la rivière. Ce faubourg, qui comptait autrefois plus de 20,000 âmes, n'est plus habité que par quelques familles arméniennes. Un peu plus bas est un autre pont magnifique bâti par Schah-Abbas ; ses galeries sont plus larges, ayant une place hexagone au centre ; une plate-forme pratiquée sous les arches, en faisant tomber les eaux en cascade, rend fort agréable la position du beau palais de *Siadet-Abad*, bâti en face, et environné de jolis jardins.

Le palais royal, qui s'élève sur la grande place, renferme dans sa vaste enceinte plusieurs autres palais et divers bâtiments plus ou moins remarquables ; tel est le palais des 40 colonnes (*Tchihil-Soutoun*), le palais de glace (*Aïnekhané*), le pavillon de l'écurie (*Talari-tavilé*), et le séjour du bonheur (*Scadet-Abad*), destiné aux ambassadeurs. Feth-Ali-Schah fit construire en 1816 un palais que l'on regarde comme le plus bel édifice d'Ispahan ; on le désigne sous le nom de nouveau palais (*Imareti nou*) ; on y admire surtout la salle du trône. De même que les palais qui ornaient la magnifique promenade du Tcharbag tombent aujourd'hui en ruines, de même l'immense bazar d'*Abbas*, qui forme une galerie de plus de 2 kilomètres de longueur, éclairée par des dômes et bordée de boutiques, ne présente plus le mouvement commercial qu'il offrait à l'époque où Schah-Abbas le fit construire. Ispahan renferme plusieurs collèges ou *médresséhs*, dont un peut être considéré comme une université par le nombre des élèves et des professeurs.

Depuis plusieurs années le commerce d'Ispahan a repris en partie son ancienne activité ; son industrie s'est relevée : on y fabrique de belles étoffes de coton, de riches soieries, des tissus d'or et d'argent, des armes à feu, des lames de sabre, des cristaux, des cuirs et des teintures.

La plaine qui entoure Ispahan a plus de 80 kilomètres de longueur sur 50 de largeur ; c'est une des plus fertiles et des mieux cultivées de la Perse : on y récolte des fruits de toutes espèces, et surtout des melons et des pastèques.

A 50 kilomètres au nord de la ville, au delà du petit village de *Gez*, le bourg de *Mourtchehár* rappelle la victoire que Nadir-Schah remporta sous ses murs en 1729 sur les Afghans, qui furent forcés d'évacuer la Perse. Plus au nord se trouve *Kachan*, ville de 30 à 40,000 âmes, où l'on voit un palais construit par Abbas le Grand, et des fabriques d'ustensiles en cuivre. Cette cité passe pour être, plus que tout le reste du pays, infestée de scorpions. Elle doit sa fondation à Zobéide, épouse d'Haroun-al-Raschid. Elle a 2 kilomètres de largeur et le double de longueur. Une vieille muraille et un fossé forment son enceinte. Depuis les nouvelles constructions qu'on y a faites, elle peut passer pour l'une des plus belles villes de la Perse ; ses mosquées, ses bains, ses caravansérails sont d'une élégante architecture ; le palais du roi surtout est remarquable. Le

---

(1) Le *Laristan* ne doit être considéré que comme une subdivision du *Farsistan*.

principal collége ou médrosséh de cette ville est magnifique. Kachan fabrique des châles, des brocarts, des soieries et des cotonnades; on y travaille avec goût les métaux précieux. Dans ses environs se trouvent le château royal de *Bagh-Sin* et les jardins de plaisance de *Baghi-schah*.

On arrive ensuite à *Koum* ou *Qom*, l'antique *Choana*, ville très-grande, mais qui ne s'est pas entièrement relevée de ses ruines depuis sa destruction en 1722 par les Afghans. Son principal édifice est une ancienne mosquée, dont la coupole, très-haute, est entièrement dorée. Cette ville est un lieu de pèlerinage visité chaque année par plusieurs milliers de dévots, attirés par les nombreux tombeaux de rois et de saints personnages musulmans qu'elle renferme, et dont le plus riche et le plus vénéré est celui de Fatime, fille de l'imam Riza. La population est de 10 à 15,000 âmes. Les environs abondent en froment et coton, mais les eaux sont saumâtres.

Thehran ou *Téhéran*, depuis qu'elle est devenue la résidence ordinaire des souverains, acquiert une importance considérable. Elle était déjà sous Abbas le Grand une ville importante, et les derniers Sophis y résidèrent souvent. Elle contient 150,000 habitants en hiver, et seulement 40,000 en été, parce que la plupart vont dans cette saison s'établir sous des tentes dans la plaine de Sultanieh, où le schah se fixe aussi dans une tente magnifique pour passer la revue des troupes. Les maisons sont en terre, comme dans toute la Perse, et les murs ceignent un très-grand espace qui n'est pas encore rempli. La ville est carrée, et dans le milieu est une autre enceinte pareillement carrée, entourée de murailles, qui renferme le palais du roi; ce palais est très-vaste et de la plus grande richesse.

Les fortifications de Téhéran ont paru très-médiocres à M. Jaubert; on y entre par quatre portes ornées de figures de tigres et d'autres animaux. L'habitation et les jardins du schah, situés dans la partie septentrionale de la ville, en occupent plus d'un quart. Ce palais est de forme carrée; mais, de même que ceux des grands, l'intérieur en est plus remarquable que l'extérieur. Après avoir, sur un pont-levis, traversé le large fossé qui l'entoure, on entre dans une cour spacieuse dans laquelle s'élève un mât, au haut duquel on expose la tête des personnages que l'on met à mort. Une porte construite en briques peintes conduit par une galerie obscure à une salle d'attente, d'où l'on se dirige par une longue avenue vers la salle du trône élevée sur une terrasse soutenue latéralement par un mur de 2 à 3 mètres de hauteur, et ouverte comme le devant de nos théâtres. Les murs de cette salle sont ornés d'arabesques et d'inscriptions en or sur un fond blanc; deux hautes colonnes torses en marbre vert soutiennent le faîte de l'édifice. Le jour pénètre à l'extrémité opposée à l'entrée, au travers de vitraux de couleur formant des dessins d'une élégance et d'une délicatesse remarquables; tout le parquet est couvert d'un tapis de Cachemire qui, par la finesse du tissu et l'éclat des fleurs dont il est orné, l'emporte sur les plus beaux châles de cette célèbre vallée. Le trône est porté sur plusieurs colonnes en marbre, hautes de 2 à 3 mètres; quatre autres colonnes revêtues de plaques d'or et d'émail, placées au-dessus des premières, soutiennent un dais; des milliers de diamants, de rubis, de saphirs et d'émeraudes, étincellent de toutes parts (1).

Cette profusion de pierreries n'est rien en comparaison de celle que l'on admire dans le costume du roi aux jours de grandes cérémonies. Voici la description qu'en donne M. A. Jaubert, en retraçant sa réception par Feth-Ali-Schah : « Un soleil, figuré par un grand nombre de gros diamants, brillait derrière le schah, qui était assis le dos appuyé sur un coussin de satin blanc brodé en perles, vêtu d'une robe de même étoffe sur laquelle retombait la longue barbe de ce prince. Des parements formés par un tissu de perles bordé de rubis et semé de roses ou de pierres de couleur, remontait presque jusqu'aux coudes. Les épaulettes et la moitié du corps de la robe étaient couverts d'un tissu du même genre. Deux grands bracelets de forme ronde, travaillés de pierres précieuses, ornaient la partie supérieure de chaque bras. Le diamant auquel les Persans donnent le nom de *koh-i nour* (*montagne de lumière*) était enchâssé au milieu de l'un des bracelets; et celui qu'ils appellent *derya-i nour* (*océan de lumière*) enrichissait l'autre.... Au lieu de turban, le schah portait une espèce de tiare, dont un tissu de perles, semé de rubis et d'émeraudes, formait le rebord. Une aigrette en pierreries était placée sur le devant de cette coiffure et surmontée de trois plumes de héron. Un collier composé de perles grosses comme des noisettes, les plus égales et de la plus belle eau qu'il soit possible de voir, croisait par devant sur le corps et en faisait deux fois le tour. Un poignard enrichi de pierreries était passé dans un ceinturon orné de belles émeraudes, auquel était suspendu un sabre entièrement couvert de perles et de rubis. »

Au sud-est de Téhéran on trouve les vastes ruines de *Reï*, qui est l'ancienne *Rhagæ*, *Rhagès* ou *Rhagianæ*, connue pendant un court espace de temps sous le nom d'*Arsacia*, à 2,000 stades à l'est

d'Ecbatana ou Hamadan, et à 500 des Passes ou Portes Caspiennes. C'est à Rhagès que se passa l'histoire de Tobie, racontée dans la Bible, et c'est là que naquirent le calife Haroun-al-Raschid et le médecin Al-Rhazès. Cette ville fut détruite par les Tatars sous le règne de Djenghiz-Khan. Au huitième siècle elle passait pour une des plus grandes de l'Asie; on y voit d'immenses débris, trois tours énormes, une belle mosquée et le tombeau d'un saint mahométan.

En se dirigeant de Téhéran vers le nord-ouest, on arrive aux villes de Cazbin, Sultanieh et Zinghan. *Cazbin*, que l'on écrit aussi *Kazbin* et *Kazvin*, est, comme Téhéran, de forme carrée, mais plus grande et beaucoup moins peuplée : on ne porte le nombre de ses habitants qu'à 40 ou 50,000. Elle était plus considérable lorsqu'elle servait de résidence royale; mais après avoir été presque dépeuplée, et avoir vu la plupart de ses édifices tomber en ruines, elle s'est peu à peu relevée par le commerce. On y voit encore l'ancien palais des rois, mais il est en mauvais état. Ses bazars sont immenses. Elle est célèbre par sa manufacture de sabres. On y travaille une grande quantité de cuivre qu'on tire des montagnes voisines, et dont on fait toute sorte de vaisselle bien mieux travaillée qu'en Turquie. Des caravanes y abondent continuellement, soit du Khorassan, soit de l'Azerbaïdjan, et en font un entrepôt considérable. Cette ville est située sur la pente méridionale des monts Elbrouz à l'entrée d'une vaste plaine bien cultivée autour de son enceinte, et, comme dans le reste de la Perse, inculte entre les villes et les bourgs. Elle a donné naissance à plusieurs personnages célèbres; abritée du vent du nord par les montagnes, en été la chaleur y est insupportable; une poussière suffocante remplit l'atmosphère à un tel point, que les hommes qu'on y rencontre en ont la barbe et les vêtements couverts. Tout cela n'empêche pas qu'on ne donne à cette ville le surnom de *Djemâl-Abad* (lieu de beauté). Sa situation à l'entrée des défilés des Portes Caspiennes lui donne en cas d'invasion de la Perse par le nord une certaine importance stratégique.

Sultanieh ne se compose que d'une quarantaine de maisons dispersées au milieu de ruines qui surprennent, non par une haute antiquité, mais par l'étendue immense du terrain qu'elles occupent. Les environs de cette ville offrent des prairies naturelles dépourvues d'arbres et arrosées par un grand nombre de canaux d'irrigation, alimentés par un ruisseau qui donne naissance au Zenghian-Rond, rivière qui prend sa source près de Sultanieh et qui va se perdre dans le Kyzil-Eusen. La plaine est dominée par un palais, dans lequel le roi vient se fixer chaque année à l'époque où il doit passer son armée en revue. Cette plaine, de forme ovale, a environ 35 kilomètres de longueur de l'est à l'ouest; la verdure qui la couvre forme un singulier contraste avec les collines pelées et stériles qui l'entourent, et d'où découlent les sources qui la fertilisent. Le palais ou plutôt la tente du roi est placée vers le centre. Le pavillon principal, servant de salle d'audience, est soutenu par neuf mâts de 8 à 10 mètres de hauteur, surmontés de boules en cuivre doré; les murailles sont en étoffes de soie brodées en or, et le sol est couvert de riches tapis. A peu de distance se trouvent les tentes du harem : ce sont les parties les plus magnifiques de cette habitation portative.

Zinghan ou *Zenghian* est à deux journées de marche de Sultanieh; c'est une ville assez bien bâtie, entourée d'une muraille flanquée de tours, avec un beau bazar, un palais élégant et une population de 15,000 âmes.

Hamadan est, par sa situation, une des plus agréables villes de la Perse : elle est mal bâtie; mais ses maisons, entrecoupés de jardins arrosés par les sources nombreuses qui sortent des collines, forment un ensemble très-agréable. Elle possède le tombeau d'Avicenne, et ceux des poëtes persans Attar et Aboul-Hasif.

Les voyageurs ne sont pas d'accord sur la population de cette ville : parmi les plus récents, les uns, comme M. Alexander, lui donnent 25,000 habitants; les autres, comme M. Ker-Porter, 45 à 50,000, et d'autres quelques milliers à peine. Ses principaux édifices consistent en plusieurs belles mosquées. Elle doit son état florissant à son industrie, et surtout à ses tanneries et à ses fabriques de tapis. De vastes ruines, que l'on remarque hors de son enceinte à moitié écroulée, sont reconnues aujourd'hui pour celles d'*Ecbatane*, cette superbe capitale de la Médie, dont les anciens, et principalement Hérodote et Polybe, nous ont laissé de si brillantes descriptions.

En passant le mont *Elvend*, qui est au sud-ouest d'Hamadan, près de la florissante ville de Kirmanschah, on admire dans le mont *Bisoutoun* un monument singulier qui porte le nom de *Trône de Roustem* (*Takht-i Roustem*). Il consiste en deux salles taillées dans le roc vif, en forme de portique, dont l'une est à peu près double de l'autre; la plus grande peut avoir sur chaque dimension 8 à 10 mètres; elle contient une statue équestre colossale. Il y a encore plusieurs autres statues, bas-reliefs et inscriptions. Ces inscriptions sont cunéiformes, ou plutôt ressemblent aux caractères hébreux; le principal bas-relief représente un roi faisant amener devant lui plusieurs captifs qui foulent aux pieds un prince qui paraît être leur chef. Une autre face du mont *Bisoutoun* est couverte de mo-

---

(1) M. A. Jaubert, *Voyage en Arménie et en Perse*.

numents d'une époque moins ancienne : ils paraissent être du temps des Sassanides ; le principal est placé dans deux grandes excavations taillées dans le roc ; l'un des sujets représente des chasses aux cerfs et aux sangliers ; sur un autre on voit deux hommes portant chacun la main sur un diadème ou sur un anneau, et derrière lesquels on remarque un personnage tenant une épée levée et ayant une auréole autour de la tête. C'est probablement Ormuzd, divinité des mages, qui préside au sacre d'un roi. Ces sculptures paraissent se rapporter au temps de Khosroès Parviz.

PROVINCE D'AL-DJEBAL OU KOURDISTAN PERSAN. —

Kirmanschah ou *Kerman-schahân* (la résidence des rois), chef-lieu du Kourdistan persan, est entouré d'un mur très-épais en briques, flanqué de tours rondes, et précédé d'un fossé profond. Dans sa citadelle réside le gouverneur de la province. Les rues sont étroites, tortueuses, mal pavées et sales, les maisons basses et bâties en torchis comme dans le reste de la Perse. Mais cette ville est commerçante, industrieuse et riche, et sa population est évaluée à 40,000 âmes par M. Buckingham, qui l'a visitée dans ces dernières années.

Au nord de Kirmanschah, et à l'occident d'Hamadan et de Sultanieh, s'élève une contrée montagneuse, où jamais les ardeurs de l'été ne fanent les gazons ni le feuillage ; contrée où habite le libre Kourde, toujours prêt à emmener sa tente et son troupeau pour se soustraire à la tyrannie. Ce pays se nomme l'*Al-Djebal* ou le *Kourdistan persan* proprement dit. Il n'y passe aucune route fréquentée. Les neiges restent sur les montagnes au mois d'août. Des bois agréables, des vergers, des champs cultivés, des pâturages toujours verdoyants occupent de profondes vallées. Les villages sont pour la plupart bâtis sur les sommets des montagnes ; on y place aussi les cimetières. La religion sunnite y domine. *Senney* ou *Sennek*, ville principale des Kourdes, renferme 3,000 maisons ; elle est environnée de belles cultures. Tout le pays peut fournir 20,000 cavaliers. Il y a des tribus entièrement indépendantes, telles que les *Mekris*, dont la ville principale se nomme *Soouh - Boulak* (fontaine froide).

C'est ce pays qui a fait donner le nom de Kourdistan à toute la province dont Kirmanschah est le chef-lieu. Il paraîtrait que la civilisation n'a pas fait assez de progrès dans le Kourdistan pour que la population se réunisse dans des villes et des villages : elle est disséminée dans des cabanes éparses çà et là et dans de petits camps. Les habitants de Senneh sont les moins barbares de tous ceux de la province ; cette ville est le chef-lieu du district de *Dinaver* ou d'*Ardelan* ; le *vali*, ou vice-roi des Kourdes, déploie un grand luxe à sa cour. Une preuve de tolérance remarquable de la part de ce peuple, c'est l'existence à Senneh d'une population de chrétiens nestoriens qui y possèdent une petite église. Le gouvernement persan laisse les Kourdes s'administrer par eux-mêmes. En général ceux-ci préfèrent la vie nomade à la vie sédentaire. Le Kourdistan manque de bois comme la plupart des provinces de la Perse ; il formait chez les anciens une partie de la Médie.

PROVINCE D'AZERBAÏDJAN. —

Nous connaissons mieux l'*Azerbaïdjan*, qui est l'*Aderbaïdjan* du Zend-Avesta, et l'*Atropatène* des anciens ; ces noms signifient *pays du feu*, soit que le culte du feu y ait pris naissance, soit qu'on ait voulu faire allusion aux violents tremblements de terre auxquels cette contrée est sujette ; soit enfin parce qu'elle comprenait jadis le district de Bakou. C'est un pays montueux, âpre et froid, mais parsemé de vallées très-fertiles en grains, en fruits et en garance.

Il y a peu de déserts, et ceux qu'on y remarque sont d'une faible étendue. Le sol est en général composé d'une sorte d'argile, et couvert de plusieurs espèces de plantes du genre *soude* ; cette argile est salée, et les sources qui y coulent contractent bientôt un goût saumâtre qui empêche qu'on ne puisse se servir de leurs eaux.

La principale ville de cette province est *Tebriz* ou *Tauris*, ville importante, située à 112 kilomètres à l'est du grand lac d'Ourmiah. C'est l'entrepôt du commerce européen par caravanes (voie de Constantinople et de Trébizonde) avec la Perse. Ses bazars ou marchés et ses autres édifices publics sont vastes et spacieux, et l'on dit, avec quelque exagération, que la grande place (*Meïdan*) a contenu jusqu'à 30,000 hommes rangés en bataille. Tauris a été la résidence des monarques de la Perse pendant plusieurs siècles. L'abord continuel des Turcs, des Géorgiens et des Kourdes, lui donne l'apparence d'une ville très-peuplée, et on lui accorde 80 à 150,000 habitants. On y prépare une grande quantité de peaux de chagrin, dont les Persans se servent pour leurs souliers. Cette ville est remarquable par ses belles mosquées couvertes de briques vernissées, et où l'on a prodigué l'albâtre, commun dans les environs.

Ce qu'elle offre de plus remarquable est le *Kaïsseriéh*, regardé par les voyageurs comme le plus beau bazar de la Perse, et surtout la citadelle d'Ali-Schah (*Ark-Ali-Schah*) dans laquelle Abbas-Mirza a établi un arsenal organisé à l'européenne, et qui passe pour le plus bel établissement militaire de la Perse. Les hautes murailles de Tauris sont garnies de tours que ce prince a essayé de transformer en bastions. Ce qui est certain, c'est que sa position militaire est importante ; c'est la clef de la Perse au nord-ouest : malheureusement cette grande ville est fort exposée aux tremblements de terre.

La partie sud-ouest de l'Azerbaïdjan est presque entièrement comprise dans le bassin du lac d'*Ourmiah*. Les bords de ce lac sont garnis de carrières de marbre. A 4 kilomètres de la côte occidentale s'élève, entre des montagnes escarpées, la ville qui donne son nom au lac et qui passe pour être la patrie de Zoroastre. L'hiver y règne pendant neuf mois. Ourmiah, ou bien *Ouroumieh*, signifie *ville romaine*, parce qu'après la destruction d'Antioche elle fut peuplée avec les habitants captifs de celle-ci. *Maragha*, cité de 12,000 âmes, est grande et passe pour une des principales places fortes de la Perse. On y remarque de vastes souterrains taillés dans le roc et les restes d'un superbe observatoire. *Selmas*, entourée de jardins délicieux, et renfermant 15,000 habitants, en partie nestoriens, possède des sources d'eaux sulfureuses, M. Ker-Porter a découvert dans son voisinage un monument curieux. C'est une sculpture représentant deux cavaliers armés, qui reçoivent des tributs de peuples vaincus. La coiffure de ces cavaliers a cela de remarquable qu'elle est plus volumineuse que les perruques à la Louis XIV ; maintenant, au contraire, tous les peuples asiatiques sont dans l'usage de se raser la tête. Ce monument est sculpté sur un rocher aux environs du lac d'Ourmiah.

La ville d'*Ouchnei* est située dans un district habité par des Kourdes de la tribu de Zerza. Cette ville, qui avait plus de 1,000 maisons, n'en a pas 200 aujourd'hui. A quelques kilomètres de là dans les montagnes se trouve le fameux *Keli-chin* : c'est un pilier de 2 mètres de haut, de 60 centimètres de large sur deux faces, et de 30 sur les deux autres ; il est arrondi aux angles et par en haut, et repose sur une base de la même pierre. Sur le côté oriental se trouve une inscription cunéiforme de quarante et une lignes, malheureusement presque entièrement fruste. Le froid est d'ailleurs très-vif dans ces montagnes au sud-est d'Ourmiah. A 20 kilomètres plus loin il existe un pilier semblable qui porte aussi le nom de *Keli-chin*, et dont l'inscription est, dit-on, beaucoup mieux conservée. Ces deux piliers sont importants, parce qu'ils indiquent la route que l'on suivait jadis pour traverser cette chaîne de montagnes en se rendant de Ninive à Ecbatane.

La ville de *Khoï*, qui n'est pas fort ancienne, a des fortifications régulières. On n'y voit pas un grand nombre de mosquées ni de maisons considérables ; mais les rues sont ombragées d'arbres, et l'on y trouve un assez beau caravansérail spécialement réservé pour les marchands. On peut évaluer à 20,000 âmes la population de cette ville, dont les habitants se disent aussi d'origine tatare, et qui a valu à la contrée le surnom de Turkestan persan. Les troubles qui ensanglantèrent le règne d'Aga-Méhémed-Khan furent nuisibles à Khoï, en forçant un grand nombre de familles à s'expatrier. A 45 kilomètres à l'ouest le *Téllsh-Tchaï* ou le *fleuve amer*, dont les eaux sont saumâtres, va se jeter dans le lac ; on remarque sur cette rivière un pont solidement construit, dont les arches posent sur des piles en granit noir ornées d'anciennes sculptures. A 50 kilomètres au nord-ouest de Tauris, *Marend*, l'antique *Morunda*, peuplée de 8 à 10,000 âmes, est moins une ville qu'une réunion de plusieurs villages dont les maisons sont séparées par de grands vergers. La partie nord-ouest de l'Azerbaïdjan est formée par le bassin du Kara-sou, rivière qui s'écoule dans l'Araxe. On y trouve la ville d'*Ardebil*, bonne place de commerce plutôt que place de guerre ; ses fortifications sont tout au plus médiocres. Elle est en vénération chez les Persans, parce qu'elle renferme les tombeaux de Sefi, chef de la dynastie des Sophis, et ceux de plusieurs princes de cette race. Avant la dernière guerre contre les Russes, elle possédait la plus riche collection de manuscrits de l'Orient, qui font aujourd'hui une des principales richesses de la bibliothèque impériale de Saint-Pétersbourg. Dans les environs on cueille d'excellents fruits ; de nombreux canaux d'irrigation font prospérer l'agriculture.

PROVINCE DE GHILAN. —

A l'est de l'Arménie et de l'Azerbaïdjan, au sud-ouest de la mer Caspienne qui baigne ses côtes, s'étend la fertile, riante, mais malsaine province de *Ghilan*. Les nombreuses rizières et les montagnes boisées y rendent l'air épais. Un voyageur assure qu'en traversant les forêts qui la remplissent, il ressentit subitement des maux de tête et un malaise qu'il ne pouvait attribuer qu'aux fortes exhalaisons des plantes, des arbres et des eaux stagnantes. L'extrême humidité de l'air introduit la rouille même dans l'intérieur des montres que l'on garde avec le plus de soin. Juin, juillet et août sont les mois les plus malsains de l'année. Les chaleurs élèvent sur les rizières et les marécages des vapeurs qui occasionnent des fièvres presque générales. Il pleut ordinairement, et avec force, en octobre, en novembre et en décembre. En 1741, il tomba une si prodigieuse quantité de neige dans le Ghilan, que pendant plusieurs jours les habitants ne purent communiquer entre eux que par le toit de leurs maisons, qui ne sont pas très-hautes. A Recht, des

Bourteh ou pigeonnier persan à Meuſtamid (Ispahan). — Cimetière arménien.

maisons sont renversées et une partie de la ville inondée en moins de deux heures par de violents orages. Le printemps dure plusieurs mois : c'est la saison la plus saine de l'année. Les prés et les bois restent toujours émaillés de fleurs. Le sol y est extrêmement fertile, et produit du chanvre, du houblon, et presque toutes sortes de fruits sans culture. Les oranges, les limons, les pêches et les grenades y abondent. Ici, comme aux bords du Mississipi, les lianes étouffent les chênes, les ormes, les frênes, sous le luxe brillant mais funeste de leur végétation parasite. Les ceps de vignes s'attachent aussi aux arbres et croissent naturellement sur les montagnes ; mais, faute de culture, le raisin n'est pas bon pour faire du vin, à moins qu'on ne le mêle avec d'autres. La principale production de la province est la soie.

Les Ghilaniennes ont les yeux bleus, les cheveux blonds, la figure petite et les traits délicats, ainsi que la taille. Leurs enfants sont très-beaux dans leur bas âge, mais les mâles changent en grandissant. Les hommes sont maigres, sales, et d'un caractère léger. La langue qu'ils parlent leur est particulière et n'a aucun rapport ni avec l'arabe ni avec le persan. Les Ghilaniens sont dans l'usage de marcher toujours armés de carabines, ou au moins d'un épieu et d'un couteau suspendu à la ceinture, à la manière des Géorgiens. Un grand ne sort pas de ses domaines sans être accompagné d'un bon nombre d'hommes armés de fusils, qui chassent le sanglier chemin faisant. Ils tirent juste et sont fort lestes.

La superficie du Ghilan est d'environ 120,000 kilomètres carrés ; sa population de 50,000 familles d'environ cinq individus, et ses impôts sont évalués à 2 millions de francs, dont les quatre cinquièmes seuls entrent dans le trésor royal.

Parmi les villes, on remarquera *Recht*, capitale de la province, située à 6 kilomètres de la mer, dans le canton qui produit la meilleure soie. Cette ville, que son commerce et son industrie rendent fort importante, peut avoir 3,000 maisons, dont les trois quarts sont éparses au milieu des arbres. Elle est dépourvue de tout ouvrage de défense et même de clôture. Les maisons sont construites en briques cuites et terminées par des toits peu inclinés et couverts en tuiles rondes. On y compte 2,000 métiers pour la fabrication de la soie.

Recht renferme les restes d'un très-beau palais bâti par un riche seigneur ; mais le fils de celui-ci ayant été tué, ce bel édifice a été abandonné et tombe aujourd'hui en ruines. La répugnance qu'éprouvent les Persans à habiter les maisons de ceux qui meurent de mort violente explique pourquoi tant de villes de la Perse sont remplies d'habitations ruinées. On dit que Recht paye à la couronne 300,000 francs de contributions fixes. Les flaques d'eau et les marécages situés dans ses environs en rendent l'air très-malsain.

Le port de Recht est au village de *Zinzili*, ou d'*Enzeli*, dans la baie de ce nom, baie de 25 kilomètres de longueur et de 18 de largeur, qui a l'avantage d'être abritée des coups de mer par une langue de terre large de deux kilomètres. Ce port est fréquenté par les bâtiments russes d'Astrakhan.

Entre Recht et Ardebil habite une partie de la tribu des Talychs, dont une fraction reconnaît la suzeraineté de la Russie. A 20 kilomètres à l'ouest de Recht, la ville de *Fomen*, renommée pour ses belles soies, se compose d'un millier de maisons. *Lahidjan* en contient environ 1,200. Cette dernière s'élève au pied d'une colline boisée. Le khan qui y fait sa résidence ne paye pas d'impôts, mais il fournit ses troupes au schah quand ce prince est en guerre. *Lengher-Roud*, située sur la rivière de ce nom, qui signifie la *rivière du mouillage*, est le port de Lahidjan, dont elle est éloignée de 12 à 15 kilomètres. Cette ville se compose de 6 à 700 maisons réunies, mais en comprend un plus grand nombre dispersées dans ses environs.

PROVINCE DE MAZANDERAN. — Nous avons déjà parlé de la nature calcaire et de la grande élévation de la chaîne de montagnes qui séparent le Ghilan ainsi que le Mazanderan du reste de la Perse. Les vallées enfermées dans cette chaîne, et garanties des vents de la mer Caspienne, jouissent d'un air sec, d'une tempéra-

Ruines d'un aqueduc à Keste-Kadjar.

ture constante et de saisons plus distinctes que le Ghilan maritime. Deux défilés tracés à travers cette chaîne conduisent, l'un d'Ardebil à la forteresse russe d'Astara, l'autre de Kazbin, par Roudbar, à Recht. Cette partie montagneuse du Ghilan s'appelle le *Dylem* ou *Deilam*, d'après une tribu qui a donné des souverains à la Perse, et que Moïse de Khorène cite pour la première fois sous le nom de *Delmi*. Le nom de Ghilaniens, ou Ghelaky, et mieux Ghilek, est le même que celui des anciens *Gelæ*. Les *Ambarlins*, c'est-à-dire les gens de la vallée, habitent un district gouverné par un khan particulier.

Le *Mazanderan*, situé à l'est du Ghilan, y ressemble beaucoup. De hautes montagnes au sud, la mer Caspienne au nord, enferment des vallées couvertes de forêts et entrecoupées de courants très-rapides. L'air y est, du moins en quelques endroits, plus pur que dans le Ghilan; les habitants sont plus forts et jouissent d'une meilleure santé. On dit qu'ils ont les sourcils joints et beaucoup de cheveux. Ils se nourrissent de riz, de poisson et d'ail. Le froment réussit peu dans ce pays; mais on y cultive la *canne à sucre*, chose étonnante pour cette latitude de 37 degrés, et si près du centre de l'Asie. Elle mûrit quatre mois plus tôt que la canne des Indes occidentales. Elle donne beaucoup de suc, que les habitants expriment et recueillent sans art, sans soin; ils n'en tirent qu'un sirop grossier ou une pâte épaisse. Le mauvais goût de ces produits pourrait sans doute disparaître par des apprêts plus soignés. Un Russe a tenté, mais sans succès, d'établir dans cette province une raffinerie de sucre.

Les habitants du Mazanderan ont le teint plus basané que celui des Persans méridionaux; leur langage est aussi plus informe et plus dur. Au lieu des bonnets cylindriques et des petites calottes dont se coiffent les Ghilaniens, ils portent un cône bas et pointu fait en peau d'agneau ou en drap de laine brune que l'on fabrique dans le pays.

La principale ville est *Balfrouch*, ou *Balfurouch*, qui contient au moins 50,000 habitants, surtout pendant l'hiver, parce que tout le peuple des montagnes y descend avec ses récoltes avant que la neige en encombre les chemins. Elle possède d'immenses bazars et plusieurs colléges, qui ont été fondés par de riches seigneurs. C'est un spectacle curieux en Perse, qu'une ville exclusivement livrée au commerce, entièrement peuplée de marchands et d'artisans, jouissant d'une aisance et d'un bonheur sans exemple dans les autres parties du royaume. Elle est surtout importante par le commerce de la soie. On travaille le fer de la province à *Amol*, appelé aussi *Amoul*, où il y a un magnifique pont, et où les maisons sont éparses au milieu des arbres sur une grande étendue de terrain. Le nombre des habitants de cette ville est d'environ 30,000. C'est dans ses environs que sont situées les principales mines du Mazanderan. *Sari* est la résidence des khans. C'est une ville de 30,000 âmes, défendue par des fossés et de mauvaises fortifications.

Dans l'agréable et pittoresque canton d'*Aster-Abad*, qui s'est quelquefois maintenu indépendant des souverains de la Perse, on trouve la ville du même nom, qui renferme 40,000 habitants. Elle est située sur le Kara-Sou ou Gourghan noir, et possède des manufactures d'étoffes de soie et de laine. Le voisinage fournit une racine précieuse pour teindre en rouge les belles étoffes de Perse. Le port de *Mechchedi-Ser*, situé à 16 kilomètres de Balfrouch, prend chaque jour plus d'accroissement; c'est l'entrepôt du commerce de la Caspienne entre la Russie et la Perse; il exporte du coton, de l'indigo et des drogueries de l'Inde. *Aschraf*, où Schah-Abbas voulait établir sa résidence et sa marine, a vu ses palais tomber en ruines avant d'être habités. Le Mazanderan compte, dit-on, 150,000 familles sédentaires, ce qui donnerait une population de 6 à 700,000 âmes, et un grand nombre de tribus nomades de Kadjar, de Khodjavend et de Modanlou.

La partie montagneuse du Mazanderan occidental touche à la province de Tabaristan. C'est ici qu'un long défilé, la principale des *portes Caspiennes*, conduit de Reï à Amoul. Un autre défilé mène du Mazanderan oriental, par le district de Komis, dans le Khorassan. Les chemins, dans le Mazanderan, sont très-mauvais : point de navigation; les bateaux, ouverts et mal gréés, ne peuvent affronter les flots ni les tempêtes. Les maisons, bâties en briques ou en mortier, ont le toit plat. Quand un voyageur de distinction entre dans un village, les habitants assemblés érigent un arbre en son honneur, et lui donnent le spectacle d'une lutte. Les Ghilaniens, ainsi que nous l'avons dit, portent le bonnet conique; celui des Mazanderaniens, entouré de fourrures, s'allonge en pointe recourbée. La jaquette ouverte et le pantalon leur donnent un air plus européen que les autres Persans.

Ferh-Abad a été autrefois capitale du Mazanderan. C'était la résidence de Schah-Abbas le Grand, qui y mourut en 1628. Elle est située sur le bord de la mer Caspienne, à l'embouchure de la rivière de Thedjin. Les ruines de son ancien palais et de ses autres édifices attestent encore la magnificence de son fondateur et la prospérité dont elle jouissait lorsque sa population s'élevait à environ 20,000 âmes. Aujourd'hui ce n'est plus qu'un misérable village.

PROVINCE DE TABARISTAN. — La province de *Tabaristan* ou *Tabéristan*, qui tire son nom soit des anciens *Tapyri*, soit d'un mot arabe et chaldéen signifiant montagne boisée, est bornée au nord par le Mazanderan, à l'ouest par le Ghilan, au sud par l'Irak-Adjemi et à l'est par le Khorassan. Sa longueur est de plus de 400 kilomètres, sa largeur moyenne de 80 environ. C'est un pays montagneux, dont la température est douce, et dont le sol est généralement peu fertile. Son chef-lieu est *Damavend*, ville de 2 à 3,000 âmes, située dans une vallée au pied des monts Elbrouz. L'édifice le plus remarquable est une mosquée dominée par une vieille tour qui sert de minaret. La seule autre ville que nous ayons à mentionner, malgré son peu d'importance, *Damghan* ou *Damagan*, jadis florissante sous le nom d'*Hecatompylos*, aujourd'hui misérable amas de maisons en ruines, donne encore son nom à un pays qui comprend la partie orientale du Tabaristan.

PROVINCE DE KHOUZISTAN. — Deux grandes portions de la Perse appellent nos regards : l'une inclinée vers le golfe Persique et la mer des Indes, l'autre appuyée à la Tatarie. Parcourons d'abord la première.

En allant d'Ispahan au sud-ouest, on traverse d'abord les monts *El-Ahvas*, nommés anciennement *Parachoatra*, c'est-à-dire *montagnes de feu*; il s'ouvre ensuite une grande plaine où serpentent une infinité de rivières, et où règne une chaleur humide : pour tout arbre on voit le palmier, pour toute culture quelques rizières. C'est l'ancienne Susiane; mais *Suse*, ou la cité des lis, le séjour le plus voluptueux de toutes les résidences des grands rois, n'est plus qu'un monceau de ruines; la Susiane même a perdu son nom; c'est aujourd'hui le Khouzistan, qui se partage en trois parties : au centre le *Khouzistan* propre, ou l'ancienne Susiane; au nord le *Lourestan*, ou l'Elymaïde; et au sud le pays d'*Ahouaz* ou l'*Ahouazistan*.

La ville de *Mohammerah*, la première que nous visiterons dans cette province, est située sur son extrême frontière occidentale, sur le Chat-el-Arab et au sommet du delta que forme ce fleuve en se jetant dans le golfe Persique. La Turquie en a souvent contesté la possession à la Perse. C'est une ville fortifiée qui doit à sa position à l'embouchure du grand fleuve une certaine importance commerciale; les Anglais s'en emparèrent momentanément en 1857. En remontant le Kouran, nous rencontrerons, avant d'arriver à Chouster, les villages de *Ahvaz* et de *Bandijir*. La ville de *Chouchter* ou *Chouster*, située au pied des monts Bakhtéry sur la rive gauche du Karoun, qu'on y passe sur un pont de 27 mètres de hauteur, est ceinte d'un mur et renferme un château. Cette ville est la capitale de la province, elle fait un important commerce de drap d'or et de soie, et paraît renfermer 20,000 habitants. On y remarque un bel aqueduc qui fut construit par Sapor. C'est dans ses environs que se trouvent quelques ruines qui marquent l'emplacement de l'antique et célèbre ville de Suse : ce sont des vestiges de terrasses, des inscriptions cunéiformes, et un tombeau que l'on prétend être celui du prophète Daniel, et qui est pour les juifs un lieu de pèlerinage.

Dirfoul ou *Dizful*, où l'on voit un des plus beaux ponts de la Perse, paraît être une ville de 15,000 âmes; elle a acquis une grande importance comme principal entrepôt du commerce des caravanes entre la Syrie et la Perse. C'est aujourd'hui un des grands marchés de l'Orient. Dans ses environs se trouvent les ruines d'une antique cité que les Persans nomment *Chouch*, et que le savant de Hammer croit être *Elymaïs*, jadis renommée par son temple de Diane. *Goban*, sur le golfe Persique, à 150 kilomètres de Chouster, est la résidence d'un cheik de la tribu de Beni-Kiab. *Havizé* ou *Haviza*, où demeure un autre cheik, renferme 2,000 maisons. *Kourmaabad* ou *Khourremabad*, appelée aussi *Khorremabad*, qui paraît être l'antique *Corbiena*, est défendue par un fort dans lequel réside le khan des Feili.

Le Khouzistan renferme des montagnes peu élevées, mais dépourvues de végétation; cependant quelques-unes de leurs cimes passent pour atteindre environ 3,000 mètres de hauteur au-dessus du niveau de la mer. Le sol de cette province ne jouit de quelque fertilité que dans les lieux où les irrigations sont faciles; mais elle manque de forêts, et dans quelques parties les roseaux et les joncs servent à la construction des habitations et remplacent le bois de chauffage. Sa population se compose de *Tadjiks*, de *Sabis* ou chrétiens johannites, de *Loures*, qui se divisent en *Feili* et en *Bakhtiaris*, d'*Erdilanis* et d'Arabes, ainsi que de quelques autres tribus moins importantes.

PROVINCE DE FARSISTAN. — De Chouster on peut entrer par la ville de *Ragian* et les défilés de *Zindjeran* (les anciennes *portes de la Susiane*), dans le *Farsistan* ou le *Fars*, la *Persis* des anciens. C'est la plus belle province du royaume; elle renferme la seconde ville en importance et en célébrité. *Chiraz*, capitale du Farsistan, est située sur le *Roknabad*, dans une vallée fertile d'environ 42 kilomètres de longueur sur 25 de largeur, fermée de tous côtés par de hautes montagnes. Le tour de la ville est d'environ 6 kilomètres : elle est protégée par un mur de 8 mètres de hauteur sur 3 d'épaisseur, avec des tours rondes de 80 pas en 80 pas. Ses rues sont étroites et mal pavées. La citadelle est bâtie en briques; elle est précédée d'une grande place, garnie d'un parc d'artillerie. La mosquée du Régent, bâtie par Kerym, est magnifique, mais elle n'est pas achevée. La principale est celle d'*Atabey-Schah*. Le bazar, dit du *vékil*, offre un magnifique assemblage de boutiques. Les bains peuvent rivaliser avec les plus beaux de l'Orient. Le tombeau de *Hafiz*, l'Anacréon persan, est au nord-est, à 3 kilomètres des remparts. On voit aussi, hors de ses murs, celui du célèbre Saady. Cette ville, qui possède 11 collèges, ce qui lui a fait donner par les Persans le surnom de *Séjour de la science*, paraît renfermer 30,000 habitants.

On ne peut imaginer une vallée plus délicieuse que celle où est située Chiraz. Les champs s'y tapissent d'immenses récoltes de riz, de froment et d'orge : on commence à les couper dans le mois de mai, et la moisson est ordinairement terminée à la mi-juillet. On y mange beaucoup de fruits, des mêmes espèces que ceux d'Europe, mais qui sont infiniment plus gros, et qui ont, particulièrement les abricots et le raisin, beaucoup plus de saveur et de parfum. Une des productions les plus estimées des environs est le vin; il jouit en Orient d'une grande réputation. Chiraz est sous le plus beau climat du monde, et jamais on n'y ressent ni chaleur ni froid extrêmes. Pendant le printemps, des fleurs de toute espèce et de toutes couleurs parfument un air déjà naturellement doux. Le rossignol de jardin, que les Persans appellent *bulbulhezar-dastan*, le chardonneret et la linotte, unissent, dans cette belle saison, leurs mélodieux accents. Tant d'agréments réunis à la politesse des habitants et à l'excellence de la police, expliquent les prétentions des habitants de Chiraz, qui assurent que leur ville n'a pas d'égale dans l'univers. De si charmantes scènes étaient bien capables d'exciter la verve d'un Hafiz, d'un Saady ou d'un Djamy. Mais ce qui sans doute inspirait le plus ces poètes élégants et tendres, c'étaient les dames de Chiraz, si célèbres par leur beauté et surtout par leurs grands yeux noirs. Cependant, cette ville joyeuse et pacifique n'a pu échapper au démon des révolutions politiques. Prise d'assaut plus d'une fois, elle a été livrée aux flammes et au pillage. Souvent aussi les tremblements de terre y ont exercé leurs ravages : en 1824, et plus récemment, en 1853, elle en ressentit qui renversèrent ses principaux édifices et décimèrent sa population.

RUINES DE PERSÉPOLIS. — A 50 kilomètres au nord-est de Chiraz, et à 12 ou 15 à l'est du bourg de *Main*, célèbre par ses grenades, se trouvent les ruines fameuses d'*Istakhar* ou *Persépolis*, ancienne capitale de la Perse, détruite non pas par Alexandre, comme dit Quinte-Curce, mais au septième siècle, par les Arabes. Ces ruines occupent une étendue de plus de 30 kilomètres, au nord-ouest, au nord, au nord-est de Chiraz; sur leur emplacement s'étendent des champs fertiles et s'élèvent plusieurs villages, entre autres *Mourghab* et *Merdacht*. Les principales sont situées sur une éminence en forme d'amphithéâtre d'où l'on jouit de la vue d'une plaine immense. Les restes de l'ancien palais occupent une plate-forme taillée dans le roc, dont les quatre côtés répondent aux quatre points cardinaux. La montagne est un ensemble de plusieurs terrasses les unes au-dessus des autres, où l'on monte par un escalier de marbre bleu de 500 marches, sur lequel dix cavaliers pourraient passer de front. Au haut de chaque terrasse se trouvent des restes de portiques et des chambres spacieuses. Les premiers objets qui frappent la vue en y entrant sont deux portiques de pierre, qui peuvent avoir chacun 16 mètres de haut. Deux sphinx debout, d'une énorme grosseur, en ornent les côtés, dont la partie supérieure est couverte d'inscriptions grecques, arabes, koufiques, persanes, et en caractères cunéiformes. Non loin des portiques, on monte par un escalier assez doux à la grande salle des colonnades. Les deux côtés de cet escalier sont chargés d'une foule de figures en bas-relief, dont plusieurs, placées d'espace en espace, tiennent des vases à la main. Des chars de triomphe à la romaine, des chameaux, des chevaux, des bœufs et des moutons font partie de cette sorte de cortége. Au bas de l'escalier on remarque un lion saisissant un taureau. Quant aux colonnes qui formaient la salle dont nous venons de parler, il en reste encore quinze entières et debout. Elles ont de 20 à 26 mètres de hauteur, et on peut les regarder comme des chefs-d'œuvre de construction.

Vers le fond, contre le rocher auquel le gigantesque palais était adossé, on remarque deux tombeaux taillés dans le roc et dont on n'a point encore pu découvrir l'entrée. Les escaliers, les portiques, toutes les parties de l'édifice sont en marbre, et les pierres, bien qu'aucun ciment ne les retienne, sont si bien liées ensemble, qu'il faut beaucoup d'attention pour en distinguer les jointures. Quelques-uns des bas-reliefs qui ornent le palais représentent ici un prince recevant les grands de sa cour, là des cérémonies religieuses. Dans quelques-uns ce sont des combats d'animaux la plupart fabuleux. Ailleurs c'est un personnage de haute stature, couvert de longs vêtements, la tiare sur la tête et le sceptre à la main ; derrière lui sont des figures de moindre dimension sans coiffure : l'une portant un parasol qu'elle étend au-dessus de la tête du principal personnage, l'autre tenant un chasse-mouches.

Ne pouvant décrire en détail ces restes magnifiques, nous nous bornerons à faire observer que tout le palais a 1,400 mètres de circonférence ; la façade a 600 pas du nord au sud, et 390 de l'est à l'ouest. Il est connu dans l'Orient sous le nom de *Tchihil-Minar*, c'est-à-dire les quarante colonnes, et sous celui de *Takht-Djemchyd*, ou trône de Djemchyd.

D'après les recherches de plusieurs savants recommandables, tels que MM. Sylvestre de Sacy, Grotefend, de Hammer et Saint-Martin, qui ont étudié les inscriptions de ce palais, tout porte à croire que c'est celui qui fut brûlé par Alexandre, lorsque égaré par les fumées du vin il voulut signaler à jamais la chute de l'empire de Cyrus. Saint-Martin rapporte à la langue *zende* les inscriptions cunéiformes. Sous le nom de *Daréiousch* il reconnaît Darius ; sous celui de *Uyschtasp*, Hystaspes, et sous celui de *Khschéarscha*, le nom original de Xerxès, comme on dirait aujourd'hui d'un roi de Perse qui se nommerait Khschéar, *Schah-Khschéar* ou *Khschéar-Schah*. Sur l'une de celles qu'a données Niebuhr il a lu : *Darius, roi puissant, roi des rois, roi des dieux, fils d'Hystaspes.* Sur une autre : *Xerxès, roi puissant, roi des rois, fils du roi Darius, d'une race illustre.*

A quelque distance au nord de Tchihil-Minar on voit une autre montagne dans laquelle sont creusés quatre tombeaux semblables à ceux dont nous avons parlé. Cette montagne porte dans le pays le nom de *Nakhchi-Roustem* ou figure de Roustem, parce que le peuple a cru reconnaître l'image de ce héros persan dans un des bas-reliefs qui ornent les quatre tombeaux. Ils paraissent se rapporter à la dynastie des Sassanides, c'est-à-dire au troisième siècle de notre ère. Sur l'un c'est Ormuzd, le génie du bien, qui présente à Artaxerxès un anneau ou diadème ; sur un autre c'est une princesse qui reçoit de la main d'un prince le même emblème ; sur le troisième c'est un homme dans la posture d'un suppliant devant un prince à cheval : ce qui a fait présumer que ce suppliant, qui est en costume romain, représente l'empereur Valérien tombé au pouvoir de Sapor Ier. A peu de distance de ce monument on en voit un autre appelé *Nakhchi-Redjed*, orné de trois bas-reliefs, dont l'un représente, ainsi que l'indique une inscription en pehlvi et en grec, le roi Sapor à cheval, suivi de plusieurs personnages de sa cour, tandis que sur les deux autres on voit deux princes qui paraissent vouloir s'arracher un diadème.

Au nord de ces antiques sculptures on remarque, près de Mourghab, un édifice appelé *Mechhed-Maderi-Soleiman*, c'est-à-dire le tombeau de la mère de Salomon ; il est en marbre blanc, et de forme carrée, sur un énorme piédestal. D'après la description que Diodore de Sicile donne du tombeau de Cyrus, M. Ker-Porter croit y reconnaître le mausolée de ce prince, de même qu'il regarde la plaine où il est situé comme celle de Pasargade.

Les autres villes du Farsistan sont nombreuses, mais la plupart de peu d'importance aujourd'hui. *Iezd*, dont le nom s'écrit aussi *Yezd*, est la plus considérable. Elle est située presque au centre du royaume, dans une vaste plaine sablonneuse qui s'étend à 8 kilomètres tout autour, sur les routes de Kerman et d'Ispahan, et peuplée en partie par des Guèbres ou adorateurs du feu. Les murs d'un grand nombre de jardins forment la clôture de la ville ; on y entre par une vingtaine de portes étroites qui sont autant de ruelles. Elle renferme une citadelle entourée d'un fossé, plusieurs mosquées, des médressehs et des caravansérails ; elle possède des manufactures florissantes de tapis et d'étoffes faites de poil de chameau. Les habitants font un grand commerce de soie et de toile de coton. Sa population est portée par les uns à 40,000 âmes, et par les autres à 60,000 ; mais c'est probablement en y comprenant celle du canton ; la ville seule n'a pas 20,000 habitants. On y remarque une quantité de ruines qui sont dues à un de ces envahissements de sables transportés il y a peu d'années par les vents, comme cela arrive fréquemment dans cette ville. Les environs immédiats sont bien cultivés et produisent de très-beau blé.

La vallée de Bast est une des plus ravissantes de la Perse : elle commence à 4 parasanges (5 kilomètres) de Yezd ; le Débala, qui l'arrose, la divise en *germisir* et *serdesir*, c'est-à-dire en région chaude et en région froide.

Aberkhouh, sur la route de Yezd à Chiraz, et sur la limite de l'Irak-Adjemi, est le chef-lieu d'un district qui renferme quinze villages. Cette ville, après avoir été importante, est réduite à 300 familles. Le chemin d'Aberkhouh à Yezd traverse une portion du désert, qui n'est qu'une suite de marécages salés.

Komm-schah ou *Koum-schah*, autrefois florissante, est remplie de ruines, d'espaces vides et de bazars déserts. Quelques voyageurs la regardent comme occupant l'emplacement de l'ancienne *Obroatis* de Ptolémée. Sa population est de 4 à 5,000 âmes. Dans une vallée longue de 50 kilomètres, large de 10 à 12, et qui est fertilisée par un grand nombre de ruisseaux, se trouve *Kazroun* ou *Kazeroun*, ville qui a été presque entièrement détruite dans les derniers troubles civils et par des tremblements de terre récents. Elle a encore 4 mosquées et environ 4,000 habitants. C'est dans ses environs que se trouvent les ruines de *Chapour*, cité qui fut bâtie par Sapor Ier, et où l'on voit les restes d'une citadelle, plusieurs bas-reliefs sculptés dans le roc, et un souterrain qui renferme une statue colossale. Ces ruines occupent les deux rives du fleuve Chapour, et les rochers sur lesquels sont taillés les bas-reliefs que nous venons d'indiquer sont du plus grand intérêt par les détails qu'ils offrent sur les costumes et les armes des différents personnages qui y sont sculptés : quelques-uns présentent les mêmes sujets que ceux qui sont exécutés près des ruines de Persépolis : ils paraissent avoir été destinés à éterniser le souvenir du triomphe de Sapor sur l'empereur Valérien. La vallée de Kazroun s'étend vers le golfe Persique : elle est embellie par des jardins charmants, plantés de jasmins, de rosiers et d'autres végétaux odoriférants ; mais elle est souvent ravagée par des nuées de sauterelles.

Firouz-Abad, qui portait autrefois le nom de *Djiour*, et chez les anciens, à ce que l'on croit, celui de *Cyropolis*, est bâtie en partie sur les ruines de Firouz-schah ; elle est entourée de murailles et de fossés ; sa population n'est que de 2 à 3,000 âmes ; mais elle est célèbre par ses fabriques d'eau de rose, qui passe pour la meilleure de la Perse. Ce qui rend cette ville intéressante, ce sont les restes des anciens édifices de celle qu'elle remplace. Hors de son enceinte s'élève le palais des anciens rois de la dynastie des Sassanides ; un peu plus loin, sur le bord du Berared, rivière qui baigne les murs de Firouz-abad, on voit les restes d'un vaste temple des Guèbres. A 28 kilomètres de Firouz-abad, en se dirigeant vers Chiraz, deux sculptures représentent, dans des dimensions colossales, deux personnages à cheval.

A 160 kilomètres au nord de Chiraz, la petite ville de *Yezd-Khâst* est suspendue de la manière la plus pittoresque sur la crête d'un roc, à l'extrémité orientale d'une vallée que traverse la plaine du même nom, et dont le sol est arrosé par un grand nombre de ruisseaux et de canaux d'irrigation. Une reine de la famille des Séfis y construisit un beau caravansérail et une mosquée ; on y trouve aussi la sépulture d'un *imamzadé* ; elle a 2,000 âmes de population. Ses productions sont le coton, le riz, du blé magnifique, qui fait que Yezd-Khâst est renommé par la blancheur et l'excellence de son pain. Un proverbe dit que la suprême félicité consiste à *manger du pain de Yezd-Khâst, à boire du vin de Chiraz auprès d'une fille de Yezd.* Yezd-Khâst est la forteresse frontière entre le Farsistan et l'Irak-Adjemi, comme Yezd, dont nous avons parlé précédemment, est la ville frontière entre l'Irak et l'Afghanistan.

Darabdjerd ou *Darabgherd*, ou simplement *Darab*, est le chef-lieu d'un district qui portait autrefois le nom de *Choubankare*, et qui comprend la partie orientale du Farsistan. Cette ville est située au milieu d'une plaine ; elle est fort étendue, mais une grande partie n'offre que des ruines ; au centre s'élève un monticule qui porte la citadelle : celle-ci sert de palais au gouverneur. Le nombre des maisons est d'environ 800, et celui des habitants de 9 à 10,000. A deux kilomètres de la ville sont de magnifiques monuments antiques dont on admire les sculptures. Darabgherd est, selon M. de Hammer, l'antique *Pasargade*. D'autres savants ont pensé que celle-ci occupait l'emplacement de *Pasa* ou *Feza*, que l'on nomme aussi *Besa* ; mais ils ont été entraînés à cette opinion par la ressemblance du nom moderne plutôt que par d'autres considérations ; et à ce sujet, M. de Hammer a fait observer avec raison que Besa est trop éloignée de Persépolis, et n'est point placée sur un fleuve tributaire du golfe Persique : circonstances qui se trouvent dans la position de Darabgherd. Quoi qu'il en soit, Fesa ou Besa est une ville que l'on dit aussi grande que Chiraz, mais qui n'a que 10 à 15,000 habitants dont les maisons sont presque toutes en bois.

Les forêts clair-semées sur les montagnes du Farsistan, et les eaux qui en arrosent les romantiques vallées, donnent à cette province un grand avantage sur les arides plaines de l'Irak-Adjemi. Les chênes, les bouleaux, les cyprès, les lentisques ornent les montagnes ; le grenadier, le platane, l'oranger, la vigne, enrichissent les plaines. Les chevaux ont un peu perdu de leur renommée, mais la race de moutons à grosse queue s'est conservée. Il y a pourtant dans cette belle province des déserts d'une étendue considérable, de vastes plaines de sable, et beaucoup de rochers stériles. Ces rochers, aux environs de Darabgherd, fournissent une production célèbre et précieuse, c'est le *moum*, espèce de pétrole liquide, d'une limpidité parfaite et d'une odeur agréable. On garde avec un soin religieux la caverne des parois de laquelle distille ce pétrole; une fois par an, le gouverneur du district de Darabgherd la fait ouvrir, et en fait extraire une petite quantité, qui est envoyée à la cour de Perse. Le *moum* passe parmi les Persans pour un baume miraculeux, qui guérit promptement les blessures les plus graves.

Le meilleur port de la côte du Farsistan est *Abou-Chehr* ou *Bender-Bouchehr*, que les Anglais nomment *Buscheer* ou *Abouchir*.

La mer entoure ce port de tous côtés, excepté au midi. Suivant les voyageurs, l'air y est très-chaud et l'eau de mauvaise qualité. Il est situé à l'extrémité d'une basse péninsule. Le terrain sur lequel se trouve bâtie la ville est une conquête faite sur la mer; par les temps d'équinoxe, il reprend sa nature insulaire. Les habitations des personnages importants se distinguent par des tours carrées; à la distance de 60 kilomètres d'Abouchir, s'élève une rangée de montagnes d'un azur foncé. A Abouchir et dans les environs, tout est aride, solitaire, brûlant. Les habitants n'ont d'autre moyen de se soustraire à l'ardeur de la température, que des cheminées hautes et étroites, où le vent s'engouffre pour se répandre dans les appartements, et que l'on nomme *bad-ghir*. Les salles souterraines, nommées *serdab*, sont encore un de leurs préservatifs contre l'étouffante chaleur de ce climat. Le commerce est aujourd'hui presque nul. Tous les navires qui naviguent dans le golfe touchent à Abouchir et à Bassorah. La ville se compose de 4 à 500 maisons, sans compter des rangées de huttes de dattiers. Les habitants sont au nombre de 10,000. On compte sept mosquées, deux hummuns et deux caravansérails. Les rues sont étroites, sales ou sablonneuses et encombrées de troupeaux de chiens galeux. Lorsque le vent souffle avec violence du nord-ouest, l'air est saturé de petits grains de sable qui rendent les habitants très-sujets aux ophthalmies. On voit aussi une quantité innombrable de mouches et de moustiques qui paraissent aussitôt après le lever du soleil. En 1810, la mission anglaise était campée à Abouchir, lorsque les vents du sud-est s'élevèrent tout à coup et renversèrent trois tentes immenses sur la terre. Ces vents durèrent plusieurs jours et apportèrent des nuées de sauterelles avec de la poussière; lorsque le calme fut rétabli, la plaine se couvrit de gens occupés à ramasser les sauterelles, qu'ils mangent comme des crevettes. Le climat est salubre et le pays abonde en animaux sauvages, le renard, le loup, la hyène, le porc-épic, la gazelle, la gerboise, le sanglier et le chevreuil. Tout le territoire est un champ fertile pour l'antiquaire, en raison de la quantité de médailles, de pierres gravées et d'urnes cinéraires des anciens Guèbres, que l'on retire des fouilles qu'on y fait faire. Les montagnes voisines, que l'on nomme *Halile* ou *Khourmoudj*, offrent aussi des vestiges d'antiques constructions. *Bended-Ryk* ou *Bender-Reyk*, au nord d'Abouchir, est une petite place maritime de laquelle dépend un domaine assez considérable. Les habitants logent dans des cabanes de feuilles de palmier.

Après avoir passé devant les deux îlots rocailleux de la côte d'Arabie appelés les Coins, on entre dans le golfe Persique, dont les côtes offrent un vif intérêt sous le rapport historique.

Il y a beaucoup d'Arabes indépendants sur la côte du golfe Persique, et presque tous vivent de la même manière. Ils ne subsistent, pour la plupart, que par le commerce, par la pêche des perles et celle du poisson. Leur nourriture consiste en dattes, en poisson et en pain de doura. Le peu de bétail qu'ils ont se nourrit, dit-on, aussi du produit de leur pêche. Chaque bourgade a son chef indépendant, auquel elle ne paye presque rien. Les armes de ces Arabes sont le mousquet à mèche, le sabre et le bouclier. Tous leurs bâtiments deviennent navires de guerre lorsqu'ils la font. Ces tribus, parmi lesquelles celle des *Houtes* est la plus puissante, parlent encore la langue arabe, et sont pour la plupart sunnites, et par suite ennemies nées des Persans, avec lesquels elles ne s'allient jamais. Les maisons de ces Arabes sont si chétives, que l'ennemi regretterait la peine qu'il aurait prise à les détruire. Comme en général ils n'ont pas beaucoup à perdre en terre ferme, dès qu'une armée persane approche, tous les habitants des villes et des villages s'embarquent sur de petits bâtiments, et se sauvent dans quelque île du golfe Persique jusqu'à ce que l'ennemi se soit retiré.

Le district de *Kouré-i Kobad*, dans la partie occidentale du Farsistan, était peu connu des Européens avant la relation du voyage de Macdonald Kinneir, parce que la route que suivaient les voyageurs était souvent interceptée par une tribu que les uns nomment *Memacena*, les autres *Memessena*, d'autres encore *Memeh-Sunni*, et enfin *Khogilou*, et qui paraît être identique aux *Mcmaceni* dont parle Quinte-Curce, et qui arrêtaient la marche d'Alexandre comme ils attaquent encore aujourd'hui les caravanes. Ils vivent dans les plus profondes retraites de leurs vallées sauvages. La structure abrupte de leurs montueux repaires, vrais labyrinthes pour qui n'en a pas une longue habitude, favorise tellement ces bandits, qu'on les a vus parfois fondre sur les voyageurs et enlever, au milieu des caravanes, des hommes et des mulets chargés, lorsqu'ils jugeaient qu'on ne pourrait leur opposer une grande résistance.

Lorsque le général Malcolm traversa leurs montagnes dans sa première mission, ce furent ces brigands qui chargèrent sur leurs mulets les riches présents destinés au roi de Perse. Cette tribu redoutable peut mettre sur pied 10 à 12,000 hommes; leurs principales habitations sont dans les montagnes qui entourent la forteresse de *Kala-i Séfid*, château inaccessible qui commande le territoire sur la lisière du Farsistan. Cette forteresse est appelée aussi *Kala-i Espid*, *Kala-i Ziad* et *Zaid-Abad*.

Nerbendjan ou *Nébengan*, jadis cité considérable, est située à peu de distance de la vallée de *Chaab-Bévan*, l'un des quatre paradis terrestres des Persans. *Baiza* tire son nom de la blancheur des pierres qui composent ses édifices. Ses jardins produisent des raisins d'un poids prodigieux et des pommes d'une grosseur énorme. *Ardjan*, autrement *Erdjàm* ou *Arghan*, est située sur la frontière du Farsistan et du Khouzistan. C'est une grande ville entourée de murailles percées de sept portes. On y voit plusieurs mosquées, de beaux bazars et un pont qui passe pour un chef-d'œuvre d'architecture persane moderne. Le port d'Ardjan, situé à peu de distance, se nomme *Méhrouïan*; l'air y est chaud et malsain, mais l'activité qui y règne le rend un des principaux de la Perse.

PROVINCE DU LARISTAN. — Le *Laristan*, dont une lisière maritime, tributaire, en grande partie, de l'imam de Maskate, s'appelle le *Guermasir* ou *Kermasir*, c'est-à-dire le pays chaud, a souvent fait partie du gouvernement de Farsistan, et doit même être considéré comme un district de cette province, dont il occupe l'angle sud-ouest. *Lar*, qui en est la capitale, est bâtie au pied de collines qui dominent une plaine couverte de palmiers. C'était jadis une ville florissante; le palais du gouverneur et le château sont en délabrement, mais le bazar est encore un des plus magnifiques de la Perse. Sa population, suivant un voyageur, est de 15,000 âmes. Cette ville possède des manufactures d'armes et d'étoffes de soie. Quoique sablonneux, son territoire est rempli d'orangers, de citronniers, de tamariniers; les dattes y abondent. On y boit de l'eau de citerne, qu'on a soin de faire bouillir pour la purger d'un ver contagieux qui, sans cette précaution, s'établit entre cuir et chair, et est aussi menu qu'un cheveu; on l'extirpe en le roulant sur un petit morceau de bois. Ce n'est pas sans douleur, ni même sans danger, qu'on vient à bout de s'en défaire. Ce désagrément est commun à presque toutes les côtes du golfe Persique.

Bender-Abbasi, port situé à l'opposite d'Ormus, est aussi connu sous le nom de *Goumroun* ou *Gomron*; c'était autrefois le plus célèbre abord du golfe Persique, et l'entrepôt général des marchandises. Les Portugais s'en étaient emparés. Abbas le Grand, aidé des Anglais, les en chassa en 1614. Le brillant commerce de Bender-Abbassi est aujourd'hui bien déchu, et les Hollandais avaient même abandonné cette ville pour se retirer dans l'île de *Kharek*. La ville est bâtie sur une pente qui descend doucement jusqu'à la mer. Ses maisons sont peu nombreuses et misérablement construites; le peuple est généralement logé dans des huttes. La population offre un mélange de Persans, d'Arabes, de Kourdes, de quelques Arméniens et de Bédouins. Leur nombre, bien que variant sans cesse, peut s'élever à 5,000 âmes. Quelques portions de la loge anglaise subsistent encore; celle qui fut construite par les Hollandais est en meilleur état, et sert d'habitation à l'imam de Maskate lorsqu'il vient visiter le port. Cette ville dépend des possessions de ce chef. On estime à 800,000 francs la valeur des marchandises qui s'expédient de Goumroun.

Bender-Kangoun ou *Bender-Congoun*, est le port le plus fréquenté, entre Goumroun et Abou-Chehr. On éprouve, tant à Goumroun que sur le reste de la côte, des chaleurs excessives: l'imprudent qui s'expose aux rayons du soleil, à midi, trouve, dit-on, quelquefois une mort subite. La canne à sucre y prospère. *Ziraf* ou *Siraf*, à 44 kilomètres au sud-ouest de Lar, était jadis la ville de commerce la plus importante de la côte, Entre *Siraf* et *Baanan*, une série de rochers semblables à des obélisques brisés ou à des tours ruinées, s'élève du milieu d'un plateau aride.

ILES DU GOLFE PERSIQUE. — Toute cette côte est bordée d'îles. Nous venons de nommer *Kharek* ou *Karedje*, où les Hollandais, attirés par la bonté du sol, des eaux et du mouillage, bâtirent une ville en 1748, peuplée aujourd'hui d'un millier d'Arabes: elle est formée des bancs de corail posés sur un rocher calcaire. Il est probable que la même nature de roche se retrouve dans les autres îles; cependant il faut en excepter celle de *Kais*, qui produit du fer excellent. Cette île est plus importante pour la pêche des perles qu'aucune des îles Bahrein.

La plus grande et la plus fertile, c'est *Kichmiche* ou *Keichme*, appelée aussi *Broct* ou *Djessen*, que les Portugais du seizième siècle nommaient *Queixom* et *Broct*; ce dernier nom nous rappelle que c'est l'*Oaracta* des anciens. Elle a environ plus de 200 kilomètres de longueur sur 25 de largeur; des récifs de corail l'entourent; elle est séparée du continent par un canal large de 5 à

20 kilomètres. Elle produit une espèce particulière de raisin sans pepins renommée dans toute la Perse. On y élève un grand nombre de bestiaux et surtout de moutons. Ses habitants sont au nombre d'environ 10,000 à 15,000. Des trois villes qu'elle renferme, la plus grande appelée *Keichme* est bâtie en pierre et peuplée de 3,000 âmes. Elle est située sur la pointe la plus orientale de l'île. Un mur flanqué de tourelles l'environne et la met à l'abri des attaques des pirates. Quelques-unes de ses maisons sont grandes, et, pour le pays, assez proprement construites : les toits en sont plats. Dans les plaines à l'ouest de la ville, des espaces de terrain cultivé sont entremêlés de bosquets de dattiers. *Laft* était autrefois une place assez forte ; mais elle est maintenant dans un état misérable. Entourée d'une muraille, elle occupe la pente d'un coteau sur la côte septentrionale de l'île. *Basidoh*, dont le nom n'est probablement qu'une corruption du mot portugais *baxador*, au lieu d'*embaxador*, s'élève à l'extrémité orientale de l'île. Elle appartenait autrefois aux Portugais, et l'on peut suivre encore les ruines de la ville et du fort qu'ils avaient élevés. Cette petite ville est mal pourvue d'eau : les puits sont taris en avril et en mai. Les citernes, quoique bien entretenues, peuvent à peine fournir à la consommation des navires anglais.

Vis-à-vis de l'île de Keichme, la hauteur de la chaîne de montagnes qui borde la côte a été déterminée à environ 1,150 mètres.

Au sud de Keichme est située l'île d'*Andjar*, autrefois habitée, mais dont la ville a été détruite par les pirates. On y voit encore une mosquée en ruines. Cette île est formée de rochers nus, et présente l'aspect volcanique observé généralement dans les autres îles du golfe.

Larek, autre île située par 26° 53′ de latitude, paraît être aussi volcanique : sous le rapport et par la couleur de ses couches, elle ressemble beaucoup à l'île de *Dalmah* ou *Zulimah* (sombre) sur les côtes de l'Arabie. Larek est entourée d'une chaîne de rochers à fleur d'eau ; et comme de quelque côté que le vent souffle la mer se brise toujours avec fureur sur les écueils qui l'environnent, il est très-dangereux d'y aborder par un temps incertain. Elle n'est habitée que par une centaine de pêcheurs.

Aucune de ces îles, ombragées de cocotiers et de bananiers, ne jouit d'une célébrité égale à celle qui est connue sous le nom d'*Ormuz* ou d'*Ormouz*, l'antique *Oriana* ou *Ogyrès*. Cependant ce n'est qu'un rocher couvert de pierres salines rouges et blanchâtres, sans eau potable et presque sans végétation. Le commerce y entassait les trésors de l'Orient : depuis 1622, abandonnée et oubliée, elle n'a plus que 3 à 400 habitants, et est soumise à l'imam de Maskate, qui y entretient une garnison de 100 hommes. Cette île est d'une forme presque circulaire, elle a 18 kilomètres de circonférence. Vue du côté de la mer, son sol offre un aspect inégal et raboteux. Sa surface, dépouillée de terre végétale, montre les différentes teintes de sa singulière stratification, qui, avec ses formes coniques et ses nombreuses petites montagnes, lui donne un aspect complétement volcanique : ce qui semblerait indiquer qu'elle a été produite par un soulèvement. Le port, situé à la côte nord-est, est à la fois sûr et commode : ce qui explique son ancienne importance. Il est défendu par un port assez bien conservé, mais garni de canons à moitié détruits par le temps et la rouille, et qui est bâti à environ 300 mètres du rivage sur une longue pointe de terre séparée du reste de l'île par un fossé. A une centaine de mètres de ce fort s'élève l'ancien phare qui doit avoir été un bel édifice. Une plaine unie s'étend à quelque distance au nord-est de ce phare, et sa surface est jonchée de débris d'anciennes habitations. On y voit des restes de réservoirs et de citernes ; car l'île étant dépourvue de sources d'eau potable, on y a toujours recueilli l'eau de pluie. Au delà de cette plaine, vers les collines raboteuses qui bordent la côte orientale de l'île, on remarque des masses d'incrustation saline qui, par leur épaisseur, leur blancheur et leur transparence, ressemblent à des glaciers. L'imam de Maskate tient Ormuz à ferme du roi de Perse.

PROVINCE DE KERMAN. — Le *Kerman*, dont les anciens vantaient les raisins, les blés, les mines, est aujourd'hui connu pour ses beaux châles de poil de chameau, et pour ses étoffes fabriquées avec le duvet soyeux d'une espèce de chèvre semblable à celle d'Angora. On y trouve diverses drogues médicinales et gommes, le *moum* ou le naphte, l'alun, le soufre et la houille ; l'or, l'argent, le cuivre et le fer ; et le *tutie*, substance minérale dont les Persanes se servent pour rendre plus remarquable la douceur de leurs beaux yeux. Les roses blanches y abondent et fournissent une essence assez estimée ; la vigne fournit un vin excellent ; on y élève une grande quantité d'abeilles et de vers à soie. Le mont *Kophez* ou *Kafes* se couvre d'une verdure perpétuelle ; mais un vaste désert occupe la moitié intérieure du pays. Plusieurs de ses cours d'eau étaient connus des anciens : le *Deriiai*, torrent impétueux, est le *Daras* de Pline et le Dara de Ptolémée ; l'antique *Bagrades* est le *Darabin* des modernes et le *Zidegan* des géographes orientaux ; le *Nehr-Ibrahim* est l'*Anamis* de Ptolémée, et le *Choureroud* est le *Salsos* de Pline.

La ville de *Kerman*, florissante par ses métiers de châles et d'étoffes, ne paraît plus posséder son ancienne fabrique de porcelaine. Son véritable nom est *Sirdjan*, et sa population est de 30,000 âmes. M. de Hammer paraît avoir confondu cette capitale avec le village de *Sirjan* ou *Sirjoun*.

Les villes de *Kermasin* ou de *Nouhim-Abad*, et de *Berdacqyr*, n'offrent que des noms à remarquer ; *Velazggerd* peut avoir environ 8,000 âmes. *Khomda* ou *Hamadan* renferme, selon la tradition des juifs, le tombeau de la belle Esther et du sage Mardochée. La partie maritime du Kerman, contrée malsaine, se nomme le *Moghistan* ou *Moghostan*, c'est-à-dire le *pays des dattes* ; c'est la *Carmania deserta* des anciens ; *Minab*, l'antique *Harmosia*, en est le chef-lieu : c'est une ville bâtie sur un coteau et divisée en forteresse haute, basse et moyenne. Elle dépend, avec son territoire, des possessions de l'imam de Maskate, qui pour cette raison paye un tribut au roi de Perse.

PROVINCE DU KHORASSAN. — La grande province du *Khorassan* ou *Khoraçan* mériterait à elle seule une description très-étendue ; mais il faut nous en tenir à ce qu'elle offre de plus remarquable. Bornée au nord par le Turkestan ou la Tatarie indépendante, et à l'est par le Khorassan afghan ou le Khorassan oriental, elle éprouve de grandes variations de chaleur et de froid. On lui donne environ 800 kilomètres de longueur, 400 de largeur, et plus de 200,000 kilomètres carrés de superficie. Elle correspond à la *Parthie*, à la *Margiane* et à une portion de l'*Arie* des anciens. Pour justifier ce que nous venons de dire de son climat, nous ajouterons que la partie montagneuse est très-froide en hiver, et que pendant qu'il y tombe beaucoup de neige, c'est la saison des pluies dans les plaines, bien que celles-ci soient humectées souvent au printemps et à l'automne par des ondées qu'amène le vent d'ouest.

Le sol, quoique en beaucoup d'endroits sablonneux et aride, produit en abondance tout ce qui est nécessaire à la vie ; on en tire beaucoup d'indigo, des noix de galle, et même, dit-on, d'assez bonne cochenille. Il y a un grand nombre de Turcomans dans cette contrée, qui fournit de bons pâturages à leurs troupeaux. Les plus beaux tapis de Perse sont fabriqués dans le Khorassan ; on y fait des lames de sabre dont la réputation égale celle des lames de Damas. Les montagnes fournissent des rubis-balais et des turquoises. La réputation qu'ont les chevaux de cette province nous a fait penser que l'on pouvait chercher ici le pays natal de ces fameux *chevaux nysains* ou *nyséens* tant vantés dans l'histoire. Les anciens s'accordent assez généralement à placer l'*Hippobotos*, ou le grand haras de Perse, dans les plaines de Reï ou de *Ragæ*, de sorte qu'en allant de Persépolis ou de Babylone aux portes Caspiennes, on y passait nécessairement. Ils appliquent encore assez généralement, mais avec des doutes très-forts, la dénomination de *Champ nyséen* à cet *Hippobotos* de Médie. En se tenant à ces données, les chevaux nyséens auraient été une race très-répandue, puisqu'on comptait dans l'Hippobotos 150,000 chevaux, ou, selon d'autres, 50,000 cavales. Mais quand on voit Xerxès faire mener en pompe devant son char de triomphe *dix* chevaux nyséens consacrés et magnifiquement ornés ; quand on voit ce même monarque traîné par des chevaux nyséens, tandis qu'on ne donne point à ses gardes ni à son cortège cette monture précieuse, on est tenté de croire, avec le savant Mannert, qu'il faut distinguer, malgré les anciens, entre le grand Hippobotos destiné à la remonte de toute la cavalerie, et le haras particulier du roi à *Nysa*. Mais quelle était cette Nysa parmi toutes celles qu'on nomme dans l'antiquité ? Les anciens mettent les haras royaux de Perse dans la Médie ; ce nom, pris dans le sens très-étendu que lui donne Hérodote, peut embrasser l'Hyrcanie et la Parthiène. On peut donc croire que *Nesa* sur le Tedjen, qui correspond à *Nysæa* sur l'Ochus, était la patrie de ces chevaux tant recherchés par les monarques persans.

La guerre a dévasté depuis un demi-siècle les nombreuses villes du Khorassan ; elles se rétablissent lentement. Cette province est souvent exposée aux incursions des nations barbares qui l'avoisinent : en 1826, une armée de Tatars-Ouzbeks, commandée par le khan de Khiva, y commit de grands excès : aussi est-elle dans une situation peu prospère, et n'enrichit-elle pas beaucoup le trésor de la Perse, bien qu'on porte à 1 million d'individus sa population sédentaire, et à 4 ou 500,000 celle de toutes les tribus nomades.

Mecheled ou *Mechhed* a le titre de capitale du Khorassan depuis l'époque où Ismaël-Schah, premier sophi ou sephi de Perse, l'éleva à ce rang vers le commencement du quinzième siècle. Après avoir eu près de 100,000 habitants, elle en a à peine le tiers aujourd'hui. Ses maisons sont mal bâties, mais on y remarque plusieurs belles mosquées, entre autres une dans laquelle Schah-Abbas a fait ériger un tombeau à un saint mahométan appelé Ali-ben-Moussa, que viennent visiter une foule de dévots et pèlerins, parce qu'il est considéré comme le patron du royaume. Cette mosquée forme un groupe de constructions qui passe pour le plus magnifique monument de la Perse. Mechhed jouit d'un autre genre de célébrité : c'est dans ses murs que naquirent le poëte Ferdoucy, le philosophe Gassali, l'astronome Nassireddin et le géographe Hamdullah-

Mouslewfi. Dans les environs de Mechhed on remarque les ruines de *Thous*, qui fut jadis une des plus importantes villes de l'Asie, et dans laquelle mourut le célèbre Haroun-al-Raschid.

Au milieu d'une vaste et fertile plaine s'élève *Nichabour*, ville qui fut bâtie par Sapor Ier sur l'emplacement d'une cité détruite par Alexandre. Elle fut pendant longtemps la capitale de la Perse sous les Seldjoukides, mais au douzième siècle elle fut complétement ruinée par les Tatars. On peut juger de l'état florissant auquel elle était parvenue, puisque ses ruines occupent une circonférence de 40 kilomètres. C'est la patrie des philologues Djevheri et Chaalebi, et des poëtes Attar, Omar-Khiam et Kiatibin. Aujourd'hui elle ne se compose pas de 2,000 maisons. Ses environs sont célèbres par les turquoises que l'on y trouve, et dont l'exploitation est affermée 100,000 francs à la couronne. Le bourg de *Kabouchan* ou *Khoubouchan*, à 50 kilomètres de Nichabour et 25 de Mechhed, est la résidence d'un chef que l'on regarde comme indépendant de la Perse, et qui peut mettre, dit-on, 12,000 hommes sous les armes.

PROVINCE DE KOUHESTAN. — Pour achever la tournée topographique de la Perse, il ne nous reste qu'à jeter un coup d'œil sur la province de *Kohistan* ou *Kouhestan*. Son étendue paraît être de 400 à 500 kilomètres de longueur sur 200 à 250 de largeur. Comprise entièrement dans le plateau de la Perse, elle renferme une partie du grand désert salé de Naubendan et celui de Miané. Le premier de ces déserts est long de plus de 400 kilomètres et large de 200 ; le second, situé au nord de l'autre, dont il est séparé par des montagnes, est beaucoup moins étendu : à l'est il est borné par les monts Madnofriad, chaîne importante connue des anciens sous le nom de *Masdoranus*, et qui traverse le centre de la province. Le Kouhestan comprend une partie de l'antique *Arie* et le pays de *Tabiène*, dans la Médie orientale. Les déserts qu'elle comprend s'opposent à ce que sa population soit considérable : aussi ne paraît-elle pas s'élever à plus de 150,000 individus. Elle se divise en deux districts : celui de *Terbidjan* au nord, et celui de *Tebbès* au sud.

Le premier a pour chef-lieu *Rabat-Chéheristan*, ou simplement *Chéheristan*, qui est aussi la capitale de la province. Elle n'offre rien de remarquable ; c'est la patrie de l'historien Mibelou-Nihel. *Tabs* ou *Tebbès* est plus importante par son commerce et sa population : on lui donne 20,000 habitants. *Toun*, autre ville dans le district de Terbidjan, sur la route de Tebbès à Meschhed, est située au milieu d'un territoire riche en blé et en soie. Cependant elle ne fait qu'un commerce à peu près insignifiant.

━ ❧ ━

ÉTAT MORAL ET POLITIQUE DE LA PERSE.

Nous avons déjà donné quelques idées générales de l'état politique actuel de la Perse : nous devons ici nous attacher à faire connaître la nation dont nous venons de décrire la patrie ; mais avouons d'abord que ce sujet offre autant d'obscurité que d'intérêt.

L'IRAN ET LE TOURAN, LES PERSES ET LES SCYTHES. — Les anciens distinguent tous les Perses en général de tous les Scythes. Les écrivains orientaux distinguent de même le *Touran*, ou la Scythie d'Asie, de l'*Iran* ou *Iyran*, qui est la Perse. Ce dernier nom se trouve aussi écrit *Eriène* sur les monuments de Persépolis. Il est évidemment identique avec celui d'*Ariane*, connu des Grecs ; mais Ptolémée et Ératosthène ne comprennent sous le nom d'Ariane que la Perse orientale. Il semble que l'ancien nom d'*Iran* ou *Eriène* était resté affecté à cette partie seule, après que la Perse et la Médie, devenus des États belliqueux, eurent illustré leur nom particulier. Hérodote nous fournit cependant une preuve de la généralité du nom d'*Iran* ou *Ariane*, en nous apprenant que les Mèdes étaient d'abord nommés *Arii*. Le nom d'Iran ne fut jamais éteint dans l'Orient ; le géographe arménien Moïse de Khorène, né presque sur les lieux, entend sous *Aria* ou *Ariana* tout l'empire des Persans dans le quatrième siècle.

Les Scythes d'Asie, loin d'être identiques avec les Perses, en étaient les ennemis constants et implacables ; les derniers appelaient les Scythes *Saca* ou *Sèk* ; ce qui, en persan, signifie *chien*. Les Scythes paraissent, selon quelques faibles autorités, avoir fondé dans les temps fabuleux un empire qui embrassait la Perse et toute l'Asie occidentale ; mais si cet empire a existé, il n'a point laissé de traces. L'histoire n'admet qu'une invasion connue des Scythes ; elle eut lieu l'an 624 avant Jésus-Christ. Très-probablement les tribus nomades de l'ancienne Perse, telles que les *Cosséens*, les *Uxiens*, les *Mardes* et autres peuplades de pasteurs, furent des restes des hordes scythiques qui, repoussées dans les montagnes, continuèrent toujours à infester par leurs brigandages les plaines cultivées.

Les *Parthes* qui, deux siècles après Alexandre, rétablirent glorieusement l'indépendance de la Perse, étaient Scythes ou Saces, selon quelques auteurs d'une autorité médiocre ; Hérodote et d'autres écrivains de poids les nomment simplement comme habitants d'une province de la Perse orientale ; rien, dans leurs usages ni dans les noms de leurs rois, n'indique une origine scythique.

Il semble donc démontré que, jusqu'à la grande révolution provoquée par les Arabes et la religion mahométane, l'*Iran* ou la Perse a été, généralement parlant, peuplée d'une seule race indigène divisée en plusieurs nations, et employant, quoique dans divers dialectes, la même langue.

LANGUES ANCIENNE ET MODERNE DES PERSANS. — Ce résultat des témoignages historiques les plus authentiques recevrait un nouveau jour par la comparaison des idiomes originaires de la Perse, si le temps et la barbarie nous en avaient laissé des monuments complets et d'une authenticité tout à fait incontestable. Voici ce que la critique a pu recueillir. Le dialecte le plus ancien est la langue *zend*, dans laquelle étaient écrits les livres sacrés, compris sous le nom de *Zend-Avesta*, livres qui, bien que dépourvus d'une authenticité complète, contiennent certainement des traditions très-anciennes, même très-probablement des fragments antérieurs à la prétendue destruction des manuscrits des Mages, attribuée à Alexandre. Il répugne au bon sens de ne voir dans cette langue qu'un jargon inventé à plaisir par les Guèbres modernes, mais il est difficile de fixer les lieux où cette langue a été parlée. Ceux qui soutiennent le plus fortement l'authenticité du Zend-Avesta, varient entre Bactres, le point le plus oriental, et l'Azerbaïdjan, la contrée la plus occidentale. Peut-être n'était-ce qu'une langue sacrée, comme le sanscrit, avec lequel il a beaucoup de racines communes. Le dialecte *pehlevi* ou *pehlouran*, c'est-à-dire l'idiome des guerriers, des héros, paraît avoir régné dans l'Irak-Adjemi, ou la Grande-Médie, et chez les Parthes. On veut même que ce dialecte ait été le seul qu'on parlât à la cour des descendants de Cyrus et des rois parthes. Il est très-mêlé de mots chaldaïques ou syriaques ; mais il n'est pas pour cela un dialecte du chaldéen. Selon quelques auteurs, le *pehlevi* serait encore en usage parmi quelques tribus du nord de la Perse, entre autres les *Paddars* du Chirvan. Le géographe turc dit qu'on le parle dans une partie du Farsistan. Les livres sacrés furent traduits dans cette langue, qui est aussi celle de plusieurs inscriptions du temps des Sassanides. Mais peu à peu les princes de cette dynastie (an 211-632) reléguèrent le pehlevi dans les monts de la Parthiène, et introduisirent, même par des lois formelles, l'usage du *parsi* ou du dialecte de la province de Farsistan, la Perse proprement dite. Cet idiome, plus doux que le *pehlevi*, qui déjà surpassait en douceur le *zend*, a dû, longtemps auparavant, dominer dans la monarchie persane ; c'est le seul qui fournisse l'explication de presque tous les noms persans connus aux Grecs et aux Romains. Lorsque les Arabes envahirent la Perse dans le septième siècle, le *parsi*, banni de la cour, perdit de sa splendeur ; et quand, sous les Dilémites, en 977, on voulut rendre à cette langue sa domination antique, elle se trouva dénaturée par un fort mélange d'arabe. Cependant de grands poëtes, d'habiles orateurs en firent une langue riche et harmonieuse, qu'on distingue sous le nom de *persan moderne*. L'ancien *parsi*, usité parmi les Guèbres ou adorateurs du feu, devra son immortalité au *Schah-Nameh*, long poëme historique de Ferdoucy, et à l'*Aïni-Akberi*, statistique de l'Hindoustan, écrite en 1600 ; car à mesure que la vraie langue *parsi* perdit de son empire dans sa contrée natale, elle en gagna à la cour du Grand Mogol. Aujourd'hui le persan moderne n'est pas le seul usité dans le nord de la Perse : on y emploie aussi le grossier langage des Turcs. Le persan moderne mérite cependant encore le surnom de *deri*, c'est-à-dire idiome de la cour (1), sous lequel le désigne Ferdoucy dans le passage suivant :

« Le langage des Perses était divisé en sept dialectes différents : quatre d'entre eux, le *souki*, le *hazoki*, le *sagzi*, le *sevali*, sont tombés en désuétude, et n'ont jamais eu de vogue ; mais il n'en est pas de même des trois autres : le *parsi*, le *deri*, le *pehleri*. Le parsi est très-célèbre par sa douceur, et se parle principalement dans le district d'Istakhar. Le deri, dérivé de l'ancien parsi, est célèbre par sa politesse et son élégance. Balkh, Mervichah-Djihan et Boukhara sont les principales villes où on le parle ; quelques auteurs ajoutent la ville de Bedakhchan. »

Parmi ces dialectes, le *hazoki* ou *hezri* était parlé dans le Khorassan, le *segs* ou *sagzi* dans le Sedjestan, et le *sevali* ou *zabouli* dans le Zaboulistan. D'autres nomment encore les dialectes *soghdi*, *khoazi*, *aderi* et *merouzi*. Le *kourde* est un persan mêlé de chaldéen comme le pehlevi.

---

(1) Dar, porte, palais (*dær* en danois, *thor* en allemand, *door* en anglais).

LIAISON DU PERSAN AVEC LES LANGUES GERMANIQUES ET GOTHIQUES. — Venons maintenant au grand phénomène que cette langue persane, tant ancienne que moderne, présente à la géographie historique. Le persan, dans tous ses dialectes et à toutes ses époques, offre non-seulement un grand nombre de mots germaniques, mais même des inflexions et des constructions allemandes. Il renferme encore des mots danois, islandais, anglais, qui ne sont pas germaniques, mais purement gothiques. Enfin, pour comble de singularité, il suit en partie les règles si bizarres et si arbitraires de la versification islandaise. Cette ressemblance, moins forte et moins suivie que ne l'a cru Leibnitz, toujours copié par les compilateurs, l'est pourtant assez pour qu'un Islandais transporté à Chiraz en soit frappé, et pour que les anciens noms persans et scandinaves s'éclaircissent souvent les uns à l'aide des autres. Ainsi la ville de *Pasargadæ*, dont le nom signifiait camp retranché des Perses, s'appellerait en islandais *Parsa-Gard*; et c'est probablement le nom persan dont les Grecs ont fait *Pasargadæ*.

De cette ressemblance bien constatée, les faiseurs de systèmes ont tiré mille conséquences hasardées; on a vu dans les peuples gothico-germaniques une colonie persane, et dans le Kerman l'ancienne Germanie. Des compilateurs audacieux ont été plus loin; un Écossais ayant renouvelé la vieille erreur de ceux qui confondent les Scythes, les Gètes et les Goths, a osé tracer, depuis la Perse jusqu'en Écosse, la marche imaginaire du peuple chimérique qu'il a créé de tant d'éléments hétérogènes. Ces rêveries s'évanouissent comme un songe, lorsqu'on observe que la ressemblance du persan avec le gothique n'est pas plus forte que celle de la même langue avec le sanscrit et les autres anciens idiomes de l'Hindoustan. D'un autre côté, elle se montre également entre le sanscrit, le grec et le latin. Enfin l'ancien slavon, dont la ressemblance avec le persan était déjà connue, présente aussi plus d'affinité avec l'allemand et avec l'islandais, que les idiomes slavons modernes. Ainsi ces langues se ressemblent toutes : l'une n'est pas la mère de l'autre, mais elles remontent toutes à une souche inconnue. Est-ce que des hommes d'une même race auraient peuplé tous ces pays à une époque antérieure à l'histoire? Est-ce que d'anciennes communications auraient répandu dans tous ces pays les mêmes idées de civilisation, et plié sous le joug de règles assez semblables entre elles les sons qui désignaient ces idées? Nous l'ignorons; mais nous savons que l'une de ces nations n'a pas plus de droits que l'autre à être considérée comme la souche des autres.

CONSTITUTION PHYSIQUE DES PERSANS. — La constitution physique des Persans les rapproche des Syriens, des Arabes et des Juifs. Le sang est beau; mais le teint, même dans les provinces septentrionales, est un peu jaunâtre. Il devient aussi un peu olivâtre, du moins chez les hommes, dans le Farsistan et le Kerman. Ils ont les cheveux noirs, le front haut, le nez aquilin, les joues pleines, le menton large, et la coupe de la figure le plus communément ovale. La sobriété habituelle aux Persans, et la sécheresse du climat, expliquent pourquoi les exemples d'obésité sont si rares en Perse. Une beauté persane doit avoir une moyenne taille, de longs cheveux noirs, les yeux grands, les sourcils arqués, de longues paupières, une belle carnation, avec un peu de couleur, un petit nez, une bouche étroite, un menton resserré, les dents blanches, le cou long, la poitrine d'une richesse modeste, les mains et les pieds petits, la taille mince et la peau extrêmement douce. Les hommes sont généralement forts et robustes, et propres aux exercices militaires; mais la siccité d'un air brûlant et rempli de particules salines les rend particulièrement sujets aux maux d'yeux.

COSTUMES ET USAGES. — L'habillement persan se compose d'abord, pour les hommes, du *zir-djamé*, sorte de pantalon en soie ou en coton, rouge ou bleu, long, large et attaché par une ceinture en filet; de la *pirahen*, chemise de soie, de lin ou de coton, ne descendant qu'un peu au-dessous de la ceinture; de l'*arkalik* ou *alkalik*, tunique d'indienne peinte, ouatée en coton, ouverte sur le devant, taillée carrément sur la poitrine et ne dépassant pas le mollet. Viennent ensuite le *done*, *kaba* ou *ouièmè*, longue robe serrée sur la taille et descendant jusqu'à la cheville; le *dalapouch*, vêtement de dessus, que l'on peut regarder comme le manteau de ville; le *tiqmè*, habit de drap dont la manche est ouverte en dessous, depuis les aisselles jusqu'au coude, et que l'on porte principalement à cheval; le *katihi*, vêtement de brocart garni de fourrure sur les épaules et sur le dos, que l'on ne porte que dans les jours de cérémonies; le *kourdi-nimten*, espèce de camisole serrée à la ceinture et ne couvrant que la moitié des cuisses; le *poustin* ou *hamami*, pelisse en peau de mouton, dont le poil est en dedans et que l'on met pour aller au bain; le *kemer* ou la ceinture; les *tchorab*, sortes de bas ou de grandes bottes en drap rouge: les *kechf* ou pantoufles en *saghri* ou chagrin; et les *djizmè* ou bottes en cuir. Le complément du vêtement persan est le poignard (*khandjar*), le couteau (*kard*), et le sabre (*chemchir*). La coiffure habituelle d'un Persan est un bonnet de peau de mouton noir de forme conique; mais dans les jours de cérémonie on roule sur un bonnet semblable un châle qui donne à cette coiffure la forme d'un baril. Ce costume est moins majestueux que celui des Ottomans, mais il est plus commode et plus élégant. On voit, par les parties que nous venons de décrire, qu'il est entièrement différent de ce qu'il était du temps de Chardin. Quant aux couleurs, elles changent suivant les âges, et surtout suivant les variations de la mode. En général, les jeunes gens aiment les couleurs claires et éclatantes.

Les femmes, dans leur intérieur, ne sont vêtues que d'une simple chemise fendue jusqu'au-dessous du nombril, et d'un pantalon de toile ou de soie. Lorsqu'elles sortent, elles se couvrent de quatre voiles épais et s'enveloppent d'une pièce de toile immense, souvent quadrillée, qui les cache de manière qu'on ne leur voit que les yeux.

Pour ajouter à leurs attraits naturels, elles se teignent les ongles, la plante des pieds et la paume des mains en une couleur rougeâtre (le *henné*), et rendent leurs sourcils plus noirs et plus arqués au moyen d'une teinture de surmé de cette couleur. Une de leurs coquetteries secrètes est de se peindre autour du nombril des fleurs et d'autres ornements qui ressemblent au tatouage.

Les Persans mangent deux ou trois fois par jour : ils dînent vers midi; leur meilleur repas est le souper. Le mets favori des riches est le *pilau* ou riz bouilli, préparé de différentes façons. Le blé est la nourriture ordinaire du peuple. Les melons, les fruits, les confitures jouent un grand rôle dans les festins persans. Les gens de la classe élevée trahissent presque ouvertement la loi du prophète pour le culte de Bacchus, mais le peuple ne connaît pas l'ivrognerie. Cérémonieux et silencieux, leurs repas ne durent jamais plus d'une heure. On loue leur propreté, tant sur leur personne que dans leurs habitations; le peuple est pourtant sale. La manière dont ils prennent leurs repas n'est pas très-commode : le *sofra*, grande nappe d'indienne, souvent ornée d'inscriptions, s'étend moitié sur le sol et moitié sur les genoux des convives accroupis; elle est couverte de petits plateaux chargés de trois ou quatre sortes de riz bouilli; plusieurs petits bols pleins de ragoûts sont entremêlés de petites soucoupes de confitures ou d'autres sucreries, et de grandes jattes de sorbets.

La circoncision des garçons s'opère par un chirurgien; mais celle des filles, pratiquée par les Arabes, est inconnue chez les Persans. Les mariages se font par la médiation des procureurs; il n'y a de dot que le trousseau; la mariée est conduite chez son époux, de nuit, en grande procession, à la lueur des flambeaux et au son des instruments. La polygamie est permise, mais la première épouse jouit de grandes prérogatives. Ils mettent beaucoup d'ostentation dans leurs pompes funèbres. On élève aux riches de superbes tombeaux : tels sont ceux des douze imams ou vicaires du prophète, regardés par les Persans comme ses seuls successeurs légitimes.

Le luxe des Persans modernes rappelle sur plusieurs points celui des anciens Perses. De vastes jardins offrent une promenade solitaire aux femmes des grands, qu'une jalousie extrême dérobe à la vue des étrangers. Les harems sont peuplés de belles esclaves, qui, par une dépense énorme en parures frivoles, ruinent les seigneurs les plus riches. Outre le goût efféminé pour les bijoux et les pierreries, le Persan conserve encore l'ancien usage de se peindre en noir les sourcils et la barbe. Les parasols, les chaises à porteurs, les tapis de pieds, et bien d'autres usages de luxe et de commodité, nous sont venus de l'ancienne Perse, par l'intermédiaire des Grecs, et surtout des Macédoniens. Les monarques et les satrapes perses mangeaient au bruit d'un concert vocal et instrumental, exécuté par des danseuses, que les Grecs appelaient *musurges*, que les Persans désignent sous les dénominations de *raccas* ou *alimeh*, c'est-à-dire *savantes*, et que nous nommons *bayadères*, d'après le nom que les Portugais leur ont donné dans l'Inde. Tout ce que disent de ces espèces de courtisanes Suidas et Athénée convient aux Persans modernes, et semblerait copié dans Chardin : « Les unes jouaient de la flûte, les autres du *psaltérion* à cinq ou sept cordes. La musique n'accompagnait pas le chant comme chez les Grecs; elle en formait le prélude. »

Le goût des Persans pour les fleurs est d'une très-ancienne origine. Il est vrai que le savant Langlès a parfaitement démontré que la découverte de l'essence de rose ne date que de l'an 1612; cependant la fête de *Goulryzé*, ou de la profusion des roses, paraît indiquée par Hérodote et Quinte-Curce comme un usage ancien lors de l'entrée solennelle des monarques dans une ville. Un beau climat et une riche végétation doivent rendre cette fête éternelle.

Mais c'est une triste gloire pour les Perses d'avoir, d'après les témoignages des anciens, inventé la castration, qui, en produisant des êtres sans sexe, donne au sérail des gardiens sans pitié; il est du moins certain que les eunuques étaient aussi nombreux et aussi puissants à l'ancienne cour de Persépolis qu'aux cours modernes d'Ispahan et de Téhéran. L'éducation des princes, admirée par Platon, était, comme chez les Persans modernes, confiée à des hommes mutilés. Ce n'est pas la seule trace d'ancienne barbarie qui s'est conservée. Plusieurs punitions atroces, encore aujourd'hui usitées, sont d'ancienne institution : on écorchait vifs les rebelles, on les sciait en deux, ou crevait les yeux aux victimes de la politique. Depuis Hérodote, au cinquième siècle avant Jésus-Christ, jusqu'à Procope, au quatrième de notre ère, l'histoire est attristée par de fameux exemples de ces atrocités. Faire couper les oreilles, le nez, les mains, était un jeu pour les anciens souverains de ce pays. Les Perses anciens, comme les modernes, après avoir passé par les verges ou reçu la bastonnade par ordre du roi, venaient remercier à genoux le monarque de ce qu'il avait bien voulu se souvenir d'eux. Les marques de la servitude la plus ignominieuse ne révoltaient pas plus les anciens que les modernes grands seigneurs de la Perse. Les génuflexions, les titres de *frère du soleil et de la lune*, ne permettaient point au roi de Perse de se croire un mortel ; il demeurait, comme les schahs d'aujourd'hui, inaccessible dans son sérail, au milieu des femmes et des eunuques. Tous ses sujets, sans distinction de rang, étaient qualifiés d'*esclaves*. En un mot, l'histoire ancienne de la Perse nous retrace presque trait pour trait le hideux spectacle de despotisme et d'esclavage que nous présentent les annales modernes de ce pays. Il y a quelque chose d'effrayant dans cette succession héréditaire des mêmes vices et des mêmes atrocités.

Chez les Persans d'aujourd'hui, comme au temps de Xénophon, les règles de la plus sévère étiquette fixent les rangs et les prérogatives de toutes les classes d'individus. De même que le premier ministre rampe devant le souverain, on voit le plus misérable paysan prendre la plus humble contenance devant le chef de son village. Un fils, de quelque haute dignité qu'il soit revêtu, ne s'assied jamais devant son père. A la cour, les princes du sang, les poëtes, les savants et les ambassadeurs sont les seuls personnages qui aient le privilége de s'asseoir devant le roi.

On a souvent dit que les Persans étaient les Français de l'Asie ; en effet, les habitants de Chiraz ressemblent un peu aux Parisiens par leur démarche vive et légère, par la volubilité de leur langage, la facilité avec laquelle ils tournent un compliment, le plaisir qu'ils éprouvent à dire des riens agréables, le soin minutieux qu'ils prennent de leurs vêtements et de leur parure. Il serait cependant plus juste de les nommer les Italiens de l'Asie. Les Persans ont, en général, beaucoup de finesse et de souplesse d'esprit ; ils en ont même trop ; Chardin, leur meilleur apologiste, convient qu'ils sont fourbes, égoïstes, livrés à la vénalité, et incapables d'aucun essor généreux. Leur politesse n'est qu'un vain cérémonial ; leur hospitalité n'est ni exempte de vanité, ni séparée de l'espoir d'être payés de leurs attentions par des présents. Ils semblent se considérer comme beaucoup plus sages et plus spirituels que les autres nations : cependant ils flottent toujours entre l'anarchie et le despotisme. Doux et humains en temps de paix, ils semblent, dans leurs guerres civiles, altérés de sang ; mais, vainqueurs ou vaincus, riches ou pauvres, leur gaieté et leur présence d'esprit ne les abandonnent jamais ; on voit chez eux une joie immodérée succéder aux plus violentes querelles.

« Le Persan, dit le voyageur français Dupré, n'a pour lui que le premier coup d'œil. Il n'a que l'extérieur de la bonté : n'en attendez pas autre chose. Que vous excitiez ou non sa méfiance, qu'il vous aime ou vous haïsse, qu'il espère ou il n'espère pas de vous, il cherchera à vous tromper. Il ne tiendra jamais ses promesses, et vous serez toujours sa dupe. »

Si nous consultons Malcolm, voici ce qu'il nous dit : « La nation persane, en général, forme un beau peuple, rempli d'énergie, d'activité, d'imagination ; un peuple d'une conception rapide, et dont les manières sont agréables et même entraînantes. Mais les défauts des Persans l'emportent sur leurs vertus. Sous le régime qui les gouverne, étant contraints, dans toutes les circonstances, de recourir à la ruse ou à la violence, ils sont alternativement ou esclaves ou tyrans. »

Pottinger peint ainsi les Persans : « Aimables envers leurs égaux, serviles envers leurs supérieurs, superbes envers leurs subordonnés, ils sont, dans les plus hautes conditions comme dans les classes les plus inférieures, également avares et fripons. La fausseté et la perfidie leur paraissent des moyens plausibles pour parvenir à leurs fins. Bref, la Perse est pour ainsi dire le foyer de toute espèce de vexation, de tyrannie, de cruauté, de bassesse et d'opprobre. »

Le voyageur Otter s'exprime, à l'égard des Persans, de la manière suivante : « Ils ont l'esprit très-délié ; ils réussissent dans les sciences, dans les arts, et généralement dans tout ce qu'ils entreprennent. Ils sont de bonne société, civils et polis envers les étrangers. Ils aiment le vin, les fêtes et le luxe, qu'ils ont porté aussi loin qu'aucune autre nation. Ils sont bons connaisseurs en tout, et il est difficile de les tromper : c'est ce qui fait que les juifs, qui dans la Turquie sont puissamment riches, sont fort misérables en Perse. »

Écoutons maintenant M. Jaubert : « Persuadés que la justice n'a d'autre règle que la volonté du prince, les Persans courbent la tête sous le joug, et ne conçoivent pas même qu'il soit permis de s'y soustraire. Ils combattent par obéissance ou pour changer de maître, mais non pour la liberté, mot qui n'a point d'équivalent dans leur langue. Ils flattent sans pudeur l'homme puissant qui les opprime,

et mettent souvent en pratique cette maxime odieuse, qui est devenue proverbiale chez eux : *Baise la main que tu ne peux couper*. A leurs yeux, le droit n'est rien, la force est tout. Le succès justifiant toujours l'entreprise, ils comptent pour peu de chose le choix des moyens. La perfidie, la trahison, le parjure, n'ont rien qui leur paraisse répréhensible : il faut réussir. Dissimuler, renier même sa religion dans un danger pressant, n'est point un crime à leurs yeux. Je les ai entendus se glorifier, comme d'une action héroïque, d'avoir fait assassiner lâchement un général ennemi. Cette morale affreuse fut de tout temps celle des habitants de la Perse (1).

FÊTES ET CÉRÉMONIES. — Outre la fête des roses dont nous avons parlé, il existe en Perse plusieurs autres fêtes plus ou moins célèbres et plus ou moins antiques : telles sont la fête des flammes (*Ydi-niran*), la fête des eaux (*Abrizegan*), la fête des sacrifices (*Ydi-Kourban*), le *Ramazan*, le *petit Beyram*, l'*Achoura* ou le martyre de Hassan et Husseïn, enfin le *New-rouz* ou la fête du nouvel an, instituée par Djemchyd, et dont les processions sont représentées sur les marbres d'Istakhar, dans la plaine de Persépolis.

La fête du nouvel an, la seule fête civile que les Persans connaissent, est célébrée avec beaucoup de pompe. Le sultan Djélaleddin instituteur d'un calendrier qu'on dit préférable au calendrier grégorien, a fixé la fête du renouvellement de l'année solaire au jour de l'équinoxe du printemps, tandis que l'année mahométane et lunaire commence à une époque variable. « On annonce la fête au peuple, dit Chardin, par des décharges d'artillerie et de mousqueterie dans les lieux où il y en a.... Les astrologues, magnifiquement vêtus, se rendent au palais royal ou chez le gouverneur du lieu, une heure ou deux avant l'équinoxe, pour en observer le moment.... A l'instant qu'ils en donnent le signal, on fait des décharges, et les instruments de musique, les timbales, les cors et les trompettes font retentir l'air de leurs sons. Ce ne sont que chants, qu'allégresse chez tous les grands et les riches du royaume. A Ispahan on sonne des instruments tous les huit jours de la fête devant la porte du roi, avec des danses, des feux et des comédies comme à une foire, et chacun passe la huitaine dans une joie qui ne se peut représenter. Les Persans, entre autres noms qu'ils donnent à cette fête, la nomment la *fête des habits neufs*, parce qu'il n'y a homme si pauvre et si misérable qui n'en mette un, et ceux qui en ont le moyen en mettent tous les jours de la fête. C'est le vrai moment de voir la cour, car elle est plus pompeuse qu'en aucun autre temps.... Chacun se fait des présents, et dès la veille on s'envoie réciproquement des œufs peints et dorés. Il y a de ces œufs qui coûtent jusqu'à trois ducats d'or la pièce. Le roi en donne ainsi quelque cinq cents dans son sérail, dans de beaux bassins, aux principales dames. J'en ai rapporté quelques-uns de cette sorte. L'œuf est couvert d'or, avec quatre petites figures ou miniatures fort fines aux côtés. On dit que de tout temps les Persans se sont donné des œufs au nouvel an, parce que l'œuf marque le commencement des choses. » M. Langlès fait remarquer à ce sujet le rôle que joue dans les cosmogonies orientales l'*œuf mythologique*, symbole du chaos et de l'état primitif du monde. « Après le moment de l'équinoxe, continue Chardin, les grands vont souhaiter la bonne fête au roi, leur tadje ou bonnet royal en tête, chargé de pierreries, dans l'équipage le plus leste qu'ils se peuvent mettre, et chacun lui fait son présent, consistant en bijoux et en pierreries, ou en étoffes, ou en parfums, ou en des raretés, ou en chevaux, ou en argent, chacun selon son emploi et selon ses biens. La plupart donnent de l'or, s'excusant sur ce que l'on ne trouve plus rien dans le monde qui soit assez beau pour entrer dans la garde-robe de Sa Majesté. On lui donne ordinairement depuis 500 ducats jusqu'à 4,000. Les grands qui sont en emploi dans les provinces font aussi faire leurs compliments et leurs présents ; nul ne s'en exempte, et c'est à qui surpassera les autres et soi-même à l'égard de ce qu'il a fait les années précédentes, de manière que le roi reçoit de grandes richesses en cette fête, dont ensuite il dépense une partie dans le sérail à donner les étrennes à tout ce grand monde qui le compose.... Des grands passent le reste du jour à

<hr>

(1) Pour plus de détails sur les mœurs et coutumes de la Perse, voir :

1° *Voyage en Perse et dans le pays des Kourdes*, par Mor. Wagner. 2 vol. in-8°. Berlin, 1851 et 1852 (en allemand) ;

2° *Voyage en Perse*, par Hommaire de Hell. Paris, 1852 (en cours de publication) ;

3° *Voyage en caravanes et explorations dans la Perse, l'Afghanistan, le Turkestan et le Béloutchistan*, avec une Notice historique sur les contrées qui confinent la Russie et l'Inde ; traduit du français en anglais, d'après le manuscrit encore inédit de M. J. P. Ferrier, par le capitaine William Jesse. 1 vol. in-8°. Londres, 1857 ; une deuxième édition en 1857 (en anglais).

Au moment où nous revoyons cette épreuve (décembre 1857), on nous apprend que le manuscrit original français de M. J. P. Ferrier va être publié à Paris.

Guerriers d'Elliah (Lauristan).

recevoir les visites et aussi les présents de ceux qui sont sous leur dépendance; car c'est l'invariable coutume de l'Orient, l'inférieur donnant au supérieur, et le pauvre donnant au riche, depuis le laboureur jusqu'au roi. »

Cet usage remonte à la plus haute antiquité, et probablement aux temps du gouvernement patriarcal. Quand les anciens rois de Perse passaient dans un village, on leur offrait des bœufs, du fromage, du blé. Le roi Artaxerxès-Muémon ayant un jour rencontré à l'improviste un nommé Sénéfas, celui-ci, qui n'avait rien sous la main qu'il pût offrir au monarque, courut chercher dans la paume de sa main un peu d'eau limpide; et ce don si simple, accompagné d'un discours plein de dévouement, lui valut l'accueil le plus gracieux. Plutarque et Élien racontent encore un autre trait de ce même prince. Un certain Mégisthès lui offrit en présent une pomme d'une grosseur démesurée; il en conclut que cet homme saurait faire prospérer tout ce que l'on confierait à ses soins, et lui donna une grande place. Cela est tout à fait dans l'esprit de l'Orient, esprit qui n'a jamais changé.

Il paraît prouvé que cette fête du nouvel an, chez les Persans, est très-ancienne. Le roi Djemchyd, qui est le même que l'*Achéménès* des historiens grecs, régla le premier le calendrier, et établit la fête de *New-rouz* ou de la nouvelle année.

L'ère persane, dont la fondation est attribuée à Djemchyd, commençait à l'équinoxe d'automne; les noms des mois étaient les mêmes que ceux dont se sert l'ère djélaléenne, qui commence à l'équinoxe du printemps. Chaque mois est de 30 jours, auxquels on ajoute 5 ou 6 jours complémentaires. Ainsi, l'ancienne année persane, qu'on appelle encore *yezdedjirdique*, était la même que celle dont on aurait essayé l'établissement en France en 1793 sous le nom d'ère républicaine.

LA RELIGION MAHOMÉTANE CHEZ LES PERSANS. — La religion mahométane, qui est aujourd'hui celle de la plupart des Persans, a perdu dans leur pays une partie de l'intolérance fanatique qui la caractérise dans l'Empire Ottoman. Comme *chiites* ou partisans d'Ali, les Persans portent aux Turcs et à d'autres sectateurs d'Omar une haine mortelle; pendant la fête d'Husseïn, fils d'Ali, et l'un des grands saints de la secte persane, on entend les rues de Chiraz retentir d'imprécations contre les sunnites; mais ces haines, peut-être entretenues par la rivalité politique des deux empires, ne s'étendent pas aux autres religions. Nulle part dans l'Orient les chrétiens d'Europe ne sont mieux reçus; les Juifs et les Arméniens sont vexés, mais moins qu'ailleurs; depuis longtemps on a cessé de persécuter les Guèbres ou adorateurs du feu; le roi régnant tolère même, malgré le clergé persan, diverses sectes mahométanes, entre autres les ismaélites, dont le patriarche réside dans l'Irak-Adjemi. Le clergé persan avait déjà éprouvé un contre-temps plus sensible sous le règne du fameux Nadir. Ce conquérant, qui, dans sa profonde mais cruelle politique, méditait la réunion de toutes les sectes mahométanes, fit un jour assembler les *mollahs* et les *imams*, ou les docteurs en théologie et les desservants des églises; il leur demanda quel usage ils faisaient de leurs revenus : « Nous les employons en œuvres pieuses; nous faisons dire des prières pour la prospérité de l'empire, nous élevons la jeunesse dans les collèges. » Le despote leur répliqua: « Les calamités que l'empire éprouve depuis un demi-siècle montrent assez combien vos prières sont impuissantes; quant aux collèges, je me charge de leur entretien: ainsi, comme mes soldats, soutiens de la foi et de l'État, sont aussi les seuls véritables mollahs, j'ordonne que vos biens soient confisqués à leur profit. »

Aujourd'hui, en Perse la religion mahométane a dégénéré, et ne consiste plus que dans l'accomplissement de quelques cérémonies et dans des pratiques passées en habitude; ce qui n'empêche pas les Persans de punir sévèrement ce qu'ils appellent la profanation des choses saintes. Cet esprit irréligieux a même passé dans toutes les classes, et les derviches eux-mêmes en donnent l'exemple au peuple par leur scepticisme.

Paris — Typographie de Henri Plon, imprimeur de l'Empereur, 8, rue Garancière.

LES SABIENS. — Nous ferons observer qu'il existe encore dans le Khousistan une secte mahométane très-remarquable : c'est celle des *Sabiens*, en arabe *sabioun*, qu'on a tort d'appeler *sabéens*, et de les confondre par là avec les adhérents de l'antique culte des astres, désigné sous le nom de *sabéisme*, et avec les peuples de l'Arabie Heureuse connus sous les noms de *Sabâ* et *Schabâ*, d'où les géographes grecs firent *Sabai*. La secte dont nous parlons, quoiqu'elle ait quelques établissements près de Bassora et de Lahsa, n'a rien de commun avec les Sabéens de l'Yémen ni avec le culte des astres ; elle a été fondée dans le neuvième siècle par un certain Nassaïri ; et ses livres religieux, écrits dans un idiome syriaque qui se rapproche du dialecte galiléen, indiquent le pays d'où elle est originaire. Comme les Sabiens révèrent la croix, comme ils emploient une sorte de baptême et s'appellent en même temps *disciples de Johannes*, on a pensé un instant que c'était une secte née avec le christianisme dans la Galilée : mais cette opinion paraît avoir été suffisamment réfutée ; leurs dogmes se rapprochent beaucoup de ceux des Ismaéliens, et en partie de ceux des Guèbres. Le nom de *Johannes* signifie, selon un savant orientaliste, *la lumière*, et n'a rien de commun avec la dénomination des *Chrétiens de Saint-Jean* dans l'Inde ; peut-être faudrait-il plutôt y voir un reste de l'ancienne fable chaldéenne sur le prophète et demi-dieu *Oannes*. Les Sabiens immolent des poules et un bélier. Leurs mariages sont accompagnés de beaucoup de cérémonies relatives à la conservation de la virginité.

SCIENCES ET LETTRES. — Les sciences et les lettres avaient jeté plus d'éclat en Perse sous les Sophis que dans aucune autre contrée d'Asie, depuis l'époque des califes. Les poëmes de Ferdoucy, de Saadi et de Hafiz ont plu dans des traductions européennes. L'imagination vive et fleurie de ces auteurs ne respire que l'odeur des roses, n'entend que les soupirs du rossignol, ne vit que dans le monde des génies et des fées ; mais il y a du vide dans les pensées et dans les sentiments ; c'est l'image du sol persan avec ses paradis et ses déserts. Il reste encore quelques faibles clartés : le souverain actuel cherche à les entretenir et à les répandre. Les langues arabe, turque et persane, l'éloquence, la poésie, la théologie, la médecine et l'astrologie sont enseignées dans de nombreux collèges. Si jusqu'à présent la Turquie n'était pas placée comme une barrière entre les lumières de l'Europe et le génie asiatique, nous verrions peut-être ce peuple asiatique prendre un essor extraordinaire. En Perse, on estime les gens instruits, on leur accorde les places les plus importantes.

INDUSTRIE. — Les talents naturels des Persans s'étaient exercés dans la carrière de l'industrie. Chardin a donné un aperçu fort détaillé des manufactures et du commerce de la Perse dans le dix-septième siècle. On avait porté à une haute perfection la broderie sur le drap, la soie et le cuir. La poterie se fabriquait dans toute la Perse, et la meilleure venait de Chiraz, de Mechhed, d'Yezd. Il s'en fabriquait d'une qualité qui résistait au feu ; la matière en était si dure qu'on en tirait des mortiers assez forts pour y piler différentes substances. La porcelaine qui se fabrique à Kerman, renommée pour sa légèreté, est encore remarquable sous un autre point de vue. Pline dit que les fameux vases murrhins étaient apportés en partie de cette province, nommée alors Carmanie. Peut-être les vases murrhins n'étaient-ils qu'une sorte de porcelaine fabriquée d'après des procédés aujourd'hui oubliés. Les manufactures de cuir, de chagrin et de maroquin remontent au temps des rois parthes, et peut-être à l'époque de Cyrus ; elles se maintenaient lors du voyage de Chardin ; elles fleurissent encore. Les Persans travaillent fort bien la chaudronnerie : ils se servent de l'étain de Sumatra pour étamer leurs batteries de cuisine. Les arcs de la Perse étaient les plus estimés de l'Orient ; leurs sabres damasquinés, faits avec du fer et de l'acier de l'Hindoustan, paraissent aux voyageurs européens inimitables pour nos armuriers d'Europe. Leurs rasoirs et autres ouvrages d'acier étaient aussi recherchés. Ils étaient habiles à tailler les pierres précieuses et à faire des teintures solides et brillantes. Leurs manufactures de verre ne méritaient pas grande attention. Leurs étoffes de coton, celles de laine, et celles fabriquées avec du poil de chèvre et de chameau, leurs soies, leurs brocarts et leurs velours atteignaient une qualité supérieure. Les tapis si précieux venaient principalement du Khorassan. Chardin ajoute que de son temps on les appelait tapis de Turquie, parce qu'on les faisait passer en Europe par ce pays. Les étoffes faites de poil de chameau se fabriquaient généralement à Kerman, et celles de poil de chèvre dans les montagnes du Mazanderan ; mais les draps de coton venaient principalement de l'Hindoustan. La fabrique des draps larges n'était pas connue, et on y suppléait par une espèce de feutre. Le roi lui-même était intéressé dans les marchandises de soie, les brocarts, les tapis et les bijoux, probablement avec peu d'avantage pour le pays. La marchandise principale de la Perse était la soie de différentes qualités. On envoyait à l'Hindoustan le tabac, des fruits confits, particulièrement des dattes, des vins, des chevaux, de la porcelaine et des cuirs de différentes couleurs ; à la

Turquie, du tabac, des ustensiles de cuisine ; à la Russie, des soies fabriquées.

Cet état de choses n'a pas autant changé qu'on pourrait se l'imaginer. On fabrique encore d'excellents sabres à Kasbin et dans le Khorassan. On les reconnaît à la qualité de l'acier très-fin, sur lequel on voit des veines ondoyantes qui forment une espèce de moire ; on le damasquine en or ; ces lames ne plient pas. Les sabres de Kasbin coûtent de 60 à 80 piastres, mais ceux du Khorassan coûtent jusqu'à 100 sequins ou 750 francs de France. Les Persans, ainsi que les Turcs, battent à froid tous les métaux, jusqu'aux fers des chevaux ; ce qui leur donne, dit-on, plus de solidité. Les Persans connaissent encore aujourd'hui l'étamage des glaces, ils taillent le diamant, paraissent, généralement parlant, n'avoir oublié aucun des arts qu'ils exerçaient autrefois ; ils travaillent l'émail.

Les laines sont une des principales marchandises de la Perse : les *Iliat* ou tribus en font les plus riches tapis, des feutres magnifiques, des tentes et des manteaux de voyage nommés *kabas*. Entre Hamadan et Ispahan, on recueille une manne dont on fait des pâtes pectorales estimées, nommées *guézengubin*. Yezd et Ispahan sont célèbres par leurs riches brocarts, et cette dernière ville par ses tissus nommés *kat-toun* ; Kachan par ses étoffes de soie et ses ouvrages en cuivre ; Koum par ses poteries ; Recht par ses bures à sept brins (*heft tahmiz*) ; Kermanschah et Chiraz par leurs armes, et la seconde de ces villes par ses cristaux ; Kerman par ses châles, et Nichapour par ses turquoises. Les ventes et les achats se font rarement au comptant, mais ordinairement à six mois de terme.

MARINE ET COMMERCE. — Le manque de bois de construction et la chaleur du climat semblent avoir empêché les Persans d'établir une marine dans les ports qu'ils possèdent sur le golfe Persique. Ils ont d'ailleurs beaucoup d'éloignement pour le métier de marin, et le pilote est appelé en persan *nakhouda*, c'est-à-dire *athée*. Leur commerce maritime ne se fait que par des navires étrangers.

Deux grandes routes s'ouvrent au commerce étranger pour atteindre le cœur des provinces persanes. L'une au nord, que suit le commerce d'Europe, c'est-à-dire presque exclusivement d'Angleterre et de Russie ; l'autre au sud, par le golfe Persique, que suit le commerce oriental, c'est-à-dire encore et presque exclusivement celui de l'Angleterre.

La route du nord est par Constantinople, Trébizonde, Erzeroum et Tauris, ou par Tiflis, Trébizonde et Tauris ; la route du nord est par la voie maritime du golfe Persique. Les Anglais ont un comptoir à Bender-Bouchir ou Aboucher ; ils ont des dépôts à Bender-Abassi, comme dans la plupart des îles du Laristan ; à Ketchmi, à Zalimah, à Andjar, à Karak ; ils ont une factorerie à Bassora, à l'embouchure de l'Euphrate. La voie du sud se complète par le transit de Syrie, par Alep et Damas, par Mossoul et Bagdad.

Le transit général de Trébizonde à Erzeroum sur l'Arménie et la Perse est évalué à 40 millions ; celui qui s'effectue à travers la Syrie et l'Asie Mineure peut aller à 20 millions ; enfin les opérations par le golfe Persique peuvent être estimées à 25 millions ; l'Europe échange donc avec la Perse pour environ 85 millions de francs de ses produits. Elle reçoit en échange les soies du Ghilan, les soieries et les châles d'Ispahan, de Kachan, du Kerman et de Cachemyr ; le tombeki (tabac) et les vins de Chiraz ; des gommes, de la cire, des chevaux, de l'indigo, des amandes, les sultanieh (raisins sans pepins), les calam (plumes de roseau), etc., etc., etc.

HORDES NOMADES. — Il faut pour compléter ce tableau dire quelques mots des nombreuses *tribus nomades* dispersées sur le sol, et qui y forment comme une seconde nation presque indépendante, et souvent ennemie de la population sédentaire, fuyant avec horreur le séjour des villes et pillant les caravanes. Les hordes *turques* ou *turcomanes*, répandues dans le nord de l'empire, comptent près de 800,000 individus ; celle des *Efchars*, dans l'Azerbaïdjan, autour du lac Méraga, forte de 90,000 têtes, a produit le féroce mais habile Nadir-Schah ; elle se divise en *Kassemlou* et *Ercehlou* ; celle des *Kadjars*, qui compte 60,000 âmes, et qui demeure dans le Mazanderan et principalement aux environs de Téhéran, a donné à la Perse son souverain actuel : aussi la langue turque domine-t-elle à la cour. Les Kadjars se divisent en *Iakaroubâch*, en *Achaghabâch* et en plusieurs autres tribus. Les tribus *Kourdes* de Perse, parmi lesquelles les *Erdilanis* sont les plus puissants, comptent 175,000 individus : dans cette estimation on ne comprend pas les Kourdes agricoles. D'autres tribus importantes sont celles des *Bakhtiari*, dans l'Irak et le Louristan, et celles des *Feili* dans le Khouzistan. Les tribus *Loures* ou *Louriennes*, dont la population est estimée à 225,000 individus, parcourent principalement les contrées montagneuses entre le Khouzistan et l'Irak, qui d'après eux ont pris le nom de Louristan ; elles parlent un dialecte particulier, qui pourtant doit ressembler assez au kourde pour avoir été confondu avec cet idiome. Comme Hadji-Khalfa assure que dans le Farsistan on parle trois langues, le parsi, l'arabe et le *pehlevi*, on peut, avec beaucoup de probabilité, conclure que la langue loure, seul dialecte aujourd'hui connu dans le Fars, outre l'arabe et le parsi, est ou le pehlevi, ou du moins un dialecte de cette ancienne langue. La côte du golfe Persique est comme abandonnée aux *tribus arabes* dont nous avons déjà parlé; mais il y a encore dans l'intérieur des tribus arabes nomades, dont la force est d'environ 500,000 individus. Une classe particulière paraît comprendre les *Ghelaky* ou *Ghilèki*, sur les montagnes du Ghilan, qui parlent entre eux un idiome particulier, tandis que les *Embarlou*, habitants des vallées, parlent un dialecte persan. Les *Paddar*, les *Hassarais*, et autres tribus peu connues, errent sur les bords de l'Araxe.

GOUVERNEMENT, ADMINISTRATION. — Le gouvernement persan est une monarchie absolue et héréditaire; le schah peut disposer à son gré de la vie et des biens de ses sujets.

Les titres et les dignités sont en grand nombre dans la Perse : nous allons mentionner tous ceux qui sont de quelque importance. La désignation de *mirza* se donne à tous les lettrés, mais pour ceux-ci elle précède toujours le nom de l'individu; elle ne se place après que pour désigner le fils du monarque et les princes du sang. Le titre de *khan* se donne ordinairement aux chefs de tribus militaires et aux gouverneurs des provinces et des villes : il est héréditaire dans beaucoup de familles. Le roi le confère à ceux qu'il veut anoblir.

Après le *vely-ahd*, dénomination réservée à l'héritier présomptif du trône et aux princes du sang, la plus éminente est celle de *premier ministre* (*sadri-azem*), qui porte aussi le titre de *itimad-ud-dewlet*, ou celui de *moutemid-ud-dewlet*, c'est-à-dire *soutien et confiance de l'empire*. Viennent ensuite le *ministre des finances* ou l'intendant de l'empire (*emin-ud-dewlet*); le *ministre de l'intérieur*, ou l'ordre de l'empire (*nizam-ud-dewlet*), qui reçoit aussi le titre de grand chancelier de l'État (*mounchi-oul-memâlik*). Le *naib-i mounchi-oul-memâlik* est son substitut. Les *mounsterfi* sont les secrétaires d'État. Le *lechker muris* est le secrétaire d'État au département de la guerre; l'une des principales fonctions est celle d'exécuteur des confiscations (*darogha-i defter*). Le chef de la justice et des cultes se nomme *sadr* ou bien *cheik-ul-islam*.

Les gouverneurs des provinces, qui représentent les anciens satrapes, sont nommés *begler-beg*, c'est-à-dire *prince des princes*; les commandants de villes considérables *kakim*; ceux de places moins importantes *zabit*, qui signifie autorité. Viennent ensuite les maires des villes (*kelanter*), les lieutenants de police (*darogha*), les commissaires de marché (*mouhtesib*), les chefs des gardes de police (*mir-i ahdas*), c'est-à-dire *princes des accidents*; les *pak-kar* ou percepteurs des contributions, les maires de village (*ketkhouda*).

Les principales charges de la cour sont les suivantes : le *nasaktchi-bachi* ou grand maréchal, qui est en même temps l'exécuteur de la justice; l'*ichik-aghasi* ou grand maître des cérémonies, et le *mihmandar-bachi* ou grand maître de l'hospitalité, chargé de faire les honneurs aux étrangers, et de pourvoir, aux frais de l'État, aux dépenses des ambassadeurs.

Dans les audiences solennelles, le roi est entouré de différents officiers; ce sont : le *porte-épée* (*silikhdar*), le *porte-bouclier* (*kalkandar*), le *verse-café* (*kahvedji bachi*), le *porte-pipe* (*kalioundar*), le *porte-sceau* (*muhurdar*), et le *porte-couronne* (*tadjdar*). Il faut y ajouter le *porte-parasol*, le *porte-tabouret* et le *porte-aiguière*. Les gardes du corps se nomment *kechiktchi*.

C'est le ministre des finances qui est chargé de toutes les dépenses du harem; mais la surintendance en est toujours confiée à une princesse du sang, qui porte le titre de *dame du harem* (*banou-i harem*). M. de Hammer fait remarquer à ce sujet que c'est un usage qui existait chez les anciens Perses. Ainsi, dit-il, les reines Esther (*Asitaré*, étoile), Parisatis (*Perizadé*, fille de fée), Roxane (*Rouhsan*, semblable à un esprit), Monime (*Mou'nimé*, la clémente), étaient dames du harem. Les autres dignitaires du harem, femmes ou hommes, portent le nom de *barbe blanche* (*richsifid*).

DIVISION DE LA PROPRIÉTÉ, IMPOTS, FINANCES. — Avant d'examiner quels sont les revenus de la Perse, nous allons donner une idée de la nature des propriétés. Le sol est partagé entre quatre classes de propriétaires : la couronne, les particuliers, les communautés religieuses, et les personnes qui ont reçu du roi des biens-fonds en récompense de quelque service éclatant. Les biens de la couronne se nomment *khalisié*; ceux qui sont confisqués au profit du roi prennent le nom de *zabt-i schah*; et lorsqu'il daigne accorder au propriétaire une petite rente sur le bien confisqué, cette rente est appelée *moustécémri*.

Les grands propriétaires partagent leurs terres entre les paysans d'un village, et ceux-ci les cultivent. Mais si le cultivateur fertilise un terrain inculte en le canalisant, ce terrain devient sa propriété. Chaque village possède un certain nombre d'instruments aratoires et de bœufs; les cultivateurs qui n'en ont point trouvent facilement à en louer. Le propriétaire par héritage, par achat ou par concession royale, reçoit de ses fermiers un dixième du revenu annuel. S'il canalise le terrain, il en vend l'eau au fermier; s'il fournit la semence, il perçoit en outre, à titre d'intérêt, un dixième de la récolte totale; enfin s'il fournit les bestiaux pour le labour, il a les deux tiers de la récolte et quelquefois plus, mais alors il se charge

de payer les contributions. Les fiefs, ainsi que les terres concédées par le roi, n'étant soumis à aucun impôt, l'usufruitier perçoit seulement trois dixièmes du revenu, parce que le droit de propriété et l'impôt absorberaient ces trois dixièmes.

L'impôt foncier ou *maliat* se paye à la couronne partie en nature et partie en argent. C'est en nature que le roi reçoit le cinquième des céréales, du tabac, de l'indigo, du coton, de la soie et d'autres denrées de quelque valeur; mais pour les légumes et les fruits des jardins qui entourent les villes et les villages, il se fait donner de l'argent. Autrefois cet impôt était du dixième, aujourd'hui il est du cinquième, et est levé par les soins de percepteurs qui achètent et revendent leur emploi et qui ne livrent que la quantité due, mais qui trouvent un grand bénéfice dans les extorsions dont ils accablent les contribuables.

Les animaux sont également imposés : un cheval paye un *réal* (32 c.) par an; un chameau ou un bœuf, les quatre cinquièmes d'un réal; un mouton et une chèvre, le tiers d'un réal; et une ruche d'abeilles, le sixième de la même monnaie. La quotité de l'impôt personnel et celle de la taxe des maisons sont difficiles à déterminer; on sait seulement que les Arméniens, les juifs et les Guèbres payent une capitation plus forte que les mahométans; elle varie de 3 à 8 réaux, suivant les provinces. Les habitants des villes en sont exempts. Les boutiques et les magasins payent, suivant l'importance du commerce des marchands, depuis 2 jusqu'à 20 réaux.

Par ces impôts on voit que le paysan doit être fort obéré; il est certain aussi que le boutiquier (*dukandar*) l'est moins, et que le marchand ou négociant (*sevdagher*) l'est encore moins, puisqu'il ne paye que des droits de douane et d'octroi.

Les marchandises étrangères sont soumises à un droit d'entrée de cinq pour cent; mais il existe en outre un grand nombre de douanes particulières (*goumrouk-khané*), où les marchandises qui ont déjà payé le droit d'entrée en payent un nouveau de un à deux et demi pour cent. Ces douanes sont affermées à un prix énorme, de sorte qu'il n'est pas de vexations dont le fermier n'accable le marchand pour augmenter ses propres bénéfices.

Les impôts que nous venons d'énumérer ne sont pas les seuls que le peuple ait à supporter : il en est un, le *sadr*, ou tribut extraordinaire, qui est de sa nature tout à fait vexatoire. Ainsi l'habitant est obligé de fournir de chevaux, de grains, de fourrages, de moutons, etc., le roi, les princes, les hauts fonctionnaires, les ambassadeurs étrangers, lorsqu'ils voyagent; d'approvisionner les troupes en marche, d'héberger les courriers, et d'entretenir les routes, les ponts, les édifices publics.

Ce n'est pas tout : nous n'avons pas encore parlé du *pich'ech*, présent que le roi reçoit à la fête du *Neu-rouz*. C'est un impôt qui passe pour volontaire, mais qui ne laisse pas d'être très-onéreux pour la *raïa* (*reïet*), parce que les gouverneurs, dans l'espoir de mériter la faveur du souverain, cherchent à se surpasser les uns les autres dans l'importance du présent. Les simples courtisans n'ont garde de se présenter chez le roi sans s'être munis au moins d'une bourse pleine d'or; et ceux qui ne peuvent apporter ni or, ni argent, ni pierres précieuses, donnent des chevaux, des châles et d'autres objets de valeur. A cette époque tout s'offre et rien n'est refusé. On évalue à plus de 1,500,000 tomans, ou plus de 30,000,000 de francs, la valeur des présents qui viennent s'engloutir dans le trésor du roi pendant la durée de cette fête.

On assure que la couronne tire un revenu considérable des édifices publics, mais nous n'avons aucune donnée sur son importance. Bien qu'il soit impossible de connaître ou d'évaluer d'une manière exacte les revenus de la Perse ou de son souverain, ce qui est absolument synonyme, nous croyons qu'ils ne s'élèvent pas à moins de 2,500,000 tomans qui, calculés en monnaie française, forment 50,000,000 de francs (1).

Cette somme, dans un État comme la Perse, où les objets nécessaires à la vie sont à un taux bien moins élevé qu'en Europe, doit suffire non-seulement à l'entretien de l'armée et aux dépenses publiques, mais à celles du monarque, qui sont très-considérables, lorsque l'on songe à ce que doit coûter un harem composé de 300 femmes, avec domestiques, esclaves, eunuques et autres employés, et en y comprenant la solde des gardes du corps, l'achat et l'entretien des bêtes de somme, des chevaux, des chameaux et des équipages du roi, la réparation des châteaux royaux, le salaire des fonctionnaires publics, les pensions faites aux membres de la famille royale, qui, à l'exception de dix-neuf fils et petits-fils soutenus par les revenus des divers gouvernements qui leur sont confiés, s'élèvent à des sommes importantes; enfin les cadeaux faits par le prince non-seulement aux différentes personnes qui composent sa cour, mais aux étrangers de distinction.

Ce n'est pas cependant le traitement des fonctionnaires, quel que soit leur rang, qui peut obérer le trésor royal, puisque l'on sait qu'ils sont en général très-peu rétribués. Mais il est bon de répéter que,

---

(1) Balbi porte ces revenus à 80,000,000 de francs : c'est probablement en y comprenant le *pichkech*.

dans les provinces, c'est le peuple qui est victime de la parcimonie du gouvernement : ainsi certaines classes de fonctionnaires, qui sont payés en traites sur les districts qu'ils administrent, obtiennent par leurs exactions le double et le triple de ce qui leur est alloué ; ceux qui sont rétribués sur les fonds du trésor n'ont pas toujours, à la vérité, cette ressource désastreuse pour le pays, mais le roi les indemnise quelquefois par de riches présents. Il est vrai encore que lorsque ces fonctionnaires ont acquis quelques richesses, le monarque absolu les dépouille suivant son caprice. Aussi la Perse est-elle le pays où le peuple est le plus écrasé d'impôts, et la haute classe la plus endettée, la plus mécontente et la plus démoralisée.

ARMÉE PERSANE. — L'armée se compose de milices provinciales et de cavalerie fournies par les tribus nomades, soldats presque indisciplinés, et de troupes exercées et équipées à peu près à l'européenne, et que l'on désigne sous le nom de *kouchouni-akavi*, c'est-à-dire troupes à la solde du roi. Cette dernière forme la véritable armée régulière. Elle est conséquemment divisée en deux grandes classes : les *djanbaz*, ou soldats soumis à l'ancienne discipline, et les *serbaz*, ou soldats soumis à la nouvelle. On y distingue plusieurs corps particuliers : les *zembourektchi*, artilleurs montés sur des chameaux ; les *kechikdji*, gardes du corps répandus dans les différentes résidences royales, et formant un total de 3,000 hommes, et les *ghoulam*, gardes du corps à cheval, qui ne quittent jamais le roi, et qui sont au nombre de 3 à 4,000. Outre leur service habituel, ils sont souvent chargés de missions qui exigent de l'activité et une fidélité à toute épreuve ; quelquefois ils sont employés dans des affaires importantes ; on leur confie même la perception de quelque impôt extraordinaire ; c'est alors qu'ils savent tirer de leur position des profits considérables : aussi l'arrivée d'un *ghoulam* dans un canton est-elle souvent considérée par les habitants comme un véritable fléau ; la terreur qu'elle inspire est si grande, qu'à son approche ils s'enfuient épouvantés dans les montagnes ou dans le canton voisin.

Les généraux portent le titre de *khan* ; les grades inférieurs se désignent par les noms de *bin-bachi*, *iouz-bachi*, *pendjah-bachi* et *dch-bachi*, c'est-à-dire chefs de 1,000, 100, 50 et 10 hommes.

Comme la Perse ne possède ni hôpitaux militaires ni magasins pour l'approvisionnement de l'armée, le soldat est obligé de se fournir, sur sa solde annuelle, de tout ce dont il a besoin. Cette solde varie de 6 à 7 tomans (120 à 140 fr.) par soldat, et de 20 à 30 (400 à 600 fr.) par officier. La paye la plus haute pour un officier supérieur est de 500, 1,000 et même 2,000 tomans par an. Quant aux chefs des nomades, leur traitement n'est point fixe ; il est proportionné au nombre d'hommes qu'ils commandent.

Les armes en usage dans l'armée persane sont le fusil à mèche, la carabine, le sabre, le pistolet, de longues lances en bambou flexible, des boucliers, des javelots et des masses d'armes. La cavalerie turcomane porte aussi des arcs et des carquois. L'infanterie est peu nombreuse et exercée à l'européenne. L'artillerie a longtemps été le corps le plus mal organisé, mais aujourd'hui des instructeurs et des ingénieurs français et russes sont parvenus à la réorganiser ; c'est peut-être maintenant la meilleure arme du royaume. On a établi dans le pays des fonderies et des raffineries de poudre. Aujourd'hui la Perse n'est guère qu'un État de troisième ordre. Elle tire sa seule importance politique de sa situation entre la Russie et les possessions anglaises des Indes ; son avenir dépend de la rivalité commerciale de ces deux grandes nations en Asie.

Tableau des nations qui habitent la Perse, tiré des Itinéraires de plusieurs voyageurs français.

A. NATIONS AGRICOLES OU MANUFACTURIÈRES, ayant des demeures stables.

1. Les *Persans* modernes, nommés *Tadjiks* ou tributaires par les nomades. C'est un mélange d'anciens Persans, de Tatars, d'Arabes et de Géorgiens. Nombre présumé.... 7,400,000
2. Les *Parsis* ou *Guèbres*, restes des Persans du cinquième et sixième siècles, adorateurs du feu. Nombre présumé............... 25,000 à 30,000
3. Les *Ghilèky* ou anciens habitants du Ghilan...... 270,000
4. Les *Arméniens*. Dans l'Azerbaïdjan, etc.......... 70,000
5. Les *Juifs*. A Ispahan, Chiraz, Téhéran, Kachan... 35,000
6. Les *Syréens* ou *Zabéens*. Dans le Khouzistan..... 15,000

                    7,820,000

B. NATIONS NOMADES OU TRIBUS vivant de leurs troupeaux ou de la pêche, changeant de demeure, ou du moins toujours prêtes à en changer (1,680,000 individus).

I. TRIBUS DE LA LANGUE TURQUE (625,000 individus).

1. Les *Efchars*, dans l'Azerbaïdjan, le Khouzistan, le Kerman, le Khorassan, le Farsistan et le Mazanderan.
    Le noyau est à *Ourmiah*.................... 90,000
    Subdivisés en *Kassemlou* et *Evechlou*.
2. Les *Qatchars* ou *Kadjars*. Tribu dont Feth-Ali-Schah est originaire. Noyau à Asterabad, dans le Mazanderan ; à Mérou, dans le Khorassan, etc.
    Subdivisés en *Jokarou Bâch* et *Achagha Bâch*. 50,000
    Ces deux subdivisions comprennent les *Kavàllou*, les *Dèvèllou*, les *Khiâklou*, les *Dâbânlou*, les *Soutchânlou*, les *Kerlou* et les *Ezèdenlou*.
3. Les *Mukaddem*, à Maragka, dans l'Azerbaïdjan. Tribu extrêmement brave................. 8,000
4. Les *Dombalou*, aux environs de Khoï et de Selmar. 70,000
5. Les *Turkmens* ou *Turcomans*, dans l'Azerbaïdjan, près d'Hamadan dans l'Irak, près de Kazeroun dans le Fars...................... 30,000
    Les Turkmens sont divisés en *Kadim* et *Djédid* (branche vieille et nouvelle).
6. Les *Talychs*, dans le Mazanderan et le Ghilan... 20,000
7. Les *Kara-Gheuzlou*, aux environs d'Hamadan.... 15,000
8. Les *Beïat*, dans l'Azerbaïdjan, à Téhéran, à Nichabour (dans le Khorassan), dans le Fars, etc. 20,000
    Les Beïat se partagent en *Kara-Beïat* et en *Ak-Beïat*.
9. Les *Châh-seven*, aux environs d'Ardehil et de Reï. 20,000
10. Les *Djélair*, à Kelat dans le Khorassan (nombre inconnu)............................. 10,000?
11. Les *Far-Modanlou*, dans le Farsistan.......... 10,000
12. Les *Kodjavend*, dans le Ghilan et le Mazanderan. 5,000
13. Les *Kara-Tchorlou*, dans l'Azerbaïdjan, le Khorassan, etc............................ 12,000
14. Les *Eïnallou*.............................. 5,000
15. Les *Bekdillou*, dans l'Azerbaïdjan............. 5,000
16. Les *Kourd-Petché*, dans l'Irak-Adjémi et l'Azerbaïdjan............................... 6,000
17. Les *Abdoul-Méléki*, dans le Mazanderan et le Ghilan............................... 6,800
18. Les *Rèhimlou*............................ 3,000
19. Les *Nèzèr-Béchârlou*, dans le Fars............. 15,000
20. Les *Khodâ-Bendélou*....................... 6,000
21. Les *Hâdjiter*, dans le Mazanderan............. 5,000
22. Les *Emrânlou*, idem...................... 4,000
23. Les *Kara-Emrânlou*, aux environs d'Ispahan.... 3,000
24. Les *Emvarlou*, sur le territoire de Kasbin....... 5,000
25. Les *Oustedjarlou*, dans l'Azerbaïdjan.......... 3,000
26. Les *Saridjelou*, idem...................... 5,000
27. Les *Khân-Chobânlou*, idem................. 10,000
28. Les *Djirânchir*, idem..................... 8,000
29. Les *Kouïounlou*, idem.................... 8,000
30. Les *Khaledj*, idem....................... 8,000
31. Les *Seidlou*, dans le Ghilan................. 5,000
32. Les *Boulverdi*, dans le Farsistan............. 5,000
33. Les *Kâchkaï*, idem....................... 15,000
34. Les *Kourd*, dans l'Irak, le Fars et le Mazanderan. 4,000
35. Les *Adjerlou*, au nord-ouest d'Ispahan........ 6,000
    Il y a environ 20 à 30 tribus moins connues, dont le nombre d'individus est évalué à...... 125,000

II. TRIBUS DE LA LANGUE ARABE (400,000 individus).

A. *Arabes pasteurs* introduits par Tamerlan.

1. Les *Bestami*, à Bestam dans le Khorassan....... 20,000
2. Les *Thouni*, dans le Khorassan............... 20,000
3. Les *Djindaki*, dans une oasis du grand désert salé. 12,000?
4. Les *Agakhani*, dans le bas Fars.............. 20,000
5. Les *Ahvaz* ou *Ahvizè*, dans les plaines du Khouzistan............................... 5,000
6. Les *Athullahi*, dans le Kerman.............. 7,000
7. Les *Ardestâni*............................ 7,000
8. Les *Kermâni*............................ 8,000
9. Les *Sistâni*.............................. 8,000
    Plusieurs autres tribus, dont le nombre est évalué à.............................. 100,000

B. *Arabes pêcheurs*, sur la côte méridionale.

1. Les *Beni-Kiab*, dans le Khouzistan (Élam) ...	
2. Les Arabes *Hindiân*, sur les côtes du Fars....	
3. Les *Beni-Houle*, idem......................	193,000 ?
4. Les Arabes *Lindje* (peut-être de la ville de Lundje), idem.......................	

III. Tribus de la langue loure (215,000 individus).

1. Les *Zend*, aux environs d'Ispahan et dans le nord de Fars........................	15,000
2. Les *Lekes*, dans le Fars....................	25,000
3. Les *Khogilou*, idem.......................	20,000
4. Les *Zinguénêh*, aux environs de Zirmanschah....	8,000
5. Les *Feïli*, dans le Louristan, entre Souster et Kermanschah........................	40,000
6. Les *Bakhtari*, dans le Louristan, entre Souster et Ispahan.......................	40,000
7. Les *Kerrous*, aux environs de Khamsé.........	12,000 ?
8. Les *Kara-Zendjiri*, près Kirmanschah	8,000
9. Les *Mâfi*, les *Bâdjemlou*, les *Païwend*, les *Kârkânêï*, les *Kebhour*, les *Tchiguini*, les *Sadewend*, les *Oourgui*, les *Nouïi*, les *Memessâni*, les *Dechtistâni*, et 11 autres tribus qu'il est inutile de nommer, forment un nombre d'individus que l'on peut évaluer à	46,700

IV. Tribus de la langue kourde (275,000 individus).

A. *Dans le Kourdistan.*

1. Les *Moukri*, indépendants, pouvant lever dans une journée 3,000 chevaux................	40,000
2. Les *Bilbas*, indépendants, dispersés, pouvant lever 15,000 hommes et 5 à 6,000 chevaux...	87,000
3. Les *Giafs*, habitant les États d'Abdoul-Ramal, chef indépendant; 4 à 5,000 familles........	25,000

4. Les *Gourars*, aux environs de Senney, soumis au *vali* ou gouverneur persan	4,000 ?
5. Les *Baras*, 1,000 familles .. ⎫	
6. Les *Sounsour*, 1,200 familles. ⎬ Même demeure, etc.	16,000
7. Les *Leks*, 1,000 familles ... ⎭	
8. Les *Kotchanlou*......................	10,000
9. Les *Chaghaghis*. Cette tribu pacifique, agricole et heureuse, est aussi répandue dans l'Azerbaïdjan.	20,000

B. *Hors du Kourdistan.*

1. Les *Rechevend*, dans le canton de Taroun, près le défilé de Routbar, entre l'Irak et le Mazanderan.	12,000
2. Les *Pazègui*, entre Rey et Téhéran...........	4,000
3. Les *Zaferanlou*, dans le Khorassan......... .	10,000
4. Les *Erdelany*, dans le Khouzistan...........	?
5. Les *Boïnourd*, dans le Khorassan	8,000
6. Les *Modanlou*, dans le Mazanderan	5,000
7. Les *Embarlou*, etc., etc.................	4,000
8. Les *Djihân-Beklou*, dans le Mazanderan.......	5,000
9. Les *Chêkâki*, dans l'Azerbaïdjan...........	25,000

V. Tribus de la langue patane.

* Les *Beloutchis* ou *Ballondches*, dans le Kerman et le Moghostan, les *Hyber*, les *Servani*, les *Abdolli*, et plusieurs autres tribus issues de la même race que les Afghans, et parlant à peu près la même langue, errent plutôt comme brigands que comme nomades dans la partie orientale de la Perse.....................	165,000

Total approximatif de la population.... 9,500,000

Nota. Il est question dans les Itinéraires de quelques autres tribus nomades, telles que les *Kechlacks*, dans le Guermsir et le Kourdistan; les *Seïds*, qui prétendent faire des miracles, et qui demeurent dans l'Azerbaïdjan, etc.; mais les Itinéraires manuscrits que nous avons pu consulter ne fournissent aucun renseignement ultérieur sur ces tribus.

Tableau de la population, de la superficie, des contributions et du contingent en soldats de chaque province de la Perse.

PROVINCES MODERNES.	PROVINCES ANCIENNES QU'ELLES COMPRENNENT.	CAPITALES.	SUPERFICIE en kilomètres carrés	POPULATION.	MONTANT NET des CONTRIBUTIONS en tomans (1).	CONTINGENT en hommes.
Irak-Adjémi.....	Grande Médie...............	Téhéran........	240,000	2,200,000	530,000	50,460
Tabaristan......	Pays des Parthes et des Tapyres.	Damavend......	16,000	100,000	» (2)	1,700
Mazanderan.....	Hyrcanie et Dahes	Sari..........	18,000	650,000	15,000	12,000
Ghilan.........	Pays des Cadusiens	Recht.........	11,000	200,000	160,000	3,000
Azerbaïdjan....	Médie atropatène...........	Tauris........	70,000	1,800,000	» (2)	43,340
Kourdistan.....	Partie de l'Assyrie...........	Kirmanschah....	33,000	400,000	30,000	6,000
Khouzistan.....	Susiane...................	Chouster........	72,000	700,000	1,000 ?	13,000
Farsistan......	Perse propre...............	Chiraz........	320,000	1,300,000	204,000	30,000
Kerman........	Carmanie.................	Kerman	170,000	500,000	50,000	7,000
Kouhistan	Parthiène et Tabiène.........	Chehéristan	60,000	150,000	» (2)	2,000
Khorassan	Parthiène	Mechhed........	150,000	1,500,000	» (3)	22,000
			11,600,000	9,500,000	990,000	192,500

Amendes, confiscations, présents évalués à..................... 1,500,000

Total approximatif du revenu de la couronne................. 2,490,000

---

(1) Le toman est une monnaie de convention qui représente environ 35 francs.

(2) Les provinces de Tabaristan, Azerbaïdjan et Kouhistan absorbent le montant de leurs contributions en frais d'administration.

(3) Le Khorassan passe pour ne rien rapporter à la couronne, attendu que les contributions suffisent à peine pour payer les gouverneurs et autres agents de l'administration.

BÉLOUTCHISTAN.

LIMITES, ÉTENDUE ET SUPERFICIE, POPULATION. — Le *Béloutchistan* ou *Béloudjistan*, borné au nord par l'Afghanistan, au sud par la mer d'Oman, à l'ouest par la Perse, et à l'est par le Sindhy, a environ 1,100 kilomètres de longueur de l'ouest à l'est, 700 dans sa moyenne largeur du sud au nord, et 360,000 kilomètres carrés. On peut évaluer la population de ce pays à environ 500,000 habitants, la plupart pasteurs et nomades; beaucoup de leurs tribus vivent de brigandage.

ASPECT PHYSIQUE. — Il appartient physiquement à la Perse : c'est le prolongement du même plateau et des mêmes chaînes de montagnes; celles-ci se dirigent les unes à l'est et les autres au nord-est, séparées par de longues vallées. Dans le nord-est on traverse d'effroyables défilés dominés par des sommets de 2 à 3,000 mètres de hauteur; l'intérieur du pays est coupé par le désert de Benpour, entouré de rochers, et le nord par un autre plus vaste, connu sous le nom de *désert du Béloutchistan*, dont le sol, composé de sables mouvants, est parsemé de quelques petites oasis inhabitées. Le pays n'est arrosé par aucune rivière importante; le *Doust*, dont le cours est peu connu, passe pour l'une des plus considérables, et paraîtrait avoir près de 400 kilomètres de cours; le *Bhegvor*, grossi du *Nehenk*, en a environ 520; le *Pourally*, l'*Arabis* des anciens, n'en a que 160; le *Mouklou* est à peu près de la même étendue; tous les trois se jettent dans la mer d'Oman. Le *Nary*, le *Kouhi*, le *Caskin* et le *Serhoud* vont se perdre dans les sables des déserts.

NATURE DU SOL, MONTAGNES. — Sur le plateau du Béloutchistan, le sol, aride et sablonneux, est rebelle à la culture; il n'y croît que des graminées qui servent de pâture à de nombreux troupeaux. Toute la partie méridionale, depuis la côte jusqu'à quelques kilomètres dans les terres, ne présente que des plaines d'un aspect sauvage; puis s'élèvent les monts Bechkord, au delà desquels s'étend le désert de Pendjgour, séparé du grand désert par les monts Vacheti; puis on trouve les monts Saravan et Kounaji, et à l'est la chaîne très-considérable en hauteur des monts *Hala*. La partie de cette chaîne qui sépare les plaines de l'Indus de la province de Lous prend le nom de montagnes de Lukki; elle est traversée par le défilé de Lukki (*Lukkee pass*), situé vers le 26ᵉ degré de latitude nord. Dans le voisinage de ce parallèle, la principale chaîne tourne vers le nord, et elle est alors traversée par le célèbre défilé du Bolan (*Bolan pass*), qui conduit dans l'Afghanistan : il a environ 100 kilomètres de longueur, sur une largeur qui n'est souvent que de quelques mètres. En se dirigeant vers le nord, il se trouve vers la moitié de sa longueur une ouverture de 40 à 50 kilomètres, due à une plaine nue dont la stérilité est suffisamment indiquée par son nom de *Dechtibédovlet* ou désert de la pauvreté : quelquefois on le nomme aussi *Dechtibédar* ou désert inhabité. A l'occident, les monts Bechkord et Bagous forment les principales limites de la province du Kouhestan, dont l'intérieur est occupé par les monts Serhoud. Ces montagnes offrent des foyers volcaniques qui ne sont pas encore éteints : dans certains endroits la surface du sol est brûlante et se couvre de larges crevasses. Les parties orientales sont souvent ravagées par des tremblements de terre. Quelques-unes des chaînes de collines qui partent du Kouhistan se dirigent au sud, et vont former un groupe qui comprend le *Kouhé-Nouchadir* ou mont du Sel ammoniac. Les vallées du Béloutchistan sont en général couvertes d'une terre noire, argileuse et assez productive.

Les montagnes appartiennent à des terrains anciens composés de granits, de gneiss, de calcaires et de porphyres. Elles renferment des marbres de diverses couleurs, du sel gemme, du soufre, de l'alun, et des métaux utiles et précieux, tels que l'or, l'argent, l'étain, le cuivre, le fer, le plomb et l'antimoine.

CLIMAT. — Le climat varie dans les diverses parties du Béloutchistan : au nord-est et à l'est, les saisons sont réglées à peu près comme en Europe; cependant sur les bords du Kauby, affluent de l'Indus, et dans les environs de Gondavâ, l'été est si chaud que les habitants sont souvent obligés d'aller chercher un refuge contre la chaleur dans les montagnes. Le printemps commence du 15 au 25 février, et dure deux mois; l'été se prolonge ensuite jusqu'au commencement d'août, et l'automne lui succède jusque dans les premiers jours d'octobre que vient l'hiver, saison qui est ordinairement assez rigoureuse. Dans les autres parties, le printemps et l'été commencent plus tôt qu'en Europe; dans toutes, l'hiver est toujours accompagné du vent de nord-ouest, le seul qui souffle périodiquement dans le pays. Dans la partie maritime, les chaleurs ont lieu en mars et finissent en octobre; elles ne sont interrompues que par les moussons du sud-ouest vers le mois d'août; mais cette partie est malsaine, et même ce n'est que sur le plateau intérieur que l'air est pur et salubre.

PRODUCTION VÉGÉTALE, ANIMAUX. — Le Béloutchistan n'est pas, comme la Perse, dépourvu de forêts; celles-ci même y sont remplies d'arbres précieux. Le meilleur bois de charpente est fourni par le jujubier et le tamarinier, qui parviennent à une dimension considérable. Le chêne, le frêne et le sapin y sont tout à fait inconnus. Du reste, on récolte les mêmes productions que sur le sol persan. On y trouve aussi les mêmes animaux, tels que le buffle, le mouton, la chèvre, le cheval et l'âne. Le cheval est grand, robuste et bien fait, mais ordinairement très-vicieux. Le dromadaire se plaît dans les sables des déserts, ainsi que l'antilope, le léopard, l'hyène, le loup et le chacal. Le lion et le tigre y sont rares. Les bois sont peuplés de singes, de caméléons, d'oiseaux d'un grand nombre d'espèces, et d'abeilles; mais le pays nourrit peu d'insectes, et surtout de reptiles venimeux.

TRIBUS DU BÉLOUTCHISTAN. — Les habitants de ce pays sont les *Béloutchis* et les *Brahouis*, qui se distinguent par leurs mœurs et leur langage, mais qui mènent généralement la vie nomade; aussi les villes de quelque importance y sont-elles en petit nombre, et la population est-elle partagée en plusieurs territoires, gouvernés chacun par un chef. Ces différents chefs reconnaissent cependant la suprématie de celui qui réside à Kélat, et qui s'est rendu indépendant du roi de Kaboul. C'est ce qui a même porté plusieurs géographes à considérer le Béloutchistan comme une réunion d'États fédératifs, à laquelle ils ont donné la dénomination de *Confédération des Béloutchis;* dénomination qui ne serait pas sans justesse, si cette forme de gouvernement était établie sur des garanties politiques réelles, et si elle ne variait pas suivant les vues différentes des chefs ou selon les révolutions qui surviennent.

Les Béloutchis prétendent descendre des premiers mahométans qui envahirent la Perse; ils sont très-flattés qu'on les suppose d'extraction arabe, et sont choqués de l'idée qu'ils viennent d'une souche commune avec les Afghans. On a cru qu'ils pouvaient descendre des Mongols; mais Pottinger pense qu'ils sont plutôt d'origine turcomane. Quant aux Brahouis, dit-il, ils semblent être une peuplade de Tatars montagnards qui, à une époque très-reculée, se sont établis dans les parties méridionales de l'Asie, où ils menaient une vie errante, réunis en kheils ou sociétés, conduits et gouvernés par leurs chefs et par leurs lois pendant plusieurs siècles, jusque vers le commencement du dix-septième, époque où ils se réunirent en un corps et parvinrent à former les établissements qu'ils ont aujourd'hui à Kélat et dans tout le Béloutchistan, en assurant à leurs chefs la prépondérance dans le pays. Au surplus, malgré la date peu ancienne de leur établissement, les Brahouis sont tellement ignorants, qu'ils s'imaginent être aborigènes du Béloutchistan. Ils croient que rien n'est antérieur à l'islamisme, excepté que l'univers existait : et, pour prouver qu'ils furent l'objet d'une prédilection particulière de la part du prophète arabe, ils racontent que pendant une nuit il vint, monté sur une colombe, leur rendre visite, et qu'il laissa parmi eux plusieurs *pyrs* ou saints pour être leurs guides spirituels. Ils ajoutent même que les reliques de quarante de ces docteurs déifiés sont enterrées à 80 et quelques kilomètres au nord de Kélat, sous une montagne qu'ils appellent pour cette raison *Kouhétchéhelten* (la montagne des quarante corps), et qui est pour les musulmans et les Hindous un lieu de pèlerinage.

Outre les Béloutchis et les Brahouis, le Béloutchistan renferme des *Dehrars* ou *Dekhans* qui, selon Pottinger, ne sont que des descendants des anciens Guèbres et des Hindous, qu'il regarde comme les premiers colons de la partie supérieure des monts Brahouiks, à l'époque où ils furent expulsés du Mekran, du Lotsa et du Sindhy par les armées des califes de Bagdad, dans les années 93 et 94 de l'hégire.

MŒURS, COUTUMES, HABILLEMENTS. — Le vol chez les Béloutchis est regardé comme une action méprisable, mais le pillage des nations voisines est l'action la plus glorieuse : quelques-unes de leurs tribus y excellent. L'hospitalité est pour eux un devoir sacré : quand une fois ils offrent ou promettent d'accorder leur protection à quelqu'un, ils mourraient plutôt que de manquer à leur parole. Ils habitent ordinairement sous des tentes ou *ghedans*, faites de feutre noir ou de couvertures grossières étendues sur une carcasse en branches de tamarise entrelacées. La réunion d'un certain nombre de ghedans forme un *toumén* ou village, et celle de leurs habitants une société ou *kheil*. Plusieurs tribus préfèrent les maisons en terre aux tentes, et habitent même dans des forts. La plupart des Béloutchis ont ordinairement une ou deux femmes; les chefs en ont quatre. Ils ont des attentions et des égards pour elles. Ils entretiennent un grand nombre d'esclaves des deux sexes, qui ne sont que les prisonniers qu'ils ont faits dans leurs *tchépaos* ou courses de pillage.

L'habillement ordinaire d'un Béloutchi consiste en une chemise de toile de coton blanche ou bleue, en pantalons de la même toile fermés autour de la cheville, en une petite calotte piquée de soie ou de coton; quand ils se parent, ils ajoutent un turban et une ceinture en toile bleue. L'hiver ils mettent par-dessus ces vêtements une tunique ou une sorte de manteau. Les femmes s'habillent à peu près comme les hommes. Un soldat bien armé présente un aspect formidable : il porte un fusil, une épée, une lance, un poignard et un bouclier, avec un grand nombre de cornets à poudre et à balles, et d'autres munitions. Ils sont excellents tireurs.

Les Brahouis diffèrent peu des Béloutchis par leurs mœurs et leurs costumes; c'est la même hospitalité envers les étrangers, les mêmes vertus et presque les mêmes vices, bien qu'ils soient moins avares et moins vindicatifs. Ils sont plus tranquilles, plus industrieux, et surtout opposés à ces habitudes de rapine et de violence dans lesquelles se plaisent les Béloutchis. Du reste, les mariages tendent à confondre complétement ces deux peuples.

DIVISIONS. — On s'accorde à considérer le Béloutchistan comme divisé en six provinces, qui sont celles de : *Mékran*, *Lous*, *Saravan*, *Kouhistan*, *Kotch-Gandâvâ* et *Djhalavan;* nous allons en parcourir les villes, en commençant par la partie méridionale.

PROVINCE DU MÉKRAN. — Le *Mékran* est la plus grande de ces provinces : elle s'étend depuis le centre jusqu'à la mer d'Oman; on lui donne plus de 400 kilomètres de largeur du nord au sud, et environ 800 kilomètres de longueur de l'ouest à l'est. Elle est composée de plaines arides et sablonneuses, coupées de montagnes escarpées appartenant aux Brahouis. Ce n'est que près des côtes que le sol est arrosé, non par des rivières, mais par des torrents qui ne coulent que pendant quelques heures après que la pluie a cessé, et dont le lit est très-profond. Les autres cours d'eau ne sont que des ruisseaux plus ou moins considérables. Un de ces ruisseaux, appelé le Desi, qui n'a que 60 centimètres de profondeur à son embouchure, a cependant plus de 1,200 kilomètres de longueur. Peu productive, cette province ne nourrit qu'un petit nombre d'habitants; c'est l'ancienne Gédrosie : Alexandre la traversa en revenant de l'Inde, et son armée y éprouva toutes sortes de privations. Les villages y sont disséminés; ils ne se composent que de cabanes couvertes de paille, et sont ordinairement défendus par un petit fort en terre. *Kedge* ou *Kidgé*, l'ancienne *Chodda*, est la capitale de la province et la résidence d'un *hakem*, chef qui entretient une garde de 4 à 500 Arabes. Elle est bâtie autour d'une montagne dont le sommet est occupé par une forteresse. On dit qu'elle a 2,000 maisons, mais pas un seul édifice digne d'être mentionné. Selon le géographe turc Cherefeddyn, elle serait aussi grande qu'Alep. C'est dans ses environs que l'armée d'Alexandre eut le plus à souffrir de la variation continuelle du chaud et du froid et des passages difficiles à travers des montagnes de sables brûlants; c'est aussi dans les mêmes lieux que Sémiramis vit réduire à sec pendant la saison d'hommes les restes de son armée.

Kellégan, située dans une vallée étroite et romantique, se compose d'environ 150 maisons, dont plusieurs sont à deux et trois étages, afin qu'en cas d'attaque les habitants puissent se réfugier dans la partie supérieure. Chaque habitant monte dans sa demeure à l'aide d'une échelle qu'il retire ensuite. Nous pouvons citer encore d'autres villes, qui ailleurs pourraient passer pour des villages : *Tiz*, l'antique *Tiza*, sur la côte des Ichthyophages, était autrefois importante; elle est située dans une vallée ouverte du côté de la

mer. Dans les montagnes qui l'environnent on voit plusieurs grottes qui passent pour avoir servi au culte des Hindous. Cette ville a un port assez fréquenté, d'où l'on exporte de la soie, du coton et des châles : ce port est *Serbar*, ou plutôt *Tcharbagh*. *Gouattor*, composé de 150 cabanes et défendu par un petit fort en terre, possède sur le golfe du même nom un petit port à l'embouchure du Naghor. On en exporte une grande quantité de dattes. *Jalk* est situé près du grand désert du Béloutchistan ; *Kars-Kend* ou *Kasser-Kound*, défendu par un fort construit en terre, a 500 maisons. *Kohek* est sur le bord gauche d'une rivière du même nom ; *Koulaj* est à 35 kilomètres de la mer d'Oman ; *Motch* sur la rive droite du *Bhegvor*, et *Pendjgour* ou *Punjgour* sur la rive gauche. Cette petite ville est le chef-lieu du Pendjgour, petit canton fertile à neuf journées de marche au nord-est de Kedj, et formé par une vallée qui renferme habituellement une douzaine de villages composés de tentes et assez peuplés. Ce canton abonde en dattes, qui passent pour les meilleures du Mékran.

Les habitants du Mékran sont d'une race petite et grêle ; ils sont fort adonnés à l'usage du jus fermenté de dattes, dont ils font un abus dangereux. Leurs femmes sont ordinairement très-laides, et tellement débauchées, qu'aucun frein ne peut les empêcher d'assouvir leurs passions ; aussi les hommes sont-ils fort peu sensibles à leurs infidélités.

PROVINCE DE LOUS. — La province de *Lous* ou de *Lotsa*, sur une longueur de 160 kilomètres et une largeur de 120, ne nourrit que 50,000 individus. C'est une contrée plate, ainsi que l'indique son nom. Située à la précédente, elle est entourée de hautes montagnes et offre de vastes plaines au centre ; mais ce n'est que sur les bords du Pourally et de ses nombreux affluents que le sol se montre fertile. Le *djam*, ou le chef de cette province, est obligé de fournir au khan de Kélat un corps de troupes de 4,500 hommes. *Bela*, sa capitale, est une jolie petite ville bâtie sur un rocher, au pied duquel coule le Pourally, qui, dans les temps de sécheresse, n'a pas plus de 15 à 20 mètres de largeur, tandis qu'il a plus de 400 mètres dans la saison des pluies. Elle est défendue par une muraille en terre ; ses maisons sont construites en bois et en argile, et ses rues sont fort étroites : on y remarque les sépultures du *djam* et de sa famille. Ce chef jouit d'un revenu annuel d'environ 400,000 francs que produisent les droits de douane dans la province. Une autre ville, appelée *Laïari* ou *Leyari*, sur le Pourally, contient environ 1,600 à 1,800 maisons. Du reste, il n'y a pas dans tout le pays douze villages fixes. Le peuple demeure généralement dans des huttes que l'on change de place à volonté. Le commerce consiste en exportations considérables de grains et de tapis grossiers, et en importations de dattes, d'amandes, de fer, d'acier, d'étain, de sucre, de bétel et de cocos.

PROVINCE DE KOUTCH-GOUNDAVA. — Dans la partie orientale du Béloutchistan, la province de *Kotch-Gandâvâ* ou *Koutch-Goundâvâ*, longue de 200 kilomètres et large de 160, est un pays plat et fertile, parce que le sol en est limoneux et bien arrosé ; on assure que s'il était mieux cultivé, il pourrait nourrir tout le Béloutchistan : aussi l'exportation des grains fait-elle sa richesse. La plus grande partie de sa population se compose de *Djeths*, peuple dont les mœurs, l'extérieur et les usages prouvent qu'il descend des Hindous aborigènes qui ont été convertis de gré ou de force à la foi musulmane. De même que les Dehvars des environs de Kélat, ils demeurent exclusivement dans des villages, et cultivent les terres des propriétaires béloutchis et brahouis. *Goundâvâ* ou *Gandâvâ*, qui en est le chef-lieu, est une ville assez grande et l'une des mieux bâties du pays des Béloutchis. Le khan y a son palais d'hiver, et les principaux serdars et seigneurs du Djhalavan et du Saravan viennent y passer cette saison pour éviter le froid rigoureux des régions élevées. *Dador* ou *Dadour*, sur la rive gauche du Kâby, se compose de 1,500 maisons. *Horrond* ou *Hourround*, sur un petit affluent du Sind, *Dadjel*, *Bagh* et *Lhéri*, sont encore moins considérables.

PROVINCE DE DJHALAVAN. — A l'ouest de la province dont nous venons de parler s'étend celle de *Jhalavan* ou *Djhalavan*, que l'on prononce *Djalaouan*, longue de 360 kilomètres et large d'environ 200 kilomètres. Ses habitants se composent de Béloutchis et de Brahouis, la plupart nomades. Le plus grand de ses cours d'eau est le ruisseau de l'*Ournatch*, qui est souvent à sec pendant la saison chaude. *Zouhri* ou *Zouhouri*, appelé aussi *Zehri*, qui en est le chef-lieu, renferme, dit-on, 2 à 3,000 maisons défendues par un mur en terre ; *Khordar* en a 500 dans une vallée profonde, où l'hiver est très-rigoureux.

PROVINCE DE SARAVAN OU DE KÉLAT. — La province de *Saravan* ou de *Saraouan*, ou le khanat de *Kélat*, a 360 kilomètres de longueur sur 100 de largeur moyenne; elle comprend des montagnes et des déserts, et sa population ne se compose presque que de Brahouis; plus peuplée que les autres, elle renferme aussi plus

Scène d'intérieur à Téhéran.

de villes importantes. C'est à *Kélat*, qui renferme 2,500 maisons, et dont le nom béloutchi signifie cité, que réside le khan auquel tous les autres se soumettent. Cette ville est bâtie sur le sommet d'une montagne qui s'élève au milieu d'un territoire fertile; sa forme est carrée; elle est environnée, de trois côtés, de murs et de bastions bâtis en torchis, et dominée par une forteresse qui dans le pays passe pour importante. Le quatrième côté a pour défense le flanc occidental de la montagne coupé à pic. Elle a des faubourgs, et ses maisons, presque toutes bâties en briques et en bois, forment des rues assez larges et garnies de trottoirs, mais sales parce qu'elles ont peu de pente. On y voit des temples des différents cultes mahométans et hindous, un bazar bien approvisionné et une manufacture d'armes. Le palais du khan n'est qu'un amas confus de bâtiments en terre avec des toits en terrasse. La population de Kélat est évaluée à 20,000 âmes. Le plateau sur lequel cette ville est construite est élevé de 2,500 mètres au-dessus du niveau de la mer. La neige y reste constamment, même dans les vallées, depuis la fin de novembre jusqu'à la fin de février; le riz et plusieurs autres plantes qui aiment la chaleur n'y réussissent pas; le froment et l'orge y mûrissent plus tard que dans les îles Britanniques, et cependant Kélat est situé par 29 degrés de latitude septentrionale. *Saravan*, qui donne son nom à la province, le doit peut-être aux monts Saravani, dont elle n'est éloignée que de 10 à 12 kilomètres. Elle se compose de 500 maisons, et est défendue par un mur en terre, flanqué de bastions. *Kharan*, qui passe pour être un peu plus considérable, est la résidence d'un serdar, qui peut mettre 5 à 600 hommes sur pied; elle est située au pied même des monts Saravani.

PROVINCE DE KOUHESTAN. — Dans la partie occidentale du Béloutchistan s'étend une province qui porte le nom de *Kouhestan* ou *Kouhistan*, c'est-à-dire *pays montagneux* (1). Elle a 280 kilomètres de longueur du sud au nord, et 120 de l'est à l'ouest. Les monts Brechhord forment sa limite méridionale, les monts Bagous l'orientale, et les monts Serhed ou Serhoud le centre. Ces derniers, dont le nom signifie montagnes froides, sont situés entre les 29e et 30e degrés de latitude; on peut les apercevoir à la distance de près de 100 kilomètres, s'élevant par-dessus tous les autres. Ils abondent en productions minérales : les habitants y exploitent du cuivre, du fer et d'autres métaux; dans plusieurs de leurs vallées se trouvent des étangs qui se couvrent d'une croûte de bitume qui coule de leurs flancs. C'est dans ces montagnes que se trouve le *Kouhé-Nouchadir* ou mont de sel ammoniac, dont les roches sont volcaniques, et dont les crevasses se couvrent d'efflorescences de soufre et d'ammoniaque. Avant de se réunir, les différents groupes de montagnes du Kouhistan se divisent en un nombre infini de petits chaînons de collines rocailleuses qui s'étendent à hauteurs égales, mais souvent en lignes interrompues, à travers le Mékran. Le Kouhestan produit peu de blé, mais beaucoup de dattes, et n'est peuplé que de Béloutchis. Ce pays se divise en deux parties : le Mydani ou la plaine, et le Kouhély ou la montagne. Dans la première se trouvent les villes et les villages; dans la seconde on ne voit que des groupes de tentes en feutre, seules demeures des montagnards. *Pourha*, sa principale ville, se compose de 400 maisons. Elle est située au milieu d'un bois de palmiers qui produit beaucoup de dattes. C'est la résidence du chef de la tribu des *Ourabhi*, le plus puissant serdar de la province. *Souhroud*, chef-lieu de district, est une ville de peu d'importance, même pour le Bélouchistan; *Basman, Ben-pour* et *Hester* ne sont que des villages de 2 à 300 maisons.

(1) De *kouh* (montagne), et *stan* (contrée). Voyez H. Pottinger : *Voyages dans le Béloutchistan.*

Marchands de fruits à Téhéran.

Nous avons dit que les deux nations qui forment la principale population du Béloutchistan diffèrent de langage et de mœurs. La langue des Béloutchis a beaucoup de rapports avec le persan; elle se divise en deux dialectes : le béloutchi proprement dit, que parlent la plus grande partie de la nation ainsi que les habitants du khanat de Kélat; et le *babi*, en usage dans le royaume de Kaboul. La langue des Brahouis paraît dériver de l'hindoustani; cependant un auteur qui s'est beaucoup occupé d'ethnographie comprend le brahoui parmi les idiomes persans, et le regarde même comme un dialecte béloutchi. Ces langues, qui au surplus sont encore très-peu connues, et qui ne possèdent aucun monument, s'écrivent avec un caractère arabe auquel on a ajouté quelques lettres pour représenter des sons particuliers.

GOUVERNEMENT, REVENUS, ARMÉES. — Les nombreuses tribus du Béloutchistan jouissent toutes du droit d'élire leurs chefs ou serdars; mais il paraît que cette charge, fixée une fois sur quelqu'un, devient héréditaire.

Le khan de Kélat paraît avoir les prérogatives de la souveraineté; c'est lui qui confirme l'autorité qu'exerce chaque serdar sur sa tribu, et celui-ci se reconnaît alors comme son tributaire. Cependant plusieurs serdars se sont affranchis du tribut qu'ils lui payaient; mais bien que quelques-uns se soient rendus indépendants, aucun ne peut refuser de l'assister en personne pendant les guerres entreprises dans l'intérêt général. Chaque serdar a sa bannière ornée de ses couleurs. C'est le khan qui a le droit de déclarer la guerre, de conclure les traités, et de déterminer les limites territoriales de chaque tribu. Ce chef est le juge suprême de tout le Béloutchistan; aucun criminel ne peut subir la sentence rendue contre lui si le khan ne l'a sanctionnée, à moins qu'il ne s'agisse d'un outrage ou d'un meurtre commis sur la personne d'un étranger. Outre cette disposition du code criminel du Béloutchistan, nous en citerons d'autres qui en donneront une idée plus exacte. Le meurtre est ordinairement expié par un emprisonnement et par de grosses amendes, si les parents du mort y consentent. Dans le cas où ils demandent sang pour sang, le khan évite toujours de prononcer la sentence de mort : il livre le meurtrier aux parents pour en faire ce qu'ils jugent à propos; mais presque toujours ceux-ci, dans leur propre intérêt, le retiennent en esclavage et l'emploient à de rudes travaux. Le vol de nuit et avec effraction est passible de la peine capitale; le vol en plein jour, du fouet et de l'emprisonnement, suivant le nombre et la valeur des objets volés. Un mari qui surprend sa femme en adultère peut la tuer ainsi que son amant; mais il est obligé d'amener deux témoins recommandables pour attester le fait, autrement il est traité comme meurtrier. Si un homme séduit une fille, et que le père s'en aperçoive avant qu'elle soit enceinte, il peut exiger que les deux amants soient mis à mort. Les querelles, les petits vols et autres délits sont jugés par les serdars.

La dignité de khan est héréditaire et se transmet dans la famille et la tribu des Kembérami. Ses revenus s'élèvent à plus de 4 millions de francs, et son armée à 4,000 hommes en temps de paix; mais en cas d'invasion, le Béloutchistan peut mettre 150,000 hommes sur pied.

L'origine de cet État n'est pas fort ancienne : la ville et le territoire de Kélat étaient depuis deux siècles sous la domination d'un radjah hindou et de sa famille, lorsque l'un de ces princes, ne pouvant réprimer les brigandages d'une horde voisine, demanda du secours à Kember, chef d'une autre horde. Kember vint et détrôna le radjah. En 1738, Nadir-Schah s'empara du pays et en laissa le gouvernement à la famille de Kember, et c'est encore un membre de cette famille qui le gouverne aujourd'hui.

Tableau des principales tribus du Béloutchistan, d'après H. POTTINGER.

BÉLOUTCHIS.

A. *Béloutchis - Néhroui.*

Noms.	Com-battants.	Noms.	Com-battants.
1. Rockchenis	700	5. Mings ou Minde	300
2. Sedjédis	450	6. Erbahis	6,000
3. Khésodjis	150	7. Mélikéhs	250
4. Kourds ou Chéhidès	4,500		

B. *Béloutchis-Rinds.*

Noms.	Com-battants.	Noms.	Com-battants.
1. Rindanis	8,000	14. Kosés	150
2. Goulemboulks	700	15. Tchengyas	100
3. Poghs	300	16. Nonchyrvanis	700
4. Djellembanis	800	17. Bégothis	?
5. Dinaris	700	18. Néris	?
6. Pouzhés	600	19. Gourkanis	3,000
7. Kélouis	700	20. Mézaris	2,500
8. Djétouis	75	21. Dirichks	500
9. Doumbékis	?	22. Légharis	5,000
10. Boudléis	900	23. Lourds	1,000
11. Dankis	80	24. Tchétchris	1,500
12. Kharanis	1,000	25. Moundestris	1,500
13. Omranis	4,000		

C. *Béloutchis-Meghsis.*

Noms.	Com-battants.	Noms.	Com-battants.
1. Meghsis	8,000	9. Kellenderanis	700
2. Ébrehs	3,000	10. Mousanis	6,000
3. Lacharis	20,000	11. Kekrânis	?
4. Métyhis	1,000	12. Djékrânis	?
5. Bourdis	200	13. Isobanis	?
6. Ouners	?	14. Djékrahs	?
7. Néris	500	15. Djellânis	?
8. Djetkis	4,000	16. Tourbendzohs	?

BRAHOUIS.

Noms.	Com-battants.	Noms.	Com-battants.
1. Kembérany	1,000	28. Ridjen-Boulédy	7,000
2. Zéhry	8,000	29. Nessir-Rodany	3,000
3. Mingoli	10,000	30. Tchotva	700
4. Soumléry	4,000	31. Khédrany	5,000
5. Gourguenany	300	32. Mirvary	7,000
6. Iman-Hoçeiny	2,000	33. Kélédaï	300
7. Koultchi-Bhegva	500	34. Ghelousoury	700
8. Mahmoudany	500	35. Kouletchy	250
9. Mouréha	1,000	36. Lâguy	3,000
10. Koury	150	37. Kéry	1,500
11. Berdjéi	1,000	38. Mahmoud-Châhy	3,500
12. Raïky	700	39. Dibéky	4,000
13. Penderany	3,000	40. Rysany	800
14. Rysetké	100	41. Kaïssery	1,000
15. Chérouary	8,000	42. Moury	300
16. Rysany	1,500	43. Geddjaga	200
17. Nitchary	2,000	44. Djvany	60
18. Bézendja	1,000	45. Mousouvâny	1.000
19. Choudjaoudiny	1,000	46. Saravany	10,000
20. Momasiny	1,500	47. Serferany	2,500
21. Harouny	200	48. Pourdjéhaï	200
22. Rodény	600	49. Koutchtka	300
23. Sesouly	200	50. Bhouldra	300
24. Kerou-Tchékou	500	51. Bhouka	300
25. Bedjéi	700	52. Ridy	1,700
26. Kourda	200	53. Isirény	?
27. Negry	2,000		

Tableau statistique du Béloutchistan, divisé en six provinces.

SUPERFICIE EN KILOMÈTRES CARRÉS.	POPULATION ABSOLUE.	POPULATION PAR KILOMÈTRE CARRÉ.
360,000.	300,000 habitants.	? (1)

PROVINCES.	VILLES.	POPULATION.	PROVINCES.	VILLES.	POPULATION.
Saravan	*Kélat.*	20,000	Lous	*Béla*	10,000
	Kharan.	6,000?		Levari.	8,000
Koutch-Gandava	*Gandâva.*	18,000	Mékran	*Kedjé*	18,000
	Dadour.	7,000		Kasr-Kend	2,500
Djhalavan	*Zouri*	15,000	Kouhistan	*Sourhoud.*	2,000
	Khozdar.	3,000		Pouhra.	3,000

(1) La population n'est pas uniformément répartie dans ce pays ; il se compose généralement de vastes déserts coupés çà et là par des oasis qui forment les provinces, et ont quelques villes et villages.

AFGHANISTAN.

LIMITES. — Considérée sous le point de vue physique, la partie de l'Afghanistan qui n'appartient pas à l'Inde est circonscrite au sud par les ramifications des monts Halla; à l'est par la chaîne de Koh-Soleyman, qui forme le côté occidental du bassin de l'Indus; au nord par le prolongement occidental de celle de l'Hindou-Khouch ou Hindou-Koh, le *Paropamisus* des anciens; et à l'ouest par une partie d'une autre chaîne qui forme la limite du désert de Kerman.

ORIGINE DES AFGHANS. — Aucune nation de l'Asie occidentale n'a joué un rôle aussi bruyant et aussi important que les Afghans, que certains auteurs appellent *Aghvans*. On ignore l'origine de ce peuple, connu dans l'Inde sous le nom de *Patanes* ou *Patan*. Sont-ils une colonie des Albaniens, comme on a voulu le conclure de la prétendue identité des noms de *Aghvan* et *Alvhan?* Cette identité ne nous semble pas suffisamment prouvée. Sont-ils des descendants des dix tribus d'Israël exilées dans le pays d'*Arsareth* ou *Hazareh*, comme quelques-uns parmi eux-mêmes ont paru le croire (1)? Le nom d'*Hazareh*, donné à un canton de l'Afghanistan, signifie en kourde et en chaldéen, langue rapprochée de l'afghan, *des tribus* en général; c'est donc un terme vague. Nous devons avouer qu'en réfléchissant sur le grand nombre de tribus afghanes, nous avons peine à croire qu'elles ne soient pas indigènes des contrées qu'elles habitent, et où Alexandre déjà trouva des peuplades nombreuses et guerrières, peuplades qui n'ont pu disparaître. On sait d'ailleurs que depuis un temps immémorial ils habitent les revers de l'Hindou-Khouch et du Koh-Soleyman.

PAYS OU SONT RÉPANDUS LES AFGHANS. — Quoi qu'il en soit, les Afghans, avec leurs tribus secondaires, occupent toute la lisière orientale de la Perse. Les *Rohillas*, qui ont formé un petit État dans l'Hindoustan, sont sortis de ce pays. Les *Béloutchis*, qui parcourent leurs propres provinces et une partie de l'Hindoustan, passent généralement pour Afghans. Le canton ou circar de Kandahar paraît le centre des tribus afghanes fixes. Cette nation, qui compte peut-être 8 à 10 millions d'individus, règne aujourd'hui sur les provinces indiennes de Cachemire, de Kaboul et de Moultan, et sur les provinces autrefois persanes de Mékran, en partie, de Sedjistan, de Kandahar et du Khorassan oriental.

MŒURS ET COUTUMES DES AFGHANS. — Robustes, braves, mais sanguinaires et indisciplinés, les Afghans montrent déjà par leurs manières une arrogance barbare, et du mépris pour toutes les occupations de la vie civilisée.

Les Afghans reçurent des Tatars, leurs conquérants, la religion musulmane. Ils suivent comme eux la secte des sunnites; mais on les regarde aujourd'hui comme les musulmans les plus relâchés. Un haut bonnet de forme conique, une veste de laine, un haut-de-chausses étroit, composent l'agreste costume des Afghans; il ne ressemble ni à celui des Hindous ni à celui des Persans.

Les Afghans ne vivent absolument que de pain, de lait caillé et d'eau, sous un climat où l'on passe en un seul jour du plus grand froid au plus grand chaud. Leurs femmes se tiennent cachées. Cependant les hommes ne sont pas très-rigides sur ce point, et ne se livrent pas au plaisir du harem avec autant d'ardeur que les Indiens, les Persans et les Turcs.

Ajoutons que les Afghans sont en général maigres et musculeux; qu'ils ont les cheveux et la barbe noirs, et quelquefois bruns; que leurs femmes sont ordinairement grandes et bien faites; que, malgré leur caractère fier et vindicatif, malgré leur avarice et leur avidité, ils sont braves, francs, hospitaliers et pleins d'ardeur pour le travail. Ils se divisent, comme les autres peuples de l'Asie occidentale, en nomades et sédentaires. Les uns ont embrassé différentes sectes de l'islamisme : ils sont *sofis*, *zekys*, *rouchanys*, etc.; cependant en général ils sont peu religieux, mais plutôt fort superstitieux. La polygamie leur est permise, mais elle n'est en usage que chez les riches. Les autres achètent une femme, et ils peuvent la répudier sans alléguer aucun motif, tandis que la femme ne peut quitter son mari sans exposer ses raisons au cadi.

Les Afghans occidentaux prennent un grand plaisir à une danse nationale qu'ils nomment *attem*, et qui s'exécute au son des instruments accompagnés de chants, de cris et de battements de mains; dix à vingt danseurs se mettent en cercle, prennent toutes sortes d'attitudes et exécutent des figures très-variées. Ils aiment beaucoup les courses de chevaux et l'exercice de la chasse, à laquelle ils emploient souvent l'hyène. La manière dont ils prennent cet animal est assez singulière et hardie pour être rapportée. Ils se munissent d'une corde à deux nœuds coulants qu'ils tiennent de la main droite, tandis que de l'autre ils portent un petit manteau de feutre ou de drap. Ainsi équipés, ils s'avancent hardiment vers la tanière de l'hyène : celle-ci, à l'approche du chasseur, se cache au fond de sa retraite; malgré l'obscurité du lieu, l'Afghan reconnaît toujours l'endroit où elle s'est retirée à la scintillation de ses yeux. Il se dirige vers elle en marchant sur les genoux, et, lorsqu'il en est tout près, il jette adroitement sur la tête de l'animal le feutre ou le drap qu'il tient de la main gauche; l'hyène, embarrassée dans les plis de l'étoffe, s'accroupit, mord le tissu, mais ne cherche point à mordre le chasseur. C'est alors que celui-ci passe sans crainte les jambes de devant de l'animal dans les nœuds coulants de sa corde, et qu'il les lie en même temps avec le cou; après quoi il emporte l'hyène, que l'on s'amuse ensuite à lancer dans les plaines pour les plaisirs de la chasse, mais en ayant soin de lui mettre un bâillon pour l'empêcher de mordre les chiens. Jamais les Afghans ne tuent les oiseaux au vol; ils ne les tirent que lorsque ceux-ci sont en repos à terre ou sur les arbres. Ils forcent la perdrix à la course : ainsi deux ou trois cavaliers font lever une perdrix et la poursuivent au galop jusqu'à ce qu'elle s'arrête après une courte volée; alors un des chasseurs la poursuit seul, et les autres lui succèdent jusqu'à ce que la perdrix épuisée tombe de fatigue.

LANGUE DES AFGHANS. — La langue des Afghans se nomme *pouk'hto* ou *pouchtou;* elle se divise en trois principaux dialectes : le *dourahni*, le *berdourahni* et le *patahni*, en usage chez les nombreuses tribus afghanes. Ces dialectes diffèrent non-seulement par la prononciation, mais par les mots mêmes. Le pouchtou, malgré sa dureté, a beaucoup d'analogie avec le persan. Il n'est pas sans énergie, et ne déplaît pas aux oreilles familiarisées avec les idiomes orientaux. On ignore quelle est son origine. M. William Jones, qui a vu un dictionnaire de cette langue, lui trouve une grande ressemblance avec le chaldéen. Selon M. Elphinstone, tandis qu'une grande partie des mots qui le composent dérivent de racines inconnues, plusieurs, tels que les noms de nombre et ceux de père, mère, frère et sœur, viennent du sanskrit; d'autres, tels que les termes qui se rapportent à la religion, au gouvernement et aux sciences, viennent de l'arabe et du persan. Enfin on y reconnaît, dit-il, des mots hindoustanis, arméniens, géorgiens, hébraïques et chaldaïques. Le même voyageur assure que la littérature afghane est peu ancienne et pauvre, puisqu'il n'y a pas de livre écrit en pouchtou qui remonte à plus de trois siècles, et que ses principaux ouvrages, entre autres ceux de leurs meilleurs poètes, Khouchal et Rehman, sont traduits du persan. Cette dernière langue est même, avec l'arabe, celle qu'emploient communément les savants afghans les plus distingués. Le pouchtou s'écrit avec un

(1) Suivant M. *Burnes*, les Afghans se nomment eux-mêmes *Beni-Israël* ou enfants d'Israël. Ils prétendent que Nabuchodonosor, après le sac de Jérusalem, les transporta dans la ville de Ghore, et qu'on les appela *Afghans*, du nom de leur chef *Afghana;* qu'ils suivirent la loi de Moïse jusqu'au neuvième siècle qu'ils furent subjugués par Mahmoud de Ghizneh. Au surplus, ils ont tout à fait l'aspect des Juifs, et même ils en ont plusieurs coutumes : chez eux les jeunes frères épousent la veuve de leur aîné, suivant la loi de Moïse. Ce qui porterait à croire que l'origine que s'attribuent les Afghans est basée sur un fond de vérité, c'est qu'ils ont contre les juifs une foule de préjugés fortement enracinés : ce n'est donc pas par amitié pour les Israélites qu'ils prétendent appartenir à la même souche.

caractère particulier qui n'est que le neskhy des Persans, auquel plusieurs nouvelles lettres ont été ajoutées pour représenter différents sons particuliers. C'est dans la caste des savants que l'on prend les administrateurs et les chefs du culte : aussi les études sont-elles principalement dirigées vers la jurisprudence et la théologie. Les princes encouragent et distinguent les savants, et dans toutes les villes il y a des écoles assez semblables aux gymnases établis en Europe.

ANCIENNE PUISSANCE DES AFGHANS, LEURS TRIBUS. — Les Afghans ont été la nation dominante dans l'Inde depuis le commencement du douzième siècle jusqu'au quart du seizième. En 1584, ils possédaient encore le royaume du Bengale. En 1722, ils conquirent toute la Perse. Ils sont partagés en trois branches principales, subdivisées en un grand nombre de tribus fixées la plupart dans la partie occidentale. Les *Berdourahnis*, tribus agricoles qui habitent les vallées et les collines de l'Hindou-Koh, se divisent en un grand nombre de petites sociétés. Comme ils ne peuvent pas étendre leur culture en proportion de l'accroissement de leur population, ils sont souvent en querelle, et se livrent même des combats sanglants. Les *Youssoufzaïs* ou *fils de Youssouf*, tribu voisine en proie à la guerre civile et aux déchirements intérieurs par suite de leur organisation démocratique, qui place le principal pouvoir dans des assemblées populaires, habitent près des Berdourahnis. Le pays qu'ils occupent leur appartient depuis trois cents ans. Ils unissent la férocité et la ruse des sauvages à la modération des peuples civilisés. Agriculteurs et guerriers à la fois, ils forment au moins une trentaine de petites républiques. Chaque horde procède périodiquement à un partage de terres pour un certain nombre d'années, de sorte que toutes jouissent alternativement de la possession de leur fertile sol. Les *Kattaks*, les *Otmankhials* et les *Turcolanis*, qui habitent les mêmes contrées que les précédentes, sont constamment en querelle entre eux. C'est au milieu des Youssoufzaïs que l'on trouve une nation esclave, probablement conquise par les Afghans à une époque reculée, et qui cultive la terre au profit de ses maîtres, qui lui donnent la dénomination de *fakirs*. Chacun de ces fakirs reconnaît un seigneur à qui il paye une redevance, et à qui il doit un certain nombre de corvées. Le maître peut battre et même tuer son fakir sans être recherché par la justice; mais il faut dire que le maître se trouverait presque déshonoré s'il se portait à une extrême sévérité envers le fakir, et que même il lui doit protection dans toutes les circonstances où elle est nécessaire. Les principales tribus des montagnes de Koh-Soleyman sont les *Chiranis* et les *l'isiris*, qui vivent de brigandage et mettent à contribution les caravanes qui traversent leur territoire.

A l'ouest des précédentes nous trouvons les *Dourahnis*, nommés jadis *Abdally*; ils doivent leur nom à Ahmed-Schah, qui était issu de cette tribu et qui prit le nom de *chah-i douri douran*, ou *roi du monde des mondes*. Au nord de ceux-ci se trouvent les *Ghildjis* ou *Ghildehs*, célèbres pour avoir conquis la Perse dans le siècle dernier. Les *Hazarehs* sont connus comme étant passionnés pour le chant, la poésie et la chasse; leur caractère est cependant grave et sérieux; plusieurs de leurs villages sont creusés dans les montagnes. Les voyageurs ont remarqué que les tribus occidentales sont en général plus civilisées que celles de l'est; ce qui tient sans doute à leurs rapports fréquents avec les Persans; les tribus orientales, au contraire, à leur voisinage des Hindous.

MONTAGNES ET RIVIÈRES. — Les montagnes de cette contrée appartiennent au système himalayen. Plusieurs de leurs cimes sont couvertes de neiges éternelles; l'une d'elles, appartenant à l'Hindou-Khouch, a environ 6,000 mètres de hauteur : c'est le *Koh-i Baba*, située entre Kaboul et Bamian; il est couvert de neiges éternelles. Au sud de cette chaîne, au sommet du *Safaëd-Koh*, dont le nom signifie *mont blanc* en afghan, commence le Kouh-Soleyman. On cite plusieurs cols d'une assez grande élévation : celui de Hadjigak, de 3,000 mètres; celui de Kalou, de 3,200 mètres, et plusieurs autres qui n'ont pas moins de 3,000 mètres; mais le plus célèbre est le défilé du Kaïber, dans le Safaëd-Koh, entre Pechaouer et Kaboul; on se souvient qu'en 1842 une armée anglaise y fut presque entièrement anéantie par les Afghans. Les Afghans croient que c'est sur le Safaëd-Koh que s'arrêta l'arche de Noé; et certainement, comme le dit M. Burnes, cet Ararat de l'Afghanistan est, par sa hauteur considérable, digne de cette distinction : il est couvert de neiges perpétuelles. Les flancs de toutes ces montagnes sont garnis de forêts. Leurs entrailles sont d'une faible richesse en métaux, si ce n'est en fer; elles donnent naissance à un grand nombre de sources minérales. Des roches entières de lapis-lazuli dominent le cours du Kachgar. On trouve des filons argentifères dans le nord, et de l'or dans le lit de quelques rivières. Celles-ci sont le *Kaboul*, qui sort des monts Brahouiks et va se jeter dans le Sind après un cours de 300 kilomètres, souvent interrompu par des cataractes; le *Kachgar* ou *Kameh*, qui, plus large et plus profond, s'y réunit sur sa rive gauche après avoir parcouru un espace de plus de 400 kilomètres; enfin l'*Helmend*, l'*Etymander* des anciens, rivière de

1,000 kilomètres de longueur, qui va se jeter dans le lac *Zerreh* ou *Zéreh*. Ce lac, appelé aussi *Khachek* ou *Louhk*, est très-peu connu; les anciens l'appelaient *Aria Palus*. Il paraît avoir 150 kilomètres de longueur sur 50 de largeur. Suivant Ibn Haukal, il est long de 30 farsangs et large d'une journée de marche. L'eau en est fraîche et poissonneuse. Le voyageur anglais Mountstuart-Elphinstone assure que ses eaux sont crues et à peine potables; elles inondent chaque année le pays environnant. Nous ne parlerons pas de plusieurs cours d'eau quelquefois assez considérables qui ressemblent à de grands torrents, guéables pendant la plus grande partie de l'année.

CLIMAT. — Le climat de l'Afghanistan varie suivant les expositions des différents pays qu'il comprend, tant à cause de l'étendue qu'il occupe que des hautes montagnes qui le traversent. Les extrêmes de chaleur et de froid s'y font sentir; les pluies y sont rares. Les vents les plus habituels sont celui de l'ouest, qui est froid, et celui de l'est, qui est chaud. Au sud et au sud-ouest règnent des vents périodiques qui correspondent aux moussons de l'océan Indien; ils diminuent vers le bassin de l'Helmend, et reprennent toute leur force dans la partie du nord-est. Le pestilentiel samoum se fait quelquefois sentir, même dans le nord; mais il ne dure que quelques minutes et exerce principalement ses ravages sur les contrées désertes. Les pluies périodiques sont loin d'être aussi abondantes que dans l'Inde, et les brouillards sont rares. L'air est en général plutôt sec qu'humide; aussi les pluies qui accompagnent l'hiver sont-elles d'une grande importance pour la végétation. Les maladies les plus communes sont l'ophthalmie, les fièvres, dans l'automne et au printemps : les rhumes sont dangereux, et la petite vérole fait de grands ravages, malgré l'introduction de l'inoculation et même de la vaccine.

PRODUCTIONS NATURELLES. — Presque partout on fait deux récoltes par an; ainsi le riz et le maïs, que l'on sème à la fin du printemps, se recueillent en automne; le froment et les autres graines, que l'on sème à la fin de l'automne, se récoltent en été. Le blé est la principale nourriture de l'homme, et l'orge celle des chevaux; on cultive le riz dans la plupart des vallées. Le tabac, le lin et la garance réussissent presque partout; la canne à sucre, le gingembre et le coton, dans les parties méridionales. Le cèdre, le cyprès, le chêne, le sapin et d'autres arbres de l'Europe, sont les plus communs dans les montagnes; dans les plaines croissent le peuplier, le platane, le mûrier, la plupart de nos arbres fruitiers, ainsi que les orangers, les figuiers, les amandiers et les grenadiers.

Les animaux sauvages les plus communs sont l'hyène, le loup, le chacal, l'ours, le léopard et plusieurs espèces de renards. Il y a aussi des chèvres, des sangliers, des cerfs, des antilopes, des singes et des porcs-épics. Les dromadaires, les buffles, les mules, sont très-répandus : vers le nord on élève une race de chevaux aussi estimée que la race arabe. Les moutons sont la richesse des tribus de pasteurs.

DIVISIONS POLITIQUES. — L'Afghanistan forme aujourd'hui trois royaumes qui sont ceux de *Kaboul*, de *Kandahar* et de *Hérat*. Nous allons les visiter successivement.

——►►OϾ◄◄——

ROYAUME DE KABOUL.

DIVISIONS. — Le *Kaboulistan*, ou royaume de *Kaboul*, n'est plus aussi important qu'au temps où il comprenait la plus grande partie de l'Afghanistan; il ne se compose plus que de cinq provinces qui sont celles de Kaboul, de Djelal-Abad, de Ghaznah, de Loghmon et de Bamian.

GOUVERNEMENT. — Le gouvernement est féodal; le pouvoir du prince est limité, et la liberté du peuple est garantie par la puissance aristocratique des grands et par l'organisation des tribus. Le trône est héréditaire, mais aucun usage fixe ne règle les droits de primogéniture. Lorsque le roi meurt, les grands déterminent lequel de ses fils doit hériter de la couronne. Le roi a le titre de *schah* ou de *padischah*; il possède le pouvoir législatif et exécutif, le droit de battre monnaie, celui de faire la paix et la guerre et de conclure des traités; mais il ne peut céder aucune partie du territoire afghan. Les princes de la famille royale auxquels il accorde la liberté sont nommés gouverneurs de provinces ou chefs des armées. Les différents chefs se confinent dans leurs villages fortifiés, d'où ils exercent sur leurs vassaux une autorité non contestée et néanmoins modérée. Ils témoignent peu d'égards au padischah, si ce n'est dans le cas où l'indépendance nationale est menacée; car alors tous s'empressent de lui obéir. Dans les villes, les magistrats qui rendent la justice sont les cadis, les muftis, etc.; dans les campagnes, les principaux propriétaires fonciers sont responsables de la police. Au surplus, celle-ci est généralement très-mal faite. Le prince traite ses sujets avec modération et douceur. Ses édits sont rarement accompagnés d'exécutions sanglantes, et il ne se montre l'ennemi d'aucune secte religieuse.

REVENUS. — Sous Ahmed-Schah, qui fonda le royaume de Kaboul en 1747 en l'enlevant à la Perse après l'assassinat de Nadir-Schah, les revenus de l'État étaient évalués à environ 75 millions de livres tournois; mais sous son fils Timour-Schah, qui commença à régner en 1773, ils n'étaient que d'environ 25 millions; il est vrai que ce prince perdit quelques-unes des conquêtes que son père avait faites dans l'Inde. Aujourd'hui, il ne faut guère l'évaluer qu'à environ 36 millions, bien qu'il soit estimé par les uns à 27 et par d'autres à 45 millions. D'ailleurs, non-seulement ce revenu ne peut pas être exactement connu des Européens, mais encore il paraît être très-variable.

ARMÉE. — Il n'est pas plus facile d'évaluer au juste la force militaire du royaume de Kaboul, bien que sa population soit estimée à environ 2,000,000 d'individus. On porte l'armée à 50,000 hommes; mais il est certain que, dans un besoin urgent, elle pourrait s'élever à 100,000 hommes. La cavalerie constitue la principale force des Afghans. On se procure à bas prix dans le Kaboul d'excellents chevaux du pays même ou des districts de la Tatarie et de la Perse situés dans les environs. Un corps d'infanterie, armé à l'européenne, fait aussi partie de l'armée afghane; mais il a peu de supériorité sur la soldatesque indisciplinée de l'Inde. Ahmed-Schah avait sur pied 100,000 hommes de cavalerie, et Timour-Schah n'en entretenait que 30,000. L'artillerie des Afghans ne vaut pas mieux en général que leur infanterie.

PROVINCE DE KABOUL. — La province de *Kaboul* paraît avoir environ 180 kilomètres de longueur du nord au sud, et 800 de l'est à l'ouest dans sa moyenne largeur. *Kaboul*, sa principale ville, est bâtie sur les bords de la rivière dont elle porte le nom, et environnée d'un mur en briques. Cette ville est grande, très-peuplée et tellement bruyante, surtout l'après-midi, que dans les rues on ne peut s'y faire entendre d'une autre personne. Les habitants prétendent qu'elle existe depuis 6,000 ans, et qu'on l'appelait jadis *Zaboul*, du nom d'un roi kaffir ou infidèle qui en fut le fondateur. Quelques auteurs ont écrit que ce Kaboul est le même que Caïn, fils d'Adam, et que l'on voit encore dans cette ville les restes de son tombeau; mais les habitants n'ont même aucune tradition à ce sujet; ils n'en ont point non plus de positive sur Alexandre le Grand. Sur le sommet d'une colline, haute de 50 mètres au-dessus des prairies qui environnent la ville, s'élève la *Bala-hissar*, espèce de citadelle irrégulière et délabrée qui ne pourrait soutenir une escalade. Elle se compose de deux forts : l'inférieur, qui peut contenir à peu près 5,000 hommes, et qui renferme le palais du souverain; le supérieur, qui est plus petit et qui sert de prison d'État; c'est là que l'on a renfermé souvent, ainsi que nous l'avons dit, les principaux membres de la famille régnante. Dans ce fort, un frère du khan a construit un palais nommé *Koullah-i Firinghi* (*chapeau de l'Européen*). Celui du souverain est flanqué de trois tours dont les flèches sont dorées, et renferme une belle salle soutenue par des colonnes. Le Bala-hissar a été bâti par le sultan Baber et par différents princes de la maison de Timour. Aureng-Zeb y fit disposer de vastes caveaux pour y déposer ses trésors.

Au centre de la ville s'élève le *Tchaoutchat* ou grand bazar, bâtiment élégant, soutenu par des arcades, et long de 200 mètres sur 10 de largeur. Il est divisé en quatre parties égales; la voûte est peinte, et les marchands demeurent au-dessus des boutiques. C'est un des plus beaux bazars de l'Asie, et l'un des mieux approvisionnés de toutes sortes de marchandises. Le soir il présente une belle perspective, parce que chaque boutique est éclairée par une lampe suspendue par devant. Les maisons de Kaboul n'ont aucune élégance; elles sont construites en briques séchées au soleil; très-peu ont un étage au-dessus du rez-de-chaussée. Les rues sont généralement assez larges; elles sont propres pendant la saison sèche, et sont coupées par de petits aqueducs remplis d'une eau vive et limpide; mais quand il pleut, il n'y a pas de ville plus sale. En sortant du grand bazar on se trouve sur les bords de la rivière, qui sont agréablement ombragés de mûriers, de saules et de peupliers. Presque tous les chemins autour de la ville longent des aqueducs ou des cours d'eau : ceux-ci sont traversés par des ponts; mais aucun n'est d'une belle architecture.

Kaboul est à plus de 2,000 mètres au-dessus du niveau de la mer, et cependant le climat en est agréable et ses fruits jouissent d'une grande réputation. Le raisin y est tellement abondant, que pendant trois mois on en donne au bétail. Autour de la ville s'étendent de beaux jardins bien entretenus; le plus remarquable est celui qu'on nomme le jardin du roi; il a été planté par Timour-Schah. A 2 kilomètres de Kaboul, on remarque au pied d'une colline le tombeau de l'empereur Baber, connu aussi sous le nom de Babr ou Babour, et arrière-petit-fils de Tamerlan. Il consiste en deux dalles de marbre blanc; près de lui sont enterrés plusieurs de ses femmes et de ses enfants. Vis-à-vis du tombeau s'élève une jolie mosquée en marbre. Un ruisseau limpide arrose les fleurs odorantes de ce jardin ou petit cimetière, qui est le rendez-vous des habitants de Kaboul aux jours de fête. Du haut de ce coteau, qui domine le tombeau de Baber, on jouit d'une vue magnifique : que l'on s'imagine une plaine d'environ 28 kilomètres de circonférence, parsemée avec une agréable irrégularité de champs et de jardins, coupée par trois ruisseaux dont le cours est sinueux et qui arrosent des forêts et des villages innombrables, on aura une idée des prairies de Kaboul. Au nord s'élèvent, à l'extrémité d'un long tapis de verdure, les montagnes de Lionman, couvertes de neige jusqu'à la moitié de leur hauteur; de l'autre côté des monts rocailleux et d'une teinte blafarde marquent la réserve pour la chasse des rois : les jardins de la ville sont au-dessous, et l'eau y est conduite avec beaucoup d'intelligence. On ne s'étonne pas, dit M. Burnes, que les habitants soient épris de ce paysage et que Baber l'ait admiré; car, dit ce prince, « sa verdure et ses fleurs rendent Kaboul un lieu céleste au printemps. » Les autres villes de la province, telles que *Logar* et *Safaëd-Kouh*, situé au pied du haut pic de ce nom, n'offrent rien de remarquable.

PROVINCE DE DJELAL-ABAD. — La province de *Djelal-Abad* s'étend entre celle de Kaboul, les monts Soleyman et Keiber. *Djelal-Abad*, sa capitale, est une petite ville où réside le hakim; elle a un bazar composé d'une cinquantaine de boutiques; son commerce est assez important; sa population est d'environ 1,000 âmes; mais elle devient dix fois plus considérable dans la saison froide, parce que les habitants des montagnes voisines viennent s'y réfugier. Dans ses environs on cultive la canne à sucre. On voit près de Djelal-Abad sept tours rondes que l'on dit fort anciennes, et près desquelles on a trouvé des médailles antiques.

PROVINCE DE GHAZNAH. — Dans celle de *Ghaznah* ou *Ghaznih*, appelée aussi *Ghiznek*; pays montagneux et froid, habité principalement par les Ghildjis, la ville de *Ghiznih* ou *Ghiznek* n'est plus ce qu'elle était lorsque les sultans ghaznevides y résidaient. Bâtie sur une petite montagne, sa vaste enceinte, formée d'une muraille en pierre, renferme à peine 1,500 maisons. Les beaux édifices construits par le célèbre Mahmoud Ghazneh, le premier prince de cette dynastie qui prit le titre de sultan, ont disparu : il ne reste plus, de deux siècles de splendeur, que de vastes ruines, deux minarets de 32 mètres de hauteur, trois bazars, et une digue magnifique, la seule des sept que fit bâtir à grands frais le sultan Mahmoud Ghazneh. Mais, hors de son enceinte, on voit encore le superbe tombeau de ce prince, mort en 1030; il est en marbre et surmonté d'une coupole. D'autres tombeaux, érigés à la mémoire d'un grand nombre de saints personnages, ont fait donner à Ghiznek le surnom de *seconde Médine*. Bien que cette ville soit sous le 33e parallèle, elle est une des plus froides de l'Asie, ce qui s'explique tout naturellement par son élévation au-dessus du niveau de la mer. A quelques kilomètres au nord, on trouve une autre ville, appelée *Sourmoul*, qui donne son nom à une vaste plaine dans laquelle elle est bâtie, et qui est la résidence du chef d'une nombreuse tribu de Ghildjis.

Djagdalak, près du Sourk-Roud (rivière rouge), est une petite ville dont les habitants ont des caves pour maisons. Un proverbe afghan indique ainsi son extrême pauvreté : « Quand le bois de Djagdalak commence à brûler, vous fondez l'or. » En effet, on ne voit pas de bois dans les tristes montagnes des environs.

PROVINCE DE LOGHMON. — Celle de *Loghmon* ou *Loughmon*, que l'on nomme aussi *Laghman*, et qui confine aux provinces de Kaboul et de Djelal-Abad, est un pays important par sa population, que l'on évalue à 900,000 âmes; mais *Dir*, sa principale ville, résidence d'un khan puissant, est peu considérable; il en est de même de celle de *Bandjaour* ou *Bajour*.

PROVINCE DE BAMIAN. — La province de *Bamian* est la plus septentrionale des cinq qui composent le royaume de Kaboul; c'est aussi la moins productive, la plus grande partie est même tout à fait stérile; c'est enfin celle dont le climat est le plus rigoureux. Cependant quelques étroites vallées produisent des grains; mais la principale ressource consiste en nombreux troupeaux de moutons, en bœufs et en chevaux. Elle n'offre rien de particulier, si ce n'est son chef-lieu, intéressant par les antiquités qui s'élèvent dans son voisinage. Une vallée, encombrée de rochers et bordée de précipices affreux, conduit à Bamian. Des ruines innombrables prouvent que cette vallée a été jadis fortifiée. Quelques-unes passent pour les restes des maisons de poste des empereurs mongols; cependant le plus grand nombre paraît dater du temps de Zohak, roi de Perse. Un château situé à l'extrémité septentrionale de la vallée et commandant la gorge a été construit avec beaucoup de soin et de travail sur le haut d'un précipice, et approvisionné d'eau d'une manière fort ingénieuse. C'est dans cette vallée que se trouve la petite ville de *Bamian* : celle-ci ne mérite pas de fixer l'attention ; mais il faut visiter près de là les ruines de l'ancienne Bamian, qui fut prise et saccagée en 1221 par Djenghiz-Khan, et abandonnée par ses habitants. Elle consiste en un nombre prodigieux d'excavations pratiquées des deux côtés de la vallée sur une étendue de 8 à 12 kilomètres, et qui forment encore la demeure de la plus grande partie de la population. Les habitants les appellent *soumotch*. Aboul-Fazl en compte 12,000, y compris celles de ses environs. Une colline isolée au milieu de la vallée en est complètement percée comme le rayon d'une ruche, dit M. Burnes, et rappelle à notre souvenir les troglodytes des historiens d'Alexandre. On la nomme la ville de *Ghoulghoula*. Elle présente une suite continue de cavités dans toutes les directions. Ces excavations sont regardées par les habitants comme l'ouvrage d'un roi nommé Djélal. Des ouvriers sont fréquemment employés à y fouiller, et ceux qui les payent sont grandement indemnisés de leurs dépenses par les anneaux, les médailles et les différents objets qu'on y trouve. Cependant ces objets ne sont pas d'une haute antiquité, puisque ces cavités portent généralement des inscriptions cufiques postérieures au siècle de Mahomet. On ne remarque aucun ornement d'architecture dans ces caveaux ; quelques-uns seulement se terminent en forme de dôme, et ont une frise sculptée au-dessus d'un point d'où part la coupole. Cette ville de troglodytes, que le voyageur Hamilton appelle la Thèbes de l'Orient, offre des antiquités du plus grand intérêt qui mériteraient d'être visitées par des archéologues versés dans la connaissance des anciens cultes de l'Asie : ce sont des statues colossales taillées dans la montagne même qui forme le côté septentrional de la vallée. L'une représente un homme, et a 120 pieds anglais (36ᵐ,57) de hauteur ; l'autre, haute d'environ 60 pieds (18ᵐ), est celle d'une femme. La première est appelée *Silsal*, et la seconde *Chakmama* (1). Ces deux colosses sont mutilés : leurs têtes n'offrent plus que des traits à moitié détruits ; les avant-bras manquent dans toutes les deux, et le canon a fracassé les jambes de la plus grande. Les lèvres épaisses de ces colosses, leurs oreilles longues et pendantes, enfin la tiare dont la plus grande paraît être coiffée, semblent autoriser à penser qu'elles se rapportent au culte de Bouddha. Trois excavations se font remarquer au pied de chacune de ces idoles ; à la base de la plus grande, celle du milieu pourrait facilement servir à loger la moitié d'un régiment. Des excavations innombrables se font remarquer à gauche et à droite de chaque idole. Les niches dans lesquelles elles sont taillées ont jadis été revêtues d'un enduit, et ornées de peintures représentant des figures humaines, dont il existe encore quelques traces au-dessus de la tête de ces statues. « Là, dit M. Burnes, les couleurs sont aussi vives que celles qui ornent les tombeaux égyptiens. Il y a peu de variété dans les dessins de ces figures, parmi lesquelles on remarque des femmes, dont plusieurs ont la tête entourée d'une auréole. L'exécution de ces statues est au surplus aussi médiocre que celle des idoles. »

Il n'existe à Bamian aucune inscription qui puisse guider l'antiquaire relativement à l'origine probable de ces statues colossales. Quant au nom de Bamian, il dérive, dit-on, de son élévation : *bam* signifie balcon, et *ian* pays ; dénomination qui peut aussi venir des cavernes qui s'élèvent les unes au-dessus des autres dans le rocher.

LES HAZAREHS. — *Deh-Koundy, Deh-Sendji* et *Tchaghouri*, situés sur une montagne qui porte le même nom, sont de petits châteaux forts dans lesquels résident trois khans des Hazarehs.

Cette nation a pour demeures des chaumières à moitié enfoncées dans les flancs des montagnes. Chaque village se compose de 20 à 200 habitations, quelquefois même de tentes, et est défendu par une haute tour capable de renfermer dix à douze hommes, et percée de tous côtés de meurtrières. En temps de paix, un seul homme reste dans la tour ; en cas d'alarme, il frappe sur un grand bassin de cuivre ; ce signal, donné par une seule tour, est répété par toutes les autres, de village en village, et en peu d'instants toute la population d'un canton est sur pied. Les Hazarehs sont très-irascibles et prompts à se livrer aux plus violents excès ; mais, à part ces moments de vivacité, ils sont gais et sociables ; ils ont un goût prononcé pour le chant et la poésie ; les amants célèbrent leurs amours en vers de leur composition, et souvent les hommes s'amusent pendant des heures entières à se railler dans des satires improvisées. Les caractères physiques par lesquels se distinguent les Hazarehs sont une face large, de petits yeux, et le défaut presque absolu de barbe. Leurs femmes, en général assez jolies, sont beaucoup plus heureuses et plus libres que chez la plupart des autres peuplades

---

(1) Le voyageur Hamilton parle d'une troisième idole haute de 15 coudées, représentant le fils des deux autres ; mais M. Burnes, qui entre dans de grands détails sur les idoles de Bamian, ne mentionne point cette dernière.

asiatiques : ce sont elles qui dirigent tout dans la maison et qui président aux soins du ménage ; jamais elles ne sont battues ; elles sortent quand elles le veulent et jamais voilées ; il est vrai que la chasteté est la vertu à laquelle elles tiennent le moins, et qu'elles se livrent même souvent au plus honteux libertinage. Tous les Hazarehs sont sectateurs fanatiques d'Ali : aussi ont-ils en horreur les Afghans, les Eimaks et les Ouzbeks, qui tiennent à la secte opposée.

→→᚜ЭᎾᏟᏟᎨᎨ←

ROYAUME DE KANDAHAR.

LIMITES, POPULATION. — Le royaume de *Kandahar* est borné au nord par le Khorassan afghan ou oriental, et au sud par le Sedjestan ; depuis le nord-est jusqu'au sud-est s'étendent plusieurs chaînes de montagnes, telles que les monts Makhour et la chaîne du khodjah-Amran, et depuis le nord-ouest jusqu'à l'ouest ce sont de vastes plaines désertes et sablonneuses et des rochers arides. Sa population, que nous évaluons à 1 million d'habitants, est principalement composée d'Afghans : ce sont des Dourahnis, des Tadjiks et des Kizilbachis, la plupart de la secte sunnite. Le Kandahar a longtemps fait partie de la Perse et passé tour à tour de celle-ci aux souverains de Dehli.

DESCRIPTION TOPOGRAPHIQUE. — *Kandahar*, la capitale, est une longue et vaste ville située dans une plaine, près de la rive gauche de l'Orghendab, rivière de 250 kilomètres de cours, affluent de l'Helmend. Cette cité, dont l'origine est incertaine, mais qui paraît avoir existé du temps d'Alexandre et avoir été détruite et réédifiée plusieurs fois, fut, en dernier lieu, construite sur un plan régulier par Nadir-Schah, près de son antique enceinte. Une muraille l'entoure et deux forts la défendent ; ses rues sont étroites, mais bien alignées ; ses maisons sont en briques et à plusieurs étages ; en un mot, elle passe pour une des plus belles villes de l'Asie. Au centre s'élève une rotonde voûtée, nommée *Tchasson*, de 40 à 50 mètres de diamètre, garnie intérieurement de boutiques, et à laquelle viennent aboutir quatre grands bazars. Cette rotonde sert de place publique ; c'est là que l'on fait les proclamations et que l'on expose les corps des criminels. Plusieurs caravansérails, l'ancien *palais royal*, la mosquée voisine de ce palais, le tombeau d'Ahmed-Schah, surmonté d'une élégante coupole, et orné intérieurement de peintures et de dorures, sont, avec le Tchasson, ses principaux édifices. Kandahar est arrosée par deux canaux dérivés de l'Orghendab et traversée par des petits ponts. Elle est partagée en un grand nombre de quartiers réservés chacun à une des nations qui l'habitent. Sa population, qui en 1809 s'élevait à 100,000 âmes, ne paraît pas avoir beaucoup diminué, bien que cette ville n'ait plus, depuis 1774, le titre de capitale du Kaboulistan. Des anciens priviléges attachés à ce titre, elle n'a conservé que celui de battre monnaie. Cependant c'est encore la principale place de commerce et celle où l'industrie est le plus active. L'empereur Baber s'en empara en 1507 ; en 1625 elle fut prise par Schah-Abbas le Grand ; en 1738 le gouverneur persan Ali-Merdan-Khan la livra à l'empereur Djehanghir ; en 1649 elle tomba au pouvoir de Schah-Abbas II ; le chef afghan Myr-Veis la prit en 1709 et la garda jusqu'en 1737, que Nadir-Schah s'en rendit maître après un siége de 18 mois. Il la détruisit et la rebâtit un peu plus au sud, en lui donnant le nom de Nadir-Abad ; mais en 1747 Ahmed-Schah-Abdalli la surprit et en fit la capitale de l'Afghanistan, en lui rendant son ancien nom. Outre cette ville, on trouve encore dans le Kandahar *Meïmoud*, chef-lieu de la tribu des Popoulzis, et *Ourghessan*, chef-lieu de celle des Bahrikseïs.

DISTRICTS QUI DÉPENDENT DU KANDAHAR. — Le *Ghermsyl* ou *Ghermsir*, que l'on écrit aussi *Guermsir*, et qu'il ne faut pas confondre avec un district de la province de Kerman, en Perse, désigne ici un canton qui dépend du royaume de Kandahar, et qui s'étend sur la rive méridionale de l'Helmend. Il paraît occuper, suivant le voyageur H. Pottinger, l'ancien lit d'une rivière à sec. Son nom signifie *pays chaud*. Il est humide et marécageux en plusieurs endroits, et couvert d'herbes et de buissons au milieu desquels viennent camper les Alekkosis. Sur les bords de l'Helmend s'élèvent çà et là quelques villages tadjiks, avec les châteaux forts qui les défendent. Sa partie septentrionale est bornée par des montagnes au milieu desquelles s'étendent des vallées fertiles en blé, en orge et en riz, tandis que les flancs de ces montagnes sont couverts d'amandiers, de figuiers, de grenadiers, de noyers et de platanes. Les Alekkosis sont au nombre de 10,000 familles ; c'est une réunion de tous les voleurs sortis des pays voisins. Ils sont célèbres par leurs brigandages. Il paraît que ce qui les a engagés à venir s'établir dans ce district, c'est la facilité avec laquelle on y obtient des récoltes : ce qu'il faut attribuer à la température et aux débordements périodiques de l'Helmend.

Le *Khountchi* est un petit district contigu au Ghermsyl et qui présente le même aspect physique et politique. On y trouve un village du même nom.

Le *Khorabouk*, pays situé à l'ouest des monts Khodjah-Amram, se compose d'une plaine aride, arrosée par la Lora et habitée par les Barytchis au nombre de 2,500 à 3,000 familles, divisées en tribus, en partie nomades et en partie fixées dans des villages. C'était la plus méridionale des possessions du roi de Kaboul au temps de la puissance de ce royaume : un de ses agents y résidait pour la perception des revenus, qui, au surplus, sont peu considérables.

Dans le *Farrah* ou *Fourrah*, que l'on écrit aussi *Ferrah*, nous ne connaissons aucune cité digne d'être nommée, si ce n'est le chef-lieu, qui porte le même nom. *Farrah* est une grande ville murée, située dans une vallée fertile, à moitié chemin de Hérat à Kandahar. Son bazar est bien approvisionné.

LE SEDJESTAN. — Le *Sedjestan* ou *Séistan*, que l'on nomme aussi *Saghistan* et *Sistan*, et qui faisait partie de l'*Arie* des anciens, est situé au sud du Kaboul et au nord du Béloutchistan ; la Perse le borne à l'ouest. Il a environ 400 kilomètres de l'orient à l'occident et un peu moins du nord au midi. C'est un pays plat et sablonneux, couvert en quelques endroits de bois et de halliers ; l'Helmend le traverse et va se terminer sur la frontière de la Perse dans le lac de Zerch. En cet endroit le sol est tellement humide et marécageux, qu'il sort des roseaux et des broussailles des myriades de mouches et de cousins qui incommodent les habitants depuis le mois d'avril jusqu'au commencement d'octobre. Durant ce temps, on est obligé de préserver de leur piqûre les chevaux et les dromadaires en les couvrant de toiles de coton qui leur descendent jusqu'aux pieds. Les sables brûlants du Béloutchistan sont transportés par les vents dans le Séistan, où ils ensevelissent quelquefois de vastes champs et des villages entiers ; quelque vent qu'il fasse, on voit se lever dans les airs des nuages de poussière, et cette contrée, jadis fertile et remplie de cités florissantes, ainsi que l'attestent une foule de ruines, a été tellement envahie par les sables qu'elle est presque entièrement réduite à la plus complète stérilité. Ce n'est que sur les bords de l'Helmend, dans une vallée large d'environ 4 kilomètres, que l'on trouve de vastes champs en culture ; c'est là que s'élèvent quelques villes et de nombreux villages : le reste n'est habité que par des tribus nomades qui cherchent çà et là de rares pâturages, et qui vivent dans une mésintelligence presque continuelle avec la population sédentaire.

Le *Séistan* est désigné par Isidore de Charax, au troisième siècle avant notre ère, sous le nom de *Sacastène*. L'orientaliste, incertain entre les étymologies que fournissent les différents noms de ce pays, n'ose décider si le Seghistan ou le Sedjistan est un *pays des chiens* ou un *pays d'or*, ou simplement un *pays de plaines*. La dernière version s'accorderait avec les relations du petit nombre de voyageurs qui ont visité cette contrée.

Elle fut la patrie de deux héros, Djemchyd et Roustem, et devint le patrimoine de ce dernier, que l'on peut regarder comme l'Hercule persan, qui, suivant les écrivains nationaux, vécut plusieurs siècles et défendit l'Iran contre les entreprises des peuples du Touran ou de la Tatarie. Aujourd'hui ce pays forme deux principautés : le sultanat de *Djelal-Abad* et le khanat d'*Illoumdar*, qui, avant les derniers troubles, étaient tributaires du roi de Kaboul, et dont la plus considérable, qui est la première que nous venons de nommer, ne peut pas mettre sur pied plus de 3,000 hommes.

Djelal-Abad, appelée aussi *Donchak* ou *Zarang*, ville qu'il ne faut pas confondre avec celle de Djelal-Abad dans le royaume de Kaboul, est la principale de tout le Séistan. Elle renferme environ 2,000 maisons construites en briques et un assez beau bazar. On y fabrique, dit-on, de la porcelaine. Il paraît qu'elle est bâtie sur les ruines d'une autre ville importante qui pourrait bien être l'antique *Prophtasia*, la même que celle où se trouvait Alexandre au moment où se découvrit une conspiration tramée contre lui, et dans laquelle furent impliqués Parménion et son fils Philotas. Ce qui au surplus semble l'indiquer, c'est son nom de Zarang, qui vient évidemment de *Zaranga* ou *Drangæ*, dénominations par lesquelles on désignait les anciens habitants de la contrée qui environne le lac Zerch.

Si nous n'avons rien de particulier à dire des petites villes de *Koulinout* et *Rodbar*, qui appartiennent au sultan de Djelal-Abad, nous ne chercherons pas à nous arrêter à *Illoumdar*, qui, bien que chef-lieu d'un khanat, n'est pas plus digne que les autres de fixer notre attention.

ROYAUME DE HÉRAT.

LIMITES, SUPERFICIE, ASPECT PHYSIQUE. — Le royaume de Hérat occupe la partie orientale du Khorassan, il est habité en partie par les Afghans. Il formait jadis une partie de la *Bactriane*. Ses limites sont, à l'est, au sud et au sud-ouest, le Kaboul, à l'ouest et au nord-ouest la Perse, et enfin au nord le pays de Balkh. On lui donne environ 600 kilomètres de longueur de l'est à l'ouest, 300 de largeur du nord au sud, et à peu près 180,000 kilomètres carrés de superficie. Au sud il appartient au grand plateau de la Perse ; il est traversé de l'est à l'ouest par la chaîne de montagnes appelée Hindou-Khouch ou Hindou-Koh, qui va se perdre dans les hauteurs qui sillonnent le plateau élevé dont nous venons de parler. Au nord, il forme un autre plateau borné par les monts Hazara ou Hazarch, sur une longueur d'environ 120 kilomètres ; ceux du Kohy-Baba s'étendent dans sa partie orientale, où ils donnent naissance à la rivière d'Helmend, qui l'arrose au sud-est ; tandis que le Tedzen ou Tedjen, l'antique *Ochus*, et le Morg-al, le *Margus* des anciens, qui appartiennent tous deux au bassin de la mer Caspienne, traversent le nord et l'ouest du pays.

La hauteur du plateau septentrional d'où descendent ces rivières paraît être de 1,500 à 2,000 mètres. La constitution physique des montagnes est peu connue ; cependant il paraît que l'Hindou-Koh est principalement formé de gneiss, de micaschistes et de calcaires.

CLIMAT, PRODUCTION. — Le climat que l'on éprouve dans le Khorassan diffère suivant l'élévation du sol, mais il est généralement tempéré ; l'hiver n'y est pas rigoureux, et l'on y jouit au printemps d'une température délicieuse, surtout dans les plaines basses et dans les vallées. L'agriculture, favorisée par un sol naturellement fertile, y est dans un état florissant : on y cultive du blé, de l'orge, du maïs, du riz, du millet, du lin, du chanvre, du safran, de la garance, du sésame, du tabac, du coton, des pavots, diverses espèces de légumes, et des fruits délicieux, tels que du raisin, des grenades, des melons, des amandes ; l'*assa fetida* y abonde, ainsi que plusieurs plantes aromatiques, dont on fabrique différentes essences estimées dans l'Orient. Le mûrier y réussit parfaitement et nourrit une innombrable quantité de vers à soie, dont les produits alimentent un grand nombre de manufactures. Outre des soieries, on fabrique des étoffes de coton, des châles, des maroquins, des armes blanches et des armes à feu. Les femmes des nomades font de la toile et du drap pour la consommation de leurs familles. On y élève beaucoup de bestiaux et des chevaux d'une race excellente. Le commerce est actif : le pays exporte du blé, du tabac, du safran, de l'opium, de l'*assa fetida*, des fruits secs et confits, des bestiaux, des chevaux, des fourrures et des armes.

POPULATION. — On s'accorde à évaluer la population du Khorassan afghan à 1,500,000 individus, composés de Tadjiks, qui mènent une vie sédentaire, et de peuples nomades, dont les principaux sont les Eïmaks et les Hazarchs. Ceux-ci se distinguent par leur extérieur grave et sérieux et par leur amour pour la chasse, le chant et la poésie ; leurs femmes sont généralement belles, et sont traitées avec beaucoup d'égards ; leurs villages se composent ordinairement de 300 maisons ; souvent leurs habitations sont creusées dans le roc. Les Eïmaks se divisent en trois principales tribus, de même que les Hazarchs. Chacune de ces tribus est gouvernée par un chef qui prend le titre de khan. A ces peuples il faut ajouter des Afghans, des Béloutchis et des Ouzbeks. A l'exception des Hazarchs, qui sont schiites zélés, toute la population appartient à la secte sunnite.

HISTOIRE ET DIVISIONS. — Le Khorassan afghan était divisé en trois provinces, et dépendait du royaume de Kaboul, lorsqu'au commencement du dix-neuvième siècle Mahmoud-Schah détrôna Zéman-Schah son frère. A la faveur de la guerre civile, plusieurs parties de ce royaume conquirent leur indépendance. Mais Mahmoud-Schah lui-même ayant été détrôné par le gouverneur de Cachemire, se réfugia dans le Khorassan oriental que gouvernait Kamram son fils, et y fonda, en 1826, un État indépendant, qui jusqu'à ce jour a conservé son indépendance malgré les différentes tentatives des rois de Perse, dont la dernière date de 1837, grâce à la politique intéressée de l'Angleterre, qui est toujours intervenue dans ces différends. L'ancienne division de ce pays en deux provinces, le Hérat, le Siahband, a été conservée.

PROVINCE DE HÉRAT. — La province de *Hérat*, bornée au nord et à l'ouest par la Perse, au sud par le Kaboul, à l'est par le Siahband, et au nord-est par le khanat de Balkh, porte le nom de son chef-lieu, qui est en même temps la capitale du royaume.

La ville de *Hérat* est bâtie au milieu d'une superbe vallée, aussi importante par sa culture que par sa population. Cette vallée est entourée de hautes montagnes et se prolonge au moins à 50 kilomètres de l'est à l'ouest, et en a environ 25 de largeur; elle est arrosée par une rivière qui paraît porter le même nom que la ville et être un affluent du Tedjen, si ce n'est cette rivière elle-même. Le sol y est cultivé avec soin; de tous côtés on ne voit que villages et jardins. En arrivant à la ville, on fait 6 kilomètres au milieu de vergers et sur une route magnifique, à l'extrémité de laquelle on traverse la rivière sur un ancien pont, long de 400 mètres et construit en briques : on l'attribue à une marchande d'huile qui le fit construire à ses frais; il est aujourd'hui en très-mauvais état. Avant sa construction, la communication de la capitale avec la campagne était interceptée tous les ans à la fonte des neiges par les débordements de la rivière. Au delà du pont, on entre dans un faubourg qui a 6 kilomètres de longueur jusqu'à la porte de la ville; celle-ci couvre une superficie de quatre milles carrés. Elle est défendue par une haute muraille en terre, flanquée de tours et ceinte d'un fossé plein d'eau. Au nord se trouve la citadelle, située sur un monticule plus élevé que les murs de la ville : c'est un petit château carré, dont les remparts parallèles à ceux de la ville sont construits en briques cuites, avec des tours à chaque angle qui sont entourées d'un fossé plein d'eau, sur lequel il y a un pont-levis. Au delà du fossé règne un mur extérieur environné d'un fossé sec. Hérat a une porte sur chacun des côtés de ses murailles, et deux sur celui du nord. Mais, au total, ses moyens de défense se réduisent à peu de chose. A partir de chaque porte, de vastes bazars conduisent au *tchar-soubh* ou marché, situé au centre de la ville. Les rues sont étroites et irrégulières; les mardis, jours de marché, elles sont tellement remplies de monde, ainsi que la grande place, qu'il est impossible d'y circuler. La ville est bien pourvue d'eau; les maisons sont en briques; quelques-unes sont assez belles; mais l'édifice de la plus chétive apparence est le palais du prince : à l'extérieur, on ne voit qu'une porte ordinaire, au-dessus de laquelle s'élève un bâtiment mesquin, et en avant s'étend une place ouverte avec des galeries au milieu pour les *nékarah-khéné* ou timbales. Ses jardins passent pour magnifiques. Les principales constructions de cette ville sont d'abord la mosquée appelée *Gaïatseddin-Mohammed-Sam*, puis celle que l'on appelle *Mesdjid-djouma* ou mosquée du vendredi, qui couvre une superficie d'environ 30 mètres carrés, mais qui tombe en ruines. Nous devons citer encore le tombeau de *Khodja-Abdallah-Anssari*, et le médressêh ou collège, nommé *Baïkara*, qui fut fondé par le sultan Husseïn, un des descendants de Tamerlan, qui résidait à Hérat vers la fin du quinzième siècle, et qui se rendit célèbre par la protection éclairée qu'il accorda aux lettres.

Hérat était une des villes les plus peuplées de l'Afghanistan; mais depuis la guerre que le royaume de Hérat a soutenue contre la Perse, cette ville a eu tant à souffrir que sa population a été réduite à 6 ou 7,000 âmes. Les Hindous y sont très-considérés : ce sont les seuls capitalistes de cette ville, que l'on peut regarder aussi comme la plus commerçante de cette partie de l'Asie; c'est l'entrepôt du commerce entre le Kaboul, le Kandahar, le Cachemire, la Perse, Bagdad, etc. Ses étoffes de soie ne sont pas autant estimées que celles que fabriquent les Persans; cependant elle en exporte beaucoup : aussi les jardins qui l'entourent sont-ils remplis de mûriers que l'on n'élève que pour nourrir les vers à soie. Les plaines et les montagnes d'alentour, surtout à l'ouest, sont couvertes d'*assa fœtida* qui s'élève à près de 1 mètre de hauteur. Cette plante est encore une branche importante d'exportation : les Béloutchis et les Hindous l'aiment beaucoup; ils la mangent après avoir fait cuire la tige sous les cendres et assaisonné l'ombelle comme les autres plantes potagères.

Les revenus d'Hérat et de son territoire sont d'environ 1,200,000 francs; ils proviennent de l'impôt des caravansérails, des boutiques et des jardins; une partie se perçoit en grains ou en bestiaux, et le reste en argent. La police y est sévère, moins pour maintenir les bonnes mœurs que pour tirer les amendes qui reviennent au gouvernement. Deux vastes jardins appartenant au prince servent de promenades publiques. Une montagne voisine, sur laquelle il existait jadis un temple de Parsis, et où l'on exploite aujourd'hui de bonnes pierres à meules de moulin, fournit à la ville toute l'eau dont elle a besoin. A une journée de route de celle-ci, de beaux herbages nourrissent une race de chevaux qui se vendent de 2,500 à 10,000 francs chacun.

Hérat est une des plus anciennes cités de l'Orient; elle portait le nom d'*Aria* ou d'*Artacoana*, et la rivière qui l'arrose celui d'*Arius*.

Du temps d'Alexandre, elle était déjà la capitale d'une vaste province. Le héros macédonien apprit que c'était dans cette ville que le satrape Satibarsane, à qui il avait déjà pardonné, rassemblait toutes ses forces pour se réunir à Bessus; il se mit aussitôt en marche pour aller l'y surprendre; le satrape s'enfuit, mais ses complices furent punis de mort ou emmenés en captivité. Cette ville fut prise par Djenghiz-Khan; Tamerlan y fixa le siége de son empire; elle passa ensuite sous la domination de la Perse, à laquelle elle fut enlevée en 1715 par les Douranys, nation afghane. Nadir-Schah la reprit en 1731; mais Ahmed-Schah, prince afghan, s'en empara en 1749. Depuis ce temps elle appartint au royaume de Kaboul, et n'en fut séparée qu'à l'époque récente du démembrement de ce royaume, pour devenir, ainsi que nous l'avons dit, la capitale d'un petit État indépendant.

On cite encore dans la province d'Hérat une ville appelée *Gour* ou *Jaughouri* ou *Choughchiran*, peut-être la même que celle que d'autres géographes nomment *Goroudje;* elle fut dans le douzième siècle la capitale d'un petit royaume; mais depuis qu'elle a été saccagée par les armées de Djenghiz-Khan et de Tamerlan, elle ne s'est point relevée, et même elle est à peine connue aujourd'hui. On trouve dans ses environs des eaux thermales et des mines de fer et de plomb. *Oubak* donne son nom à un canton dans lequel se trouvent des bains d'eaux minérales et des carrières d'une espèce de marbre qui a servi à la construction des monuments publics d'Hérat.

PROVINCE DE SIAHBAND. — La province méridionale de *Siahband* ou *Chahbend* ne renferme aucune ville importante, sans en excepter même le chef-lieu qui porte le même nom. *Bihboud-Khan*, petit bourg; *Goura-Khan*, village sur la route d'Hérat à Kaboul, et *Kouroum-Khan*, sont la résidence de trois khans des Eïmaks.

Ce peuple annonce par ses caractères physiques une origine tatare; un auteur indien, Aboul-Fazl, qui fut premier ministre et historiographe du grand mogol Akbar, prétend même que les Eïmaks sont les restes de l'armée du quatrième empereur mongol Mangou-Khan, petit-fils de Djenghiz-Khan. Ce sont des hommes grands et forts, qui vivent de pain, de légumes, de lait caillé, de viande, et pour lesquels la viande de cheval est un régal. Ils possèdent d'immenses troupeaux de moutons, et nourrissent des chevaux petits, mais vifs et infatigables. Leurs villages sont des espèces de camps, dont les chefs reconnaissent l'autorité d'un chef supérieur appelé khan. Tous sont mahométans sunnites rigoureux.

COSTUME DES AFGHANS. — Nous ne terminerons pas ce tableau de l'Afghanistan sans donner la description du costume de ses habitants. Celui des Douranys se compose d'un large pantalon en étoffe de coton d'une couleur foncée, d'une sorte de blouse à manches larges, tombant sur les genoux, et portant en arabe le nom de *camiss*, dont nous avons fait le mot *chemise*, parce que c'est à l'époque des croisades que les Européens ont emprunté ce vêtement aux Orientaux; d'une paire de bottines dont la pointe est un peu recourbée, et d'un bonnet étroit, bordé d'une bande de soie et surmonté d'une calotte brochée en or. Quelquefois ils portent par-dessus leurs habits un grand manteau à collet, fait avec des peaux de moutons dont le poil est en dedans, ou bien avec une sorte de feutre doux et souple. Ce manteau flotte sur les épaules, et les longues manches qui y sont attachées tombent jusqu'en bas. Les personnes de la haute classe s'habillent comme les Persans.

Quant aux *Sedjestaniens*, parlant la même langue et ayant le même culte que les Persans, ainsi que de fréquents rapports avec eux, il n'est pas étonnant qu'ils aient adopté le même costume.

Les Eïmaks portent de larges pantalons, sur lesquels tombe une ample robe retenue par une ceinture; le plus ordinairement ils ont les pieds nus; quelquefois ils se coiffent d'un turban, mais le plus souvent d'un bonnet de peau de mouton noir.

Les *Hazarehs* ont une sorte de chemise blanche, par-dessus laquelle ils mettent une ample robe en étoffe brune liée par une large ceinture rayée; leur coiffure consiste en une espèce de calotte brodée avec deux rebords saillants qui forment quatre pointes, dont deux avancent sur le front et deux sur la nuque; au lieu de bas, ils enveloppent leurs jambes de bandes de drap, et leurs souliers sont des espèces de petites bottines attachées avec des cordons. Leurs femmes portent de longues robes de laine et des bottes en peau de daim qui montent jusqu'aux genoux; leur coiffure consiste en un petit bonnet, derrière lequel pend une longue bande d'étoffe qui descend jusqu'aux reins.

TURKESTAN.

Cavaliers du Turkestan.

SITUATION, LIMITÉS, SUPERFICIE, POPULATION. — Le *Turkestan* ou *Tartarie indépendante* est cette vaste contrée qui s'étend à l'orient de la mer Caspienne, entre cette mer à l'ouest, la Sibérie au nord, l'empire chinois à l'est, l'Afghanistan et la Perse au sud. Ce pays appartient au bassin de la Méditerranée ; sa superficie peut être évaluée à 1,200,000 kilomètres carrés, et sa population, sur laquelle on ne peut avoir de données certaines, est d'environ 5 millions d'habitants qui se groupent sous différentes dominations.

SUR LES SCYTHES D'ASIE. — Les contrées à l'est de la mer Caspienne, qu'arrosent l'Amou-déria, *Oxus*, et le Sir-déria, *Iaxartes*, portaient chez les Grecs le nom de *Scythie asiatique*. Il est possible que les véritables Scythes d'Europe, peuples de la race finnoise, dont nous avons parlé à leur place, aient occupé ce pays à une époque très-reculée, c'est même vraisemblable ; mais les nations que l'histoire connaît comme habitants de la Scythie d'Asie paraissent ne pas avoir différé d'origine avec les Tartares ou Tatars actuels. Les dénominations tatares des fleuves, des montagnes et des provinces, se reconnaissent au milieu des noms persans consacrés par la géographie grecque depuis Alexandre, et l'on n'y a retrouvé aucune trace des langues finnoises. D'ailleurs, l'histoire, depuis le siècle d'Alexandre jusqu'au quatrième ou cinquième siècle, ne connaît avec certitude aucune grande migration des peuples qui ait pu amener dans ces régions de nouvelles colonies.

LES TATARS OU TARTARES. — Ce n'est que dans le douzième siècle que le nom de *Tartares*, ou plus exactement Tatars, devint célèbre en Europe. Abou-Ghazi affirme qu'il y eut parmi les hordes turques une tribu nommée *Tatars*, et il en parle comme de l'une des plus considérables parties de la grande nation turque. Il dit

encore que ces Tatars se partagèrent en plusieurs tribus, et qu'une d'elles eut des guerres sanglantes à soutenir contre les Chinois : ce qui s'accorde fort bien avec les annales de la Chine.

Il y avait trois tribus de *Tatars* : c'est ce que nous apprend Meng-koung, général et historien chinois, mort en 1246, qui commandait un corps d'armée envoyé par le gouvernement chinois au secours des Mongols contre les *Kin*, et qui eut ainsi l'occasion de recueillir des renseignements exacts sur ce peuple. Les *Tatars blancs*, qui n'avaient rien de rebutant dans leur extérieur, et qui se faisaient des incisions aux joues, étaient une horde turque ; leur prince, du temps de Djenghiz-Khan, tirait son origine des anciens khans des *Thou-khine* ou *Turcs de l'Altaï*. Les *Tatars sauvages* étaient stupides et servaient d'esclaves aux premiers. Les *Tatars noirs*, parmi lesquels naquit Djenghiz-Khan, portaient le nom commun de *Temoudjin*. Ce sont les *Tatars noirs* qui postérieurement ont reçu le nom de *Mongols* ou *Moung-kou* en chinois. Ils étaient soumis aux *Tatars blancs* ou Turcs, et se trouvaient avec eux sous la dénomination de *Liao*, et plus tard sous celle de *Kin* ou *Niu-tchi*. Après la mort de son père Yesougai, Djenghiz-Khan soumit les *Tatars blancs*, qui s'étaient révoltés, et devint chef de toutes les tribus tatares. Il garda pour ses sujets le titre honorifique de *Mongol*, qui fut celui de sa horde, et qui depuis resta à la nation entière.

D'après tous ces faits, on ne peut douter que les dénominations de *Mongol* et de *Tatar* ne soient synonymes et n'appartiennent à une seule et même nation, et que les *Tatars blancs* seuls ne soient d'une race différente, c'est-à-dire de la race turque.

EXTENSION DU NOM DE TARTARES. — Quoi qu'il en soit, le nom de *Tatars*, changé en celui de *Tartares*, malgré les réclamations des savants, et que l'on pourrait écrire *Tatares* pour se

Paris. — Typographie de Henri Plon, imprimeur de l'Empereur, 8, rue Garancière.

rapprocher de l'orthographe de ce dernier nom, eut une telle vogue dans les quatorzième, quinzième et seizième siècles, qu'il envahit toute l'Asie centrale et septentrionale. Il engloutit celui des Mongols, quoique ceux-ci régnassent sur les Tatars ; on doit peut-être en chercher la cause dans les victoires mêmes de Djenghiz-Khan. C'est à la même cause qu'il faut attribuer la confusion qui s'est établie relativement aux dénominations de *Turcs* et de *Tatars*, bien que ceux-ci soient les mêmes que les Mongols ; c'est encore à la même cause que l'on doit la dénomination de *Tatars* donnée à toutes les tribus turques qui ne sont pas comprises dans les limites de l'empire ottoman.

Quand Touchi-Khan, fils de Djenghiz, fit la conquête d'une partie du nord-ouest de l'Asie et de l'orient de l'Europe, dit M. Klaproth, les pays situés au nord de la mer Caspienne, et entre cette mer et le Dnieper, étaient principalement habités par des peuplades turques qui toutes devinrent les sujets des conquérants tatars. Ceux-ci fondèrent l'empire du Kaptchak, qui s'étendait depuis le Dniester jusqu'à la Iemba, et se terminait à l'orient avec la steppe des Kirghiz. Les princes de cet empire étaient Tatars, mais la plus grande partie de leurs sujets étaient Turcs. Vers la fin du quinzième siècle, l'empire du Kaptchak fut divisé en plusieurs khanats dont les chefs descendaient de Djenghiz ; c'étaient donc *Mongols* ou *Tatars*. Cependant les armées de cette dernière nation, venues de l'intérieur de l'Asie, n'existaient plus ; l'usage de la langue mongole même s'était perdu, et les khans étaient entourés de soldats et de sujets turcs, issus des anciens habitants du pays. Malgré cela, ces khanats furent toujours appelés tatars, parce que les princes étaient mongols.

DIFFÉRENCE ENTRE LES TARTARES ET LES MONGOLS. — Les Tatars dont il est question ici, c'est-à-dire les Turcs, diffèrent autant des Mongols par leurs traits, leur constitution physique et leur langue, que les Maures diffèrent des nègres. Une taille élancée, des visages européens, quoique colorés un peu en jaune, une longue barbe, distinguent le Turc d'avec le monstre difforme, trapu, au nez écrasé, aux joues saillantes, au menton presque imberbe, aux cheveux roides, qui habite les déserts de la Mongolie. Les pays de ces deux races constituent aussi deux régions physiques. Les *Mongols*, dont les Kalmouks sont une branche, occupent tout le plateau central depuis le lac Palcati et depuis le mont Belour jusqu'à la grande muraille et jusqu'aux monts Siolki, appelés plus exactement les monts *Hing'an*, lesquels séparent ces peuples des Mantchous, tribu de la grande race des Toungouses. Les Turcs sont restés définitivement les maîtres de la vaste contrée qui, des monts Belour, s'étend vers le lac Aral et la mer Caspienne, et qu'on appelle improprement *Tatarie*, tandis qu'on devrait la nommer *Turkestan*.

Il est vrai que les Tatars ont habité et même dominé dans la Petite-Boukharie, mais ils y ont été subjugués par les Kalmouks. D'un autre côté, les Tatars ont possédé les royaumes ou khanats de Sibir ou Sibérie, nommés aussi de Touran, de Kazan, d'Astrakhan et de Krim ou Crimée ; mais ces quatre États sont tombés au pouvoir des Russes. Il y est resté un certain nombre de Tatars, les uns sur le Tobol et l'Irtyche, jusqu'à l'Ienisséi en Sibérie, les autres aux environs de Kazan ; un petit nombre est demeuré en Crimée ; enfin, le Caucase en contient quelques tribus réfugiées. Voilà l'extension de la Tatarie dans le sens historique, ou considérée comme le pays tatar. Mais les nations turques indépendantes sont circonscrites dans des limites plus étroites ; elles n'occupent que la région physique, bornée au nord par les monts *Alghidin tsano* (*Alghinskoï*) ou le cours de l'Irtyche, à l'ouest par le cours de l'Oural et la mer Caspienne, au sud par le Khorassan, à l'est par les chaînes de Bolor.

Au nord, la steppe d'*Ichim* et la rivière d'Iaïk ou de l'Oural les séparent de la Russie ; les monts Bolor les défendent contre la puissance chinoise. A l'ouest, la mer Caspienne leur donne une frontière naturelle ; mais au sud il leur manque une semblable barrière pour les garantir des invasions des Afghans, qui se sont rendus maîtres de la ville de Balkh. Cependant la géographie doit considérer le Turkestan comme s'étendant au sud-est jusqu'aux monts *Hindou-koh*, qui le séparent du Kaboul, royaume de l'Afghanistan.

DIVISIONS POLITIQUES. — Les principales divisions sont, au nord, le pays des *Kirghiz*, avec les districts des *Karakalpaks* et des *Araliens*, et les anciens États de *Tachkend* et de *Turkestan*, qui forment aujourd'hui le khanat de *Khokkan* ; à l'ouest, le *Khovaresm* ou *Kharism*, appelé aussi Khivie ou khanat de Khiva, avec le pays des *Turkomans* ; au sud-est, la *Grande-Boukharie* avec les khanats de *Chehri-sebz* et de *Hissar*, etc. Au sud, les khanats de *Balkh*, d'*Ankoï*, de *Meï-manieh*, etc.

BASSIN HYDROGRAPHIQUE ET MONTAGNES. — La Tatarie, telle que nous venons de la circonscrire, occupe à l'est de la mer Caspienne l'immense dépression qui comprend une grande partie de l'Asie occidentale et une faible partie de l'Europe orientale. C'est une suite de bassins qui aboutit au lac Aral et à la mer Caspienne, et par conséquent dépendent du vaste bassin hydrographique de la Méditerranée. Le niveau d'une grande partie de ce pays est au-dessous de l'Océan, et tout fait supposer qu'autrefois la mer Caspienne s'étendait beaucoup plus vers l'est qu'elle ne le fait aujourd'hui, comprenant alors dans son lit la plupart des plaines basses du Turkestan. Les observations des voyageurs russes (Berg, Meyendorf, Mouraview, Lewechine, Kovalewski), le dessèchement graduel des lacs et des rivières dans l'Asie moyenne, le rétrécissement évident de la mer d'Aral, sur laquelle les sables mouvants gagnent insensiblement, tout concourt à donner à notre hypothèse la sanction d'un fait accompli.

MONTAGNES. — Les principales montagnes à l'orient sont celles de *Belour* ou *Bolor*, dont toutes les relations s'accordent à faire une grande chaîne couverte d'une neige éternelle. La chaîne du *Bolor* ou *Belour-tagh*, se nomme en ouïgour *Boulyt-tagh*, c'est-à-dire *monts des nuages*, à cause des pluies extraordinaires qui, durant trois mois, tombent sans interruption dans la région qu'elle occupe. Elle est si âpre et si peu praticable, qu'il ne s'y trouve que deux cols qui depuis les temps les plus anciens ont été fréquentés par les armées et les caravanes : l'un au sud-est, entre Badakhchan et Tchiteal ; l'autre au nord, à l'est d'Ouchi, près des sources du Sihoun ou Sir-déria. Sa partie méridionale se rattache à l'ouest à l'Hindou-koh, et à l'est au Kouen-loun. Au nord elle se joint à une chaîne qui passe au nord-ouest de Kachgbar, et qui porte le nom de col de Kachgbar (*Kachgbar Divan* ou *Doran*). Plus loin elle va couper presque à angle droit une chaîne de montagnes qui, à l'ouest, prend le nom de *Alou-tagh* ou *Thian-chan*, à l'ouest celui d'*Asferah-tagh*, et plus à l'ouest encore celui d'*Ak-tagh* (mont blanc ou neigeux), et aussi celui d'*Al-Botom*, du nom d'une cime qui, suivant le géographe arabe Ibn-al-Ouardi, fume pendant le jour, est lumineuse pendant la nuit, et produit du sel ammoniac. Au nord de cette chaîne s'étend, de l'est à l'ouest et sur la rive droite du Sihoun, une chaîne appelée *Ala-tau* ou *Ala-tagh*, nom qui en kirghiz signifie *monts tachetés*, parce que les saillies de ses rochers noirs forment de loin comme autant de taches et de raies sur les couches de neige qui couvrent sa cime. Il existe au pied de cette chaîne plusieurs sources thermales.

Toute la partie orientale du bassin du Djihoun est environnée et remplie de montagnes et de collines, à travers lesquelles le fleuve se fraie un passage : l'un de ces défilés n'a que cent pas de large, et porte le nom persan de *Djani-Chir*, ou gueule de lion, qui en peint les sublimes horreurs. Immédiatement après commencent les plaines sablonneuses.

Au nord du bassin de la mer Caspienne, on ne trouve pas ce prolongement oriental de l'Altaï que la plupart des cartes représentent sous les noms d'*Alghidin-tsano* ou *Alghidin-chamo*, et que l'on suppose aller s'unir aux monts Ourals. Mais il paraît que depuis l'Irtyche jusqu'aux sources de l'Ichim il règne une chaîne de hauteurs que les Russes nomment *Alghinskoe Khrebet*, et les Kirghiz *Dalaï Kamtchat* ; c'est une suite de montagnes à filons, entrecoupées de vastes plateaux inclinés ; l'un de ces plateaux porte le nom d'*Oulou-tagh* (la grande montagne). A l'extrémité orientale de cette chaîne, s'étend une région de lacs jusqu'à l'endroit où l'Oural méridional envoie dans la plaine des Kirghiz la chaîne de *Moughodjar*. Cette région de lacs semble indiquer une ancienne communication d'une masse d'eau avec le lac Ak-Sakal, et de là avec celui d'Aral. Les monts Moughodjar sont la continuation des monts Gouberlinsk, qui sont eux-mêmes une branche de l'Oural. Ce sont des montagnes rocailleuses composées de mamelons coniques bizarrement groupés ; leur sommet le plus élevé est le mont *Airouk*, c'est-à-dire *isolé*, que l'on nomme aussi *Airourouk* ou *fourche*, à cause de sa double cime. Il a 300 mètres de hauteur au-dessus de sa base. Ces montagnes prennent dans la steppe les noms de *Tachkitchou* et de *Karaoul-tepeh*. D'abord séparées par le Kirgheldi, elles se réunissent à une trentaine de verstes de l'Oural, d'où elles se dirigent vers un plateau élevé, et forment ensuite les monts *Ourkatch* ou *montagnes d'Our*, ainsi nommées de l'Our ou de l'Or, rivière qui baigne leur pied. Près des sources de cette rivière, les monts Ourkatch se réunissent aux monts Moughodjar, qui se dirigent vers le sud-ouest. Des monts Ourkatch partent deux chaînes de collines vers l'ouest ; l'une sépare le bassin de l'Ilek de ceux du Témir et de l'Iemba. Les monts *Iakchi-tagh* longent la rive droite de l'Our, et s'en séparent ensuite pour aller se joindre aux monts *Kornadur*, c'est-à-dire *réunion de montagnes*.

STEPPE DU TURKESTAN. — D'immenses *steppes*, ou plaines désertes, occupent une bonne moitié du Turkestan. Le pays des Kirghiz en forme presque la totalité. Il y a un désert au nord de la Grande-Boukharie, et un autre à l'ouest. Le Khovaresm en est ceint de toutes parts. Les bords orientaux de la mer Caspienne n'offrent qu'une longue et triste chaîne de dunes et de rochers arides. Il paraît que tout le plat pays compris entre les pieds des montagnes et les vallées des fleuves est condamné à la sécheresse et à la stérilité.

FLEUVES. RIVIÈRES. — Deux grands fleuves arrosent la Tatarie indépendante, l'*Amou* et le *Sir* : on ajoute à l'un et à l'autre de ces noms tatars le terme de *déria* ou fleuve. Les géographes orientaux nomment le premier *Djihoun* et le second *Sihoun*.

L'Amou, appelé dans les idiomes turcs *Amûn-déria*, est, suivant M. Klaproth, le *Veh* ou *Veh-roud* des livres religieux des Parsis, le *Vei* ou *Vei-choui* des Chinois, et l'*Oxus* des anciens. Le mot Djihoun, par lequel on le désigne aussi, paraît signifier *fleuve*. Il y a un autre Djihoun dans l'Asie Mineure ; les Arabes l'appellent *Djihân* : c'est le *Pyramus* des Grecs. Le nom d'Amou-déria vient de l'ancienne ville d'Amou ou d'Amol, située dans la province persane du Khorassan, qui est sur la rive gauche de ce fleuve. Le Djihoun supérieur s'appelait autrefois *Hharrat* ou *Hasyat*, et porte chez les Persans le nom de *Pendj*. Ses sources, encore peu connues, paraissent être situées vers le point culminant du *Belour-tagh*, sur le versant occidental du *Pouchtikhar* ou *Pouchtikhar*, qui est couvert de neiges perpétuelles. Elles sont cachées totalement sous des glaces compactes, qu'on dit épaisses de plus de 160 mètres sans aucune fente. A peu de distance de ses sources, le fleuve a plus de 13 mètres de largeur ; il en acquiert bientôt 40 après avoir reçu plusieurs torrents ; enfin son bassin s'élargit, et sur sa gauche il reçoit 7 ou 8 rivières plus ou moins considérables, et sur sa droite le *Chiber* ou *Adem-kouch*, dont la largeur est de 50 mètres. Plus bas il reçoit, à gauche, le *Nouman*, le *Farghi* ou *Farghen*, l'*Andidjaragh*, le *Kechem*, l'*Anderâh* et l'*Ak-saraï* ; et, sur la droite, la grande rivière de l'*akheh* ou l'*akheh-ab*, ou l'eau blanche, qui prend ensuite le nom de *Sourkh-ab*, ou l'eau rouge, rivière qui roule des paillettes d'or, et qui était en partie connue des anciens sous le nom de *Bascatis*. C'est après avoir été grossi par les eaux de cette rivière et de ses affluents que l'Amou quitte le nom de Pendj pour prendre celui de Djihoun. A 40 kilomètres plus bas, il reçoit, à droite, une rivière considérable appelée autrefois Tchagbaïnan, et aujourd'hui Kafer-nihan ou *Kafer-nikhan*, et Hissarek. Plusieurs cours d'eau, qui allaient autrefois rejoindre la rive gauche de l'Amou-déria, se perdent aujourd'hui dans les sables ou dans des lacs et des marais qu'ils forment : tels sont, parmi les plus considérables, le *Dehdch* ou *Derouha*, et le *Kohek* ou *Zer-afchân*. Après avoir reçu les principaux affluents que nous venons de nommer, le Djihoun roule majestueusement ses flots dans un lit de 400 à 600 mètres de largeur, et c'est après un cours d'environ 1,800 kilomètres, en y comprenant ses nombreuses sinuosités, qu'il se partage en deux bras pour se jeter dans la partie méridionale du lac Aral. Son cours est capricieux, et M. Mouraview a pu constater qu'il se creusait un nouveau lit, de telle sorte que dans un temps donné il pourrait aller se jeter dans la mer Caspienne au golfe Balkan. Ses bords sont sablonneux et çà et là couverts de forêts. En hiver, dit M. Klaproth, il se couvre d'une glace si solide que des armées entières le peuvent passer : c'est aussi cette saison que les Ouzbeks choisissent pour faire leurs excursions dans le Khorassan.

Parmi les affluents du Djihoun se trouvait autrefois le *Kizil-déria*, ou la rivière rouge, que l'on voit encore cité dans plusieurs géographies ; mais cette rivière ne se jette plus dans le fleuve, et même il paraît qu'elle est presque entièrement desséchée.

Le *Sir-déria* ou *Sihoun*, connu sous le nom de *Iaxartes*, prend naissance au pied de la chaîne de *Ming-boulak-tagh* ou du mont des mille sources. Ibn-Haukal appelle ce fleuve *Chaïé* ou *Chach*. Dans son cours, il a souvent 250 mètres de largeur ; mais il devient moins large en approchant de son embouchure, parce qu'il se partage en deux bras, dont le moins considérable, qui forme quatre ou cinq longues îles parallèles, va se jeter dans le lac Aral sous le nom de *Kouvan-déria*. Ce bras a considérablement diminué depuis un siècle. Un bras desséché depuis le commencement de ce siècle, et nommé *Djan-déria*, paraît avoir été son principal lit, à en juger par sa largeur. Le Sihoun est navigable à peu de distance de sa source jusqu'à son embouchure, où sa largeur est de 100 à 120 mètres. Son cours, non moins sinueux que celui du Djihoun, a environ 1,450 kilomètres de longueur.

LACS. — Le plus grand lac de ces contrées est la mer d'*Aral*, appelée chez les Orientaux *mer d'Ourghendj*. Sa longueur est d'environ 450 kilomètres, et il est à 39ᵐ,50 au-dessus du niveau de la mer Caspienne ; il en est séparé par le plateau ondulé d'*Oust-Urst*, dont le faîte s'élève partout de 175 à 240 mètres, et dont la largeur est d'environ 500 kilomètres. La mer d'Aral semble avoir été séparée violemment de la mer Caspienne, peut-être à l'époque d'Alexandre le Grand ; elle se rétrécit journellement et tend à disparaître un jour ; ses côtes sont basses, ses eaux sont presque douces ; les poissons que l'on y trouve sont ceux de la mer Caspienne, surtout les phoques et les esturgeons. La mer d'Aral renferme plusieurs îles, dont les principales sont : les îles *Nicolas Iᵉʳ*, *Constantin*, *Tsarewitch*, *Barssa-kilmes*, *Lazaref*, *Bellingshausen*, *Tokmak-Aty* ; elles ont été visitées et explorées en 1851-1852-1856. Les Russes y entretiennent depuis ces dernières années une flottille de légers bâtiments. Le fort d'*Aralskoï*, à l'embouchure du Sir-déria, est la place d'armes principale de la Russie sur cette mer intérieure.

Les autres lacs de la Tatarie, peu remarquables par leur étendue, le sont presque tous par la nature saumâtre de leurs eaux. Toute la steppe des Kirghiz en est parsemée ; toute la contrée entre la mer d'Aral et la mer Caspienne offre également une infinité de mares remplies d'eau saumâtre.

Il est singulier que les régions montagneuses vers les sources de l'Oxus et de l'Iaxartes ne présentent point, comme la haute Sibérie, un amas de grands lacs, si communs ordinairement dans le voisinage des grandes chaînes de montagnes.

Le lac *Teletzkoï*, à peu de distance de la rive droite du Sir-déria, reçoit la rivière du *Sara-sou*, dont le cours est d'environ 600 kilomètres. Plus au nord s'étendent les deux groupes de lacs dont l'un porte le nom de *Koum-koul*, et le plus septentrional celui de *Balec-koul*. Le lac *Sikirlik* reçoit la rivière de *Talas*, longue d'environ 400 kilomètres. Enfin le lac *Kara-koul* ou *lac noir*, situé à 60 kilomètres vers le sud de Boukhara, et qui n'a pas plus de 28 à 30 kilomètres de longueur, reçoit le *Zer-afchan*, appelé aussi *Kohek*, *Sogd* ou *Kouan-déria*, et connu des anciens sous le nom de *Polytimetus*, rivière de plus de 400 kilomètres de cours. Le lac *Issik-koul*, situé à l'extrême frontière du Turkestan et de la Tartarie chinoise, a été visité, en 1856, par M. Séménof ; ses eaux sont salées, et il est à 1200 mètres d'altitude.

CLIMAT DU TURKESTAN. — Le climat du Turkestan paraît en général salubre ; la chaleur, même dans les parties méridionales, est tempérée par le voisinage des montagnes, dont les cimes conservent des neiges éternelles ; et quoique situées sur le parallèle de l'Espagne, de la Grèce et de la Turquie asiatique, des vents, des pluies abondantes et la proximité des déserts de la Sibérie et des alpes du Tibet leur donnent des étés supportables. Le printemps commence de bonne heure et fait bientôt place à l'été, comme dans les régions les plus septentrionales ; cette dernière saison est accompagnée de chaleurs excessives. L'automne est ordinairement pluvieux. L'hiver est tardif, mais rigoureux : dans les régions les plus méridionales, le thermomètre descend en janvier à 8 degrés au-dessous de zéro. Au nord du Sir, les hivers sont quelquefois très-rudes. Schereffedyn nous a laissé une terrible peinture de celui qu'éprouva l'armée de Tamerlan, rassemblée sur les bords de ce fleuve pour marcher contre la Chine. « Les uns perdaient le nez et les oreilles, les autres voyaient tomber leurs pieds et leurs mains. Le ciel n'était qu'un nuage, et la terre qu'un monceau de neige. »

Plus récemment, les Russes, dans leur expédition de Khiva, en 1840, éprouvèrent au cœur de l'hiver un froid qui varia de 36 à 45 degrés centigrades au-dessous de zéro.

Dans les saisons sèches, un vent violent élève dans les airs des nuages de sable fin qui obscurcissent souvent l'atmosphère et qui engloutissent quelquefois et les récoltes et les habitations. Le Turkestan est aussi très-souvent le théâtre de violents tremblements de terre.

PRODUCTIONS NATURELLES. — Cette contrée offrirait probablement à un voyageur naturaliste la même variété de productions et de sites que présente la région caucasienne. Le sol s'étend ici en plaines à perte de vue, que couvre une herbe grossière ou un amas de sable mouvant : là, il est couvert de rivières sans nombre, entremêlé de collines agréables, dominé par des monts escarpés. Généralement les bois y sont rares, ainsi que dans la Perse orientale ; il peut y avoir des bois dispersés sur les bords du Djihoun, et de grandes forêts de pins inconnues sur les flancs du mont Belour.

La fertilité du sol se fait remarquer sur le bord des rivières, où l'herbe surpasse en quelques endroits la hauteur d'un homme ; quelques pâturages où dominent les plantes de la famille des borraginées et de celle des crucifères, associées à des liliacées et à quelques euphorbes, croissent naturellement dans les steppes et dans les parties humides. Les froids rigoureux auxquels succèdent de fortes chaleurs sont autant d'obstacles à la végétation des arbres et des arbustes. Ce n'est qu'au bord des rivières que l'on voit paraître les plus grands arbres, tels que le peuplier blanc et une belle espèce de saule, mais qui dépassent rarement la hauteur de 2 mètres. Quant aux arbustes, ils appartiennent principalement à la famille des légumineuses, et consistent en astragales, en robiniers et en tamaris. On y trouve aussi l'amandier nain, et une espèce particulière de rosier à fleurs simples. Le riz et d'autres grains sont cultivés en plusieurs cantons avec beaucoup d'industrie et de succès. C'est surtout dans la partie orientale et dans les oasis du sud que ces graines réussissent le mieux. On y ajoute le blé, l'orge et le millet. En d'autres mains que celles des Ouzbeks, ces contrées pourraient devenir florissantes. La vigne et quelques fruits de l'Europe méridionale réussissent dans la Boukharie. Dans les jardins on cultive des pommes, des poires, des cerises, des pêches, des prunes, des figues et des amandes. Le raisin fournit un vin excellent. On cultive aussi des melons, des pastèques, quelques plantes d'agrément, telles que le gainier, plusieurs espèces de pavots, d'orobes, d'alyssons, et plusieurs plantes d'une grande utilité, telles que la rhubarbe, la garance, le lin, le chanvre, le tabac, le sésame; enfin le cotonnier y réussit aussi bien que le mûrier, dont la feuille nourrit une grande quantité de vers à soie, et dont l'écorce sert à fabriquer un papier que l'on vend sous le nom de papier de Boukhara.

Il paraît que les montagnes du sud-est, le Belour et l'Hindou-koh, contiennent de l'or, de l'argent, du lapis-lazuli, et une variété de spinelle qui est de couleur rose pâle, et que l'on connaît sous le nom de rubis balais. Son nom vient du canton de *Balascian*, dont la position est douteuse, et que nous croyons être le Badakhchan. Au dixième siècle, avant que l'industrie des naturels eût été paralysée par une longue oppression, on tirait de *Fergana*, canton situé vers les sources du Sir-déria, du sel ammoniac, du vitriol, du fer, du cuivre, du plomb, de l'or et des turquoises; depuis on y a découvert des mines de mercure. Il y avait aussi dans la montagne de Zarca, des sources de naphte et de bitume, et une pierre qui s'enflamme et brûle; description qui indique le charbon de terre. Nous étudierons plus en détail les contrées les mieux connues; mais faisons encore ici l'observation générale que, selon Strabon, dont les connaissances se terminent vers l'Iaxartes, les Scythes de ces contrées manquaient de fer et d'argent, tandis qu'ils possédaient en abondance l'or et le cuivre. Ces deux métaux sont d'une exploitation plus facile. Les anciens travaux de mines dans l'Altaï et l'Oural, attribués aux Ouigours et aux Finnois, avaient aussi pour objet l'or et le cuivre.

PAYS DES KIRGHIZ-KAZAKS.

PAYS DES KIRGHIZ-KAZAKS. — Commençons notre voyage dans le Turkestan par le vaste territoire des *Kirghiz-Kazaks*. Les limites occidentales du pays des Kirghiz, nom que l'on peut aussi écrire *Kirghises*, sont les bords de la mer Caspienne à partir du 42e degré, et les bords du Iaïk ou de l'Oural jusqu'à son confluent avec l'Oui vers le 49e degré de latitude. Ses frontières septentrionales sont formées par une partie des monts Altaï, puis par la rivière Irtyche jusqu'à celle de Tobol, enfin par la ligne des montagnes de la Sibérie jusqu'au Iaïk. Le point le plus septentrional de ce côté est le 55e degré de latitude sur la rive gauche de l'Irtyche. Les limites orientales sont les lignes de fortifications chinoises, qui s'étendent depuis la Petite-Boukharie jusqu'aux frontières russes au nord. Quant aux frontières méridionales, elles sont tout à fait incertaines : les Kirghiz rencontrent au sud les Turcomans nomades des rives de la mer Caspienne, puis le khanat de Khiva, le territoire de Tachkend, celui du Turkestan, et enfin les Kara-Kirghiz et les Bouroutes. Ni les Kirghiz-Kazaks eux-mêmes ni leurs voisins méridionaux ne savent exactement où commencent et finissent leurs territoires respectifs.

Cette immense contrée, dont la Russie revendique aujourd'hui la possession, présente une superficie d'environ 2,800,000 kilomètres carrés : elle n'offre que des steppes, au milieu desquelles s'élèvent çà et là de petites montagnes qui ne paraissent se rattacher à aucun des grands systèmes du nord et du sud. Les principales sont les *Oulou-tagh* (grandes montagnes), dont nous avons déjà parlé; les monts *Svintsovaïa* (de plomb) et *Mednaïa* (de cuivre), qui forment un seul groupe.

Au nord-est de ces montagnes passe la chaîne des monts *Ildighi* (interrompu), qui paraît être une des plus importantes, d'après les récits des Kirghiz. Les monts *Iréméi*, dirigés du nord au sud, touchent par leurs ramifications occidentales aux branches latérales de la chaîne des Ildighi, et au nord reçoivent les monts *Bougly*, qui forment une branche de la chaîne de l'Altaï.

Les monts *Koutché* s'étendent à l'ouest des Iréméi, entre les rivières Irtyche et Ichim.

Sous le nom de *Ak-Tagh* (blanches montagnes), on trouve dans les steppes des Kirghiz quelques chaînes assez hautes.

Sur la rive droite de l'Ichim, le mont *Iman*, situé près du lac du même nom, est composé de granit, de quartz et de schiste siliceux.

Les monts *Kara-taou*, qui, au sud, séparent les steppes des Kirghiz des possessions des Turcomans, sont formés de granit et de calcaire, et renferment des mines de cuivre, de fer et de plomb.

Sur le territoire occupé par les Kirghiz on rencontre un grand nombre de ruines d'anciens bâtiments dont on ne sait à quel peuple attribuer la construction : les Kirghiz ne savent rien de vraisemblable sur leur origine. Quelques-unes de ces ruines semblent avoir été des pagodes consacrées au culte de Lama, et doivent être rapportées aux Mongols ou Dzoungars; d'autres ressemblent à des mosquées. Quelques-unes sont remarquables par la solidité et la dimension des matériaux dont elles ont été construites. Dans les monts Kén-Kozlan, sur les bords du Kyzyl-sou, se trouve un édifice en forme de croix, construit en granit; les plafonds en sont écroulés, mais on voit qu'ils ont été peints en rouge et que les murs étaient couverts de stuc. Sur l'étage supérieur régnaient une galerie et un fronton soutenus par quatre colonnes en bois, ornées aussi d'une sorte de stuc. Sur le bord de la rivière Aiagouz, qui se jette dans le lac Balkach, on remarque un bâtiment terminé en angle aigu, très-soigneusement construit en belles dalles de pierre, et renfermant, au dire des Kirghiz-Kazaks, trois statues en pierre. Sur les bords du Sara-sou s'élèvent les ruines d'une ville appelée *Béliane-Ana* : elles occupent une longueur d'environ 6 kilomètres sur une largeur de 1 kilomètre. Sur la rive gauche de la Noura florissait jadis une ville nommée *Totagaï* ou *Botagaï*; elle occupe une étendue de 10 kilomètres, et l'on y remarque les ruines de deux temples. Enfin, dans la partie méridionale du territoire occupé par les Kirghiz, on voit encore les restes de plusieurs villes, dont l'origine remonte, à ce que l'on croit, à l'époque de Djenghiz-Khan.

DIFFÉRENCE D'ORIGINE DES KIRGHIZ-KAZAKS ET DES KARA-KIRGHIZ. — Il est prouvé depuis longtemps par les savantes recherches de Klaproth, que l'on donne en Europe le nom de Kirghiz à deux nations fort distinctes par leur origine, bien qu'elles se confondent par leur langage. Celle dont nous nous occupons ici se donne elle-même le nom de Kazak ou Kaïzak, qui signifie *homme de cheval* selon les uns, et *guerriers* selon les autres, et repousse la dénomination de Kirghiz, qui appartient à un peuple tout différent et qui, loin d'avoir des liaisons avec les Kirghiz-Kazaks, est connu au contraire par la haine invétérée qu'il leur porte. Ce peuple existe encore aujourd'hui sous le nom de *Kara-Kirghiz* (Kirghiz noirs) et de Kirghiz sauvages : ce sont là les véritables Kirghiz. L'origine de ce peuple se perd dans la nuit des temps fabuleux de l'histoire turque. Aboul-Ghazi Baïadour, qui écrivait en 1630, dit que l'un des petits-fils d'Oghouz-Khan se nommait Kirghiz, et que conséquemment les Kirghiz doivent être ses descendants. Selon la généalogie d'Aboul-Ghazi, Oghouz-Khan descendait de Japhet au neuvième degré.

Sortis de la Sibérie méridionale, où ils s'étendaient depuis les bords de l'Irtyche jusqu'à ceux du Iénissei, ils sont en grande partie réunis aux *Bouroutes*, qui se tiennent à l'est des monts Bolour.

Quant aux Kazaks ou Kirghiz-Kazaks, leur origine, quoique moins ancienne que celle des Kara-Kirghiz, est tout aussi incertaine. Comme ils ont toujours été nomades et qu'ils n'ont ni chroniques ni monuments, il est impossible d'écrire leur histoire d'une manière un peu précise. Selon une de leurs traditions, ils descendent des Nogaïs, qui erraient et campaient sur le Volga, et prétendent que leurs ancêtres sont trois frères qui s'enfuirent de l'autre côté de la mer Caspienne à l'époque où les Russes prirent Astrakhan. C'est de ces trois frères que descendent, disent-ils, les trois *iouz* ou *hordes* entre lesquelles ce peuple se divise encore aujourd'hui. Mais leurs traditions sont tellement variées, qu'il est difficile d'en tirer quelques renseignements positifs. Ce qu'il y a de certain, c'est qu'à une époque très-ancienne ils formaient déjà une nation puissante et redoutée. Ferdouci, qui vivait au commencement du onzième siècle, parle des Kazaks comme de cavaliers armés de lances qui s'étaient rendus redoutables par leurs brigandages et leurs massacres.

D'après les écrivains orientaux, les Kirghiz-Kazaks appartiennent à l'une des branches de la race si nombreuse des Turcs. Soumis par Djenghiz-Khan, ils passèrent sous la domination de son fils Djoutchir. Bien qu'ils fissent partie de la *horde d'or*, ils étaient gouvernés par leurs propres khans. Après la ruine de cette horde, un grand nombre de tribus, tels que les Ouzbeks, les Kiptchaks, les Naïmanes, les Kourades, les Djalaïrs, les Kanklys, etc., se réunirent vers le commencement du seizième siècle aux Kazaks, qui étaient alors assez puissants pour pouvoir mettre sur pied 400,000 cavaliers. Ils avaient pour chef Arslan. Ces renseignements sont consignés dans les écrits du sultan Baber, fondateur du célèbre empire du Grand Mogol dans l'Inde. Il donna une de ses filles à Arslan-Khan, et fut le témoin de sa puissance.

DIVISION DES TROIS HORDES KAZAKES. — L'époque de la division du peuple kazak en trois hordes ou iouz est tout à fait inconnue. Ainsi que nous l'avons dit plus haut, on sait par une tradition populaire qu'un de ses khans les plus puissants partagea toute la nation entre ses trois fils : la part de l'aîné se nomma *grande horde*, celle du second la *moyenne*, et celle du cadet la *petite*. Dans l'origine ces dénominations étaient en rapport avec le nombre de familles de chacune de ces hordes; mais, depuis le commencement du quatorzième siècle, les dissensions intestines et les guerres ont changé l'importance numérique de chacune d'elles : la *grande horde* est devenue la moins importante, et c'est la *moyenne horde* qui est la plus peuplée.

Chaque horde se divise en plusieurs *races*, chaque race en un certain nombre de *tribus*, chaque tribu en *sections*, chaque section se subdivise encore en *parties*, et toutes ces divisions ont des noms différents.

Toute la nation se partage en deux ordres : en *kost blanc* et en *kost noir*, c'est-à-dire en noblesse et en bas peuple. Le *kost blanc* se compose principalement des khans et de leurs descendants qui ont le titre de sultans. Ces chefs prétendent être issus de Djenghiz-

Khan. On range dans le *kost noir* non-seulement le bas peuple, mais encore les anciens et les autres chefs qui n'ont pas de dignité héréditaire.

GOUVERNEMENT DES HORDES. — Chaque horde est gouvernée par des *anciens*, des *béhadirs*, des *begs*, des *sultans* et des *khans*. Un ancien est ordinairement un vieillard qui a de la fortune et une famille nombreuse. Les béhadirs sont des hommes d'une bravoure reconnue, d'un esprit juste et entreprenant, qui combattent en partisans pendant la guerre. Le titre de beg est censé héréditaire, mais de fait il est électif. Celui qui ne peut le soutenir par son mérite et ses qualités le perd bientôt, tandis que celui qui sait se faire estimer l'obtient, soit par l'habitude qui s'établit insensiblement de lui donner une qualification honorifique, soit parce qu'une assemblée se réunit exprès pour lui conférer ce titre honorable. Les sultans sont en général tous les parents du khan ; ils conservent toujours quelque influence sur le peuple. On les nomme *toura* ou seigneurs ; mais s'ils sont sans mérite, ils sont aussi sans crédit. Le khan a, par le fait, droit de vie et de mort sur ses sujets : ceux-ci n'ont quelque garantie contre son despotisme que dans l'opinion publique, qui est très-puissante chez ces peuples nomades. Il arrive souvent que, mécontent d'un chef injuste, le peuple en choisit un autre. Le khan est donc obligé de se conformer aux lois du Coran ; mais alors il a soin de s'attacher un mollah qui lui soit dévoué et qui interprète le code sacré selon ses vues particulières. Il s'entoure aussi de conseillers, qui sont pour la plupart des anciens fort estimés dans sa horde, et qu'il tâche de captiver par des libéralités et des flatteries. Mais toutes ces précautions ne lui suffiraient pas pour conserver son pouvoir, s'il ne parvenait à se concilier l'assentiment général par son activité, son courage et sa hardiesse, et à imposer à ses ennemis par une juste sévérité.

La *petite horde*, la plus occidentale, se compose de 160,000 tentes ou familles. « En été, dit M. Klaproth, elle campe principalement sur les rivières Soundourk, Or, Mourza-Boulak, Ilek et Kholoda, qui toutes se jettent dans la gauche du Iaïk, entre Kizylskaïa et Iletskoï-Gorodok. En hiver, elle occupe les endroits suivants : les bords des rivières Kamychloï-Irghiz et Taïl-Irghiz, formant l'Oulou-Irghiz, qui se jette dans le lac bourbeux d'Ak-Sakal ; puis le désert sablonneux appelé Kara-Koum, au sud de ce lac : le canton de Tournak sur les bords du Sir-déria ; le Jemba ou Djem de la mer Caspienne ; à l'ouest de cette rivière, les cantons appelés Boursouk ; le voisinage des lacs Taïsougan et Karakonl, entre le Jemba et le Iaïk ; les rivières Ouïl et Konil, qui viennent de l'est et se jettent dans ces lacs ; enfin les rives du Kaldagaïda et du Bouldourta, qui se perdent dans les lacs marécageux de la gauche du Iaïk. »

La *horde moyenne* campe souvent au delà des monts Altyn-toubé, dans la steppe d'Ichim. Les Russes comprennent sur leurs cartes tout cet espace dans les limites de leur empire, mais c'est une souveraineté nominale. Cette horde est la plus puissante et la plus riche, elle compte environ 165,000 familles. « Ses campements commencent à l'orient, au Sara-sou, à l'Irtyche, au lac Dzaisang (*Dzaisang-noor*) et à l'Ichim supérieur ; ils s'étendent sur les sources du Tobol et les rivières nommées Tourghen, jusqu'au lac Ak-Sakal, où ils atteignent ceux de la petite horde. En hiver, ces Kirghiz habitent les contrées qui avoisinent le lac Balkhach. »

La *grande horde* étend sa domination au sud-est du lac Aral, sur les bords des rivières de Sara-sou et de Sir ; aux environs des lacs de Kara, Ala, Al-sou et Anamas ; dans le voisinage des monts Kara-taou, Tarbagataï ; sur d'autres points voisins des frontières de la Chine, dans l'ancien pays des Dzoungars ; et jusqu'auprès des villes de Kachkar, Tachkend en Turkestan. Malgré son nom, cette horde est la plus faible des trois : elle ne compte qu'environ 75,000 tentes ou familles.

HABITATION, VIE NOMADE DES KIRGHIZ. — L'habitation des Kirghiz est une *kibitka* ou *iourte*, tente demi-sphérique composée d'un treillis de bois, recouvert de feutre, ayant à sa partie supérieure une grande ouverture ronde qui s'ouvre et se ferme à volonté, et sert à donner de l'air ou à offrir un passage à la fumée lorsqu'on y fait du feu. Ces tentes ont de 2 à 3 mètres de hauteur et de 3 à 10 de diamètre. Celles des sultans sont couvertes en drap rouge et doublées en étoffes de soie.

Belliqueux, féroces et passionnés pour la vie aventureuse, les Kirghiz-Kazaks prétendent qu'ils perdront leur liberté dès qu'ils habiteront des maisons et qu'ils se livreront à l'agriculture.

Un Kirghiz enlève et replace sa tente en une demi-heure, et la transporte sans cesse à dos de chameau dans les lieux où il trouve pour son troupeau de bons pâturages et de l'eau. Cette vie nomade, qui fait le bonheur du Kirghiz, est en effet assez agréable en été ; mais on a de la peine à concevoir qu'elle ne soit pas insupportable en hiver. Pendant cette saison, la violence des vents fait entrer dans la tente d'énormes flocons de neige par la porte et par l'ouverture supérieure, et quelquefois il renverse l'édifice de feutre avec tous ses habitants. Les Kirghiz, entourés de tous côtés de monceaux de neige, ne sortent presque pas de leurs tentes : là, accroupis autour d'un feu alimenté par du bois, et, quand le combustible manque, par de la fiente de bestiaux séchée au soleil, ils souffrent presque également du chaud et du froid.

Rarement les Kirghiz campent en grand nombre dans un même lieu ; leurs troupeaux seraient trop à l'étroit. Ils forment des sociétés de quelques familles unies par les liens du sang ou par des avantages réciproques. Ces villages mobiles se nomment *aouls*.

CARACTÈRES PHYSIQUES. — A en juger par leur extérieur, les Kirghiz tiennent à la fois des Mongols et des Turcs. Leur visage n'est ni aussi plat, ni aussi large que celui des Kalmouks ; mais leurs yeux noirs et peu ouverts, quoique moins obliques, leur nez écrasé, leurs grandes oreilles, leur petite bouche, leurs pommettes saillantes et leur barbe qui forme une petite touffe au bout du menton, les distinguent des races turques et les rapprochent des races mongoles. M. Levchine attribue ce mélange de caractères à la préférence qu'ils donnent aux femmes kalmoukes sur les leurs. Voisins d'un côté des Dzoungars et de l'autre des Kalmouks, ils leur enlèvent continuellement des femmes. Les hommes ont en général les cheveux d'un blond foncé et le teint basané. Ils sont bien faits, robustes, d'une taille moyenne, mais sont mous et lents dans leurs mouvements. Les femmes ont les cheveux noirs, le teint vif et animé, les yeux petits, mais brillants et pleins de feu, le nez écrasé et les pommettes saillantes. Les deux sexes ont en général la physionomie agréable.

Les Kirghiz jouissent en général d'une vue très-perçante ; ils restent sans difficulté un jour sans boire et deux sans manger ; mais aussi à la première occasion ils boivent et mangent d'une manière extraordinaire. Ils naissent pour ainsi dire à cheval et manient les chevaux les plus farouches avec une hardiesse et une facilité remarquables ; les femmes même ne le cèdent pas aux hommes sous ce rapport, et quelquefois elles les surpassent ; elles suivent même quelquefois leurs maris au combat ; les uns et les autres se servent d'étriers extrêmement courts. Les hommes manient avec adresse l'arc et les flèches ; ils se servent peu du fusil, et ne connaissent presque pas le pistolet.

En général ils parviennent à un âge avancé : il n'est pas rare de voir parmi eux des vieillards de 80 ans ; on y rencontre même quelquefois des centenaires.

Leurs maladies ordinaires sont les fièvres intermittentes, les rhumes, l'asthme : la maladie vénérienne est répandue parmi eux, mais ils craignent davantage la petite vérole.

LANGUE. — La langue des Kirghiz est un dialecte turc ; mais leur prononciation est très-forte, et ils aiment le style allégorique. Enclins à la mélancolie, le murmure des eaux rapides du Sir charme leurs nombreux loisirs. Ils passent souvent la moitié de la nuit, assis sur une pierre, à regarder la lune et à improviser des paroles assez tristes sur des airs qui ne le sont pas moins. Ils ont aussi des chants historiques qui rappellent les hauts faits de leurs héros, mais ces sortes de poëmes ne sont chantés que par des chanteurs de profession.

COSTUMES ET ARMES. — Le costume des Kirghiz est long et ample comme chez la plupart des Orientaux. Celui des hommes se compose en été d'une ou de deux robes ouvertes qu'ils nomment *tchapanes*, et d'un plus grand nombre en hiver ; d'une ceinture à laquelle pendent le couteau et la *kalta*, sorte de petit sac dans lequel ils tiennent leur briquet, leur amadou, leur tabac et leur cachet ; d'un pantalon tellement large qu'ils le mettent souvent par-dessus la robe ; de grandes bottes pointues, dont la pointe se relève vers le cou-de-pied en manière de talon tellement haut, qu'à moins d'y être accoutumé on ne peut marcher avec cette chaussure. Ils se coiffent d'un bonnet rond à pointe, sur lequel, lorsqu'ils vont en voyage ou en visite, ils en mettent un autre qui, en été, est en feutre blanc fait de laine de mouton avec des pans recourbés et tailladés, et en hiver en fourrure et à trois oreilles. Ils se rasent généralement la tête ; cependant quelques jeunes gens se mettent les cheveux en tresses. Le costume des femmes diffère peu de celui des hommes ; il est long et large comme le leur ; elles ont aussi des pantalons et des bottes. La coiffure d'une femme mariée se compose d'un haut bonnet en forme de cône tronqué, dont la partie supérieure est enveloppée d'un voile de mousseline ou de soie. Les jeunes filles portent des bonnets de velours ou de brocart en forme de pain de sucre. Les femmes et les filles ont les cheveux tressés ; au bout de chaque tresse elles attachent des plaquettes d'argent, des nœuds en rubans et des pierres figurant de petites têtes de serpent.

Les Kirghiz-Kazaks combattent avec la lance, le sabre, les flèches, le tchakane, sorte de petite hache à manche fort long, et le fusil à mèche, armé d'un support qui se détache du côté de la crosse et sert d'appui à l'arme au moment de tirer. Ils emploient comme arme défensive la cotte de maille et quelquefois le casque.

RELIGION, MŒURS ET COUTUMES DES KIRGHIZ. — Leur religion est un mahométisme corrompu mêlé de pratiques d'idolâtrie. Ils n'observent ni les ablutions, ni les jeûnes, ni les cinq prières par jour prescrites par le Coran. Ils n'ont ni mosquées construites par eux, ni mollahs indigènes. Ils ont une grande confiance dans les devins et les sorciers, qui chez eux se divisent en plusieurs catégories.

Le Kirghiz passe, pendant l'été, la plus grande partie du jour à dormir pour se garantir de la chaleur; et il ne quitte pas sa tente pendant l'hiver, parce que la neige couvre tous les chemins. Ses femmes, car il peut en avoir autant que sa fortune le lui permet, et ses filles le dispensent de tous soins relatifs au ménage. Cette oisiveté, dit M. Levchine, produit naturellement chez le Kirghiz un besoin immodéré de volupté, de luxure, de babil; elle le rend indolent, mais curieux à l'excès, et avide de toutes sortes de nouvelles vraies ou fausses.

« Aucune poste ne peut égaler en vitesse la renommée qui, rapide comme le vent, colporte les moindres nouvelles dans les hordes des Kirghiz-Kazaks. Aussitôt qu'il arrive un étranger dans un aoul, surtout s'il vient de loin, tous se rassemblent en hâte autour de lui, et en échange de l'hospitalité qu'on lui offre, on n'exige de lui que des nouvelles, mais on en exige. Les grands et les riches expédient coup sur coup des exprès à leurs amis pour les leur mander, n'en valussent-elles nullement la peine. »

Il n'y a que les riches Kirghiz qui peuvent avoir plusieurs femmes, parce que celui qui se marie paye au père de la jeune fille ce qu'ils nomment le kalym, sorte de présent de noce proportionné à la fortune des contractants, ainsi qu'au nombre de femmes du futur époux : de sorte que la seconde femme coûte plus cher que la première, et la troisième plus encore que la seconde. Tant que le kalym n'est pas acquitté, le mariage reste suspendu; mais le futur a droit de visiter sa prétendue en particulier, et même de cohabiter avec elle, à la condition de ne pas attenter à sa vertu.

La première femme reçoit la dénomination de baïbitcha ou femme riche : c'est la véritable maîtresse de la maison. Quand même le mari ne l'aimerait pas, il doit la respecter et y obliger les autres femmes, qui, étant toutes égales entre elles, se trouvent en quelque sorte dépendre de la baïbitcha.

La mort d'un Kirghiz doit être suivie des regrets de ses parents, et de toutes les marques du désespoir feint ou réel de ses femmes. Celles-ci doivent pousser des cris et des gémissements, et s'arracher les cheveux en faisant l'énumération des vertus du défunt et l'éloge de sa bravoure. Ces scènes de désespoir durent fort longtemps; quelques femmes les renouvellent soir et matin pendant un an en présence d'un mannequin revêtu des habits du mort, et qui le représente aux yeux des pleureuses.

La cérémonie la plus importante dans les hordes des Kirghiz-Kazaks est l'élection d'un khan. Lorsque ceux qui doivent procéder à cette élection sont réunis en nombre suffisant, on étend des tapis et des feutres sur lesquels les sultans, les anciens, les begs et les chefs de tribus s'assoient dans l'ordre de la distinction et de la puissance; le peuple se tient debout derrière eux. La séance, d'abord tranquille, devient tumultueuse : les plus hardis parleurs animent la discussion, les plus puissants donnent l'impulsion aux débats; enfin, tous confusément entament des disputes qui durent de un à trois et quatre jours. Lorsque le khan est élu, quelques sultans des plus distingués accompagnés d'anciens vont lui annoncer sa nomination; puis ils le font placer sur une pièce de feutre blanc des plus fines, et après l'avoir élevé au-dessus de leurs têtes ils le déposent à terre. Alors tout le peuple vient précipitamment les remplacer; des bras vigoureux élèvent une seconde fois le nouveau chef et le balancent quelque temps au milieu des acclamations de toute l'assemblée. Puis on met en pièces le feutre qui a servi de pavois, et chacun s'efforce d'en emporter quelques lambeaux comme un souvenir de leur participation à l'élection. Cette cérémonie est un reste des usages du temps de Djenghiz-Khan. La reconnaissance du nouveau chef éclate alors par une fête qu'il donne à tout le peuple présent, et dans laquelle il n'épargne pour les repas ni chevaux, ni moutons, ni koumys, boisson extraite du lait de jument.

ÉTAT POLITIQUE. — SOUMISSION A LA RUSSIE. — Les tribus des Kirghiz-Kazaks peuvent être d'un grand secours à la Russie dans une expédition militaire que cette puissance dirigerait vers les possessions anglaises dans l'Inde. L'autorité de la Russie sur ces steppes est plutôt nominale qu'effective. Sa politique consiste à entretenir de bons rapports avec les khans, en leur accordant certains privilèges et des présents en échange d'un serment de fidélité; mais comme c'est pour elle le grand chemin de l'Inde, elle entretient dans le pays des forteresses destinées, s'il le fallait, à lui assurer le passage. Ces forteresses sont : *Guriew, Kulaginsk, Embinskoje, Uralskoje, Akbulak, Novo Alexandrowsk* et *Aralskoje.*

CLIMAT DU PAYS DES KIRGHIZ. — Il règne ici pendant l'hiver un vent du nord très-impétueux, accompagné de neige, d'un froid excessif et de tourbillons si violents, qu'ils élèvent des colonnes de poussière de 10 mètres de haut; cependant la neige n'y séjourne que très-peu de temps, du moins vers les bords de la mer Caspienne.

Cette saison rigoureuse ne dure en tout que trois mois : décembre, janvier et février. Le printemps commence en mars et est court; l'été, généralement très-chaud, est tempéré dans quelques endroits par des vents frais et des pluies abondantes; l'automne se prolonge jusqu'à la fin de novembre.

LAC SALÉ D'INDERSKOIÉ. — Le lac salé d'*Indersk* (*Inderskoïé*), à 9 kilomètres des bords du fleuve Oural, mérite, selon Pallas, le nom d'une merveille de la nature. C'est une flaque d'eau de 20 kilomètres de longueur sur 10 de largeur, tellement imprégnée de sel, que la surface en paraît toute blanche; des sources salées y portent constamment de nouveaux aliments; les brouillards qui s'en élèvent sont chargés de particules de sel; les rivages présentent un mélange étonnant de couches argileuses et marneuses, d'écailles d'huîtres, de cristaux, d'alun et de soufre.

PRODUCTIONS NATURELLES. — Les plantes salines dominent dans cette contrée stérile; cependant, le long des rivières, il croît diverses espèces d'arbres; il y a des vallées ou bas-fonds très-agréables en été. Sans des pâturages étendus, les Kirghiz ne pourraient pas nourrir des chevaux, des chameaux, 3 à 4,000 pièces de gros bétail, des brebis et des chèvres. On a assuré à Pallas que des individus de la moyenne horde possédaient jusqu'à 10,000 chevaux, 300 chameaux, 20,000 brebis et plus de 10,000 chèvres. Leurs dromadaires, qu'ils tondent tous les ans comme les brebis, fournissent une grande quantité de poil laineux, que les Russes ou les Boukhares achètent. Ils font leur nourriture ordinaire de l'espèce de mouton à large queue; et l'agneau y est d'un goût si délicat, qu'on l'envoie d'Orenbourg à Saint-Pétersbourg pour les tables du palais. Les steppes fournissent beaucoup de gibier, des loups, des renards, des blaireaux, des hermines, des belettes, des marmottes. Dans les montagnes du sud et de l'est, on voit errer des brebis sauvages, le bœuf du Tibet ou le yak, les chamois, les chacals, les *kulans* ou ânes sauvages, l'antilope saïga, et le *takïa* ou cheval sauvage. On y rencontre souvent le tigre royal, qui pénètre même beaucoup plus au nord. Les Kirghiz ont dressé à la chasse des aigles de l'espèce nommée en russe *berkout*. Dans les vastes marécages on voit fourmiller les oies, les canards et d'autres oiseaux aquatiques. Des serpents blancs de la longueur de 2 mètres et au delà effrayèrent les troupes russes; mais les Kirghiz disent que ces reptiles ne font aucun mal. Ils craignent beaucoup une espèce d'araignée venimeuse, noire, velue, qui a huit yeux, et qui est de la grosseur d'une noix.

CARACTÈRE INDÉPENDANT DES KIRGHIZ. — Libres de tout joug despotique et pourvus en abondance de toutes les nécessités, les Kirghiz mènent une vie beaucoup plus agréable que l'on ne croit communément. La chair de leurs moutons et le lait de leurs juments les nourrissent. La lance et le fusil à mèche sur le bras, ils pillent toutes les contrées voisines. Ils ne sont point sanguinaires, mais ils mettent dans leur brigandage une adresse qui déconcerte les garnisons russes. Ils aiment à enlever les femmes des Kalmouks, parce qu'elles conservent longtemps les attraits de la jeunesse. Ces infatigables brigands se regardent entre eux comme frères : ils se font servir par des esclaves qu'ils prennent dans leurs incursions. Les harnais de leurs chevaux sont couverts de riches ornements. Chevaliers sauvages, les Kirghiz aiment les jeux, les exercices, les courses à cheval. Dans les funérailles des riches, l'héritier, semblable à Achille, distribue des esclaves, des chameaux, des chevaux, des harnais et d'autres magnifiques prix aux vainqueurs des courses à cheval. Ils passent des rivières sur des ponts formés de nattes de jonc roulées, et réunies par deux cordes tendues.

« Indompté, belliqueux, féroce, dit le baron de Meyendorff, le kirghiz, seul, à cheval, s'élance dans le désert, et parcourt 5 à 600 verstes avec une rapidité étonnante, pour aller voir un parent ou un ami d'une tribu étrangère. Chemin faisant, il s'arrête presque à chaque *aoul* qu'il trouve sur sa route; il y raconte quelque nouvelle, et, toujours sûr d'être bien accueilli, quand même on ne le connaîtrait pas, il partage la nourriture de ses hôtes. C'est ordinairement du *kraout* (sorte de fromage), de l'*haïran* (lait caillé de brebis ou de chèvre), de la viande, et quand on en a, du *koumys*, très-estimé dans le désert. Il n'oublie jamais l'aspect du pays où il a passé, et revient chez lui après quelques jours d'absence, riche en nouvelles histoires, se reposer auprès de ses femmes et de ses enfants. Ses femmes sont ses uniques ouvrières; ce sont elles qui font la cuisine, façonnent ses habits, sellent son cheval, tandis qu'avec une nonchalance imperturbable il borne ses soins à garder tranquillement ses troupeaux. »

COMMERCE DES KIRGHIZ. — Les Kirghiz font quelque commerce avec les Russes; Orenbourg en est l'entrepôt ordinaire. La horde moyenne va jusqu'à Omsk en Sibérie. On évalue à 150,000 le nombre des brebis qu'ils conduisent tous les ans à Orenbourg; outre cela, ils fournissent une grande quantité de chevaux, de bétail, d'agneaux, de pelleteries, de poil de chameau et de camelots; ils prennent en échange des ouvrages de manufacture, surtout des draps et de la quincaillerie; ils portent en Boukharie et à Khiva des esclaves persans et turcomans; ils en reçoivent en échange des chameaux et du bétail.

KHANAT DE KOKAN.

MULTIPLICITÉ DES DIVISIONS, ANCIENNES DÉNOMINATIONS. — Au sud du pays des Kirghiz ou des Kazaks, la géographie se perd dans un labyrinthe de petites divisions, la plupart mal connues, et que nous allons tâcher de déterminer. Tout le pays qui s'étend sur les deux rives de l'Iaxartes, jusqu'à la chaîne des monts Ak-tagh, était compris dans l'ancien *Turkestan*, division déjà connue de Moïse de Khorène, dans le cinquième siècle de l'ère vulgaire, et qui peut-être correspondait au fameux *Touran* des écrivains persans et arabes. On distinguait le Turkestan occidental d'un autre qu'on appelait *oriental*, et qui paraît avoir embrassé une partie de la Kalmoukie et de la Petite-Boukharie.

Le Turkestan renfermait, selon les géographes orientaux, la province de *Ferghanah* ou *Fergana*, où sont les villes d'*Andekhan*, d'*Akhsikat* et autres, sur le haut Sihoun; celle d'*Osrouchnah*, avec un chef-lieu de même nom; celle d'*Ilak* ou *Ilestan*, où coule la rivière de Tounkat, affluent du Sihoun, et où s'élevait *Otrar*, l'ancienne capitale, non loin des ruines d'*Iessi*, capitale plus ancienne encore, et qui répond peut-être à l'*Issedon Scythica* des Grecs; enfin l'*Al-Chac*, qui se prolongeait vers l'embouchure du fleuve Sihoun.

Les relations modernes ne connaissent presque plus ces divisions; elles nous représentent le *Turkestan* actuel comprenant tout le territoire de l'ancienne *Tatarie indépendante*, et devant son nom au district du Turkestan qui appartient au khanat de *Khokhan*.

Ce pays est arrosé par la rivière de Kara-sou, qui se jette dans le Sir; le sol y est assez fertile en coton, en millet, blé et châtaignes, mais il est médiocrement cultivé. On y voit l'araignée venimeuse dont nous avons parlé plus haut, et une espèce de lézards qui ont les pieds hauts de 30 centimètres.

La capitale de cet État porte aussi le nom de *Khokhan* ou *Khokend*; elle est située dans une plaine, sur un petit affluent et à peu de distance de la rive gauche du Sir-déria. Grande et composée de rues étroites, non pavées, mais arrosées par des ruisseaux d'eau courante, elle n'a que des maisons en terre, et pour seul moyen de défense le château du khan. On dit qu'elle renferme 400 mosquées et chapelles, et que sa population est de 60,000 âmes; quelques voyageurs ne la portent qu'à 30,000, ce qui nous semble plus vraisemblable; les vastes écuries du khan, bâties en briques, et quelques mosquées, sont ses principaux édifices. Elle a deux bazars assez bien approvisionnés. On y fabrique une grande quantité d'étoffes de coton, et des soieries brochées en or et en argent, des draps et d'autres tissus. C'est dans les plaines qui environnent cette ville que Djenghiz-Khan avait coutume de rassembler le conseil général de tous les khans ou chefs militaires de ses vastes États, réunions auxquelles on compta quelquefois jusqu'à 500 ambassadeurs de peuples conquis. A l'est de Khokhan, on trouve *Andekhan* ou *Andadkhan*, autrement *Andidjan*, *Indedjan*, agréablement située au milieu de jardins; cette ville passe pour une des plus remarquables du khanat. Plus loin on trouve, dans la même direction, *Ooch* ou *Takhti-Souleïman*, ville célèbre par le tombeau d'Asef-Barkhia, vizir de Salomon, monument qui attire au printemps un grand nombre de pèlerins. Ce tombeau consiste en une petite maison carrée placée sur la montagne de Takhti-Souleïman, dont le nom signifie *trône de Salomon*, et dont les cimes s'élèvent à près de 2,000 mètres. Suivant la tradition rapportée par le baron de Meyendorff, Salomon égorgea près de ce lieu un chameau, dont on voit encore le sang rougir le rocher. Si l'on ressent des douleurs de rhumatismes ou d'autres maux, on s'étend sur une pierre plate qui est là, et le mal passe infailliblement. Tous les voyageurs qui arrivent de ce pays parlent de ce but de pèlerinage : plusieurs m'ont assuré qu'on n'y voit point de traces de colonnes; M. Nazarov prétend y avoir vu les restes de deux anciens édifices, sous lesquels se trouve une caverne.

A environ 400 ou 450 kilomètres au nord de Khokhan, la ville qui porte les deux noms de *Turkestan* et de *Taras* ou *Toros* renferme mille maisons bâties en terre; autrefois elle était grande, florissante, et le chef-lieu d'un khanat. Un prince kirghiz y résidait. Elle est entourée d'un fossé large de 5 mètres qu'on peut remplir d'eau à l'approche de l'ennemi. C'est une ville qui renferme les tombes de plusieurs saints personnages : de tous ceux qui y sont enterrés, *Kora-Ahmed-Khodja* est le plus révéré. Près du monument qui lui est consacré, on remarque une immense marmite de plus de 4 mètres de diamètre, qui sert à faire cuire les aliments que les gens riches font distribuer, à certains jours, aux pauvres.

A une centaine de kilomètres au nord-ouest de Khokhan, *Tachkent* ou *Tachkend*, située sur les bords de canaux dérivés du Tchirt-chik, affluent du fleuve Sir ou Sihoun, renferme, dit-on, 6,000 maisons; mais le baron de Meyendorff ne lui en accorde qu'un peu plus de

3,000. Elle est entourée, sur une étendue de 22 kilomètres, d'une haute muraille en briques séchées, ouverte de 12 portes. On y voit un grand nombre de vieilles mosquées qui attestent sa splendeur passée, probablement à l'époque où elle s'appelait *Chach*. Elle renferme 10 médresséhs ou écoles. Son territoire, arrosé par des canaux d'irrigation, produit les fruits les plus exquis. Le climat dont on y jouit est agréable. Ses habitants font un petit commerce; ils cultivent le pêcher et la vigne, le froment, le coton et la soie; l'hiver n'y dure que trois mois; les montagnes renferment de l'or. Dans ses environs s'élève un fort qui peut être occupé par une garnison de 10,000 hommes.

Marghalan, appelée aussi *Marghilan* ou *Marghinan*, au pied des monts Kachgar, est, dit-on, de la grandeur de Khokhan. C'est une antique cité, qui fut la capitale du khanat. Elle est entourée d'une mauvaise muraille en terre et remplie de portiques et d'anciens monuments. Au centre s'élève un édifice dans l'intérieur duquel on conserve un étendard en soie rouge, qui passe aux yeux des habitants pour avoir appartenu à Alexandre le Grand, lequel, à son retour de l'Inde, serait mort dans cette ville. Les prêtres promènent cet étendard à l'arrivée de chaque nouveau gouverneur. A 4 kilomètres de la ville, la forteresse d'*Yarmazar* peut, dit-on, renfermer 20,000 hommes.

Khodjend, sur la rive gauche du Sihoun, à 80 kilomètres au sud de Tachkend, est grande et bâtie en terre sur un sol élevé. On y fabrique une grande quantité de cotonnades, dont elle fait un important commerce avec les Russes. A 80 kilomètres au nord-est de Khodjend, *Akhsikat* ou *Akhssia* passe pour être le chef-lieu de la province de Ferghanah, dans laquelle il existe des mines d'or et d'argent. *Sousak* est une petite forteresse dans les montagnes. *Nemengan* est un petit chef-lieu de gouvernement. *Ouratepeh*, à près de 70 kilomètres de Khokhan, est bâtie entre deux collines et entourée de hautes murailles crénelées. Il ne faut pas confondre cette ville avec *Ouratoupa*, qui s'élève à 40 kilomètres au nord-ouest de Khodjend, sur la rive gauche du Sir.

ÉTENDUE, SUPERFICIE, POPULATION. — L'État de Khokhan s'est considérablement accru par des conquêtes depuis 1815. Maintenant il occupe, dans le Turkestan, le deuxième rang pour la population et le troisième pour l'étendue. On estime qu'il renferme environ 1,200,000 habitants, et qu'il a 850 kilomètres de longueur sur 300 de largeur, et 250,000 kilomètres carrés de superficie. La plus grande partie du territoire est d'une grande fertilité; on y trouve des mines d'or, d'argent, de cuivre, de fer et de houille. Les habitants s'occupent beaucoup d'agriculture et de l'éducation des bestiaux. Les manufactures de soieries et de cotonnades y sont florissantes, et le commerce avec la Chine, la Boukharie et la Khivie jouit d'une grande activité.

GOUVERNEMENT, RELIGION. — Le pays est gouverné par un khan, ouzbek de la tribu des Youz, et qui prétend descendre de l'empereur Baber. Il entretient une armée de 10,000 hommes de cavalerie qui ne tiennent la campagne que pendant deux mois, et à laquelle se réunissent 30 à 40,000 hommes fournis par les tribus et qui ne s'engagent que pour un mois chaque année. Aussi les guerres sont-elles courtes et n'interrompent-elles pas le commerce. L'artillerie du bey de Tachkend consiste, comme en Perse, en petits canons portés par des chameaux.

Dans ce pays, qui est mahométan, les prêtres sont juges et siègent avec les gouverneurs. Les procès s'instruisent sans écritures; les crimes de haute trahison, d'usure et d'adultère sont punis de mort; le voleur est condamné à perdre la main, et le meurtrier à servir comme esclave les parents de celui qu'il a tué, à moins qu'il ne puisse se racheter.

LES KARAKALPAKS OU KIPTCHAKS NOIRS. — Sur les bords du Sihoun, la peuplade des Karakalpaks mérite d'arrêter un instant nos regards. Cette peuplade se nomme elle-même *Kara-Kiptchak*, c'est-à-dire les *Kiptchaks noirs* ou tributaires. C'est une tribu des Tatars de Kiptchak subjugués par les Kirghiz. Ils se divisent en hordes ou *oulous* supérieure et inférieure. En 1742, la horde inférieure, qui était alors de 15,000 familles, rechercha la protection de la Russie ou du *czar blanc*; mais les Kirghiz détruisirent presque cette tribu, qui osait invoquer contre eux un secours étranger. Ils ne comptent plus maintenant que 2 à 3,000 guerriers.

Les chefs des *oulous* se donnent pour descendants de Mahomet. Il y a une sorte de noblesse. Le genre de vie ressemble à celui des Bachkirs en Russie. Les cabanes d'hiver ont un emplacement fixe, celles d'été sont mobiles. Le soin de l'agriculture s'allie à celui des bestiaux. N'ayant que peu de chevaux, ils se servent de leurs bêtes à cornes pour le trait et la selle. Ils exercent avec succès plusieurs métiers; ils vendent à leurs voisins des couteaux, des sabres, des fusils, des marmites et de la poudre à tirer. Ils sont mahométans et connaissent assez bien les préceptes de leur religion. Le pouvoir des *khans* est borné par l'influence dont jouissent les *khodcha* ou prêtres, et les *seïts*, qui prétendent descendre de Mahomet.

Cavalier turcoman.

PAYS DES TURCOMANS.

SITUATION ET ASPECT PHYSIQUE DU PAYS DES TUR-COMANS. — Les *Troukmènes* ou *Turcomans* habitent toute la côte orientale de la mer Caspienne, pays sablonneux, rocailleux et presque dépourvu d'eau, excepté près de la côte. La chaîne des monts de *Manghichlak*, qui occupe une longueur de 320 kilomètres, est peu élevée, très-escarpée et coupée de ravins; elle présente, du côté de la mer, des roches calcaires, remplies de coquillages littoraux, des couches de marne et d'argile, beaucoup de sources de naphte et de pétrole, et quelques indices de plomb et de cuivre. On rencontre sur le rivage des *conglomérats* de coquillages et de sable, cimentés par du calcaire et quelquefois par du bitume; plus loin de la mer ces masses sont déjà entièrement durcies. Les eaux sont salées ou saumâtres.

La chaîne de Manghichlak se dirige de l'est à l'ouest jusqu'au cap appelé *Touk-Karagan*, qui forme le côté méridional du golfe de *Kottchak-Koultiouk*, à l'entrée duquel se présentent les îles *Sviatoï*, *Koulal* et *Dolgoï*, qui sont inhabitées. A 60 kilomètres à l'est du cap Touk-Karagan, se présente un enfoncement appelé aussi Manghichlak, près duquel campent, l'été, des Mank ou Nogaï; une langue de terre s'y avance dans la mer et forme un port qui est peu fréquenté, parce qu'il est exposé aux brigandages continuels des Turcomans. A quelque distance de là, se voit le mont *Abichtcha*, volcan dont le cratère vomit constamment des vapeurs sulfureuses.

Au sud du golfe de Kottchak-Koultiouk, se trouve le *golfe Alexandre*, dans lequel le *Siribach* et le *Kitthi* ont leur embouchure. A 240 kilomètres au sud, est le détroit de *Kara-boughaz* ou de la *gorge noire*, qui communique avec le *Kouli-déria* ou *lac amer*, grand golfe dans lequel s'engloutissent les eaux de la mer Caspienne. Les Turcomans viennent y pêcher des phoques.

La chaîne du *Balkan* occupe l'espace qui s'avance dans la mer, entre le Kouli-déria et le golfe de Balkan. A l'entrée de ce golfe, se trouvent plusieurs îles dont nous citerons les deux plus considé-rables. *Tcheleken* ou *Nephtenoï* doit son nom aux sources de naphte qui s'y trouvent : on la dit habitée par une centaine de familles turcomanes; elle s'est agrandie, en 1804, par sa réunion avec l'île *Dereich*, opérée à la suite d'un tremblement de terre. *Ogourtchinsk* est inhabitée et manque d'eau douce; cependant elle nourrit un grand nombre de moutons qui y vivent sans berger. Un petit nombre de Turcomans vient y passer l'hiver; ils remplacent l'eau douce par celle des glaçons, qui perd en cet état une partie de son goût amer et salé. Ils y trouvent en suffisance du bois de chauffage. L'île de *Djardji* est maintenant réunie au continent. Les deux principales cimes du Balkan ont un aspect noirâtre et paraissent être granitiques. Près de la côte, ces montagnes sont escarpées et parsemées de roches d'une pierre friable qui augmente beaucoup la difficulté de la marche.

Le *Gourghen* coule au milieu de marais; son fond est vaseux; sa largeur est de 6 à 9 mètres; ses rives sont basses et inondées à une distance considérable; son cours est embarrassé d'herbes de 1 à 2 mètres de hauteur; son eau a un goût vaseux et légèrement salé; il coule avec lenteur; en été il a peu de profondeur, cependant il n'est jamais entièrement à sec. A 2 kilomètres de son embouchure, ses eaux ont un peu plus d'un mètre de hauteur. L'*Atrek* est une autre rivière plus petite que le Gourghen et à 3 kilomètres au nord de celui-ci.

PRODUCTIONS NATURELLES. — La végétation de ces contrées se borne à peu d'espèces, parmi lesquelles on distingue, par ses formes roides, la *salsola orientalis*. L'absinthe du Pont abonde, ainsi que le câprier. On emploie le *rhamnus alpina* au chauffage. Les renards, les chats sauvages, le mouton d'Orient et le chameau, sont les animaux les plus répandus; l'once s'y montre, et même le tigre, si l'on veut en croire les relations. Les insectes y fourmillent, surtout les papillons et les sauterelles; dans les golfes et les baies, le *noctiluca miliaris* au corps gélatineux et transparent, répand la nuit, sur la surface des ondes, sa lumière phosphorique.

Les Turcomans ont assuré au voyageur Mouravieff, que les *djeiran* ou antilopes qui peuplent leurs déserts peuvent passer deux ou trois

Soldats et cavaliers boukhares.

mois de l'été sans boire. Ce fait aurait besoin d'être confirmé, mais il est certain que dans ces déserts on ne trouve ni eau douce ni eau salée. Peut-être doit-on supposer que ces animaux trouvent une boisson suffisante dans l'eau déposée par les rosées, qui sont souvent fort abondantes.

CARACTÈRE PHYSIQUE DES TURCOMANS. — Les Turcomans, plus basanés, moins grands, mais ayant les membres plus carrés que les autres habitants du Turkestan, vivent sous des tentes ou dans les cavernes des rochers. Ce sont des pasteurs grossiers qui font, à l'occasion, le métier de brigands. Ils sont divisés en plusieurs hordes, qui ont chacune leur chef.

Ils ont la taille élevée, les épaules larges, la barbe courte, et la forme du visage assez semblable à celle des Kalmouks. Les Turcomans méridionaux ont adopté le costume persan et le bonnet garni de peau d'agneau noire. Leurs femmes peignent leurs cheveux avec beaucoup de soin; elles les séparent sur les côtés et les réunissent en une longue tresse garnie de grelots en argent et qui tombe par derrière. Elles complètent leur coiffure par un bonnet qui ressemble à celui des Cauchoises par son élévation, et qui est orné en or et en argent, selon la fortune du mari. Elles ont les traits agréables et gracieux et ne se voilent pas le visage, mais elles portent un anneau à une narine. Leur habillement consiste en un caleçon de couleur et une grande chemise rouge.

DIVISIONS DES TRIBUS, MOEURS ET COUTUMES. — Les Turcomans se partagent en deux nations, celle du nord et celle du sud, et se divisent en plusieurs tribus; la principale, au nord, est celle des *Abdal* ou *Abdallah*. Au sud, on en distingue quatre, appelées *Iomoud, Er-saré, Téké* et *Keklen*; cette dernière est la plus rapace. Chacune se subdivise en plusieurs autres tribus. Celle des Iomouds peut, dans un moment d'urgence, mettre jusqu'à 30,000 hommes sous les armes, et celle d'Er-saré 90,000.

Leurs *aouls* ou villages se composent d'un groupe plus ou moins considérable de *kibitki* ou tentes en feutre. Ils nourrissent beaucoup de chameaux, de bœufs, de chevaux et de moutons; la chair de ces derniers est excellente. Avec le poil de chameau ils fabriquent une étoffe grossière. Ils cultivent un peu de froment, du riz, des melons et des concombres. Montés sur leurs chevaux infatigables, ils parcourent leurs déserts avec une incroyable rapidité, vont piller les villages des tribus avec lesquelles ils sont en guerre, endurent la faim et la soif, aussi bien que leurs coursiers, auxquels souvent ils ouvrent une veine pour se désaltérer. Leurs armes habituelles sont l'arc, dont ils se servent avec beaucoup d'adresse, le sabre et le pistolet. Ils fabriquent eux-mêmes d'assez mauvaise poudre.

Les Turcomans méridionaux ont pour chefs des khans, nommés par le gouvernement persan; mais le peuple leur obéit lorsqu'ils ont acquis de l'autorité par leurs qualités personnelles et par leur conduite. Cette dignité n'est point héréditaire. Celle d'*akh-sakhal* (*barbe blanche*) ou *ancien*, qui est élective, paraît l'emporter sur celle de khan, et se conserver dans la famille, lorsqu'après la mort de celui qui en est revêtu, ses parents ont, par leur conduite, des droits à l'estime générale. Bien que les tribus voisines de la Perse reconnaissent l'autorité de cette puissance, les Turcomans méridionaux exercent leurs brigandages sur les Persans eux-mêmes et sont souvent en guerre avec eux.

« Les Turcomans, dit M. Mouravieff (1), n'ont pas cette sévérité et cette droiture qui distinguent les peuples du Caucase; au milieu de sa pauvreté, ce peuple reste étranger aux lois de l'hospitalité; il se montre tellement avide d'argent, qu'il n'est point de bassesse à laquelle il ne se soumette pour un léger salaire. Les Turcomans ignorent ce que c'est que l'obéissance; quand l'un d'eux montre un peu plus de pénétration ou de hardiesse que les autres, ils l'écoutent sans s'informer quel est son droit. Par conséquent, il n'est point de Russe qui ne puisse prendre facilement parmi eux le ton de la supériorité, et qui, entouré et désarmé, ne puisse sans danger se fâcher, les injurier, et même les battre s'il en a sujet. Ils n'ont aucune idée de bien public et de bienséance; chacun d'entre eux, quand il y croit trouver son avantage, prend le titre d'*ancien*;

(1) Mouravieff : *Voyage en Turcomanie et à Khiva.*

son voisin, qui ne le reconnaît pas pour tel, prend à son tour celui d'*akh-sakhal*, qui est synonyme.

LANGUE ET RACE DES TURCOMANS. — Les Turcomans parlent un dialecte turc semblable à celui qui est en usage à Kazan. Comme ils sont de la secte d'Omar, on conçoit leur antipathie pour les Persans; mais, du reste, ils ne sont fidèles qu'aux pratiques extérieures de la religion et ne s'occupent nullement du dogme.

Leurs caractères physiques ainsi que leur langue indiquent qu'ils appartiennent à la race turque; c'est ce peuple qui, dans les onzième et douzième siècles, inonda la Boukharie, la Perse septentrionale, l'Arménie, la Géorgie méridionale, le Chirvan et le Daghestan. Les Persans disent que le nom de Turcoman signifie *semblable aux Turcs*; mais Klaproth pense que ce nom, composé de ceux de *turc* et de *coman*, a été donné à la partie de la nation comane qui est restée à l'orient de la mer Caspienne sous la domination des Turcs de l'Altaï, tandis qu'une autre qui était indépendante s'est établie dans les vastes plaines situées à l'occident de cette mer, et passa même depuis jusqu'en Hongrie.

Vers l'extrémité orientale du territoire des Turcomans, *Touer* est un lieu où se trouvent plusieurs puits, près desquels habite la tribu appelée Ata, qui diffère des autres par l'habillement, les mœurs et les traits du visage, et qui paraît avoir une origine différente : elle ne se compose que de 1,000 *kibitki*.

AOULS OU CAMPS DES TURCOMANS, RUINES DE VILLES. — Comme il n'y a dans la Turcomanie que des aouls, qui sont plutôt des camps que des villages, nous n'avons conséquemment aucune ville à citer. Les bords du Gourghen et de l'Atrek sont garnis de ces aouls, ainsi que plusieurs points des côtes de la baie de Balkan, du lac Aner, et quelques parties du désert. Mais cette contrée n'a pas toujours été dépourvue de villes, c'est ce qu'attestent plusieurs ruines. Sur la rive droite du Gourghen, s'étendent les restes d'une grande muraille dont on ne connaît pas l'origine, mais qui paraît avoir servi de frontière entre le royaume d'Iran et celui de Touran. Cette muraille porte aujourd'hui le nom de *kizil-alal*; elle est construite en bonnes briques cuites au feu. A l'extrémité occidentale de la muraille, et sur le bord de la mer, on voit encore le mur extérieur d'un grand bâtiment ou d'un fort, sur le côté oriental duquel s'est formé un amas de sable qui lui donne l'apparence d'une colline. M. Mouravieff a trouvé dans ce mur des tombeaux et des ossements humains, qui paraissent être moins anciens que cette construction, et appartenir à des Turcomans. Le mur peut avoir environ 200 mètres de longueur sur 4 de hauteur. Sous ce mur, M. Mouravieff aperçut une petite voûte dans laquelle il trouva un morceau de verre et du charbon. A 140 ou 150 mètres du mur, on trouve un promontoire qui ne paraît pas être formé par la nature; et en effet, on y remarque des murailles qui ont appartenu à des édifices, des tours rondes, et de petits emplacements pavés régulièrement en grandes briques carrées; on observe ces débris jusqu'à environ 80 mètres dans la mer. Mais ce qu'il y a de plus remarquable, c'est que ces débris n'offrent pas l'apparence de ruines : les murs sont tous de niveau avec l'horizon; ce qui fait croire qu'ils ont appartenu à des bâtiments qui ont été engloutis par un tremblement de terre. Les Turcomans y ont souvent trouvé des monnaies d'or et d'argent. Ils prétendent que ces restes, qui portent dans le pays le nom de *Sérébrénoï-bougor* ou colline d'argent, sont sur un sol qui formait autrefois une île que l'abaissement des eaux de la mer a réunie au continent depuis 1814.

A environ 13 milles allemands au nord de ce cap, on trouve le *promontoire vert* (*Zélénoï-bougor*), et près de là une ancienne mosquée, nommée *mama-kys* ou mamelons de vierge. A l'est de ce cap, on voit dans l'intérieur des terres les ruines d'une ville appelée *Metedi-Mesterian*.

KHANAT DE KHIVA.

MONTAGNES DE SARÉ-BABA. — Lorsque du mont Balkan, situé sur les bords de la Caspienne sous le 40e parallèle, on se dirige vers l'est pour aller à Khiva, on traverse la chaîne de *Saré-Baba* ou du *Grand-Père jaune*, qui s'étend du nord au sud. La route est tracée au milieu d'un sol calcaire; on y est souvent enveloppé de tourbillons de sable, et au mois de septembre on y éprouve un froid très-vif. Sur le sommet de cette chaîne s'élève le *Kyr*, monticule où règne un vent violent, et sur lequel on voit un monument en l'honneur du fondateur de la tribu appelée *Er-Saré-Baba*, et qui, après avoir habité longtemps les environs de la baie du Balkan, s'est établie en Boukharie. Ce monument consiste simplement en une perche à laquelle sont suspendus des chiffons de différentes couleurs, et autour de laquelle sont entassés des bois de cerfs, des pierres et des tessons de vases, offrandes que les Turcomans de toutes les tribus y déposent.

ORIGINE DU KHANAT DE KHIVA. — Au sud du lac Aral, nos regards, fatigués de la monotonie des déserts, trouvent à se reposer à l'aspect d'un pays un peu plus fertile, appelé *Khoraresm* par les Arabes, *Kharizm* ou *Kharizmie* par les Tatars et les Russes, et *Chorasmie* par les anciens. Il porte encore le nom de *Khivie* ou *Khanat de Khiva*, de celui de la ville principale. Les Turcs de Karism possédaient dans le douzième siècle un puissant empire. Cet État, après avoir été réduit à la province de Khiva, dont un homme à cheval pouvait faire le tour en trois jours, est devenu l'un des plus étendus de tout le Turkestan.

CLIMAT ET ASPECT PHYSIQUE. — Les géographes orientaux parlent de la Kharizmie comme d'un pays froid, en comparaison de la Perse. Le fleuve Djihoun, qui l'arrose, se gèle tous les ans.

D'après les relations russes les plus récentes, l'air de ce pays est tempéré; les gelées ne durent que peu de jours, mais le thermomètre centigrade y descend fréquemment à 16 ou 18 degrés Réaumur au-dessous du point de congélation, et le froid y est très-sensible à cause des vents perçants et continuels auxquels on est exposé. Il y tombe peu de neige; mais le verglas y cause souvent de grands dommages aux caravanes, parce qu'il blesse le pied des chameaux, et que, ne pouvant continuer leur route, ils périssent abandonnés après quelques jours de souffrances. Les chaleurs de l'été seraient insupportables, si l'atmosphère n'était rafraîchie par des vents d'est et de sud-est qui soufflent avec force. Les pluies y sont rares, même en automne : pendant cette saison, comme en hiver, règnent des vents presque continuels qui apportent des steppes des nuages de sable fin qui obscurcissent quelquefois l'éclat du soleil. Ces sables, arrêtés par le moindre obstacle, une pierre ou un buisson, transforment en peu de temps une plaine unie en une plaine ondulée, couverte de petits tertres qui lui donnent de loin l'apparence d'une mer agitée. En général, le ciel y est presque toujours serein.

Les montagnes qui forment la chaîne de *Chikh-djeri* renferment des mines d'or et d'argent, jadis exploitées, mais dont il est défendu aujourd'hui de chercher les traces. Les Khiviens s'occupent d'extraire seulement le soufre et le plomb. On y trouve aussi, dit-on, des émeraudes, des sardoines et d'autres pierres fines. La plus grande partie du pays est en plaines; le sol, généralement composé d'une argile rougeâtre, se prête à toutes sortes de cultures; mais les déserts de sable mouvant qui ceignent la frontière en envahissent quelquefois des portions considérables.

LE DJIHOUN. — Le grand fleuve de *Djihoun* ou *Amou-déria*, l'*Oxus* des anciens, qui traverse cette contrée, a, selon les historiens d'Alexandre, 6 à 7 stades de largeur, même dans la partie supérieure de son cours; il est trop profond pour qu'on puisse le passer à gué. Les géographes arabes en font une peinture remarquable : ils parlent des inondations qu'il cause. Arrivé au pied des monts Waïslouka dans la Kharizmie, il est partagé en beaucoup de canaux d'irrigation; il conserve deux branches principales. Il n'y a que le petit bras du Djihoun qui ait toujours de l'eau; l'autre, dans ses crues, se répand sur une plaine marécageuse qui le borde; et, comme tous les fleuves mal encaissés, il reste quelquefois à sec en plusieurs endroits de son cours.

D'après les derniers renseignements, le Djihoun est très-profond, sa largeur varie de 150 à 200 mètres. Les principaux canaux de dérivation qui partent de ce fleuve ont jusqu'à 10 mètres de largeur. On y voit plusieurs digues construites avec art, et quelquefois même deux canaux se rencontrent au moyen d'un pont. La manière dont ces travaux sont exécutés a lieu d'étonner, quand on songe que les Khiviens n'ont aucune idée du nivellement. Les eaux de ces canaux sont alimentées par une infinité d'autres petits canaux qui arrosent le sol et le fertilisent : quelquefois elles se rassemblent dans de grands étangs qui servent de réservoirs pendant les temps de sécheresse.

PRODUCTIONS NATURELLES, ANIMAUX. — Parmi les productions végétales, on distingue le *djicari*, espèce de froment, l'orge, l'*holcus sorghum* ou *millet de Boukharie*, le *tchegoura*, espèce de riz, les pois, les fèves, les lentilles, le chanvre, le tabac, le coton, le *cuscute* de Perse, plante qui donne de l'huile, toutes sortes de fruits du goût le plus exquis; des mûriers et des vignes en abondance. Le raisin y mûrit parfaitement, mais la religion mahométane empêche qu'on en fasse du vin. Dans de magnifiques prairies on voit errer nombre de bœufs; mais les chevaux y trouvent peu de pâturages qui leur conviennent. La volaille domestique y est assez commune, et les espèces variées du gibier ailé, parmi lesquelles la perdrix rouge, l'alouette, le faisan, les canards, les bécasses et les vanneaux, sont les espèces les plus communes, fournissent une proie abondante aux chasseurs.

Parmi les animaux qui errent dans les steppes, on cite le loup, le renard et le chakal, ainsi que le cerf et le *djeiran*, qui est une espèce d'antilope.

TRIBUS QUI HABITENT LE KHANAT. — Les habitants, presque tous de race turque, sont principalement des Ouzbeks et des Turcomans. Les Boukhares, dit un savant auteur, sont les vrais indigènes du pays ; mais cette assertion est inexacte, en ce sens que les habitants de la Boukharie se composent surtout d'Ouzbeks et de Tedjiks ; il faut dire, au contraire, que les anciens habitants sont des *Sarty*. Les peuples tatars donnent aux habitants khiviens le nom d'*Ourghenetch*, d'après celui d'Ourghendj, leur ancienne capitale. Les Ouzbeks, qui sont ces mêmes *Ouigours* qui habitaient jadis au sud des monts Célestes dans le Turkestan chinois, se partagent en *Ouigour-Naïman, Kanglt-Kiptchak, Kiat-Konrat* ou *Kiat-Konkrad, et Nœkious-Mangoud*. Les Kiat-Konrat se subdivisent en *Imbei, Balgali, Atchataïli, Kendjirgali, Korhtamgali, Kocgocsegli* et *Bocqordjeli*. Tous ces Ouzbeks descendent de ceux qui ont conquis le pays ; ils sont fiers de leurs titres de conquérants et méprisent les Sarty, et ceux-ci justifient leurs vainqueurs par leur éloignement pour le métier des armes. Les *Kara-Kalpaks* se composent en partie de nomades qui errent au delà de l'Amou-déria, et de familles sédentaires qui cultivent les terres au sud du lac Aral. Ces derniers ont reçu le nom d'*Arales*, d'*Araliens*.

L'État de Khiva ou la Khivie se compose de deux parties distinctes : le centre ou la Khivie proprement dite, habitée par des Khiviens, ainsi que par des tribus nomades issues de la même souche ; et le territoire, habité par des tribus de la même famille, soumises, dit M. Mouravieff, par la force ou de leur plein gré, soit parce qu'elles se sont senties trop faibles, soit parce que leur commerce les mit dans la dépendance de Khiva.

LIMITES ET SUPERFICIE DE LA KHIVIE. — Suivant ce voyageur, la Khivie n'a pas des frontières bien fixées, à cause des steppes arides qui l'entourent et dont personne ne lui dispute la possession. La partie centrale est bornée au nord-est par l'Amou-déria ; au nord par le lac Aral, et par une partie des steppes qui de ce lac se prolongent à l'est et sont habitées par des kirghiz ; au sud-ouest par des plaines sablonneuses et des steppes qui forment la limite entre cet État et le territoire de la tribu turcomane de Téké, situé comme une oasis au milieu de ces déserts ; enfin, au sud-est par une steppe qui sépare la Khivie du khanat de Boukhara.

Dans les limites que nous venons de tracer, la Khivie proprement dite a environ 180 kilomètres de longueur du nord au sud et 150 de l'est à l'ouest, c'est-à-dire 27,000 kilomètres carrés ; mais si l'on ajoute à ce territoire les conquêtes faites par les Khiviens depuis 1820 sur les kirghiz des bords du Sir-déria ; les steppes des Kara-Kalpaks (bonnets noirs) de la rive droite de l'Amou-déria et qui reconnaissent l'autorité du khan de Khiva jusqu'au moment où ils ont porter au loin leurs ravages ; celle des Turcomans de la tribu de Téké qui obéit aux Khiviens ; enfin, celles de la tribu d'Ata qui campe près de la mer Caspienne et qui s'est mise sous la protection du khan depuis qu'elle a quitté les monts Balkan, on aura pour la superficie de la Khivie et de ses dépendances environ 380,000 kilomètres carrés.

La population peut être évaluée au maximum à 1,200,000 individus, sur lesquels la moitié à peine appartient aux Khiviens proprement dits ; le reste de la population est formé d'Ouzbeks, de Kazaks et de Turcomans.

GOUVERNEMENT. — Chacune des quatre principales tribus d'Ouzbeks était gouvernée autrefois par son ancien, qui prenait le titre d'*inakh* ; mais l'ancien de la tribu des Kiat-Konkrad possédait quelques prérogatives particulières qu'il devait à l'importance et à l'ancienneté de sa tribu. Le souverain de la Boukharie avait même une sorte de prépondérance sur ces tribus guerrières, et le khan des Kirghiz limitrophes profitait des divisions intestines pour envoyer de temps en temps à Khiva un chef qui exerçait l'autorité suprême. Cette organisation cessa par l'ambitieuse tentative d'Elhezer, qui, après avoir pris le titre de khan, sentant la nécessité de détruire la prépondérance qu'exerçait sur la Khivie le gouvernement boukhara, se noya au passage de l'Amou-déria dans une expédition qu'il dirigeait contre Boukhara. Il n'avait régné qu'une année. Son frère, Koutli-Mourad, qui lui succéda, rétablit l'ancienne organisation aristocratique ; mais bientôt deux de ses parents se disputèrent le pouvoir, et le plus heureux, ou plutôt le plus perfide et le plus cruel, Mohammed-Rahim, après avoir feint une réconciliation avec son adversaire, s'empara de sa personne et de ses principaux partisans, ainsi que de leurs femmes et de leurs enfants, les fit périr sous ses yeux, et prit, en 1802, le titre de khan, qu'il conserva en établissant son pouvoir sans bornes sur les assassinats et sur les atrocités révoltantes. Lorsqu'il fut paisible possesseur de l'autorité suprême, il organisa son royaume, institua un conseil supérieur, qui est en même temps le seul tribunal civil et criminel du pays, établit des impôts réguliers, détruisit le brigandage de ses sujets et de ses voisins, en se le réservant pour lui seul, força une partie des Kirghiz à lui payer un tribut, créa une douane, fit le premier frapper monnaie, et fonda plusieurs établissements utiles. Telle est l'origine de la puissance du hanat de Khiva.

Le khan, qui est aujourd'hui l'allié de la Russie, peut mettre sous les armes 10 à 15,000 hommes, et 30 à 40,000 y compris les nomades qu'il prend à sa solde. Cette armée ne se compose que de cavalerie : un arc, une lance, un sabre, voilà leurs principales armes ; rarement on leur voit des armes à feu. Cependant l'armée khivienne comprend un corps d'artillerie composé d'une dizaine de pièces de différents calibres. On y voit encore quelques cavaliers armés de cuirasses et de casques en acier.

HABILLEMENT DES KHIVIENS, MŒURS ET COUTUMES. — L'habillement des Khiviens consiste en trois ou quatre robes de soie ouatées, qu'ils mettent l'une par-dessus l'autre, même dans la saison la plus chaude. En hiver, leurs chemises et leurs caleçons sont également ouatés. Ils portent de longues bottes jaunes, dont la semelle, avec de hauts talons, se termine en pointe. Ils se rasent la tête et se coiffent d'un grand bonnet noir en peau d'agneau, sous lequel ils ont une calotte de même couleur que leur habit. Leurs femmes sont très-jolies, bien qu'elles aient la physionomie un peu kalmouke. Leur teint basané ne nuit pas à l'agrément de leur figure. Comme tous les Orientaux, les Khiviens sont très-jaloux et tiennent leurs femmes enfermées dans des harems. Ils sont fort malpropres, et passionnés pour les épiceries, les aromates et les sucreries. Leurs maisons n'ont ni plancher ni fenêtres ; on y fait le feu au milieu de la chambre, et la fumée s'échappe par une ouverture pratiquée au plafond. Depuis le khan jusqu'au dernier de ses sujets, tous les Khiviens ont l'habitude de s'asseoir par terre. Leur vaisselle est en terre, sans aucun ornement, mais ils prennent le thé dans des tasses en porcelaine de la Chine ; leur batterie de cuisine est en fonte. L'ameublement des gens riches ne diffère pas de celui des pauvres, si ce n'est que leurs tapis sont plus beaux. Chez la plupart, la famille du maître et tous ses gens logent dans une seule ou tout au plus dans deux chambres fort sales et sans vestibule. Comme ils aiment beaucoup les chevaux, l'écurie est souvent tenue plus proprement que la maison.

LANGUE. — La langue khivienne, dit M. Mouravieff, est un dialecte turc, nommé *djagataï*, qui ressemble plus à celui qu'on parle à Kazan qu'à celui qui est usité parmi le bas peuple des provinces septentrionales de la Perse. Les Ouzbeks parlent vite et changent souvent d'intonation, ce qui fait que, pour ceux qui ne comprennent pas leur langue, ils paraissent se disputer et s'injurier. L'instruction des Khiviens est très-bornée, il en est peu qui sachent lire et écrire. Les plus instruits sont versés dans les langues arabe et persane, connaissent l'astrologie et possèdent des notions de médecine.

INDUSTRIE, COMMERCE. — Ces peuples cultivent avec soin leurs terres ; ils élèvent des vers à soie et fabriquent des étoffes de soie, de coton, et de soie et coton mêlés ensemble. Ils excellent surtout dans la fabrication des différentes espèces de ceintures en soie. Ce sont les femmes qui travaillent ces étoffes dans leurs maisons : il n'y a point de fabriques à la manière européenne. Les caravanes de Khiva portent à Orenbourg du blé, du coton écru, des étoffes de soie et coton, des robes de chambre brodées en fil d'or, toutes faites, et appelées *khalates*, des peaux d'agneaux, et quelquefois des monnaies persanes et indiennes. Ils achètent en Boukharie des toiles imprimées, du coton filé, des étoffes de soie, des peaux d'agneaux mort-nés, des draps, du tabac, et une grande quantité de thé de la Chine, dont ils font une consommation extraordinaire, préférant endurer la faim que de se passer de cette boisson. Ils se procurent en Russie des produits des fabriques européennes ; chez les Turcomans, des chevaux, des bœufs et des moutons.

Le principal commerce de la Russie avec la Khivie se fait sur les bords orientaux de la mer Caspienne, dans le golfe de Manghichlak, où les marchands russes joignent ceux de Khiva. Les principaux objets que les Russes exportent sont du fer, du plomb, de la cochenille, des indiennes, du drap, des broderies et des tresses d'or et d'argent ; des couteaux, du sucre, des fusils, de la verroterie, de l'or en ducats et des fourrures. Les Khiviens donnent en échange de la soie brute et travaillée, du coton, des peaux d'agneaux noirs, des châles de Cachemire, du lapis-lazuli, des rubis de Bondoukkhan, des turquoises du Mecheled, etc. Les droits réciproques auxquels les marchandises sont imposées ne sont que de deux et demi pour cent.

Khiva a été pendant longtemps le grand marché d'*esclaves* de tout le Turkestan ; mais nous dirons à l'honneur de la Russie qu'elle a profité de ses relations avec le pays pour imposer au khan la suppression de ce honteux trafic. Le commerce extérieur de cet État est évalué à 300,000 roubles d'argent, ou environ 1,400,000 fr.

REVENUS. — Les revenus de la Khivie sont évalués par M. Mouravieff à 4,000,000 de francs ; selon d'autres, cette estimation serait trop faible : chaque famille de Khiviens et chaque famille de nomades tributaires payerait à l'État deux tomans ou 20 francs par an, ce qui donne un total de 309,000 tomans ou 7,800,000 francs ; mais ce revenu est peut-être exagéré, d'autant plus que les tributaires ne payent probablement pas fort exactement leur redevance.

En outre, les terres cultivées et les troupeaux sont soumis à la dîme, et les marchandises indigènes à un droit qui équivaut au cinquième de la valeur de l'objet imposé.

Les fonctionnaires publics du Khanat sont tous choisis parmi les Ouzbeks et portent les titres d'astalagous, de methers et de khouch-beghis. Les astalagous peuvent être assimilés aux conseillers d'État, les methers aux vizirs ou ministres, et les kouch-beghis aux officiers supérieurs.

DESCRIPTION TOPOGRAPHIQUE DU KHANAT. — La ville de *Khiva* est située sur un canal tiré du Djihoun. Entourée d'un fossé, d'un mur en argile et d'un rempart, elle a trois portes, un château, trente mosquées, une école supérieure (*médresseh*) et 3,000 maisons bâties en claies revêtues de terre glaise, à la manière du pays; on y compte 16,000 habitants. Les environs sont remplis de vergers, de vignobles, de champs de blé et de villages populeux. Tout le canton de Khiva renferme une population de 60,000 âmes.

A 4 kilomètres de cette capitale, la vue plonge sur un grand nombre de jardins, coupés de ruelles et parsemés de fortins où demeurent les habitants qui ont de l'aisance. La population charme, par son aspect, l'œil du voyageur, quand, au-dessus du grand mur qui l'environne, il voit s'élever majestueusement les vastes coupoles des mosquées, surmontées de boules dorées et peintes d'une couleur d'azur qui tranche agréablement avec la verdure des jardins; ils sont tellement multipliés, que l'œil ne saurait embrasser dans toute son étendue l'enceinte de la ville. Auprès de ces habitations, destinées au plaisir de la promenade, s'élèvent d'anciens tombeaux. La grande mosquée est vaste et belle, et sa coupole est peinte en bleu turquoise. Khiva est peut-être destinée un jour à être une des grandes étapes de la Russie sur la route de l'Inde; il était donc de l'intérêt des czars de s'assurer sinon la possession du khanat, du moins une grande importance politique; après une tentative infructueuse en 1841, les Russes, plus heureux en 1834, ont imposé au ki an un traité favorable à leurs desseins.

Ourghendj la Nouvelle, à 50 kilomètres au nord de Khiva, sur le même canal, renferme 20 mosquées, 5,000 maisons, 8,000 habitants; il y en a 55,000 dans tout le canton. Cette ville est le point central du commerce des Khiviens; elle offre un aspect extrêmement animé. Ses nombreuses boutiques, remplies de marchandises de prix, venues de toutes les parties de l'Orient, éblouissent la vue par leur éclat. Il règne dans ses rues un bruit continuel, occasionné par l'affluence des marchands et les cris des chameaux qui plient sous les pesants fardeaux dont ils sont chargés. *Ourghendj* la Vieille, à 160 kilomètres au nord-ouest de Khiva, près de l'ancien lit de l'Amou-déria, n'offre plus que des ruines, parmi lesquelles on voit les restes d'un palais des khans. On découvre fréquemment dans ces ruines des sacs contenant d'anciennes monnaies d'or et d'argent, dont quelques-unes passent pour remonter au temps des sultans de Kharizm. Cet argent ne rentre pas dans la circulation; chacun est obligé, sous peine d'un châtiment exemplaire, de l'apporter au khan, qui l'envoie aussitôt à la monnaie.

Chabat ou *Chevat* et *Khiat* ou *Khati* sont deux petites villes; l'une a 2,000 habitants, l'autre 1,500. *Anbar* ou *Anbary*, ville forte, avec une belle mosquée, ne compte que 1,000 individus, mais son canton en renferme 41,000. Le canton de *Chanka* compte 27,000 âmes, dont 2,000 dans la ville. *Azaris*, probablement le *Hasarasp* d'Ibn-Haukal, a 1,500 habitants, et avec le canton 11,500. *Hurlian* ou *Gurlian*, autrement *Ghurulen*, très-petit endroit sur la rive gauche du Djihoun, passe pour une forteresse; son canton, extrêmement peuplé pour le Turkestan, renferme 16,000 habitants. Cette population, concentrée dans un espace de 80 à 120 kilomètres de long et de large, offrirait les éléments d'un État puissant, si une colonie européenne pouvait parvenir à s'établir au milieu de peuples aussi fortement attachés au mahométisme.

Indépendamment de ces villes, la Khivie renferme des villages qui ne leur cèdent pas par l'importance du commerce : tels sont *Khizarist*, sur la route de Boukhara, et des bourgs considérables bâtis autour des maisons de plaisance du khan; on y voit les habitations de ses favoris. Les plus grands de ces bourgs, qui sont également entourés de murailles, sont *Kiptchak-Konkrad*, *Akh-Saraï*, *Khan-Kalossi*, *Maï-Djeïghil*, etc. Il s'y tient, à des jours marqués, des foires, où se rendent les marchands des cinq villes principales, qui, par ce moyen, distribuent leurs marchandises dans le reste du pays. Il faut ajouter à ces demeures fixes une assez grande quantité de forts, environnés de villages et appartenant à des particuliers.

Les *Ouzbeks*, appelés *Araliens*, parce qu'ils occupent les plaines du lac Aral, prennent, ainsi que nous l'avons dit, le nom de *Kiat-Konrat*, d'après leur principale ville *Konrat*, qui n'est, à proprement parler, que leur camp d'hiver : ce camp, qui renferme un grand nombre de mosquées, a 20 kilomètres de circonférence; il est défendu par un rempart en terre, haut de 8 mètres; les portes sont fermées, en cas de besoin, par des chevaux de frise. Ce que Konrat est en grand, *Manhout*, qui passe pour

contenir 8,000 habitants, et *Kizilkhozia*, le sont sur une moindre échelle. Les Araliens, gouvernés par deux *begs* électifs, doivent à l'État de Khiva un tribut annuel de 2,000 ducats; mais ils ne le payent que lorsqu'ils ne sont pas en guerre avec les Khiviens, ce qui arrive fréquemment. Avec les *Karakalpaks* et des *Turcomans* qui vivent parmi eux, ils peuvent former une masse de 100,000 âmes. Ces peuples, demi-nomades, augmentent par la pêche et la chasse les produits considérables de leurs troupeaux.

KHANAT DE BOUKHARA.

ANCIENS NOMS, SUPERFICIE, LIMITES, POPULATION. — Les plus belles provinces de la Tatarie prennent le nom de *Grande-Boukharie* et de khanat de *Boukhara* ou *Bokhara*; mais les limites de ce pays, au nord et à l'ouest, varient avec la puissance des Ouzbeks qui y règnent; et d'ailleurs comment, entouré de déserts et en renfermant même plusieurs, ce pays pourrait-il avoir des frontières bien déterminées? C'est la partie de la Grande Boukharie située au nord du Djihoun ou de l'*Oxus* qui porta jadis le nom célèbre de *Transoxiane* ou de *Sogdiane*, et plus tard chez les Orientaux celui de *Mavaralnahar* ou *Mavarennahar*, c'est-à-dire pays au delà du fleuve, noms qu'on a étendus à tout le Turkestan. Ce pays, dont la superficie peut être évaluée à 180,000 kilomètres carrés, s'étend, du nord au sud, du pays des Kirghiz-Kazaks à l'Afghanistan; et de l'est à l'ouest du khanat de Koundouz au khanat de Khiva; on peut estimer sa population à environ 3,500,000 habitants.

ASPECT PHYSIQUE. — La partie orientale de la Boukharie est montagneuse; les hauteurs se terminent au nord de Boukhara, à l'ouest de Samarcande près de Kachi, au sud vers l'Amou-déria. Toute la partie occidentale du pays est une plaine qui s'étend à perte de vue, et sur laquelle s'élèvent de petites collines isolées, ayant 2 à 3 mètres de hauteur sur 6 à 8, et jusqu'à 200 mètres de longueur et de largeur; elles sont de nature argileuse, de même que le terrain de ceux que l'Amou traverse, notamment de ceux que l'Amou traverse; cette argile est couverte de sables mouvants qui donnent naissance à des collines dont la forme est différente de celle des précédentes, et qui sont encore plus basses; c'est ce que l'on observe dans le Kizilkoum.

Le *Noura-tagh* est la montagne la plus élevée du côté septentrional de Boukhara et la seule qui soit visible de cette ville. Cette montagne et celles auxquelles elle se rattache renferment du cuivre, de l'argent, de l'or, des turquoises et d'autres pierres précieuses, et sont composées de gneiss et de marbre blanc.

Après l'Amou-déria, les principaux cours d'eaux qui arrosent la Boukharie sont au nombre de deux : le *Zerafchan* ou le *Kouvan*, appelé aussi le *Sogd*, le *Kohek* et le *Kouan-déria*, large de 18 mètres, profond de 1 à 2, long de plus de 400 kilomètres, se partage en deux bras, dont le plus septentrional va se perdre dans les sables, et dont l'autre va former, au sud-ouest de Boukhara, le lac Kara-koul, qui a 50 ou 60 kilomètres de tour; la *Karcha* ou le *Karchi*, long de 200 kilomètres, se perd aussi dans les sables aux environs de la ville du même nom.

CLIMAT. — Le climat de la Boukharie, du moins celui des plaines, la seule partie de ce pays sur laquelle on possède quelques renseignements, est agréable et sain. Les saisons y sont régulières : vers le 15 février, les arbres fruitiers commencent à fleurir et à bourgeonner; des pluies presque continuelles accélèrent la végétation et durent jusque dans les premiers jours de mars; bientôt commence l'été, caractérisé par des chaleurs d'autant plus accablantes que l'atmosphère est rarement rafraîchie par des orages. Cette saison se prolonge jusqu'en octobre, époque à laquelle arrive la saison pluvieuse de l'automne, qui dure à peu près trois semaines. En novembre et en décembre, de petites gelées et quelquefois de la neige annoncent l'hiver : cependant le 20 décembre on trouve quelquefois encore des melons dans les champs. C'est au mois de janvier que le froid est le plus rigoureux : il est alors de 1 à 2 degrés, et rarement de 6 à 8; la neige ne reste jamais plus de 15 jours sur la terre. En hiver, mais surtout en été, règnent des vents violents qui transportent au loin les sables du désert et qui donnent à l'atmosphère une teinte grisâtre.

PRODUCTIONS NATURELLES, ANIMAUX. — Les plantes que l'on cultive en Boukharie paraissent y être indigènes, cependant les fruits d'Europe y mûrissent parfaitement. On y mange toute l'année d'excellents melons d'eau, et la vigne y produit des raisins délicieux. Le tabac est une des plantes les mieux cultivées; la rhubarbe y vient naturellement; le cotonnier donne trois récoltes par an; enfin la grande quantité de mûriers, le soin que l'on prend de leur culture, attestent celui que l'on donne au ver à soie et l'importance de ses produits. C'est avec l'écorce du mûrier que l'on fabrique à Boukhara un papier célèbre dans tout l'Orient.

Les tarentules, les scorpions, les lézards et plusieurs espèces de souris abondent dans les steppes, et des nuées de sauterelles dévastent souvent les champs. Les bœufs et les vaches y sont rares, mais les ânes, les mulets et les moutons sont nombreux; ceux-ci sont de deux espèces, l'une à queue épaisse, et l'autre à laine frisée. Quant aux chevaux, ils sont d'une race grande, forte et belle.

DESCRIPTION TOPOGRAPHIQUE. — Une population nombreuse qui indique l'aisance des classes laborieuses, des villages d'une centaine de maisons, les uns à demi cachés par des groupes d'arbres fruitiers, d'autres entourés de murailles crénelées et flanquées de tourelles, tous situés sur le bord d'un canal, et ayant dans leur centre un puits ou un réservoir dans lequel l'eau se renouvelle au moyen d'un fossé : tel est l'aspect qu'offre la campagne. Les villes sont bâties sur des rivières, et doivent à cette position l'agrément d'être environnées de champs cultivés.

La province la plus célèbre et la plus fertile de toutes est celle le Sogd, ainsi nommée de la rivière qui la traverse. Elle forme une riche vallée, à laquelle les Arabes donnent 40 parasanges de longueur et 20 de largeur (1), produisait une si grande abondance de raisins exquis, de melons, de poires et de pommes, qu'on en faisait passer en Perse, et jusque dans l'Hindoustan.

C'est dans cette fertile vallée que se trouve *Samarkand*, dont le nom se prononce et s'écrit aussi *Samarcande*. Cette ville, l'ancienne *Maracanda* de l'expédition d'Alexandre, n'a plus que 8 à 10,000 habitants; elle s'élève sur la rive gauche du Sogd; elle est renfermée dans une double enceinte; la première est formée par une muraille de 50 kilomètres de circonférence, percée de 12 portes en fer, avec des galeries et des tours pour la défendre; près l'avoir franchie, on traverse des champs, des jardins et des faubourgs; la seconde est en terre et percée de 4 portes : c'est lorsqu'on l'a traversée que l'on est dans la ville. On y trouve la citadelle qui renferme le palais; 250 mosquées, la plupart en marbre blanc; 40 médressés où des professeurs ecclésiastiques font des cours de langue arabe et de législation musulmane; un grand nombre de fontaines publiques, plusieurs bazars et trois grands caravansérails. Les façades de tous les grands édifices sont couvertes de tuiles vernissées. Le plus beau de ses monuments est celui qui a été érigé à Timour ou Tamerlan : les cendres de ce prince sont dans un tombeau en jaspe placé sous une immense coupole qui renferme aussi les restes de quelques autres personnages célèbres. Sous Tamerlan, qui se plut à l'embellir, cette ville devint la capitale d'un des plus vastes empires du monde : alors les arts, les sciences, les lettres et le commerce la rendaient florissante; lors les fêtes animaient le palais impérial, la ville et les belles campagnes d'alentour; alors 150,000 habitants peuplaient ses rues et ses places publiques; aujourd'hui sa population ne s'élève pas même au dixième de ce nombre. La plupart de ses maisons sont construites en glaise durcie, et quelques-unes en pierres que fournissent des carrières voisines. L'excellence de son papier de soie la rend depuis longtemps recommandable dans toutes les contrées d'Orient; et l'on prétend que c'est d'elle que nous tenons cette invention. Ibn-Haukal rapporte que cette industrie fut connue vers an 650. Tous les ans, à son avénement au trône, le khan de Boukharie doit aller à Samarcande et s'y asseoir sur le *kouktach*, bloc de marbre bleuâtre qui se trouve dans le médressèh de Mirza Ploug-beg. C'est une pierre carrée d'environ 3 mètres de longueur sur 60 centimètres d'épaisseur, recouverte d'un feutre blanc. On soulève trois fois le khan sur ce feutre, dont les coins sont soutenus par des ouléma, des *foukera* (les pauvres), des *fouzéla* (les docteurs) et des *seïd*. On a, dit-on, l'intention de faire un trône de cette pierre, qui est tirée du mont Ghazgham.

Samarcande a été la capitale de la Boukharie; mais aujourd'hui la ville qui porte ce titre est *Bokhara* ou *Boukhara*, située aussi dans une plaine fertile traversée par un grand canal dérivé du Zer-afchan.

Cette ville se distingue par ses mosquées, dont on porte le nombre à 360, par ses coupoles élégantes, par ses légers minarets, par ses médressés, ses palais et les murs crénelés qui l'entourent. Un lac situé près de son enceinte, environné de jolies maisons de campagne à toits plats et entourées de murailles à créneaux; enfin des jardins et des bouquets d'arbres contribuent à rendre sa position fort agréable. Mais l'intérieur ne répond pas à l'apparence qu'elle présente de loin. Les plus belles rues n'ont pas plus de 2 mètres de largeur, les autres en ont à peine 1. Les maisons, disposées sans alignement, sont en terre de couleur grisâtre mêlée à de la paille, et n'offrent du côté des rues que des murailles uniformes sans fenêtres. Le mur qui entoure la ville a 8 mètres de hauteur et même épaisseur à sa base; il forme des angles saillants qui ressemblent à des bastions, et de distance en distance il est flanqué de tours rondes. On y entre par onze portes construites en briques;

sa circonférence est de 12 à 15 kilomètres; le nombre de ses maisons est de 8,000, et celui de ses habitants d'environ 70,000, composés de 50,000 Tadjiks, de 3,000 Tatars, de 2,000 Afghans, de 7,000 Juifs, de 8,000 Ouzbeks, et de quelques centaines de Kalmouks et d'Hindous. Presque au centre de Boukhara s'élève la *Noumichkend*, colline naturelle rehaussée à bras d'hommes, haute d'environ 80 mètres, et sur laquelle se trouve le palais du khan, l'un des plus anciens édifices de la ville; il date de plus de dix siècles. Les Boukhares le nomment *Arck*; il consiste en une enceinte de murailles qui couronne la colline, et qui renferme une mosquée, les habitations du khan et de sa cour, le harem et les jardins. On arrive à cette enceinte par une grande porte en ogive, flanquée de deux tours, d'où l'on entre dans un corridor voûté qui conduit au haut du monticule. La plus belle mosquée est sur la grande place de *Sedjistan*, devant le palais; sa coupole est couverte en tuiles d'un bleu d'azur et vernissées; le plus beau minaret est le *Mirgharak*, qui a 24 mètres de circonférence et 60 de hauteur. Boukhara possède 60 médressés ou écoles, 14 caravansérails, renfermant des boutiques, malgré le grand nombre de celles qui se voient dans différents quartiers de la ville; 14 bains publics et 68 puits d'environ 40 mètres de circonférence et peu profonds, dans lesquels on descend par une douzaine de marches en pierre de taille. La plupart des dômes de la ville sont couverts comme la grande mosquée; mais le plus joli édifice de Boukhara est le collège du khan Abdallah.

Les autres villes de la Boukharie méritent à peine d'être mentionnées après Samarcande et la capitale. Cependant il en est quelques-unes assez populeuses pour mériter de n'être pas passées sous silence. *Karakoul*, à 60 kilomètres au sud-ouest de Boukhara, prend le troisième rang immédiatement après les deux précédentes : elle a au moins 30,000 âmes. *Nakhcheb* ou *Karchi*, près de la rivière de ce nom, à 100 kilomètres au sud-est de la capitale, renferme 10,000 habitants. Elle a plus d'un kilomètre de longueur; ses maisons à toit plat, mais chétives, sont écartées les unes des autres; on y voit un beau bazar. Un fort en terre, entouré d'un fossé plein d'eau et situé au sud-ouest de la ville, forme une défense respectable. Le cours du Karchi procure aux habitants le moyen d'avoir un très-grand nombre de jardins ombragés d'arbres surchargés de fruits, et de hauts peupliers qui ont une belle apparence. Karchi renferme une garnison de 2 à 3,000 hommes. C'est l'entrepôt des peaux de fouines, de renards et d'agneaux mort-nés qui viennent du midi de la Boukharie. Elle passe pour en être la principale ville après la capitale. L'oasis dans laquelle elle est située a environ 35 kilomètres de largeur.

A l'est de cette ville, *Tchraghtchi* et *Ghoussar* sont des cités considérables : la place de gouverneur de la seconde est une des plus importantes de la Boukharie. *Ourdenzei* est une petite forteresse, si l'on peut donner ce titre à une ville entourée d'un mur en terre de 8 mètres de hauteur. *Tchardjouï* ou *Tchardjou*, sur la rive gauche de l'Amou-déria, se compose d'un millier de maisons, et contient une assez forte garnison qui la tient à l'abri des attaques des Kirghiz. *Marri* ou plutôt *Marv-chahidjan* ou *Marvi-chahdjehan*, près de la frontière de la Perse, dont elle dépendait autrefois, n'a que 3,000 habitants. Elle fut jadis importante; fondée par Alexandre le Grand, les anciens lui donnaient le nom d'*Antiochia Margiana;* elle fut longtemps une des quatre grandes cités du Khorassan. *Termez* ou *Termouz*, sur l'Amou, est une ville aujourd'hui ruinée, de même qu'un grand nombre d'autres que nous nous dispenserons de nommer, et qui attestent que le *Mavaralnahar* était autrefois plus florissant que la Boukharie d'aujourd'hui. A 100 kilomètres au nord-ouest de Samarcande, *Osrouchnah*, ville peu considérable, avait jadis 70,000 habitants.

MOEURS ET COUTUMES DES BOUKHARES. — Les Boukhares se nourrissent d'une manière fort simple : après la prière du matin, ils prennent une sorte de potage fait avec du thé, du lait et du sel; vers quatre ou cinq heures, on sert le dîner, qui consiste ordinairement en pilau composé de riz, de carottes ou de navets et de viande de mouton. Immédiatement après ce repas, ils prennent du thé préparé comme en Europe. Ils ne font pas usage du café, et ne se servent ni de cuillers ni de fourchettes. Les agréments de la société et les jouissances domestiques paraissent très-peu connus en Boukharie. L'esprit de la nation est mercantile, et le despotisme du gouvernement fait que chacun évite de passer pour riche en se gardant bien de meubler sa maison avec luxe.

Les personnes opulentes ont ordinairement une quarantaine d'esclaves et un grand nombre de chevaux, car tout le monde va à cheval, et la civilisation boukhare ne s'étend pas jusqu'à l'usage des voitures, à l'exception de grandes charrettes destinées aux longues courses. Le prix d'un homme robuste est d'environ 40 à 50 tellas (640 à 800 francs); s'il est artisan, par exemple menuisier, maréchal ou cordonnier, on le paye jusqu'à 100 tellas (1,600 francs). Les femmes sont en général moins chères que les hommes; mais si elles sont jolies, elles coûtent 100 à 150 tellas (1,600 à 2,400 fr.). En général, les esclaves sont fort maltraités.

(1) La parasange, mesure usitée en Perse, égale 5,564 kilomètres.

L'habillement du peuple se compose d'une ou de deux robes longues en cotonnade bleue et rayée, dont l'une, plus courte et plus étroite que l'autre, tient souvent lieu de chemise; leur tête est couverte d'un turban blanc en toile de coton; sous leur robe descend un large pantalon blanc qui est toujours accompagné d'un caleçon court. Les personnes aisées se servent d'un *khalaat*, large et longue houppelande, ordinairement en soie, attachée sur les reins par une belle ceinture, et se coiffent d'une calotte en soie brodée ou d'un turban de mousseline. Les fonctionnaires publics riches sont vêtus de cachemires et de drap d'or. Les femmes ont la tête couverte d'un turban, et mettent un large pantalon avec une robe courte à manches longues et étroites. Dans les rues elles s'enveloppent d'une longue mantille dont les manches se joignent par derrière, et elles cachent leur visage sous un voile noir peu transparent, dont elles relèvent furtivement un coin pour regarder les étrangers; alors, et surtout si ce sont des femmes tadjiks, elles laissent voir un joli visage que dépare un anneau passé dans leurs narines, mais des yeux noirs pleins de feu, des dents de la plus grande blancheur et un beau teint.

GOUVERNEMENT, FINANCES, ARMÉE. — Le gouvernement de la Boukharie est une monarchie héréditaire dont le despotisme n'est tempéré que par l'influence de la religion et par les habitudes nomades d'une grande partie de la population. Le chef de l'État, qui doit toujours être de la famille des Djenghiz, joint au titre de khan celui d'*émir al moumenin* ou chef des vrais croyants; il dispose de la vie et des biens de ses sujets. Le titre d'*atalik*, qui correspond à celui de grand vizir, est purement honorifique : le khan en décore quelquefois le chef indépendant d'un des khanats voisins. La seconde charge de l'État est celle de *dad-khah* ou de *pervanatchi*, qui correspond au titre de généralissime. La troisième est celle de *cheik-oul-islam* ou chef du clergé.

Suivant la hiérarchie ecclésiastique, le cheik-oul-islam nomme seul à tous les emplois vacants dans le clergé; il remplit quelquefois les fonctions de juge suprême : c'est à lui qu'on s'adresse dans les procès graves pour solliciter un arrêt conforme à la loi. Le second emploi est celui d'*a'lam*; au troisième rang se trouvent les *mufti*; puis viennent les prêtres savants ou *dana-mollah*, et les simples prêtres ou les *akhoun*. Quiconque sait lire reçoit le titre de mollah.

Le khan a quatre épouses légitimes, deux cents femmes dans son harem, mais point d'eunuques pour les garder. Successeur des conquérants de la Boukharie, il est considéré comme le propriétaire du sol. Ses domaines sont considérables. Sa liste civile se monte à environ 1 million de francs, et les revenus de l'État à 9 ou 10. Sa principale dépense est celle de la police et de l'armée régulière.

L'armée permanente des Boukhares est de 25,000 hommes, mais en temps de guerre elle peut être portée à 75,000 ou 80,000, en mettant sous les armes l'*ildjéri*, espèce de milice composée des créatures et des serviteurs du gouvernement, et qui se monte à 50 ou 55,000 cavaliers, dont 10,000 sont tirés du territoire de Balkh et des cantons au sud de l'Oxus. Enfin cette armée pourrait être encore grossie des levées faites chez les Turcomans.

TERRITOIRE DE BALKH. — L'une des principales dépendances de la Boukharie est le territoire de Balkh qui constituait au commencement du siècle dernier un khanat ou État indépendant, l'un des plus puissants du Turkestan. Il forma vers l'an 1640 le gouvernement d'Aureng-Zeyb, et était l'une des dépendances de l'empire du Grand Mogol. Nadir-Schah l'envahit; mais, après la mort de ce conquérant, il tomba au pouvoir des Afghans. Vers l'année 1825 il fut envahi par le khan de Boukharie, qui, depuis cette époque, le fait gouverner par un de ses lieutenants. Ce pays, qui comprend une partie de l'ancienne Bactriane, et qui est limitrophe de l'État de Hérat, était autrefois l'un des plus civilisés de tout le Turkestan. Ses habitants préparaient de fort belles soies : c'était même une de leurs principales richesses. Leur bravoure et leur patriotisme garantirent longtemps le pays mieux que les hautes montagnes qui l'enferment d'un côté et les déserts qui l'entourent de l'autre. La population du territoire de Balkh, qui était avant 1820 de près d'un million d'habitants, n'en a peut-être pas 500,000 aujourd'hui que les Afghans, les Ouzbeks et les Boukhares l'ont tour à tour envahi et saccagé.

Balkh passe chez les Asiatiques pour la plus ancienne ville du monde : ils lui donnent le titre de *Mère des Villes (Omm-el-Buldan)*. C'est en effet l'antique *Bactra* ou *Zariaspa*, capitale de la Bactriane, cité qui rivalisait avec Ninive et Babylone. Les Asiatiques prétendent que Balkh a été bâtie par Kaïomors, fondateur de la monarchie persane. Dans le troisième siècle de l'ère chrétienne, l'autorité d'Artaxerxès fut solennellement reconnue dans une grande assemblée qui se tint dans cette ville. Elle continua à rester soumise à l'empire persan, et à être la résidence de l'archimage jusqu'à l'époque où les sectateurs de Zoroastre furent renversés par les incursions des khalifes. Ses habitants furent massacrés par Djenghiz-Khan. Sous le règne des princes de la maison de Timour elle fit partie de l'empire mogol. Balkh est située au milieu d'une plaine fertile à 10 ou 12 kilomètres des montagnes. Ses ruines occupent une circonférence d'environ 24 kilomètres; elle paraît avoir renfermé des jardins innombrables. Sa population, qui fut jadis considérable, n'excède pas aujourd'hui 2 à 3,000 habitants, qui se composent principalement d'Afghans, de Karanoukars, espèce de milice que les rois douranis y établirent, et de quelques Arabes. Le khan de Khoundouz lui a enlevé une grande partie de ses habitants et les menace continuellement : aussi se sont-ils enfuis dans les villages voisins. Les restes d'édifices que l'on voit dans son enceinte sont loin d'attester l'antique magnificence que les Orientaux lui attribuent. Ils consistent en mosquées écroulées et en tombeaux délabrés. Ces édifices ont été construits en briques séchées au soleil; aucun n'est antérieur au temps de Mahomet. À en juger par les frêles matériaux employés dans leur construction, il est douteux que Balkh ait jamais été une ville solidement bâtie. Il y a trois collèges d'une belle apparence, mais ils dépérissent et leurs salles sont vides. Une muraille entière entoure une partie de la ville; mais elle doit être moderne, car sur une longueur de près de 4 kilomètres elle laisse les ruines en dehors. L'ark ou la citadelle qui est au nord est d'une construction plus solide que le reste, mais elle est sans force réelle. On y montre un bloc de marbre blanc que l'on dit avoir été le trône de Kaï-Kaous, c'est-à-dire Cyrus. *Andkhou*, autre ville de l'ancien khanat de Balkh, n'offre rien de remarquable.

DISTRICT DE DJIZZAK. — A environ 80 kilomètres au nord-est de Samarcande, et à 240 au nord-est de Boukhara, s'étend le district de *Djizzaghs* ou *Djizzak*, qui dépend de la Boukharie. Ce pays peut avoir au moins 20,000 habitants, dont la dixième partie réside dans la petite ville de *Djizzagh*, que défend une forteresse construite en briques séchées au soleil.

ANCIEN KHANAT D'ANKOÏ. — Au nord-ouest de celui de Balkh se trouve l'ancien khanat d'*Ankoï*, qui était l'un des moins importants du Turkestan. *Ankoï*, sa capitale, est une ville fort grande, qui renferme 4,000 maisons habitées par un petit nombre d'Ouzbeks, peu de Tadjiks et beaucoup d'Arabes. Elle est à environ 100 kilomètres de Balkh. Une petite rivière qui coule auprès est à sec pendant l'été : ce qui oblige les habitants à creuser des puits pour avoir de l'eau.

ANCIEN KHANAT DE MEIMANEH. — Dans la direction du sud, l'ancien petit khanat de *Meïmaneh* se présente. Sa capitale, du même nom, est à environ 80 kilomètres d'Ankoï; la route est parsemée de quelques misérables villages. *Meïmaneh* est une ville renfermant environ 1,000 maisons; elle n'est habitée que par des Ouzbeks qui, en été, sont nomades. Ce sont des brigands déterminés; ils pillent souvent les caravanes, sont fréquemment en guerre avec leurs voisins, font des excursions dans le Khorassan, et amènent leurs prisonniers au marché aux esclaves de Boukhara.

Ces deux derniers pays font aujourd'hui partie des possessions du khan de Boukhara.

KHANAT DE KHOUNDOUZ.

KHANAT DE KHOUNDOUZ. — A l'est des territoires soumis au khan de Boukharie s'étend l'*État de Khoundouz*, comprenant des plaines basses terminées vers le sud par une chaîne de collines hautes d'environ 300 mètres, qui forment plusieurs vallées belles et fertiles. Sa longueur du nord au sud est d'environ 60 kilomètres, et sa largeur de l'est à l'ouest est de 40 à 50 kilomètres. L'Oxus ou le Djihoun forme sa frontière méridionale. Ce pays est arrosé par deux rivières qui se joignent au nord de Khoundouz, et qui sont si peu considérables qu'elles ne sont pas même guéables durant la fonte des neiges au printemps. Le climat y est très-insalubre. L'hiver la terre est couverte de neige pendant trois mois, et l'été la chaleur est excessive. La plus grande partie du pays est tellement marécageuse que les chemins qui le traversent sont construits sur des pilotis fixés au milieu des roseaux et des joncs. On cultive le riz, dit M. Burnes, dans les endroits qui ne sont pas entièrement inondés, le froment et l'orge dans ceux qui sont plus secs. Les collines qui bordent les vallées sont complétement dépourvues d'arbres et d'arbustes, mais elles sont couvertes d'excellents pâturages.

Khoundouz, dont le nom signifie château, n'est qu'une petite ville de 1,500 habitants située dans la vallée de l'Oxus, que des collines bordent de toutes parts, excepté vers le nord. Elle est arrosée par deux rivières qui se réunissent au nord. Son climat est tellement insalubre que les Ouzbeks disent proverbialement : « Si tu as envie de mourir, va à Khoundouz. » Sa population passe pour avoir été jadis plus considérable. Quiconque peut aller vivre ailleurs n'y demeure point, bien qu'il s'y tienne le principal marché de tout le voisinage. Le prince n'y réside qu'en hiver. Il y a un château entouré d'un fossé, et construit en briques séchées au soleil; mais l'excès de la chaleur les fait tomber en poussière, et l'on est obligé de les réparer continuellement.

Le chef de cet État prend le titre d'*émir*. Il réside pendant l'été dans le village de *Khana-abad*, à 20 ou 25 kilomètres de Khoundouz. Ce village est situé sur les flancs d'un groupe de collines qui s'élèvent au-dessus des marécages. Au bord d'un ruisseau limpide qui coule avec rapidité, et au milieu d'un bouquet d'arbres d'une verdure magnifique, s'élève la demeure de l'émir : c'est un petit château bien fortifié, où l'on arrive en traversant un pont construit en briques.

KHANAT DE KHOULOUM ET DE BADAKHCHAN. — Ce qui donne une grande importance au khanat de Khoundouz, c'est qu'il comprend aujourd'hui les anciens khanats de Khouloum et de Badakhchan, qui n'en sont plus que des provinces. Le khanat de Khouloum passait encore en 1820 pour l'un des plus puissants du Turkestan méridional. Il pouvait mettre sur pied un corps de 10,000 hommes de cavalerie. Le khan jouissait d'un revenu d'environ 300,000 francs. Il exerçait une grande influence sur les pays de Balkh et de Khoundouz.

Le khanat de Badakhchan était aussi l'un des plus riches et des plus puissants.

Le khan de Khoundouz fut pendant longtemps tributaire de celui de Khouloum; aujourd'hui ces trois États n'en forment plus qu'un seul, soumis à l'émir de Khoundouz, ou peut juger par là des fréquentes vicissitudes auxquelles sont exposés les États du Turkestan.

Gholam, Khouloum ou *Khoulm*, sur la rive gauche du Khouloum, dont les bords sont délicieux, et qui va se jeter dans l'Amou-déria, est une grande ville dominée de trois côtés par une montagne et défendue par deux châteaux; les maisons, au nombre de 3,000, sont bien bâties, mais en briques crues. On y compte 10,000 habitants. L'eau y est abondante. Cinq rivières s'y réunissent et forment une cascade. L'ancienne ville de Koulm a été détruite, et celle qui porte aujourd'hui ce nom est la même qu'on nommait autrefois *Tach-Khourghan*, éloignée de Balkh d'environ 65 verstes (près de 70 kilomètres). M. Burnes confirme cette assertion. Cette ville renferme plusieurs caravansérails, de beaux jardins dont les fruits sont renommés dans le Turkestan.

Les habitants et les étrangers parlent avec ravissement des vallées du Badakhchan, de ses ruisseaux, de ses sites romantiques, de ses fruits, de ses fleurs, de ses rossignols. Ce territoire est traversé par l'Oxus; jadis puissant et célèbre, il est presque inhabité aujourd'hui. Il fut envahi en 1820 par l'émir de Khoundouz, et son souverain fut détrôné : celui qui l'a remplacé ne jouit que d'un vain titre; ses cultivateurs ont été arrachés de leurs foyers, et une soldatesque effrénée est cantonnée dans les diverses parties du pays. Le Badakhchan a aussi beaucoup souffert d'un tremblement de terre qui, au mois de janvier 1832, détruisit un grand nombre de villages et fit périr une bonne partie de la population.

Le Badakhchan a acquis depuis longtemps une grande célébrité pour ses mines de rubis qui étaient connues dès les temps les plus reculés. On dit qu'elles sont situées sur les bords de l'Oxus, à *Gharan*, près d'un lieu nommé *Chaghaan*. Elles sont creusées dans des coteaux peu élevés. Dans le voisinage de ses mines il y a sur le bord de l'Oxus des masses de lapis-lazuli.

Les Badakhchanis n'appartiennent point à la race turque : ils sont Tadjiks; on les dit très-sociables et hospitaliers. Ils parlent le persan, et ont la prononciation des habitants de l'Iran; ils passent pour être des Persans issus de ceux de Balkh, et presque tous sont de la secte des schiites. Il ne s'est établi parmi eux aucun Ouzbek ni aucun autre peuple de la famille turque, et ils ont conservé les mœurs et les usages qui régnaient au nord de l'Hindou-khouch avant l'invasion des Turcs.

La ville de *Badakhchan*, petite, mal bâtie, et peuplée de milliers d'habitants, est située sur une rivière de ce nom qui se jette dans l'Amou-déria. Quelques géographes distinguent cette ville de celle de *Feizabad* sur la rivière, mais c'est une erreur : les Badackhchanis donnent souvent ce dernier nom à leur pays et à leur capitale.

Dans le dernier siècle, Badakhchan appartenait au khan de la Grande-Boukharie, ou plutôt de Samarcande; ses habitants s'enrichissaient de l'or, de l'argent et des rubis qui se trouvaient dans ses environs; car les torrents qui descendent des montagnes lorsque la neige fond, au commencement de l'été, entraînent une grande quantité de grains d'or et d'argent. Plusieurs des caravanes qui se rendent à la Petite-Boukharie ou à la Chine passent par cette ville; d'autres préfèrent la route du Petit-Tibet, le côté oriental de ses monts. Ibn-Haukal rapporte que non-seulement le sol de Badakhchan renfermait des mines de rubis et de lapis, mais qu'il produisait une grande quantité de musc.

AUTRES DÉPENDANCES DU KHANAT DE KHOUNDOUZ. — L'émir de Khoundouz possède encore plusieurs petits pays, dont nous allons dire quelques mots.

Anderab ou *Inderab*, chef-lieu du *Tokarestan*, petite ville située sur le Kazan ou Anderab, affluent du Djihoun, est près d'un défilé par lequel on traverse les montagnes de l'Hindou-khouch. Il existe dans ces montagnes de riches carrières de lapis-lazuli.

Un autre district a pour chef-lieu *Heibak*, village populeux et commerçant qui possède un château construit en briques séchées au soleil, et bâti sur un tertre qui domine tous les environs. Ce village est à environ 1,300 mètres au-dessus du niveau de la mer. Ses maisons sont d'une forme toute particulière : elles ont, au lieu de terrasses, des dômes avec un trou au toit en guise de cheminée, de sorte que de loin il ressemble, dit M. Burnes, à un groupe de grandes ruches brunes. Les habitants ont adopté ce genre de construction à cause de la rareté des bois.

Le district de *Ghozy* est arrosé par une rivière de ce nom qui prend sa source sur le versant occidental du Belour-tagh, et se joint au Ferkhar à 20 kilomètres à l'ouest de Khoundouz pour former l'Aksaraï, qui se réunit au Djihoun par la rive gauche. Son cours, qui se dirige du nord à l'ouest, puis au nord-ouest, a environ 320 kilomètres de longueur. Ce district a pour chef-lieu la petite ville de *Ghozy*, qui s'élève au bord de la rivière.

Le district de *Talikhan* ou *Talighan* est peu étendu, et se trouve à l'ouest de Khouloum. Il est arrosé par une rivière du même nom affluent de l'Ak-saraï, et par une autre rivière appelée le Fourkahr. *Talikhan*, sa capitale, paraît être d'une faible importance.

Hazrat-Imam ou *Houzirout-Imam*, dans la vallée de l'Oxus, est aussi le petit chef-lieu d'un district peu important. Au-dessous de cette ville l'Oxus est guéable pendant six mois chaque année.

Nous ne devons point oublier les États tributaires de l'émir de Khoundouz; ils sont au nombre de quatre d'après les renseignements les plus récents.

Le *Chaghnan*, petit district dont nous avons cité le chef-lieu pour le rubis qu'on y exploite, est un pays montagneux borné au sud-est par la chaîne de l'Hindou-khouch. Il ne renferme que trois ou quatre villages, dont le principal est *Chaghnan*.

L'*Ouakhnan*, voisin du précédent, est également montagneux. Il ne comprend aussi que quelques villages, dont le plus considérable est *Ouakhan*.

Les Chaghnanis et les Ouakhanis sont musulmans; ils parlent deux langues différentes.

Le *Tchitral*, situé entre les monts Belour et le Badakhchan, est arrosé par un affluent de la rivière de Kaboul. Le chef du pays prend le titre de schâh Kattore, et se vante de descendre des anciens compagnons d'Alexandre. L'idiome de Tchitral diffère, selon M. Burnes, de celui des pays voisins.

Le *Koulab*, qui vers l'année 1820 formait encore un petit État indépendant, est, comme le pays que nous venons de nommer, tributaire des Khoundouz. *Koulab*, sa capitale, passe pour une ville de 3,000 maisons. Elle est sur la route de Badakhchan à Khokhan.

L'émir de Khoundouz doit une grande partie de sa puissance à la politique qu'il a suivie envers les chefs qu'il a subjugués : il les a laissés à la tête de leurs États, à la condition qu'ils lui fourniraient un contingent de troupes et qu'ils entretiendraient celles qu'il laisse sur leurs territoires. Son armée se compose de 20,000 hommes de cavalerie et de six pièces d'artillerie. Il n'a point d'infanterie, parce que les Ouzbeks n'en font point de cas. Ses soldats sont armés de lances d'une longueur incommode; quelques-uns ont des mousquets; mais en général ils sont mal armés et mal équipés. Les impôts se payent en grains dans la principauté de Khoundouz; l'argent y est extrêmement rare : aussi est-il fort difficile de faire une évaluation un peu exacte des revenus de cet État. La contribution foncière est du tiers des productions du sol.

On rencontre dans le Badakhchan une race d'habitants indigènes plus ancienne que les Ouzbeks; ce sont les *Tadjiks*, plus beaux que les Tatars, par l'élégance de leurs formes et l'agrément de leurs traits; ils se rapprochent de ceux de la Petite-Boukharie, auxquels ils ressemblent encore par le costume. Les vêtements des gens aisés sont, en grande partie, de soie et de fourrures; les longues robes des femmes offrent des plis larges et variés; elles ornent leurs cheveux de tresses de perles. Ils mènent une vie très-frugale, et leur nourriture consiste principalement en riz, froment, millet, et surtout en fruits, tels que melons, raisins, pommes, etc. Ils se servent beaucoup de l'huile de sésame; le thé, assaisonné d'anis, et le moût des raisins, sont leurs boissons favorites. Ils s'enivrent d'opium; leur pain est fait sans froment.

Les Tadjiks ne portent jamais d'armes. Les *Ouzbeks*, au contraire, ne sont pas étrangers à l'usage du mousquet; et l'on assure que les femmes mêmes, qui surpassent en beauté celles des autres Tatares, suivent leurs maris à la guerre, et combattent à leurs côtés.

KHANATS SECONDAIRES.

KHANAT DE CHERSABÈS. — Entre Karchi et Samarcande, au centre de la Boukharie, s'étend le *khanat de Chersabès* ou de *Chehrisebz*, l'un des plus fertiles du Turkestan et même l'un des plus peuplés. Il peut mettre sur pied une armée ou plutôt une levée en masse d'environ 20,000 cavaliers; ce qui annoncerait une population de plus de 600,000 âmes. Ce khanat, qui avait été réuni à la Boukharie par Mohammed-Rahim-Khan, s'en détacha à la mort de ce prince en 1751. La perte de ce territoire doit être très-sensible aux Boukhares : traversé dans toute sa longueur par la rivière du Karchi et riche en diverses productions, il envoie en Boukharie de très-bon coton et des plantes propres à la teinture : en retour, il en tire du fer, du cuir et des marchandises qui viennent de Russie. La capitale, appelée *Chersabès* ou *Chehri-sebz*, ou simplement *Chersebz*, noms qui signifient *ville verte*, est agréablement située près de la rive gauche du Karchi, qui a protégé plus d'une fois ce khanat contre les entreprises des Boukhares, parce qu'au moyen de dignes on peut inonder les environs de la ville et de la forteresse qui la défend. Chersabès est bâtie sur l'emplacement du village de Kech, où naquit le célèbre Tamerlan. Parmi les autres lieux les plus remarquables du khanat, on peut citer les deux forteresses de *Kitba* et de *Donab, Djnouz, Pitahanch* ou *Bout-khanch*, c'est-à-dire *temple d'idoles ; Iakabak* ou *Iaka-bagh, jardin solitaire,* et *Outakour-ghan,* dont le nom signifie *tombeau du père* ou *du saint.*

KHANAT DE HISSAR. — A l'est de la Boukharie se trouve le *khanat de Hissar,* pays montagneux, situé entre le Djihoun et la Toupalak, et traversé par le Kafer-nikan, rivière de 400 kilomètres de cours, affluent du Djihoun. Ce pays, encore peu connu, est au moins aussi fertile et aussi peuplé que celui de Chersabès. *Hissar,* près de la rive gauche du Kafer-nikhan, dans une vallée bien cultivée et abondante en pâturages, renferme environ 3,000 maisons. *Deinaou,* la seconde ville de cet État, en a environ 2,000. *Tirmez,* non loin de l'Oxus, est fort peu importante. *Khodja-Taman* est célèbre dans le pays parce qu'il renferme le tombeau d'un saint révéré des musulmans. *Detchabad, Saridjoui, Tcok-mazar* et *Toupalak,* qui ont le titre de villes, ne sont pour ainsi dire que des villages. Les habitants de ce pays sont presque tous Ouzbeks : ils possèdent des troupeaux considérables et jouissent d'une certaine aisance. Les Tadjiks y sont en très-petit nombre, mais la plupart sont fort riches.

KHANAT DE DERVAZEH. — Au nord du Badakhchan on trouve trois khanats sur lesquels on a peu de renseignements, mais qui paraissent être d'une faible importance. Celui de *Derras* ou de *Dervazeh* doit probablement son nom à la rivière qui l'arrose. Son territoire comprend principalement une grande vallée au fond de laquelle la Dervazeh roule ses eaux en mugissant. Ce cours d'eau, d'environ 200 kilomètres de longueur, charrie de l'or que les habitants recueillent en y jetant des outres qui se remplissent promptement de limon dont ils retirent le métal. Les campagnes sont cultivées par de paisibles Tadjiks. La petite ville de *Derrazeh* est la résidence du khan. Ce chef prétend descendre d'Alexandre le Grand.

KHANAT D'ABI-GHERM. — Plus au nord, le *khanat d'Abigherm,* dont le chef est souvent en guerre avec celui d'Hissar, a pour capitale une petite ville du même nom ; mais, à l'ouest de celui-ci, le *khanat de Ramid,* assez important pour que son chef puisse, dans ses excursions, mettre 10,000 cavaliers sous les armes, a pour chef-lieu une ville assez considérable située à 100 kilomètres à l'est de Hissar, sur la route de Badakhchan à Khokhan. Près de *Ramid,* s'élève une des plus hautes montagnes d'un des rameaux des monts Kachghar. Ces trois derniers khanats sont peuplés d'Ouzbeks pour la plupart cultivateurs.

PAYS DE GHILGHIT ET D'ISKARDO. — Près du Tchitral, entre les monts Belour et le Badakhchan, s'étendent le Ghilghit et l'Iskardo, petits territoires indépendants et peuplés de musulmans schiites. Le *Ghilghit* ou *Ghilghitti* est un pays qui, par sa position dans les montagnes, a su conserver sa liberté. Ses habitants parlent une langue différente de celle de Tchitral.

Le pays d'*Iskardo,* plus à l'est, confine au Balti et au Petit-Tibet. Sa capitale, qui porte le même nom, est une place forte d'une construction irrégulière et bâtie sur les bords de l'Indus.

PAYS DES GHALTCHAS. — Dans la contrée montagneuse où prend sa source le *Kafer-nikhan,* affluent du Djihoun, et qui se termine au nord par les monts Kachghar ou le Kachghar-davan, habitent les *Ghaltchas,* peuple pauvre et indépendant, fortement attaché aux croyances des mahométans sunnites. Des voyageurs russes les nomment Persans orientaux, et en effet ils ne connaissent point d'autre langue que le persan. Leurs traits diffèrent cependant beaucoup de ceux des Tadjiks ; leur teint est très-basané et même plus brun que celui des Arabes boukhares. Leurs habitations sont de misérables cabanes bâties dans des vallées. Ils sont tous cultivateurs ; ils élèvent du bétail et très-peu de chevaux : aussi ne sont-ils point redoutés des nations voisines. Leurs chefs, qui prennent le titre de khan, habitent *Ignaou* et *Matcha,* qui sont plutôt de gros bourgs que des villes. *Karateghin* paraît être aussi une de leurs petites villes citées.

KAFIRISTAN. — Le *Kafiristan* ou *Kaféristan,* appelé ainsi par les mahométans, du nom de *kafira* ou *kafirs* (infidèles), qu'ils donnent aux peuples qui l'habitent, parce que ceux-ci professent en partie la religion des Hindous, comprend les hautes montagnes de l'*Hindon-khouch* et de *Belour-tagh,* et appartient à la partie supérieure du grand bassin de l'Indus. Les cimes de ces montagnes sont couvertes de neige, et leurs flancs sont garnis de sombres forêts de pins. Le Kafiristan renferme des vallées peu étendues, mais fertiles, qui produisent d'excellents raisins, et qui offrent de gras pâturages à de nombreux troupeaux de moutons et de bœufs, tandis que les collines sont couvertes de chèvres. On y récolte aussi un peu de froment et de millet. Les routes ne sont praticables que pour les gens qui voyagent à pied ou à cheval ; souvent elles sont coupées par des rivières ou des torrents que l'on passe sur des ponts de bois suspendus avec les tiges flexibles d'une espèce de liane.

Tous les villages sont bâtis sur le penchant des montagnes : en sorte que le toit d'une maison sert de rue pour conduire à la maison qui est au-dessous.

Les habitants de ce pays se vantent de n'avoir jamais été subjugués : lorsque Timour pénétra dans leurs montagnes en 1398, il s'estima fort heureux d'avoir pu en sortir, après avoir perdu une partie de son armée ; en 1829 ou 1830, l'émir de Khoundouz perdit aussi beaucoup de monde dans une expédition contre les Kafirs. Ils sont grands, robustes, remarquables par leur beauté et leurs usages, et par la manière dont ils travaillent l'or natif qu'ils tirent de leurs montagnes, et dont ils fabriquent des vases et divers ornements. Ces circonstances ont fait supposer qu'ils étaient les descendants d'une troupe de Macédoniens qui s'établirent dans ce pays après l'expédition d'Alexandre.

Ce peuple n'a point de nom générique ; chaque tribu se distingue par un nom particulier. Ce sont les nations mahométanes des contrées voisines qui les désignent sous la dénomination de Kafirs : de là le nom de Kafiristan qu'elles donnent au pays habité par ce peuple. Les principales divisions entre lesquelles la nation se partage ne nous sont connues que par les désignations que leur donnent les mahométans : ainsi l'une d'elles est appelée *Siapoch-Kafirs,* c'est-à-dire *infidèles vêtus de noir,* ou simplement *Tor-Kafirs, infidèles noirs,* parce que leur habillement est en peau de chèvre noire ; l'autre est nommée *Spin-Kafirs* ou *infidèles blancs,* parce que leurs vêtements sont en toile de coton blanche. Du reste, les uns et les autres sont remarquables par leurs traits réguliers et leur teint clair qui les distinguent de toutes les nations voisines.

Les différents dialectes kafirs ont beaucoup de rapports avec le sanskrit.

Le gouvernement de ce peuple est patriarcal ; il se divise en diverses tribus gouvernées chacune par un chef qui prend le titre de khan à l'imitation des nations voisines. La plus importante de ces tribus est celle des *Kamotchis,* qui tire son nom de *Kamotchi,* bourg de 500 maisons que l'on considère comme le lieu le plus considérable du Kafiristan. Une autre tribu est celle des *Kaoumdechis,* qui habitent le village de *Kaoumdech.* On citait dans ces derniers temps pour ses richesses le khan de cette tribu : il possédait un troupeau de 800 moutons, et huit familles d'esclaves.

Il n'est pas certain que ce peuple ait des magistrats civils ; s'il en existe, leur autorité doit être fort restreinte : tout se fait d'après les délibérations prises entre les hommes libres. La loi du talion paraît servir de base à leur manière de punir les délits et les crimes.

Les Kafirs se rasent les cheveux, en laissant une longue mèche sur le haut de la tête, et quelquefois deux boucles qui pendent sur les oreilles. Ils se rasent aussi les joues et les moustaches, bien qu'ils laissent pousser leur barbe. Ils portent la tête nue jusqu'à ce qu'ils aient tué un mahométan : alors ils se coiffent d'un bonnet ou d'un turban. Arrivés à l'âge de puberté, les deux sexes se parent de boucles d'oreilles, d'anneaux suspendus au cartilage du nez et de bracelets d'argent, d'étain ou de cuivre.

Ils ne se tiennent jamais accroupis à la manière des Orientaux ; ils se servent de chaises et de tables ; ils boivent du vin, et se nourrissent de viandes et de toutes sortes de mets.

Leurs armes sont un arc, des flèches et un poignard ; mais ils commencent à se servir, comme les Afghans, de sabres et d'armes à feu.

Leur religion ne ressemble point à celle des autres peuples de l'Asie. Ils croient en un seul dieu, qu'ils nomment *Imra* ou *Tsokoui-Dagouri ;* mais ils adorent une foule d'idoles représentant des héros des temps anciens. Du reste chaque tribu a ses divinités inférieures particulières. En pratiquant avec zèle l'hospitalité, celle des vertus à laquelle ils attachent le plus de prix, ils ont l'espoir d'entrer dans leur paradis, qu'ils nomment *Bourry-li-Boulu.* Les hommes vicieux vont dans l'enfer, appelé *Bourry-Douggour-Boula.*

Chez les Kafirs la polygamie est permise, mais les femmes ne sont point enfermées. Elles sont chargées non-seulement de tous les soins du ménage, mais même des travaux des champs. Outre leurs femmes légitimes, les riches habitants ont des filles esclaves. Tous les individus en esclavage proviennent des nations étrangères, sur lesquelles ils ont été conquis, ou à qui ils ont été volés en temps de paix.

ARABIE.

Femmes des environs de la Mecque.

SITUATION, SUPERFICIE, POPULATION. — Intermédiaire entre l'Afrique et le reste de l'Asie, la péninsule arabique borde, au sud-est, une partie de l'océan Indien, et du côté opposé elle toucherait à la Méditerranée sans l'interposition de la Syrie; au nord-est, des limites variables suivent assez souvent l'Euphrate. Le golfe qui à l'est la sépare de la Perse prend le nom de ce dernier pays; mais l'Arabie donne elle-même le sien au golfe occidental, au delà duquel nous trouvons l'Égypte et l'Abyssinie. Ses limites sont, à l'est, le golfe Persique, qui la sépare de la Perse, et le golfe d'Oman; au sud, l'océan Indien, et le golfe d'Aden, qui la sépare de la côte africaine des Somaulis; à l'ouest, la mer Rouge, qui la sépare de l'Abyssinie, de la Nubie et de l'Égypte; au nord-ouest, elle se joint à l'Égypte par l'isthme de Suez; au nord, elle touche à la Syrie, et s'étend jusqu'à l'Euphrate, qui la sépare de la Perse et de la Turquie. Sa superficie peut être évaluée à 2,850,000 kilomètres carrés, et sa population est de 12 à 14 millions d'habitants.

IMPORTANCE DE L'ARABIE DANS L'ANTIQUITÉ. — L'Arabie se trouve être en quelque sorte au centre de l'ancien continent. Tantôt elle a offert une route et un entrepôt au commerce qui lie les peuples; tantôt elle a vu naître dans son sein les révolutions qui bouleversent le monde. Mais la nuit de l'antiquité enveloppe tout ce qui regarde la parenté des Arabes avec les Assyriens et les Phéniciens, parenté indiquée par le langage; il en est de même des conquêtes des rois nommés *Tobba*, et de la puissance des *Homérites* ou princes du pays d'Himiar. Les écrits de Moïse et de Job nous retracent la touchante image de cette civilisation patriarcale dont les mœurs des Arabes portent encore l'empreinte ineffaçable. Alexandre le Grand, selon quelques-uns, voulait placer en Arabie, ou du moins sur les confins de ce pays, le siége de son vaste empire; la flotte de Néarque se préparait déjà à faire le tour de l'Arabie, lorsque la mort du conquérant interrompit ces grands desseins. Sous les Ptolémées et sous les Romains, l'Égypte recevait par la mer Rouge, et des mains des Arabes, quantité de marchandises précieuses, que l'on croyait d'abord originaires de l'Arabie Heureuse. On apprit, il est vrai, que les meilleurs aromates, l'ivoire et les vases murrhins venaient de l'Inde, de la Caramanie et de la Sérique; mais rien ne put effacer la brillante idée qu'on s'était formée de l'Arabie. Un général d'Auguste fit une tentative pour pénétrer au pays des riches Sabéens. Les déserts défendirent l'Arabie, divisée alors, comme aujourd'hui, en plusieurs petits États qui florissaient par le commerce.

Les villes des Arabes, leurs temples, leurs palais, s'embellissaient des métaux précieux que les Romains et les Perses donnaient en échange des aromates, du baume de la Mecque, de l'encens, des pierres précieuses et des vases murrhins, tandis que les Arabes n'achetaient aucune denrée étrangère. L'art de la navigation était bien peu avancé; les richesses de l'Inde, et peut-être de l'Afrique orientale, étaient apportées sur de misérables pirogues; le trajet et le retour exigeaient cinq ans; et ce ne fut que dans le premier siècle de notre ère que l'on apprit à connaître les moussons et à traverser la haute mer. Voilà, ce nous semble, à quoi se réduit l'ancienne civilisation des Arabes, objet des rêveries de quelques auteurs modernes. Il paraît toutefois que des colonies arabes se répandirent de bonne heure dans l'Afrique et dans l'Inde.

Le commerce entretenait encore en Arabie une grande opulence,

Paris. — Typographie de Henri Plon, imprimeur de l'Empereur, 8, rue Garancière.

lorsque, dans le septième siècle de l'ère chrétienne, Mahomet y fit une révolution politique et religieuse. L'Arabie, premier siége d'une secte fanatique et conquérante, devint bientôt la maîtresse de la plus belle partie de l'ancien continent. Le croissant victorieux s'élevait dans la froide Tatarie et dans la brûlante Éthiopie; il dominait depuis l'Espagne jusqu'aux îles Moluques, peut-être même jusque dans l'archipel des Carolines; son empire dépassait au midi et Mozambique et Madagascar.

La nation arabe a évité le sort ordinaire des peuples conquérants; elle jouit encore de son ancienne indépendance; mais elle n'a plus d'Avicenne, ni d'Aboul-Faradj, ni d'Édrisi; mais elle a rétrogradé vers ce bas degré de civilisation d'où l'ardent et vaste génie de Mahomet l'avait tirée en la réunissant en un seul État. Divisée aujourd'hui entre plusieurs souverains, faible, vexée par une foule de petits tyrans, elle n'offre plus aux regards de l'univers ces magnifiques cours des khalifes, où le génie et le savoir trouvaient de si généreux protecteurs, où les Européens demi-sauvages allaient chercher les règles des beaux-arts et les modèles du luxe.

GOLFE PERSIQUE ET GOLFE ARABIQUE. — Le premier objet à considérer dans la description de l'Arabie, c'est la nature des deux golfes qui la baignent. Une simple continuation du bassin de l'Euphrate forme le *golfe Persique*, tandis que le *golfe Arabique* occupe à lui seul un enfoncement dans lequel ne s'écoule aucun fleuve. Ainsi ce golfe présente aux amateurs d'hypothèses l'aspect d'un ancien détroit qui aurait uni la Méditerranée à l'océan Indien, mais qui aurait été comblé à son extrémité septentrionale. Strabon l'a justement comparé à un grand fleuve. Il a 2,200 kilomètres de longueur sur 200 à 250 de largeur. L'un et l'autre golfe, remplis de récifs, de bas-fonds et d'îlots, n'offrent à la navigation que peu d'espace libre et sûr. La mousson du nord-est, qui règne du 15 octobre au 15 avril, facilite l'entrée du golfe Arabique, laquelle est impossible avec la mousson contraire. Ces vents périodiques font considérablement augmenter ou diminuer la force des marées; de sorte qu'on peut quelquefois passer à pied sec l'extrémité du bras d'eau qui sépare Suez de l'Arabie.

Dans le golfe Persique, les vents du nord-ouest, quelquefois interrompus par des tempêtes de sud-ouest, règnent depuis octobre jusqu'en juillet. Les vents de sud-est, qui soufflent le reste du temps, sont favorables aux vaisseaux qui entrent dans le golfe; ils apportent une humidité excessive. Les marées et le niveau moyen du golfe varient beaucoup selon les vents. Sa longueur est d'environ 800 kilomètres et sa largeur de 100. Les rivages et les parois de l'un et de l'autre golfe se composent principalement de rochers calcaires coquilliers; cependant le golfe Persique offre des rochers basaltiques ou du moins formés de roches d'origine volcanique. Les fonds sont tapissés de coraux verdâtres; par un temps calme, on croirait voir s'étendre sous les eaux des forêts verdoyantes et de fraîches prairies; spectacle qui contraste agréablement avec la triste monotonie d'un rivage de sables arides. Ce corail est inférieur à celui de la Méditerranée. De beaux *fucus* avaient attiré l'admiration des anciens.

C'est de ces plantes marines que le golfe Arabique a reçu le nom de *Bahr-Souph*, c'est-à-dire mer des Algues. Celui de *mer Rouge*, que les Grecs donnaient à toutes les mers qui baignent l'Arabie, paraît venir du nom propre *Edom* ou *Idumée*, qui signifie aussi rouge.

Les grandes plaines qui bordent les deux golfes semblent avoir été couvertes d'eau à une époque peu ancienne; mais la plaine dite de *Tehama* longe seulement le golfe Arabique du côté oriental, tandis que la plaine de la Chaldée et de la Mésopotamie se trouve au nord du golfe Persique, et dans la même direction que ce golfe. Nulle part, dit un ancien, les atterrissements des rivières ne sont plus sensibles qu'aux embouchures de l'Euphrate. Le détroit d'*Ormuz* est moins étroit et moins encombré d'îles que celui qui porte justement le nom de *Bab-el-Mandeb*, c'est-à-dire *porte de deuil* ou *détroit des naufrages*. Nous indiquerons ailleurs les îles de ces mers; mais il faut remarquer ici que dans le golfe Persique il jaillit en plusieurs endroits, et particulièrement près de l'île Bahrein, des sources d'eau douce au milieu des flots salés, et que le golfe Arabique renferme dans l'île *Djebel-Tor* un volcan dont l'activité semble être réduite à une émission fréquente de fumée et quelquefois de flammes, et que c'est dans les parages de cette île que se trouvent les célèbres pêcheries de perles.

MONTAGNES ET RIVIÈRES. — La presqu'île entière forme un plateau élevé qui se rattache au Liban par la chaîne de montagnes qui forme son escarpement occidental. Cette chaîne paraît suivre la mer Rouge à une distance de 40 à 120 kilomètres. Elle s'élève davantage en se prolongeant au sud, et il paraît très-certain qu'elle se continue le long de l'océan Indien jusque dans l'Oman. Il est probable que cette chaîne renferme des sommets très-élevés. Les pèlerins, en allant de Damas à la Mecque, aperçoivent à deux journées de distance le mont *Schahâk*, qui s'élève comme une tour du milieu de la plaine. L'intérieur de l'Arabie est probablement un plateau qui paraît s'incliner vers le golfe Persique; il paraît coupé par une chaîne transversale qui, sous le nom de *Djebel-Ared* ou *Imarich*, s'étend de la Mecque au golfe Persique. De vastes déserts occupent une grande partie du plateau central; mais ces déserts sont séparés par de petites oasis montagneuses, qui semblent former une série continue depuis le sud-est de la Palestine jusque vers l'Oman.

Une partie des prétendues montagnes de l'intérieur de cette presqu'île ne sont que des collines de sable amoncelé par les vents et que les ouragans déplacent. Les bords de la mer offrent généralement un sol formé d'argile et de sable qui devient très-productif lorsqu'il est suffisamment arrosé. A côté de ces régions fertiles on trouve souvent d'immenses espaces couverts de sable stérile. Près de Médine on voit d'anciennes traces de volcans, attestées par les laves poreuses qui couvrent le sol; les auteurs arabes font mention de plusieurs volcans en activité qui existent sur le plateau central, et nous croyons qu'on peut en porter le nombre à trois au moins.

Malgré les montagnes qu'elle renferme, il n'existe pas sur le globe de contrée plus dépourvue d'eau que l'Arabie. On n'y trouve pas un cours d'eau qui mérite le titre de fleuve. Le *Meidam* et le *Chab*, qui se jettent dans l'océan Indien, ont reçu improprement cette dénomination : ils n'ont que 100 à 150 kilomètres de longueur. L'*Afton*, ou la rivière de Lahsa, qui tient un rang important sur nos cartes, parce qu'elle a dans certaines saisons jusqu'à 400 kilomètres de cours pour aller se jeter dans le golfe Persique, n'est qu'un grand torrent qui se dessèche pendant l'été. Les autres rivières sont l'*Abbacy*, le *Kebyr*, le *Séhan* et le *Zebyd*, tributaires de la mer Rouge, le *Masora* ou *Couriat*, et le *Prim*, qui coulent dans l'océan Indien. La principale cause de l'absence de grands cours d'eau dans la presqu'île doit être attribuée à ce qu'aucune chaîne de montagnes n'y conserve sous un ciel brûlant assez de neiges pour les alimenter.

Tous les cours d'eau de l'Arabie partagent plus ou moins la nature des torrents. Leur nom commun en arabe est *ouadi*, *wady*. La sécheresse du sol de l'Arabie est presque devenue un lieu commun; mais un géographe turc nous apprend que le Nedjed, le plateau intérieur de l'Arabie, renferme quelques lacs. Strabon, témoin oculaire, parle aussi des lacs formés par des rivières.

CLIMAT. — L'Arabie partage le climat de l'Afrique septentrionale. Les montagnes de l'Yémen éprouvent des pluies régulières depuis le milieu de juin jusqu'à la fin de septembre, mais même alors le ciel se couvre rarement vingt-quatre heures de suite; pendant le reste de l'année, à peine aperçoit-on un nuage. A Mascate, et dans les montagnes d'Oman, la saison pluvieuse commence au milieu de novembre, et continue jusqu'à la mi-février. Dans les plaines, il se passe quelquefois une année entière et quelquefois davantage sans qu'il pleuve. En juillet et en août, le thermomètre monte, à Moka, à 35 degrés centigrades, tandis qu'à Sana, dans les montagnes, il ne s'élève que jusqu'à 45 degrés. Il gèle quelquefois à Sana, quoique rarement. Édrisi nomme des montagnes où il gèle même en été.

Sur le bord de la mer la rosée est abondante en toutes saisons. Les pluies sont périodiques sur la côte occidentale; sur la côte méridionale elles commencent en février et finissent en avril; sur la côte orientale elles durent depuis la mi-novembre jusqu'à la mi-février; dans les plaines du nord elles ont lieu régulièrement en décembre et en janvier. Pendant la saison des chaleurs, celles-ci seraient insupportables si elles n'étaient tempérées par la brise venant de la mer. En général le climat de l'Arabie est sain; et si cette contrée renferme peu de vieillards, il faut l'attribuer à la vie misérable des habitants, et à la mauvaise qualité de l'eau, causes qui produisent aussi la lèpre et plusieurs autres maladies endémiques. L'inoculation est généralement répandue chez les Arabes.

VENTS, LE SAMOUM. — C'est dans le désert entre Bassora, Bagdad, Hâleb (Alep) et la Mecque, que l'on redoute le plus le vent mortel qu'on nomme *sam, samoum, samiel* ou *sameli*, suivant les différentes prononciations des Arabes. Il n'est à craindre que dans le temps des plus grandes chaleurs de l'été. Comme les Arabes du désert respirent ordinairement un air pur, quelques-uns d'entre eux ont, dit-on, l'odorat assez fin pour reconnaître le *samoum* à une odeur de soufre. On assure qu'un autre indice de ce vent est que l'air, du point d'où il vient, paraît rougeâtre. Quand les Arabes en sentent l'approche, ils se couchent à terre. Ils disent que la nature enseigne aux animaux à tenir la tête baissée dans cette circonstance. Des hommes téméraires, qui ont osé braver ce souffle brûlant, ont été subitement suffoqués; le gonflement de leurs cadavres a fait croire aux Arabes que ce vent funeste portait avec lui un poison subtil.

Dans l'hiver, surtout dans la région occidentale, le vent du sud-ouest est insupportable : il fait gercer la peau; il s'oppose à la transpiration, et pour s'en garantir il faut faire usage de vêtements de laine; tandis que sur les côtes du golfe Persique le vent du sud-est est si humide qu'avec une chaleur très-modérée il provoque une abondante transpiration. Le vent du nord-ouest, bien que sec et brûlant, est moins dangereux : cependant, lorsqu'il souffle à l'improviste et violemment, ses effets ressemblent à ceux du samoum : il est capable d'étouffer les hommes et les animaux. Enfin, sur la côte de l'Yémen, le vent du sud-est qui règne pendant huit mois est si violent, qu'il rend impossible la communication des vaisseaux avec les ports.

PRODUCTIONS NATURELLES. — Les arides déserts de l'Arabie ont longtemps repoussé l'audace des naturalistes ; on y a cependant reconnu dans ces dernières années de nombreuses oasis montagneuses ombragées de palmiers et de dattiers qui pourraient mériter d'être visitées. Les plaines sablonneuses produisent les mêmes plantes que celles de l'Afrique septentrionale. La plupart appartiennent aux espèces salines et grasses, telles que le mésembryanthème, l'aloès, l'euphorbe, la stapélie et la soude. Elles servent à étancher la soif du chameau et à récréer la vue du voyageur dans les marches pénibles des caravanes.

Les côtes de la mer présentent un aspect plus riche et plus varié. De nombreux ruisseaux qui descendent des montagnes entretiennent le long de leurs bords une verdure agréable. Les plantes nées dans les sables qui couvrent le voisinage de la mer participent de la nature de celles des déserts. Mais les bords des rivières, les vallées, les plaines, jouissent d'une fertilité qui contraste avec l'aridité des montagnes. Beaucoup de plantes de l'Inde et de la Perse, que leur beauté ou leur utilité a rendues célèbres, y ont de tout temps été indigènes. Tels sont le tamarinier, le cotonnier, le bananier ou figuier de l'Inde, la canne à sucre, une espèce de muscadier, le bétel, toutes sortes de melons et de courges. L'Arabie Heureuse s'enorgueillit surtout de deux arbres précieux : l'un est le caféier, l'autre le baumier. Ce dernier produit le baume de la Mecque, la plus odorante et la plus chère de toutes les gommes-résines. Les plantations de café s'élèvent en terrasses sur le penchant occidental des grandes montagnes qui traversent l'Yémen. On trouve beaucoup de café dans les provinces d'*Hachid-el-Bekil*, de *Kataba* et de *Jafa* ; mais il paraît que le climat des cantons d'*Oudden*, de *Kousma* et de *Djebi* lui est plus favorable ; on en tire le meilleur et en abondance. Si nous en croyons les Arabes, le café est originaire d'Abyssinie.

Les Arabes distinguent plusieurs variétés de café : le *chardji* et le *habbat*, dont le grain est le plus petit, sont celles que l'on préfère ; les autres sont l'*addeïni*, le *matari*, le *harvazi*, le *haïmi* et le *chirazi*. Le caféier demande un terrain humide : il prospère dans le voisinage d'une source ; on le plante ordinairement sur la pente d'une vallée ou de tout autre lieu abrité, dans la terre que les pluies ont enlevée des hauteurs voisines. Quand cette terre est jetée sur un des côtés de la vallée, on la soutient soigneusement avec des murs en pierres qui présentent l'aspect de terrasses. La graine se récolte deux fois par an. Ce qui peut paraître étrange, c'est que dans les parties de l'Arabie où l'on cultive le café, on n'en prend jamais parce qu'on le regarde comme trop échauffant ; on lui substitue l'infusion de *kechr*, qui est la pulpe desséchée du fruit entourant la graine. Cette infusion est d'ailleurs très-savoureuse.

Anciennement l'Arabie n'était pas moins célèbre par l'encens que par l'or ; mais tout l'encens que les pays septentrionaux tiraient de l'Arabie Heureuse n'était pas de cette province. Actuellement on ne cultive que sur la côte sud-est d'Arabie, dans les environs de *Reschein*, *Dafar*, *Merbat*, *Hasek*, et surtout dans la province de *Chahr*, l'espèce seule d'encens nommée *libân* ou *olibân* par les Arabes, et cette espèce est très-mauvaise. Le sol des montagnes où croît l'encens est argileux et nitreux. Les Arabes tirent beaucoup de sortes d'encens de l'Abyssinie, de Siam, de Sumatra, de Java. On en exporte de grandes quantités en Turquie ; et la moindre des trois espèces de benjoin que vendent les marchands est réputée meilleure que l'olibân d'Arabie.

Quelques bocages couvrent les montagnes de l'Arabie ; mais il ne paraît pas qu'on y trouve de forêts proprement dites. Dans la classe des palmiers, l'Arabie possède le dattier, le cocotier et le grand palmier à éventail. On distingue parmi ses autres arbres naturels ou cultivés, le figuier, l'oranger, le sycomore, le plantain ou bananier, l'amandier, l'abricotier, l'arbre à chapelet ; l'acacia du Nil, la sensitive et d'autres mimoses. On tire parti du cognassier et de la vigne. Parmi les arbustes et les plantes, il faut remarquer le ricin, le séné, tous deux d'usage en médecine, l'amarante globuleuse, le lis blanc et le grand *pancratium*, tous distingués par leur odeur et leur parfum ; l'aloès, moins bon que celui de Socotora, le styrax et le sésame, qui remplace l'olivier. Le buisson appelé *tarfa*, qui produit la manne, ne se trouve en abondance, selon M. Rüppell, que dans quelques vallées, particulièrement dans l'Ouadi-Firan. La plupart des vallées produisent de gros acacias.

Le froment, le blé de Turquie, le *doura*, couvrent les campagnes de l'Yémen et de quelques autres contrées fertiles. Les chevaux y sont nourris avec de l'orge, et les ânes avec des fèves. On y cultive aussi l'indigo, l'*ouars*, plante qui teint en jaune, et que l'on exporte en grande quantité de Moka dans l'Oman, et le *foua*, em-

ployé pour teindre en rouge. La charrue est simple ; on se sert de pioches au lieu de bêches. Les soins principaux de l'agriculture y consistent à amener dans les terres ensemencées l'eau des ruisseaux, des puits ou des mares. A la moisson on arrache les épis avec leurs racines, le fourrage se coupe avec la faucille.

ANIMAUX. — Le chameau à une bosse a justement été appelé un navire vivant sans lequel l'Arabe ne saurait traverser les mers de sable dont sa patrie est couverte. Pline et Aristote ont très-exactement décrit les deux seules espèces distinctes de ce genre que l'on ait encore découvertes jusqu'à ce jour : l'une, qui est la plus répandue dans l'Arabie, l'Égypte et toute la moitié septentrionale de l'Afrique, n'a qu'une bosse sur le dos ; ils l'ont nommée *chameau d'Arabie* ; l'autre, qui se trouve en Perse, dans la Russie méridionale, et dans la Boukharie ou l'ancienne Bactriane, a été appelée *chameau de la Bactriane*. Mais parmi les variétés de l'espèce d'Arabie on a distingué celle qui était la plus propre à porter des fardeaux, d'avec celle qui était propre à la course. Diodore, Strabon et Isidore ont nommé les variétés qu'on employait à ce dernier usage *camelos dromas*, ou chameau coureur ; de ce dernier substantif, qui ne servait que d'épithète, les Européens ont fait le nom de *dromadaire*, dénomination qu'ils ont mal à propos étendue à toute l'espèce du chameau d'Arabie, ou à celui qui n'a qu'une bosse. Les noms arabes de *hadgin* et de *raguahil* paraissent s'appliquer à deux races distinctes de chameaux arabes destinés, les premiers au portage, les seconds à la course ; celui de *becht* ou *bacht* dénote le chameau bactrien. Il est démontré que le chameau arabe peut produire des métis avec le chameau bactrien, mais il n'est pas certain que cette race mixte soit féconde.

Le chameau du désert de Syrie ou de la partie septentrionale de l'Arabie est plus petit que celui de l'Anatolie et du Kourdistan. Cette race supporte mieux la chaleur et la soif, mais elle est très-sensible au froid. Les Arabes ne se servent pas du chameau à deux bosses : aussi en trouve-t-on très-peu dans l'Arabie. Selon son âge le chameau reçoit des Arabes un nom différent : à un an on le nomme *honar* ; à 2 ans *méfroud* ou *miklhal* ; à 3 ans *hhudj* ; une chamelle de 4 ans *reba'a* ; un mâle du même âge *djéd'a*. Cet animal vit jusqu'à 40 ans. En Arabie on n'estime pas la couleur brune chez les chameaux ; on préfère le rougeâtre ou le gris-clair. Tous ceux des Bédouins sont marqués sur l'épaule gauche avec un fer rouge, afin de pouvoir être reconnus. Chaque tribu a sa marque particulière. Les chameaux du désert sont sujets à plusieurs maladies.

Les bœufs d'Arabie ont en général une ou deux bosses sur le dos comme ceux de Syrie : ils appartiennent à l'espèce appelée *zébu*. Dans le Nedjed occidental le beurre remplace l'huile. Les moutons ont une queue très-épaisse ; il paraît que leur laine est grossière, et leur chair peu délicate.

On trouve la chèvre des rochers dans les montagnes de l'Arabie Pétrée. Les autres animaux sont le chacal, l'hyène, des singes, le gerboah ou gerbo, espèce du genre *gerboise*, des antilopes, des bœufs sauvages, des loups, des renards, des sangliers, enfin la grande et la petite panthère.

On rend presque une sorte de culte à un oiseau de l'espèce de la grive, qui chaque année vient de la Perse orientale, et qui détruit les sauterelles, fléau de toutes les cultures. Une espèce de sauterelle est regardée comme un mets délicat. La perdrix peuple les plaines, la poule-pintade les bois, et le faisan les montagnes. L'autruche fréquente les déserts, elle y abandonne ses œufs dans des trous creusés dans le sable brûlant. Cet oiseau s'apparie au milieu de l'hiver ; la femelle place son nid au pied d'une colline isolée, et pond 12 à 21 œufs, qu'elle dépose en cercle les uns à côté des autres, à moitié enterrés dans le sable, afin de les préserver de la pluie ; elle a même soin de creuser tout autour une tranchée par laquelle l'eau s'écoule. A 3 ou 4 mètres de ce cercle elle place 2 ou 3 œufs qu'elle ne couve pas, et qu'elle réserve pour la nourriture de ses petits lorsqu'ils viendront à éclore. Le mâle et la femelle couvent alternativement, de manière que l'un des deux fait le guet sur le sommet de la colline.

Le poisson abonde sur toutes les côtes ; celle du sud-est nourrit la pinne-marine avec son *byssus* éclatant, et d'immenses quantités de tortues de mer, ressource des tribus entières. Les tortues de terre sont en grande abondance en Arabie : c'est la nourriture des chrétiens les jours d'abstinence. On y a remarqué un petit serpent tacheté de blanc et très-venimeux ; on le nomme *baëtan* ; sa morsure passe pour causer une mort soudaine. Le grand lézard *guaril* égale, dit-on, en force le crocodile.

N'oublions pas le cheval, la gloire de l'Arabie ; il y en a de deux classes : les *kadishi* ou espèce commune, et les *kochlani* ou chevaux nobles, qu'on prétend issus des haras de Salomon, et dont on conserve la généalogie depuis deux mille ans. On a le plus grand soin d'en tenir la race pure. Ils supportent les plus grandes fatigues, passent des jours entiers sans manger, et se jettent sur l'ennemi avec impétuosité. Les meilleurs sont élevés par les Bédouins dans les déserts du Nord.

Ceux-ci, selon Burkhardt, distinguent jusqu'à cinq races de

chevaux nobles, qui descendent, disent-ils, des cinq juments de prédilection du prophète, et ces cinq races se subdivisent en une infinité de ramifications, en sorte que les noms des différentes races du désert sont innombrables. Les Arabes tiennent leurs chevaux en plein air toute l'année ; jamais ils ne les étrillent ni ne les frottent : ils ont seulement soin de les faire marcher doucement toutes les fois qu'ils reviennent d'une course. Ils ne les marquent jamais ; les empreintes que portent leurs chevaux sont celles d'un fer rouge appliqué sur la peau de ces animaux, pour les guérir de certaines maladies.

L'Arabie possède aussi une excellente race d'ânes qui se vendent à grand prix, et dont les qualités approchent de celles des mules. Dans l'Yémen, les soldats font avec ces ânes leurs patrouilles et tout le service qui n'est pas de parade. Ils servent aussi aux pèlerins musulmans pour la longue et pénible route de la Mecque. Niebuhr évalue le chemin que font en voyage les ânes arabes, dans une demi-heure, à 1,750 pas doubles de ceux de l'homme ; les grands chameaux arabes n'en font que 775, et les petits tout au plus 500. Le trot du chameau est très-incommode.

MINÉRAUX DE L'ARABIE. — Selon Niebuhr, ce pays n'a ni mines d'or, ni mines d'argent ; seulement on trouve une petite quantité de ce dernier métal mêlé au plomb que l'on tire de la province d'Oman. Le district de Saade, dans la partie septentrionale de l'Yémen, a des mines de fer, mais il y est cassant. L'Yémen fournit des onyx ; l'agate, appelée pierre de Moka, vient de Surate, et l'on tire les plus belles cornalines du golfe de Cambaye. Le même voyageur ne croit pas que l'Arabie produise aucunes pierres précieuses, celles qu'on y trouvait y avaient été importées de l'Inde. Mais les témoignages positifs et unanimes des anciens ne permettent pas de douter de l'ancienne richesse des mines de l'Arabie ; et comment un pays aussi vaste n'en offrirait-il pas ? C'est dans les montagnes de l'Yémen qu'on exploitait les mines d'or, les unes cachées dans les entrailles des rochers, les autres déposées par rognons dans les terres meubles. On exploite encore du sel gemme près de Lohéia et en beaucoup d'autres endroits. La ville de *Gerra*, sur le golfe Persique, était construite en sel gemme. Les anciens désignent probablement le succin sous le nom de *pierre aromatique* ; l'émeraude boiteuse de Juba pourrait être la diallage. On place encore parmi les pierres fines d'Arabie le béryl et la topaze. Niebuhr a observé dans l'Yémen des colonnes de basalte à cinq pans, de l'albâtre bleu, de la sélénite, et différentes sortes de carbonates calcaires.

DIVISIONS DE L'ARABIE. — Les anciens la divisent en trois parties inégales : l'*Arabie Pétrée*, petite province située entre l'Égypte et la Palestine, au nord de la mer Rouge ; l'*Arabie Déserte* s'étendait vers l'Euphrate et vers le centre ; tout le reste formait l'*Arabie Heureuse*. Les divisions de ce pays sont aujourd'hui absolument différentes de celles des anciens. Le centre de l'Arabie est occupé par une vaste province, ou plutôt par une série de déserts appelés *Nedjed*, *Nedjid* ou *Nedjd*. L'*Hedjaz* est sur la mer Rouge, c'est là que se trouvent la Mecque et Médine ; l'*Yémen* est au sud, vers le détroit de Bab-el-Mandeb ; l'*Hadramaout* s'étend sur les rivages de l'océan Indien ; l'*Oman* se trouve au sud de l'entrée du golfe Persique, et le *Lahsa* ou *Hadjar*, que d'Anville appelle *Hejer*, et que l'on nomme aussi *Hesse*, occupe le bord septentrional du même golfe.

PRESQU'ILE DU MONT SINAÏ. — La presqu'ile formée par les golfes d'Ailah ou d'Akabah et de Suez, ou le désert du mont *Sinaï*, attire les voyageurs par son ancienne célébrité. On y trouve quelques villes.

Ailah, l'antique *Ælana*, qui donnait son nom au golfe, est le port d'où Salomon faisait partir ses flottes pour Ophir ; c'est aujourd'hui le rendez-vous des pèlerins qui se rendent à Médine et à la Mecque ; les Turcs y ont construit une petite citadelle. *Karac* est un fort situé au sommet d'une colline, et auquel on monte par un escalier taillé dans le roc. *Tor* ou *Tour* n'est plus qu'un village depuis que son port est fermé par un banc de corail ; cependant les navires s'y arrêtent pendant les gros temps et pour y prendre de l'eau, qui passe pour la meilleure de la côte. C'est la station obligée entre Suez et Djeddah.

Le mont *Sinaï*, masse imposante de roches granitiques, au pied duquel est le couvent grec de Sainte-Catherine, s'élève au-dessus d'une chaîne de montagnes que les Arabes appellent *Djebel-Mousa*, et dont on ne peut faire le tour qu'au moyen de plusieurs journées de marche. Cette chaîne est en partie composée de grès. On y trouve plusieurs vallées fertiles, dans lesquelles sont des jardins plantés de vignes, de poiriers, de dattiers et d'autres excellents fruits, que l'on transporte au Caire, et qu'on y vend très-cher. Mais en général la péninsule entre les deux golfes d'Ailah et de Suez présente aux voyageurs le spectacle d'une effrayante stérilité. La rose de Jéricho, la coloquinte, l'apocyn, aiment ce sol aride. Divers arbres buissonneux y viennent aussi ; tels sont l'*acacia gummifera* ou l'épine d'Égypte, qui fournit la gomme arabique, sub-

stance qui au besoin peut servir de nourriture ; le tamarinier, qui, dans les mois de juin et de juillet, laisse transpirer un suc doux et aromatique nommé encore *el-mann*, et qui est la manne de Moïse ; enfin le *ban* ou *balanus myrepsica*, dont les fruits donnent une huile recherchée. Le câprier, le laurier-rose, le cotonnier, et divers autres arbustes, forment çà et là une touffe de verdure au milieu des rochers noirâtres de granit, de jaspe, de syénite, et des plaines couvertes de sables, de pierres à fusil et de cailloux roulés. Les Arabes peu nombreux qui errent dans ce désert paraissent vivre d'abstinence. Il y a pourtant beaucoup de gazelles et d'autres sortes de gibier. Les côtes de cette presqu'ile sont bordées de récifs de corail, et couvertes de pétrifications sans nombre.

Le Sinaï offre, vers la moitié de sa hauteur, deux cimes séparées par une petite plaine : la plus haute est celle de *Sainte-Catherine*, qui passe pour être élevée de 2,480 mètres au-dessus de la mer Rouge. Le couvent qui lui donne son nom, et qui est situé sur sa pente, est à 1,700 mètres de hauteur. Il date du siècle de Justinien ; c'est le siège d'un archevêché dont le titulaire fait sa résidence au Caire. Il est entouré de fortes murailles ; les personnes qui le visitent y sont introduites au moyen d'un grand panier attaché à une corde : la porte ne s'ouvre que pour recevoir un nouvel archevêque. Les moines y partagent leur temps entre la prière et l'horticulture. On monte de ce couvent au sommet de la montagne par des degrés taillés dans le roc.

La tradition a consacré les monts Sinaï et Horeb aux yeux des chrétiens, des juifs et des musulmans ; ces derniers, à leur retour de Médine, honorent, par le sacrifice de quelques agneaux, le lieu où Dieu daigna se montrer à Moïse dans tout l'appareil de sa puissance. Le *Djebel-el-Mokateb* est un grand rocher situé sur la route du Sinaï à Suez, et couvert d'inscriptions hiéroglyphiques qui ont été le sujet de beaucoup de discussions entre les savants. En s'y rendant, Niebuhr vit des catacombes remplies de magnifiques pierres sépulcrales, avec de très-beaux hiéroglyphes, monuments qui prouvent l'ancienne existence de villes populeuses et florissantes.

M. Rüppell a signalé dans le nord de l'Arabie, ou l'*Arabie Pétrée*, cinq races d'hommes : les *Arabes*, les *Djebellies*, les *Hatteries*, les *Chrétiens* et les *Tehmis*. Les premiers sont originaires de l'Hedjaz et du Nedjed, et vivent de leurs troupeaux : leur tribu la plus nombreuse est celle des *Misènes*, qui parcourent les pâturages situés entre *Akabah*, *Cheroum* et le mont de Sainte-Marguerite ; elle compte 450 hommes en état de porter les armes ; une autre, celle des *Soëlhe*, habite Ouadi-Firan, et s'étend jusqu'au village de Tor. Les Djebellies descendent, suivant l'opinion des moines de Sainte-Catherine, des esclaves que l'empereur Justinien fit venir du Pont-Euxin et de la haute Égypte, et dont il fit présent à ce couvent. Établis d'abord comme serfs aux environs du mont Sinaï, ils ont fini par être émancipés en embrassant l'islamisme. Mais ils ont continué à travailler pour les moines, qui leur payent un salaire. Les Arabes ne les estiment pas plus que les Hatteries, qui descendent des soldats mogrebins que le sultan Sélim mit en garnison au château de Tor. Les chrétiens se réduisent aux moines du couvent de Sainte-Catherine et à neuf familles domiciliées à Tor. Ils vendent des vivres aux pèlerins qui se rendent à Djeddah ; chaque père de famille a parmi les Arabes un patron qui lui garantit sa propriété, moyennant l'obligation de lui donner chaque année une pièce de toile et d'accorder l'hospitalité à l'Arabe. Les Tehmis paraissent être venus de l'Yémen, à en juger par leur physionomie. Les Arabes, comme les anciens Israélites, exagèrent par vanité la force de leur tribu ; mais M. Rüppell n'estime qu'à 6 ou 7,000 âmes la population de toute la péninsule du mont Sinaï, et même il croit cette estimation au-dessus de la vérité, à en juger par la stérilité du sol. Cette population ne vit que de lait caillé, de dattes sèches et de pain non levé.

ARABIE PÉTRÉE. — Dans la partie septentrionale de l'Arabie Pétrée, les ruines imposantes d'une cité antique, de cette magnifique *Petra* qui fut la capitale de la troisième Palestine, de ce pays habité par les Édomites, les Amalécites et les Moabites, réunis depuis sous le nom de Nabathéens, méritent de fixer l'attention.

Petra est situé dans un bassin entouré de tous côtés par des rochers et des montagnes qui se perdent dans le désert. Ces rochers sont percés de milliers de tombeaux, tous plus ou moins riches de sculpture, et dont quelques-uns sont d'une grandiose qui étonne. Au fond de la vallée (Ouadi-Mousa), s'élève une colonne isolée, reste d'une ancienne basilique ; puis se présente, à la suite d'une longue avenue de tombeaux, un temple, le seul qui soit resté debout à Petra ; on remarque encore deux arcs de triomphe, dont un traverse le défilé qui conduit à la ville ; plus loin, un théâtre, puis un tombeau gigantesque appelé *El-Deir*, sculpté en relief sur le front de la montagne, et présentant, comme dans le style de la renaissance, un fronton triangulaire coupé au milieu par une sorte de tour ornée de colonnes comme les autres parties du monument ; enfin un autre appelé *Khazné Pharaon* par les Arabes, c'est-à-dire *Trésor de Pharaon*. Sa façade, taillée dans le roc, est une des plus élégantes que l'on puisse imaginer. La conservation en est admirable : ses colonnes, ses frontons, ses chapiteaux corinthiens et ses bas-reliefs ont conservé tout leur fini primitif. L'urne qui le couronne renferme, suivant les Arabes, toutes les richesses de Pharaon. L'architecture de toutes ces constructions n'est ni d'origine grecque ni d'origine latine; elle rappelle plutôt, comme à Baalbek et à Palmyre, le style hindou.

La côte orientale du golfe Arabique est formée de roches granitiques. On y remarque les villages de *Mohilah* et de *Magnah*. Entre ces deux villages les Bédouins font paître leurs troupeaux dans de petites vallées creusées au milieu du granit. Aux environs, les *Houadats* se font redouter par leur brigandage. Le village de Magnah est habité par des Arabes qui se font des maisons en blocs de granit recouverts de nattes. On dit que dans les montagnes il existe une tribu presque sauvage qui se couvre de peaux d'animaux et vit de viande et de lait : elle parle une langue particulière et l'on vante la beauté de ses femmes.

Sur la frontière de l'Arabie, au sud-est de la mer Morte, les habitants de *Maan* ou *Maanan* ne vivent que du profit qu'ils retirent en logeant les pèlerins de la Mecque. La ville est divisée en deux quartiers, situés chacun sur une colline, et qui sont presque constamment en guerre l'un contre l'autre.

DESCRIPTION DE L'HEDJAZ. MÉDINE ET LA MECQUE. — Dans des oasis fertiles, au milieu de l'*Hedjaz*, contrée un peu moins déserte que les environs du mont Sinaï, nous trouverons *Tebouk* ou *Tabihat*, puis *Hudjar*, dont les habitants se sont creusé des habitations dans le roc, et plusieurs autres villes peu importantes.

Nous laisserons à droite la côte, où se trouvent peut-être les restes de *Madian* ou *Midian*, appelée aussi *Madajin*, de *Haoura*, et de quelques autres lieux; mais nous visiterons à gauche *Médine*. Cette ville, qui porte en arabe le nom de *Medinet-el-Nabi*, c'est-à-dire *ville du Prophète*, passe pour être l'antique *Iatrippa*, dans laquelle se réfugia Mahomet pour échapper aux poursuites de ses ennemis. C'est de cette époque, appelée la fuite ou l'*hégire*, que les Arabes comptent le commencement de l'ère mahométane. Médine est située dans une vallée arrosée par le ruisseau appelé les Sources bleues (*Aïoun-Zarkèh*). Elle est précédée d'un faubourg; une muraille et un fort la défendent, et la font considérer comme la principale place de l'Hedjaz. On y entre par trois belles portes. Sa population est de 7 à 8,000 habitants, qui rançonnent les pèlerins et ne vivent que de la dépense que font ceux-ci. C'est une des villes les mieux bâties de l'Orient : ses maisons sont en pierre, et quelques-unes de ses principales rues sont pavées. Les deux principales rues sont : celle qui mène de la porte du Caire à la grande mosquée, et celle qui va de la mosquée à la porte de Syrie. Ce sont les seules qui renferment des boutiques. Sous ce rapport, Médine ne ressemble pas à la Mecque, qui est pour ainsi dire un marché continuel : la grande mosquée est le seul édifice public. Les faubourgs occupent une plus grande étendue que la ville même; ils en sont séparés par un espace vide, étroit au sud, qui s'élargit à l'ouest devant la porte du Caire, où il forme une vaste place publique appelée *Monakh*, nom qui indique que les caravanes y font halte. L'une des deux mosquées du Monakh, nommée *Mesdjed-Ali*, remonte, dit-on, au temps du cousin du prophète. Médine et ses faubourgs sont approvisionnés d'eau par un beau canal souterrain, qui commence au village de Koba, à 3 kilomètres au sud. En outre les faubourgs sont arrosés par un torrent considérable que l'on traverse sur un beau pont en pierre dans le quartier de l'Ambariéh.

Médine possède deux ou trois mosquées et trente *médressèhs* ou écoles. C'est dans cette ville que mourut Mahomet, et la mosquée fondée par celui-ci est vénérée presque à l'égal de celle de la Mecque, parce qu'elle renferme son tombeau. Les pèlerins ne sont pas obligés de visiter ce tombeau, qui est de la plus grande simplicité. Le temple de Médine, appelé *El-Haram*, comme celui de la Mecque, est un des plus anciens que possède l'islamisme. On le nomme plus généralement *Mesdjed-el-Nabi*; il est plus petit que celui de la Mecque, mais du reste il est bâti sur un plan semblable. C'est une grande cour carrée entourée de tous côtés par des galeries couvertes et ayant au centre un petit édifice. Les colonnes qui forment ces galeries offrent la plus grande irrégularité : elles n'ont même pas toutes les mêmes dimensions; il n'y en a pas deux semblables. Elles n'ont pas de socle, et leurs fûts posent immédiatement à terre. Ces colonnes sont en pierres et revêtues de peintures grossières représentant des fleurs et des arabesques. C'est près de l'angle du sud-est de la mosquée que se trouve le tombeau de Mahomet. Ce n'est point en Orient qu'a pris naissance le conte répandu autrefois en Europe, que le cercueil du législateur arabe est suspendu en l'air. Il est renfermé dans un édifice carré construit en pierres noires et soutenu par deux colonnes : ceux de ses deux disciples et successeurs l'accompagnent, mais celui de Mahomet, le plus grand des trois, est placé le premier, celui d'Abou-Bekr le deuxième, et celui d'Omar le troisième. Ils sont couverts d'étoffes précieuses, et en forme de catafalque, comme celui d'Abraham dans la grande mosquée de la Mecque. Les historiens arabes prétendent que le cer-

cueil qui renferme les cendres de Mahomet est revêtu d'argent. Autour de son tombeau règne une grille en fer du plus beau travail, imitant le filigrane, et entrelacée d'inscriptions en cuivre, que les Arabes prétendent être de l'or; l'enceinte formée par cette grille présente un espace irrégulier d'environ vingt pas carrés; on y entre par quatre portes, dont trois sont toujours fermées. Le Hedjira, lieu qui comprend et les tombeaux et le trésor de la mosquée, trésor qui était considérable avant le pillage qu'en firent les Wahabites, est surmonté d'une belle coupole qui s'élève au-dessus de toutes celles de la galerie, et que l'on aperçoit d'une grande distance; cette coupole est couverte en plomb, et surmontée d'un globe et d'un croissant dorés d'une grande dimension.

Les pèlerins qui visitent Médine viennent presque tous de la Syrie; les autres mahométans se contentent d'y envoyer de riches présents, en sollicitant des prières. Telles sont les particularités que l'on possède sur cette ville, qui chez les sectateurs de Mahomet porte quatre-vingt-quinze noms différents, dont l'un des moins mérités est celui de *Cité resplendissante* (*Medineh-mouneveré*).

Parmi les lieux que les pèlerins visitent aux environs de Médine, nous citerons, d'après Burckhardt, le *mont Ohod*, où se trouve le tombeau de Hamzé, oncle de Mahomet; le village de *Koba*, entouré de vergers et de jardins qui approvisionnent Médine de citrons, d'oranges, de grenades, de bananes, de pêches, d'abricots, de raisins et de figues; une jolie mosquée, entourée d'une quarantaine de maisons, s'élève au milieu des arbres fruitiers.

Les Médinaouis ou habitants de Médine sont pour la plupart des étrangers établis dans cette ville : il ne se passe pas d'année que plusieurs pèlerins ne s'y établissent. Ils portent tous le costume des Turcs. Les faubourgs sont peuplés de Bédouins. Médine est peut-être la seule ville de l'Orient d'où les chiens soient exclus : tous les ans les gens de la police chassent ceux qui auraient pu s'y introduire.

Médine, qui dépend de l'Arabie ottomane, est gouvernée par un commandant militaire ayant le titre d'aga; l'autorité ecclésiastique et administrative est confiée à l'*aga el-haram*, qui a à son service environ quatre-vingts soldats; le plus important personnage qui vient ensuite est le kadi; enfin le sadat ou chef des chérifs y jouit d'une grande considération.

Yambo-el-Bahr est le port de Médine. Les grandes frégates peuvent y mouiller, bien que l'entrée en soit difficile à cause des récifs de corail qui l'obstruent. La ville, qui renferme 5 à 6,000 âmes, est bâtie sur la côte septentrionale d'une baie profonde; elle a deux murailles, dont l'une entoure le quartier central, et l'autre l'extérieur. La plupart des maisons n'ont qu'un rez-de-chaussée; les seuls édifices publics sont trois ou quatre mosquées, la maison du gouverneur et quelques khans à demi ruinés. Yambo répond parfaitement, pour la position astronomique, au *Iambiaricus* de Ptolémée. Les riches Yambouis ont des maisons de plaisance dans une fertile vallée appelée *Yambo-el-Nakel*, *Kara-Yambo* ou *Yambo-el-Berr*, située à 25 ou 30 kilomètres au milieu des montagnes. Elle est longue de 50 kilomètres et renferme une douzaine de hameaux.

La route de Médine à la Mecque traverse la vallée d'*El-Ssafra*, près du village de ce nom, où s'arrêtent les caravanes. Ce village est peuplé de Bédouins de la tribu des Beni Salem; la vallée est étroite et arrosée par un ruisseau qui la fertilise. Elle est célèbre dans tout l'Hedjaz par ses dattiers et par l'abondance des fruits qu'ils produisent. C'est dans les montagnes voisines, et principalement dans celles appelées *Djebel Sobh*, que croît l'arbre qui fournit le baume de la Mecque; les Arabes le nomment *beschem*; il s'élève à la hauteur de 4 à 5 mètres, et donne deux sortes de résine : l'une blanche et l'autre un peu jaunâtre. Il y a deux manières de reconnaître si cette substance est pure : la première est d'y tremper le doigt et de le mettre au feu; si le baume brûle sans faire de mal ou sans laisser une marque sur le doigt, il est bon; la seconde consiste à en laisser tomber une goutte dans un vase plein d'eau; s'il se coagule et se précipite au fond, il est pur.

On regarde comme sacré tout le terrain de la ville de la *Mecque*. Cette ancienne capitale de l'Arabie porte chez les mahométans un nombre si considérable de noms, qu'on a pu en faire un petit recueil en un volume; elle était connue des Grecs sous le nom de *Macoraba*. La terminaison de ce nom exprime sa grandeur, qui néanmoins, dans ses temps les plus florissants, n'a point égalé le quart de Paris. Le sol n'est qu'un rocher stérile; l'eau même du puits sacré de Zemzem est amère et saumâtre. Les pâturages sont éloignés de la ville; les fruits y sont apportés des jardins de Tayef, situé dans un canton montagneux, où il gèle quelquefois même en été. Le courage des *Koréischites*, qui régnèrent à la Mecque, les rendit célèbres parmi les Arabes; mais leur sol se refusait aux travaux de l'agriculture. Leur position, en revanche, était favorable aux entreprises commerciales par le port de *Gedda* ou *Djeddah*, qui n'était distant que de 65 kilomètres. Ils pouvaient entretenir une correspondance aisée avec l'Abyssinie. Les trésors de l'Afrique étaient transportés à travers la péninsule jusqu'à El-Katif, dans la province de Hadjar. Embarqués sur des radeaux avec les perles du golfe Persique, ils arrivaient à l'embouchure de l'Euphrate. La Mecque est placée à une distance à peu près égale d'environ trente jours de marche de l'Yémen, à droite, et de la Syrie, à gauche. Les caravanes d'Arabie faisaient leur station d'hiver dans le premier de ces pays, et celle d'été dans l'autre. Le plaisir de les voir arriver consolait les navigateurs de l'Inde de l'ennuyeuse et pénible route de la mer Rouge. Les chameaux des Koréischites se chargeaient d'une précieuse cargaison de parfums dans les marchés de Sana et de Mérab, ou dans les ports d'Oman et d'Aden. On se procurait des provisions de blé et d'objets manufacturés dans les foires de Bostra et de Damas.

Mais le commerce a changé de route, et la Mecque, dont la population n'était que de 18,000 âmes lorsqu'Ali-Bey la visita, et qui paraît avoir aujourd'hui plus de 30,000 habitants, ne subsiste plus que par l'affluence des pèlerins qui viennent offrir un hommage de vénération à la sainte *kaaba*, temple principal des mahométans. On y remarque encore plusieurs quartiers abandonnés ou en ruines, depuis qu'elle fut prise par les Wahabites en 1804.

Le principal édifice de cette ville sainte des musulmans est la *grande mosquée*, appelée la maison de Dieu (*Beithou'illah*), ou *El-Haram*. Elle renferme la *kaaba*, ou la maison sainte. Cette mosquée est ornée en dehors de sept minarets inégalement distribués. On entre dans une cour longue de 250 pas et large de 200, entourée à l'est de quatre rangs de colonnes et de trois sur les autres côtés; ces colonnes sont unies par des arcades en ogives, où sont suspendues des lampes, dont quelques-unes sont allumées le soir et toutes pendant la nuit du ramadhan. Au-dessus de cette colonnade s'élèvent de petites coupoles dont on porte le nombre à 152. Les colonnes ont 6 mètres de hauteur: les unes sont en marbre blanc, les autres en granit ou en porphyre, et la plupart en pierre. Parmi les 450 ou 500 colonnes de galeries qui ornent l'enceinte de la mosquée, Burckhardt dit qu'il n'en a pas vu deux dont les bases et les chapiteaux fussent exactement semblables; quelques-unes portent des inscriptions arabes ou koufiques. En dedans du grand mur qui renferme les galeries, on lit les noms de Mahomet, Abou-Bekr, Omar, Othman et Ali; celui d'ALLAH, en grandes lettres, se lit en plusieurs endroits. En dehors, au-dessus des portes, les noms de ceux qui les ont construites sont écrits en caractères *solouth*. On entre dans la mosquée par 17 portes irrégulièrement distribuées autour de son enceinte.

C'est à peu près au milieu de la cour de la mosquée que s'élève la kaaba; elle est à 115 pas de la colonnade du nord et à 88 de celle du sud. Sept galeries assez larges pour que quatre ou cinq personnes y marchent de front conduisent des galeries à la kaaba. Celle-ci est placée sur une base haute de 65 centimètres et présentant une pente fortement inclinée. Son toit plat, la régularité de ses faces, lui donnent l'aspect d'un cube parfait. L'unique porte par laquelle on y entre est située du côté du nord; elle est entièrement revêtue d'argent, ornée de quelques dorures, et fut apportée de Constantinople en 1633.

L'édifice doit son nom à sa forme carrée; il n'a qu'environ 9 mètres de largeur sur 12 de hauteur, et il est entièrement couvert d'une grande tenture de soie noire sur laquelle est brodée en or la profession de foi des musulmans: *Il n'y a pas d'autre dieu que Dieu, et Mahomet est son prophète.* Cette étoffe, qui n'est assujettie que par quelques cordes, ce qui n'empêche pas le vent de la faire doucement ondoyer, donne au monument un aspect singulier et imposant. Ce voile est renouvelé tous les ans. A l'angle nord-est de la kaaba, et près de la porte, est enchâssée la célèbre *pierre noire* à 1^m,20 ou 1^m,50 au-dessus du sol de la cour. Elle est d'une forme ovale, irrégulière, et d'un diamètre d'environ 22 centimètres; mais elle était jadis plus grande: sa surface a été polie et même usée par les baisers et les attouchements de plusieurs millions de pèlerins. Sa surface ondulée, qui annonce être la réunion d'une douzaine de petites pierres d'inégale grandeur liées par un ciment, son apparence, qui est celle d'une sorte de lave, sembleraient indiquer que c'est une pierre tombée du ciel. Elle passe pour avoir été apportée par l'ange Gabriel et pour avoir servi de siége à Abraham pendant la construction de la kaaba. A l'angle sud-est de l'édifice on voit une autre pierre placée à peu près à la même hauteur que la pierre noire, mais elle est blanche et du même calcaire que celui qui sert à la Mecque pour les constructions: elle est longue de 50 centimètres, large de 6 centimètres, et placée perpendiculairement dans le mur; les pèlerins se contentent de la toucher de la main droite.

Sur le côté septentrional de la porte de la kaaba, tout près de la porte et contre le mur, il y a une fosse appelée *El-Maagen*, revêtue de marbre et assez grande pour que trois personnes s'y asseyent. On regarde comme très-méritoire d'y faire sa prière, parce qu'elle passe pour être celle dans laquelle Abraham et son fils Ismaël préparaient le mortier dont ils se servirent pour bâtir la kaaba.

Sur le côté occidental, à deux pieds au-dessous du sommet, est le fameux *mizab* ou la gouttière par laquelle coule l'eau de pluie qui tombe du toit. Elle a 1^m,20 de long sur 18 centimètres de large, et passe pour être en or massif. Au-dessous du mizab, autour de la kaaba, le pavé consiste en une jolie mosaïque en pierres colorées; au centre se trouvent deux grandes dalles de beau vert antique, sous lesquelles les musulmans prétendent qu'Ismaël et sa mère Agar

sont enterrés. Les pèlerins vont y faire une prière et s'y prosterner deux fois. Le reste du pavé autour de la kaaba est en marbre; il est entouré d'une balustrade en bronze doré, à laquelle sont suspendues sept lampes que l'on allume après le coucher du soleil. Le terrain sablonneux de la cour et une partie du pavé extérieur de la kaaba sont couverts pendant la prière de tapis longs de 20 à 25 mètres sur un mètre de largeur.

Vis-à-vis les quatre côtés de la kaaba s'élèvent quatre petits édifices où les imams des quatre rites musulmans se placent et dirigent la prière de leur communauté. Sous plusieurs parties de la colonnade de la cour de la mosquée, se tiennent des écoles publiques pour les enfants. L'intérieur ne consiste qu'en une seule pièce qui ne reçoit la lumière que par la porte, et dont le toit est supporté par deux colonnes. Le plafond et les parois, jusqu'à la hauteur de 1 mètre 65 centimètres au-dessus du plancher, sont garnis de tentures en soie rouge, richement ornées de broderies en argent, représentant des fleurs et des inscriptions. Au-dessous des tentures, les murs et le plancher sont revêtus de dalles en marbre de différentes couleurs. Un grand nombre de lampes d'or, ou peut-être dorées, sont suspendues entre les colonnes.

Avant Mahomet il y avait sur l'emplacement qu'occupe la kaaba un temple célèbre, rendez-vous religieux de toutes les tribus d'Arabie, qui, après avoir fait sept fois le tour de l'édifice sacré, baisaient avec respect la pierre noire. Des sacrifices de moutons et de chameaux étaient adressés aux 360 images placées dans le temple, et que Mahomet détruisit. Étaient-ce les génies des jours de l'année? et le dieu *Hobal*, placé sur le sommet du temple, n'était-il pas le soleil?

La porte de la kaaba ne s'ouvre que trois fois par an: une fois pour les hommes, une autre pour les femmes, et la troisième pour la nettoyer. Les pèlerins en font sept fois le tour en récitant des prières et en la baisant chaque fois. Les quatre premiers tours doivent être faits d'un pas accéléré, à l'imitation du prophète, qui, pour démentir ses ennemis qui faisaient courir le bruit qu'il était dangereusement malade, se mit à courir quatre fois autour de la kaaba. Dans une partie de la grande mosquée se trouve le puits de *Zemzem*, dont l'eau laiteuse est bue par les pèlerins et employée aux ablutions. Cette eau est regardée comme un remède infaillible pour toutes les maladies. Le chef des gardiens du puits est un des premiers ulémas de la Mecque. Il paraît que cette ville doit son antique origine à cette source. Les pèlerins vont aussi prier, au centre de la ville, sur la colline de *Ssafa*; puis à 600 pas de là au *Merouah*, plateforme en pierre, élevée de 2 à 3 mètres, à laquelle on monte par de larges degrés; et hors de la ville, aux sources qui alimentent le puits de Zemzem; enfin, à 6 kilomètres de la Mecque, à la montagne de l'*Omrah*, où Mahomet allait fréquemment faire sa prière du soir.

La Mecque porte chez les Arabes les titres les plus pompeux: les plus ordinaires sont *Om-el-Kara* (la mère des villes), *el-Moscherefé* (la noble), et *Balad-el-Emin* (la patrie des fidèles). Elle est située dans une vallée étroite et sablonneuse, dirigée du nord au sud, et fermée par des collines de 60 à 180 mètres de hauteur. La ville est ouverte de toutes parts et n'est défendue que par une forteresse d'une construction grossière, dans laquelle réside le chérif, et placée sur une colline appelée *Djebel-La'la*. Les rues sont généralement régulières et sablées, et les maisons bâties en pierre. En un mot, elle peut passer pour une jolie ville. La seule place publique qu'elle renferme est la vaste cour de la grande mosquée. Elle n'est ombragée par aucune plantation; mais à l'époque des pèlerinages elle est animée par l'affluence des étrangers et par une multitude de boutiques. Les murs extérieurs de la grande mosquée sont ceux des maisons et des autres bâtiments qui l'entourent de tous côtés. Le plus remarquable de ces bâtiments est le Mekham ou la maison de justice, bel édifice solidement construit, avec de hautes arcades dans l'intérieur. On fait voir dans la ville le *Mouled-al-Nebi*, lieu de naissance du prophète, dans le quartier qui porte le même nom; c'est une rotonde dont le sol est à 8 mètres au-dessous du niveau de la rue; on y montre aux fidèles un petit enfoncement dans le pavé: c'est là, dit-on, qu'était assise la mère de Mahomet quand elle le mit au monde. La maison appelée *Mouled-Sittna-Fatmé* est vénérée comme le lieu où naquit Fatmé, fille de Mahomet: on y montre une petite chambre dans laquelle l'ange Gabriel apportait à celui-ci les feuilles du Coran. Dans le grand cimetière du quartier appelé Ma'ala se trouve le *Kaber-Sittna-Khadidjé*, ou le tombeau de Khadidjé, la femme du prophète. Avec ses faubourgs, la ville occupe une longueur de 3 à 4,000 pas. Les rues sont remplies de mendiants, surtout à l'époque du pèlerinage ou *hadj*, car il n'y a que les pèlerins qui fassent l'aumône: la plupart des habitants s'en abstiennent. Malgré la sainteté du lieu, la Mecque renferme un grand nombre de femmes publiques: elles habitent le quartier appelé *Schu'b A'amér*; elles sont assujetties à un impôt particulier, comme dans beaucoup d'autres villes mahométanes, mais elles sont plus modestes que celles d'Égypte, et ne se montrent jamais sans voiles dans les rues: il y a parmi ces femmes beaucoup d'esclaves abyssiniennes, dont on prétend que les anciens maîtres partagent les profits. Le célèbre baume de la Mecque, objet de son principal commerce y est apporté de l'intérieur de l'Arabie. On l'extrait de la plante appelée par Linné *amyris balsamifera*. Sa graine est employée par les Mecquaouis à faire avorter leurs esclaves.

Le nombre de pèlerins ou *hadji* qui vont chaque année à la Mecque est très-considérable ; mais il le serait encore plus si tous les mahométans riches et bien portants regardaient comme un devoir de s'y rendre. Il en est beaucoup parmi ceux-ci qui, pour un salaire bien moins coûteux que le voyage, y envoient à leur place quelque pauvre qui ne craint point la fatigue : ce métier d'ailleurs est assez lucratif. Les pèlerinages de la Mecque forment six ou sept caravanes : celle de Damas ou de Syrie, la plus importante, conduite par un pacha ; celle d'Égypte, commandée par un bey qui, pendant tout le temps qu'il remplit ses fonctions, reçoit le titre d'*émir-hadji* ; celle des Arabes de Barbarie, qui se joint à celle de Damas à quelques journées de marche de la Mecque ; la quatrième, celle de Perse, vient de Bagdad, sous la conduite d'un chef nommé par le pacha de cette ville ; la cinquième vient du L'ahsa et du Nedjed ; enfin il en vient une du pays d'Oman, et une autre de l'Yémen ; sans compter une foule de pèlerins qui partent de l'Inde, de Java, de Sumatra, et même de la Nubie et de la côte méridionale de l'Afrique. La caravane de Damas est de 4 à 5,000 personnes.

Autant la durée du pèlerinage offre un spectacle animé et imposant, autant sa fin présente un aspect lugubre et pénible. Aux fatigues supportées pendant un long voyage succèdent les tristes conséquences de la mauvaise nourriture et des logements insalubres que l'on est obligé de prendre dans une ville comme la Mecque, qui, à cette époque surtout, offre peu de ressources pour un accroissement de population de 60 à 70,000 âmes : ces causes, et quelquefois le manque absolu de vivres, remplissent la mosquée de cadavres et de mourants qui s'y font apporter afin d'être guéris par la vue de la kaaba.

Parmi les lieux que l'on visite hors de la ville, nous citerons le *Djebel-Abou-Koubeis*, l'une des plus hautes montagnes qui environnent la Mecque, et celle qui, selon les Arabes, fut une des premières créées sur la terre.

On peut dire que presque tous les habitants de la Mecque sont des étrangers ou des fils d'étrangers, à l'exception de quelques Bédouins ou de leurs descendants qui se sont établis dans cette ville, ou d'un petit nombre d'anciens Arabes appelés Schérifs ou descendants de Mahomet. A chaque pèlerinage, quelques-uns de ceux qui en font partie s'y établissent. Cependant cette population mélangée a adopté les mêmes mœurs et le même costume. Les indigènes seuls se distinguent par une marque particulière que les parents font aux enfants quarante jours après leur naissance, et qui consiste en trois longues entailles au bas de chaque joue, et en deux autres sur la tempe droite : cicatrices qui ne s'effacent jamais. En hiver, les hommes de la haute classe portent un *béniche* ou manteau de dessus en drap, et un *jubbé* ou manteau de dessous de la même étoffe ; une robe de soie attachée avec une ceinture de cachemire, un turban de mousseline blanche et des pantoufles jaunes complètent le reste de la parure. En été, un *béniche* de soie remplace celui de drap. Les femmes portent des robes de soie des Indes, de très-grands pantalons bleus rayés et brodés en argent ; elles mettent par-dessus ces vêtements une ample robe appelée *habra*, en soie noire, ou un *mellayeh*, également en soie, mais rayé de bleu et de blanc ; leur visage est caché par un *bourko* blanc ou bleu pâle, et leur tête, coiffée d'une espèce de turban, est couverte du mellayeh.

Chez les riches Mecquaouis, c'est une honte de vendre une esclave concubine. Si elle devient mère et que le maître n'ait pas plus de trois femmes légitimes, il l'épouse ; sinon elle reste toute sa vie dans la maison. Il y a des Mecquaouis qui ont plusieurs douzaines de concubines.

La Mecque est sous les ordres d'un gouverneur qui jouit du rang de prince et qui est nommé par le sultan de Constantinople.

Il y a aussi plusieurs petits États souverains dans les montagnes de l'Hedjaz. Les Arabes qui y demeurent ne vivent pas sous des tentes comme ceux des plaines ; ils possèdent des villes et des villages murés ; ils se défendent dans de petites citadelles situées sur des rochers et des montagnes escarpées. Parmi ces États se trouve le district de *Kheiber*, qui est au nord-est de Médine, et qui est habité, dit-on, par des juifs indépendants, soumis à leurs propres cheiks comme les autres Arabes. Les Turcs les ont en horreur, et les accusent de piller leurs caravanes. Il paraît que les juifs de Kheiber n'ont aucune liaison avec ceux qui demeurent dans les villes sur les confins de l'Arabie. Peut-être sont-ils *karaïtes* ; on sait que les juifs de cette secte sont plus odieux aux juifs pharisiens que ne le sont les mahométans et les chrétiens.

La ville de *Tayef* ou *Taïf*, surnommée le *jardin de la Mecque*, mérite d'être citée. Bâtie au milieu d'une plaine sablonneuse dont on peut faire le tour en quatre heures de marche, et qui est renfermée entre des montagnes peu élevées appelées Djebel-Ghazouan, elle est renommée dans toute l'Arabie par la beauté de ses jardins, situés aux pieds de ces montagnes, et plantés de rosiers, de vignes et d'arbres fruitiers. Elle est assez belle et renferme deux petites mosquées. Les Wahabites la ruinèrent en 1802, mais elle a été

presque entièrement réparée. Ses maisons sont généralement petites et bâties en pierre ; ses rues sont plus larges que dans la plupart des villes de l'Orient. Il n'y a qu'une place publique, sur laquelle se tient le marché ; elle est devant le château, édifice qui ne mérite ce nom que parce qu'il est plus grand que le reste des bâtiments de la ville. Ce château est situé sur un rocher élevé. Taïf est entourée d'un mur et d'un fossé dont on peut faire le tour en 35 minutes pour peu qu'on marche vite. Sa population se compose principalement d'Arabes de la tribu de Thékif qui ont quitté la vie nomade pour s'y établir. Sur le sommet des montagnes voisines, le froid est assez rigoureux pour qu'il y gèle quelquefois. Elle est à 80 kilomètres de Djeddah. Le grand chérif de la Mecque réside quelquefois dans une sorte de château ou de métairie du voisinage.

Djeddah ou *Djiddah* est la résidence d'un pacha ou gouverneur nommé par le sultan de Constantinople. Située sur le bord de la mer Rouge, elle est le centre du commerce de cette partie de l'Arabie. Elle n'a cependant qu'un petit port et une rade entourée de récifs de coraux et de madrépores ; la côte est stérile et manque d'eau, mais la ville, entourée de faubourgs composés de cabanes en joncs et en roseaux, est belle et riche ; ses rues ne sont point pavées, mais elles sont grandes ; ses maisons sont élevées de deux étages et construites en une pierre qui se forme journellement dans la mer par une agrégation de polypiers et de coquilles. Cette pierre se décomposant facilement par l'action continuelle d'un air humide, tel que celui qu'on respire sur cette côte, il n'est pas étonnant que Djeddah ne renferme aucun édifice de quelque ancienneté et de quelque importance : il y a cependant plusieurs mosquées, dont deux sont d'une dimension considérable. Cette ville peut avoir 15,000 à 20,000 habitants, et quelquefois plus du double à l'époque des pèlerinages ou lorsque les marchands y affluent. Chaque pèlerinage procure à Djeddah un accroissement de population d'autant plus nécessaire, que le nombre des décès y surpasse de beaucoup celui des naissances. Les Djeddaouis s'adonnent presque exclusivement au commerce ; plusieurs jouissent d'une grande opulence. Sauf quelques dattiers qui s'élèvent près d'une mosquée, Djeddah est dépourvu de jardins et de végétation ; ses environs n'offrent qu'un désert stérile. Près de cette ville on montre le tombeau d'Ève (Hava), la mère du genre humain. C'est un édifice mesquin, de forme carrée, qui ne paraît pas remonter, du moins dans son état actuel, à plus de deux ou trois siècles.

Djeddah est l'entrepôt où viennent se réunir les marchandises de l'Europe, ainsi que celles des Indes orientales, et une grande partie aussi des produits du littoral de la mer Rouge. Voici le tableau comparatif du commerce de cette ville en 1855 et 1856 :

	1855.	1856.
Importation ...	16,188,000 francs.	17,978,000 francs.
Exportation ...	10,177,000 —	9,914,000 —
Total.	26,365,000 francs.	27,892,000 francs.

Tous les ans, il vient de 25 à 35 navires dans son port, bricks et trois-mâts ; ils appartiennent pour la plupart à des Hindous, sont de construction anglaise et souvent même commandés par des capitaines anglais ; l'équipage se compose le plus ordinairement de Lascars ; ils apportent des pèlerins, et leur chargement se compose de poivre et de riz. Ne trouvant jamais un fret suffisant, ils sont obligés d'aller à Hodeidah pour compléter leur chargement.

Pendant le samoum, le thermomètre Fahrenheit s'élève à 110 degrés, et dans les bazars et les rues jusqu'à 130 ; mais ce vent ne souffle jamais à Djeddah que pendant quelques heures ; on dit qu'à la Mecque ce vent dure deux ou trois jours, et qu'il n'est pas rare que des habitants de cette ville en soient les victimes.

Dans les jours de calme, il s'élève à sept heures du soir une brise de terre qui dure jusqu'à neuf heures ; puis elle tourne au nord-nord-ouest, et dure souvent jusqu'au lendemain trois heures, tournant alors au nord-nord-est au sud, puis au sud-sud-ouest.

Sur la côte de l'Hedjaz, entre Mohilah et Djeddah, l'un des ports les plus fréquentés est celui de *Vouchk* ; le château fort du même nom, à 16 kilomètres à l'est, sert de station pendant deux jours à la caravane des pèlerins : il s'y forme alors une espèce de foire. Un autre port, celui de *Cherm-Yambo*, est habité par un mélange d'Arabes, d'Égyptiens, de Syriens et d'autres peuples.

La vallée de Koubab semble être le réservoir naturel des eaux pluviales de la contrée. C'est une petite vallée couverte de pâturages et de buissons. A *Ras-el-Sat* on est étonné de voir, entre les blocs de granit décomposé, un bassin naturel d'eau de pluie à 500 mètres au-dessus de la mer Rouge. Aux environs d'Akabah il suffit de creuser la terre pour avoir de bonne eau.

DESCRIPTION DU NEDJED. — A l'est de l'Hedjaz s'ouvrent les vastes déserts du *Nedjed*. Ce grand pays s'étend depuis le désert de Syrie au nord jusqu'à l'Yémen au sud, et de l'Irak-Arabi à l'est, à l'Hedjaz à l'ouest. De la sorte, il comprend principalement ce que les géographes européens ont désigné sous le nom d'Arabie Déserte,

Arabe bédouin.

division inconnue aux Arabes. La partie de cette province que l'on connaît plus absolument sous le nom de Nedjed est montagneuse, couverte de villes et de villages, remplie de petites seigneuries; presque chaque petite ville est gouvernée par un cheik indépendant. Elle est très-fertile en toutes sortes de fruits, et principalement en dattes. On y trouve peu de rivières, et même celle d'*Aftan*, qui est marquée sur nos cartes, et qui descend des montagnes de Toueyk, n'est qu'un *ouadi* ou torrent, qui n'a de l'eau qu'après les grandes pluies.

Le Nedjed ou *Nedjd*, comme l'appellent la plupart des voyageurs modernes, est célèbre dans toute l'Arabie par ses beaux pâturages, qui nourrissent une excellente race de dromadaires : aussi les Arabes appellent-ils le Nedjed *Om-el-Bel*, c'est-à-dire la mère des chameaux. On y élève des chevaux qui passent dans toute l'Arabie pour être du sang le plus pur.

Les pays qui divisent le Nedjed peuvent être généralement regardés comme autant d'oasis arrosées par des sources ou par des torrents; cependant il arrive souvent que le Nedjed est en proie à la disette dans les années peu pluvieuses. La plupart des montagnes de ce pays sont couvertes de forêts peuplées d'hyènes, de loups, de tigres, de cerfs, de gazelles, et même d'ânes et de vaches devenus sauvages.

On trouve dans le Nedjed beaucoup d'anciens puits construits en pierre et dont l'origine, inconnue aux habitants, est attribuée par ceux-ci à une race primitive de géants. Il en est de même de nombreux restes d'anciens bâtiments d'une construction très-massive, mais complétement ruinés.

Il y a dans cette province un grand nombre de districts; celui d'*El-Ared*, qu'on appelle quelquefois *Nedjed-el-Ared*, confine, à l'est, à l'Hadjar ou Lahsa. On y trouve le *Hanifa*, canton autrefois célèbre, plus connu aujourd'hui sous le nom de *Daraïch* ou *Dreyeh*, et appelé aussi *Derayeh*. Sa capitale, qui porte le même nom, était la principale ville des Wababites avant sa destruction par Ibrahim-Pacha en 1819. Elle se composait de cinq quartiers séparés, en-

tourés chacun d'une muraille garnie de bastions. Sa population était évaluée à 18,000 habitants. L'armée égyptienne s'en empara après un siége de sept mois. Les coteaux voisins produisent toutes sortes de fruits; on y élève d'excellents chevaux et d'innombrables troupeaux de moutons noirs.

Le village appelé *El-A'yeyneh* a donné naissance au nouveau prophète Wahab, fondateur de la secte des Wahabites. *El-Manfoulah*, ville de 2,000 familles, a vu détruire ses murailles par l'armée égyptienne. *Anizeh* ou *Aneyzeh*, ou encore *A'neïzi*, ville commerçante, située presque à égale distance de la mer Rouge et du golfe Persique, a éprouvé le même sort. C'était le lieu le plus considérable du pays appelé *Kassim* : on y comptait près de 3,000 maisons. Ce pays renfermait plus de 26 petites villes ou villages bien peuplés; la principale est *Bereïda*, où réside le cheik.

Le *Khardj* ou *Kherdjé* est, selon les Arabes, le même canton qui comprend la ville d'*Iémamah*, renommée du temps de Mahomet, à cause de l'anti-prophète Moseilama; elle forme, avec les villes de Lahsa et Iébrin, un triangle équilatéral, dont chaque côté est de trois journées de distance. *El-Soulemyeh* est la capitale du Khardj. Il paraît que c'est le même lieu que celui que les écrivains arabes nomment *Satemia*. Le mont *El-Ared* des géographes arabes paraît être un plateau de rochers calcaires, escarpé à l'ouest, incliné doucement à l'est, et étendu dans la direction du nord au sud. Ce sont les *montes Marithi* de Ptolémée.

Depuis les confins du canton de Haourâh jusqu'aux bords de l'Euphrate, tout le sol ne présente à l'œil du voyageur qu'une immense plaine, sans rivières, sans sources permanentes, sans la moindre élévation, sans trace de ville ni de village, mais où cependant plusieurs arbustes épineux et quelques plantes agréables à l'œil croissent avec vigueur. Cette plaine s'appelle *El-Hamad*. C'est l'*Al-Dahna* d'Aboulfeda et de d'Anville. Elle n'offre qu'un sol aride, couvert de sable mouvant; mais il s'y trouve quelques oasis fertiles et de bons pâturages. C'est là qu'errent les *Aneséh*, les *Beni-Shaher*, les *Szeleb*, et d'autres tribus nomades. Les *Montefik* occupent les

Arabes des environs de la mer Rouge.

deux rives de l'Euphrate, depuis Korna jusqu'à Arasje. Au sud de cette plaine, les caravanes de Damas, en partant d'*Esrak*, à une journée et demie de Bostra, suivent pendant sept journées une vallée, ou, si l'on veut, le lit d'une rivière sans eau, dans l'été du moins, nommée *Ouady-Arab-es-Szyrhan*. Cette route, dirigée au sud-est, les conduit au canton *Djof* ou *Dchof-es-Szyrhan*. C'est l'*Al-Giouf*, que d'Anville a bien placé : on y voit une haute tour pyramidale. Les habitants vivent dans un état de guerre civile perpétuelle. On traverse ensuite un désert pierreux de deux journées de long, et un autre désert de sable de trois journées ; on y va à la chasse aux bœufs sauvages. Derrière ce désert s'élève le mont *Chammar* ou *Djebel-Chammar*, couvert de forêts et de villages. Sa hauteur et son étendue semblent l'égaler au mont Liban. Cette montagne donne son nom à un pays dont l'une des principales villes était *El-Mostadjrdde*.

Au sud et au sud-est, le Nedjed est séparé de l'Yémen et de l'Oman par le *désert d'Ahkaf*, jadis, selon la tradition, un paradis terrestre, habité par des géants impies, nommés les *Aadites;* un déluge de sable fit périr ce peuple ; cependant leur langue est encore parlée dans les îles Kurian et Murian.

Les villes qui subsistent encore dans le Nedjed font un commerce considérable, soit entre elles, soit avec des places voisines de l'Hedjaz, de l'Yémen et de Lahsa. C'est du Nedjed qu'est sortie la redoutable secte des *Wahabites*, dont la puissance fixa jusqu'en 1819 les yeux de l'Asie et de l'Europe. Voici un précis de ce qu'on a pu savoir jusqu'ici sur l'origine, les progrès et les revers de cette secte célèbre.

ORIGINE DES WAHABITES, LEURS PROGRÈS, LEURS REVERS. — Une tradition répandue dans l'Arabie, et surtout dans l'Yémen, raconte qu'un pauvre pasteur, nommé Souleiman, vit en songe une flamme qui sortait de son corps et se répandait au loin, dévorant tout sur son passage. Il consulta les devins sur le sens de cette vision, et ils lui répondirent qu'elle présageait la fondation d'une nouvelle puissance qui serait établie par son fils. Ils ne se sont pas beaucoup trompés ; car si la prédiction ne s'est pas vérifiée dans la personne du fils de Souleiman, nommé *Abd-el-Wahab*, elle s'est réalisée dans le fils de celui-ci, le cheik *Mohammed-Ibn-Abdoul-Wahab*, qui naquit à El-A'yeyneh en 1696. C'est lui qui est le véritable fondateur de la secte, que l'on a appelée *Wahabys* ou *Wahabites*. Il sut se prévaloir auprès de ses compatriotes de ce songe vrai ou faux. Il leur persuada qu'il descendait directement de Mahomet, dont il portait le nom. Ses dogmes sont peu nombreux. Il prescrit le culte d'un Dieu unique, éternel, tout-puissant, juste, miséricordieux, qui récompense et qui punit. Il apprend à regarder le Coran comme un livre écrit dans le ciel même par les anges. Il veut qu'on en suive les préceptes, mais il rejette toutes les traditions des musulmans. Il regarde Moïse et Jésus-Christ comme des êtres privilégiés. Il consent à voir dans Mahomet un sage aimé de Dieu ; mais il blâme les hommages qu'on lui rend. Il dit que Dieu, blessé de cette sorte de culte, l'a envoyé sur la terre pour en détromper les hommes, et que tous ceux qui repousseront ses instructions méritent d'être exterminés. Il ordonne de prier cinq fois par jour ; de jeûner pendant le mois de rhamadan ; de ne point faire usage de boissons spiritueuses ; de ne point tolérer les femmes prostituées ; de prohiber les jeux de hasard et la magie ; de donner en aumônes la centième partie de son bien ; d'empêcher l'usure ; de faire au moins une fois le pèlerinage de la Mecque ; de ne point fumer ; de ne point se vêtir de soie ; de ne point élever de dômes ni de mausolées, et de détruire ceux qui existent, parce que ce luxe de monuments favorise l'idolâtrie. Enfin on voit que, relativement au mahométisme, le wahabisme est une véritable réformation, bien que dans tout l'Orient on ait répandu le bruit que c'était une religion entièrement nouvelle, et que les Wahabites ne traitaient les Turcs avec cruauté que parce que ceux-ci étaient musulmans.

D'abord il répandit sa doctrine en secret, et se fit quelques prosélytes. Il fit un voyage en Syrie pour le même objet. N'ayant pas réussi, il revint en Arabie au bout de trois ans d'absence. Il y fut plus heureux, et trouva un protecteur dans un chef arabe nommé Mohammed-Ibn-Souhoud ou Sahoud, issu de la tribu de Negedis, comme l'aïeul de Cheik-Mohammed. Cet Ibn-Souhoud était un homme ardent et brave, qui, après s'être rendu chef de sa tribu, en avait subjugué deux autres de l'Yémen, et avait attiré dans son parti tous les Arabes vagabonds de cette contrée. Avec eux il se vit en état de faire des excursions, et dans l'espace de 15 ans il avait déjà beaucoup étendu ses conquêtes. Curieux de les étendre encore, il crut que le cheik Ibn-Abdoul-Wahab pourrait servir ses vues en inspirant plus d'ardeur et d'enthousiasme à ses Arabes. Il seconda donc la propagation d'une doctrine qui avait fait déjà quelques progrès parmi les siens; et le cheik de son côté se livra volontiers à celui dont il attendait le plus solide appui pour sa secte. Ses dogmes furent bientôt adoptés par tout le peuple. Le nouveau culte prit une forme régulière. Le fils d'Abd-el-Wahab fut déclaré pontife suprême des Wahabites. Ibn-Souhoud retint l'autorité temporelle sous le titre d'émir; et ce partage de puissance s'est conservé entre les descendants des deux chefs, qui choisirent pour leur capitale la ville de Derayeh, au sud-ouest de Bassora dans le désert.

Ibn-Souhoud s'occupa dès lors à réaliser ses projets d'agrandissement. Il forma une armée bien disciplinée, dont le cheik augmentait l'enthousiasme par ses prédications. Souhoud mourut au milieu de ses projets; mais son fils, Abd-el-Aziz, hérita de son courage et de son zèle. Quand il voulait réduire une tribu, il envoyait la sommer de croire au Coran tel qu'il l'expliquait, la menaçant de l'exterminer si elle s'y refusait. Prenait-elle en effet ce dernier parti, on passait tout au fil de l'épée, ne respectant que les femmes et les filles, et enlevant toutes les richesses des vaincus. Si au contraire la tribu consentait à se soumettre, Abd-el-Aziz lui nommait un gouverneur, et se faisait donner la dîme des troupeaux, de l'argent, des meubles, et même des hommes, que l'on tirait au sort. Il amassa ainsi de grands trésors en peu de temps, et se forma une armée nombreuse, que l'on estima au moins à 120,000 hommes. Les Arabes bédouins, cédant les uns après les autres, ont ployé sous une puissance qui embrassait tout le vaste désert compris entre la mer Rouge, le golfe Persique et les environs d'Alep et de Damas.

Ce fut vers la fin de l'année 1767 que les habitants du pays de Nedjed, qui avaient embrassé les principes répandus par le cheik Mohammed-Ibn-Abdoul-Wahab, reçurent des peuples voisins le nom de Wahabites. En 1791, le 14 juin, ce chef de secte mourut à l'âge de 95 ans, après avoir aplani à la famille de Souhoud le chemin qui la conduisit au trône. Il avait épousé 20 femmes, dont il eut 18 enfants. En 1803, le 14 octobre, Abd-el-Aziz, dans sa quatre-vingt-deuxième année, fut assassiné par un fanatique que les Persans avaient gagné pour se venger de ce que deux ans auparavant ses troupes avaient pillé la ville de Kerbélé, et profané le tombeau d'un saint personnage. Son fils, l'intrépide Souhoud, lui succéda. Il soumit la plus grande partie de l'Arabie, et mourut à Derayeh au mois d'avril 1814. Sous son successeur Abdallah, les Wahabites étaient maîtres de toute la contrée et s'étendaient jusqu'aux portes de Damas et de Bagdad, lorsqu'en 1818 le fils du pacha d'Égypte, Ibrahim-Pacha, à la tête d'une armée aguerrie, parvint, non pas à les soumettre, mais à les détruire, après avoir saccagé leurs principales villes, et avoir fait prisonnier leur chef Abdallah, qui fut décapité à Constantinople. Cependant comme le wahabisme est le mahométisme réformé, il a jeté dans les cœurs arabes de profondes racines que la force ne pourra jamais extirper.

Les Wahabites ont les mahométans en horreur. On a vu plus haut qu'ils ont cependant retenu d'eux beaucoup de pratiques religieuses; mais leurs mosquées n'ont ni décorations ni minarets. Ils ne professent aucun respect pour la mémoire des cheiks et des imams, et ils enterrent leurs morts sans aucune pompe. Ils vivent de pain d'orge, de dattes, de sauterelles, de poissons, et ne mangent que rarement du mouton et du riz. Le café leur est interdit. Leurs vêtements et leurs cabanes sont fort simples. La nation peut se partager en trois classes, les guerriers, les laboureurs et les artisans; car ils cultivent et travaillent à différents métiers. Leurs ouvrages en osier, en laine, en coton, en cuivre, en fer, ne le cèdent pas à ceux des autres Arabes.

Le pays qui s'étend à l'est de Derayeh, vers le golfe Persique, jusqu'aux limites de la province du Lahsa, à six journées de distance de Derayeh, porte le nom de Zedeïr. Pendant trois jours ou n'y rencontre pas d'eau.

HADJAR OU EL-AHSA. — En descendant du plateau de l'Arabie, nous arrivons dans le *Hadjar* ou *L'ahsa*, appelé aussi *El-Ahsa*, province qui borde à l'ouest le golfe Persique, mais qui est une des moins connues de l'Arabie. Les Wahabites y avaient fait un grand nombre de prosélytes. *Lahsa* ou *El-Ahsa*, ville considérable sur la rivière d'*Aftan*, en est la ville principale, et donne son nom à toute la contrée.

Cette ville fut bâtie dans le dixième siècle par les Karmates; ses murs sont flanqués de tours. La petite place maritime d'*Akir*, sur le golfe Persique, lui sert de port. Le territoire d'El-Ahsa est cé-lèbre chez les Arabes par ses puits nombreux. Il renferme une vingtaine de villages.

El-Katif, sur une baie dans laquelle s'élève l'île de Tarout, l'une des îles Bahreïn, paraît être l'ancienne *Gerra*, bâtie en pierre de sel. Les habitants de cette ville, au nombre de 5 à 6,000, subsistent principalement par la pêche des perles; et lorsqu'ils ne sont pas assez riches pour pêcher à leurs propres frais, ils se louent pour ce travail à des marchands étrangers. On y trouve encore les ruines d'un ancien fort portugais. Une autre ville considérable est *El-Koueit*; les Persans l'appellent *Grain*. Ses habitants vivent aussi du produit de la pêche des perles et de celle des poissons, sur la côte de Bahreïn. On assure qu'ils sont au nombre de 10,000. Toute cette côte est très-peuplée; elle abonde en dattiers, en riz et en coton; les lis et les troènes bordent les rivières; mais les sables mouvants y envahissent souvent des cantons entiers.

Tarout, petite ville à l'orient d'El-Katif, possède d'excellents vignobles; ils sont quelquefois inondés par la haute marée; c'est là qu'il faut placer la *regio macina* de Strabon, où les vignes, cultivées dans des corbeilles de jonc, étaient quelquefois entraînées par les flots de la mer, et ensuite remises dans leurs places à coups d'aviron. Dans quelques villes de l'Hadjar il y a des manufactures de tissus de laine; on y fait des *abbas* ou manteaux.

El-Fouf ou *El-Hofhouf*, chef-lieu du pays de l'Hadjar ou du *Lahsa*, est un gros bourg dont on porte la population à 15,000 âmes, et qui est défendu par un fort. La ville de *Ras-el-Khyma*, située à 400 kilomètres au sud-est d'El-Katif, est bâtie sur une presqu'île sablonneuse que défendent plusieurs batteries. Son port est le meilleur de toute la côte. C'était autrefois un repaire de pirates redoutables, appelés *Djoasmis*, dont les flottes furent détruites en 1809 par les Anglais. Une partie des côtes de la province du Lahsa forme le pays de Bahreïn, fertile en dattiers. El-Katif en dépend.

LES ILES BAHREÏN. — On doit considérer comme une partie du Hadjar les îles *Bahreïn* dans le golfe Persique, tout près de la côte d'Arabie. Elles sont remarquables par la riche pêche de perles qui se fait dans leur voisinage aux mois de juin, juillet et août; pêche qui rapportait, dans le seizième siècle, la valeur de 500,000 ducats. Aujourd'hui son produit est estimé à 2,500,000 francs.

C'est le mollusque bivalve nommé *avicule perlière* (*avicula margaritifera*) qui fournit la substance appelée nacre, et ses sécrétions calcaires, connues sous le nom de perles, et si recherchées lorsqu'elles ont un vif éclat et une sphéricité parfaite. Ces mollusques forment, le long de la côte du pays de Bahreïn, mais principalement autour des îles de ce nom, des bancs épais qui sont à 5 ou 6 mètres au-dessous de la surface de l'eau, et qui s'étendent sur une longueur de plus de 100 kilomètres. Les perles des îles Bahreïn sont moins blanches que celles de Ceylan et du Japon, mais beaucoup plus grosses et plus régulières.

Le nom de Bahreïn signifie deux mers, et semble moderne; car Aboulfeda, aussi bien que les Arabes du Lahsa, appelle la plus grande de ces îles *Aoual*; les anciens la connaissaient sous le nom de *Tylos*. Elle a 45 kilomètres de longueur sur 15 à 20 de largeur; elle est plane et peu boisée, elle produit des dattiers, des figuiers, des vignes, des palmiers, des cotonniers; un arbre à fleurs et à feuilles semblables au rosier s'épanouit et se contracte avec la lumière du jour; le tamarinier, arbrisseau dans nos climats, devient un gros arbre; les pluies ne sont pas favorables à la végétation; c'est avec de l'eau salée que les habitants arrosent leurs vergers; les côtes sont bordées de palétuviers.

Elle renferme une ville de 5,000 âmes, appelée *Ménaina*, et plusieurs petits villages; elle est arrosée par un grand nombre de sources dont l'eau est excellente; son sol est fertile et bien cultivé, et on y élève beaucoup de bœufs et de moutons. Cette île fait un commerce considérable avec les tribus arabes de la côte; près de ses côtes jaillit du fond de la mer une source d'eau douce que des plongeurs vont puiser dans des outres. Parmi les autres îles Bahreïn, il n'en est que trois qui méritent d'être citées: *Arad* est basse, sablonneuse et entourée d'écueils; *Samahe* ou *Samak* est la plus orientale du groupe; *Tarout* est embellie de plantations et de jardins agréables.

DESCRIPTION DE L'OMAN ET DE MASCATE. — Après un grand espace inconnu où l'on place une ville de *Mascalat*, nous trouvons le pays d'*Oman*. Il est rempli de montagnes qui, presque partout, s'étendent jusqu'à la mer. Il abonde en grains et en fruits. La mer qui le baigne est si poissonneuse, qu'on y nourrit de poisson les vaches, les ânes et d'autres animaux, et qu'on s'en sert même pour fumer les champs. On exporte du pays des dattes, du miel, de la cire; il renferme des mines de cuivre et de plomb. L'imam d'Oman, le plus puissant prince du pays, fait sa résidence à *Rostak*, près du Djebel-Akdar, la plus haute montagne de la contrée. Mais *Maskat* ou *Mascate* est la ville la plus considérable et la plus connue des Européens. C'est l'antique cité appelée *Moscha portus*. Elle est située à l'extrémité méridionale d'une baie d'environ 900 pas géométriques de long, sur 400 de large. A l'est, comme à l'ouest, ce golfe est bordé de rochers escarpés, dans l'enceinte desquels les plus grands vaisseaux sont à l'abri de tous les vents. Des deux côtés de ce beau port il y a plusieurs batteries et quelques petits forts. Partout où la ville n'est pas défendue par la nature, elle est enfermée par une muraille. Derrière cette muraille s'ouvre une assez grande plaine, terminée aussi par des rochers qui n'ont que trois issues étroites. Mascate était anciennement, comme aujourd'hui, l'entrepôt des marchandises de l'Arabie, de la Perse et des Indes. Sa population est estimée à 12,000 ou 15,000 âmes. Les maisons y sont très-simples, et la plupart couvertes en nattes; les mosquées sont les seuls édifices. Les Portugais, sous les ordres d'Albuquerque, prirent cette ville en 1508, et la conservèrent jusqu'en 1548. A cette époque les Arabes s'emparèrent du pays, et l'un de leurs émirs, Assaf-ben-Aly, réunissant à la fois le pouvoir militaire et le pouvoir religieux sous le nom d'*imam*, fonda un État qu'il a pu laisser à ses descendants. L'imam de Mascate est aujourd'hui le prince le plus puissant de cette partie de l'Arabie; il domine sur les côtes du golfe Persique, de l'Arabie et de l'Afrique, jusqu'à Madagascar. Il est maître du commerce de ces côtes; sa marine, qui n'est pas sans une certaine importance relative, lui en assure le monopole. Il fait venir chaque année des esclaves, des dents d'éléphants et d'autres marchandises d'Afrique. Il possède l'île de Socotora, célèbre par son aloès, et réside la plupart du temps dans l'île de Zanzibar. *Sohar* ou *Oman*, ville maritime, fait un commerce considérable.

Les habitants de l'Oman sont les meilleurs marins de l'Arabie. Ils ont de petits vaisseaux marchands appelés *trankis*, dont les voiles ne sont pas de nattes comme dans l'Yémen, mais de toiles comme en Europe. Ces navires sont très-larges à proportion de leur longueur, très-bas par devant, fort hauts par derrière; ils ont ceci de particulier, que les planches n'en sont point clouées, mais liées et comme cousues ensemble. La plupart des soldats de l'imam sont des esclaves cafres ou des Béloutchis engagés temporairement.

L'Oman et par conséquent toute l'Arabie se terminent à l'est par le cap *Ras-al-Had*, communément *Rasalgate*.

Au sud-est de l'Oman se trouve l'État de *Beladser*, dont les habitants font le métier de corsaires, et dont l'une des principales villes est *Ser*, appelée aussi *Séer*, *Omana* ou *Djulfar*, résidence d'un cheik qui reconnaît la souveraineté de l'imam de Mascate.

La côte méridionale se dirige d'abord au sud-sud-ouest jusqu'au cap Kanseli; elle court ensuite au sud-ouest vers le détroit de Bab-el-Mandeb. Elle est, dans la partie orientale, précédée par des bas-fonds et des récifs de corail; il y croît, selon Strabon, des arbres que la mer couvre à la haute marée; ce sont probablement des palétuviers. On passe devant le pays de *Gad*, dont l'une des bourgades sur la côte est *Harmin*, peuplée de pêcheurs. A peu de distance de la côte s'étend l'île de *Mazeira* ou *Messirah*, qui a environ 60 kilomètres de longueur, et qui est rarement visitée par les Européens. Vient ensuite la côte plus montagneuse du pays de *Chedcher* ou *Chedjer*, où croît l'encens; ses ports sont *Hasek*, sur le grand golfe de *Kourya Mourya*, environné d'îles; *Merbat* ou *Morebat*, *Dafar* ou *Defar*, résidence d'un cheik indépendant, et *Kalhat* ou *Calajate*, dont le port est très-fréquenté. Derrière le pays de l'encens est le *Mahrah*, grand district montagneux, qui paraît être un vaste plateau où l'on parle un dialecte particulier.

HADRAMAOUT. — Tous ces cantons pourraient être compris dans l'Hadramaout, en prenant ce nom dans le sens le plus large; mais l'*Hadramaout* propre est au sud-ouest et avoisine l'Yémen. *Doan* est une jolie ville, située dans une vallée profonde, et résidence d'un cheik indépendant; elle est à environ 500 kilomètres de Sana, et à 200 de *Kechin* ou *Kechem*. Cette dernière est sur la mer; elle manque d'eau, et n'a que celle d'un puits situé dans ses environs: les habitants sont très-polis envers les Européens et tous les étrangers; le cheik qui les gouverne possède un district considérable.

Makalla ou *Maconla*, avec un bon port, est la résidence d'un cheik qui prend le titre de sultan: le commerce de cette ville avec Moka se fait par des caravanes. A *Térim*, dans les montagnes, on fabrique des châles de soie; *Chibam*, que l'on dit plus importante que Térim, est la résidence d'un cheik indépendant, l'un des plus puissants de la région montagneuse où demeurent les *Kabaïles*.

L'Hadramaout, déjà célèbre du temps d'Auguste par la bravoure de ses habitants, offre en plusieurs endroits des contrées montagneuses très-fertiles, et des vallées bien arrosées par les eaux qui tombent des montagnes. Des différents ports de ce pays on exporte, pour Mascate et pour les Indes, de l'encens, de la gomme, de la myrrhe, du sang-dragon, de l'aloès; et pour l'Yémen, des toiles, des tapis, et beaucoup de ces grands couteaux nommés *jambea*, que les Arabes portent sur le devant, à la ceinture.

Les habitants de l'Hadramaout, Arabes sunnites ou sounnites, très-attachés à leur croyance, sont en partie sédentaires et en partie nomades. Il serait difficile de nommer toutes les petites principautés qui divisent ce pays: chaque ville a son cheik, qui prétend à l'indépendance.

DESCRIPTION DE L'YÉMEN. — La plus belle province de l'Arabie mérite de fixer notre attention. C'est l'Yémen, autrefois un royaume considérable, que l'on a prétendu être identique avec celui de *Saba*. Soumis par Mahomet, et ensuite par Saladin, l'Yémen dépendait des sultans mamelouks d'Égypte. Devenu libre par l'affaiblissement des Mamelouks en 1517, il fut menacé d'une invasion ottomane; mais en 1630 le sultan Amurat IV reconnut Sejid-khassen-ibn-Mohammed pour roi d'Yémen, en se réservant toutefois une suzeraineté nominale. Depuis cette époque, ces rois ont perdu plusieurs provinces, surtout au nord et à l'est. Cependant l'État d'Yémen proprement dit peut avoir 45,000 kilomètres carrés, et contient peut-être 3,000,000 d'habitants. Le souverain est en même temps chef de la secte des *zéidites*, qui domine dans tout l'Yémen. Voilà pourquoi ce prince a d'abord pris le titre d'*imam*, titre qui en Turquie s'applique aux simples desservants des mosquées, mais qu'en Arabie et en Perse, parmi les adhérents des sectes zéidite et schiite, désigne un docteur, un successeur du grand prophète. Les modestes imams d'Yémen n'ont pas tardé de prendre sur leurs monnaies le titre plus imposant d'*émir al-moumenin*, prince des fidèles; on dit même que les croyants de leur secte les traitent de *khalifes*. Le trône de l'Yémen est héréditaire. L'imam ou émir y est indépendant, et ne reconnaît aucun supérieur, ni spirituel, ni temporel. Il a le droit de faire la paix et la guerre. Son armée est de 4,000 hommes d'infanterie, et de 1,000 à 1,200 cavaliers. Ses revenus sont d'environ 2 millions de francs; il n'a pas de marine, car on ne peut donner ce nom à l'assemblage de quelques petits bâtiments non pontés, portant des voiles faites avec des nattes.

L'Yémen exporte du café très-renommé, l'aloès, la myrrhe, dont la meilleure vient de l'Abyssinie; l'oliban ou l'encens de qualité inférieure; le séné, l'ivoire et l'or de l'Abyssinie. Les importations d'Europe sont le fer, l'acier, des canons, du plomb, de l'étain, de la cochenille, des miroirs, des couteaux, des sabres, du verre taillé et des perles fausses. C'est dans des manufactures tenues par les juifs que se fabriquent les ouvrages d'or et d'argent, et jusqu'à la monnaie. Il se fait quelques mousquets dans le pays, mais ils sont d'une médiocre exécution. Il y a une verrerie à Mokha. On trouve aussi dans l'Yémen quelques fabriques de toiles, la plupart grossières. Les juifs, au nombre de 5,000 familles, exercent un commerce très-actif; mais la jalousie et la superstition se réunissent pour les persécuter.

Tel est l'état du plus puissant royaume de l'Arabie. Il se divise en un grand nombre de petits districts, et généralement en haut pays, nommé en arabe *Djebel*, et en bas pays ou *Téhama*. La principale ville est *Sana* ou *Sanaa*, située au pied d'une montagne appelée Nikkom, sur laquelle on voit les ruines d'un vieux château, qui, suivant les Arabes, fut bâti par Sem. Cette ville n'est pas très-étendue; on pourrait en faire le tour dans l'espace d'une heure; encore une partie de cet espace est-elle occupée par des jardins, mais elle a de grands faubourgs. Ses murs sont de briques: elle a sept portes et plusieurs jolies mosquées et palais, les uns construits en briques cuites, les autres en pierres; les maisons ordinaires ne sont bâties qu'en briques séchées au soleil. Il y a beaucoup de *simserails* ou caravansérails pour les marchands et les voyageurs. Le chauffage y est nécessaire, mais très-rare; cependant on y trouve quelques mines de charbon et de la tourbe. Il ne paraît pas, quoi qu'en dise Pline, que les Arabes se chauffent avec des bois odoriférants. Les fruits y sont excellents, surtout les raisins, dont on compte vingt variétés.

Yahoudi, nommée aussi *Oser*, est un des faubourgs de Sana. Son nom indique que la population en est juive. En venant de Mokha on entre par ce faubourg et par la porte appelée *Bab-Ka-el-Yaoudi* (porte de la Plaine des Juifs). Les rues de ce faubourg sont larges et propres. Un autre appelé *Bir-el-Azab* est entouré de murs. L'imam possède deux grands palais entourés de vastes jardins, le tout environné de murs et fortifié. Le premier et le plus considérable est appelé *Bastan-el-Sultan* (jardin du Sultan); l'autre, qui est le plus ancien, porte le nom de *Bastan-el-Metou-akkil* (jardin de celui qui se confie en Dieu), parce que parmi les titres que prend l'imam se trouve celui de metou-akkil. Ces palais sont construits en pierres de taille, revêtues d'un ciment gris; les fenêtres et les corniches sont d'un blanc éclatant. Les maisons de la ville sont grandes et garnies de beaux carreaux de verre. Un joli pont de pierre traverse la principale rue, qui dans les saisons humides est arrosée par une rivière. Les rues sont en général étroites, bien qu'elles soient plus larges que celles des autres villes de l'Arabie. On compte à Sana une vingtaine de mosquées toutes magnifiques; plusieurs, notamment celles qui renferment les tombeaux des imams, ont leurs dômes dorés. Les bains sont aussi très-beaux. Les autres édifices remarquables sont des palais de riches particuliers. La population est considérable: on l'évalue à 30,000 âmes. Les principaux artisans de Sana sont des juifs, qui vivent au nombre de 3,000 dans un quartier particulier dont nous avons parlé. Comme infidèles, ils sont exposés à beaucoup d'exactions et à des insultes répétées. Chacun d'eux paye une piastre par an pour avoir la permission de demeurer dans la ville. Un cheik est spécialement chargé de la perception de cet impôt et de toutes les taxes pesantes dont on charge leurs vignes, leurs jardins et leurs autres propriétés.

Selon le récit très-obscur de Pline et de Strabon, *Mareb* ou *Mariaba* aurait été l'ancienne capitale de l'Yémen; d'Anville s'empresse même d'y reconnaître la fameuse ville de *Saba*, connue des Hébreux, et citée par Ptolémée, Agatharchide et quelques autres géographes grecs. Cette ville, entourée de murailles et contenant environ 300 maisons, est aujourd'hui l'endroit principal du pays de *Djof*, qui s'est rendu indépendant de l'imam de l'Yémen.

Ce pays, appelé plus correctement *Beled-el-Djof*, s'étend au sud-est de Sana jusqu'à l'Hadramaout. Il consiste généralement en vastes plaines, quelques-unes sablonneuses et désertes, d'autres fertiles et arrosées de ruisseaux. Près de Mareb on exploite une grande quantité de sel gemme. Le Beled-el-Djof se divise en trois parties : à l'est le *Beled-el-Bedaoui*, habité par des Bédouins; au centre le *Beled-el-Saladin*, qui comprend la partie montagneuse occupée par des Arabes sédentaires, et à l'ouest le *Beled-el-Cheraf*, gouverné par des descendants de Mahomet.

Entre Taïf et Sana, la ville de *Beïsché*, sur un territoire fertile et riche en dattiers, est regardée par les Arabes comme la clef de l'Yémen. Elle est située dans une large vallée, longue de 30 à 40 kilomètres, où les ruisseaux, les puits et les jardins abondent. Les maisons de cette ville sont assez bien bâties et éparses dans tout l'ouadi; le château, solidement construit, est entouré de murailles hautes et solides, et d'un fossé. A quatre ou cinq journées au sud-est de Beïsché, demeurent en hiver les Arabes *Douaser*, qui, en été, se transportent dans les fertiles pâturages du Nedjed. Près d'eux vivent les *Beni Kelb*, Bédouins sur lesquels on débite dans l'Hedjaz plusieurs fables absurdes : ainsi ils passent pour aboyer comme des chiens, bien que leurs femmes parlent arabe. Cette idée est peut-être due à ce que le nom de *Kelb* signifie *chien*.

Dans le *Djebel* ou haut pays, l'imam possède *Damar*, ville de 5,000 maisons, dans laquelle les Zéidites ont leur grande université, fréquentée par 500 étudiants; *Doran*, autre ville, avec de grands magasins de blé taillés dans les rochers; *Djobla*, distinguée par ses rues pavées, ses 1,200 maisons, la plupart hautes et bien bâties, et ses fabriques de savon; *Taës* ou *Taus*, qui s'enorgueillit de ses mosquées et dépend aussi de l'imam de Sana. On monte à *Kousma* par des escaliers; on emploie une journée pour y grimper en venant de Téhama. A *Mnakeh*, toutes les maisons sont taillées dans le roc vif.

Le Djebel indépendant comprend de grands cantons, entre autres le *Sahan*, dont *Saade* ou *Saadeh* est le chef-lieu. On y trouve en abondance des fruits, des raisins et de plus quelques mines de fer exploitées. Les habitants de cette province communiquent peu avec les étrangers; on croit que leur dialecte approche le plus de celui du Coran, livre qu'ils ne connaissent cependant que de nom. Ils parviennent généralement à un âge avancé, et conservent la vue jusqu'à la fin de leurs jours. Le brigandage leur donne de quoi exercer l'hospitalité. Le *Nedjran* ou *Nedjeran* est situé dans une vallée agréable où il y a beaucoup d'eau. Il se trouve à l'est-nord-est, et à quatre ou cinq journées de Saadeh. Il est très-fertile en blé, en fruits, et surtout en dattes. La ville de *Nedjeran* doit son nom à son fondateur Nedjeran-Ibn-Sadau. Les habitants sont les *Beni Yam*, ancienne tribu qui ne s'est jamais soumise aux Wahabites. Les tanneries du Nedjeran sont célèbres dans toute l'Arabie.

Les cheiks sans nombre du pays de *Hachid-el-Bekil* ou du pays de *Kobail*, forment une confédération très-redoutée de l'imam, et qui fournit des soldats à plusieurs États de l'Arabie. Ce pays est montagneux, et s'étend entre le Nedjed et l'Yémen. Il se divise en plusieurs cantons, dont les principaux sont ceux de *Beni-Ali*, *Beni-Cheira*, *Deiban* et *Ghoula-Ibn-Hossein*, dont les villes sont *Deïfan*, à 56 kilomètres au nord de Sana; *Kharres*, *Debin*, à 100 kilomètres de la même ville, et *Barrad*, où se tient un marché important; *Chamir*, fortifiée et considérable, est enclavée avec son canton dans le pays de *Kobail*.

Dans la plaine ou le *Téhamah*, territoire qui borde la mer Rouge sur une longueur d'environ 800 kilomètres, il y a de petits États qui ont bravé la puissance de l'imam. Tel est celui d'*Aden*, ville très-anciennement célèbre par son commerce et la bonté de son port sur l'océan Indien. Les géographes arabes en décrivent les relations étendues avec l'Inde et la Chine dans les douzième, treizième et quatorzième siècles; les richesses de l'Orient s'accumulaient sur une plage rocailleuse, sans eau, sans arbres. Aden, dévastée dans les guerres des Turcs et des Portugais, a perdu son commerce-tant qu'elle a été soumise à l'imam. Mais depuis 1839 il a cédé cette ville aux Anglais, qui s'y sont fortement établis et ont déclaré le port franc. Ce port, qui commande l'entrée de la mer Rouge, est devenu la principale escale entre Bombay et Suez; douze bateaux à vapeur s'y croisent tous les mois.

Mokha ou simplement *Moka*, jadis une des villes les plus célèbres de l'Arabie, n'a plus rien de sa splendeur passée. Son port est désert, son commerce est anéanti. Au commencement de 1834, les Bédouins en ont fait la conquête, et ont vendu comme esclaves la plupart des habitants : aussi la ville est-elle aujourd'hui presque déserte; les hautes murailles qui l'entourent tombent en ruines, ainsi que la plupart de ses maisons, maintenant inhabitées; mais c'est à l'état de décadence où elle était tombée qu'il faut attribuer ses derniers désastres. Plusieurs années avant ces événements, lord Valentia ne lui donnait que 5,000 habitants.

Beit-el-Fakih, ville de 8,000 âmes, a été longtemps l'entrepôt de tout le café de l'Yémen : une citadelle en bon état placée au centre la défend contre les excursions des Bédouins. Du reste, elle n'est point entourée de murailles. Ses maisons, vastes, et bâties partie en briques et partie en terre, ont leurs toits couverts de branches de dattiers. On y fabrique des étoffes de laine et de soie.

Hodeidah, petite ville maritime, est entourée de murs et assez jolie, bien bâtie, propre, et a de grands faubourgs. Toute la partie est fut brûlée, en 1833, par ordre du pacha, pour faciliter la défense lors de l'invasion des Assyres. Tous les habitants s'étaient retirés sur une petite île, et la garnison se voyant maîtresse de la ville, pilla toutes les maisons. En dehors des murs, à peu près à 500 mètres de distance, se trouvent trois forts à murailles élevées, mais propres seulement à résister aux incursions des Arabes des montagnes.

Loheia, le port le plus septentrional de l'Yémen, est peu sûr pour les navires un peu forts. La mosquée, la douane, la demeure du gouverneur et les grands magasins à café sont les principaux édifices de cette ville, bâtie en bois et en torchis.

Zebid est, de toutes les cités du Téhamah, celle qui a le plus d'apparence. Elle est bâtie en briques; elle a une académie mahométane où l'on instruit la jeunesse, et une population de 7 à 8,000 âmes. Son aspect est triste, à cause de la couleur sombre des briques employées dans la construction des maisons et de l'état de dégradation de beaucoup d'entre elles. Elle passe pour la plus ancienne ville du Téhamah. Suivant une tradition des Arabes, elle a été trois fois détruite par les inondations, à l'exception du *Mesjid-el-Djami* (la grande mosquée), bel édifice avec un minaret octogone en pierre, orné d'une sculpture à jour très-délicate. Le *Souk* ou marché est très-bien construit et partagé en trois divisions : l'une pour les poissons, la seconde pour la viande, et la troisième pour les végétaux comestibles. Zebid est environnée de hautes murailles surmontées de nombreuses tours percées de meurtrières pour la mousqueterie; mais à l'exception de quelques caronades de vingt-quatre rouillées et placées à la principale porte, elle est dépourvue d'artillerie.

A 25 ou 30 kilomètres de Mokha, sur la route de Sana, on trouve *Mâchidj*, grand village de 8 à 900 habitants, célèbre par la quantité de jasmin qu'il produit, et dont les fleurs sont transportées journellement à la Mecque, où elles sont achetées avec empressement par les femmes pour orner leurs cheveux. Chaque buisson de jasmin entoure un puits d'eau douce et limpide, de sorte que ces bosquets forment une retraite délicieuse pendant la forte chaleur du jour. La mosquée de Mâchidj jouit d'une grande célébrité, comme ayant été un lieu de prédilection pour l'imam Ali, gendre de Mahomet; les Arabes croient qu'il y descend toutes les nuits sous une forme invisible pour y faire ses dévotions.

Le Téhamah renferme si peu de terrains fertiles, il y pleut si rarement, que ses habitants, à l'exception de ceux qui font le commerce, sont presque tous pauvres.

ILE DE PÉRIM. — Parmi les nombreuses petites îles qui bordent la côte, celle de *Kameran* ou *Kamaran*, fertile et malsaine, conserve un bel aqueduc construit par les Portugais, et possède un assez bon port. Mais l'île de *Périm* est plus importante par sa situation. Cette île, que les Arabes nomment si judicieusement *Djézaïr-el-Miftah*, c'est-à-dire *île-clef*, est, en effet, la clef de la mer Rouge. Située à l'entrée du détroit de Bab-el-Mandeb, elle ne laisse à la navigation que deux passes assez étroites pour pénétrer dans cette mer; la passe de l'Orient a un peu plus d'une demi-lieue marine, moins de 3,180 mètres; celle de l'occident n'a guère que trois lieues marines (moins de 16,900 mètres). Cette île a environ 5 kilomètres dans sa plus grande longueur et 4 kilomètres dans sa plus grande largeur. Elle est de formation volcanique, sans aucune végétation, et, quoiqu'elle soit dévorée par les rayons du soleil, son climat n'est pas malsain. Elle présente une rade excellente, et une flotte pourrait être en sûreté à l'abri de ses rochers.

On peut prévoir que l'île de Périm doit être d'une extrême importance comme dépôt de charbon pour les steamers, si l'on vient jamais à exécuter le grand projet de canalisation de l'isthme de Suez. En 1857, la Compagnie anglaise des Indes orientales en a pris possession en vertu d'un contrat d'achat avec le cheik arabe des Berbéras; mais la cour de Constantinople a fait valoir ses droits. En janvier 1858 on ne savait encore quel serait le résultat de cette réclamation.

TRIBUS ARABES NOMADES OU SÉDENTAIRES. — Nous avons étudié le pays; jetons un coup d'œil rapide sur ceux qui l'habitent.

Les habitants de l'Arabie se partagent en deux classes : les Bédouins ou nomades, et les Arabes sédentaires. Les uns et les autres se divisent en un grand nombre de tribus. Le nom de *Bédouin* vient de *Bédouy*, qui signifie habitant de la plaine ou du désert : c'est dans le désert de Syrie qu'ils sont en plus grand nombre. Ils se distinguent en deux classes : celle qui, au printemps et en été, s'approche des cantons cultivés de la Syrie et les quitte l'hiver; et celle qui reste toute l'année dans le voisinage des terres en culture. Dans la première, dit Burckhardt, on compte les tribus des *A'nezé*; dans la seconde, celles d'*Ahl-el-Schémal* et d'*Arab-el-Kebli*.

Les A'nezé forment l'un des corps de Bédouins les plus puissants des déserts de l'Arabie. La plupart ont embrassé la doctrine des Wahabites. Ceux du nord se divisent en quatre branches principales : *Aoulad-Ali*, *El-Hessenné*, *El-Raoualla* et *El-Bescher*. Burckhardt pense que l'on peut évaluer la population de tous les A'nezés à environ 350,000 âmes.

Les Arabes nommés *Ahl-el-Schémal*, c'est-à-dire *nations du nord*, campent en effet toute l'année soit parmi les villages de la Syrie orientale, soit dans le désert depuis le Haourân jusqu'à Palmyre. Parmi leurs nombreuses tribus se trouvent les *Maouali*, les *Hadédien*, dont les femmes sont célèbres par la blancheur de leur peau; les *Ssoleib*, qui sont vêtus de peaux de gazelles; les *Djebel-Haourân*, qui vivent dans les montagnes du pays d'Haourân; les *Faddhal*, dont le cheik prend le titre d'émir; et les *Beni-Ssakher*, hommes vigoureux, aux traits larges et à la barbe touffue.

Les Arabes appelés *Arab-el-Kebli*, ou nation du sud, comprennent les *Haoueïtat*, qui envoient tous les ans au Caire une caravane de plus de 4,000 chevaux; et les *Schera'ra't*, qui ont peu de chevaux, mais qui sont tous bien armés.

MŒURS ET COUTUMES DES ARABES. — Les mœurs ont plus ou moins dégénéré chez l'Arabe sédentaire, tandis que l'A'nezé a conservé les mêmes lois et les mêmes coutumes qu'il avait dès la plus haute antiquité. Celui-ci est nomade dans toute l'acception de ce mot. Il reste rarement plus de trois ou quatre jours dans le même endroit. Les camps varient pour le nombre des tentes; les plus petits en comprennent une dizaine, les plus grands en ont jusqu'à huit cents. Chaque père de famille plante sa lance à côté de sa tente, et attache par devant son cheval ou sa jument. Ses chameaux restent aussi à l'extérieur, ainsi que ses moutons et ses chèvres, confiés jour et nuit à la garde d'un berger. La tente porte chez les Bédouins le nom de maison (*beith*). Faite en poil de chèvre, elle est divisée en deux parties : l'appartement des hommes à gauche de l'entrée, et celui des femmes à droite. Sa hauteur est d'environ 2^m 30, sa longueur de 8 à 10 mètres, et sa largeur de 3 à 4. L'A'nezé le plus riche n'a qu'une tente, à moins qu'il n'en dresse une petite pour celle de ses femmes qu'il ne veut pas répudier, et qui ne vit pas en bonne intelligence avec l'autre; quelquefois aussi il prend avec lui la famille de son fils ou celle de son frère défunt, et place alors une ou deux tentes à côté de la sienne.

La plupart des Bédouins sont armés d'une lance qu'ils jettent quelquefois à l'ennemi qu'ils poursuivent, lorsqu'ils n'en sont qu'à une petite distance, d'un sabre qu'ils ne quittent jamais, et d'un fusil à mèche. Le cavalier qui n'a pas de lance se sert d'une masse. Les fantassins ont quelquefois un bouclier rond de 50 centimètres de diamètre, fait en peau de bœuf sauvage et recouvert de lames de fer. La cotte de mailles est aussi en usage parmi eux; enfin ils se coiffent d'un bonnet de fer, rarement orné de plumes.

L'ignorance qui distingue les Bédouins est une conséquence naturelle de leur vie nomade et de leur amour pour le pillage et pour la guerre; il y a des tribus entières, telles que les *Ibn-Dhouahi*, où personne ne sait ni lire ni écrire. Cependant la poésie est très-estimée chez eux : leur talent naturel s'exerce à chanter le mérite d'un chef ou les charmes d'une maîtresse. L'objet de son amour n'est jamais un mystère pour un Bédouin; le nom de la jeune fille est connu de toute la tribu; les rendez-vous et les rencontres clandestines sont les seuls secrets des amants.

Les Bédouins peuvent avoir plusieurs femmes; cependant la plupart n'en ont qu'une; très-peu en ont deux, et il est infiniment rare qu'ils en aient quatre; mais ils en changent fréquemment, et avec d'autant plus de facilité que le mari n'est pas obligé de dire pour quel motif il répudie sa femme; il lui suffit de la renvoyer à sa famille en lui donnant une chamelle. La loi accorde aussi à la femme la faculté de se séparer de son mari; si elle n'est pas heureuse avec lui, elle se réfugie chez ses parents, et l'époux ne peut la réclamer; mais il peut l'empêcher de se remarier en refusant de prononcer la formule du divorce : *ent ta'lek* (tu es répudiée).

Les formalités du mariage sont très-simples : un Arabe qui recherche une fille envoie dans la famille de celle-ci un ami qui la demande en son nom; le père consulte sa fille, et si celle-ci y consent, et si le père répond affirmativement, l'union est arrêtée : ce sont les fiançailles; jamais il n'est question de dot, ce n'est pas l'usage chez les Bédouins. Cinq à six jours après, le futur porte à la tente du père de la fille un agneau qu'il égorge devant des témoins, et dès que le sang coule à terre, la cérémonie du mariage est accom-

plie; les amis des deux familles ne songent plus qu'à se régaler et à se divertir. Peu de temps après le coucher du soleil, le nouvel époux se retire dans une tente dressée pour lui à une certaine distance du camp; la jeune fille court de la tente d'un ami à celle d'un autre, jusqu'à ce qu'enfin quelques femmes parviennent à la saisir et la conduisent en triomphe à la tente du mari.

Les Bédouins et tous les Arabes exercent envers les étrangers l'hospitalité la plus empressée; un simple voyageur qui se rendrait chez un cheik considéré pourrait s'attendre à un très-bon accueil. On prétend que lorsqu'un cheik bédouin mange du pain avec les voyageurs, ils peuvent être assurés qu'il les protégera de son mieux. Quelquefois celui qui vient d'être dépouillé entre, sans le savoir, dans la tente du voleur, qui le plaint, en disant que Dieu est miséricordieux, et lui donne d'autres vêtements que les siens, que l'autre ne fait pas semblant d'apercevoir. Chez les *Mérékédé*, tribu qui habite les frontières de l'Yémen, l'hospitalité va même plus loin qu'on n'a droit de s'y attendre de la part d'un peuple de l'Orient.

Les Arabes, et particulièrement les Bédouins, se regardent comme une nation libre, qui n'a d'autre maître que Dieu. Aussi le cheik le plus puissant n'a-t-il aucun pouvoir pour empêcher les querelles et arrêter l'anarchie qui les divise; il n'oserait même infliger la punition la plus légère à l'homme le plus pauvre de sa tribu sans encourir la vengeance mortelle de celui-ci et de ses parents. C'est donc une erreur de la part de quelques voyageurs de représenter ces cheiks ou *émirs*, ainsi qu'ils se qualifient eux-mêmes, comme des princes du désert. Leurs seules prérogatives consistent à conduire leur tribu à l'ennemi, à négocier les conditions de la paix ou de la guerre, à fixer le lieu où l'on doit camper, et à traiter les étrangers de distinction. Un cheik ne tire aucun revenu de sa tribu, et quelquefois même il est déposé par celle-ci et remplacé par un autre qui passe pour plus brave ou plus généreux. Cependant, autant qu'il est possible, on prend toujours le cheik dans la même famille.

Les Arabes sont de moyenne taille, maigres et comme desséchés par la chaleur. Ils ont le teint basané, les yeux et les cheveux noirs; légers à la course et excellents cavaliers, ils passent généralement pour braves, pour habiles à manier l'arc et la lance, et pour très-bons tireurs depuis qu'ils sont familiarisés avec les armes à feu. La gravité, considérée chez tous les peuples orientaux comme la qualité distinctive d'un homme bien élevé, paraît moins naturelle aux Arabes qu'aux Turcs. Si le brigandage est le métier avoué des nomades ou Bédouins, l'art de tromper y supplée dans les villes commerçantes. A côté de ces vices, nés de l'absence d'un gouvernement régulier, subsiste encore l'ancienne hospitalité patriarcale. On trouve dans quelques villages du *Téhamah* des maisons publiques où les voyageurs sont logés et nourris quelques jours sans payer. Quand les Arabes sont à table, ils invitent ceux qui surviennent à manger avec eux, qu'ils soient chrétiens ou mahométans, grands ou petits. Les Arabes le disputent aux Persans en politesse; ils baisent la main des personnes au-dessus d'eux, en signe de respect.

Les maisons des Arabes sédentaires, quoiqu'en pierre, sont bâties sans goût. Les appartements des hommes occupent la face de l'édifice; la jalousie a placé ceux des femmes par derrière. Le pauvre Bédouin lui-même, qui n'a qu'une tente, la partage en deux par un voile, derrière lequel les femmes se dérobent à tout œil indiscret.

L'Arabe est très-sobre. Les gens du peuple ne font qu'un repas de mauvais pain de *doura*, espèce de millet; ils y joignent du lait de chameau, de l'huile, du beurre ou de la graisse; l'eau pure étanche leur soif; la viande est peu en usage; celle du porc était défendue longtemps avant Mahomet. Pour le repas, on place de petites tables de 30 centimètres de haut sur un large tapis ou sur des nattes, où les personnes invitées s'asseyent. Les Orientaux aiment passionnément la pâtisserie. On sait que leur liqueur favorite est le café; ils le préparent en le brûlant dans une poêle ouverte; ils le broient ensuite dans un mortier de pierre ou de bois. Cette méthode conserve au café un parfum qu'il perd lorsqu'on le réduit en poudre dans un moulin. Les habitants d'Yémen prennent rarement cette boisson, qu'ils regardent comme très-échauffante; mais avec les cosses du café ils préparent une liqueur semblable au thé. Les Arabes de distinction se servent de porcelaine de la Chine. Quoique interdites par la loi, les liqueurs spiritueuses ne sont point inconnues en Arabie. On fume quelquefois, ainsi que nous l'avons fait remarquer à propos du peuple nommé Assassins, une plante qui ressemble au chanvre, et qui produit une sorte d'ivresse.

Les Arabes, comme les Turcs et les Persans, aiment les habits longs. On les voit aussi porter de larges culottes, avec une ceinture de cuir brodée, et sous laquelle brille un poignard ou dague. Tous les Arabes portent le manteau qu'ils appellent *habba*; c'est un grand carré double, fendu au milieu, ayant une échancrure pour le cou, avec deux ouvertures aux deux côtés pour y passer les bras. Le tissu de ces manteaux est de poil de chevreau bien tordu avec celui de chameau; l'épreuve qu'on en fait avant de les acheter, c'est d'y verser un seau d'eau, dont quelquefois il ne s'échappe pas une seule goutte durant près d'un quart d'heure. Les Arabes se surchargent la tête d'un grand nombre de bonnets, qu'ils entourent encore d'une écharpe. Communément ils ne portent point de chaussure; la plante de leurs pieds s'endurcit au point de braver les sables brûlants. Dans les montagnes cependant ils les garantissent avec des peaux de mouton. Quelques-uns se rasent la tête; d'autres portent leurs cheveux.

Les femmes du peuple ont pour tout vêtement une large chemise et un pantalon. Dans l'Hedjaz, comme en Égypte, leurs yeux ne paraissent qu'à travers les mousselines qui enveloppent leurs têtes; mais dans le Yémen elles portent de longs voiles. Une femme arabe, surprise sans vêtement par Niebuhr, cacha avec les mains son visage, laissant à découvert le reste. La coquetterie arabe prodigue les anneaux, les bracelets, les colliers de perles fausses. Quelquefois les femmes ajoutent à leurs pendants d'oreilles un anneau au nez, comme dans l'Hindoustan. Avec le jus du henné elles se teignent les ongles de rouge, et les pieds et les mains d'un brun jaune; elles se noircissent les paupières avec de l'antimoine. L'usage de graver sur la peau des figures d'animaux, de fleurs ou d'étoiles, usage antérieur au siècle de Mahomet, a laissé quelques traces chez les femmes bédouines.

LANGUE ARABE, SCIENCES, ÉDUCATION. — La langue arabe ancienne semble se rapprocher de l'hébreu. Avant Mahomet il y avait deux dialectes principaux, celui des *Humiarites* ou Homérites, qui régnait dans le Yémen; et celui des *Koréischites*, qui était répandu aux environs de la Mecque; ce dernier, le moins pur et le moins agréable, triompha, grâce au Coran et aux victoires de Mahomet. Cette langue sacrée est enseignée dans les écoles d'après des règles invariables; c'est la seule qui serve aux lectures publiques faites dans les temples. La langue savante d'aujourd'hui, employée dans les discours solennels et parmi les gens instruits, n'en diffère pas quant à l'essence des mots et des constructions; mais cette conformité ne s'étend pas à l'arabe vulgaire, qui, comme toutes les langues très-répandues, a éprouvé des mélanges et des altérations. Non-seulement on parle tout autrement dans les montagnes de l'Yémen que dans le Téhamah, mais les gens distingués ont une prononciation difficile, et d'autres mots que les paysans, pour exprimer différentes choses; et tous ces dialectes n'ont qu'un faible rapport avec celui des Bédouins. La différence est encore plus grande dans les provinces éloignées. C'est à la fusion de tant de dialectes que la langue arabe doit sa richesse en mots. On lit dans les livres qui en traitent, qu'elle n'a pas moins de 1,000 noms pour exprimer *chameau*, et de 500 pour exprimer *lion*. La prononciation des Arabes du Sud et de l'Est paraît plus facile à un gosier européen que celle des Arabes d'Égypte et de Syrie. Les conquêtes des Arabes ont répandu leur langue au sud de la Méditerranée, depuis l'Égypte jusqu'au détroit de Gibraltar, et le long de l'océan Indien, du côté de l'île de Madagascar.

Il paraît que très-anciennement les caractères en forme de coins, appelés persépolitains, étaient en usage en Arabie. Ces caractères furent remplacés par les caractères *hamiariques*, ainsi appelés d'une dynastie de ce nom; et ceux-ci cédèrent la place aux *koufiques*.

Quoique les sciences en Arabie se réduisent à quelques grossières notions de médecine et à des rêves d'astrologie, on ne peut pas méconnaître chez les Arabes ce génie ardent qui a répandu dans le Coran tant de tournures poétiques. La morale et la poésie sont encore les objets favoris de leurs études. Le pays de *Djof*, dans l'Yémen, produit beaucoup d'improvisateurs.

Chez les Bédouins même il existe un grand nombre de poètes qui se distinguent par leurs hymnes et leurs chants héroïques. Habitués dès l'enfance à entendre ces chants, presque tous les Bédouins font leurs récits en prose rimée, tant la langue arabe est riche en rimes. Leurs contes sont pleins de charme et de naïveté: ils se transmettent de bouche en bouche, et rarement par écrit.

Après avoir brillé dans toutes les sciences, après avoir possédé, à l'époque où l'Occident était plongé dans les ténèbres de la barbarie, des astronomes, des mathématiciens, des historiens, des géographes, des médecins et des philosophes qui s'étaient instruits en lisant les écrits d'Aristote et de Platon, les Arabes ne possèdent plus qu'une instruction grossière: ces connaissances ont presque entièrement été oubliées chez eux: leur astronomie n'est plus que de l'astrologie; les mathématiques se réduisent aux règles d'un arpentage grossier; leur histoire n'est plus qu'un tissu de fictions; leur géographie se réduit à ce qu'en ont laissé leurs anciens auteurs; leur médecine n'est plus qu'une sorte d'empirisme, et leur philosophie qu'un tissu d'argumentations sur le Coran.

L'éducation, quoique déchue en Arabie, n'est point entièrement négligée; beaucoup de personnes, parmi les Arabes sédentaires, savent lire et écrire. Ceux d'un plus haut rang tiennent des instituteurs chez eux pour instruire leurs enfants et leurs jeunes esclaves. Communément une école est attachée à chaque mosquée; de pieuses fondations assurent l'entretien du maître et des enfants pauvres. Les grandes villes possèdent beaucoup d'autres écoles où la classe mitoyenne du peuple peut envoyer ses enfants. Ils y apprennent à lire, à écrire, à compter. Les filles sont instruites séparément par des femmes. Dans quelques villes principales il y a des collèges pour l'astronomie, l'astrologie, la philosophie, la médecine. Le royaume d'Yémen a deux universités ou académies célèbres: l'une à Zébid pour les sunnites, et l'autre à Damar pour les zéidites. L'interprétation du Coran, avec l'histoire de Mahomet et des premiers khalifes, forment les branches d'études les plus suivies.

RELIGION CHEZ LES ARABES. — L'homme extraordinaire qui a fondé la religion mahométane eut à combattre l'idolâtrie des anciens Arabes. Il paraît qu'anciennement les sacrifices humains étaient en usage parmi eux, comme chez leurs frères les Syriens et les Carthaginois. Le *sabéisme*, ou le culte des astres, leur fut commun avec les peuples de la Syrie et de la Chaldée. La religion chrétienne y eut quelques prosélytes avant Mahomet. Les Juifs y vivaient en tribus nombreuses. Le prophète arabe eut de la peine à les subjuguer. Son Église, comme toutes les autres, s'est partagée d'opinion. Outre la secte des *sunnites*, il s'en est formé une autre fort considérable; ceux qui la suivent se nomment *zéidites*. Ils paraissent d'accord avec les premiers sur les principaux points de doctrine, mais ils observent avec peu de rigueur les pratiques religieuses. Vers la milieu du siècle dernier, un cheik d'Yémen, appelé *Mékrani*, établit une secte nouvelle parmi les mahométans. Ce fut vers le même temps que naquit dans le centre du Nedjed la nouvelle religion des Wahabys, dont nous avons décrit plus haut l'origine et les rapides progrès. Les *schiites* ou la secte d'Ali dominent le long du golfe Persique. L'Oman a vu naître une autre secte plutôt politique que religieuse; ses adhérents s'appellent *Bejas*, et n'accordent aux descendants de Mahomet aucune de ces grandes prérogatives qu'ils exercent, surtout dans l'Hedjaz.

ARTS, INDUSTRIE DES ARABES. — Nous avons déjà donné quelques idées de l'état des arts et du commerce dans l'Yémen et dans l'Oman: ajoutons ici quelques remarques générales. Les arts sont négligés en Arabie. Il n'y a aucune imprimerie dans ce pays. L'obstacle principal vient de ce que les lettres arabes modernes, liées ensemble, et souvent placées l'une sur l'autre et entrelacées, sont plus belles lorsqu'elles sont proprement écrites, que lorsqu'elles sont imprimées. Les zélés *sunnites* ne pouvant souffrir les figures, on ne trouve parmi les Arabes ni peintres ni sculpteurs; cependant ils exécutent très-bien leurs inscriptions en relief. On travaille bien l'or et l'argent dans l'Yémen; néanmoins, ce sont les Juifs et les Banians qui font la plus grande partie des ouvrages d'orfévrerie; la monnaie même est fabriquée à Sana par les premiers. L'art de l'horlogerie n'est ni avancé ni considéré. Celui de la musique est tout aussi négligé, du moins n'y entend-on que des tambours et des chalumeaux. Les ouvriers travaillent la plupart du temps assis, les jambes croisées.

Les Arabes forment environ les sept huitièmes de la population de la péninsule; les Juifs y sont répandus partout, et sont reconnaissables à leur habillement, qui doit être bleu, et à leur petit bonnet; les Banians, venus de l'Inde pour faire le commerce, habitent les villes maritimes; ils se distinguent, comme tous les Hindous, par un vêtement rouge; les nègres se trouvent aussi dans les villes; ils y servent comme esclaves: cependant le Nedjed méridional en renferme quelques tribus particulières.

Tableau de la population et des divisions politiques de l'Arabie.

Superficie en kilomètres carrés : 2,800,000 ? — Population absolue : 10,000,000 d'habitants.

RÉGIONS.	PROVINCES OU DISTRICTS.	VILLES ou LOCALITÉS PRINCIPALES.	POPULATION.
PÉNINSULE ARABIQUE.			
Arabie pétrée..............	....	Ruines de *Petra*	?
		Aneïséh..............	
		Madian	?
Arabie déserte	*Themoud*	Moïlah..............	
	El-Gebel	Mokah...............	?
	Soudeir	Gelagel	?
El-Nedjd ou Nedjed ou Arabie centrale..	*El-Qassim*......................	Anézéh..............	2,000 ?
		El-Rass	?
	El-Ouechem....................	Chaqrâh.............	?
	El-Aored......................	*El-Derayeh*.........	18,000 ?
	El-Khardj.....................	El-Soulemyeh	?
	El-Riad.......................	Manfoulah............	10,000 ?
	El-Hariq......................	El-Haryq.............	?
	Ouady-Soubei..................	Tarabeh.............	3,000 ?
	El-Bakarah ?	Bakarah.............	?
	Roba-el-Khali ?................	?	»
	Ouady-Taslys..................	Taslys..............	500 ?
	El-Afladj......................	El-Kharfeh	?
	Ouady-el-Douacer..............	El-Seleyel...........	1,000 ?
	Ouady-Chahran	Qala-Bycheh..........	1,500 ?
	Ouady-Chahran	Tabaloh.............	?
El-Hedjaz.............	*Houdoud-Haram* ou *El-Haramein*...........	La Mecque............	30,000
		Djeddah.............	20,000
		Médine..............	8,000
		Yambo-el-Nakel	6,000
	Téhamah de l'Hedjaz ou Versant occidental de l'Hedjaz, partie maritime.................	Bedr	?
		Lits................	?
		Hali................	?
		Rabagh	?
		El-Khonfodah.........	?
El-Yémen..............	*A'syr* ou *Acyr* (comprenant 8 districts, savoir :) *Roufayda*......................	A'syr...............	?
	Alkam........................	Mohâyl	?
	Beni-Mohâyl...................	Khamys-Micheyt......	?
	Beni-Malek....................	Ténouma	?
	Redjal-el-Ma..................	El-Aryn.............	?
	Beil-Akmar....................	Akmar..............	?
	Rabab........................	Radda..............	?
	Djanfour......................	Djanfour............	?
	Téhamah de l'A'syr.............	Mander	?
	A'bydah ou *O'beidah*	?	
	Koulhan......................	?	
	Ouadah.......................	?	
	Sahan	Chamir	?
		Saad	?
	Abou-Arych...................	Abou-Arych	?
	Kachtan......................	?	
	Ouady-Nedjerân	?	
	Belad-el-Djof..................	Mareb	?
	Djof-el-Kharit.................	Kabr-el-Hod.........	?
	Jafea	?	
	Belad-Aden....................	Aden	?
	Djebal........................	Sana	30,000
		Damar..............	20,000
		Kaukeban	?
		Ierim...............	?
		Rodda	?
		Taas...............	?
		Lobeia..............	?
	Téhamah de l'Yémen ou Versant occidental de l'Yémen.................	Hodeida.............	?
		Beït-el-Fakih	8,000
		Mokha..............	5,000
El-Hadramaout	*Amad*.	?	
	Chibam.......................	?	
	Hadramaout	?	
	Makalla.......................	Makalla.............	?
	Chahr ou *Chedjer*..............	Kescheim............	?
		Dafar...............	?
	Ouady-Doan...................	Raschid.............	?
El-Akhaf. (Région en partie déserte.).	....	?	
El-Mahra. (Région en partie déserte.).		Hasek	?
El-Oman..............	*Ile Massera*	?	
	Jaïlan ou *Djaïlan*	Rassar..............	?
	Oman.........................	*Maskate*............	60,000
	Batna.........................	Sohar..............	?
	Dhorrah.......................	Bireïmah............	?
	El-Hofhouf....................	El-Hofhouf..........	15,000
El-Haça ou El-Katif ou Bahreïn.....	*El-Katif*.......................	El-Katif............	6,000
		El-Haça............	?
		Krein...............	?
	Iles Bahreïn...................	Menaïna	5,000

Tableau des principales tribus de Bédouins, d'après J. BURCKHARDT.

LES A'NEZÉ.

Aoulad-Ali	El-Meschatta. (*El-Aouadh, El-Taïour, El-Ateï-fat, El-Mekeibel.*)
	El-Meschadeka. (*Arab-el-Taïar, El-Menzikat, El-Lahhaoueïn.*)
	El-Hammamédé.
	El-Djélalemé. (*El-Kércïnat, El-Tourschat.*)
	El-Toulouhh.
El-Hessenné	El-Hessenné. (*El-Schemsi, El-Keddaba, El-Aueïmar, El-Réfasché, El-Meheïnat, El-Hedjadj, El-Schera'abé.*)
	El-Mesalikh. (*El-Lehketemi, Beni-Reschoud, El-Belsan, El-Semmalek.*)
El-Roualla ou El-Djela	El-Omballef. (*El-Soualemé, El-Abdellé, Ferdja, El-Bala'aïsch, El-Bédour.*)
	El-Roualla. (*Ibn-Aouïdjé, El-Zérak, Sobhan, Hedjilis, Deraïé, El-Ktaisan, El-Doghama, El-Ferreggé, El-Nassir.*)
El-Bescher	Tana-Madjed. (*El-Fedha'an, Ibn-Imhid, Ibn-Ghebeïn, Ibn-Kaï-Schisch, Ibn-Ghedzour, El-Seba'a.*)
	Selga. (*El-Maouadjé, El-Matarefé, El-Seleïmat, El-Hossenni, El-Medheïan.*)

AHL-EL-SCHÉMAL, ou nations du nord.

El-Maouali	El-Turki.
	El-Djemadjemé.
	El-Akeïdat.
	El-Hadheïfa.
	El-Medaheïsch.
El-Hadédieïn	El-Seken.
	El-Berak.
	El-Medjel.
El-Turkman	
El-Arab-Taht-Hammel-Hamah.	Beni-Khaled.
	Beschakin.
	Toka'n.
	Abou-Schaban.
	Hauaïeroun.
	El-Abou-azi.
	Beni-az.
	El-Retouh.
	El-Schékara.
	Ghanamat-el-Tel.
	El-Karaschieïn.
	El-Rezeïk.
	El-Hadadeïm.
	El-Djemadjemé.
Arabes du territoire de Baalbek.	El-Turkman-Soueïdieh.
	El-Keïdat.
	El-Aboïd.
Arabes de la vallée de Beka'a	El-Nemeïrat.
	El-Zereïkat.
El-Ssoleïb	
Ahl-el-Djebel	El-Ammour.
Arabes du Hauran	El-Feheïli.
	El-Serdié. (*Arab-el-Dhaher, Arab-el-Ouaked.*)
	Ahl-Djebel-Hauran. (*Schenabelé, El-Hassan, Haddié, El-Scherfat, El-Mezaid, Keni-Adham, El-Ssammarat, El-Kerad ou Kourdes, El-Raoufa, El-Gheiath.*)
Arab-el-Ledja	El-Szolout.
	El-Medledj.
	El-Selman.
	El-Dhoueïheré.
	El-Seïalé.
Arabes du Djolan.	El-Diab.
	El-Naïm.
	El-Harb.
	El-Ouosié.
	El-Menadheré.
	Béni-Kélab.
Arabes de Kanneteïra ou du Djebel-Heisch	El-Faddhal. (*El-Herouk, El-Adjrémié.*)
	El-Aoussié. (*El-Hama'sé, El-Bakaï'ra.*)
	El-Schoua'ie.
	El-Diab.

	El-Kébaré.
	El-Dja'ateïn.
	Beni-Rabia.
	El-Mcham-medat.
Arabes de Kanneteïra ou du Djebel-Heisch	El-Turkman. (*El-Nahaïat, El-Souadié.*)
	Beni-Az.
	El-Laheïb.
	El-Semaké.
	El-Berkeïat.
	El-Atbé.
	El-Ouaheïb.
	El-Zegherié.
	El-Seïa'd.
	El-Azzié.
	El-Habi-heia.
	El-Daheioua't.
	El-Arakié.
	El-Scherazil.
	El-Scham.
Arabes au sud du Djolan	El-Taouakka. (*El-Hakisch, El-Bersa'n, Beni-Zeïn, Beni-Zeïdan.*)
	El-Ka'abené. (*Beni-Zeheïr.*)
	El-Serhhan ou El-Serrhaeïn. (*Ibn-Ramlé, Ibn-Rafaé, Ibn-el-Baili, (El-Hebeïlei.)*)
Arabes du mont Belka'a	Beni-Aïssa.
	Beni-Hassan.
	Ibn-al-Gnanam.
	El-Hatabié.
	El-Abad.
	El-Adjeremé.
	El-Bedeïat.
	El-Djehaouasché.
	El-Aouathem.
	El-Scheïrat.
	El-Zefeïfa.
	El-Rescheïdé.
	El-Dadjé.
	El-Billi.
	El-Khanatelé.
	El-Meschalekha.
Arabes du Ghour.	El-Sekhour.
	El-Faout.
	El-Baschatoué.
	El-Ghezaouaié.
	El-Baouateïn.
	Beni-Fad.
	El-Mesoudi.
	El-Djermié.
	El-Taméré.
	El-Djelaheïn.
Arabes de Tor ou El-Touara	El-Soualeha. (*El-Aoulad-Saïd, El-Ouarené, El-Gheraschi, El-Rahami.*)
	El-Mezeïné.
	El-Aleïghat.

AHL-EL-KÉRLI, ou nations du sud.

Arabes-el-Kérak	El-Amer.
	El-Ssoleït.
	Beni-Hammeïdé.
Arabes du Djebel-Schéra	El-Hadjadjé.
	Beni-Naïm.
Arabes d'Akaba'-el-Schamié	El-Haoueïtat. (*El-O'mr'an, El-Dja'si, El-Mesk, El-Resaï.*)
	El-Schera'r'at. (*El-Kheïal, El-Lehaouai, Beni-Haueïni.*)
Beni-Schammar ou El-Djerba	El-Temeïat.
	El-Meniat.
	Ibn-Ghazi.
	El-Baïr.
	El-Fesiani.
El-Dhofir	
El-Zor	El-Akeïdat.
	Abou-Schaban.
	Beni-Saïd.
	El-Aouldé. (*Arab-el-Fahhel, Arab-el-Dendel.*)
	El-Sabkha.
	El-Bakara.
	El-Djebour.
	El-Deleïb.

CHINE.

Cavalerie tatare.

LIMITES, SUPERFICIE, POPULATION DE L'EMPIRE CHINOIS. — L'empire chinois s'étend sur l'Asie centrale et orientale. Ses limites sont : au nord, le Turkestan, la Sibérie, dont il est séparé par les monts *Sara-Tau, Schabinaoola, Sayansk, Targak-taigan, Gurbi-dabahn, Kentei Chanoola, Khingan Onon*, le cours de l'*Argoun*, depuis le fort russe d'Abagaitujewsk jusqu'à celui de Oust-Sterlinsk, et le cours de l'Amour, depuis ce point jusqu'à son embouchure en face la grande île de Tarakaï ; à l'est, la mer d'Okhostk, la mer du Japon, la mer Orientale et la mer de la Chine ; au sud, cette même mer, l'empire d'Annam, le royaume de Siam, l'empire des Birmans, l'Inde anglaise et ses dépendances ; à l'ouest, l'Inde anglaise et le Turkestan. La superficie de ce vaste empire est évaluée à environ 14 millions de kilomètres carrés, et sa population doit dépasser 400,000,000 d'habitants.

DIVISIONS GÉNÉRALES DE L'EMPIRE CHINOIS. — L'empire chinois comprend quatre grandes divisions. La première, non-seulement au point de vue de la puissance politique, mais encore à celui de la population, de la richesse et de la fertilité du sol, comprend la *Chine* proprement dite. C'est le siége permanent du gouvernement ; là résident les souverains, soit dans la capitale du Sud (Nanking), soit dans la capitale du Nord (Péking).

La deuxième classe est composée de trois grands États assujettis à la cour de Péking. Ce sont : la *Mandchourie*, la *Mongolie* et le *Si-yu* ou *Turkestan chinois*. La Mandchourie est la patrie de la dynastie actuellement régnante, qui est d'origine toungouse. Les Toungouses-Mandchoux constituent la noblesse militaire de l'empire chinois.

La troisième classe, inférieure aux autres, se compose des pays protégés appartenant à l'empire chinois. Ils n'ont reçu qu'en partie les institutions chinoises, comme le *Tibet*, le *Boutan*, le *Ladak* et d'autres petits pays au sud et à l'ouest.

La quatrième classe se compose du royaume de *Corée* et des îles *Licou-khicou*, qui sont à la fois tributaires de l'empire chinois et de l'empire du Japon.

ORDRE ADOPTÉ POUR LA DESCRIPTION DE L'EMPIRE CHINOIS. — Dans la description topographique qui va suivre, nous adopterons l'ordre purement géographique, et nous visiterons chacune des parties de l'empire chinois en nous dirigeant de l'occident vers l'orient.

Nous décrirons ainsi successivement : le Turkestan chinois et la Dzoungarie, la Mongolie, la Mandchourie, la Corée, le Tibet et le Boutan, la Chine proprement dite.

TURKESTAN CHINOIS

ou

THIAN-CHAN-NAN-LOU.

LIMITES, SUPERFICIE. — La contrée appelée improprement la *Petite-Boukharie*, et connue aussi sous les noms de *Turkestan chinois* et de *Turkestan oriental*, a reçu encore celui de *Tourfan*, de l'une de ses villes ; mais les Chinois la nomment, à cause de sa

1

Paris. — Typographie de Henri Plon, imprimeur de l'Empereur, 8, rue Garancière.

situation par rapport aux monts Célestes, *Thian-chan-nan-lou*, c'est-à-dire pays au sud des monts Célestes. Elle est bornée au nord par la Dzoungarie, à l'est par la Mongolie et par le pays des Mongols du Khoukou-noor, au sud par le Tibet, et à l'ouest par les monts Bolor, qui la séparent de la Grande-Boukharie ou du khanat de Boukhara. On lui donne environ 1,800 kilomètres de longueur de l'ouest à l'est, 800 dans sa plus grande largeur du nord au sud, et 120,000 kilomètres carrés de superficie. Dans cette vaste étendue se trouve compris le désert de *Gobi* ou de *Chamo*.

MONTAGNES, RIVIÈRES. — Cette contrée, entourée presque de tous côtés par des chaînes de montagnes, forme une sorte de plateau, une suite de plaines sablonneuses élevées de 2,000 à 2,500 mètres au-dessus du niveau de l'Océan. Ces plaines sont sillonnées par des rivières qui se perdent dans des sables ou dans des lacs. La principale est le *Yarkand* ou *Yarkiang*, qui prend sa source au point de jonction des monts Bolor et Tsoungling; elle reçoit le *Kachghar*, qui a plus de 800 kilomètres de cours, et le *Khotan* ou *Youroung-Khachi*, qui est moitié moins long et qui se forme de trois rivières dont l'origine est dans les monts Mouztagh ou *monts de glace*, au nord, et dans une région riche en jade, minéral appelé *yu* par les Chinois : de là les noms de *yu blanc*, *yu noir* et *yu vert* que portent ces trois branches. Après s'être grossi des eaux du Kachghar et du Khotan, le Yarkand prend le nom de *Tarim*, sous lequel, après un cours de plus de 1,200 kilomètres, il se jette dans le lac de *Lob* ou *Lob-noor*, qui paraît être le réceptacle de plusieurs autres rivières. Ce lac, situé entre 40 et 41 degrés de latitude septentrionale, et entre 86 et 88 degrés de longitude orientale, a 80 à 100 kilomètres de longueur de l'est à l'ouest, et 40 à 50 de largeur. Marco-Polo rapporte que les caravanes qui se rendent de Kachghar à la Chine s'arrêtent près de ce lac avant de traverser le désert de Cobi.

On assure que les montagnes qui forment les limites naturelles du Turkestan chinois renferment des pierres précieuses, de l'or et de l'argent; mais les habitants ignorent ou dédaignent l'art de les exploiter : ils se contentent de recueillir l'or des dépôts d'alluvion qui se forment dans le lit des rivières, et qui paraissent y être amenés par les torrents à l'époque de la fonte des neiges. Ils transportent cet or en Chine ou à Tobolsk en Sibérie.

CLIMAT, PRODUCTIONS NATURELLES. — Les vents sont très-fréquents dans le Turkestan oriental au printemps et en été, mais ils ne sont pas violents; ils ne soulèvent pas le sable et ne déracinent point les arbres, ils font seulement tomber les feuilles des trembles, des saules, des pêchers, des abricotiers, des pruniers, des poiriers et des pommiers de différentes espèces que le pays produit. Aussitôt que les vents commencent à souffler, les arbres fruitiers se couvrent de fleurs et les fruits mûrissent. Les autres arbres alors verdissent également et répandent bientôt leur ombrage sur la campagne. Lorsque les vents cessent, des brouillards les remplacent et arrosent la terre comme une rosée bienfaisante. La pluie cause dans ces contrées des effets très-nuisibles; elle y est rare, mais si elle tombe, même en petite quantité, pendant le temps que les arbres sont en fleurs, elle les fane; si elle tombe abondamment, les arbres paraissent comme couverts d'huile, et ils ne portent pas de bons fruits.

Ajoutons que le sol est gras et chaud, et conséquemment fertile; que les habitants arrosent leurs champs au moyen de canaux d'irrigation, que la terre se prête à la culture de toutes sortes de grains et de légumes; qu'ils cultivent le blé, le riz et le coton, ainsi que l'orge et le millet, qui ne sont employés que pour en extraire de l'eau-de-vie ou pour nourrir le bétail. Aussitôt que le printemps a fondu les glaces des lacs et des étangs, on conduit l'eau dans les champs; dès que la terre est bien imbibée, on laboure et on sème. Quand la jeune plante a quelques centimètres de hauteur, on conduit l'eau pour la seconde fois dans les champs. On laisse croître les mauvaises herbes parmi le blé, parce qu'on pense qu'elles en maintiennent la tige fraîche. La pluie ne convient nullement au sol : si elle n'est pas forte, le grain donne peu de farine; si elle est forte, les champs se couvrent de sulfate de soude, et toute la récolte est perdue. La culture des cucurbitacées est très-répandue : on compte dans le Turkestan chinois plusieurs espèces de melons, dont quelques-uns sont excellents, et dont d'autres ont l'avantage de se conserver très-longtemps sans perdre de leur saveur.

Le règne animal y est assez varié : les serpents et les scorpions y sont fort communs, ainsi qu'une arachnide qui n'est pas moins dangereuse, et qui paraît se rapporter au *phalangium aranoïdes :* sa piqûre passe pour être mortelle. Les montagnes et les steppes sont peuplées de chevaux sauvages, de chameaux, de bœufs vigoureux et féroces, dont la chasse offre beaucoup de danger; car si le chasseur ne tue pas l'animal du premier coup de fusil, il risque d'être victime de sa fureur. Les montagnes sont le refuge d'un grand nombre de chacals aussi grands que des loups, et si redoutables que les tigres n'osent pas se montrer dans les lieux que fréquentent ces animaux. Le pays nourrit aussi beaucoup d'*argalis*, moutons à

grosse tête et à longues cornes tortillées. Les habitants ne mangent pas leur chair, mais emploient leur peau pour se garantir du froid.

Un produit animal qui joue un grand rôle dans le *Thian-chan-nan-lou* est le bézoard, que les habitants appellent *yada-tagch*. C'est une concrétion solide qui varie de grosseur et de couleur, et que l'on trouve dans le corps des vaches, des chevaux et des cochons. Un habitant veut-il obtenir de la pluie, il attache le bézoard à une perche de saule qu'il pose dans de l'eau pure; désire-t-il du vent, il met le bézoard dans un petit sac qu'il attache à la queue de son cheval; enfin souhaite-t-il avoir un temps frais, il attache le bézoard à sa ceinture. Ce préjugé attaché à la vertu du bézoard est tellement répandu dans le pays, qu'il n'est pas un habitant qui se mette en voyage sans se munir d'une de ces concrétions animales : c'est la partie la plus essentielle du bagage.

HISTOIRE, ANCIENS HABITANTS. — Ce fut en 1758 que le Turkestan oriental tomba au pouvoir du puissant empereur Khian-loung, qui en fit une province de l'empire chinois sous le nom de *Thian-chan-nan-lou*, c'est-à-dire *province au sud des montagnes Célestes*. On le nomma aussi *pays de la nouvelle frontière*. Il fut d'abord divisé en huit principautés tributaires; mais les habitants, supportant impatiemment le joug chinois, levèrent plus d'une fois depuis ce temps l'étendard de la révolte; en 1826, sous la conduite d'un chef nommé *Chang-ki-rih*, ils remportèrent même plusieurs avantages sur les armées chinoises; mais ils finirent par être entièrement soumis, et le pays fut divisé en dix principautés annexées à l'empire.

Depuis les temps les plus reculés, ce pays était gouverné par des princes indépendants qui portaient le titre de *khodjô* ou *khadja*, titre qui signifie, selon M. Klaproth, *seigneur*, *maître*, *docteur*. Mais peu unis entre eux, ils furent souvent assujettis par les peuples voisins : d'abord par les Mongols, plus tard par les Dzoungares, et enfin par les Mandchoux devenus maîtres de la Chine. Les habitants du Thian-chan-nan-lou sont pour la plupart descendants des anciens *Ouïg-ours*, nommés *Hoei-hou* et *Hoei-hoei* par les Chinois, c'est-à-dire qu'ils sont d'origine turque. Les autres, qui s'y trouvent dispersés comme négociants, sont des *Sarti* ou *Boukhares*, c'est-à-dire d'origine persane. Les *Hoei-hoei* sont depuis longtemps attachés au mahométisme. Ils se servent pour écrire de caractères dérivés de l'ancien alphabet sabéen. L'origine et la langue du peuple qui l'habite sont donc les principaux motifs qui ont fait donner à ce pays le nom de Turkestan chinois.

DIVISIONS POLITIQUES. — Les dix principautés qui divisent la contrée portent les noms de leurs chefs-lieux, et ceux-ci sont à peu près les seules villes que l'on puisse y citer, et qui sont toutes à de grandes distances les unes des autres.

PRINCIPAUTÉ D'AKSOU. — Au pied des monts Célestes et vers le nord du Turkestan chinois se trouve la principauté d'*Aksou;* sa capitale porte le même nom; c'est là que réside le commandant des troupes de toute la province. Cette ville est peu éloignée de la frontière septentrionale; elle n'est point fortifiée, mais elle doit être considérable, puisqu'elle renferme 6,000 maisons. Il s'y fait un grand commerce entre plusieurs nations qui s'y rendent à différentes époques, telles que les Chinois, les Kirghiz, les Boukhares, les Hindous, les Tibétains et les Cachemiriens. On y travaille avec soin le jade, et l'on y fabrique des selles et des brides en cuir de cerf brodé, qui jouissent d'une grande réputation. Les campagnes environnantes sont très-fertiles : les champs sont couverts de céréales et de légumes; les vergers sont remplis d'arbres fruitiers de toute espèce : la vigne y enlace tour à tour les branches de l'abricotier, du pêcher, du grenadier, du poirier et du pommier; les prairies sont couvertes de bêtes à cornes, de chameaux, de chevaux et de moutons.

PRINCIPAUTÉ D'OUCHI. — A 92 kilomètres à l'ouest d'Aksou, *Ouchi*, autre chef-lieu de principauté, est adossé aux montagnes du nord; une rivière assez large baigne sa partie septentrionale; les étrangers qui viennent y faire le commerce sont assujettis à payer un droit du dixième, en nature, de la valeur des marchandises qu'ils y apportent. Cette ville peut avoir 3 à 4,000 âmes. Du temps des Dzoungares elle était plus peuplée et plus florissante. Elle possède encore un hôtel des monnaies où l'on frappe principalement des pièces de billon nommées *pouls*, qui contiennent un peu plus de deux parties d'argent, et d'autres monnaies nommées *khara-pouls* ou monnaies noires, faites en cuivre jaune avec 1 d'argent. Depuis 1775, les Chinois ont changé le nom de cette ville en celui de *Young-ning*, suivant M. Timkowski, et selon d'autres en celui de *Fou-ping*; on l'appelle aussi *Fou-hoa*. Son territoire s'étend vers le nord jusqu'aux glaciers; au sud, des rivières paisibles arrosent des vallées fécondes parsemées de bouquets de saules. Des Kirghiz nomades parcourent ces vallées et les plaines qui les avoisinent.

PRINCIPAUTÉ DE KACHGHAR. — La principauté de *Kachkar* ou *Kachghar* se trouve à l'ouest de la précédente; elle forme de ce côté l'extrême frontière de l'empire chinois; elle touche, au nord, à la chaîne des montagnes Neigeuses. Le Kachghar est la principale rivière qui l'arrose. Marco-Polo, qui la visita vers la fin du treizième siècle, nous donne une idée de ce qu'elle était à cette époque; il nous la représente couverte de villes et de châteaux, de jardins et de belles terres qui produisent de bon raisin, dont on fait du vin; il y a d'autres fruits en abondance. On y cultive le coton, le lin et le chanvre.

Le général chinois qui fit la conquête de ce pays en 1759 trouva que le sol était maigre; les habitants étaient avares, et menaient une vie frugale: la province renfermait 60,000 familles, 17 villes, 1,600 villages et hameaux; mais il est possible qu'il ait voulu parler de toute la Boukharie, qui a porté le nom de royaume de Kachghar. La ville du même nom, autrefois la résidence des khans de la Boukharie orientale, compte, selon ce général chinois, 2,500 familles. Elle est bâtie en briques.

La ville de *Kachghar* est construite près d'une citadelle; d'après les renseignements de M. Timkowski, il paraîtrait qu'elle est peu peuplée, c'est-à-dire qu'elle n'a que 16,000 habitants; mais d'autres renseignements nous portent à lui en accorder plus du double, sans compter une garnison que l'on peut évaluer à 10,000 hommes, et dont une partie occupe la citadelle. La classe des négociants y est fort riche et adonnée aux plaisirs; on y trouve un grand nombre de cantatrices et de danseuses habiles; dans les maisons opulentes, il est même du bon ton d'en élever et d'en entretenir. La douane de Kachghar prélève sur les marchandises les mêmes droits qu'à Aksou. La ville est soumise à une contribution annuelle de 3,600,000 pouls, ou environ 288,000 francs, et à 14,000 sacs de blé pour l'entretien de la garnison. Les habitants sont fort habiles dans l'art de tailler et de travailler le jade, et dans la fabrication des étoffes d'or. Cette ville est éloignée de 1,000 li ou de 400 kilomètres d'Aksou. Elle fut la capitale d'un royaume puissant qui appartint à des princes de la race de Djenghiz-Khan, et qui comprenait le Khotan. La principauté dont elle est le chef-lieu renferme neuf autres villes généralement peu importantes. Son territoire est fertile en céréales et en fruits de différentes espèces, dont une partie sert pour payer les impôts à la cour de Péking.

PRINCIPAUTÉ D'YARKIANG.

PRINCIPAUTÉ D'YARKIANG. — La principauté d'*Yarkiang*, dont le nom se prononce *Yarkand*, est située au sud-est de celle de Kachghar. C'est un pays généralement uni, arrosé par la rivière d'Yarkiang, et qui produit en abondance du froment, de l'orge, du riz, du lin, et des fruits exquis. On y cultive beaucoup de mûriers pour la nourriture des vers à soie. On y élève aussi des chevaux d'une race très-renommée dans l'empire chinois. Les peuples du *Barcan*, dit Marco-Polo, sont habiles artisans; mais ils ont, pour la plupart, les jambes gonflées de gros goîtres, ce qui vient de la qualité des eaux qu'ils boivent.

Yarkiang ou *Yarkand* est une des plus grandes villes du Turkestan chinois; elle en était autrefois la capitale. La rivière du même nom l'arrose. On y compte 12,000 maisons et 32,000 habitants payant l'impôt; mais on prétend que la huitième partie seulement est inscrite sur les rôles. Elle a le rang de place de guerre, bien qu'elle ne soit entourée que d'un rempart en terre et d'un fossé. Sa garnison, composée de 4,500 hommes, habite un quartier séparé. On y voit un beau palais, un bazar de 4 kilomètres de longueur et une dizaine de collèges. De nombreuses manufactures d'étoffes de soie, de coton, de lin et de magnifiques tapis, ainsi qu'un commerce qui attire des marchands de tous les points de l'empire et de l'Inde, contribuent à entretenir le luxe et l'opulence.

C'est dans cette ville que l'art de travailler le jade occupe le plus de bras. C'est aussi dans les environs de cette ville que l'on trouve en abondance cette matière précieuse, tellement estimée des Chinois que le gouvernement seul en a le monopole. Une rivière voisine qui descend des montagnes roule des morceaux de cette substance qui ont depuis six centimètres jusqu'à trente de diamètre: tous ont leur valeur, selon leur grosseur ou leur couleur. Il y a du jade blanc, vert clair, vert d'émeraude, jaune de cire, rouge vermillon ou noir foncé; les variétés les plus rares sont le jade blanc de neige marbré de rouge, ou le vert veiné d'or. La pêche du jade se fait dans la rivière en présence d'un inspecteur et d'officiers à la tête d'un peloton de soldats. Vingt à trente plongeurs rangés en ligne se mettent à l'eau, et à chaque morceau de jade qu'ils jettent sur le rivage, les officiers font frapper un coup de tambour et font une marque rouge sur une feuille de papier; lorsque les recherches sont terminées, l'inspecteur se fait représenter le nombre de morceaux qui ont été inscrits. La ville d'Yarkand envoie chaque année à la cour de Péking 4 à 6,000 kilogrammes de jade.

PRINCIPAUTÉ DE KHOTAN.

PRINCIPAUTÉ DE KHOTAN. — La principauté de *Khotan* ou *Khotian* se trouve à l'est-sud-est de la précédente. Elle a, selon Marco-Polo, huit journées de marche en étendue; on y cultive le coton, le lin, le chanvre, le blé, la vigne et autres végétaux; les habitants sont industrieux et braves à la guerre.

Le nom sanskrit de cette principauté est *Khou-stana*, qui signifie

mamelle de la terre. Les Chinois l'appellent *Yu-thian*, c'est-à-dire *pays du Yu ou du Jade*. Elle est bornée au sud par les monts Koulkoum: on voit quelques montagnes dans son intérieur, mais en général c'est un pays de plaines, la plupart sablonneuses. Sa circonférence est d'environ 400 kilomètres. La plus considérable des nombreuses rivières qui l'arrosent est le Khotan ou Youroungkhachi. Le climat de ce pays est doux, mais les vents qui élèvent souvent des tourbillons de sable dans les airs y sont fort incommodes. Les parties cultivées produisent en abondance des céréales, des légumes, des fruits. L'éducation des vers à soie y est une des principales branches d'industrie. Le nom chinois de ce pays annonce sa richesse en jade; on dit que le mont *Mirdjaï* en est entièrement formé; ce minéral s'y présente sous les couleurs les plus variées; mais c'est au sommet de la montagne que se trouve la qualité la plus estimée: un ouvrier muni d'outils nécessaires escalade les rochers, en détache les morceaux de jade et les laisse rouler en bas.

Khotan, que l'on appelle aussi *Hotaen* ou *Ilitchi*, ville célèbre depuis longtemps par son musc, ses jardins, et la beauté de ses habitants, est, selon les annales de la Chine, importante par sa population, et comme résidence d'un gouverneur chinois. Elle a une garnison de 200 à 300 hommes. Le peuple s'y fait remarquer par la douceur de ses mœurs, sa droiture et son amour pour le travail. *Khotan*, qu'il ne faut pas confondre avec la précédente, était jadis florissante, et ne montre plus que de grandes ruines, au milieu desquelles s'élèvent des habitations. Il s'y tient chaque semaine une foire, où près de 20,000 personnes se rassemblent des environs.

PRINCIPAUTÉ DE KOUTCHÉ.

PRINCIPAUTÉ DE KOUTCHÉ. — La principauté de *Koutché* est très-vaste; comme elle s'étend jusqu'au nord du Turkestan chinois, elle est en partie montagneuse, les monts Mouztagh ou Thianchan forment sa frontière septentrionale. Elle est située à l'est de celle d'Aksou. Elle comprend des plaines fertiles et bien cultivées; mais comme dans plusieurs il ne pleut presque jamais, on y supplée par des canaux d'irrigation, exécutés avec beaucoup de soin. On trouve dans les montagnes du nord des vallées couvertes de riches pâturages, mais inhabitées, où vivent en grand nombre des bestiaux à l'état sauvage et des bêtes féroces. Au sud, il y a des steppes arides et des marais qui s'étendent jusqu'au lac Lob. Dans une description de l'Asie centrale, publiée à Péking en 1777, on lit ce qui suit: « La province de Koutché produit du cuivre, du salpêtre, du soufre et du sel ammoniac. Cette dernière substance vient d'une montagne au nord de la ville de Koutché, qui est remplie de cavernes et de crevasses. Au printemps, en été et en automne, ces ouvertures sont remplies de feu, de sorte que pendant la nuit la montagne paraît comme illuminée par des milliers de lampes. Alors personne ne peut s'en approcher. Ce n'est qu'en hiver, lorsque la grande quantité de neige a amorti le feu, que les indigènes travaillent à ramasser le sel ammoniac, et pour cela ils se mettent tout nus. Ce sel se trouve dans les cavernes sous forme de stalactites, ce qui le rend difficile à détacher. »

C'est donc dans la province de Koutché qu'existe une partie de la région volcanique dont nous avons déjà parlé; c'est là que se trouve la montagne que les auteurs chinois nomment *Pé-chan* (mont blanc), *Hochan* et *Aghie* (montagne de feu), et qui porte aujourd'hui le nom turc d'*Echik-bach* (tête de chamois). Un écrivain chinois du septième siècle dit que cette montagne vomit sans interruption du feu et de la fumée; que sur une de ses pentes, toutes les pierres brûlent, fondent et coulent jusqu'à la distance de quelques kilomètres.

La ville de *Koutché* ou *Koutcha* portait autrefois le nom de *Khouei-tchéou:* elle est considérée comme la clef du Turkestan chinois; sa forme est un carré long dont le périmètre est de 4 kilomètres; elle est environnée d'une muraille percée de quatre portes munies chacune d'une tour. C'est la résidence d'un gouverneur militaire chinois, et d'un *azeinbek*, magistrat civil, choisi parmi les indigènes. Elle renferme un millier de familles et une garnison de 3 à 400 hommes.

PRINCIPAUTÉ DE KHARACHAR.

PRINCIPAUTÉ DE KHARACHAR. — C'est à l'est de celle de Koutché que s'étend la province de *Kharachar*, en mongol *Kharachara*. Nous pensons que c'est probablement cette province que Marco-Polo désigne sous le nom de *Ciarchian*, qu'il représente comme un pays sablonneux où l'on trouve des eaux amères et quelques eaux douces qui charrient des jaspes et des calcédoines, et d'où il alla à Lop, ville qui n'existe plus ou qui est remplacée par un bourg que l'on voit sur le bord du lac de ce nom (1). Dans

(1) Les manuscrits français portent *Ciarcian*, dont la première lettre est tantôt un S et tantôt un C; les manuscrits latins *Ciarchiam*, *Ciarciam* et *Ciarchian*; et les manuscrits italiens *Ciarciám* et *Ciarciom*. Voici le passage du texte français:

« Ciarcian est une prôvence de la grant Turchie entre grec et levant. Les jens aorent Maomet. Il hi a viles et chastiaus assez, et la mestre cité d'où règne est Ciarcian. Il y a fluns qe moinent diaspes et calcedon, les qualz portent à vendre au Cata, et no ne

quelques parties, de riches pâturages, infestés il est vrai de bêtes sauvages, semblent inviter à la vie nomade; d'autres, par leur fertilité, tels que les bords de la rivière du *Khaïdou*, favorisent la vie sédentaire. Cependant, depuis que les Chinois s'en sont emparés, ce pays est presque devenu désert. La ville de *Kharachar* ou *Kharacher* n'a qu'un kilomètre de circonférence. On y entretient une garnison de 600 hommes pour sa défense et pour l'exploitation des champs du domaine impérial. La population y est ignorante et abrutie par une foule de vices; les hommes sont sans morale et sans bonne foi, et les femmes sans pudeur; elles font même abnégation de ce sentiment maternel que la nature s'est plu à enraciner au fond du cœur des femmes: rien n'est plus commun que de voir des mères vendre leurs enfants à des Tatars qui vont les revendre à des marchands du Badakhchan.

PRINCIPAUTÉ DE TOURFAN. — Il est difficile de décider si, comme le prétendent quelques géographes, *Pidjan* ou *Pidchan* est le chef-lieu d'une principauté, ou si, comme le dit M. Timkowski, cette ville, qui fut autrefois la capitale des Ouigours, est aujourd'hui dans la principauté de *Tourfan* ou *Tourpan*, qui, selon ce voyageur, serait considérable, puisqu'elle comprendrait dans son territoire non-seulement *Pidchan*, mais *Lemtsin*, *Seghim*, *Toksoum* et *Khara-hhodjo*, villes qui renferment chacune 3,000 familles et qui ont conservé le droit d'être gouvernées par le prince ou khodjo de Tourfan, tandis que les autres cités du Thian-chan-nan-lou sont administrées par des officiers chinois. Cette province est une des plus riches en céréales, en fruits, en raisins et en cotons; au sud, on trouve des steppes où paissent des chevaux et des chameaux sauvages; mais la partie septentrionale est désolée par des ouragans si violents, que souvent ils enlèvent des moutons et même des ânes. C'est sur la limite de cette province, les monts Mouztagh ou Thian-chan, que l'on voit le volcan de Tourfan, à 6 kilomètres de la ville de ce nom : il ne rejette point de laves comme le Pé-chan; il est seulement réduit à l'état de solfatare; il s'en exhale continuellement des vapeurs qui s'élèvent sous la forme d'une colonne noire qui, la nuit, paraît tout en feu. La ville de *Tourfan* semble être la plus peuplée de toutes celles de la principauté.

Cette ville est sans doute le *Tarsæ* (*Tarfo*) dont parle le roi Haïton, et qu'il désigne comme étant la capitale du florissant empire des Iogours.

« L'empire de Tarsæ, dit Haïton, a trois provinces, dont les souverains se nomment rois. Les habitants sont appelés *Iogours;* ils s'abstiennent de boire du vin et de manger quoi que ce soit qui ait eu vie; ils cultivent beaucoup de blé, mais n'ont point de vignes. Leurs villes sont très-agréables, et contiennent un grand nombre de temples où l'on adore les idoles; ils cultivent les arts et les sciences, mais ne sont pas propres à la guerre; ils ont une manière d'écrire qui leur est particulière, mais qui a été adoptée par tous leurs voisins (1). »

PRINCIPAUTÉ DE SAÏRAM. — *Saïram*, ville peu peuplée, située dans une vallée fertile, mais froide, parce qu'elle est au milieu des montagnes, paraît être le chef-lieu d'une petite principauté riche en cuivre, en fer et en salpêtre.

PRINCIPAUTÉ DE KHAMIL. — Il ne nous reste plus à parler que d'une seule province : c'est celle de *Khamil*, la plus orientale de tout le Turkestan chinois, et l'une des moins étendues. C'est ce même pays que des voyageurs nomment *Hamil* ou *Chamul* et qu'ils représentent comme environné de déserts. Le climat y est assez chaud en été. Le terrain n'y produit guère que des melons et des raisins; mais les premiers surtout sont d'une excellente qualité : ils se conservent pendant l'hiver; on les sert sur la table de l'empereur de la Chine. On voit dans ce pays des carrières d'agates et des dépôts d'alluvions contenant des diamants. Les habitants, robustes et grands, bien logés et bien vêtus, suivent généralement la religion mahométane. Du temps de Marco-Polo, ce peuple était idolâtre; il les peint comme de bons et joyeux sauvages, riches des produits de leur sol et occupés à chanter et à danser. Lorsqu'un étranger, ajoute-t-il, arrive dans leur pays et qu'il désire se loger

chez l'un d'eux, celui dont il a choisi la maison enjoint à sa femme, à ses filles et à ses parentes de satisfaire en tout les désirs de l'étranger. Le mari abandonne son habitation, cherche dans la ville tout ce qui peut contribuer à l'amusement de son hôte, et ne rentre chez lui qu'après le départ de celui-ci. Pendant ce temps, l'heureux voyageur jouit de tous les droits du maître de la maison. Mangoukhan voulut en vain abolir cette coutume singulière; les habitants la regardent comme un précepte de religion, et s'imaginent qu'en l'abandonnant ils exposeraient leurs champs à être frappés de stérilité (1). *Khamil* est une forteresse dont les faubourgs, à l'époque du passage des caravanes, présentent l'aspect et le mouvement d'une ville importante.

Tels sont les renseignements que l'on possède sur le Turkestan chinois. Nous aurions pu nommer un plus grand nombre de villes, telles que *N'gan-si-fou*, considérée comme cité de premier ordre; *Yu-men-hian* et *Toung-honang-hian*, villes du troisième ordre, ainsi que plusieurs autres, sur lesquelles on n'a que des détails incertains. Ajoutons seulement que la population de toute la contrée est évaluée par les Chinois à 1,500,000 habitants.

MŒURS DES HABITANTS DU TURKESTAN CHINOIS. — Jetons maintenant un coup d'œil sur les mœurs des *Hoei-tsu* ou habitants du Turkestan chinois. Ils parlent la langue turque et professent la religion mahométane. Leur carême est très-rigoureux : après le lever du soleil, il est défendu aux individus des deux sexes âgés de plus de dix ans de manger ni de boire; quelques-uns même, et ce sont ceux qui passent pour les plus religieux, s'abstiennent d'avaler leur salive; mais ils rejettent le précepte du Coran relatif au vin et aux liqueurs spiritueuses et fermentées : ce n'est que pendant le carême que l'on est sûr de ne point rencontrer le soir des hommes et même des femmes ivres. Ils ont, pour satisfaire leur intempérance, non-seulement le vin de raisin, qui est en général très-bon, mais celui qu'ils font avec des pêches ou avec des mûres, une espèce de bière appelée *baksoum* qu'ils obtiennent du millet moulu, et une eau-de-vie nommée *arak* qu'ils tirent de l'orge et du millet. Cependant l'usage du thé est général; on le prend à différentes heures du jour, et presque toujours avec du lait, du beurre et du sel.

A l'exception des alliances entre les pères et mères et leurs enfants, le mariage est permis dans tous les degrés de parenté. Les époux qui ne vivent pas bien ensemble ont recours au divorce; si c'est la femme qui abandonne son mari, elle ne peut rien emporter de la maison; si c'est le mari qui demande la séparation, elle a le droit de prendre tout ce qu'elle désire. Les morts sont enterrés hors des villes, sans autre enveloppe qu'un linceul; les parents du défunt portent en signe de deuil un bonnet de toile blanche.

Les hommes rasent leurs cheveux et laissent croître leur barbe; leurs robes ont un grand collet, des manches étroites, ne descendent pas au-dessous du mollet, et sont attachées avec une ceinture. Les femmes portent de grandes boucles d'oreilles, laissent flotter sur leurs épaules leurs cheveux en longues tresses, que les plus riches ornent de perles fines et de pierres précieuses. Elles portent comme les hommes de larges pantalons, par-dessus lesquels elles mettent une sorte de camisole qui descend jusqu'aux genoux, et que recouvre une longue robe ouverte. En hiver et en été elles se coiffent de chapeaux garnis de fourrure et ornés de plumes sur le devant. Les hommes se servent en hiver de chapeaux de cuir, et en

---

« grant profit, car il en ont assez et bones, et toute ceste provence
» est sablun, et de Cotam à Pen est aussi sablon, et da Pen ici est
» encore sablon, et hi a mantes aiges mauvés et amères. Et encore
» hi a en plosors leus aigues doces et bones. Et quant il avint que
» hoste passe por la contrée, il que soient enesus, il fuient con lor
» femes et con fils et con lor bestes entre le sablon deus journée ou
» trois en leus où il savent que aie aigue et qu'ils peussent vivre
» con lor bestes, et li voz di que nulz poit apercevoir là o il soient
» alés, por ce que le vent covre les voies dont ils sunt alés de sablon,
» si que ne apert dont il soient alés et ne semble que por iluec alast
» unques home ne beste, en celle mainere etschanpent de lor en-
» nemis con je voz ai dit. » — *Marco-Polo*, chap. LVI.

(1) Haïton, *Hist. orient.*, c. 2.

---

(1) « Ils sunt homes de grant seulas, car il ne entendent à autre
» couse for che à soner estromens et à chantere et à baller, et à
» prendre grant délit à lor cors. Et voz di que se un forester li vient
» à sa maison por hebergier, il en est trop liés. Il commande à sa
» feme qu'elle face tout ce que le forestier vuelt, et il se part de sa
» maison et vait à fer sez fait et demore, deus jor ou trois, et le
» foster demore avec sa feme en la maison et fait à la volunté et jue
» con elle en un lit ousi come elle fusse sa feme et demorent en
» gran seulas. Et tuit celz de ceste cité et porvence sunt ainsi de
» lor feme, mès je voz di qu'il ne le se tienent à vergogne. Et les
» femes sunt beles et gaudent et de soulas. On avint que au tens
» que Mongu Chan sire des Tartarz regnoit, adonc li fu denunsiés
» comant cels de Camul fasoient ensi avoutrer lor femes as forestier,
» e cel Mongu mande elz comandant sont grant poine que il ne
» deusent herbergier les forestiers. Et quant cel de Camul ont eu
» cest conmandement, il en furent mout dolés, et adonc furent à
» consoil, et consielent et font ce que je voz dirai : car ils pris-
» trent un grant present et l'aportent à Mongu, et le prient que il
» le laisase fere les usanse de lor femes, que lor ancesteté avoient
» elz laissés, et li dient com lor ancesteté avoient dit que por le
» plaisir qu'il as forestieres de lor fames et de lor cosses que lor
» ydres (idoles) l'avoient à grant bien et que lor blée et lor labor
» de terre en molteplio asez. Et quant Mongu Khan entendi ce, il
» dit puis que voz volés vostre honte et vos laies, et adonc consent
» qu'ils faichent lor volonté, et voz di que toutes foies ont-il man-
» tenée cette uzance, et mantinent encore. » *Marco-Polo*, chap. LIX.

été de chapeaux de satin cramoisi, garnis en velours et hauts de 15 à 20 centimètres, avec un rebord pointu devant et derrière, et large aussi de 15 à 20 centimètres. Les bords des chapeaux d'hommes sont droits; ceux des femmes sont un peu retroussés; les uns et les autres sont ornés d'une houppe en or. Les hommes portent des bottes en cuir rouge avec des talons en bois; les femmes ont des espèces de pantoufles qui laissent le talon à découvert; pendant l'été elles vont souvent pieds nus. Les prêtres seuls sont coiffés de hauts turbans en mousseline blanche.

Les murs des maisons sont en terre, et ont un mètre à un mètre et demi d'épaisseur; le toit est couvert de roseaux. Quelquefois les habitations ont plusieurs étages; assez souvent elles sont rondes; si l'espace le permet, on y construit une chapelle. Les rues des villes sont extrêmement tristes, parce que les maisons n'ont pas de fenêtres ou n'en ont que de très-petites, par la crainte qu'inspirent les voleurs, qui sont très-nombreux dans le pays. Elles sont éclairées principalement par des ouvertures que l'on fait au plafond. Les toits sont plats pour pouvoir servir de terrasses.

→→→➺➾◖◖⟵←

DZOUNGARIE
ou
THIAN-CHAN-PÉ-LOU.

DZOUNGARIE OU THIAN-CHAN-PÉ-LOU. — La contrée que l'on continue à appeler *Dzoungarie*, comme si la tribu d'Éleuthes ou Kalmouks nommés *Dzoungares* était encore indépendante, porte, depuis qu'elle est devenue une province chinoise, le nom de *Thian-chan-pé-lou*, c'est-à-dire gouvernement au nord des monts *Thian-chan*. A l'ouest, les monts Ala-tau et Tarbagataï la séparent des Bouroutes et des Kirghiz-Kazaks de la droite, ou de la grande horde; à l'est, la branche du Grand-Altaï, qui se dirige au sud-est, les monts *Koutou-daba*, *Gourbi-daba*, *Sourbi-daba*, *Bodokhoun-daba*, et *Bogotsi-daba*, forment sa limite avec la province de *Khalkha*. Au sud elle est limitrophe du Turkestan chinois. Au nord elle est bornée par le territoire des Kirghiz-Kazaks et par la Sibérie.

ANIMAUX DE LA DZOUNGARIE. — La Dzoungarie est riche en animaux de différentes espèces, tels que des sangliers, des ours noirs et jaunes, des *saïga* (*antilope scythica*), des élans, appelés en mongol *kandakhaï*, qui vont par troupes de cent; un oiseau noir, de la grosseur d'une poule, qui, parce qu'il se perche toujours, pour dormir, sur la cime des arbres, a reçu le nom de poule des arbres, et dont la chair est d'un goût exquis; enfin, une espèce de corneille toute verte comme un perroquet et dont les plumes servent à faire des écrans. Les rivières nourrissent un grand nombre de loutres et de castors que l'on va rarement troubler dans leurs industrieux travaux, et plusieurs grands poissons, entre autres une espèce d'esturgeon appelé *secziouga*.

HISTOIRE DE LA DZOUNGARIE. — A une époque très-reculée la Dzoungarie fut occupée par les *Ou-sun*, peuple qui se distinguait des nations voisines par des yeux bleus et une barbe rousse. Ces Ou-sun habitaient ordinairement avec les *Yue-ti*, à l'ouest du cours supérieur du Hoang-ho et de la province chinoise de Kansou, lorsque, 165 ans avant notre ère, les Turcs *Hioung-nou*, qui campaient au nord de la Chine, dispersèrent les Yue-ti, qui se réfugièrent au nord des monts Thian-chan, dans la Dzoungarie actuelle. Leurs anciens voisins, les Ou-sun, les y rejoignirent bientôt, les chassèrent plus à l'ouest, et s'emparèrent du pays qu'ils occupaient. A la fin du premier siècle de notre ère, l'empire des Turcs Hioung-nou fut détruit par les Chinois, et la moitié de cette nation se retira dans la partie sud-ouest de la Dzoungarie, où elle porta le nom de *Yue-po*; mais elle alla bientôt camper dans la steppe des Kirghiz, laissant les Ou-sun maîtres de la Dzoungarie. Dans la seconde moitié du sixième siècle, ce pays fut envahi par les Turcs Kaotchhé; à ceux-ci succédèrent les *Thou-khiu*, ou Turcs proprement dits, qui occupèrent la contrée pendant plusieurs siècles, en s'unissant plus tard aux *Hoei-hou*, autrement *Ouigours*, qui y restèrent jusqu'à l'époque de la grandeur des Mongols sous Djenghiz-Khan. Ce fut vers ce temps, c'est-à-dire dans le treizième siècle, que des tribus mongoles et éleuthes vinrent s'y établir, sur les bords de l'Ili.

La séparation de la nation mongole en deux branches, celle des véritables Mongols et celle des *Éleuthes* ou *Oelets*, comme les appellent les Chinois, eut lieu, suivant une ancienne tradition, onze générations avant Djenghiz-Khan. Les Éleuthes se subdivisèrent, comme les branches de la famille de leurs princes, en quatre nations : les *Dzoungar*, les *Khochot*, les *Tchoros* ou *Durbet*, et les *Torgoout*, qui habitent en partie l'empire russe et en partie l'empire chinois. Le nom d'*Eleut*, qui signifie *rancunier*, fut donné par les Mongols à ce peuple, parce qu'il s'était séparé d'eux. Les tribus turques le nomment *Khalimak*, dont on a fait *Kalmouk*, mais il se donne lui-même le nom d'*Oïrad* ou *Mongol-Oïrad*.

A la fin du dix-septième siècle, les Dzoungares avaient soumis les autres tribus éleuthes, principalement les Khochot, les Durbet, et les *Khoït*, qui habitent dans le voisinage du lac Balkhach, et sur les bords du Tchouï et de l'Ili. Mais les Mongols-Khalkha, réduits par eux à la dernière extrémité, se mirent sous la protection de l'empereur de la Chine. Après de longs combats, l'armée chinoise obtint quelques succès sur les Dzoungares, et mit des garnisons dans plusieurs de leurs places. Amoursana, chef des Dzoungares, fit massacrer les troupes chinoises; l'empereur Khian-loung envoya alors, en 1754, une armée formidable qui vengea cet affront dans le sang des révoltés, et Amoursana se réfugia en Russie, où il termina ses jours. Plus tard les Dzoungares se révoltèrent encore; l'empereur irrité fit marcher contre eux trois armées qui massacrèrent plus d'un million d'habitants, sans distinction d'âge ni de sexe; un petit nombre de hordes qui n'avaient pas pris part à la révolte furent seules épargnées. Depuis ce temps, les Dzoungares sont réunis à l'empire chinois. L'administration de leur pays est confiée à un général en chef; des corps d'armée, répartis sur différents points, y maintiennent la tranquillité.

DIVISIONS DE LA DZOUNGARIE. — La Dzoungarie forme trois divisions militaires qui portent les noms de leurs chefs-lieux : Ili ou Goûldjâ, Khourkhara-oussou, et Tarbagataï.

PROVINCE D'ILI. — La première de ces divisions, qui comprend la partie du sud-ouest de la Dzoungarie, se distingue en orientale et occidentale. Ses principales rivières sont l'*Ili*, formée de la réunion du Tekes avec le Khoûnghes et le Kach, et qui, après un cours de 500 à 550 kilomètres, se jette dans le lac Balkhach; le *Tchouï*, qui sort du lac Touz-koul, parcourt un espace de plus de 1,000 kilomètres avant de se jeter dans le lac Kabankoulak; et le *Talas*, qui a une longueur de 400 kilomètres, et porte ses eaux au lac Sikirlik. Quelques-uns des lacs dans lesquels affluent les rivières sont très-considérables : le *Balkhach* a environ 160 kilomètres de longueur, et 80 dans sa plus grande largeur; le *Touz-koul* ou *lac de sel* est long de 140 kilomètres et large de 50 à 60; l'*Alak-tongoul-noor* a 100 kilomètres de longueur sur 40 à 50 de largeur.

C'est près de ce dernier lac que s'élève le mont *Aral-toubé*, volcan qui depuis longtemps est en repos. Au nord de la rivière d'Ili le pays est couvert d'épaisses forêts remplies de loups; à l'est, de vastes marais couverts de roseaux offrent un asile à une foule de sangliers. La dépopulation générale de la Dzoungarie fait que cette division ne renferme que 6,000 familles de cultivateurs, dont les récoltes ne donnent même pas le blé nécessaire à la consommation des troupes chinoises. On y cultive en outre de l'orge, du millet, du chanvre, des légumes, et quelques arbres fruitiers, principalement des pruniers et des poiriers. Les pâturages des bords de l'Ili sont célèbres dans l'empire chinois pour la beauté des chevaux qu'on y élève. Les autres animaux domestiques sont le chameau, le buffle et le mouton. Une foule d'animaux sauvages peuplent les forêts et les montagnes, et celles-ci abondent en mines d'or, d'étain, de fer et de houille, tandis que plusieurs plaines sont riches en marais salants, et que d'anciens volcans fournissent du sel ammoniac.

Ili, capitale de cette division militaire, doit sans doute son nom à la rivière sur la gauche de laquelle elle est bâtie; ce nom, en kalmouk, signifie *éclatant*. Elle porte aussi ceux d'*Ilain-khoto* ou *Ilain-balgassoum*, c'est-à-dire ville d'*Ili*; les Mongols l'appellent *Goûldjâ* ou *Goûldjâ-kouré*, nom qui signifie *la chèvre des montagnes*, parce qu'il y avait autrefois beaucoup de ces animaux dans ses environs; chez les Kirghiz, elle porte celui de *Goûldjâ-khainak*; à l'époque de sa construction, l'empereur Khian-loung lui donna celui de *Hoei-yuan-tchhing*; enfin les habitants la nomment *Dziang-ghiun-khoto*, c'est-à-dire ville du gouvernement militaire. Elle est à 4,865 kilomètres de Péking. Ce chef-lieu est en effet la résidence d'un *dziang-ghiun* ou général en chef chinois, auquel est confié le gouvernement de la division. Goûldjâ est entourée d'une simple muraille en pierre, haute de 6 mètres, sans fossés ni ouvrages extérieurs, à l'exception d'un mur en briques, d'environ un mètre d'épaisseur, qui s'étend sur les bords de l'Ili, et qui tombe en ruines. Les soldats qui montent la garde au poste principal ne sont point armés. Ses rues sont étroites et malpropres; mais on y voit des temples magnifiques, dans lesquels on donne chaque jour des divertissements et des spectacles. Les mahométans y ont plusieurs mosquées. Il est difficile d'évaluer avec exactitude le nombre des habitants de Goûldjâ, mais il paraît qu'elle renferme environ 10,000 maisons, à la vérité peu considérables : en ne comptant que 6 ou 7 individus par habitation, on aurait une population de 60 à 70,000 habitants, composés en grande partie de Chinois appelés *Khara-kitat-nogoutouk*, et de naturels qui se donnent le nom de *Tougean* et qui se regardent comme les descendants des guerriers de *Temir-kasak* ou Timour, que nous appelons *Tamerlan* : ce sont de rigides observateurs du Coran, mais ils parlent chinois. Bourrus et hautains comme leurs vainqueurs, ils en ont emprunté l'habillement, les usages et les vices. Goûldjâ est une ville importante par son commerce et son industrie : elle est remplie de marchands et d'artisans : les négociants qui y arrivent de l'intérieur de la Chine et des diverses parties de l'Asie demeurent dans des auberges hors de la ville. Les troupes stationnées à Goûldjâ et dans toute la division forment un corps de 28,000 hommes de cavalerie irrégulière.

A 5 kilomètres d'Ili on passe la rivière appelée *Bayanda* par les Mongols, sur un pont, orné, des deux côtés et au milieu, de statues en pierre assez bien sculptées : sur la rive gauche de cette rivière, un temple magnifique s'élève majestueusement au milieu d'un bouquet d'arbres. En remontant la Bayanda, on arrive à la ville du même nom, que les Chinois appellent *Hoeï-ning-tchhing*. Cette ville est à 18 kilomètres au nord d'Ili ; elle est habitée en partie par des *Khara-kitaï*, qui prétendent aussi descendre des soldats de l'armée de Tamerlan ; mais la langue chinoise, qui est la seule qu'ils parlent, semble indiquer qu'ils tirent leur origine des Chinois. Le reste des habitants se compose de Mandchoux, sans compter une garnison de 2,000 hommes.

Dans la division d'Ili se trouve une ville appelée *Kachemir*, qu'il ne faut pas confondre avec la cité de l'Inde que ses châles ont rendue célèbre. Celle dont il s'agit ici ressemble beaucoup à Ili, à l'importance près. On y compte environ 3,000 maisons dont les habitants sont pour la plupart des *Khara-kitaï*; le reste se compose de *Toupgan*, peuplade à laquelle appartiennent la plupart des aubergistes et des marchands en détail que l'on trouve dans les villes de la Dzoungarie.

Les Khara-kitaï, dont il est ici question, sont, suivant M. Klaproth, des descendants des *Khara-khitan* ou *Liao* qui, chassés du nord de la Chine vers l'an 1125, se fixèrent dans la Dzoungarie et la contrée appelée aujourd'hui le Turkestan chinois, où ils fondèrent un empire qui fut détruit, en 1207, par les Naïman et les Kharismiens. Le nom de Khara-kitaï, au pluriel *Kharak-kitaï*, signifie *Chinois noirs*.

Dans les environs de Kachemir, on a établi des colonies de malfaiteurs bannis ; on les nomme *Tchan-pou*. Ils cultivent la terre ; ceux qui sont condamnés pour des crimes capitaux sont employés à des travaux forcés.

La division d'Ili est loin de produire au gouvernement chinois ce qu'elle lui coûte : les contributions des habitants s'élèvent à un peu plus de 40,000 onces d'argent (333,400 fr.), et chaque année on y envoie 500,000 onces d'argent (4,167,500 fr.), ainsi que plusieurs millions de pièces de satin et de taffetas que l'on échange chez les Kirghiz contre des bestiaux.

PROVINCE DE KOUR-KHARA-OUSSOU. — A l'orient de celle d'Ili s'étend la division militaire de *Kour-khara-oussou*, très-peu peuplée, et dans laquelle on ne compte, suivant M. Klaproth, que 7,000 acres chinois de terrain, cultivés par 3 à 400 militaires laboureurs. Elle ne renferme aucune rivière considérable, et toutes celles qui l'arrosent se jettent aussi dans des lacs. Le *Kour*, qui passe pour la plus importante, sort des monts Malakhaïdaba, et doit son nom aux neiges (*kour*) amoncelées sur ses bords, non loin de sa source ; il n'a que 160 kilomètres de longueur et se jette dans le lac appelé Khaltar-osighe-noor ou Boulkhatsi-noor.

Le chef-lieu de cette division est *Kour-khara-oussou*, en chinois *Soui-tchhing-phou*, sur un torrent qui porte le même nom et qui se jette dans le Kour. C'est une petite forteresse dont la construction remonte à l'année 1763. *Fung-jun-phou* est une autre forteresse qui fut bâtie à la même époque sur la rive droite du Dzing.

PROVINCE DE TARBAGATAÏ. — La troisième division militaire de la Dzoungarie est celle de *Tarbagataï*, située au nord de celle d'Ili. Elle tire son nom des monts *Tarbagataï-ohla* (monts des marmottes) qui la bornent à l'ouest. Les Kirghiz l'appellent *Tachdava* (rochers), et les Chinois *Soui-tsing-tchhing*. Il paraît que les indigènes la nomment *Var* et *Tchoukoutchou* ou *Tchougoutchak*; elle est bornée au nord par la Sibérie. C'est sur son territoire que l'Irtyche prend sa source et qu'il traverse le lac *Dzaïsang* ou *Khoungo-tou-noor* (lac des cloches) dont la longueur est de 100 kilomètres et la largeur de 40. L'*Émil* est une rivière de 500 kilomètres de cours, qui reçoit un grand nombre d'affluents avant de se jeter dans le lac *Kourghé*. On compte dans ce pays environ 12,000 Éleuthes mâles, 4,000 Kalmouks-Torgoout, et 8 à 900 militaires laboureurs qui cultivent 17,000 acres de terre.

Le chef-lieu de cette division est *Tarbagataï*, appelée aussi *Tchougoutchak* ou *Tchougoutchou*, en chinois *Soui-tsing-tchhing*. Située au pied du mont *Takhta*, à 12 kilomètres des bords de l'*Émil*, cette ville est à peu de distance de la frontière. Elle est entourée d'une muraille qui forme un carré dont les côtés ont environ 300 mètres de longueur ; chaque angle est flanqué de tours

carrées hautes de 10 mètres, et qui ont aux deux faces extérieures et à une de celles de l'intérieur des fenêtres dont les carreaux sont en papier, et qui se ferment par des volets en bois. Les portes de la ville, qui se trouvent au milieu de chaque côté du mur, ont une tour semblable. Toutes ces constructions sont en briques crues, jointes avec de l'argile et blanchies au dehors. Un canal qui reçoit les eaux de deux petites rivières fait le tour des murailles ; une autre rivière traverse la ville. Au nord de celle-ci, règne une allée de saules de l'espèce appelée *salix pentandra;* à l'est et à l'ouest s'étendent des faubourgs. Tarbagataï renferme environ 600 maisons, y compris les casernes; mais la plupart des habitants n'y font qu'un séjour temporaire : ils y viennent des différentes parties de l'empire chinois pour les affaires de commerce ; la population fixe n'est en grande partie composée que de Chinois exilés pour crimes. C'est un des entrepôts du commerce que la Chine fait avec les Kirghiz-Kazaks. C'est dans ses environs que les Kalmouks-Torgoout, qui avaient abandonné le territoire de la Russie, trouvèrent un asile en 1771.

Jadis le chef-lieu de cette partie de la Dzoungarie se trouvait au milieu des hautes montagnes près de la frontière du nord-ouest, dans une contrée excessivement froide, où, pendant l'hiver, la neige couvrait le sol jusqu'à la hauteur de plus de 3 mètres ; où, pendant l'été, on rencontrait une grande quantité de serpents venimeux ; où l'on était tourmenté par une prodigieuse quantité de petits moucherons blancs qui volaient par nuées, piquaient les hommes et les animaux, entraient dans les yeux, y laissaient leurs œufs, n'en sortaient point, et provoquaient de fréquentes ophthalmies : tous ces inconvénients réunis firent changer l'emplacement du quartier général, et vers l'année 1755 il fut établi à Tchougoutchou.

D'après le témoignage de plusieurs Tatars, il existe sur le territoire de cette ville plusieurs curiosités qui méritent peut-être l'attention de quelque voyageur européen instruit. Après avoir passé la ville de Tchougoutchak, la route des caravanes se dirige vers l'*Alagoul* ou *lac bigarré*, nommé ainsi parce qu'il contient trois grands rochers de différentes couleurs. De l'autre côté de la route est un autre lac, appelé *Ala-tau-goul*, qui renferme une montagne blanche comme la neige, mais qui brille de diverses couleurs, quand les rayons du soleil s'y réfléchissent. Au delà de l'Ala-goul, on passe entre deux montagnes, le *Ioug-tau* à droite et le *Barlyk* à gauche. A deux kilomètres plus loin se trouve une grande caverne souterraine, qui porte le nom d'*Ouybé*. Quelquefois, et principalement en hiver, elle produit des tempêtes violentes qui durent souvent deux jours. Son entrée ressemble à celle d'un vaste caveau, et personne n'ose y entrer ni même y regarder. Sa profondeur est inconnue. Le mollah Say-foulla-kazi assura au Persan Kazim-bey que la tempête qui sort de l'Ouybé est quelquefois si forte, qu'elle emporte tout ce qui se trouve dans sa direction. Tout, dans ce récit, porte à croire que cette caverne a une origine volcanique. Près du mont Ioug-tau se trouvent deux sources minérales, l'une froide et l'autre chaude.

——◆◆◆◆◆◆◆◆◆◆◆◆——

MONGOLIE.

LIMITES DE LA MONGOLIE, SES DIVISIONS GÉNÉRALES. — A l'est de la Dzoungarie ou du Tian-chan-pé-lou, s'étend une vaste contrée qui sépare la Sibérie orientale de la Chine : c'est la Mongolie, le berceau de Djenghiz-Khan, de ce célèbre conquérant dont les Mongols s'enorgueillissent de descendre. Au nord elle est bornée par les *monts Kentaï*, qui sont une continuation de l'Altaï ; à l'est par le pays des Mandchoux; au sud par la grande muraille, et à l'ouest par la chaîne à laquelle on a donné le nom de *Grand-Altaï*. Elle comprend le *pays des Khalkhas*, le *désert de Gobi*, la *Mongolie propre*, et le *pays de Khou-kou-noor*.

ASPECT PHYSIQUE GÉNÉRAL. — « La Mongolie est d'un aspect généralement triste et sauvage ; jamais l'œil n'est récréé par le charme et la variété des paysages. La monotonie des steppes n'est entrecoupée que par des ravins, de grandes déchirures de terrain ou des collines pierreuses et stériles. Vers le nord, dans le pays des Khalkhas, la nature paraît plus vivante ; des forêts de haute futaie décorent la cime des montagnes, et de nombreuses rivières arrosent les riches pâturages des plaines. Mais, durant la longue saison de l'hiver, la terre demeure ensevelie sous une épaisse couche de neige. Du côté de la grande muraille, l'industrie chinoise se glisse comme un serpent dans le désert. Des villes commencent à s'élever de toutes parts, la *Terre des herbes* (c'est le nom que les Chinois donnent à ce pays) se couronne de moissons, et les pasteurs mongols se voient à peu près refoulés vers le nord par les empiétements de l'agriculture. « Les plaines sablonneuses occupent peut-être la majeure partie de la Mongolie, on n'y rencontre jamais un seul arbre; quelques herbes courtes, cassantes, et qui semblent sortir avec peine de ce sol infécond; des épines rampantes, quelques maigres bouquets de bruyères : voilà l'unique végétation, les seuls pâturages du *Gobi*. Les eaux y sont d'une rareté extrême. De loin en loin on rencontre quelques puits profonds, creusés pour la commodité des caravanes qui sont obligées de traverser ce malheureux pays.

« En Mongolie on ne remarque jamais que deux saisons dans l'année, neuf mois sont pour l'hiver et trois pour l'été. Quelquefois les chaleurs sont étouffantes, surtout parmi les steppes sablonneuses; mais elles ne durent que quelques journées. Les nuits pourtant sont presque toujours froides. Le froid excessif qui règne en Mongolie peut être attribué à trois causes : la grande élévation du sol, les substances nitreuses dont il est fortement imprégné, et le défaut presque général de culture. On a remarqué que dans les endroits défrichés par les Chinois la température s'était élevée d'une manière appréciable (1). »

PAYS DES KHALKHAS. — La partie septentrionale de la Mongolie appartient au pays des Khalkhas; elle est arrosée par un grand nombre de rivières; c'est là que prend naissance l'*Orkhon*, qui vit naître sur ses rives Djenghiz-Khan, et qui probablement arrosa *Karakoroum* ou *Holin*, capitale de son vaste empire. D'après la description que Rubruquis fait de cette ville, qui vit arriver dans son enceinte, sous le règne de Koublaï et sous celui d'Argoun, les ambassadeurs de toutes les puissances de l'Asie et ceux d'une grande partie de l'Europe et de l'Amérique, elle n'était pas plus grande que Saint-Denis près Paris. D'Anville et Fischer ne sont point d'accord sur sa position (2); mais M. Klaproth a prouvé qu'elle était située sur la rive gauche et non loin des sources de l'Orkhon. Cette rivière, après un cours d'environ 400 kilomètres, va se joindre à la Selenga, tributaire du lac Baïkal. Le *Kerlon*, partie supérieure du fleuve Amour, va se jeter dans le lac *Dalaï* ou *Kouloun*, auquel on donne 240 kilomètres de circonférence. Mais c'est la *Khalkha*, dont le cours est d'environ 200 kilomètres jusqu'à son embouchure dans le lac appelé *Bouïrnoor*, qui a probablement donné son nom au peuple qui habite ce pays.

Suivant les voyageurs récents, le pays des *Khalkhas* est couvert de forêts composées de pins, de mélèzes, de bouleaux, de trembles et de peupliers blancs. On y trouve aussi l'orme et l'épicéa, le groseillier rouge et le pêcher sauvage. La rhubarbe, qui croît spontanément, est une des productions les plus précieuses du pays. Le sol, dont la nature est très-variée, présente dans quelques districts un sable à petits grains, couvert d'une couche de terreau fertile, qui serait susceptible d'un grand rapport si les Mongols, renonçant à la vie nomade, se livraient à l'agriculture. Sur les bords des rivières, et principalement dans la vallée de l'Orkhon, s'étendent de belles prairies où l'on voit errer par grandes troupes les petits chevaux mongols et le sauvage *djightaï* (*equus hemionus*), animal qui tient du cheval et de l'âne, et que l'on peut comparer au mulet, dont il a les jambes minces, les longues oreilles droites, avec le pelage isabelle, la crinière et la queue noires, et une ligne de la même couleur sur le dos. Les autres animaux sont les mêmes que ceux de la Sibérie et de la Dzoungarie. Les chiens de chasse de la Mongolie jouissent d'une grande réputation et sont recherchés à Péking.

Le climat du pays des Khalkhas n'est pas très-rigoureux : l'hiver, la neige n'y tombe pas en abondance; l'été, les chaleurs ne sont pas très-fortes; mais ce qu'il y a de remarquable, c'est que, malgré sa latitude plus méridionale, il y fait plus froid que dans les parties de la Sibérie au sud du lac Baïkal. A Kiakhta, par exemple, le blé réussit, et même sur les collines plutôt que dans les vallées; les légumes en général, et quelquefois les melons, y parviennent à leur maturité. A Ourga, au contraire, à plus de 250 kilomètres au sud-est, ces végétaux ne mûrissent presque jamais. On sait à la vérité que plus on s'avance vers l'est en Asie, plus la température s'y abaisse sous les mêmes latitudes; mais le méridien d'Ourga n'est pas à plus de 60 minutes de celui de Kiakhta : ce n'est pas une aussi petite différence qui peut expliquer celle qu'on remarque dans la température; nous l'attribuerons plutôt à ce que le pays des Khalkhas est un plateau qui domine le niveau du sol des environs du lac Baïkal; et en effet, la plupart des eaux de la Mongolie septentrionale se dirigent vers ce lac. Ce plateau paraît être à 1,600 mètres au-dessus du niveau de l'Océan.

Les montagnes qui le bordent au nord, et les monts Khangaï au sud, sont granitiques; au nord-ouest, elles renferment des mines d'or, d'argent, de fer, d'étain et de houille; mais ces minéraux ne sont point exploités, à l'exception du fer, encore l'est-il en petite quantité. Plusieurs rivières charrient de l'or. Un grand nombre de lacs fournissent du sel; le sable des steppes en est imprégné, et même on y trouve en abondance le sulfate de soude, ce qui peut être une des causes de l'abaissement de la température.

VILLES DU PAYS DES KHALKHAS. — Les villes de la Mongolie sont en petit nombre et peu considérables. Commençons par le nord ou le pays des *Khalkhas*. *Ourga*, appelée aussi *Kouren* ou *Kouré*, en est la capitale; elle est située sur la rive gauche de la Toula, à 1,100 kilomètres au nord-ouest de Péking. A 15 ou 20 kilomètres avant d'y arriver de Kiahkta, on traverse le mont Gountoû, dont le sommet, l'un des plus élevés de la contrée, est couronné par un *obo* colossal, monument de forme presque pyramidale, construit en pierre, et qui n'est qu'une sorte d'autel élevé par la dévotion des pèlerins qui vont à Ourga adorer le *Khoutoukhtou*, dieu incarné ou pontife-dieu des Mongols : auprès s'élèvent plusieurs colonnes en pierre et en bois, couvertes d'inscriptions en langue tibétaine. Sur presque toutes les hauteurs un peu remarquables de la Mongolie, on voit de semblables monuments construits en terre, en sable ou en bois, lorsqu'ils ne peuvent l'être en pierre. Le voyageur mongol ne passe pas devant un de ces autels sans s'y prosterner pour adorer la divinité, en ayant soin de tourner le dos au monument et le visage du côté du nord. Après sa prière, il dépose toujours en *ex voto* quelque chose sur l'autel.

A 6 kilomètres avant Ourga, on voit, à droite du chemin, un petit temple, et à gauche, dans un ravin étroit, un autre, bâti en bois et peint en blanc; à 2 kilomètres plus loin, à gauche, un très-grand temple d'architecture tibétaine : il est entouré de montagnes en amphithéâtre; sur le point le plus élevé, on lit la célèbre prière tibétaine, *Om ma ni bot me khom*, en caractères d'une grandeur colossale sculptés en pierre blanche.

Ourga est la résidence du *vang* ou gouverneur général et du *khoutoukhtou*. La maison du vang est construite en bois à la manière chinoise. Ce prince est ordinairement un descendant de Djenghiz-Khan. Les habitants considèrent les bâtiments affectés à la demeure du khoutoukhtou comme un quartier distinct de la ville. C'est ce quartier qu'ils appellent *Kouren*. La ville est une réunion de iourtes ou de tentes, alignées de manière à former des rues, mais si étroites, que deux hommes à cheval ont de la peine à y passer de front. L'une des principales constructions est le groupe de bâtiments comprenant les temples et la demeure du khoutoukhtou, renfermés dans une enceinte de murailles tellement hautes qu'elles empêchent de voir ces édifices. Les temples se succèdent dans la direction du sud au nord, en étalant leurs toits peints en vert; l'un d'eux est entouré d'une grille dorée. Pour se conformer à l'usage des habitants des steppes, le khoutoukhtou occupe une iourte au milieu de l'enceinte. A quelque distance des temples on aperçoit un grand édifice en bois : c'est l'école où les lamas apprennent à lire les livres tibétains et à jouer des instruments en usage pour la musique religieuse. Derrière l'école il y a un bâtiment dans lequel on prépare le repas des *khouvarak* ou écoliers des lamas. On en compte plus de mille qui vivent aux frais du khoutoukhtou. Le trésor de celui-ci est placé dans un bâtiment couvert d'un toit en terre. Près de la porte une enceinte renferme les chameaux, les chevaux, les moutons et les bestiaux offerts au khoutoukhtou. Les temples sont devant une grande place; de chaque côté de celle-ci s'étendent des cours entourées de palissades, et dans chacune on voit une grande iourte élevée sur des poutres et couverte de toile de coton blanche : ce sont les temples particuliers des khans des Khalkha. Autour de cet assemblage de iourtes qui constitue la principale cité d'un peuple qui semble heureux d'y retrouver les traces de ses anciennes habitudes nomades, on voit s'élever çà et là les habitations des principaux habitants d'Ourga; plusieurs sont isolées et éloignées l'une de l'autre de plus de 2 kilomètres. On évalue la population d'Ourga à 7 ou 8,000 habitants, dont 5,000 sont des lamas.

Sur les bords de la Toula s'étend le faubourg de *Maïma-tchin* : il est à environ 4 kilomètres de la ville et peuplé de marchands. Ses rues larges et boueuses sont garnies d'un grand nombre de boutiques remplies de marchandises. Les seuls édifices de ce bourg dépendant d'Ourga sont le tribunal, qui sert en même temps de logement au premier magistrat, et le temple du dieu *Kouan-yu*, protecteur de la dynastie mandchoue.

Au sud d'Ourga et sur la rive gauche de la Toula, vis-à-vis des temples, s'élève le *Khanôhla* ou mont Impérial, dont un des flancs est couvert d'inscriptions colossales en mandchou, chinois, tibétain et mongol, formées de grandes pierres blanches. Cette montagne et les vallées qui s'étendent à sa base sont consacrées au khoutoukhtou; des gardes en défendent l'approche. Sa partie supérieure est couverte de bois, et ses vallées solitaires ne sont habitées que par des troupeaux de chèvres sauvages. La montagne est roide du côté du nord et en pente douce vers le sud. Elle forme une petite chaîne de 35 à 40 kilomètres de longueur. Elle est célèbre chez les

---

(1) *Souvenirs d'un voyage dans la Tatarie, le Tibet et la Chine*, par l'abbé Huc.

(2) Selon d'Anville, elle était sur l'*Engui-Moren* par environ 44 degrés de latitude et 104 de longitude. Fischer (Introduction à l'histoire de la Sibérie, en allemand) la place sur les bords de l'Orkhon, par 104 degrés de longitude et 47 de latitude.

Supplice de la cangue.

Khalkhas par une grande réunion qui s'y fait tous les trois ans, et dans laquelle se rédigent les suppliques du peuple et se jugent les querelles entre les particuliers. Au midi il y a un temple dont la splendeur répond à l'importance de cette assemblée. Cette montagne intercepte le vent du midi, ce qui contribue à rendre très-froid le climat d'Ourga.

A *Dzizgalangtou*, petite bourgade, on est à 1,340 mètres au-dessus du niveau de l'Océan. Plus loin on en trouve une autre appelée *Ouloubaïching*, nom qui signifie *nombreux édifices*. On y remarque en effet des restes de constructions en briques qui formaient vraisemblablement, il y a plusieurs siècles, la résidence de quelque prince mongol. Vers ce relai de poste, le sol du désert de Gobi commence à descendre. On aperçoit dans le lointain, à droite et à gauche, des montagnes élevées et escarpées, dont le roc porphyrique est presque toujours à nu, et qui, seulement sur quelques points de leurs pentes, s'est décomposé et changé en un sol fertile, bien qu'il n'y croisse que des arbustes hauts d'environ 1 mètre. Parmi ces montagnes on doit citer le *Darkhan-ohla*, que les Mongols regardent comme le premier berceau de Djenghiz-Khan.

A Ouloubaïching on voit dans le lointain une ligne noirâtre formée par un rempart de rochers qui sort brusquement du sol; il est peu élevé et se compose de couches horizontales de marne et de gypse. Les Mongols lui donnent le nom de *Boussou-tchilohu*, c'est-à-dire *ceinture de pierres*. Ce rempart naturel s'étend à une distance très-considérable en ligne droite de l'est à l'ouest avec quelques petites interruptions. Il forme une séparation bien tranchée entre la Mongolie septentrionale et la Mongolie moyenne, qui est le véritable Gobi selon la signification de ce mot. La contrée change subitement; elle devient complétement unie, et le sol est couvert de petits fragments de porphyre et de jaspe, de calcédoines et de cornalines, au milieu desquels poussent des arbustes rabougris.

Erghi, *Oudé*, *Dourma* et *Khara boudourgouna* sont autant de petits villages situés dans la partie la plus basse du désert de Gobi.

C'est entre les deux derniers que commence la partie appelée Chamo par les Chinois.

Dans la partie occidentale du pays des Khalkhas se trouve la petite ville d'*Ouliassoutaï*, qui tire son nom d'une rivière qui coule à 12 kilomètres au nord. Entre les monts Tangnou et ceux que l'on appelle Chabinaï-daban, un bassin arrosé par les premiers affluents de l'Ienisei forme le canton d'*Ouriangkhaï*, qui dépend du pays des Khalkhas, mais qui est habité par une tribu appelée *Soyote* ou *Soïoute*, et qui passe pour être anthropophage quand l'occasion s'en présente. Sa principale ville est *Oulatai*, sur la gauche du Chilekit, rivière qui est l'Ienisei à sa naissance. Cette cité est à 800 kilomètres à l'ouest d'Ourga : elle est environnée d'un fossé profond au delà duquel s'élève d'abord une palissade, puis un retranchement en fascines remplies de pierres et de terre. Elle se compose, dit-on, de 2,000 maisons qui forment des rues alignées.

Maï-ma-tchïn, qu'il ne faut pas confondre avec la petite ville qui forme le faubourg d'Ourga, est située à 200 kilomètres au nord de cette dernière. Éloignée de 200 pas de la ville russe de Kiakhta, elle est comme celle-ci l'entrepôt du commerce entre la Chine et la Russie. Son enceinte carrée est formée par une forte palissade et renferme à peine 200 maisons, la plupart remarquables par leur propreté. Le soir cette petite place de commerce offre un coup d'œil tout particulier : chaque habitation est précédée d'une cour fermant avec une grille et éclairée par des lanternes en papier de couleur, ce qui présente l'aspect de la plus élégante illumination. Dans chaque boutique on remarque une image de *Foo-khou*, la principale divinité chinoise, placée dans une niche et couverte d'un rideau de soie. Les marchandises sont renfermées dans des armoires en ébène : elles consistent en thés de différentes espèces, en étoffes de soie, en vases de porcelaine, en papiers peints, et en divers autres objets qui donnent une haute idée de l'industrie des Chinois. Ses principaux édifices sont deux temples assez bien bâtis. La beauté des magasins, l'affluence des caravanes et l'activité des affaires donnent à cet entrepôt commercial le mouvement d'une ville considérable.

Infanterie chinoise.

DÉSERT DE KOBI OU DE CHAMO. — Le désert de Kobi ou *Gobi*, dont la longueur de l'est à l'ouest est de plus de 2,000 kilomètres sans interruption, étend ses branches occidentales et méridionales d'un côté vers la Dzoungarie, et de l'autre vers le Turkestan chinois, de manière qu'à quelques interruptions près on peut le considérer comme cet ensemble de déserts et de steppes qui occupe le centre de l'Asie, et comprend une longueur totale d'environ 3,000 kilomètres. Son nom signifie chez les Mongols une contrée entièrement dépourvue de forêts et de cours d'eau. Sa partie orientale est appelée par les Chinois *Chamo*, c'est-à-dire *mer de sable*. Sa partie occidentale porte plus particulièrement le nom de *Chachin* ou *Ta-si* : on y trouve quelques plaines marécageuses, mais généralement un sable mouvant. C'est surtout dans la partie opposée, c'est-à-dire vers la Mandchourie, que le terrain fréquemment ondulé, tantôt par des masses de granit et de porphyre, et tantôt par des buttes de sable ou par de petites collines gypseuses, renferme quelques oasis arrosées par des ruisseaux, dont les bords sont couverts d'arbres, d'habitations et de pâturages, tandis que partout ailleurs les lieux marqués sur nos cartes n'indiquent que des puits, des sources, des lacs salés d'une petite étendue, et fréquemment à sec, des stations pour les caravanes ou des postes chinois. La principale oasis est celle de *Kami*. Ces plaines sablonneuses n'offrent qu'une végétation chétive : ce sont de petits espaces couverts d'herbes, au milieu desquels s'élèvent quelques buissons rabougris, quelques abricotiers sauvages et quelques faux acacias. Dans d'autres endroits le sol ne se compose que d'une argile compacte, parsemée de quelques efflorescences salines, et ne produisant que des plantes qui croissent sur un sol salé et nommées pour cette raison *halophytes*. La plus fréquente est une espèce de *peganum*. Au printemps et en été, lorsqu'il ne tombe pas de pluie, les végétaux se dessèchent, et le sol brûlé n'inspire au voyageur que des sentiments empreints de tristesse et d'horreur. Dans les parties argileuses, la sécheresse produit des fentes nombreuses qui traversent le sol en y formant des dessins tellement réguliers qu'on

les croirait faits par la main des hommes. La chaleur est de peu de durée dans ce désert, et l'hiver y est long et froid.

Les points les plus bas du désert se trouvent dans sa partie centrale. Ils sont à peine à 800 mètres au-dessus du niveau de l'Océan, tandis que les bords sont à une hauteur d'environ 1,160 mètres. Dans la partie la plus basse, le sol est beaucoup plus salé, et la végétation ne se compose plus que d'halophytes. On y rencontre un plus grand nombre de lacs salés que dans les parties plus hautes. Ces lacs tarissent presque entièrement dans la saison chaude, et se couvrent d'une croûte de sel qui fournit à la consommation d'une grande partie de la Chine. Les rives de ces lacs consistent en un sable blanchâtre mêlé d'argile salifère contenant de gros morceaux de gypse. On y trouve une grande quantité de fragments de coquilles bivalves trop incomplètes pour qu'on en puisse déterminer les espèces : elles sont probablement marines.

Les principales espèces de plantes qui croissent vers le centre du désert sont l'*arundo arenaria*, l'*arundo baltica* et le *corispermum pungens*. M. Bunge cite aussi plusieurs autres halophytes identiques avec celles qui couvrent les bords de la mer Caspienne.

Les animaux sauvages qu'on y rencontre sont le chameau, le cheval, l'âne, le *djightai* et des troupes d'antilopes. D'autres petits mammifères méritent aussi d'être cités : ce sont surtout des multitudes d'une petite espèce de souris tellement nombreuse qu'elle a partout miné le sol desséché, et qui se sauve en poussant un sifflement aigu à chaque pas que fait le voyageur ; ce sont aussi, principalement dans la partie septentrionale, où ils remplacent les souris, de petits mulots qui remplissent leurs abajoues des graines d'une plante du genre *schoberia*. Les principaux oiseaux sont des grues, des corbeaux, des alouettes, une espèce de pigeon et des bergeronnettes.

Les voyageurs qui ont traversé le désert de Gobi le considèrent comme une mer intérieure, une Caspienne desséchée. Une chose remarquable, c'est que cette opinion est aussi celle des Chinois, peuple tout à fait étranger aux études et aux connaissances géologiques : ainsi le nom *Han-haï*, l'un de ceux qu'ils donnent à ce désert, signifie *mer desséchée*. Suivant une tradition répandue chez les Mongols, il y avait ici jadis une mer, et de plus ils croient que cette mer viendra bientôt remplir son ancien bassin. Lorsque l'on considère que cette opinion, répandue chez les Chinois et les Mongols, n'est point fondée sur des hypothèses scientifiques, et qu'elle doit être le résultat de quelque tradition, on est porté à admettre sans trop de témérité que le dessèchement de cette mer est un fait récent, c'est-à-dire postérieur aux temps historiques.

Au sud du désert de Kobi jusqu'à la grande muraille, le climat est tempéré ; il ressemble à celui de l'Allemagne ; s'il tombe de la neige en hiver, elle disparaît bientôt. Un sol argileux paraît y dominer ; mais il est fertile, et partout il est de nature à encourager la vie sédentaire et agricole : aussi beaucoup de Chinois et même de Mongols s'y livrent-ils à la culture des champs et des jardins. Le pays est entrecoupé d'un grand nombre de ruisseaux, et couvert de forêts où l'on trouve des trembles, des ormes, des noyers et des noisetiers ; sur les montagnes, les pins sont petits et les chênes rabougris. La plupart des céréales y prospèrent, ainsi qu'une grande variété de fruits et de légumes, surtout dans la partie plus méridionale, où l'on voit s'étendre un sol sablonneux et graveleux, couvert d'une couche mince d'humus et de terreau. Les animaux domestiques de cette partie de la Mongolie sont le cheval, l'âne, le mulet et le chameau ; les bêtes à cornes, les moutons et les chèvres : les Chinois élèvent seuls des cochons, parce que les Mongols s'abstiennent de la chair de cet animal. Ces derniers ne font pas non plus usage de poisson, mais ils engraissent de la volaille.

MONGOLIE PROPREMENT DITE. — La contrée comprise entre le désert de Kobi et les frontières de la Chine proprement dite est la *Charra-Mongolie*. Elle se divise en un grand nombre de districts, dont plusieurs n'offrent plus que des villes en ruines, comme pour attester l'état jadis florissant de ce pays. Celui qui porte proprement le nom de Charra-Mongolie est situé entre le cours du Hoang-ho et le désert : on n'y voit aucune station qui mérite le nom de ville ; la population y est nomade ; la tribu des *Onhiot* ou *Oung-niout*, qui forme deux bannières ou subdivisions, parcourt un espace de 480 kilomètres du nord au sud, et de 40 kilomètres de l'est à l'ouest, sur lequel on trouve les ruines d'une ville appelée *Iaotcheou*. Le *Khortchin* ou *Kartchin*, à l'ouest du précédent, est le pays le mieux cultivé de la Mongolie ; on y voit aussi de vastes pâturages, de grands haras et un nombre considérable de troupeaux de bœufs et de moutons ; l'empereur de la Chine y possède de grands domaines et de belles maisons de plaisance ; il y passe avec sa cour une partie de l'année pour se livrer aux plaisirs de la chasse. La population se compose de *Naïman*, de *Souniot* ou *Souniout*, et de *Kesikten* ou *Ketchikten*. On remarque dans ce pays les ruines des villes appelées *Sibé* et *Almatou*. Chez les *Gorlos* ou *Khorlos*, qui forment deux bannières, on trouve les restes de *Lounggan* et de *Barkhoto*. C'est dans leur pays que vivaient jadis les *Khitan* qui ont régné sur la Chine. Les *Toumet* habitent en partie les bords du Hoang-ho ; leur principale cité est *Koukou-khoto*, en chinois *Kouei-houa-tchhing*, résidence d'un grand prêtre du bouddhisme, qui, à ce titre, passe pour une incarnation divine. Cette ville est renommée pour les pelleteries qu'on y prépare et qu'on envoie à Péking et dans plusieurs autres lieux de la Chine. A 30 kilomètres au sud-est, on trouve une autre ville appelée *Koutouktou-khoto*, sur une petite rivière du même nom. Chez les *Barin*, on voit la ville de *Barin-khoto*, et les tombeaux des empereurs khitans, de ces princes qui furent détrônés par les Mongols. Les *Khaotsit*, appelés aussi *Khaotchit* ou *Haotchit*, se divisent en deux bannières et habitent vers les monts *Hing'an*, que certains géographes nomment *Siolki*, un pays couvert de lacs et de marais. Les *Oudjoumoutsin* ou *Oudjoumoutchin*, appelés aussi *Oudzemertchi*, divisés de même en deux bannières, occupent à l'est des Khaotchit une contrée longue de 160 kilomètres du sud au nord et de 140 de l'est à l'ouest, arrosée par plusieurs rivières, dont l'une des plus considérables est le *Khoulougour* qui descend des monts Hing'an et va se perdre dans les sables. Les *Ourat* ou *Orat* comprennent trois bannières, dans un pays arrosé au sud par le Hoang-ho ; leur principale station est dans la large vallée de Khadamal ; leur territoire a 120 kilomètres du sud au nord et 80 de l'est à l'ouest ; c'est dans ce pays que l'on place le *Tenduc* ou *Senduc* de Marco-Polo.

Les *Ordos* ou *Ortous*, tribu beaucoup plus importante que toutes celles que nous venons de nommer, habitent la partie du sud-ouest de la Mongolie. Vers l'est ils confinent aux Toumet, vers l'ouest aux Éleuthes, et au sud à la Chine, où ils ont pour limites le Hoang-ho et la grande muraille. Ils forment sept *khochoun* ou bannières, et passent pour être doux et intelligents.

Les *Tchakhar*, tribu considérable encore que la précédente, comprennent huit bannières, établies dans une contrée à laquelle on donne 400 kilomètres d'étendue. Cette contrée est montagneuse, bien arrosée, susceptible d'une grande fertilité, parsemée de gras pâturages, et couverte çà et là de vestiges d'anciennes cités : entre autres *Khamkhoün* et *Tsaganbalgassou*, dont il ne reste plus que des remparts. Le nom de Tchakhar, qui signifie en mongol *pays frontière*, lui a été donné parce qu'il est limitrophe de la Chine. Les Tchakhar formaient un des huit corps de l'armée mandchoue qui conquit la Chine en 1644.

PAYS DES KHOU-KHOU-NOOR. — Pour terminer la description des contrées habitées par les Mongols, nous traverserons la province de Chine appelée Kansou, au sud-ouest de laquelle se trouvent les Mongols de *Khoukhou-noor* et ceux de *Khar-khatchi*. Le pays de *Khoukhou-noor* tire son nom de son principal lac. Quelques géographes l'appellent *Khochotie*, parce que l'une des tribus qui l'habitent se compose de *Khochot*. Il a environ 1,040 kilomètres de l'ouest à l'est, et 480 du nord au sud. Il renferme des montagnes qui conservent la neige pendant plusieurs mois de l'année, et qui donnent naissance au fleuve Hoang-ho ou à des cours d'eau qui vont se réunir au Kin-cha-kiang, bordés d'alluvions aurifères, dont l'exploitation forme une branche d'industrie et de commerce pour les habitants. Le lac *Khoukhou-noor*, dont le nom signifie *lac bleu*, a 100 kilomètres de longueur sur 30 de largeur ; ses eaux sont en effet bleuâtres ; il renferme plusieurs îles ; on l'appelle en tibétain *Tsot-ngon-po* ; les Chinois l'appelaient autrefois *Si-haï* ou *mer Occidentale* ; aujourd'hui ils lui donnent le nom de *Tsing-haï* ou *mer Bleue*. Ses eaux sont amères et salées, et subissent la périodicité du flux et du reflux. L'odeur marine qu'elles exhalent se fait sentir bien loin dans les déserts. Serait-ce sur ses bords que Djenghiz fut proclamé khan des Mongols ? Ce qu'il y a de certain, c'est que ce fut près d'un lac de ce nom. Le pays de Khoukhou-noor abonde en prairies, en troupeaux, en gibier, en plantes alimentaires et en rhubarbe dont on fait un assez grand commerce. Sa population, qui mène une vie nomade et ne possède point de villes, se compose de quatre tribus qui forment 20 bannières : les *Khochot* en 21, le *Torgoout* 4, les *Khoït* 3, et les *Khalkhas* 1 ; on pourrait même ajouter une trentième bannière pour les quatre régiments mongols qui appartiennent au grand lama. Ces tribus sont gouvernées par une sorte de diète composée de tous les chefs de bannières, et dont les titres et les prérogatives rappellent le régime féodal ; ce sont trois princes ayant le titre de *vang* ou de roi, 2 *beïlé*, 2 *beïssé*, 4 *koung* ou comtes, et 18 *taïdzi* ou nobles de première classe. Les Mongols du Khou-khou-noor sont, d'après la relation de MM. Huc et Gabet, exposés aux fréquentes attaques des *Si-fan* ou brigands tibétains, connus de même sous le nom de *Kolo*, et qui passent pour manger le cœur de leurs prisonniers dans la pensée d'acquérir plus de force.

A l'ouest de Khou-khou-noor s'étend au nord du Tibet le pays des *Katchi* ou *Kar-katchi*, qui a environ 1,000 kilomètres de l'ouest à l'est et 3,200 du sud au nord. Il renferme plusieurs lacs dont le principal est le *Namour*. Les *Karkatchi* sont nomades et suivent le culte mahométan.

PEUPLES MONGOLS, LES ÉLEUTHES. — Les *Éleuthes* ou Kalmouks, qui, sous la suzeraineté de la Chine, dominent sur la Dzoungarie, ne diffèrent pas essentiellement des Mongols. Ils nous retracent exactement le portrait que Procope, Ammien, Priscus et Jornandès ont laissé des fameux Huns. Ils sont généralement d'une taille médiocre ; on en trouve plus de petits que de grands. Abandonnés dès leur enfance à la nature, ils ont tous le corps bien fait, les membres déliés. Les traits caractéristiques de tous les visages kalmouks sont des yeux étroits, dont l'angle obliquement placé descend vers le nez ; des cheveux noirs, sourcils de la même couleur, peu garnis, et dont l'arc est fort rabaissé ; des nez camus et écrasés vers le front, les os de la joue saillants, la tête et le visage fort ronds, la figure plate et les lèvres épaisses. L'habitude de s'enfoncer des bonnets sur la tête contribue peut-être à détacher leurs oreilles de la tête plus qu'à l'ordinaire ; mais la grandeur énorme de ces organes est un trait de leur caractère physique : ils conservent de belles dents jusqu'à l'extrême vieillesse. Leur peau, naturellement blanche, prend, par l'ardeur du soleil en été, et l'action de la fumée des cabanes en hiver, une teinte jaune brunâtre, qui cependant diffère chez les individus et chez les deux sexes. Parmi les femmes, il y en a beaucoup d'une jolie figure, et dont la blancheur est rehaussée par de beaux cheveux noirs. L'odorat, l'ouïe et la vue chez les Éleuthes surpassent toute idée qu'un Européen pourrait s'en former. Ils sentent la fumée d'un camp, ils entendent le trot d'un cheval, ils distinguent dans leurs plaines immenses le plus mince objet à une distance étonnante.

Les Éleuthes aiment la société et les festins ; ils détestent manger seuls ; leur plus grande jouissance est de partager avec leurs amis tout ce qu'ils ont en provisions de bouche. Leur caractère est gai et ouvert, mais ils sont paresseux, sales et rusés. L'habit des hommes ressemble à celui des Polonais, à l'exception des manches, qui sont fort étroites et fermées au poignet. Le peuple s'habille de peaux de mouton et de feutre. En été, les jeunes filles se découvrent la gorge jusqu'à la ceinture. Les hommes se rasent la tête, à l'exception d'une petite touffe de cheveux ; les femmes, au contraire, sont très-jalouses de cette partie de leurs charmes ; elles portent leurs cheveux épars jusqu'à l'âge de douze ans, époque de leur nubilité ; alors elles les réunissent en tresses qui entourent leur tête ; mariées, elles les laissent pendre en deux tresses sur leurs épaules.

En été les habitations sont des iourtes ou tentes ouvertes sur les côtés et couvertes en feutre ; en hiver ces côtés sont fermés par de larges morceaux de feutre ou par des nattes et quelquefois par des claies en osier. Au milieu de cette sorte de cabane, on voit un grand trépied en fonte, sous lequel ils conservent toujours du feu, et qui sert à faire cuire leurs aliments : la fumée sort par une ouverture pratiquée au sommet.

Les Éleuthes préfèrent à toutes les commodités d'une ville régulière la liberté de leur vie nomade et leurs cabanes transportables. Chasser, garder les troupeaux, construire des tentes, voilà les seuls travaux qu'un Éleuthe croit convenables à la dignité d'un libre enfant du désert : le reste du temps il le passe à fumer. Les femmes ont pour leur part tous les travaux domestiques ; elles doivent aussi placer et démonter les tentes, seller et amener les chevaux ; les moments de loisir sont aussi rares pour elles que fréquents pour les hommes. Les Chinois cherchent à accoutumer les Éleuthes à l'agriculture : ils y réussiront difficilement ; le climat âpre et le sol aride bannissent de ces contrées la plupart des cultures rurales, ou en rendent les bénéfices très-précaires.

Le lait de jument est préféré par presque tous les peuples de l'Asie au lait de vache. Le premier, dans sa fraîcheur, est plus fluide que le second, mais il a un petit goût de lessive qui choque le goût des Européens. Lorsqu'on le fait aigrir dans des vases propres, il prend un goût acide vineux très-agréable ; à peine donne-t-il quelques gouttes de crème. En été ils ne boivent que du lait de jument ; celui de vache est la boisson d'hiver, et celui de brebis sert à faire du fromage et du beurre. Avec le lait de jument, ils obtiennent par la fermentation une liqueur spiritueuse connue sous le nom de *koumiss*.

Leur nourriture consiste presque uniquement en laitage et en viandes grasses, surtout de gibier, car ils ne tuent guère leurs animaux domestiques. Ils mangent peu de pain, et font sécher du poisson pour le conserver pendant l'hiver.

Leur principale richesse consiste en troupeaux, dont les plus nombreux sont ceux de chevaux et de moutons. Un homme opulent possède jusqu'à 1,000 chevaux. Le chameau est réservé pour transporter les tentes et le bagage. Les chameaux blancs ont seuls l'honneur de porter les idoles, les livres religieux et tout ce qui tient au culte.

La langue des Éleuthes, la même que celle des Mongols, diffère totalement de la langue tatare, quant aux mots et à la syntaxe. On y reconnaît beaucoup de noms propres hunniques ; la fréquence des monosyllabes rappelle les langues du Tibet et de la Chine. Privée d'articles, n'admettant presque pas l'utile secours des pronoms et l'élégante influence des conjonctions, n'ayant que peu de modifications du verbe, elle paraît une des plus pauvres, mais aussi une des plus anciennes langues du monde ; elle est, dit-on, sonore, harmonieuse et poétique. Les romances plaintives et les chants épiques de ce peuple ont le caractère sombre et gigantesque de la nature du pays ; les rochers, les torrents et les météores d'Ossian y figurent à côté de légendes miraculeuses, aussi bizarres que celles des Hindous. On y rencontre aussi de ces traits d'une vérité sublime qui plaisent à toutes les nations ; par exemple, la romance d'une tribu fugitive commence par cette image : « Après avoir épuisé toute leur fureur, les eaux du vaste lac s'apaisent ; tels sont les troubles de ce monde et leur tranquille oubli. » Ces nomades possèdent des poëmes de vingt chants et au delà, conservés par la seule tradition ; leurs bardes ou *dchangartchi* les récitent de mémoire au milieu du peuple attentif et ravi de joie. L'alphabet éleuthe, calqué sur celui des Mongols, n'en diffère que par quelques lettres et par une élégance particulière. Outre l'écriture mongole, qui se compose de quarante-quatre lettres qu'on réunit perpendiculairement, les Éleuthes ont une écriture indienne nommée *onctkak*, employée aux formules magiques.

L'orgueilleuse ignorance des Européens regarde les peuples libres de l'Asie comme des sauvages sans mœurs et sans lois ; mais dans la réalité les khanats d'Asie paraissent être semblables à nos empires féodaux du moyen âge. On distingue trois classes différentes parmi les Éleuthes : la noblesse, dont les individus s'appellent les *Os blancs* ; le peuple, qui est composé d'esclaves qui se nomment les *Os noirs* ; et le clergé, qui descend de ces deux castes, et qui est composé d'hommes libres. Les femmes nobles sont de même appelées *Chair blanche*, et les femmes du peuple *Chair noire* ; la généalogie se désigne seulement par les *Os*. La nation est gouvernée par plusieurs petits princes héréditaires qui prennent le titre de *noïon*, et qui n'obéissent que faiblement au khan de la nation. La puissance du *khan-taïdcha*, ou prince en chef, consistait seulement dans le nombre et l'importance de ses sujets, et non dans l'étendue de son territoire, qui, dans cette vaste contrée, ne peut avoir aucune valeur. Les sujets de chaque chef forment un *oulous*, qui se

trouve divisé en *aïmaks*, composés depuis 150 jusqu'à 300 familles ; chaque aïmak est commandé par un *dzaïssang* ou noble ; un aïmak se subdivise en *khatoun* de dix à douze iourtes qui ont des inspecteurs soumis aux dzaïssangs et aux noïons. Ces derniers ont le droit d'infliger des punitions à leurs sujets, mais en se conformant au code de lois mongoles qui régit les Éleuthes. Lorsqu'il y a un grand khan, les princes se laissent guider par lui seulement dans les affaires qui sont d'une importance générale. Le tribut consiste en une dixième partie du troupeau et des autres propriétés ; mais à la première sommation tous doivent comparaître à cheval devant le prince, qui renvoie les hommes incapables de supporter les fatigues de la guerre. Leurs armes sont les arcs, les lances, les sabres, et quelquefois les armes à feu. Les guerriers riches sont revêtus d'une cotte de mailles, formées d'anneaux enchâssés les uns dans les autres, comme celles qui ont été en usage en Europe jusque dans le quinzième siècle.

Les Éleuthes forgent eux-mêmes les armes et les ustensiles dont ils ont besoin ; quelques-uns même fabriquent des ornements en or. Les femmes excellent dans l'art de préparer les peaux de mouton, et surtout celles qui sont connues sous la dénomination d'agneaux d'Astrakhan et dont les Russes font un grand commerce. Le feutre fabriqué chez les Éleuthes jouit aussi d'une grande réputation en Russie. Mais leur commerce avec ce pays consiste dans la vente des chevaux, des bœufs et des moutons : on estime à plus de 1,200,000 francs le produit qu'ils en retirent annuellement.

La religion des Éleuthes est celle du *dalaï-lama*. C'est dans la description du Tibet que nous donnerons une idée de ce système religieux ; disons ici que les Éleuthes sont, plus qu'aucun peuple de la terre, soumis à l'empire des prêtres : ils leur confient la direction de toutes leurs affaires ; rien ne se fait sans consulter un jongleur qui, par des sortiléges, prétend interroger les dieux ; ces *djelloungs* lèvent un ample tribut sur leurs crédules troupeaux ; ils vivent dans l'abondance ; le célibat leur est prescrit ; mais quand ils voyagent, ils ont le droit de partager le lit de leurs hôtesses, et ils voyagent souvent.

Les djelloungs sont sous la juridiction des *tsordji*, sortes d'évêques qui portent des habits rouges ou jaunes, selon la secte à laquelle ils appartiennent. Les *gadzoul* ou aides des djelloungs sont les diacres de ce clergé. C'est aux djelloungs que l'on confie l'instruction des enfants, et surtout de ceux qui se destinent à l'état ecclésiastique : ils leur enseignent la langue tibétaine, qui est celle dans laquelle leurs livres sacrés sont écrits, et ils leur apprennent à accomplir les cérémonies du culte extérieur. Chez les Éleuthes on trouve aussi des chamans, sortes de magiciens qui exercent leur métier en secret, parce qu'ils sont détestés des lamaïtes fervents.

LES MONGOLS. — Les Mongols ont, comme les Éleuthes, le visage plat, les yeux petits et obliques, de grosses lèvres, des pommettes saillantes, un menton petit et court, et peu de barbe ; les oreilles sont larges et proéminentes ; les cheveux noirs renforcent un teint brun ou brun rougeâtre. Mais plus civilisés par leur ancien séjour en Chine, ils sont plus dociles, plus hospitaliers, plus actifs et plus voluptueux. Les Russes de la Daourie regardent les femmes mongoles comme plus fécondes que les leurs. Ces femmes ont aussi beaucoup d'industrie et de gaieté. Les livres religieux des Mongols sont écrits dans la langue de Tangout ou du Tibet, et il y a dans chaque aïmak un maître d'école. Les *lamas* ou prêtres, et leurs chefs les *khoutoukhtou*, jouissent d'une grande considération et dépendent du grand dalaï-lama.

La polygamie, quoique permise, est peu commune. Ils se marient très-jeunes, et les femmes apportent une dot en troupeaux ou en brebis. Il y a un feu commun dans le milieu de la tente et dans les déserts : faute de bois, on emploie pour chauffage le fumier de vache desséché ou la fiente de mouton. Les tentes des nobles sont dans l'intérieur tendues d'étoffes de coton ou de soie, et le parquet est couvert de tapis de Perse. Les domestiques sont dans des tentes séparées. Dans les demeures des grands on trouve des vases d'étain, d'argent, de porcelaine. Les tentes du peuple sont formées d'une espèce de feutre. Dans quelques endroits ils érigent de petits temples, à l'entour desquels les prêtres ont des cabanes de bois.

Cependant, le plus habituellement, vis-à-vis de l'entrée de la tente, le riche a sa petite chapelle, contenant des idoles en bronze doré, devant lesquelles on allume une lampe alimentée par du beurre, ou bien une sorte d'encens en forme de petits bâtons, que l'on tire du Tibet. La tente ou iourte est ronde et éclairée par la porte ou par l'ouverture pratiquée pour le passage de la fumée, comme celle des Éleuthes. Elle n'a ordinairement que 1ᵐ 65 de hauteur, et 3 en la mesurant de la partie la plus supérieure. Son diamètre est de 4 à 6 mètres. Celle du pauvre sert à le loger avec sa famille et son bétail. Les seuls objets qui en constituent l'ameublement sont le feutre, qui sert de tapis, un chaudron en fonte, un réchaud, une hache, quelques outres pour l'eau et le lait, des plats grossiers et des jattes en bois.

Leur tête, à la réserve d'une seule boucle de cheveux, est rasée et recouverte par un bonnet jaune et plat, au moins chez les Charra-

Mongols ; ils portent des pantalons larges, une veste légère avec des manches étroites, et une ceinture qui retient le sabre, le couteau et les objets nécessaires pour fumer. L'habit de dessus est retenu par une ceinture, les manches en sont larges ; leurs pieds sont entourés de linge, par-dessus lequel se trouvent passées des bottines de cuir, ordinairement noires ou jaunes.

En général leur costume ressemble un peu à celui des Chinois. Pauvres et riches s'habillent de même : les premiers portent des vêtements de nankin, par-dessus lesquels ils mettent en hiver des pelisses en peaux de mouton, et des manteaux en drap grossier quand il pleut ; les riches ont seulement des étoffes plus belles, des fourrures plus riches et des ornements en acier et en argent. La coiffure des hommes consiste l'été en un bonnet de drap ou de coton piqué à rebords, et l'hiver en un bonnet de peau de mouton ou de renard. Les femmes sont vêtues souvent comme les hommes ; mais ordinairement elles ont une tunique longue sans ceinture, et par-dessus une sorte de veste sans manches ; comme les Chinoises, elles portent de larges pantalons, et leur bonnet ressemble à celui des hommes.

Les Mongols se nourrissent de viande, qu'ils mêlent quelquefois avec des légumes, et qu'ils mangent sans assaisonnement et même sans sel. Ils se régalent de lait, de beurre et de koumiss ; mais ils ont appris à connaître l'eau-de-vie et l'hydromel, et surtout le thé. Le repas ordinaire d'un Mongol se compose de deux ou trois grandes tasses de thé en briques, que l'on fait bouillir avec un peu de millet ou de farine de cette graine roussie au feu, et dans lequel on ajoute du sel, du beurre, de la graisse, du lait ou de la crème. Leurs troupeaux consistent en chevaux, chameaux, bœufs, brebis et chèvres. Les femmes tannent le cuir, déterrent les racines nourrissantes, préparent les provisions d'hiver qu'elles salent ou qu'elles font sécher, distillent le koumiss ou l'esprit de lait de jument. Les hommes chassent le gibier et les animaux nombreux qui errent en grand nombre dans ces vastes déserts. Quand les Mongols voyagent, ils cuisent des moutons entiers dans leur peau ; ils ôtent d'abord la peau tout entière et en font une espèce de sac, qu'ils remplissent d'eau ; ils y mettent la viande détachée des os, et y jettent successivement quelques pierres rougies : la viande est parfaitement cuite et le bouillon excellent.

Quand les pâturages commencent à manquer, toutes les tribus lèvent leurs tentes, ce qui arrive depuis dix jusqu'à quinze fois par an. Dans l'été ils se dirigent au nord, et en hiver au midi. Les troupeaux, les hommes, les femmes, les enfants, forment une procession régulière, et sont suivis par les jeunes filles, qui chantent gaiement en cadence. Les amusements de ces tribus errantes et enjouées sont les courses de chevaux, où les jeunes filles mêmes excellent ; enfin l'arc, la lutte, la pantomime, les chansons des jeunes femmes, qui sont généralement accompagnées par la viole et la flûte. Ces chansons roulent sur des aventures amoureuses, et sont remplies d'un merveilleux gigantesque ; mais la mélodie en est dure et désagréable. Le jeu d'échecs est leur jeu favori.

Les corps des princes et des principaux prêtres sont brûlés avec beaucoup de solennité, et leurs tombes sont ordinairement entourées de murailles et ornées de très-hautes perches, d'où flottent des draperies bizarres. Souvent aussi l'on enterre les morts. On croit que les Mongols ont conservé un usage superstitieux, mais touchant, que décrit Marco-Polo. Lorsque deux familles viennent de perdre en même temps deux enfants chéris de deux sexes différents, elles font entre leurs mânes ce qu'on appelle le *mariage des morts ;* les alliances sont célébrées auprès du tombeau des enfants avec beaucoup de solennité ; les parents, dès lors, se traitent entre eux comme s'ils étaient unis par les liens du sang.

Les Mongols se marient jeunes ; ils peuvent avoir plusieurs femmes, mais il y en a toujours une qui conduit le ménage et qui est la plus respectée. Le divorce est cependant très-fréquent. Quand les fiançailles sont conclues, le jeune homme envoie aux parents de la jeune fille plusieurs moutons tués, du lait fermenté et d'autres présents. Si les parents les acceptent, l'alliance est conclue. Le garçon reçoit de son père des bestiaux et une iourte séparée, et la jeune fille a pour dot des vêtements, des ustensiles de ménage, et une certaine quantité de brebis et de chevaux. On consulte un astrologue sur le jour le plus favorable pour la célébration du mariage ; lorsque ce jour est fixé, un *djelloung* ou prêtre est appelé pour la bénédiction nuptiale. La cérémonie consiste à placer les époux agenouillés sur un feutre, et le visage tourné vers l'orient devant la porte de la iourte du marié. Le prêtre fait apporter un vase contenant du bouillon et une cuisse de mouton, dont on leur donne l'os et le pied à tenir de la main droite, de manière que la partie charnue est tenue par la jeune fille et l'extrémité osseuse par le fiancé. Deux jeunes garçons sont chargés de faire courber trois fois les nouveaux mariés, en leur criant à haute voix : *Honorez la cuisse de Chaggai ! — honorez le beurre !* Les amis des deux époux s'emparent ensuite des bonnets de ceux-ci et les jettent au djelloung qui se trouve dans la iourte. C'est un heureux présage pour celui dont le bonnet arrive le premier au fond. Après un combat à coups de poings entre les jeunes filles et les femmes qui veulent enlever la mariée, le reste de la cérémonie se passe à manger, rire, boire et chanter.

Les Mongols, quoique moins superstitieux que les Éleuthes, ont un culte extérieur plus apparent ; ils élèvent des temples, dont quelques-uns sont en pierre. Les livres sont plus communs parmi eux que parmi les Éleuthes ; ils ont, outre l'écriture ordinaire, une espèce de tachygraphie, nommée *akschar*, et venue du Tangout. Leur alphabet ordinaire a quatre-vingt-dix-huit signes, qui marquent en partie des syllabes entières. Cet alphabet paraît en général emprunté de celui des Ouïgours ; on sait du moins que les Mongols, après s'être servis de l'alphabet tibétain carré, l'abandonnèrent pour l'écriture ouïgoure. Quelques auteurs portent à cent quatre-vingt-sept le nombre de leurs signes syllabaires : ils se suivent en colonnes verticales de gauche à droite. La langue mongole, peu connue, est la même que celle des Éleuthes, que nous avons déjà caractérisée.

La nation mongole est l'une des plus anciennement civilisées des vraies nations tatares ; mais parmi les sciences que ce peuple a cultivées, il n'en a inventé aucune : ainsi l'astronomie même, qui semble être née chez les peuples nomades et pasteurs, les Mongols en ont emprunté la connaissance vague et incomplète aux Chinois et aux Hindous, dont ils se sont bornés à traduire les ouvrages en donnant des noms de leur propre langue aux trois cent soixante-six constellations qui y sont figurées ; et encore ces noms ne sont-ils que la traduction de ceux qu'elles portent dans les ouvrages originaux, à l'exception des vingt-huit constellations des Hindous, dont ils ont conservé les dénominations sanskrites.

Nous avons renvoyé à la description du Tibet ce qui concerne la religion du bouddhisme adoptée par les Mongols ; cependant nous devons dire ici quelques mots d'une cérémonie religieuse très-importante chez eux, et qui peut passer pour un tableau de mœurs : c'est la fête célébrée pour la manifestation divine d'un nouveau khoutoukhtou ou gheghen. Cette sorte d'intronisation ou de sacre se pratique à Ourga. Voici quelques détails tirés de la relation de l'une des dernières cérémonies de ce genre.

Au lever du soleil, le principal temple d'Ourga fut décoré selon l'usage habituel ; à l'entrée du temple on voyait placée l'idole du bon khan *Aïoncha*, qui préside à la longévité. A gauche de l'idole s'élevait un trône orné de pierres précieuses et de riches étoffes ; la sœur du khoutoukhtou défunt et le père du nouveau assistaient à la cérémonie, ainsi que 26,000 lamas ou prêtres, et plus de 100,000 spectateurs de tout rang, de tout âge et de tout sexe. Lorsque les préparatifs furent terminés, on vit sortir du temple la sœur du khoutoukhtou défunt, portée par six lamas sur un trône richement décoré ; le cortége marcha en silence jusqu'à la iourte de la nouvelle incarnation, dont le cortége au retour se composait de ce personnage régénéré monté sur un cheval magnifiquement harnaché, dont la bride était tenue d'un côté par le *khoubilgan*, prêtre d'un rang distingué, et de l'autre par le *ta-lama* ou doyen des lamas. La sœur de l'ancien khoutoukhtou, que le nouveau nommait également sa sœur, le suivait dans une chaise à porteurs ; les principaux dignitaires venaient ensuite ; tout le cortége marchait au bruit des instruments et des hymnes en l'honneur du nouveau personnage divin.

Ce personnage est toujours un enfant, de même que le dalaï-lama du Tibet ; arrivé près du temple, les lamas l'enlevèrent de dessus son cheval, avec les marques du plus profond respect, le conduisirent par la main, le placèrent sur le trône, et annoncèrent au peuple l'ordre de l'empereur de rendre au nouveau khoutoukhtou les honneurs dus à son rang et à sa nature divine. Tout le monde alors se prosterna trois fois jusqu'à terre. Bientôt on mit devant le divin enfant une table avec plusieurs *khoulkho* ou clochettes en argent en usage dans les cérémonies religieuses, en ayant soin de ne point y mettre celle dont s'était servi son prédécesseur, ou, pour parler le langage des fidèles mongols, dont il s'était servi lui-même avant sa régénération. L'enfant, après avoir jeté un coup d'œil sur les clochettes, dit aux lamas qui l'entouraient : « Pourquoi ne m'a-t-on pas apporté ma clochette habituelle ? » A ces mots tous les assistants s'écrièrent : « C'est le véritable chef de notre religion, c'est notre khoutoukhtou. » Alors sa sœur s'approcha la première pour recevoir sa bénédiction, et tous les grands personnages religieux ou civils la suivirent.

Le lendemain, le khoutoukhtou, placé sur son trône, reçut, en présence du peuple et des grands, les présents de l'empereur, dont l'envoyé lui lut le discours suivant : « Grand pontife, toi qui es incorruptible comme l'or, et dont la splendeur égale l'éclat des diamants, protége l'empire comme tu l'as fait du temps de mon père, et répands ta grâce et ta protection sur mon règne. » Le khoutoukhtou, après avoir accepté les présents, répondit à ce discours en donnant sa bénédiction à l'envoyé, puis aux principaux personnages et au peuple.

L'après-midi de cette journée fut consacrée à des luttes, à des joûtes et à des courses de chevaux. Pendant quinze ou vingt jours ces fêtes publiques continuèrent ; tant qu'elles durèrent, les Mongols de toutes les classes s'empressèrent de déposer des présents aux pieds du khoutoukhtou.

Le nombre des lamas attachés à la cour de cette incarnation divine est d'environ 10,000. Il ne dépend pas du khoutoukhtou de se donner un successeur : c'est l'empereur de la Chine qui désigne la famille dans laquelle doit renaître l'âme du dieu incarné : la cour de Péking conserve par là une grande influence sur les populations mongoles. Les lamas sont les lettrés et les savants de la nation : ce sont eux qui exercent la médecine. Cependant ils sont d'une ignorance extrême, même en ce qui concerne leur religion : leur savoir consiste à réciter les textes sacrés et à remplir le rituel dans la langue tibétaine, que la plupart ne comprennent pas.

ORGANISATION MILITAIRE DES MONGOLS. — L'organisation des peuples mongols soumis à l'empire chinois est entièrement militaire. Les *Khalkhas* proprement dits sont répartis sous le commandement de quatre khans en 86 *gousa* ou bannières. Ceux qui vivent dans le voisinage des monts Altaï, dans le Thian-chan-pé-lou, forment 19 bannières commandées par un général mandchou qui réside à Kobdo sur le haut Irtyche ; dans la Dzoungarie 15 autres bannières sont sous l'inspection du gouverneur militaire d'Ili ; les tribus qui habitent au sud du désert de Kobi sont divisées en 6 *tchoukhans* ou corps subdivisés en 49 bannières ; enfin, dans le pays de Khou-khou-noor, les Mongols et les Éleuthes forment 29 bannières sous le commandement d'un général mandchou qui réside à Si-ning-oëi, ville frontière de la Mongolie dans la province de Kan-sou.

Chaque bannière forme, ainsi que nous l'avons dit, une division militaire avec son territoire et ses habitants ; mais les habitants seuls se divisent en un certain nombre de régiments composés de 6 escadrons de 150 cavaliers, dont 50 cuirassiers.

Les khans ou princes mongols sont, comme on le voit, entièrement soumis à la Chine, ils payent un tribut annuel et se présentent à la cour de l'empereur dans la posture humble de vassaux. Leur dignité passe à leurs enfants mâles par ordre de primogéniture, mais cependant avec l'autorisation de l'empereur. Leurs revenus, ainsi que ceux des taïdzis, consistent d'abord dans le cens que le code les autorise à prélever sur leurs sujets, et ensuite en un traitement que leur accorde le gouvernement chinois. Tous les quatre ans ils sont obligés de porter à Péking le tribut qui leur est imposé, mais ce tribut est peu important ; et d'ailleurs ils reçoivent en retour un présent qui en diminue la valeur : ainsi pour chaque cheval l'empereur leur fait donner 10 onces d'argent et 2 pièces de satin. Quant au traitement qu'ils reçoivent, ils sont partagés en six classes : ceux de la première reçoivent de l'empereur un solde que l'on peut évaluer à 20,000 francs et 40 pièces d'étoffe de soie ; ceux de la deuxième ont 12,000 francs et 20 pièces d'étoffe ; ceux de la troisième 6,400 francs et 13 pièces ; la quatrième reçoit 4,000 francs et 10 pièces ; la cinquième 2,400 francs et 9 pièces ; et enfin la sixième 1,600 francs et 7 pièces d'étoffe. Si leurs traitements ne paraissent pas très-importants, il faut considérer que le gouvernement chinois semble être fort économe ou mesquin dans ses largesses, puisqu'on ne donne par an à une fille légitime de l'empereur qui épouse un prince mongol qu'une somme de 8,000 fr. et 30 pièces d'étoffe pendant son séjour en Mongolie, et seulement 3,200 francs et 200 sacs de riz lorsqu'elle reste à Péking. Son mari ne reçoit, outre ses appointements comme prince mongol, que 2,400 francs et 10 pièces d'étoffe par an. Les hauts dignitaires du clergé mongol reçoivent aussi des appointements de l'empereur.

LÉGISLATION, PÉNALITÉS. — Pour achever ce tableau de la civilisation imparfaite, mais très-remarquable, des peuples mongoliques, il faut dire que depuis 1620 ils possèdent un code complet de lois signé de quarante-quatre princes et chefs, et dans lequel la plupart des délits sont punis par des amendes ; les actions utiles au public sont récompensées. Celui qui refuse du lait à un voyageur est puni de l'amende d'un mouton. On admet les épreuves par le feu, et les serments par lesquels un supérieur garantit l'innocence d'un inférieur ; institutions connues en Europe dans le moyen âge.

Les peines sont en général cruelles envers le peuple, et peu sévères pour les nobles : ainsi l'homme de qualité qui commet un meurtre avec préméditation n'est condamné qu'à une forte amende, par exemple à la perte d'une année d'appointements, et à 81 têtes de bétail, dont les deux tiers sont pour la famille du défunt, et un tiers pour le chef de la tribu à laquelle il appartient ; tandis qu'un esclave qui tue son maître est coupé tout vivant par morceaux. Celui qui tue sa femme est condamné à être étranglé. Le code mongol est divisé en 12 sections ; il est rédigé par le gouvernement chinois, et complété, selon les circonstances, par des lois supplémentaires qui ont la même force que celles dont le code se compose.

MANDCHOURIE.

LIMITES DE LA MANDCHOURIE. — La Mandchourie confine au nord à la Sibérie, à l'ouest à la Mongolie, au sud-ouest à la Chine, au sud à la Corée, et à l'est elle est baignée par la mer du Japon. Elle a 2,000 kilomètres dans sa plus grande longueur du nord-est au sud-ouest, et 1,300 de largeur de l'est à l'ouest. Sa superficie totale est d'environ 1,900,000 kilomètres carrés.

ASPECT GÉNÉRAL PHYSIQUE. — Avec la Mongolie et la chaîne des monts Hing'an, se termine la zone centrale de l'Asie. Lorsque l'on pénètre dans la Mandchourie, les rivières ne serpentent plus sur une plaine élevée ; le terrain se penche de trois côtés : vers la mer d'Okhotsk, vers la mer du Japon, et vers la mer Jaune. Les plantes et les arbres des climats tempérés commencent à reparaître ; mais à l'est, une haute chaîne de montagnes qui se prolonge à travers la péninsule de la Corée, contre-balance, par son élévation et ses vastes forêts, les influences favorables du soleil. Quoique sous les latitudes de la France et de l'Italie, ces montagnes sont sujettes à des hivers très-longs et très-rigoureux ; mais les parties centrales qu'arrose le fleuve Saghalien ou Amour doivent probablement jouir d'un climat un peu plus doux. Si l'agriculture n'y fleurit pas, la faute en est due à la paresse et à l'ignorance des habitants. La partie située sur la mer Jaune ou la province de Leaotoung ou de Ching-king paraît jouir d'une température semblable à celle de l'Allemagne et de la France septentrionale.

MONTAGNES. — Les montagnes qui environnent Zhé-holl ou Jéhol ne sont pas très-élevées ; elles ne présentent aucune chaîne régulière, mais plutôt l'aspect des ondes d'une mer agitée. Elles sont composées d'une argile durcie, mêlée de gravier. Il paraît que la haute chaîne des montagnes qui bordent la mer du Japon et la Manche de Tatarie est absolument détachée des chaînes centrales de l'Asie. Au nord, les monts *Stanovoï* étendent plusieurs branches vers les bords du fleuve Amour. L'une d'elles prend le nom de *Iablonoï*. Sur toute cette côte il gèle et neige au milieu de septembre. Les pentes des monts Stanovoï sont couvertes de forêts, et leurs flancs sont riches en métaux utiles et précieux. C'est aussi au nord de la Mandchourie que l'on rencontre les monts Hing'an, chaîne qui se détache des précédents, et sur laquelle on n'a que des renseignements très-vagues. Près des côtes de la mer du Japon, la Mandchourie est bordée par une chaîne peu élevée qui se réunit au sud à celle des monts neigeux appelés en chinois *Tchang-pé-chan*, et en mandchou *Golmïn-changan-alin*, c'est-à-dire la *grande montagne Blanche*, et qui fut explorée en 1677 par ordre de l'empereur *Kang-hy*. Ce groupe, qui occupe une étendue de 400 kilomètres, est couvert à sa base de forêts impénétrables ; on arrive au sommet en traversant des neiges et des glaces qui paraissent être perpétuelles ; sa cime se termine par un plateau que dominent cinq pics très-élevés, au pied desquels s'étend un lac dont la circonférence est d'environ 16 kilomètres. Cette chaîne est célèbre chez les Mandchoux, parce que c'est dans son voisinage que leurs différentes hordes se sont formées en corps de nation.

FLEUVES ET LACS. — Le fleuve *Amour* prend sa source en Mongolie dans les monts Kentaï ; il porte d'abord le nom d'*Onon* ou *Chilka*, et reçoit les eaux de l'*Ingada*, près du Nertchinsk. Ce n'est qu'après avoir reçu les eaux de la grande rivière de *Kerlon* ou d'*Argoun*, qu'il prend le nom d'Amour. Le cours et le volume de la Chilka et du Kerlon semblent à peu près égaux. L'Amour, nommé *Sakhalien-oula* par les Mandchoux et les Toungouses, et *He-loung-kiang* ou rivière du *Serpent noir* par les Chinois, reçoit encore au sud deux grands fleuves, le *Soungari-oula*, en chinois *Chuntungian*, et l'*Ousouri*, que les Chinois nomment de même. Après un cours de 2,700 kilomètres, il se jette dans la mer d'Okhotsk, en formant un grand golfe fermé à l'est par les rivages de l'île Seghalien, et qui communique au midi avec la mer de Corée ou la Manche de Tatarie par une étroite ouverture. Les herbes marines en cachent en quelque sorte l'embouchure. Profond, tranquille, il ne présente aucun obstacle à la navigation ; il ne renferme ni rochers ni bas-fonds ; ses rives sont bordées de forêts magnifiques. Depuis 1856, ce beau fleuve sert de limite à la Russie et à l'empire chinois ; son cours a été habilement relevé, de 1852 à 1856, depuis le confluent de la Chilka et de l'Argoun jusqu'à son embouchure, par une commission scientifique russe.

Le *Soungari* prend sa source dans les montagnes qui séparent la Mandchourie de la Corée ; c'est une rivière profonde, navigable, poissonneuse, d'environ 1,000 kilomètres de longueur. L'*Ousouri* sort de la chaîne qui borde les côtes de la mer du Japon ; son cours est de 520 kilomètres.

Toutes les rivières de quelque importance qui arrosent la Mand-chourie sont des affluents de l'Amour, à l'exception du *Liao-ho*, fleuve d'environ 720 kilomètres de cours qui se jette dans le golfe de *Liao-toung*, après avoir arrosé la Mongolie et la partie méridio-nale de la Mandchourie. Le golfe de Liao-toung a 180 kilomètres de largeur et 240 de longueur.

Parmi les lacs de la Mongolie, nous n'en citerons qu'un de re-marquable par son étendue, c'est le *Hinka* : il a environ 140 kilo-mètres de longueur sur 40 de largeur. Il est alimenté par plusieurs rivières, et donne naissance au *Sougat-chan-pira*, qui va se réunir à l'*Ousouri*, affluent du fleuve Amour.

PRODUCTIONS DE LA MANDCHOURIE. — Le sol de la Mand-chourie est presque partout fertile : les voyageurs font une peinture séduisante de la brillante verdure dont se parent les côtes orientales. « Nous rencontrâmes à chaque pas, dit le célèbre et infortuné la Pérouse, des roses, des lis, des muguets; nous recueillîmes en grande abondance des oignons, du céleri, de l'oseille, et d'autres plantes pareilles à celles de nos prairies; les pins couronnaient le sommet des montagnes, les chênes commençaient à mi-côte; les bords des ruisseaux étaient plantés de saules, de bouleaux, d'éra-bles, et sur la lisière des grands bois on voyait des pommiers, des azeroliers en fleurs, avec des massifs de noisetiers. » Cette peinture nous prouve que l'on y trouve les mêmes arbres que dans l'Europe centrale.

Les pâturages qui bordent les rivières et tapissent les flancs des montagnes nourrissent des chevaux, des bœufs et des moutons : le soin de ces animaux constitue la principale occupation des habi-tants; leur nombre forme leur principale richesse, surtout dans la partie méridionale. Dans le nord, c'est le renne qui remplace le cheval, et quelquefois aussi c'est le chien, comme dans la Sibérie orientale.

Les habitants s'occupent peu de l'extraction des substances miné-rales : ce n'est que pour leurs besoins qu'ils exploitent un peu de fer et de cuivre, du sel et du salpêtre. Ce n'est que dans les pro-vinces du sud-ouest que l'influence du voisinage de la Chine les porte à cultiver quelques arts; dans le reste de la contrée ils sont nomades, et vivent de la chasse et de la pêche.

« L'orient de la barrière des pieux, dit un proverbe chinois en parlant de la Mandchourie, produit trois trésors. » Ce sont le *jin-seng* ou *ginseng*, racine dont les Chinois disent des merveilles; la peau de *zibeline*, qui coûte aux chasseurs des dangers et des fatigues incroyables; et l'herbe *oula*, dont les Chinois garnissent leurs chaussures pendant l'hiver (1).

DIVISION POLITIQUE. — La Mandchourie est divisée en trois départements, appelés *Ching-king*, *Ghirin-oula* et *Sakhalian-oula*.

PROVINCE DE CHING-KING. — Le Ching-king, nommé autre-fois province de *Liao-toung* ou de *Moukden*, a été décrit par l'em-pereur Kieng-long dans l'*Éloge de Moukden*, production faible et froide sous le rapport poétique, mais très-utile aux géographes. La nature et l'art ont contribué à fixer les limites du Ching-King : la mer le baigne au sud; des montagnes le bordent à l'est; à l'ouest il est séparé de la Mongolie par une barrière en pieux longue de 460 kilomètres, et au sud-ouest par une partie de la grande muraille. Une chaîne peu élevée qui part du Tchang-pé-chan va former le côté oriental du golfe de Liao-toung et va longue et étroite presqu'île que les Anglais ont nommée *Regent's-sword* (l'épée du régent), et dont l'extrémité est le cap Charlotte, nom bien inutile à donner à cette pointe, puisque les Chinois l'appellent depuis longtemps *Chaophing-theou*. Le pays est arrosé par le Liao-ho ou Sira-mouren, qui court à travers de vertes prairies dans la direc-tion du nord au sud.

Dans un espace de 1,000 *li* (400 kilomètres), on voit se succéder des hauteurs et des vallées, des terrains arides et arrosés, des fleuves majestueux, d'impétueux torrents et des ruisseaux qui serpentent avec grâce, des campagnes riantes et des forêts impénétrables aux rayons du soleil. Le *mont de Fer* et le *mont Brodé* se montrent à une grande distance; sur celui-ci on trouve un étang qui jamais n'aug-mente ni ne diminue. Cette montagne est probablement la même que le Tchang-pé-chan. Le poëte impérial indique parmi les arbres de ce pays le sapin, le cyprès, l'acacia, le saule, l'abricotier, le pécher et le mûrier. Le blé rend le centuple de la semence. L'au-rone et l'armoise couvriraient tous les champs si on ne les réléguait pas dans les déserts. Le *ginseng* croît sur toutes les montagnes; son nom signifie *reine des plantes* : « elle rendrait l'homme immortel, si l'homme pouvait le devenir. » Parmi les animaux, Kieng-long nomme le *tigre peu redoutable*; le djightaï, le cheval sauvage, deux espèces d'onces, la civette, la zibeline. Les chiens aboient rarement pendant le jour; ils paraissent de race sibérienne. Le faisan brille parmi les innombrables oiseaux qui peuplent les champs, les

forêts et les bords des eaux. L'esturgeon, le roi des poissons, la carpe, l'anguille, et d'autres poissons excellents, nourrissent des tribus entières. La nacre de perle y est admirable. A ces richesses il faut ajouter le fer et le jaspe.

Les villes de la Mandchourie sont presque toutes dans la déca-dence depuis la conquête de la Chine par les Mandchoux. Le chef-lieu du Ching-king est *Moukden*, en chinois *Ching-yang*, qui fut la résidence des derniers souverains ou *cheandi's* des Mandchoux, immédiatement avant la conquête de la Chine. On y voit plusieurs temples, entre autres celui où le monarque devait prier tout seul le premier jour de l'an.

Cette capitale se compose de deux villes entourées de murs, l'une intérieure et l'autre extérieure. La première, qui a plus de 4 kilo-mètres de circonférence, renferme le palais impérial, dans lequel réside le vice-roi, le palais de justice, l'arsenal, les hôtels des man-darins, et les habitations de tous les employés du gouvernement; dans la ville extérieure, dont les murs, qui ont plus de 12 kilomètres de tour, renferment les deux villes, habitent les négociants, les mar-chands et tous ceux qui n'ont aucun emploi du gouvernement. On remarque près des portes deux beaux mausolées des premiers em-pereurs de la dynastie régnante, monuments en grande vénération chez les habitants.

ARCHIPEL LIAO-TOUNG OU JEAN POTOCKI. — C'est ici le lieu de parler d'un archipel qui borde la côte sud-est du Ching-king, et qui a été signalé à l'Europe par Klaproth, l'un des savants qui ont le plus contribué à faire connaître l'Asie.

Ce fut l'empereur *Ching-tsou-jin-houang-ti*, plus connu en Europe sous le nom de *Khang-hi*, qui est celui de son règne, qui conçut en 1707 le vaste projet de faire lever la carte de son empire par les missionnaires qui se trouvaient à Péking, travail que l'on peut re-garder comme l'une des plus belles entreprises géographiques du dix-huitième siècle, et dont la gloire appartient à la France, puisque la plupart des jésuites qui l'entreprirent étaient Français. Les cartes furent gravées à Péking. Les missionnaires envoyèrent les calques de ces cartes en Europe, et ce fut à l'aide de ces dessins que d'An-ville fit et publia l'atlas de la Chine. M. Klaproth, en examinant ces calques, reconnut qu'ils ne s'étendaient pas jusqu'à l'extrémité méridionale de la Mandchourie; d'Anville, à la vérité, avait sup-pléé cette lacune en terminant cette contrée, mais d'après des con-jectures. M. Klaproth consulta alors les originaux chinois et mand-choux des cartes levées par les missionnaires, et reconnut sur la côte sud-est du Ching-king un archipel jusqu'alors ignoré, malgré les explorations faites par les Anglais en 1793, 1809 et 1816 dans la mer Jaune, et dont la dernière fit connaître la presqu'île qui reçut le nom de l'Épée du Prince-Régent, mais ne s'avança pas au nord jusqu'à l'archipel en question, que M. Klaproth a désigné par le nom de *Jean Potocki*, en mémoire d'un comte polonais aussi connu par ses écrits que par les encouragements qu'il donna aux sciences.

L'archipel de Liao-toung ou de Jean Potocki appartient au dépar-tement de Ching-king et au district de Fung-thian-fou, plus connu en Europe sous le nom de *Moukden*. Il se compose d'une vingtaine d'îles, qui sont *Lian-houa-tao* (l'île du nénufar), *Kin-sian-tao* (l'île des fils d'or), *Khou-lcou-tao* (l'île du crâne), *Mangan-tao* (l'île de la selle), *Kouang-lou-tao* (l'île du bonheur rayonnant), *Koua-phi-tao* (l'île de la peau raclée), *Hai-sian-tao* (l'île de l'im-mortel et de la mer), *Ta-tchhang-chan-tao* (la grande île de la montagne longue) *Siao-tchhang-chan-tao* (la petite île de la mon-tagne longue), *Che-li-tao* (l'île des ossements de Foë), *Pa-chha-tao* (l'île des huit fourches), *Chy-tchhing-tao* (l'île de la ville de pierre), *Ouang-kia-tao* (l'île de la maison royale), *Tchhang-tsu-tao* (l'île des daims), *Hai-yang-tao* (l'île du mouton marin), *Tha-lian-tao* (l'île des tours contiguës), *Siao-hai-thsing-tao* (la petite île des fau-cons), *Ta-hai-thsing-tao* (la grande île des faucons), et quelques autres très-petites. La plus grande de ces îles n'a pas plus de 12 à 16 kilomètres de longueur. Suivant quelques auteurs chinois, elles servent d'entrepôt au commerce maritime entre la Chine et la Corée.

PROVINCE DE GHIRIN OU KHIRIN. — Le département de *Ghirin* ou *Khirin*, au nord du précédent, est en général un pays plat et boisé, d'une température assez froide, parce que le sol en est élevé : aussi l'agriculture y est-elle peu répandue. Les seuls grains qui y viennent sont l'avoine et le millet, mais le ginseng, si estimé des Chinois, y croît en abondance. Ce département, qui est un lieu de déportation pour les criminels chinois, ne renferme que 4 villes mal bâties et entourées d'une muraille en terre. Son chef-lieu est *Kirin-oula*, sur la rive gauche du Soungari. Triste rési-dence d'un général mandchou qui jouit de tous les droits de vice-roi, c'est une ville mal bâtie, peu peuplée, et qui encore l'est prin-cipalement de criminels. A 240 kilomètres plus bas, sur la même rivière, *Bedouné*, que sur nos cartes on écrit à tort *Petouné*, ren-ferme aussi beaucoup d'exilés, mais la plupart de ses habitants appartiennent aux tribus de *Sibé* et de *Goualt-cha*. *Ning-gouta*, à 200 kilomètres au nord-est de Kirin-oula, est le berceau de la

---

(1) *Souvenirs d'un voyage en Tartarie*, etc., par l'abbé Huc.

famille régnante. Un double rang de palissades hautes de 6 mètres forme son enceinte ; la plus grande a 4 kilomètres de circonférence. Le commerce y est considérable et y attire un grand nombre de Chinois qui habitent hors des murs, ce qui donne beaucoup d'importance à ses faubourgs. *Tondon* est une petite ville peuplée d'exilés.

PROVINCE DE SAKHALIEN-OULA. — Le département de *Sakhalien-oula*, nommé *He-loung-kiang* par les Chinois, est le plus vaste de la Mandchourie : il en comprend toute la partie septentrionale jusqu'à la Sibérie ; son nom lui vient du fleuve Sakhalien ou He-loung-kiang. Le climat de ce pays est froid ; les hivers sont longs et rigoureux ; cependant si le sol n'est point fertile, ce n'est pas qu'il ne soit susceptible de le devenir, c'est que les Mandchoux ne s'y livrent point à la culture, et que la plupart préfèrent la vie nomade à la vie sédentaire. En effet, les Daouriens, qui en occupent une portion considérable, y récoltent du froment, du millet, de l'orge, du lin et du sarrasin ; les Chinois exilés y cultivent des plantes potagères et du ginseng.

Sakhalien-oula-khoton ou *He-loung-kiang*, son chef-lieu, sur la rive droite du fleuve du même nom, au milieu d'une plaine cultivée et parsemée de villages, est une place forte destinée à défendre l'empire du côté de la Russie. Elle fait un commerce considérable en fourrures. *Merghen*, à 120 ou 150 kilomètres au sud-ouest, est une ville sans importance. *Tsitsikar*, fondé par l'empereur Kang-hi pour mettre les frontières à l'abri des Russes, est défendue par une double enceinte de terre et de palissades ; ses rues étroites sont garnies de maisons en argile.

ILE DE TARAKAI. — Vis-à-vis de l'embouchure de l'Amour s'étend une grande île, qui sur une longueur de 850 kilomètres n'en a pas plus de 60 dans sa moyenne largeur. Son nom est *Tarakaï*, improprement *Sakhalien*. La partie septentrionale appartient à la fois aux Russes et à l'empire chinois, et la partie méridionale à celui du Japon. La partie soumise à la Chine est montagneuse et renferme plusieurs pics, dont les plus hauts sont ceux que la Pérouse appela Lamanon, Mongez et Lamartinière. Les indigènes sont des Aïnos, appelés *sméren-kour* dans la langue des Kouriles. Les Mandchoux y ont depuis longtemps établi des colonies qui dépendent administrativement du département de Sakhalien-oula.

COTE DE LA MANDCHOURIE. — La côte orientale de la Mandchourie a semblé presque déserte à la Pérouse. Partout une superbe végétation rappelait aux navigateurs français ces forêts de leur douce patrie qu'ils ne devaient plus revoir. Sur les monts sourcilleux le chêne étendait ses rameaux, le pin élançait sa pyramide de verdure ; plus bas, les saules humaient la rivière ; les bouleaux, les érables, les azeroliers frémissaient au souffle des vents ; le lis, la rose et le muguet parfumaient la prairie ; c'était le printemps de l'Europe, c'était la flore de nos contrées, mais aucune trace n'indiquait un commencement de culture ; rien ne prouvait que des hommes eussent jamais habité ces magnifiques rivages ; l'ours et le cerf avaient seuls tracé des sentiers à travers l'herbe haute de plus d'un mètre ; un tombeau et quelques ustensiles de pêche semblaient démontrer que des tribus vagabondes arrivaient quelquefois de l'intérieur pour troubler le repos des poissons qui fourmillent à l'embouchure des rivières. C'est un phénomène singulier que de trouver un désert absolu, et pourtant susceptible de culture, aux portes de cet antique empire de la Chine, où la surabondance de population paraît quelquefois amener toutes les horreurs de la famine.

La mer du Japon, qui baigne ces rivages, y apporte d'immenses prairies flottantes d'herbes marines ; souvent le navigateur effrayé croit son bâtiment enchaîné par une terre nouvelle qui semble sortir des eaux qu'elle dérobe entièrement à la vue. Dans les brouillards épars qui assiégent ces contrées, on voit souvent une illusion d'optique produire l'image de côtes élevées et étendues ; le navigateur en approche ; il croit y débarquer, et soudain ce monde fantastique se dissout en vapeurs et se dissipe dans les airs.

POPULATION DE LA MANDCHOURIE. — Toute la Mandchourie ne renferme, selon la géographie chinoise, que 47,124 paysans soumis au tribut ; mais il paraît que les indigènes ne sont pas compris dans ce nombre, qui est probablement celui des colons envoyés de la Chine. Quelques auteurs ne croient pas s'écarter beaucoup de la vérité en portant toute la population à 2,000,000 d'habitants. Le pays entretient 10,000 soldats mandchoux.

LES MANDCHOUX. — Les Mandchoux appartiennent à la grande race nommée *toungouse* par les Russes et les Tatars, mais qui s'appelle *Oven* dans sa propre langue. Les Daouriens sont Mandchoux, mais mêlés de Mongols. Plusieurs tribus, telles que les *Doutcheri*, sur les bords de l'Amour, vers le milieu de son cours ; les *Solons*, sur l'Argoun, et autres, ne paraissent se distinguer que par des nuances de civilisation. Les Mandchoux, sous le nom de *Nicou-tché*, ont soumis, avant le douzième siècle, les *Leaos* ou *Khitans*, dont ils étaient auparavant les vassaux, et qui habitaient la province de

Moukden ; ils envahirent, en 1115, le nord de la Chine, où leurs princes fondèrent la dynastie dite de *Kin* ou de l'*Or*. Dépouillés par les Mongols, ils retournèrent dans leurs monts sauvages, d'où ils sortirent de nouveau en 1640, sous le nom de Mandchoux, qui signifie *région peuplée*, pour faire la conquête de la Chine entière, qui leur garde encore une obéissance mêlée de haine et interrompue par des révoltes partielles.

Les Mandchoux ont connu l'agriculture, et même ont eu un code de lois avant la conquête qu'ils firent de la Chine. Cette extension de puissance a nui à leur pays, car les meilleures familles ont émigré dans la Chine proprement dite.

La dénomination d'*Yu-pi* ou des *Yeux de poisson* dénote en général une tribu de pêcheurs nomades, peuple grossier, dépourvu même d'un culte religieux. L'immense quantité de poisson que leur fournit l'Ossouri les dispense de se livrer à aucune culture, si ce n'est à celle du tabac. Tels sont tous les habitants pauvres, bons et simples de la côte orientale, visitée sur quelques points par la Pérouse. Leur pays est couvert de forêts impénétrables. On connaît le nom particulier de la tribu des *Ghiliaiky*, qui occupent les deux rives du Saghalien ou Amour, à son embouchure. La tribu des *Natki* ou *Atchani* commence à quatorze journées de navigation plus haut. Toutes deux s'habillent, pendant l'été, de peaux de poissons ; les Natki attellent des chiens à leurs voitures ; les Ghiliaikes y emploient, dit-on, des ours apprivoisés.

RELIGION DES MANDCHOUX. — D'après les relations des jésuites, les Mandchoux n'ont ni temples ni idoles ; ils révèrent un Être suprême qu'ils surnomment l'empereur du ciel. Cependant la religion des Mandchoux établis en Chine se rapproche du chamanisme. Des trois grandes nations de l'Asie centrale, les Mandchoux peuvent être considérés comme les plus rapprochés de l'état de civilisation, surtout depuis qu'ils ont fait la conquête de la Chine ; et leurs progrès à cet égard doivent encore avoir été plus grands, puisque le dernier empereur a ordonné que les meilleurs livres de la Chine soient traduits dans la langue des Mandchoux. Ces peuples ont des formes plus robustes, mais des traits moins expressifs que les Chinois ; les pieds de leurs femmes ne sont pas défigurés comme ceux des Chinoises ; leur coiffure consiste en fleurs naturelles et artificielles. L'habillement, en général, est le même que celui des Chinois.

LANGUE DES MANDCHOUX. — Les trois langages des Mandchoux, des Mongols et des vrais Tatars ou Tartares, diffèrent radicalement l'un de l'autre. M. Langlès, qui a publié un dictionnaire mandchou, affirme que c'est le plus parfait et le plus savant des idiomes tatars, sans en excepter celui du Tibet, quoiqu'il n'ait été écrit qu'au commencement du dix-septième siècle. A cette époque, le monarque des Mandchoux chargea des savants de dessiner des lettres d'après celles des Mongols. L'alphabet des Mandchoux présente 1,500 groupes de syllabes, que M. Langlès a essayé de réduire à 29 lettres, dont la plus grande partie a trois formes différentes, suivant qu'elles doivent se trouver au commencement, au milieu et à la fin d'un mot.

Ce que cette langue offre de plus étonnant, ce n'est pas la fréquence des onomatopées ou des mots imitatifs, ni son extrême douceur, qui n'admet jamais que deux consonnes se suivent sans l'intervention d'une voyelle (1), ni sa richesse en particules qu'on annexe aux mots et qui en modifient le sens, ni le grand nombre d'inflexions données aux verbes, comme dans l'hébreu et l'arabe ; ces caractères ne doivent occuper que les philologues ; mais pourrions-nous passer sous silence un fait qui semble toucher à l'histoire des émigrations des peuples ? La langue mandchoue, qui règne à l'extrémité orientale de notre occident, renferme beaucoup de racines qui ressemblent à celles des langues européennes (2). Ce ne

---

(1) Par exemple, ces mots latins, *plebs est prostrata*, se prononceraient en mandchou : *Pelebes esut porosutarata*.

(2) Voici quelques-uns de ces mots : *Hife*, mandchou ; *avoine*, français ; *avena*, latin ; *pafer*, allemand. — *Morin*, mand., cheval ; *marhe*, jument, all. — *Fara*, mand., traîneau ; *fahren*, aller en voiture, all. — *Tchop*, mand., sommet de montagne ; *schopf*, sommet, en all. — *Oura*, mand., le derrière ; οὐρά, idem, grec. — *Kaka*, mand. ; *caca*, français ; *cacare*, lat. — *Sengui*, mand. ; le *sang*, français ; *sanguis*, lat. — *Ania*, mand. ; l'*an*, français ; *annus*, lat. — *Fahala*, mand., noirâtre ; *fahl*, all., idem. — *Fialhu*, mand., paresseux ; *faul*, all., idem. — *Furu*, mand. : *fureur*, français ; *furor*, lat. — *Lapta*, mand., en lambeaux ; *lappen*, all., lambeau. — *Leta*, mand., tard ; *late*, angl., idem, etc. Adelung, *Mithridate*, I, 516.

Nous ajouterons les suivants : *Ama*, mand., père ; *amme*, danois, nourrice : *ohm*, all., oncle. — *Na*, mand., terre ; *ned*, danois, en bas. — *Tatchi*, mand., apprends, *tatschi-bume*, enseigner ; *teach*, anglais, enseigne. — *Endori*, mand., esprit ; ἔνδον, grec et ancien lat., en dedans ; *entrailles*, français. — *Ambaki*, mand., majesté,

sont point des mots relatifs aux arts qui auraient pu être apportés par les prisonniers de guerre allemands que les Mongols entraînèrent en Asie ; ce ne sont pas des mots imitatifs dont la ressemblance est presque toujours fortuite. La ressemblance d'ailleurs ne s'étend qu'aux langues gothico-germaniques et latino-grecques, qui, ainsi que nous l'avons souvent dit, ont elles-mêmes des rapports avec le sanskrit. Rien dans le mandchou ne nous a paru celtique ni esclavon : un seul trait rappelle le sarmate ou lithuanien (1) ; mais ce trait est encore commun aux langues indo-germaniques. Ces racines communes à des langues séparées par toute l'étendue d'une moitié du monde, indiqueraient que les Mandchoux seraient originaires des environs de la Perse et de l'Inde.

Bien que le mandchou passe pour le plus savant et le plus parfait des idiomes tatars, Abel Rémusat le considère comme inférieur sous tous les rapports au chinois. Un des traits caractéristiques de cette langue, c'est que la place de chaque mot y est invariablement marquée dans chaque phrase ; ce qui fait que le mandchou n'est point propre aux inspirations poétiques, ni même aux mouvements entraînants de l'éloquence. Il s'est enrichi d'un grand nombre de mots chinois et mongols ; ces mots forment même un cinquième de la totalité de ceux dont se compose le mandchou. Mais sa littérature se compose principalement d'ouvrages traduits du sanskrit, du tibétain, du mongol et du chinois. On a publié une Bible dans cette langue.

REMARQUES

sur

LA MONGOLIE ET LA MANDCHOURIE.

Pour compléter ce que nous avons dit sur la Mongolie et la Mandchourie, nous extrairons le passage suivant de l'ouvrage du missionnaire voyageur M. Huc.

« Suivant un usage universel, et qu'il nous a été facile de constater pendant nos voyages, nous diviserons les peuples tatars en orientaux (Toung-ta-dze) ou Mandchoux, et occidentaux (Si-ta-dze) ou Mongols. Les limites de la Mandchourie sont très-claires, comme nous l'avons déjà dit : elle est bornée au nord par les monts Kinggan qui la séparent de la Sibérie ; au midi par le golfe Phou-haï et la Corée ; à l'orient par la mer du Japon, et à l'occident par la barrière de pieux et un embranchement du *Sakhalien-oula*. Il serait difficile de fixer les bornes de la Mongolie d'une manière aussi précise ; cependant, sans beaucoup s'écarter de la vérité, on peut les comprendre entre le soixante-quinzième et le cent dix-huitième degré de longitude de Paris, et entre le trente-cinquième et le cinquantième degré de latitude septentrionale. La Grande et la Petite-Boukharie, la Kalmoukie, le Grand et le Petit-Tibet, toutes ces dénominations nous paraissent purement imaginaires.

« Les peuples qui se trouvent compris dans la grande division de la Mongolie, que nous venons de donner, ne doivent pas tous indistinctement être considérés comme Mongols. Il en est plusieurs auxquels on ne peut attribuer cette dénomination qu'avec certaines restrictions. Vers le nord-ouest, par exemple, les Mongols se confondent souvent avec les musulmans, et vers le sud avec les *Si-fan* ou Tibétains orientaux. La meilleure méthode pour distinguer sûrement ces peuples, c'est de faire attention à leur langage, à leurs mœurs, à leur religion, à leur costume, et surtout au nom qu'ils se donnent eux-mêmes.

« Les Mongols-Khalkhas sont les plus nombreux, les plus riches et les plus célèbres dans l'histoire ; ils occupent tout le nord de la Mon-

golie. Leur pays est immense ; il comprend près de 800 kilomètres du nord au sud, et environ 2,000 de l'est à l'ouest. Nous ne répéterons pas ici tout ce que nous avons déjà dit du pays des Khalkhas ; nous ajouterons seulement qu'il se divise en quatre grandes provinces, soumises à quatre souverains spéciaux ; ces quatre provinces se subdivisent elles-mêmes en quatre-vingt-quatre bannières, en chinois *ky*, et en mongol *bochkhon* ; des princes de divers degrés sont placés à la tête de chaque bannière. Malgré l'autorité de ces princes séculiers, on peut dire que les Khalkhas dépendent tous du Guison-Tamba, Grand Lama, Bouddha-vivant de tous les Mongols-Khalkhas, qui se font un honneur de se nommer *Disciples du saint du Kouren* (Kouré bokte ain chahi).

« Les Mongols du sud n'ont pas de dénomination particulière. Ils prennent simplement le nom de la principauté à laquelle ils appartiennent. Ainsi on dit : Mongol du Souniout, Mougol de Géchekten, etc. La Mongolie méridionale comprend vingt-cinq principautés, qui, comme celles des Khalkhas, se divisent ensuite en plusieurs *bochkhon*. Les principales sont : l'Ortous, les deux Toumet, les deux Souniout, le Tchakar, Karatsin, Oungniot, Géchekten, Barin, Nayman et le pays des Oelets ou Éleuthes.

« Les Mongols méridionaux, voisins de la grande muraille, ont un peu modifié leurs mœurs, par les rapports fréquents qu'ils ont avec les Chinois. On remarque quelquefois dans leur costume une certaine recherche, et dans leur caractère des prétentions aux raffinements de la politesse chinoise. En se dépouillant de ce sans-façon et de cette bonhomie qu'on trouve chez les Mongols du Nord, ils ont emprunté à leurs voisins quelque chose de leur astuce et de leur fatuité.

« En allant vers le sud-ouest, on rencontre les Mongols du *Kou-kou-noor*, ou lac Bleu (en chinois *Tsing-haï*, mer Bleue). Il s'en faut bien que ce pays ait toute l'étendue qu'on lui assigne généralement dans les cartes géographiques. Les Mongols du Kou-kou-noor n'occupent que les environs du lac qui leur a donné son nom. Encore sont-ils mélangés de beaucoup de Si-fan, qui ne peuvent demeurer avec sécurité dans leur propre pays, à cause de certaines hordes de brigands qui ne cessent de le désoler.

« A l'ouest du Kou-kou-noor est la rivière *Tsaidam*, où campent de nombreuses peuplades qu'on nomme Mongols-*Tsaidam*, et qu'on ne doit pas confondre avec les Mongols du Kou-kou-noor. Plus loin encore, et au cœur même du Tibet, on rencontre d'autres tribus mongoles. Nous n'en disons rien ici, parce que nous aurons occasion d'en parler dans le cours de notre voyage. Nous reviendrons aussi, avec quelques détails, sur les Mongols du Kou-kou-noor et de Tsaidam.

« Les Tatars Torgots, qui habitaient autrefois non loin de Karakoroum, capitale des Mongols du temps de Tchinggiskhan, se trouvent actuellement au nord-ouest de la Mongolie. En 1672, la tribu tout entière, après avoir plié ses tentes et rassemblé ses nombreux troupeaux, abandonna les lieux qui lui avaient servi de berceau. Elle s'avança vers la partie occidentale de l'Asie, et alla s'établir dans les steppes qui sont entre le Don et le Volga. Les princes torgots reconnurent la domination des empereurs moscovites, et se déclarèrent leurs vassaux. Cependant ces hordes vagabondes et passionnées à l'excès pour l'indépendance de leur vie nomade, ne purent s'accommoder longtemps des nouveaux maîtres qu'elles s'étaient choisis. Bientôt elles prirent en aversion les lois et les institutions régulières qui commençaient à s'établir dans l'empire russe. En 1770, la tribu des Torgots opéra de nouveau une migration générale. Guidée par son chef, Oboucha, elle disparut subitement, dépassa les frontières russes, et s'arrêta sur les bords de la rivière d'*Ili*. Cette fuite avait été concertée avec le gouvernement de Péking. L'empereur de la Chine, qui avait été prévenu de l'époque de son départ, la prit sous sa protection, et lui assigna des cantonnements sur les bords de la rivière d'*Ili*.

« La principauté d'Ili est actuellement comme le Botany-Bay de la Chine ; c'est là que sont déportés les criminels chinois, condamnés à l'exil par les lois de l'empire. Avant d'arriver dans ces lointains pays, ils sont obligés de traverser des déserts affreux, et de franchir les monts *Moussour* (glaciers). Ces montagnes gigantesques sont uniquement formées de glaçons entassés les uns sur les autres, de manière que les voyageurs ne peuvent avancer qu'à la condition de tailler des escaliers au milieu de ces glaces éternelles. De l'autre côté des monts *Moussour*, le pays est, dit-on, magnifique, le climat assez tempéré, et la terre propre à toute espèce de culture. Les exilés y ont transporté un grand nombre de productions de la Chine ; mais les Mongols continuent toujours d'y mener leur vie nomade et de faire paître leurs troupeaux. »

---

grandeur. — *Amban*, mand., grand seigneur, ministre ; *Ambath* et *ambathman*, francique et islandais, délégué royal, ambassadeur. — *Scha*, mand., regarde ; *schau*, all., idem. — *Sa*, mand. ; *sache*, franç., etc.

(1) La syllabe *bu*, servant d'auxiliaire dans le passif mandchou, c'est le *buvi* (je fus) des Sarmates-Lithuaniens, le *be* des Angl., le *bin* (je suis) des Allem., le *fui* des Latins.

Mandarin apaisant un différend chinois.

CORÉE.

SITUATION, LIMITES, SUPERFICIE, POPULATION. — Entre les îles du Japon et la Mandchourie s'étend la grande péninsule de *Corée*, baignée à l'est par la mer du Japon, et à l'occident par la mer Jaune. Ce pays peut avoir 920 kilomètres de long, mais un tiers de cette longueur se trouve hors de la péninsule proprement dite ; sa largeur est au nord de plus de 450 kilomètres ; mais, à la naissance de la péninsule, cette largeur n'est que de 150 à 160 kilomètres ; ensuite elle conserve la largeur d'environ 260 kilomètres. Sa longueur, du nord-est au sud-ouest, est de 900 kilomètres. La Corée ne le cède guère en étendue à l'Italie. Sa superficie est d'environ 200,000 kilomètres carrés, et sa population peut être évaluée à 8 ou 10 millions d'habitants.

Les vrais noms de la Corée sont *Kao-li*, ou *pays de la haute élégance*, employé dans le langage ordinaire, et *Tchao-sien* ou *Tiosan*, terme plus moderne adopté dans le style officiel, et que les Chinois prononcent *Tchao-sian* (*pays de l'élégance de l'Orient*). Les Mandchoux l'appellent *Solhho* et les Japonais *Koreï*, dont les Européens ont fait *Corée*.

MONTAGNES ET RIVIÈRES. — Le seul trait bien connu de la géographie physique de la Corée, c'est l'existence d'une haute chaîne de montagnes dirigée du nord au sud, et qui se détache du groupe méridional de la Mandchourie. En pénétrant dans la péninsule, cette chaîne, qui prend d'abord le nom de monts *Pe-pi-chan*, puis ceux de *Chim-taï* et d'*Ourak*, longe de fort près la mer du Japon. Il en sort un grand nombre de sources et de rivières ; la pente générale du terrain est vers la mer Jaune. Les côtes et les îles qui les bordent sont très-rocailleuses et d'un accès difficile, surtout à l'occident. Elles présentent à l'orient la baie de *Broughton*, de *Pingh-hai*, et le cap *Clonard*, et à l'occident la belle baie *Basill*. Les grandes rivières sont le *Ya-lou*, qui a environ 840 kilomètres de cours, et s'écoule dans la mer occidentale ; le *Tou-men-kiang*, qui n'en a que 320, et se jette dans la mer orientale ; toutes deux sont au nord et hors de la presqu'île proprement dite ; elles prennent leurs sources dans une même montagne, qui est très-haute ; les Chinois l'appellent *Chang-pe-chan*, et les Mandchoux *Chen-alia*, ou montagne toujours blanche.

La plus grande rivière de la presqu'île proprement dite est le *Naytongkan-han*. Elle prend sa source dans la longue chaîne qui traverse la Corée, et se jette, après un cours de 300 à 320 kilomètres, dans le bras de mer appelé *détroit de Corée*, formé par cette péninsule et les îles du Japon. Les autres sont le *Hamson*, la rivière de *Kaiseng* et le *Kem-kang*, qui se jettent dans la mer Jaune.

CLIMAT. — Quoique sous la latitude de l'Italie méridionale, la Corée a le climat très-froid, à cause des montagnes qu'elle renferme ; on assure que dans la partie septentrionale la neige tombe en si grande quantité qu'on est obligé, pendant l'hiver, de creuser des chemins par-dessous pour aller d'une maison à l'autre. Cependant le sol est très-fertile et très-bien cultivé. On nomme parmi ses minéraux l'or, l'argent, le plomb, le fer, les topazes et le sel gemme. Les animaux les plus communs sont les sangliers, les ours, les zibelines (au nord), les martres, les castors et les cerfs. Les fleuves abondent en poissons, et l'on y trouve, dit-on, des caïmans. La race des chevaux y est de très-petite taille.

Les montagnes du nord, couvertes de vastes forêts, ne produisent, au reste, que de l'orge et la racine de *genseng*, si précieuse aux yeux des Chinois. Les provinces méridionales abondent en riz, millet et panis (espèce de blé duquel on tire une sorte de vin), en chanvre, tabac, citron et soie. Un arbre semblable au palmier produit une gomme qui donne au vernis un air de dorure.

DIVISIONS POLITIQUES ET TOPOGRAPHIE. — Le royaume de Corée est divisé en huit provinces ou *tao*, nom qui, en chinois,

Paris. — Typographie de Henri Plon, imprimeur de l'Empereur, 8, rue Garancière.

signifie *route*; chacune de ces provinces est partagée en départements et en districts; le nombre de ces subdivisions est de plus de 360. Duhalde et les auteurs chinois nous apprennent qu'elles renferment 41 principautés, 33 *fou* ou villes du premier ordre, 38 *tchéou* ou villes du deuxième, et 70 *hien* ou villes du troisième.

La province de *King-ki* ou *Kieng-kéito*, à peu près au centre, a pour capitale *Han-yang*, appelée aussi *King-szu*, *Aniang* ou *Seoul*: c'est la capitale de tout le royaume et la résidence du souverain. On ne sait rien de particulier sur cette ville, si ce n'est qu'elle renferme une belle bibliothèque. *Kaiseng*, *Kouang-tsou* et *Soucn* sont d'autres villes principales de la province.

La province contiguë au sud-est est celle de *Tchoung-thsing* ou *Tsou-tseng-to*, dont le territoire est fertile et bien peuplé; c'est l'ancien pays des *Ma-han*. *Tchoung-tchéou*, ou *Kong-tsou*, est sa capitale. Les habitants élèvent beaucoup de vers à soie, et fabriquent des étoffes brodées. Les autres villes de la province sont : *Nampo*, *Yensan*, *Tsauntsou*, *Yenki* et *Emseng*.

Thsiuen-to ou *Tsen-la-to*, au sud de la précédente, est une province de 300 kilomètres de longueur sur 160 de largeur, dont la capitale est appelée *Thsiuan-tchéou* ou *Tsentsou*.

La province de *Kian-yuen* ou *Kanguento* ou *des Sources du fleuve*, à l'ouest de *King-ki*, est bien arrosée, couverte en partie de montagnes, et bornée à l'est par la mer du Japon. Les habitants ont la tête carrée et ressemblent aux Japonais. *Ouentso* en est le chef-lieu. Les autres villes sont : *Kangueng*, *Yangiang* et *Tongsen* sur la mer Jaune ; *Aniep*, *Yangkou*, *Piengtsang*, dans l'intérieur des terres.

La province de *Khing-chang* ou *Kengsangto*, dans le sud-est de la presqu'île, borde le détroit de Corée. Son chef-lieu est *Tsintsou*, et ses villes principales sont : *Tonguai*, *Taikou*, *Kenang*, *Tangseng*, *Outsen* et *Keitang*.

La province de *Hoang-haï* ou *Houang-haïto*, dans la partie du nord-ouest, doit son nom à la mer Jaune qui la borde, et que les Coréens nomment Hoang-haï; c'est l'ancien pays des *Kao-li* et des *Ma-han*. Ses côtes sont boisées et assez bien cultivées; l'intérieur est couvert de montagnes, dont la plus haute est le *Khouaton-khan*; sa capitale est *Hoang-tchéou* ou *Haïtsou-Yenan*; *Paitsou*, *Kargien*, *Tsangien*, *Pongsan* et *Hoorgtsou* sont des villes importantes.

La province la plus septentrionale, celle de *Phing-yang*, ou *Pieng-an-to*, est montagneuse et peu peuplée; sa capitale est *Eitsoui*, sur la rive gauche du Ya-lou. Ses autres villes importantes sont : *Yongtsen*, *Ouiouen*, *Amtsong* et *Yeniou*.

Enfin celle de *Hing-king* ou *Ham-kieng-to*, à l'est de la précédente, est montagneuse et boisée; c'est sur son territoire que coule le Tou-men. Elle est peu peuplée; ses villes s'élèvent sur les bords de cette seule rivière; les principales sont *Yangeng*, *Hoirieng*, *Honsang*, *Kiengouen*, *Hangieng* et *Kiengen*. Son chef-lieu est *Hianhing* ou *Yengeng* : la ville de *Pouktseng* lui dispute ce nom.

Les habitants du Tchong-thsing, du Khing-chang et du Thsiuen-to sont les plus civilisés des Coréens : ils cultivent la poésie et la littérature.

L'aspect des villes coréennes est le même que celui des villes chinoises; seulement les maisons sont construites en terre, sans art, sans commodité; dans quelques endroits elles sont élevées sur des pilotis; il faut une permission pour les couvrir en tuiles, c'est ce qui explique pourquoi la plupart n'ont que des toits en paille ou en roseaux. Les habitations des seigneurs offrent un aspect plus brillant et sont entourées de vastes jardins. La *grande muraille*, que les Coréens avaient élevée pour se défendre contre les invasions des Mandchoux, tombe aujourd'hui en ruine.

CARACTÈRES PHYSIQUES DES CORÉENS, MŒURS ET COUTUMES. — Les Coréens ressemblent aux Chinois pour la physionomie; ils sont robustes, d'une taille moyenne et bien prise; leur teint est basané, leurs cheveux sont noirs et leur air est martial; leurs mœurs sont douces et polies; ils sont respectueux envers leurs parents, sobres, mais curieux à l'excès. Courbés depuis longtemps sous le joug étranger, ils ont pris les vices de la servitude; ils sont fort adonnés aux plaisirs, grands menteurs, très-lâches, et si accoutumés à tromper et à voler, que les Chinois mêmes en sont les dupes. Les malheureux navigateurs qu'une tempête jette sur les côtes de la Corée y sont réduits en esclavage, institution que la crainte a dictée à plus d'un peuple barbare. Les maladies qui présentent un caractère épidémique inspirent une telle crainte aux Coréens, qu'ils ont pour coutume de déporter les malades dans les champs et de les y abandonner sans secours. Les mariages entre parents sont défendus jusqu'au quatrième degré. On marie des enfants de sept à huit ans, et la nouvelle épouse demeure dans la maison du beau-père. La polygamie est admise, mais le mari ne peut recevoir dans la maison que sa première femme.

Les femmes de qualité ne sont pas, comme en Chine, condamnées à ne pouvoir marcher et à rester enfermées dans des appartements secrets; les hommes ne sont point exclus de leur société.

Le corps des personnages distingués est souvent gardé trois ans dans un cercueil avant d'être enterré. Les tombeaux sont sur les hauteurs, et l'on place à côté les armes, les ustensiles et tout ce qui servait au défunt.

Une statue en pierre ou une tombe couverte d'inscriptions distingue la sépulture des riches. Les enfants d'un homme libre portent le deuil pendant trois ans, et vivent pendant ce temps avec une grande austérité. La plus grande partie de l'héritage est dévolue au fils aîné.

COSTUME DES CORÉENS. — Le costume des Coréens ressemble un peu à celui des Chinois: il se compose d'une longue robe ouverte, à grandes manches, d'un bonnet de forme carrée, ordinairement fourré, de bottines en cuir, en coton ou en soie. La coiffure des riches est un chapeau dont les bords ont 1 mètre de large, et dont la coiffe pointue a près de 25 centimètres de hauteur. Sous la robe une sorte de tunique descend jusqu'aux genoux et laisse voir de larges pantalons. Les hommes conservent leur barbe et rasent leurs cheveux; leurs femmes les réunissent en une grosse touffe derrière la tête; elles portent, comme les hommes, une robe ouverte, mais qu'elles recouvrent d'une autre plus courte.

RELIGION. — La philosophie de Confucius est ici, comme à la Chine, la doctrine dominante parmi les grands et les lettrés; mais la religion de Foé ou Bouddha a beaucoup d'adhérents. Les ambassadeurs de Corée ont dit aux missionnaires de Péking que les bonzes, tenus dans un état d'abjection, étaient obligés de construire leurs temples hors de l'enceinte des villes. Il y a des ordres monastiques ou des associations religieuses dont les membres mènent une vie austère, souffrent avec patience des persécutions très-dures, observent une foule de cérémonies, et ne recueillent pour fruit de tant de peines que le mépris universel. Parmi ces moines, il y en a qui, d'après leur règle, doivent porter la tête et le menton rasés, s'abstenir de viandes et fuir l'aspect des femmes. Cette dernière règle est tellement rigoureuse, que le moine qui l'enfreint est condamné à la bastonnade, et de plus chassé du couvent. Il y a de ces maisons religieuses qui renferment jusqu'à cinq cents moines. À l'époque où on les y admet, on leur imprime au bras une marque ineffaçable, qui sert à les faire reconnaître s'ils osaient quitter la vie monastique pour la vie civile. La plupart travaillent pour gagner leur subsistance; les uns instruisent les enfants, les autres font quelquefois un petit commerce, et ceux qui sont trop âgés pour travailler font la quête ou demandent l'aumône. Il y a aussi des couvents de femmes, mais elles n'y sont point soumises à une règle aussi rigoureuse; elles peuvent en sortir pour se marier.

SCIENCES ET ARTS, LANGUES. — Les Chinois ont porté en Corée leurs arts, leurs sciences et leur langue. Un grand nombre de collèges sont destinés à l'éducation des enfants des familles libres. Les lettrés coréens forment un ordre d'État à part, et se distinguent par deux plumes attachées à leurs bonnets. Ils subissent plusieurs examens, comme à la Chine; mais leur savoir se borne à la morale de Khoung-tseu ou Confucius. Ils se servent de la langue et des caractères chinois; la langue coréenne vulgaire en est très-différente, et, comme celle des Mandchoux, elle a son alphabet particulier. Ils écrivent avec des pinceaux faits en poils de loup, et impriment leurs livres au moyen de figures en bois. La langue des Coréens est trop peu connue pour être appréciée. Elle contient quelques mots chinois et mandchoux; mais la plus grande partie des mots paraît n'appartenir ni à l'une ni à l'autre de ces langues. Serait-elle un dialecte voisin de celui des habitants des îles Iesso et des Kouriles? ou la Corée et le Japon auraient-ils possédé une langue et une nation indigènes, avant de recevoir des colonies de la Chine et de la Mandchourie? c'est aux voyageurs futurs à jeter quelque jour sur ces questions.

AGRICULTURE. — L'agriculture est beaucoup plus avancée chez les Coréens que chez les Mandchoux leurs voisins. Le sol est cultivé avec soin jusqu'au sommet des montagnes, grâce aux soins que prend le cultivateur d'y transporter de la terre végétale, et de l'y retenir au moyen de terrasses construites en pierre sèche. La culture la plus répandue est celle du riz, qui forme la principale nourriture des habitants.

INDUSTRIE. — L'industrie des Coréens est assez avancée; ils fabriquent avec du coton un papier très-blanc et très-fort. Ils font des éventails, des papiers peints pour tenture et des toiles de lin très-fines; des étoffes de soie et de coton, de la faïence et de la porcelaine, des fusils et d'autres armes; mais leurs canons ne sont pas meilleurs que ceux des Chinois. Ils font avec des roseaux et des feuilles de graminées des nattes, des chapeaux, des sandales, des cordages et des voiles. Ils fabriquent en poils de queue de loup des pinceaux fort estimés en Chine. Les Chinois achètent ces divers objets en échange des thés et des soieries. Les Coréens font aussi quelque commerce avec les Japonais. C'est à *Khing-chan* que les bâtiments japonais apportent leurs marchandises, telles que du poivre, du bois odoriférant, de l'alun et des cornes de buffle. Les

Coréens leur donnent en échange du plomb, du coton, de la soie brute, des racines de ginseng. Les payements se font en petits lingots d'argent : il n'y a de monnaie qu'en cuivre.

GOUVERNEMENT DE LA CORÉE. — La Corée, originairement divisée en plusieurs petits États, fut subjuguée et civilisée par des aventuriers chinois, dont le chef était le prince Khi-tsu. Les sages lois données par ce conquérant firent naître un siècle d'or; mais cette époque heureuse remonte à plus de mille ans avant l'ère vulgaire. Il paraît certain que les Japonais, les Mandchoux et les Chinois ont tour à tour soumis la Corée; ces derniers seuls s'y sont maintenus.

Le pays est gouverné par un monarque héréditaire, tributaire de la Chine, et qui, lors de son avénement au trône, reçoit à genoux l'investiture de ses États et le titre de *koué-ouang* (roi), de deux mandarins envoyés par l'empereur. Après cette cérémonie, un ambassadeur du nouveau souverain va présenter le tribut à l'empereur. L'épouse légitime que choisit le roi de Corée ne peut prendre le titre de reine qu'avec le consentement de la cour de Péking.

Cependant, chez lui, ce roi est despote absolu; une cour nombreuse, un sérail bien fourni, augmentent l'éclat de son trône. Tous les habitants sont tenus de travailler pour le souverain pendant trois mois; et aux revenus considérables de ses domaines, le prince ajoute le produit de la dîme royale levée en nature sur toutes les productions quelconques. Il paraît, par la relation de Hamel, que les nobles exercent, chacun dans ses terres, un pouvoir féodal très-oppressif.

Le seigneur a le droit de vie et de mort sur ses serfs, et toutes les terres sont censées appartenir au roi. Il n'y a pas de propriétés particulières : les champs sont partagés également entre tout le monde. Cependant la classe moyenne et libre, qui comprend les négociants et les industriels, est la plus nombreuse. Le monarque a son conseil d'État composé des ministres et des principaux officiers de terre et de mer; les fonctionnaires publics n'occupent leurs emplois que pendant environ l'espace de trois ans; cela tient au système d'espionnage entretenu par le gouvernement, d'où il résulte que plus un homme est élevé en dignité, plus il est exposé aux attaques des envieux et des délateurs.

ADMINISTRATION. — L'organisation du pays est tout à fait militaire; chaque province est administrée par un général, chaque département par un colonel, chaque district par un capitaine, et chaque commune par un officier inférieur. Tous les ans le subalterne envoie à son supérieur un état présentant le nombre des hommes qu'il a sous sa dépendance; de cette manière le gouvernement connaît le nombre de troupes dont il peut disposer. Suivant Hamel, les religieux mêmes ne sont point exempts du service militaire, mais ils forment des corps particuliers destinés à tenir garnison dans les forteresses qui occupent les défilés des montagnes, et ils sont commandés par des officiers choisis dans leur ordre. Les soldats de toutes armes s'équipent à leurs frais. Leurs armes sont un mauvais mousquet, un arc et un fouet. Quant aux bâtiments de guerre des Coréens, ils sont supérieurs à ceux de la Chine, et paraissent imités des galères portugaises; ils sont munis de canons et de pots à feu.

ILES QUI DÉPENDENT DE LA CORÉE. — Les îles qui dépendent de la Corée ne doivent pas être passées sous silence. L'archipel de Corée se compose de 120 à 130 îlots, qui bordent les côtes occidentales et méridionales; les plus occidentales ont reçu des Anglais le nom d'*îles Amherst*, ce sont les plus considérables; cependant on peut dire de toutes ces îles qu'elles ne sont que des rochers de granit, et que celles couvertes d'arbres et habitées sont en petit nombre. La plus importante des îles de la Corée est celle de *Quelpaert*, que les Coréens nomment *Tséé-tsou;* elle est à 90 kilomètres au sud-ouest de la presqu'île; sa longueur est de 60 kilomètres et sa largeur de 32; son centre est occupé par de hautes montagnes, et le sol s'abaisse en pente douce vers la mer; elle renferme les villes de *Tsetsou* au nord, *Taïtseng* à l'ouest, et *Tsengen* à l'est. Parmi les îles de la côte orientale, l'*île Direction* ou *Sentinelle* est remarquable par son isolement et par sa forme conique et escarpée; elle peut avoir 100 mètres de hauteur.

Les autres îles que nous citerons sont : *Sinmito, Soukto, Paiknieng, Taïtseng, Sotseng, Hanghoa, Yengtsong, Engaop, Ouensa, Honghéï, Heksan, Nourok, Tsanto* et *Ouangto.*

La grande île de *Tsou-sima* ou *Taïmato,* située au sud-est de la Corée, est peu connue. Cette île est, à ce que l'on croit, partagée en deux parties par un canal fort étroit. Elle a environ 25 kilomètres de longueur du nord-ouest au sud-est. La fertilité de son territoire n'est que médiocre; les parties septentrionales et orientales sont très-montagneuses. Les Japonais l'ont conquise sur les Coréens. C'est aujourd'hui une des provinces de l'île de Nipon; elle est divisée en deux districts, Akata et Simo-Akata. Sur sa côte orientale est le petit port de *Fatchiou* ou *Fatsiou*, qui pourrait servir de relâche aux navires européens dans ces parages.

⁂

TIBET.

LIMITES, DIMENSIONS, SUPERFICIE. — Nous comprenons ici sous le nom de *Tibet* toutes les contrées qui s'étendent au nord de l'Hindoustan, à l'est du Turkestan indépendant, au sud du Turkestan chinois, à l'ouest de la Chine, et au nord-ouest de l'empire birman. Dans cette vaste enceinte, le *Petit-Tibet* ou l'État de *Ladak* à l'ouest, ainsi que le *Boutan* au sud, peuvent être considérés comme des pays à part. Du côté du sud-est la limite est très-peu connue. Enfin, du côté du nord, il paraît qu'il existe des provinces entières que nous connaissons peu, malgré les relations de MM. Moorcroft et Hocker, et celles des voyageurs missionnaires Huc et Gabet.

Le *Tibet*, ou mieux *Tübet*, renfermé dans les limites indiquées ci-dessus, occupe, de l'est à l'ouest, une longueur de 2,600 kilomètres; il en a environ 800 dans sa plus grande largeur du nord au sud. Ce pays, qui au sixième siècle était déjà appelé *Tou-po*, est aujourd'hui nommé par les Chinois *Si-zzang* ou *Si-dzang*, c'est-à-dire *Dzang occidental*.

MONTAGNES, L'HIMALAYA. — Le Tibet est séparé de l'Hindoustan par la gigantesque chaîne de l'Himalaya ou Himaleh, c'est-à-dire *séjour de la neige*, chaîne qui était connue des anciens sous les noms d'*Imaüs* et d'*Hemodus*, et qui surpasse en hauteur les plus hautes montagnes de l'ancien et du nouveau continent. Nous avons donné un aperçu général de cette chaîne, ainsi qu'un tableau de ses principales cimes; mais si nous profitons des renseignements tirés des auteurs chinois, nous pourrons entrer ici dans quelques détails à ce sujet.

Les Tibétains distinguent deux sortes de montagnes, celles qu'ils appellent *ri* et celles qu'ils nomment *la*, c'est-à-dire celles qui sont dépourvues de chemins et celles par lesquelles passe une route (1). Ainsi ils indiquent dans la province de Ngari, le mont *Kaïlas* ou *Djavahir*, en tibétain *Gang-dis-ri*, ou la montagne couleur de neige (2), dont la circonférence est de 56 kilomètres et la hauteur de 7,824 mètres, et qui forme le nœud de plusieurs chaînes, telles que celle de *Sengghi-kabab-gang-ri*, au nord-ouest; le *Ghioouké-mantsian-tang-la*, au nord-est; le *Manak-nil-gang-ri* et le *Damtchouk-kabab-gang-ri* ou *Dhawalagiri* (8,187), au sud-est. Les principales montagnes traversées par des routes dans la même province, sont le *Lang-la* et le *Tsa-tsa-la*, qui forment deux chaînes de 60 à 70 kilomètres de longueur. Les chemins sont très-roides, très-difficiles et souvent même dangereux, bien qu'ils passent rarement par des glaciers, mais parce qu'il y croît une herbe grasse qu'il faut avoir soin d'éviter, car les voyageurs ou les bêtes de somme qui mettent le pied dessus glissent facilement, tombent, et quelquefois même roulent dans les précipices.

Dans la province de Dzang, les principales montagnes qui ne sont point traversées par des routes sont le *Damtchouk-kabab-gang-ri* (*Dawalagiri*), que nous avons déjà nommé; le *Koubouin-gang-sian-ri*, couronné d'un énorme glacier; le *Siertchoung-ri* ou *Tchamoulari*, dont la cime élevée de 8,200 mètres se présente comme un nuage blanc, à la distance de 40 à 50 kilomètres; le *Dorgou-ri*, couronné par sept pics pyramidaux; et le *Ganggar-chami-ri*, dont la roche blanche se confond avec ses neiges. Parmi les onze autres montagnes que traversent des routes, nous ne citerons que le *Djema-la*, ou la *montagne de sable*, et le *Mar-young-la*, ou la *montagne de la splendeur*.

La province d'Oui ou d'Ouéï, nous offre, parmi ses nombreuses montagnes, le *Yarla-chamboï-gang-ri*, ou la *montagne neigeuse du pays de Bouddha*, *existant par lui-même*, terminée par un grand pic et un plus petit, tous deux couverts de neige; le *Dza-ri* ou *Dzi-ri*, dont le plateau est couvert de plus de 100 lacs, grands et petits; le *Niantsin-tangla-gang-ri*, ou la *montagne des champs de neige, de la divinité qui rend des oracles*, située près du lac appelé *Tengri-noor*, et couverte de grands amas de neige qui ne fondent jamais; le *Samdan-gandja-ri*, ou la *montagne neigeuse de la contemplation divine;* le *Doukla-ri*, ou la *montagne du couvercle précieux*, hérissée de rochers escarpés, qui ne permettent pas de la traverser, et d'où sortent une foule de sources et de torrents qui roulent avec un fracas terrible; le *Sighin-oulan-tolokhaioohla*, en mongol la *montagne de la tête rouge du Sighin*, qui donne naissance au fleuve Hoang-ho; le *Khootsin-dabahn*, montagne par laquelle passent tous les chemins qui conduisent de *Si-ning-fou* ou *Si-ning-oéï*, et de *Thao-tchéou*, villes du Kan-sou, dans les provinces d'Oui et de Dzang; enfin le *Yongra-la*, ou la *montagne du bonheur*.

Dans la province de Kam, nous citerons le *Damou-young-djoung-*

---

(1) Une montagne par laquelle passe un chemin est appelée en tibétain *la*, en chinois *ling'*, et en mongol *dabahn*.

(2) *Gang* signifie neige en tibétain, *dis* couleur en *fan* ou sanskrit, et *ri* montagne en tibétain.

gang-ri, ou la *montagne de neige fortifiée* par le *Young-djoung*, ou la *croix bouddhique* qui s'y trouve sculptée sur un rocher; et le *Dordsi-yuldjoum-ri*, ou la *montagne des génies*, que les Chinois nomment *Kin-kang*, parce qu'elle est droite comme une bougie, et dont la roche renferme des turquoises. On y signale le *Charo-la*, ou la *montagne de la corne de cerf*, et trois autres montagnes traversées par des routes; mais le précipice appelé *Dzagari-manitou*, à 160 kilomètres au nord-ouest du bourg de Li-tang, mérite quelque attention; la roche qui le compose est noire; il est chargé d'inscriptions en *fan* ou sanskrit, et d'un grand nombre d'images de Bouddha et d'autres divinités.

La chaîne de l'Himalaya offre une particularité remarquable : sur la pente méridionale, la limite des neiges est à la hauteur de 3,900 mètres au-dessus du niveau de l'Océan, tandis que sur le versant septentrional, où il semble qu'elle devrait être à une élévation moins grande, elle est au contraire à plus de 5,200 mètres; mais cette différence s'explique par le rayonnement qui se développe sur le vaste plateau auquel l'Himalaya est adossé.

Le versant méridional de ces montagnes est beaucoup moins boisé que celui du nord; sur celui-ci s'étendent de superbes forêts, tandis que l'autre montre à peine quelques arbres, et très-peu d'autres végétaux. La cause de cette différence entre les deux versants est due à l'effet inégal des rayons solaires, et au souffle dominant de certains vents qui, sur le versant méridional, hâtent la décomposition des roches, ce qui empêche qu'il ne se forme, comme sur l'autre versant, un terreau favorable à la végétation.

Nous avons vu qu'il existe des volcans dans les chaînes de l'Asie centrale, mais les montagnes du Tibet n'en sont pas dépourvues. Dans la partie la plus haute de l'Himalaya, on en a signalé un en 1825 : nous en parlerons plus tard, parce qu'il appartient au territoire de l'Hindoustan. Dans la partie occidentale de la chaîne, le pic *Langour* paraît être un volcan éteint.

Les principales vallées de cette chaîne se dirigent de l'ouest vers l'est, et ne s'ouvrent généralement qu'au sud-est. De semblables grands traits de la nature méritent d'être remarqués, même pour la vraie théorie de la terre.

FLEUVES, RIVIÈRES, LACS. — Les géographes chinois citent comme le plus grand fleuve du Tibet le *Yarou-dzangbo-tchou*, c'est-à-dire le *fleuve clair de la frontière du côté droit ou de l'ouest*; il porte simplement le nom de *Dzang-tchou*, au sud de H'lassa; il a sa source près de la frontière occidentale de la province de Dzang, au pied du mont *Damtchouk-kabab-gang-ri*. Après un cours d'environ 100 kilomètres, il entre dans celle de Oui, reçoit à gauche le *Galdjao-mouren* ou *Kaldyao-mouren*, c'est-à-dire la *rivière furibonde*, qui vient de 160 kilomètres au nord; bientôt après il tourne au sud-est, parcourt environ 480 kilomètres dans la province de Oui, et traversant la chaîne de l'Himalaya en un point encore inconnu, il va, sous le nom d'*Iraouaddy*, selon les uns, sous le nom de *Brahmapoutra*, selon d'autres, se jeter dans la mer après un cours de 12 ou 1500 kilomètres sur le territoire tibétain. En été, disent les géographes chinois, le Yarou-dzangbo-tchou et ses grands affluents se gonflent considérablement par la fonte des neiges, et inondent les vallées dans lesquelles ils coulent. Au nombre de ces affluents nous citerons encore le *Lhabouk-dzangbo-tchou*, ou la *rivière claire de la caverne divine*, qui parcourt environ 160 kilomètres avant de se jeter dans le fleuve; le *Dzaka-dzang-tchou*, ou la *rivière claire, entourée de collines*, qui a 235 kilomètres de cours; l'*Oï-tchou-dzangbo-tchou*, ou *Dok-tchou*, c'est-à-dire la *rivière de la vallée étroite et profonde*, qui en a 210, et le *Niang-tchou*, qui en a plus de 320.

Un autre grand cours d'eau est le *Kincha-kiang*, ou la *rivière du sable d'or*, appelée en tibétain *Bouraï-tchou* ou *Ba-tchou*, et en mongol *Mouroui-oussou* ou *Mourous-oussou*. Il est l'origine de l'immense Yang-tse-kiang, et ne prend ce nom qu'après un cours de près de 1,600 kilomètres, et après s'être réuni au Ya-loung-kiang, près des frontières de la Chine proprement dite. Il est très-profond, disent les Chinois, et reçoit les eaux de plus de dix grandes rivières et d'un nombre considérable de petites; les vapeurs qu'exhalent ses rives rendent lourd et malsain l'air qu'on y respire; les paillettes d'or qu'il roule lui ont valu son nom; cependant on lit dans la géographie des Ming, qu'à une époque très-reculée il se nomma *Li-choui-ho*, puis *Chin-tchhouan*; sa source est dans le pays des Thon-fan ou Tibétains, au pied du *Li-chy-chan*, c'est-à-dire *rocher du yack* ou buffle, ainsi appelé parce qu'il en a la forme. Le nom actuel de ce grand cours d'eau ne remonte pas au huitième siècle, puisque dans l'histoire des Thang on lit que Y-meou-siun, général du royaume de Nan-tchao, remporta, en l'an 789 de notre ère, une grande victoire sur les Tibétains, près du Chin-tchhouan, et qu'il y fit rompre un pont en chaînes de fer, ce qui fut cause que plus de 10,000 ennemis trouvèrent la mort dans ses flots. Ce qu'il y a de remarquable dans ce fait historique, c'est qu'il prouve que depuis plus de dix siècles les ponts en chaînes de fer, invention toute moderne en Europe, sont en usage en Chine, et même dans des provinces éloignées.

La contrée montagneuse du Tibet renferme un grand nombre de lacs; les géographes chinois en citent une vingtaine. Le plus considérable est le *Tengri-noor*, ou *lac du ciel*, appelé aussi *Tchoung-ghem-noor*, improprement nommé *Terkiri* sur la plupart de nos cartes. Les Chinois lui donnent 240 kilomètres de largeur, et 400 de circonférence; il s'étend de l'est à l'ouest; la teinte bleue que présentent ses eaux lui a valu son nom. Il reçoit du côté de l'orient trois rivières, le *Djakha-soutaï*, le *Loosagol* et le *Dargou-dzangbo-tchou*, qui ont 80 à 120 kilomètres de cours.

Le *Maphan-dalaï* (*mer qui surpasse tout*), est un lac que les Hindous nomment *Manassarovar*; il est formé par les eaux qui découlent de la montagne à cime neigeuse, appelée *Lang-sten-kabab-gang-ri*; il a 16 kilomètres de largeur et 20 de longueur de l'est à l'ouest; sa circonférence n'est que de 70 kilomètres; l'eau en est verte et de bon goût; mais après midi, éclairée par les rayons solaires, elle réfléchit une vive lumière, semblable à celle des éclairs. Il est environné de montagnes séparées par quatre petites vallées ouvertes vers les quatre points cardinaux, et qui en forment les portes. Ce lac passe pour sacré chez les Hindous, et malgré les obstacles qu'ils ont à surmonter pour y arriver, les pèlerins s'y rendent en foule. Les Tibétains l'ont aussi en grande vénération, et viennent de très-loin pour y jeter les cendres de leurs parents ou de leurs amis. On trouve sur ses bords du lapis-lazuli et le meilleur borax du Tibet. On croit qu'il y existe une mine d'or.

Le *Lang-mathso* ou *Langga-mthso*, c'est-à-dire le *lac du bœuf*, est appelé par les Hindous *Ravanhrad*; il a environ 12 kilomètres de largeur du nord au sud, 32 de longueur et 120 de circonférence. Il reçoit les eaux de l'*Altan-gol*, ou *rivière d'or*, et donne naissance à celle du *Lang-tchou* ou *du bœuf*. Le *Ghiit-mthso-ghiamthso*, large de 25 kilomètres, est formé de deux lacs qui se sont réunis, et que l'on désigne par leurs deux noms joints ensemble. Le *Darok-you-mthso*, ou le *lac des chevaux jaunes et des turquoises*, a 120 kilomètres de circonférence. Il a reçu ce nom de la couleur turquoise de ses eaux et des rochers qui l'entourent et qui ressemblent à des chevaux jaunes. Nous citerons encore le *Nam-mtho-shi-mthso* ou le *beau lac du ciel*, qui a 90 kilomètres de circonférence, le *Djabdjaya-tchaghan-dabsou*, qui a 60 kilomètres de circuit, et dont les bords sont couverts de sel blanc; le *Lang-bou-mtsho* ou *lac du veau*, qui en a 90; le *Dzem-tsou-danak-mtsho*, qui en a 40 et produit du borax; le *Goung-noum-thsavga*, le *Ligar-thsavga*, le *Linbou-thsavga*, l'*Yagen-thsavga*, le *Nam-oyor-thsavga*, le *Kougoung-thsavga*, le *Biloo-thsavga*, le *Gumtsoum-thsavga* et le *Manithsarga*, dont le plus grand a 80 kilomètres, et le plus petit 20, à 25 de circonférence, et qui produisent tous du sel.

Nous terminerons cette longue énumération par un lac très-remarquable, c'est le *Yar-brok-you-mthso* ou *lac étendu des turquoises*, nommé aussi *Yar-mourouk-youmtso*, et *Yamtsho-Baïdi* ou *lac de Baïdi*, parce qu'il n'est pas loin de cette ville. Nos cartes le nomment *Palté*. Il a 185 kilomètres de circonférence; on le figure comme un vaste fossé d'environ 8 à 10 kilomètres de largeur, qui entoure une île de près de 50 kilomètres de diamètre; et les auteurs chinois nous apprennent que trois montagnes, appelées *Minaba*, *Yabo-tou* et *Sang-ri*, s'élèvent au milieu, dominées par de riches monastères. Les habitants laïques vivent de la culture et de la pêche. L'île, couverte d'une belle végétation, qui se marie agréablement avec les grandes constructions qui couvrent les trois montagnes, offre l'aspect le plus pittoresque. Sur la plus méridionale de celles-ci se trouve un couvent célèbre, où réside une femme que les Tibétains vénèrent comme une divinité, et qu'ils considèrent comme une incarnation de *Bhavani*; elle porte le nom de *Dordzi-pa-mo* (la sainte mère de la truie). Les différents monastères de cette île sont habités les uns par des moines, les autres par des religieuses, et placés sous sa direction; une trentaine de religieux forment sa cour; elle ne sort qu'en grande pompe de son habitation et de son île; lorsqu'elle se rend à H'lassa, on la porte sur un trône couvert d'une vaste ombrelle; des thuriféraires la précèdent, et lorsqu'elle fait son entrée dans cette capitale, tout le peuple s'empresse autour d'elle pour recevoir sa bénédiction, qu'elle donne en faisant baiser le sceau destiné à sanctionner les actes de sa divine puissance.

CLIMAT DU TIBET. — La hauteur des montagnes et des plateaux du Tibet rend généralement froid le climat de cette contrée. Cependant c'est de tout le globe celle qui présente des habitations sur les lieux les plus élevés; ainsi la ville de Daba est à 4,786 mètres au-dessus du niveau de l'Océan, c'est-à-dire presque à la hauteur du sommet du mont Blanc; à cette élévation, les vallées jouissent d'un climat assez tempéré; celles qui sont moins élevées sont même chaudes et la plupart très-fertiles. Mais les habitants des hautes montagnes sont obligés, pendant l'hiver, de chercher un refuge contre le froid, dans les vallées et les gorges profondes, ou dans les cavités des rochers.

On remarque une grande uniformité dans la température des saisons de ce pays, ainsi que dans leur durée et leur retour périodique. Elle paraissent s'y diviser de la même manière que dans le Bengale. Le printemps, depuis mars jusqu'en mai, s'y fait remarquer par de grandes variations dans l'atmosphère et par de fortes chaleurs ; le tonnerre y gronde fréquemment ; il tombe souvent de la grêle. La saison humide s'étend depuis juin jusqu'en septembre ; ensuite de fortes pluies tombent sans interruption, les rivières enflent jusqu'aux bords, coulent avec rapidité, et vont contribuer aux inondations du Bengale. Depuis octobre jusqu'en mars, le ciel, constamment serein, voit rarement des brouillards ou des nuages obscurcir son azur. Pendant trois mois de cette saison on éprouve un froid peut-être plus rigoureux qu'en aucune partie de l'Europe, un froid sec et piquant, qui, sous la latitude de 28 degrés, sur les limites de cette zone à laquelle on a donné le nom de torride, le dispute à celui des Alpes sous la latitude de 46 degrés.

RICHESSES MINÉRALES DU TIBET. — Le Tibet propre a de riches mines ; l'or s'y trouve en grande quantité, ainsi que Marco-Polo l'avait dit ; quelquefois on le rencontre sous la forme de poudre dans le lit des rivières, d'autres fois en grandes masses ou en veines irrégulières ; il a pour gangue le pétro-silex ou le quartz. Il y a une mine de plomb à deux journées de Techou-loumbou ; le minerai est une galène qui paraît contenir de l'argent. Les Tibétains exploitent des mines riches en mercure ; ce métal y est employé contre les maladies vénériennes. Le sel gemme est assez commun, mais en général le défaut de combustible fait languir l'exploitation des métaux. Les eaux minérales y abondent. Nous distinguerons comme une production particulière au Tibet le *tinkal* ou borax brut. On trouve à quinze journées au nord de Techou-loumbou un lac d'où l'on tire le tinkal et le sel gemme. C'est probablement le *Mapham-dalaï*. Entouré de tous côtés par des montagnes rocheuses, il ne reçoit ni ruisseaux ni fontaines ; il est alimenté par des sources saumâtres, qui paraissent jaillir du fond du lac même. Le tinkal se dépose dans le lac : il y en a de noir et de violet ; ceux qui veulent le recueillir le tirent du fond en grandes masses, qu'ils rompent ensuite pour les rendre plus transportables, et qu'ils exposent à un air sec. Exploitée depuis un temps très-considérable, cette matière ne paraît point diminuer sensiblement ; il est probable qu'il s'en forme continuellement du nouveau. Au Tibet on emploie le tinkal pour souder, et pour aider à la fusion de l'or et de l'argent.

Les Chinois nous apprennent que la rivière qui fournit le plus d'or est le *Kin-cha-kiang*, que l'argent, le cuivre et le plomb sont exploités principalement dans la province de Kam, et le lapis-lazuli dans les environs du lac *Mapham-dalaï*. Les turquoises y sont très-communes, elles servent généralement à la parure des femmes. Les montagnes qui bornent le Tibet au nord du côté du désert de Kobi fournissent beaucoup de sel gemme blanc, rouge ou violet. Le salpêtre s'y forme spontanément presque partout.

Un jour, sans doute, on découvrira beaucoup de curiosités naturelles dans ces régions montagneuses. Quelle moisson n'attend pas ici le peintre et le naturaliste ! Mais jusqu'ici tout ce que nous savons, c'est que le Tibet est une Suisse sur une grande échelle.

PRODUCTIONS NATURELLES. — Le Tibet propre n'offre guère que des montagnes hérissées de rochers et sans aucune apparence de végétation, ou des plantes arides d'un aspect uniforme et triste.

La végétation de ce pays est peu connue ; les auteurs chinois nous apprennent seulement que les herbes poussent et que les arbres se couvrent de feuilles au commencement d'avril et de mai ; qu'on cultive beaucoup de riz dans les environs de H'lassa, et qu'on récolte dans tout le Tibet du froment, une espèce d'orge que les Chinois nomment *thsing-houa*, des pois, des lentilles, des fèves, des choux, des oignons et d'autres légumes. On sème le blé et les pois à la fin du printemps et au commencement de l'été, et on les récolte en août et en septembre. La vigne y croît avec vigueur ; les arbres fruitiers sont le noyer, l'abricotier et le figuier. Le bois y est rare, ce qui oblige les habitants à brûler de la fiente desséchée des bêtes à cornes. Les arbres les plus communs sont le pin cembro, le cyprès et le tremble. Une espèce de laurier produit une racine appelée le *cannellier bâtard*, qui a le goût et l'odeur de la cannelle. Marco-Polo désigne cette production, répandue dans tout le Tibet, sous le nom de *zenbero* ou *gingembre*. Le *cacalia-saracenica* sert à la fabrication du *chony*, liqueur spiritueuse un peu acide. Les principales fleurs que l'on cultive dans les jardins sont le pavot double, la mauve, la pivoine de montagne et diverses marguerites. Dans les champs on conserve l'eau nécessaire à l'arrosement, dans des bassins fermés par des digues.

ANIMAUX. — L'animal porte-musc se plaît parmi les Alpes tibétaines ; il est poursuivi par l'once et diverses autres espèces voisines du tigre, peut-être même y trouve-t-on le véritable tigre. L'ours, le cheval sauvage et le lion sont encore nommés parmi les animaux de ce pays. Il y a, selon Marco-Polo, des chiens grands comme des ânes. Les chevaux domestiques sont petits, mais pleins de feu, vifs et obstinés. Le buffle y parvient à une taille médiocre. On y voit de nombreux troupeaux de moutons, communément d'une espèce petite. Ils ont la tête et les jambes noires ; leur laine

est fine et douce, et leur chair excellente : on la mange crue, mais séchée à l'air froid, et assaisonnée avec de l'ail et des épices. Les chèvres sont en grand nombre et renommées pour leur beau poil, qui sert à faire des châles, et qui se trouve au-dessous d'un poil plus grossier. N'omettons point l'*yack* ou le bœuf grognant, auquel la nature a donné un poil long et épais, et une queue singulièrement flottante et lustrée : c'est dans tout le Levant un article de luxe.

Marco-Polo avait déjà dit que les poissons abondent dans les lacs du Tibet ; les voyageurs modernes confirment ce fait, et les détails qu'ils donnent nous font soupçonner ici l'existence de plusieurs espèces inconnues en ichthyologie. Selon Marco-Polo, les lacs produisent du corail.

M. W. Moorcroft, qui a fait quelques observations d'histoire naturelle au Tibet, y signale plusieurs animaux inconnus avant lui : telle est une variété de mouton domestique qui ne dépasse jamais la taille de nos agneaux de cinq à six mois, et qui fournit une laine aussi abondante et aussi fine que les races les plus renommées sous ce rapport. Ce mouton porte dans le pays le nom de *poncik* ; il s'apprivoise avec autant de facilité que le chien, au point de quitter ses habitudes d'animal herbivore pour venir ronger un os dépouillé par son maître. En liberté il sait trouver des herbes sur les rochers de granit qui paraissent les plus dépourvus de végétation. Cette race, qui se nourrit si facilement, et qui fournit par an deux agneaux et deux fois de la laine, serait pour l'Europe une acquisition plus utile que celle des chèvres du même pays. Le même voyageur signale aussi le *métis* qui provient du yack et de la vache, et une variété de cheval sauvage nommée *kiang*, qui ressemble plutôt à l'âne qu'au cheval, mais qui, aux oreilles près, a beaucoup de rapports avec l'antilope : il en a les yeux, l'élégance et la vivacité. Ses forces sont musculeuses et ses mouvements élégants.

DIVISIONS POLITIQUES. — Le Tibet, dans toute son étendue, se divise en quatre grandes provinces : le *Ngari*, appelé aussi *Ladak*, et que les Européens ont nommé le *Petit-Tibet*, est la plus occidentale ; limitrophe, et à l'est de celle-ci, vers le Z*zang* ou *Dsang* ; un peu plus à l'est s'étend le *Oui*, appelé aussi *Ouei* ; enfin la plus orientale est le *Kham-kam* ou *K'an-gamdou*. Nous allons les décrire dans l'ordre où nous venons de les nommer.

DESCRIPTION DU NGARI, LADAK OU PETIT-TIBET. — Le *Ngari* ou *Ladak*, dont la partie occidentale, nommée *Spiti*, dépend, aujourd'hui, nominalement des possessions de la Compagnie des Indes, paraît avoir une longueur de 1,000 kilomètres sur 620 dans sa plus grande largeur. Cette province occupe une immense vallée fermée au sud par l'Himalaya, et au nord par les monts *Kouen-loun* ou *Koulkoum*, qui, à l'ouest, portent, chez les Chinois, le nom de *Thsoung-ling*, c'est-à-dire *montagnes des oignons*, parce qu'il y croît en grande quantité cette plante bulbeuse, dont nous avons déjà parlé, qui fait glisser et tomber les voyageurs lorsqu'ils mettent le pied dessus. Cette vallée est arrosée par le *Singe-chou* ou *Sanpo*, qui coule à l'ouest, et va former, hors du territoire chinois, le *Sind* ou l'*Indus*.

Ladak ou *Leh* est la capitale de cette province. Elle renferme un millier de maisons bâties en pierres ou en briques et élevées de trois ou quatre étages. Il s'y fait un grand commerce de duvet de chèvre pour la fabrication des châles ; tous les ans on en expédie 800 charges à Cachemire. Le bouddhisme et le mahométisme sont les principales religions que professent les habitants de Ladak. Cette ville est la résidence d'un radjah qui envoie tous les ans au dalaï-lama un présent ou tribut volontaire. Ses environs sont fertiles en blé, en orge et en diverses plantes potagères. On attribue à la mauvaise qualité des sources les goîtres dont les habitants de la ville et de la campagne sont affligés. Les Anglais y ont établi un comptoir.

Les autres villes de la province sont beaucoup moins connues ; nous citerons cependant *Garlou* ou *Gatorpe*, où se trouve un poste militaire chinois ; *Toling*, où réside un lama de premier ordre ; *Bourang-daklagadsoung*, ou la *ville du loup du pays de Bourang*, ainsi appelée d'une montagne qui porte ce nom ; la petite ville de *Tchoumarlé-dzoung*, et surtout *Deba* ou *Daba*, bâtie sur un point presque aussi élevé que le mont Blanc. Elle est située dans une gorge abritée au nord par de hautes montagnes. Cette ville se divise en trois parties : le monastère ou collège, dans lequel réside un grand lama avec ses prêtres ; le couvent des femmes, et la ville proprement dite, qui est la résidence du gouverneur du pays appelé *Urna-desa* ou *Un-dès*, célèbre par ses chèvres, qui fournissent le meilleur duvet du Tibet. Elle se compose de maisons en pierre et à deux étages. Au centre s'élève le temple de *Narayan* ou de *Vichnou*, c'est un bâtiment irrégulier, dont la porte est revêtue de bronze doré, orné de figures bizarres, et dont l'intérieur, éclairé par des lampes en argent, renferme la statue du dieu auquel il est consacré.

Dans le pays d'*Un-dès*, *Chooung* est une ville qui mérite d'être mentionnée. Elle est située près de la rive droite du Sutledje, à 52 kilomètres au nord-est de Deba. Son commerce est assez considérable : les habitants portent à Ladak les marchandises qu'ils tirent de la plaine et qui consistent principalement en armes blanches et en armes à feu, en toiles, mousselines et papier, en fer et en cuivre, en tabac, sucre et indigo, enfin en divers objets d'épiceries. Ils en rapportent du sel et du borax, que l'on extrait des nombreux lacs du pays de Ladak; du thé, de la poudre d'or, de la laine et du poil de chèvre à fabriquer des châles.

On trouve aussi sur la rive droite du Sutledje, dans le *Khanaver*, *Soungnem*, village composé d'environ 75 familles et comprenant un couvent de religieux. Il est situé à 3,000 mètres au-dessus du niveau de l'Océan. Plusieurs lamas y résident. Non loin de ce village s'élève, sur la rive droite du Darboung, un grand *coubroung* ou temple composé de quatre salles couronnées de coupoles en bois qu'on peut ouvrir ou fermer. Les murs de la plus grande sont couverts de peintures d'hommes et d'animaux. Dans la salle du fond on voit une figure monstrueuse d'un mètre de hauteur qui représente le dieu Mahadeva en fureur; et dans la salle à droite se trouve la statue gigantesque de Chika-Thouba; elle est haute d'environ 4 mètres. Chaque année les lamas et les religieuses de Kanen et de Lebreng se réunissent dans ce temple vers la fin du mois d'août; puis ils traversent en procession tout le territoire. Ils chantent en chemin et restent quelques heures dans chaque village où ils sont défrayés par les habitants.

Le Petit-Tibet ou Ladak paraît comprendre plusieurs pays célèbres dans les anciennes relations. Les monts Bolor, qui le bornent à l'occident, et où régnait un hiver éternel, renfermaient quelques sauvages errants au milieu d'immenses forêts; mais entre ces chaînes de montagnes s'ouvrait une vaste plaine, où beaucoup de rivières concouraient à former un magnifique fleuve, bordé de riches prairies, où bondissaient des troupeaux d'antilopes, et où un cheval maigre reprenait vigueur en peu de jours. Cette plaine s'appelait *Pamer*, ou plutôt *Panir* (1), le pays des sources (2). Il est difficile de méconnaître dans cette description de Marco-Polo la contrée où doit naître l'Indus, et qui doit former l'extrémité nord-ouest du Petit-Tibet. Nous retrouvons encore dans ce pays, mais du côté opposé, ou au sud-est, le *Parestan* avec la ville de *Pader*, où nous avons placé les *Padæi* d'Hérodote, et les *Pariani* de Mela. Le nom de *Baltistan*, ou en sanskrit *Baladeschan*, qui paraît embrasser tout le Petit-Tibet, rappelle les *Byltæ* de Ptolémée. En général, ce pays appartient à l'Inde connue des Persans, d'Hérodote et de Clésias; plus tard elle fut comprise dans la Sérique. Elle offrirait peut-être une route directe à un corps d'armée qui voudrait pénétrer dans le Cachemire par l'Hindoustan.

DESCRIPTION DE LA PROVINCE DE DZANG. — On connaît trop imparfaitement la province de *Zzang* ou *Dzang*, pour que nous puissions en donner une description détaillée; nous nous contenterons de citer, d'après l'itinéraire chinois que l'on doit au P. Hyacinthe Bitchourine, les principaux lieux qu'on y trouve, en partant de H'lassa. La première ville est *Baldhi*, que les Tibétains nomment *Yarbroghbaldhidzong*, c'est-à-dire *la petite ville majestueuse de la cime de la tente de feutre;* elle est située sur le bord septentrional du grand lac *Yar-brogh-youmtsa*, appelé *Palté* sur la plupart de nos cartes, et célèbre par la résidence que fait dans son île une incarnation divine du sexe féminin, dont nous avons déjà parlé. *Jika-dzé* ou *Digartchi*, capitale de la province, à 230 kilomètres au sud-ouest de H'lassa, est une ville importante, peuplée de 23,000 familles; son nom signifie *forteresse sur une montagne.* Elle a une garnison chinoise de 5,300 hommes. Sa fondation date de l'an 1447; ce qui la rend célèbre, c'est le temple appelé dans le pays *Djachi-h'loumbo* et *Sera-siar*, et, par les Chinois, *Jin-tchoung-ningoung-ky-pa-szu*, ce qui veut dire *temple second, au rang du paisible vieillard qui rassemble tout autour de lui.* Son nom tibétain signifie *montagne de l'heureux pronostic:* il est aux portes de *Jika-dzé.* C'est là que *Bandjin-lama* ou *Bantcham-lama* (3), incarnation divine, a fixé sa résidence, au milieu de vallées délicieuses et de collines verdoyantes arrosées par des sources limpides, et d'une atmosphère embaumée du parfum des fleurs. Le couvent est majestueux; les bouddhas y sont représentés avec leurs sept principaux emblèmes, qui leur valent, en mongol et en tibétain, différents surnoms.

1° *Dzahn-erdeni* ou *Lang-bo*, l'éléphant blanc;

2° *Morin-erdeni* ou *Damtchouk*, le cheval vert;

3° *Tsirgau-noyon-erdeni* ou *Makboun*, le guerrier cuirassé, à visage bleu, portant un bonnet jaune de lama;

4° *Khatoun-erdeni* ou *Dziö-mo*, la vierge blanche;

5° *Tuchimœl-erdeni* ou *Lombo*, le ministre ou l'ambassadeur;

6° *Tchintamani-erdeni* ou *Norbou*, le fruit précieux; fruit qui croît dans les plus grandes profondeurs de l'Océan, et au moyen duquel les divinités peuvent déplacer les montagnes et exécuter d'autres miracles;

7° Le *Kurdæ* ou la roue de la domination; c'est le *Tchakra* des Hindous.

On compte dans ce temple et ce couvent 3,000 chambres et 3,500 lamas; il est orné d'un grand nombre d'obélisques, de colonnes revêtues de métaux précieux et d'idoles en or, en argent et en bronze. Partout, dit le narrateur chinois qui fournit ces détails, on entend le murmure des prières, et les parfums de l'Inde y répandent une odeur délicieuse qui s'élève jusqu'aux cimes bleues des montagnes. Les habitants du haut Tibet, ajoute-t-il, portent au bandjin-lama la même vénération que ceux du bas Tibet au dalaï-lama. Si celui-ci meurt et s'incarne de nouveau, le bandjin explique la tradition sur sa renaissance, pour qu'on se conforme à la grande règle; et le dalaï-lama agit de même à la mort du bandjin. C'est ainsi que ces deux pontifes suprêmes soutiennent mutuellement les dogmes de la religion bouddhique.

La ville de *Nialam-dzoung*, située près de la rive droite du *Niotchou*, est à environ 360 kilomètres au sud-ouest de Jika-dzé. *Tchaka-kote*, près du Dhavaladgiri, est une cité commerçante, comprenant environ 1,000 maisons. A 140 kilomètres au sud de Jika-dzé, sur le bord de la petite rivière du *Pharidzoung-tchou* ou *Maha-tchou*, près de la limite du Boutan, s'élève, dans un défilé des monts Himalaya, une petite ville fortifiée, nommée aussi *Pharidzoung.*

DESCRIPTION DE LA PROVINCE D'OUEI. — La province d'*Ouei* ou d'*Oui* passe pour avoir environ 600 kilomètres de longueur et 400 dans sa moyenne largeur. Elle est très-montagneuse et traversée par la partie supérieure de l'Iraouaddy, appelé Yaroudzangbo-tchou. Ses vallées sont fertiles, et l'une de ses principales productions est la rhubarbe. Sa capitale, *H'lassa* ou *Lhassa* (*Lha-Ssa*), mérite de fixer l'attention. Son nom signifie en tibétain *terre sainte*, ou plutôt *terre de Bouddha.* Elle est située dans une grande vallée, large de 16 kilomètres, du sud au nord, et longue de 160 à 200 de l'est à l'ouest. D'innombrables montagnes forment l'enceinte de cette vallée, et les nombreuses rivières qui la traversent en font la région la plus fertile du Tibet. H'lassa est la résidence du *tazin*, magistrat chinois qui a les mêmes prérogatives et le même pouvoir qu'un vice-roi; elle est grande et bien bâtie; ses maisons sont en pierre et à deux ou trois étages. Les tours, les édifices, les rues et les marchés, tout y est admirable, disent les géographes chinois. Autrefois elle était ceinte d'une muraille; mais, en 1722, le gouvernement chinois la fit détruire et la remplaça par une digue qui commence au pied du mont Lang-lou ou Narou, et qui, s'étendant sur une longueur de 14 kilomètres, entoure le couvent de *Botola* ou *Bouddhala*, et le garantit du choc impétueux des eaux du *Kald-jao-mouran.* Les Tibétains l'appellent la *digue sacrée.* Au commencement de chaque année, les lamas qui viennent assister aux fêtes religieuses y apportent de la terre et des pierres pour la consolider. Cette ville importante, à laquelle un missionnaire qui la visita au siècle dernier accorde une population de 80,000 âmes, possède deux écoles supérieures et des imprimeries; mais il est bon de faire remarquer que cette population augmente considérablement à certaines époques, par le grand nombre de pèlerins qui y affluent de toutes les parties de l'Asie où l'on suit la religion de Bouddha. Parmi les habitants sédentaires, on compte environ 150 marchands kachemiriens, 2,000 Chinois et 300 Hindous. Les commerçants se tiennent dans un immense bazar, le plus considérable de tout le Tibet, qui entoure un magnifique temple situé au centre de la ville, et dont l'une des dépendances est la demeure d'hiver du dalaï-lama (1); mais ce qu'il y a de plus remarquable, c'est la résidence d'été de cette incarnation divine. Elle consiste en un vaste couvent bâti sur le mont Botola et entouré de quatre autres couvents qui en dépendent, appelés *Brœboung*, *Séra*, *Ghaldan* et *Samié.* Au dire des Chinois, les cascades bleues qui descendent de la montagne, la pourpre éclatante du principal édifice et sa toiture dorée éblouissent les yeux. Ce palais est à un kilomètre de la ville; il a 120 mètres de hauteur; on y compte 10,000 chambres; il est orné à l'extérieur de tours ou d'obélisques revêtus d'or et d'argent, et, dans son intérieur, les statues de Bouddha, faites de ces métaux et de bronze, sont sans nombre. Les Tibétains le nomment *Pobrangmarbou*, c'est-à-dire *la ville rouge.* On dit qu'il a été construit vers l'an 630 de notre ère.

---

(1) *Ms.* cité par Muller, dans Marco-Polo, *De reb. orient.*, I, 37.

(2) De *pan* ou *panir*, eau, source en sanskrit (*vand* en danois). La région *Vanda banda* de Ptolémée tirerait-elle son nom de la *réunion des eaux*? Le *Paropamisus* ou *Parpanisus* des anciens est évidemment *Para panis*, la montagne des sources.

(3) Cette dignité date de la même époque que celle de dalaï-lama. Son nom paraît signifier : *celui qui préside aux méditations du Dalaï-lama, et qui fait exécuter ses ordres.*

---

(1) *Dalaï-lama* est, comme le font observer MM. Langlès et Abel Rémusat, une très-mauvaise transcription; c'est *Talé-lama* que l'on doit prononcer. Le mot *Talai* ou *Talé* en mongol signifie *mer* ou *grandeur sans bornes* : dans ce sens, Talé-lama voudrait dire *lama pareil à l'Océan, lama d'une grandeur sans bornes.* Telle est aussi l'opinion de M. l'abbé Huc.

À 5 ou 6 kilomètres à l'est de ce palais, s'élève le temple de *H'lassei-tsio-khang*, tout resplendissant d'or et de pierreries, et qui est, dit-on, desservi par plus de 3,000 lamas. À quelque distance de là se trouve le *Dzoun-dzio-katsi*, ou le palais destiné à recevoir les étrangers; c'est là que le dalaï-lama se repose dans ses moments de loisir. Au printemps les jardins y sont ombragés par des saules et des pêchers, et l'hiver ils sont embellis par le feuillage toujours vert des cèdres et des cyprès.

Nous n'avons pas encore nommé la plus importante ville du Tibet, par sa population : c'est *Jiga-gounggar*, ou *Jikarna-gounggar*, c'est-à-dire *la ville blanche du château de la montagne*. Elle est située sur la rive gauche de l'*Yarou-zsang-botchou*, à environ 90 kilomètres au sud-ouest de H'lassa. Elle renferme 20,000 maisons. C'est dans la même province que se trouve *Tsiou-choul-dzong*, ou la ville du canal, dans une plaine fertile de 40 kilomètres d'étendue. C'est près de cette ville que l'on voit la fameuse caverne des scorpions, dans laquelle on jette garrottés les criminels condamnés à mort, et où ils périssent de la piqûre de ces insectes.

DESCRIPTION DE LA PROVINCE DE KAM. — La province de *Kam* a environ 800 kilomètres du sud au nord, et 520 de l'ouest à l'est. C'est un pays montagneux, qui renferme des vallées fertiles, arrosées par un grand nombre de rivières, dont plusieurs charrient de l'or. Sa capitale est *Ba-thang*, petite ville ouverte qui n'offre rien de remarquable, si ce n'est un grand couvent de lamas, où réside un *khambou*, qui reçoit l'investiture du dalaï-lama. Le territoire de Ba-thang est fertile, mais peu cultivé; il produit des melons, des raisins, des abricots et d'autres fruits. À environ 80 kilomètres au nord-est de cette ville se trouve le bourg de *Li-thang*, entouré d'un rempart en terre, et composé d'environ 200 maisons habitées par des Tibétains et des Chinois. C'est un poste militaire et un lieu de séjour pour les voyageurs. Il y a des auberges, des boutiques et un marché. Les troupes y sont campées. C'est aussi un chef-lieu de district dont l'administration est confiée à un magistrat et à un chef du clergé, ou grand lama, qui a le titre de *khambou*. Le climat de Li-thang est très-froid, au pied des montagnes il pleut et il neige presque continuellement, même en été; le sol n'y produit pas de grains; il n'y croît qu'une petite quantité d'herbe, et l'on n'y trouve pas de bois de chauffage.

Siao-Ba-tchoung ou le *Petit-Ba-tchoung*, est un autre chef-lieu de district, dont une partie des maisons est en pierre. *Pang-mou* est une petite ville ouverte, dont les maisons sont en pierre et en bois, ainsi qu'un temple chinois, devant lequel tous les ans, à la septième lune, les habitants de Ba-thang et de *Tsiamdo*, autre petite ville, viennent tenir une foire. Après avoir marché à travers des rochers escarpés, on arrive à *Phou-la*, où les habitants vivent dans des souterrains. À *Djaya* il y a un temple célèbre qui appartient au grand lama.

Tsiamdo, que nous venons de nommer, portait autrefois le nom de *K'ham*; elle est à plus de 400 kilomètres de Ba-thang. C'est entre ces deux villes qu'est situé Djaya. Le climat de Tsiamdo n'est pas moins froid que celui de Li-thang. Trois montagnes entourent la ville, et deux rivières s'y réunissent. Le bourg de *Rywoudzé* est entouré de palissades et d'un mur en terre d'environ 400 mètres de circonférence, au milieu duquel s'élève un grand temple. On aperçoit dans les environs le mont *Wa-ho*, auquel, disent les géographes chinois, on parvient par cent détours. Sur son sommet se trouve un lac; mais, pour qu'on ne s'égare pas en traversant les brouillards qui y règnent, on y a établi des signaux, en longues perches en bois, dont on suit l'alignement à travers la neige qui n'y fond jamais; les voyageurs ont soin de n'y faire aucun bruit, dans la crainte des avalanches. Plus loin, au pied du mont *Tanda*, s'élève un temple qui, suivant la tradition, fut érigé en l'honneur d'un chef militaire chinois qui mourut dans les environs, et sur le tombeau duquel il s'opéra des miracles; chaque voyageur se fait un devoir de visiter ce temple.

C'est principalement au milieu de ces montagnes que vit un animal qui a passé jusqu'à ce jour pour fabuleux, qui est encore considéré comme tel en Europe, et qui, repoussé par la science, ne figure point dans nos classifications : nous voulons parler de la licorne, espèce du genre antilope, qui n'a qu'une corne sur le front. Les Mongols le nomment *kéré*, les Tibétains *sérou*, et les Chinois *tou-kio-chéou*. Ces derniers en font mention dans un ouvrage qui trace l'histoire des deux premiers siècles de notre ère. La forme de cette espèce d'antilope est aussi gracieuse que celle des autres; la couleur de son poil est rougeâtre dans la partie supérieure du corps, et blanche à l'inférieure; une corne noire, pointue, légèrement courbée, avec des anneaux circulaires vers sa base, et longue d'un demi-mètre, s'élève sur son front; deux touffes de crin noir sortent de ses narines. Cet animal est extrêmement farouche à l'état sauvage; il fuit au moindre bruit; mais lorsqu'il ne peut trouver son salut dans la fuite, il résiste courageusement aux attaques de son ennemi.

Dans la partie orientale de la province de Kam on trouve le pays de *Si-fan*, habité par les Kolos, peuple presque sauvage, qui ne reconnaît point la domination chinoise (1). Avant le treizième siècle, les *Si-fans* étaient une nation puissante.

TRIBUS NOMADES DU TIBET. — On compte dans le Tibet environ une douzaine de tribus nomades; la horde des *Gakbo*, à 340 kilomètres au sud-ouest de H'lassa; celle de *Gongbou*, ou du pays des bas-fonds, voisine de la précédente, et qui se compose de 3,000 familles; celle de *Saga*, qui campe à 820 kilomètres au sud-ouest de Jika-dzé; celle de *Djochot*, à 170 kilomètres de la précédente; et celle de *Lo*, à 450 kilomètres au sud-ouest de Jika-dzé. Près de la frontière nord-ouest du Kam, on trouve les hordes appelées *Lato*, *Choubou-loumba-Gherdzi*, *Saïr-dzanar-garou* et *Wachou*, qui dépendent toutes des *taïdzi* mongols du Khou-khou-noor et du dalaï-lama.

Les *Chlokbas*, qui habitent les frontières méridionales du Tibet, forment un peuple presque sauvage. Ils se couvrent avec des feuilles d'arbres en été et avec des peaux d'animaux en hiver.

NOTICE HISTORIQUE. — D'après des traditions historiques que possèdent les Chinois, le Tibet était jadis habité par des peuples barbares qui vivaient de la chasse, et par des pasteurs nomades. Cinq siècles avant notre ère, un prince hindou, nommé Oupadhi, après une grande bataille que son père avait perdue, se réfugia dans les montagnes du Tibet, y réunit les tribus nomades, et commença à les civiliser. Deux siècles plus tard, c'est-à-dire vers l'an 313, le fils d'un autre roi de l'Inde s'y réfugia aussi, et devint la souche des plus anciens souverains du Tibet. Ce ne fut, suivant les uns, que vers l'an 407 de notre ère, et, selon d'autres, que vers le treizième siècle, que la religion bouddhique y fut introduite; cette croyance contribua le plus à civiliser ce pays. En 632, le roi Srondzan-Gambo envoya dans l'Inde des savants, qui en apportèrent un alphabet propre à la langue tibétaine. C'est vers cette époque que s'établirent des relations amicales entre le Tibet et la Chine; la littérature chinoise se répandit chez les Tibétains; leurs princes épousèrent des princesses chinoises. Les successeurs de Srondzan-Gambo, devenus puissants, étendirent leurs conquêtes jusqu'aux monts Thian-chan; mais au douzième siècle ils devinrent si faibles, que, pour pouvoir conserver leurs anciennes limites, ils reconnurent la suzeraineté de l'empereur de la Chine. Plus tard, les souverains du Tibet s'étant révoltés, les Chinois y envoyèrent de nombreuses armées; et, au quinzième siècle, le dalaï-lama, qui n'était que le chef de la religion, fut mis en possession du pays, et eut sous ses ordres un gouverneur général tibétain; enfin, en 1750, celui qui remplissait ces fonctions se révolta, la charge fut abolie et le gouvernement fut confié à des généraux chinois, soldés à la fois par l'empereur et par le dalaï-lama.

GOUVERNEMENT, ARMÉE. — Le dalaï-lama est le chef politique et religieux du Tibet, il concentre entre ses mains la puissance législative, exécutive, administrative; il est secondé par le bantchan-lama et par plusieurs ministres subalternes. Les provinces sont divisées en plusieurs districts confiés à des lamas de première classe.

Le dalaï-lama et le bantchan-lama envoient tous les ans à Péking une ambassade chargée d'offrir des présents à l'empereur et aux principaux personnages de la cour. Ces cadeaux consistent en draps et en différents tissus, en parfums précieux, en ornements d'argent, en idoles, en chapelets de corail ou de succin et en divers autres objets relatifs au culte bouddhique. Au nombre de ces présents se trouvent ceux du *timou-koutoukhton*, que l'on peut regarder comme le chancelier du dalaï-lama, et ceux de ses quatre *galoungs* ou ministres. Ces cadeaux sont destinés à l'empereur, à ses frères, à ses quatre ministres, et à d'autres grands dignitaires, tels que les princes mongols et les principaux lamas de Péking.

Le nombre des troupes qui occupent le Tibet s'élève à 64,000 hommes, dont 30,000 d'infanterie. La levée des soldats se fait en prenant un homme sur cinq ou dix, sans distinction. L'équipement d'un fantassin consiste en un casque orné de plumes de coq, une épée et des poignards à la ceinture, un arc et des flèches, un bouclier en jonc doublé extérieurement en fer, et une longue pique. Celui d'un cavalier se compose d'un casque et d'une cotte de mailles, formée de petites plaques de fer ressemblant à des feuilles de saule; le casque est orné de plumes de paon; une épée, un fusil et une pique complètent cet armement. Les drapeaux sont en étoffe de soie jaune, rouge, noire, blanche ou bleue.

Aucun recensement n'indique exactement la population du Tibet; nous croyons qu'on peut l'évaluer à 6 ou 8,000,000 d'habitants, en y comprenant toutefois la population du Boutan. Au surplus, on conçoit facilement que le gouvernement sacerdotal du Tibet, en encourageant l'accroissement de la population des monastères d'hommes et de femmes, doit nécessairement s'opposer à celui de

---

(1) Voir les dernières relations des missionnaires Huc et Gabet.

Chaise à porteurs à Canton.

la population générale. On sait en effet qu'il y a dans le Tibet plus de 3,000 temples du premier ordre, et que l'État y entretient plus de 84,000 lamas.

LÉGISLATION AU TIBET. — La législation du Tibet n'annonce pas plus que les mœurs une civilisation avancée. Le code criminel, qui se compose de 41 articles, est extrêmement sévère ; mais les Chinois, depuis le commencement de ce siècle, l'ont remplacé par leurs propres lois : sous certains rapports, les Tibétains y ont gagné, ainsi qu'on le verra lorsque nous parlerons de la Chine. Dans le code tibétain, le coupable et le complice d'un crime sont tous deux punis de mort ; le voleur est condamné à la restitution du double de ce qu'il a pris, à avoir les yeux crevés, le nez coupé, ou bien les mains et les pieds. Enfin, la torture y est consacrée, mais avec un tel raffinement de cruauté, que nous ne croyons pas devoir en faire la peinture.

MÉDECINE. — L'art du médecin se confond au Tibet avec les pratiques les plus superstitieuses et les prétentions à la divination. Si la maladie est grave, on a recours aux médicaments ; si elle ne l'est point, on frotte le corps du malade avec du beurre, et on l'expose au soleil. Par un temps sombre et nébuleux, on le couvre avec des feuilles de papier, et on l'enfume en brûlant des feuilles de sapin. Mais quelle que soit la maladie, on envoie chercher des lamas ou des tsio-bas, prêtres mariés qui ne sont point cloîtrés, et on leur fait réciter des prières, tandis que les enfants du malade chantent des cantiques. La maladie la plus dangereuse, que les Tibétains regardent comme une épidémie, à la vérité assez rare, et que leurs médecins ne guérissent pas, est la petite vérole.

INDUSTRIE DES TIBÉTAINS. — Les Chinois font un grand éloge du talent des Tibétains pour la sculpture ; les tailleurs de pierre et les menuisiers travaillent dans la perfection ; les fondeurs et les bijoutiers ne le cèdent pas aux meilleurs ouvriers de la Chine,

dont l'adresse est appréciée, même en Europe. Cependant le P. Hyacinthe, qui a été à portée d'examiner à Péking, parmi les présents envoyés par le dalaï-lama, divers objets d'art fabriqués au Tibet, met quelques restrictions à ces éloges, en disant qu'ils ne peuvent supporter la comparaison avec les ouvrages européens, mais qu'ils annoncent une habileté beaucoup plus grande que l'on ne devrait l'attendre de l'état demi-sauvage du peuple tibétain.

MŒURS ET COUTUMES DES TIBÉTAINS. — Les maisons des Tibétains sont généralement en pierre brute, avec des toits plats et des balustrades en petites branches d'arbres. Elles ont ordinairement plusieurs étages. Dans les grandes villes, telles que H'lassa, il y a des édifices assez vastes pour pouvoir contenir plusieurs centaines d'individus. Ce sont les bâtiments consacrés au culte qui sont les plus étendus ; au H'lassä-tsio-k'hang ou grand temple de H'lassa, tout est en rapport avec la grandeur de l'édifice ; on y voit, par exemple, une chaudière en cuivre de la contenance de plus de 100 seaux d'eau ; elle est destinée à la préparation journalière du thé pour ceux qui y récitent des prières. Les habitations des officiers publics, bâties dans les plaines, se nomment ka, et les maisons en pierre qui sont près des montagnes s'appellent dzoung ; ce sont de petits forts dans lesquels habitent les dheba et chefs du peuple ; et comme autour de ces habitations viennent se grouper celles des particuliers, le mot dzoung est devenu synonyme de ville.

Les ponts en usage dans le Tibet sont de trois espèces : en pierre, en bois et en chaînes de fer. Nous avons déjà fait remarquer que l'invention de ces derniers remonte dans l'empire chinois à une haute antiquité. Leur construction est très-simple : sur chacun des bords de la rivière, on fixe d'une manière solide autant de crampons de fer qu'on veut tendre de chaînes ; on accroche chaque chaîne à son crampon ; lorsqu'elles sont ainsi tendues, on les couvre de poutres ou de troncs d'arbres qu'on lie fortement ensemble, on met par-dessus de la terre ou du sable, et le pont est terminé. Les géographes chinois comptent dans tout le Tibet une dizaine de ponts

Scène de marchands à Canton.

construits de cette manière. Quant aux temples et aux couvents, leur nombre dépasse 3,000. Plusieurs sont entourés d'habitations qui forment des bourgades et des villes, habitées par des prêtres. Ces groupes d'habitations portent en tibétain le nom de *Tsoug-log-k'hang*.

Le costume des Tibétains diffère de celui des Chinois; le dalaï-lama et le bandjïn portent l'hiver un bonnet de laine, large par le bas, et se terminant en pointe; ordinairement il est jaune. Outre cette coiffure, il y a le chapeau, fait en peau, orné d'or, et ressemblant à un parasol chinois. Un manteau d'un rouge éclatant, des bottes en soie ou en cuir, un pantalon et une veste à manches complètent l'habillement. Celui des autres lamas en diffère peu, excepté qu'au lieu d'un pantalon ils portent un tablier d'étamine noire plissé. Ils laissent tomber leurs cheveux sur les épaules; mais dans les grandes cérémonies ils les relèvent et les attachent sur le sommet de la tête. Ils portent des boucles d'oreilles, dont l'une, celle de gauche, est en turquoise, et celle de droite en corail. A leur ceinture de satin rouge ils attachent un couteau. Les prêtres comme les laïques ont tous un chapelet. Une robe à grand collet distingue les hommes du peuple des autres classes d'habitants.

Le costume des femmes diffère dans quelques-unes de ses parties, selon qu'elles sont filles, mariées ou âgées. Leurs cheveux, partagés sur le sommet de la tête, sont tressés comme des ficelles et réunis par derrière en deux queues, lorsqu'elles sont mariées, et en trois quand elles ne le sont pas. Après les fiançailles une fille porte sur la tête un petit ornement en turquoise. Elles ont un petit bonnet en velours rouge ou vert, et pointu par le haut; un petit tablier en soie, garni d'une bordure en fleurs brodées; une camisole à manches courtes, également en soie; un jupon d'étamine noire ou rouge; des bottines en soie, et un petit châle sur les épaules. Leurs doigts sont ornés d'anneaux, et leurs poignets de bracelets; enfin elles portent des boucles d'oreilles en turquoises, montées en or ou en argent. Les femmes mariées attachent à leurs cheveux des rangées de perles et de grains de corail; des ornements semblables pendent sur leurs épaules. Quelle que soit leur condition, elles

portent un ou deux chapelets en lapis-lazuli, en ambre jaune, en corail ou en grains de bois, selon leur fortune. Elles suspendent à leur cou une petite boîte en argent, appelée *kavou*, contenant leur dieu protecteur, et sur la poitrine un grand anneau en argent, orné de perles précieuses, d'où pendent deux petites chaînes avec lesquelles elles attachent leur châle. Les femmes riches ont de grands chapeaux nommés *vaudxia*, qui coûtent fort cher, parce qu'ils sont surchargés de perles fines, et surmontés d'une grosse turquoise montée en or. Les femmes âgées portent sur le front une plaque d'or unie, garnie de turquoises, et qui ressemble à un miroir. Dès qu'elles sont en âge de prendre cet ornement, elles reçoivent les félicitations de leurs parents et de leurs connaissances. Toute femme qui se présente devant un lama doit se barbouiller le visage avec du sucre rouge ou avec les feuilles du thé qui restent dans la théière, sous peine de passer dans le monde pour vouloir séduire le prêtre par les agréments de sa figure.

Les Tibétains n'ont pas d'heure fixe pour leurs repas; ils mangent quand ils ont faim. Le peuple se nourrit de *tsan-pa*, ou de farine d'orge grise grillée, de chair de bœuf, de lait, de fromage et de divers légumes. D'après la description que fait le P. Hyacinthe d'un festin de Tibétains envoyés en ambassade à Péking, pendant son séjour dans cette capitale, on peut prendre une idée d'un repas splendide. Autour de plusieurs tables longues et peu élevées, les convives se placèrent suivant leur âge, assis et les jambes croisées sur des tapis de feutre. Un plat de *tsan-pa*, dans lequel des morceaux de beurre étaient plongés, formaient le hors-d'œuvre, dont on ne faisait que goûter, puis on but du vin et ensuite du thé. Bientôt ils ôtèrent leurs chapeaux et récitèrent une courte prière, après quoi ils recommencèrent à prendre du thé, à manger du *tsan-pa* et à boire du vin; ensuite on apporta à chaque convive une jatte de gruau et de riz, assaisonné de beurre et de sucre; on récita une seconde prière, et on recommença à manger le gruau avec les doigts, puis on revint au vin. Après ce premier service tout le monde alla se promener dans la cour. Au bout d'un quart d'heure on se remit à table et l'on servit de la viande crue, hachée et assaisonnée de sel, de poivre et d'ail, avec plusieurs grands plats contenant des morceaux de bœuf cru. On fit une troisième prière, et chaque convive tira son couteau de sa ceinture et coupa la viande, qu'il mangea après l'avoir couverte du hachis salé; ce service se termina par une copieuse libation et par une nouvelle promenade. De retour dans la salle du banquet, on recommença à boire du vin, et le troisième service parut. Il se composait d'un baquet de *touba*, c'est-à-dire de gruau mêlé de vermicelle et de viande de bœuf hachée. Les convives récitèrent une prière, prirent leurs petits bâtons qui remplacent nos fourchettes, et recommencèrent à manger; ce mets fut suivi de plusieurs plats de petits pâtés qu'on enveloppa dans des serviettes pour les envoyer chez chaque convive. Par là se termina le repas, qui dura plus d'une demi-journée; cependant tout le monde fit une nouvelle promenade dans la cour, et rentra pour recommencer à boire, après quoi on se mit à chanter et à danser. Les chants et la danse continuèrent jusqu'au souper, qui ressembla au dîner, mais dura moins longtemps. Les convives se mirent ensuite à boire jusqu'à ce qu'ils fussent complétement ivres. En général, pendant les repas, les tables des riches sont garnies de jujubes, d'abricots, de raisin et d'autres fruits; dans toutes les classes le thé est regardé comme de première nécessité. On ne le sucre point, mais on y mêle du beurre et du sel : outre le vin, ils boivent une bière particulière, faite avec de l'orge grise et une eau-de-vie qu'ils obtiennent du même grain.

Le voyageur anglais Turner peint les Tibétains comme un peuple doux et affable; les hommes sont vigoureux; leur physionomie tient un peu de celle des Mongols; le teint des femmes est brun, mais orné d'une vive rougeur, comme les fruits qui reçoivent une forte impression du soleil. L'air frais d'un pays montagneux entretient leur vigoureuse santé.

Cependant les auteurs chinois, au contraire, prétendent que les hommes sont d'une constitution frêle et délicate, mais que les femmes sont plus robustes; que ce sont même souvent elles qui sont chargées des travaux agricoles, et en général de tous ceux qui, chez nous, sont le partage des hommes. Ce sont elles qui font le commerce; celle qui ne sait ni labourer, ni semer, ni filer, ni tisser, devient un objet de dérision pour tout le monde.

Une circonstance particulière au Tibet, rapportée par le P. Duhalde, et révoquée en doute par Pallas, se trouve confirmée par les auteurs chinois, et s'explique d'ailleurs facilement par la faiblesse physique des hommes, comparée à la vigueur des femmes; c'est que la polygamie y est admise, en sens inverse de ce qu'elle est dans les autres contrées de l'Orient. Ici ce sont les femmes qui peuvent avoir plusieurs maris : c'est ce qui arrive, du moins lorsqu'il y a trois ou quatre frères dans la même famille. Les frères se partagent entre eux, à leur gré, les garçons et les filles qui naissent de cette union. Une femme qui parvient à plaire également à ses trois ou quatre maris, et à faire régner la paix dans le ménage, reçoit avec raison l'épithète d'accomplie. D'après cette coutume, on ne doit pas s'étonner que l'adultère ne soit pas considéré au Tibet comme une action criminelle; une femme qui a un amant n'en fait point mystère à son mari, et celui-ci ne s'en montre nullement affecté.

Le rôle important que jouent les femmes chez les Tibétains explique pourquoi la naissance d'une fille est regardée comme un bonheur dans une famille. Ce sont aussi les femmes qui s'entremettent pour faire contracter les unions conjugales. Le mariage se célèbre sans l'assistance d'un prêtre et sans aucune cérémonie religieuse, mais avec force dons réciproques de mouchoirs ou d'écharpes de soie. Lorsqu'un jeune homme demande la main d'une jeune fille, sa famille fait un cadeau de quelques mouchoirs aux entremetteuses. Si, par l'intermédiaire de celles-ci, les deux familles se donnent leur consentement, on fixe le jour des fiançailles, les entremetteuses apportent du vin et des mouchoirs de la part du prétendu, dont elles déclarent l'âge, et elles attachent sur la tête de la jeune fille l'ornement en turquoises réservé aux fiancées. La dot de celle-ci consiste en thé, en vêtements, en argent et en bétail, selon le rang et la fortune des familles. Le jour de la noce, les conviés viennent augmenter cette dot par des présents. Le repas se donne sous une tente que l'on dresse vis-à-vis la demeure des parents de la jeune fille, après avoir répandu par terre des grains de blé. Après le repas de noce, on conduit la fiancée dans la maison du futur; là on jette sur la mariée du blé ou de l'orge, et sa famille distribue des mouchoirs à tous les parents du mari; ensuite on présente aux deux époux du vin et du thé, et les parents de l'un et de l'autre leur donnent des mouchoirs. A la fin du repas, les proches parents prennent de la viande et des fruits et les emportent chez eux. Le lendemain les membres des deux familles, revêtus de leurs plus beaux habits, et le cou enveloppé des mouchoirs donnés la veille, vont faire des visites aux parents et aux amis qui les attendent à la porte de leurs maisons pour leur offrir du vin et du thé; trois jours se passent ainsi en visites, et le mariage est consommé.

Rubruquis dit que les Tibétains avaient eu jadis le détestable usage de manger les corps de leurs parents qui se mouraient de vieillesse; mais en renonçant à cet usage ils n'ont pas fait preuve d'un plus grand respect pour les morts. Les Chinois nous apprennent qu'il y a au Tibet trois sortes de sépulture, si l'on peut donner ce nom à des coutumes barbares qui ne paraissent même avoir aucun rapport avec les idées religieuses répandues dans ce pays. Quand un homme meurt, on rapproche sa tête de ses genoux, on lui place les mains entre les jambes, on l'attache dans cette position avec des cordes, on le revêt de ses habits ordinaires, on le place dans un sac de cuir, ou dans un panier, et on le suspend à une poutre. C'est le moment où ses parents et ses amis viennent le pleurer. On invite des lamas à dire des prières, et, suivant les moyens de la famille, on porte au temple du beurre pour brûler le cadavre ou plutôt pour le cuire devant des images divines. La moitié des effets du défunt est donnée au temple, et l'autre est vendue pour offrir du thé aux lamas, payer leurs prières et les autres dépenses des funérailles. Ensuite on porte le corps aux découpeurs, qui l'attachent à une colonne en pierre, et le coupent par petits morceaux qu'ils donnent à manger aux chiens. Les os sont pilés dans un mortier et mêlés avec de la farine grillée, dont on fait des boulettes qu'on jette encore à ces animaux; c'est ce qu'on appelle *sépulture terrestre*. Si le corps, ainsi haché et pilé, est donné aux vautours, dans de grands enclos réservés pour cet usage, c'est la *sépulture céleste*. Les Tibétains regardent ces deux manières d'être enterré comme très-heureuses. Enfin, les cadavres de ceux qui ne laissent pas assez d'argent pour payer les découpeurs sont jetés à l'eau; c'est la *sépulture aquatique;* elle est regardée comme un malheur. Les découpeurs de morts ont pour chef un dheba; le prix qu'ils exigent pour découper un cadavre est de quelques dizaines de pièces d'argent de la valeur de 1 fr. 25 c. Ces trois sortes de sépultures ne sont réservées qu'aux laïques. Lorsqu'un lama meurt, on brûle son corps et on lui élève un obélisque.

Le deuil ne consiste chez les Tibétains que dans la suppression de quelques ornements et dans une malpropreté affectée qui dure cent jours. Pendant ce temps, les hommes et les femmes ne mettent que leurs habits les plus simples, et s'abstiennent de se peigner et de se laver.

Nous avons vu les cadeaux réciproques que l'on se fait en mouchoirs ou écharpes lorsqu'il s'agit d'un mariage entre deux familles. Cette coutume est fondée sur ce qu'il est de la politesse chez les gens d'égale condition d'échanger mutuellement des mouchoirs. Lorsqu'on se présente devant les deux principales incarnations divines, le dalaï-lama et le bandjin ou bantchan-lama, on doit aussi leur offrir un mouchoir ou une écharpe de soie, mais il n'y a pas réciprocité de leur part. Le salut, en approchant de ces grands personnages, consiste à se découvrir la tête, en croisant les bras sur la poitrine, et en tirant la langue roulée en pointe. Un homme qui en rencontre un autre d'un rang supérieur ôte son chapeau et se range de côté en baissant ses bras.

ANNÉE TIBÉTAINE. — L'année tibétaine est lunaire; elle commence avec le premier mois du printemps, c'est-à-dire en février. Elle se divise en douze mois, qui portent chacun le nom d'un animal, comme chez les Chinois. Les noms tibétains des mois sont les suivants dans leur ordre de succession :

1	*Djiva,*	souris.	7	*Ta,*	cheval.
2	*Lang,*	bœuf.	8	*Lough,*	bélier.
3	*Tagg,*	tigre.	9	*Bhréou,*	singe.
4	*Va,*	lièvre.	10	*Dja,*	poule.
5	*Bhrouh,*	dragon.	11	*K'hii,*	chien.
6	*Bhroul,*	serpent.	12	*Phagh,*	porc.

Douze mois forment une année marquée par un *tchi :* ainsi les Tibétains disent l'année de la souris, du bœuf, du tigre, etc.; et dix tchis font un *kan*, dont six composent leur *cycle* de soixante années (1). Ils ont des lunes intercalaires pour compléter leur *kan*. Ils comptent aussi par *nouvelle lune, pleine lune* et *dernier quartier*. Enfin ils donnent aux jours de la semaine les noms de leurs cinq éléments comme chez les Chinois (2).

(1) Les noms tibétains de ces *kan* ont la même signification que chez les Chinois; ils se rapportent à leurs cinq éléments; en voici la succession :

1	*Ching-pho,*	bois mâle.
2	*Ching-mo,*	bois femelle.
3	*Me-pho,*	feu mâle.
4	*Me-mo,*	feu femelle.
5	*Sa-pho,*	terre mâle.
6	*Sa-mo,*	terre femelle.
7	*Djiahg-pho,*	fer mâle.
8	*Djiahg-mo,*	fer femelle.
9	*Tsiou-pho,*	eau mâle.
10	*Tsiou-mo,*	eau femelle.

(2) Ces noms sont, en tibétain : *ching*, le bois; *me*, le feu; *sa*, la terre; *djiahg*, le fer; *tsiou*, l'eau.

FÊTES RELIGIEUSES. — Le renouvellement de l'année est pour les Tibétains, comme pour tous les peuples, une époque de fêtes et de réjouissances. Les derniers jours de la douzième lune sont consacrés à en faire les préparatifs ; on s'approvisionne de thé, de beurre, de tsamba, de vin d'orge et de quelques quartiers de bœuf ou de mouton. Pendant les trois premiers jours de l'année les marchands cessent tout commerce ; mais on s'envoie des présents en thé, en vin, en fruits et en autres comestibles. Vers la même époque commence une série de fêtes religieuses qui attirent à H'lassa un grand concours du peuple. Nous n'en citerons que quelques-unes : ainsi, le second jour, le dalaï-lama donne à Botala ou Bouddhala un festin splendide auquel on invite les dignitaires tibétains et chinois ; on y exécute des danses guerrières et différents exercices sur une corde en cuir, qui descend du temple de Botala jusqu'au pied de la montagne. Quelques jours après, tous les lamas qui habitent les couvents situés sur les montagnes des environs de la capitale, vont à la rencontre du dalaï-lama, qui se place sur une estrade élevée et explique la loi. Arrivés devant le souverain pontife, les lamas lui présentent sur leur tête, et en posant un genou en terre, différents présents, que le dalaï-lama accepte en donnant sa bénédiction, c'est-à-dire en imposant trois fois sa main sur la tête de celui qui les offre. Le quinzième jour, on illumine avec un nombre considérable de lanternes l'intérieur du temple de H'lasseï-tsô-khang ; et, pendant la nuit, on observe soigneusement si le ciel est pur ou nébuleux, s'il tombe de la pluie ou de la neige, si la lumière des lanternes est brillante ou terne, parce que ce sont autant de pronostics qui annoncent la fertilité ou la stérilité de l'année ; le dix-huitième jour, on fait la revue des troupes, et l'on tire le canon pour chasser les démons ; le trentième jour de la seconde lune, on chasse le *Nicou-mo-rang* ou le *prince des démons :* un prêtre représente le dalaï-lama, et un homme choisi dans la classe du peuple figure l'esprit de ténèbres ; celui-ci, après s'être barbouillé la figure, se présente à celui qui joue le rôle de divin pontife et lui dit : *Ce que nous apercevons par les cinq sources d'intelligence n'est pas illusoire ; aucune doctrine n'est exempte d'erreurs ;* son antagoniste réfute cette thèse, et appelle le démon à une épreuve décisive : chacun prend un dé ; le dalaï-lama jette le sien trois fois et amène chaque fois le nombre six ; le démon en fait autant et n'amène que l'as, ce qui ne peut manquer d'arriver, puisque chaque dé porte sur ses six faces le même nombre. Alors le prince des démons effrayé prend la fuite, et les prêtres, ainsi que le peuple, le poursuivent avec des flèches, des fusils et même des canons ; mais on a disposé dans un lieu secret, au milieu des montagnes, un asile rempli de provisions de bouche : c'est là que le prétendu démon se réfugie, et qu'il doit rester jusqu'à ce que ses vivres soient épuisés. Dans les premiers jours de la troisième lune on fête la *découverte du trésor ;* on suspend, depuis le pied de la montagne de Botala, jusqu'au cinquième étage du palais du dalaï-lama, les images des grands *bouddhas :* ces images sont brodées en soie de différentes couleurs ; les lamas se déguisent en bons et en mauvais génies, et le peuple en tigres, en léopards, en rhinocéros, en éléphants et en divers autres animaux. Ainsi masqués, ils font trois fois le tour du H'lasseï-tsô-khang, en saluant la grande image de Bouddha, en dansant et en chantant. Cette fête se prolonge pendant un mois ; elle se célèbre dans tous les couvents. Du 1er au 15 de la quatrième lune, les lamas et les dévots observent un carême pendant lequel ils ne mangent que du beurre, du fromage, du riz, de la farine roussie au feu et des légumes, en exceptant l'ail et l'oignon. Enfin le dernier jour de l'année se célèbre par une autre fête qui consiste en pantomimes sacrées, et qui se termine par des repas aussi somptueux que celui dont nous avons donné la description, et dont les hommes et les femmes sortent ivres.

LANGUE TIBÉTAINE. — La langue tibétaine vulgaire ressemble, par l'abondance des monosyllabes et l'absence des particules et des inflexions, au misérable idiome des Chinois. Comme ceux-ci, les Tibétains ne sauraient parler sans le secours des figures tracées en l'air, avec la main ou dans le sable. Aussi rien n'égale-t-il l'obscurité des écrits tibétains qu'on a trouvés en Kalmoukie. Les ouvrages religieux sont écrits dans une langue sacrée qui se rapproche du sanskrit. Rubruquis avait dit avant Turner que les Tibétains écrivent comme nous de gauche à droite. Les Tibétains appellent *drou-djan* les caractères carrés dont on se sert pour les ouvrages imprimés ; ceux qu'on emploie pour la correspondance et les usages ordinaires portent le nom de *dvoumin.* Les uns et les autres sont des lettres alphabétiques, mais que les nombreuses abréviations font ressembler à une écriture syllabique.

L'alphabet tibétain se compose de trente consonnes, de quatre signes additionnels pour les voyelles, et de deux signes de permutation. L'orthographe tibétaine est peut-être la plus irrégulière que l'on connaisse.

BOUTAN.

SITUATION, LIMITES. — Situé entre des montagnes qui appartiennent à la chaîne de l'Himalaya, le *Boutan* ou *Bhotan* occupe un plateau élevé, dont les pentes, au nord et au sud, appartiennent au bassin du Brahmapoutre. Au nord et au nord-est, il confine avec le Tibet proprement dit, au sud avec l'Assam, et au sud-ouest avec le Bengale. Il s'étend sur une longueur d'environ 480 kilomètres de l'est à l'ouest, et une largeur de 150 à 200 du nord au sud.

CLIMAT. — D'après la plupart des voyageurs, le Boutan, c'est-à-dire la région la plus méridionale des monts Himalaya, jouit d'un climat généralement tempéré, malgré les glaciers éternels qui couvrent ces montagnes. Les pluies y sont fréquentes, mais jamais elles ne tombent par torrents. Selon Turner les montagnes du Boutan présentent les formes les plus bizarres ; des mains industrieuses ont aplani, labouré, ensemencé leurs pentes rapides, et ont suspendu sur leurs flancs des vergers, des champs et des villages ; elles sont couvertes d'une éternelle verdure, et garnies de forêts pleines d'arbres d'une grosseur et d'une élévation étonnantes.

PRODUCTIONS. — Le Boutan offre à peu près la même culture que le Tibet ; les grains ordinaires sont le froment, les pois et l'orge ; on cultive le riz dans les vallées ; les turneps, les citrouilles et les concombres abondent. Une plaine voisine du Bengale, large de près de 32 kilomètres, et arrosée par des affluents du Brahmapoutre, produit en outre du coton et du tabac. Les montagnes sont entourées à leur base de bambous, de bananiers, de trembles, de bouleaux, d'érables, de cyprès et d'ifs ; le frêne y est très-grand et très-beau, mais le pin et le sapin sont en général petits et rabougris. Dans ces mêmes montagnes on voit croître sans culture le mûrier et le framboisier, et, sous leur ombrage, s'étendre çà et là des touffes de fraisiers. Sur les sommets neigeux se multiplie le *rheum undulatum*, espèce de rhubarbe dont les habitants font usage. Dans les vergers on cultive le pêcher, l'abricotier, le pommier, le poirier, l'oranger et le grenadier. Saunders indique aussi le raisin d'ours ou l'arbousier traînant, l'airelle à fruit noir et l'airelle canneberge, le *datura ferox* ou pomme épineuse aussi commune à la Chine qu'au Tibet et au Boutan, et regardée dans ces contrées comme un puissant narcotique. On tire un revenu lucratif de l'exportation d'une sorte de garance appelée dans le pays *mendjistha*, et qui est fort recherchée au Bengale.

Les forêts du Boutan sont peuplées d'éléphants et de rhinocéros, de chevaux, et surtout de singes, parce que ces animaux y étant regardés comme sacrés, personne ne les détruit. Les moutons y fournissent une laine très-fine.

DIVISION POLITIQUE ET GOUVERNEMENT. — Tributaire de l'empire chinois, le Boutan se divise en deux parties : le *Boutan* proprement dit ou pays du *deb-radjah* et la principauté de *Bisni* ou *Bidjni*.

Le Boutan proprement dit se partage en trois provinces qui portent le nom de chacun de leurs chefs-lieux, Daro, Tongsa et Tacca. Chaque province est gouvernée par un *pillo*, et se divise en districts administrés par des *soubags*, qui exercent la suprême juridiction dans les limites de leur territoire, moyennant un tribut qu'ils payent annuellement à leur pillo respectif. Il y a d'autres officiers subalternes appelés *Trimpes* et *Troumpouns.* Bien qu'au deb-radjah appartienne l'autorité suprême, il ne peut agir sans consulter ses conseillers ainsi que les pillos, qui savent très-bien mettre des limites à son pouvoir ; car ils sont inamovibles, tandis que le deb-radjah est remplacé tous les trois ans.

Le deb-radjah passe pour le souverain du Boutan, sous la suzeraineté de la Chine, mais il n'en est que le chef séculier ; le chef suprême est le *dgarmah-radjah*, personnage sacré, regardé comme une incarnation divine de *Brahma*, sous la forme de *Mahamouni* (1), et qui, dédaignant le pouvoir temporel, préfère, comme le dalaï-lama, ne s'occuper que des affaires spirituelles de son peuple.

DESCRIPTION TOPOGRAPHIQUE DU BOUTAN. — Les lieux habités du Boutan ne sont pour ainsi dire que des villages ; les plus considérables méritent à peine le titre de villes. Le premier chef-lieu de district que nous nommerons est *Divanghiri*, situé près des

---

(1) Ce nom, qui signifie *grand saint,* est celui de la principale idole du Tibet et du Boutan.

bords du Mouru, sur une montagne, à environ 700 mètres au-dessus du niveau de la mer. Les maisons, au nombre d'une centaine, ne sont pour la plupart que des cabanes disposées en groupes isolés; quelques-unes sont en pierre; la seule convenable est celle qu'habite le *soubah* : elle ressemble beaucoup, dit M. Griffith, à un chalet suisse. On remarque de distance en distance sur la montagne trois ou quatre couvents bouddhistes, et auprès de chacun d'eux flottent, au haut de longues perches de bambou, des banderoles portant l'inscription sacrée : *Hom-ma-ni-pé-mé-houm.*

Tongsa, malgré son titre de chef-lieu de province, ne contient qu'un petit nombre de maisons, l'habitation du gouverneur, deux tours et quelques édifices religieux. Ce lieu est à 1,700 mètres de hauteur. On y fabrique beaucoup de statues de divinités et d'ustensiles en cuivre. Le pays environnant est très-pittoresque et couvert de grands bois de *pinus excelsa*. *Singué* est composé d'une douzaine de maisons. On remarque des deux côtés de la vallée dans laquelle il est situé des villages populeux et des champs de riz et de froment. Le village de *Singlang*, quoiqu'il soit la résidence d'un soubah, est très-pauvre, et la plupart des habitants demeurent dans la forteresse, qui est un grand bâtiment de forme irrégulière.

Tassisoudon ou *Tassisuden*, dans une vallée arrosée par le *Tchin-tsiou* ou *Tchin-chou*, affluent du Brahmapoutre, est la capitale du Boutan, ou plutôt ce n'est pas même une ville, mais une réunion de quelques maisons groupées autour d'un château élevé de sept étages, chacun de 5 à 6 mètres de hauteur. Au quatrième étage réside, pendant l'été, le deb-radjah, et au septième le dharmah-radjah. Le château est environné d'un mur de 10 mètres de hauteur; on y remarque un temple magnifique, surmonté d'un baldaquin doré, sous lequel est placée la célèbre idole de *Mahamouni*. Près du château s'étendent un haras et une longue rangée de hangars où l'on fabrique continuellement des idoles en bronze et divers ornements sacrés. Les environs de Tassisoudon offrent des forêts qui nourrissent de nombreux troupeaux d'éléphants.

Pounakha ou *Peneka*, à 25 kilomètres au nord-est de Tassisoudon, et au confluent de deux petites rivières qui forment le Maa-tchou, est un autre château qui sert de résidence d'hiver au deb-radjah et et au dharmah-radjah. Bien que Pounakha soit la seconde ville du Boutan, elle ne se compose que d'une quinzaine de maisons dont les deux tiers sont en ruines. Le palais est un édifice très-vaste dont la destination royale est attestée par ses toits couverts en cuivre doré, et qui s'élève les uns au-dessus des autres en diminuant de grandeur, d'après le style chinois. Il a 60 à 70 mètres de longueur sur 25 de largeur. La salle de réception du deb-radjah est grande ; de riches piliers en soutiennent le plafond, et tout autour elle est décorée d'écharpes en étoffes de soie brodées.

Tchindjipdji, environné de forêts de chênes et de magnolias, est peut-être le plus joli village de tout le Boutan. Ce qui lui donne de l'importance, c'est le magnifique temple que l'on remarque dans ses environs. Il est surmonté d'un vaste parasol doré garni de cloches à longs battants; chacun de ses angles est orné d'une petite tourelle ; des figures dans le style chinois s'élèvent çà et là, et sur les côtés s'étendent des dalles couvertes d'inscriptions. On voit sur l'une des façades de ce temple le cylindre sacré en usage chez les bouddhistes. C'est une sorte de coffre rond ou de baril placé verticalement pour tourner sur un pivot; il renferme un long rouleau de papier sur la surface duquel est répétée la formule *Hom-ma-ni-pé-mé-houm*. Toutes les personnes qui passent devant cet instrument se font un devoir de mettre en mouvement le rouleau.

Ouandipour, à 36 kilomètres à l'est de la capitale, est une ville bâtie sur un rocher escarpé, qui s'élève entre le Taan-tchou et le Maa-tchou qui se réunissent ici pour former le Chaan-tchou. La première de ces rivières est traversée par un pont d'une légèreté admirable. Cette ville passe pour la plus forte du Boutan; on y remarque un temple desservi par un grand nombre de prêtres. *Bouxedouar*, que l'on nomme aussi *Passaka*, ne renferme qu'une quinzaine de maisons ; mais c'est une place forte que sa situation entre des montagnes impraticables rend une des principales clefs du pays. *Phari* est une autre place forte qui défend un défilé dans le voisinage du Tchamalouri, l'une des principales cimes de l'Himalaya, et conséquemment l'une des plus hautes montagnes du monde. Cette petite ville renferme un couvent célèbre où réside un lama dépendant du dharmah-radjah. Les autres lieux les plus considérables du pays du deb-radjah, tels que *Ghassa* et *Mouritchom*, ne sont, à proprement parler, que des villages.

PRINCIPAUTÉ DE BIDJNI. — La principauté de *Bisni* ou *Bidjni*, plus petite que la précédente, est divisée en deux par l'Ayi, affluent du Brahmapoutre. Elle est gouvernée par un radjah, qui dépend du deb-radjah, et conséquemment du dharmah-radjah, mais qui, pour une partie de son territoire qui confine avec le Bengale, est tributaire des Anglais. *Dellam-cotta*, forteresse bâtie sur une montagne au pied de laquelle coule la Dorlah, commande un important défilé qui conduit dans le Bengale. Le lieu le plus remarquable de tout ce territoire est *Bisni* ou *Bidjni*, forteresse bâtie en briques, et environnée d'un fossé et d'une palissade. C'est

là que réside le radjah. On y voit plusieurs temples et une centaine de cabanes. Cette place, malgré la présence du prince, est considérée comme neutre, ainsi que le territoire tributaire des Anglais, qui, aux termes des derniers traités, y entretiennent une garnison.

CARACTÈRES PHYSIQUES ET COUTUMES DES BOUTANIENS. — Les Boutias ou Boutaniens par leurs caractères physiques diffèrent complètement des Bengalis leurs voisins. Ils sont petits et trapus; leur visage est large, leur menton pointu et presque sans barbe ; leurs pommettes sont saillantes et leurs cheveux noirs, en un mot, ils se rapprochent beaucoup des Mongols et des Kalmouks.

Ils portent l'habit tatar, de grandes bottes qui recouvrent le pantalon, une ceinture et un bonnet bordé de fourrure. Les principaux fonctionnaires se distinguent par un riche ceinturon brodé, à l'extrémité duquel est suspendue la *dha*, épée longue, droite et lourde. L'homme de guerre porte une espèce de casque quelquefois en fer, mais plus ordinairement fait de roseaux tressés ou de cordes de coton ; de chaque côté s'étend un prolongement qu'on rejette au besoin derrière l'oreille, et sur le devant un autre qui couvre le nez. Au bras gauche il a un grand bouclier rond en cuir et bien travaillé. Les Boutaniens ont aussi des fusils à mèche de fabrique chinoise, mais tellement mauvais, et dans lesquels ils ont si peu de confiance, qu'ils font toujours suivre leur coup de feu d'une pierre qu'ils lancent contre l'ennemi. L'arme la plus commune après la dha est l'arc; mais leur adresse à s'en servir n'est pas redoutable. Comme les Tibétains, ils font usage de la viande, et sont généralement attachés à la religion de Bouddha. On ignore quel est le nombre d'habitants que renferme le Boutan, mais il est probable qu'il ne s'élève pas à un million.

RELIGION DU BOUTAN. — La religion du Boutan paraît être la même que celle du Tibet; on y remarque quelques usages et diverses cérémonies qui offrent presque autant de ressemblance avec certaines observances de l'Église romaine; tels sont, par exemple, le célibat du clergé, la vie monastique de communautés des deux sexes, la manière de chanter l'office, l'usage de l'eau bénite, de l'encens et des cierges dans les cérémonies religieuses, et celui du chapelet pour réciter les prières. Du reste, cette religion est extrêmement tolérante envers les autres croyances; elle ne cherche point à faire des conversions, parce qu'elle admet en principe que les différentes routes indiquées par d'autres professions de foi sont aussi bonnes à suivre pour arriver au ciel que celle qu'elle enseigne.

Dans la religion du Boutan, comme dans celle du Tibet, il existe une formule sacrée dont les mots *hom-ma-ni-pé-mé-houm* sont de nature à ne pouvoir être traduits d'une manière satisfaisante à cause de leur sens abstrait et mystique. Suivant Abel Rémusat toute la doctrine lamaïte se résume dans cette formule : *hom* adoucit les tribulations du peuple; *ma* apaise les angoisses des lamas; *ni* soulage les chagrins et les afflictions des hommes; *pé* diminue les douleurs des animaux; *houm* enfin tempère les souffrances et les peines des damnés. Cette célèbre formule est répétée par tous les religieux; elle est écrite en tous lieux, sur les bannières, sur les temples, sur les casques des chefs, sur les murailles des habitations et sur les montagnes : quelques-unes de celles-ci la présentent formée avec de grosses pierres fixées dans le sol, de manière qu'on peut la lire d'une très-grande distance.

Les prêtres n'ont pas d'édifices séparés pour la célébration des cérémonies religieuses : celles-ci ont lieu dans les chapelles des châteaux ou des palais qui servent de logement aux ghylongs. La divinité suprême y est représentée par la figure colossale de Sedja-toba, assis les jambes croisées. Son agent principal, ou, comme ils le nomment, son vizir, d'une dimension beaucoup moins grande, est placé devant lui et entouré de petites images de lamas défunts. Le pouvoir destructeur se voit un peu plus bas en avant : il a le visage furieux, et ses bras nombreux levés et menaçants tiennent différentes armes. Devant l'autel sont rangées de petites tasses de cuivre remplies d'eau et quelques-unes de riz. La salle est décorée aussi de vases de fleurs et d'autres ornements. Cette chapelle présente ordinairement une galerie destinée aux personnes qui désirent assister aux cérémonies. Le peuple n'est pas tenu d'entrer dans les chapelles; mais quelquefois on y laisse une ouverture par laquelle chacun peut apercevoir l'image et se prosterner devant elle.

Afin de recruter le nombre de sujets nécessaires pour maintenir leurs établissements, les lamas reçoivent de temps en temps de jeunes garçons pris dans les familles les plus respectables du pays. Il est essentiel qu'ils entrent à un âge assez tendre dans les châteaux des lamas, pour pouvoir, par une habitude prise de bonne heure, apprendre à supporter la vie insipide et triste qu'ils doivent mener. Hors le temps des offices, ils passent la plus grande partie des heures dans l'oisiveté la plus complète et même la plus fatigante, puisque le sommeil n'y met point un terme. Ils passent la nuit dans la posture que tout ghylong est obligé de prendre : c'est-à-dire assis, les jambes croisées, le corps absolument droit, les bras collés contre les flancs et les mains appuyées sur les cuisses, mais les paumes tournées en dehors. Les yeux doivent être dirigés vers les narines, afin de veiller à ce que l'haleine ne trouve une occasion de s'échapper entièrement du corps. On a la faculté de placer son dos contre le mur, mais les membres sont dans une position tellement gênée que sans une longue pratique il est impossible de la conserver : aussi un ghylon est-il chargé de faire régulièrement la ronde une lumière et un fouet à la main, pour voir si chacun est dans la position convenable, et pour châtier quiconque ne s'y trouve pas.

DIVISION DE LA POPULATION PAR CLASSES, ÉTAT MORAL. — Dans le Boutan on ne connaît point la distinction des castes établie depuis les temps les plus reculés dans l'Hindoustan. La population se divise en quatre principales classes : les laboureurs, les prêtres, *ghylongs* ou *gelongs*, les employés inférieurs ou *zinc-abs*, et les chefs de districts et de provinces. Les laboureurs sont abrutis par la plus affreuse misère; les prêtres forment la classe la plus nombreuse; les employés inférieurs sont nombreux aussi, ils se livrent à la paresse et oppriment leurs subordonnés; les chefs de provinces et de districts ne connaissent que leur propre intérêt. Dans le Boutan tout le monde ne songe qu'à se nourrir et à se vêtir, et le peu de superflu que le pays fournit est employé de manière à se montrer avec avantage dans les différents châteaux; et comme ceci est une affaire publique, on peut dire que chacun en a une part.

Il n'existe aucune contrée au monde où les femmes soient traitées plus mal qu'au Boutan; elles semblent n'être souffertes que pour l'indispensable fin de propager la race humaine et pour exécuter les travaux qu'elles sont capables de supporter. Dans toutes les conditions, depuis l'enfance jusqu'à la vieillesse, les femmes sont chargées des corvées les plus pénibles. Ainsi l'on peut dire qu'au Boutan on ne remarque aucune distinction de rang ou de condition parmi les femmes : toutes sont sales et contraintes de travailler; toutes sont plongées dans la malpropreté et l'esclavage le plus abject. Davis ne remarqua point la moindre différence entre la sœur du radjah de Tassi-soudon et la femme du plus misérable laboureur. Il résulte de cet état d'esclavage que les femmes de ce pays sont complétement dégradées au moral comme au physique, et que tandis qu'elles se font remarquer par leur laideur, les hommes sont au contraire généralement beaux.

Au Boutan on ne voit l'image imparfaite de la famille que dans la classe du peuple. Les Boutaniens des classes supérieures sont obligés, par les injonctions les plus solennelles de la religion, de n'avoir aucun commerce avec les femmes, et même de les fuir comme des objets de déplaisir et d'horreur. Quant à ceux dont elles pourraient attendre des preuves d'attachement, ils semblent, dit Davis, ne posséder que très-imparfaitement les sentiments dans lesquels consistent les charmes de l'union conjugale.

L'immortalité du dharmah-radjah ou *roi juste* n'est pas aussi bien connue en Europe que celle du dalaï-lama du Tibet, mais elle est également avérée. Le dharmah-radjah peut s'incarner aussi bien dans la cabane du plus pauvre paysan que dans la demeure d'un officier de haut rang. Dès qu'il prend possession de son palais, sa vie devient une réclusion presque absolue; sa seule société est celle des ghylongs.

HABITATIONS. INDUSTRIE. — Les maisons des Boutaniens sont d'une forme oblongue et d'une hauteur disproportionnée. Elles sont généralement construites en petites pierres brutes ou en terre bien battue. Les murs sont épais et penchés en dedans. Elles sont garnies de petites galeries. Les toits sont formés de tuiles retenues par de lourdes pierres. Chaque étage est divisé en plusieurs appartements; mais l'absence de cheminées rend la fumée insupportable.

Les châteaux, les palais et les monastères, habités par les grands et les lamas, sont d'une construction plus solide et plus élégante : il est probable, dit M. Griffith, qu'ils ont été bâtis par des Tibétains ou des Chinois. Les premiers sont d'une grandeur immense, munis de fossés et de fortifications. Tous ces grands édifices sont blanchis à la chaux.

On trouve dans le Boutan des ponts suspendus et des ponts fixes en bois. Les premiers sont en chaînes de fer retenues par des tours en maçonnerie très-bien construites.

Les Boutaniens sont peu avancés dans les arts et dans l'industrie. Leurs toiles de coton, leurs poteries et leurs objets en cuivre sont mal fabriqués. Ce qu'ils font le mieux, ce sont les coupes en bois et le papier.

Les principaux objets de leur commerce sont des tissus grossiers, et les objets qu'ils tirent de la Chine et du Tibet, tels que des soieries chinoises, des papiers, du thé, des couteaux, de la cire, de l'ivoire, de la poudre d'or, des chevaux. Tous les ans ils envoient une caravane au district de Rangpour dans l'Hindoustan.

APERÇU SUR LE BOUDDHISME.

Nous ne terminerons pas la description de la région du Tibet sans entrer dans quelques détails sur le bouddhisme, croyance religieuse qui domine dans les divers pays soumis à la Chine (1).

L'un des traits qui font du Tibet une des contrées les plus intéressantes de celles qui composent l'empire chinois, c'est d'être le siége principal d'une religion qui, suivant les calculs les plus probables, compte en Asie plus de deux cents millions de sectateurs; nous voulons parler du bouddhisme ou lamisme.

Le savant Abel Rémusat divise le bouddhisme en trois branches principales : le bouddhisme primitif ou samanéisme, qui considère Bouddha comme une incarnation de Vichnou; le bouddhisme réformé, qui honore Bouddha comme un dieu suprême manifesté dans la personne de Chakia-mouni; et le lamisme, qui reconnaît Bouddha dans la personne du dalaï-lama, chef spirituel vénéré comme une incarnation divine. Un autre savant, M. Klaproth, dont l'opinion est d'un grand poids dans les questions qui concernent l'Asie, regarde au contraire le bouddhisme comme une religion *une*, c'est-à-dire sans aucune division. Quoi qu'il en soit, considéré sous ce point de vue, le bouddhisme paraît être une réforme de l'ancienne religion de l'Inde; et le culte qu'il était appelé à remplacer, c'est-à-dire le brahmanisme, nous semble être le samanéisme, croyance qui fut connue des anciens, et dont les sectateurs ont été désignés par Strabon sous les noms de brachmanes ou garmanes, par Clément d'Alexandrie sous celui de sarmanes, et par Porphyre sous celui de samanéens. Nous parlerons plus tard de cette religion, ou du moins de ce qui en constitue la croyance actuelle.

Le samanéisme a été confondu par quelques savants avec le chamanisme : c'est une erreur grave. Pour en faire sentir la différence, quelques mots suffiront.

Nous avons déjà parlé de plusieurs peuples de l'Asie septentrionale et même de l'Asie centrale, professant un culte grossier, qui consiste à adorer une pierre, un arbre, ou tout autre objet naturel qui attire leur attention par sa forme ou sa grandeur, mais surtout à avoir une vénération aveugle pour leurs prêtres appelés *chamans* ou *ssemans*, jongleurs adroits qui prétendent maîtriser la nature. Plusieurs voyageurs assurent que le chamanisme n'a ni autels ni idoles : cela est vrai pour quelques peuplades de la Sibérie, mais il paraît aussi que d'autres ont désigné sous le même nom différents cultes idolâtres, une sorte de fétichisme que l'on retrouve chez les peuples les plus grossiers des différentes parties du globe, et même un mélange superstitieux d'idolâtrie et de bouddhisme, qui n'a pour ainsi dire d'autre règle que la volonté capricieuse de ces prêtres ou prétendus magiciens, que l'on a confondus sous le nom de *chamans*. Ainsi les différents cultes idolâtres qui, dans l'Asie septentrionale et centrale, ne se rapportent à aucune des religions importantes autour desquelles se groupent les populations, peuvent être compris sous la dénomination de chamanisme.

Il n'en est pas de même du samanéisme, de cette religion qui a partagé les anciens habitants de l'Inde en castes, dans lesquelles chacun est forcé de rester; de cette religion qui défend d'écraser un insecte et qui permet les sacrifices humains.

Le bouddhisme s'annonça dans l'Inde, il y a vingt-huit siècles, comme un progrès dans la philosophie religieuse de cette antique contrée; il rejetait les livres appelés *védas*, il détruisait la division par castes, il répandait quelques consolations sur les misères de l'homme, et principalement parmi les classes laborieuses; enfin il permettait l'usage de la chair des animaux. On le vit, quatre ou cinq siècles avant notre ère, lutter avec avantage contre le brahmanisme et s'étendre dans une partie de l'Inde; mais, en butte aux persécutions des sectateurs de la croyance dont il était sorti, il devait bientôt succomber dans cette région de l'Asie; le crédit des brahmanes fit élever au pouvoir suprême des hommes de la caste des soudras qui leur étaient dévoués, et lorsqu'ils eurent mis dans leurs intérêts les princes et les rois, le bouddhisme ne tarda pas à être anéanti dans l'Inde.

Banni de cette contrée, le bouddhisme, suivant M. Klaproth, se répandit, un peu avant la naissance de Jésus-Christ, dans la Bactriane, et de là parmi les peuples alains, gothiques et turcs de l'Asie centrale. Au premier siècle de notre ère, il s'établit en Chine; au quatrième siècle, en Corée; et vers le commencement du cinquième, dans le Tibet; mais il ne put s'y maintenir, et ce ne fut qu'en 632 qu'il s'y fixa tout à fait. Il en civilisa les habitants, qui,

---

(1) Ces détails ont été ajoutés aux dernières éditions de la *Géographie* de Malte-Brun par J. J. N. Huot, son continuateur.

à cette époque, étaient anthropophages. Enfin, vers la première moitié du sixième siècle, il s'introduisit dans le Japon. Il s'était déjà répandu parmi les Mongols sous les premiers successeurs de Djenghiz-Khan.

Telle fut la marche du bouddhisme; mais avant d'en exposer les principes, peut-être convient-il de prendre une idée exacte de son fondateur.

Les différents auteurs mongols, persans, japonais, pegouans, cingalais, siamois et chinois, ne s'accordent pas sur l'époque de la naissance du fondateur du bouddhisme (1); mais Abel Rémusat a prouvé que la version chinoise, qui place cette naissance à l'an 1029 avant notre ère, est celle qui mérite le plus de confiance, parce qu'elle s'accorde avec la chronologie de ce législateur conservée dans les livres chinois (2). M. Klaproth a adopté aussi cette opinion.

C'était une idée religieuse répandue depuis la plus haute antiquité dans l'Inde, que les bouddhas paraissent à différentes époques dans le monde pour le salut des âmes qui n'ont pas atteint la même perfection qu'eux. *Bouddha*, en sanskrit, signifie *intelligence* ou *raison suprême*: trois de ces êtres avaient déjà paru sur la terre; on en attendait un quatrième, lorsque parut celui dont nous allons retracer l'histoire, sur ce qu'en ont publié MM. Klaproth et Abel Rémusat d'après les livres mongols; enfin, un cinquième et dernier doit encore venir: c'est le bouddha *Maïtreya*.

A l'époque de la naissance du quatrième bouddha, le puissant royaume de *Magadhâ* comprenait toutes les provinces qu'arrose le Gange. L'une des principales races du royaume était celle de *Chakia* ou *Chatkcha*, composée de cinq cents familles. Le roi, appelé *Soudadani* ou *Soudouaodani*, était de cette race; sa résidence était la ville de *Khober-chara*. Il épousa *Maha-maï* ou *Maha-moya*, qui, bien que vierge, conçut par l'influence divine un fils qui était une incarnation divine, et qu'elle remit à un roi issu d'une incarnation de Brahma, qui l'enveloppa d'une étoffe précieuse. Un autre roi, né d'une incarnation d'Indra, baptisa l'enfant avec l'eau divine et lui donna le nom d'Arda-chidhi. Suivant l'usage établi dans la race de Chakia, on le porta dans un lieu sacré pour le présenter à une image divine; mais l'image s'inclina devant l'enfant: alors les spectateurs reconnurent que c'était un être miraculeux qui surpasserait en sainteté les incarnations précédentes, et le saluèrent du titre de *dieu des dieux* (en sanskrit *devativa-deva*). Trente-cinq vierges furent chargées d'en avoir soin: sept le baignaient, sept l'habillaient, sept le berçaient, sept étaient chargées de le tenir propre, et sept l'amusaient par leurs chants et le son de leurs instruments. On lui enseigna la poésie, le dessin, la musique, la médecine et les sciences mathématiques; mais il devint bientôt plus habile que ses maîtres. Son professeur de langues ne connaissait que les idiomes de l'Inde; mais le jeune élève lui enseigna cinquante langues étrangères avec leurs caractères particuliers.

Arda-chidhi surpassait en beauté tous les autres humains. Le célèbre président de la société de Calcutta, W. Jones (3), ainsi que le savant Langlès, ont cherché à prouver que ce personnage était étranger à l'Inde, qu'il appartenait à la race nègre, et qu'il avait les cheveux crépus, parce qu'en effet il est souvent représenté avec une chevelure très-bouclée; mais les écrits originaux répandus chez les bouddhistes ne permettent pas de soutenir cette opinion. Les livres mandchoux vantent son teint d'or, son corps sans taches de rousseur, ses lèvres roses comme le fruit nommé *bimba*, son nez aquilin, et ses cheveux couleur de lapis-lazuli couvrant sa tête de boucles arrondies.

Arrivé à l'âge de puberté, sa famille s'occupa de lui chercher une femme, mais il refusait toujours de se marier; cependant, pour ne pas affliger ses parents, Arda-chidhi céda à leurs désirs, à la seule condition qu'on lui trouverait une vierge parfaite, possédant les trente-deux vertus et perfections principales. C'était bien le moins qu'il montrât cette exigence, lui qui possédait les cinquante-huit perfections morales, dont les plus importantes n'étaient pas celles qui lui avaient valu les titres de *narottamah* (le plus élevé des hommes), et de *gounasâgarah* (mer de vertus), lui qui était en outre doué des trente-deux *lackchan*, ou qualités visibles, et des quatre-vingt *naïrak*, ou beautés corporelles. En se montrant si difficile, il espérait éviter le mariage, parce qu'il ne croyait pas qu'il fût possible de trouver une femme accomplie. Cependant sa pénétration divine fut ici en défaut. Les recherches

furent tellement actives dans le royaume, qu'on trouva dans la race des Chakia une princesse qui possédait toutes les qualités requises. Mais elle était recherchée par Dewa-dath, oncle et ennemi d'Arda-chidhi; en conséquence, le père de cette princesse fit des difficultés. Cependant, comme il ignorait probablement les rares perfections dont le jeune prince était doué, il déguisa son refus sous une apparence d'impartialité, en déclarant qu'il donnerait sa fille à celui qui par ses qualités mériterait la préférence. Dewa-dath fut satisfait de ces conditions, et Arda-chidhi, qui aurait pu profiter de la circonstance pour baser son refus de se marier sur le désir de ne point contrarier l'inclination de son oncle, accepta également; mais il était tellement supérieur à celui-ci, qu'il emporta sans peine le prix.

A l'époque de son mariage il avait vingt ans; cette union fut heureuse: il eut un fils et une fille. Bientôt les répugnances qu'il avait longtemps témoignées pour le mariage reprirent leur empire dans son esprit; on le vit renoncer à toute occupation mondaine, pour se livrer, dans la solitude, à de pieuses méditations; sa pitié compatissante, affectée de la misère de ses semblables, lui fit prendre en haine la splendeur de la royauté; enfin il déclara à ceux qui l'entouraient que les quatre degrés de la misère humaine, *les peines de la naissance, de la vieillesse, de la maladie et de la mort*, détruisaient pour lui les plaisirs de la vie, parce qu'ils étaient inévitables. Il prit donc la résolution d'abandonner sa femme, ses enfants, et de renoncer aux vanités humaines. En vain sa famille éplorée chercha-t-elle à lui faire abandonner ce projet, en lui faisant observer qu'il pouvait mener une vie pieuse sans s'éloigner de tout ce qui lui était cher; que la royauté à laquelle il était réservé avait aussi ses peines et ses devoirs; que rendre tout un peuple heureux était une tâche digne de ses vertus: il se montra inébranlable; en vain son père fit-il proclamer dans tout le royaume une ordonnance par laquelle il était défendu à tous les grands de recevoir le prince chez eux: il fit au milieu de la cour ses pénibles adieux à sa famille. Je vais, dit-il en fondant en larmes, entrer dans la vie de pénitence; j'ai des raisons puissantes pour suivre ma vocation, ne m'empêchez pas de l'accomplir, c'est un devoir sacré pour moi. La vigilance de ses gardiens retarda pendant quelque temps l'exécution de ses projets; mais un ami dévoué, Khourmousta-tengri, le même qui l'avait baptisé, parvenant à tromper la surveillance dont il était l'objet, lui procura un cheval sur lequel il s'échappa à la faveur d'un déguisement.

Accompagné de quelques disciples, il se retira dans un désert du royaume d'*Oudipa;* c'est là que chacun des moindres événements de sa vie silencieuse et méditative va désormais servir à désigner une place, une station sacrée. Il prend le nom de *Goodam*, c'est-à-dire *gardien des vaches*, se donne lui-même l'ordination sacerdotale, coupe ses cheveux et se revêt du costume de pieux anachorète: de là ce que les bouddhistes appellent *la place sainte du dépouillement de tout ornement;* le prince des grands singes lui apporte pour ses repas du miel et des figues sauvages, que Goodam arrose avec de l'eau bénite; mais l'orang-outang, ravi de joie de voir ses présents acceptés, fait mille gambades extraordinaires, tombe dans le puits situé derrière lui, et se noie, et l'on consacre *la place sainte des aliments offerts par le singe;* Dewa-dath, qui avait découvert la retraite de Goodam, et qui lui conservait toujours le même ressentiment, conduit dans son voisinage un éléphant qu'il enivre avec de coco, et aux défenses duquel il attache des épées tranchantes, dans l'espoir que l'animal furieux tournera sa rage contre l'ermite; mais celui-ci ne fait que lever les cinq doigts, et l'éléphant s'apaise: de là l'origine de *la place sainte de l'éléphant furibond et dompté;* des femmes impudiques tentent de le séduire, et loin d'y parvenir elles se retirent après l'avoir adoré: le lieu où se passa cette scène fut appelé *la place sainte de la victoire remportée sur la séduction de l'impudicité.*

Sa réputation de sainteté se répandit facilement parmi le peuple; il reçut alors les titres de *bourkhan-bakchi* (instituteur divin), et de *Chakia-mouni* (pénitent de la race des Chakia); mais parmi les grands et les incrédules, les uns se plaisaient à répandre le bruit qu'il avait complètement perdu la raison; les autres qu'il regrettait d'avoir renoncé au trône de son père, et qu'une nouvelle inclination amoureuse était la cause de la résolution qu'il avait prise. Cependant, après avoir vécu six années dans la retraite, il déclara à ses cinq disciples qu'avant de répandre sa nouvelle loi, il doit accomplir un jeûne spirituel. Dès lors il passe quarante-neuf jours et quarante-neuf nuits en prières et dans une abstinence complète. Enfin ses disciples ne peuvent résister à l'entraînement qui les porte à l'adorer; et, d'un commun accord, ils l'engagent à daigner s'asseoir sur le trône des saints passés, établi à *Warnachi*, aujourd'hui *Bénarès*. Chakia-mouni fait trois fois le tour de ce lieu, et après y être entré avec solennité, se place sur le trône d'Ortchilongichektchi-bourkhan, d'Altan-tchidaktchi et de Gerili-sakiktchi, fondateurs des trois époques religieuses antérieures; et ce fut à cette occasion que l'on établit la place sacrée du *trône primitif de tous les saints.*

Ce fut à Warnachi qu'il exposa sa doctrine, au milieu d'une foule

---

(1) Aboul Fazel, ministre du grand mogol Akbar.. l'an 1366.

Les Chinois...................... l'an 1029.

Les Mongols le font naître avant Jésus-Christ.. l'an 1022.

Les Japonais adoptent le même calcul.

Les Persans placent sa naissance dans la même année.

Les Siamois..................... l'an 744.

Les Pegouans.................... l'an 638.

Les Cingalais................... l'an 619.

(2) Abel Rémusat, *Journal des Savants*, p. 6, 1821.

(3) *Recherches asiatiques*, traduction française, t. II, p. 56.

innombrable d'auditeurs de toutes les classes. « L'état universel de misère, c'est-à-dire le monde humain, est la première vérité, dit-il ; le chemin du salut est la seconde vérité ; la tentation et la séduction qu'on y rencontre sont la troisième, et la manière de les combattre et de les vaincre est la quatrième. » Le développement de ces quatre vérités fut le sujet de sa première séance. Dès ce moment, ses disciples lui donnèrent le nom de *Bouddha*, qui signifie en sanskrit *intelligence suprême*.

Cependant il n'était pas arrivé au point de perfection philosophique où il se trouvait sans avoir passé par des épreuves surnaturelles dont nous n'avons point encore parlé. Ce fut un être immatériel qui l'instruisit des préceptes de la morale, et qui l'engagea à renoncer à sa famille, au trône et aux séductions de ce monde. Le détail des épreuves miraculeuses auxquelles se soumit Chakia-mouni est consigné dans le livre intitulé *Ulligeriin-dalaï*. Le génie lui dit : « Le disciple doit avoir assez de fermeté pour se sacrifier lui-même ; sans pénitences corporelles, aucune instruction ne peut prendre racine. » La première pénitence de Chakia-mouni dut être d'endurer la souffrance de mille bougies allumées sur son corps. Pendant ce supplice le génie lui communiqua les quatre thèses suivantes : Tous les trésors peuvent être épuisés. — Ce qui est élevé est exposé à la chute. — Ce qui est réuni peut être dispersé. — Ce qui vit est assujetti à la mort.

A peine guéri de ses mille moxas, Chakia-mouni, pressé par son désir insatiable de s'instruire, se soumit à une seconde pénitence, consistant à avoir mille clous enfoncés dans le dos, épreuve pendant laquelle le génie lui développa les axiomes suivants : Tout ce qui est visible doit périr. — Tout ce qui est créé est assujetti à une fin déplorable. — Toute croyance appartient au royaume du néant. — L'univers n'existe que dans l'imagination. Pour la troisième épreuve, Chakia-mouni consentit à entrer dans un four ardent ; mais à peine y fut-il qu'une troupe de mille anges éteignit de suite la flamme haute de 18 mètres par une pluie de fleurs. Alors, absorbé en adoration et en humilité, il reçut la troisième instruction, ayant pour but de le guider dans le chemin de la sainteté, savoir : La force de la miséricorde établie sur des bases inébranlables. — L'éloignement total de la cruauté. — Une compassion sans bornes envers toutes les créatures. — Une constance imperturbable dans la foi.

Enfin, à la dernière épreuve, le génie lui dit : Pour que tu ne puisses oublier mes doctrines, elles doivent être écrites sur ta peau avec un poinçon fait de tes os et trempé dans ton sang. Il sortit glorieux de cette terrible pénitence, pendant laquelle le génie lui communiqua les maximes fondamentales de toute morale, savoir : 1° de ne pas tuer ; 2° de ne pas voler ; 3° d'être chaste ; 4° de ne pas porter un faux témoignage ; 5° de ne pas mentir ; 6° de ne pas jurer ; 7° d'éviter toutes paroles impures ; 8° d'être désintéressé ; 9° de ne pas se venger ; 10° de ne pas être superstitieux. Ces dix commandements devinrent la base de la doctrine de Bouddha.

Le bouddhisme ayant pour but de réformer la religion de Chiva, eut non-seulement contre lui les antiques sectateurs de ce culte, mais encore ceux des adorateurs du feu établis en Perse. Une grande fête donnée à Warnachi, pendant les quinze premiers jours du premier mois de l'année, fut choisie par tous ces adversaires pour combattre la nouvelle doctrine ; mais l'homme-dieu développa une telle supériorité de raisonnements, que le chef de ses adversaires se prosterna devant lui et l'adora. C'est en mémoire de ce grand événement, qui assura le triomphe du bouddhisme dans l'Inde, que les bouddhistes célèbrent par quinze jours de fêtes le commencement de l'année, ainsi que nous avons vu que cela se pratique au Tibet.

Bouddha vécut jusqu'à l'âge de quatre-vingts ans ; en mourant il déclara que sa doctrine existerait pendant cinq mille ans ; qu'alors il viendrait un autre homme-dieu, nommé *Maïtari* ou *Maïtreya*, qui serait le précepteur du genre humain ; mais que jusque-là sa religion souffrirait de sanglantes persécutions, et qu'elle aurait pour refuge les hautes montagnes du Tibet. Cette prédiction s'est confirmée à la date près ; en effet, quelques siècles après la naissance du Christ, les sectateurs du bouddhisme furent obligés de se réfugier dans le nord.

Chakia-mouni laissa un grand nombre d'écrits ; son premier ouvrage est un recueil de demandes et de réponses sur l'astronomie et sur les vingt-huit signes du zodiaque ; mais, d'après la recommandation qu'il fit à ses disciples en mourant, sa doctrine fut recueillie par eux ; elle porte en tibétain le nom de *Gandjour*, c'est-à-dire *instruction verbale*, et forme cent huit gros volumes. On y joint, dit M. Klaproth, douze volumes de métaphysique, qui portent le nom de *Jum*. Avec les commentaires qui y sont joints, l'ensemble de tous ces ouvrages, qui portent le nom de *Dandjour*, forme deux cent trente-deux volumes dont le transport exige plusieurs chameaux. Il a été traduit en mongol par l'empereur Khiauloung, et imprimé en deux formats différents. On ne le vend pas sans une permission particulière, et le prix d'un exemplaire est de 1,000 onces d'argent, c'est-à-dire de 6 à 7,000 francs (1).

Abel Rémusat a fait remarquer que si beaucoup d'auteurs européens ne sont pas d'accord sur l'époque de la vie et de la mort de Bouddha, c'est parce que jusque dans ces derniers temps on avait négligé d'aller puiser des renseignements dans les monuments originaux ; que dans ceux-ci, au contraire, écrits d'abord en sanskrit, puis en mongol, en tibétain, en chinois et en japonais, on est frappé de la coïncidence des dates, coïncidence remarquable lorsque l'on considère l'étendue des pays où les traditions qui les constatent ont été recueillies.

Ce qui confirme encore la confiance que l'on doit avoir dans ces dates, c'est la liste chronologique des trente-trois successeurs directs de Bouddha. Cette légende se rapporte exactement aux années bien connues du règne des empereurs chinois. Elle existe dans des ouvrages anciens répandus chez les bouddhistes ; mais Abel Rémusat l'a extraite de l'Encyclopédie japonaise, où elle est donnée comme une suite de matériaux historiques propres à éclaircir la géographie ancienne de l'Hindoustan, divisé pendant cette époque en plus de soixante royaumes. Le nom de la province ou du royaume où chacun de ces illustres personnages prit naissance, y est soigneusement relaté.

On prendrait une fausse idée du bouddhisme, si on le considérait comme un anthropomorphisme grossier qui réserve à une créature humaine le culte qu'on ne doit qu'à la divinité. Il est probable que dans la dernière classe du peuple tibétain la religion est ainsi comprise ; mais les esprits cultivés s'élèvent à une conception plus haute, et même fondée sur une métaphysique très-développée, et surtout très-remarquable pour l'époque reculée à laquelle remonte Chakia-mouni.

Dans la doctrine du bouddhisme, doctrine dont l'exposition exigerait de grands développements, mais dont nous donnerons un simple aperçu, d'après les écrits publiés par M. Klaproth, toutes les créatures sont divisées en six classes. En remontant des plus inférieures aux supérieures, on a les habitants des enfers, les démons faméliques ou *prétas*, les brutes, les génies ou *assouras*, les hommes et les dieux. Les trois premières classes dérivent du péché, et celui-ci de la matière. Les trois autres dérivent de la vertu, et celle-ci de l'âme. La matière et l'âme ont pour point de départ commun la pensée, et celle-ci remonte à l'intelligence suprême.

Cette filiation est représentée dans le tableau suivant :

Le *sansara* est le monde matériel, l'univers visible, le cercle dans lequel tournent sans fin, par la métempsycose, tous les êtres animés qui s'y trouvent enchaînés par le destin inexorable. Mais les lois du destin ne sont autres que les conséquences des actions des êtres créés. L'univers se compose de trois mondes, ainsi que nous le verrons bientôt.

Le *nirvana* est l'immatériel absolu ; c'est l'état de perfection auquel l'espèce humaine doit s'efforcer d'arriver. C'est pour en indiquer le chemin, et démontrer à l'homme la possibilité d'y parvenir, que les bouddhas se manifestent sur la terre à certaines époques ; car les bouddhas ont appartenu eux-mêmes au *sansara*, au monde matériel, et sont arrivés par différents degrés à l'état de perfection qui leur ont valu place dans le *nirvana*. Ce sont en effet des âmes qui sont perfectionnées, en se détachant par degrés des liens de la matière. Ils paraissent dans le monde pour le salut des âmes qui n'ont point atteint le même degré de perfection.

Le *sounyâ* est la concentration de l'intelligence, l'état le plus parfait que l'âme puisse concevoir, en un mot l'existence véritable ; c'est l'opposé de l'existence visible et imparfaite qui résulte de l'union de l'âme et de la matière, union soumise aux illusions des sens et aux changements auxquels les corps sont assujettis.

Le *pradjna* est le mode suivant lequel la plus haute intelligence du *sounyâ* ou de l'existence véritable prend une existence apparente dans l'espace et dans les formes mensongères de la matière. Ainsi, c'est par le *pradjna* que la haute intelligence se manifeste ici-bas en prenant la figure humaine, c'est-à-dire en se faisant *bouddha*. Le *pradjna* tient le milieu entre le mode suivant lequel la matière se modifie pour constituer le monde, et le mode appelé *pradjna paramita* ou *divin pradjna*. Celui-ci est le mode supérieur, c'est la limite extrême de la plus haute sagesse.

A chaque formation du monde, car le monde n'a pas éternellement la même forme, le divin pradjna se manifeste dans la personne de Mandjoussri ou Mandjoughocha, le symbole hypostatique de la sagesse la plus parfaite.

Le corps que prend le bouddha à son apparition sur la terre dépendant du temps et de l'espace, ne peut avoir une durée plus longue que celle que prescrivent les lois de l'époque dans laquelle il paraît. Après avoir rempli sa mission, il retourne dans le *sounyâ*, et son *bodhisattra* ou son reflet prend dans le second monde du *pradjna céleste* la place du bouddha qui vient d'entrer dans le *nirvana*. Il continue alors son œuvre jusqu'à l'arrivée d'un nouveau bouddha qui vient fonder une nouvelle époque de religion. Mais sur la terre il est remplacé par son représentant, qui est une émanation de lui-même. C'est ainsi qu'il est visible dans la personne du dalaï-lama du Tibet.

La matière, en s'unissant à l'esprit, le corrompt; c'est l'influence des sens qui, dans ce monde, est la seule cause du mal et du péché; de là l'influence qui en résulte pour le présent et pour l'avenir. D'après ce principe, toute la doctrine de Chakia-mouni a pour but de détacher l'esprit de la domination des sens.

Aussitôt que l'âme a reconnu son état d'assujettissement, elle doit mettre tout en œuvre pour secouer le joug; si elle y manque, elle tombe par degrés dans la plus honteuse abjection. Mais si, fidèle à la conscience, elle s'attache de toutes les forces de la pensée à l'immatériel, à l'absolu; si elle devient totalement insensible aux séductions des sens, elle a fait le premier pas et le plus difficile vers sa délivrance. Cet état, que les bouddhistes nomment *bodhi-djnana*, va toujours alors en croissant, et la conduit graduellement à l'éternel *nirvana*, c'est-à-dire à la condition de *bouddha*. Mais la victoire que l'âme doit remporter sur les sens exige de grands efforts, une ferme volonté; le pénitent trouve de puissants antagonistes dans les génies des régions inférieures et supérieures du *sansara*, dans les malins esprits des enfers, dans les démons faméliques, qui se plaisent aux jouissances et aux métamorphoses de ce monde sensuel. Les bonnes œuvres, et en général les actions méritoires et utiles, suffisent pour que celui qui les exécute renaisse dans un état plus parfait, jusqu'à ce qu'il soit digne de sortir du *sansara* pour entrer dans le *nirvana*.

Pour mieux comprendre le bouddhisme, il faut dire un mot du système cosmographique qui en fait partie. Ce système est, à la vérité, d'origine hindoue, mais il a été considérablement modifié par Chakia-mouni. D'abord il faut savoir que ce réformateur et ceux qui l'ont suivi ont poussé jusqu'à l'extravagance les opérations numériques. Suivant Chakia-mouni, il y a trois systèmes de numération : le premier, ou l'inférieur, est celui où les nombres croissent de 10 en 10; le moyen, celui où ils croissent par centaines, comme quand on multiplie 100,000 par 100; enfin, le supérieur, où les nombres s'élèvent au carré, c'est-à-dire se multiplient par eux-mêmes dix fois de suite; mais le chiffre servant de point de départ étant 100 quadrillons multiplié dix fois par lui-même, le dernier terme est l'unité suivie de 4,456,448 zéros, c'est-à-dire un chiffre qui, écrit en caractère d'impression ordinaire, occuperait, suivant M. Klaproth, une longueur d'environ 14,000 mètres. Cependant ce nombre est encore surpassé par celui qu'on emploie quelquefois dans cette cosmographie, et qui représente le nombre d'atomes dont se compose le mont *Sou-mérou*, ou la montagne céleste, qui occupe le centre de tous les systèmes terrestres. Cette prodigalité de chiffres fait que dans la mythologie bouddhique les dieux, les génies, les saints, sont groupés par millions et par milliards.

Nous avons dit que l'univers des bouddhistes se compose de *trois mondes;* ils lui donnent le nom de *triloka*. Ces mondes sont superposés les uns aux autres, et comprennent vingt-huit cieux qui ont chacun leur nom. Le monde inférieur, ou le troisième, comprend mille millions de systèmes terrestres avec les six cieux *des désirs.* La terre est à la partie la plus basse, elle est plate, et les six cieux sont superposés les uns aux autres en couches horizontales. Elle se compose de quatre grandes îles ou continents placés aux quatre points cardinaux, relativement à la montagne céleste appelée *Sou-mérou*. A l'orient, est le continent de la beauté; les habitants y sont plus beaux et plus intelligents que dans les autres; à l'occident celui des bœufs, parce que ces animaux forment la principale richesse des habitants; le continent nord est habité par des géants hauts de 32 coudées; celui du sud, qui comprend l'Inde, se distingue par l'or que charrient ses fleuves. Sous la terre, il y a de l'eau, sous cette eau du feu, puis de l'air ou du vent; puis enfin une roue de diamants dans laquelle sont enfermés les restes corporels des bouddhas des âges antérieurs. Quelquefois le vent active le feu, le feu met l'eau en mouvement, l'eau ébranle la croûte terrestre : de là les commotions appelées tremblements de terre. Au-dessous du continent méridional sont les huit grands enfers brûlants et les huit grands enfers glacés, ainsi que les seize petits enfers placés aux portes de chacun des grands. La montagne de *Sou-mérou*, dont le nom signifie *prodigieusement haute*, est le séjour des *devas* ou dieux; le soleil, la lune et les étoiles tournent autour d'elle et règlent le cours des saisons. L'astre du jour est habité par un adorateur de Bouddha, qui, par ses vertus, a mérité de renaître dans cet astre. Le plus inférieur des six cieux est le séjour de quatre dieux puissants, dont les royaumes sont aux quatre points cardinaux; le second, en remontant, est habité par trente-trois divinités, parvenues, par leurs vertus, de la condition humaine à celle de devas, et dont l'une est *Indra*, le dieu de l'atmosphère; dans le troisième habite le dieu *Yama;* le quatrième est la résidence des êtres purifiés, c'est-à-dire parvenus au degré qui précède la perfection absolue. Dans le cinquième on n'a que des jouissances intellectuelles; dans le sixième habite *Is'vara*, dieu éminemment conservateur.

Le second monde est appelé celui des *formes*, parce que ceux qui l'habitent, supérieurs aux divinités, sont encore soumis, par la forme ou la couleur, à l'une des conditions de l'existence de la matière. Il se compose de dix-huit cieux réservés pour les êtres de plus en plus perfectionnés, à mesure qu'on s'élève dans l'espace. Le premier monde ou le *monde sans formes*, composé de quatre cieux, est habité par des êtres complétement immatériels, mais à différents degrés; ceux du premier ou de l'inférieur habitent l'éther; ceux du second sont dans la *connaissance*, ceux du troisième dans l'*anéantissement*, et ceux du quatrième dans un tel état de perfection, que l'expression par laquelle on les désigne signifie *ni pensants ni non pensants* (1).

Ces mondes n'existent que par le *sansara*; mais celui-ci, auquel l'intelligence suprême n'a prêté qu'une existence apparente, puisque l'existence réelle est tout à fait immatérielle, doit un jour retourner à l'intelligence suprême; alors il n'y aura plus qu'un monde, ou plutôt il n'y en aura plus du tout, puisque chaque intelligence, aujourd'hui disséminée, sera rentrée dans la grande unité.

On voit, par cette cosmographie, que les mondes et ceux qui les habitent s'épurent et se simplifient à mesure que l'on s'élève depuis la région des enfers jusqu'au-dessus de la région éthérée; mais rien n'y indique un créateur, un être suprême; le bouddhisme admet, il est vrai, Brahma comme le créateur du monde, mais du monde matériel; il ne voit dans la création qu'une de ces brillantes métamorphoses auxquelles Brahma se plaît comme à un jeu; mais Brahma est inférieur à Bouddha, l'intelligence suprême, la raison par excellence, trop haut placé pour avoir des rapports avec la nature, avec les êtres créés.

Il est vrai qu'une secte du bouddhisme, entre autres celle qui habite le Neypal, admet un être appelé *Adi-bouddha* ou *Bouddha primordial*, qui a présidé à toutes choses, et qui représente bien ici ce que l'on doit entendre par l'Être suprême; mais cette secte n'a pris naissance qu'au dixième siècle, ainsi que l'a fait observer M. Klaproth; ce n'est donc qu'une religion moderne que l'on peut regarder comme n'appartenant point au véritable bouddhisme.

On peut dire, avec ce savant, que si cette doctrine est athée, en ce sens qu'elle n'admet pas de créateur, il est difficile de la flétrir de cette épithète, en considérant qu'elle se fonde sur une révélation divine de la raison primordiale, qui, à la vérité, n'agit pas comme créateur, mais qui exerce son action sur la création, en prenant une forme humaine pour sauver les âmes émanées d'elle, enchaînées par la matière, et affectées du mal de l'existence mondaine.

Il ne faut pas considérer non plus comme une véritable idolâtrie les hommages que les bouddhistes paraissent rendre à des idoles qui ont leur origine dans le brahmanisme, telles que Dourga, Mahakala et Yaman-taka. Ces formes hideuses ne sont aux yeux des bouddhistes instruits que des allégories représentant les dieux serviteurs, protecteurs et vengeurs de leur loi. Elles n'appartiennent en effet qu'au culte populaire.

Nous hasarderons, en terminant, une réflexion qu'il est difficile de ne pas faire, en considérant la haute ancienneté du bouddhisme, c'est que l'antique croyance du *Verbe* ou de la divinité qui se manifeste sous une forme humaine, croyance que l'on voit répandue chez les philosophes et les prêtres égyptiens, et passer ensuite chez les Grecs; croyance qui forme la base de la révélation chrétienne, et qui prépara les esprits supérieurs de l'antiquité à leur conversion au christianisme, qui en était la conséquence et la conclusion, était sans doute répandue en Asie depuis les temps les plus reculés, à l'époque où Chakia-mouni établit sa doctrine. Les peuples, déjà familiarisés avec l'idée que la divinité pouvait se manifester sous la forme humaine, saluèrent, d'après cette idée, le réformateur du brahmanisme du titre de bouddha. C'est donc sur une croyance pour ainsi dire aussi vieille que le monde qu'est enté le bouddhisme avec tout l'echafaudage de la philosophie.

----

(1) En sanskrit, *nai-baa-samdjnâd-samdjnâyatam.*

Bergers du Tibet.

CHINE

—

SUPERFICIE, LIMITES ET POPULATION DE LA CHINE PROPREMENT DITE. — La superficie de la Chine proprement dite s'élève à 3,365,000 kilomètres carrés (plus de six fois l'étendue de la France); sa longueur du nord au sud est de 2,335 kilomètres, sa largeur de 2,168 kilomètres, et son périmètre de 10,400 kilomètres, dont plus de 400 kilomètres de côtes. Elle est peuplée d'environ 400 millions d'habitants (1). Cette étendue n'est, à la vérité, circonscrite par aucune frontière naturelle. La grande muraille la sépare, au nord, de la Mongolie; à l'ouest, des limites politiques bornent les courses nomades des Kalmouks ou Éleuthes du Khoukhou-noor et des Si-fans; au midi, les frontières de l'empire chinois sont en même temps celles de la Chine propre.

DIFFÉRENTS NOMS QUE PORTE LA CHINE. — Cette contrée a été célèbre sous plus d'un nom. Ses habitants l'appellent *Tchong-Koue*, mot qui signifie *Empire du milieu;* ils la nomment aussi *Thien-hia*, *Empire céleste.* Les Chinois considèrent orgueilleusement tous les autres pays comme des lisières ou des appen-

(1) D'après un recensement fait en 1813, la population de la Chine était à cette époque de 367,632,907 habitants. On a longtemps regardé ce nombre comme exagéré, mais de nouvelles informations ont permis de l'accepter comme l'expression de la vérité. On peut aujourd'hui, sans trop de chance d'erreur, évaluer de 360 à 400 millions d'âmes la population totale des 18 provinces. D'après certains rapports, sir John Bowring, consul général de Sa Majesté Britannique en Chine, évaluait, en 1847, cette population à 536,909,300 habitants; nous croyons néanmoins qu'il y a ici exagération. (Voir les *Mittheilungen* de Petermann, 1855, XI, 318.)

59

dices du leur. Cependant les relations des voyageurs mahométans du neuvième siècle, publiées par Renaudot, donnent déjà à la Chine méridionale le nom de *Sin*, que les Persans prononcent *Tchin*. Ce nom, qui rappelle celui des *Sinæ*, a fait croire qu'il est l'ancien nom générique pour tous les peuples du Tibet, de la Chine et de l'Inde au delà du *Gange*. Mais le savant Abel Rémusat a fait voir que les Chinois désignent souvent leur pays par le nom de la dynastie régnante, et que leurs voisins ont emprunté d'eux cet usage, en retenant toutefois les noms des dynasties les plus célèbres plusieurs siècles même après leur extinction : de là le nom de *Tchin* ou *Tsin* adopté par les Malais et les Hindous, qui en ont fait *China*, qui a passé d'abord chez les Portugais et que nous avons francisé en celui de *Chine;* de là enfin le *Sin* des Arabes ; noms qui désignent tous celui de la famille des *Thsin*, dont le règne commence 256 ans avant l'ère chrétienne.

MONTAGNES DE LA CHINE. — Le territoire de la Chine occupe le vaste versant du grand Océan, qui se décompose en une suite de bassins formés par des ramifications de montagnes appartenant à celles du Tibet oriental. Les bassins que forment ces chaînes sont au nombre de quatre : le plus méridional est au sud des monts *Nan-ling;* le second, au nord de cette chaîne, est celui du Yang-tse-kiang, terminé au nord par les monts *Pé-ling*, qui le séparent de celui du Hoang-ho ; celui-ci s'étend jusqu'aux monts *Yan*, et le quatrième bassin est celui qui comprend la ville de Péking.

Les monts *Nan-ling* (chaîne méridionale) et *Pé-ling* (chaîne septentrionale) courent de l'ouest à l'est; mais les monts *Yun-ling* se dirigent du nord au sud et forment la limite naturelle entre le Tibet et la Chine. Au nord ils se bifurquent, en envoyant au nord-ouest une chaîne élevée qui s'étend à l'ouest du Khoukhou-noor, et dont les diverses ramifications déterminent toute la première partie du cours du Hoang-ho; au nord-est ils donnent naissance à la chaîne du *Chen-si*, dont les hauteurs vont en s'abaissant successivement du sud au nord.

3

Les monts *Yan*, au nord-ouest de Péking, séparés du Pé-ling par le bassin du *Hoang-ho*, paraissent, dit Abel Rémusat, tenir plutôt à la grande chaîne des monts *Yin*, qui forme la limite entre la Chine, le pays des Mongols et le désert. Une chaîne de communication qui les réunit au nord produit, en s'avançant à l'est du golfe du Liao-toung, la chaîne connue autrefois sous le nom de *Sian-pi*; et son prolongement, qui se continue avec les montagnes de la Corée, donne naissance à cette *longue montagne blanche* dont nous avons déjà parlé, si célèbre dans l'histoire des Mandchoux.

Tel est le coup d'œil général que présentent ces montagnes; mais en les examinant en détail, on voit que le Pé-ling change plusieurs fois de nom : sur les bords du Ouei-ho, il prend celui de *Ta-sa-ling*, puis ceux de *Chang-nan-ling* et de *Thsin-ling*. Sa plus haute cime, toujours couverte de neige, est le *Thai-pe-chan*. Une branche de cette chaîne forme le *Thai-houa-chan* ou *Houa-chan*. De la source du Pa-chouï, la chaîne principale du Pé-ling va droit à l'est sous le nom de *Thsin-ling*. Du Thai-pe-chan se détache une branche qui se dirige au nord-ouest sous le nom de *Loung-chan*.

Les monts Nan-ling portent, dans leur partie orientale, le nom de *Ta-yu*, et au sud de la province de Kiang-si celui de *Ta-yu-ling*; de là, en se dirigeant vers l'est, ils séparent, sous le nom de *Mei-ling* ou *montagnes des premiers sauvages*, la province de Kouang-toung de celle de Kiang-si. Ils envoient ensuite dans différentes directions un grand nombre de branches et de chaînons qui se prolongent dans la Chine méridionale, et dont quelques cimes atteignent une grande élévation.

Ainsi que l'a fait remarquer le savant Abel Rémusat, ce n'est pas la hauteur des montagnes qui règle le rang qu'elles occupent chez les géographes chinois : l'ordre dans lequel ils les décrivent tient à des idées particulières, qui ont leur fondement dans les traditions historiques. Il en est, par exemple, quatre qui, sous la dénomination de *Yo*, occupent, dès la plus haute antiquité, un rang important dans la géographie chinoise, parce qu'elles marquaient le terme où jadis le souverain s'arrêtait pour pratiquer diverses cérémonies religieuses, lors des visites solennelles qu'il devait faire dans les portions de son empire qui répondaient aux quatre points cardinaux. Nous allons les passer successivement en revue. La première, ou celle de l'orient, porte le nom de *Taï* ou *Thaï*. Elle est située dans la province de Chan-toung, département de Tsi-nan; elle passe pour avoir 16 kilomètres d'élévation (ce qui ne doit pas s'entendre d'une élévation verticale); enfin elle est célèbre par le temple consacré à la *Sainte-Mère*, et qui se voit à son sommet. La seconde Yo, ou celle du midi, se nomme *Ho* ou *Heng*; on la nomme aussi la *Colonne du ciel*. Elle se trouve dans la province d'An-hoeï, et dans le département de Lin-tcheou. La troisième Yo, ou celle de l'occident, est le mont *Hoa*, dans le département de Si-an, province de Chen-si. La quatrième Yo, celle du nord, est appelée *Heng*, et se trouve dans le département de Taï-toung, province de Chan-si.

A ces quatre montagnes célèbres, dont la position réelle ne répond pas bien exactement aux quatre points auxquels elles sont assignées, la dynastie de Tcheou, dit Abel Rémusat, en a ajouté une cinquième pour représenter le milieu : c'est le mont *Thaï* ou *Soung*, dont le nom signifie *montagne élevée*; il est situé dans le département de Ho-nan, province du même nom.

On ne connaît la hauteur d'aucune de ces montagnes; on ne peut apprécier celle des plus élevées que par les neiges perpétuelles qui couvrent leurs cimes : ce qui, pour la Chine méridionale, annonce environ 4,000 mètres d'élévation au-dessus du niveau de l'Océan. Les géographes chinois signalent une soixantaine de cimes toujours couvertes de neige. Parmi celles-ci, le *Sine-chan* ou *Yu-loung-chan*, qui est tellement haut, qu'on l'aperçoit à une grande distance, est couronné par plusieurs glaciers, et quelques autres couvrent ses flancs. Il appartient à la partie septentrionale du Pé-ling.

PRODUCTIONS MINÉRALES. — Les montagnes que nous venons de mentionner, et leurs ramifications, annoncent la même nature de roches que dans les grandes chaînes de l'ancien continent dont on a étudié la constitution. Il est peu de métaux et de pierres fines que la Chine ne possède. L'or et l'argent abondent dans les provinces méridionales et occidentales : on trouve le premier de ces métaux dans les alluvions de plusieurs rivières, notamment dans les sables du Kin-cha-kiang et sur les bords du Hoang-ho. L'argent se rencontre dans le Kiang-si, le Hou-nan, le Yun-nan et dans l'île d'Haï-nan. Dans les hautes montagnes de l'ouest on exploite du cuivre, de l'étain, du plomb; on y recueille aussi du lapis-lazuli, des rubis, des émeraudes, des corindons, des saphirs et d'autres pierres précieuses; du talc ollaire, dont on fabrique des écritoires et d'autres meubles; du talc stéatite, que l'on emploie à faire divers ornements, et de petites figures connues sous le nom de magots de la Chine, du feldspath laminaire et argiliforme, que l'on appelle *pétun-tse* et *kaolin*, substances qui entrent dans la composition de la porcelaine; enfin ce minéral dur et d'un éclat gras appelé jade néphrétique, et si recherché des Chinois sous le nom de *yu*. La même région renferme des volcans éteints, des sol-

fatares et des eaux thermales, dont la présence explique la fréquence des tremblements de terre que l'on ressent en Chine. Les terrains qui s'inclinent à l'orient jusqu'au bord de la mer sont formés de calcaires anciens à débris organiques, de grès et d'autres roches qui paraissent s'étendre jusqu'au nord de Péking. On y exploite des mines de plomb, de zinc, de cuivre, d'étain et de mercure, d'immenses amas de houille et de sel gemme. Dans l'arrondissement de Kia-ting, non loin du confluent du Yang-kiang et du Min-kiang, on compte plus de 20,000 petits puits salants sur un espace d'environ 40 kilomètres de longueur et 16 à 20 de largeur.

FLEUVES. — Les plus grandes plaines de la Chine sont celles qui se trouvent entre les deux plus considérables de ses fleuves, le Hoang-ho et le Yang-tse-kiang.

Le *Hoang-ho*, ou le *fleuve Jaune*, doit ce nom au limon qu'il charrie et qui dans le temps des inondations donne à ses eaux une couleur dorée. Ses sources paraissent être au pied de la montagne appelée *Sighin-oulan-tolok-kaïooh-la*; après un cours assez long dans une large vallée, il forme les lacs Dzareng et Oreng. Son cours est extrêmement sinueux; ainsi, après avoir coulé d'abord de l'ouest à l'est, il se dirige vers le nord jusque dans la Mongolie, où il reprend la direction de l'ouest à l'est, rentre en Chine en coulant du nord au sud, et se dirige ensuite à l'est, vers la mer Jaune, où il se jette après un cours de 3,600 kilomètres. Sa largeur est très-variable, elle est de 800 à 1,200 mètres. Les ravages que causent ses débordements ont nécessité de tout temps de grands travaux pour retenir ses eaux dans son lit. Cependant on a quelque raison de croire que son embouchure était, dans l'origine, plus au nord qu'aujourd'hui, et qu'il portait ses eaux dans le golfe de Liao-toung.

L'*Yang-tse-kiang* ou le *Kiang*, c'est-à-dire le *fleuve Bleu*, prend son origine dans le nord du Tibet, près le désert de Cobi, où il n'est séparé des sources du Hoang-ho que par la petite chaîne des montagnes Baïan-kharat. Il coule d'abord sous le nom de *Kin-cha-kiang*. Cette rivière, dont le nom signifie *fleuve à sable d'or*, a 1,540 kilomètres de cours; en l'ajoutant aux 2,656 kilomètres que parcourt le reste du fleuve, on a, pour la totalité de celui-ci, 4,196 kilomètres. Le Kiang est profond et très-poissonneux; il a plus de 2,000 mètres de largeur à 1,200 kilomètres de la mer, et 28 kilomètres à son embouchure; la marée s'y fait sentir jusqu'à 600 kilomètres dans l'intérieur des terres.

Ces deux grands fleuves, jumeaux par leur naissance et par leurs destinées, descendent rapidement des grands plateaux de l'Asie centrale, et rencontrent chacun une branche de montagnes qui les force en même temps de faire un immense détour, le Hoang-ho vers le nord, l'Yang-tse-kiang vers le midi. Séparés par un intervalle de 1,600 kilomètres, l'un semble chercher les mers du tropique, tandis que l'autre s'égare dans les déserts glacés de la Mongolie. Soudain, comme rappelés par le souvenir de leur ancienne fraternité, ils se rapprochent, et serpentent ensemble dans les plaines d'une nouvelle Mésopotamie, où, après s'être presque réunis au moyen des canaux et des lacs, ils terminent en même temps, dans un intervalle seulement de 180 kilomètres, leur cours majestueux et immense.

Parmi leurs rivières tributaires, il y en a qui égalent en importance certains fleuves d'Europe. Le *Ya-loung*, qui prend sa source sur la limite du Tibet, et reçoit successivement les noms de *Tsa-tchou*, de *Tsitsir-kana* ou *Miniak-tchou*, a environ 1,000 kilomètres de longueur; le *Ou-kiang*, qui a plus de 800 kilomètres; le *Kia-ling-kiang*, qui en a 600, et le *Han-kiang*, qui en a près du double, se jettent dans le fleuve Bleu. Le *Ouei-ho*, long de 640 kilomètres; le *Hoaï-ho*, qui en a 560, et le *Feu-ho*, qui en a plus de 500, grossissent le fleuve Jaune. Le *Heng* s'écoule, à proprement parler, dans le lac *Toung-thing*, comme le *Kan* dans le lac *Phou-yang*; mais ces deux lacs débouchent ensuite dans le Yang-tse-kiang.

De même que les géographes chinois, classant les montagnes d'après leurs idées particulières, en distinguent cinq auxquelles ils donnent des titres distincts, de même aussi ils désignent quatre fleuves ou rivières sous le nom de *Sse-tou* (les écoulements ou canaux); ce sont : l'Yang-tse-kiang, le Hou, le Hoaï et le Tsi.

Deux grands fleuves de la Chine se maintiennent dans une indépendance parfaite du Hoang-ho et de l'Yang-tse-kiang; ce sont, au midi, le *Si-kiang* ou *Tchou-kiang*, qui, descendu des montagnes de Yun-nan, après un cours de 850 kilomètres, se jette dans le golfe de Canton; et, au nord, le *Pay-ho* ou *Pé-ho*, qui, après avoir reçu le *Hoen-ho*, se jette dans le golfe de Péking.

Cette multitude de fleuves et de rivières procurent aux Chinois des avantages incalculables pour l'agriculture et la navigation intérieure; mais l'eau, considérée comme boisson, est rarement bonne en Chine; probablement les rivières, descendant trop rapidement des montagnes escarpées, entraînent beaucoup de particules étrangères, et serpentent ensuite avec trop de lenteur sur un sol marécageux.

LACS. — Certaines parties de la Chine sont comme remplies de lacs, dont plusieurs sont très-grands. Celui de *Thoung-thing*, sur les confins des provinces de Hou-nan et de Hou-pe, a plus de 360 kilomètres de circonférence. Des bords de ce lac, jusqu'à la ville de Vou-tchang, sur une étendue de 200 kilomètres en long et en large, on voit un très-grand nombre de lacs presque contigus. C'est de cette circonstance physique que la province Hou-kouang tire son nom, qui veut dire *pays des lacs*. Le lac *Pho-yang*, dans la province de Kiang-si, a 120 kilomètres de longueur sur 40 de largeur, et reçoit quatre superbes rivières, dont une, le *Kan-kiang*, longue de 540 kilomètres, égale en largeur la Loire près d'Angers. La navigation dans ce lac est très-dangereuse; en un quart d'heure le vent y tourne quelquefois aux quatre côtés opposés. Le *Taï-hou*, lac au sud de Nan-king, est couronné de collines d'un bel aspect. Celui de *Houng-tse* a 72 kilomètres de longueur sur 50 dans sa plus grande largeur; et celui de *Kao-yeou*, à 100 kilomètres au nord-est de Nan-king, est long d'environ 80 kilomètres, et large de 20. Enfin le *Sihou*, ou le lac occidental, passe pour celui dont l'aspect est le plus pittoresque. Tous ces lacs servent à la fois comme des moyens commodes de communication, comme des rendez-vous de plaisir, et comme des réservoirs d'une multitude de poissons. Des barques, si légères qu'on peut les porter, se jouent dans ces bassins tranquilles, et un oiseau aquatique, le pélican chinois, dressé à cet emploi, va chercher pour ses maîtres le poisson qu'il avalerait sans doute lui-même si un anneau ne resserrait pas son cou.

CANAUX. — Les Chinois ont fait preuve d'une industrie éclairée en réunissant par de nombreux canaux toutes les eaux dont la nature avait si largement doté leur empire. La longueur et la commodité de ces canaux étonnent le voyageur; ils ont assez de profondeur pour porter de gros bateaux dans toutes les saisons. Mais les écluses, ou plutôt les digues percées, par où les bateaux montent et descendent, sont construites avec peu d'intelligence. Les fleuves et les canaux de la Chine sont couverts d'un si grand nombre de bâtiments chargés de toute espèce de provisions, qu'on pourrait croire qu'à la Chine l'eau porte autant d'habitants que la terre. Les canaux sont bordés de quais en pierre, et traversés quelquefois par des ponts d'une construction merveilleuse; cependant la navigation est lente, parce que les vaisseaux sont souvent conduits et tirés par des hommes. Ces nombreux filets d'eau, les rochers, les bois, les champs, les villages qui les bordent tour à tour font de la Chine un pays extrêmement agréable à voir; les merveilles de la nature s'y trouvent à côté des merveilles de l'industrie humaine. Le plus célèbre de ces canaux est celui que l'on appelle le *canal Impérial;* il a environ 2,500 kilomètres de cours, et ouvre une communication entre la capitale et la plupart des provinces du sud et du centre de la Chine. Il fut commencé en 1181 et terminé à la fin du treizième siècle, sous le petit-fils de Dgenghiz-khan. Cette longue navigation n'est interrompue que par une journée de marche, pour traverser une montagne entre la province de Kouang-toung et celle de Kiang-si.

Ce canal porte chez les Chinois les noms suivants: *Yun-ho* (rivière de transport), *Yun-lioung-ho* (rivière de transport pour les provisions), *Thsao-ho* (rivière de transport pour les tributs envoyés à la cour), parce qu'en effet il fut construit pour servir à transporter les grains que l'empereur recevait en tribut. Sur une grande étendue il est large de 30 mètres; ses côtés sont revêtus de pierres de taille, et près de ses bords les maisons sont aussi serrées que le long d'une rue. De distance en distance on a établi une écluse pour l'écoulement des eaux surabondantes dans les temps des crues. A ce canal principal, qui traverse la moitié de la Chine, viennent aboutir plusieurs autres canaux qui communiquent avec un grand nombre de villes, et qui, pour la plupart, ont été construits aux frais des particuliers.

CLIMAT. — La différence de climat qui existe entre les provinces devient encore plus grande par l'influence qu'exercent nécessairement les montagnes de l'Asie centrale, d'où le froid doit souvent se répandre sur les contrées qui les avoisinent. D'un autre côté, la proximité d'un immense océan doit modifier d'une manière particulière le climat et les saisons des provinces maritimes. Voisin du cercle tropique, le midi de la Chine éprouve des chaleurs plus fortes que celles du Bengale; cependant elles sont modérées par l'influence des moussons ou vents périodiques. La chaleur moyenne de Canton est de 25 degrés du thermomètre centigrade. Il paraît que le grand vent alizé qui va de l'est à l'ouest n'atteint pas ou du moins n'atteint que d'une manière indirecte et inconstante les côtes méridionales de la Chine. Quant aux moussons, il semble que les vents du nord-est dominent au printemps et dans l'été, et ceux de sud-ouest et de sud dans l'arrière-saison.

Les parties septentrionales et occidentales de la Chine ont le climat infiniment plus froid que les contrées de l'Europe situées sous les mêmes latitudes. L'élévation du sol, la nature du terrain, qui est imprégné de nitre, enfin les neiges qui couvrent, la plu-

part de l'année, les montagnes centrales de l'Asie, contribuent à produire cette différence de température.

Les extrêmes de froid et de chaleur sont beaucoup plus grands à Péking qu'à Madrid, quoique la latitude soit à peu près la même; il y gèle tous les jours en décembre, janvier et février, et très-souvent encore en mars et en novembre. Ce froid est suivi promptement d'une chaleur excessive. Il n'y a, à proprement parler, que deux saisons à Péking, l'hiver et l'été. En calculant d'après les observations du P. Amyot, le terme moyen des plus grandes chaleurs est. . . . . + 32,0 degrés centigrades.
Le terme moyen des plus grands froids. . . . . — 13,4   *idem.*
La température moyenne de l'année est. . . . . + 12,7   *idem.*
Celle de l'hiver. . . . . — 3,2   *idem.*
Celle de l'été. . . . . + 28   *idem.*

La violence des vents est souvent très-grande à Péking; au printemps et dans l'automne ils se lèvent et se couchent avec le soleil; ils apportent assez souvent une poussière jaune très-abondante, qui ressemble à une pluie de soufre; c'est probablement la poussière des étamines des fleurs de pins et de sapins qui se trouvent dans le voisinage de Péking. Il paraît que les vents de nord et de sud-ouest dominent.

Les pluies sont fort rares à Péking en hiver; il ne tombe alors que de la neige en assez petite quantité. Les mois de juin, de juillet et d'août sont très-pluvieux, et celui de novembre est le plus sec de l'année. Les brouillards sont fréquents en décembre et en janvier. Le nombre moyen des jours pluvieux est de 58 par an. On aperçoit assez souvent à Péking des aurores boréales et plusieurs autres phénomènes lumineux qui, bien qu'apparaissant pendant le jour, semblent être de la même nature.

Les ouragans auxquels l'île de Formose est exposée étendent souvent leurs ravages sur les côtes voisines de la Chine; l'histoire de ce pays conserve le souvenir de la tempête qui submergea l'immense flotte destinée à faire la conquête du Japon. Les trombes, qui se montrent d'une manière si terrible dans le golfe de Tonking, infestent aussi les parages de la Chine.

PRODUCTIONS NATURELLES ET AGRICULTURE. — Avant de donner une idée de l'état de l'agriculture chez les Chinois, nous devons faire remarquer qu'en Chine la propriété des terres est regardée comme relevant de l'empereur par droit absolu; mais le sous-propriétaire ou premier tenancier n'en est jamais expulsé tant qu'il continue de payer le dixième environ de ce que ces terres sont estimées susceptibles de rendre; et, quoique l'occupation du sol soit considérée comme soumise à la volonté impériale, l'occupant n'est cependant jamais dépossédé que par sa faute. S'il arrive que quelqu'un occupe plus de terres que sa famille n'en peut commodément cultiver, il cède l'excédant à un autre, à la condition que la moitié du produit lui appartiendra, et qu'il payera la totalité des taxes. Le plus grand nombre des paysans pauvres cultive la terre à ces conditions.

En Chine, chaque habitant a un droit égal à la jouissance libre et non interrompue de la mer, des côtes, des estuaires, des lacs et des rivières. Les pêcheries ne sont point affermées. Il n'y a ni lois de chasse ni droits seigneuriaux.

Le tableau des richesses végétales de la Chine offre en première ligne les trésors d'une excellente agriculture. Le riz en forme l'objet principal; cependant il y a dans le nord-ouest des parties trop froides ou trop sèches pour que ce végétal y réussisse; on l'y remplace par le froment. On cultive des patates, des pommes de terre, des navets, des oignons, des fèves, et surtout une espèce de chou blanc, nommé *pet-saï.*

Au dire de tous les auteurs, ce qui se consomme de ce légume dans toute l'étendue de l'empire est prodigieux; suivant le docteur Abel, il est pour les Chinois ce que la pomme de terre est pour les Irlandais. Il a la saveur de l'asperge; cru, il se mange comme la laitue et ne lui est pas inférieur. Il pèse souvent de 8 à 10 kilogrammes, et atteint la hauteur de près d'un mètre. On le conserve frais durant l'hiver en l'enfouissant en terre; on le garde aussi dans une saumure de sel et de vinaigre.

Toutes les terres labourables, à peu de chose près, sont constamment employées à produire la nourriture de l'homme; on ne connaît point l'usage des jachères; il n'y a que fort peu de pâturages et de champs ensemencés d'avoine, fèves ou navets, pour nourrir le bétail. Dans la plupart des provinces, les montagnes même les plus escarpées sont rendues praticables et fertiles; on les voit coupées en terrasses représentant de loin des pyramides immenses divisées en plusieurs étages, qui semblent s'élever au ciel; et ce qu'il y a de plus digne d'admiration, c'est de voir l'eau de la rivière, du canal ou de la fontaine, qui coule au pied de la montagne, élevée de terrasse en terrasse jusqu'à son sommet, par le moyen d'un chapelet portatif, que deux hommes seuls transportent et font mouvoir. On creuse aussi des réservoirs sur le sommet des montagnes, et l'eau de pluie qui s'y rassemble descend ensuite par différentes rigoles pour en arroser les flancs. Dans les parties trop escarpées ou trop stériles, on plante des pins et des mélèzes.

Dans les provinces les plus peuplées, on met à profit jusqu'aux lacs et aux étangs en y semant des plantes aquatiques nutritives, telles que des tubercules de sagittaire (*sagittaria tuberosa*).

La charrue est fort simple; elle n'a qu'une seule poignée et point de coutre. Comme il n'y a point de jachères, ni par conséquent de gazon à couper, le coutre est regardé comme inutile. Les Chinois sèment proprement le blé dans des rigoles faites par le semoir conduit par les femmes et les enfants des cultivateurs. Les Chinois se servent quelquefois d'un gros cylindre pour séparer le grain de l'épi; ils ont toujours vanné le blé avec une machine parfaitement semblable à celle qui a été introduite en Europe depuis plus d'un siècle.

Les animaux pour le labourage et les charrois, ainsi que ceux qu'on destine à être mangés, restent pour la plupart dans des étables, et l'on ramasse du fourrage pour les nourrir. Des fèves et de la paille la plus fine, qu'on hache très-menu, composent la principale partie de la nourriture des chevaux. Dans les provinces septentrionales on laboure avec des bœufs, attendu qu'il y fait trop froid pour le buffle; mais cette dernière espèce d'animaux est préférée toutes les fois qu'on peut l'élever. Sans décrire ici tous les dégoûtants détails des divers moyens que les Chinois mettent en usage pour se procurer de l'engrais, nous dirons seulement qu'aucune substance putréfiable n'échappe à leur industrie patiente.

La manière dont les habitations des paysans sont disposées contribue puissamment à l'état florissant de l'agriculture. Elles sont toutes éparses au lieu d'être réunies en villages. On n'y voit ni clôtures, ni portes, ni aucune précaution contre les bêtes sauvages et les voleurs. Les femmes élèvent des vers à soie; elles filent du coton, qui, parmi les gens du peuple, est d'un usage général pour les personnes des deux sexes. Enfin, elles fabriquent leurs étoffes; les femmes sont les seuls tisserands de l'empire.

Qui n'a pas entendu parler des honneurs rendus à l'agriculture par le gouvernement chinois? Chaque année, le quinzième jour de la première lune, qui répond ordinairement aux premiers jours de mars, l'empereur fait en personne la cérémonie de l'ouverture des terres, et conduit lui-même la charrue dans un champ en présence de toute la cour. La même cérémonie se pratique le même jour par les vice-rois dans toutes les provinces de l'empire.

Nous devons cependant avouer que des voyageurs dignes de foi ont trouvé l'état de l'agriculture chinoise moins florissant que l'on ne se le représente communément. Il y a sur la route de Péking à Canton de vastes terrains en friche, des montagnes arides, qui se refusent à toute espèce de culture, des landes d'un aussi triste aspect que celles de la Bretagne. Les provinces plus occidentales, selon les rapports des Chinois, renfermaient encore plus de terrains stériles.

Des champs de blé, passons dans les vergers. Les Chinois possèdent beaucoup d'arbres fruitiers; mais dans cette partie, leur industrie est restée en arrière; attachés à leurs anciennes habitudes, ils n'ont que peu amélioré par la culture les espèces que la nature leur a données. Leurs fruits les plus précieux sont en général bien loin d'égaler en saveur ceux d'Europe et d'Amérique. Les Chinois ne pratiquent point la greffe. Ils ne se soucient pas non plus de faire du vin, quoique plusieurs provinces de l'empire abondent en vignes, dont on vend pour la plupart les raisins séchés. On remarquera parmi les arbres fruitiers de la Chine notre citronnier et le bigaradier (*citrus bigaradia sinensis*); trois espèces d'orangers, parmi lesquelles celle nommée *kam-mat*, probablement le *citrus bigaradia myrtifolia*, a le fruit de la grosseur d'une cerise; les marronniers de Chine, le bananier, le tamarinier, le mûrier et le goyavier, qui porte un fruit semblable aux pommes de grenade, etc. Plusieurs fruits de l'Europe, tels que les groseilles, les framboises mêmes, selon quelques rapports, les olives, ne sont guère connus à la Chine.

Mais la nature a prodigué à ce pays d'autres richesses qui lui sont propres. Le thé, devenu une denrée de première nécessité pour plus d'une nation européenne, procure à la Chine des profits immenses. Les Européens ont longtemps cru, d'après le dire des Chinois, qu'il y avait deux espèces d'arbre à thé, l'un produisant le *thé noir*, et l'autre le *thé vert*. Nous savons maintenant, d'après les récents voyages de M. Robert Fortune, qu'il n'y a qu'une seule espèce de thé, comprenant à la vérité plusieurs variétés, et que le thé vert n'était autre que du thé noir auquel on faisait subir une certaine préparation sur des plaques de cuivre chauffées, préparation dans laquelle l'indigo et la chaux entraient pour quelques parties. Parmi les thés noirs, on cite le thé *saoutchon* et le thé *pekao*; ils viennent des districts de Tsoung-ngan, de Kien-ngan et des collines Wou-i; et parmi les verts le thé *hayswen*, le thé *perlé*, le thé *poudre à canon* et le thé *schulang*. Les thés ainsi préparés sont de préférence ceux que l'on récolte au sud des monts Soung-lo, dans le Ngan-hoëi. On donne au thé un parfum particulier, en le mêlant avec les feuilles de l'olivier odorant. L'arbuste à thé ne prospère éminemment que dans l'espace circonscrit par le golfe de Canton

au midi, et l'Yang-tse-kiang au nord. Plus au nord et plus au midi la culture en est moins profitable.

Au nombre des plantes que l'Europe a encore empruntées à la Chine, il nous faut encore citer celle que notre compatriote M. de Montigny a introduite récemment en France; ce sont deux plantes alimentaires, le *sorgho sucré* (*holcus saccharatus*) et l'*igname-patate* (*dioscorea batatas*); elles ont très-bien réussi, et la dernière figure même maintenant à l'étalage de nos marchands de comestibles. Le camphrier (*laurus camphora*) vient assez haut pour qu'on le mette au nombre des arbres qui fournissent le plus beau et le meilleur bois de charpente. On n'en emploie que les branches pour fabriquer la drogue connue sous le nom de camphre. L'écorce du mûrier à papier (*broussonetia papyrifera*) sert à faire des étoffes et du papier. Avec le fruit de l'arbre à suif on compose une cire verdâtre qu'on façonne en bougies. Les vernis de la Chine ont beaucoup de réputation; ils sont faits avec la gomme qu'on tire par incision d'un arbre appelé en chinois *chichu*. L'arbre d'*aloès*, comme l'ont appelé mal à propos les voyageurs, mais que les botanistes désignent sous le nom d'*aquilaria*, est de la hauteur et de la figure d'un olivier; il renferme sous son écorce trois sortes de bois : le premier, noir, compacte et pesant, s'appelle bois d'aigle : il est rare; le second, qu'on nomme calambouc, est léger comme le bois pourri; le troisième est vers le cœur, et s'appelle bois calamba : il est aussi cher dans l'Inde que l'or même. Son odeur est exquise; c'est un excellent cordial dans l'épuisement ou la paralysie. Le *bambou* croît dans les lieux marécageux; ses tiges, à cause de leur légèreté, sont employées à une multitude d'usages : jeunes, on les coupe et on les fend pour en faire des nattes; vieilles, elles deviennent d'une dureté qui égale celle du bois de construction le plus fort; la matière fibreuse sert à faire du papier. La canne à sucre vient dans la Chine méridionale, et le sucre compte parmi les objets que les Européens exportent de ce pays. L'indigo est dans le même cas; les récoltes de coton sont également abondantes. Mais quant aux cannelliers, girofliers et muscadiers, ces arbres n'existent qu'en petit nombre et seulement dans les provinces les plus méridionales.

L'indigo, dont nous venons de parler, se tire du *polygonum tinctorium*. Outre le cotonnier commun, les Chinois en cultivent une espèce qui donne un duvet jaune, dont on fabrique, sans aucune teinture, l'étoffe que nous appelons *nankin*. L'arbre à thé oléifère (*camelia oleifera*) est cultivé pour ses graines, dont on tire une huile d'un usage général dans l'économie domestique des Chinois. Le *sesamum orientale* et le *ricinus communis*, plantes qui fournissent l'huile dite de castor, sont cultivées pour l'huile comestible qu'on extrait de leurs graines. Les Chinois paraissent avoir quelque méthode pour enlever à cette huile ses qualités purgatives. L'*arbre capillaire* (*salisburia adianthifolia*) se cultive pour son fruit; mais le docteur Abel ne put savoir si c'était comme fruit de table, comme fruit culinaire ou comme plante médicinale. Kœmpfer dit que ce fruit aide à la digestion. L'arbre à cordage (*sida tiliæfolia*) est d'une grande utilité; ses fibres servent à faire des cordes. La pistache de terre (*arachys hypogea*), l'arum comestible (*arum esculentum*), le macre (*trapa bicornis*), le *scripus tuberosus* et le *nelumbium*, plantes qui produisent toutes des tubercules comestibles, sont cultivés dans les lacs, les citernes ou les lieux marécageux. Enfin, le millet (*holcus*) vient sur le bord des rivières et atteint la hauteur de 3 mètres. La kœmpférie galanga, regardée comme un médicament puissamment excitant, la salseparreille et la rhubarbe, sont comptées parmi les exportations de la Chine; mais il est probable que la rhubarbe vient de la Mongolie et du Tibet.

Dans les provinces maritimes de la Chine, on ne voit aucune forêt considérable dans les plaines, mais il y en a beaucoup sur les montagnes; il s'en trouve d'immenses dans les parties occidentales du pays.

Nos parcs et nos jardins ont emprunté à la Chine le pin, le mélèze, le saule, le thuya, le cyprès funèbre (*cupressus funebris*), les pivoines, une espèce de laurier, l'hortensia et le camélia. On doit cette dernière plante à un pauvre prêtre, le R. P. Kamel, qui l'introduisit en Europe.

ANIMAUX. — Les Chinois élèvent, mais en petit nombre, tous les animaux domestiques d'Europe : le cheval, l'âne, le bœuf, le buffle, le chien, le chat, le cochon; les chevaux sont de petite taille et mal bâtis. Les chameaux ne sont souvent pas plus grands que nos chevaux; les autres races sont belles; le cochon est d'une autre variété que celui d'Europe et d'une plus petite taille. Bien que les Chinois usent excessivement peu de nourriture animale, le cochon est un des animaux dont ils consomment le plus, parce qu'il est un des moins chers à entretenir. Le chien le plus ordinaire, dans le midi, est l'épagneul à oreilles droites; plus au nord jusqu'à Péking, les chiens ont ordinairement les oreilles pendantes et la queue grêle. Il y a entre autres une espèce que les Chinois mangent.

Les éléphants, communs dans le midi de la Chine, s'étendent jusqu'au 30e degré de latitude nord, dans les provinces de Kiangnan et d'Yun-nan. L'yak, sorte de bœuf dont la robe tient de celle des chèvres du Tibet, est commun dans le nord de la Chine et au Tibet. M. de Montigny en a ramené plusieurs individus en France, et ils s'y sont parfaitement acclimatés, surtout dans le Jura et dans nos départements de l'est. Le rhinocéros unicorne habite les bords des marais dans les provinces d'Yun-nan et de Kouang-si. Le lion, selon Duhalde et Trigault, est étranger à la Chine ; mais l'animal figuré par Neuhof sous le nom de *tigre*, semble être le lion sans crinière, connu des anciens, décrit par Oppien, et qu'Olivier a vu sur les rives de l'Euphrate. Marco-Polo vit des lions dans le Fou-kien ; il y en eut à la cour de Koublaï-Khan. Il est probable que le vrai tigre se montre dans les provinces les plus méridionales, où l'on trouve aussi des léopards et des panthères, diverses espèces de singes, le gibbon aux longs bras, le magot à face hideuse, le pithèque, qui imite les gestes et jusqu'au rire de l'homme, ainsi qu'une grande espèce de singe voisine de l'orang-outang. L'animal porte-musc, qui semble particulier au plateau central de l'Asie, descend quelquefois dans les provinces occidentales de la Chine. On trouve dans les forêts le cerf, le sanglier, le tapir oriental, diverses espèces d'antilopes, le renard et d'autres animaux en partie mal connus.

Les volailles domestiques abondent en Chine, surtout les canards ; on en voit errer des troupes entières sur les canaux : les Chinois les élèvent par troupes innombrables dans de larges bateaux entourés d'un plancher en saillie et couverts, d'où on les dresse à s'élancer à un coup de sifflet pour aller chercher leur nourriture dans les rivières ou les canaux, et à revenir à un autre coup de sifflet. Afin que les femelles puissent pondre toute l'année, on les dispense du soin de couver en faisant éclore les œufs dans de petits fours ou dans des bains de sable.

On cite aussi, parmi les oiseaux qui vivent en liberté, diverses espèces de cailles et de cormorans. Plusieurs oiseaux de ce pays sont remarquables par la beauté des formes et l'éclat des couleurs : témoin ces faisans dorés et argentés que l'on voit si souvent peints sur les papiers chinois, et qui sont actuellement l'ornement de nos volières ; témoin encore la sarcelle de Chine, remarquable par ses deux belles crêtes de couleur orange.

Les insectes et les papillons de ce pays se distinguent également par leur beauté particulière. Les vers à soie y sont très-communs, et paraissent même originaires de ce pays.

Plusieurs espèces de tortues sont particulières à la Chine. Il en est de même des reptiles, et surtout des sauriens.

DIVISIONS POLITIQUES. — La Chine propre est divisée en 18 provinces administratives ou *seng*, dont quelques-unes sont souvent réunies sous le commandement général d'un mandarin supérieur ayant le titre de vice-roi. Les provinces sont subdivisées en 187 départements ou *fou*, ceux-ci en 248 arrondissements ou *tchéou*, et ces derniers en 1,354 districts ou *hien*. Quelques subdivisions provinciales, sans former un département, relèvent directement du gouverneur de la province, et sont désignées sous le nom de *tchy-li*, c'est-à-dire mouvances directes ou cantons immédiats ou *tching*; on en compte 107 environ.

PROVINCE DE PÉ-TCHY-LI. — La province de *Pé-tchy-li* ou simplement *Tchy-li*, située sur un golfe de même nom, au sud de la grande muraille, produit des grains et des bestiaux ; elle manque de bois. On tire des montagnes très-hautes qui sont aux environs de Péking tout le charbon de terre nécessaire à la consommation du pays ; et quoique l'usage en soit général, les mines qui le fournissent paraissent ne pas s'épuiser. Les montagnes donnent encore un peu d'or et de fer. Le terrain est nitreux et sablonneux, l'air froid et sain.

Le nom de cette province signifie *province de la cour septentrionale*. Elle est séparée de la Mongolie par la grande muraille. Sa longueur est d'environ 640 kilomètres, et sa largeur de 440. Elle se divise en 11 départements, 25 arrondissements et 124 districts. On y entretient plus de 176,000 hommes de troupes. Parmi les animaux sauvages que l'on y trouve, nous citerons un rongeur de la grosseur d'un gros rat, dont le pelage est jaunâtre et qui fournit une fourrure recherchée des Chinois.

Péking ou *Pe-king*, la principale ville de cette province, est la capitale de tout l'empire chinois, et la résidence ordinaire des empereurs : elle est située dans une plaine fertile, à 80 kilomètres de la grande muraille. Le nom de Péking signifie *cour du nord*; elle le porte depuis l'an 1403 de notre ère ; les Chinois la nomment aussi quelquefois *Kingsse* (la capitale). Elle fut fondée en 1267 par Khoublaï, petit-fils de Dgenghiz-Khan, près d'une autre ville qu'avait bâtie un des premiers empereurs de la dynastie de Tcheou. Son nom fut d'abord *Ta-tou* (grande capitale), mais on l'appela aussi *King-tching* ou *résidence du prince*. Il paraît que du temps de Marco-Polo la cité qu'elle remplaça se nommait *Cambalou*, qui signifie aussi grande capitale, et qui fut détruite parce que les astrologues avaient prédit qu'il s'y tramerait une conspiration contre l'empire. Elle se compose aujourd'hui de deux villes : la *ville impériale* ou *tartare* et la *ville chinoise*; la première est enclavée dans la seconde.

La ville impériale est appelée en chinois *King-tching*, et la ville extérieure *Vaï-lo-tching*. La première est au nord de la seconde ;

l'une et l'autre sont carrées ; l'une et l'autre sont entourées de murs ; mais le mur méridional de la première ferme la seconde au nord. Une chaîne de montagnes, située à 12 à 15 kilomètres à l'ouest, donne naissance à plusieurs petites rivières qui arrosent la plaine au milieu de laquelle s'étend Péking, et l'une d'elles, entrant par le nord dans le King-tching, se sépare en plusieurs bras, environne le palais impérial, forme plusieurs lacs au milieu des jardins de ce palais, baigne les murailles des deux villes, et va se réunir au-dessous de Péking dans un canal qui se joint à une rivière appelée le *Pe-ho*, à 25 kilomètres à l'est de la capitale.

La muraille du King-tching est beaucoup plus épaisse que celle du Vaï-lo-tching : elle a 32 mètres de hauteur et 7 d'épaisseur ; aussi sert-elle de promenade pour les piétons et les cavaliers. Le King-tching renferme deux autres quartiers entourés aussi d'une muraille : c'est dans le plus central qu'est le palais impérial.

Les murs de Péking sont fort élevés, en sorte qu'ils cachent la ville ; les portes ne sont embellies ni de statues ni de sculptures, mais leur hauteur prodigieuse leur donne, à une certaine distance, l'apparence de la grandeur et de la noblesse. Les arcades des portes sont construites en marbre, et le reste en larges briques, cimentées d'excellent mortier. La magnificence du palais impérial consiste moins dans la noblesse et l'élégance de son architecture que dans la multitude de ses bâtiments, de ses cours et de ses jardins. Les murs de ce palais renferment une petite ville qu'habitent les officiers de la cour et une grande quantité d'artisans, tous au service de l'empereur. Le P. Artier, jésuite français, qui obtint la permission de le visiter, dit qu'il a plus de 4 kilomètres de circonférence ; que la façade brille de peintures, de dorures et de vernis, et que les meubles et les ornements de l'intérieur offrent ce que la Chine, l'Inde et l'Europe ont de plus recherché et de plus beau. Les jardins de ce palais renferment un vaste terrain où s'élèvent, à des distances convenables, des montagnes de 6 à 20 mètres, séparées les unes des autres par de petites vallées arrosées de canaux : toutes ces eaux, en se réunissant, forment des lacs et de grands étangs que sillonnent des barques magnifiques, et dont les bords sont ornés d'une suite de bâtiments, parmi lesquels on en chercherait vainement deux de semblables. Il y a dans chaque vallée une maison de plaisance assez vaste pour loger un des plus grands seigneurs de l'Europe avec toute sa suite. Le cèdre qui sert à construire ces maisons ne se trouve qu'à 2,500 kilomètres de Péking. Au milieu d'un lac, qui a plus de 2 kilomètres de diamètre, s'élève une île de rochers, couronnée d'un superbe palais qui a plus de cent appartements. Les montagnes et les collines sont chargées d'arbres et de belles fleurs aromatiques ; les canaux sont bordés de rocs arrangés avec tant d'art, qu'ils imitent parfaitement ce que la nature a de sauvage et de désert ; le tout a l'air d'un enchantement. Sur le sommet des plus hautes montagnes, de grands arbres environnent des pavillons et des kiosques consacrés à la retraite et au plaisir.

Le nombre total des portes de Péking est de 16 ; 9 appartiennent au *King-tching* et 7 au *Vaï-lo-tching* : elles sont défendues par des tours et des canons ; au rez-de-chaussée il y a de grands corps de garde, et devant chaque porte une espèce d'esplanade environnée d'un petit mur circulaire et servant de place d'armes. Comme cette ville est située dans une plaine couverte de jardins, de bouquets de bois, de couvents et de villages près desquels se groupent des cimetières entourés d'arbres, elle paraît être de loin une imposante forteresse au milieu de bosquets et de vergers. Son étendue et ses nombreux édifices répondent bientôt à l'idée qu'on se fait de la capitale d'un empire riche et populeux ; mais la plupart des rues sont étroites, à l'exception de celle du *Repos perpétuel* (*Tchang-nyan-kiaï*), qui a 60 mètres de largeur : elle s'étend de l'est à l'ouest et est bordée en partie par les murs du palais impérial au nord, et par les tribunaux au sud. Quelques-unes des belles rues sont déparées par des maisons mal alignées et quelquefois même tombant en ruines. Ces maisons n'ont généralement qu'un étage ; quelques-unes même n'ont qu'un rez-de-chaussée. Les rues ne sont point pavées : l'affluence des passants fait élever, pendant le temps de sécheresse, une poussière fine et noirâtre que la pluie change en une boue épaisse et grasse ; et, pour comble de désagrément, des puits placés au milieu de ces rues gênent la circulation, tandis que l'air est infecté par l'odeur qui s'exhale des égouts et des amas d'immondices. Des maisons en briques à un seul étage, des boutiques ornées de dorures et de peintures éclatantes, des toits jaunes sur les palais impériaux et les temples, verts sur les habitations des grands, et gris ou rouges sur les maisons des simples particuliers, rendent encore cette ville toute différente des cités européennes. Après le palais impérial, les édifices les plus apparents de Péking sont les arcs de triomphe qui décorent la plupart des rues et des places. Ils sont tous peints en rouge.

C'est dans le *King-tching* que se trouvent les tribunaux ; ils sont tous réunis dans un quartier situé au sud du palais impérial. On en compte douze : le *Tsoung-jin-fou* ou tribunal des princes, qui règle tout ce qui concerne la famille impériale ; le *Li-pou* ou tribunal des mandarins, la première des six cours souveraines, et qui est chargé de surveiller la conduite des hauts fonctionnaires de l'État; le *Hou-pou* ou tribunal des trésoriers : c'est une sorte de cour des comptes et le deuxième tribunal souverain; le *Li-pou*... ou tribunal des rites, troisième cour souveraine, et qui règle tout ce qui concerne la religion, les études et le cérémonial; le *Thai-i-yuan* ou tribunal des médecins; le *King-thian-kian* ou tribunal de l'astronomie; le *Houng-lou-szu* ou tribunal des cérémonies de la cour; le *Koung-pou* ou tribunal des ouvrages publics; le *Ping-pou* ou tribunal de la guerre, quatrième cour souveraine; le *Hing-pou* ou tribunal criminel, cinquième cour souveraine; le *Tou-tchu-youan* ou tribunal des censeurs de l'empire, sorte de cour de police; enfin le tribunal de police de la ville.

Les plus beaux temples égalent par leur étendue quelques-uns des palais. Non loin de la demeure du souverain se trouve le *Young-ko-koung*, le plus magnifique et le plus vaste temple de la capitale; il est consacré à Fo ou Bouddha: 300 lamas du Tibet y résident et apprennent la théologie à plus de 500 élèves. A l'ouest du palais impérial on remarque, dans une grande et belle rue, le *Ti-vang-miao*, temple où l'on conserve les tablettes des plus illustres empereurs et de tous les hommes distingués depuis le commencement de la monarchie jusqu'à la dynastie régnante. Par respect pour ce lieu, il n'est permis à personne d'en approcher à cheval ou en voiture: tout le monde doit mettre pied à terre.

Le *Vaï-lo-tching*, qui n'est cependant pas aussi bien bâti que le *King-tching*, est traversé de l'est à l'ouest dans toute sa longueur par une grande et belle rue, et renferme un temple célèbre sous le nom de *Thian-than*, éminence du ciel. Il est entouré d'un mur de 5,328 mètres de circonférence: l'architecture chinoise y a déployé toute sa magnificence. L'empereur s'y rend chaque année à l'époque du solstice d'hiver pour y offrir un sacrifice au ciel. C'est dans le même quartier que se trouve le *Sian-noung-thang*, ou temple de l'inventeur de l'agriculture, célèbre par la cérémonie qui y attire au printemps l'empereur et toute sa cour, et qui se termine par le spectacle de ce prince labourant la terre pendant une demi-heure dans un champ voisin.

Six théâtres s'élèvent à côté les uns des autres dans une rue du Vaï-lo-tching; on en compte en tout une douzaine dans le même quartier. On y joue presque tous les jours des tragédies et des comédies mêlées de chant et de musique, depuis midi jusqu'aux soir. Plusieurs de ces théâtres sont réservés aux particuliers, qui y font donner des représentations en réjouissance de quelque événement heureux.

On trouve à Péking de nombreux établissements qui rappellent la civilisation des grandes villes européennes: nous citerons les principaux. Le *Han-lin-youan*, ou le tribunal de l'histoire et de la littérature, est un lieu où s'assemble le corps savant de qui dépendent les écoles et les universités de tout l'empire. Les membres qui le composent sont chargés d'examiner ceux qui aspirent au titre de lettrés, ou de désigner ceux qui doivent composer les morceaux d'éloquence ou de poésie destinés à être récités devant l'empereur. Les autres établissements sont le *Koue-tsu-kian* ou collège impérial pour l'enseignement de la rhétorique; l'Observatoire impérial, bâti en 1279, renfermant les instruments fabriqués sous la direction des jésuites, et ceux que l'Angleterre envoya en présent à l'empereur en 1793; l'imprimerie impériale, d'où sortent les meilleurs livres qui se publient en Chine, et les deux gazettes officielles de l'empire; la bibliothèque impériale, qui renferme la matière de plus de 300,000 de nos volumes in-8°; enfin les immenses galeries du cabinet d'histoire naturelle de l'empereur. Ce qui ajoute à la ressemblance qu'offre cette capitale avec nos grandes cités, ce sont les établissements de bienfaisance et d'instruction. Outre les écoles publiques, qui y sont très-nombreuses, on doit citer la maison des enfants trouvés, celle pour l'inoculation de la vaccine, et quelques autres institutions que, dans notre vanité européenne, nous croyons inconnues à la Chine. On serait tenté de supposer que les Chinois nous ont emprunté l'institution du mont-de-piété: Péking renferme un grand nombre de maisons de prêt qui, sous prétexte de soulager les pauvres, sont encore plus onéreuses que les nôtres.

L'immense population de Péking, estimée à 2 millions d'habitants par le P. Gaubil, et à 3 par lord Macartney, est fixée d'une manière plus vraisemblable à 1,300,000 âmes par Klaproth. Il est vrai qu'on doit y comprendre celle des douze faubourgs situés hors de la ville. Pour établir la police au milieu d'une population si nombreuse, il faut employer la brutalité asiatique: toute infraction aux règlements est châtiée sur-le-champ; aussi n'y entend-on presque jamais parler de vols ni d'assassinats. Un corps de cavalerie, évalué à 8,000 hommes, et 18,000 hommes d'infanterie, sont chargés de maintenir l'ordre; les grandes rues sont remplies de corps de garde, et chaque soldat est armé d'un sabre et porte un fouet dont il a le droit de frapper quiconque commet quelque désordre.

Comme les rues ne sont point éclairées la nuit, chaque habitant est tenu de sortir avec une lanterne. La police entretient des pompes à incendie, mais ce genre d'accident est très-rare à Péking. D'abord parce que les Chinois prennent beaucoup de précautions contre le feu, et ensuite parce qu'ils ne brûlent que de la houille, et toujours dans des fourneaux couverts.

La population de Péking se divise en trois classes: la principale se compose de militaires mandchoux, qui ne sont déjà plus ce qu'ils étaient peu de temps après la conquête. Lorsque les Mandchoux s'emparèrent de cette capitale, les soldats et les officiers eurent pour leur part de butin des maisons de la ville du midi; aujourd'hui ils n'en sont plus que les locataires; leur fortune usurpée se dissipa en prodigalités, tandis que les vaincus reconquirent la leur par leur économie. Les officiers sont encore de droit membres des tribunaux civils; mais par paresse ils abandonnent la conduite des affaires à leurs secrétaires, qui sont des lettrés chinois. La seconde classe d'habitants est celle des commerçants et des artisans; ils habitent principalement le Vaï-lo-tching. La troisième est celle des domestiques: ils sont pris parmi les paysans, et quelquefois parmi les soldats, qui sont alors obligés d'abandonner le tiers de leur paye. Il y a très-peu de mendiants dans la ville, parce que les Chinois ont pour principe de ne pas faire l'aumône. On occupe les pauvres à nettoyer et arroser les rues, à cultiver les jardins, au métier de commissionnaires ou à grossir les groupes qui suivent les mariages et les enterrements. On trouve dans la capitale, à chaque carrefour et à chaque pont, des voitures de louage, à deux roues, couvertes et doublées de satin et de velours, attelées de mulets et de chevaux fort agiles; les femmes et les grands qui en ont obtenu la permission de l'empereur se servent de chaises à porteur, mais les militaires font leurs courses à cheval; c'est même le seul moyen de parcourir la ville avec facilité, tant les rues sont encombrées par la foule.

A 3 kilomètres au sud de Péking s'élève le *temple des dix mille âges*, en chinois *Van-cheou-szu*, fondé en 1377, et habité par des *ho-chang* ou prêtres de Fo. On y voit une des plus grandes cloches qui aient été fondues en Chine: elle date de l'an 1403 ou 1424; sa hauteur est de 2 mètres, son diamètre de près de 3, et son poids de plus de 50,000 kilogrammes. A 25 ou 30 kilomètres à l'est de la capitale, le bourg d'*Haitian* est célèbre par une belle résidence impériale d'été appelée *Yuan-ming-yuen*, c'est-à-dire le jardin rond et resplendissant. Le palais est très-vaste. Le parc, qui occupe une superficie de plus de 24,000 hectares, est un des plus remarquables que l'on puisse voir: des lacs, des rivières, des vallées y sont dessinés avec tant d'art, qu'on se croirait au milieu de la contrée la plus pittoresque: au sein de ces vallées s'élèvent d'autres maisons de plaisance dont l'architecture élégante est rehaussée par l'éclat des dorures et des peintures les plus éclatantes. A 15 ou 20 kilomètres au nord de Péking, le mont *Thian-cheou* est le lieu où sont enterrés les empereurs de la dynastie des Ming; on y admire plusieurs grandes et belles constructions.

Sur la rive droite du Pé-ho et non loin de son embouchure est la ville de *Toung-tchou-fou*; elle sert de grenier d'abondance à la capitale; c'est l'entrepôt des marchandises d'importation qui lui sont destinées.

Pao-ting-fou, chef-lieu du département de ce nom, est la résidence du vice-roi de la province de Tchy-li; cette ville prend rang immédiatement après la capitale. Elle est bâtie dans un des plus fertiles cantons de la Chine. Au sud on découvre un petit lac, célèbre par la quantité de nénufars qu'on y trouve, et que les Chinois appellent *lien-hoa*. Leurs fleurs violettes ou blanches, ou mêlées de rouge et de blanc, s'élèvent de 2 à 3 coudées au-dessus de l'eau, sur laquelle flottent leurs feuilles. Toutes les parties de ce végétal, jusqu'à la racine noueuse, servent soit comme nourriture, soit autrement.

Cette ville est un lieu de passage pour se rendre de Péking dans la province de Chen-si; c'est une des plus belles et des plus agréables routes qu'on puisse tenir. Tout le pays est plat et cultivé; le chemin est uni et bordé d'arbres en plusieurs endroits. C'est un passage continuel d'hommes et de bêtes de charge.

A environ 160 kilomètres au nord-ouest de Péking on trouve *Tchang-kia-khrou*, ville que les Mongols nomment *Khalgan*, du mot *khalga*, qui signifie *porte* ou barrière. Elle date de l'an 1429; mais au milieu du seizième siècle elle fut rebâtie et garnie de remparts en terre et de fossés. Elle est la clef du commerce de la Chine avec la Russie par la Mongolie. C'est dans ses faubourgs que se tiennent les commerçants. Sa population paraît être de 20 à 30,000 âmes. Elle possède une école spéciale pour l'instruction de la tribu mongole des *Tchakhar*. Sa forteresse est à 2 kilomètres de son enceinte, ainsi que la grande muraille, dont nous parlerons plus tard.

Au delà de cette muraille s'étend le département de *Tchhing-te*, en mongol *Je-ho*, formé d'une portion de la Mongolie, qui, en 1778, a été réunie à la province de Tchy-li. Il renferme, dit-on, cent dix mille familles chinoises. C'est dans ce département que l'empereur va prendre tous les ans le divertissement de la chasse aux bêtes féroces; il y possède dans ce but plusieurs châteaux, dont le plus remarquable est celui de *Tchhing-te-tcheou* ou *Je-ho*, qui fut bâti en 1703 sur le plan de celui de Péking. Sa circonférence est d'environ 7 kilomètres; il a trois portes au sud et une sur les trois autres côtés. Au delà de la porte orientale s'étend une digue de 4 kilomètres de longueur, large de 3 mètres et pavée de sept rangs de pierres. A la gauche du château il y a un lac ombragé par de grands arbres ; à sa droite s'élèvent des montagnes qui se dirigent du nord vers l'ouest ; elles environnent la vallée dans laquelle est bâti le château. Au nord du lac, une cascade sort du mont Si-kou et se précipite sur le sommet du mont Yun-thsuan. Ce sont les eaux de cette cascade qui vont former le lac. Le château est bien distribué ; tout y est simple et en parfaite harmonie avec les sites pittoresques dont il est environné. Parmi les nombreux temples de Je-ho, on doit citer le *Phou-tho-tsoung-ching-miao*, construit en 1770 par l'empereur Khian-loung, d'après le plan de celui de Botala ou Bouddhala, près de H'lassa, au Tibet, et qui ne lui cède point en magnificence. On y voit, dit-on, cinq cents statues dorées représentant des lamas morts en odeur de sainteté.

Au nord de la ville de *Tchhing-te* ou de *Je-ho* on remarque aussi le *Sin-mi-fou-chcou-miao*, temple qui fut bâti par ordre de l'empereur Khian-loung en l'honneur de Bantchan-lama, qui était venu du Tibet pour prier Dieu en faveur du souverain dont on célébrait le soixante-dixième anniversaire.

Toung-tcheou, chef-lieu d'un arrondissement, est sur la rive droite du *Pé-ho*, à 160 kilomètres de la mer et à 20 à l'est de Péking, dont elle est en quelque sorte le port. Ses principales rues sont droites et pavées en grandes dalles de pierre ; des trottoirs les garnissent. Cette ville renferme des magasins considérables de grains pour l'approvisionnement de la capitale, et d'immenses magasins de sel. C'est un entrepôt important de toutes sortes de marchandises ; mais l'une des principales branches de commerce est le frai de poisson qu'on expédie dans des bouteilles pour l'intérieur de l'empire. *Ho-kian-fou*, chef-lieu de département, est une des villes les plus considérables de la province de Tchy-li. Elle est environnée de hautes murailles, mais elle est mal bâtie, et n'a qu'une seule belle rue ; on y voit un beau collège.

Thian-tsin-fou, c'est-à-dire la ville du département du Thian-tsin, construite sur une éminence qui domine le Pé-ho, est située dans un pays agréable et fertile, qui mérite le nom qu'il porte (Thian-tsin signifie lieu céleste). Mais cette cité n'offre rien de remarquable que le palais du gouverneur. *Tchhing-ting-fou*, dont la circonférence est de 5 kilomètres, renferme des monuments érigés en l'honneur de plusieurs héros chinois.

PROVINCE DE CHAN-TOUNG. — Au sud du golfe de Pe-tchy-li ou Tchy-li, et de la province de ce nom, s'avance une péninsule qui forme en partie la *province de Chan-toung*, qui comprend dix départements, onze arrondissements et cent soixante districts. Son étendue est considérable ; elle a 600 kilomètres de longueur et 360 de largeur. Une chaîne de montagnes peu élevées la traverse sur un espace de plus de 250 kilomètres. Le grand canal impérial la traverse, et c'est par ce canal que passent toutes les barques qui, des parties du midi, vont à Péking. Une infinité de lacs, de ruisseaux et de rivières animent cette province stérile par elle-même, et exposée à de trop grandes sécheresses par l'extrême rareté des pluies. Une partie de son territoire forme une vaste plaine des deux côtés de la rivière. On y voit venir du froment, du millet, du tabac, et surtout du coton herbacé ; ce dernier article est la principale production du pays, ainsi que de l'ancienne province de Kiang-nan qui l'avoisine.

Des vers assez semblables aux chenilles produisent, dans les campagnes, une soie blanche, dont les fils s'attachent aux arbrisseaux et aux buissons : on en fait des étoffes de soie grossières, mais serrées et fortes.

Tsi-nan-fou, chef-lieu du département de *Tsi-nan* et capitale de cette province, est renommée par ses soies d'une blancheur éclatante. Elle renferme des lacs qui se divisent en canaux bordés de beaux édifices. Cette ville est en vénération chez les Chinois, parce qu'elle a été la résidence d'une longue suite de rois dont on voit les tombeaux sur plusieurs montagnes voisines. *Yan-tcheou*, ville grande et peuplée, renferme dans son district celle de *Tséou-y*, aujourd'hui *Kin-fou-hien*, célèbre pour avoir donné naissance à Confucius.

PROVINCE DE KIANG-SOU. — Les deux grands fleuves de Hoang-ho et de Yang-tse-kiang ont leur embouchure dans l'ancienne province de *Kiang-nan*, des plus fertiles, des plus marchandes, et par conséquent des plus riches de l'empire, qui forme aujourd'hui deux provinces : celle de *Kiang-sou*, comprenant le Kiang-nan oriental, et celle d'*An-hei* le Kiang-nan occidental. Le *Kiang-sou* est bordé par le golfe de Nanking, qui est un enfoncement de la mer Jaune. Les habitants sont regardés comme les plus civilisés des Chinois ; leurs tissus de soie et de coton, leur papier, leurs ouvrages en vernis sont les plus estimés. Les anciens empereurs y ont constamment tenu leur cour, jusqu'à ce que des raisons d'État les obligèrent de s'approcher de la Tatarie, et de choisir Péking pour le lieu de leur séjour. Le thé vert est la principale production ; les montagnes, qui paraissent composées de grès par couches très-marquées, donnent du fer magnétique, du cuivre et un peu d'argent.

Cette province de Kiang-sou a 480 kilomètres de longueur et 200 de largeur. Elle est bornée au nord par le Chan-toung, à l'ouest par l'Au-hoeï, au sud par le Tche-kiang, et à l'est, comme nous venons de le dire, par la mer Bleue ou orientale, que les Chinois nomment *Tong-hai*. Elle offre peu de montagnes, et ses plaines fertiles sont coupées par une multitude innombrable de cours d'eau, de canaux et de lacs qui y établissent une navigation presque continue. Le grand canal impérial unit le cours du Hoang-ho à celui du Yang-tse-kiang. La côte offre quelques îles, dont les principales sont *Youu-taï-chan* dans une baie au nord de l'embouchure du premier, et *Tsong-ming* à l'embouchure même du second. Cette riche province se divise en huit départements.

Nanking ou *Nan-king*, c'est-à-dire la *cour du midi*, appelée aussi *Kiang-ning*, autrefois la capitale de tout l'empire, l'est aujourd'hui de cette province ; elle est située sur le Kiang, à 270 kilomètres de l'embouchure de ce fleuve. Sans compter ses faubourgs, on lui donne 50 kilomètres de tour ; mais ce vaste espace n'a-t-il jamais été rempli que de jardins ? La ville ne couvre qu'une enceinte de 25 kilomètres. Elle se divise, comme Péking, en ville tatare et en ville chinoise. Sa population paraît être de 1,200,000 âmes. Le palais, qui était très-beau, a été brûlé en 1645 par les Mandchoux. Nanking ne conserve d'autres édifices que ses portes, qui sont d'une beauté extraordinaire, et quelques temples, tels que le *Tsing-haï-tsen*, ou le *Tranquille collège de la Mer*, où l'on voit une grande salle ornée des portraits d'un grand nombre de philosophes et de saints personnages chinois. Nanking passe pour la ville savante de la Chine. Les bibliothèques sont en plus grand nombre que partout ailleurs. Les médecins y ont leur principale académie. Ses satins unis et à fleurs sont les meilleurs de la Chine.

Hors des murs de la ville, s'élève, au milieu des vastes bâtiments d'un couvent de bonzes, la célèbre *tour de Nan-king*, la plus remarquable des prétendues tours de porcelaine en Chine. Elle a quatre cents ans d'existence. On la nomme dans le pays *Pao-ngen-tsé*, ou le *Temple de la reconnaissance*. Elle repose sur un massif de briques, disposé en plate-forme et entouré d'une balustrade en marbre brut, auquel on monte par un escalier de dix à douze marches. Sa forme est octogone ; chaque face a 10 mètres de long : ce qui lui donne 80 mètres de circonférence et 28 de diamètre. Elle se compose de neuf étages, bâtis en retraite l'un sur l'autre, et présentant une galerie extérieure protégée par un toit élégant à huit côtés, et qui semble sortir de la muraille. A chacun des angles de ces toits est suspendue une clochette de métal ; toutes ces clochettes agitées par le vent ne cessent presque jamais de tinter, et produisent un murmure fort agréable pour les Chinois. Le mur du rez-de-chaussée est épais de 4 mètres, mais il diminue d'épaisseur à mesure qu'il s'élève ; il est revêtu d'une porcelaine grossière, posée de champ et peinte en bleu, en vert et en jaune. Les toits en saillie de chaque étage sont couverts de teintes vertes, vernissées et très-brillantes. Le premier étage est le plus élevé ; chaque étage se compose d'une seule pièce éclairée par quatre fenêtres. Au milieu de chaque pièce se trouve sur un piédestal et sous un dôme en cuivre une grosse et lourde idole dorée. Les murs sont garnis d'une multitude d'autres idoles également dorées, mais plus petites : on en compte jusqu'à quatre cents dans une seule salle. Un petit escalier très-rude composé de cent quatre-vingt-dix-huit marches, hautes de 30 centimètres, conduit jusqu'au dernier étage ; ce qui donne à l'édifice une hauteur de 55 mètres. Il est surmonté d'un mât de 10 mètres d'élévation, garni de nombreux cerceaux en fer qui ne le touchent point, et qui, décroissant graduellement de diamètre, se terminent à son sommet par une grosse pomme de pin en cuivre doré que les Chinois prétendent être d'or massif. Le mouvement de ces cercles joint au bruit des clochettes amuse et peut-être même édifie les Chinois.

Au sud-est de Nan-king nous trouvons *Sou-tcheou*, ville coupée de canaux, et traversée principalement par le canal impérial ; école des plus habiles comédiens et des meilleurs danseurs de corde et joueurs de gobelets ; patrie des femmes à la plus jolie taille et aux plus petits pieds ; législatrice du goût chinois, de la mode et du langage ; rendez-vous des plus riches oisifs et voluptueux de la Chine. « Le paradis est dans les cieux, disent les Chinois, et Sou-tcheou est sur la terre. » A 85 kilomètres à l'est-sud-est de cette ville, et devant l'île de Tsung-Ming, se trouve le port de *Chang-haï* ; il est formé par le fleuve Woo-sung, qui à quelques kilomètres de là se jette dans la mer. Ce port est d'une grande importance commerciale ; depuis la *guerre de l'opium*, en 1842, entre les Anglais et les Chinois, il est ouvert au commerce européen, et le mouvement de ses affaires dépasse celui de Canton. En 1855, il a reçu 871 navires étrangers (entrés et sortis), et l'on a exporté 76 millions de livres de thé et 50,000 balles de soie. La ville, entourée d'une muraille de briques, renferme environ 300,000 habitants ; ses rues sont étroites, mais ses nombreuses boutiques et ses magasins sont amplement approvisionnés de soieries, de thés, de nankin, de musc, de rhubarbe et d'alun. *Tsung-kiang*, à 25 kilomètres à l'ouest, est une ville de troisième ordre qui fait un important commerce de thé qu'elle expédie à la côte. Dans ses environs on voit un beau lac qui communique avec le Yang-tse-

Les buffles sauvages de la Mongolie.

kiang. *Tchin-kiang-fou*, au point d'intersection de ce fleuve avec le canal impérial, est une clef de l'empire du côté de la mer; il y a une forte garnison. Ses murailles, hautes de plus de 10 mètres en plusieurs endroits, sont en briques épaisses. Les rues sont pavées de marbre.

Tchang-tcheou, chef-lieu de département, s'élève sur les bords du Chan, que l'on y passe sur un pont de trente-six arches, garni de boutiques des deux côtés.

A 600 pas de la rive du Yang-tse-kiang, on admire une île appelée *Kin-chan* ou *la montagne d'or*. Cette île, dont les bords sont très-escarpés, est couverte de jardins et de maisons de plaisance. L'art et la nature semblent s'être réunis pour lui donner une perspective enchanteresse. Elle appartient à l'empereur. Dans le voisinage est une autre île sacrée qui a reçu le nom: *Montagne d'argent*. Elle appartient également à l'empereur. C'est dans la campagne des environs que croît principalement l'arbuste qui fournit cette espèce particulière de coton dont on fait l'étoffe connue en Europe sous le nom de *nankin*. Le duvet, ordinairement blanc, naît ici avec cette même couleur de jaune rouge qu'il conserve lorsqu'il est filé et tissé.

Yan-tcheou a 8 kilomètres de circuit, et on y compte, dit-on, tant dans la ville que dans les faubourgs, 200,000 âmes. Cette population n'est probablement que temporaire; c'est ici que se font le débit et la distribution du sel. On voit dans ses environs un palais de l'empereur. *Hoci-an-fou*, ceinte d'une triple muraille, a deux faubourgs qui s'étendent sur les deux côtés du canal impérial.

PROVINCE D'AN-HOEI OU NGAN-HOEI. — La province d'*An-hoci* ou *Ngan-hoci*, formée de la partie occidentale de l'ancien Kiang-nan, se divise en huit départements. Elle a environ 600 kilomètres de longueur et 200 de largeur. On lui donne une superficie de 190,000 kilomètres carrés. La chaîne du Pé-ling n'y forme que des montagnes d'une médiocre hauteur. Sa capitale, *Ngan-khing-fou* ou *Ank-hing-fou*, chef-lieu du département de An-khing, est la résidence d'un vice-roi. La position de cette ville sur la rive gauche du Yang-tse-kiang est agréable autant qu'avantageuse; ses rues sont étroites, mais pavées. Les habitants de *Hoci-tcheou*, l'une des villes les plus méridionales de la province, passent pour être singulièrement habiles dans le commerce; ils trompent les Chinois, qui trompent le monde. C'est dans cette ville que se font la meilleure encre de la Chine, le vernis le plus estimé et les plus belles gravures sur cuivre. Le thé qu'on y récolte est aussi fort estimé. *Foung-yang-fou*, patrie de l'empereur Hong-vou, qui en 1368 fonda la dynastie des Ming, renferme le tombeau de ce prince, un beau temple et des champs en culture. *Ning-koue-fou* est célèbre par ses fabriques de papier.

PROVINCE DE TCHE-KIANG. — Au sud de la précédente, on trouve la province de *Tche-kiang*, riche par la culture des vers à soie et les fabriques de soieries. Bornée au nord par la province de Kiang-sou, au nord-est et à l'est par la mer Jaune, au sud par la province de Fou-kian, à l'ouest par celle de Kiang-si et au nord par celle d'An-hoci, elle a environ 400 kilomètres de longueur du nord au sud et 300 de largeur. Sa superficie offre une agréable variété de montagnes, de collines, de vallées et de plaines, arrosées par un grand nombre de lacs, de petites rivières, et coupées par des canaux qui contribuent à la fertilité du sol. On ne peut rien comparer à la beauté des campagnes des bords du *Tsien-tang-kiang*, dont la longueur est de plus de 320 kilomètres. Leur aspect change à chaque pas: là, des rochers escarpés et totalement dépouillés de verdure bordent les deux côtés de la rivière; ici, cette rivière fait un coude, et l'on découvre tout à coup les champs les plus riants. Les nombreuses sinuosités du Tsien-tang-kiang nourrissent la curiosité du voyageur; et cette scène varie encore par la présence des cultivateurs occupés à faire la récolte du riz et de la canne à sucre, et à en porter le produit dans les différents moulins qui couvrent les bords de la rivière.

Les côtes de cette province sont montagneuses et dentelées: on

Un intérieur chinois.

y remarque un grand nombre de baies et de havres. Elle est fertile en riz et en blé; on y cultive l'oranger, l'arbre à thé, le cotonnier et l'indigo; le nombre des mûriers y est prodigieux, et la soie est l'objet le plus important de son commerce. Elle se divise en onze départements.

Hang-tcheou, sa capitale, est l'une des plus importantes villes de la Chine. Elle a 32 kilomètres de circonférence et plusieurs faubourgs. Située presque au centre des côtes maritimes, ayant d'un côté l'embouchure du canal impérial, et de l'autre la rivière de Tsien-tang-kiang : c'est l'entrepôt du commerce des provinces du Nord avec celles du Midi. Cette ville est celle que Marco-Polo nomme *Quinsaï*, qui de son temps était la capitale de l'empire des Song ou de la Chine méridionale. Quelques belles rues, de larges quais, plusieurs arcs de triomphe ornés de sculptures, quelques grandes et riches pagodes, quatre hautes tours à neuf étages, comme celle de Nan-king, placent Hang-tcheou au rang des plus belles cités de la Chine. Sa population paraît dépasser 800,000 âmes.

Près de Hang-tcheou se trouve la fameuse pagode de Ting-tse-tse, desservie par 300 bonzes, et dans laquelle on compte plus de 500 divinités en bronze.

Ning-pho-fou, que les Européens appellent *Ning-po* et *Liam-po*, est une ville du premier ordre, qui a un très-bon port sur l'embouchure du Takia, où les marchands chinois de Siam et de Batavia viennent tous les ans chercher des soies. Il s'y fait aussi un très-grand commerce avec le Japon, car Nagasaki n'en est éloigné que de deux journées; depuis 1842 il est ouvert au commerce des Européens. Les Chinois y portent des soies, des étoffes, du sucre, des drogues et du vin; ils en rapportent du cuivre, de l'or et de l'argent. *Chao-hing-fou* est toute percée de canaux remplis d'eau très-claire. De larges rues, fort propres, sont pavées de grandes pierres de taille blanches. Les arcs de triomphe et les maisons, contre l'usage général, sont en partie bâtis de cette pierre. *Kin-hoa-fou* est célèbre par ses jambons; *Khiu-tcheou*, qui fait un commerce considérable, n'a que 10,000 habitants.

Un archipel, composé de plus de 400 îlots qui s'étendent au sud des bouches du *Yang-tse-kiang*, dépend de cette province maritime. Les plus importantes de ces îles sont *Kintam*, longue de 20 kilomètres et large de 8, et *Tchcou-chan* ou *Chusan*, qui en a 40 de longueur et 16 de largeur. Cette dernière a été occupée militairement par les Anglais pendant la guerre de l'opium en 1842. C'est un point stratégique important pour une station navale, qui peut de ce mouillage surveiller les côtes septentrionales de la Chine et garder l'embouchure du Yang-tse-kiang. La plupart sont couvertes de végétation et bien cultivées.

PROVINCE DE FOU-KIAN. — Du Tché-kiang nous nous porterons au sud, dans le *Fou-kian*. Cette province n'est pas une des plus grandes, mais elle est une des plus riches de l'empire. Sa longueur est de 500 kilomètres et sa largeur moyenne de 300. Elle est bornée au nord par le Tché-kiang, à l'ouest par le Kiang-si, au sud-ouest par le Kouang-toung, enfin au sud-est et à l'est par le détroit de Formose et la mer de Corée. Sa situation est favorable pour la pêche, la navigation et le commerce; l'air y est très-chaud, mais pur et sain.

Les campagnes sont arrosées d'une infinité de rivières et de sources qui viennent des montagnes, et que les laboureurs ménagent avec beaucoup de dextérité pour abreuver le riz. Le thé noir est la principale production. On y trouve aussi du musc, des pierres précieuses, des mines d'or, d'argent, de fer et d'étain, du mercure; il s'y fait des étoffes de soie, des toiles de chanvre et de coton, de l'acier en barres et travaillé; les montagnes sont cultivées jusqu'à leur sommet au moyen de terrasses; et parmi les fruits délicieux et abondants qu'elle produit, on distingue les oranges, qui ont le goût du raisin muscat.

Fou-tchcou, la capitale de la province, est surtout célèbre par sa situation, par le grand commerce qui s'y fait, par la multitude de ses lettrés, par la beauté de ses rivières, qui portent les plus grandes barques de la Chine jusqu'au pied de ses murailles; enfin par ce pont admirable de plus de 100 arches et le plus grand qui existe, tout construit de belles pierres blanches, et qui traverse le golfe dans lequel se jette le Min-ho. C'est un des cinq ports ouverts aux Européens. *Yen-phing-fou*, placée sur la pente d'une montagne au bas de laquelle coule la rivière de Min-ho, n'est pas fort grande, mais elle passe pour être une des plus belles de l'empire. *Tchang-tcheou* est voisine du port d'*Emouy* ou d'*Hia-men*, que les Anglais appellent *Amoy*; c'est l'un des cinq ports ouverts au commerce européen à la suite de la guerre de l'opium.

Ce port est situé dans une île du même nom, qui n'a que 25 à 30 kilomètres de tour, et qui est célèbre chez les Chinois par son temple consacré à Fo, et dont l'étendue et la magnificence surpassent, dit-on, tout ce que l'on connaît de plus remarquable en ce genre. Le commerce d'Amoy se fait principalement avec les pays des mers de la Chine, jusqu'à Singapour; c'est un port d'émigration pour les Chinois.

Chao-roou-fou est renommée pour ses fabriques de toiles; *Tong-tcheou* est environnée de hautes montagnes renfermant des mines d'argent qui ne sont point exploitées.

ILE DE FORMOSE. — Vis-à-vis la côte de Fou-kian s'étend une grande et belle île; les Chinois la nomment *Thaï-ouan*, et les Européens, d'après les Portugais, *Formose*. Elle dépend du gouvernement ou de la vice-royauté de Fou-kian.

Ce n'est que sous le règne de l'empereur Khang-hi que les Chinois ont commencé à y pénétrer; elle leur appartient maintenant, depuis qu'ils en ont chassé les Hollandais, en 1661; ceux-ci s'en étaient emparés sur les Portugais. Elle est partagée par une chaîne de montagnes en deux parties; l'une, orientale, est habitée par les Chinois depuis l'expulsion des Hollandais; l'autre partie est restée aux naturels du pays.

La côte de l'île Formose que possèdent les Chinois mérite certainement le nom qu'on lui a donné; c'est un fort beau pays: l'air y est pur et toujours serein; le terroir est fertile en toutes sortes de grains, en riz, en cannes à sucre; couvert de forêts magnifiques, et arrosé d'une infinité de ruisseaux qui descendent de montagnes escarpées et bien boisées: les bœufs servent de monture ordinaire, faute de chevaux et d'ânes. A l'exception des cerfs et des singes, qu'on y voit par troupeaux, les bêtes fauves n'y sont pas très-nombreuses. Les poissons fournissent une nourriture variée et abondante. Les faisans, les coqs de bruyère, les pigeons fourmillent dans les bois. Si les tremblements de terre étaient moins fréquents et moins destructeurs, si les eaux des rivières étaient aussi bonnes à boire qu'elles sont propres à fertiliser les terres, il n'y aurait rien à désirer dans cette île, qui d'ailleurs produit tout ce qui est nécessaire et agréable à la vie.

Cette île a un gouverneur chinois avec 10,000 hommes de garnison; mais l'autorité des Chinois ne s'étend que sur la côte occidentale. *Thaï-ouan* est fort peuplée et fort riche. Les rues de cette ville, tirées au cordeau, couvertes pendant sept à huit mois de l'année pour se défendre de l'ardeur du soleil, bordées de magasins et de superbes boutiques où les soieries, la porcelaine, les vernis et d'autres marchandises sont rangés avec un art admirable, paraissent autant de galeries charmantes, où il y aurait du plaisir à se promener si la foule des passants était moins grande, et si elles étaient mieux pavées. Cette ville est défendue par une bonne forteresse, à laquelle les Hollandais, qui l'ont bâtie, avaient donné le nom de fort de *Zélandia*. Le port, vaste et profond, n'est accessible qu'à travers d'étroits passages où il n'y a que de 3 à 4 mètres d'eau.

La peuplade sauvage qui occupe la partie orientale et montagneuse de Formose ne reconnaît aucun gouvernement régulier. Semblables, pour le teint et la physionomie, aux Malais et aux insulaires du grand Océan, les habitants parlent une langue qui diffère de toutes celles que nous connaissons. Les cabanes des Formosans sont de bambou; ils ont divers meubles et ustensiles en cuir de cerf. Selon d'autres voyageurs, ils n'auraient dans leurs huttes ni chaises, ni bancs, ni tables, ni lits, ni aucun meuble; au milieu, une espèce de fourneau élevé de terre de deux pieds servirait à faire la cuisine; ils se nourriraient de menus grains et de gibier qu'ils prennent à la course, car ils sont d'une agilité et d'une vitesse surprenantes. Pour lit, ils se contentent de feuilles fraîches d'un certain arbre fort commun dans l'île. Ils n'ont pour tout habit qu'une simple toile dont ils se couvrent depuis la ceinture jusqu'aux genoux. Leur peau est chargée d'un tatouage qui représente plusieurs figures grotesques d'arbres, d'animaux, de fleurs; ils s'imposent les douleurs les plus fortes, afin de pouvoir porter ces marques d'une barbare magnificence: ce privilège n'est accordé qu'à ceux qui, au jugement des plus notables de la bourgade, ont surpassé les autres à la course ou à la chasse. Néanmoins ils ont tous la permission de se noircir les dents et de porter des bracelets, des colliers et des pendants d'oreilles. Dans la partie du nord, comme le climat y est un peu moins chaud, ils se couvrent de la peau des cerfs qu'ils ont tués à la chasse; ils s'en font une espèce d'habit sans manche, et leur bonnet en forme de cylindre se com-

pose de feuilles de bananier. Ils adorent, mais sans beaucoup de cérémonies, plusieurs divinités, dont les prêtresses, à ce qu'on assure, défendent aux femmes d'avoir des enfants avant l'âge de 36 ans, et maintiennent cette loi barbare par des pratiques abominables. Quoiqu'on connaisse peu leurs superstitions, le *pont des âmes* et l'abîme d'ordures dans lequel doivent tomber les mânes des impies indiquent des liaisons avec l'Asie centrale. Quelques Formosans conservaient, il y a un siècle, des traces de la religion chrétienne et de la langue des Hollandais qui la leur avaient enseignée. Ils enterraient les morts d'une manière rapprochée de celle des insulaires de l'Océanie; les cadavres étaient séchés et restaient longtemps exposés sous des hangars.

Il n'est pas exact de répéter, d'après quelques missionnaires, que l'île de Formose n'était pas connue des Chinois avant 1430. Les auteurs chinois nous apprennent, au contraire, que, quelques années avant l'ère chrétienne, cette île était comprise dans le *Man-ty* ou *pays des barbares méridionaux*; mais les historiens en font rarement mention, parce que ses habitants, réputés barbares, n'envoyaient ni ambassades ni tributs aux empereurs. Les Japonais l'occupèrent en 1621 et permirent aux Hollandais d'établir un comptoir sur une des îles situées près de la côte occidentale. Les Portugais la connaissaient déjà. Mais vers le milieu du dix-septième siècle les Japonais ayant renoncé à sa possession, les Hollandais s'en emparèrent et élevèrent plusieurs petits forts autour de leur comptoir. Ils en furent cependant chassés en 1661 par un pirate chinois nommé *Tching-tching-koung*, et connu des Européens sous le nom de *Koxinga*; ils n'y rentrèrent en 1683 qu'à l'aide des troupes de l'empereur de la Chine, qui la déclara partie intégrante de ses États. Cette île est longue de 360 kilomètres et large de 140; une chaîne de montagnes, qui la traverse du nord au sud dans toute sa longueur, la divise en deux parties à peu près égales: l'orientale, habitée par des peuples sauvages et indépendants, est peu connue; l'occidentale est occupée par les Chinois. Parmi ses montagnes, que l'on sait être riches en métaux précieux, on signale quatre volcans. On y compte un grand nombre de cours d'eau, dont 6 ou 7 méritent le titre de rivières; parmi ses lacs il y en a deux qui ont plus de 4 kilomètres de circonférence.

Les *îles des Pêcheurs*, en portugais *Pescadores*, et en chinois *Pheng-hou*, voisines de Formose, en sont une dépendance. La plus considérable, qui donne son nom aux autres, n'a que 12 kilomètres de circonférence; mais elle offre un port vaste et commode. Au sud-ouest et au sud de Formose se trouvent la petite *Lirou-khicou*, qui est déserte, et l'île *Lang-khiao*, habitée par des Formosans.

Les Chinois entretiennent à Formose un corps de 16,000 hommes d'infanterie; les produits qu'ils en retirent sont peu considérables: ils se composent d'environ 80,000 hectolitres de blé, et de 7 à 8,000 onces d'argent.

PROVINCE DE KOUANG-TOUNG. — La plus considérable des provinces méridionales de la Chine est celle de *Kouang-toung*, au sud-ouest du Fou-kian; la province de Kouang-si et le royaume de Tong-king la bornent à l'ouest. Elle est baignée au sud par la mer de Chine ou du Sud que les Chinois nomment *Nang-haï*. Cette province, longue d'environ 940 kilomètres et d'une largeur moyenne de 200, est très-fertile en grains et en fruits de toute espèce; on y trouve des mines d'or, des pierres précieuses, des perles, de l'étain, de l'ivoire et des bois odoriférants dont on fait toutes sortes d'ouvrages. Une production rare et particulière à cette province est l'arbre que les Portugais ont appelé *bois de fer*: en effet il ressemble au fer par sa couleur, par sa dureté et sa pesanteur, qui ne lui permet pas de flotter sur l'eau.

Kouang-tcheou, que nous appelons *Canton*, capitale de la province, est une des plus peuplées et des plus opulentes villes de la Chine.

Canton, situé entre la rive septentrionale du *Tchou-kiang*, que les Européens nomment *Tigre*, et la rive orientale du *Pé-kiang* ou *Tching-kiang*, se compose de deux villes également grandes et populeuses: l'une, placée à quelque distance du fleuve, est, comme toutes les cités chinoises, entourée de murs peu élevés, mais épais de 6 à 8 mètres, dans lesquels on n'a pratiqué qu'un très-petit nombre de portes voûtées dont l'entrée est sévèrement défendue aux étrangers. Ses rues sont étroites, tortueuses, mais propres, ses maisons basses et construites en briques. C'est l'ancien Canton, c'est la ville chinoise. Elle est de forme quadrilatérale. Le nouveau Canton, contigu au premier, n'est pas mieux bâti, bien que par suite de plusieurs incendies on l'ait reconstruit plusieurs fois. Cette nouvelle ville occupe, dans une plaine, le même emplacement qu'autrefois. Elle n'est pas fermée; aussi les Chinois la considèrent-ils comme un faubourg de l'ancienne ville, dont elle n'est qu'une copie. Les factoreries, rebâties sur des plans plus vastes, forment sur les bords du Tchou-kiang un beau quartier, bordé de quais larges et bien construits.

« Si, laissant les factoreries sur la droite et le fleuve derrière soi, dit un voyageur français, on entre dans la ville, on trouve partout l'image de l'activité et de l'industrie; les rues, il est vrai, sont étroites, tortueuses, mais longues, très-unies et d'une admirable propreté; les maisons, construites la plupart en bois avec une galerie couverte au premier étage, ont un air d'aisance agréable à la vue : la forme particulière du toit, qui fait saillie sur le devant, les ornements bizarres dont il est garni, les couleurs brillantes qui couvrent la façade, forment un spectacle difficile à rendre. Chaque corps de métier occupant un quartier particulier, les boutiques de chaque rue ont une apparence uniforme, mais qui devient de plus en plus brillante, à mesure qu'elles sont plus voisines des factoreries.

« Dans cette partie de la ville, les magasins ont pris pour ainsi dire une apparence européenne, et les deux rues principales, qui ont reçu les noms anglais de *New-China-Street* et de *China-Street*, ne dépareraient pas, sous le rapport de la symétrie, de l'élégance des boutiques et de la manière dont les marchandises sont disposées pour tenter les chalands, les plus beaux quartiers marchands de Londres ou de Paris. Ces espèces de passages, pavés avec des dalles toujours très-propres, et qu'une tente défend contre les rayons du soleil, sont bordés de petites maisons contiguës, bien peintes, et portant écrit en lettres d'or le nom du marchand : c'est là que sont exposés les objets qui trouvent en Europe tant d'acheteurs; que brillent tous ces meubles en laque aux formes singulières, aux dessins plus bizarres encore, dont notre industrie, dépourvue des matériaux que la Chine et le Japon seuls produisent, n'a pu encore égaler la perfection.

« Dans cette ville immense tout semble avoir été sacrifié au commerce : les rues sont bordées de deux longues files de magasins toujours très-propres, et disposés à peu près comme ceux de nos petites villes de France. Un vaste comptoir bien simple en occupe le fond, où sont rangées les marchandises sur des planches et dans des cases; derrière la boutique est une petite chambre où les hommes prennent leurs repas. J'ai déjà dit que les femmes, toujours enfermées, logeaient ailleurs, loin des yeux de leurs parents. Au-dessus de la boutique se trouve l'appartement rempli de marchandises où restent les commis, que la prudence commande d'y laisser la nuit; car le maître retourne chaque soir à sa maison particulière, qu'habitent ses femmes et ses enfants.

« Les demeures des premiers mandarins et des hanistes (principaux marchands) sont de grandes maisons en pierre ou en bois, sans ornements, à un seul étage, qu'environnent de vastes cours ceintes de hauts murs; les portes, massives et grossières, ont plutôt l'air de fermer des prisons que des palais. »

La ville a 15 kilomètres de circonférence. La population qui habite les maisons est de 400,000 âmes, la population qui habite des bateaux qui couvrent les deux rives du fleuve devant les factoreries est de 60,000 âmes, et la population des environs de 200,000 environ. Les Européens sont au nombre de 2 à 300. Comme dans les villes turques, chaque industrie a ses rues séparées : une rue pour les verreries, une pour les soieries, une pour les docteurs, une pour les comestibles, etc. Les comestibles sont étalés avec beaucoup d'élégance. Parmi les maisons se voient de petits temples du même style que les autres constructions.

Les rues sont pavées de larges dalles. Devant chaque maison, dans une espèce de niche, est un petit autel de 2 ou 3 pieds de haut, devant lequel brûlent constamment de petites lampes de nuit. Cette coutume est religieuse, mais elle a aussi ses avantages sociaux. Pendant la journée, surtout dans la partie de la ville destinée à la vente des comestibles, l'agglomération de la population est très-considérable. Les femmes et les jeunes filles vont de boutique en boutique pour faire leurs emplettes, sans voiles, comme en Europe. Outre les magasins de comestibles, il y a des marchands ambulants qui transportent leurs denrées dans d'immenses corbeilles. Puis les classes opulentes se font promener au milieu de tout ce mouvement pour jouir de la distraction de ce spectacle offert par la population; et les gardes de nuit de Canton font leur travail pendant le jour, enlevant les immondices de chaque maison dans des tubes ouverts, ce qui ajoute à la fertilité des jardins, mais nullement à la salubrité de l'atmosphère.

La campagne voisine est entrecoupée de collines arides, de vallées verdoyantes, de petites villes, de villages, de hautes tours, de temples et d'habitations de mandarins; elle est délicieusement arrosée de lacs, de canaux et de petites branches de la rivière *Ta* ou *Ta-kiang*, couverte de bateaux et de jonques.

Au nord-est de l'entrée du golfe de Canton, les Anglais ont obtenu, à la suite de la guerre de 1842, la petite île de *Hong-kong*; c'est la première escale des navires qui viennent de l'occident en Chine; sa ville principale, *Victoria*, n'est qu'un assemblage de maisons de campagne qui s'étagent les unes au-dessus des autres, dominant la rade, et c'est ses magasins. La population de l'île était en 1857 de 72,000 âmes, et son mouvement maritime est de près de 70,000 tonneaux. L'Angleterre y envoie un gouverneur spécial. L'île se suffit à elle-même.

L'embouchure de la rivière de Canton est extrêmement large, mais embarrassée d'îles, de bancs et de récifs; aussi les instructions nautiques qui la concernent sont-elles pleines d'avertissements. Les navires qui y pénètrent ne doivent donc pas négliger de prendre des pilotes soit à Macao, soit à Hong-kong. Ceux-ci sont très-

habiles, et leurs précautions sont si bien prises que, malgré la quantité considérable de navires qui depuis deux siècles remontent ou descendent la rivière, on ne cite qu'un seul naufrage dans le Tchou-kiang, celui d'un vaisseau de la Compagnie des Indes, qui se perdit à l'entrée du canal de Wampoa. Mais en s'avançant dans le large, ou en allant de Macao à Hong-kong, par exemple, on ne saurait prendre trop de précautions, l'hydrographie de cette partie de mer étant encore très-imparfaite, comme en a fait l'expérience la frégate anglaise le *Ralcigh*, qui se perdit le 14 avril 1857, faute d'indications suffisantes.

Ces mêmes instructions signalent aussi le petit archipel formé à l'entrée du Tchu-kiang comme un des repaires les plus redoutables des pirates chinois, et elles citent des exemples nombreux de leurs attaques. Ty-cock-tow est la première des îles que le navigateur se rendant à Canton soit forcé de serrer d'un peu près. Elle borde, avec l'île d'Anung-hoy, qui lui fait face, le passage des Bogues, de Bocca-Tigris ou de la *Bouche-du-Tigre*, au milieu duquel se trouve l'îlot qui lui donne son nom, et qui semble avoir pour les Chinois la forme d'un tigre accroupi. Cet îlot n'a pas un kilomètre de large : il était autrefois défendu par des forts qui ont été détruits par les Anglais.

Après de grandes précautions on arrive enfin à *Wampoa*, gracieux village situé sur l'île de ce nom, et assis sur le versant méridional d'une colline verte et boisée, qu'on laisse à bâbord lorsqu'on remonte la rivière. Wampoa est le port de Canton, ou du moins celui que la politique soupçonneuse des Chinois avait assigné au commerce européen. On estime le nombre des navires qui s'y rendaient à 300, et à 140 millions de francs le chiffre des valeurs qui s'y échangeaient, le produit ou trafic illicite de l'opium excepté. Là commence réellement pour le voyageur la nature chinoise. A de monotones rizières ont succédé de jolis paysages semés de bois d'orangers, de groupes de bananiers, de bambous, etc., égayés par quantité de constructions isolées, d'une architecture coquette et bizarre, telles que les *ta-tseu*, tours à neuf étages, élevées sur des éminences et semblables à des obélisques. On les considère généralement comme des temples destinés à conserver des reliques bouddhistes.

Chao-tcheou, dans la partie septentrionale de la province, est une ville renfermant 10,000 familles, près de laquelle se trouve un couvent qui attire chaque année un grand nombre de pèlerins. *Nan-hioung-fou* est célèbre par ses temples, dont un est dédié à Confucius; *Tchao-fou*, fortifiée et bien bâtie, est la résidence du gouverneur des deux provinces de Kouang-toung et de Kouang-si. Mais jetons un coup d'œil sur le golfe de Canton.

Macao, établissement portugais, sur une petite langue de terre qui tient à une île, ne conserve que le souvenir de son ancienne importance. Ce petit coin de terre fut concédé aux Portugais dans le temps de leur puissance et de leurs grandes entreprises, c'est-à-dire vers l'an 1580, pour avoir délivré la Chine d'un chef de pirates qui avait mis le siége devant Canton; ils y firent longtemps un commerce considérable, non-seulement avec la Chine, qu'ils fréquentaient presque seuls, mais encore avec d'autres contrées de l'Asie orientale, et particulièrement avec le Japon et le Tong-king ou *Tonquin*.

Aujourd'hui Macao, tombée avec la puissance de ses fondateurs, n'est plus une cité portugaise; le pavillon du Portugal flotte encore sur ses murailles, mais toute l'autorité est entre les mains d'un mandarin, dont un ordre suffit pour suspendre tout commerce, ou pour empêcher les provisions de vivres d'entrer dans les forts, dont la garnison, composée de soldats indiens aussi peu aguerris que mal armés, est méprisée même des Chinois. Le revenu des douanes et celui des impôts sont perçus par les fonctionnaires chinois; enfin la population de cette ville, qui était encore dans le siècle dernier de plus de 30,000 âmes, n'est plus que d'environ 10 à 15,000 individus, composés de Chinois, de Malais et de prétendus Portugais, car on ne peut donner ce nom à une race abâtardie, mélangée de sang nègre et portugais, ayant tous les vices et la nonchalance des nations dont elle descend sans en avoir les vertus. Canton est regardé par les Chinois comme le refuge de tous les mauvais sujets des pays voisins, et Macao comme la sentine de Canton.

Macao présente du côté de sa rade un grand nombre de belles maisons qui s'élèvent en amphithéâtre jusqu'au sommet qui domine sa forteresse. Son aspect est beau et imposant. On a devant soi, au fond d'une baie de sable, la muraille qui séparait autrefois le territoire chinois du territoire portugais, muraille que les Chinois ont franchie, mais que des étrangers ne peuvent dépasser impunément. Sur la gauche s'élève, à l'extrémité d'une pointe de rochers assez élevés, une batterie plus blanche que solide, qui ne sert plus qu'à rendre des saluts aux navires; un peu au-dessus on reconnaît à ses hautes murailles ombragées de grands arbres le couvent de la Guia, résidence de l'évêque; deux autres monastères, presque abandonnés, s'élèvent du même côté; la demeure du gouverneur et les élégantes habitations des Européens, parmi lesquels dominent les Anglais, bordent les quais. Macao est redevable aux Chinois de ses beaux marchés couverts, si propres, si bien aérés, dont l'emplacement a été conquis sur la montagne à force de travaux. Toutes les rues sont étroites, tortueuses, plus ou moins en pente, mais propres et bordées de petites maisons à un seul étage, en pierre et blanchies à la chaux.

Au centre de la ville européenne est situé le *Bazar* ou la ville chinoise, réunion de petites rues à peine larges de deux mètres et bordées de chaque côté de magasins et de boutiques. Ce quartier est entièrement peuplé de Chinois.

Un groupe de rochers, près d'une haute éminence de la ville, forme un antre appelé *grotte du Camoëns* : la tradition dit que c'est là que le poëte de ce nom a composé son fameux poëme de la Lusiade. Un habitant de Macao a su encadrer dans son jardin cet endroit pittoresque, asile sacré du malheur et du génie.

Cette grotte se compose de deux énormes blocs de rochers laissant entre eux un vide haut de 2 mètres et large d'un seul, et d'un troisième qui forme le toit et supporte un kiosque.

LES ILES DES LARRONS. — Les *îles des Larrons*, voisines de Macao, sont toujours remplies de pirates qui fréquemment enlèvent les petits bâtiments chinois employés au cabotage entre Macao et Canton. Une petite puissance européenne exterminerait facilement ces pirates, mais le gouvernement de la Chine fait de vaines tentatives pour s'en délivrer. Ces pirates sont liés avec les rebelles et les mécontents de l'intérieur.

A 50 kilomètres de Macao, s'élève l'île *Lintin*, qui sert de mouillage aux navires qui arrivent en Chine pendant la mousson de nord-est. Cette île est un cône aride d'environ 200 mètres de hauteur ; un village chinois est adossé à un des flancs de la montagne.

ILE D'HAI-NAN. — La pointe méridionale de la province de Kouang-toung et de la Chine continentale s'allonge en forme d'une étroite péninsule vers l'île d'*Haï-nan*, qui appartient à ce gouvernement lorsqu'elle n'est pas en état de rébellion.

Cette île, longue de 200 kilomètres et large de 120, a plus de 32,000 kilomètres carrés de surface. La partie du nord est un pays plat et uni ; au centre s'élèvent de hautes montagnes, dont la principale porte le nom de mont *Qocmou* ou *Lea-mouï*. L'air y est malsain, et l'eau pernicieuse si l'on n'a la précaution de la faire bouillir. Cependant de nombreuses rivières et des pluies fréquentes dans certaines saisons rendent les campagnes assez fertiles en sucre, indigo, coton, mais surtout en riz ; les habitants en recueillent souvent deux moissons par an. La capitale, *Khioung-tcheou*, est bâtie sur un promontoire, et les vaisseaux viennent mouiller jusque sous ses murs. Elle est située sur la côte septentrionale et passe pour avoir plus de 100,000 habitants ; elle est ceinte d'une muraille de 12 mètres de hauteur ; ses rues sont larges et pavées en dalles ; elle renferme une bibliothèque et deux collèges. *Ho-po-so*, sur la côte orientale, est une petite ville assez importante. *Vaittcheou*, au sud-est, est le chef-lieu d'un district ; *Samoy*, *Si-cheou* et *Galoug* sont d'autres villages maritimes au sud de l'île. L'espace qui sépare Haï-nan de la péninsule de *Loui-tcheou* n'a que 20 kilomètres de largeur. Ses côtes orientales sont bordées de petites îles appelées *îles Taya* et *îles Tinosa*.

Les indigènes d'Haï-nan, en général très-laids, d'une taille fort petite et d'un teint cuivré, portent leurs cheveux passés dans un anneau sur le front. Ils vont presque nus ; les femmes croient s'embellir par des raies bleues qu'elles se font avec de l'indigo, depuis les yeux jusqu'au bas du visage ; les uns et les autres portent des boucles d'oreilles d'or et d'argent. Leurs armes sont l'arc et la flèche ; mais ils se servent avec plus d'adresse d'une espèce de coutelas. C'est le seul instrument qu'ils emploient à faire leurs ouvrages de charpente et à couper les bois et les broussailles lorsqu'ils traversent les forêts. A l'intérieur vivent les tribus entièrement sauvages des *Naou-tong*, des *Kac-mïou*, des *Bam-mïou*, des *Doasiam* et des *Foïsiam*, qui dans ces dernières années (1854-1856) ont été visitées par le missionnaire français M. Mailfait (1).

Outre les mines d'or qui sont au centre de l'île, il y a plusieurs dépôts d'argiles colorées dans la partie du nord ; on les porte à Canton pour peindre la porcelaine. Les meilleurs bois, soit d'odeur, soit pour la sculpture, se tirent des montagnes. Le plus précieux de ces bois, après le bois d'aigle, est celui que les Européens nomment *bois de rose* ou *de violette*. Il y a aussi un bois jaune qui est d'une beauté remarquable et qui passe pour incorruptible. On le façonne en petites colonnes qui se vendent à un très-haut prix. On pêche des perles sur les côtes. Les Chinois savent forcer, dit-on, le mollusque à coquille bivalve qui les fournit à produire un suc calcarifère qui, durci, devient une matière si précieuse. Lorsque l'animal, paraissant à la surface des eaux, ouvre sa coquille, ils y font entrer une ficelle à laquelle sont attachées des boules de nacre ; selon d'autres, ils y enfoncent un bout de fil d'archal ; l'animal blessé recouvre ces substances étrangères d'un suc qui devient de la nacre, ou même des perles. Les anciens connaissaient

des pratiques semblables, et Linné, à la suite de plusieurs expériences, annonça qu'il avait trouvé le secret de forcer les moules à produire des perles.

PROVINCE DE KIANG-SI. — La province de Canton ou de Kouang-toung est séparée de celle de *Kiang-si* par la grande montagne nommé *Mi-lin*, sur laquelle on a pratiqué un chemin d'environ 5 kilomètres, bordé de précipices affreux. Un temple y est consacré à la mémoire du mandarin qui a fait exécuter ce travail. C'est un passage aussi fréquenté que les rues d'une grande ville. Après avoir franchi ces montagnes, on découvre de belles vallées et des campagnes très-bien cultivées.

La province de Kiang-si a 600 kilomètres de longueur et 320 de largeur. Elle est traversée dans presque toute sa longueur par le Kan-kiang, rivière dont le cours est d'environ 520 kilomètres. Le sol des vallées y est d'une grande fertilité; partout il est arrosé avec art. Cependant la province de Kiang-si, toute fertile qu'elle est, ne donne pas beaucoup plus de riz qu'il n'en faut pour la nourriture de ses habitants très-nombreux ; aussi passent-ils pour être très-économes, et leur sordide avarice leur attire les railleries des Chinois des autres provinces. Les lacs et les rivières sont remplis de saumons, de truites et d'esturgeons. Les montagnes sont toutes couvertes de bois, ou célèbres par leurs simples et leurs herbes médicinales, leurs mines d'or, d'argent, de plomb, de fer et d'étain. On y fabrique de très-belles étoffes, et le vin de riz qu'on y fait passe pour délicieux au goût des Chinois : elle est surtout renommée par cette belle porcelaine qui se fait à *King-te-tching*, où l'on compte plus de 500 fourneaux. Cette ville ne passe que pour un bourg, et cependant les missionnaires y placent un million d'habitants. Ils n'en comptent pas tout à fait autant à *Nan-tchang-fou*, capitale de la province ; on ne lui accorde même que 3 à 400,000 âmes.

La porcelaine est la marchandise sur laquelle roule tout le commerce de cette ville. C'est la seule véritable ; car l'espèce de porcelaine qui se fait à Canton, dans la province de Fou-kian et en quelques autres endroits, n'est pas même autant estimée en Chine que l'est la faïence en Europe.

Le Kiang-si renferme parmi les chefs-lieux de ses départements quelques villes qui méritent d'être citées : telles sont *Kouang-sinfou*, où l'on fabrique les meilleures chandelles de l'empire ; *Kicoukiang-fou*, qui possède un port de commerce sur la rive droite du Yang-tse-kiang ; *Ki-an-fou*, où l'on voit quelques beaux édifices publics ; enfin *Kan-tcheou*, ville bien bâtie, qui renferme deux temples assez beaux, et qui fait un grand commerce d'encre de la Chine et de vernis estimé.

PROVINCE DE HOU-NAN. — L'ancienne et vaste province de *Hou-kouang* se trouve au centre de l'empire ; l'Yang-tse-kiang la traverse. La plus grande partie de la province est un pays plat, coupé de lacs et arrosé de rivières, où l'on pêche une infinité d'excellents poissons, et dont les bords sont couverts d'oiseaux sauvages. Les campagnes y nourrissent des bestiaux en grand nombre ; la terre y produit toutes sortes de grains et de fruits, surtout des oranges et des citrons de toutes les espèces. Enfin on appelle communément cette province le grenier de l'empire. Il y a des mines de fer, d'étain et d'autres métaux ; on tire de l'or du sable des torrents qui descendent des montagnes.

Aujourd'hui cette ancienne province en forme deux : celle de *Hou-nan*, qui comprend la partie méridionale, et celle de *Hou-pe* la partie septentrionale.

Le nom de *Hou-nan* signifie *au sud du lac*, parce qu'en effet cette province est située au sud du lac *Thoung-thing*, qui a 108 kilomètres de longueur sur 40 ou 50 de largeur.

La douceur du climat et la fertilité des terres font regarder cette province comme une contrée délicieuse, aussi les Chinois l'appellent-ils le jardin de l'empire. Ils prétendent que c'est dans cette province que *Fo-hi*, le premier fondateur de leur monarchie, avait établi sa cour. En effet, l'air y est tempéré et fort sain. Les productions de tous genres y viennent dans la plus grande abondance : froment, riz, pâturages, fruits délicieux de toute espèce et nombreux bestiaux ; voilà les seuls tableaux que présente ce riche pays, qui est presque tout campagne, excepté vers l'occident, où s'élèvent des montagnes couvertes de forêts. On peut juger de l'étendue qu'avait l'ancien Hou-kouang, puisque le Hou-nan, qui en comprend un peu plus de la moitié, a 500 kilomètres de longueur et 400 de largeur. Sa capitale est *Tchang-cha-fou*, qui n'a d'ailleurs rien de remarquable. *Yo-tcheou*, à laquelle on donne 200,000 âmes, fait un commerce de transit considérable. Aux environs d'*Heng-tcheou* il y a des mines d'argent dont l'exploitation n'est pas permise.

PROVINCE DE HOU-PE. — La province de *Hou-pe*, c'est-à-dire *au nord du lac*, passe pour avoir 500 kilomètres de longueur et 280 de largeur. *Wou-tchang-fou*, capitale de cette province, est presque au centre de toute la Chine. On peut comparer son enceinte à celle de Paris. Elle fait un débit prodigieux du papier

---

(1) Voir le *Bulletin de la société de géographie* et les *Annales des voyages*.

de bambou qui s'y fabrique. *Hang-yang-fou* n'est séparée que par le Kiang de Wou-tchhang-fou; c'est encore une ville considérable et très-commerçante. On regarde la ville forte de *King-tcheou* comme une des clefs de l'empire. Elle est située au nord-ouest, au pied des montagnes.

PROVINCE DE HO-NAN. — La province de *Ho-nan*, située au nord de celle de Hou-pe, a 560 kilomètres de longueur et 520 de largeur. Sa superficie est d'environ 180,000 kilomètres carrés. Son climat tempéré, son sol fertile, ses immenses pâturages, ses nombreuses montagnes couvertes d'épaisses forêts, la mettent au rang des plus riches de l'empire. *Khaï-foung-fou*, sa capitale, est une grande ville, riche et peuplée, située sur le fleuve Hoang-ho, mais dans un lieu fort bas, en sorte que les eaux du fleuve sont plus hautes que la ville. Cette situation, malgré les digues construites pour parer aux inondations, l'expose à de grands dangers. En 1642, l'empereur ayant ordonné de percer une digue pour faire périr un prince chinois rebelle qui s'y était retranché, il y eut 300,000 individus noyés dans cette occasion. Les Chinois croyaient autrefois que la ville de *Ho-nan-fou* était le centre de la terre, parce qu'elle était alors au milieu de leur empire.

La ville de *Teng-foung-hien* est célèbre par la tour qu'y éleva le fameux Tcheou-kong, et d'où il avait coutume d'observer les astres. On y voit encore un instrument dont on prétend qu'il se servait pour prendre l'ombre à midi, afin de connaître l'élévation du pôle. Il vivait près de 1,000 ans avant Jésus-Christ, et les Chinois prétendent qu'il a été l'inventeur de la boussole.

Tchin-tcheou est l'une des villes les plus florissantes de la province; *Wei-hoei-fou* est le chef-lieu d'un département qui comprend 10 arrondissements.

PROVINCE DE CHAN-SI. — Nous allons examiner la partie nord-ouest de la Chine. La province de *Chan-si* est l'une des plus petites; elle est bornée à l'est par le Tchy-li; au nord la grande muraille la sépare de la Mongolie. Sa longueur est de 700 kilomètres et sa largeur de 280. Elle est divisée en neuf départements. L'histoire chinoise rapporte que c'est dans cette province que les premiers habitants de la Chine ont fixé leur séjour. Le climat en est sain et agréable: le pays, quoique montagneux, est néanmoins assez fertile en millet, en blé, et surtout en raisins, dont il ne tiendrait qu'aux Chinois de faire du vin s'ils voulaient; mais ils préfèrent les sécher.

On y trouve encore du porphyre, du marbre et du jaspe de diverses couleurs, et une pierre bleue, peut-être le lapis-lazuli, dont on se sert pour colorer les porcelaines. On y voit de tous côtés des mines de fer très-abondantes, des lacs salés dont on tire du sel et des eaux minérales.

La capitale, *Thaï-youen-fou*, était autrefois une très-belle ville, remplie de palais qui étaient habités par les princes du sang de la famille impériale Thaï-ming-tchao; mais tous ces grands édifices ont dépéri sans qu'on ait pensé à les rebâtir. On y fabrique des tapis façon de Turquie. Il s'y fait aussi un grand commerce des ouvrages en fer qu'on y travaille. Cette ville, qui est ancienne et fort peuplée, a environ 12 kilomètres de circuit. On voit sur les montagnes voisines de beaux sépulcres en marbre ou en pierre de taille, des arcs de triomphe, des statues de héros, de lions, de chevaux et d'autres animaux. Tout cela est environné d'une espèce de forêt d'anciens cyprès plantés en échiquier.

Fen-tcheou est célèbre par ses eaux minérales et thermales, et florissante par son commerce et son industrie. *Taï-thoung-fou*, située dans une contrée montagneuse, près de la grande muraille, est exposée aux excursions des nomades mongols; aussi est-elle bien fortifiée et défendue par une nombreuse garnison. Ses rues sont étroites, mais les maisons assez bien bâties. On y voit plusieurs arcs de triomphe en bois et très-anciens. Le commerce des fourrures qu'on y prépare est d'un grand produit.

PROVINCE DE CHEN-SI. — Le Hoang-ho sépare la province de Chan-si de celle de *Chen-si*. Cette dernière est elle-même séparée de la Mongolie par la grande muraille. Sa longueur est de 760 kilomètres, et sa moyenne largeur de 280. C'est une contrée montagneuse. Dans sa partie méridionale s'élèvent les monts Péling, qui se rattachent à l'ouest aux monts Bayan-kara, et constituent la ligne de passage d'eau qui va diviser le bassin maritime de la mer Jaune en deux bassins de fleuves. Ces montagnes bordent la rive droite du Hoang-ho, qui sépare cette province de celle de Chan-si. Elle se divise en sept départements.

L'air y est tempéré. Les empereurs y ont fait leur résidence pendant plusieurs siècles. Les habitants de cette province sont plus robustes, plus braves, et même d'une plus belle taille que les autres Chinois; leur milice a toujours été redoutable. Cette province fournit quantité de plantes médicinales. Les montagnes nourrissent beaucoup de bétail, et surtout des mulets; le froment et le millet y croissent si promptement que pendant l'hiver les laboureurs en font brouter l'herbe par les brebis, afin de le faire repousser au prin-

temps avec une nouvelle force. Aux environs de Lintao-fou, sur la frontière des Sifans, on trouve des bœufs sauvages, et, à ce qu'on dit, une espèce de tigre.

Si-ngan-fou ou *Si-an-fou*, capitale de cette province, est, après Péking, une des plus belles et des plus grandes villes qui soient en Chine. Ses murs ont 18 kilomètres de tour. Quelques-unes des portes de cette ville sont magnifiques et d'une hauteur extraordinaire. On y voit encore un vieux palais où demeuraient les anciens rois de la province. Les principales forces de Mandchoux destinées à la défense du nord de la Chine sont en garnison dans cette ville. On trouva en 1685, près de cette ville, en creusant les fondements d'une maison, une table de marbre portant une inscription en caractères chinois, avec des mots syriaques, et une croix gravée au haut de cette table. Plusieurs savants se sont appliqués à chercher l'intelligence des mots et des figures gravés sur ce monument. L'écriture contient 62 signes en caractères chinois, distingués en 29 colonnes; elles renferment un discours sur les principaux articles de foi. Il est aussi fait mention de plusieurs points de la discipline ecclésiastique. On y lit les noms des empereurs ou rois qui favorisèrent la prédication du christianisme, introduit l'an 635 de Jésus-Christ par des missionnaires nestoriens venus de Perse et de Syrie. Ces nestoriens possédaient encore plusieurs églises dans la Chine du temps de Marco-Polo, ou vers l'an 1300.

Si-an-fou possède aussi plusieurs monuments antiques, parmi lesquels nous en citerons un qui a été le sujet de diverses dissertations de la part des savants versés dans les langues et les antiquités de l'Asie orientale: c'est une copie de l'inscription de Yu, que l'on voit gravée sur une montagne, près de laquelle l'Hoang-ho a ses sources. Elle est destinée à transmettre à la postérité le souvenir des immenses travaux que le ministre Yu, sous le règne d'Yao, fit exécuter plus de vingt-deux siècles avant notre ère, pour ouvrir un libre cours au fleuve, qui auparavant inondait la contrée.

A 200 kilomètres au sud-ouest de Si-an-fou, *Han-tchoung-fou*, dans un pays montagneux, fait un grand commerce de miel, de cire, de musc et de cinabre. C'est à cette ville que se termine une magnifique route qui part de la capitale, et qui fut faite par une armée de 100,000 hommes; elle a nécessité l'aplanissement de plusieurs montagnes et la construction d'un grand nombre de ponts jetés au-dessus de précipices.

PROVINCE DE KAN-SOU. — La partie occidentale de la province de Chen-si a servi à former celle de *Kan-sou*, dont dépend administrativement une partie du Turkestan chinois. Cette province est bornée au nord par la grande muraille, qui la sépare du désert de Kobi. Comme on ne connaît pas exactement ses limites dans le Turkestan chinois, ses dimensions en longueur ne sont pas faciles à évaluer; cependant on lui donne 1,600 kilomètres de l'est à l'ouest et au moins 200 à 600 du nord au sud. On la dit riche en mines d'or, de plomb et de mercure, en houillères, en source de pétrole et en marais salants. Les lavages d'or y sont, dit-on, très-productifs.

Cette province se divise en 9 départements. Sa capitale, *Lan-tcheou*, chef-lieu de département, est située sur la rive droite du Hoang-ho. Il s'y fait un commerce important avec les Mongols, à cause de sa proximité de la grande muraille et de son voisinage des principales portes de l'ouest. *Koung-tchang* est une autre ville commerçante au milieu d'une belle et riche vallée. Dans l'une des montagnes élevées qui l'environnent on voit un tombeau que les Chinois prétendent être celui de Fô. *Khing-yang*, au confluent du Ma-lien et d'une autre rivière, est une place de guerre dont les fortifications nombreuses et bien entretenues s'opposent aux incursions des Tatars. Elle fait aussi un bon commerce. On tire beaucoup de sel de deux marais qui l'avoisinent. *Kan-tcheou*, près de la grande muraille, correspond à la ville que Marco-Polo désigne sous le nom de *Kan-pian* ou *Kam-piou*, c'est-à-dire *frontière de Kan*, et dans laquelle il affirme qu'il existait de son temps des chrétiens qui y possédaient de belles églises. Ce chef-lieu de département possède des fabriques de grosses étoffes de laine feutrées dont on fait des manteaux pour les temps pluvieux. *Ning-hia*, près de la rive gauche du Hang-ho, est une des villes les plus importantes de celles que l'on remarque près de la grande muraille. Elle a 8 kilomètres de circonférence, et deux faubourgs qui ont chacun une enceinte murée. Sa garnison est composée de Mandchoux.

La ville mongole de *Barkol* ou *Barkoul*, que les Chinois nomment *Tchin-si*, a une garnison de 1,000 Mandchoux qui y habitent avec leurs familles, et qui sont commandés par un général. La population en est considérable. Suivant M. Timkovski, le climat en est très-froid; il y neige quelquefois au mois de juin avec tant d'abondance qu'on est obligé de se vêtir de pelisses. *Ty-houa-tcheou*, que les Mongols nomment *Ouroumtsi*, est bâti au pied du Mont-Rouge. Ses rues sont larges et très-fréquentées. On y trouve des cabarets, des maisons où l'on boit du thé, des comédiens, des chanteurs ambulants, et une foule d'ouvriers et d'artisans de différents genres. Il y a un gymnase, deux temples, une école pour la ville et une pour le district. Ce fut l'empereur Khiang-loung qui, en 1775, donna à Ouroumtsi le nom de *Ty-houa*, et qui l'éleva au rang de ville immédiate de second ordre (*tchcou*). Un général en chef et deux autres généraux résident dans cette place, dont la garnison est de 3,000 hommes. À 3 kilomètres de cette ville on en a construit une nouvelle appelée *Koung-kou*, qui est bâtie sur huit collines, et qui a près de 5 kilomètres de circonférence. Sa garnison se compose de 3,000 Mandchoux avec 78 officiers, et de 2,000 Chinois avec plus de 100 officiers. Ces troupes y ont leurs familles.

Près de Ty-houa-tcheou, on voit un espace de plus de 40 kilomètres de circonférence qui est couvert de cendres volantes. Si l'on y jette la moindre chose, dit M. Timkovski, la flamme éclate et consume tout en un clin d'œil. Quand on y lance une pierre, on en voit sortir une fumée noire. En hiver la neige ne s'y maintient pas. On appelle ce lieu la *plaine enflammée*. Les oiseaux n'osent pas voler au-dessus.

PROVINCE DE SSE-TCHOUAN. — En nous dirigeant au sud-ouest, nous entrons dans le *Sse-tchouan*, que l'on appelle aussi *Szou-tchouan*. Cette province ne le cède guère à la plupart des autres provinces de l'empire ni par sa grandeur ni par la richesse de ses productions : elle avait été désolée autrefois par les guerres des Tatars, mais elle s'est bien remise depuis. Le grand fleuve Yang-tse-kiang la traverse, et répand partout la fertilité. Les habitants récoltent de la soie, du vin, du blé et des fruits en abondance ; on y trouve des mines de fer, d'étain, de plomb et de mercure. Elle est renommée pour son ambre, ses cannes à sucre, ses excellentes pierres d'aimant, et ses pierres d'azur ou lapis-lazuli, qui sont d'un très-beau bleu. On recherche ses chevaux, parce qu'ils sont, quoique petits, fort jolis et très-vifs. Elle a 1,000 kilomètres de l'est à l'ouest, et environ 520 du nord au sud. Sa superficie est de 480,000 kilomètres carrés : ainsi elle est presque aussi grande que la France. On y compte environ 60,000 chrétiens. Cette province a été longtemps le pays des troubles, des guerres et des massacres. On dit que les races indigènes y ont été totalement détruites. Elle est généralement couverte de montagnes, principalement dans sa partie occidentale, où les cimes les plus élevées sont au-dessus de la limite des neiges perpétuelles. Les deux principales chaînes qu'elles forment portent les noms de *Sné-ling* (chaîne neigeuse), et d'*Yun-ling* (chaîne des nuages).

Tching-tou-fou, capitale de la province, était autrefois une des plus belles villes de l'empire ; mais ayant été ruinée en 1646, aussi bien que toute la province, durant les guerres civiles, elle a beaucoup perdu de son ancienne splendeur ; elle ne laisse pas néanmoins d'être très-peuplée et très-marchande. Sa position est charmante ; elle est située dans une île que forment plusieurs rivières.

Loung-an-fou, par sa position sur les frontières de la Tatarie, a toujours passé pour une des plus importantes villes de la province. Elle est défendue par plusieurs forts, plus nécessaires autrefois qu'aujourd'hui.

PROVINCE DE KOUEÏ-TCHEOU. — Nous voilà arrivés dans une province que l'on avoue être très-mal peuplée et mal cultivée ; c'est celle de *Koueï-tcheou*. Elle est remplie de montagnes inaccessibles qui ont longtemps servi de repaire à des peuplades indépendantes connues sous le nom de *Miao-tse*. Les empereurs ont tenté à différentes fois de peupler cette province ; ils y ont envoyé des colonies entières ; mais il paraît que ces moyens jusqu'ici ont été insuffisants. Les tributs de la province ne peuvent suffire à l'entretien et à la subsistance des nombreuses garnisons qui y sont établies : la cour est obligée d'y suppléer aux dépens du trésor impérial. Il y a dans les montagnes des mines d'or, d'argent, d'étain, de cuivre et de mercure. C'est en partie de cette province qu'on tire le cuivre dont on fait la petite monnaie qui a cours dans tout l'empire. Elle produit aussi les meilleurs chevaux de toute la Chine. La soie y manque, mais on y supplée par la fabrication d'étoffes d'une certaine herbe qui ressemble assez au chanvre, et qui est très-propre à faire des habits d'été.

Cette province passe pour avoir environ 520 kilomètres de longueur, 240 de largeur, et 180,000 kilomètres carrés de superficie. Parmi ses montagnes les plus élevées, nous citerons la chaîne du Miao-ling, qui la traverse du nord-ouest au sud-est, le Tao-hing-teng-chan et le Nicou-thang-chan au nord-est, et le Le-yang-ling au centre. Le Koueï-tcheou se divise en quatorze départements.

Koueï-yang-fou, sa capitale, est une des petites villes de la Chine, car elle a à peine 4 kilomètres de circuit. Ses maisons sont en partie de terre et en partie de briques. À *Sze-tchou-fou* ou *Szu-tchcou*, les habitants, quoique les moins grossiers de la province, vivent dans une profonde ignorance des sciences chinoises. Ils vont pieds nus, et marchent sur les rochers avec une vitesse surprenante.

Les habitants de *Phing-youeï-fou* laissent tomber leurs édifices en ruines, dans la crainte d'exciter la cupidité des peuplades qui habitent les montagnes voisines. Il en est de même de ceux de *Tchin-youan-fou*, à 160 kilomètres de la capitale.

PROVINCE DE KOUANG-SI. — Au sud de cette province sauvage s'étend le *Kouang-si*, pays qui ne compte pas parmi les mieux peuplés de la Chine. Cette province produit du riz en si grande abondance, qu'elle en fournit pendant six mois de l'année à la province de Canton. Cependant elle n'est bien cultivée que dans les plaines du midi, où l'air est plus doux ; vers le nord elle ne présente qu'un terroir inculte et des montagnes couvertes d'épaisses forêts. Dans la partie montagneuse du sud on rencontre des éléphants, des rhinocéros et des tapirs.

Il y a dans cette province des mines de toutes sortes de métaux, et surtout d'or et d'argent, mais dont la politique du gouvernement a toujours interdit l'ouverture aux particuliers. Il y croît aussi de la cannelle qui a une odeur plus forte et plus suave que celle de Ceylan.

La province de Kouang-si a 720 kilomètres de longueur, et 360 de largeur moyenne. Elle est divisée en onze départements.

Les *Miao-tse*, qui occupent, entre cette province et celle de Koueï-tcheou, deux territoires séparés et considérables, sont des peuples guerriers que les Chinois n'ont jamais pu soumettre. Ils pillent et ravagent souvent les deux provinces dont ils sont limitrophes. La seule autorité qu'ils reconnaissent à l'empereur de la Chine, c'est l'approbation du choix qu'ils font de leurs chefs. Ces princes ont sur leurs sujets droit de vie et de mort.

Koueï-an-fou, capitale du Kouang-si, est située sur le Koueï-kiang, au pied d'une montagne couverte de fleurs, que les Chinois nomment *koueï*, et qui ont donné leur nom à la montagne, à la rivière, à la ville. Celle-ci est grande et ressemble par sa construction aux anciennes forteresses de l'Europe. *Ou-tcheou* fait un commerce considérable. *Thaï-phing-fou* est le chef-lieu d'un département qui renferme un grand nombre de forts.

« C'est dans ce pays qu'on trouve les meilleures pierres que les lettrés emploient à faire leur encre. Marco-Polo y vit des poules ayant, au lieu de plumes, des poils comme les chats. » C'est le casoar (*casuarius galeatus*).

Les peuples du *Kouang-si* passent pour barbares dans l'esprit des Chinois, parce qu'il y a dans leurs mœurs une certaine rudesse bien éloignée de la douceur et des manières cérémonieuses des Chinois.

PROVINCE D'YUN-NAN. — Dans le coin du sud-ouest se trouve l'*Yun-nan*. Cette province, une des plus riches et des plus vastes de l'empire, avoisine l'empire Birman et les royaumes de Laos et de Tong-king. Elle est toute coupée de rivières, et on y jouit d'un air fort tempéré. Les montagnes y ont des mines d'or, d'argent, de cuivre, d'étain, de pierres précieuses, et surtout de rubis ; on voit de ce marbre veiné naturellement de diverses couleurs, qui représente des montagnes, des fleurs et des arbres ou des ruines. On y trouve des chevaux, petits à la vérité, mais vigoureux, et des cerfs qui ne sont pas plus gros que nos chiens ordinaires. Les habitants, quoique forts et robustes, sont doux et affables, et ont beaucoup d'aptitude pour les sciences. La nation qui dominait autrefois dans cette province se nommait *Lo-lo* ; elle était gouvernée par divers souverains. Après de longues guerres entreprises pour la soumettre, les Chinois prirent le parti de conférer aux seigneurs *lo-los* tous les honneurs des mandarins de la Chine, avec le droit de succession pour leurs descendants, à condition qu'ils reconnaîtraient l'autorité du gouvernement chinois de la province, qu'ils recevraient de l'empereur l'investiture de leurs terres, et qu'ils ne feraient aucun acte sans son consentement. Les *Lo-los* ne le cèdent pas, du côté de la taille, aux Chinois, et sont plus endurcis à la fatigue ; ils ont un langage différent, et leur écriture, comme leur religion, ressemble à celle des bonzes du Birman ; aussi ces bonzes ont-ils bâti, au nord de l'Yun-nan, de vastes temples qui sont différents de ceux des Chinois. Les seigneurs lo-los s'attribuent une autorité absolue sur leurs sujets, qui leur sont très-soumis.

L'Yun-nan a 800 kilomètres de longueur de l'est à l'ouest, et 600 du nord au sud. Cette province est traversée par la grande chaîne du Nan-ling, et plus à l'ouest par celle qui sépare le bassin du golfe du Bengale de celui de la mer de Chine. Elle se divise en 20 départements.

Nous savons peu de choses sur les villes de l'Yun-nan. On assure que la capitale, *Yun-nan-fou*, bâtie sur les bords d'un lac profond et large, a été longtemps la résidence d'un prince chinois vassal. On y fabrique des satins et des tapis ; le commerce des métaux doit être considérable. *Tchin-kiang-fou* est encore placé sur un lac, dans une situation pittoresque. *Wouting-fou* passe pour un boulevard des frontières de l'empire.

Kouang-nan-fou est le chef-lieu d'un département dont les habitants, selon les Chinois, sont des barbares qui mangent des serpents, des rats et des insectes, et qui s'égorgent pour la moindre querelle. *Young-tchang-fou* est dans un département très-peuplé, riche en or et en ambre, et qui produit de très-belle soie. L'Young-tchang est peut-être le pays que Marco-Polo nomme *Un-chians*.

TABLEAUX STATISTIQUES DE LA CHINE.

Statistique générale de l'Empire chinois.

NOMS DES ÉTATS.	SUPERFICIE en kilomètres carrés.	POPULATION en 1813.
États immédiats. — Chine propre	3,364,000	367,632,907
Mandchourie	1,900,000	2,000,000
Dzoungarie, ou Thian-chan-pe-lou	500,000	} 2,000,000
Turkestan chinois ou Thian-chan-nan-lou	1,320,000	
Mongolie	5,000,000	2,000,000
États tributaires. — Tibet	1,560,000	6,000,000
Boutan	120,000	1,000,000
Royaume de Corée	210,000	8,500,000
Royaume de Licou-khieou	10,000	300,000

Statistique générale de la Chine propre.

	PROVINCES.	SUPERFICIE en kilomètres carrés	POPULATION en 1813.	POPULATION en 1847 (1).	CAPITALES.
Au nord	Pé-tchéli	152,800	27,990,871	40,000,000	Péking.
	Chan-si	142,000	14,004,210	20,166,072	Thaï-youan.
	Chen-si	204,600	10,207,256	14,698,449	Si-an.
	Chan-toung	168,750	28,958,764	41,700,621	Tsi-nan.
	Kan-sou	20,000	15,193,135	21,878,190	Lan-tcheou.
A l'ouest	Sse-tchouan	432,000	21,435,678	30,867,375	Tching-tou.
	Yun-nan	280,000	5,561,320	8,008,300	Yun-nan.
	Kouéi-tcheou	165,000	5,268,219	7,615,025	Kouei-yang.
Au sud	Kouang-si	202,800	7,313,895	10,584,429	Kouei-an.
	Kouang-toung	206,000	19,147,030	27,610,123	Canton.
	Fou-kiang	138,600	14,777,410	22,699,460	Fou-tchéou.
A l'est	Tché-kiang	101,400	26,256,784	37,809,765	Hang-tchéou.
	Kiang-sou	121,000	37,843,501	54,494,641	Nanking.
	Ho-nan	168,700	23,037,171	33,173,526	Khaï-foung.
Au centre	A'n-hoei	120,000	34,168,059	49,201,992	A'n-king.
	Hou-pé	200,000	37,370,098	39,412,940	Wao-tchang.
	Kiang-si	185,000	30,426,999	43,814,866	Nan-tchang.
	Hou-nan	175,000	18,652,507	26,859,608	Tchang-cha.

(1) D'après Sir John Bowring, gouverneur de Hong-kong.

Tableau des divisions des provinces de la Chine proprement dite, présentant cette contrée divisée en 18 provinces ou SENG, *187 départements ou* FOU, *248 arrondissements ou* TCHEOU, *dont 66 immédiats, 1,354 districts ou* HIENG *et 107 cantons ou* TCHING.

PROVINCES.	DÉPARTEMENTS.	ARRONDISSEMENTS.	DISTRICTS.	CANTONS.	PROVINCES.	DÉPARTEMENTS.	ARRONDISSEMENTS.	DISTRICTS.	CANTONS.
TCHY-LI	Chun-thian		19		CHEN-SI (Suite.)	Iu-lin	1	4	
	Pao-ting		15			Hing-'an		6	
	Young-phing	1	6			Thoung-tcheou	1	8	1
	Ho-kian	1	10			Arrondissements immédiats.	5	15	
	Thian-tsin	1	6		CHAN-TOUNG	Tsi-nan	1	15	
	Tching-ting	1	13			Yan-tcheou		10	
	Chun-te		9			Toung-tchang	1	9	
	Kouang-phing	1	9			Thsing-tcheou		11	
	Taï-ming	1	6			Teng-tcheou	1	9	
	Siouan-hoa	3	7			Laï-tcheou	2	5	
	Tching-te	1	5			Wou-ting	1	9	
	Arrondissements immédiats.	6	10			Yi-tcheou	1	6	
CHAN-SI	Thaï-youan	1	10			Thaï-'an	1	6	
	Phing-yang	1	10			Tsao-tcheou	1	10	
	Phou-tcheou		6			Arrondissements immédiats.	2	6	
	Lou-'an		7		KAN-SOU	Lan-tcheou	2	4	
	Fen-tcheou	1	7			Koung-tchang	1		81
	Thse-tcheou		5			Phin-liang	2	3	
	Ning-wou		4			Khing-yang	1	4	
	Taï-thoung	2	7			Ning-hia	1	4	
	Sou-phing	1	4			Kan-tcheou		2	
	Arrondissements immédiats.	10	27	6		Liang-tcheou		5	
CHEN-SI	Si-'an	1	15			Si-ning		3	
	Yan-'an		10			Tchin-si		2	
	Foung-thsiang	1	7			Arrondissements immédiats.	6	17	
	Han-tchoung	1	8						

PROVINCES.	DÉPARTEMENTS.	NOMBRE DES		
		ARRONDISSEMENTS.	DISTRICTS	CANTONS.
KIANG-SOU	Kiang-ning	"	7	"
	Sou-tcheou	"	9	"
	Soung-kiang	"	7	"
	Tchang-tcheou	"	8	"
	Tchin-kiang	"	4	"
	Haeï-'an	"	6	"
	Yang-tcheou	2	6	"
	Siu-tcheou	1	7	"
	Arrondissements immédiats.	3	8	"
AN-HOKÏ	An-king	"	6	"
	Hoeï-tcheou	"	6	"
	Ning-koue	"	6	"
	Tchi-tcheou	"	6	"
	Thaï-phing	"	3	"
	Liu-tcheou	1	4	"
	Foung-yang	2	5	"
	Ying-tcheou	1	5	"
	Arrondissements immédiats.	5	9	"
HO-NAN	Khaï-foung	2	15	"
	Koueï-te	1	7	"
	Tchang-te	"	7	"
	Weï-hoeï	"	10	"
	Hoaï-king	"	8	"
	Ho-nan	"	10	"
	Nan-yang	2	11	"
	You-ning	1	8	"
	Tchin-tcheou	"	7	"
	Arrondissements immédiats.	4	15	"
KIANG-SI	Nan-tchhang	1	7	"
	Jao-tcheou	"	7	"
	Kouang-sin	"	7	"
	Nan-khang	"	4	"
	Kieou-kiang	"	5	"
	Kian-tchang	"	5	"
	Fou-tcheou	"	6	"
	Lin-kiang	"	4	"
	Ki-'an	"	9	1
	Chouï-tcheou	"	3	"
	Youan-tcheou	"	4	"
	Kan-tcheou	"	8	1
	Nan-'an	"	4	"
	Arrondissements immédiats.	1	2	"
SSE-TCHOUAN	Tching-tou	3	13	"
	Tchoung-khing	2	11	"
	Pao-ning	2	7	"
	Chun-khing	2	8	"
	Siu-tcheou	"	11	2
	Khoueï-tcheou	"	6	"
	Loung-'an	"	4	"
	Ning-youan	1	3	1
	Ta-tcheou	1	5	"
	Kia-ting	"	7	"
	Thoung-tchouan	"	8	"
	Arrondissements immédiats.	9	27	6
TCHE-KIANG	Hang-tcheou	1	8	"
	Kia-king	"	7	"
	Hou-tcheou	"	7	"
	Ning-pho	"	6	"
	Chao-hing	"	8	"
	Taï-tcheou	"	6	"
	Kin-hoa	"	8	"
	Khiu-tcheou	"	5	"
	Yan-tcheou	"	6	"
	Wen-tcheou	"	5	"
	Tchou-tcheou	"	10	"
	Arrondissements immédiats.	"	"	"
HOU-NAN	Tchang-cha	1	11	"
	Pao-khing	1	4	"
	Yo-tcheou	"	4	"
	Tchang-te	"	4	"
	Heng-tcheou	"	7	"
	Young-tcheou	"	7	"
	Tchin-tcheou	"	4	"
	Youan-tcheou	"	3	"
	Young-chun	"	4	"
	Arrondissements immédiats.	4	16	"

PROVINCES.	DÉPARTEMENTS.	NOMBRE DES		
		ARRONDISSEMENTS.	DISTRICTS	CANTONS.
HOU-PE	Wou-tchang	1	9	"
	Han-yang	1	4	"
	Hoang-tcheou	1	7	"
	An-lou	1	5	"
	Te-'an	1	4	"
	King-tcheou	"	8	"
	Siang-yang	1	6	"
	Yun-yang	"	6	"
	Yi-tchang	2	5	"
	King-men	"	"	"
	Chi-nan	"	"	"
	Arrondissements immédiats.	"	"	"
FOU-KIAN	Fou-tcheou	"	10	"
	Hing-hoa	"	2	"
	Tsiouan-tcheou	"	5	"
	Tchang-tcheou	"	7	"
	Yan-phing	"	6	"
	Kian-ning	"	7	"
	Chao-wou	4	4	"
	Ting-tcheou	"	8	"
	Fou-ning	"	5	"
	Thaï-wan (Formose)	"	4	"
	Arrondissements immédiats.	2	4	"
KOUEÏ-TCHEOU	Koueï-yang	3	4	"
	An-chun	2	3	"
	Phin-youeï	1	4	"
	Tou-yun	2	3	"
	Tchin-youan	"	3	"
	Sse-nan	"	3	"
	Chi-thsian	"	1	"
	Sse-tcheou	"	2	"
	Thoung-jin	"	1	"
	Li-ping	"	3	"
	Taï-ting	3	1	"
	Nan-loung	2	2	"
	Tsun-yi	1	4	"
	Jin-hoaï-thing	"	"	"
YUN-NAN	Yun-nan	4	7	"
	Kio-tsing	6	2	"
	Lin-'an	5	5	"
	Tchhing-kiang	2	2	"
	Kouang-nan	1	1	"
	Khaï-hoa	"	1	"
	Toung-tchouan	"	1	"
	Tchao-thoung	1	2	"
	Thou-eul	"	1	"
	Ta-li	4	3	"
	Thou-hioung	3	4	"
	Young-tchang	1	2	"
	Chun-ning	1	1	1
	Li-kiang	"	1	1
	Young-pe	"	"	2
	(1 départ. autonome)	2	"	
	Arrondissements immédiats.	4	"	3
KOUANG-SI	Kouei-lin	2	7	"
	Licou-tcheou	1	7	"
	King-youan	2	3	"
	Sse-'en	6	3	"
	Sse-tching	1	2	"
	Phing-lo	1	7	"
	Ou-tcheou	"	5	"
	Thsin-tcheou	"	4	"
	Nan-ning	6	3	"
	Thaï-phing	22	2	1
	Tchin-'an	6	1	"
	Arrondissements immédiats.	2	4	"
KOUANG-TOUNG	Kouang-tcheou	"	14	"
	Chao-tcheou	"	6	"
	Nan-hioung	"	2	"
	Hoeï-tcheou	1	9	"
	Tchhao-tcheou	"	9	"
	Tchao-khing	1	12	"
	Kao-tcheou	1	5	"
	Lian-tcheou	1	2	"
	Loui-tcheou	"	3	"
	Kioung-tcheou (Haï-nan)	3	10	"
	Arrondissements immédiats.	3	8	

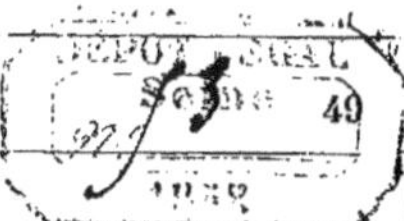

Aïnos chassant l'ours.

TABLEAU POLITIQUE DE LA CHINE.

CARACTÈRE PHYSIQUE DES CHINOIS. — Les traits du visage et la conformation de la tête rapprochent les Chinois de la grande race jaune ou mongole. La tête presque quadrangulaire, le nez court sans être épaté, le teint jaune, la barbe peu fournie : voilà ce qu'ils tiennent de leur race primitive; mais la position oblique des yeux semble appartenir à la nation chinoise et à ses colonies, telles que les Japonais et les Coréens. Un séjour de plusieurs siècles sous un climat plus doux a donné à cette race sortie de l'Asie centrale un caractère particulier, et a embelli leurs traits en les affaiblissant. Il doit certainement y avoir une grande différence entre les Chinois du midi et ceux du nord, entre les habitants des montagnes, des plaines et des côtes. On sait que le teint des Chinois varie beaucoup, mais nous manquons de renseignements pour tracer les nuances successives qui doivent séparer le grossier Kalmouk du rusé habitant de Canton.

Une Chinoise ne se croit belle qu'autant qu'elle a les yeux bridés, les lèvres un peu gonflées, les cheveux lisses et d'un noir d'ébène, et les pieds d'une petitesse extrême : ce dernier trait achève l'idée de la beauté. Chez les hommes, l'embonpoint, signe d'une vie oisive, est un titre à la considération; les hommes maigres passent pour des gens de peu de talent. Les gens comme il faut laissent croître les ongles des doigts. On teint en noir les cheveux et la barbe.

CARACTÈRE MORAL DES CHINOIS. — En considérant les Chinois du côté moral, on s'aperçoit bientôt qu'ils possèdent les vertus et les vices ordinaires d'un peuple esclave, manufacturier et marchand. Le despotisme le plus absolu avait pris ou conservé à la Chine les formes extérieures du gouvernement patriarcal; mais les despotes ayant négligé la discipline militaire, des révolutions fréquentes finirent par livrer le pays à des conquérants étrangers, aux Mandchoux. Dès cette époque, le fouet tatare a été joint à la verge paternelle qui jadis gouvernait la Chine. La seule institution qui tende à limiter le pouvoir est celle qui permet aux mandarins et aux tribunaux de faire quelquefois de très-humbles remontrances à l'empereur sur les erreurs de son gouvernement. L'empereur s'intitule *fils sacré du ciel, unique gouverneur de la terre, grand père de son peuple*. On porte des offrandes à son image, à son trône; sa personne est adorée : on se prosterne devant lui; s'il adresse la parole aux seigneurs de sa cour, ils doivent fléchir le genou en recevant ses ordres : tout ce qui l'entoure partage l'idolâtrie qu'on lui prodigue.

Neuf classes d'officiers, que les Européens nomment *mandarins*, du mot portugais *mandar*, commander, remplissent les divers postes civils et militaires. Le pouvoir du mandarin est tout aussi illimité que celui du prince dont il tient son autorité; mais tout fonctionnaire, quelque élevé qu'il soit, n'est pas à l'abri du bâton, l'empereur lui fait donner la bastonnade pour la plus légère prévarication.

RELIGION. — Il y a trois religions en Chine : 1° le culte rendu aux esprits; 2° la religion de Confucius; 3° la religion de Fo, ou le bouddhisme. Ces trois religions sont regardées comme également bonnes et vraies. Un proverbe chinois dit : « Les trois religions n'en font qu'une. »

La religion primitive de la Chine paraît avoir été une branche du sabéisme, dont le principe est l'adoration des astres, du firmament et des objets remarquables de la nature.

Paris. — Typographie de Henri Plon, imprimeur de l'Empereur, 8, rue Garancière.

Cette religion admet l'existence des génies et des démons. Elle a dégénéré en polythéisme et en idolâtrie; les prêtres et les prêtresses de ce culte, voués au célibat, portent le nom de *tao-ssê* ou docteurs de la raison, parce que leurs dogmes fondamentaux, enseignés six siècles avant notre ère par Lao-tseu, l'un de leurs maîtres, est celui de l'existence de la *raison primordiale*, qui a créé le monde, le *Logos* des platoniciens.

La *doctrine des lettrés* ou religion de *Confucius*, ainsi appelée parce que ce philosophe en est regardé comme le réformateur et le patriarche, a pour base un panthéisme philosophique qui a été diversement interprété suivant les époques. « On croit que dans la haute antiquité le dogme de l'existence d'un Dieu tout-puissant et rémunérateur n'en était pas exclu, et divers passages de Confucius donnent lieu de croire que ce sage l'admettait lui-même. »

La troisième religion est le bouddhisme. Mais nous devons ajouter qu'elle est appelée en Chine religion de Fo, parce que Bouddha a été traduit en chinois par Fo-tho, dont on a formé par abréviation le nom de Fo. Les bouddhistes chinois, en tête desquels il faut mettre l'empereur, reconnaissent en tout point la suprématie spirituelle du dalaï-lama.

JUSTICE. — La justice est rendue gratuitement; les affaires s'instruisent en public; chacun plaide sa cause de vive voix ou par écrit, mais jamais par l'organe ou avec l'assistance d'un avocat : cette profession est inconnue en Chine, et nul n'a le droit de parler pour un autre. En matière civile, la procédure est prompte et le châtiment infligé sur-le-champ : c'est ordinairement la bastonnade. En matière criminelle, le procès est soumis au jugement de plusieurs tribunaux subordonnés les uns aux autres; et s'il s'agit de la peine de mort, elle ne peut être infligée sans que la condamnation ait été confirmée par l'empereur, qui jamais ne fait grâce, mais commue souvent la peine. Les exécutions ne se font qu'une fois par an, en automne : le supplice consiste dans la strangulation ou la décapitation.

Après la bastonnade, les amendes, les soufflets et le carcan portatif ou *cangue*, les peines les plus ordinaires sont le tirage des bateaux, la prison et l'exil dans l'intérieur ou hors de l'empire. Plusieurs supplices cruels sont aussi en usage; dans certains cas même la torture est employée. Cependant on doit dire que légalement la question a été abolie dans ces derniers temps par le gouvernement : ce qui n'empêche pas les magistrats et souvent même les agents inférieurs de la justice de l'infliger arbitrairement, principalement dans les provinces éloignées.

LANGUE CHINOISE. — La langue chinoise est une langue monosyllabique; néanmoins beaucoup de caractères syllabiques se groupent deux à deux ou en plus grand nombre, quelques-uns même ne s'emploient jamais seuls et n'ont un sens que lorsqu'ils sont réunis avec d'autres, de telle sorte que l'article et le verbe auxiliaire sont représentés par cette combinaison de deux ou plusieurs mots entre eux. Il est vrai qu'une grande difficulté, pour les étrangers surtout, c'est qu'un même mot, à l'aide de six accents différents, prend souvent un grand nombre d'acceptions, suivant les diverses intonations qu'on lui donne, et dont les nuances sont si délicates qu'elles ne peuvent être saisies que par les Chinois ou par ceux qui ont vécu longtemps en Chine.

La multitude des caractères semble effrayante, mais elle n'importe en rien, puisque la plupart de ces caractères sont inusités, et que celui qui en connaît deux mille n'est jamais embarrassé. Leur forme semble bizarre, et c'est précisément ce qui les grave plus facilement dans la mémoire : ils peignent les objets au lieu des sons, et c'est encore, contre l'opinion commune, ce qui aide à les retenir mieux et en plus grand nombre.

La langue que parlent les hommes instruits est la même dans tout l'empire; mais il y a en outre, dans beaucoup de provinces, des dialectes particuliers qui sont peu connus, parce qu'ils ne s'écrivent pas, et qu'ils sont parlés surtout par des montagnards ou par les habitants des contrées peu fréquentées. La prononciation de Péking commence à s'altérer par le séjour de la cour au milieu des Tatars. Celle de Nanking passe pour plus polie et plus régulière. Le mandchou, idiome radicalement différent du chinois, et qui s'écrit alphabétiquement, est d'usage à la cour, à l'armée et dans les garnisons; les pièces officielles sont ordinairement publiées dans les deux langues.

LITTÉRATURE. — La littérature chinoise est incontestablement la première de l'Asie par le nombre, l'importance et l'authenticité des monuments. Les ouvrages classiques qu'on nomme *King* remontent à une époque très-ancienne. Les philosophes de l'école de Confucius en ont fait la base de leurs travaux sur la morale et la politique. L'histoire a toujours été l'objet de l'attention des Chinois, et leurs annales forment le corps le plus complet et le mieux suivi qui existe dans aucune langue; la géographie a été aussi cultivée avec beaucoup de soin, et a donné naissance à d'excellents ouvrages. L'usage des concours a donné un grand essor à l'éloquence politique et philosophique. L'histoire littéraire, la critique des textes et la biographie sont le sujet d'une foule d'ouvrages remarquables par l'ordre et la régularité qui y sont observés. On possède beaucoup de traductions de livres sanskrits sur la religion et la métaphysique. Les lettrés cultivent la poésie, qui est assujettie chez eux au double joug de la mesure et de la rime : ils ont des poëmes lyriques et narratifs, et surtout des poëmes descriptifs, des pièces de théâtre, des romans de mœurs, des romans où le merveilleux est mis en usage. Les livres sont régulièrement imprimés sur papier, les parties en sont classées, numérotées et paginées; enfin, il n'y a pas, même en Europe, de nation chez laquelle on trouve tant de livres, ni de livres si bien faits, si commodes à consulter, et à si bas prix.

INSTRUCTION. — L'instruction est très-répandue en Chine : il n'y a pas d'artisan qui ne sache au moins lire quelques caractères et faire usage des livres relatifs à sa profession. La foule des lettrés qui n'ont pu réussir dans les examens se répand dans les villes pour y enseigner la lecture et les éléments de la littérature. Les collèges n'ont pas de professeurs à gages, mais des examinateurs et des proviseurs, dont la grande affaire est de diriger les concours et de surveiller les étudiants. Il y a à Péking un collège pour les interprètes, où l'on apprend les langues des pays voisins de la Chine.

SCIENCES ET ARTS. — Il serait inexact de prodiguer le nom de sciences à ces notions puériles que les Chinois conservent comme un précieux héritage de leurs anciens sages et de leurs législateurs. Les intérêts du genre humain sont étrangers aux Chinois. Le grand spectacle de la nature ne les excite pas à ces recherches hardies où la science européenne se plaît et quelquefois s'égare. Leur fameuse philosophie morale se borne à prêcher l'obéissance aux lois, et à indiquer en détail les humbles compliments et les ridicules civilités qui constituent ce qu'on appelle à la Chine la politesse. Ils n'ont aucune notion des principes qui constituent le beau dans les écrits, la régularité dans l'architecture, le naturel dans la peinture; et si cependant ils ont trouvé une espèce de beau dans la disposition de leurs jardins et la distribution de leurs terrains, c'est parce qu'ils ont copié exactement une nature bizarre mais pittoresque.

Les Chinois font les opérations d'arithmétique avec une vitesse incroyable, à l'aide d'un instrument nommé *souan-pon*, et dont les Russes se servent sous le nom de *schott;* c'est une chaîne contenant dix rangées de boules enfilées. Avant que les Européens eussent mis le pied dans leur pays, ils ignoraient les mathématiques et tous les arts qui en dépendent. On croit assez généralement qu'ils connaissaient l'impression avant les Européens, mais cela n'est vrai que de l'impression en planches gravées; jamais ils n'ont connu les caractères fondus et mobiles.

Les Chinois faisaient usage de la poudre à canon avant l'ère chrétienne : cependant leur artillerie est fort en arrière. Ils font depuis un temps immémorial des puits forés comme ceux que nous appelons *artésiens*, non pour obtenir des sources jaillissantes, mais pour exploiter le sel des sources salées, qu'ils trouvent ordinairement à 5 ou 600 mètres de profondeur.

Les talents mécaniques ont seuls été encouragés parmi les Chinois; aussi leur industrie dans les manufactures d'étoffes, de porcelaine, de laque et autres fabriques sédentaires, est étonnante, et ne peut être comparée qu'à leurs travaux dans les champs, tels que la construction des canaux, l'aplanissement des montagnes et la formation des jardins.

VÊTEMENTS, COSTUMES. — Les Chinois s'habillent d'une longue robe avec des manches larges et une ceinture de soie flottante. La chemise et les caleçons varient suivant la saison. En hiver on ne voit que fourrures, depuis la peau de mouton jusqu'à l'hermine. Les Chinois se couvrent la tête d'un petit chapeau en forme d'entonnoir; il varie suivant les dignités, et il est surmonté d'un large bouton de corail, de cristal ou d'or; la substance et la couleur du bouton désignent les rangs. En général, l'habit est simple et uniforme; l'empereur lui-même n'est ordinairement distingué de ses courtisans que par une grosse perle dont son bonnet est orné.

VILLES CHINOISES, MAISONS. — Les villes sont presque toutes construites sur le même plan; elles ont généralement la forme d'un quadrilatère, et sont entourées de hautes murailles flanquées de tours d'espace en espace, au pied desquelles sont creusés des fossés secs ou remplis d'eau.

Les cités chinoises n'ont pas de noms : on les désigne par celui du département, de l'arrondissement ou du district dont elles sont le chef-lieu; ainsi l'on dit la ville du département de Kouang-toung, la ville de l'arrondissement de Tchin-si, etc. Les villes sont de trois classes, selon qu'elles appartiennent à des départements, arrondissements ou districts. Lorsque la ville est de premier ordre, on la désigne en ajoutant au nom du département le mot *fou;* lorsqu'elle est de second ordre, le mot *tcheou* est joint au nom de l'arrondissement; et lorsqu'elle est de troisième ordre, les mots *kian* ou *ting* s'ajoutent au nom du district.

Nous ne fatiguerons pas l'attention du lecteur par un examen minutieux des mœurs domestiques des Chinois. Les maisons sont de briques ou d'argile durcie, et plus communément de bois. En général elles n'ont qu'un étage; chez les négociants cet étage sert de magasin. L'extérieur des édifices est orné de colonnes et de galeries; partout les petits pots de fleurs chéris des Chinois offrent un agréable mélange de verdure et de couleurs variées. De vastes cours et des jardins isolent l'habitation du maître. Les appartements, proprement tenus, sont peu décorés: ils sont chauffés par le moyen de charbons ardents placés dans des vases de bronze ou dans des conduits pratiqués sous de larges estrades en pierre qui servent de siéges pendant le jour et de lits pendant la nuit. Tous les édifices sont couverts en tuiles, quelquefois revêtues d'un vernis vert, rouge ou jaune. Les bâtiments impériaux et les temples peuvent seuls être couverts en tuiles jaunes; les vertes sont réservées pour les palais des grands personnages, et les grises pour les autres maisons.

CLASSES DE POPULATION. — Le gouvernement chinois a longtemps passé pour le type du despotisme; mais on sait à présent, dit Abel Rémusat, qu'il est limité par le droit de représentation donné à certaines classes de magistrats, et plus encore par l'obligation où est le souverain de choisir ses agents, d'après des règles fixes, dans le corps des lettrés. Ceux-ci forment une véritable aristocratie qui se recrute perpétuellement par les examens et les concours. Aucune caste n'est privilégiée: tous les Chinois sont également aptes à remplir les emplois civils et militaires; la capacité est le seul titre qui détermine cette aptitude; le degré d'instruction, ou plutôt le grade qu'a obtenu chaque lettré, et les fonctions qu'il exerce, déterminent son rang dans la société. La population libre se partage en quatre classes dans l'ordre suivant: les lettrés, les laboureurs, les artisans et les marchands.

Les lettrés se divisent en trois grades: tous les jeunes gens, de quelque condition qu'ils soient, sont admis à concourir pour obtenir le troisième grade. Ceux qui l'ont obtenu concourent entre eux pour le deuxième, qui est exigé dans toutes les fonctions publiques. De ce grade on peut s'élever par le même moyen au premier, qui conduit aux charges les plus éminentes. Cette sage institution remonte, dit-on, au septième siècle de notre ère. Il n'y a de titres héréditaires que pour les princes de la famille impériale et pour les descendants de Confucius. La seule noblesse que confère quelquefois le souverain est dans l'ordre ascendant; ainsi, dans certaines circonstances, il anoblit les ancêtres d'un homme qui a mérité cette faveur, à laquelle les Chinois attachent une grande importance.

GOUVERNEMENT DE L'EMPIRE CHINOIS. — L'empereur exerce le pouvoir le plus absolu: il prend, ainsi que nous l'avons dit plus haut, les titres de fils du ciel et de seul gouverneur du monde. La couronne est héréditaire de mâle en mâle, mais la succession par ordre de primogéniture n'est pas toujours suivie. Les affaires de l'État sont distribuées entre six ministères ou conseils souverains, dont les présidents ont moins d'autorité que nos ministres; ce sont le *conseil des emplois*, chargé de présenter à la nomination du souverain les candidats aux différentes fonctions civiles et militaires; le *conseil des revenus*, qui administre les finances; le *conseil des rites*, qui a l'inspection de tout ce qui concerne les cultes; le *conseil des peines*, chargé de l'administration de la justice; le *conseil des travaux publics*, qui a dans ses attributions la construction et l'entretien des routes, des canaux, des ponts, etc.; le *conseil militaire*, chargé de tout ce qui concerne l'armée.

Chaque province est administrée par un intendant; ordinairement deux provinces sont sous l'autorité d'un vice-roi. Il y a de plus dans chaque province un surintendant des lettrés, un directeur des finances, un juge criminel, un intendant pour les salines et un pour les greniers publics. Chaque département, chaque arrondissement et chaque district ont en outre des magistrats particuliers qui exercent concurremment des fonctions administratives et judiciaires.

Les titres et les noms de ces officiers et de tous les autres agents inférieurs sont publiés dans l'almanach impérial, qui s'imprime tous les trois mois. Les décrets et tous les documents administratifs officiels sont insérés dans la *Gazette universelle*, autrement appelée *Messager de la capitale* (*King-pao*), dont l'abonnement coûte environ 12 francs par an. Un extrait de ce journal est publié ensuite dans les gazettes provinciales qui s'impriment dans les principales villes de l'empire.

ARMÉE, MARINE. — On évalue à plus de 800,000 hommes l'effectif des troupes régulières de la Chine. Les meilleures sont les troupes tatares entretenues au service de l'empereur. Les soldats chinois ne sont jamais enrôlés que dans les corps stationnés dans la province où ils sont nés. Ils ne sont réunis sous les armes que pendant un certain temps de l'année, et retournent à leurs occupations domestiques dans les intervalles de leur service militaire.

L'armée est divisée en corps ou bannières. Comme tous les autres fonctionnaires, les officiers n'obtiennent leurs grades qu'au concours. La discipline des troupes chinoises est remarquable; mais ils combattent sans ordre, sans tactique, ils poussent de grands cris et se précipitent en tumulte et en désordre sur l'ennemi; quelquefois ils simulent une fuite, mais c'est pour tenter un retour agressif avec des hurlements effroyables; la ruse et l'adresse sont leurs principales qualités militaires; ils ne manquent pas de courage, et dans certains cas ils tiennent tête à l'ennemi.

Les armes ordinaires sont l'arc et les flèches; ils portent des sabres et des couteaux très-larges, quelques-uns sont armés de lances effilées. Certains corps seulement sont armés de mauvais fusils. Les places sont défendues par des canons de fer, mais qui sont souvent sans affûts; les Chinois font usage de pots à feu, et ils ont le secret d'une composition qui rappelle l'ancien feu grégeois.

Toutes les villes proprement dites sont entourées de murailles ou au moins de palissades, et quelques-unes protégées par des forts, sans qu'aucune pour cela puisse être considérée par un Européen comme une place forte. Plus de 1,000 forts ou petites forteresses sont en outre répandus sur les frontières ou dans l'intérieur du territoire.

La marine se compose, dit-on, de plus de 2,000 jonques de guerre et d'un personnel considérable; cependant ces bâtiments, hauts de poupe et de proue, lourds et mal construits, sont difficiles à manœuvrer et d'un usage bien peu redoutable pour les Européens.

DE LA POPULATION DE L'EMPIRE CHINOIS. — On a très-souvent parlé de la population du Céleste Empire, mais on n'a toujours donné à cet égard que des renseignements d'une date très-ancienne et qui perdent, par cela seul, beaucoup de leur intérêt. Un document récent, dont la source est authentique, nous permet de combler une lacune d'autant plus grande, que le dernier recensement officiel qui sert de base aux évaluations de tous les géographes remonte à la dix-huitième année du règne de Kia-king, c'est-à-dire à 1813.

Le 29 octobre 1856 Canton fut attaqué par l'escadre aux ordres de l'amiral Seymour, les Anglais s'emparèrent momentanément du palais du vice-roi; ils y trouvèrent, entre autres objets précieux au point de vue des renseignements, un livre dans le genre de ceux de même nature que publie le gouvernement français sur les douanes, sur le commerce extérieur ou sur toute autre branche d'administration publique.

Ce livre, publié en langue chinoise à l'imprimerie impériale de Péking, avait pour titre: *Tableau de la population de la Chine et de ses colonies, d'après le recensement exécuté par les ordres du sublime empereur Hien-foung, et dans la quatrième année de son règne* (1852). L'empereur Hien-foung est aujourd'hui sur le trône, et le travail de recensement qu'il a ordonné est de trente-neuf années plus récent que celui exécuté sous le règne de Kia-king.

Pendant cette période de temps, la population de la Chine a augmenté dans des proportions considérables. En 1813, elle était de 367 millions d'âmes, en 1845 de 371 millions, et en 1852 elle avait atteint 396 millions. On peut, en ce moment, l'évaluer sans exagération, au chiffre énorme de 400 millions d'âmes. L'esprit est confondu en pensant à de pareils résultats, lorsque surtout on les compare à ceux que présentent les plus grands États de l'Europe.

Il y a dans cet immense empire des agglomérations de population dont il est difficile de se faire idée; plusieurs provinces ont à elles seules une population supérieure à celle de la France entière, un grand nombre de villes dont la population varie entre 500,000 âmes et 1 million. Il y a beaucoup de simples villages dont la population est de 25,000 âmes.

Cet excès de population engendre les bandes dévastatrices qui désolent continuellement le pays; il crée cette masse énorme d'individus sans feu ni lieu, toujours prêts à tout, et qui sont le fléau des grandes villes du littoral. Il produit aussi ce nombre inépuisable d'émigrants qui commencent à remplacer les noirs dans toutes les colonies de l'Amérique du Sud, et dont le travail présente de grands avantages.

Il est impossible de voir un pays où le mépris pour la vie de l'homme soit poussé plus loin; et, pour ne citer qu'un fait à cet égard, on se rappelle qu'il y a quelques années les mandarins gouverneurs des provinces de Tchy-li, de Kiang-sou, de Chang-toung et de Tche-kiang ne trouvèrent pas d'autre moyen de combattre l'accroissement de la population que d'autoriser les habitants pauvres à jeter leurs enfants dans les fleuves vingt-quatre heures après leur naissance. Ce moyen monstrueux fut mis en pratique.

Le développement des deux sexes en Chine se trouve dans des proportions très-avantageuses; et comme il est peu de pays où les femmes soient aussi fécondes, il en résulte que la population, au lieu de diminuer ou de s'arrêter, ne peut que continuer à s'accroître suivant une progression qui échappe aux lois indiquées par les tables ordinaires de mortalité.

JAPON.

SITUATION DU JAPON. — A l'orient de la Mandchourie et de la Corée, s'allonge le bassin de la *mer du Japon*, dont l'extrémité septentrionale a été désignée par la Pérouse sous le nom très-impropre de *Manche de Tartarie*. Des côtes escarpées et dépourvues de grandes rivières environnent cette méditerranée sombre, embrumée et orageuse. Au nord, deux détroits la font communiquer à la mer d'Okhostk ; le détroit le plus méridional des bouches de l'Amour, séparant le continent de l'île de Tarakaï ou Sakhalien, est encombré de sables, couvert de roseaux, et n'admet pas même une barque. Le *détroit de la Pérouse*, connu auparavant sous le nom de *détroit de Tessoï*, présente à l'est un passage à la mer d'Yéso, partie méridionale de la mer d'Okhotsk. Le détroit de *Sangar* ou de *Matsmaï* laisse entrer les flots du grand Océan oriental. Au midi, le *détroit de Corée* s'ouvre sur les mers de la Chine. Une chaîne d'îles considérables forme la barrière qui sépare la Méditerranée japonaise du grand Océan ; et cette chaîne, qui est longue de 2,400 kilomètres, se lie encore aux îles Kouriles au nord-est. Les Japonais en occupent la meilleure partie.

ILES QUI LE COMPOSENT, SUPERFICIE, POPULATION. — Le Japon se compose : 1° des îles de *Nipon*, *Kiou-siou*, *Sikof*, *Sado*, *Oki*, *Tosima*, *Fatsi-siou*, *Tunega-sima*, *Jacuvro-sima* et *Ki-kiay*, qui forment le Japon proprement dit ; 2° de *Yéso*, *Tarakaï* (pour la partie méridionale seulement), *Kounasir*, *Itouroup*, *Onroup*, et en général les Kouriles au sud du détroit de la Boussole, qui forment la province de Matsmaï.

L'archipel de Lieou-khieou, que les Japonais appellent *Rioukiou*, est, comme celui de *Monin-sima* ou *Bonin-sima*, placé au nombre des dépendances de cet empire. Nous avons déjà fait remarquer que le premier était aussi regardé comme tributaire de la Chine, nous le décrirons à la suite du Japon ; quant au second, nous renvoyons sa description à celle de la Polynésie (Océanie), à laquelle il appartient physiquement.

On peut évaluer la superficie de l'empire à 150,000 kilomètres carrés, et sa population approche de 40 millions d'habitants.

De nombreuses petites îles dépendent de l'empire du Japon ; et si nous en croyons les Japonais eux-mêmes, le nombre de celles qui forment la totalité de leur empire est de 3,850. La population est agglomérée dans les trois grandes îles de Nipon, Kiou-siou et Sikof avec une densité spécifique presque triple de celle du plus peuplé de nos départements. Les Chinois donnent au Japon le nom de *Jè-pen* ou *Jepoun*, *contrée du soleil levant*, dont les Hollandais ont fait Jepàn et les Européens Jâpan ou Japon ; les Japonais donnent à leur empire le nom de *Nipon*, *pays du soleil* ; Marco-Polo l'a connu sous celui de *Xipangu*.

ILE DE NIPON. — *Nipon* ou mieux *Nippon* (empire du soleil), que nous trouvons écrit sur nos cartes *Niphon*, est la principale des îles japonaises. Elle a 1,200 à 1,400 kilomètres de longueur et 350 dans sa plus grande largeur. Elle est hérissée de montagnes et de collines, la plupart volcaniques, et dont quelques-unes jettent des flammes et de la fumée. On y compte une dizaine de cratères qui ne sont pas tous éteints. Le plus important de ces volcans paraît être le *Fusi-yama*, que l'on dit élevé de plus de 4,000 mètres. Le *Naka-yama*, vers le centre de l'île, est encore un des pics principaux que l'on connaît. Les côtes de Nipon, parsemées de rochers, sont battues par les flots d'une mer orageuse ; son sol, peu fertile, est souvent tourmenté de commotions souterraines ; mais les vallées et les plaines humectées par un grand nombre de rivières et de ruisseaux, dont l'industrie des Japonais a, au moyen de canaux d'irrigation, augmenté l'utile influence ; les montagnes, les pentes même des volcans, embellies par de nombreuses espèces de végétaux inconnus à nos régions tempérées, présentent l'intéressante image de l'industrie humaine au milieu des traces des révolutions physiques. Malgré des hivers très-froids et des étés très-chauds, le climat est salubre ; le temps est variable pendant la plus grande partie de l'année ; les tempêtes et les ouragans caractérisent l'époque des chaleurs ; mais l'abondance des pluies bienfaisantes, le travail et les engrais parviennent à vaincre la stérilité du sol.

Les métaux précieux abondent dans l'île ; l'or s'exploite par le lavage dans des sables d'alluvion tellement riches, que, pour ne point en abaisser le prix par une trop grande abondance, l'exploitation en est limitée par les lois. L'argent est soumis à la même restriction ; les mines de cuivre sont également d'une richesse remarquable : elles donnent des produits considérables ; le mercure offre dans ses gisements des variétés précieuses pour les minéralogistes ; le fer est le moins commun de tous les métaux. Les montagnes volcaniques fournissent à la consommation et au commerce du soufre et du bitume, et aux habitants des sources minérales utilement employées dans diverses maladies. Il paraît que dans le nord de l'île la houille se montre en couches d'une grande épaisseur.

RIVIÈRES DE NIPON. — Les rivières du Japon ne peuvent avoir un long cours ; dans l'île de Nipon, le *Yodo-gava* (*gava*, *gave*, fleuve), qui passe par Osaka, est traversé par plusieurs ponts en cèdre de 100 à 125 mètres de long ; il n'a que 100 kilomètres de cours ; l'*Ojin-gava* et la *Fousi-gava* sont aussi des rivières larges et rapides. Le *Tenriou-gava*, qui sort du lac Souva, se jette dans la mer par trois embouchures, après un cours de 160 kilomètres ; le *Tone-gava*, d'un côté, se jette dans le golfe de Yedo, et de l'autre dans le grand lac *Kasmiga-oura* ; enfin l'*Ara-gava* se partage en deux bras dont l'un se jette dans le Tone-gava et l'autre dans le *Toda-gava*, qui a son embouchure dans le golfe de Yedo.

Un des grands lacs est celui d'*Oits* ou *Bivano-oumi*, du sein duquel s'écoulent deux rivières, l'une vers Miako, l'autre vers Osaka. Ce lac a, dit-on, 400 kilomètres de longueur ; sa largeur n'est que d'environ 100 kilomètres. Trois mille pagodes ont rendu sacrée la délicieuse plaine qui l'environne.

Selon l'histoire japonaise, ce lac fut formé en une nuit à la suite d'un tremblement de terre qui affaissa le terrain qu'il occupe, et éleva à une plus grande hauteur la montagne de Fusi-yama, située à quelque distance de là. Le lac *Souva* ou *Souva-no-mitsou-oumi* est remarquable par le grand nombre de sources minérales chaudes qui s'y jettent, et qui jaillissent du sol environnant.

ILE DE KIOU-SIOU. — L'île de *Kiou-siou* ou de *Ximo*, la plus méridionale et la plus occidentale des grandes îles du Japon, est longue de 360 kilomètres du nord au sud, et large de 80 à 200 de l'est à l'ouest. Située au sud de Nipon, elle n'en est séparée que par un canal de 2 kilomètres de largeur. Visitée dans ces derniers temps par les navigateurs européens, ses caps ont reçu les noms de quelques hommes célèbres. Ainsi le cap Tchitchakof forme son extrémité méridionale ; et sur la côte orientale, on distingue ceux de Nagaef, de d'Anville et de Cochrane. Son intérieur est couvert de hautes montagnes, dont quelques-unes sont des volcans redoutables ; la plus remarquable de ces cimes volcaniques a reçu de Krusenstern le nom de *pic Horner*. La nature s'est plu à embellir cette île, et l'agriculture en a fait une des plus riches contrées du Japon ; mais elle est exposée à de violents tremblements de terre et aux ravages de ses volcans.

ILE DE SIKOF. — *Sikokf* ou *Siko-ko* est à l'est de la précédente. Elle en est séparée par le *canal de Bungo*, tandis que le *canal de Kino* la sépare au nord-est d'une partie de la grande île de Nipon. On donne même à la partie de mer comprise entre ces trois îles le nom de *mer de Swoonada*. L'île de Sikof a environ 180 kilomètres de longueur du nord-est au sud-ouest, et 140 dans sa plus grande largeur de l'est à l'ouest. Cette île est peu connue des Européens : on sait seulement qu'elle est très-montagneuse.

VILLES DE L'ILE DE NIPON. — La capitale du Japon se nomme *Yedo*. Elle est située dans une des baies orientales de l'île de Nipon. Les maisons n'y ont qu'un ou deux étages, avec des boutiques le long des rues. Le port y est si peu profond, qu'un vaisseau européen est obligé de jeter l'ancre à la distance de 20 kilomètres. Le palais du *koubo* ou du *siogoun*, l'empereur gouvernant, est entouré de murs de pierre, avec des fossés et des ponts-levis ; lui seul formerait une ville considérable, puisqu'on lui donne 25 kilomètres de circonférence, tandis qu'il faudrait vingt et une heures de chemin pour faire le tour de la ville entière. C'est à Yedo que résident, la moitié de l'année, tous les princes feudataires de l'empire ; leurs familles y demeurent toujours comme otages de leur fidélité. Le palais de l'empereur consiste dans un grand nombre de logements : il a une tour carrée, marque de prééminence, qui, dans cette ville est interdite aux autres grands, quoique chacun d'eux jouisse de la même prérogative dans ses propres domaines. Les toits sont ornés de dragons dorés. Les colonnes et les plafonds sont enrichis de cèdre, de camphrier et d'autres bois précieux. Mais tout l'ameublement consiste en nattes blanches garnies de franges d'or.

Les maisons des particuliers sont en bois, mais peintes en blanc, de manière qu'elles semblent être de pierre; l'étage supérieur sert de garde-meuble et de grenier; le rez-de-chaussée n'est composé que d'une grande pièce, qu'on peut diviser à volonté en divers appartements, par des cloisons à coulisses. On n'y fait usage ni de siéges ni de tables; on s'assied sur des nattes : l'empereur même, pour donner son audience, ne s'assied que sur un tapis.

La fréquence des tremblements de terre que l'on ressent à Yedo est probablement la seule cause qui fait que cette ville renferme si peu d'édifices remarquables (le dernier, qui date de 1855, a fait périr près de 40,000 personnes et détruit plus du tiers de la ville). Il est cependant une construction que nous ne devons point passer sous silence : c'est le fameux pont appelé *Nipon-bas* ou *pont du Japon*, d'où l'on compte les distances sur tous les grands chemins de l'île. Il est long de 80 mètres, construit en bois de cèdre et bordé de balustrades ornées de boules en cuivre doré. La population de cette ville, que l'on peut regarder comme une des plus grandes du monde, est difficile à évaluer : on croit qu'elle dépasse 1,500,000 habitants.

Osima, à l'extrémité d'une presqu'île qui s'avance au sud dans la mer, à l'entrée de la grande rade qui mène à la capitale, est un port important, qui sert d'entrepôt à Yedo; près de là le petit port de *Simoda*, qui en dépend, est ouvert à la marine des États-Unis depuis le traité du 31 mars 1854. Simoda est situé près du cap Fougou, à 96 kilomètres à l'ouest de la pointe de Sagami, à l'entrée de la baie d'Yedo. C'est un havre sûr et commode, abrité par des collines ayant plus de 100 mètres d'élévation. La ville est au nord-ouest du port; elle compte un millier de feux. Une petite rivière l'arrose, et s'écoule dans une fertile vallée. Il y a huit temples dans Simoda. La rivière est bordée de villages et de moulins à riz.

Une observation importante à faire sur cette ville, c'est qu'elle est le théâtre de fréquents incendies; inconvénient qui, au surplus, existe dans toutes les villes du Japon.

En allant d'Yedo au nord-est, on trouve deux villes principales, *Nagasima* et *Nambou*. En se dirigeant au sud-ouest, on rencontre la ville d'*Odazara*, où l'on fabrique de la porcelaine et où l'on prépare le cachou ou la terre odorante du Japon, matière en effet terreuse, mais que l'on retire d'un végétal qui paraît être le *mimosa catechu* de Linné; celle d'*Okosaki*, avec un pont superbe, et celle de *Nacoya*, une des plus riches de l'empire, avec un château fort entouré d'eau : c'est ce chef-lieu de la fertile province d'*Ovari* qui donne son nom à une baie.

Miaco ou *Miyako*, la seconde ville de l'empire, dont elle était autrefois la seule importante, et qui porte encore le nom de *Kio* (résidence par excellence), est située dans les terres, à environ 220 kilomètres au sud-ouest d'Yedo, dans une plaine unie. C'est le principal siége des fabriques et du commerce; c'est le lieu où l'on frappe la monnaie impériale. La cour du *mikado*, le grand pontife et le second empereur du Japon, se compose de gens lettrés, et c'est ici que s'impriment tous les livres. La population de cette ville doit être de 6 à 800,000 âmes, sans compter la cour nombreuse du mikado, qui se compose d'une partie des 52,000 prêtres de cette ville. Le vaste palais de ce pape japonais est inaccessible aux étrangers, mais les temples de cette ville sainte ont été visités et décrits (1).

Miyako est le centre des sciences, de la littérature et des beaux-arts ; c'est de ses imprimeries que sortent la plupart des livres japonais et l'almanach impérial, l'un des ouvrages les plus importants et les plus utiles qui se publient dans l'empire. Cette ville est encore plus célèbre par ses manufactures de tissus et par ses belles porcelaines.

Les faîtes pyramidaux des temples et des palais de Miyako se marient agréablement aux collines boisées qui environnent la ville et d'où découlent plusieurs sources limpides.

A 35 kilomètres au nord-est de Miyako, l'importante *Nara* mérite encore notre attention : le nombre de ses temples la range aussi parmi les villes saintes; ils appartiennent presque tous à la religion de Bouddha. L'un des plus remarquables est celui de *Koubosi*; un autre temple qui rivalise avec celui-ci est consacré à Daï-bout.

Osaka, située à l'embouchure du Yodo-gava, est regardée comme le port de Miyako et comme une des villes maritimes les plus florissantes de l'empire. Sa population dépasse 300,000 âmes. Les canaux dont elle est coupée et que l'on passe sur des ponts de cèdre, rappellent Venise; les plaisirs qui y règnent, joints à l'abondance et au bas prix des vivres, y attirent les Japonais qui cherchent des loisirs voluptueux. Tous les riches seigneurs y ont un pied-à-terre; mais comme si le gouvernement craignait qu'ils n'abandon-

nassent le séjour de la capitale pour celui de cette ville, il ne leur est pas permis d'y coucher plus d'une nuit. Cette ville renferme un jardin botanique où l'on cultive avec le plus grand soin tous les végétaux qui croissent au Japon. La citadelle est construite à l'une des extrémités de la ville, avec de bonnes fortifications à la manière du pays. Deux gouverneurs y commandent alternativement chacun pendant trois années : celui qui n'est pas en fonction reste à la cour.

Fiogo, dans la même province, sur le golfe d'Osaka, possède un port garanti par un vaste môle. C'est une ville grande, belle et surtout très-peuplée. *Mourou*, dans la province de Farima, est pourvu d'un port naturel; on y travaille des cuirs de cheval à la manière des Russes.

Kake-gava a un port et 400 maisons; *Kana-gava* passe pour une des cités les plus considérables de l'empire.

VILLES DE L'ÎLE DE KIOU-SIOU. — Dans l'île de *Kiou-siou* ou de *Ximo*, qui formait autrefois un royaume à part, nous distinguerons le fameux port de *Nagasaki*, le seul dans lequel il était, avant 1854, et depuis longtemps, permis aux vaisseaux étrangers de jeter l'ancre; privilége qui était même réservé exclusivement aux Hollandais et aux Chinois. Ce lieu n'était qu'un simple village; il doit au commerce portugais sa prospérité et son importance. Nagasaki compte 87 rues, chacune d'environ 120 mètres de longueur; c'est la mesure légale d'une rue; on estime le nombre des maisons à 5 ou 6,000 tout au plus. Il y a 62 temples construits sur des hauteurs : ils sont consacrés à la fois au culte et aux plaisirs. Les approches de la ville du côté de la mer offrent des points de vue tels qu'on en chercherait en vain dans nos jardins pittoresques les plus fameux. Un îlot volcanique, en forme d'éventail, celui de *Detsima*, servait de comptoir aux négociants hollandais. Maintenant les navires russes, anglais et américains peuvent aussi venir y jeter l'ancre. Les autres villes considérables sont : *Sanga*, célèbre par ses belles femmes et par ses fabriques de porcelaine presque transparente; *Kokoura*, d'où l'on passe à *Simonoseki*, dans l'île de Nipon; et *Kangoxima* ou *Kago-sima*, où les Portugais débarquèrent lors de la découverte du pays.

VILLES DE L'ÎLE DE SIKOF. — Les villes de la côte septentrionale et occidentale de l'île de Nipon ne nous sont connues que de nom. Il faut en dire autant de celles de toute l'île *Sikof*, que les voyageurs n'ont pas traversées, où l'on trouve les quatre provinces, autrefois royaumes, de Tosa, Iyo, Sanouki et Awa, qui ont pour chefs-lieux *Kôtsi*, *Matson-yama*, *Tok-sima* et *Taka-mats*.

ILES OOSIMA ET KOSIMA. — En longeant la côte occidentale, on rencontre les îles d'*Oosima* et de *Kosima*, qui renferment chacune un volcan brûlant : celui de Kosima passe pour le plus petit du globe, il n'a que 30 mètres de hauteur. Viennent ensuite les îles d'*Okosiri* ou *Okosir*, couvertes de forêts; de *Riosiri* ou *Riisiri*, qui renferme un volcan appelé le *Pic de Langle* par la Pérouse, et de *Refounsiri* ou *Ribounsiri*, comme l'appellent les Japonais. Le grand golfe qui s'avance dans la partie occidentale d'Yéso a reçu des Russes le nom de Strogonof : au fond de ce golfe s'élève un volcan. Le dernier poste au nord est *Notsjiab*, le *Notzambou* de Krusenstern. *Soyca* est sur une baie plus à l'est. La côte nord-ouest est habitée par les Aïnos; *Atkis*, leur principal village, est sur la côte nord-est.

AUTRES PETITES ÎLES DU JAPON. — La petite île de *Firando*, près de la côte méridionale de celle de Kiou-siou, et celle d'*Amakousa*, eurent au dix-septième siècle quelque célébrité, comme ayant été les premiers asiles de la religion chrétienne. C'est dans cette dernière que les jésuites fondèrent un collége où ils établirent une importante imprimerie. L'île *Tsou-sima*, entre Kiou-siou et la Corée, forme une province qui a été tributaire des Coréens avant d'être soumise aux Japonais. Le petit archipel *Goto* termine le Japon au sud-ouest.

Les îles que nous venons de nommer ne sont pas d'une grande étendue. Firando a 36 kilomètres de longueur et 20 de largeur; Amakousa en a à peu près 40 sur 32; et Tsou-sima 72 sur 20. L'archipel ou plutôt le groupe de Goto se compose de cinq îles appelées *Fisago-sima*, *Narou-sima*, *Nisi-sima* et *Fiyasi-sima*.

Au midi, la petite île de *Likeo*, qu'il faut distinguer des îles Licou-khieou, n'est séparée de Kiou-siou que par un canal étroit; elle est gouvernée par un *dairi* ou pontife indigène, soumis au prince de Satsouma. Les habitants récoltent du riz deux fois l'année; ils cultivent leurs champs aux sons de la lyre et au bruit des champs joyeux. Le détroit de Van Diemen les sépare de l'île de *Tanao-sima* ou *Tanega-sima* et d'une chaîne de moindres îles qui s'étend dans la direction de l'archipel de Licou-khieou.

Au sud-est, la domination japonaise embrasse un petit archipel dans lequel on distingue un volcan encore brûlant, et plusieurs foyers éteints de feu souterrain. L'île la plus considérable se nomme *Fatsisio* : élevée de 160 mètres, et escarpée de toutes parts, elle n'est accessible qu'au moyen d'échelles de corde attachées au haut

---

(1) Voir *le Japon*, par Édouard Fraissinet, 2 vol. in-12. Paris, Arthus Bertrand. — *Le Japon contemporain*, par E. Fraissinet, 1 vol. in-18. Paris, 1856, Hachette.

des rochers. C'est ici que les courtisans disgraciés et exilés s'occupent à tisser des étoffes de soie d'après les dessins bizarres que leur suggère leur imagination agitée.

ILE DE YESO, MOEURS ET COUTUMES DES AÏNOS. — L'île de Yéso, à laquelle on donne quelquefois le nom de *Matsmaï*, qui est celui de sa capitale, est la plus septentrionale des grandes îles situées au nord du Japon proprement dit que nous venons de décrire. Elle est située au nord de celle de Nipon, on l'appelle en japonais la *terre d'Yéso*, ou *Mo-sin*, c'est-à-dire *des peuples velus*, ou encore *Mao-jin*, *Mo-min* et *Mao-min*.

Les Mo-sin occupèrent jadis les parties septentrionales du Japon jusqu'à la montagne Ojama; successivement repoussés dans leur propre île, ils y ont été subjugués à diverses reprises, et ne conservent leur indépendance que dans la partie méridionale de Sakhalian. Les Mo-sin s'appellent eux-mêmes *Aïnos*. Cette nation a la taille un peu plus haute et le corps plus robuste que les Japonais; une barbe noire très-épaisse couvre leur visage; elle se confond avec une chevelure noire et un peu crépue. Hommes et femmes se tatouent ou se peignent sur les lèvres diverses figures de fleurs et d'animaux. Les vêtements des riches sont de toiles du Japon ou de la Chine; le peuple s'habille d'une étoffe faite avec le fil qu'on tire de l'écorce d'une espèce de saule. Dès l'âge de dix ans, les enfants apprennent à plonger dans la mer, et à sauter par-dessus une corde tendue. Les Aïnos excellent dans ces deux exercices; on en voit qui sautent à la hauteur de deux mètres; ils suivent les cerfs à la course; l'arc et les flèches sont leurs principales armes; mais de petits détachements japonais battent des milliers d'Aïnos. Les chefs héréditaires des villages se reconnaissent vassaux du prince japonais de Matsmaï, et lui payent un tribut en peaux de loutres et de chiens de mer, d'ours, d'élans et de castors, de saumons, de faucons et d'autres productions de leur pays. Ils vivent entre eux sans loi et presque sans culte; du moins des libations et des feux allumés en l'honneur de *Kamoï*, divinité japonaise, sont les seuls actes religieux qu'on leur connaisse. Point d'alphabet, point de monnaie : le commerce se fait par échange; ils se rendent dans une des îles Kouriles, déposent leurs marchandises, et se retirent à bord de leurs bateaux; les Kouriles descendent, examinent les marchandises, et mettent les leurs à côté : c'est par une suite de semblables négociations muettes que les marchés se concluent.

Les femmes sont fidèles, et ne témoignent aucune jalousie envers leurs rivales; mais lorsque le mari prend une autre épouse, il est tenu de la loger dans une hutte éloignée de la sienne. Un homme a quatre et huit femmes, selon sa fortune. L'épouse d'un Aïno fait des habits à son mari avec l'écorce d'un arbre, donne à manger à l'ours de la maison, et fait sécher le poisson pendant que le mari va à la pêche ou à la chasse. Celles qui sont riches et coquettes couvrent leurs lèvres de lames d'or; les autres les teignent de différentes couleurs et se noircissent les dents. Les Aïnos adorent le soleil, la lune, la mer, un dieu du ciel, et croient à l'existence du diable. Ils ont beaucoup de respect pour les morts; la famille du défunt visite tous les ans son tombeau. Après la mort de son époux, la veuve se retire dans les montagnes; pendant la durée du deuil, les parents ne paraissent point en public la tête découverte. Les Aïnos n'ont point de calendrier; ils comptent les années par époques de la chute des feuilles. Ils ne se servent ni d'écriture ni de monnaie, et ne calculent qu'au moyen d'incisions faites dans le bois.

Les Japonais nomment généralement les Aïnos *Yéso* : ceux qui habitent près du Japon sont appelés *Koutsi-Yéso*, c'est-à-dire Yéso de la bouche du pays; et ceux qui demeurent loin des côtes, *Okou-Yéso* ou Yéso de l'intérieur.

La langue des Aïnos diffère également du japonais ou du mandchou, mais elle paraît se rapprocher du kamtchadale; la comparaison d'une centaine de mots, très-bien choisis, avec quelques mots correspondants dans plusieurs langues de l'Asie et de l'Océanie, ne nous a fourni aucun indice de parenté; mais sans doute les recherches auraient exigé des matériaux qu'il n'était pas en notre pouvoir de nous procurer. Cette langue, quoique moins sonore et moins douce que le japonais, ne paraît pas cependant offrir ces sons rudes qui caractérisent un peuple féroce.

L'île d'Yéso présente de tous côtés des montagnes élevées, couvertes d'une belle verdure et de riches forêts; les sapins, les bouleaux, les cyprès, les ormes, les saules et beaucoup d'autres arbres y abondent; les tussilages et les lis sarannes y prospèrent : ce qui indique un climat froid et humide. Il y a beaucoup de plantes sarmenteuses; les roseaux y prennent ces dimensions énormes qu'ils ont à l'embouchure du Sakhalian. Parmi les cultures essayées par les Japonais, le millet, les pois et les fèves ont réussi. Les animaux de l'île sont les aigles, trois sortes de faucons, des ours, des cerfs; on prend l'ours jeune, les femmes lui donnent leur sein à téter; il est élevé comme un chien ou un porc favori; mais lorsqu'il grandit, il est mis en cage, et tant de soins n'aboutissent qu'à le tuer dès qu'il paraît assez gras. La famille pleure solennellement sa mort, mais mange sa chair, usage qui rappelle

les Ostiaks. Les loutres, les chiens marins, les phoques sont indiqués sous beaucoup de noms divers. Les baleines chassent dans les baies et embouchures des rivières d'immenses essaims de *nising*, espèce de sardine; le saumon fourmille aussi au point de pouvoir être pris avec la main. La sangsue de mer est recherchée et vendue aux Japonais. La lentille marine, le *fucus saccharinus*, et probablement beaucoup d'autres *fucus* servent de nourriture ordinaire.

L'île d'Yéso a 650 kilomètres de l'est à l'ouest, et 400 du nord au sud. Sa superficie est évaluée à environ 150,000 kilomètres carrés. Suivant les auteurs japonais, elle est couverte de montagnes et de rochers sur une largeur de 40 à 120 kilomètres. Les routes ne sont que des sentiers rocailleux, qui bordent souvent des précipices effrayants. Mais les rocs les plus escarpés n'arrêtent pas les naturels; ils ne les tournent pas, ils les escaladent.

Les montagnes renferment des mines de plomb, d'argent et d'or. Le climat de cette île est plus froid que sa latitude ne l'indique : depuis le mois de novembre jusqu'à celui d'avril, la neige couvre non-seulement les montagnes, mais les plaines et les vallées jusque dans la partie méridionale; le thermomètre centigrade descend souvent à 15 degrés au-dessous de zéro. En été les pluies sont fréquentes, et des vents violents agitent l'atmosphère.

Les terres labourables ne s'étendent que sur les bords de la mer, où l'on compte 107 villages d'insulaires montagnards, qui habitent en dehors du canton de Matsmaï, dont le territoire n'a que 30 kilomètres d'étendue.

Matsmaï ou *Matsmayé*, c'est-à-dire la ville du détroit, est bâtie vers l'extrémité méridionale de l'île, sur le détroit de Saugar ou Tsoungour.

Ses maisons sont construites en bois, mais recouvertes de pierres et de plâtre; les édifices publics sont blanchis à la chaux. Suivant Golovnine, qui y fut fait prisonnier en 1811 par les Japonais, et qui y résida longtemps, elle possède un théâtre japonais et une population de 50,000 âmes. Son commerce est florissant, et son port fréquenté par un grand nombre de navires japonais et chinois.

A 60 kilomètres au nord-est, le petit port de *Hakodadi*, situé au fond d'une baie magnifique, est ouvert depuis le traité du 31 mars 1854 au commerce des Américains, et il le sera sans doute bientôt au commerce européen. Il sera important surtout comme point de relâche et d'approvisionnement pour les baleiniers. Hakodadi est situé à la pointe orientale de la partie sud de l'île d'Yéso; c'est une petite ville essentiellement commerçante par sa position sur le versant d'une montagne aride, sur une pointe sablonneuse et étroite qui regarde d'un côté la mer du Japon et de l'autre l'océan Pacifique. Les jonques et les navires trouvent dans son port un très-bon abri. Tous les jours sa principale rue est remplie de mauvais chevaux ou de bœufs maigres chargés de provisions. Le charbon de bois y est surtout d'une qualité remarquable.

Les rues sont beaucoup plus larges que celles des villes chinoises, toutes sont sales, à l'exception de la principale, qui peut avoir de 10 à 12 mètres de largeur. Les maisons en bois ne sont pas belles; les plus remarquables ont seulement un étage. Quelques-unes sont recouvertes de chaume, les autres de briques fixées à la charpente par des pierres plus ou moins pesantes qu'on y a superposées. Sur le pignon de ces maisons on aperçoit presque partout des seaux ou autres vases à large ouverture, qui sont ordinairement surmontés d'une espèce de balai ou d'une perche presque en forme de croix; ils sont ainsi placés pour la commodité des corbeaux, très-nombreux et très-familiers dans le pays, qui viennent y chercher leur nourriture et contribuent ainsi à l'assainissement de la ville en se chargeant de faire disparaître les ordures contenues dans ces seaux.

Il n'y a pas de luxe dans le costume des habitants : les femmes sont enveloppées dans une vaste robe qu'elles tiennent fermée par devant avec les mains; les hommes du peuple sont peu soucieux des soins de la propreté et de la décence de leur costume; ceux des campagnes viennent à la ville avec des vêtements mal entretenus; ils portent des espèces de guêtres, ce qui semble indiquer qu'ils vivent dans des régions froides.

Yéso forme, avec les Kouriles méridionales et la partie du sud de Sakhalian, un grand gouvernement sous le commandement d'un général japonais. Les Aïnos sont censés tributaires, bien qu'ils ne payent point d'impôts.

La côte sud-est d'Yéso est couverte de forêts magnifiques; la *baie du volcan*, ou *Volcano-Bay*, offre un bassin circulaire de l'aspect le plus pittoresque; tout fait soupçonner ici l'existence d'un volcan en activité. Au nord de la baie se trouvent trois pics isolés, les monts *Ouson*, *Sirbets* et *Kioka*; au sud, le mont *Daiho* en indique l'entrée. Depuis le voyage de la frégate russe *la Pallas* on a reconnu plusieurs points sur les côtes de Yéso. Nous citerons sur la côte occidentale *Soja*, à la pointe septentrionale de l'île; près du cap du même nom, *Hononsika* et *Oncusja*; dans le voisinage du mont Pallas, *Isikaributo*; au fond du golfe Strogonoff, *Sjaksvan*, *Livibets* et *Porobets*; sur la côte orientale, *Visibets*, *Atkesi*, *Siakubets*, *Tobut*, *Saroro* et *Uragawa*. La frégate *la Constantine*, commandée par M. le capitaine Tardy de Montravel, a aussi visité les côtes de cette île en 1854.

ILE DE SAKHALIAN. — Au nord d'Yéso s'étend la longue île de *Sakhalian* ou *Saghalien*, appelée par les Japonais *Sagariïa*, et nommée aussi *Taraikaï* ou *Karafta*. Les Aïnos, suivant les géographes japonais, l'appellent *Karato*, nom auquel ils ajoutent l'appellatif *sima*, ou île. Selon Krusenstern, le nom indigène serait *Saldan*; selon la Pérouse, *Tchoka :* il paraît que ce dernier n'est que le nom d'un village, écrit *Tchuchin* sur la carte de d'Anville; probablement les deux autres dénominations sont aussi locales.

La Pérouse, qui a visité la côte occidentale, trace un portrait des habitants très-favorable sous le point de vue moral. L'intelligence de ces pauvres insulaires lutte contre un climat âpre : ils sont pêcheurs et chasseurs, ils se tatouent; ils font des étoffes d'écorce de saule tout comme les Mo-sin ou Aïnos d'Yéso. Leur langue offre quelques mots germaniques et mandchoux. L'île, très-élevée dans son milieu, s'aplatit vers ses extrémités méridionales, où elle paraît offrir un sol favorable à l'agriculture. La végétation y est extrêmement vigoureuse; les pins, les saules, les chênes et les bouleaux peuplent ses forêts. La mer qui baigne ses côtes est très-poissonneuse; ses rivières et ruisseaux fourmillent de saumons et de truites de la meilleure qualité. Les collines se couvrent de rosiers, d'angéliques et de lis sarannes.

Krusenstern a examiné la baie *Aniva*, extrémité méridionale de l'île; les Japonais y ont reconstruit l'établissement que les Russes avaient détruit. Il est très-important par la grande quantité de poissons et de baleines que l'on pêche dans ses parages. Toute la côte orientale, examinée par Krusenstern, présentait des vallées boisées, derrière lesquelles des montagnes couvertes de neige semblaient se perdre dans les nues. Au 51ᵉ degré, le sol s'abaisse; on ne voit plus que des dunes et des collines de sable. Les Aïnos habitent le Midi; la côte orientale paraît déserte; une colonie de Mandchoux occupe la côte nord-est, voisine de l'embouchure de l'Amour; les Russes s'y sont récemment établis en face de l'embouchure du fleuve.

La partie méridionale, formant environ le tiers de cette île, appartient seule aux Japonais, et dépend du gouvernement de Matsmaï.

LES KOURILES JAPONAISES. — Au nord de l'île d'Yéso se prolonge la chaîne des îles Kouriles, dont les plus méridionales font partie du même gouvernement.

Les quatre principales îles Kouriles qui dépendent de l'empire japonais, et font partie du gouvernement de Matsmaï, sont Kounasir, Sikotan, Itouroup et Ouroup, dont nous allons dire quelques mots.

Un canal sans nom sépare l'île d'Yéso de celle de *Tchikota* ou *Tchikotan*, appelée aussi *Spangberg*, la plus méridionale des Kouriles, et faisant partie de l'empire japonais. Elle a 120 kilomètres de longueur sur 40 de largeur. Ses habitants paraissent être des Aïnos; comme ceux-ci ils sont très-velus. Elle renferme deux montagnes qui paraissent être volcaniques.

Kounasir, au nord-est de l'île d'Yéso, en est séparée par le détroit d'Yéso; elle a environ 106 kilomètres de longueur sur 25 de largeur. Son centre est occupé par de hautes montagnes, dont l'une, appelée *Tsatsanoburi* ou *Tsinsianobouri*, est un volcan brûlant. Au nord sont les monts *Antonia* et *Maria*. Au sud-ouest, vers l'extrémité de l'île, se trouve la *baie de la Trahison*, où Golovnine fut pris par les Japonais. Ceux-ci ont sur cette baie un établissement que l'on peut regarder comme le plus considérable de ceux qu'ils possèdent dans les Kouriles. La population de Kounachir n'est que de 2 à 300 Aïnos.

L'île de *Sikotan* est située à l'est de Kounasir; avec les petites îles de *Jeoru*, *Sibotsi*, *Tarakou*, elle semble n'être qu'une prolongation sous-marine de la presqu'île d'Yéso, que vient terminer le cap Nossjam ou Broughton; elle renferme deux montagnes volcaniques comme la plupart de celles des îles du Japon, et elle est habitée par des Aïnos.

Itouroup ou *Yétorop*, appelée quelquefois *Atorkou*, est l'*île des États* des navigateurs hollandais; c'est sans contredit la plus grande des Kouriles : sa longueur est de 220 kilomètres et sa largeur de 60. Elle est séparée de l'île de Kounasir par le canal de Picco. Ses montagnes atteignent une grande hauteur : l'une d'elles est un volcan actif, situé dans la partie du sud-ouest, et près duquel se trouve *Ourbitch*, le principal établissement des Japonais, que défend un petit fort, et qu'un assez bon port enrichit.

Ouroup, ou l'*île de la Compagnie*, est la même que celle que les Russes ont appelée *Alexandre*, et sur laquelle ils ont un établissement qui fut ruiné en 1855 par l'escadre anglo-française; l'île reçut même à cette occasion le nom d'*Alliance*, que l'on retrouve maintenant sur quelques cartes anglaises. Séparée d'Itouroup par le détroit de Vries, elle offre dans le sud une haute montagne, le mont *Kérion*. Le détroit de la Boussole, coupé par les petites îles *Broughton* et *Torpoy*, sépare Ouroup de Simusir, la première des grandes Kouriles russes. Nous n'osons affirmer que les Japonais aient renoncé à leurs droits de propriété sur cette île.

CLIMAT DES ILES DU JAPON. — Les îles du Japon éprouvent en général tour à tour les extrêmes du chaud et du froid. La chaleur de l'été est souvent modérée par les brises qui soufflent de la mer. Dans l'hiver, le vent vient du nord ou du nord-est, et semble imprégné de particules de glace. Le temps est variable pendant tout le cours de l'année, et il tombe des pluies abondantes, particulièrement dans les *satsaki*, ou mois pluvieux, qui commencent au milieu de l'été.

Selon les observations, la température la plus élevée à Nagasaki est de 28 degrés centigrades dans le mois d'août, et la plus basse est de — 4 degrés dans le mois de janvier. La neige reste quelques jours sur la terre, même dans les parties méridionales. Presque toutes les nuits d'été le tonnerre se fait entendre; les tempêtes et les tremblements de terre sont très-fréquents.

MINÉRAUX ET MÉTAUX. — Les métaux précieux, l'or et l'argent abondent dans l'empire du Japon. Les deux tiers du produit des mines appartiennent à l'empereur, et le reste au propriétaire du terrain. Les mines d'or les plus pures et les plus riches sont à Sado, dans la plus grande des îles voisines de Nipon; on nomme au second rang celles de Suromga. L'argent paraît avoir été autrefois plus abondant. Les Japonais le considèrent comme plus rare que l'or, quoique ici, comme partout, ce dernier métal soit plus cher. On rapporte que dans la province de Bungo et dans les parties les plus septentrionales, vers Kattami, il y a de très-riches mines d'argent. Mais les deux îles connues sous le nom d'îles d'Or et d'Argent (*Gin-sima* et *Kin-sima*) n'existent peut-être que dans des fables imaginées par la vanité nationale; à moins qu'on ne veuille y voir un indice d'anciennes relations avec le Mexique, ou une imitation des contes de Ptolémée sur la *regio aurea* et *argentea*.

Le cuivre, mêlé de beaucoup d'or, forme la principale richesse de nombre de provinces, et le plus précieux objet d'exportation. Le plus beau et le plus malléable se tire de Sarouga, d'Astinge, de Kino, de Kuni. Le dernier est regardé comme le plus malléable; celui de Sarouga contient la plus grande quantité d'or. On trouve encore un grand nombre de mines de cuivre dans le Satsouma. Le fer paraît être plus rare dans ce pays que tout autre métal. On en trouve cependant dans les provinces de Mimasaka, Bitsiou et Bizen. Les Japonais s'en occupent peu; ils s'en servent cependant pour fabriquer des armes, des ciseaux, des couteaux, et autres outils nécessaires, tandis qu'ils frappent des monnaies en or et en cuivre.

On trouve de l'ambre gris et jaune au Japon. Le soufre abonde également. La pierre ponce indique l'ancienne activité des volcans. La houille, à ce qu'on assure, se trouve dans les provinces du Nord. Des agates rouges, veinées de blanc, servent pour fabriquer des boutons, des tabatières. D'après Kæmpfer, le zinc est importé du Toung-king, et l'on trouve de l'étain dans la province de Bungo. Un naphte rougeâtre s'emploie dans les lampes. Thunberg a vu de l'asbeste, de la terre à porcelaine et du marbre blanc. On a rapporté du Japon le mercure sulfuré, cristallisé en prismes et en petites masses lamelleuses, et le titane oxydé capillaire, l'hydrophane; enfin ces masses tombées de l'atmosphère, qu'on désignait autrefois sous le nom de *pierres de tonnerre*, en japonais *kaminri sakki*.

AGRICULTURE ET PRODUCTIONS NATURELLES. — Les lois ont fait aux Japonais un devoir rigoureux de l'agriculture. A l'exception des montagnes les plus impraticables, la terre est universellement mise en culture. Exempt de tous droits féodaux ou redevances ecclésiastiques, le fermier cultive le terrain avec zèle et succès. Il n'y a point de communaux; si quelque portion de terrain restait inculte, un cultivateur voisin, plus laborieux, pourrait s'en emparer. On manque de prairies, mais le soin des engrais est poussé très-loin. Sur le flanc escarpé des collines s'élèvent des murs de pierre qui supportent des plateaux de terre semés de riz ou de légumes. Le riz est le grain principal; le blé sarrasin, le seigle, l'orge et le froment sont rarement cultivés; les pommes de terre y sont de médiocre qualité, mais on voit prospérer différentes sortes de fèves, de pois, de navets et de choux; le riz, semé en avril, est récolté en novembre : c'est dans ce dernier mois qu'on sème le froment pour le recueillir en juin; l'orge reste aussi en terre pendant l'hiver. Il y a beaucoup de ressemblance entre les plantes de la Chine et celles du Japon; elle dérive sans doute en partie d'un échange mutuel de végétaux utiles : l'arbuste du thé croît sans culture dans les haies; les plus superbes bambous abondent dans tous les bas-fonds; le gingembre, le poivre noir, le sucre, le coton et l'indigo, quoique peut-être originaires des régions plus méridionales de l'Asie, y sont cultivés avec beaucoup de succès, et en grande quantité. Dans l'intérieur, les flancs des montagnes moyennes nourrissent le laurier indien et le camphrier, ainsi que le *rhus vernix*, de l'écorce duquel sort une gomme résine qu'on regarde comme le principe de l'inimitable vernis noir de l'Inde. Outre l'orange douce de la Chine, on en voit une autre espèce sauvage, provenant du *citrus japonica*, qui paraît être particulier à ce pays. La végétation européenne se mêle à celle de l'Asie méridionale : le mélèze, le cyprès et le saule pleureur, qui se montrent

Éruption volcanique dans l'île de Oosima.

dans tous les pays tempérés entre le Japon et la Méditerranée, voient ici se terminer à l'orient la sphère de leur existence. On doit en dire autant de l'espèce de pavot qui fournit l'opium, du lilas blanc et du jalap.

Il manque aux Japonais nos pommiers, mais ils possèdent des poires d'une grosseur considérable, des pamplemousses, des figues de Kaki, et de grosses oranges. Ils savent confire et accommoder avec des épices les bananes, les fruits de jacquier, le bobange, les cocos, les fruits de fragarier, et beaucoup d'autres. Ils tirent de l'huile à manger et à brûler du sésame, de l'*orbresin driandrios*, des sumacs, de l'*if-gingko*, du chore oriental, du camphrier et du laurier glauque, de l'azédarac et du cocotier. Ils élèvent beaucoup de vers à soie. Le cotonnier leur fournit aussi des toiles légères, et l'ortie des cordes durables ; ils font du papier et des éventails avec les écorces d'une espèce de mûrier, du *licual* et du rondier ; des bouteilles avec la calebasse, des peignes en bois de *vagi*, et toutes sortes de meubles en bois de *tindera*, bois du *dentz* ou jora, de sapin, de pin sauvage, de buis, de cyprès, et d'if à grandes feuilles. L'œil est flatté du mélange des cocotiers, des palmiers-éventails, des cycas et des mimoses arborescentes qui ornent les rivages de la mer. Les haies vives qui séparent les propriétés se composent de sérisse du Japon, d'oranger à trois feuilles, de gardène, de viorne, de thuya, d'epicea, de dolis à épis, dont ils font aussi des berceaux et des allées couvertes Enfin, la médecine trouve ici plusieurs plantes utiles, telles que le muguet du Japon, l'acore aromatique, la racine de squine, que le Suédois Thunberg leur fit connaître ; la corète du Japon, le camphre, le moxa, le bois de couleuvre et la racine de mungo.

ANIMAUX. — L'industrie a banni de tout l'empire du Japon deux animaux, les boucs et les moutons ; les premiers sont regardés comme nuisibles à la culture ; et l'abondance du coton et de la soie supplée au défaut de la laine. Les cochons sont aussi poursuivis comme pernicieux à l'agriculture, et on en voit seulement quelques-uns dans le voisinage de Nagasaki, qui y ont probablement été introduits par les Chinois. En général, ces îles nourrissent peu de quadrupèdes. Le nombre des chevaux de l'empire parut à Thunberg égaler à peine celui qu'on trouve dans une seule province suédoise. On ne voit également que fort peu de bétail. On emploie dans les travaux de l'agriculture une variété de buffle qui a une bosse sur le dos, et des vaches très-petites. Mais le caprice d'un souverain a érigé en loi d'État son goût personnel pour les chiens ; ils sont nourris aux dépens des villes ; on les chérit, on les respecte. La principale nourriture des Japonais consiste en poissons et en végétaux ; les poules et les canards sont élevés principalement à cause de leurs œufs. On ajoute aux légumes ordinaires toutes sortes de plantes marines, de *fucus* et d'ulves, qu'on apprête de plusieurs manières. Le gibier n'est pas très-abondant ; on a des oies sauvages, des faisans, des perdrix, mais très-peu de quadrupèdes sauvages. L'ours qu'on rencontre dans le nord est noir, avec deux taches blanches en forme de croissant sur les épaules ; sa chair, que l'on mange, est comparée au mouton, mais elle est plus coriace. Le loup se montre dans les provinces du nord ; il s'y trouve aussi des renards : ces derniers sont universellement détestés, et considérés comme de mauvais esprits revêtus d'un corps d'animal.

CARACTÈRE PHYSIQUE DES JAPONAIS, LEUR ORIGINE, LEUR HISTOIRE POLITIQUE. — Les Japonais sont bien faits, libres et aisés dans leurs mouvements, d'une structure robuste et d'une taille moyenne. Leur teint jaunâtre tire quelquefois sur le brun, et d'autres fois il se perd dans un blanc pâle. Les femmes de distinction, en s'exposant rarement à l'air sans être voilées, conservent le teint aussi blanc que nos Européennes. C'est l'œil qui caractérise les Japonais ; il s'éloigne plus de la forme ronde que chez aucun autre peuple ; oblong, petit, enfoncé dans la tête, il paraît constamment clignoter. Leurs paupières forment un sillon plus profond, et leurs sourcils sont placés un peu plus haut qu'on ne le voit ordinairement chez les autres nations. Ils ont assez généralement la tête large et le cou court, le nez gros et comme tronqué, les cheveux noirs, épais et brillants, ce qui pourrait n'être dû qu'à l'huile dont ils les oignent.

Idole japonaise.

A ces traits physiques on croit reconnaître le mélange d'une race chinoise avec une tribu mongole ou mandchoue. En effet, l'histoire japonaise, après avoir étalé une suite de dieux et de demi-dieux, finit par avouer que les Japonais doivent à une colonie chinoise les premiers progrès de leur civilisation. Leurs annales remontent à un monarque chinois nommé *Sin-Mousa*. Ils le représentent avec une tête de taureau, parce qu'il enseigna l'agriculture et la manière de former des troupeaux. Mais la langue japonaise, monument plus authentique, ne fournit aucune preuve en faveur d'une origine étrangère de ces insulaires. Elle ne renferme que peu de mots chinois; elle n'a aucun rapport ni avec le mandchou, ni avec l'yeso ou kourilien; les prétendues ressemblances qu'un savant assure avoir trouvées entre elles et les langues tatares restent depuis longtemps dénuées de preuves. Les mots japonais ne sont pas monosyllabiques comme ceux des Chinois; les conjugaisons et la syntaxe ont une marche originale. Le japonais ou l'*yomi* est employé dans la poésie et la conversation; les bonzes écrivent leurs ouvrages de théologie en chinois, qui est pour ainsi dire le latin de ce pays.

On dirait peut-être que les Japonais indigènes ont été subjugués par une tribu mongole ou mandchoue qui aurait adopté le langage des vaincus. Mais à quelle époque placer une semblable invasion? L'ère sacrée des Japonais remonte à l'établissement de la succession héréditaire des *dairis* ou empereurs ecclésiastiques, c'est-à-dire six cent soixante ans avant l'ère chrétienne : elle dura jusqu'à l'année de notre ère vulgaire 1585. Pendant ce temps, deux invasions avaient été repoussées : celle des Mandchoux eut lieu en 799; elle est environnée de fables. En 1281, les Mongols, sous le khan Mangou, après avoir conquis la Chine quatorze ans auparavant, essayèrent de s'emparer du Japon. Le savant Amyot nous a donné, dans un ouvrage traduit du chinois (1), l'histoire de cette expédi-

tion, d'après les auteurs chinois. Suivant eux, l'armée chinoise, réunie à celle des Coréens, formait 100,000 hommes. Les Coréens avaient fourni 900 vaisseaux de guerre; une affreuse tempête dispersa ce grand armement. Les Japonais attribuèrent cet événement à la protection de leurs dieux indigènes. Tous les accroissements que la population japonaise a pu recevoir du continent de l'Asie se bornent donc à quelques colonies de Chinois et de Coréens émigrés.

Les Japonais sont probablement, comme toutes les nations principales du monde, des *aborigènes*, ou des peuples dont l'origine dépasse la naissance de l'histoire. S'ils sont venus du continent, ils l'ont quitté avant la formation des langues. Ils savent obscurément qu'outre leur race il y en avait deux autres dans l'île même de Nipon : les *Mo-sin* ou Kouriliens velus au nord, et une nation de *nègres* au sud; peut-être ceux-ci étaient-ils des Haraforas des îles Philippines. Combien d'autres peuplades primitives ont pu, dans ces contrées isolées, s'élever, briller et s'éteindre ignorées du reste de l'univers !

RELIGION DES JAPONAIS. — Les Japonais se partagent entre deux religions principales, celle de *Sinto* ou *Sinsiou* et celle de *Boutsdo*. La première, qui est la plus ancienne, reconnaît un Être suprême trop élevé pour recevoir les hommages des humains et soigner leurs intérêts; mais elle admet, elle vénère, elle invoque comme médiatrices les divinités d'un ordre inférieur.

La principale de ces divinités est la déesse *Ten-sio-daï-sin*, dont le frère *Fatsman* est le dieu de la guerre. Nul individu ne peut adresser directement ses prières à *Ten-sio-daï-sin* : il ne peut le faire que par l'entremise des divinités protectrices appelées *Sio-go-sin*.

Les sintos croient que les âmes des hommes vertueux occupent des régions lumineuses voisines de l'empyrée, tandis que les âmes des méchants erreront dans le vague des airs jusqu'à ce qu'elles aient expié leurs offenses.

Quoique la doctrine de la métempsycose soit étrangère à cette croyance, les rigides adhérents de *Sinto* s'abstiennent de toute

---

(1) *Introduction à l'Histoire des peuples tributaires de la Chine*, composée par ordre de l'empereur Kang-hi. Manuscrit de la bibliothèque impériale.

nourriture animale, abhorrent l'effusion du sang, et n'oseraient toucher un cadavre. Ils appellent leurs dieux *sin* ou *kami*, et leurs temples *miya*. Ces temples consistent en plusieurs appartements et en galeries, formés, selon la coutume du pays, par des coulisses qu'on peut enlever et replacer à volonté. Des nattes de paille sont étendues sur les planchers, et les toits forment de chaque côté une saillie suffisante pour recouvrir une sorte d'estrade qui entoure le temple et sur laquelle le peuple se promène. On ne remarque dans ces temples aucune figure qui soit censée représenter l'Être invisible et suprême, mais on y conserve quelquefois dans une boîte une petite image de quelque divinité secondaire. Placé au centre du temple, un large miroir de métal rappelle que si les taches du corps se peignent fidèlement dans cette sorte de glace, de même les défauts de l'âme ne peuvent demeurer cachés aux regards des immortels. Les fêtes et les cérémonies du culte sont agréables et même gaies; car ce peuple considère les dieux comme des êtres qui se plaisent à dispenser le bonheur.

La religion de *Boutsdo* est originaire de l'Hindoustan; c'est la même que celle de *Bouddha;* mais elle adopte quelques maximes étrangères : ainsi elle conserve le dogme de la transmigration des âmes; elle menace les impies d'un enfer effroyable où l'on retrouve le pont des âmes, les abîmes d'eau et de feu, et d'autres images nées dans les Alpes tibétaines; elle offre aussi la peinture d'un paradis nommé *Gokurak*, gouverné par le dieu *Amida*. Le bouddhisme s'est tellement mêlé avec le *sinto* ou l'ancienne religion japonaise, qu'il est difficile et qu'il sera peut-être un jour impossible de distinguer ce qui appartient à chacun de ces systèmes.

Le Japon a ses moralistes, ou des philosophes dont la doctrine est appelée *siouto*, doctrine qui paraît avoir été importée de la Chine après le bouddhisme, et dont les adhérents sont peu nombreux. Elle a des rapports avec celle des épicuriens, quoique les individus qui font profession de la première reconnaissent avec Confucius que la source la plus pure du plaisir est la vertu. Ces philosophes croient à une âme de l'univers, mais n'adorent point de dieux inférieurs, et n'ont ni culte ni temple. On prétend que ces déistes se sont montrés amis du christianisme, et que leur nombre a diminué lors de la persécution exercée contre les chrétiens, attendu que pour détourner les soupçons ils se sont empressés de reconnaître ostensiblement les dieux de leur pays.

Depuis l'an 1549 jusqu'à l'an 1638, des missionnaires de l'ordre des jésuites continuèrent à répandre leur doctrine; deux grandes persécutions anéantirent l'Église naissante. En 1590, il y périt 20,000 chrétiens; selon les missionnaires (1), en 1638, on en massacra 37,000. Les prétentions et les intrigues politiques des jésuites contribuèrent d'abord à rendre odieuse la religion qu'ils professaient, et dont les principes purs condamnaient leur ambition. Peut-être la jalousie commerciale des Hollandais contre les Portugais eut-elle quelque part à ces sanglantes catastrophes. Depuis cette mémorable époque, la religion catholique a été repoussée du Japon.

GOUVERNEMENT. — En l'an 1143, le *mikado* (2) ou empereur-pontife, descendant des dieux nationaux, eut la faiblesse de placer à ses côtés un chef militaire nommé le *koubo* ou le *siogoun;* la puissance de ce grand fonctionnaire, consolidée par la succession héréditaire, s'accrut par les victoires et les intrigues; en 1585, le koubo enleva au mikado la dernière ombre d'autorité politique.

Depuis cette révolution, on peut considérer le gouvernement du Japon comme une monarchie héréditaire absolue, soutenue par une foule de princes héréditaires aussi absolus, dont la jalousie mutuelle et les otages qu'ils livrent garantissent la soumission au pouvoir suprême. Chaque prince dispose des revenus de son fief ou de son gouvernement; ils lui servent à défrayer sa cour, à entretenir une force militaire, à réparer les routes, et à subvenir à toutes les dépenses de l'état civil. Les *daimos* ou princes du premier ordre, et les *scomyos*, qui sont d'un rang inférieur, possèdent les uns et les autres une dignité héréditaire; les scomyos sont non-seulement forcés de laisser leur famille dans la capitale, mais encore d'y résider six mois de l'année.

Les princes feudataires, ainsi que chaque Japonais, ont leurs armoiries; elles sont placées sur tous les objets qui leur appartiennent et brodées sur leurs habits.

---

(1) Mais des auteurs contemporains assurent qu'il n'y avait *en tout* que 20,000 chrétiens dans l'empire.

(2) La plupart des auteurs européens qui se sont occupés du Japon donnent à l'empereur le nom de *daïri*. Ce n'est là cependant, dit M. Fraissinet, qu'un surnom tiré de celui de son palais. Quand les Japonais appellent ce prince le *daïri*, ce n'est que par figure et comme les Turcs donnent à leur gouvernement le nom de *sublime porte*, d'après la grande porte du sérail de Constantinople. Le nom de *mikado* signifie *fils du ciel.*

DIVISIONS POLITIQUES. — Les grandes divisions de l'empire japonais sont appelées, en langue du pays, *kokf;* ce sont des principautés dont les chefs sont vassaux de l'empereur ou koubo. On en compte environ soixante-dix.

LÉGISLATION, INSTRUCTION. — Les voyageurs admirent les lois du Japon. Elles sont en petit nombre dans cette contrée, mais on les y exécute à la rigueur, sans aucun égard pour les personnes; toutefois les amendes pécuniaires sont des grâces accordées aux coupables riches. De simples délits sont punis de mort, mais la sentence doit être signée par le conseil privé de l'empereur. L'éducation morale des enfants étant un devoir politique, les parents répondent des crimes de ceux dont ils auraient dû corriger les vices naissants. La police est vigilante : non-seulement il y a dans chaque ville un magistrat principal appelé *nimban*, qui est chargé de la faire, mais les habitants de chaque rue étant responsables en masse des crimes commis par un d'eux, nomment un commissaire qui veille à la sûreté des personnes et des propriétés. Il y a dans chaque village un emplacement entouré de palissades, au milieu duquel est une inscription, qui offre, en gros caractères, un petit code de police.

SCIENCES ET ARTS AU JAPON. — La civilisation des Japonais paraît stationnaire comme celle de la Chine; mais des germes de perfectibilité laissent encore au Japon la perspective d'une révolution morale. Un caractère plus mâle et un plus haut degré de liberté politique rapprochent plus des Européens les braves et intelligents Japonais. Leur langue savante est, dit-on, l'ancien chinois, et les caractères de leur alphabet paraissent avoir une plus grande ressemblance de figure avec ceux des Chinois; mais ils désignent des lettres et non pas des mots entiers. Les Chinois ne savent pas lire un livre japonais, tandis qu'un livre chinois est lu par tout Japonais instruit. Titsingh, qui a travaillé à un grand ouvrage sur le Japon, a rapporté des livres imprimés qui font honneur à l'habileté de cette nation. Leurs caractères ne sont pas mobiles; ils n'impriment que d'un côté. Titsingh possédait un superbe herbier, dessiné et colorié avec autant de soin que de goût. Il a rapporté des cartes et des plans, très-joliment lavés, et qui ne seront pas sans utilité pour la chorographie, quoiqu'elles soient dépourvues de longitudes et de latitudes. Les Japonais ont fait graver les monnaies de leur empire depuis l'an 600 avant Jésus-Christ, et les armoiries des principales familles. On lit et on parle le hollandais dans cette contrée asiatique; la médecine et l'histoire naturelle commencent à être enseignées d'après des ouvrages hollandais; jusqu'à présent leurs médecins étaient fort ignorants.

Les astronomes conservent une division incommode du temps; l'année, qui est lunaire, commence tantôt en mai, tantôt en février; sept fois en dix-neuf ans, un mois intercalé ramène ces années au cours de l'année solaire. Les écoles ou collèges paraissent pourtant surpasser tout ce qu'on voit ailleurs en Asie; elles ne retentissent point de coups de verge ou de fouet, mais de chants solennels en l'honneur des héros et des dieux nationaux. La poésie est honorée. Dans quelques arts, les Japonais surpassent même l'industrie européenne. Ils ont d'excellents ouvriers en cuivre, en fer, surtout en armes blanches. Les verreries sont communes au Japon; on y fait même des télescopes. Les tableaux des Japonais, chargés de couleurs brillantes, manquent de composition et de dessin.

MOEURS ET COUTUMES DES JAPONAIS. — Leurs habitations, qui, à cause des tremblements de terre, n'ont qu'un rez-de-chaussée et un étage qui sert de grenier, peuvent, ainsi que les meubles, les vêtements et les voitures, ne pas flatter le goût européen; mais dans tous ces objets on reconnaît un peuple industrieux et ingénieux. Partagé en divers appartements au moyen de clôtures mobiles, l'intérieur des maisons est orné de peintures et de papiers dorés ou peints; les meubles brillent d'un vernis éclatant et inaltérable; les vêtements amples, mais en partie relevés avec une sorte d'élégance, sont en bonnes étoffes de coton et de soie, la plupart fabriquées dans le pays. Ce sont encore eux-mêmes qui font les bijoux, agrafes et boucles qui entrent dans l'habillement des femmes, les souliers de paille qu'ils déposent à la porte des maisons, les chapeaux d'herbe qu'ils portent en voyage; en un mot, presque tout ce qui sert à leur luxe et à leur commodité. Les voitures des femmes paraissent élégantes et commodes. Ils préparent une espèce d'eau-de-vie de riz nommée *saki*, boisson très-enivrante.

Un Japonais paraîtrait sans doute étrange à un Parisien; sa tête rasée à moitié, le reste de ses cheveux relevé sur le sommet, l'énorme couverture de papier huilé dont il s'enveloppe en voyageant, ses salutations qui consistent à s'incliner plusieurs fois jusqu'à terre, l'éventail qu'il porte constamment à la main, tout cela forme un coup d'œil extraordinaire. Mais il est fier de sa propreté minutieuse, traite les Européens de peuple sale : il ne conçoit pas notre vivacité dans les disputes; accablé d'injures, il n'y répond jamais par une seule parole véhémente; mais son arme inséparable, le poignard, lui sert à se venger au moment où l'on n'y pense plus, ou à se donner la mort si la vengeance est impossible.

La loi ne permet aux Japonais qu'une seule épouse, mais les concubines vivent dans la maison; la femme est absolument à la disposition du mari, et elle n'a rien à prétendre dès qu'elle encourt sa disgrâce. Aussi les infidélités sont-elles rares, quoique les femmes ne soient point renfermées. Dans le cas de répudiation, elles sont condamnées à porter toujours la tête rasée. Les cérémonies du mariage ont une aimable simplicité. La fiancée, debout au pied de l'autel, allume un flambeau auquel le fiancé en allume un autre. Il est aussi d'usage que la jeune épouse jette au feu les hochets de son enfance.

On brûle au Japon le corps des gens de distinction: les autres sont enterrés. On célèbre la fête des lanternes comme à la Chine; mais on y ajoute la coutume de visiter les tombeaux à certaines époques; les *esprits* sont régalés d'aliments et de boissons; on leur adresse des chants et des compliments. Les amusements publics consistent en spectacles dramatiques, qui, dit-on, ne sont point inférieurs à ceux des nations policées. Des danseuses, en grand nombre, et surtout des danseurs plus qu'efféminés, y annoncent le relâchement de la morale publique, constaté encore par un grand nombre de maisons de prostitution, plus scandaleusement protégées que dans aucune autre contrée.

REVENUS PUBLICS. — Varénius, dans sa *Description du Japon*, a indiqué les revenus du Japon, province par province. Il en porte la somme totale à 2,834 tonnes d'or, selon la manière de compter des Hollandais; et en évaluant la tonne d'or à 240,000 francs, le total sera de 680,160,000 francs, sans compter les provinces et les villes qui dépendent immédiatement de l'empereur. Ces revenus ne doivent pas néanmoins être considérés comme nationaux, vu qu'ils sont payés en espèces à différents princes. Cependant l'empereur, outre le gros revenu de son domaine ou de ses provinces particulières, a un trésor considérable en or et en argent.

COMMERCE, MONNAIES. — Des routes bien entretenues rendent les communications faciles; aucun impôt n'y gêne la marche du commerce intérieur. Quoique fermés à l'avidité européenne, les ports sont couverts de grands et de petits vaisseaux. Les boutiques et les marchés regorgent de toutes sortes de denrées. Dans les villes, de grandes foires attirent un nombreux concours de peuple. Le commerce avec la Chine est le plus important. On importe de la soie écrue, du sucre, de la térébenthine, des drogues; les Japonais exportent du cuivre en barres, des vernis, de la laque. Selon Titsingh et Thunberg, les profits du commerce hollandais avec le Japon ne sont pas très-considérables; la compagnie n'y employait que deux vaisseaux. Les monnaies japonaises sont d'une forme singulière; quelques-unes ont la figure d'un ovale convexe. Les pièces d'or se nomment *kobangs*; celles d'argent, appelées *kodama*, représentent quelquefois *Daikok*, le dieu des richesses, assis sur deux barriques de riz, avec un marteau dans sa main droite et un sac dans sa main gauche.

ARMÉE, FLOTTE. — D'après les meilleures autorités, on peut évaluer le nombre des troupes entretenues par les princes et les gouverneurs à 368,000 hommes d'infanterie et à 38,000 de cavalerie. Le konbo ou l'empereur a une armée particulière composée de 100,000 hommes de pied et de 20,000 chevaux. Ainsi donc, en réunissant le tout, on trouve 468,000 hommes d'infanterie et 58,000 de cavalerie.

La marine des Japonais ne mérite pas qu'on en parle; leurs navires, étant plats à l'arrière, ne peuvent résister à l'effet des lames dans un gros temps; et quoique, à l'instar des Chinois, ils se servent de la boussole, ils sont des navigateurs très-maladroits et très-peu instruits. On ne peut même concevoir de quelle manière ils s'y prenaient autrefois pour se rendre, comme on prétend qu'ils le faisaient, à Formose ou même à Java. Leur navigation au nord s'étendait, selon quelques cartes japonaises, jusqu'à la côte d'Amérique voisine du détroit de Behring, et qu'ils appelaient *Fousang*; aujourd'hui ils ne dépassent guère l'Yéso; et les habitants de cette île parlent de leurs voyages à *Rakko-sima*, ou le pays des lions marins, probablement l'île de Behring ou le Kamtchatka, comme d'une expédition d'Argonautes.

COUP D'OEIL GÉNÉRAL DU JAPON SOUS LE POINT DE VUE DE SA CIVILISATION. — Dans ce pays généralement montagneux, la plupart des lieux habités se trouvent dans les plus beaux sites, sur les bords de la mer, des rivières ou des lacs et des baies; ils sont par conséquent favorablement placés pour les communications commerciales. Les montagnes mêmes sont aussi peuplées que les villes, villages et hameaux; elles ne sont pas comme en Europe des tours élevées en l'air qui annoncent l'approche d'une ville, on s'en aperçoit à la foule qui encombre la route, et qui ferait croire que toute la population sort journellement pour jouir de la beauté de ses environs. Jusque sur les montagnes les plus escarpées, les chemins sont entretenus avec un soin admirable, et sont ordinairement assez larges pour que la suite de plusieurs princes et des grands vassaux de l'empire qui voyagent y puissent passer à la fois sans difficulté. La plupart de ces routes sont garnies de très-belles allées de sapins, de cèdres, de châtaigniers ou de cerisiers. Dans le pays plat, on aperçoit sur les rivières et les lacs d'innombrables embarcations se dirigeant vers les cités populeuses, et contribuant puissamment à animer le paysage. Ce sont ordinairement les temples qui se distinguent le plus des autres édifices. Placés presque toujours sur des collines, à l'ombre de frais bosquets, ces grands bâtiments donnent une idée favorable de la richesse et de l'importance des villes auxquelles ils appartiennent, car les Japonais les construisent avec beaucoup d'art et les chargent d'ornements élégants.

Les villes où résident les princes sont entourées de fossés, de murs et de remparts garnis de tours hautes de trois à cinq étages; les portes sont fortifiées et en état de résister à une attaque imprévue de l'ennemi. Ces places ne sont accessibles que de deux ou trois côtés. Ainsi que les différents quartiers d'une ville, l'entrée en est fermée par un simple grillage et gardée par un piquet de troupes. Souvent les villes sont coupées par des canaux au-dessus desquels s'élèvent des ponts bâtis en pierres de taille. Les rues sont tirées au cordeau, et on a soin de bien aligner les façades des maisons; elles ne doivent être que d'un étage, mais les châteaux et les forts en ont plusieurs. Chaque propriétaire est tenu d'entretenir à ses frais, et en bon état, le trottoir en pierres de taille qui est devant sa maison. Tout le sol de la ville est couvert de dalles de pierre ou de fragments de caillou fortement battus pour former une couche solide. L'extérieur des maisons est en général peu orné, car les Japonais logent leurs domestiques du côté de la rue, et vivent eux-mêmes retirés dans la partie la plus reculée de leurs habitations qui donne sur le jardin, et forme un séjour fort agréable.

Il est difficile qu'un étranger puisse se faire une idée exacte de la quantité et de la variété des boutiques, ainsi que de l'élégance et de la richesse des magasins, qui, de toutes parts, sont ouverts à la foule avide de faire des emplettes. Les artisans dont les ateliers donnent sur la rue les ouvrent à la pointe du jour; ils s'occupent avec assiduité de leur ouvrage, pendant que leurs femmes prennent soin du ménage ou cherchent à se faire un petit revenu par le travail de leurs mains. Les habitations particulières sont bien closes; ordinairement la partie inférieure des fenêtres est formée de volets ou de jalousies en bois. Devant les maisons, il y a une espèce de cour, entourée d'un mur ou d'une clôture de bois qui la sépare de la rue. Ce parvis est ordinairement pavé de cailloux, et sert à recevoir la suite des hauts fonctionnaires quand ils visitent la maison.

Aucune ville, aucun bourg du Japon, quelque petit qu'il soit, n'est dépourvu de ces grands et beaux édifices connus sous le nom de *tsiaya*, ou maison de thé. Ce sont des lieux de débauche dont l'intérieur est muni de ce qu'il y a de plus *comfortable*, et où chacun peut s'amuser autant que sa bourse le lui permet. Aussi le plus grand divertissement des Japonais est d'y passer les soirées en compagnie de jeunes filles qu'on appelle *téckakic*. Ce sont ordinairement des enfants de parents pauvres, qui les cèdent dès l'âge le plus tendre aux gens patentés qui tiennent les *tsiaya*. Quand elles ont atteint l'âge de quatorze ou quinze ans, elles sont obligées de se soumettre au choix de ceux qui fréquentent la maison; mais arrivées à l'âge de vingt-cinq ans, elles sont parfaitement libres et retournent dans la maison paternelle. Il n'est pas rare qu'elles trouvent quelqu'un qui les rachète avant cette époque; mais ordinairement ces pauvres créatures restent perdues pour la société.

Une autre classe de femmes qu'on peut appeler publiques sont les *gheeko* ou joueuses de *samsic*, qui est une guitare à trois cordes. Ce sont de jeunes filles ordinairement fort belles et bien élevées, qu'on fait venir dans les maisons de thé pour amuser la société par la musique et la danse. Elles ne refusent pas le *sake* ou vin japonais, ni les diverses friandises qu'on leur offre. Les maisons de thé sont si nombreuses, que dans les grandes villes elles forment des rues entières. L'habitude d'y aller est si générale, qu'entre hommes on n'en fait pas mystère, et même des gens y vont avec leurs femmes pour les faire participer aux amusements qu'ils y prennent. On dit que l'origine de ces maisons date du temps du siogoun *Yoritomo*, qui, vers la fin du douzième siècle, étant à la tête d'une armée formidable, accorda de grands priviléges à ceux qui établissaient sur les grandes routes ces sortes de maisons qui servent en même temps d'auberges aux voyageurs.

ARCHIPEL LIEOU-KHIEOU.

Les deux chaînes de montagnes qui traversent la Corée et le Japon semblent se rapprocher et se continuer sous la surface de la mer, en formant une suite de petites îles qui s'étendent du Japon vers l'île Formose. Ces îles forment le royaume de *Lieou-khieou*, à la fois tributaire de la Chine et du Japon, et avec lequel les Anglo-Américains ont, depuis le 11 juillet 1854, le droit exclusif de commercer.

Les îles *Lieou-khieou* sont au nombre de 36; elles doivent leur nom, qui est celui que leur donnent les Chinois, à la principale d'entre elles; les Japonais les appellent *Riou-khiou*. Les premiers leur donnent aussi celui de *Loung-khieou*, qui signifie *dragon cornu*, mais les habitants les appellent *Lou-tchou*. Il paraîtrait cependant que leur véritable nom indigène est *Oghii*, dont les Japonais ont fait *Voki*, que l'on peut traduire par *mauvais diables*.

Les îles Lieou-khieou forment trois groupes distincts, qui sont, en allant du nord-est au sud-ouest, les îles *San-bok*, dont les principales sont *Kikai*, *Oho-sima* et *Tok-sima*; les îles *Chou-san*, dont les principales sont *Ierabu*, *Iori*, *Iebeja*, *Okenawa* ou la grande *Lieou-khieou* et *Kume*; enfin les îles *San-nan*, plus connues sous le nom d'archipel de *Madjico-sima* (*Miyako-sima*); les principales sont *Miyako*, *Nagara*, *Irigaki*, *Ninfio* et *Ionakuni*; cette dernière est la plus rapprochée du Japon.

La grande Licou-khieou, longue de 80 kilomètres sur 16 à 20, se partage en trois provinces : Choung-san au centre, Chan-pé au nord de Chan-nan au sud. *Choung-chan* ou *Tchou-san*, d'après la prononciation japonaise, signifie la montagne du milieu. Elle est divisée en 14 *fou* ou juridictions; c'est dans cette province que se trouve la capitale, appelée *Chan-li* ou *Tsiou-ri* en japonais, c'est-à-dire capitale, ou bien encore *l'ang-tching* (ville royale). Elle est dans un vallon environné de hauteurs couvertes de forêts de pins et de cyprès, qui lui donnent un aspect pittoresque. Au sud de la ville est le temple de *Fafan-koung* ou des huit étendards. Au sud-ouest, et dans l'intérieur, on remarque la sépulture des rois, ainsi que le mont *Hou-thsouy-foung* ou la cime des tigres assemblés, qui s'élève derrière le palais du souverain. A sa base on voit un petit temple sans idole, où l'on brûle des parfums en l'honneur de la terre.

Napa-kiang, en japonais *Nafa-kou*, le principal port de l'île, ouvert aujourd'hui au commerce des États-Unis, est à 10 kilomètres à l'ouest de la capitale. Sa ville est située sur une petite île jointe par un pont à celle de Lieou-khieou. A 2 kilomètres du port se trouve le *Yng-nghen-thing*, en japonais *Ky-on-ty*, ou la cour dans laquelle on va au-devant des bienfaits de l'empereur. C'est là que débarquent les ambassadeurs chinois. Ce bâtiment renferme de grandes salles et une bibliothèque; ses jardins sont ornés de kiosques et de tours; au dehors on remarque une grande table en pierre sur laquelle est gravée en caractères chinois une notice sur tous les hommes de mérite anciens et modernes, qui appartiennent aux îles Lieou-khieou. Les autres constructions remarquables des environs sont le magnifique temple de la princesse céleste (*Thian-fey-miao*) et le long pont de l'arc-en-ciel (*Tchang-houng-khiao*), qui n'a que 160 centimètres de largeur sur 2 kilomètres de longueur : il est jeté sur un lac qui communique avec la mer.

Un autre port moins commode, mais plus fréquenté, est celui d'*Ou-ting* ou *l'ou-tching*, au nord-ouest aussi de la capitale, sur une baie du même nom, et près d'une montagne conique appelée en chinois *Thian-khieou-chan*, en japonais *Teu-kou-san* ou mont du ciel éternel, et par les insulaires *Igouchkound*, c'est-à-dire le château. La grande Lieou-khieou n'ayant pas d'autre pic, il sert de point de reconnaissance au navigateur.

Outre les lieux que nous venons de décrire, la province de Tchoung-chan renferme douze autres chefs-lieux de districts ou *fou*, dont les noms sont *Choung-youan*, *Sy-youan*, *Ching-lian*, *Kiou-tchi-tchouan*, *Yu-na-tching*, *Yue-lay*, *Tchin-ho-tchy*, *Nan-fung-youan*, *Thian-fou*, *Po*, *Siouan-ye-van* et *Mey-ly*.

La province de *Chan-pé* (au nord des montagnes), dont le nom se prononce *San-bok* chez les Japonais, renferme dix districts. Sa capitale est *Kin-kouci-jin* en chinois et *Kon-ki-nin* en japonais; située sur la côte occidentale, elle possède un port qui ne peut recevoir que de petits navires. Les autres principaux lieux de cette province sont : *King-fou*, *Khieou-tchy* et *Ta-y-vy*.

La province de *Chan-nan*, en japonais *San-nan* (au sud des montagnes), se divise en douze districts. *Ta-li*, en japonais *Day-ri*, sur la côte orientale, paraît en être la capitale. Les autres villes sont : *Yeou-tching*, la ville des pierres précieuses, sur la frontière septentrionale; sur la côte orientale, *Tso-fou*, *Tchy-nian*, *Kiou-tchy-tcheou* et *Ma-ven-jin*; sur la côte méridionale, *Hy-vo-vou*, *Tchin-pii* et *Kao-ting*; enfin sur la côte occidentale, *Kian-tching*, *Foung-kian-tching* et *Siao-lou*.

Au nord-ouest de *Kian-tching*, s'élèvent, du sein de la mer, les *Ma-tchy*, ou dents de cheval, écueils ou petites îles rocailleuses. A l'ouest de ces îlots se trouve *Kou-mi-chan* ou *Komi-sang*, en japonais *Kovyami-ma*, que les habitants nomment *Amakirrima*. Cette île est remarquable par un volcan en activité. A l'est, et à peu de distance de la grande Lieou-khieou, s'étend une chaîne d'îles réunies par un récif de corail qui rend cette côte dangereuse; les plus grandes, en allant du nord au sud, sont : *Yky*, *Pin-tao*, *Tsin-kiam* et *Khieou-kao*.

Au sud-ouest de la grande Lieou-khieou, le groupe de *San-nan* (au sud des montagnes), que l'on appelle *Madjiko-sima*, et mieux encore *Miyako-sima*, se compose de sept îles. La principale est *Tai-phing-chan*, en japonais *Ta-fec-san*, en grande partie entourée de récifs; sur sa côte septentrionale s'élève un monument, c'est le temple de *Miyako*, dont elle porte aussi le nom.

Un autre groupe de sept grandes îles et de quelques-unes plus petites est situé entre les Madjiko-sima et Formose. La plus considérable est *Pa-choung-chan*, que les habitants nomment *Ya-yama*. Elle a environ 28 kilomètres de longueur, est très-fertile et renferme 28 villages. Parmi les autres îles nous citerons *Fou-vou*, *Khieou-li-tao*, *Po-tchao-kian*, *Sin-tchhing*, *Yeou-na-kou-ni*, *Kou-mi* et *Po-tou-ma*.

La principale du groupe des îles *San-bok*, c'est-à-dire des îles au nord des montagnes, est *Oho-sima*, appelée aussi *Ta-tao*. Elle renferme 41 villages. Les habitants la nomment ordinairement la *petite Lieou-khieou*, mais il ne faut pas la confondre avec une autre *petite Lieou-khieou*, située au sud de Formose. La plus septentrionale de ce groupe est *Ki-kiai*, dont les habitants passent pour sauvages et barbares. On compte dans toutes ces îles 260 villages. Le climat des îles Lieou-khieou est différent de celui de la Chine. Au printemps et en été le soleil est très-chaud, et en automne et en hiver il fait encore aussi chaud qu'en Chine en été; les matinées et les soirées sont très-froides. Les mouches durent toute l'année; et le pays est exposé aux ouragans.

On y récolte généralement du riz, du blé, des légumes, des melons, des ananas, orangers, citrons, limons, du thé, du gingembre, poivre, camphre, bois de teinture et de chauffage, soie, cire, sel; on y trouve aussi du corail et des perles. Les animaux sont des bœufs, des moutons, des chevaux, des cerfs et de la volaille. Quant aux productions des autres îles, elles sont très-variées; aussi n'y voit-on point de mendiants, ce qui tient à la fertilité du sol et à la douceur de la température. Les relations japonaises nous apprennent qu'on n'y connaît ni la gelée ni la neige. On y récolte du poivre, qui est le véritable poivre de l'Inde, tandis que celui de la Chine est le piment; du tabac excellent, du brésillet, bois de teinture appelé par les Portugais bois du Japon, et dont on obtient une couleur rouge; des fleurs de carthame, que l'on emploie aussi pour teindre; enfin plusieurs substances minérales, telles que du cuivre, du zinc et du soufre. On trouve le soufre en grande quantité dans le cratère d'un ancien volcan de l'île *Loung-houang-chan*, ou mont du soufre, appelée aussi *Yeou-kia-pou*, c'est-à-dire *rivage des bannis*.

Les habitants du royaume de Lieou-khieou honorent la divinité en brûlant en plein air des parfums sur une pierre qui lui est consacrée. Ils ont, comme les Chinois, un grand respect pour les morts; on brûle les cadavres, et les parents en conservent les cendres.

La religion dominante est celle de Fo ou de Bouddha : elle y a été introduite depuis plus de dix siècles. Il y a des femmes qui se consacrent au service de la divinité; comme prophétesses elles jouissent d'une grande considération; elles s'occupent aussi de la guérison des maladies, qu'elles tâchent d'effectuer par des prières.

Les prêtres de Bouddha qui portèrent leur religion dans les îles de Lieou-khieou, y introduisirent en même temps des caractères d'écriture chinois, de sorte que l'on peut par leur moyen se faire comprendre des insulaires, même en ne sachant pas leur langue. L'idiome que l'on parle dans ces îles paraît consister en deux ou trois dialectes du japonais.

La polygamie est permise dans ces îles. Les jeunes gens des deux sexes communiquent librement ensemble, en sorte que le mariage est la conséquence d'un choix volontaire et réciproque. On ne cache les femmes qu'aux regards des étrangers.

On trouve dans ces îles des manufactures de papier, de soie et d'armes; il y a de bons ouvriers en or, argent et autres métaux. Leurs bâtiments de mer sont très-recherchés en Chine et au Japon. Comme il n'y a en circulation qu'un petit nombre de pièces d'argent et de cuivre chinoises et japonaises, on emploie le riz pour le principal signe d'échange.

Le roi est le plus riche propriétaire. Indépendamment de ce que ses domaines lui rapportent, il jouit du produit des mines de soufre, de cuivre, d'étain et des salines. Les impôts vont aussi remplir son trésor. La noblesse se partage en neuf classes; la première se divise en trois branches : les *Thian-tsao-ssu* ou mandarins du ciel, les *Thi-thsao-sse* ou mandarins de la terre, et les *Jin-than-sse* ou mandarins des hommes. On ne connaît pas parfaitement les rapports qui lient ces îles avec le Japon et la Chine, mais tout fait croire que dans un danger pressant c'est du premier de ces empires que le roi des Lieou-khieou réclamerait l'intervention. Quant aux Européens, leurs relations avec ces îles sont très-rares et très-bornées. Dans ces derniers temps, les Français et les Anglo-Américains les ont visitées.

Les insulaires de Lieou-khieou font remonter l'origine de ce royaume à la plus haute antiquité, puisqu'ils comptent vingt-cinq dynasties successives, dont la durée formerait une période de plus de 18,000 ans. Mais tenons-nous-en aux renseignements historiques puisés chez les Chinois.

La dynastie régnante date de l'an 1165 de notre ère; elle est d'origine japonaise. Le trentième de ces princes fut confirmé en 1815 par la cour de Péking. « Quoique le gouvernement chinois, dit Klaproth, s'arroge la suzeraineté sur le royaume de Licou-khieou, et que, suivant les usages et l'opinion des Asiatiques orientaux, elle soit constatée par les ambassades qui, tous les deux ans, portent des présents à Péking, et par un sceau en chinois et en mandchou envoyé au roi, cependant ce pays, par sa position entre la Chine et le Japon, est aussi obligé de se reconnaître vassal de ce dernier empire, et envoie de temps en temps des ambassades à son souverain. Les présents qu'elles portent sont des sabres, des chevaux dressés, du *chcou-tai-kiang*, espèce de parfum ; de l'ambre gris, des vases pour parfumer, du *taï-fée* ou *taï-phing-pon*, sorte d'étoffe ;

des tissus faits d'écorces d'arbres, des tables en laque incrustées en coquillages verts ou en nacre de perles, de la garance, du *ghiclam*, sorte d'étoffe de soie, et du vin qui mousse. En retour, l'empereur du Japon donne 500 pièces de monnaie d'argent, 500 paquets de pièces d'ouate de soie. Le chef de la légation reçoit 200 pièces d'argent et 10 habillements complets ; les autres personnes qui en font partie ont entre elles 300 pièces d'argent (1). »

(1) *Klaproth*, Description des îles de Licou-khieou, extraite de plusieurs ouvrages chinois et japonais. En 1857 M. *Léon de Rosny* a publié une nouvelle notice sur ces îles.

ADDITIONS.

NOMS, SITUATION, ÉTENDUE ET DIVISION GÉNÉRALE DE L'EMPIRE JAPONAIS D'APRÈS LES TRAVAUX DE M. DE SIEBOLD (1). — Les habitants du Japon donnent à cet empire les noms de *Nipon* et de *Niphon*. Cette dernière dénomination n'est usitée que dans la poésie et le style soutenu.

Le Japon proprement dit se compose des trois grandes îles de Nipon, de Kiousiou et de Sikok, de beaucoup d'îles moins étendues, dont les principales sont : Sado, Tsousima, Aouadsi, Tenégasima, Iki, Yaksima, Oosima, Hatsidsiosima, Amaksa et Firato ; des groupes désignés sous les noms d'Oki, de Gotô, de Kosiki et de Nanasima, sans compter un très-grand nombre d'îlots et de rochers. Lorsqu'on y comprend encore les dépendances, à savoir, l'île de Yedso, les Kouriles méridionales, qui sont Kounasiri (Kounaschir), Sikotan (Tschikotan), Yétorop et Ouroup, la partie méridionale de l'île de Krafto, le groupe de Mounin (Bonin) et les îles tributaires de Liou-kiou, dont le groupe septentrional est principalement habité par les indigènes du Japon, alors l'empire tout entier s'étend depuis le 123° 23' jusqu'au 150° 50' de longitude orientale, c'est-à-dire de Jonakouni à l'îlot de Ribountsiriboï, la plus occidentale des Trois-Sœurs, au nord d'Ouroup, et depuis le 24° 16' jusqu'au 50° environ de latitude septentrionale, c'est-à-dire de Hasiokan, l'île la plus méridionale d'entre les Liou-kiou du midi, au cap Rionaï, la possession japonaise la plus avancée vers le nord de Krafto. Par conséquent, ce grand empire couvre près de 23 degrés de latitude, et 27 de longitude. Le centre approximatif de Krafto forme son extrémité septentrionale ; Ouroup, celle du nord-est ; au sud-est et au sud s'agite le grand Océan ; le Tounghaï sépare, au sud-ouest, le Japon de la Chine, et la sonde coréenne passe, à l'ouest, entre cet archipel et la presqu'île de Corée. Au nord-ouest commence la mer du Japon qui, dans le Nord, où ses flots baignent le rivage de Krafto, se confond avec la sonde tartare.

Ces îles de toutes les grandeurs, dont le vaste ensemble forme le Japon, sont séparées entre elles et du continent d'Asie par une multitude de sondes et de détroits. Entre Nipon et Kiousiou passe le détroit de van der Capellen ; entre Nipon et Yedso, celui de Tsoukar. Le détroit de van Diemen borne, au midi, Kiousiou ; au nord, Tanégasima et Yaksima. Celui de Colnet distingue ces dernières îles du groupe des Liou-kiou septentrionales. Sikok est séparée de Kiousiou par le détroit de Haïason, et de Nipon par celui de Linschooten ; tandis qu'une sonde pleine d'îles baigne les rivages opposés de Nipon et de Sikok. Yedso communique avec Krafto par le détroit de la Pérouse, et, par celui de Laxmann, avec les Kouriles méridionales. Yétorop est limitée par le canal de Pico, du côté de Kounasiri ; par le détroit de Vries, dans la direction d'Ouroup, et par le canal de la Boussole, en face des Kouriles du nord. Entre le continent asiatique et le Japon, s'étend la sonde de Corée ; et le détroit de Krafto détache celle-ci de la terre ferme.

Malgré son morcellement, le Japon, avec ses dépendances et ses pays tributaires, comprend une grande étendue de terrain qu'il n'a été possible jusqu'à ce jour que d'évaluer approximativement et surtout à l'aide des cartes d'origine japonaise. Malte-Brun estimait la surface plane de cet empire à 16,000 lieues carrées, et les géographes les plus modernes, se basant en partie sur les cartes de Robert, en partie sur celles de Broughton, d'Arrowsmith et de Krüsenstern, lui en donnent encore 12,569. Depuis un demi-siècle, les Japonais eux-mêmes, plus familiarisés avec nos sciences, se sont efforcés de perfectionner les cartes de leur pays. D'après leurs derniers travaux, on peut déterminer avec assez de certitude la surface plane des grandes îles dont ils ont aussi mesuré la circonférence. De plus, ils ont fait une énumération de toutes les îles, grandes et petites, et de tous les rochers ou écueils visibles de leur archipel, qui peut passer pour un chef-d'œuvre de patience et d'exactitude.

(1) Extrait du *Japon*, par M. Ed. Fraissinet, 2 vol. in-8°. Paris, Arthus Bertrand. — Nous avons conservé l'orthographe de l'ouvrage.

Le premier de ces ouvrages, quoiqu'il ne puisse donner des résultats tout à fait satisfaisants, à cause du fréquent déchirement des côtes, présente cependant un bon aperçu sommaire de l'étendue relative des diverses îles ; et le dernier nous offre une frappante image des grandes révolutions géologiques dont ce labyrinthe a jadis été le théâtre. C'est précisément le nombre presque incroyable et cependant réel des îles et des rochers, qui fait que l'on n'a pu jusqu'ici déterminer que par approximation l'étendue plane du pays entier. Calculée d'après les cartes japonaises les plus nouvelles, cette aire embrasse 7,520 lieues carrées. Nous donnons à la page 64 un tableau de la nomenclature et de la superficie des îles du Japon qui a été dressé sur les dernières cartes des astronomes de la cour de Yédo.

DES DÉTROITS QUI SÉPARENT LES ILES DU JAPON. — M. de Siebold a redressé dans sa carte de l'archipel japonais beaucoup de positions fautives, et à de nouvelles qu'il a déterminées il a fallu donner de nouveaux noms. M. Ed. Fraissinet, en examinant cette carte, en déduit les observations suivantes qui portent sur les nombreux détroits qui séparent les îles de l'archipel japonais.

En traversant le détroit qui sépare l'île de Kiousiou de celle de Nipon, détroit qui s'étend depuis le 33° 53' 30" de latitude septentrionale et le 130° 30' 00" de longitude orientale (ville et citadelle de Kokoura dans l'île de Kiousiou) jusqu'au 33° 56' 30" de latitude septentrionale et au 33° 52' 15" de longitude orientale (ville et port de Simonoséki, dans l'île de Nipon), il lui a donné le nom de M. le baron van der Capellen, qui fut, de 1815 à 1826, gouverneur général des possessions néerlandaises dans les Indes orientales. Dans les temps anciens (six cent soixante ans avant Jésus-Christ), ce passage portait le nom d'*Oka Midsouno Kado*, c'est-à-dire port maritime des hautes montagnes. Le bras de mer très-resserré qui se trouve au-dessus de Simonoséki, à la hauteur du cap Haïotoma (île de Kiousiou), s'appelle encore de nos jours *Simonosékino Seto*, détroit de Simonoséki. Cette dénomination a semblé trop générale et trop vague, d'autant que l'île de Hiksima forme, au-dessous de Simonoséki, un autre passage.

Les Japonais comptent trois *ris* entre Kokoura et Simonoséki. Près du cap Haïotoma, ce bras de mer n'a que quinze *tsios* de largeur.

Le détroit de Tsoukar, dont la largeur est déterminée par le 41° 12' et le 41° 28' de latitude septentrionale, et la longueur par le 5° 4' 15" et le 4° 46' 40", longitude orientale de Miyako (1), s'appelait ainsi dès le commencement du dix-septième siècle, d'après le district de ce nom qui forme la pointe nord-ouest de Nipon, et qui comprend le port de Mimoumaïa, où l'on s'embarque ordinairement pour Matsmaé (Matsmaï), dans l'île de Yedso. En 1620 déjà, le père Jérôme des Anges, et plus tard le père Didacus Carvalius, prirent ce chemin. C'est depuis lors que nous trouvons les noms mutilés d'*Tsougarou*, de *Tsougarou*, de *Tsougar* et de *Sangar*. Les indigènes, qui nomment ce détroit Koukidonoséto, disent que sa plus grande largeur est de douze *ris*.

Le détroit de van Diemen reçut ce nom en l'honneur d'Anton van Diemen, gouverneur général des Indes pour la république batave de 1636 à 1643. D'après les indications des Japonais, il a, près de Tanégasima, dix *ris* trente *tsios* (2), et près de Yaksima, dix-neuf *ris* vingt-quatre *tsios* de large. Ce fut en passant au sud de Yaksima que Colnet, dans l'année 1789, sous le 29° 45' d'environ de latitude septentrionale, traversa la chaîne d'îles que commande Kikaïsima, la septentrionale du groupe des Lioukiou, dont le sillage de son vaisseau marqua, pour ainsi dire, la limite. C'est donc à juste titre que le détroit perpétue le souvenir du navigateur.

Par sa situation entre Nipon et Kiousiou, Sikok forme une vaste

(1) Le méridien de Miyako a été calculé par M. de Siebold comme étant à 135° 40' à l'est de celui de Greenwich et à 133° 20' de celui de Paris.

(2) Le *ri* vaut près de 4 kilomèt., le *tsio* vaut environ 110 mètres.

sonde. Le détroit qui se trouve à l'ouest est connu, d'ancienne date, sous le nom de Haïa Souno Kado, porte du courant rapide. Entre la langue de terre Sata Misaki, laquelle, de Sikok, se projette au loin dans la mer (33° 20' latitude nord, 3° 46' ouest de Miako), et le promontoire Sakano Séki de l'île de Kiousiou, qui lui fait face (33° 14' 30" latitude nord, 3° 48' ouest de Miako), ce passage n'a que trois *ris* de largeur. Les marins japonais divisent en plusieurs *mers* la sonde remplie d'îles qu'entourent Kiousiou, Nipon et Sikok. La partie occidentale s'appelle *mer de Soua*; la partie septentrionale, *mer de Missima*, et celle du nord-est, *mer de Halima*. Dans cet endroit, ce large canal est tout à coup barré par l'île d'Aouadsi, près de la pointe sud de laquelle le dangereux gouffre nommé Narouto (porte des hurlements), semé d'écueils et n'ayant que deux *ris* trente-trois *tsios* de large, se perd dans le détroit de Linschooten. A l'extrémité septentrionale, l'étroit passage d'Akasi, dont les deux rives ne sont distantes l'une de l'autre que d'un *ri* dix-huit *tsios*, conduit au grand golfe d'Oosaka. Se rendant de Hiogo à Mouro, notre voyageur a donné le nom de Linschooten au détroit qui se prolonge jusqu'à ce golfe entre Nipon, Sikok et Aouadsi; car l'ancien navigateur hollandais est jusqu'à présent le seul qui ait tracé, par ce chemin, l'itinéraire de Sakaï, ville de commerce florissante au temps des Portugais.

MM. de Krüsenstern et Colnet, d'une part, Broughton et de la Pérouse, de l'autre, ont frayé le chemin de la sonde coréenne, les premiers en passant entre Iki et Tsousima, les seconds en fendant les eaux qui séparent Tsousima de la Corée. Dès les années 1609 et 1611, le détroit que bornent les îles d'Iki et de Kiousiou fut parcouru par les ambassadeurs hollandais, au nombre desquels se trouvait le fondateur du commerce batave au Japon, Jacques Specx, dont le nom mérite d'être conservé.

D'après les indigènes, la distance du port de Yohoukooura (province de Fidsen, île de Kiousiou) jusqu'à l'île d'Iki, est de sept *ris* douze *tsios*; celle du port de Katsmoto dans l'Iki, jusqu'à Tsousima, de douze *ris* vingt *tsios*, et celle entre Tsousima et le port de Fousankaï, dans la péninsule coréenne, de vingt et un *ris*.

La côte nord de Yedso et la côte sud de Krafto limitent le détroit de la Pérouse. Ce célèbre voyageur le traversa le premier en 1787. Deux promontoires déterminent l'entrée occidentale de ce passage, dont les Japonais évaluent la largeur à quinze *ris*. Ce sont le cap Soïa, dans l'île de Yedso, situé, suivant Krüsenstern, sous le 45° 25' 30" latitude nord et le 218° 9' longitude ouest; suivant les astronomes de Yédo, sous le 45° 28' latitude nord et le 7° 0' 9" longitude est de Miako: puis le cap Notoro (nommé *Crillon* par la Pérouse), situé dans l'île de Krafto, à 45° 45' 15" au nord de l'équateur, et à 218° 2' 4" à l'ouest du méridien de Paris.

Le détroit signalé par Laxmann en 1793, et qui passe entre les Kouriles méridionales et Yedso, résulte du rapprochement entre Siréto et Sirétoko, deux promontoires de cette dernière île, et la pointe méridionale de Kounasiri. Les cartes que les astronomes japonais ont faites avec beaucoup d'exactitude, sur l'ordre du siogoun, comparées au plan de la partie orientale de Yedso dont M. Laxmann est l'auteur, donnent de ce canal une représentation fidèle. MM. Laxmann et Golownin n'en ont indiqué l'entrée que du côté de l'est, entre le cap Siréto, dans l'île de Yedso, et les caps Kéramoui et Notsouké, dans celle de Kounasiri.

Marten de Vries découvrit et parcourut, en 1643, le détroit de son nom et celui de Pico. MM. de la Pérouse et Krüsenstern voulurent écrire les noms du voyageur hollandais et de son compagnon sur les mers que les premiers ils avaient traversées. L'hommage que ces navigateurs modernes ont rendu si libéralement à leurs devanciers fait encore ressortir leur propre mérite.

Le détroit de la Boussole forme la limite entre les Kouriles du nord et celles du midi. De la Pérouse le passa dans l'année 1787. Mais en 1739, le capitaine Spangberg l'avait devancé, lorsque cet officier russe était revenu par le Kamtschatka de son voyage au Japon. Pétouchef, pirate de même origine, avait aussi visité ces parages en 1777, pendant son expédition d'Okotsk aux îles Kouriles. On doit à M. Golownin (1811) un plan exact de ce détroit; mais les cartes japonaises les plus modernes le représentent cependant d'une manière encore plus précise.

La dénomination de *détroit de Mamia* contient la solution d'une question suspendue depuis l'époque où, de la Pérouse et Broughton ayant vainement cherché l'embouchure de l'Amour par le midi, M. de Krüsenstern entreprit vainement de la trouver par le nord. De la Pérouse, qui s'était avancé jusqu'au cap Boutin, fut d'opinion que Krafto touchait à la Tatarie, ou que, s'il existait entre les deux pays un canal, il devait être fort étroit et n'avoir que peu de pieds de profondeur.

Broughton, qui, sur un petit navire, était allé à huit milles d'Angleterre plus loin vers le nord, jusqu'au 51° 45' 7" de latitude, trouva deux brasses d'eau et découvrit enfin une baie de trois ou quatre milles d'étendue, qu'il nomma *baie de Chapman* et dont il ne put apercevoir d'issue. Il crut donc que le pays était fermé de toutes parts.

M. de Krüsenstern, à son tour, se mit à la recherche du canal en question. Il s'approcha des deux promontoires qui laissent un passage à proximité du point où l'Amour se jette dans la mer. Ce sont les caps Romberg, sur la côte de Tatarie (53° 26' 30" latitude septentrionale, 218° 15' 15" longitude occidentale), et Golowatschef, dans l'île de Krafto (53° 30' 15", 218° 5' 00"). La nature de l'eau qui, prise à l'entrée de ce canal, ne contenait presque point de parties salines; la force des courants du sud; le calme complet, au contraire, où la mer se trouvait au midi de l'Amour, comme Broughton l'avait déjà remarqué; toutes ces circonstances firent penser à M. de Krüsenstern qu'il n'existait aucun passage au midi de l'Amour, entre Krafto et la terre ferme, et que, par conséquent, Krafto était une presqu'île.

Mais, en septembre 1808, l'astronome japonais Mamia Rinso visita cette région, échappée à nos navigateurs, et pourtant si remarquable. Il passa de Krafto dans le pays de Santan, situé sur la rive droite de l'Amour, traversa cette contrée jusqu'à Déren, comptoir établi par les Mandchoux sur la rive droite, et regagna Krafto, en longeant le fleuve et en suivant le canal qui coupe son embouchure par le sud. Les descriptions et les cartes de cet Oriental ont donc pu remplir une lacune que les grands navigateurs européens avaient regretté de laisser dans leurs découvertes.

Mamia nous apprend que l'Amour se jette par sept bouches dans la mer d'Ochotzk, et par trois issues dans le golfe dit de Tatarie, en sorte que son dégorgement sépare Krafto du continent asiatique. L'existence de ce canal n'est pas douteuse; car, dans sa moindre largeur, entre le cap Raka de Krafto et le cap Motomar, le promontoire de Santan met encore les deux rivages à trois *ris* et demi de distance. Mais il n'en est pas de même de sa navigabilité. Les ensablements de l'Amour forment sans cesse des hauts-fonds et quelquefois des bancs qui rendent le passage difficile et dangereux pendant les heures du reflux, même pour les petites barques des Kraftoens et des Santanais. Les géographes du Japon donnent à ce canal le nom de Mamia Séto. M. de Siebold a cru devoir le maintenir, pour faire connaître un voyageur qui a contribué, dans plus d'une occasion, au progrès de la connaissance des pays et des peuples. Quant au *golfe*, il lui a rendu l'ancienne dénomination de canal de Tatarie.

Tableau des divisions administratives de l'empire du Japon.

SUPERFICIE EN KILOMÈTRES CARRÉS.	POPULATION ABSOLUE.
150,000.	40,000,000 habitants.

RÉGIONS ET PROVINCES (1).	CHEFS-LIEUX.	PRINCIPALES VILLES.
ILE DE NIPON.		
GOKINAÏ (*les cinq provinces intérieures de la cour*).		
Yamasiro (San-siou)	Kio ou Miyako	Nizio, Yodo.
Yamato (Wa-siou)	Kori-yama	Taka-tori, Nara.
Kawasti (Ka-siou)	Sa-yama	
Idzoumi (Sen-siou)	Kisino-wata	
Sets-tsou (Se-siou)	Osaka	Taka-tsouki, Ayaka-saki.

(1) D'après Klaproth.

TOKAIDO (*contrée de la mer orientale*).

Iga (Isiou)	Wonye-no	
Ize (Ie-siou)	Konwana	Kame-yama, Tsou.
Sima (Si-siou)	Toba	
Owari (Bi-siou)	Nakoya	Inogama.
Mikawa (Mi-siou)	Nosi-da	Nisiwo, Kariva.
Tootome (Ghen-siou)	Kake-gawa	Yoko-soka, Famamats.
Sonrouga (Sou-siou)	Foutsiou	Tanaka.
Idzou (Dzou-siou)	Simota	L'île Fatsisio.
Kai (Ka-siou)	Fou-tsiou	
Sagami (Sa-siou)	Odawara	Tamanawa.
Mousasi (Mou-siou)	Yedo	Kawagobe, Iwatski.
Awa (Fo-siou)	Yakata-yama	Tosio, Fosio.
Kadzouza (Koo-siou)	Odaki	Sanouki, Konrouri.
Simoosa (Seo-siou)	Seki-yado	Sakra, Kouga.
Fitats (Sioou-siou)	Mito	Sinnodats, Kodats.

TOSANDO (*contrées des montagnes orientales*).

Oomi (Kio-siou)	Fikone ou Sawayama	Zeze.
Mino (Mi-siou)	Oogaki	Kanora ou Kanara.
Fida (Fi-siou)	Taka-yama	
Sinano (Sin-siou)	Ouyeda	Matsou-moto, Iyi-yama.
Kootské (Dzio-siou)	Tats-fayasi	Mayi-basi, Noumada.
Simotské (Ga-siou)	Outsou-miya	Kouronfa, Mifon.
Mouts (O-siou)	Sendaï	Sira-isi, Waka-mats.
	Tana-koura	Taira, Sirakawa.
Dewa (Ou-siou)	Yone-sawa	Yama-gata.

FOKOUROKOUDO (*contrée du territoire septentrional*).

Wakasa (Siak-siou)	Kobama	
Yetsisen	Fonkyi	Foutsiou, Marou-oka.
Yetsiou	Toyama	
Yetsingo	Takata	Naga-oka, Simbota.
Kaga (Ka-siou)	Kana-zawa	Komats, Daïsioosi.
Noto (Neo-siou)	Sons-no-misaki	Kawa-siri, Nanao.
Sado (Sa-siou)	Koki	

SANINDO (*contrée du versant septentrional des montagnes*).

Tango	Miyazou	Tanabe.
Tanba	Kame-yama	Sasa-yama, Fouktsi-yama.
Tasima	Idzousi ou Deïsi	Toyo-oka.
Inaba (In-siou)	Tots-tori	
Foki (Fo-siou)	Yonego	
Idzoumo (Onn-siou)	Matsouyé	
Iwami (Sek-siou)	Tsouwa-no	Famada.
Oki (An-siou)		

SANYODO (*contrée du versant méridional des montagnes*).

Farima (Ban-siou)	Fimedzi	Akazi, Ako.
Mimasaka (Saka-siou)	Tsou-yama	Katsou-yama.
Bizen	Oka-yama	
Bitsiou	Matsou-yama	
Bingo	Foukou-yama	
Aki (Ghe-siou)	Firo-sama	
Souwo (Scou-siou)	Tok-yama	Fouk-yama.
Nagata (Tsio-siou)	Faki	Tsio-fou, Founaka.

NAN-KAÏ-DO.

Kii (Ki-siou)	Waka-yama	Tanabe, Sin-Miya.
Awasi (île d') (Tan-siou)	Soumoto ou Smoto (*île Sikokf*)	
Awa (As-iou)	Tok-sima (*id.*)	
Sanouki (San-siou)	Toka-mats (*id.*)	Marou-Kame.
Iyo (Yo-siou)	Matsou-yama (*id.*)	Ouwa-sima, Ima-bari.
Tosa (Tô-siou)	Kôtsi (*id.*)	

SAIKAIDO (*contrée de la mer occidentale*).

Tsikousen	Fouk-oka (*île Kiousiou*)	Akitsouki.
Tsikoungo	Kouroume (*id.*)	Yana-gawa.
Bouzen	Kokoura (*id.*)	Nakatsou.
Boungo	Osouki	Takeda, Saïki.
Fizen	Saga (*id.*)	Karatsou, Omoura.
Figo	Kouma-moto (*id.*)	Yatsou-siro, Oudo.
Fiouga (Asï-siou)	Iyifi (*id.*)	Takanabe, Nobi-oka.
Oosoumi (Gou-siou)	Kokou-bou (*id.*)	
Satsouma (Stats-siou)	Kago-sima (*id.*)	
L'île Iki (Isiou)	Kalou-moto	
L'île Tsou-sima (Jaï-siou)	Fou-tsiou	

GOUVERNEMENT DE MATSMAÏ.

Ile d'Iéso (Kouriles méridionales)	Matsmaï.	
Sakhalian ou île *Tarakaï*.		

Tableau des îles du Japon et dépendances, d'après M. DE SIEBOLD (1).

NOMS.	LIEUES CARRÉES. (2)	CIRCONFÉRENCE. RIS DU JAPON.	TSIOS.	KENS.	NOMBRE des ILES et des ROCHERS.	OBSERVATIONS.
JAPON. — Nipon	4081,6969	1961	28	55	1188	Suivant Hassel, l'étendue plane de Nipon et des îles voisines comprend 5,152 lieues carrées.
Hatsidsiosima	2,1329	10	13	10 ½		
Oosima	1,8138	10	27	43		
Sado	20,6874	53	10	32 ½	4	
Oki, comprenant :		30	17	54 ½		
Nisinosima	6,4874	20	26	56 ½	77	
Naganosima		16	21	11		
Tsifourisima		6	31	19		
Kiousiou	688,3954	860	07	49 ½		Kiousiou et ses dépendances ont, d'après ce géographe, 1,328 lieues carrées.
Amak'sa	10,2717	—	—	—		
Groupe des Gotò	11,9304	—	—	—		
Groupe des Kosiki	2,7360	—	—	—		
Firato, comprenant :	2,3017	—	—	—		
Kaouatsi					1513	
Tanégasima	9,6051	37	27	43		
Yak'sima	9,3711	26	00	37		
Nanasima	2,3108	—	—	—		L'étendue plane du groupe des Nanasima a été calculée d'après une carte japonaise particulière à ces îles.
Groupe comprenant :						
Tokarasima	0,7924	—	—	—		
Simako	0,0218	—	—	—		
Sikok (Sikof)	391,8556	451	04	16	543	Hassel donne à Sikok 808 lieues.
Aouadsi	10,7968	38	25	14	10	
Tsousima	14,5330	—	—	—		
Iki	2,4059	—	—	—	201	
Total des petites îles	36,3687	—	—	—		
Total	5305,5668					
YEDSO (YÉSO). — Yedso	1286,9153	—	—	—		Yedso et les Kouriles japonaises sont estimées par Hassel à 2,951 lieues carrées. Dans ce tableau, on leur a donné le chiffre résultant d'une carte indigène très-détaillée et dont l'exactitude a subi l'épreuve du temps.
Okosiri	2,5944	—	—	—		
Refounsiri	2,2623	—	—	—	83	
Risiri	1,3447	—	—	—		
Petites îles	2,0468	—	—	—		
Total	1295,1635					
HIKASI-YEDSO. (Les grandes Kouriles.) — Hikasi-Yedso, composé de						
Sikotan	1,7151	—	—	—		
Kounasiri	23,7793	—	—	—		
Yétorop	48,9496	—	—	—	48	
Ouroup	12,2750	—	—	—		
Petites îles	1,4903	—	—	—		
Total	88,2093					
KITA-YEDSO (Krafto). — Krafto	696,9175	—	—	—	27	Cette île a été mesurée jusqu'à la parallèle du 50e degré de latitude, c'est-à-dire jusqu'au cap Rionaï, en partie d'après une carte japonaise, en partie d'après celle de Krüsenstern.
Petites îles	2,6965	—	—	—		
Total	699,6140					
MOUNXINSIMA. (Groupe des Bonin.) — Mounxinsima, composé de						L'indication de Hassel, qui porte le groupe des Mounin à 89 lieues carrées, est tout à fait inexacte. Son erreur consiste dans l'adoption de l'échelle près de quinze fois trop petite de la carte japonaise originale dont il s'est servi pour calculer l'aire de ce groupe.
Kitasima	2,2116	15	—	—		
Minanisima	1,3662	10	—	—	89	
Petites îles	2,1920	32	—	—		
Total	5,7698					
LIOUKIOU. — Siousan, composé de						Les îles Lioukiou, que Hassel met à 436 lieues carrées, ont été comptées ici suivant une carte japonaise spéciale, la meilleure sans doute que l'on ait faite de ce groupe. A l'imitation des Japonais, M. de Siebold les a divisées en moyennes, septentrionales et méridionales. Il est permis de négliger la dénomination d'îles *Madjicosemah*, qui se trouve dans l'ouvrage de Broughton; car elle n'est qu'une altération du nom de l'île de Miakosima (*Typinsan*, Broughton).
Ohinauoasima	37,8279	74	—	—		
Konmésima	0,9632	6	20	—	53	
Iéeyasima	1,4234	6	20	—		
Et plusieurs petites îles	6,4022	10	48	—		
Sanbok, composé de						
Oosima	24,4186	59	10	—		
Toksima	8,9496	17	3	—		
Kakénasima	3,2472	15	—	—	16	
Yérabousima	3,8860	10	18	—		
Kikaïsima	2,4694	6	24	—		
Et plusieurs petites îles	1,5985	9	25	—		
Sannan, composé de						
Isikakisima	9,0970	16	16	—		
Niohiosima	9,0932	13	—	—		
Miakosima	4,0441	11	—	—		
Nagarabésima	1,1043	4	20	—	23	
Yonakouni	1,8367	5	8	—		
Et plusieurs petites îles	9,2479	18	25	—		
Total	125,6092					
TOTAL DE L'EMPIRE JAPONAIS	7520,0326					

(1) Ce tableau est textuellement extrait de l'ouvrage intitulé : *Le Japon*, par E. Fraissinet, tome II, page 171.

(2) La lieue carrée vaut 19 kilom. carr. 802 millièmes.

OBSERVATION. — D'après le calcul des astronomes de Yédo, 28 *ris* ⅖ font 1 degré ou 25 lieues géographiques ou 111 kil. carr. 111 mill. Le *ri* se divise en 36 *tsios*, et le *tsio* en 60 *kens*.